LOIX

ET

CONSTITUTIONS

DES COLONIES FRANÇOISES

DE L'AMÉRIQUE SOUS LE VENT.

LOIX
ET
CONSTITUTIONS
DES COLONIES FRANÇOISES
DE L'AMÉRIQUE SOUS LE VENT;

SUIVIES,

1°. D'un Tableau raisonné des différentes parties de l'Administration actuelle de ces Colonies : 2°. d'Observations générales sur le Climat, la Population, la Culture, le Caractere et les Mœurs des Habitans de la Partie Françoise de Saint-Domingue : 3°. d'une Description Physique, Politique et Topographique des différens Quartiers de cette même Partie; le tout terminé par l'Histoire de cette Isle et de ses dépendances, depuis leur découverte jusqu'à nos jours.

PAR M. MOREAU DE SAINT-MÉRY, Avocat au Parlement, Ancien Avocat au Conseil Supérieur du Cap François, Secrétaire de la Chambre d'Agriculture et Membre du Cercle des Philadelphes de la même Ville, Vice-Président du Musée de Paris, &c. &c.

TOME QUATRIEME,

Comprenant les Loix et Constitutions depuis 1750 jusqu'en 1765 inclusivement.

Rien ne doit être si cher aux Hommes que les Loix destinées à les rendre Bons, Sages et Heureux.

MONTESQUIEU.

A PARIS,

Chez
- l'Auteur, rue Plâtriere, N°. 12.
- MOUTARD, Imprimeur, Libraire DE LA REINE, rue des Mathurins.
- BARROIS l'aîné, Quai des Augustins.
- MEQUIGNON jeune, Libraire au Palais, à l'Ecu de France.
- Les Freres LABOTIERES, à Bordeaux.
- D'ESPILLY, Libraire, à Nantes.

AVEC APPROBATION ET PRIVILÈGE DU ROI.

MINISTRES ET SECRÉTAIRES D'ÉTAT

ayant le Département de la Marine.

11 Mai 1749. M. DE ROUILLÉ, Ministre, le 15 Août 1751.

28 Juill. 1754. M. de Machault, Garde des Sceaux, Ministre et Sécrétaire d'Etat.

10 Fév. 1757. M. Peyrenc de Moras, Ministre et Secrétaire d'Etat.

1er Juin 1758. M. de Massiac, Secrétaire d'Etat.

1er Juin 1758. M. le Normand de Mézy, Adjoint.

1er Nov. 1758. M. de Berryer, Ministre et Secrétaire d'Etat.

15 Oct. 1761. M. le Duc de Choiseul, Ministre des Affaires Etrangeres et de la Guerre.

Voyez la suite au 5e Volume.

GOUVERNEURS GÉNÉRAUX DES ISLES SOUS LE VENT.

1er Mai 1747. M. le Comte de Conflans. *Voy. le 3e Volume.*

1er Janv. 1751. *M. le Comte Dubois de la Motte, Commandeur de l'Ordre Royal et Militaire de Saint Louis, Chef d'Escadre des Armées Navales, Gouverneur et Lieutenant Général pour le Roi des Isles Françoises de l'Amérique sous le Vent*, remplace M. le Comte de Conflans.

Reçu au Conseil du Cap le 29 Mars 1751.

Et à celui de Léogane le 16 Juillet suivant.

31 Mai 1753. *M. Joseph-Hyacinthe de Rigaud, Marquis de Vaudreuil, Chevalier de l'Ordre Royal et Militaire de Saint-Louis, Capitaine des Vaisseaux du Roi, Commandant Général, et en chef des Isles Françoises de l'Amérique sous le Vent*, en vertu de ses Provisions de Commandant Général, du premier Novembre 1749, commande au départ de M. le Comte Dubois de la Motte, pour retourner en France.

Nota. *On a mis en italique dans cette Liste, comme dans la suivante, les noms et les qualités des Gouverneurs Généraux et Intendans.*

1er Oct. 1756. *M. Philippe-François Bart, Chevalier de l'ordre Royal et Militaire de Saint-Louis, Capitaine des Vaisseaux du Roi, Gouverneur et Lieutenant Général des Isles Françoises de l'Amérique sous le Vent*, remplace M. de Vaudreuil.

Reçu au Conseil du Cap le 24 Mars 1757.

Et à celui du Port-au-Prince le 8 Juillet suivant

13 Fév. 1761. *M. Gabriel de Bory, Chevalier de l'Ordre Royal et Militaire de Saint-Louis, Capitaine des Vaisseaux du Roi, Gouverneur et Lieutenant Général des Isles Françoises de l'Amérique sous le Vent*, remplace M. Bart.

Reçu, seulement au Conseil du Cap le 30 Mars 1762.

10 Déc. 1762. *M. Armand, Vicomte de Belsunce et de Meschin, Grand-Bailli du Pays de Mixe, Lieutenant Général des Armées du Roi, Gouverneur de Belle-Isle, Gouverneur et Lieutenant Général des Isles Françoises de l'Amérique sous le Vent, à Saint Domingue, et Commandant en chef des Troupes de Sa Majesté dans lesdites Isles*, remplace M. de Bory.

Reçu au Conseil du Cap le 7 Mars 1763.

Et à celui du Port-au-Prince le 23.

Il meurt le 4 Août 1763.

4 Août 1763. *Intérim.* *M. Pierre André, Chevalier de Montreuil, Brigadier des Armées du Roi, Commandant Général des Isles Françoises de l'Amérique sous le Vent, et Commandant en chef les Troupes de Sa Majesté auxdites Isles*, prend l'intérim en vertu de ses Provisions du premier Janvier 1763.

27 Déc. 1763. *M. Charles Théodat, Comte d'Estaing, nommé et admis Chevalier des Ordres du Roi, Lieutenant Général de ses Armées et des Armées Navales, Gouverneur Général*, représentant la Personne de Sa Majesté *aux Isles sous le Vent de l'Amérique, et Mers adjacentes*, remplace M. le Vicomte de Belsunce.

Reçu au Conseil du Cap le 23 Avril 1764.

Et à celui du Port-au-Prince le 20 Juillet suivant.

Voy. la suite au 5e Volume.

Intendans des Isles sous le Vent.

1er Juill. 1738. M. MAILLART, *Voy. le 3e. Volume.*

Il repasse en France en 1751, et revient pour ses affaires personnelles, et avec les honneurs d'Intendant, en 1756, dans la Colonie, où il meurt au commencement du mois de Décembre 1758.

7 Janv. 1751. *Intérim.* *M. Jean-Baptiste de Laporte Lalanne, Commissaire Général de la Marine, faisant fonctions d'Intendant aux Isles Françoises de l'Amérique sous le Vent*, prend l'intérim au départ de M. Maillart pour France, en vertu de ses Provisions d'Intendant par intérim du 1er Juillet 1749.

Reçu au Conseil du Cap le 7 Janvier 1751.

Et à celui du Port-au-Prince le 1er Octobre 1751.

1er Oct. 1751. *M. Jean-Baptiste de Laporte Lalanne, Conseiller du Roi en ses Conseils, Intendant de Justice, Police, Finances, et de la Marine des Isles Françoises de l'Amérique sous le Vent*, est nommé à l'Intendance, pour remplacer M. Maillart.

Reçu au Conseil de Léogane le 7 Mars 1752.

Et à celui du Cap le 1er Mai 1752.

Il meurt à Léogane le 14 Décembre 1758.

1er Avr. 1758. *M. Claude-Ange Lambert, Conseiller du Roi en ses Conseils, Intendant de Justice, Police, Finances et de la Marine, des Isles Françoises de l'Amérique sous le Vent*, est nommé pour remplacer M. de Laporte Lalanne.

Reçu, seulement au Conseil du Cap le 4 Décembre 1758.

Il meurt au Cap le 9 du même mois de Décembre.

Il étoit du Corps de l'Administration de la Marine.

14 Déc. 1758. *Intérim.* *M. Joseph Elias, Commissaire de la Marine, Ordonnateur à Saint-Domingue, et en cette qualité faisant les fonctions d'Intendant des Isles Françoises de l'Amérique sous le Vent*, prend en quelque sorte le double intérim laissé par la mort de MM. Laporte Lalanne et Lambert.

Il meurt au Port-au-Prince le 7 Mars 1760.

1er Janv. 1760. *M. Jean-Etienne Bernard de Clugny, Chevalier, Baron de Nuys-sur-Armançon, Seigneur de Prasley, Saint Marc, et autres lieux, Conseiller du Roi en ses Conseils, et en sa Cour de Parlement de Bourgogne, Intendant de Justice, Police, Finances, et Marine des Isles Françoises de l'Amérique sous le Vent*, remplace M. Lambert.

Reçu au Conseil du Cap le 1er Décembre 1760.

Et à celui du Port-au-Prince le 12 Mars 1761.

7 Mars 1760. *Intérim.* *M. Jean-Joseph Peyrat, Ecuyer, Commissaire de la Marine, faisant fonctions d'Intendant des Isles Françoises de l'Amérique sous le Vent*, prend l'intérim à la mort de M. Elias, jusqu'à l'arrivée de M. de Clugny.

27 Déc. 1763. *M. René Magon, Chevalier, Intendant de Justice, Police, Finances*, de la Guerre, *et de la Marine des Isles Françoises de l'Amérique sous le Vent*, remplace M. de Clugny.

Reçu au Conseil du Cap le 23 Avril 1764.

Et à celui du Port-au-Prince le 20 Juillet suivant.

Voy. la suite au 5e Volume.

SUITE

LOIX
ET
CONSTITUTIONS
DES COLONIES FRANÇOISES
DE L'AMÉRIQUE SOUS LE VENT.

ARRÊT du Conseil du Cap, sur une accusation d'Adultere.

Du 5 Février 1750.

LOUIS, &c. Entre le sieur L.... demeurant au Cap, Appelant; et demoiselle...., épouse dudit, autorisée par Justice à la poursuite de ses droits, Intimée d'autre. Vu par notredit Conseil la Sentence dont est appel, dudit jour 16 Décembre dernier, par laquelle, sans avoir égard à la demande dudit sieur.... des fins de laquelle il auroit été débouté, il auroit été condamné provisoirement à remettre à ladite dame.... la Négresse et la Négritte, nommées Marie et Marie-Anne, qu'il lui avoit données pour la servir, incessamment & sans délai, et à lui payer une somme de 600 livres, par forme de provisions, pour subvenir aux frais de ses couches, de la Nourrice de son enfant, & autres, sans diminution de la pension alimentaire qu'il lui accordoit, aux intérêts et dépens de ladite instance; sauf et réservés audit sieur L.... tous ses droits, actions, plaintes, accusations et poursuites extraordinaires, et à ladite dame.... ses défenses contraires;

après que Routhonnet, pour ledit L...., et Couet pour ladite Intimée, &c. et tout considéré, NOTREDIT CONSEIL a mis et met l'appellation et ce dont a été appel au néant; émendant, condamne la partie de Routhonnet à payer à celle de Couet la somme de 600 liv. de provisions, pour les frais de gésine de son enfant; et faisant droit sur le Réquisitoire du Procureur Général, ordonne à ladite Partie de Couet de se retirer en la maison de son mari, à lui enjoint de la recevoir et de la traiter maritalement; condamne ladite Partie de Routhonnet aux dépens des causes principales et d'appel.

ORDONNANCE des Administrateurs, qui défend la Pêche et la Chasse à l'Isle de la Tortue.

Du 21 Février 1750.

LE Chevalier de Conflans, &c.

Simon-Pierre Maillart, &c.

Etant informés que plusieurs Particuliers de tout état se donnent la licence d'envoyer couper des arbres à l'Isle de la Tortue, & que d'autres y vont chasser, ou y envoient des Negres, contre les défenses qui ont été renouvelées en différens temps, et voulant remédier à des abus que l'on n'a déjà que trop soufferts, nous avons jugé convenable de défendre de nouveau la coupe des bois, et la chasse à l'Isle de la Tortue; condamnons tous ceux qui contreviendront auxdites défenses, en 50 liv. d'amende pour la premiere fois, en 150 liv. pour la seconde, et à plus grande, en cas de récidive; les Esclaves seront pareillement condamnés en 50 liv. d'amende, pour la premiere fois, qui sera payée par les Propriétaires; et en cas de récidive, seront lesdits Esclaves confisqués au profit du Roi, sans espoir de répétition; et afin de maintenir les dispositions de la présente Ordonnance, et persuadés de la fidélité et du zele du sieur le Tourni pour tout ce qui peut intéresser la conservation du Domaine du Roi, nous l'avons commis et commettons par ces Présentes à la garde et sûreté de l'Isle de la Tortue, pour les bois, et à l'empêchement de la chasse qu'on est dans l'usage de faire; lui donnons plein et entier pouvoir de se saisir de tous les Blancs, Mulâtres et Negres qu'il pourra trouver en flagrant délit; lui permettons toutefois de chasser pour lui seulement, sans lui laisser la faculté d'y rien faire vendre ni envoyer chez autrui; lui accordons l'exemption de guet, garde, tutelle et curatelle. Mandons à cet effet au Commandant pour le Roi du quartier, de lui donner toute sorte de secours, lorsqu'il en sera par lui requis. Voulons au surplus qee les amendes pécuniaires qui seront prononcées contre les réfractaires, soient partageables entre la Maison de Providence et lui, et sera, &c. affichée et publiée par-tout où besoin sera. DONNÉ à Léogane le 21 Février 1750. *Signés* DE CONFLANS et MAILLART.

R. au Greffe de l'Intendance le 23 du même mois.

LETTRES-PATENTES, *qui dispensent M. le Marquis* DE CHATENOYE, *Gouverneur du Cap, du temps qui lui manque pour remplir l'espace d'une année de résidence requise pour contracter valablement mariage en France.*

Du 24 Février 1750.

LOUIS, &c. A nos amés et féaux Conseillers les Gens tenant notre Cour de Parlement à Paris : SALUT. Notre cher et bien amé Achilles de Cochart, Marquis de Chatenoye, âgé de 40 ans ou environ, Gouverneur sous nos ordres du Cap François, Isle de Saint-Domingue, nous a fait représenter qu'étant actuellement en notre bonne ville de Paris, avec notre permission, depuis plus de six mois, il se seroit proposé d'y contracter un mariage avec la demoiselle le Tonnelier de Breteuil, auquel nous aurions bien voulu donner notre agrément; qu'il a pour cet effet le consentement et la procuration de son pere, et qu'il y a joint un certificat du Curé de sa Paroisse en la ville du Fort-Dauphin, attesté par les Missionnaires Apostoliques y résidans, par lequel il est déclaré que l'exposant est libre et n'a contracté aucun engagement; en sorte que ledit acte peut être considéré comme un consentement dudit Curé, et remplir la condition la plus importante en cette matiere, c'est-à-dire, le concours des Curés des deux contractans; mais qu'ayant voulu faire procéder à la publication des bans en la Paroisse de Saint-André-des-Arts de notredite ville de Paris, dans l'étendue de laquelle il est demeurant actuellement et publiquement depuis six mois ou environ, on lui auroit fait des difficultés, sur ce que, par l'Edit du feu Roi notre très honoré Seigneur et bisaïeul, du mois de Mars 1697, concernant les formalités qui doivent être observées pour parvenir à la célébration des mariages, il est fait défenses à tous Curés et Prêtres, tant séculiers que réguliers, de conjoindre en mariage autres personnes que ceux qui sont leurs vrais et ordinaires Paroissiens, demeurant actuellement et publiquement dans leurs Paroisses, au moins depuis six mois, à l'égard de ceux qui demeuroient auparavant dans une autre Paroisse de la même

Ville ou du même Diocese ; et depuis un an, pour ceux qui demeuroient auparavant dans un Diocese différent, si ce n'est qu'ils en eussent une permission spéciale et par écrit du Curé des Parties qui contractent, ou de l'Archevêque ou Evêque diocésain. Sur quoi ledit sieur de Chatenoye nous auroit supplié de considérer, qu'en conséquence des ordres qu'il a reçus de nous de retourner incessamment audit Cap François, où sa présence est nécessaire pour le bien de notre service, il lui seroit impossible de pouvoir remplir le temps du domicile d'une année, conformément audit Edit, ni par conséquent de parvenir au mariage qu'il désireroit de conclure avant son départ ; que s'il avoit son domicile dans une des Provinces de notre Royaume, quelque éloignée qu'elle fût de Paris, il lui seroit aisé d'y faire publier des bans, ou d'en obtenir la dispense de l'Evêque diocésain ; mais que son domicile ayant toujours été dans l'Isle de Saint-Domingue, il faudroit que, contre son devoir qui l'y rappelle, suivant nos ordres, il demeurât beaucoup plus d'une année en ce pays ci, pour avoir le temps de faire faire des publications de bans dans la Paroisse du Fort-Dauphin, où il fait sa demeure ordinaire ; que par conséquent il s'agit ici d'un cas qui n'a pas été prévu par la disposition de l'Edit du mois de Mars 1697, et auquel il ne pouvoit être pourvu que par notre autorité ; qu'il espere donc que, par toutes ces considérations, et pour ne le pas réduire ou à perdre l'occasion d'un mariage très-convenable, ou à manquer à notre Service, nous voudrions bien le dispenser de l'exécution d'une Loi émanée de l'autorité Royale, en ce qui regarde le temps d'une année qui y a été fixé par rapport à ceux qui faisoient leur demeure, avant les propositions de leur mariage, dans un autre Diocese que celui où ils veulent le contracter ; à l'effet de quoi il nous plairoit lui accorder nos Lettres à ce nécessaires. A CES CAUSES, vu l'expédition de la procuration passée par le sieur de Chatenoye pere, ensemble celle du certificat, désirant traiter favorablement ledit sieur de Chatenoye, et ne voulant pas que le bien de notre service, qui exige son retour audit Cap François, et le zele qu'il a toujours marqué pour l'exécution de nos ordres, puissent mettre obstacle à l'établissement avantageux qu'il est sur le point de contracter, & de notre grace spéciale, pleine puissance et autorité Royale, nous avons relevé et dispensé, relevons et dispensons ledit sieur de Chatenoye du temps qui lui manque pour remplir l'espace d'une année, requise par l'Edit du mois de Mars 1697, par rapport à ceux qui passent d'un Diocese dans un autre pour y contracter mariage. Voulons en conséquence que, sans s'arrêter audit défaut, il puisse être procédé à la célébration de son mariage dans la Paroisse de l'un des contractans, ou pardevant tel Curé ou Prêtre qui sera commis par le sieur Archevêque de Paris, en observant d'ailleurs les formalités requises par les Saints Canons et par les Ordonnances, et en cas qu'il n'y ait point d'autre empêchement légitime : à l'effet de quoi avons dérogé et dérogeons, pour cette fois seulement et sans tirer à conséquence, à la disposition ci-dessus marquée de l'Edit du mois de Mars 1697, lequel sera au surplus exécuté selon sa forme et teneur. Si vous mandons, &c. DONNÉ à Versailles, le vingt-quatrieme jour de Février, l'an de grace mil sept cent cinquante, &c. *Signé* LOUIS. *Et plus bas* par le Roi, DE VOYER D'ARGENSON.

R. au Parlement de Paris le 4 Mars suivant.

ORDONNANCE *des Administrateurs, portant établissement d'un Inspecteur, et d'une Troupe de Police à Léogane.*

Du 10 Mars 1750.

LE Chevalier de Conflans, &c.

Simon-Pierre Maillart, &c.

Etant important de pourvoir à la Police dans la ville de Léogane, où elle a été ci-devant négligée, ainsi que l'exécution des différentes Ordonnances et des Réglemens rendus à ce sujet, nous avons jugé convenable d'établir dans ladite Ville, comme dans celle du Cap, sous le titre d'inspecteur de Police, un Officier, qui, sous les ordres du Procureur du Roi, pût l'aider dans les fonctions de sa Charge concernant le fait particulier de ladite Police, et de commettre, aussi sous ses ordres, des Sergens ou Archers uniquement attachés à ce service, ainsi qu'il suit.

ART. Ier. L'Inspecteur de Police sera pourvu d'une Commission de nous, sur laquelle il sera reçu et prêtera serment pardevant les Officiers de la Jurisdiction; ses appointemens seront fixés à 1000 liv. par an, et payés sur la caisse des deniers publics, sur le certificat du Procureur du Roi.

ART. II. Il sera aussi établi, sur la Commission du Procureur du Roi, un Exempt et quatre Sergens destinés pour ce service, sous les ordres seuls dudit Procureur du Roi et de l'Inspecteur. Les gages de l'Exempt seront réglés à 36 liv. par mois, et ceux de chaque Sergent à 24 liv aussi par mois, et payés sur les fonds de la même caisse, sur le certificat de l'Inspecteur.

Art. III. Ledit Exempt et Sergent seront pourvus d'une bandouliere de drap rouge, bordée d'un galon de soie aurore, pour qu'ils puissent être reconnus dans leurs fonctions, & dont la dépense sera prise sur les amendes de Police.

Art. IV. L'Inspecteur sera tenu de faire sa résidence dans la Ville, sans pouvoir s'en exempter une seule nuit, à moins que, par des raisons pressantes, il n'ait la permission verbale ou par écrit du Procureur du Roi, qui, dans ce cas, donnera les ordres nécessaires à l'Exempt, lequel, ainsi que les quatre Sergens, résideront aussi en Ville, dans une maison commune, qui sera une espece de Corps de Garde, dans lequel il y en aura, à toutes les heures, deux au moins, présens et prêts à recevoir les ordres de l'Inspecteur ou du Procureur du Roi; & à cet effet, ils jouiront les uns & les autres de l'exemption de toutes corvées personnelles, tutelles, &c.

Art. V. L'exercice de ses fonctions s'étendra dans la Ville et aux environs, jusqu'à l'embarcadaire de la Pointe, et il sera tenu de rendre compte chaque jour au Procureur du Roi ou à son Substitut, et de prendre de lui les ordres qu'il aura à lui donner sur ses fonctions, qui consisteront dans les articles suivans.

Art. VI. Il fera régulierement sa ronde toutes les nuits, ou successivement avec deux desdits Sergens.

Art. VII. Les jours de Dimanches & Fêtes, lesdits Inspecteur, Exempt et Sergens se partageront en deux détachemens, pour pouvoir plus utilement veiller à ce que le Service divin ne soit point troublé par les Negres assemblés dans la Place d'Armes, et par le bruit qu'ils y font; ils visiteront les Cabarets, empêcheront le désordre dans le Marché, et les jeux de la part des Negres; arrêteront ceux qui porteront des armes, de quelque espece qu'ils soient, même des couteaux flamands et des bâtons, et ceux qui se battront, faisant conduire les uns et les autres chez leurs Maîtres, si par l'étampe ou la déclaration des délinquans, leurs Maîtres se trouvent domiciliés en Ville, sinon en prison, où il leur sera donné vingt-cinq coups de fouet, sur l'ordre verbal ou par écrit du Procureur du Roi, par le Negre qui sera préposé à cet effet, & à qui il sera payé pour ce 15 sous par le Maître.

Art. VIII. Il arrêtera tous les Negres qu'il trouvera errans dans les rues, après dix heures du soir, sans fanal ou billets de leurs Maîtres, & il ne sera payé pour tout droit de capture et conduite desdits Negres chez leurs Maîtres ou en prison, que la somme de 3 liv. A l'égard des geolages & nourritures, le tarif concernant les Prisonniers sera suivi.

ART. IX. Dans les visites qu'il fera aussi dans les Marchés les Fêtes et Dimanches, il fera arrêter les Negres Esclaves saisis des denrées exprimées dans le Code Noir, même de toutes autres marchandises, si lesdits Negres n'y sont autorisés par un billet de leurs Maîtres, et les fera conduire en prison, fera déposer au Greffe lesdites marchandises et denrées, et du tout il dressera procès verbal, qu'il remettra au Procureur du Roi.

ART. X. Il fera chaque jour, avant le coucher du soleil, sa visite à la Boucherie, examinera si la viande à distribuer pour le lendemain est de bonne qualité & en quantité suffisante pour la subsistance de la Ville & de la plaine, sinon il en fera son rapport au Procureur du Roi, pour y être pourvu sur le champ, de même que pour le pain, dont il ira chaque jour faire la visite chez les Boulangers.

ART. XI. Ledit Inspecteur aura une grande attention à la police des rues; il avertira les Propriétaires ou Locataires de faire applanir & nettoyer le devant de leurs maisons, d'ôter les immondices, de faciliter les écoulemens des eaux par les ruisseaux qui sont au milieu des rues, de faire enlever lesdites immondices; il leur enjoindra de ne point embarrasser la voie publique par aucuns étaux et matériaux ou décombres, sinon en cas de nécessité, et pour bâtir.

ART. XII. Il sera permis audit Inspecteur de Police d'entrer dans les maisons des Negres et Négresses libres qui seront soupçonnés, afin de faire des visites pour connoître les recéleurs de vols domestiques et autres.

ART. XIII. Il veillera pareillément à ce qu'il ne soit point joué dans aucun Cabaret ou Maison particuliere, aux jeux défendus par les Ordonnances de Sa Majesté.

ART. XIV. Il fera visite chez les Détaillans de viande salée, morue, &c. notamment chez les Negres qui feront le commerce, & il examinera la quantité desdites marchandises, s'il ne s'en trouve point de gâtée qui cause de l'infection.

ART. XV. Pour prévenir les inconvéniens qui peuvent arriver par le feu, ledit Inspecteur veillera à ce que les Boulangers de la Ville n'aient aucun four à découvert, et qu'il n'y ait point de cuisine couverte de paille ou de tâches; il avertira les Propriétaires de les faire couvrir autrement sous un mois, à compter du jour de la publication des présentes.

ART. XVI. Il veillera aussi exactement à ce qu'on ne vende rien à faux poids ni à fausse mesure; et en cas de contravention, il en dressera son procès verbal, qu'il remettra au Procureur du Roi, qui poursuivra les contrevenans. Il en usera de même dans le cas des cinq articles précédens, s'il s'apperçoit de quelque contravention.

Art. XVII. Ceux qui bâtiront à l'avenir dans la Ville, étant tenus de se faire aligner, si l'Inspecteur remarque quelque irrégularité à cet égard, il nous en rendra compte, pour y être pourvu.

Art. XVIII. Il veillera aussi à ce qu'aucun Matelot de vaisseau de la rade ne soit, après la retraite battue, dans les Cabarets ou dans les Maisons des Negres libres; et en cas de contravention, il en dressera procès verbal, sur lequel le Procureur du Roi fera condamner lesdits Cabaretiers et Negres libres à 50 liv. d'amende pour la premiere fois; et en cas de récidive, à une plus forte.

Art. XIX. Etant défendu, par notre Réglement du mois de Juillet 1739, aux Capitaines de Navire de tenir des Hôpitaux particuliers dans la Ville, ni au bord de la mer, par le mauvais air qu'ils y causent, et les mauvais traitemens qu'ils y reçoivent, ledit Inspecteur nous rendra compte de ceux qu'il y trouvera, pour faire condamner lesdits Capitaines à l'amende prononcée sur le fait, et les obligera à faire transporter lesdits malades à l'Hôpital.

Art. XX. Il tiendra exactement la main à l'exécution de tous autres Réglemens de Police ci-devant rendus, et qui pourront l'être par la suite, et notamment à celui du 18 Décembre 1745, & empêchera en conséquence les Negres à cheval ou conduisant des chaises et autres voitures, de galoper en Ville, afin de prévenir les accidens qui en pourroient arriver chaque jour.

Art. XXI. Comme il est important d'être instruit de tous les Etrangers qui arrivent dans la ville de Léogane, il sera attentif à ce que tous les Aubergistes & autres personnes qui tiennent Pensionnaires, et louent des chambres garnies, inscrivent chacun sur un livre-journal les noms, qualités et professions des personnes qu'ils reçoivent chez eux, & il en prendra connoissance, et visitera lesdites Auberges et autres Maisons, de deux jours l'un, afin de pouvoir informer le Procureur du Roi s'il y a en Ville quelque vagabond ou quelque personne suspecte.

Art. XXII. Le casuel qui proviendra des captures, sera mis en bourse commune entre les mains de l'Inspecteur, lequel en tiendra un journal exact; le partage de la masse se fera en présence du Procureur du Roi, tous les mois, et les parts seront réglées ainsi qu'il est dit ci-après. A l'égard du produit des amendes, il ne reviendra auxdits Inspecteur, Exempt et Sergens, que celles qui seront prononcées sur leurs dénonciations, auquel

cas

cas la Sentence fera mention expresse que l'amende sera partagée conformément au présent article ; savoir, une moitié à l'Inspecteur, un quart à l'Exempt, l'autre quart également aux Sergens entre eux. Les lots des Exempt et sergens seront remis chaque mois par le Receveur, sur les certificats en forme de quittance dudit Inspecteur, et en sa présence.

ART. XXIII et dernier. Prions MM. les Officiers du Conseil Supérieur de Léogane de tenir la main à l'exécution de la présente Ordonnance, de la faire, à cet effet, enregistrer à leur Greffe, & en ordonner l'enregistrement & la publication aux Greffes des Jurisdictions ; sera pareillement ladite Ordonnance enregistrée au Greffe de l'Intendance. DONNÉ à Léogane, &c. le 10 Mars 1750. *Signés* DE CONFLANS et MAILLARD.

R. au Conseil de Léogane le 26 du même mois.
R. au Greffe de l'Intendance le 15 Mai suivant.

RÉGLEMENT des Administrateurs, touchant les Poids & Mesures.

Du 15 Mars 1750.

LE Comte de Conflans, &c.

Simon-Pierre Maillart, &c.

La bonne foi et la sûreté du Commerce dépendant en partie de la justesse des poids et mesures, il est des regles d'une bonne police de prendre les précautions les plus efficaces pour prévenir et réprimer les infidélités qui se commettent en ce genre dans cette Colonie, où il n'a été fait aucun étalonnement depuis plusieurs années. Le Réglement du Roi, en date du 1er Mars 1744, enregistré ès Conseils, se trouve contenir diverses dispositions qui demandent une grande étendue, pour en assurer l'exécution & applanir les difficultés qui naissent de la situation particuliere de chaque quartier, et des autres circonstances qui exigent maintenant (en suivant le même esprit de ce Réglement) que nous indiquions les moyens de s'y conformer ; en conséquence nous avons ordonné et ordonnons ce qui suit.

ART. Ier. Les matrices ou archétypes des différens poids et mesures seront déposés aux Greffes des Conseils Supérieurs, et y demeureront enfermés sous clef.

ART. II. Il sera incessamment établi dans chaque Bourg un Etalonneur-Jaugeur, lequel sera reçu & prêtera serment au Conseil Supérieur du lieu de sa résidence.

ART. III. Il est fait défenses et inhibitions très-expresses à toutes personnes de se servir, après les délais qui vont être fixés, des poids et mesures qui n'auront point été étalonnés en la forme et maniere qui sera prescrite, à peine d'être poursuivies extraordinairement, s'il y échet, pour crime de faux, & au moins d'amende arbitraire envers le Roi.

ART. IV. Chaque Etalonneur sera tenu d'avoir chez lui des matrices des divers poids et mesures.

SAVOIR:

En cuivre étalonné de la Monnoie de Paris.

Un marc avec ses divisions ordinaires; un poids d'une livre, un de deux, un de quatre, un de six, un de huit, un de dix, un de demi-livre, un d'un quarteron.

MESURES DE LONGUEUR.

En bois dur, revêtu en cuivre par les extrémites, étalonné au Châtelet de Paris, et au Bureau du Corps de ladite Ville.

Une toise, une aune, une demi-aune, un pied.

MESURES DES FLUIDES.

En étain, étalonné à l'Hôtel-de-Ville de Paris.

Un pot de deux pintes, un d'une pinte, un d'une chopine, un poisson, un misérable.

Un fléau suffisant pour les grosses pesées, qui sera suspendu également par le milieu, à couvert des injures du temps, garni de deux plateaux en bois dur, & de chaînes de fer d'égales grandeurs, exactement ajustées au tout.

Une balance portative, propre pour les pesées moyennes, c'est-à-dire, vingt-cinq livres de chaque côté, garnie de deux bassins de cuivre, et de chaînes de fer blanchi & étamé, avec suspensoir.

Une balance fine, appelée communément trébuchet, avec les subdivisions du poids de marc; le tout étalonné et fabriqué à Paris, pour peser avec précision les matieres précieuses, telles que les monnoies d'or et d'argent, les pierres fines et les perles, &c.

Des jauges dûment étalonnées des différentes Provinces du Royaume, dont le Commerce de France tire ses vins, huiles et eaux-de-vie qu'on apporte en cette Colonie.

Un poinçon tel qu'il sera décrit ci-après.

Une expédition dûment collationnée, tant du présent Réglement, que de l'Arrêt du 1er Mars 1744.

ART. V. Chaque Etalonneur-Jaugeur sera tenu d'envoyer, avant le 15 Février de chaque année, chez l'Etalonneur-Jaugeur des lieux où les Conseils Supérieurs tiennent leurs séances, ses poids et mesures, pour être étalonnés de nouveau en présence d'un des Substituts de M. le Procureur Général, sur les matrices déposées ès Greffes desdits Conseils.

ART. VI. Dans deux mois de la publication du présent Réglement, issue de Messe Paroissiale, tous les Négocians, Marchands en détail, Regrattiers, Capitaines, Magasiniers, Habitans ou autres ayant chez eux des poids et mesures, de quelque nature que ce soit, seront tenus de les porter au domicile ordinaire de l'Etalonneur Jaugeur des lieux, pour être lesdits poids et mesures étalonnés et ensuite marqués du poinçon public, sous peine, contre les défaillans, de l'amende ci-après prononcée; et il sera en outre ordonné un transport de l'Etalonneur chez les contrevenans, et à leurs dépens, qui seront taxés par le même Jugement qui ordonnera les transports, et il sera néanmoins libre aux Habitans de requérir le transport de l'Etalonneur chez eux, en lui payant 3 liv. par lieue pour voyage et retour, sans préjudice des droits d'étalonnement; défendons aux Etalonneurs de se transporter chez les Habitans, Marchands et Négocians, pour y faire des visites, si elles n'ont été ordonnées; ou s'il n'en ont été requis.

ART. VII. Dans les deux derniers mois de chaque année, tous les Négocians, Marchands au détail, Regrattiers, Capitaines, Gardes-Magasins, Habitans ou autres ayant chez eux des poids et mesures, seront pareillement tenus de les rapporter chez l'Etalonneur-Jaugeur-Juré, pour y être de nouveau vérifiés et marqués du poinçon public, et ce sous les peines portées au précédent article. La présente disposition ne commencera à avoir son exécution que dans le courant de 1751.

ART. VIII. Chaque Etalonneur tiendra un registre particulier pour chaque année, coté et paraphé en toutes les pages d'un des Officiers de la Jurisdiction ordinaire, & y inscrira jour par jour les noms de ceux dont il aura vérifié les poids et mesures, ensemble la somme qu'il en aura reçue pour les vérifications et marques; sera en outre tenu d'inscrire sur ledit registre le jour que les poids et mesures lui auront été remis, de donner certificat de l'apport, même quittance de ce qui lui aura été payé pour lesdites vérifications et marques.

ART. IX. Il sera délivré à chaque Etalonneur-Jaugeur, par les Receveurs des amendes des lieux où les Conseils Supérieurs tiennent leurs séances, un poinçon particulier pour chaque année, lequel sera fabriqué de maniere à empreindre distinctement en demi-relief, ou par excavation, sur les divers métaux dont les poids et mesures sont ordinairement composés, la lettre initiale du nom du chef-lieu, et les chiffres désignatifs de l'année courante.

Art. X. La façon des poinçons sera prise sur la caisse des amendes, et sera allouée en dépense aux Receveurs d'icelles, en rapportant les récépissés des Etalonneurs, et la quittance de l'Ouvrier au pied de la taxe qui en aura été préalablement faite par M. l'Intendant ou les Commissaires dans les quartiers particuliers.

Art. XI. Lorsque les mesures présentées à l'Etalonneur n'auront pas une marque suffisante pour faire connoître facilement leurs qualités, l'Etalonneur sera tenu d'y en faire imprimer une de caracteres ineffaçables, et à l'endroit le plus apparent.

Art. XII. L'Etalonneur aura soin, après la vérification de chaque poids et mesure, d'y mettre l'empreinte du poinçon public de l'année courante, et de faire effacer celle de l'année précédente, pour éviter la confusion des empreintes.

Art. XIII. Le premier jour non férié de chaque année, l'Etalonneur sera tenu de clorre son registre, et d'inscrire dans l'acte de clôture les noms, qualités et demeures de ceux qui n'auront pas fait étalonner leurs poids et mesures, & de les faire viser et arrêter le même jour par un des Officiers de la Jurisdiction du lieu.

Art. XIV. Chaque Etalonneur sera tenu d'envoyer au Receveur des amendes des lieux de la résidence du Conseil Supérieur, dans le mois de Janvier de chaque année, au plus tard, et dans les trois mois de la publication du présent Réglement, un extrait de son registre certifié et ſigné de lui, contenant les noms, qualités et demeures, tant de ceux qui auront fait étalonner leurs poids et mesures, ainſi qu'il eſt prescrit ci-dessus, que de ceux qui auront manqué, duquel extrait il retirera un récépissé pour sa décharge, et ledit extrait, signé et certifié comme dessus, fera foi en Justice.

Art. XV. Chaque Etalonneur sera exempt de toute charge et corvée personnelle, et lui sera payé, pour la vérification et marque de chaque poids et mesure, et avant la remise;

SAVOIR,

Pour la vérification et marque pour chaque poids, 10 sous.

Pour affinement et ajustement de chaque fléau ou balance, 30 sous.

Pour droit de rechange de chaque poids, 15 sous, et le plomb à raison de 10 sous, si mieux n'aime l'habitant le fournir en nature.

L'habitant apportera ses poids, qui sont au-dessus de douze livres, garnis de boucles et chappes, sinon l'Etalonneur les rejettera.

ART. XVI. Enjoignons aux Marchands, Négocians, Capitaines, Habitans, Etalonneurs, Jaugeurs, et autres personnes désignées au présent Réglement, de s'y conformer chacun en droit soi, à peine de 50 liv. d'amende par chaque contravention, et d'amende arbitraire en cas de récidive, même d'interdiction contre les Etalonneurs; les Economes, Régisseurs et Procureurs des biens des absens, seront tenus en leur propre et privé nom, des contraventions, et payeront de leurs deniers les amendes encourues.

ART. XVII. Les amendes appartiendront, un tiers à l'Etalonneur, lorsqu'il aura donné avis de la contravention, et les deux tiers à Sa Majesté.

ART. XVIII. La connoissance des contraventions au Réglement appartiendra aux Conseils Supérieurs, privativement à tous autres Juges.

ART. XIX. Seront tenus les Receveurs des amendes des lieux de la séance desdits Conseils Supérieurs, de poursuivre en leur qualité la prononciation des amendes résultantes des contraventions au présent Réglement, à peine d'en être forcés en recette dans le compte de leur exercice, à l'effet de quoi ils joindront au compte d'icelui les feuilles qui leur auront été envoyées par les Etalonneurs.

ART. XX. Le Réglement du Roi du 1er Mars 1744, ayant, par les articles 1, 2, 3, 4 et 5, fixé les jauges de différentes futailles de farine, bœufs, vins et eaux-de-vie venant de France, l'Etalonneur en fera la vérification sur la demande des Habitans ou Commerçans, pour, dans le cas de la contravention au susdit Réglement, faire condamner les Capitaines ou représentans les Propriétaires de la cargaison, aux peines portées par lesdits articles ci-dessus.

Prions MM. les Officiers des Conseils, séans à Léogane et au Cap, de tenir la main à l'exécution de la présente Ordonnance, et de la faire à cet effet enregistrer en leurs Greffes et dans tous ceux des Jurisdictions particulieres de leur ressort; ordonnons aussi qu'elle sera enregistrée au Greffe de l'Intendance. DONNÉ à Léogane, &c. *Signés* DE CONFLANS et MAILLART.

R. au Conseil de Léogane le 26 Mai 1750.
Et à celui du Cap le 12 Août 1751.

LETTRE des Administrateurs au Conseil du Cap, sur les fonctions de M. le Marquis DE VAUDREUIL.

Du 25 Mars 1750.

MRS. Il a plu au Roi d'accorder à M. le Marquis de Vaudreuil des provisions de Gouverneur particulier de la partie de l'Ouest.... Il a obtenu le grade de Capitaine de Vaisseau, & le commandement général de la Colonie lui est déféré en l'absence de M. de Conflans, et sous ses ordres en sa présence.

M. de Vaudreuil, Messieurs, qui fut reçu et reconnu hier, à la tête des Troupes et des Milices, aux droits, fonctions et prérogatives dont nous venons de vous parler, s'est présenté ce matin au Conseil Supérieur de Léogane, et y a fait enregistrer ses provisions sans difficulté, à la satisfaction de tous ceux qui composoient ce Tribunal, et à la nôtre en particulier.

La même opération doit se faire au Cap, en observant de rendre à M. de Vaudreuil les mêmes honneurs qui ont été rendus à M. de Conflans, et dans la même forme qu'il a été reçu; et nous avons lieu de croire que M. de Vaudreuil sera content du zele des Troupes et des Milices, et des attentions de la Cour.

Vous ne sauriez en effet, Messieurs, lui trop marquer d'attachement et de considérations; vous connoissez ses vertus, ses bonnes intentions, la supériorité de son génie, et les talens particuliers qu'il a pour bien commander; ce sont les motifs qui ont porté Sa Majesté à lui accorder toutes les graces dont il est revêtu, ou plutôt à rendre justice à son mérite.

Nous devons cependant vous expliquer les intentions du Roi, par rapport aux pouvoirs et honneurs dont il doit jouir. Comme Commandant Général, il est, Messieurs, sans difficulté qu'en l'absence de M. de Conflans de la Colonie, ils doivent être semblables à ceux dont il jouit en sa qualité de Gouverneur-Lieutenant-Général; mais il n'en doit pas être de même lorsqu'il sera présent dans la Colonie.

Dans ce cas, les pouvoirs de M. de Conflans ne pouvant être divisés ni égalés, suivant l'explication qu'en donne Sa Majesté elle-même, les pouvoirs de M. de Vaudreuil seront restreints à commander sous ses ordres tous les Officiers de la Colonie sans aucune distinction.

Quant aux honneurs, le Roi a réglé que M. de Vaudreuil jouira de tous ceux qui sont attribués à M. de Conflans dans toute l'étendue des Gouvernemens où il ne sera pas présent, sans aucune restriction, et qu'il ne lui sera rendu que les honneurs dus à un Gouverneur particulier, dans le Gouvernement où ils se trouveront ensemble, soit par rapport aux honneurs militaires, soit dans les Conseils Supérieurs, aux Eglises, et aux cérémonies publiques.

Vous aurez, s'il vous plaît, agréable, Messieurs, de vous conformer exactement à toutes ces dispositions; et lorsque M. de Vaudreuil sera reçu au Conseil, et que ses provisions y auront été enrégistrées, de charger M. le Procureur Général, ou son Substitut en la Cour, de faire connoître les intentions du Roi à tous les Officiers des Jurisdictions inférieures, ressortissans de votre Tribunal, afin qu'ils s'y conforment; & en justifiant des diligences, vous m'accuserez la réception de cette lettre. Nous avons l'honneur, &c. *Signés* DE CONFLANS et MAILLARD.

Déposée au Conseil du Cap le 9 Avril 1750.

ORDONNANCE des Administrateurs, portant exemptions, en faveur de M. DE VAUDREUIL, de droits, corvées, &c.

Du 30 Mars 1750.

LE Comte de Conflans, &c.

Simon-Pierre Maillart, &c.

Le Roi ayant accordé, par Lettres-Patentes et autres Commissions particulieres, à M. le Marquis de Vaudreuil, le Gouvernement de la partie de l'Ouest, le commandement de la partie du Sud, le grade de Capitaine de Vaisseaux, et le commandement général de toute la Colonie en l'absence de M. le Comte de Conflans, et sous ses ordres en sa présence, et jugeant qu'en cette qualité M. de Vaudreuil doit jouir de l'exemption de Negres, tout de même que le Gouverneur et Lieutenant-Général : nous ordonnons que, conformément à l'article 2 du Réglement de Sa Majesté, en date du 25 Septembre 1744, M. de Vaudreuil jouira de l'exemption générale des droits d'octroi, pour tous ses Negres domestiques et de jardin; mais que, conformément audit article, il ne jouira de l'exemption des autres droits municipaux et corvées publiques, que pour les Negres domestiques, et que pour cinquante Negres seulement de ceux attachés à ses Habitations; qu'il sera fait mention en conséquence desdites exemptions dans les recensemens qui seront fournis par les Régisseurs desdites Habitations, pour être employés de même dans le recensement général de chaque année. Prions MM. du Conseil Supérieur du Cap d'enregistrer notre présente Ordonnance, pour sortir son plein et entier effet. DONNÉ à Léogane, &c. *Signés* DE CONFLANS et MAILLART.

R. au Conseil du Cap le 9 Avril suivant.

ORDONNANCE du Gouverneur Général, qui nomme un Commandant de la Rade de Léogane.

Du 12 Avril 1750.

LE Comte de Conflans, &c.

Le départ du sieur Réau, Capitaine du Navire l'Eole, de Bordeaux, laissant vacant le commandement de la Rade, et étant nécessaire d'y pourvoir, nous avons cru ne pouvoir faire un meilleur choix que de la personne du sieur Fabrique, commandant la Fortune, du Havre de Grace; nous l'avons à cet effet commis, préposé et nommé Commandant de la Rade de Léogane, pour y faire la police, maintenir l'ordre et la discipline, et y exercer tous autres actes, suivant l'exigence des cas, en observant de nous en rendre compte et de recevoir nos ordres. Mandons à tous Capitaines, Maîtres et Patrons de lui obéir et entendre pour tout ce qui concernera le service; *tel est notre plaisir:* en foi de quoi nous avons signé les présentes, et à icelles fait apposer le sceau de nos armes et le contreseing de notre Secrétaire. A Léogane, &c. *Signé* DE CONFLANS.

LETTRE de M. DE CONFLANS, Gouverneur des Isles sous le Vent, au Ministre de la Marine, sur les oppositions au départ pour France.

Du 17 Avril 1750.

C'EST en effet, ainsi que vous l'avez prévu par votre dépêche du 26 Novembre de l'année derniere, les Créanciers du sieur Chevalier d'Abon, qui

qui ont formé opposition à son départ pour France ; et tant que ces obstacles subsisteront, je ne consentirai point à lui donner son congé, à moins que vos ordres ne m'en imposent la nécessité ; m'étant fait une loi de ne permettre à personne de passer en France, lorsqu'il y a opposition de la part des Créanciers, ce moyen m'ayant paru le plus efficace pour engager les débiteurs qui soupirent pour la France, de se libérer.

ORDONNANCE des Administrateurs, qui défend la Chasse et la Pêche à la Tortue.

Du 30 Avril 1750.

LE Comte de Conflans, &c.

Simon-Pierre Maillart, &c.

Etant informés qu'au mépris des Ordonnances qui ont été si souvent faites par nos devanciers et par nous, il y a plusieurs Particuliers de tout état, qui se donnent la licence d'envoyer couper des bois à l'Isle de la Tortue, et étant convenable de réserver ces bois pour le Roi, nous avons jugé nécessaire, en renouvelant, en tant que de besoin, ces mêmes défenses, d'ordonner qu'aucun Habitant, de quelque état et condition qu'il soit, Blanc, Negre ou Mulâtre libre, non seulement ne pourra couper des bois, quelque petits qu'ils puissent être, mais ni aller chasser, sous aucun prétexte, à l'Isle de la Tortue, sans une permission par écrit signée de nous, à peine de 100 liv. d'amende pour la premiere fois, du double pour la seconde, et de plus grande en cas de récidive ; faisons défense aussi à tous Esclaves noirs ou mulâtres, d'aller couper des bois ni chasser à ladite Isle de la Tortue, à peine contre les Maîtres de payer 100 livres d'amende pour la premiere fois, 200 liv. pour la seconde, et d'encourir la confiscation des Esclaves, en cas de récidive ; lesquelles peines, qui ne pourront être réputées comminatoires, seront par nous prononcées sur les simples procès verbaux affirmés par ceux qui seront commis à cet effet ; et pour l'entiere exécution des présentes, nous avons ordonné à MM. Durecour et Samson, Commandant et Ordonnateur au Cap, d'ordonner des descentes de Maréchaussée sur les lieux, lorsqu'ils pourront avoir des avis de quelques contraventions, et seront, dans ce cas de surprise, les contrevenans condamnés en tous les frais, indépendamment de l'amende, et retenus en prison jusqu'à parfait payement, les bois coupés, mis en œuvre ou autrement, acquis au profit du Roi, nous réservant de faire les destinations des amendes en faveur de quelque Communauté. Et sera la présente enregistrée à notre Greffe, publiée et affichée par-tout où besoin sera. DONNÉ à Léogane, &c. *Signés* DE CONFLANS et MAILLART.

R. au Greffe de l'Intendance le même jour.
Et au Siége Royal du Cap le 11 Mai suivant.

LETTRE du Ministre à M. le Comte DE CONFLANS, *pour lui recommander de lui marquer la date de la mort des Officiers, en la lui annonçant.*

Du 30 Avril 1750.

DANS la plupart des Lettres que j'ai reçues jusqu'à présent, où il est fait mention des Officiers qui sont morts à Saint-Domingue, je me suis apperçu que la date de leur mort n'y est point marquée; ce qui occasionne des longueurs préjudiciables aux familles de ces Officiers, lorsqu'il est question de faire ces vérifications, et d'expédier en conséquence les certificats de mort. C'est pour remédier à ces inconvéniens et pour mettre les choses en regle à tous égards, que je vous prie de recommander aux Officiers commandans dans les différens quartiers de la Colonie, lorsqu'ils vous informeront de ces sortes de nouvelles, d'avoir attention de vous en marquer exactement la date, et d'avoir vous-même le soin de m'en rendre compte aussi-tôt que vous en aurez connoissance.

ORDONNANCE des Administrateurs touchant la Police du Port des Cayes.

Du 6 Mai 1750.

LE Comte de Conflans, &c.

Simon-Pierre Maillard, &c.

Vu la Requête qui nous a été présentée par le sieur René Tronchard, Capitaine de Port aux Cayes, du fond de l'Isle à Vache, tendante à ce qu'il nous plaise lui permettre d'établir une police convenable dans le Port des Cayes et Rade en dépendant, pour l'arrangement des Bâtimens, et faire défenses de calfater, chauffer ni radouber les Bâtimens sur le rivage, depuis la Pointe à Utreil jusqu'à la Pointe de la riviere des Cayes inclusivement, et ordonner que le sable et la roche qui sont sur le même rivage ne soient pas enlevés par aucuns Particuliers, attendu l'utilité; notre Ordonnance de renvoi à M. de Fosse-Cave, Commandant au fond de l'Isle à Vache, pour vérifier les faits, nous en rendre compte, et nous donner son avis, du 17 du mois dernier, la réponse dudit sieur de Fosse-Cave étant au pied, du 20 du présent mois, qui confirme les faits exposés par ledit sieur Tronchard, et qui pense sur ce fondement qu'il convient de suivre ses conclusions, pour éviter les fâcheux événemens qui pourroient résulter par le feu contre les Propriétaires des Maisons des Cayes, par le dégât que la fumée occasionne actuellement aux Marchands établis dans le voisinage de la riviere, par la dégradation du Port, qui seroit infaillible, si on continuoit à enlever les sables, et sur le danger auquel la Ville se trouveroit exposée si la mer n'étoit contenue par ces mêmes sables. Par tous ces motifs, nous avons jugé convenable de faire défenses à tous Capitaines, Négocians, Marchands et autres, de calfater, chauffer ni radouber aucuns Bâtimens, Barques, Chaloupes ou Canots, sous quelque prétexte que ce puisse être, depuis la Pointe à Utreil, jusqu'à la Pointe de la riviere des Cayes inclusivement, à peine de 100 liv. d'amende, applicable à l'Hôpital, et de demeurer responsable de tout le dommage qui aura été occasionné. Faisons défenses, sous les mêmes peines, de faire aucuns enlevemens de sable ni de roche au bord de la mer dans la même longueur; voulons que le sieur Tronchard, Capitaine de Port, pourvoye à l'arrangement des Bâtimens dans les Ports et Rades en dépendant, à peine de prison contre les désobéissans. Mandons au Commandant pour le Roi du fond de l'Isle à Vache, de tenir la main à l'exécution de la présente Ordonnance, qui sera enregistrée en notre Greffe, lue, publiée et affichée par-tout, &c.

R. au Greffe de l'Intendance le 11 du même mois.

ARRÊT du Conseil de Léogane, qui ordonne une levée de 30 sous par tête de Negres, pour les droits curiaux et suppliciés.

Du 25 Mai 1750.

ARRÊT du Conseil du Cap, qui nomme deux Conseillers pour installer les Administrateurs de la Providence.

Du 1er Juin 1750.

SUR la Remontrance verbale qui vient d'être faite à la Cour par le Procureur général du Roi, pour qu'il fût nommé deux de Messieurs pour installer les Administrateurs de la Providence, nommés par Arrêt de la Cour des 11 Avril et 5 Mai dernier, et faire l'inventaire de tous les effets en dépendans, le Conseil a commis et commet MM. la Chapelle, Fournier et Duperrier, Conseillers, pour installer lesdits Administrateurs, et faire procéder à l'inventaire desdits effets de la Maison de Providence du Cap.

RÉGLEMENT de M. l'Intendant, touchant les Huissiers de la Juridiction de Saint-Marc.

Du 1er Juin 1750.

Simon-Pierre Maillard, &c.

Ayant été informé que les Huissiers de la Jurisdiction de Saint-Marc consommoient en frais le Public, soit en faisant payer leur transport dans les différens quartiers de cette Jurisdiction de la Ville où ils font leur résidence, soit par la quantité d'exploits et de significations qu'ils se sont ingérés de multiplier sans nécessité; nous avions chargé les Officiers de ce Siége de vérifier les faits, de nous en rendre compte; et jusqu'à ce que nous puissions remédier à ces abus, d'ordonner provisoirement ce qu'ils estimeroient le plus convenable: en conséquence, le 3 Septembre dernier, ils ont enjoint à ces Huissiers de résider dans les différens quartiers du ressort dud. Siége. Ceux-ci nous ayant sur cela fait des représentations, nous les avons renvoyés pardevant ces Officiers, qui, le 8 Octobre suivant, ont établi entre les Huissiers une bourse commune, à la charge, entre autre, de travailler tous ensemble: mais l'expérience ayant fait connoître que, par ce dernier arrangement, le Public se trouvoit exposé à des inconvéniens qu'il convient de prévenir, il nous a paru nécessaire d'empêcher qu'il subsistât plus long-temps; et confirmant et approuvant la disposition faite par les Officiers dudit Siége le 3 Septembre dernier, nous ordonnons ce qui suit.

ART. Ier. Les Huissiers de la Jurisdiction de Saint-Marc feront à l'avenir leur résidence dans les différens quartiers de la dépendance.

SAVOIR:

A la petite Riviere.

Les nommés Lebas, Dassense, et Maurin.

Aux Verettes.

Les nommés Chatenay et Chibas.

Tous les autres dans la ville de Saint-Marc.

ART. II. Ceux ci-dessus désignés pour résider aux Verettes et à la petite Riviere, seront tenus de s'y établir et de résider dans des maisons situées près des Eglises, dans quinzaine au plus tard après la publication de la présente Ordonnance; le tout à peine de destitution.

ART. III. A compter de l'expiration de ladite quittance, les transports ne seront plus payés que de chaque Paroisse, excepté ceux aux Gouaives, qui seront comptés de la Paroisse de la petite Riviere.

ART. IV. Pour faciliter aux Procureurs et aux Négocians établis à Saint-Marc la remise et le retrait de leurs pieces, un des Huissiers destinés pour les Verettes et pour la petite Riviere, sera tenu de se rendre à l'Audience chaque jour d'icelle.

ART. V. Le voyage sera fait à tour de rôle; mais en cas de maladie, de corvée, ou de tout autre empêchement valable, de celui qui sera de semaine; il sera tenu d'avertir l'Huissier, qui le suivra, afin qu'il y supplée; et où celui-ci ne le feroit pas, il sera, par les Officiers du Siége, prononcé contre l'un d'eux, ou contre tous les deux, s'il y échet, telle peine qu'il appartiendra.

ART. VI. Dans le cas de poursuites à l'extraordinaire, pour fait de cargaison ou autrement, qui requerront célérité de moment à autre, et ne pourront être remises au jour d'Audience suivant, les Parties pourront envoyer dans toutes les Paroisses indifféremment les Huissiers résidant à Saint-Marc, qui, en ce cas, prendront leur transport dudit lieu, en se faisant toutefois autoriser par Ordonnance des Officiers du Siége, lesquels ne l'accorderont que dans le cas qu'ils le mériteront, faute de quoi l'Huissier ne prendra et ne sera passé en taxe que le transport, à compter de la Paroisse des Verettes ou de la petite Riviere, dans laquelle l'exploit sera donné, à peine d'interdiction contre l'Huissier, pendant six mois, de toutes fonctions, même comme Huissier de l'Intendance ou du Conseil Supérieur.

ART. VII. Sera la présente enregistrée au Greffe de l'Intendance et à celui de la Jurisdiction de Saint-Marc, lue et publiée issue de l'Audience, et affichée dans toutes les Paroisses du ressort dudit Siége, à ce que personne n'en ignore. DONNÉ au Port-au-Prince, &c. *Signé* MAILLART.

R. au Siége Royal de Saint-Marc, le 8 du même mois.

ARRÊT du Conseil du Cap, qui accorde aux anciens Administrateurs des Maisons de Providence, les mêmes droits qu'à ceux en exercice.

Du 2 Juin 1750.

VU par le Conseil la Requête de Dubuisson et Prost, et l'agrément de MM. les Général et Intendant, conclusions du Procureur Général du Roi, et ouï le rapport de M. Fournier la Chapelle, Conseiller, et tout considéré, le Conseil a ordonné et ordonne que les Suppliants, en ladite qualité, pourront assister à toutes Assemblées et Délibérations qui se feront audit Hôpital, et qu'ils jouiront des droits, honneurs et prérogatives attribués à cette qualité.

ARRÊT du Conseil du Cap, qui ordonne que le Sieur Quayrat, Aspirant Chirurgien, travaillera six mois à l'Hôpital général de la Charité, conformément au Réglement, et en rapportera certificat.

Du 3 Juin 1750.

Ordre du Gouverneur Général à M. le Chevalier DE MACNÉMARA, sur le Voyage de M. DE VAUDREUIL à Saint-Marc, au Port-de-Paix, au Fort Dauphin et au Cap, et sur les honneurs à rendre à cet Officier.

Du 1er Juillet 1750.

LE bien du service exigeant que M. de Vaudreuil se transporte à Saint-Marc, au Port-de-Paix, au Fort-Dauphin, et de là au Cap, nous avons jugé convenable, pour accélérer ses opérations, de le faire passer par la Frégate du Roi la Fidele, commandée par M. le Chevalier de Macnemara, auquel en conséquence nous ordonnons de passer M. de Vaudreuil dans les différens Postes, de lui faire rendre, suivant les intentions du Roi et les ordres à nous donnés à cet égard, les honneurs dus à un Gouverneur particulier, lorsqu'à Saint-Marc il fera sa descente à terre, et les mêmes honneurs qui me seroient rendus à moi-même en ma qualité de Gouverneur et Lieutenant Général, lors de sa descente à terre et de sa réception au Commandement général sous mes ordres au Port-de-Paix, au Fort-Dauphin, et au Cap; lesquels honneurs de Gouverneur, Lieutenant Général, sont réglés à dix-sept coups de canon, à faire battre aux champs, et à faire mettre pavillon en avant de la Chaloupe lors de la descente à terre, et à 17 coups de canon lors de la réception. M. de Macnemara aura agréable d'observer cet ordre; il se conciliera au surplus avec M. de Vaudreuil pour tout ce qui concernera le service et les croisieres. Le renvoyons à l'Ordonnance du Roi du 25 Mai 1745, qu'il nous a dit connoître, pour ce qui regarde la police des Rades. A Léogane, le 1er Juillet 1750. *Signé* DE CONFLANS.

ARRÊT du Conseil du Cap, qui ordonne qu'un Maître recevra 1000 liv. de la Caisse des Suppliciés, pour le prix de sa Négresse affranchie par le Gouvernement, pour avoir dénoncé des Assassins.

Du 9 Juillet 1750.

VU par le Conseil l'Ordonnance de MM. de Conflans et Maillart, donnée à Léogane le 30 Mai dernier, signée de Vaudreuil, à cause de la maladie de M. le Chevalier de Conflans, et Maillart, par laquelle, sur la demande dudit Conseil, la liberté de la nommée Louison, Négresse appartenante au sieur Bernard Grandjean, Négociant au Cap, auroit été accordée pour lui tenir lieu de récompense de la dénonciation par elle faite des Negres qui ont commis l'assassinat et participé à l'assassin des Passagers de la Goelette de Jacquezy, à la charge de payer audit sieur Grandjean 100 pistoles, dont il se contentoit, sur les fonds de la caisse publique, et ainsi qu'il est plus au long porté par ladite Ordonnance: ouï le Procureur Général du Roi, et tout considéré, LE CONSEIL a ordonné et ordonne que, par le Receveur des Droits des Negres suppliciés, il sera payé audit sieur Grandjean la somme de 1000 liv. pour le prix de ladite Négresse Louison, dont il s'est contenté, affranchie par ladite Ordonnance.

ORDONNANCE des Administrateurs, touchant la distribution des Eaux de la riviere du Cabeuil, quartier de l'Artibonite.

Du 18 Juillet 1750.

VU le Mémoire à nous présenté par les Intéressés à la distribution des eaux de la riviere du Cabeuil, notre Ordonnance ensuite du 6 Décembre 1749, la délibération faite en conséquence par lesdits Habitans le 14 Mai de la présente année, dans laquelle est fait mention des dires, réquisitions et réserves de plusieurs d'entre eux, et des réponses faites par le reste des Intéressés. Nous, faisant droit sur le tout, renvoyons le sieur Panié à l'exécution de notre Jugement rendu entre les Parties le 6 Décembre de l'année derniere. Renvoyons pareillement lesdits Ubert à l'exécution de celui rendu par MM. de Chatenoye et Maillart, le 26 Février 1748, entre le sieur Cler son auteur, et le sieur Jouve et Consorts; en conséquence, le déboutons de sa demande en dédommagement, pour raison du canal qui passe sur ses Habitations; ordonnons au sieur Grand, ès noms et qualités qu'il agit, et à tous autres desdits Intéressés, de fournir leur contingent de Negres, chacun en nature, et non en argent; donnons acte aux sieurs Jouve, Magnan et Constant, aux droits du sieur Dugas, du consentement donné par le reste desdits Intéressés, lors de ladite délibération, à ce que les dépenses et travaux qu'ils ont faits pour l'ouverture de leur canal, se trouvant utiles pour ladite distribution, soient compensés avec ceux dont ils seroient tenus pour leur contingent, à l'effet de quoi ils en représenteront un état, qui sera arrêté sur lesdits intéressés dûment assemblés, ou, en cas de contestation, par des Arbitres nommés par les Parties, sinon d'office, lesquels Arbitres prêteront serment devant le Juge de Saint-Marc, que nous commettons à cet effet; et dans le cas où lesdites dépenses et travaux n'égaleroient point ceux qui, par une répartition juste, devoient tomber à leur charge, voulons qu'ils soient par eux complétés, comme aussi où leurs dépenses ou travaux excéderoient leur contingent, voulons que le surplus leur soit payé par lesdits autres Intéressés, suivant qu'il sera fixé par lesdits Arbitres, si mieux n'aiment les Parties en convenir à l'amiable. Donnons acte de la renonciation faite par le sieur Raulin pour la dame sa mere, et de celle des sieurs Renaud et Constant, mentionnées en notre susdite Ordonnance, à être colloqués dans ladite distribution; au surplus, homologuons la délibération, pour sortir son plein et entier effet; en conséquence,

conséquence, ordonnons à tous les Intéressés à icelle de faire incessamment constater, si fait n'a été, la quantité de leurs terres arrosables, à l'effet de fixer la portion d'eau qui doit leur revenir, et de remettre sous récépissés leurs procès verbaux d'arpentage et plans figuratifs à la personne qu'ils chargeront de cette entreprise, dont le projet nous sera rapporté avant de commencer à travailler, pour être par nous approuvé, s'il y a lieu, et fait droit aux contestations qui pourroient s'élever sur icelui. Prions M. Bizoton de la Motte, Lieutenant de Roi, commandant à l'Artibonite, de tenir la main à l'exécution de la présente Ordonnance, qui sera, ainsi que lesdits Mémoires, délibération et Ordonnance ci-dessus mentionnés, enregistrée au Greffe de l'Intendance. Mandons, &c. A Léogane le 18 Juillet 1750. *Signés* DE CONFLANS ET MAILLART.

R. au Greffe de l'Intendance le 21.

ORDONNANCE des Administrateurs, approbative de la distribution des Arpenteurs par quartier, et qui leur enjoint d'adresser à l'Arpenteur général des copies de leurs Plans pour les Administrateurs.

Du 22 Juillet 1750.

NOUS, Général et Intendant des Isles Françoises de l'Amérique sous le Vent, avons approuvé et autorisé la destination qui a été faite des Arpenteurs compris dans la présente liste; ordonnons qu'un chacun d'eux seront fixés et résideront dans lesdits lieux marqués, et qu'ils tiendront des registres en bonne et due forme des certificats qu'ils délivreront, en se conformant aux ordres que nous avons déjà donnés de ne délivrer leurs certificats de terrein que de la quantité de mille pas, pour établissement en hatte ou corail, et de quinze cents pas pour hatte et corail, jusqu'à ce qu'ils aient reçu des ordres contraires; voulons que chacun d'eux, dans son quartier, fasse des plans figuratifs des lieux, à mesure qu'ils feront des opérations, qui seront adressés à l'Arpenteur général du ressort du Conseil du Cap, qui aura attention de nous les faire passer. Nous lui mandons de tenir la main à l'exécution des présentes dispositions, et sera la présente enregistrée en notre Greffe commun. DONNÉ à Leogane, &c. *Signés* DE CONFLANS et MAILLART.

R. au Greffe de l'Intendance le 24.

ORDONNANCE des Administrateurs pour l'écoulement des eaux d'un Lagon du quartier de l'Artibonite.

Du 30 Juillet 1750.

A M. le Chevalier DE CONFLANS, *&c.*

SUPPLIE humblement Louis Marchand, habitant au quartier de l'Artibonite; disant qu'il y a environ 30 ans qu'il se seroit ouvert, par un événement assez singulier, au pied d'une montagne, un étang d'environ 200 pas en carré, sans que l'on puisse savoir d'où sortent ces eaux; que le même Lagon, dans le commencement des pluies, gonfle si extraordinairement, qu'il noye plus de 1500 pas de terre sur 600 pas, dont il a la majeure partie sur son habitation, et il fallut dans ce temps-là rebâtir les maisons et abandonner les établissemens dans cettedite terre; les mêmes eaux s'étendent comme une nappe jusque dans le grand chemin, où il fallut faire des levées pour faciliter le passage au Public, et s'écoulent au travers de l'Habitation du sieur Coquiere, par un fossé qui a été fait sur son Habitation, ne pouvant lesdites eaux s'écouler ailleurs. Le Suppliant voyant que cette même nappe d'eau occupe la majeure partie de son Habitation, auroit fait appeler M. Bony, Ingénieur, arrivé depuis quelque temps dans le quartier, et l'auroit prié de niveller du depuis la tête de ce lagon jusqu'au fossé du sieur Coquiere, où s'écoulent cesdites eaux, s'il n'y avoit pas moyen, au lieu de cette nappe d'eau, de la resserrer par un canal, et de la conduire dans le même endroit où elle passe, sans que cela puisse nuire ni préjudicier à personne, il s'est trouvé, par les opérations que ledit sieur Bony a faites, qu'il y a, du depuis ladite tête du Lagon jusqu'audit fossé, 9 pieds de pente; que par conséquent un canal qui prendra depuis la tête dudit Lagon jusqu'audit fossé où il y a 140 pas de canal, sera suffisant pour contenir lesdites eaux du Lagon, jusqu'auxdits écoulemens du fossé.

Cesdites mêmes eaux viennent, dans les pluies, jusque dans les maisons du Suppliant, par le filtrage, et lesdites mêmes eaux venant à se retirer en partie dans les secs, rendent l'air mauvais et contagieux; ce qui occasionne des maladies aux personnes, tant Blancs que Negres, qui demeurent sur cettedite Habitation. Le Suppliant voudroit faire cet ouvrage à ses dépens, &c., sans qu'il en coutât rien à personne; et comme cela paroît être un ouvrage difficile, vu que personne ne s'est imaginé d'égoutter cesdites eaux, et qu'il se trouve souvent des personnes de mauvaise humeur, qui veulent s'opposer à de pareilles entreprises, c'est pourquoi il a recours à votre autorité, pour qu'il vous plaise, &c. Vu, &c. Nous ordonnons, avant faire droit, la visite, &c. DONNÉ à Léogane le 9 Février 1750. *Signés* DE CONFLANS et MAILLART.

VU la Requête de plusieurs Habitans, ensemble les pieces, notamment le procès verbal de visite, et le rapport fait par le sieur Guiol le 10 Avril dernier, nous avons homologué et homologuons ledit rapport, pour sortir son plein et entier effet: en conséquence, ordonnons que les travaux par lui indiqués pour dessécher les environs de l'étang qui se trouve sur l'Habitation du sieur de la Ville, et pour diminuer les eaux dudit étang, seront faits au commencement du mois de Janvier prochain, par les Supplians, qui seront tenus d'y envoyer chacun la même quantité de Negres, excepté le sieur Marchand, qui ne sera tenu d'en donner que les deux tiers des autres, attendu le canal qu'il a fait tout seul, et dont on se servira pour l'écoulement des eaux dont il s'agit. Prions M. Bizoton de la Motte, Lieutenant de Roi à l'Artibonite, de tenir la main à l'exécution des présentes, qui, ainsi que les précédentes Requêtes des Parties, leurs dires, et les rapports, nivellement et plan du sieur Guiol, seront enregistrés et déposés au Greffe de l'Intendance, pour y avoir recours, si besoin est. Mandons, &c. DONNÉ à Léogane le 30 Juillet 1750. *Signés* DE CONFLANS et MAILLART.

R. au Greffe de l'Intendance, le même jour.

EXTRAIT de la Lettre du Ministre à MM. DE CONFLANS et MAILLART, pour donner avis à M. l'Amiral des vacances qui se trouveront dans les Amirautés.

Du 6 Août 1750.

LORSQU'IL y aura des remplacemens à faire dans les Jurisdictions et dans les Amirautés, il sera à propos qu'en même temps que vous m'adresserez vos propositions, vous en écriviez aussi à M. l'Amiral, pour ce qui regardera les Amirautés, et que vous l'informiez des raisons qui vous détermineront en faveur des sujets que vous proposerez; c'est à quoi je vous prie de ne pas manquer.

ORDONNANCE des Administrateurs, qui abolit la Ferme des Passages du Cap au Fort-Dauphin.

Du 24 Août 1750.

LE Comte de Conflans, &c.

Simon-Pierre Maillart, &c.

Sur les représentations des Habitans du Fort-Dauphin, et des Négocians et Capitaines de Navires mouillés au Cap, que les Fermiers des passages desdits lieux ne se sont point mis en état, depuis la paix, de fournir aux transports des sucres et autres denrées, pour les embarquer dans lesdits Navires qui sont en chargement au Cap, nonobstant l'avertissement qui en a été ci-devant fait auxdits Fermiers, suivant nos ordres, et qu'outre que ce retardement est très-préjudiciable aux chartes parties d'affretement qu'ils ont passées, ils souffrent encore infiniment du dépérissement de ces denrées, qui restent long-temps déposées aux embarcadaires; et étant important de veiller à des inconvéniens aussi contraires aux Habitans et au bien du Commerce, par la négligence et l'avidité de ces Fermiers, à cause de l'exclusion de tous autres Passagers, nous ordonnons qu'à commencer du 1er Septembre prochain, la Ferme desdits Passagers du Cap au Fort-Dauphin sera abolie et résiliée; permettons en conséquence à tous Navigateurs et autres Particuliers ayant des bâtimens, de faire librement le transport desdites denrées du Fort-Dauphin au Cap, en convenant du prix, de gré à gré, avec les Habitans, Commerçans et Capitaines. Sera la présente enregistrée au Greffe et au Contrôle de la Marine, lue, publiée et affichée par-tout où besoin sera, pour que personne n'en ignore. DONNÉ à Léogane, &c.

R. au Greffe de la Subdélégation le 20 Septembre suivant.

ORDONNANCE des Administrateurs en second au Cap, concernant l'Arpentage des Terrains du quartier des Côtelettes.

Du 29 Août 1750.

JOSEPH-Hiacinthe de Rigaud, Marquis de Vaudreuil, &c.; Jean-Baptiste Samson, &c.

La quantité considérable d'Habitans qui journellement obtiennent des concessions dans le quartier des Ecrevisses, dépendance du Fort-Dauphin, et lesquels n'ont point encore commencé leurs établissemens, ni même fait arpenter leurs terrains, nous faisant craindre que se plaçant sans ordre et indistinctement, il n'en résulte par la suite des procès entre les nouveaux Concessionnaires; à quoi nous croyons ne pouvoir mieux obvier, qu'en ordonnant à un des Arpenteurs du Roi de ce Gouvernement de se transporter sur les lieux et y faire sa résidence, enfin, d'arpenter lesdits terrains, et de placer lesdits Concessionnaires à la suite les uns des autres, en observant de ne laisser aucun vuide ni restant de terre; et pour cet effet, nous avons nommé le sieur Dumarsais, Arpenteur ordinaire du Roi, lequel seul, et à l'exclusion de tous autres, et ce jusqu'à nouvel ordre, arpentera tous les terrains nouvellement concédés dans ledit quartier, même celui du Moka-Neuf, et observera de placer les Concessionnaires à la suite les uns des autres, sans laisser entre eux aucun vuide ni restant de terre, et se conformera le plus exactement qu'il sera possible aux abornemens désignés dans lesdites concessions, sinon le plus convenablement que faire se pourra, nonobstant toutes oppositions, qui ne pourront arrêter la continuation des arpentages desdits terrains, dont seulement il sera fait mention dans les procès verbaux d'arpentages, sauf à nous à y faire droit; et faute par les Concessionnaires de remettre audit Arpenteur leurs titres, et de faire arpenter dans ledit temps, ils seront déchus de leurs droits et concessions réunis au Domaine.

Défendons audit Arpenteur d'arpenter à un même Concessionnaire plus de deux concessions, et aucune concession vendue sans notre permission, par ceux à qui elles auront été accordées, dont il sera tenu de nous avertir, pour que ces concessions soient réunies au Domaine, afin d'obvier à l'abus qui s'est glissé, par des personnes qui obtiennent des concessions, pour les vendre et en faire un commerce illicite; et à l'égard des concessions qui auront été accordées pour hatte, elles seront réduites à la quantité de huit cents pas; et ledit sieur Arpenteur sera tenu de dresser un plan général et exact dudit quartier, à mesure qu'il avancera dans ses opérations, ainsi que de nous désigner sur ledit plan les chemins qu'il conviendra ouvrir pour la communication dudit quartier et autres voisins. DONNÉ de nous au Cap le 29 Août 1750. *Signés* DE VAUDREUIL et SAMSON.

R. au Siége Royal du Cap le 16 *Janv.* 1768.

ORDONNANCE des Administrateurs pour l'entretien d'un Bac sur la grande Riviere de la Grande-Anse.

Du 11 Septembre 1750.

LE Comte de Conflans, &c.

Simon-Pierre Maillart, &c.

L'utilité publique ayant, en 1744, engagé MM. de Larnage et Maillart à permettre au sieur Branchu, habitant au quartier de la Grande-Anse, de percevoir un droit de ceux qui vouloient passer la grande riviere dudit quartier dans le bac qu'il avoit fait construire, seulement pour l'exploitation de l'Habitation qu'il tenoit à ferme du sieur d'Ervaux; M. Bineau de la Saline, Major pour le Roi, Commandant à la Grande-Anse, guidé par le même esprit, ordonna le 13 Août dernier audit sieur Branchu, qui, depuis l'expiration de sa Ferme, avoit retiré son bac, de le raccommoder & remettre incessamment à l'eau, afin de faciliter la communication dudit quartier, qui étoit totalement interrompu par le débordement de cette riviere, sauf à lui à se pourvoir pardevant nous pour obtenir des indemnités proportionnées à cette servitude : le sieur Branchu nous ayant en conséquence représenté les motifs qui l'avoient fait discontinuer, de faire usage de son bac; nous, y ayant aucunement égard et attendu la nécessité dont est ce bac pour le Public, ordonnons ce qui suit.

ART. Ier. Le sieur Branchu sera tenu d'entretenir toujours en bon état, avec un nombre suffisant de personnes, un bac sur la grande riviere de son quartier, pour passer nuit et jour tous ceux qui se présenteront, soit à pied ou à cheval.

ART. II. Le droit de passage sera payé conformément au Réglement fait à ce sujet par MM. de Larnage et Maillart le 5 Novembre 1744.

ART. III. Seront seulement exempts de payer le droit, l'Officier commandant pour le Roi, le Commandant des Milices, le Juge, les autres Officiers de Milice du quartier, voyageant pour les affaires du service, finalement les autres Officiers qui iront aux revues et alarmes, ou qui en reviendront, soit qu'ils passent en corps ou autrement ayant leurs armes.

ART. IV. En considération du passage *gratis* pour tous ceux mentionnés en l'article précédent, et des dépenses nécessaires pour l'entretien de ce bac, le sieur Branchu sera exempt de tutelle, curatelle, et (ainsi que le

Blanc, Mulâtre ou Negre libre préposé pour la conduite dudit bac) des revues générales ou particulieres, et de toutes corvées. Le sieur Branchu jouira en outre de l'exemption de tous droits ordinaires et extraordinaires, pour trente Negres travaillant sur son Habitation, à laquelle ledit bac est attaché. Sera la présente enregistrée aux Greffes de l'Intendance et de la Jurisdiction de la Grande-Anse. DONNÉ, &c. à Léogane, &c. le 11 Septembre 1750. *Signés* DE CONFLANS et MAILLART.

R. au Greffe de l'Intendance le 15.

INTERDICTION de M. le Marquis DE VAUDREUIL, Commandant Général, prononcée par M. DE CONFLANS.

Du 30 Octobre 1750.

LE Comte de Conflans, Chevalier de Saint-Louis, Chef d'Escadre, &c.

Etant informé que M. le Marquis de Vaudreuil, Gouverneur de l'Ouest, Commandant du Sud, et Commandant Général de cette Colonie sous nos ordres, a commis des fautes très-graves contre l'autorité du Roi, l'obéissance qu'il nous doit, et les devoirs qui lui ont été confiés; et voulant, pour éviter de plus grands maux, arrêter le cours de ses attentats et de ses insubordinations, qui ne sont déjà que trop cumulées, nous avons cru qu'il étoit du devoir de notre Charge de nous servir des pouvoirs que Sa Majesté nous a donnés; en conséquence, nous avons suspendu ledit sieur Marquis de Vaudreuil de toutes ses fonctions de Commandant dans les deux Gouvernemens de l'Ouest et du Sud, et dans toute l'étendue de la Colonie, tant par rapport à l'autorité qu'au lucratif et à l'honorifique; lui en interdisons l'usage, jusqu'à ce qu'il ait plu au Roi d'en ordonner autrement; lui faisons défenses, sous quelque prétexte que ce soit, de s'absenter de la Colonie, sans une permission expresse et par écrit de nous, à peine de désobéissance, et de plus grande, s'il y échoit. Mandons à M. Durecour, Lieutenant de Roi, commandant dans le Gouvernement du Nord, par l'absence de M. de Chatenoye, de lui notifier la présente interdiction au moment qu'il la recevra, en présence de MM. de Cadouche, de Chambellan, et des autres Officiers qui composent l'Etat-Major du Cap, et aussi de quelques autres Officiers de la garnison, s'il le juge convenable; et en cas que le sieur Marquis de Vaudreuil s'exhalât en propos indécens et inconsidérés contre l'autorité qui réside en nous, nous ordonnons audit sieur Durecour de le faire arrêter sur le champ et conduire, en bonne et sûre garde, dans la Forteresse du Fort-Dauphin, et de l'y faire consigner jusqu'à nouvel ordre; nous lui ordonnons de plus de rendre cette interdiction notoire aux Troupes entretenues, à celles de Milices, et à tous ceux qui doivent en être instruits dans toute l'étendue du Gouvernement du Nord, afin que personne n'en ignore, et ne lui obéisse en choses qui concerne le service : il défendra définitivement aux Capitaines Marchands et à tous autres, de donner passage audit sieur Marquis de Vaudreuil, ni de favoriser sa sortie de l'Isle, et il nous rendra compte de l'exécution du présent. DONNÉ à Léogane le 3 Octobre 1750. *Signé* DE CONFLANS.

Lue et publiée à la tête des Troupes et des Milices, au Cap, le 14 Octobre 1750, en présence de M. Durecour, Commandant de la partie du Nord.

ORDONNANCE du Roi, concernant les Congés qui seront accordés aux Soldats des Compagnies détachées de la Marine, servant à Saint-Domingue, qui demanderont à s'établir dans la Colonie.

Du 18 Octobre 1750.

SA Majesté s'étant fait représenter ses différentes Ordonnances concernant les concessions à distribuer, dans quelques-unes de ses Colonies de l'Amérique, aux Soldats des Compagnies détachées de la Marine qui y sont entretenues, auxquels il est accordé des congés pour s'y établir, et estimant nécessaire de faire les mêmes dispositions par rapport à la Colonie de Saint-Domingue, pour y procurer l'augmentation des cultures, et faciliter à ceux des Soldats qui y sont en garnison et qui auront envie d'y former des établissemens, les moyens d'y parvenir, elle a ordonné ce qui suit :

ART. Ier. Dans chacune des trente-quatre Compagnies Françoises dont la garnison de Saint-Domingue doit à l'avenir être composée, il sera accordé chaque année congé absolu à deux Soldats, auxquels il sera concédé des terres, et néanmoins les congés ne leur seront délivrés qu'après que lesdits Soldats concessionnaires auront défriché et mis en valeur, pendant les trois premieres années, le nombre de carrés de terre qui sera jugé convenable par le Gouverneur, Lieutenant Général, et l'Intendant de la Colonie, et dont il sera fait mention dans lesdites concessions, faute de quoi lesdites concessions seront réunies au Domaine de Sa Majesté, et lesdits Soldats tenus de reprendre le service dans lesdites Compagnies.

ART. II.

Art. II. Avant de concéder des terres aux Soldats congédiés, il sera déterminé par le Gouverneur Lieutenant Général & par l'Intendant de la Colonie, les endroits où seront placés lesdits Soldats, et la quantité de terre qu'il conviendra de distribuer à chacun d'eux, en observant de les placer à côté les uns des autres, & de proche en proche, autant que cela sera praticable.

Art. III. Pour donner moyen auxdits Soldats congédiés de subsister, en attendant qu'ils aient formé leurs établissemens, veut Sa Majesté qu'ils soient tous présens aux montres et revues, qu'ils reçoivent les vivres, l'habillement et la paye, de même que les autres Soldats, pendant les trois années qui ſuivront immédiatement les congés à eux accordés.

Art. IV. Pour procurer d'autant plus l'accroissement de ladite Colonie, ordonne Sa Majesté que, dans le nombre de Soldats François qui peuvent être congédiés chaque année dans les Troupes entretenues à Saint-Domingue, seront compris ceux qui se trouveront avoir des métiers utiles, comme Maçons, Charpentiers, Menuisiers, Tonneliers, Couvreurs, Taillandiers, Serruriers, Armuriers, Charrons, Cordonniers, Tailleurs, Selliers et Bourreliers, pour lesdits Soldats ainsi congédiés s'établir dans ladite Colonie, et y travailler chacun de son métier, et jouir, pendant le même eſpace de trois années, des mêmes graces qu'elle a accordées par l'article III ci-dessus aux Soldats qui auront obtenu des concessions de terre, à condition que leurs congés ne leur seront pareillement délivrés qu'après l'expiration desdites trois années, et qu'autant qu'ils auront fixé leur établissement et leur résidence dans ladite Colonie.

Mande et ordonne Sa Majeſté aux sieurs Comte de Conflans, Gouverneur Lieutenant Général, et de la Lanne, Commissaire Général de la Marine, chargé des fonctions de l'Intendance des Isles sous le Vent, de tenir la main à l'exécution de la présente Ordonnance, qui sera registrée aux Greffes des Conseils Supérieurs de Léogane et du Cap, lue, publiée et affichée par-tout où besoin sera, &c.

Ordre du Roi pour la translation du Conseil Supérieur de Léogane au Port-au-Prince.

Du 23 Octobre 1750.

Sa Majesté estimant qu'il convient au bien de son service et à l'avantage des Habitans qui sont du ressort du Conseil Supérieur établi à Saint-

Domingue par Lettres Patentes en forme d'Edit, du mois d'Août 1685, que ledit Conseil Supérieur, lequel tient depuis quelques années ses séances à Léogane, les tienne au Port-au-Prince, elle a ordonné et ordonne que les Officiers qui composent ledit Conseil Supérieur, se rendront au Port-au-Prince, pour y tenir les séances dudit Conseil en la forme et dans les temps ordinaires, dérogeant à cet effet Sa Majesté à toutes Ordonnances et Réglemens à ce contraires. Mande et ordonne Sa Majesté aux sieurs Gouverneur et Lieutenant Général et Intendant des Isles sous le Vent, et aux Officiers dudit Conseil Supérieur de se conformer à la présente Ordonnance, laquelle sera enregistrée au Greffe dudit Conseil Supérieur. FAIT à Fontainebleau le 23 Octobre 1750.

R. au Conseil de Léogane le 14 Mars 1752.

MÉMOIRE du Roi, pour l'établissement d'une nouvelle Imposition relative aux Fortifications de l'Isle Saint-Domingue.

Du 25 Octobre 1750.

DANS les arrangemens dont Sa Majesté ne cesse de s'occuper pour tout ce qui intéresse la sûreté de ses Colonies, et les progrès dont elles peuvent être susceptibles, le principal objet de ses soins et de son attention à cet égard est de procurer à celle de Saint-Domingue, dont l'importance lui est connue, tous les secours que sa situation peut exiger, tant pour son accroissement en temps de paix, que pour sa défense en cas de guerre. C'est dans ces vues qu'en prenant, dès les premiers momens de la paix, des mesutes pour la protection du Commerce de cette Colonie, où Sa Majesté a toujours depuis entretenu des Frégates, elle résolut d'y augmenter ses Troupes, l'Artillerie et les Fortifications, et elle s'y détermina même d'autant plus volontiers, que le compte qu'elle s'étoit fait rendre de la conduite que les Habitans avoient tenue la derniere guerre, lui avoit fait connoître de plus en plus combien ils méritent, par leur zele et leur fidélité, de partager l'affection qu'elle a pour ses Sujets.

Sa Majesté a donc porté à deux mille hommes la garnison de Saint-Domingue, qui avoit été fixée jusqu'à présent à mille, et cette augmentation de Troupes doit être envoyée incessamment dans la Colonie, où Sa Majesté a déjà fait passer de nombreuses recrues pour compléter les anciennes Compagnies; elle fait préparer une quantité assez considérable de canons et de mortiers, d'armes et de munitions, pour en fournir abondamment la Colonie; elle a donné des ordres pour réparer et perfectionner les fortifications qui s'y trouvent, et pour en faire de nouvelles dans les quartiers qui en ont beſoin pour leur défense; et pour assurer l'utilité et la solidité de tous ses travaux, elle y envoie des Ingénieurs dont l'expérience et la capacité sont connues.

L'épuisement où se trouvent les finances, par les dépenses immenses de la guerre qu'elle a été obligée de soutenir, ne l'a point arrêtée sur celles qui sont nécessaires pour l'exécution de toutes ces dispositions; elle a aſſigné des fonds extraordinaires, tant pour les frais de levée, l'embarquement, l'armement, l'habillement et la subsistance des nouvelles Troupes, que pour l'achat et l'envoi de l'artillerie, des armes et des munitions de guerre. L'empressement qu'elle a de savoir la Colonie en bon état de défenses, l'auroit portée à faire en même temps d'autres fonds pour les dépenses des fortifications, ſi cela eût été absolument possible; mais la nécessité indispensablee où elle se trouve de remplir les engagemens contractés par les dépenses de la guerre, tant en Europe qu'aux Colonies, et qui ne lui a pas encore permis de diminuer les charges des Peuples de son Royaume, malgré l'extrême besoin qu'ils en ont, lui permet encore moins de prendre dans ses Finances les dépenses des travaux à faire pour fortifier Saint-Domingue; et ce ne sera même qu'avec beaucoup de peine et d'embarras qu'elle pourra pourvoir à celle des approvisionnemens extraordinaires qu'elle a ordonnés pour cette Colonie, des envois ordinaires pour l'entretien et la subsistance de la garnison, lesquelles seront désormais doublées, et de l'armement des Vaisseaux et Frégates qu'elle se propose d'employer à la protection du Commerce.

Elle avoit compté que, du produit des droits d'octrois qui se perçoivent dans la Colonie, il resteroit assez de fonds non consommés, pour faire face aux dépenſes des fortifications; mais, par le compte qui lui a été rendu de l'état de la caisse, elle a reconnu que les dépenses extraordinaires de la derniere guerre ont conſommé la plus grande partie des fonds que Sa Majesté avoit ordonné qu'on réservât pour celles des fortifications; elle a même remarqué que, sur le pied du produit des droits actuels, on ne pourroit pas espérer de trouver de long-temps de quoi pourvoir à ces dernieres dépenses, attendu l'augmentation que va occasionner celles des Troupes dans les dépenses ordinaires.

Il est cependant de la derniere importance de presser, autant qu'il sera possible, l'exécution de tous les travaux que peut exiger la défense de la

Colonie; et malgré la résolution où est Sa Majesté de ne rien négliger pour l'affermissement et le maintien de la paix, il n'y a pas de temps à perdre pour mettre la Colonie en état de soutenir la guerre; il n'est pas même de plus sûr moyen de l'éviter, relativement aux puissances dont la jalousie est à craindre pour la Colonie.

Dans ces circonstances, il est indispensable que la Colonie elle-même seconde les efforts que Sa Majesté fait pour cela, en suppléant, par une augmentation d'imposition, à l'insuffisance du produit de celles qui sont actuellement établies; quelque juste que soit cette augmentation, Sa Majesté veut cependant bien ne pas l'ordonner par une Loi expresse, ainsi qu'elle en use dans les autres pays de sa domination: elle n'a point oublié la forme qui a été pratiquée pour l'établissement des droits d'octrois; et toujours satisfaite du zele avec lequel les Habitans s'y sont livrés, son intention est de leur laisser le soin de régler encore eux-mêmes cette nouvelle imposition.

Elle désire seulement que, dans les arrangemens qui seront pris à ce sujet, on observe deux choses; la premiere, que la nouvelle imposition qui sera faite soit limitée à un certain temps, passé lequel elle cessera d'avoir lieu, soit qu'elle se fasse par augmentation sur les droits d'octrois déjà établis, soit qu'elle doive consister dans des droits d'une espece nouvelle; et cette limitation doit être réglée par proportion aux dépenses extraordinaires à faire pour les Fortifications.

Et la seconde, qu'on y distingue les Habitans résidans dans la Colonie, des Propriétaires et Possesseurs d'Habitations qui ont fixé leur résidence en France. Il est juste en effet que, tandis que les premiers contribuent, par leurs services personnels, comme par les droits qu'ils payent, à la défense de la Colonie, les autres qui se trouvent déchargés du service personnel, payent des droits plus forts; et c'est sur ce principe que Sa Majesté entend que la nouvelle imposition soit réglée.

Elle ordonne à cet effet aux sieurs Comte de Conflans et Maillart de convoquer sans retardement une assemblée des deux Conseils Supérieurs de Léogane et du Cap, et que cette assemblée se tienne à Léogane, où le Conseil Supérieur du Cap se transportera, ainsi que cela s'est pratiqué en pareilles occasions; la délibération doit y être prise et exécutée, sans qu'il soit délibéré de nouveau au Cap, et Sa Majesté est persuadée que les deux Conseils se conduiront en cette occasion de maniere à répondre convenablement à la nouvelle marque de confiance et d'attention qu'elle veut bien leur donner, en s'en rapportant à leur zele sur un objet si intéressant.

Elle désire au surplus que les sieurs Comte de Conflans et Maillart renouvellent de sa part aux Habitans la promesse qu'elle leur a déjà faite, à l'exemple du feu Roi, qu'au moyen des droits d'octrois, ils seront exempts des droits du Domaine qui se perçoivent aux Isles du Vent, et que, dans aucun cas, il ne sera établi de Fermier pour les droits d'octrois dans la Colonie.

Et afin que les intentions de Sa Majesté soient connues, elle veut que les sieurs Comte de Conflans et Maillart déposent le présent Mémoire au Greffe du Conseil Supérieur de Léogane, et qu'il soit enregistré, tant en ce Greffe qu'en celui du Conseil Supérieur du Cap, et même aux Jurisdictions ordinaires, s'il est jugé nécessaire. FAIT à Fontainebleau le 25 Octobre 1750.

R. au Conseil du Cap le 1er Février 1751.
Et à celui de Léogane le 10 Mars suivant.

ORDONNANCE *des Administrateurs, touchant une Epizootie.*

Du 5 Novembre 1750.

CETTE *Ordonnance, rendue à l'occasion d'une maladie qui attaquoit les bêtes cavalines du quartier du Cul-de-Sac, porte, 1°. établissement de plusieurs Corps-de-Garde aux extrémités dudit quartier, pour empêcher la sortie des animaux, ainsi que l'entrée de ceux des autres quartiers, afin d'éviter toute communication; 2°. injonction aux sieurs Noguez, Médecin du Roi, et Bellot, Médecin ordinaire, de demeurer dans le quartier le temps nécessaire pour faire des observations et donner des secours; 3°. injonction aux Habitans de tout état et condition, sans exception aucune, de faire enfouir à six pieds en terre, à l'extrémité de leurs Habitations, et dans le plus grand éloignement des chemins Royaux, leurs animaux à l'instant même de la mort, et avec de la chaux vive, à peine de 500 liv. d'amende par chaque bête qui se trouveroit exposée; 4°. injonction à la Maréchaussée et à des détachemens de Mulâtres et Negres libres, de faire des chevauchées journalieres et nocturnes pour contraindre les Habitans à faire enterrer les bêtes mortes; 5°. et enfin, recommandation de l'exécution de ladite Ordonnance à M. de la Caze, Lieutenant de Roi, commandant audit quartier du Cul-de-Sac.*

La maladie cessa au commencement de Janvier 1751. On calcula que ses ravages avoient fait périr deux mille chevaux.

ARRETÉ du Conseil de Léogane, qui, attendu que la communication entre Léogane et plusieurs autres lieux a été coupée, à raison d'une épizootie pestilentielle, renvoie sa séance au mois de Janvier lors prochain.

Du 9 Novembre 1751.

LE Conseil étant informé que la maladie pestilentielle qui vient de se jeter au Cul-de-Sac, sur les chevaux et mulets, auroit porté MM. le Général et Intendant à couper la libre communication entre le quartier de Léogane et ceux du Cul-de-Sac du Mirebalais, du Boucassin, de l'Arcahaye, des Vases, de Saint-Marc, et de l'Artibonite; ce qui auroit empêché la plupart des parties de ces divers quartiers de se rendre aux présentes séances, et même d'y envoyer leurs pieces : ouï le Procureur Général du Roi, a ordonné et ordonne, que la séance du présent mois de Novembre demeurera close aujourd'hui; renvoie toutes les causes aux séances de Janvier prochain, sans nouvelles assignations, et a été le présent Arrêt lu aux Procureurs, audiences tenantes.

ORDONNANCE des Administrateurs, qui établit une nouvelle répartition pour parfaire l'entreprise du chemin des Vases à Saint-Marc, et qui accorde à l'Entrepreneur dudit chemin, à sa femme et à leurs enfans inclusivement, une exemption générale leur vie durante.

Du 21 Novembre 1750.

LE Chevalier de Conflans, &c.

Simon-Pierre Maillart, &c.

Vu les offres, conditions et propositions faites à MM. de Larnage et Maillart, le 12 Janvier 1746, par le sieur Lully de Fromancourt, Capitaine de Milice, habitant au quartier des Vases, aux fins d'ouvrir un chemin convenable à toutes sortes de voitures, depuis les Vases jusqu'à Saint-Marc; l'acceptation de MM. de Larnage et Maillart, et l'Ordonnance rendue en conséquence le 16 du même mois; la soumission dudit sieur de Lully étant à la suite, du 17; la Requête présentée au Conseil, pour requérir l'enregistrement des conventions et de l'Ordonnance susdite; l'Arrêt qui y a été rendu le même jour, l'enregistrement d'icelui, les rôles de l'imposition par nous ordonnée le 12 Avril de l'année derniere, pour prélever au profit dudit sieur de Lully une somme de 20,000 liv. sur les Habitans du Cul-de-Sac, des Vases, de l'Arcahaye, Bouccassin, Saint-Marc et l'Artibonite; la Requête présentée par ledit sieur Lully de Fromancourt, par laquelle il nous a exposé que l'ouverture et la perfection du chemin dont est question cause sa ruine; pourquoi il a requis qu'il nous plût commettre des personnes capables pour arbitrer la dépense à laquelle il a été exposé, examiner la beauté et la bonté du chemin, pour, sur le rapport des Experts, en ordonner la réception, le confirmer dans les priviléges et exemptions à lui accordés par ladite Ordonnance de MM. de Larnage et Maillart, dudit jour 16 Janvier 1746, et lui procurer une indemnité proportionnée aux dépenses excessives qui ont renversé totalement sa fortune; l'Ordonnance en conséquence par nous rendue le 20 Mai dernier, de renvoi à MM. Bizotont de la Motte et de la Caze, Lieutenans de Roi, commandans à l'Artibonite et au Port-au-Prince, pour être par eux nommés des estimateurs et gens à ce connoisseurs, aux fins de la Requête dudit sieur de Lully; l'acte de nomination fait en conséquence par M. de Champfleury, Major de Saint-Marc, en l'absence de M. Bizotton de la Motte, des sieurs Bertrand, Capitaine des Grenadiers; Mollet, Officier des Milices; Pairotte, Arpenteur du Roi, tous trois Habitans du quartier de Saint-Marc. Autre acte de nomination fait pour le quartier du Cul de-Sac, des Vases et l'Arcahaye, par M. de la Caze, des sieurs Maré, Petit-Bois et Hosten, les avis desdits Commandans; de tout quoi il résulte que les travaux du sieur Lully se montent à 37,478 livres, sans en ce comprendre ses peines, sa subsistance, et les malheurs qu'il est de notre connoissance qui lui sont arrivés pendant la durée de ce travail, pour raison de quoi, de l'avis desdits Arbitres et Commandans, et pour des considérarions équitables et justes, nous avons ordonné et ordonnons qu'il sera fait une levée semblable à celle qui a déjà été faite de 20,000 liv. sur tous les Negres des Habitans des Vases, l'Arcahaye, Boucassin, Cul-de-Sac, Trou-Bordet, de l'Artibonite, de Saint-Marc, sur le pied de 14 sous 6 deniers par chaque tête de Negre, à l'effet de quoi la premiere répartition qui a déjà été faite, nous sera remise par ledit sieur Lully, pour être notre Ordonnance mise au pied; nous l'avons aussi déchargé du payement de la poudre que nous lui avons fait fournir des Magasins du Roi; nous lui accordons au surplus à lui, sa femme et ses enfans inclusivement, les exemptions de tous les droits établis sur tous les Negres, soit royaux, curiaux ou municipaux, corvées publiques généralement quelconques, gardes, revues ordinaires, guet, piquet, patrouille, et autres charges, pour en jouir leur vie durant, sans difficulté, à condition toutefois, ainsi qu'il est exprimé dans ladite Ordonnance de MM. de Larnage et Maillart, dudit jour 16 Janvier 1746, qu'il rectifiera, comme il s'y est soumis, les défectuosités qui se trouvent dans son chemin, qui sont marquées aux procès verbaux dressés par les Experts les 4 Septembre et 10 Octobre dernier, lesquels, en conséquence, demeureront annexés à la présente Ordonnance, qui sera déposée en notre Greffe et enregistrée au Conseil Supérieur de Léogane; de tout quoi il sera remis une expédition *gratis* audit sieur de Lully, afin qu'il puisse exactement se conformer à ce qui est prescrit par les procès verbaux, pour achever son ouvrage, ensuite de quoi seront tenus les mêmes Experts de faire une nouvelle visite, qui servira de réception et de décharge audit sieur Lully. DONNÉ à Léogane, &c. le 21 Novembre 1750. *Signés* DE CONFLANS et MAILLART.

R. au Greffe de l'Intendance le 26.

EDIT, portant établissement d'une Noblesse militaire.

Du mois de Novembre 1750.

LOUIS, &c. Les grands exemples de zele et de courage que la Noblesse de notre Royaume a donnés pendant le cours de la derniere guerre, ont été si dignement suivis par ceux qui n'avoient pas les mêmes avantages du côté de la naissance, que nous ne perdrons jamais le souvenir de la généreuse émulation avec laquelle nous les avons vus combattre et vaincre nos ennemis; nous leur avons déjà donné des témoignages authentiques de notre satisfaction, par les grades, les honneurs, et les autres récompenses que nous leur avons accordés: mais nous avons considéré que ces graces, personnelles à ceux qui les ont obtenues, s'éteindront un jour avec eux; et rien ne nous a paru plus digne de la bonté du Souverain, que de faire passer jusqu'à la postérité les distinctions qu'ils ont si justement acquises par leurs services. La Noblesse la plus ancienne de nos Etats, qui doit sa premiere origine à la gloire des armes, verra sans doute avec plaisir que nous regardons la communication de ses priviléges comme le prix le plus flatteur que puissent obtenir ceux qui ont marché sur ses traces pendant la guerre. Déjà anoblis par leurs actions, ils ont le mérite de la Noblesse, s'ils n'en ont pas encore le titre; et nous nous portons d'autant plus

plus volontiers à le leur accorder, que nous suppléerons par ce moyen à ce qui pourroit manquer à la perfection des Loix précédentes, en établissant dans notre Royaume une Noblesse militaire, qui puisse s'acquérir de droit par les armes, sans Lettres particulieres d'anoblissement. Le Roi Henri IV avoit eu le même objet dans l'article 25 de l'Edit sur les Tailles, qu'il donna en 1600 : mais la disposition de cet article ayant essuyé plusieurs changemens par les loix postérieures, nous avons cru devoir, en y statuant de nouveau par une loi expresse, renfermer cette grace dans de justes bornes. Obligés de veiller, avec une égale attention, au bien général et particulier des différens ordres de notre Royaume, nous avons craint de porter trop loin un privilége dont l'effet seroit de surcharger le plus grand nombre de sujets qui supportent le poids des tailles et des autres impositions. C'est cette considération qui nous a forcé de mettre des limitations à notre bienfait, pour concilier la faveur que méritent nos Officiers militaires, avec l'intérêt de nos Sujets taillables, au soulagement desquels nous serons toujours disposés à pourvoir de la maniere la plus équitable et la plus conforme à notre affection pour nos Peuples. A CES CAUSES, &c. disons, statuons, ordonnons, voulons et nous plaît ce qui suit:

ART. Ier. Aucun de nos Sujets servant dans nos Troupes en qualité d'Officier, ne pourra être imposé à la taille pendant qu'il conservera cette qualité.

ART. II. En vertu de notre présent Edit et du jour de sa publication, tous Officiers Généraux non nobles, actuellement à notre service, seront et demeureront anoblis, avec toute leur postérité née et à naître en légitime mariage.

ART. III. Voulons qu'à l'avenir le grade d'Officier Général confere la Noblesse de droit à ceux qui y parviendront, et à toute leur postérité légitime, lors née et à naître, et jouiront nosdits Officiers-Généraux de tous les droits de la Noblesse, à compter du jour et date de leurs lettres et brevets.

ART. IV. Tous Officiers non nobles, d'un grade inférieur à celui de Maréchal de Camp, qui aura été par nous créé Chevalier de l'Ordre Royal et Militaire de Saint-Louis, et qui se retirera après trente ans de service non interrompu, dont il en aura passé vingt avec la commission de Capitaine, jouira de l'exemption de la taille sa vie durant.

ART. V. L'Officier dont le pere aura été exempt de la taille, en exécution de l'article précédent, s'il veut jouir de la même exemption, en quittant notre service, sera obligé de remplir auparavant toutes les conditions prescrites par l'article IV.

Art. VI. Réduisons les vingt années de commission de Capitaine, exigées par les articles ci-dessus, à dix-huit années, pour ceux qui auront eu la commission de Lieutenant-Colonel; à seize, pour ceux qui auront eu celle de Colonel; et à quatorze, pour ceux qui auront eu le grade de Brigadier.

Art. VII. Pour que les Officiers non nobles, qui auront accompli leur temps de service, puissent justifier qu'ils ont acquis l'exemption de la taille accordée par les articles IV et V, voulons que le Secrétaire d'Etat chargé du Département de la Guerre, leur donne un certificat, portant qu'il nous ont servi le temps prescrit par les articles IV et VI, en tel corps et dans tel grade.

Art. VIII. Les Officiers devenus Capitaines, et Chevaliers de l'Ordre de Saint-Louis, que leurs blessures mettront hors d'état de continuer leur service, demeureront dispensés, de droit, du temps qu'il en restera lors à courir; voulons, en ce cas, que le certificat mentionné en l'article précédent, spécifie la qualité des blessures desdits Officiers, les occasions de guerre dans lesquelles ils les ont reçues, et la nécessité dans laquelle ils se trouvent de se retirer.

Art. IX. Ceux qui mourront à notre service, après être parvenus au grade de Capitaine, mais sans avoir rempli les autres conditions imposées par les articles IV et VI, seront censés les avoir accomplies; et s'ils laissent des fils légitimes, qui soient à notre service, ou qui s'y destinent, il leur sera donné par le Secrétaire d'Etat, chargé du Département de la Guerre, un certificat, portant que leur pere nous servoit, au jour de sa mort, dans tel Corps et dans tel grade.

Art. X. Tout Officier né en légitime mariage, dont le pere et l'aïeul auront acquis l'exemption de la taille, en exécution des articles ci-dessus, sera noble de droit, après toutefois qu'il aura été par nous créé Chevalier de l'Ordre de Saint-Louis, qu'il nous aura servi le temps prescrit par les articles IV et VI, ou qu'il aura profité de la dispense accordée par l'article VIII; voulons, pour le mettre en état de justifier de ses services personnels, qu'il lui soit délivré un certificat, tel qu'il est ordonné par les articles VII et VIII, selon qu'il se sera trouvé dans quelques-uns des cas prévus par ces articles, et qu'en conséquence il jouisse de tous les droits de la Noblesse, du jour daté dans ledit certificat.

Art. XI. La noblesse acquise en vertu de l'article précédent, passera de droit aux enfans légitimes de ceux qui y seront parvenus, même à ceux qui seront nés avant que leurs peres soient devenus nobles; et si l'Officier qui remplit ce troisieme degré, meurt dans le cas prévu par l'article IX, il aura acquis la noblesse; voulons, pour en assurer la preuve, qu'il soit délivré à ses enfans légitimes un certificat tel qu'il est mentionné audit article IX.

ART. XII. Dans tous les cas où nos Officiers seront obligés de faire des preuves de noblesse acquise en vertu de notre présent Edit, outre les actes de célébration et contrats de mariages, extraits baptistaires et mortuaires, et autres titres nécessaires pour établir une filiation légitime, ils seront tenus de représenter les commissions des grades des Officiers qui auront rempli les trois degrés ci-dessus établis, leurs provisions de Chevaliers de l'Ordre de Saint-Louis, et les certificats à eux délivrés en exécution des articles 7, 8, 9, 10, 11, selon que lesdits Officiers auront rempli les conditions auxquelles nous avons attaché l'exemption de la taille et la noblesse, ou selon qu'ils auront été dispensés desdites conditions, par blessures ou par mort, conformément aux dispositions du présent Edit.

ART. XIII. Les Officiers non nobles, actuellement à notre service, jouiront du bénéfice de notre présent Edit, à mesure que le temps de leur service, prescrit par les articles IV, VI et VIII, sera accompli, quand même ce temps auroit commencé à courir avant la publication de notre Edit.

ART. XIV. N'entendons néanmoins, par l'article précédent, accorder auxdits Officiers d'autre avantage rétroactif que le droit de remplir le premier degré; défendons à nos Cours et à toutes Jurisdictions qui ont droit d'en connoître, de les admettre à la preuve des services de leurs peres et aïeux, retirés, ou morts à notre service avant la publication de notre présent Edit.

ART. XV. Pourront nosdits Officiers déposer pour minutes, chez les Notaites Royaux qu'ils jugeront à propos, les lettres, brevets et commissions de leurs grades, ainsi que les certificats de nos Secrétaires d'Etat ayant le département de la guerre, dont leur sera délivré des expéditions, qui leur serviront ce que de raison. Si donnons en mandement à nos amés et féaux Conseillers les gens tenant nos Cours de Parlement, Chambre des Comptes et Cours des Aides à Paris, &c. DONNÉ à Fontainebleau, &c.

R. au Parlement de Paris le 11 Janvier 1751.

A la Chambre des Comptes le 4 Février suivant.

Et à la Cour des Aides le 15 Juin 1752.

L'Ordonnance du 1er Avril 1768, portant énumération des graces auxquelles les Officiers des Milices de Saint-Domingue pourront prétendre, faisant mention de la Noblesse militaire, nous avons cru devoir rapporter cet Edit. Voy. *la Déclaration du Roi du mois de Janvier 1752, rendue en interprétation d'icelui.*

PROVISIONS *de Gouverneur-Lieutenant-Général, pour M. le Comte* DUBOIS DE LA MOTTE.

Du 1er Janvier 1751.

R. au Conseil Supérieur du Cap le 29 Mars 1751.

Et à celui de Léogane le 16 Juillet suivant.

Ces Provisions sont conformes à celles de M. de Conflans, du 1er Mai 1747.

ORDRE *du Roi, qui releve M. le Marquis* DE VAUDREUIL *de l'interdiction prononcée contre lui par M.* DE CONFLANS, *et Lettre de ce dernier à M.* DE CHATENOYE, *Gouverneur du Cap, pour se conformer audit ordre.*

Des 1er Janvier et 29 Mars 1751.

Lus et publiés au Cap, à la tête des Troupes et Milices, le 12 Avril 1751.

ARRÊT *du Conseil du Cap, touchant les Registres de la Paroisse de Plaisance et du Pilatte, et l'exécution de l'Ordonnance de 1667, en ce qui concerne les Registres paroissiaux.*

Du 7 Janvier 1751.

VU par le Conseil la remontrance du Procureur Général, et ouï le rapport de M. Hirel, Conseiller, la matiere mise en délibération, et tout considéré, le Conseil, faisant droit sur la remontrance dudit Procureur Général du Roi, ordonne que les deux registres originaux de la Paroisse de Plaisance et du Pilatte seront déposés au Greffe de la Jurisdiction du Cap, et qu'aux frais des Paroissiens et sur un nouveau registre qui sera coté et paraphé par le Juge de ladite Jurisdiction, il sera tiré copie collationnée des deux registres dont est question, où seront également collationnés les extraits, qui du premier original ont été transcrit sur le second registre; a nommé et commis M^e^. Prévôt, Notaire et Commandant dudit quartier, pour demeurer, tant qu'il y aura vacance à la Cure de ladite Paroisse, gardien et dépositaire desdits registres dont est question, et en délivrer des extraits, sauf par ledit dépositaire à les remettre au Curé, dès qu'il sera installé; ordonne que les Marguilliers et Habitans tiendront un registre particulier pour leur délibération, et qu'à l'avenir les Curés de ladite Paroisse se conformeront à la disposition de l'Ordonnance de 1667, et tiendront deux registres en la forme prescrite; et sera le présent Arrêt enregistré en tête dudit nouveau registre.

LETTRE du Ministre à MM. le Comte DE CONFLANS et DE LA LANE, sur les engagemens particuliers des Missionnaires.

Du 29 Janvier 1751.

LE P. Jouin, Jacobin, ne m'a pas laissé ignorer ses inquiétudes sur un article qui, depuis long-temps, cause beaucoup d'abus et de désordres parmi les Religieux; il s'en trouve qui, plus occupés d'amasser de l'argent que de remplir les fonctions de leur ministere, contractent des sociétés particulieres avec des Habitans, pour des entreprises de commerce, ou pour d'autres objets également contraires à la pureté & à la décence de leur état. Le P. Jouin a pris à cet égard les mesures qui peuvent dépendre de lui; mais dans la crainte qu'elles ne soient insuffisantes sans le concours de l'autorité du Roi, il m'a demandé de faire défendre ces sortes d'engagemens particuliers de la part des Religieux, et de les déclarer nuls.

Deux raisons m'ont empêché de faire expliquer publiquement le Roi sur cette matiere; la premiere, c'est qu'il n'est pas besoin d'une Loi nouvelle pour prononcer la nullité des engagemens particuliers dont se plaint le P. Jouin, puisque, suivant les Loix générales, les Religieux sont, par leur état, incapables de les contracter; et la seconde, c'est que je sais que la conduite de certains Missionnaires à cet égard n'a fait que trop d'éclat; et qu'il m'a paru convenable d'éviter, s'il est possible, les reproches et le blâme public qu'emporteroit un Réglement authentique.

Il est cependant important, par toutes sortes de raisons, d'empêcher les monœuvres de cette espece, en contenant et les Religieux et les Habitans qui pourroient être tentés de s'y livrer. Vous êtes à portée de juger des dispositions qui peuvent convenir le mieux pour cela, et vous devez vous concerter ensemble pour y pourvoir autant que cela dépendra de vous. Vous pouvez d'abord vous expliquer dans les occasions qui s'en présenteront, de maniere à faire entendre que vous avez ordre d'employer votre autorité contre toutes pactions d'intérêts entre des Religieux particuliers et des Habitans, et que vous punirez sévérement les Habitans qui en feront, comme les Religieux seront punis de leur côté par leurs Supérieurs. Il faudra en effet, si l'on en découvre quelqu'une, que, de concert avec le Supérieur de la Mission, vous fassiez repasser le Religieux en France, et que vous imposiez à l'Habitant telle punition qui vous paroîtra convenable, suivant les circonstances. Quelques exemples, joints aux soins que les Supérieurs doivent se donner, pourront remettre la regle, et éteindre cet esprit de cupidité qui a causé du scandale en tant d'occasions. Si cependant vous jugiez qu'il fût nécessaire d'en venir à la défense proposée par le P. Jouin, ayez agréable de me le mander, et le Roi y pourvoira.

ORDONNANCE de M. le Général pour la consigne du Corps-de-Garde du Fort de la Pointe.

Du 27 Janvier 1751.

LE Comte de Conflans, &c.

ART. II. Lorsque M. le Général entrera dans le Fort, la Garde se mettra en haie, fusil sur l'épaule, et battra aux champs, l'Officier à la tête, ainsi qu'en sortant : il en sera usé de même pour Madame la Générale.

ART. III. Pour M. l'Intendant, fusil sur l'épaule, et rappeler : il en sera usé de même pour Madame l'Intendante.

ART. IV. La même consigne pour les Gouverneurs particuliers et Commandans d'Escadres.

ART. V. Pour les Lieutenans de Rois et Capitaines des Vaisseaux, la haie seche.

ART. VI. Pour les Majors, le peloton; et pour les Chevaliers de Saint-Louis, la Sentinelle présentera les armes.

ART. XIII. L'Officier de garde enverra un Soldat, soit de nuit ou de jour, lorsqu'il paroîtra au large quelque bâtiment, ou arrivera au mouillage, et les Capitaines des bâtimens qui arriveront seront conduits chez le Major.

ART. XIV. Lorsqu'il arrivera quelque bâtiment étranger, l'Officier aura soin d'envoyer tous de suite à bord une garde d'un Caporal, et quatre Factionnaires, laquelle Garde empêchera toute sorte de débarquement et de chargement; mais lorsqu'il y aura quelques Vaisseaux du Roi ou Frégates en rade, la Garde de terre n'ira point à bord des étrangers.

ART. XV. L'Officier aura attention de ne laisser partir aucun bâtiment de nuit ou de jour, sans une permission par écrit du Major.

ARRÊTÉ à Léogane le 27 Janvier 1751. *Signé* DE. CONFLANS.

Les articles que nous avons retranchés de cette Ordonnance, qui en a 19, n'ont trait qu'à la police de la Troupe qui se trouve de garde.

ORDONNANCE de M. le Général, touchant les Déserteurs.

Du 29 Janvier 1751.

LE Comte de Conflans, &c.

La désertion fréquente qui regne depuis quelque temps dans les Troupes de cette Colonie, nous ayant, avec raison, donné occasion de juger qu'il y a dans le nombre des Habitans ou des Capitaines Marchands, des gens assez mal intentionnés pour favoriser cette désertion, et d'autres assez ignorans sur la connoissance des Ordonnances du Roi, pour laisser passer librement les Soldats atteints d'un crime qu'il est tant nécessaire de réprimer; et comme les uns encourent la peine de mort, que les autres méritent les châtimens les plus séveres, nous avons cru devoir leur rappeler quelques dispositions des Ordonnances de Sa Majesté, pour leur faire connoître le danger auquel ils se sont exposés, et les rendre désormais fideles observateurs des volontés du Roi; et en même temps nous avons aussi rappelé les récompenses que Sa Majesté attribue, tant aux Officiers, Sergens, Caporaux et Soldats, ainsi qu'à tous ses autres Sujets qui parviennent à arrêter ou faire arrêter des Déserteurs; nous en avons aussi déterminé en faveur des Negres et Mulâtres, soit libres ou esclaves; et pour que chacun soit prévenu lorsqu'il arrivera des désertions, nous avons jugé nécessaire de leur expliquer les signaux qui seront faits ; en conséquence, nous avons ordonné et ordonnons :

Art. Ier. Qu'il sera tiré deux coups de canon, soit de nuit ou de jour, à la distance de demi-heure l'un de l'autre, pour annoncer la désertion de quelques Soldats, afin que, sur le champ, les Habitans de tout état et condition donnent ordre à leurs Economes et autres sujets à leur service, même aux Negres esclaves de leurs atteliers, de faire une recherche exacte dans toute l'étendue de leurs Habitations, et d'arrêter tous Blancs inconnus qu'ils pourront rencontrer, qu'ils auront soin de faire conduire ès prisons les plus prochaines, en observant d'en donner avis au Commandant pour le Roi le plus à leur proximité.

Art. II. Et pour exciter de plus en plus les Sujets de Sa Majesté à arrêter, tant les Déserteurs, que ceux qui pourroient les séduire, il sera payé, suivant les ordres de l'Intendant, 100 liv. pour chaque Déserteur, à celui ou ceux qui en auront fait la capture, soit Blancs, Negres ou Mulâtres, libres ou esclaves, et 300 liv. pour chaque séducteur convaincu d'avoir engagé les Soldats à déserter.

Art. III. Il sera payé pareilles sommes, de la même maniere, à tous Officiers entretenus ou de Milice des Troupes du Roi, même aux Sergens, Caporaux et Soldats qui arrêteront les Déserteurs, soit dans les campagnes ou autres lieux.

Art. IV. Et pour dédommager les Prévôts, Lieutenans de Prévôts, les Exempts, les Brigadiers et Archers de la Maréchaussée, et autres, des frais qu'ils pourroient faire dans la recherche des Déserteurs, il leur sera payé pareilles sommes, indépendantes de leurs salaires ordinaires.

Art. V. Tout Soldat ou autre, de quelque condition qu'il soit, qui se trouvera atteint et convaincu d'avoir débauché des Soldats, pour leur faire abandonner le service, ou les aura induits à passer d'une Compagnie dans une autre, sera puni de mort sans rémission.

Art. VI. Faisons défenses à tous Habitans, Capitaines Marchands et autres, de quelque état et condition qu'ils soient, de favoriser en aucune maniere le passage des Déserteurs, à peine de 1000 liv. d'amende pour chacun de ceux à l'occasion desquels on justifiera qu'ils auront donné les mains, applicables à l'Hôpital du lieu ou du plus voisin, au payement de laquelle amende, qui ne sera point comminatoire, ils seront contraints par corps.

Art. VII. Et comme rien ne contribue davantage à la désertion que la la facilité que les Soldats ont trouvée à se déguiser, en troquant leurs habillemens, armes et équipages, nous défendons très-expressément à tous les Sujets du Roi, de quelque qualité et condition qu'ils soient, de les acheter, troquer ou garder, à peine de 1000 liv. d'amende, payables sans remises ni déport, applicables comme dessus; et à l'égard des Soldats qui seront convaincus de les avoir vendus, ils seront condamnés aux Galeres à perpétuité.

Art. VIII. S'il arrive qu'un Prévôt, Lieutenant de Prévôt, ou autres Officiers de la Maréchaussée, ayant reconnu un Déserteur, ne l'ait pas arrêté, ou que, l'ayant arrêté, il l'ait relâché, son procès lui sera fait et parfait suivant la rigueur des Ordonnances, et cependant il sera commis à sa charge par nous et l'Intendant.

Art. IX. Enjoignons à tous les Sujets de Sa Majesté, de quelque qualité et condition qu'ils soient, de donner aide, assistance et main forte à ceux qui conduiront les Déserteurs, à peine aux Particuliers qui auront refusé de le faire, de punition exemplaire; à ceux qui les auront retirés des mains des conducteurs, de la vie.

Art. X. Mandons à MM. les Gouverneurs, Lieutenans de Roi, Majors et autres Officiers, tant des Troupes réglées que des Milices, de tenir la main, chacun en droit soi, à l'exécution de la présente Ordonnance, qui sera lue, publiée et affichée par-tout où besoin sera. Donné à Léogane. *Signé* de Conflans.

Ordonnance des Administrateurs, portant tarif des droits du Capitaine de Port au Port-au-Prince.

Du 15 Février 1751.

Le Comte de Conflans, &c.

Jean-Baptiste Laporte Lalanne, &c.

La ville du Port au-Prince commençant à avoir un accroissement sensible, à la faveur du commerce des vaisseaux qui viennent y faire leur traite, il nous a paru intéressant d'assurer leur navigation pour l'entrée et la sortie du bassin où ils doivent mouiller; nous avons pour cet effet établi un Capitaine de Port, qui, par son expérience au fait de la navigation, et la connoissance qu'il a de toutes les sondes des environs et de l'entrée du Port, doit se trouver en état de remplir cet objet avec succès, et de prévenir les inconvéniens qui pourroient arriver; nous avons en même temps estimé convenable de régler un tarif, qui, en attribuant audit Capitaine de Port des droits proportionnés à son état, soit le moins à charge qu'il sera possible au Commerce; en conséquence, nous ordonnons ce qui suit :

Les Navires de trois cents tonneaux et au-dessus payeront, pour leur entrée et leur sortie, la somme de . . . . 66 l.

Ceux depuis trois cents jusqu'à deux cents tonneaux payeront, pour leur entrée et leur sortie, ... 60

Ceux de deux cents payeront 50

Ceux depuis deux cents jusqu'à cent cinquante. 40

Ceux depuis cent cinquante jusqu'à soixante 30

Les Brigantins 24

Les Bateaux et les Barques 18

Les Navires qui iront du Port au Fossé, et du Fossé dans le Port 18

Seront exempts de tous droits les Brigantins, Barques, Chaloupes et autres Bâtimens servant à faire le cabotage sur la côte.

Enjoignons aux Capitaines, Maîtres ou Patrons de tous Bâtimens qui entreront ou sortiront dudit Port, de payer les droits ci-dessus audit Capitaine de Port, soit qu'il ait été par eux requis ou non, auquel payement ils seront contraints par saisie de leur cargaison, et autre voie due et raisonnable. Défendons audit Capitaine de Port d'exiger plus grosses sommes que celles mentionnées au tarif ci-dessus, à peine de restitution du quadruple. Mandons aux Officiers de l'Amirauté de tenir la main à l'exécution de la présente, qui sera enregistrée dans leur Greffe et à celui de l'Intendance. DONNÉ au Port-au-Prince, &c.

R. au Greffe de l'Intendance le 26 Mars suivant.

ORDONNANCE des Administrateurs, qui déclare libre un Negre pris à la Côte de Guinée par un Capitaine, avec promesse de le ramener à son pere, et par lui vendu, après s'en être fait servir pendant huit ans.

Du 18 Février 1751.

SUPPLIE humblement Pierre Télémaque, Negre libre, baptisé tel, conformément à l'extrait ci-annexé.

Le sieur Baussant, qui fait cette Requête pour le Suppliant, a l'honneur,

Messieurs, de vous observer que divers Negres de la Côte de Guinée lui ont pareillement offert leurs enfans pour domestiques, dans l'intention de leur faire apprendre le langage François, pour ensuite être rendus dans leur pays, où, pour l'ordinaire, ils se mettent Courtiers; mais il ne convient point d'abuser de la confiance d'un pere qui remet ainsi son enfant; et des procédés aussi mauvais que celui du sieur Mesnard pour le Suppliant, ont attiré des préjudices considérables aux Navires de la Nation, en retenant leurs Chaloupes et Equipages à terre jusqu'à payement de fortes sommes. Neuf ans d'absence hors de son pays peuvent mettre le sieur Mesnard dans le cas de répondre du procédé des Negres à l'égard du Suppliant, particulierement si on savoit qu'il eût été vendu; mais le Suppliant ne veut point se répandre en plaintes, &c. Ce considéré, &c.

Vu la Requête présentée au Siége Royal de Saint-Louis, contre les sieurs Pastre et Compagnie, Négocians aux Cayes, comme chargés des affaires du sieur Mesnard, et Disleau, Charpentier audit lieu. La Sentence du 26, contradictoirement rendue entre les Parties, de laquelle il résulte que le sieur Pastre, comme chargé des affaires du sieur Mesnard, n'a d'autres effets à lui appartenans que le billet consenti par Disleau, pour raison de la vente qui lui a été faite du Suppliant, lequel billet il a offert de remettre à qui par Justice seroit ordonné. Vu aussi l'extrait du registre des Baptêmes de la Paroisse de l'Assomption de Notre-Dame du Petit-Goave, du 18 Mars 1742, expédié le 14 Janvier dernier par le Curé de la Paroisse, duquel il résulte que le sieur Mesnard, qui a vendu le Suppliant, l'a fait baptiser comme libre, qu'il lui a même servi de parrain. Vu enfin la copie du billet consenti par le sieur Disleau, et l'offre par lui faite de se départir de ses droits sur le Suppliant, pourvu qu'on lui remette son billet; et tout considéré, nous avons déclaré le Suppliant affranchi de toute servitude, en vertu du pouvoir qui nous en a été donné par Sa Majesté; ordonnons qu'en sa qualité d'affranchi, il jouira à l'avenir et pour toujours des priviléges et prérogatives de la liberté, ainsi que les autres affranchis de cette Isle, conformément à l'Edit du mois de mars 1685, et à l'Arrêt du Conseil d'Etat en interprétation d'icelui, sans qu'il puisse y être troublé ni inquiété, sous quelque prétexte que ce soit; et en conséquence des offres faites par le sieur Disleau, il ne pourra prétendre aucun dédommagement quelconque sur le sieur Mesnard ni ses fondés de procuration, lesquels seront tenus, suivant les déclarations par eux faites, de remettre à Disleau le billet consenti en faveur de Mesnard, dont ils sont porteurs; les condamnons aux frais du procès, qui seront liquidés par le

Juge de Saint-Louis, sauf le recours contre Mesnard. Et sera la présente enregistrée en notre Greffe commun. DONNÉ au Port-au-Prince, &c. *Signés* DE CONFLANS et LAPORTE LALANNE.

R. au Greffe de l'Intendance le 19.

ORDONNANCE des Administrateurs pour la police de la Rade du Port-au-Prince.

Du 20 Février 1751.

LE Comte de Conflans, &c.

Jean-Baptiste Laporte Lalanne, &c.

Ayant estimé convenable, sur la démission volontaire du sieur Ricord, de pourvoir le sieur Elie Rasteau de la commission de Capitaine de Port du Port-au-Prince; et comme, en cette qualité, la police du Port lui est particulierement commise, nous avons cru devoir ajouter à ce que porte à cet égard l'Ordonnance de 1681, touchant la Marine, quelques dispositions nouvelles relatives à la disposition des lieux, et à ce qu'exige de nos soins l'établissement à exécuter dans ledit Port; nous avons en conséquence ordonné et ordonnons ce qui suit:

ART. Ier. Il sera choisi incessamment un endroit dans le Port, pour y placer le lest des Navires; défendons à tous Capitaines qui en auront à débarquer, de le placer ailleurs, à peine de 500 liv. d'amende.

ART. II. Défendons pareillement à tous Capitaines mouillés dans ledit Port, d'y jeter aucunes immondices, et leur enjoignons de les faire porter dans l'endroit qui leur sera indiqué par ledit Capitaine de Port, à peine de 1000 liv. d'amende, dont moitié applicable au dénonciateur, et l'autre moitié ainsi qu'il sera par nous ordonné.

ART. III. Tous les feux seront éteints à huit heures du soir à bord des Navires, à peine de 300 liv. d'amende contre le Capitaine, et il sera chaque soir fait à neuf heures, par un Officier d'un des Navires, chacun à leur tour, une visite de chacun d'eux, pour constater si les feux sont effectivement éteints à bord, lequel Officier fera son rapport au Commandant de la rade, et celui-ci au Capitaine de Port.

ART. IV. Aucuns Capitaines ni autres Commandans des Bâtimens ne pourront entreprendre de les caréner ni chauffer, sans avoir permission dudit Capitaine de Port; leur défendons de hâler leurs bâtimens sur le rivage de la Ville, où sur l'Islet du Fort, sans en avoir obtenu la permission dudit Capitaine de Port.

ART. V. Les Navires une fois mouillés dans le Port, les Capitaines ne pourront plus les changer de place, sans en donner avis au Capitaine de Port.

ART. VI. Seront tenus lesdits Capitaines d'envoyer leurs Chaloupes et Canots à bord des Navires qui se trouveront dans le cas d'en avoir besoin, soit à l'entrée ou à la sortie dudit Port, auxquels secours ils pourvoiront, sur le simple signal qui leur sera fait du bord du Navire qui se trouvera dans le cas d'en avoir besoin.

ART. VII. Lorsqu'il arrivera des Navires Négriers, ils ne pourront être admis dans la Rade ni dans le Port, que préalablement ils n'aient subi les visites portées par les Ordonnances, et sera tenu ledit Capitaine de Port de les tenir mouillés en dehors, jusqu'à ce que la permission nécessaire pour entrer lui soit connue.

ART. VIII. Enjoignons pareillement audit Capitaine de Port de se conformer en tout son contenu pour ses fonctions à ce qui est porté, tant par l'Ordonnance de 1681, que par notre Commission, laquelle, ainsi que le présent Réglement, seront enregistrés au Greffe de l'Intendance et à celui de l'Amirauté, lue, publiée et affichée par-tout où besoin sera. DONNÉ au port-au-Prince, &c.

R. au Greffe de l'Intendance le 26 Mars suivant.

ORDONNANCE du Roi, concernant le commandement général des Isles sous le Vent.

Du 4 Mars 1751.

DE PAR LE ROI.

SA Majesté estimant nécessaire, pour le bien de son service, de pourvoir au commandement général de ses Isles sous le Vent de l'Amérique, dans les différens cas qui peuvent arriver, au défaut du Gouverneur-Lieutenant-Général, afin de prévenir les difficultés et les inconvéniens qui pourroient se présenter à ce sujet. elle a ordonné et ordonne, veut et entend que, en cas de mort du Gouverneur-Lieutenant-Général pour elle aux Isles Françoises sous le Vent de l'Amérique, ainsi qu'en son absence desdites Isles, son Lieutenant au Gouvernement général y commande en chef; qu'au défaut du Gouverneur Général et du Lieutenant de Roi au Gouvernement général, le plus ancien des Gouverneurs particuliers ait le commandement général desdites Isles, et qu'au défaut des Gouverneurs particuliers, le plus ancien des Lieutenans de Sa Majesté auxdites Isles, ait le commandement; le tout à moins que Sa Majesté, dans de certaines circonstances et pour des considérations particulieres, n'en ait autrement ordonné, ainsi qu'elle se réserve de le faire: veut pareillement et ordonne Sa Majesté que lesdits Officiers qui se trouveront ainsi chargés du commandement général desdites Isles, soit par ordre de leur grade et de leur ancienneté, soit en vertu d'ordres particuliers qu'elle pourra juger à propos de leur faire expédier, fassent leur résidence dans l'endroit où se trouvera fixée celle du sieur Intendant desdites Isles, pour pouvoir se concerter avec lui dans les affaires dont la connoissance devra leur être commune durant ledit commandement; n'entend au surplus Sa Majesté rien changer à ce qu'elle a réglé par ses Lettres du 1er Novembre 1749, pour donner le commandement général desdites Isles au sieur Marquis de Vaudreuil, et par son Mémoire du 26 Août 1740, adressé au sieur Marquis de Larnage alors Gouverneur, et son Lieutenant Général auxdites Isles, pour les cas qui y sont mentionnés; et sera la présente Ordonnance enregistrée au Conseil Supérieur desdites Isles sous le Vent, publiée et affichée partout où besoin sera. FAIT à Versailles, &c.

R. au Conseil de Léogane le 9 Juillet 1751.
Et à celui du Cap le 2 Août suivant.

DÉLIBÉRATION des deux Conseils assemblés à Léogane, touchant le droit d'Octroi.

Du 11 au 16 Mars 1751.

Séance du 11 Mars.

VU l'Arrêt du Conseil Supérieur du Cap, en forme de délibération, en date du 1er Février dernier, et la Lettre écrite par M. Dufourq à M. de Jucheteau, Doyen du Conseil Supérieur du Cap, en date du 16 du même mois. Le Conseil sur ce, ouï le Procureur Général du Roi, ordonne que ledit Arrêt sera enregistré au Greffe de la Cour, et que ladite Lettre y restera déposée, les droits de chacun des Conseils réservés, tant sur le fait de la séance des deux Conseils en corps, que sur les fonctions en pareil cas des Procureurs Généraux des deux Cours, jusqu'à la décision de Sa Majesté, vers laquelle les deux Cours se pourvoiront. DONNÉ à Léogane, en Conseil le 11 Mars 1751.

A été arrêté par l'assemblée des deux Conseils, qu'ils s'assembleront Lundi prochain 15 du présent mois, pour délibérer sur le Mémoire du Roi enregistré au Greffe des deux Cours.

Du Lundi 15 Mars.

Aujourd'hui 15 Mars 1751, neuf heures du matin, les deux Conseils Supérieurs de cette Colonie assemblés en cette Ville en la Chambre du Conseil Supérieur de Léogane, où se sont trouvés M. le Comte de Conflans, Gouverneur et Lieutenant Général pour le Roi en cette Colonie; M. de Laporte Lalanne, Commissaire Général de la Marine, faisant fonction d'Intendant en cette Colonie; M. de Massip, Lieutenant de Roi, commandant en ce quartier; M. de Longpré, Commissaire de la Marine; MM. Caignet, Doyen du Conseil Supérieur, Dufourq, de Kernisan, et Viau, Conseillers audit Conseil; et MM. de Juchereau, Doyen du Conseil Supérieur du Cap; Fournier de la Chapelle, Hirel et Duperrier, Conseillers audit Conseil; MM. Saintart, Beudet, de Chambrun, Hais, Robion, Letort, Conseillers-Assesseurs au Conseil Supérieur séant à Léogane, présens, en vertu et en exécution du Mémoire du Roi fait à Fontainebleau le 25 Octobre 1750. *Signé* LOUIS. *Et plus bas* ROUILLÉ, déposé et enregistré en ce Conseil le 10 de ce mois. Les Procureurs Généraux des deux Conseils Supérieurs sont entrés, et M. Gabriel Nicolas, Procureur Général du Roi au Conseil Supérieur séant à Léogane, portant la parole, ont dit:

Messieurs, le Roi, après avoir donné la paix à son Royaume, a bien voulu jeter les yeux sur l'état de ses Colonies; et Sa Majesté voulant donner à celle de Saint-Domingue des marques de ses soins et de son attention à lui procurer tous les secours nécessaires, tant pour son accroissement et pour la protection de son commerce, que pour sa sûreté et sa défense, en cas de guerre; elle a résolu d'y augmenter ses Troupes, l'Artillerie et les Fortifications, et d'y faire réparer et perfectionner celles qui s'y trouvent: elle a assigné pour cet effet des fonds extraordinaires, tant pour les frais de l'embarquement, l'armement, l'habillement et la subsistance des nouvelles Troupes, que pour l'achat et l'envoi de l'artillerie, des armes et des munitions de guerre dont elle veut que la Colonie soit abondamment fournie. Satisfaite de la conduite que les Habitans de cette Colonie ont tenue pendant la derniere guerre, de leur zele et de leur fidélité, dont ils ont donné des preuves dans toutes les occasions, Sa Majesté, pour leur donner des marques de sa satisfaction et de son affection royale, se seroit portée volontiers à faire en même remps d'autres fonds pour les dépenses des fortifications, si cela eût été absolument possible; mais l'épuisement où se trouvent les finances, ne lui permettant pas d'y prendre les dépenses des travaux à faire pour fortifier cette Colonie et la mettre en bon état de défense, et les fonds du Roi se trouvant presque tous consommés par les dépenses extraordinaires de la guerre, il est juste, il est même indispensable que la Colonie supplée, par une augmentation d'imposition, à l'insuffisance du produit de celles, qui sont actuellement établies. Sa Majesté a expliqué à cet égard ses intentions dans un Mémoire adressé à M. le Général et à M. l'Intendant, déposé en cette Cour, et enregistré dans les deux Conseils, et c'est en exécution des ordres de Sa Majesté, que ces Messieurs ont convoqué l'assemblée des deux Conseils Supérieurs de cette Colonie à ce jour.

La lecture du Mémoire du Roi nous fera, Messieurs, sentir toute la justice de cette augmentation d'impositions. Le bien de l'Etat, la gloire de la Nation, la sûreté de la Colonie, l'avantage de son commerce, le repos et la tranquillité des familles sont les motifs également puissans et pressans qui doivent nous déterminer à faire des fonds suffisans pour remplir les vues de Sa Majesté. Sa bonté Royale, qui veut bien nous laisser le soin de régler nous-mêmes l'imposition; cette nouvelle marque de confiance et d'attention que Sa Majesté veut bien nous donner; tout doit nous engager à répondre, aux efforts qu'elle veut bien faire pour cette Colonie, à remplir exactement ses vues et ses intentions, et à lui donner de nouvelles preuves de notre fidélité, de notre reconnoissance, de notre zele, et de notre bonne volonté dans une occasion aussi intéressante, requérant qu'il soit tout présentement procédé à la délibération ordonnée par le Mémoire du Roi, conformément aux intentions de Sa Majesté, ont signé et se sont retirés. *Signés* NICOLAS et L'HÉRITIER.

Sur quoi, l'affaire mise en délibération, l'Assemblée a nommé MM. Dufourq, de Kernisan, Fournier de la Chapelle, et Hirel, Commissaires, afin d'examiner les moyens les plus convenables pour asseoir l'imposition à faire, en exécution des ordres du Roi, pour, sur le rapport qui en sera par eux fait à l'Assemblée, demain 16 du courant, et ouï les Procureurs Généraux, être statué ce qu'il appartiendra, &c.

Du

Du Mardi 16 Mars.

(*Tous les Membres de la séance du 15 y étoient, excepté M. Robion, Assesseur.*)

Ouï le rapport fait à l'assemblée desdits deux Conseils, par MM. Dufourq et de Kernisan, et ouï les Procureurs Généraux desdits deux Conseils; la matiere mise en délibération, l'Assemblée a ordonné et ordonne qu'il sera levé par nouvelle imposition, pendant l'espace de cinq années seulement; savoir:

ART. Ier. 1 sou par livre d'indigo, 2 sous 6 deniers par chaque côté de cuir tanné, 10 sous par chaque bannette de cuir en poil, 2 liv. par chaque millier de sucre brut, 3 liv. par chaque millier de sucre blanc, 2 liv. 10 sous par chaque quintal de coton, et 3 den. par livre de café, pour droits de sortie desdites denrées, suivant les déclarations que seront tenus d'en faire les Chargeurs aux Bureaux des Receveurs, qui seront nommés à cet effet, à peine contre les contrevenans de confiscation des denrées non déclarées, et de 300 liv. d'amende, applicables à la caisse de ladite imposition, la perception desquels droits commencera à courir au 1er Mai 1756.

ART. II. Qu'il sera également payé, pendant le susdit temps de cinq années, 40 sous par chaque tête de Negres, petits et grands, sans que personne, de quelque qualité et condition qu'elle soit, puisse s'exempter de payer ledit droit, que les peres qui ont dix ou douze enfans vivans, lesquels continueront de jouir des exemptions qui leur ont été accordées par Sa Majesté, la perception duquel droit commencera à courir du premier Janvier dernier, pour finir à pareil jour premier Janvier 1756.

ART. III. Les Propriétaires d'Habitations ou de Negres, qui ont des biens en cette Colonie, lesquels ont leur domicile en France, payeront 40 sous par tête de Negres, petits et grands, en sus de ceux qui font leur résidence actuelle dans ladite Colonie, et ils seront censés avoir acquis domicile en France, au bout de deux années d'absence, à compter du jour de leur départ; et en cas que lesdites deux années se trouvent expirées au premier Janvier dernier, ils payeront ledit droit à compter dudit jour.

ART. IV. Les mineurs dont les peres sont décédés en France, après y avoir acquis leur domicile, seront sujets audit droit de 40 sous d'excédant par tête de Negres; et quant aux mineurs dont les peres sont décédés dans la Colonie, et qui auroient été envoyés en France pour leur éducation, ils seront exempts dudit droit jusqu'à l'âge de l'émancipation, qui demeure fixé pour les garçons à dix huit ans, et pour les filles à seize.

Art. V. Si les Habitations ou les Negres sont possédés par indivis par plusieurs Propriétaires, dont quelques-uns fassent leur résidence en France, ceux qui feront ladite résidence payeront ledit droit proportionnément à l'intérêt qu'ils auront dans lesdits Negres.

Art. VI. Les Fermiers de Negres ou d'Habitations seront tenus d'acquitter et de payer les droits ci-dessus, dont il leur sera tenu compte par le Propriétaire sur le prix du bail, sur les quittances des Receveurs qu'ils en représenteront.

Art. VII. Les Procureurs, Régisseurs, Economes ou Fermiers d'Habitations et de Negres, seront tenus de déclarer, dans les recensemens qu'ils donneront, si les Propriétaires desdites Habitations ou Negres sont présens ou absens de la Colonie, et depuis quel temps, à peine de payer en leur propre et privé nom le droit mentionné en l'article III.

Art. VIII. Les Propriétaires des maisons des Villes; savoir, de Léogane, Petit-Goave, les Cayes du Fond et Saint-Marc, de la dépendance du Conseil Supérieur du Petit-Goave, séant à Léogane; le Cap, le Fort-Dauphin, et le Port-de-Paix, de la dépendance du Conseil Supérieur du Cap, payeront deux pour cent par année du prix des baux à ferme desdites maisons, et ce à compter du premier Janvier dernier, jusqu'à pareil jour 1756, à l'effet de quoi lesdits Propriétaires seront tenus de représenter les baux à ferme desdites maisons pardevant les Commissaires qui seront nommés à cet effet par lesdits deux Conseils, chacun dans leur ressort; et au cas que lesdits Propriétaires jouissenr par eux-mêmes de leurs maisons, les loyers d'icelles seront fixés par lesdits Commissaires ainsi qu'ils le jugeront convenable.

Art. IX. Les Propriétaires d'emplacemens qui ne seront point encore bâtis, ainsi que ceux qui commencent à construire, seront exempts dudit droit de deux pour cent pendant tout le temps de ladite nouvelle imposition.

Art. X. Chaque Conseil nommera dans son ressort des Receveurs particuliers pour la perception des droits ci-dessus imposés, lesquels Receveurs seront tenus de remettre au Trésor, tous les mois, les deniers de leur recette; et au moyen des acquits qu'ils représenteront des Trésoriers, les sommes qu'ils leur auront payées seront passées en bonne dépense dans les comptes qu'ils rendront de leur administration pardevant lesdits deux Conseils.

ART. XI. Sera accordé auxdits Receveurs, par forme d'appointement, pour raison des susdites recettes; savoir, à ceux de la dépendance du Conseil Supérieur du Petit-Goave, séant à Léogane, la somme de 6000 l. par année; et à ceux de la dépendance du Conseil Supérieur du Cap, la somme de 4200 liv.

ART. XII. Au moyen de ladite nouvelle imposition, les Habitans de la Colonie seront exempts de fournir aucuns Negres pour les ouvrages et travaux auxquels les droits ci-dessus sont destinés.

Et sera le présent Réglement envoyé dans tous les Siéges du ressort des deux Conseils Supérieurs de cette Colonie, pour y être enregistré, lu, publié et affiché par-tout où besoin sera, à la diligence des Procureurs Généraux et de leurs Substituts, &c.

R. au Conseil du Cap le 19 Avril 1751.

JUGEMENT du Conseil de Guerre, qui condamne un Embaucheur de Soldats, à être pendu.

Du 18 Mars 1751.

VU par le Conseil de Guerre assemblé chez M. le Comte de Conflans, &c., composé de mondit sieur, qui y a présidé; de M. Jean-Baptiste Laporte Lalanne, &c. M. Henri de Massip, Lieutenant de Roi, Commandant à Léogane; de la Tour, Chevâlier de Saint-Louis; Olivier de Vieux-Chatel, de Mitton, de Senneville, de Beaupré, de Selliere; tous cinq Capitaines d'Infanterie; et de Massip, Lieutenant d'Infanterie. La plainte faite à M. de Conflans par M. de Guichen, Demandeur et Accusateur contre le nommé Noël Suzanne, accusé d'avoir séduit et débauché plusieurs Soldats de sa Compagnie, &c.; pour réparation de quoi, et attendu qu'il n'y a ni prison ni garnison suffisante au Port-au-Prince, lieu où le délit a été commis, l'a condamné à être conduit à la tête des Troupes de cette Ville, qui seront rangées en bataille, et livré à l'Exécuteur de la haute-Justice, pour être pendu et étranglé jusqu'à ce que mort s'en suive; et attendu les faits résultans en la procédure contre le nommé Belair, Tambour de la Compagnie de Guichen, l'a condamné à assister à l'exécution, et à garder trois mois le cachot, à compter du jour du présent, &c.

ORDONNANCE *des Administrateurs, touchant les Concessions et les Arpenteurs.*

Du 8 Avril 1751.

LE Comte de Conflans, &c.

Jean-Baptiste de Laporte Lalanne, &c.

Le nombre des personnes qui passent en cette Colonie, augmentant considérablement chaque jour, notre principal soin doit être de leur procurer la facilité d'y former des établissemens, et c'est particulierement par la voie des concessions des terres que nous pouvons nous flatter de parvenir à les y attacher solidement. Pour être en état de leur en distribuer, il est de notre attention d'empêcher que les anciens Colons n'augmentent leurs possessions au delà de leurs forces, sans quoi il ne se trouveroit plus incessamment de terres à concéder, quoique la majeure partie de celles qui seroient concédées fût encore inculte.

Nos prédécesseurs, comme nous, pénétrés de cette nécessité, ont employé plusieurs moyens pour faire cesser les abus qui s'étoient glissés sur la distribution des concessions; mais l'intérêt rendant industrieux, nous savons, à n'en pouvoir douter, que quelque grande qu'ait été sur cela leur attention, une infinité d'Habitans, déjà possesseurs de beaucoup trop de terre, leur ont surpris de nouvelles concessions, qui n'auroient pas dû leur être faites. Un des moyens les plus ordinaires qu'on emploie pour obtenir ces sortes de concessions, a jusqu'à présent été de s'adresser à des Arpenteurs nouvellement établis, ou de qui les Particuliers Demandeurs n'étoient point connus, lesquels Arpenteurs attestoient qu'ils ne connoissoient aucune terre à ceux à qui ils donnoient leurs certificats.

Pour remédier en particulier à cet abus et à la multitude de discussions qu'occasionneroient les concessions obtenues sur ces certificats donnés presque toujours sans connoissance du local, MM. de Conflans et Maillart ordonnerent le 22 Juillet 1750, que les Arpenteurs seroient tenus de résider dans les différens quartiers qu'ils leur ont désignés; qu'ils ne pourroient valablement opérer dans les autres, sans une permission expresse; et qu'ils ne délivreroient à l'avenir aucun certificat de terrain contenant plus de mille pas en carré pour culture, de douze cents pas pour hattes, et de quinze cents pas pour hattes et corail. Par cette sage disposition, les Arpenteurs n'ayant plus de prétexte pour colorer leurs complaisances, deviennent responsables de toutes leurs opérations : mais cette disposition ne nous paroissant pas suffisante pour faire cesser entierement les abus, nous estimons nécessaire d'ajouter de nouvelles dispositions à celles qui ont déjà été faites sur cette matiere ; en conséquence, nous avons ordonné et ordonnons ce qui suit.

ART. Ier. Aucun Arpenteur, sous peine de destitution et de 1000 liv. d'amende, ne délivrera de certificat de terrain à des personnes qui en auront déjà eu en cette Colonie, un pour culture de la valeur de mille pas en carré, ou de douze cents pas en carré pour hatte, ou enfin de quinze cents pas en carré pour hatte et corail.

ART. II. Dans le ressort du Conseil Supérieur du Cap, les amendes seront appliquées à la Maison de la Providence ; et dans le ressort de celui séant à Léogane, elles seront au profit de l'Hôpital.

ART. III. Tout certificat de terrain sera publié par trois fois différentes à l'Eglise de la Paroisse dans laquelle se trouvera le terrain mentionné audit certificat, qui sera en outre visé par le Commandant du quartier, lequel attestera en même temps, que le Particulier auquel est destiné le terrain en question n'en a pas la quantité portée dans le premier article, suivant les différens établissemens y relatés.

ART. IV. Tout certificat de terrain, après trois mois écoulés depuis sa date, sera nul. Cette disposition toutefois n'aura lieu pour ceux qui, délivrés avant la présente, seront présentés dans trois mois, à compter de sa publication.

ART. V. Déclarons nulles et de nul effet toutes concessions qui pourroient à l'avenir être surprises sur des certificats non revêtus des formalités ci-dessus mentionnées, ou par des Habitans qui auroient déjà une des quantités de terre désignée à l'article Ier.

ART. VI. Chaque Arpenteur sera tenu, sous les peines portées audit article Ier, de remettre tous les ans à l'Arpenteur Général, dans la partie de cette Colonie où il fait sa résidence, un état de tous les certificats de terrain qu'il aura délivrés dans l'année, lequel état comprendra les noms de ceux à qui il aura donné ces certificats, la quantité de terrain y mentionnée, les bornes d'iceux, et les quartiers où ils sont situés.

ART. VII. Chaque Arpenteur sera tenu de certifier ledit état véritable, et de noter en marge les terrains sur lesquels il saura ou pensera qu'il n'aura été commencé aucun établissement, dans le délai de quinze mois, à compter de la date de ses certificats, pour lesdits terrains être réunis au Domaine de Sa

Majesté en la maniere accoutumée, après une année de la date des concessions accordées sur iceux.

Art. VIII. Les Arpenteurs généraux seront tenus de faire passer exactement au Greffe de l'Intendance les susdits états, qui y demeureront déposés, et de noter pareillement en marge les terrains sur lesquels ils sauront ou croiront n'avoir point été commencé d'établissement dans les délais susdits.

Art. IX. Les délinquans seront contraints au payement de l'amende par eux encourue à la requête du Procureur du Roi en la Jurisdiction dans laquelle ils demeureront, par le Juge dudit Siége.

Sera la présente enregistrée au Greffe de l'Intendance, à ceux des deux Conseils et de chaque Jurisdiction, lue, publiée et affichée par-tout où besoin sera. Donné à Léogane, &c.

R. au Conseil de Léogane le 5 Mai 1751.
Et à celui du Cap le 6 Août suivant.

Ordonnance des Administrateurs, qui rend la liberté à deux Negres Portugais, enlevés sur les côtes du Brésil.

Du 15 Avril 1751.

Antoine Pellet et Antoine Paropet, Negres libres, Portugais de nation, remontrent très-humblement à vos Grandeurs, qu'il y a environ sept à huit ans qu'ils languissent dans les Prisons de la Conciergerie de Léogane; sans qu'ils puissent savoir la cause de leur détention. Les Supplians sont originaires de la Côte de Brésil, appartenant à la Couronne de Portugal, et ils ont l'avantage d'être nés libres. Un Navire Anglois avoit été conduit sur ces côtes, et y étoit peut-être en danger, ou y manquoit de vivres, lorsque les Supplians se rendirent à son bord avec un canot, pour y en porter; ils y resterent plusieurs jours; mais lorsqu'ils voulurent se rendre à terre, le Capitaine eut la bassesse de faire voile, et de les y retenir comme esclaves. Ils se sont rendus dans cet état à la Nouvelle-Angleterre: ils ignorent s'ils ont été vendus par ce Capitaine; ils se rappellent seulement, qu'ayant été transportés sur un Brigantin parlementaire, sur lequel il y avoit plusieurs autres Negres de nation Françoise et Espagnole, qui faisoient voile vers cette Côte; ils furent pris par le sieur Beaupré, Capitaine d'un Bateau armé par le sieur d'Aguille, Négociant au Petit-Goave, et conduits à Baracou, sur la Côte de Cube.

La plupart des Negres qui étoient de compagnie avec eux, furent vendus comme Esclaves; mais les Suppliaus ayant invoqué le droit des gens, injustement violé à leur égard, et réclamé les droits de la liberté avec laquelle ils ont eu le bonheur de naître, leurs plaintes furent écoutées par le Gouverneur des lieux, qui, instruit peut-être autant que persuadé de la vérité de ce qu'ils demandoient, leur donna des passe-ports comme à des personnes libres, et leur procura leur passage dans cette Colonie dans le même Bateau corsaire du sieur d'Aguille. Les Supplians croyoient toucher à la fin de leur misere, lorsqu'abordant sur cette Côte, cet Armateur jugea à propos de se saisir de leurs passe-ports, et ils présument que l'impossibilité où ils se sont trouvés conséquemment de les représenter et de se plaindre de cet attentat, a été jusqu'à présent la cause de leur prison dans cette Colonie, &c.

Vu la présente Requête, nous ordonnons que les Supplians seront relaxés des prisons de Léogane, à quoi faire le Geolier contraint; ce faisant bien et valablement déchargé; et comme libres, leur permettons de se retirer dans leur pays. DONNÉ au Port-au-Prince, &c.

ARRÊT du Conseil du Cap, qui ordonne que des 4200 liv. fixées au payement des Receveurs de la dépendance de la Cour, par l'art. 11 du Réglement des deux Conseils du mois de Mars précédent, il sera donné 3000 liv. au Receveur du Cap, et 600 liv. à chacun de ceux du Fort-Dauphin et du Port-de-Paix.

Du 19 Avril 1751.

ARRÊT du Conseil du Cap, qui, à l'effet de dresser le cadastre pour l'imposition de deux pour cent sur les loyers des maisons, suivant l'art. 8 du Réglement des deux Conseils du mois de Mars précédent, nomme MM. de la Chapelle et Hirel pour la ville du Cap, Legras et Dalcourt pour le Fort Dauphin, et le Juge du Port-de-Paix et son Lieutenant pour cette Ville.

Du 19 Avril 1751.

ORDONNANCE des Administrateurs touchant la réunion des terrains des quartiers des Caps Tiberon et Dame-Marie, et du reste du ressort de la Grande-Anse.

Du 21 Avril 1751.

LE Comte de Conflans, &c.

Jean-Baptiste de Laporte Lalanne, &c.

La guerre survenue en 1744 ayant empêché l'établissement des terrains nouvellement concédés alors dans les Caps Tiberon, Dame-Marie, et dans le reste du ressort de la Grande-Anse; la proximité de l'ennemi ayant même forcé la plus grande partie des habitans de ces quartiers à les abandonner pendant ce fléau, nos prédécesseurs jugerent convenable de ne point sévir contre une semblable conduite; mais cet abandon n'est plus excusable aujourd'hui, la paix ayant depuis trois ans rétabli la tranquillité, et procuré les facilités nécessaires pour suivre ces établissemens; cependant la majeure partie des terrains étant encore non établis ou abandonnés, ils se trouvent constamment dans le cas de la réunion. Mais ayant égard aux pertes que quelques-uns de ces habitans ont souffertes pendant la guerre, et ne voulant pas laisser aux autres le moindre prétexte de colorer leur inaction depuis la paix, nous accordons aux Concessionnaires ou Propriétaires des terrains situés dans les quartiers des Caps Tiberon, Dame-Marie et de la Grande-Anse, un délai de six mois (à compter de la notification des présentes) pour former ou recommencer des établissemens sur les terrains à eux concédés; et faute par eux de profiter de ce délai, déclarons lesdits terrains réunis au Domaine de Sa Majesté, aussi-tôt l'expiration d'icelui. Seront les présentes enregistrées au Greffe de l'Intendance, et à ceux des Jurisdictions de Saint-Louis, et de la Grande-Anse, lue, publiée et affichée par-tout où besoin sera, à la diligence des Procureurs du Roi, &c.

R. au Greffe de l'Intendance le 6 Mai suivant.

ARRET

ARRÊT du Conseil du Cap (rendu l'Audiencier tenant la plume) pour qu'il y ait un plumitif de chaque jour de séance de la Cour.

Du 3 Mai 1751.

VU par le Conseil la Requête présentée par Me le Bouvier du Hameau, Greffier en chef du Conseil, contenant que, par un usage suivi depuis le mois de Mai 1715, comme cela paroît par les plumitifs conservés, le Greffier de la Cour tient à l'Audience un même cahier de quarante à cinquante feuilles attachées ensemble, intitulé: *Plumitif commencé le . . . et fini le . . .* sur lequel il écrit les Arrêts à l'instant qu'ils se prononcent, ne laissant, pour accélérer les affaires de l'Audience, que ceux qui sont rendus par défaut, appointemens et autres qui adjugent les conclusions de la Partie, qu'il écrit simplement sur le dossier, par ces mots, *Conclusions adjugées au profit du défaut*, lesquels Arrêts il rapporte au long sur ledit cahier, à l'issue de l'Audience, afin de mettre à la suite ceux du lendemain; et à la derniere semaine du mois, il transcrit et fait transcrire au net sur un grand registre, intitulé: *Registre plumitif des Arrêts rendus aux Audiences*, tous ceux dudit cahier et dans le même ordre qu'ils s'y trouvent portés, lesquels sont également signés par celui qui a présidé, sur la représentation du cahier où est la signature. Comme cette maxime à l'égard du cahier est aujourd'hui presque impossible à suivre, par la quantité de causes qu'il y a maintenant à chaque Audience, où il s'en est trouvé jusqu'à près de quarante à répéter l'après-midi, et que ce travail, joint aux autres affaires à expédier au Greffe, durant la tenue des séances, a souvent mis le Greffier dans la nécessité de passer une partie de la nuit pour mettre les Arrêts en ordre sur le cahier; le Suppliant, pour éviter ces difficultés, prenoit la liberté de représenter à la Cour, qu'il conviendroit, &c. Conclusions du Procureur Général du Roi, et ouï le rapport de M. Fournier de la Chapelle, Conseiller, et tout considéré, le Conseil, faisant droit sur la Requête, a autorisé et autorise le Greffier de la Cour à tenir à l'Audience, au lieu du cahier que l'on a tenu ci-devant, où étoient les Arrêts de plusieurs Audiences, des feuilles ou cahiers pour chaque Audience, où seront écrits d'une même suite et sans laisser aucun blanc, tous les Arrêts qui seront prononcés à la séance, et signés en la maniere ordinaire, observant par ledit Greffier de joindre et attacher ensemble toutes les feuilles ou cahiers contenant les Arrêts rendus aux séances de chaque mois.

Nota. *Moi Baudu, Huissier Audiencier de la Cour, ai été pris pour Greffier en cette partie.*

ARRÊT du Conseil de Léogane, concernant la succession d'un Juif.

Du 8 Mai 1751.

Cet Arrêt, confirmatif d'une Sentence du Siége Royal de la même Ville, du 10 Avril précédent, condamne Mr. Ruynet, Receveur des Aubaines de la Jurisdiction de Léogane, à remettre à Emmanuel Cardoze, Juif de la Généralité de Bordeaux, les deniers, titres, papiers et renseignement dépendant de la succession de David Cardoze son frere.

ORDONNANCE de M. l'Intendant, qui défend aux Huissiers des Jurisdictions de faire les fonctions attribuées aux seuls Huissiers de l'Intendance.

Du 10 Mai 1751.

JEAN Baptiste Laporte Lalanne, &c.

Sur ce qui nous a été représenté par les quatre Archers de la Marine, établis pour servir auprès de nous, et pourvus de commission d'Huissiers de l'Intendance, que les autres Huissiers au Conseil & à la Jurisdiction de cette Ville, s'arrogent indistinctement leurs fonctions, au préjudice du privilége exclusif que nous en avons accordé auxdits Huissiers-Archers; nous, pour faire cesser ces abus, déclarons nulles toutes commissions d'Huissiers de l'Intendance dans l'étendue de cette Jurisdiction, autres que celles dont lesdits Archers seront pourvus; en conséquence, défendons à tous autres Huissiers de s'immiscer à l'avenir dans l'exécution d'aucune Ordonnance ou Jugement émané de nous, sous peine de 300 liv. d'amende pour la premiere fois, applicable auxdits Archers, et de plus forte en cas de récidive. Sera la présente enregistrée au Greffe de l'Intendance. DONNÉ, &c.

ARRET du Conseil de Léogane, qui ordonne une levée de 30 sous par tête de Negres pour droits curiaux et suppliciés.

Du 15 Mai 1751.

ORDONNANCE des Administrateurs, qui enjoint d'établir, dans le délai de six mois de sa publication, les terrains des quartiers du Dondon, des Ecrevisses, des Côtelettes et du Moka neuf, déclarés réunis au Domaine du Roi, s'ils ne sont établis dans ledit délai.

Du 21 Mai 1751.

LETTRES des Administrateurs au Procureur du Roi du Port-de-Paix, touchant l'emploi de la Maréchaussée par les Officiers de Justice dans la Ville & la Banlieue.

Des 31 Mai et 1er Juillet 1751.

COMME vous n'avez point au Port-de-Paix d'Inspecteurs ni d'Archers de Police, il est sans difficulté que la Maréchaussée doit suppléer au défaut. L'article 16 du Réglement du Roi ne permet pas qu'elle soit employée par les Officiers de Justice, sans la permission du Commandant. Cependant cette disposition n'ayant été établie que pour que ce Commandant, qui pourroit avoir des ordres pressés et de conséquence à donner pour le service, fût toujours informé des opérations auxquelles elle seroit employée, et par-là toujours en état de la destiner au plus pressé, il a été décidé, dans quelques occasions, que lorsqu'il ne seroit question que de la police des Villes et Banlieues de la résidence des Procureurs du Roi, il leur seroit loisible, pour l'exercer, de se servir de la Maréchaussée, sans être assujettis d'en demander la permission; et c'est sur ce pied-là que M. de Conflans avoit écrit au sieur Vacher. Nous consentons à vous accorder cette même faculté pour la Ville et Banlieue seulement du Port-de-Paix; mais s'il s'agissoit de faire faire à cette Troupe quelques courses au delà, vous devez vous conformer à l'article du Réglement, jusqu'à ce qu'il en soit autrement ordonné. Au surplus, nous devons vous recommander de donner une attention particuliere à cette police, &c. *Signés* DE CONFLANS et LAPORTE LALANNE.

Nous écrivons, M. de Conflans et moi, à M. de la Rigaudiere, au sujet de la Maréchaussée ; et je compte bien que notre lettre suffira pour qu'il n'y ait plus d'opposition à la permission que nous avons donnée d'en disposer dans la Ville et Banlieue, non seulement pour la police, mais encore pour les autres cas qui sont de la compétence des Officiers du Siége.

Je suis, &c. *Signé* LAPORTE LALANNE.

R. au Siége Royal du Port-de-Paix le 14 Août 1753.

ORDONNANCE des Administrateurs, portant établissement d'un Hôpital au Port-au-Prince.

Du 22 Juin 1750.

LE Comte de Conflans, &c.

Jean-Baptiste Laporte Lalanne &c.

La perte des équipages des Navires marchands des Ports du Royaume qui viennent faire leur traite au Port-au-Prince, provenant en partie des maladies que le climat du pays occasionne auxdits équipages, lesquelles deviennent toujours mortelles, soit par le défaut des soins qui sont nécessaires aux malades, ou par les mauvais traitement des Chirurgiens desdits Navires, qui ignorent la façon de traiter ces maladies ; et l'éloignement de l'Hôpital Royal de Léogane ne permettant pas aux Capitaines d'y faire passer leurs malades, sans les exposer à périr dans le trajet ; nous avons cru devoir donner notre attention à des objets aussi intéressans, pour prévenir les inconvéniens qui ne sauroient manquer d'en résulter ; et c'est pour y parvenir que nous avons ordonné ce qui suit :

ART. Ier. Le Chirurgien Major des Troupes entretenu au Port-au-Prince, fera incessamment arranger à ses dépens une maison propre à servir d'Hôpital, laquelle sera munie de lits et autres ustensiles nécessaires pour y recevoir les malades et les y tenir commodément.

ART. II. Ordonnons à tous Capitaines de Navires, Maîtres ou Patrons de Barques ou Bateaux, qui auront des Matelots malades, de les envoyer, dès le troisieme jour de leur maladie, dans ledit Hôpital ; leur défendons d'en retenir aucun plus long-temps, soit dans leurs Navires, soit dans leurs magasins à terre, ou dans des maisons particulieres, à peine de 500 liv. d'amende, applicable au profit dudit Hôpital, à commencer du premier du mois prochain.

ART. III. Les malades ainsi transportés dans ladite maison, seront reçus, soignés, traités, médicamentés et alimentés par ledit Chirurgien-

Major, qui sera tenu pour cet effet d'entretenir un nombre de domestiques suffisant pour pourvoir à tous leurs besoins, et de leur fournir la ration sur le même pied qu'elle est fournie par le Munitionnaire aux Soldats malades dans les Hôpitaux des Troupes.

Art. IV. Enjoignons au Commissaire de la Marine, ou Ecrivain principal ayant le détail des classes dans ladite ville du Port-au-Prince, de faire exactement tous les jours une visite dans ledit Hôpital, pour examiner si les malades y sont bien tenus et bien soignés, si on leur fournit la quantité et qualité des alimens qui leur sont nécessaires, pour nous en rendre compte.

Art. V. Lesdits Capitaines ou Patrons seront tenus de payer au Chirurgien-Major, pour tout salaire, la somme de 2 liv. 10 sous par jour pour chaque malade, sans qu'il puisse exiger d'eux aucune rétribution, soit pour ses peines et soins, ou pour la nourriture, médicamens, et logemens des malades; le tout devant être à sa charge.

Art. VI. Autorisons ledit Chirurgien-Major à faire, toutes fois et quantes il le jugera à propos, la visite dans tous les magasins des Capitaines, même dans leurs Navires ou autres endroits où il saura ou pensera qu'il peut y avoir des Matelots malades; et s'il s'y en trouve qui soient dans le cas de contravention à la présente, il requerra le transport dudit Commissaire ou Ecrivain principal, qui sera tenu d'en faire la vérification; et sur le procès verbal qu'ils en dresseront, l'amende sera par nous prononcée contre les contrevenans.

Sera la présente enregistrée au Greffe de l'Intendance, lue, publiée et affichée par-tout où besoin sera, afin que personne n'en ignore. Donné au Port-au-Prince, &c.

R. au Greffe de l'Intendance le 30.

Réglement de M. l'Intendant concernant l'Hôpital Royal de la ville de Léogane.

Du 3 Juillet 1751.

Jean-Baptiste Laporte Lalanne, &c.

L'établissement des Hôpitaux dans cette Colonie étant non seulement nécessaire pour la conservation des Soldats que le Roi y entretient, et des hommes de mer qui y viennent pour le commerce, mais encore d'un secours essentiel pour les Pauvres ; la Religion et l'ordre de la police temporelle nous engagent à donner tous nos soins à les entretenir. C'est dans cette vue, et pour remplir un des principaux objets de l'administration qui nous est confiée, que nous avons estimé indispensable, dans l'état où se trouve l'Hôpital Royàl de Léogane, tant par la mortalité survenue parmi les Religieux de la Charité, qui le desservent, que par rapport aux dettes dont il est chargé, de faire un Réglement pour la police, conduite et régie de cet Hôpital; en conséquence, sous le bon plaisir du Roi, et jusqu'à ce qu'il en soit autrement ordonné par Sa Majesté, nous avons, par ces présentes, réglé, statué, et ordonné provisionnellement ce qui suit :

ART. Ier. Les Religieux de la Charité, qui ont jusqu'ici desservi l'Hôpital Royal de Léogane, tant ceux qui y sont actuellement, que ceux qui pourroient y venir par la suite, jusqu'à ce que les ordres du Roi nous soient parvenus, seront reçus, nourris et entretenus comme ci-devant, dans la maison principale dudit Hôpital, et y seront traités avec toutes les considérations et les égards qui sont dus à leur état; mais ils n'auront d'autres fonctions dans l'Hôpital que celle de visiter et soigner les malades, ainsi qu'ils sont engagés à le faire par leur institut, et autant que l'esprit de charité et de religion dont ils sont animés les y portera.

ART. II. Il y aura dans ledit Hôpital un Aumônier pour administrer les Sacremens, célébrer journellement la Messe dans la Chapelle de l'Hôpital, instruire les malades, et exercer envers eux toutes les fonctions de son ministere. Il sera présenté par les Administrateurs, et approuvé par le P. Préfet Apostolique; il y sera logé, nourri et entretenu comme ci-devant, et y sera traité avec le respect dû à son caractere.

ART. III. Ledit Hôpital sera régi par trois Administrateurs, que nous nommerons à cet effet; savoir, un pour la régie et administration de l'Habitation appartenante audit Hôpital, situé à la Coudre, dans la plaine de Léogane, et des places situées dans les mornes en dépendant, et deux Administrateurs pour la régie de l'Hôpital, lesquels auront un Econome sous leurs ordres qui y résidera; l'Administrateur de l'Habitation aura de même sous ses ordres l'Econome destiné à y suivre les travaux ordinaires.

ART. IV. La recette des aumônes qui seront données audit Hôpital, ainsi que de ses revenus, pour raison des Matelots malades, sera faite par l'un des Administrateurs; il en rendra compte dans l'assemblée qui se fera entre eux trois tous les deux mois, en notre présence et celle de M. le

Procureur Général, dans laquelle assemblée les comptes seront arrêtés et signés de tous les administrateurs, de M. le Procureur Général, s'il y a assisté, et de nous.

La recette et la dépense pour les Habitations seront également faites par l'Administrateur, à qui le soin en sera confié, et les comptes en seront arrêtés comme il est dit ci-dessus.

ART. V. Les Administrateurs ne pouvant pas se charger de la dépense journaliere, ils en confieront le détail aux Economes, qui leur en rendront compte tous les jours, ou au moins toutes les semaines; et ils les obligeront à tenir un registre-journal de dépense, qu'ils parapheront.

ART. VI. Pour la reddition des comptes dont il est ci-dessus parlé, l'Administrateur chargé de la recette et dépense pour l'Hôpital, ne sera tenu qu'à rapporter sommairement les articles de recette; et pour la dépense, un extrait du livre-journal de l'Econome, certifié de lui, et arrêté par ledit Administrateur, à la prudence duquel nous nous rapportons pour fixer la dépense ordinaire de l'Hôpital et empêcher la dissipation de l'Econome: les comptes de recette et dépense pour l'Habitation ne seront de même sujets qu'aux formalités ci-dessus.

ART. VII. Attribuons aux Administrateurs le droit de choisir les Economes convenables pour l'Hôpital et les Habitations, en nous informant cependant du choix qu'ils feront; et en cas de malversation ou négligence de la part desdits Economes, soit de l'Hôpital ou des Habitations, les Administrateurs pourront sur le champ, et de leur propre autorité, les révoquer, et les remplacer par d'autres, à la charge toutefois de nous en rendre compte.

ART. VIII. Les Administrateurs chargés de l'Hôpital serviront alternativement chacun par semaine, et seront pendant ce temps-là tenus de faire la visite tous les jours, pour veiller sur la conduite de ceux destinés aux malades, empêcher les abus qui pourroient s'y glisser, et les réprimer: ils assisteront à la visite que feront une fois le mois le Médecin du Roi et le Chirurgien Major, des remedes qui se trouveront à l'Apothicairerie, dont le soin particulier sera confié à un Apothicaire, et l'Administrateur la fera entretenir de bons remedes, et en quantité suffisante, suivant les besoins dont le Médecin du Roi et le Chirurgien-Major lui remettront un mémoire.

ART. IX. L'Econome destiné pour l'Hôpital sera nourri, logé et blanchi, et ses gages seront fixés, dans la premiere assemblée, par les Administrateurs, en notre présence; les gages de celui destiné pour l'Habitation y seront pareillement fixés; il y résidera, et se nourrira lui-même.

Art. X. L'Econome aura une autorité entiere sur les Negres destinés au service des malades et de la maison; il entrera fréquemment dans la cuisine, pour voir s'il n'y a pas de dissipation, si la propreté y regne, ainsi que dans les ustensiles; si le bouillon se fait bien et proprement; il visitera aussi les salles des malades, et fera entretenir la netteté et la propreté, tant pour les lits que pour les malades, qu'il aura soin aussi de faire entretenir de linge net et bien blanchi.

Art. XI. L'Econome de l'Hôpital recevra les malades et Soldats sur le billet de l'Officier de la Compagnie dont ils seront, visé du Commissaire ou Ecrivain principal; les Matelots sur un billet du Capitaine des Navires où ils sont embarqués et les Pauvres, sur le billet d'un des Administrateurs.

Art. XII. Recommandons particulierement auxdits Administrateurs de ne donner des billets pour être reçus à l'Hôpital, qu'aux pauvres malades, suivant un certificat du Médecin du Roi, ou du Chirurgien-Major, les Hôpitaux n'étant point établis pour ceux qui n'ont d'autre maladie ou invalidité que la fainéantise, et cette Colonie fournissant d'ailleurs abondamment dans tous les états les moyens de travailler pour vivre. Lesdits pauvres malades seront congédiés et renvoyés de l'Hôpital lorsque le Médecin du Roi l'estimera convenable, dont il donnera ou fera donner avis à l'Administrateur.

Défendons au surplus, sous les peines portées par les précédentes Ordonnances, à tous Capitaines de Navires, Maîtres ou Patrons de Barques ou Bateaux, de garder dans leurs magasins à Léogane, ou au bord de la mer, ni à bord de leurs Bâtimens, au delà de vingt-quatre heures, leurs Matelots malades, et leur enjoignons expressément de les envoyer audit Hôpital Royal.

Art. XIII. Ledit Hôpital, encore que régi par des Administrateurs, aura les mêmes priviléges dont jouissent les Religieux de la Charité; l'Econome prendra à la Boucherie la quantité de viande nécessaire pour les malades, suivant les ordres de l'Administrateur, qui en conviendra avec le Médecin du Roi, laquelle sera payée au prix du Public, suivant l'adjudication de la Ferme générale; en outre une livre et demie par chaque Soldat malade, sur le pied de 3 sous la livre; et vingt-cinq livres en sus, pour la table de l'Aumônier, des Religieux, de l'Econome, et des Chirurgiens attachés à l'Hôpital.

Art. XIV.

Art. XIV. L'Econome sera chargé du soin de faire nourrir et traiter à table convenablement, par les ordres des Administrateurs, l'Aumônier et les Religieux de la Charité, et mangera, ainsi que les Chirurgiens, à la même table qu'eux.

Art. XV. Il sera entretenu dans ledit Hôpital trois Garçons Chirurgiens, qui y seront logés, nourris et blanchis, et auront 1000 liv. de gages répartis entre eux; savoir, 450 liv. pour le premier, 350 liv. pour le second, et 200 liv. pour le troisieme, lesquels gages seront payés à chacun d'eux tous les quatre mois par l'Econome, sur les fonds qui lui seront remis par l'Administrateur, et sur un ordre de lui par écrit; lesdits Chirurgiens seront subordonnés aux Administrateurs, et sous les ordres du Médecin du Roi et du Chirurgien-Major. Le Médecin du Roi aura seul le droit de choisir les sujets pour remplir lesdites places de Chirurgiens, et les révoquer, lorsqu'ils tomberont dans des fautes qui l'auront mérité, et les remplacer par d'autres, en nous informant néanmoins du choix et des changemens qu'il fera. En l'absence du Médecin du Roi, attribuons au Chirurgien-Major le même droit de choisir des Chirurgiens, mais à la charge d'en informer les Administrateurs, et nous en rendre compte.

Art. XVI. L'expérience nous ayant appris que le Médecin du Roi à Léogane a toujours préféré le devoir de servir les pauvres malades, au profit de servir les riches, nous croyons suffisant de l'inviter, en tant que besoin seroit, de continuer à secourir de son ministere tous les malades dudit Hôpital: enjoignons au Chirurgien-Major d'y faire tous les jours sa visite, et veiller sur la conduite des Garçons Chirurgiens, et de concourir de tout son pouvoir au soulagement et à la guérison des malades.

Art. XVII. Pour parvenir à mettre ledit Hôpital dans l'état de crédit et d'aisance où nous désirons qu'il soit, il convient d'acquitter les dettes ci-devant contractées par les Religieux de la Charité, pour raison dudit Hôpital, ou des Habitations y attachées, et de statuer pour cet effet sa dépense sur sa recette annuelle: il est par conséquent d'une nécessité indispensable d'examiner les livres qui ont pu être tenus ci-devant par les Religieux de la Charité, pour connoître ses dettes actives et passives; en quoi les premieres consistent, pour en accélérer le recouvrement, et connoître la dépense annuelle et nécessaire pour l'entretien dudit Hôpital, et de ladite Habitation; en conséquence, autorisons lesdits Administrateurs à s'emparer sans délai de tous les titres, papiers et registres concernant ledit Hôpital, dont il sera passé un inventaire signé d'eux et du premier Notaire requis pour y assister, être ensuite l'éligement desdits papiers fait par un des Administrateurs, nommé à cet effet, et sur le tout par lui dressé un mémoire ou projet de conduite et régie, qui nous sera rapporté à la premiere assemblée, pour être statué ce qui conviendra pour le plus grand grand bien dudit Hôpital.

Art. XVIII. L'Administrateur chargé des Habitations examinera pareillement l'état d'icelles, et proposera à ladite assemblée les arrangemens les plus convenables à leurs bonnes exploitations.

Recommandons au surplus auxdits trois Administrateurs, et à chacun d'eux en particulier, toute la vigilance et l'application que nous avons lieu d'attendre d'eux dans les fonctions qui leur sont communes, et en général le soin de visiter les lieux, de s'informer de la conduite de tous et un chacun, afin que personne ne s'éloigne de ses devoirs; et dans le cas de malversation, dissipation, négligence, ou autre faute de la part de quelqu'un, nous en rendre compte, pour y pourvoir, réprimer et corriger lesdits domestiques, faire contenir les malades, et empêcher que, par leur faute, leur convalescence ne soit trop longue, ou les rechutes trop fréquentes.

Prions MM. les Officiers du Conseil Supérieur séant à Léogane, de faire enregistrer au Greffe dudit Conseil la présente Ordonnance, qui sera aussi enregistrée au Greffe de la Jurisdiction de Léogane, et à celui de l'Intendance. Donné au Port-au-Prince le 3 Juillet 1751.

R. au Conseil de Léogane le 5 du même mois.

Provisions de Premier Conseiller des deux Conseils, pour M. Samson, Commissaire de la Marine, et Subdélégué de l'Intendant.

Du 15 Juillet 1751.

R. au Conseil Supérieur du Cap le 3 Janvier 1752.

Ces provisions, d'ailleurs semblables à celles de M. le Normand de Mezy, du 1er Avril 1739, ne fixent pas la séance de M. Samson aux Conseils, & portent seulement qu'il aura les droits, séances et fonctions attribués au Premier Conseiller.

MÉMOIRE du Roi, touchant les droits d'octroi.

Du 22 Juillet 1751.

SA MAJESTÉ s'est fait rendre compte de la délibération arrêtée dans l'assemblée des deux Conseils Supérieurs de Saint-Domingue, convoquée à Léogane le 16 Mars dernier, en conséquence des ordres contenus dans son Mémoire du 25 Octobre 1750, adressé aux sieurs Comte de Conflans, Gouverneur-Lieutenant-Général pour Sa Majesté; et Maillart, Intendant des Isles sous le Vent; elle a approuvé les dispositions qui ont été faites par cette délibération pour la perception, pendant cinq années, de certains droits, dont le produit sera employé aux dépenses extraordinaires à faire pour les fortifications nécessaires à la défense de la Colonie; et c'est avec une satisfaction particuliere qu'elle a appris le zele avec lequel les deux Conseils Supérieurs se sont portés à cette imposition.

Il étoit en effet d'autant plus important d'y pourvoir, que ce n'étoit qu'avec un secours de cette espece qu'on pouvoit entreprendre ces fortifications, et profiter des efforts que Sa Majesté a bien voulu faire, malgré la situation fâcheuse de ses finances, pour les dépenses de l'augmentation qu'elle a faite dans les garnisons, et les approvisionnemens d'artillerie, armes, et munitions de guerre de la Colonie. Sa Majesté veut donc qu'en conséquence de sadite délibération des deux Conseils Supérieurs qu'elle a confirmée et ratifiée, il soit levé et perçu à Saint-Domingue, par imposition nouvelle, pendant l'espace de cinq ans; savoir:

ART. Ier. *C'est mot à mot l'article Ier du Réglement des deux Conseils.*

ART. II. Il sera pareillement payé, pendant le susdit temps de cinq années, 40 sous par chaque tête de Negres, petits et grands, sans que personne, de quelque qualité et condition qu'elle soit, puisse s'exempter de payer ledit droit, à l'exception des seuls peres de famille qui ont dix ou douze enfans vivans, ainsi qu'il est porté par une Ordonnance particuliere que Sa Majesté fait adresser aux sieurs de Conflans et Lalanne, et la perception dudit droit de 40 sous commencera aussi à compter du premier Janvier de la présente année, pour finir à pareil jour de l'année 1756.

ART. III, IV, V, VI, VII, VIII et IX. Voy. *les articles III,*

IV, V, VI, VII, VIII et IX du Réglement des deux Conseils, sur lesquels ils sont calqués.

Art. X. Chaque Conseil nommera dans son ressort des Receveurs particuliers pour la perception des droits ci-dessus imposés, lesquels Receveurs seront tenus de remettre au Commis des Trésoriers Généraux des Colonies, tous les mois, les deniers de leur recette; et au moyen des acquits qu'ils représenteront des Trésoriers, les sommes qu'ils leur auront payées seront passées en bonne dépense dans les comptes que Sa Majesté veut qu'ils rendent de leur gestion, pour chacune desdites cinq années, pardevant le sieur Intendant, et deux Conseillers, de chacun desdits Conseils, dans la forme observée pour les comptes des Receveurs des droits d'octrois ordinaires.

Art. XI. Sera réparti auxdits Receveurs, par forme d'appointement, pour raison des susdites recettes; savoir, à ceux de la dépendance du Conseil Supérieur du Petit-Goave, séant à Léogane, la somme de 6000 liv. par année; et à ceux de la dépendance du Conseil Supérieur du Cap, la somme de 4200 liv., et ladite répartition sera faite par lesdits Conseils Supérieurs.

Art. XII. Au moyen de ladite nouvelle imposition, les Habitans de la Colonie seront exempts de fournir aucuns Negres pour les ouvrages et travaux auxquels les droits ci-dessus sont destinés. Sa Majesté veut que les sieurs Comte de Conflans et Laporte Lalanne fassent enregistrer le présent Mémoire au Greffe desdits Conseils Supérieurs, et même aux Greffes des Jurisdictions particulieres de la Colonie, s'il est jugé nécessaire. Fait à Compiegne, &c.

R. au Conseil de Léogane le 8 Novembre 1751.
Et à celui du Cap le 12 du même mois.

***Ordonnance** du Roi concernant l'exemption des droits d'octroi, en faveur des peres qui ont dix à douze enfans.*

Du 22 Juillet 1751.

Sa Majesté ayant, par un Mémoire de ce jour, adressé aux sieurs Comte de Conflans, Gouverneur, et son Lieutenant Général aux Isles sous le Vent de l'Amérique; et Laporte Lalanne, Commissaire Général de la Marine, faisant les fonctions d'Intendant auxdites Isles, approuvé une délibération prise en conséquence de ses ordres par les deux Conseils Supérieurs de Saint-Domingue, assemblés à Léogane le 16 Mars dernier, et par laquelle il a été établi une imposition de droits extraordinaires durant l'espace de cinq années, pour pourvoir aux dépenses extraordinaires des fortifications à faire dans ladite Colonie; et voulant expliquer plus partilierement ses intentions sur l'article II de ladite délibération, elle a ordonné et ordonne, que le droit qui fait l'objet dudit article, sera payé, sans que personne, de quelque qualité et condition qu'elle soit, puisse en être exempte, Sa Majesté révoquant, quant à ce, toutes exemptions qu'elle pourroit avoir accordées, à l'exception néanmoins des peres de famille ayant dix à douze enfans, lesquels jouiront de l'exemption dudit droit, relativement et conformément aux Réglemens et Ordonnances précédemment rendus. Mande et ordonne Sa Majesté aux sieur Gouverneur, son Lieutenant Général, et l'Intendant desdites Isles, de tenir la main à l'exécution de la présente Ordonnance, qui sera enregistrée aux Greffes desdits Conseils Supérieurs, et même aux Greffes des Jurisdictions particulieres de la Colonie, s'il est jugé nécessaire. FAIT à Compiegne, &c.

R. au Conseil de Léogane le 8 Novembre 1751.

Et à celui du Cap le 12 du même mois.

ARRÊT du Conseil du Cap, qui autorise une Enquête provisoire jusqu'à la décision de l'appel de la Sentence qui ordonne ladite Enquête.

Du 6 Août 1751.

VU la Requête de la dame Desportes, autorisée par Justice à la poursuite de ses droits, contenant, que la Cour n'ignore point la demande en séparation formée par la Suppliante contre son mari, et sur laquelle le premier Juge à l'Audience du 22 Mai ordonna la preuve des faits par elle articulés, et encore la preuve de nouveaux faits; ce qui seroit exécuté, portent les deux Sentences, par provision; que, pour arrêter le cours de l'instruction, le sieur Desportes a appelé desdites deux Sentences, et cependant l'enquête périclite, &c. Conclusions du Procureur Général du Roi. LE CONSEIL ordonne que, par provision, la Suppliante fera l'enquête dont est question, sans toutefois qu'elle puisse tirer à conséquence, dans le cas où, par l'événement de l'appel de la Sentence qui l'a ordonnée, ladite Sentence seroit infirmée, et sous la réserve de tous les droits du sieur Desportes.

ARRÊT du Conseil du Cap, touchant les Registres de la Paroisse du Limbé, et l'exécution du titre 20 de l'Ordonnance de 1667.

Du 18 Août 1751.

VU la remontrance du Procureur Général; et ouï le rapport de M. Fournier de la Chapelle, Conseiller, la matiere mise en déliberation et tout consideré; le Conseil faisant droit sur la remontrance du Procureur Général, ordonne que les registres cotés A. B. C. et l'un des deux registres cotés D, seront déposés au Greffe de la Jurisdiction du Cap; que sur ces registres seront transcrites des copies, lesquelles seront remises et déposées au presbytere de la Paroisse du Limbé, pour être délivré aux Habitants et Paroissiens les extraits qu'ils demanderont, lesquelles expéditions vaudront et feront foi, comme si elles avoient été expédiées sur les originaux; ordonne au surplus qu'avant de déposer les copies des registres, elles seront collationnées aux frais de la Fabrique et Paroisse du Limbé, par le Greffier de la Jurisdiction, en présence du Marguillier, si bon lui semble, et qu'à l'avenir les Curés où Desservants la Paroisse du Limbé, même les Marguilliers se conformeront aux articles VIII. IX. X. XI. XII. XIII. du tire 20 de l'Ordonnance de 1667: à l'effet de quoi sera transcrit sur le registre de la Paroisse le titre 20 de l'Ordonnance de 1667.

ORDONNANCE de M. l'Intendant, qui commet les quatre Huissiers du Conseil attachés à l'Intendance, pour faire seuls à l'avenir le service auprès du Conseil pendant ses séances.

Du 14 Septembre 1751.

JEAN-Baptiste Laporte Lalanne, &c.

Les Huissiers au Conseil Supérieur à Léogane, pendant ses séances, étant obligés d'y faire leur service, il en résulte beaucoup de dépense pour eux, et un retardement considérable dans l'expédition des affaires dont ils sont chargés, dans les différens quartiers où ils résident: pour remédier à ces inconvéniens, nous ordonnons aux quatre Huissiers du Conseil, attachés à l'Intendance, de faire seuls à l'avenir le service auprès du Conseil pendant ses séances; en conséquence, en dispensons les autres Huissiers audit Conseil ou aux Jurisdictions, à la charge par ceux-ci de payer chacun par année aux premiers la somme de soixante livres, qui sera mise dans leur bourse commune, pour être ensuite partagée entre eux par quart; et sera notredite Ordonnance enregistrée au Greffe dudit Conseil Supérieur. DONNÉ à Léogane, &c.

R. au Conseil de Léogane le même jour.

JUGEMENT des Général et Intendant, portant qu'une concession en jouissance des cinquante pas du Roi, ne peut avoir lieu que pour ce qui est à la devanture de l'Habitation du Concessionnaire.

Du 23 Septembre 1751.

LE Comte Dubois de la Motte, &c.

Jean-Baptiste Laporte Lalanne, &c.

Entre le sieur Poron de la Tour, Habitant au Limbé, et François Ange le Normand, Ecuyer, Conseiller du Roi, Intendant de la Marine à Rochefort; vu la Requête du demandeur, expositive qu'il possede au bas Limbé, entre autres, deux petites places, l'une de 400 pas de large, sur 800 de haut; lesquelles places lui sont échues par la succession de ses pere et mere, que lesdites deux places joignent une Habitation considérable, appartenante au défendeur, qui, les regardant comme utiles à l'établissement de son Habitation, étant en partie dans des mornes très boisés, les afferma pour neuf ans le premier Juillet 1741, sous le nom du sieur Gonaux, son Secrétaire; que ces deux places ne sont propres que pour y faire des vivres, du bois et de la chaux, ou de la brique; desquels établissemens, avant la ferme, on pouvoit tirer un grand parti, cesdites deux places, au nord et nord-est, étant bornées de la mer; que le défendeur, pendant sa ferme, obtint la jouissance des cinquante pas réservés au Roi le long de la mer, qui bornent ces deux Habitations; de sorte que par cette concession lesdites Habitations du demandeur perdent plus de la moitié de leur valeur, ne pouvant avoir actuellement aucune issue à la mer; que les projets d'établissement qu'il pouvoit avoir s'évanouissent, ne pouvant entreprendre aujourd'hui ni briqueterie, ni four à chaux, le transport en devenant impossible ; que le demandeur avoit lieu d'espérer qu'il seroit décidé, ainsi qu'il l'a été plusieurs fois, que les Tuteurs, Administrateurs et Fermiers des biens des mineurs ne peuvent prendre de concessions sur les terrains desdits mineurs que pour eux, pourquoi le demandeur conclut, &c. Le tout vu et considéré, nous faisant droit sur les demandes respectives des parties, et interprétant en tant que besoin seroit la concession faite à M. le Normand le 29 Septembre 1747, ordonnons que la jouissance des cinquante pas du Roi le long du bord de la mer, à lui accordée, n'aura lieu que pour ceux qui se trouvent devant son Habitation.

Voy. la Lettre du Ministre, du 17 Mars 1752.

ORDONNANCE *de M. l'Intendant, qui enjoint aux Aubergistes, Cabaretiers, &c. du Port-au-Prince de faire chaque jour au Substitut du Procureur du Roi la déclaration des personnes qui logent chez eux.*

Du 20 Octobre 1751.

JEAN-Baptiste Laporte Lalanne, &c.

Les précautions que nous avons déjà prises pour faire cesser les vols qui se commettoient dans la Ville du Port-au-Prince, n'ayant pu empêcher qu'il n'en ait été fait de nouveaux, et la facilité qu'ont eu jusqu'à présent des gens inconnus, d'entrer dans la Ville et d'en sortir sans être obligés de se faire connoître, ne pouvant que contribuer au désordre, nous ordonnons à tous Aubergistes, Cabaretiers ou Gargotiers de la Ville du Port-au-Prince, de faire chaque jour au Substitut du Procureur du Roi une déclaration des gens qui logeront chez eux, lesquelles déclarations contiendront les noms desdites personnes ainsi que les lieux d'ou elles viennent, et ceux ou elles se proposent d'aller, le tout à peine de cent liv. d'amende pour la premiere fois contre lesdits Aubergistes, Cabaretiers ou Gargotiers, et de plus grande en cas de récidive. Sera la présente enregistrée au Greffe de la Jurisdiction, lue, publiée et affichée par-tout où il appartiendra. Mandons, &c. DONNÉ au Port-au-Prince. *Signé* LAPORTE LALANNE.

COMMISSION

COMMISSION d'Intendant pour M. LAPORTE LALANNE.

Du 24 Octobre 1751.

LOUIS, &c. Par nos Lettres du premier du mois de Juillet 1749, nous vous aurions commis pour, en votre qualité de Commissaire Général, faire les fonctions de l'Intendance de nos Isles sous le Vent de l'Amérique, laquelle se trouvoit vacante, par la permission que nous avions accordée au sieur Maillard, qui en avoit été pourvu, de revenir en France; la satisfaction particuliere que nous ressentons du succès avec lequel vous avez jusqu'à présent travaillé a tous les objets relatifs aux fonctions de ladite charge, doit nous engager a vous en donner le titre; et nous nous y sommes déterminés d'autant plus volontiers, que cette nouvelle marque de notre confiance vous mettra à portée de rendre encore plus utiles pour le bien de notre service et pour l'avantage desdites Colonies, le zele, la capacité, et l'expérience dont vous nous avez donné des preuves continuelles dans les différens emplois que vous avez remplis. A CES CAUSES et autres à ce nous mouvant, nous vous avons commis, ordonné et député, et par ces présentes signées de notre main, commettons, ordonnons et députons Intendant de Justice, Police, Finance *et Marine*, en nosdites Isles sous le Vent, pour en cette qualité vous trouver aux Conseils de Guerre, &c. Mandons à notre très-cher et très-amé cousin, L. J. M. de Bourbon, Duc de Penthievre, Amiral de France, audit Gouverneur et notre Lieutenant Général desdites Isles sous le Vent de l'Amérique. &c.

LE DUC DE PENTHIEVRE, Amiral, &c.

R. au Conseil de Léogane le 7 Mars 1752.
Et à celui du Cap le 1er Mai suivant.

Pour le surplus de cette Commission, voy. *celle de M. Mithon de Senneville, du 9 Août 1718, en observant essentiellement cependant que M. Laporte Lalanne est le premier Intendant des Isles sous le Vent que Sa Majesté qualifie d'Intendant de Justice, Police, Finances et* Marine, *quoique ses prédécesseurs eussent, depuis M. de Montholon, et à son exemple, timbré leurs Ordonnances de ce dernier titre. C'est aussi la premiere Commission d'Intendant qui contienne une adresse à M. l'Amiral, et qui soit suivie de son mandement.*

ORDONNANCE des Administrateurs, qui permet aux Arpenteurs d'opérer dans tout le ressort de la Jurisdiction où ils résident.

Du 10 Novembre 1751.

LE Comte Dubois de la Motte, &c.

Jean-Baptiste Laporte Lalanne, &c.

Sur ce qui nous a été représenté que de la défense faite aux Arpenteurs d'opérer dans d'autres quartiers que ceux qui leur avoient été départis, il résultoit beaucoup d'inconveniens, entre autres un retardement extrême des arpentages de la plupart des terrains, soit à cause du défaut de confiance des propriétaires en certains Arpenteurs, soit par la lenteur de ceux-ci, sur les assurances que les premiers seront obligés d'avoir recours à eux; nous, pour remédier à ces inconvéniens, permettons aux Arpenteurs de cette Colonie, d'opérer dans tout le ressort de la Jurisdiction où ils feront leur résidence; leur faisons défenses de faire aucune opération sans une permission expresse émanée de nous, dans celui de toute autre Jurisdiction. Prions Messieurs les Officiers des deux Conseils Supérieurs de faire enregistrer la présente Ordonnance aux Greffes desdits Conseils, laquelle sera pareillement enregistrer à celui de l'Intendance, et lue, publiée et affichée par-tout où besoin sera. DONNÉ au Port-au-Prince, &c. *Signé* DUBOIS DE LA MOTTE et LAPORTE LALANNE.

R. au Conseil du Cap le 3 Janvier 1752.

ORDONNANCE des Administrateurs, qui défend de tenir marché à la Croix des Bouquets.

Du 19 Novembre 1751.

LE Comte Dubois de la Motte, &c.

Jean-Baptiste Laporte Lalanne, &c.

Quoique l'établissement qu'il a été permis de faire à la Croix des Bouquets ne doive avoir d'autre objet, que de procurer avec plus de facilité les secours spirituels aux Habitans qui se trouvent situés au delà de la grande Riviere du Cul-de-Sac, nous sommes cependant informés que des Particuliers abusant de cet établissement, y font continuellement un commerce de denrées et marchandises, lequel diminue celui de la

Ville du Port-au-Prince; comme un pareil abus est également contraire aux intentions du Roi et à l'attention que nous devons à tout ce qui peut favoriser l'établissement de cette Capitale; nous avons jugé qu'il étoit indispensable d'y pourvoir; nous avons en conséquence fait et faisons très-expresses inhibitions et défenses à toutes personnes, tant libres qu'esclaves, de vendre ni débiter dans ledit lieu de la Croix des Bouquets, ni dans les chemins y aboutissant, aucunes marchandises ni denrées, à peine de confiscation du tout, dont moitié sera appliquée à la Maréchaussée et l'autre moitié à l'Hôpital de Léogane: défendons pareillement aux Artisans, dont l'établissement a été permis audit lieu de la Croix des Bouquets, de vendre ni distribuer dans leurs magasins aucune marchandises ni denrées, à peine de confiscation d'icelles et de réunion au Domaine des terrains qui leur ont été distribués. Sera la présente Ordonnance lue, publiée et affichée audit lieu de la Croix des Bouquets et par-tout ailleurs où besoin sera. DONNÉ au Port-au-Prince, &c.

ORDONNANCE *des Administrateurs, qui exempte de toutes corvées, gardes et revues le Majoral de chaque Hatte.*

Du 28 Décembre 1751.

LE Comte Dubois de la Motte, &c.

Jean-Baptiste Laporte Lalanne, &c.

Dans tous les tems, nos Prédécesseurs ont favorablement traité ceux qui se sont attachés à former des hattes en cette Colonie; cependant la facilité de tirer des bestiaux de l'Etranger a généralement fait négliger cet établissement; la rareté des Animaux en étant une suite nécessaire, elle ne se fait que trop sentir actuellement: sur ce qui nous a été représenté que la conservation et l'augmentation des hattes dépendoient en partie de la résidence continuelle sur ces biens des personnes préposées pour les régir, et que cette résidence ne pourroit être de cette nature, si ces personnes n'étoient exemptes de gardes, revues et corvées; nous avons exempté et exemptons de toutes corvées, gardes et revues, le Majoral de chaque hatte; et afin que personne n'en ignore, seront les présentes enregistrées aux Greffes des Conseils Supérieurs et Jurisdictions ordinaires, lues, publiées par-tout où besoin sera, notamment à la tête des Milices de chaque quartier. DONNÉ à Léogane.

R. au Conseil de Léogane le 15 Janvier 1752.

ORDONNANCE des Administrateurs, qui, attendu l'inconvénient de la saison, ordonne aux Bâtimens des Cayes de se rendre dans le Port de Saint-Louis depuis le 15 Juin jusqu'au 1er Novembre.

Du 2 Janvier 1752.

LE Comte Dubois de la Motte, &c.

Jean-Baptiste Laporte Lalanne, &c.

L'expérience nous ayant fait connoître les dangers auxquels sont exposés les Navires qui, destinés pour traiter au fond de l'Isle à Vache, après leur déchargement, demeurent dans la rade des Cayes, où presque toujours, dans un certain temps, ils sont exposés à des coups de vent, ou ras de marée considérables; accidens qu'ils éviteroient, si, pendant cette saison, ils étoient mouillés dans le Port et rade de Saint-Louis, dont la proximité et la sûreté rendent inexcusable la conduite des Capitaines de ces Navires; nous ne pouvons plus efficacement protéger le commerce dans cette partie de la Colonie, qu'en obligeant de retirer alors ces Navires dans ledit Port et Rade; en conséquence, nous faisons défenses à tous Capitaines de Navires Marchands de les laisser à l'avenir dans la Rade des Cayes, depuis le 15 Juin jusqu'au premier Novembre de chaque année, et leur ordonnons de les mouiller pendant ce temps dans le Port ou Rade de Saint-Louis, sous peine de répondre en leur propre et privé nom, envers qui de droit, de tous les événemens fâcheux que pourroient essuyer leurs Navires dans ladite Rade des Cayes; sera la présente enregistrée au Greffe de l'Intendance et à celui de l'Amirauté de Saint Louis, lue, publiée et affichée par-tout où besoin sera. DONNÉ à Saint-Louis, &c.

R. au Greffe de l'Intendance le 4 Janvier 1752.

ARRÊT du Conseil du Cap, touchant, 1°. les Sentences d'adjudication de Negres; 2°. l'élection de domicile de l'Adjudicataire; et 3°. les significations les jours de Fêtes.

Du 4 Janvier 1752.

ENTRE le sieur Bonchamps, &c.

Le Conseil ordonne qu'il sera fait mention, dans les adjudications des

Negres, de l'heure de l'adjudication, et que les Adjudicataires seront tenus de faire élection de domicile, pour vingt-quatre heures, dans le lieu où se fera ladite adjudication; fait défenses aux Huissiers de faire aucunes significations les jours de Fêtes, sans une permission expresse du Juge du lieu; ordonne que le présent Arrêt sera envoyé ès Jurisdictions ressortissantes dudit Conseil, pour y être lu, publié et affiché, &c.

ORDONNANCE *des Administrateurs, pour former un Embarcadere au Bourg de Torbeck.*

Du 7 Janvier 1752.

Le Comte Dubois de la Motte, &c.

Jean-Baptiste Laporte Lalanne, &c.

Le quartier du Fond de l'Isle à Vache étant trop étendu pour ne former qu'une Paroisse, nos prédécesseurs jugerent nécessaire de le diviser en deux. La position de leurs Eglises fut déterminée dans les endroits qui parurent les plus convenables pour l'établissement de deux Bourgs, eu égard à la facilité de débarquer et d'embarquer les marchandises d'Europe et de cette Colonie. Ces Bourgs ne furent pas long-temps à se construire; celui des Cayes s'est considérablement augmenté. Il n'en a pas été de même de celui de Torbeck; une grande quantité de sable, poussée par la mer, ayant formé une barre à l'embouchure de la riviere, l'embarquement et le débarquement y sont devenus très-difficiles; le dépérissement du commerce en ce Bourg, et l'abandon de la plupart de ses maisons, en ont été des suites naturelles. Pour remédier à un événement si fâcheux, tant au commerce maritime qu'aux Habitans, l'on a formé différens projets, sans que jusqu'à présent l'exécution d'aucun ait été tentée. Cependant rien n'est plus intéressant au quartier, que de lui procurer un embarcadere facile et assuré. Sur le compte que nous nous sommes fait rendre, et par la connoissance que nous avons prise des lieux, nous ne doutons point de la possibilité d'y parvenir, en plaçant l'embarcadere dans le Lagon qui se trouve au sud-ouest du Bourg, jetant ensuite dans ce Lagon la riviere de Torbeck, et les eaux de celles qui en sont peu éloignées, finalement en faisant une jetée suffisante pour empêcher l'embouchure du Lagon de se fermer: ces travaux exigeant nécessairement une certaine dépense et la présence d'une personne entendue, pour veiller à ce qu'ils soient faits convenablement, nous autorisons les Habitans de ladite Paroisse à s'assembler en la maniere accoutumée, tant pour convenir de l'imposition nécessaire en conséquence, que pour nommer un Receveur et un Syndic, qui sera autorisé à faire procéder à l'adjudication de cette entreprise, sur les plans et devis qui en seront donnés; ordonnons auxdits Habitans de faire approuver ladite imposition par le Conseil Supérieur séant à Léogane. Sera la présente enregistrée au Greffe de l'Intendance et par-tout où besoin sera. DONNÉ à Torbeck, &c.

R. au Greffe de l'Intendance le 7 Février.

ORDONNANCE *des Administrateurs, qui, à cause de la trop grande étendue de la Paroisse des Anses, en transfere l'Eglise au Cap Tiberon, et établit une Chapellle aux trois Rivieres.*

Du 11 Janvier 1752.

R. au Greffe de l'Intendance le 20.

V. *l'Ordonnance du 14 Juin suivant.*

ORDONNANCE *des Administrateurs, pour ouvrir un chemin de communication entre le Cap Tiberon et les quartiers Voilieri.*

Du 12 Janvier 1752.

LE Comte Dubois de la Motte, &c.

Jean-Baptiste Laporte Lalanne, &c.

Rien ne pouvant mieux favoriser l'établissement du Bourg du Cap Tiberon, et en assurer la défense et celle des quartiers voisins, que l'ouverture d'un chemin commode pour s'y rendre: sur la connoissance que nous avons de la facilité d'en pratiquer un de cette nature, en faisant quelques escarpes dans le bas des mornes qui se trouvent le long du bord de la mer, depuis le fond de l'Anse Tiberon jusqu'au Cap à Fou; nous ordonnons qu'il sera incessament procédé à l'ouverture dudit chemin par la corvée publique, et qu'elle sera composée, non seulement des Negres de la Paroisse du Cap Tiberon, mais encore de ceux des quartiers voisins, jusqu'à celui de la Seringue inclusivement; prions M. le Tellier, Commandant aux Anses de veiller auxdits travaux, et de tenir la main à l'exécution de la présente, qui sera enregistrée au Greffe de l'Intendance. DONNÉ au Cap Tiberon, &c.

R. au Greffe de l'Intendance le 20.

ARRÊT de Réglement du Conseil du Port-au-Prince, touchant les Registres des Paroisses.

Du 17 Janvier 1752.

LE Procureur Général étant entré, a remontré qu'au mépris des Ordonnances royaux et Réglemens de la Cour, les Religieux desservant les Paroisses du ressort, persistent dans le refus et la négligence de tenir deux registres en bon ordre, des mariages, baptêmes, sépultures, et de remettre un desdits registres à la fin de chaque année, aux Greffes des Jurisdictions et comme cet abus laisse sur l'état des personnes; des incertitudes capables de troubler l'ordre public; le Procureur Général a requis qu'il plût à la Cour rétablir et rassurer par un Réglement les sages dispositions qui ont déjà été faites sur un aussi essentiel objet. La matiere mise en déliberation, le Conseil a ordonné et ordonne ce qui suit.

ART. Ier. Les Prêtres séculiers ou réguliers desservant les Paroisses du ressort, seront tenus d'avoir deux registres originaux, reliés, sur chacun desquels ils écriront, en laissant une marge de trois doigts au moins, tous les actes de baptêmes, mariages, et sépultures, qu'ils signeront et feront signer par les parties intéressées et les témoins en nombre suffisant, aux termes de l'Ordonnance; et en cas que les parties ne sachent signer, ils en feront mention.

ART. II. Lesdits Desservans écriront d'une même suite, sans interlignes, lesdits actes de baptêmes, mariages, et sépultures, par ordre de date, sans laisser aucun blanc; feront mention à la fin de chaque acte, avant la signature, du nombre des mots rayés, et au cas qu'il y ait des renvois en marge, ils les signeront et feront signer ou parapher des parties et des témoins.

ART. III. Les Desservans seront tenus de remettre aux Greffes des Jurisdictions, dans le courant de Janvier de chaque année, un des registres des baptêmes, mariages, et sépultures de l'année précédente, et le Greffier, lors de la présentation dudit registre, le compulsera, et délivrera *gratis* deux récépissés de la remise d'icelui, dans lesquels récépissés il fera mention de l'état du registre.

Art. IV. Les Marguilliers et Receveurs des deniers publics ne pourront payer aucune pension auxdits Desservans, qu'il ne leur soit auparavant fourni et laissé par lesdits Desservans un desdits récépissés, justificatifs de l'apport du registre de l'année précédente, à peine contre lesdits Marguilliers ou Receveurs de radiation de la dépense qu'ils feroient desdites pensions, au soutien de laquelle dépense ils seront en conséquence tenus de représenter, outre la quittance desdits Desservans, les récépissés de la remise faite au Greffe desdits registres de baptêmes, mariages, et sépultures.

Art. V. Les Desservans, outre les registres de ladite derniere année, seront tenus de remettre incessamment auxdits Greffes les registres des années précédentes, à compter du jour qu'ils sont en fonction, et les Greffiers en donneront deux récépissés en bonne forme, où ils feront mention exacte de l'état desdits registres, et ne pourront pareillement lesdits Marguilliers et Receveurs payer aucune pension aux Desservans qu'ils n'aient satisfait au présent article, à peine contre lesdits Marguilliers et Receveurs de radiation de la dépense, ainsi qu'il est porté en l'article IV. Ordonne que du présent Arrêt en forme de Réglement, copies collationnées seront envoyées, à la diligence du Procureur Général du Roi, dans tous les siéges du ressort, pour y être, &c.

ORDONNANCE des Administrateurs, au sujet de la Chasse et de la Pêche.

Du 20 Janvier 1752.

Le Comte Dubois de la Motte, &c,

Jean-Baptiste Laporte Lalanne, &c.

Le peu d'attention qu'on a eue jusqu'à présent de faire observer les Ordonnances qui ont été rendues au sujet de la chasse aux ramiers, et autres gibiers, pendant le temps de leur ponte, et la chasse aux cochons marons avec des chiens, et aussi contre ceux qui se servent de bois et autres drogues propres pour enivrer le poisson dans les rivieres et rivages de la mer, ayant causé un préjudice considérable à la Colonie, par la destruction des gibiers et poissons: auquel étant nécessaire de remédier, nous avons défendu et défendons à quelques personnes que ce puisse

puisse être, de chasser auxdits gibiers depuis le 15 Mars jusqu'au premier Juillet, non seulement dans la Colonie, mais aux Isles ou Islets en dépendans, comme aussi d'envoyer à la chasse des cochons marons avec des chiens, ni de se servir de bois et autres drogues propres à enivrer le poisson dans les rivieres et rivages de la mer, sous quelque prétexte que ce soit, à peine du fouet contre les Negres esclaves qui seront trouvés dans l'un de ces cas, et de 50 livres d'amende contre les Negres libres, pour la premiere fois, applicable, moitié à Sa Majesté, et l'autre à la Brigade de Maréchaussée qui aura saisi les délinquans, et de plus grande peine en cas de récidive de la part desdits libres.

Ordonnons en conséquence à ladite Maréchaussée d'arrêter, tant lesdits libres que les esclaves, qu'ils surprendront en chassant pendant ledit temps, ainsi que ceux qu'ils trouveront empoisonnant le poisson; enjoignons pareillement de tirer sur les chiens qu'elle rencontrera à la poursuite du cochon maron. Mandons à tous les Officiers-Majors et de Milice de tenir la main à l'exécution de la présente Ordonnance, et de nous informer des contrevenans, pour, sur cet avis, être par nous prononcé et rendu les condamnations en cette partie, et par MM. les Gouverneur et Commissaire Ordonnateur dans l'étendue du Gouvernement de celle du nord; et sur la connoissance que nous avons que les Caboteurs du Pays, ainsi que les équipages des Navires détruisent les gibiers, au moins autant que les Chasseurs, en prenant les œufs, et même les petits qu'ils trouvent dans les nids, sur les Isles et Islets de la Côte; nous l'avons pareillement défendu et défendons auxdits Caboteurs et équipages, à peine de carcan. Enjoignons à MM. les Officiers des Siéges de l'Amirauté d'y tenir la main. Prions ceux des Conseils Supérieurs du Petit-Goave et du Cap, de la faire enregistrer aux Greffes, &c. DONNÉ au Port-au-Prince, &c.

R. au Conseil de Léogane le 11 Mars 1752.
Et à celui du Cap le premier Mai suivant.

DÉCLARATION du Roi, en interprétation de l'Edit portant établissement d'une Noblesse Militaire.

Du 22 Janvier 1752.

LOUIS, &c. Lorsque nous avons donné notre Edit du mois de Novembre 1750, portant création d'une Noblesse Militaire, notre intention a été, que la profession des armes pût anoblir de droit à l'avenir ceux de nos Officiers qui auroient rempli les conditions qui y sont prescrites, sans qu'ils eussent besoin de recourir aux formalités des Lettres particulieres d'anoblissement. Nous avons cru devoir épargner à des Officiers parvenus aux premiers grades de guerre, et qui ont toujours vécu avec distinction, la peine d'avouer un défaut de naissance, souvent ignoré; et il nous a paru juste que les services de plusieurs générations, dans une profession aussi noble que celle des armes, pussent par eux-mêmes conférer la noblesse: mais en accordant à nos Officiers une grace aussi signalée, notre intention a toujours été qu'elle ne pût jamais devenir onéreuse à nos Sujets taillables, ni troubler l'ordre des successions, par les abus qui pourroient naître de l'incertitude ou l'insuffisance de titres qui doivent établir la preuve de cette noblesse. De si justes motifs nous ont déterminés à expliquer plus précisément dans notre présente Déclaration notre volonté sur les dispositions de quelques articles du mois de Novembre 1750. A CES CAUSES, &c. voulons et nous plaît ce qui suit:

ART. Ier. Ceux qui seront actuellement dans notre service, et qui n'auront point encore rempli les conditions prescrites par notre Edit du mois de Novembre 1750, pour acquérir l'exemption de tailles, n'auront pas le droit qu'ont les Nobles, ni même les privilégiés, de faire valoir aucune charrue.

ART. II. Ceux qui auront rempli les conditions portées par l'Edit pour acquérir l'exemption de la taille, soit qu'ils soient encore à notre service, soit qu'ils s'en soient retirés, pourront faire valoir deux charrues seulement.

ART. III. Au lieu des certificats de services dont il est parlé dans l'article VII de notre Edit du mois de Novembre 1750, et dans les articles suivans dudit Edit, nous voulons qu'à ceux de nos Officiers qui auront accompli leur temps, ou qui seront dans quelqu'un des autres cas prévus par lesdits articles, il soit délivré des lettres scellées de notre grand sceau, sous le titre de lettres d'approbation de service, lesquelles contiendront les mêmes attestations que devoient porter lesdits certificats; et ne seront lesdites Lettres sujettes à aucun enregistrement.

ART. IV. Pourront les Officiers qui auront obtenu lesdites Lettres, les déposer pour minutes aux Greffes de nos Cours de Parlement, dont leur sera délivré des expéditions sans frais; pourront pareillement faire lesdits dépôts en nos Chambres des Comptes et Cours des Aides, dérogeant à l'article XV de notre Edit du mois de Novembre 1750, quant à la faculté de faire lesdits dépôts chez les Notaires. Si donnons en mandement à nos amés et féaux Conseillers les gens tenans nos Cours de Parlement, Chambre des Comptes et Cour des Aides à Paris, &c.

R. au Parlement de Paris le 3 Mars 1752.

LETTRE *du Ministre à MM.* **DUBOIS DE LA MOTTE** *et* **LALANNE**, *touchant l'embarquement de deux Habitans pour France, sans congés du Gouverneur Général.*

Du 23 Janvier 1752.

SUR le compte que j'ai rendu au Roi des plaintes que votre Lettre contient, tant contre le sieur Baulos, ci-devant Capitaine du Navire la Providence de Bordeaux, que contre le sieur Boisson, Capitaine en second de ce même Navire, qui, malgré vos défenses, y a embarqué deux freres, Habitans de Saint-Domingue, et les a emmenés en France, Sa Majesté m'a commandé d'expédier des ordres pour faire arrêter le Capitaine Boisson, et les deux freres, faire exécuter l'Ordonnance de 1728 contre ce Capitaine, et faire transférer les sieurs la T... à Saint-Domingue, où ils doivent vous être remis. J'ai adressé ces ordres à M. de Rostan, pour les faire exécuter, et vous serez informé de ce qu'il aura fait.

Par rapport au sieur Baulos, qui est resté à Saint-Domingue, dès qu'il ne s'est pas trouvé commandant du Navire, on ne peut lui faire subir les peines portées par la même Ordonnance; mais puisqu'il a participé au complot, il ne doit pas rester impuni, et je vous envoie un ordre pour le faire repasser à Bordeaux, où il sera mis en prison à son arrivée.

Au surplus, si les sieurs la T... se mettent en regle vis-à-vis leurs créanciers; qu'il n'y ait pas d'autres raisons pour les retenir dans la Colonie, et qu'ils demandent à revenir en France, M. le Comte Dubois de la Motte pourra leur en donner la permission.

ORDONNANCE *du Roi, portant que les Officiers des Troupes de terre, nommés aux Compagnies d'augmentation dans les Colonies, y conserveront le rang qu'ils avoient dans les Corps où ils servoient en France, suivant la date de leurs Commissions.*

Du 1er Février 1752.

ORDONNANCE des Administrateurs touchant les terrains des Caps Dame-Marie et de Tiberon.

Du 19 Février 1752.

LE Comte Dubois de la Motte, &c.

Jean-Baptiste Laporte Lalanne, &c.

Sur la remontrance du Procureur du Roi de la Jurisdiction du Petit-Goave, MM. de Larnage et Maillart rendirent en Novembre 1742 une Ordonnance, par laquelle, entre autres choses, ils déclarerent que la totalité des terrains de chaque Habitant entre les Caps Tiberon et Dame-Marie, ne pourra excéder la quantité de 1500 pas en carré, et que ceux qui en posséderoient au delà seroient tenus d'opter dans un mois ce qu'ils voudroient conserver par préférence, faute de quoi il seroit accordé de nouvelles concessions, sans avoir égard aux titres surpris. Quelque favorable que fût cette Ordonnance, aucun de ceux qui étoient dans le cas n'a fait cette option, la plupart même n'ayant pas mis leur terrain en valeur dans le délai accordé par M. de Conflans et M. Laporte Lalanne, rendue au sujet desdits quartiers, en Avril 1751, ce terrain se trouvant à tous égards dans le cas de réunion au Domaine de Sa Majesté, la faveur qu'ont prise les denrées qui se fabriquent dans ces quartiers, ayant déterminé beaucoup de personnes à s'y aller établir, d'ailleurs la force d'un endroit dépendant du nombre de ses Habitans plutôt que de l'étendue de leurs possessions : nous, confirmant, en tant que besoin seroit, la disposition de l'Ordonnance de MM. de Larnage et Maillart, par rapport à l'étendue des anciennes possessions dans ledit quartier ; voulons toutefois que les terrains qui les composent, et sur lesquels il ne se trouve point d'établissement proportionné, soient réunis au Domaine du Roi. Déclarons nulles et comme non avenues les concessions qui pourroient être faites à l'avenir des terrains situés auxdits quartiers qui excéderoient la quantité de 600 pas en carré pour culture ; faisons défenses en conséquence à tous Arpenteurs, sous peine de destitution de son Office, d'y délivrer des certificats de terrain pour culture d'une plus grande contenance ; faisons pareillement défense à chaque Habitant qui obtiendra ou achetera avec permission des terrains à concéder dans cesdits quartiers, d'en posséder plus de 600 pas sur 1200, sous peine de réunion au Domaine de Sa Majesté, de l'excédant ; commettons le sieur Parent de Mantelon pour en faire la distribution par étage de 600 pas de haut seulement; et vu l'utilité des hattes et corails, déclarons le dernier étage desdits terrains réservé pour ces sortes d'établissemens, auxquels une plus grande étendue de terre étant nécessaire, nous permettons audit Arpenteur de donner à ce dernier étage, depuis 1000 jusqu'à 1200 pas en carré. Seront les présentes enregistrées au Greffe de l'Intendance et de la Jurisdiction de la Grande-Anse, lues, affichées et publiées, &c.

R. au Greffe de l'Intendance.

ORDONNANCE des Administrateurs, concernant la Paroisse de la Croix des Bouquets.

Du 28 Février 1752.

LE Comte Dubois de la Motte, &c.

Jean-Baptiste Laporte Lalanne, &c.

Les Paroisses du Cul-de-Sac et du Trou-Bourdet ayant été réunies à celle du Port-au-Prince, pour mettre ceux qui en dépendent et qui demeurent au delà de la grande Riviere, au Cul-de-Sac, en état de se procurer facilement les secours spirituels, MM. de Conflans et Maillart jugerent nécessaire d'ordonner qu'il seroit construit une Eglise paroissiale au lieu dit la Croix des Bouquets, et que les Habitans en ressortiroient: mais ces vues pouvant être remplies sans multiplier les Paroisses, nous avons d'autant plus estimé qu'une annexe de celle du Port-au-Prince seroit suffisante audit lieu, qu'en ne formant d'ailleurs qu'une masse des deniers qui proviendront de l'imposition nécessaire pour la construction des deux Eglises et des logemens des Desservans, ces bâtimens seront plus promptement élevés, et avec moins de dépense de la part des contribuables: nous ordonnons en conséquence qu'au lieu d'une Paroisse à la Croix des Bouquets, il y aura seulement une annexe de celle du Port-au-Prince; que cette annexe sera desservie par un Vicaire, qui, outre la faculté d'y célébrer la sainte Messe, d'y conférer les Sacremens de Pénitence, d'Eucharistie, et d'Extrême-Onction, d'y annoncer la parole de Dieu, aura celle d'y baptiser les enfans et les adultes demeurans au delà de la grande Riviere, comme aussi d'y enterrer les corps des personnes qui mourront dans la dépendance; ordonnons en outre qu'il sera fait un état général des sommes nécessaires pour la construction desdits bâtimens, et une seule masse du produit de l'imposition à faire en conséquence sur tous les Habitans desdits quartiers, auxquels nous permettons de s'assembler au Port-au-Prince en la maniere accoutumée, pour ladite imposition. Prions MM. les Officiers du Conseil Supérieur séant à Léogane, de faire enregistrer les présentes au Greffe dudit Conseil, qui le seront pareillement au Greffe de l'Intendance, lues, publiées et affichées par-tout où besoin sera. DONNÉ au Port-au-Prince, &c.

R. au Conseil de Léogane le 9 Mars suivant.

ORDONNANCE des Administrateurs, sur les Chemins.

Du 1er Mars 1752.

LE Comte Dubois de la Motte, &c.

Jean-Baptiste Laporte Lalanne, &c.

Depuis le Réglement fait en 1711, concernant les chemins de la Colonie, son établissement ayant considérablement augmenté, il a fallu nécessairement en ouvrir de nouveaux. Cette ouverture a souvent occasionné des discussions que le Réglement n'avoit pas prévues. Ces difficultés pouvant encore se lever, et le défrichement des terres incultes pouvant aussi en faire naître de nouvelles, il nous a paru important d'y remédier en rassemblant les principes sur cette matiere, et les obligations des Habitans, par rapport aux chemins, tant royaux que particuliers, et de communication: nous avons en conséquence, et en attendant que Sa Majesté y ait pourvu, ordonné et ordonnons ce qui suit:

ART. Ier. L'ouverture des chemins royaux ou publics, après avoir été par nous ordonnée, sera faite par tous les Habitans des Paroisses sur les terres desquelles les chemins passeront.

ART. II. Celle des chemins particuliers sera faite par ceux qui devront s'en servir, et les chemins de communication seront ouverts, tant par les Propriétaires des terres sur lesquelles ils passeront, que par ceux qui en feront usage.

ART. III. Les chemins royaux ou publics auront 60 pieds de large; les chemins particuliers et de communication en auront au moins 30; et dans les endroits bourbeux ou marécageux, on leur en donnera 40, et même 50, s'il est ainsi jugé nécessaire.

ART. IV. Chaque Particulier, privilégié ou non privilégié, sera tenu à l'entretien des chemins royaux ou publics qui passent sur ses terres, et les réparations seront faites par la corvée publique..

Art. V. Les chemins de communication seront entretenus et réparés, tant par les Propriétaires des terres sur lesquelles ils passent, que par ceux qui en feront usage.

Art. VI. Les chemins particuliers seront entretenus et réparés par ceux qui devront s'en servir.

Art. VII. Tous Particuliers auront droit de chemin sur celui à l'étage duquel ils seront, et le chemin doit être donné le plus court et le plus commode, mais le moins onéreux qu'ils sera possible, à celui sur le terrain duquel il passera.

Art. VIII. Tout Habitant qui n'aura que 1200 pas de large, ne sera tenu de donner plusieurs chemins à ceux qui seront au-dessus de lui; et dans le cas où ceux ainsi placés le demanderoient, les lieux seront visités, pour les choses être par nous réglées de la façon la moins onéreuse au Propriétaire de l'Habitation.

Art. IX. Les étages seront considérés, eu égard aux Champs, Villes, Bourgs, Paroisses, Bourgades, et Chemins royaux.

Art. X. Si un Habitant, pour aller à l'embarcadere, d'où il tire ses marchandises et où il porte ses denrées, ne peut trouver sur celui à l'étage duquel il est, un chemin praticable, il pourra se servir de ceux qui passent sur ses voisins, ou leur en demander un, quoiqu'il ne soit point à leur étage.

Art. XI. Lorsqu'un Particulier découvrira un chemin plus court et plus commode que celui dont il est en possession, il pourra se pourvoir pour obtenir ce changement, lequel sera ordonné, s'il y a lieu, à la charge toutefois de dédommager celui qui devra le chemin, des torts que lui causera ce changemenr; et ce dédommagement sera réglé à dire d'Experts, lesquels auront égard à la nature des terres, aux plantations, et même aux incommodités que pourra en recevoir celui qui donnera ledit chemin.

Art. XII. Dans le cas où quelque Habitant prétendroit qu'un chemin, soit public, particulier, ou de communication, ne devroit s'ouvrir sur sa terre, il sera par nous ordonné ce qu'il appartiendra.

Art. XIII. Les Negres nécessaires pour les réparations des chemins royaux ou publics, seront fournis en la maniere accoutumée; les travaux seront conduits par des Officiers de Milices de la Paroisse, chacun à tour de rôle; le tout sous les ordres des Officiers Majors commandans dans le quartier.

Art. XIV. Les Particuliers qui manqueront d'entretenir leurs chemins, seront par nous condamnés à 50 livres d'amende ; et s'ils manquent sur le second ordre qui leur en sera donné, l'amende sera de 100 liv. ; et au cas d'*obstination*, ils y seront contraints par corps, le tout sur le rapport qu'en fera le Commandant de Milices ; et seront lesdites peines encourues sur le simple rapport qui en sera fait, sans qu'elles puissent être remises ni modérées.

Art. XV. Les Habitans qui manqueront d'envoyer le nombre de Negres qui leur sera commandé, tant pour l'ouverture que pour les réparations des chemins, payeront 3 liv. par jour pour chaque Negre qu'ils auront manqué d'envoyer, à moins qu'ils ne le remplacent par autant de journées ; à quoi l'Officier de Milices qui assistera aux travaux, tiendra la main, à peine d'en répondre en son propre et privé nom, laquelle peine ne pourra être remise ni modérée, sous quelque prétexte que ce soit, et sera aussi encourue sur le simple fait.

Art. XVI. L'Officier qui assistera auxdits travaux, tiendra un état journalier, sur lequel il marquera les Negres que chacun aura envoyés chaque jour, lequel état sera remis à l'Officier-Major, à la fin des ouvrages, par le Commandant de Milices, conformément à l'article ci-dessus.

Art. XVII. Ceux qui planteront des arbres ou haies vives à la largeur déterminée des chemins, seront tenus de les tailler deux fois l'an, à peine de 50 liv. d'amende.

Art. XVIII. Faisons défenses, sous de semblables peines, de planter aucunes haies, vives ou mortes, sur le terrain destiné aux chemins ; ce qui leur ôteroit la largeur qui a été réglée.

Art. XIX. Défendons pareillement, et sous les mêmes peines, de planter des cannes à une distance moindre que celle de 20 pieds de la ligne desdits chemins.

Art. XX. Les levées nécessaires dans les lieux marécageux, pour y pratiquer des chemins publics, lorsqu'elles passeront dans les Savannes où sont nourris les bestiaux, seront une fois bien faites par la corvée publique ; et celles qui sont déjà faites seront une fois bien réparées, et elles demeureront ensuite à la charge des Propriétaires pour les réparations, à moins que, par des haies ou autres moyens, lesdits Propriétaires n'empêchent les bestiaux d'aller et de communiquer en aucune façon avec lesdites levées ; sans cette précaution, ils seront pareillement tenus à l'entretien et réparation des chemins particuliers et de communication.

Art. XXI. Seront tenus les Propriétaires de faire et réparer les ponts

sur

sur les fossés ou canaux qu'ils auront pratiqués, soit pour égoutter leurs terres ou autres usages; mais ceux qu'ils feront sur les fossés ou canaux publics seront faits par le Public.

ART. XXII. Les Particuliers qui auront des barrieres sur les chemins, seront obligés de les entretenir en bon état, de réparer les passages desdites barrieres, et de les faire battantes et faciles à ouvrir; leur faisons défenses de les fermer à clef, jour ou nuit, à moins qu'il n'y ait quelqu'un proposé pour les ouvrir, lorsque le cas le requiert.

ART. XXIII. Toutes les amendes ci-dessus seront applicables à la réparation des chemins royaux, à la construction des ponts et autres ouvrages nécessaires, & seront à cet effet remises au Receveur des Epaves, ou au Trésorier de chaque Jurisdiction, lequel en chargera son compte.

Prions MM. les Officiers des Conseils Supérieurs de faire enregistrer aux Greffes desdits Conseils les présentes, qui le seront aussi au Greffe de l'Intendance, lues, publiées et affichées par-tout où besoin sera. Prions MM. les Officiers Majors, commandans dans les quartiers, de tenir, chacun en droit soi, la main à leur exécution, &c. DONNÉ au Port-au-Prince, &c.

R. au Conseil du Cap le 8 du même mois.
Et à celui du Port-au-Prince le 11.

ARRÊT du Conseil de Léogane, qui ordonne le Déguerpissement d'un Acquéreur, faute de payement de l'Habitation.

Du 9 Mars 1752.

ENTRE Jean-Baptiste Trutié, comparant par Terrier, Procureur en la Cour, d'une part; et Joseph Ricord, Habitant au Cul-de-Sac, et son épouse, intimés, comparant par Duffrenaye, Procureur en la Cour, d'autre part. LE CONSEIL sur ce ouï le Procureur Général du Roi, a mis et met l'appellation et Sentence au néant; emendant, condamne ledit sieur Ricord et femme à déguerpir l'Habitation appelée le Figuier, et en délaisser incessamment la libre possession au sieur Trutié et femme, telle qu'elle se poursuit et comporte, avec les bâtimens, cazes, clôtures, moulins, plantations, et autres choses y adhérentes ou incorporées, à l'exception néanmoins des terres vendues par le sieur Ricord et femme, aux sieurs Duvivier et Piémont, par les actes des, &c. que Trutié et femme seront tenus de ratifier suivant leurs offres, leur réservant néanmoins toutes hypotheques sur lesdits fonds aliénés, au cas qu'après la liquidation à faire lors dudit déguerpissement, ils se trouvent créanciers desdits Ricord et femme; auquel délaissement lesdits Ricord et femme seront contraints même par corps, et mise de leurs effets hors des clôtures de ladite Habitation, après quinzaine du jour de la signification du présent Arrêt, suivant l'Ordonnance; ordonne que lesdits Ricord et femme remettront en nature auxdits Trutié et femme, les têtes des Negres, Négresses, Négrillons et Négrites, bestiaux, ustensiles, outils, et autres choses comprises dans ladite vente du 15 Octobre 1741, et qui existent encore aujoud'hui ès mains desdits Ricord et femme; ensemble les enfans desdites Négresses et Négrites, sans en rien recéler ni divertir, sous les peines de droit; que lesdits Ricord et femme restitueront auxdits Trutié et femme le prix total des terres par eux vendues aux sieurs Duvivier et Piémont, et autres choses: en outre les intérêts du prix total desdites aliénations, à compter du jour de l'échéance de chacun des termes accordés dans lesdites ventes pour les payemens: lesdits intérêts ainsi adjugés, pour tenir lieu auxdits Trutié et femme de la restitution des fruits et jouissance des biens vendus auxdits sieurs Duvivier et Piémont; que lesdits Ricord et femme rembourseront auxdits Trutié et femme la valeur, à dire d'Arbitres, des déficit par mort et maronage des têtes de Negres dénommés audit contrat, dont l'estimation sera faite, eu égard aux âges, sexes, nations et qualités désignés audit contrat, ensemble le prix auquel lesdits Ricord et femme se trouveront avoir vendu diverses têtes desdits Negres; que lesdits Ricord et femme rembourseront auxdits Trutié et femme, sur le pied de l'estimation, aussi à dire d'Arbitres, les déficit des bestiaux, bois équarris, bâtimens, plantations, cazes, ustensiles, outils, et autres choses mobilieres comprises en ladite vente; que lesdits Ricord et femme payeront auxdits Trutié et femme, par forme de restitution des fruits du prix principal de la terre qu'ils se sont réservée, et des Negres, bestiaux, plantations, et autres choses comprises audit contrat, une ferme fictive et annuelle, à dire d'Arbitres, à compter du jour de la passation dudit contrat, jusqu'au jour du déguerpissement effectif, eu égard à l'état où étoit l'Habitation lors de la vente, et à la quantité de Negres, bestiaux et ustensiles qui s'y trouvoient alors: sur quoi le Conseil ordonne que compensation sera faite en entier, par Trutié et femme, auxdits Ricord et femme, 1°. du montant de l'estimation, à dire d'Arbitres; des améliorations nécessaires et utiles en plantations, haies, entourages, bâtimens, batardeaux, aqueducs, canaux d'arrosages, et fossés que lesdits Ricord et femme justifieront avoir faits sur les terrains à déguerpir, à l'exception de la maison principale et cuisine, dont lesdits Trutié et femme ne payeront ou feront état que de la moitié du prix de l'estimation qui en sera faite par lesdits Arbitres, et des clôtures mitoyennes qui séparent les terrains vendus auxdits sieurs Duvivier et Piémont, et ceux restés audit Ricord, dont il ne sera pareillement fait aucun état audit Ricord : 2°. de l'estimation, à dire d'Arbitres, des enfans provenus des Négresses dénommées audit contrat : 3°. des sommes que lesdits Ricord et femme justifieront avoir payées à compte du prix de ladite vente, et ce suivant l'ordre de date des payemens, à commencer par les premieres ; ordonne que si, après lesdites compensations faites dans l'ordre ci-dessus mentionné, lesdits Trutié et femme se trouvent redevables envers lesdits Ricord et femme, ils ne pourront exiger la somme dont ils resteront créanciers, qu'aux mêmes délais qu'ils auront pris pour payer, ainsi qu'il résultera des dates des quittances qu'ils exhiberont ; condamne lesdits Ricord et femme à remettre auxdits Trutié et femme les titres de propriété mentionnés en l'inventaire annexé audit contrat susdaté ; renvoye, pour les dommages intérêts résultans de l'inexécution dudit contrat, pardevant le Commissaire, pour y être par lui provisionnellement fait droit sur le procès verbal desdits Arbitres, conformément à la Déclaration du Roi du 12 Janvier 1734 ; déboute les parties du surplus demandé ; condamne lesdits Ricord et femme aux dépens de la présente instance, les amendes remises ; ordonne que le présent Arrêt sera exécuté en présence de M. de Motmans, Conseiller, que la Cour a nommé Commissaire en cette partie, et en celle du Procureur Général du Roi ; lequel Commissaire nommera des Arbitres et Sur-Arbitres, à défaut par les parties d'en convenir, recevra leur serment, fera exécuter ses Ordonnances et Jugemens par provision, nonobstant oppositions ou appellations quelconques, sans y préjudicier, jusqu'à la liquidation definitive des droits des parties, &c.

Cet Arrêt a donné le premier exemple d'un déguerpissement prononcé à Saint-Domingue, les dispositions de la Déclaration du Roi du 12 Janvier 1734 ayant été éludées jusque là.

EXTRAIT de la Lettre du Ministre à MM. DUBOIS DE LA MOTTE et LALANNE, sur la concession des 50 pas du Roi.

Du 17 Mars 1752.

JE vous observerai que le Roi s'étant réservé les cinquante pas du bord de la mer, dont la propriété ne peut pas être concédée; Sa Majesté peut en donner la jouissance à qui elle juge à propos. Il est vrai qu'il est d'usage de préférer les Habitans dont les terrains confinent à cette étendue de cinquante pas; mais ils n'ont aucun droit d'y prétendre : et c'est par cette considération que le Roi désire que vous suspendiez vous-mêmes l'exécution de votre Jugement, jusqu'à ce que Sa Majesté en ait autrement ordonné, à moins que cette suspension ne fît au sieur de la Tour un dommage irréparable en définitif. M. le Normant prétend que sa concession ne lui en portoit aucun.

ORDONNANCE des Administrateurs, qui exempte les Habitans des Platons de tous travaux et corvées publiques, à la charge d'entretenir un chemin qui conduit de la Ravine à Baret de l'Acul du Petit-Goave auxdits Platons.

Du 6 Avril 1752.

R. au Siège Royal du Petit-Goave le 1er Mai suivant.

ARRÊT du Conseil du Cap, portant, 1°. que la Cour vaquera durant la quinzaine de Pâques, et 2°. que le Greffier ne pourra dresser des procès verbaux qu'en présence d'un ou de plusieurs Conseillers titulaires.

Du 1er Mai 1752.

SUR ce qui a été remontré verbalement au Conseil par le Procureur Général du Roi, que le lundi 3 Avril dernier, le Greffier de la Cour se seroit transporté en la Chambre, où se seroit trouvé M. de Maisoncelle, Conseiller Assesseur, à l'effet de tenir les séances ordinaires du mois d'Avril: mais comme par les Ordonnances du Roi, et suivant l'usage universellement observé dans tous les Tribunaux du Royaume, la quinzaine de Pâques est réputée férie, le lundi dix du même mois, MM. Samson, Fournier la Chapelle, Maisoncelle, et nous Procureur Général, se seroient transportés en la Chambre et y auroient fait dresser procès-verbal d'ouverture de séance; en sorte que, contre l'Ordonnance du Roi, se seroient trouvées deux ouvertures de séances ordinaires; les choses en cet état, pour éviter à l'avenir, tant pour les Parties que pour les Procureurs, l'incertitude sur l'ouverture juridique des séances, dans le cas où le premier lundi indiqué pour l'ouverture des séances se trouveroit dans la quinzaine de Pâques; requiert, &c. LE CONSEIL faisant droit sur le réquisitoire du Procureur Général, a déclaré l'enregistrement du procès verbal du 3 Avril dernier, fait par M[e]. Duhameau, Greffier en chef de la Cour, nul, et ordonne que, lorsque les séances tomberont dans la quinzaine de Pâques, elles seront renvoyées au lundi d'après la Quasimodo, et qu'à l'avenir il ne sera transcrit aucun procès verbal sur le registre, que ceux qui ont été faits en présence d'un ou de plusieurs de MM. de la Cour, et signés par l'un deux.

ARRÊT du Conseil du Cap, qui défend de mettre ailleurs que dans les Prisons les Negres saisis exécutés.

Du 6 Mai 1752.

ENTRE le sieur Lange Jousserand, &c... d'une part, et le sieur de Belleville, d'autre part. Vu, &c... faisant droit sur le réquisitoire du Procureur Général, LE CONSEIL ordonne qu'à l'avenir, lors des saisies-exécutions de Negres, ils ne seront transférés et gardés autre part que dans les Prisons royales.

ARRÊT du Conseil du Cap, qui déboute les Boulangers de la même Ville de leur demande afin d'assujettir ceux qui voudroient l'être désormais, à ne pouvoir ouvrir boutique qu'après un chef-d'œuvre à eux présenté.

Du 10 Mai 1752.

ORDONNANCE des Administrateurs, qui fixe aux Côteaux l'Annexe du Cap Tiberon.

Du 14 Juin 1752.

LE Comte Dubois de la Motte, &c.

Jean-Baptiste Laporte Lalanne, &c.

Par notre Ordonnance du 11 Janvier dernier, touchant la position de l'Eglise paroissiale du quartier des Anses, nous avions décidé que l'Annexe seroit placée au lieu dit les Trois-Rivieres; mais nous ayant été depuis représenté qu'il en couteroit beaucoup pour l'achat des matériaux et du terrain nécessaire pour y procurer les commodités convenables au Vicaire; qu'en plaçant cette Annexe aux Côteaux (où la Paroisse a du terrain), on établiroit à peu de frais le Presbytere, et on feroit une Chapelle avec les matériaux de l'ancienne Eglise; que d'ailleurs cette position seroit plus avantageuse, eu égard à celle de l'Eglise paroissiale, dans le fond de l'Anse Tiberon : nous, ayant égard auxdites représentations, ordonnons que l'Annexe de ladite Paroisse sera placée aux Côteaux, où un Vicaire fera sa résidence, pour y célébrer la sainte Messe, conférer les Sacremens de Pénitence, d'Eucharistie, et d'Extrême-Onction, annoncer la parole de Dieu, baptiser les enfans et les adultes, depuis l'Anse-à-Drick jusqu'au Morne des Anglois exclusivement; finalement, enterrer les corps des personnes qui mourront dans ladite dépendance; ordonnons en outre qu'il sera fait un état général des sommes nécessaires pour la construction des bâtimens à faire, tant aux Côteaux qu'à l'Anse Tiberon, dans lequel état sera aussi compris le coût du terrain requis en ce dernier endroit, pour placer l'Eglise et le Presbytere; voulons qu'il ne soit formé qu'une masse du produit de la contribution à faire en conséquence sur tous les Habitans dépendans de ladite Paroisse, qui s'étendra à l'avenir jusqu'au quartier des Trois-Rivieres inclusivement. Permettons aux Habitans de s'assembler à Tiberon en la maniere accoutumée, pour convenir de ladite imposition. Prions MM. les Officiers du Conseil Supérieur séant en cette Ville, de faire enregistrer au Greffe dudit Conseil les présentes, qui seront pareillement enregistrées à celui de l'Intendance, lues, publiées et affichées par-tout où besoin sera. DONNÉ au Port-au-Prince, &c.

R. au Conseil du Port-au-Prince le 13 Mars 1753.

ARRÊT du Conseil d'Etat, qui évoque à lui toutes les contestations d'entre la Compagnie des Indes, ses créanciers et débiteurs, et les renvoye pardevant le sieur Laporte Lalanne, Intendant de Saint-Domingue, pour être par lui jugées en dernier ressort.

Du 20 Août 1752.

BREVET de Major des Troupes dans les parties de l'Ouest et du Sud, avec rang de Lieutenant de Roi, pour M. d'Argout.

Du 1er Septembre 1752.

R. au Conseil du Port-au-Prince le 13 Mars suivant.

ORDONNANCE de M. le Général, qui, attendu qu'il doit, lui et ses successeurs, résider au Port-au-Prince, accorde à M. l'Intendant la portion d'eau attribuée auparavant aux Bâtimens du Gouvernement.

Du 1er Septembre 1752.

LE Comte Dubois de la Motte, &c.

Plusieurs Habitans de la plaine de Léogane ayant formé le projet de saigner la grande riviere dudit quartier, pour l'utilité de leurs terrains, celui de la Ville fut également colloqué dans cette distribution pour 6 pouces d'eau en carré; la quantité des sources qui s'y sont découvertes ayant rendu cette portion d'eau inutile à la Ville, du consentement de ses Habitans, elle fut appliquée aux besoins du terrain du Gouvernement. Sa Majesté ayant décidé, depuis quelque temps, que son Gouverneur-Lieutenant-Général feroit à l'avenir sa résidence au Port-au-Prince, il n'est plus nécessaire que cette eau passe à travers les bâtimens de l'ancien Gouvernement; comme elle est, d'un autre côté, absolument indispensable à la portion dite la Savane, du Gouvernement dont Sa Majesté a disposé en faveur de M. Laporte Lalanne, Intendant de cette Colonie, par brevet du 9 Février dernier: nous ordonnons qu'à l'avenir ladite quantité d'eau sera uniquement pour l'usage de ladite Savane; voulons que les Propriétaires d'icelle puissent disposer à leur gré de cette portion d'eau, sans être tenus de la laisser couler au travers des bâtimens de l'ancien Gouvernement. Sera la présente enregistrée au Greffe de l'Intendance et par-tout où besoin sera. DONNÉ au Port-au-Prince, &c. *Signé* DUBOIS DE LA MOTTE.

R. au Greffe de l'Intendance le même jour.

ORDONNANCE du Roi, pour entretenir le Régiment Suisse de Hallwyl au service de la Marine et des Colonies.

Du 1er Septembre 1752.

DE PAR LE ROI.

SA Majesté ayant estimé nécesssaire de faire quelques changemens par rapport à la constitution du Régiment Suisse entretenu au service de la Marine, elle se seroit fait représenter les Ordonnances qu'elle auroit rendues pour l'entretien dudit Régiment, les 15 Juin et 19 Octobre 1721, 19 Mai, 3 Août et 28 Septembre 1722, 8 Février 1723, 5 Février 1726, 10 Juillet et 9 Octobre 1731, 1er Janvier 1733, et 13 Septembre 1734; et voulant expliquer ses intentions, tant sur le nombre d'hommes et de Compagnies dont elle entend que ledit Régiment soit composé à l'avenir, que pour le traitement qui doit être fait au sieur Chevalier de Hallwyl, qui en est actuellement Colonel, à la place du feu sieur Karrer, Sa Majesté a ordonné et ordonne ce qui suit :

ART. Ier. Le Régiment Suisse de Hallwyl continuera d'être employé pour le service de la Marine, soit dans les Colonies ou ailleurs, et sera dorénavant composé de cinq Compagnies, dont deux seront détachées à Saint-Domingue, une à la Martinique, une à la Louisiane, et une autre, qui sera la Colonelle, restera en France.

ART. II. Chaque Compagnie sera composée de deux cents hommes, les Officiers compris, &c.

ART. III. La Compagnie Colonelle tiendra garnison à Rochefort.

ART. VI. Les cinq Compagnies dudit Régiment seront composées de Suisses, et des autres Nations admises dans les Troupes Suisses qui sont à la solde de Sa Majesté en France, sans qu'il puisse y être admis aucuns Sujets de Sa Majesté.

ART. XXVI. Il sera libre aux Officiers des Compagnies dudit Régiment de se marier et de s'établir dans les Colonies, où ils tiendront garnison, après

après en avoir pris la permission du Gouverneur Lieutenant Général, ou du Gouverneur particulier commandant en son absence, laquelle lui sera demandée par l'Officier y commandant les Troupes Suisses; et ladite permission leur sera accordée, en cas que le parti qu'ils trouveront leur soit avantageux.

Art. XXVII. La Justice sera exercée dans ledit Régiment comme elle l'a été jusqu'à présent, sur le même pied qu'elle est administrée dans les Troupes Suisses qui sont à la solde de Sa Majesté; seront cependant tenus les Commandans des Compagnies détachées dans les Colonies, de rendre compte aux Gouverneurs ou Commandans dans lesdites Colonies, de tous délits militaires et autres, et des jugemens qui seront rendus, même des punitions qui pourront être ordonnées pour les fautes qui ne demanderont pas un Jugement; et quant aux délits dans lesquels les Habitans desdites Colonies se trouveront impliqués, ainsi que par rapport à toutes actions civiles, tant en demandant qu'en défendant, la connoissance en appartiendra aux Juges des lieux.

Art. XXVIII. Il sera donné par les Gouverneurs et Intendans, des concessions de terres dans les lieux où il y en aura encore à donner, aux Soldats qui voudront s'établir, après l'expiration de leur engagement, dans les Colonies où ils auront tenu garnison; et il sera payé des deniers de Sa Majesté, à ceux qui se marieront, en s'établissant, pour les mettre en état de commencer leur établissement et la cultute de leurs terres, une somme de 300 livres, à raison de 100 liv. par an, pendant les trois premieres années de leur établissement, à la fin de chaque année.

Art. XXIX. Les Soldats qui ne voudront pas se faire Habitans après l'expiration de leur engagement, seront repassés en France *gratis*, sur les Vaisseaux de Sa Majesté, et leur solde leur sera payée pendant leur retour, et un mois après qu'ils auront débarqué, laquelle solde, ainsi que celle qui pourroit être donnée d'avance aux Soldats qui seront envoyés dans les Colonies, sera imputée sur la Compagnie Colonelle.

Art. XXX. Les Officiers et Soldats dudit Régiment, qui deviendront, par leurs blessures ou leur invalidité, hors d'état d'y continuer leurs services, seront admis au nombre des Invalides de la Marine, ainsi et de même que ceux des Troupes entretenues dans la Marine et dans les Colonies.

Art. XXXI. Les Soldats détachés dans les Colonies auront la liberté de porter leurs plaintes au Commissaire qui les passera en revue, sur les différens objets dans lesquels ils se croiront lésés, soit par rapport à leur solde, à leur subsistance ou autrement; et pour cet effet, le Commissaire, lors de sa revue, fera battre un ban, pour en prévenir les Soldats; et sur le compte qui sera rendu desdites plaintes par les Gouverneurs, Commandans, Intendans ou Commissaires ordonnateurs, il sera ordonné par Sa Majesté ce qu'il appartiendra. Mande et ordonne Sa Majesté à M. le Prince de Dombes, Colonel Général des Suisses et Grisons qui sont à son service, aux Gouverneurs, et ses Lieutenans Généraux dans lesdites Colonies, au Commandant de la Marine au Port de Rochefort, aux Intendans, tant audit Port qu'auxdites Colonies, et à tous autres Officiers qu'il appartiendra, de tenir la main et se conformer chacun en droit soi à l'exécution de la présente Ordonnance. FAIT à Versailles, &c.

Les articles supprimés n'intéressent pas les Colonies.

ARRÊT *du Conseil du Cap, qui condamne à un mois de prison un Huissier qui avoit envoyé des significations sous enveloppe à six Habitans du Dondon, & lui fait défenses de récidiver.*

Du 9 Septembre 1752.

ARRÊT *du Conseil du Port-au-Prince pour l'établissement d'un Receveur de l'Octroi au Cap Tiberon.*

Du 13 Septembre 1752.

LE Procureur Général du Roi est entré, et a remontré que la plupart des Navires qui prennent leur chargement dans la bande du Sud, sont dans l'usage, depuis le lieu de leur départ, qui est Saint-Louis ou les Cayes, de recevoir à leur bord, sous voile, le long de la côte, jusqu'au Cap Dame-Marie, diverses denrées, dont ils ne font leurs déclarations qu'ès ports de France; en sorte que les droits de ces denrées ne rentrent point au trésor de cette Colonie, pourquoi il seroit nécessaire, &c.

Sur quoi, la matiere mise en délibération, LE CONSEIL a ordonné qu'il sera établi au Cap Tiberon un Receveur du droit d'octroi, avec 600 livres et les exemptions attribuées aux autres Receveurs; en conséquence, a nommé et commis audit emploi la personne du sieur Laguittiere, à la charge par lui de s'acquitter bien et fidelement dudit emploi, et de fournir bonne et suffisante caution de la somme de 10,000 livres, qui fera sa soumission au Greffe de la Cour, dont l'expédition sera fournie au Procureur Général du Roi; et sera la présente Commission enregistrée au Greffe de l'Amirauté de Saint-Louis, et publiée issue d'Audience dudit Siége.

ARRÊT du Conseil du Cap, qui ordonne la transcription des anciens Registres de la Paroisse du Port-Margot, et l'exécution du tit. 20 de l'Ordonnance de 1667.

Du 6 Novembre 1752.

VU par le Conseil la remontrance faite par le Procureur Général du Roi: contenant, &c. Et ouï le rapport de M. de Maisoncelle, Conseiller, et tout consideré: LE CONSEIL faisant droit sur la Remontrance du Procureur Général, ordonne que les registres et cahiers cotés à la lettre A, B, C et D, seront déposés incessamment au Greffe du Siége Royal du Cap par le Desservant de la Paroisse du Port-Margot, et aussi-tôt après la signification du présent Arrêt, et qu'aux frais des Habitans de ladite Paroisse du Port-Margot, copie sera faite sur un registre bien et dûment paraphé et coté, de tous les extraits de baptêmes et morts transcrits sur les registres et cahiers A, B et D, ensemble le registre qui s'est tenu depuis l'année 1736; ordonne en outre, qu'en tête dudit registre, le présent Arrêt sera copié et transcrit au long, et qu'après que copie aura été faite des trois registres en question, copie sera faite du registre paraphé et coté C, avec l'annotation faite en tête, conçue en ces termes: « Copie d'un registre trouvé à la Paroisse du Port-Margot, qui n'est signé » ni du Curé ni des Parties, et a été déposé par Arrêt de la Cour au » Siége Royal du Cap, pour en être délivré des extraits avec ladite an» notation, pour, par les Parties, en faire tel usage que de droit », laquelle copie sera collationnée par le Greffier en présence d'un Marguillier, et tels notables Habitans du quartier qui voudront s'y trouver; ordonne aussi qu'après que ledit registre aura été collationné, il sera remis au Curé du Port-Margot et déposé au presbytere, pour sur icelui être délivré des extraits en la forme ordinaire; et qu'à l'avenir les Curés se conformeront à la disposition des articles VII, VIII, IX, X, XI, XII, XIII et XIV du tit. 20 de l'Ordonnance de 1667.

Arrêt du Conseil du Cap, contenant un sursis et une demande de Lettres de grace, pour un meurtre.

Du 13 Novembre 1752.

Vu par le Conseil le procès criminel extraordinairement fait et instruit par le Lieutenant Criminel du Fort Dauphin, à la requête du Substitut du Procureur général du Roi audit Siége, Demandeur et Accusateur contre le nommé Bonbon, Negre esclave appartenant à la Dame Moineau, Habitante au quartier Dauphin, prisonnier ès prisons de cette Ville du Cap, Appelant de la Sentence par laquelle ledit Negre Bonbon a été déclaré dûment atteint et convaincu d'avoir tué le nommé Jacques, Negre esclave de M. Merey, pour réparation de quoi a été condamné à être pendu et étranglé jusqu'à ce que mort s'ensuive, &c.; conclusions du Procureur Général du Roi; ouï et interrogé sur la sellette ledit Negre Bonbon, sur sa cause d'appel et cas à lui imposés, et ouï le rapport de M. Duperrier, Conseiller, et tout considéré. Le Conseil a sursis au Jugement du procès; en conséquence, ordonne que les pieces et procédures seront remises au Procureur Général, pour être par lui envoyées à MM. le Général et Intendant, qui seront priés de demander au Prince les Lettres de grace nécessaires, &c.

Le Negre Jacques avoit été tué en venant voler, à force ouverte, des vivres de l'Habitation à la garde desquels le Negre Bonbon avoit été commis par son Maître.

Arrêt du Conseil du Cap, touchant la tenue des registres de la Chapelle d'Ouanaminthe, Succursale de la Paroisse du Fort Dauphin, conformément au tit. 20 de l'Ordonnance de 1667.

Du 18 Novembre 1752.

Vu par le Conseil la remontrance faite par le Procureur Général du Roi, contenant, &c., et ouï le rapport de M. Fournier de la Chapelle, Conseiller, et tout considéré, le Conseil fait défenses aux Aumôniers qui desservent et desserviront à l'avenir la Chapelle d'Ouanaminthe, de confesser et administrer le Sacrement de mariage aux Habitans des quartiers d'Ouanaminthe, Brulage, et autres, sans la permission expresse du Curé de la Ville paroissiale du Fort Dauphin, de laquelle ils feront mention sur les registres ; leur fait pareillement défenses de publier les bans au Prône en ladite Chapelle d'Ouanaminthe; ordonne que le registre d'Ouanaminthe sera déposé au Greffe du Siége Royal du Fort Dauphin, par l'Aumônier desservant ladite Chapelle, aussi-tôt après la notification qui lui sera faite du présent Arrêt, et que les actes transcrits sur ce registre seront copiés par duplicata sur deux registres, et collationnés par le Greffier en présence du Marguillier de la paroisse du Fort Dauphin, et de tels notables Habitans qui voudront s'y trouver; le tout aux frais de ladite Fabrique, pour être ensuite lesdits deux registres déposés; savoir, un en l'Eglise paroissiale et presbytérale du Fort Dauphin, et l'autre en la Chapelle d'Ouanaminthe, à l'effet d'en être délivré des extraits en la forme ordinaire, lesquels vaudront comme s'ils avoient été délivrés sur les originaux; ordonne en outre qu'en tête desdits registres sera transcrit le présent Arrêt; enjoint aux Aumôniers de ladite Chapelle d'Ouanaminthe de se conformer à l'avenir à la forme prescrite pour les registres par les art. VII, VIII, IX, X, XI, XII, XIII et XIV du tit. 20 de l'Ordonnance de 1667; ordonne que lesdits articles seront transcrits en tête dudit registre.

ARRÊT du Conseil du Cap, qui permet au sieur DUPONT, *Négociant au Port-de-Paix, de prêter pardevant le Juge du même lieu son serment de réception en l'Office de Receveur de l'Octroi.*

Du 20 Novembre 1752.

ARRÊT du Conseil du Cap, portant nomination d'un Receveur des droits suppliciés, pour cinq ans.

Du 22 Novembre 1752.

VU par le Conseil la remontrance faite par M. l'Héritier, Conseiller, faisant fonction de Procureur Général, contenant, &c. ; et ouï le rapport de M. Duperrier, Conseiller, et tout considéré, LE CONSEIL faisant droit sur ladite remontrance, a nommé et nomme le sieur Rouyer, Négociant au Cap, Receveur des deniers suppliciés, à l'effet de percevoir lesdits deniers pendant l'espace de cinq années, qui commenceront au premier Janvier 1753; en conséquence, a reçu et reçoit ledit Rouyer à l'Office de Receveur des deniers suppliciés de la ville du Cap, à la charge par lui de donner bonne et suffisante caution et certificateur, qui seront reçus pardevant ledit Conseiller-Rapporteur, du consentement du Procureur Général du Roi; lui donne acte du serment par lui présentement fait devant la Cour, de bien et fidelement exercer ledit Office, et de se conformer aux Ordonnances du Roi et aux Réglemens du Conseil.

ARRÊT du Conseil du Cap, qui déclare incompatibles les deux places de Prévôt de Maréchaussée et d'Inspecteur de Police.

Du 22 Novembre 1752.

VU par le Conseil la Requête d'Antoine Dugoirant, Prévôt du Cap, conclusions de M. l'Héritier, Conseiller, faisant fonctions de Procureur Général, et ouï le rapport de M. Girel, Conseiller, et tout considéré, LE CONSEIL a déclaré les deux emplois de Prévôt et d'Inspecteur de Police incompatibles, attendu la nature de leurs fonctions; en conséquence, a ordonné que ledit Dugoirant fera option de l'un des deux; et ayant ledit Dugoirant été mandé en la Cour, il a déclaré qu'il entendoit conserver l'emploi d'Inspecteur de Police, et se démettre incessamment de celui de Prévôt de la Maréchaussée; et ouï sur ce ledit M^e. l'Héritier, faisant fonctions de Procureur Général, la Cour a ordonné qu'il sera sursis à la réception dudit Dugoirant jusqu'à ce qu'il ait donné sa démission en bonne et due forme.

MÉMOIRE du Roi à MM. DUBOIS DE LA MOTTE et LAPORTE LALANNE, portant réunion de la Ferme des Permissions de tenir Café, aux autres Fermes.

Du 15 Décembre 1752.

SA MAJESTÉ estimant nécessaire de faire un arrangement sur les permissions de tenir Café à Saint-Domingue, elle a résolu d'expliquer ses intentions à ce sujet aux sieurs Comte Dubois de la Motte et Laporte Lalanne.

Elle est informée qu'il n'a d'abord été question, par rapport à ces permissions, que d'y faire trouver une rétribution aux Capitaines des Gardes des sieurs Gouverneurs Lieutenans Généraux, qui les accordoient. La faveur qu'elles prirent ayant fait connoître que leur produit pouvoit être d'un certain objet, le sieur Marquis de Larnage prit le parti, il y a quelques années, d'en faire une ferme, et d'en partager le revenu; savoir, un tiers à son profit, un autre tiers pour le Capitaine de ses Gardes, et l'autre tiers pour être distribué à des Officiers des Troupes, suivant leurs besoins et leur conduite.

Sa Majesté donna son approbation à cet arrangement; mais sur ce qu'il lui est revenu que cette Ferme a pris une telle consistance et a fait de tels progrès, qu'elle peut produire, non seulement de quoi remplir les objets pour lesquels elle a été autorisée, mais encore de quoi en appliquer une partie à d'autres destinations; Sa Majesté, après s'être fait rendre compte des éclaircissemens envoyés à cet égard per lesdits sieurs Comte Dubois de la Motte et Laporte Lalanne, s'est déterminée à régler, et son intention est, qu'à commencer du jour qu'elle leur fait expliquer en particulier, la Ferme des permissions de tenir Café à Saint-Domingue soit réunie aux autres Fermes qui se font à son profit dans ladite Colonie, et réglée sur le même pied qu'elles le sont.

Sur le produit de ladite Ferme, il sera pris d'abord une somme de 3000 liv. chaque année, pour le Capitaine des Gardes du sieur Gouverneur et Lieutenant Général; et du restant, il en sera fait six portions égales, dont deux seront remises dans la caissse du Commis des Trésoriers Généraux, pour être employées aux dépenses de la Colonie, avec le produit des autres droits qui s'y perçoivent au profit de Sa Majesté; trois autres portions seront partagées par moitié entre le sieur Gouverneur et Lieutenant Général et le sieur Intendant; et la sixieme partie sera remise au sieur Gouverneur et Lieutenant Général, pour être par lui distribuée en gratifications à ceux des Officiers des Troupes qu'il jugera à propos, en observant néanmoins de préférer ceux qui, n'ayant point d'établissement dans la Colonie, en auront plus de besoin.

Telle est la volonté de Sa Majesté à ce sujet; elle ordonne auxdits sieurs Comte Dubois de la Motte et Laporte Lalanne de tenir la main, chacun en ce qui le concerne, à l'exécution de ce nouvel arrangement.

R. au Conseil du Port-au-Prince le 8 *Mai* 1753.

ORDONNANCE des Administrateurs, portant défenses de chasser dans l'étendue d'une lieue aux environs de la ville du Port-au-Prince.

Du 21 Décembre 1752.

LE Comte Dubois de la Motte, &c.

Jean-Baptiste Laporte Lalanne &c.

Etant informés que plusieurs Particuliers, sous prétexte de chasser aux oiseaux, courent aux environs de la Ville, y tuent les pigeons et la volaille; à quoi voulant pourvoir, faisons expresses inhibitions et défenses à tous Particuliers, de quelque condition qu'ils soient, de chasser à une lieue aux environs de la Ville, à peine de prison et de confiscation de leurs armes, et de 500 liv. d'amende, applicable à la Maréchaussée, à laquelle nous enjoignons de courir sur ceux qui contreviendront à la présente Ordonnance, laquelle sera lue, publiée et affichée par-tout où il appartiendra. Mandons, &c. DONNÉ au Port-au-Prince, &c.

ORDONNANCE du Lieutenant de Roi au fond de l'Isle à Vache, qui, attendu les circonstances, permet aux Négocians et Capitaines de la même Ville d'armer, afin de poursuivre des Corsaires sur la Côte.

Du 22 Décembre 1752.

VU l'exposé en la Requête des Habitans et Négocians de la ville des Cayes, et attendu le cas pressant, qui ne permet pas d'attendre les ordres de MM. le Général et Intendant, et la nécessité de rendre la navigation libre, nous avons permis et permettons aux Supplians de s'assembler en la maniere accoutumée, et d'armer un ou plusieurs bâtimens, pour courir, conjointement avec le bateau du Roi, sur les prétendus Corsaires Espagnols, et de s'en emparer; le tout aux frais, risques, périls et fortunes des Supplians. FAIT au Fond le 22 Décembre 1752. *Signé* DE RANCÉ.

ORDONNANCE

ORDONNANCE *des Administrateurs, qui annulle une Commission de Procureur Général par intérim, émanée d'eux.*

Du 29 Décembre 1752.

Le Comte Dubois de la Motte, &c.

Jean-Baptiste Laporte Lalanne, &c.

L'intention de Sa Majesté étant qu'en son Conseil Supérieur séant au Port-au-Prince, où elle n'a créé d'autre Gens du Roi qu'un Procureur Général, les fonctions de cet exercice soient exercées par le dernier des Conseillers titulaires, lorsque ledit Office est vacant, ou que le sujet que Sa Majesté en a pourvu est absent, ou récusé valablement, ou empêché pour quelque cause légitime, nous, en vertu du pouvoir à nous donné par Sa Majesté, avons déclaré nulle et de nul effet, à compter seulement du jour de l'enregistrement de la présente Ordonnance, la Commission que nous avons accordée le 28 Décembre 1751 au sieur Viau, l'un desdits Conseillers titulaires, aux fins d'exercer par intérim le susdit Office, vacant par le décès du sieur Nicolas, laquelle Commission a été enregistrée audit Conseil le 3 Janvier suivant; et en conséquence, ordonnons que les fonctions de Procureur Général audit Conseil Supérieur séant au Port-au-Prince, seront d'orénavant exercées privativement à tous autres Officiers, à compter du jour de l'enregistrement des présentes, par le dernier reçu des Conseillers titulaires présent à chaque séance, et ce jusqu'à ce qu'il ait plu à Sa Majesté de pourvoir audit Office; ordonnons pareillement qu'à compter dudit jour de l'enregistrement des présentes, le sieur Viau reprendra séance, et opinera au rang des Conseillers audit Conseil, suivant l'ordre de sa réception. Prions MM. les Officiers du Conseil Supérieur d'enregistrer la présente Ordonnance, et de tenir la main à son exécution. Mandons, &c. DONNÉ au Port-au-Prince, &c. *Signés* DUBOIS DE LA MOTTE et LAPORTE LALANNE.

R. au Conseil du Port-au-Prince le 2 Janvier 1753.

ARRÊT du Conseil du Port-au-Prince, touchant un Registre de la paroisse de l'Arcahaye.

Du 20 Janvier 1753.

CE jour, le Procureur Général du Roi a entré, et a dit, qu'ayant eu avis en l'année 1749 du Substitut du Siége de Léogane, résidant aux Arcahayes, qu'il se trouvoit dans le nombre des registres de la Paroisse de ce quartier, un ancien registre servant aux baptêmes, mariages et sépultures, depuis 1704 jusqu'en 1749; informe, par le défaut de signature du P. Rostant, avant-dernier Curé, par plusieurs lacunes, et des feuilles volantes, qu'il fut pourvu alors en partie aux inconvéniens qui pourroient résulter de ces irrégularités, par l'ordre qui fut donné audit Substitut de visiter et vérifier le registre page par page, et de coter et parapher les lacunes; il est important de suppléer, autant qu'il se peut, par une nouvelle formalité, à celle qui a déjà été observée, &c. Sur quoi, la matiere mise en délibération, LE CONSEIL faisant droit audit réquisitoire, a nommé M. Saintart, Conseiller en la Cour, Commissaire à l'effet de vérifier l'ancien registre servant aux baptêmes, mariages, et sépultures de la paroisse Saint-Pierre de l'Arcahaye, depuis 1704 jusqu'en 1749, lequeldit M. Saintart cotera ledit registre page par page, et paraphera les lacunes, et nommera personnes suffisantes pour faire faire une copie exacte et figurée dudit registre, laquelle sera déposée au Greffe du Siége Royal de cette Ville.

RÉGLEMENT provisoire du Gouverneur Général, concernant le rang et les fonctions des deux Majors de Troupes établis dans la Colonie.

Du 15 Février 1753.

LE Comte Dubois de la Motte, &c.

Le Roi ayant jugé à propos, pour le bien de son service, d'établir deux Majors dans la Colonie, dont les principales fonctions ont pour objet d'exercer de plus en plus la discipline des Troupes et celle des Milices, et Sa Majesté ayant destiné M. d'Argout pour la partie de l'Ouest et celle du Sud, en lui donnant en même temps le rang de Lieutenant de Roi; nous, en conséquence des ordres du Roi, et en attendant que Sa Majesté y ait pourvu, avons cru devoir faire les dispositions qu'exigent ses fonctions, tant par rapport à lui, que relativement à la police & à la discipline des Troupes et des Milices. Il sera reçu en la qualité portée dans son brevet, dans les endroits où il ira; et en l'absence des Gouverneurs particuliers et des Lieutenans de Roi, il donnera le mot.

MM. les Majors, à son arrivée, seront obligés de lui rendre un compte exact et détaillé des Troupes et Milices de leurs quartiers; et lorsqu'il n'y sera pas, de lui en envoyer un tous les mois, en même temps qu'ils l'enverront au Général.

Comme le bien du service exige qu'il regne une uniformité dans la façon de commander et de faire l'exercice, ainsi que dans les évolutions, les Majors seront tenus de se conformer au Mémoire qu'il leur en donnera.

Comme le bien du service demande aussi une grande attention pour le choix des Sergens et des Caporaux, MM. les Capitaines seront obligés de lui proposer à son passage les sujets sur lesquels ils auront jeté les yeux, et il assemblera tous les Sergens de la garnison, pour avoir leur avis par écrit, et même par scrutin, si on le juge à propos. MM. les Officiers Majors seront tenus de faire faire, deux fois par semaine, l'exercice aux Troupes, et ils commenceront par le bien apprendre aux Sergens, pour qu'ils puissent être en état d'instruire les Soldats de recrue, et tous ceux qui ne le savent pas faire: il en sera de même pour les Bombardiers, et on ne recevra dans cette Compagnie que des hommes en état de remuer un canon et un mortier.

MM. les Lieutenans seront tenus de visiter très-souvent les Compagnies auxquelles ils seront attachés, et ils leur liront les Ordonnances du Roi au sujet des duels et de la désertion, et ils obligeront les Soldats à se tenir propres, ainsi que leurs chambres; ils tiendront la main, autant que faire se pourra, à ce que les Soldats fassent ordinaire ensemble.

Il y aura un Lieutenant de semaine dans chaque place, pour aller faire la visite des Casernes et de l'Hôpital, dont il rendra compte tous les jours à l'Officier commandant dans ladite place.

Les Sergens seront responsables de tous les Soldats qui découcheront des Casernes sans une permission par écrit de l'Officier commandant la Compagnie ou de celui de semaine dans la place.

Les Sergens, ou les Caporaux en leur absence, seront obligés de mener les Soldats de leurs Compagnies dans l'endroit où l'on assemble la garde; et lorsqu'ils ne seront pas dans un état convenable pour paroître sous les armes, l'Officier Major, lorsqu'il fera son inspection, s'en prendra à eux.

Les Sergens feront deux appels par jour de leur Compagnie, l'une une demi-heure après la retraite, et l'autre à la pointe du jour, et ils rendront compte à l'Officier Major de ceux qui auront manqué.

M. d'Argout fera quatre tournées par an, de six semaines chacune, afin qu'il puisse séjourner un temps convenable dans chaque garnison, pour pouvoir bien y examiner les Troupes, et pouvoir en rendre compte au Général, ainsi que des Milices dont il aura fait la revue; et lorsqu'il y manquera des Officiers, les Commandans de quartier lui en rendront compte, en même temps qu'au Général, qui nommera aux places vacantes les sujets les plus convenables.

MM. les Officiers doivent bien savoir commander l'exercice et les évolutions, parce que, dans les tournées que M. d'Argout fera, il fera commander l'un et l'autre indistinctement, à commencer par le premier Capitaine jusqu'au dernier Enseigne. Donné au Port-au-Prince, &c.

Voy. *le Mémoire du Roi du 13 Septembre 1753.*

Arrêt du Conseil du Cap, qui permet provisoirement une Enquête close.

Du 15 Mars 1753.

Vu par le Conseil la Requête de Jacques Cliquet, Peintre au Cap, contenant, entre autres choses, que, durant l'instance en séparation, la femme du Suppliant a obtenu permission de faire affermer judiciairement l'Habitation et les Negres, dans lequel bail elle a fait comprendre les Negres appartenans au Suppliant; que sorti de prison, il a appris avec étonnement les démarches de sa femme, et n'a pas tardé à former demande afin de distraction de ses Negres du bail à ferme, sur laquelle la Sentence a été rendue sur le Bureau le 3 Janvier dernier, sur les productions respectives des Parties, qui auroit ordonné que le Suppliant feroit preuve par enquête de la propriété desdits Negres; qu'il a été interjeté appel de cette Sentence, &c. Conclusions du Procureur Général du Roi, et ouï le rapport de M. de Maisoncelle, Conseiller, et tout considéré, le Conseil a ordonné et ordonne, que ladite Sentence du 3 Janvier dernier sera exécutée par provision, nonobstant l'appel; en conséquence, permet au Suppliant de faire procéder à l'enquête dont s'agit, pour demeurer close au Greffe dudit Siége jusqu'à l'Arrêt à intervenir sur ledit appel; le tout sans préjudicier aux droits des Parties au principal, & sans attribution d'aucun nouveau.

ARRÊT du Conseil du Cap, qui nomme M. de JUCHEREAU DE SAINT-DENIS, Doyen de la Cour, Conseiller-Commissaire, pour ordonnancer la comptabilité de la Maréchaussée, au désir de l'art. 15 du Réglement du 31 Juillet 1743, et ordonne que l'Arrêt sera notifié aux Prévôts de Maréchaussée, et au Receveur des deniers publics.

Du 17 Mai 1753.

ARRÊT du Conseil d'Etat, qui charge le Conseil du Port-au-Prince de la révision d'un procès criminel jugé par celui du Cap, même de prononcer un nouveau Jugement, s'il y a lieu.

Du 18 Mai 1753.

Nous indiquons seulement cet Arrêt comme un des exemples de semblables renvois d'un Conseil à l'autre.

PROCÈS *VERBAL de la reprise de possession des Isles Turques, dressé par M. LEVACHER, Ecrivain de la Marine, embarqué sur la Frégate* l'Emeraude, *commandée par M. KERUSORET* le Borgne, *Capitaine de Vaisseau.*

Du 20 Mai 1753.

R. au Conseil du Port-au-Prince le 7 Septembre suivant.

Nous placerons ailleurs les détails de cette reprise de possession.

ARRÊT du Conseil du Cap, qui, au désir de l'article 10 du Réglement du Roi, pour la nouvelle imposition, nomme MM. DE JUCHEREAU DE SAINT-DENIS et DE GRANDPRÉ, Conseillers Commissaires, pour, conjointement avec M. l'Intendant, arrêter les comptes des Receveurs de l'Octroi, pour les années 1751 et 1752, comme aussi ceux des trois années qui courront de ladite imposition.

Du 18 Mai 1753.

ORDONNANCE des Administrateurs, pour faire alonger la Chapelle servant d'Eglise paroissiale au Port-au-Prince, et faire prendre à cet effet des fonds, même sur ceux imposés pour la construction d'une nouvelle Eglise.

Du 3 Juin 1753.

R. au Conseil du Port-au-Prince le 10 Novembre suivant.

---

*PROCÈS VERBAL de la reprise de possession des Caïques, dressé par le Chevalier DE RUIS EMBITO, Lieutenant de Vaisseau, et commandant le Bateau l'*Aigle.

Du 9 Juin 1753.

R. au Conseil du Port-au-Prince le 7 Septembre suivant.

Nous renvoyons les détails de cette piece à une autre partie de cet Ouvrage, à laquelle ils appartiennent plus naturellement.

RÉGLEMENT du Roi pour la police et discipline des Equipages des Navires expédiés pour les Colonies de l'Amérique.

Du 22 Juin 1753.

SA MAJESTÉ s'étant fait représenter ses Ordonnances et Réglemens des 22 Mai 1719, 23 Décembre 1721, 19 Juillet 1742, et 19 Mai 1745, sur la police qui doit être observée aux Colonies Françoises de l'Amérique, pour les Gens de mer des Equipages des Navires; ensemble sa Déclaration du 18 Décembre 1728, et l'Arrêt de son Conseil du 19 Janvier 1734, au sujet de l'embarquement et débarquement des Matelots dans les Ports du Royaume et les Pays étrangers: et étant informée que les dispositions portées par lesdites Ordonnances ne sont pas exactement observées dans lesdites Colonies, et qu'elles ne sont pas d'ailleurs suffisantes pour réprimer divers abus qui s'y sont introduits, au préjudice du bon ordre et de la discipline des Gens de mer, et qui occasionnent particulierement leur désertion des Bâtimens du Commerce: à quoi désirant pourvoir, elle a arrêté le présent Réglement, ainsi qu'il s'ensuit.

Art. Ier. Il sera fait à bord des Navires, aussi-tôt après leur arrivée aux Colonies Françoises de l'Amérique, une revue exacte de tous les Gens de mer dont l'Equipage sera composé, et des Passagers et Engagés qui auront été embarqués en France.

Art. II. L'Officier chargé du détal des classes, par lequel ladite revue sera faite, entendra les plaintes qui pourront être faites, tant par les Capitaines et Officiers, contre les Matelots et autres Gens des Equipages, que par les Matelots contre les Capitaines et Officiers: il constatera, autant qu'il sera possible, les faits qui y auront donné occasion; et sur le compte qu'il en rendra, l'Intendant ou Commissaire Ordonnateur fera sur le champ arrêter les coupables, s'il y a lieu, soit pour leur faire subir quelques jours de prison, suivant les circonstances, soit pour les remettre aux Officiers de l'Amirauté, s'ils sont dans le cas de mériter de plus grandes peines; et dans le cas où lesdits Officiers de l'Amirauté jugeront devoir procéder contre ceux qui auront été ainsi arrêtés, lesdits prisonniers leur seront remis à cet effet par les ordres desdits Intendans ou Ordonnateurs.

Art. III. Ledit Officier vérifiera s'il se trouve à bord des Matelots ou autres Gens de mer qui n'aient point été compris sur le rôle de l'Equipage, et il fera arrêter sur le champ tous ceux qui se trouveront dans ledit cas; Sa Majesté voulant qu'ils soient détenus en prison aux frais des Capitaines, jusqu'à ce qu'ils puissent être renvoyés sur un autre Navire de la même Province du Royaume où lesdits Matelots auront été embarqués; ce qui sera constaté par un procès verbal qui sera envoyé par l'Intendant ou Commissaire Ordonnateur des Colonies, au Commissaire de la Marine du Port où les Navires auront été armés, pour être les Capitaines de Navires poursuivis, à leur retour en France, devant les Officiers de l'Amirauté, conformément aux dispositions portées par la Déclaration du 18 Décembre 1728.

Art. IV. Les Matelots ainsi retirés d'un Navire, qui seront ensuite renvoyés en France sur un autre, où ils feront partie de l'Equipage, ne pourront y prétendre d'autres salaires que ceux qui seront fixés sur le rôle de l'Equipage, en vertu des ordres de l'Intendant ou Commissaire Ordonnateur, laquelle fixation ne pourra excéder celle des gages que gagneront ceux qui se seront embarqués en France.

Art. V. Il ne pourra, pendant le séjour des Navires auxdites Colonies, être fait aucun payement ni aucun prêt, ni avance d'aucune espece aux Gens de mer des Equipages engagés en France, ni à ceux embarqués par remplacement aux Colonies, soit pour achat de hardes, ou pour quelque autre cause que ce puisse être, si les Capitaines n'y sont autorisés par un ordre de l'Officier chargé du détail des classes, mis au bas du rôle de l'Equipage, à peine contre les contrevenans d'être poursuivis à leur retour en France, conformément aux dispositions de la Déclaration du 18 Décembre 1728.

Art. VI. S'il déserte des Matelots ou autres gens des Equipages, le Capitaine ou autre Officier commandant le Navire, sera tenu d'en faire la déclaration dans les vingt-quatre heures à l'Officier chargé du détail des classes, pour être par ledit Officier envoyé sur le champ à la poursuite desdits Déserteurs, après avoir pris les ordres de l'Intendant ou Commissaire Ordonnateur: enjoint Sa Majesté aux Gouverneurs et Commandans auxdites Colonies de donner main forte à cet effet, toutes les fois qu'ils en seront requis.

Art. VII. Ceux desdits Déserteurs qui pourront être arrêtés, seront détenus en prison pendant le temps qui sera réglé par l'Intendant ou Commissaire Ordonnateur, et ils seront ensuite renvoyés à bord du Navire; seront néanmoins lesdits Déserteurs remis aux Officiers de l'Amirauté, lorsqu'ils les réclameront, pour procéder contre eux.

Art. VIII. Ils seront interrogés sur le motif de leur désertion; et en cas qu'il soit reconnu qu'elle a été occasionnée, de quelque maniere que ce puisse être, par le Capitaine ou d'autres Officiers du bord, il sera fait sur les circonstances relatives audit cas, un procès verbal, qui sera dressé par l'Intendant ou Commissaire Ordonnateur, au Secrétaire d'Etat ayant le département de la Marine, pour, sur le compte qui en sera par lui rendu à Sa Majesté, être par elle ordonné ce qu'il appartiendra, sans préjudice néanmoins des procédures qui pourront être faites à ce sujet par les Officiers de l'Amirauté; Sa Majesté n'entendant point interdire auxdits Gens de mer les voies de droit devant lesdits Officiers, auxquels elle se réserve même de renvoyer la connoissance des faits résultans desdits procès verbaux, suivant l'exigence des cas.

Art. IX.

Art. IX. Tout Capitaine ou autre Officier commandant un Navire, qui aura différé plus de trois jours à faire à l'Officier chargé du détail des classes, la dénonciation des Matelots et autres gens de mer désertés, sera réputé complice de la désertion, et il en sera pareillement fait un procès verbal, pour être envoyé au Secrétaire d'Etat ayant le département de la Marine, pour en être par lui rendu compte à sa Majesté.

Art. X. La date de la désertion sera apostillée sur le rôle de l'Equipage, seulement à compter du jour que l'Officier chargé du détail des classes aura reçu la dénonciation, et les salaires des Déserteurs seront payés jusqu'audit jour, sans égard au temps pendant lequel les Capitaines auront différé de faire lesdites dénonciations. Lesdites apostilles seront exactement détaillées pour chaque homme, et signées par l'Officier chargé du détail des classes. La même formalité sera observée en ce qui concernera les apostilles mises sur lesdits rôles, au sujet des morts et des débarquemens, pour raison de maladie, ou pour d'autres causes, tant en ce qui concernera les gens des Equipages, qu'à l'égard des Passagers et des Engagés.

Art. XI. Tout Capitaine, Maître ou Patron qui débauchera un Matelot aux Colonies, sera condamné à une amende de 300 livres, dont moitié applicable à l'Amiral, et l'autre moitié au premier Maître, lequel pourra reprendre le Matelot, si bon lui semble, conformément à ce qui est porté par l'Ordonnance du 22 Mai 1719, et par le Réglement du 19 Mai 1745.

Art. XII. Entend Sa Majesté qu'en conséquence de son Ordonnance du 23 Décembre 1721, et dudit Réglement du 19 Mai 1745, les conventions que les Matelots et autres Gens de mer embarqués auxdites Colonies, pourront faire pour leurs salaires, soient réputées nulles et de nul effet, si elles ne sont autorisées par les Intendans ou Commissaires Ordonnateurs, et portées en conséquence sur le rôle de l'Equipage arrêté par l'Officier chargé du détail des classes; voulant et ordonnant Sa Majesté, qu'il n'y ait que lesdits rôles qui puissent servir de titre sur les prétentions des Gens de mer, pour raison desdits salaires.

Art. XIII. Aucun Matelot, Novice ou Mousse de l'équipage des Navires venus de France aux Colonies, ne pourra descendre ni rester à terre, sans un congé par écrit donné par le Capitaine, ou autre Officier commandant le Navire, dans lequel congé sera fait mention du temps limité pour l'absence hors du bord; et ceux desdits Gens de mer qui seront trouvés à terre sans de pareils congés, ou qui en auront excédé le terme, seront arrêtés et détenus, pour la premiere fois, en prison pendant trois jours, et pendant huit jours, en cas de récidive.

Art. XIV. Les Capitaines des Navires de France qui seront désarmés aux Colonies, soit pour y avoir été déclarés hors d'état de naviguer, ou pour d'autres causes, feront, en conséquence de l'Ordonnance du 19 Juillet 1742, le décompte de la solde due à chacun des Gens de mer de leurs Equipages, en présence de l'Officier chargé du détail des classes, et remettront auxdits Officiers copie desdits décomptes, et une lettre de change tirée sur les Armateurs, pour le montant de ladite solde en argent de France.

Art. XV. Lesdits décomptes et lettres de change contiendront, non seulement ce qui sera dû aux Officiers, Mariniers, et Matelots présens au désarmement, mais encore ce qui reviendra *aux familles des morts*, tant pour la solde que pour le produit d'inventaires, et le montant de la solde revenant aussi aux Déserteurs, jusqu'au jour de leur désertion dénoncée; ce qui sera exactement constaté dans les décomptes, dont les Officiers chargés du détail des classes auxdites Colonies feront ensuite l'envoi, ainsi que des lettres de change, aux Commissaires des Ports du Royaume où les Navires auront été armés; ils seront tenus d'adresser en même temps auxdits Commissaires des copies des rôles de désarmement, lesquels seront faits dans la même forme que celui de l'armement présenté par le Capitaine, et contiendront en marge de chaque homme qui aura été embarqué dans le Navire, soit comme faisant partie de l'Equipage, soit en qualité de Passager ou d'Engagé, toutes les mutations qu'il y aura eu pour raison de mort ou désertion, ou pour d'autres causes de débarquement, en y faisant mention des dates et des signatures des Officiers qui auront certifié lesdits émargemens.

Art. XVI. L'article III de ladite Ordonnance du 19 Juillet 1742, au sujet du registre qui doit être tenu par les Officiers chargés du détail des classes, pour y transcrire lesdits décomptes et lettres de change, sera ponctuellement exécuté. Enjoint Sa Majesté aux Intendans ou Commissaires Ordonnateurs de se faire représenter, au moins tous les trois mois, lesdits registres, à l'effet de vérifier s'ils sont dans la forme convenable, et si les envois en France, ci-dessus prescrits, ont été faits régulierement.

Art. XVII. S'il se trouve dans le quartier des Colonies où un Navire aura été désarmé, d'autres bâtimens prêts à revenir en France, dans la même Province où sera situé le Port où ledit Navire aura été armé, et dans lesquels les Gens de mer du bâtiment désarmé puissent être embarqués et gagner des salaires, il ne leur sera rien payé pour la conduite du retour; mais s'il n'y a point alors de Navires où ils puissent être employés, il leur sera accordé un ou deux mois de solde, à proportion du retardement que pourra leur causer le défaut d'occasion pour leur retour, suivant la fixation qui en sera faite par les Intendans ou Commissaires Ordonnateurs, conformément à ce qui est porté par la susdite Ordonnance du 19 Juillet 1742.

Art. XVIII. Il sera donné par les Capitaines desdits Navires désarmés, un congé par écrit à chacun des Gens de mer de leurs Equipages, contenant leurs noms et qualités, et leur signalement détaillé, de maniere que lesdits congés ne puissent point servir à d'autres Matelots. Le nom du Navire y sera pareillement expliqué, et le temps qu'ils y auront servi. Lesdits congés seront visés par l'Officier chargé du détail des classes, pour être ensuite représentés par lesdits Gens de mer toutes les fois qu'ils en seront requis, et notamment lorsqu'ils se présenteront pour repasser en France.

Art. XIX. Les Capitaines de Navires qui reviendront en France, donneront de pareils congés aux Matelots et autres Gens de mer de leurs équipages qu'ils seront obligés de laissser aux Colonies pour raison de maladie, ou pour d'autres causes pour lesquelles le débarquement aura été autorisé par les Intendans ou Commissaires Ordonnateurs; et lesdits congés seront pareillement visés de l'Officier chargé du détail des classes.

Art. XX. Lesdits Capitaines seront tenus, à l'égard des Matelots restés malades, de donner une caution pour le payement, non seulement des frais de maladie, mais encore de la solde qui sera réglée par les Intendans ou Commissaires Ordonnateurs, pour ceux dont la santé se rétablira, pour pourvoir à leur subsistance jusqu'au temps où ils pourront être rembarqués pour France.

Art. XXI. Les Officiers chargés du détail des classes feront, au moins tous les trois mois, une visite dans les Hôpitaux, à l'effet de vérifier ce que seront devenus les Matelots qui y auront été traités; ils se feront remettre, à l'égard de ceux qui seront morts, les certificats nécessaires pour le constater, et ils adresseront lesdits certificats aux Commissaires des départemens du Royaume d'où les Matelots seront provenus, avec des listes exactes contenant la destination qui aura été faite du produit de leurs hardes et autres effets.

Art. XXII. Les Habitans des différentes Colonies, qui auront pris la profession de Matelot aussi-tôt après la publication du présent Réglement, seront tenus de prendre des Officiers chargés du détail des classes des lieux de leur naissance, ou dans lesquels ils auront résidé assez long-temps pour y être suffisamment connus, un certificat en parchemin, contenant *leurs noms, surnoms, ceux de leurs pere et mere, et de leur femme,* en cas qu'ils soient mariés, l'âge desdits Matelots, et toutes les circonstances propres à caractériser leur signalement; de maniere que ledit certificat ne puisse point servir à d'autres qu'à ceux auxquels ils seront délivrés.

Art. XXIII. Ils seront pareillement tenus de porter toujours sur eux ledit certificat, pour servir à constater leur origine et leur état toutes les fois qu'ils en seront requis, et notamment lorsqu'ils se présenteront pour s'embarquer.

Art. XXIV. Tous Matelots et autres Gens de mer qui ne seront point porteurs de pareils certificats, ou de congés donnés par les Capitaines de Navires, et visés par les Officiers chargés du détail des classes, conformément à ce qui est porté par les articles XVIII et XIX du présent Réglement, seront réputés Déserteurs des Navires de France; et comme tels, arrêtés dans tous les lieux où ils seront trouvés, pour être détenus en prison jusqu'à ce qu'ils puissent être renvoyés sur des Navires de la même Province où sera situé le département dont ils se trouveront.

Art. XXV. La solde que devront gagner lesdits Gens de mer dans les Navires sur lesquels ils seront ainsi renvoyés, sera réglée par les Intendans ou Commissaires Ordonnateurs, sur le pied de la fixation prescrite par l'article IV du présent Réglement, à l'égard de ceux qui auront été embarqués en France sans avoir été inscrits sur les rôles des Equipages, et les Capitaines seront tenus de rembourser d'avance, à compte des salaires que gagneront lesdits Matelots déserteurs, les frais qui auront été faits pour leur emprisonnement, gîte, geolage, et subsistance pendant leur détention, conformément à ce qui est porté par l'Ordonnance du 23 Décembre 1721, et par le Réglement du 19 Mai 1745; et il sera fait mention du tout sur le rôle de l'Equipage, ensuite des noms desdits Déserteurs.

Art. XXVI. Lorsqu'il sera donné entrée aux Colonies à quelque Navire étranger, relativement aux dispositions des Lettres Patentes du mois d'Octobre 1727, les Gouverneurs et Intendans, ou Commissaires Ordonnateurs, feront veiller soigneusement, dans le temps du départ desdits Navires, à ce qu'il n'y soit embarqué aucuns Matelots François.

Art. XXVII. Lesdits Gouverneurs, Intendans ou Commissaires Ordonnateurs feront faire des visites fréquentes chez les Cabaretiers et Hôteliers, pour arrêter tous les Matelots qui s'y trouveront, et qui ne seront point porteurs de congés ou passe-ports, conformément à ce qui est porté par le présent Réglement.

Art. XXVIII. En conséquence de l'article V du Réglement du 19 Mai 1745, aucuns Matelots ni autres Gens de mer ne pourront être embarqués aux Colonies sur les Navires destinés pour revenir en France, s'ils n'ont été inscrits sur les rôles de l'Equipage par les Officiers chargés du détail des classes, à peine contre ceux qui auront été embarqués sans cette formalité, d'être punis d'un mois de prison à leur arrivée en France, et d'être en outre privés de la solde qui leur aura été promise pour la traversée, le montant de laquelle solde sera déposé au Bureau des classes, pour suivre l'application qui sera ordonnée par Sa Majesté; et les Capitaines, Maîtres ou Patrons seront de leur côté punis d'un mois de prison.

Art. XXIX. Il sera fait, à l'arrivée dans les Ports du Royaume des Navires venant desdites Colonies, une revue exacte sur le bord, par les Officiers chargés du détail des classes, lesquels feront provisoirement arrêter les Matelots qui se trouveront avoir été embarqués sans être compris sur le rôle de l'Equipage, en contravention du précédent article. Ils auront soin de distinguer entre les Gens de mer portés sur lesdits rôles, que les Capitaines auront embarqués aux Colonies, ceux qui seront tombés dans le cas d'avoir déserté des Navires sur lesquels ils avoient passé auxdites Colonies, et ils vérifieront s'ils y ont été punis par la prison et par la privation de leurs salaires, conformément à ce qui est porté par le présent Réglement; dans lequel cas les Matelots pourront rester libres, s'ils ont tenu une bonne conduite durant la traversée; mais si le rôle de l'Equipage ne justifie point qu'ils ont été punis à l'Amérique, lesdits Matelots reconnus Déserteurs seront incessamment arrêtés par les ordres des Intendans ou Commissaires de la Marine; ils seront détenus en prison pendant quinze jours, et les salaires qui leur auront été promis seront réduits conformément à ce qui est porté par l'article IV du présent Réglement. Veut Sa Mejesté qu'en cas qu'ils eussent reçu d'avance lesdits salaires, au préjudice des défenses ci-dessus faites, ils ne puissent être mis en liberté qu'après qu'ils auront restitué ce qui leur aura été payé au delà de la fixation expliquée dans ledit article.

Mande et ordonne Sa Majesté à M. le Duc de Penthievre, Amiral de France, Gouverneur et Lieutenant Général en la Province de

Bretagne, aux Gouverneurs et ses Lieutenans Généraux des Colonies de l'Amérique, Intendans, Commissaires Généraux et ordinaires, aux Subdélégués établis dans lesdites Colonies, et à tous autres qu'il appartiendra, de tenir la main à l'exécution du présent Réglement, qui sera lu, publié, affiché et registré par-tout où besoin sera. FAIT à Versailles, &c.

PROCÈS VERBAL de la reprise de possession de la grande Inague, dressé par M. KERUSOVET, Capitaine de Vaisseau, et commandant la Frégate l'Emeraude.

Du 25 Juillet 1753.

R. au Conseil Supérieur du Port-au-Prince le 25 Juillet 1753.

Nous renvoyons les détails de cette Piece à un autre lieu.

LETTRES-PATENTES pour recevoir le sieur DE CHAMPFLOUR à purger la mémoire du sieur son pere, condamné par Arrêt du Conseil du Petit-Goave, du 10 Mars 1724.

Du 20 Août 1753.

R. au Conseil du Port-au-Prince le 10 Mai 1755.

ORDONNANCE des Administrateurs, portant établissement d'une Barre publique au quartier des Gonaïves.

Du 21 Août 1753.

LE Marquis de Vaudreuil, &c.

Jean-Baptiste Laporte Lalanne, &c.

L'étendue du quartier des Gonaïves, et l'éloignement qu'il y a de la ville de Saint-Marc, exigeant qu'il soit établi une Barre publique, où l'on puisse mettre ceux qui se trouvent coupables de quelques excès, ainsi que les Negres marons, qu'il falloit ci-devant conduire tout de suite aux prisons de la Ville, nous avons ordonné et ordonnons ce qui suit :

ART. Ier. Il sera incessamment établi au Bourg des Gonaïves une Barre publique, où l'on puisse mettre ceux qui seront accusés de quelque excès, ainsi que les Negres marons; ce qui ne pourra cependant avoir lieu à l'égard des Esclaves, que quand ils y auront été conduits par la Maréchaussée, ou en vertu d'un ordre des Commandans, des Juges ou Capitaines de Milices.

Art. II. Celui à qui cette Barre sera confiée, aura les mêmes droits d'entrée, ou d'écrou et de sortie, et il lui sera payé par chaque jour, pour nourriture, ce que les Geoliers sont autorisés à exiger. Il sera tenu d'avoir des registres, et de remplir les fonctions des Geoliers qui le concerneront.

Art. III. Ceux qui auront été mis à cette Barre, seront, à la diligence du Procureur du Roi, huitaine après, conduits aux prisons de Saint-Marc, pour leur être leur procès fait, s'il y a lieu; et quant aux Negres marons, pour, après les délais et formalités ordinaires, être employés sur les travaux du Roi.

Art. IV. Sera tenu celui à qui ladite Barre sera confiée, ainsi que seux qui sont chargés de celles établies par Ordonnance de MM. de Larnage et Maillart, du 10 Septembre 1744, dans les quartiers du Bac de la riviere de l'Artibonite, du Bourg de la petite Riviere, et de celui des Verettes, d'informer les Commandans des lieux, le Procureur du Roi de Saint-Marc ou ses Substituts, de ceux qui auront été traduits auxdites Barres, immédiatement après leur arrivée, afin que ceux d'entre eux qui seront destinés à passer aux prisons de la Ville, y puissent être transférés le plus promptement que faire se pourra, et ne sera passé à celui qui sera chargé de ladite Barre des Gonaïves, ainsi que ceux qui sont déjà chargés de celles des quartiers ci dessus nommés, plus de huit jours de nourriture pour un Prisonnier, sous quelque prétexte que ce soit. Prions M. Bizoton de la Motte, Lieutenant de Roi et Commandant à Saint-Marc, et mandons aux Officiers de la Jurisdiction dudit lieu, de tenir la main à l'exécution de la présente Ordonnance, qui sera enrrgistrée au Greffe de l'Intendance, en celui de la Jurisdiction, et affichée par-tout où besoin sera. Donné au Port-au-Prince, &c.

R. au Greffe de l'Intendance le 22.

ARRÊT du Conseil d'Etat, portant cassation d'une Sentence rendue le 30 Mai 1753 par les Officiers de l'Amirauté de Nantes, en contravention de l'art. 7 de la Déclaration du Roi du 18 Décembre 1728, et de l'art. 1er du Réglement du 19 Mai 1745, faits pour l'embarquement des Matelots aux Colonies de l'Amérique.

Du 4 Septembre 1753.

ORDRE du Roi, qui regle la distribution à faire du demi pour cent sur les Negres introduits dans les parties de l'Ouest et du Sud.

Du 6 Septembre 1753.

SA MAJESTÉ ayant réglé que le sieur Marquis de Vaudreuil, Gouverneur particulier des parties de l'Ouest et du Sud de Saint-Domingue, et Commandant Général de ladite Colonie, jouira, pendant qu'il exercera ledit commandement, de l'un pour cent attribué au Gouverneur Lieutenant Général, sur les deux pour cent qui se perçoivent sur les Negres qui sont introduits dans ladite Colonie; et voulant régler aussi la distribution à faire du demi pour cent attribué au Gouverneur particulier desdites deux parties de l'Ouest et du Sud, dont ledit sieur Marquis de Vaudreuil ne doit plus jouir en ladite qualité de Gouverneur particulier, Sa Majesté a ordonné et ordonne, veut et entend, qu'à compter du jour qu'il a perçu un pour cent attribué au Gouverneur Lieutenant Général, il soit fait une masse du produit total du demi pour cent attribué au Gouverneur particulier sur les Negres introduits dans les parties de l'Ouest et du Sud, et qu'à la fin de chaque année ladite masse soit partagée en autant de portions qu'il y aura de Commandans particuliers dans lesdites deux parties; de maniere cependant que les portions revenantes aux Commandans revêtus du grade de Lieutenant de Roi, soient d'un quart plus fortes que celles revenantes aux Commandans qui ne seront que Majors ou de grades inférieurs; veut et ordonne Sa Majesté que le sieur d'Argout, Major, Inspecteur des Troupes et Milices, avec le rang de Lieutenant de Roi dans les deux parties, soit compris pour une portion de Lieutenant de Roi dans la répartition qui sera faite, conformément au présent ordre, par le sieur Marquis de Vaudreuil et le sieur Laporte Lalanne, Intendant, auxquels elle mande de tenir la main à son exécution. FAIT à Versailles, &c.

MÉMOIRE

MÉMOIRE du Roi au sieur Marquis de VAUDREUIL, Commandant Général pour Sa Majesté aux Isles sous le Vent, touchant les Majors-Inspecteurs des Troupes et Milices.

Du 13 Septembre 1753.

SA MAJESTÉ ayant jugé à propos d'établir des Majors des Troupes à Saint-Domingue, et s'étant fait représenter le Réglement provisoire qui a été fait de son ordre le 15 Février dernier, par le sieur Comte Dubois de la Motte, Gouverneur Lieutenant Général, pour fixer les fonctions du sieur d'Argout, l'un de ses Majors dans les parties de l'Ouest et du Sud, elle a jugé à propos d'approuver ce Réglement, et elle veut que le sieur Marquis de Vaudreuil le fasse exécuter, tant par rapport au sieur d'Argout, qu'à l'égard du sieur de Fresne, Major des Troupes dans la partie du Nord. Comme il est cependant revenu à Sa Majesté, qu'il pourroit y avoir quelques difficultés sur les détails de ces Majors, dont le principal objet doit être l'inspection des Troupes et des Milices de la Colonie, elle s'est déterminée à leur faire expédier des Brevets qui les établissent Majors-Inspecteurs des unes et des autres, et elle est bien aise d'expliquer plus particulierement au sieur Marquis de Vaudreuil ses intentions à cet égard, relativement à quelques articles du Réglement fait par le sieur Comte Dubois de la Motte.

Ces Majors-Inspecteurs doivent faire quatre tournées par an, de six semaines chacune, dans leurs quartiers respectifs, pour y faire la revue, visite et inspection, tant des Troupes que des Milices, et en rendre compte au sieur Gouverneur Lieutenant Général ou Commandant de la Colonie. Le temps où chacune de ces revues devra se faire sera fixé par le sieur Gouverneur Lieutenant Général ou Commandant, lequel pourra ordonner des tournées extraordinaires, lorsqu'il le jugera nécessaire pour le service.

Les fonctions des Majors-Inspecteurs, qui, par rapport aux Troupes, doivent s'étendre à tous les détails qui y sont relatifs, se borneront, en ce qui regarde les Milices, à en faire la revue et inspection, et à leur faire faire, tant les évolutions militaires, que les mouvemens que les circonstances pourront exiger pour le service, lorsqu'elles seront sous les armes; et les autres détails des places et quartiers en dépendans continueront d'être remplis par les Majors ordinaires.

Sa Majesté veut que les Majors-Inspecteurs donnent le mot dans toutes les places où ils se trouveront, en l'absence des Lieutenans de Roi attachés à ces places, &c.

ORDONNANCE des Administrateurs, qui enjoint de brûler dans huitaine toutes les cannes attaquées de pluchons, et ordonne qu'il sera fait, par les Officiers des Milices, visite des cannes dans tous les quartiers de la Colonie.

Du 19 Septembre 1753.

LE Marquis de Vaudreuil, &c.

Jean-Baptiste Laporte Lalanne, &c.

Etant informés que plusieurs Habitans dont les cannes se trouvoient endommagés par le pluchon, au lieu de les brûler sur le champ, les ont conservées, et par-là ont donné lieu à cet insecte de faire des progrès considérables; nous, pour en arrêter le cours, ordonnons à tous les Habitans de cette Colonie, qui ont des cannes attaquées par le pluchon, de les brûler dans huitaine pour tout délai, à compter de la notification des présentes, sous peine de 1000 liv. d'amende contre chaque contrevenant, icelle applicable dans le ressort du Conseil Supérieur séant en cette Ville, au profit de l'Hôpital Royal de Léogane, et dans celui du Conseil Supérieur du Cap, au profit de la Maison de Providence dudit lieu; en conséquence, voulons qu'après ce délai, visite soit faite dans chaque quartier de cette Colonie par deux Officiers de Milice non intéressés, et nommés par ceux qui y commandent pour le Roi, de toutes les cannes qui s'y trouveront plantées, laquelle visite sera renouvelée aussi souvent qu'il sera jugé nécessaire, et au moins tous les six mois; seront tenus lesdits Officiers de Milice de dresser des procès verbaux de chaque visite, lesquels ils remettront auxdits Commandans, pour nous les faire passer, et de donner au Procureur du Roi de leur Jurisdiction, copie de ceux des Habitations où ils auront trouvé des cannes endommagées par le pluchon, à l'effet par le Procureur du Roi de poursuivre audit Siége la condamnation ci-dessus mentionnée contre les Propriétaires des Habitations. Seront les présentes enregistrées au Greffe de l'Intendance, et à ceux des Conseils Supérieurs et Jurisdictions ordinaires, lues, publiées et affichées par-tout où besoin sera. DONNÉ au Port-au-Prince, &c. *Signés* VAUDREUIL et LAPORTE LALANNE.

R. au Greffe de l'Intendance le 22 dudit mois.

ORDONNANCE *des Administrateurs, touchant la visite des Bâtimens Négriers.*

Du 22 Septembre 1753.

LE Marquis de Vaudreuil, &c.

Jean-Baptiste Laporte Lalanne, &c.

La plupart des maladies épidémiques étant, pour l'ordinaire, apportées dans les Colonies par les Navires Négriers, il a été ordonné par Sa Majesté que visite desdits Navires seroit faite, aussi-tôt leur arrivée, par les Médecins du Roi et Chirurgiens-Majors des lieux devant lesquels ces Navires seroient mouillés; et à défaut de Médecins entretenus, par les Chirurgiens-Majors, conjointement avec ceux de l'Amirauté ou autre commis à cet effet; l'expérience n'a que trop démontré la sagesse de cette disposition, et la nécessité de tenir la main à ce qu'elle soit exactement observée. Il est néanmoins plusieurs fois arrivé que cette visite s'est faite avec trop de complaisance dans la Rade de Léogane, d'où il a résulté un dommage inexprimable dans tous les quartiers où il a été transporté des Negres attaqués de ces maladies. Pour prévenir le relâchement dans la suite, nous ordonnons que tous les Navires négriers destinés pour Léogane, avant de s'y rendre, seront tenus de venir mouiller dans la Rade extérieure du Port-au-Prince, à l'effet d'y subir la visite prescrite par le Réglement du Roi. Mandons à M. de Cairosse, Major pour le Roi, commandant à Léogane, de tenir la main à l'exécution des présentes, qui seront enregistrées au Greffe de l'Intendance, lues, publiées et affichées par-tout où besoin sera. DONNÉ au Port-au-Prince, &c. *Signés* DE VAUDREUIL et LAPORTE LALANNE.

R. au Greffe de l'Intendance le 24 dudit mois.

LETTRE *du Roi à MM. le Marquis* DE VAUDREUIL *et* LAPORTE LALANNE, *afin de faire concourir l'autorité, si elle est nécessaire pour maintenir celle du Provincial des Dominicains sur les Missionnaires de cet Ordre.*

Du 28 Septembre 1753.

MONS le Marquis de Vaudreuil et Mons Laporte Lalanne, le Principal des Dominicains de la paroisse de Saint-Louis m'a représenté que, dans la vue de remédier à des abus qui se sont glissés dans la Mission que cette Province dessert en mon Isle Saint-Domingue, il est obligé de faire de nouveaux arrangemens concernant le spirituel et le temporel de cette Mission; et dans la crainte qu'il n'y ait, de la part de quelques Missionnaires qui peuvent être intéressés à ces abus, des difficultés pour l'exécution des ordres qu'il doit envoyer pour ces arrangemens, si mon autorité n'y concouroit pas, il m'a très-humblement supplié d'y pourvoir. Je vous fais donc cette Lettre, pour vous dire, que mon intention est que, sur la demande qui vous en sera faite par le Religieux chargé des ordres du Provincial, vous fassiez assembler tous les Missionnaires; que vous les exhortiez, dans cette assemblée, où ces ordres leur seront notifiés, à s'y conformer avec l'obéissance qu'ils doivent à leur Supérieur, et que vous leur décláriez qu'en tout cas je vous ai enjoint d'employer mon autorité pour les y obliger. Je veux en effet que vous en fassiez usage, si cela est nécessaire pour l'exécution de tous les arrangemens prescrits par le Provincial, en ce qu'il n'y aura rien de contraire à mes droits, et la présente n'étant, &c.

ARRÊTS du Conseil du Cap, et Lettre des Administrateurs, touchant la nomination des Conseillers-Commissaires des affaires de Commerce étranger.

Des 2, 3 et 21 Octobre 1753.

Du 2 Octobre.

CEJOURD'HUI le Conseil ayant délibéré sur le procès verbal fait le jour d'hier, à l'occasion de la procédure criminelle instruite au Siége de l'Amirauté du Cap, contre le nommé Georges Buckmaurer, Capitaine du Bateau Anglois *le Dauphin*, de Rodisland, pris par le Bateau du Roi *le Faucon*, Garde-Côte, pour la nomination des Conseillers qui doivent assister au Jugement de l'appel porté en la Cour par ledit Buckmaurer, dont la signature avoit été sursise sur le réquisitoire du Procureur Général du Roi, a arrêté que M. de Cadouche, Lieutenant pour le Roi au Cap, ne pouvoit, pour la nomination des Commissaires en question, suppléer M. le Gouverneur; en conséquence, que M. le Gouverneur, conjointement avec M. Juchereau de Saint-Denis, Doyen, à défaut de Commissaire Ordonnateur, nommeront Commissaires aux fins du jugement dudit procès; a été arrêté aussi qu'il seroit écrit à MM. les Général et Intendant, pour leur représenter que la Commision établie en 1727 est éteinte, n'y ayant plus que M. Pillat pere, honoraire, et que toutes les fois qu'il y a procès sur le fait de commerce étranger, il est nécessaire de nommer des Commissaires; sur quoi la Cour observe que la Déclaration du 24 Juin 1746 ne prévoyant que le fait là où il n'y auroit pas nombre compétent de Commissaires nommés par Sa Majesté, toutes les fois que la Cour se trouve en d'autres circonstances ou positions, elle est embarrassée sur le parti qu'elle avoit à prendre; pourquoi elle prioit MM. les Général et Intendant d'écrire au Roi, et de supplier, au nom dudit Conseil, Sa Majesté de faire nouvelle nomination de Commissaires; et si elle ne jugeoit à propos de renvoyer le jugement de ces affaires aux séances ordinaires du Conseil, ou aux cinq plus anciens Conseillers de ladite séance; et dans le cas où il ne plairoit ainsi à Sa Majesté, faire savoir audit Conseil ses intentions dans les especes qui suivent: 1°. Le Gouverneur étant absent du Gouvernement, sera-t-il remplacé par l'Officier-Major qui commandera à son défaut, pour faire la nomination conjointement avec le Commissaire Ordonnateur de la Marine? 2°. le Commissaire de la Marine, étant absent, sera-t-il remplacé par le Doyen de la séance du Conseil, ainsi qu'il s'est pratiqué depuis le départ de M. Samson? Et pour écrire, a commis MM. Juchereau de Saint-Denis, Doyen, et Hirel, Conseiller du Roi, et a arrêté que la Lettre qui sera écrite, après que lecture en aura été faite en la Cour, sera enregistrée au Greffe d'icelle, ainsi que la réponse.

Du 3.

Cejourd'hui, après avoir été exposé à M. le Gouverneur qu'il y avoit sur le Bureau le procès criminel instruit au Siége de l'Amirauté du Cap contre le nommé Georges Buckmaurer, &c.; et attendu qu'il ne reste plus de Conseillers nommés par Sa Majesté concernant le commerce étranger, M. le Gouverneur, conjointement avec M. Juchereau de Saint-Denis, Doyen des Conseillers de la Cour, à défaut du Commissaire Ordonnateur, ont nommé pour le jugement MM. Hirel, Duperrier, Legras et l'Héritier, Conseillers du Roi.

Sur la lecture faite du procès verbal ci-dessus, a été représenté à la Cour par M. Pillat, Conseiller honoraire, que, restant le seul Conseiller nommé par Sa Majesté pour le jugement des affaires concernant le commerce étranger, il croit devoir assister à la séance en qualité de Conseiller de la Commission, même y présider; à quoi a été répondu par M. de Juchereau, que, depuis ladite Commission, M. Pillat ayant été nommé Conseiller honoraire, il n'avoit, dans aucun cas, le droit de décaniser, et que même on pouvoit, à juste titre, lui contester le droit d'assister au jugement concernant ledit commerce étranger, d'autant que n'ayant été nommé Conseiller de la Commission qu'en qualité de Conseiller en exercice, et ayant abdiqué ce premier Office par sa réception à celui d'honoraire, il ne peut plus être réputé Commissaire de la Commission. Sur quoi, la matiere mise en délibération, et MM. de Juchereau et Pillat s'étant retirés, a été arrêté que M. Juchereau présideroit à ladite Commission, et que cependant il sera loisible à M. Pillat d'y assister avec voix délibérative.

Au Port-au-Prince le 21 Octobre 1753.

Nous avons reçu, Messieurs, la lettre que vous nous avez fait l'honneur de nous écrire le 10 de ce mois. Nous ne pensons pas que M. le Marquis de Chatenoye, se trouvant dans son Gouvernement, ait pu transmettre à M. de Cadouche le pouvoir de nommer les Juges qui devoient assister au jugement de la prise du Bateau Anglois *le Dauphin* de Rodisland, et que ce n'est qu'autant qu'il auroit été absent, que M. de Cadouche se seroit trouvé dans le cas d'exercer ce pouvoir: c'est ainsi qu'il doit en être usé.

Quant à la prétention de M. Pillat, l'Arrêt du Conseil d'Etat du Roi du 8 Avril 1747, décide qu'en aucun cas il ne peut prétendre à décaniser: c'est ce que nous lui expliquons, afin qu'il s'y conforme. Nous avons l'honneur d'être, &c. *Signés* VAUDREUIL et LAPORTE LALANNE.

Ladite Lettre registrée au Conseil du Cap le 14 Novembre 1753.

LETTRE du Ministre à M. DE MOULCEAU, Directeur des Fortifications, pour lui recommander de faire un inventaire des Plans et Projets.

Du 7 Octobre 1753.

SA MAJESTÉ désire qu'avant votre départ vous remettiez à ces Messieurs les Projets, Plans et Mémoires que vous pouvez avoir formés vous-même, ou qui vous sont revenus de feu M. de Verville, ou d'autres concernant les Fortifications de Saint-Domingue, et il en sera dressé un inventaire, dont il vous sera donné une reconnoissance.

ARRÊTÉ du Conseil du Cap, touchant un emprisonnement fait en vertu de l'autorité militaire, au préjudice d'un appel.

Du 9 Octobre 1753.

SUR ce qui a été remontré au Conseil par le Procureur Général du Roi, que les sieurs Colas et Gautier, condamnés par Sentence du Siége Royal du Fort Dauphin, au payement d'une somme de 471 liv. de principal envers le sieur Devaux, Chirurgien-Major audit lieu, s'en sont rendus appelans pardevant la Cour, par acte signifié à Partie le 18 Septembre dernier, quoique, de sa nature, cette dette ne soit pas de l'espece de celles où la contrainte par corps puisse avoir lieu, et qu'au préjudice de l'appel, la Sentence ne peut avoir son exécution jusqu'au Jugement définitif; que cependant M. le Baron de Lange, Major-Commandant au Fort Dauphin, avoit fait mettre, le 23 Septembre, le sieur Gautier en prison, faute par lui d'avoir satisfait à ladite Sentence; que les sieurs Colas et Gautier ayant réclamé la protection de la Cour et du ministere que le Procureur Général avoit l'honneur d'exercer, à l'effet d'obtenir l'élargissement du sieur Gautier, il avoit cru, avant toutes choses, devoir écrire au sieur de Lange, pour le prier de faire relaxer ledit Gautier, afin de laisser un cours libre à cette affaire, qui est du ressort de la Justice ordinaire, si toutefois la détention dudit Gautier n'avoit d'autres motifs que le défaut d'avoir exécuté la Sentence dont est appel; que la réponse dudit sieur de Lange, du 29 du même mois, faisoit assez connoître qu'elle n'avoit en effet d'autre cause; de prétendues sottises dites par les sieurs Colas et Gautier au sieur Devaux, n'ayant pu ni dû mériter au sieur Gautier une peine aussi rigoureuse, et que M. de Lange n'avoit pas cru devoir ordonner avant l'appel; que ledit Procureur Général avoit cru devoir écrire encore audit sieur Baron de Lange, pour lui faire de nouvelles représentations à ce sujet, persuadé qu'il y auroit enfin égard; mais que n'ayant reçu aucune réponse de M. de Lange, il avoit tout lieu de croire qu'il persistoit à vouloir retenir ledit Gautier dans les prisons, malgré son appel, qui étoit une véritable entreprise contre l'autorité de la Cour; qu'il croiroit manquer à son devoir, et à ce qu'il doit à son devoir, et à ce qu'il doit au Conseil, s'il la lui laissoit ignorer plus long-temps. A CES CAUSES, requéroit, &c.; et ouï le rapport de M. Duperier, Conseiller, et tout considéré, LE CONSEIL faisant droit sur le réquisitoire du Procureur Général, et ayant égard à l'exposé en la Requête à lui présentée par lesdits Colas et Gautier, et vu les lettres écrites par ledit Procureur Général, et réponse du Baron de Lange, a ordonné et ordonne, qu'incessamment et sans délai ledit Gautier sera relaxé des prisons militaires où il est détenu; et en cas d'inexécution du présent Arrêt, autorise ledit Procureur Général à se pourvoir ainsi et devant qui il avisera bon être; ordonne que ladite remontrance et pieces jointes seront déposées au Greffe de la Cour, &c.

ARRÊT *du Conseil du Cap, qui ordonne que l'art. 90 du Réglement des deux Conseils, du 2 Juillet 1738, sera exécuté, touchant les droits du Greffier de la Cour, dans les Procès au rapport.*

Du 13 Octobre 1753.

ARRÊT *du Conseil du Port-au-Prince, contre un Negre qui avoit porté la main sur un des enfans de sa Maîtresse.*

Du 5 Novembre 1753.

Ce Negre, appartenant à la dame veuve Dumaine, du Petit-Goave, fut condamné à avoir le poing coupé, et à être pendu.

DÉCLARATION *du Roi, sur le service de la Maréchaussée.*

Du 6 Décembre 1753.

DE PAR LE ROI.

SA MAJESTÉ s'étant fait représenter l'article XVI de son Réglement du 21 Juillet 1743, concernant la Maréchaussée de Saint-Domingue, par lequel, en ordonnant que les Prévôts, Exempts, Brigadiers et Archers seront tenus de marcher avec leurs Troupes, ou partie d'icelle, par-tout où le service le demandera, et où il leur sera ordonné, soit par les sieurs Gouverneur Général et Intendant, conjointement ou séparement, soit par les Commandans de leurs départemens, suivant l'exigence des cas, pour arrêter les Déserteurs des Troupes, les prévenir des crimes des Esclaves fugitifs

fugitifs et autres, et pour les conduire, soit avant ou après le Jugement, où il leur sera ordonné, Sa Majesté auroit réglé que, dans les cas où les Officiers de Justice auront besoin de leur service, ils les demanderont, ainsi que les Parties plaignantes, auxdits Commandans, lesquels seront tenus de faire marcher sans délai lesdites Maréchaussées, à peine d'en répondre, et sous les autres peines qui seront ordonnées par Sa Majesté, sur le compte qui lui en sera rendu; et étant informée que cette derniere disposition dudit article est sujette à des inconvéniens préjudiciables au maintien de la Justice et de la Police, et que, pour assurer ces deux objets avec toute l'exactitude et la célérité qu'ils exigent, il est nécessaire que lesdits Officiers de Justice puissent, dans certains cas, faire marcher ladite Maréchaussée, sans être tenus de la demander auxdits Commandans; à quoi voulant pourvoir et expliquer sur ce ses intentions, Sa Majesté a ordonné et ordonne ce qui suit:

Art. Ier. Lesdits Prévôts, Exempts, Brigadiers et autres Archers, seront tenus de marcher avec leur Troupe ou partie d'icelle, ainsi qu'il leur sera ordonné par les Officiers de Justice, tant pour l'exploitation de la police particuliere, que pour l'exécution de leurs décrets, et dans les autres cas où ladite Maréchaussée sera nécessaire pour la conduite des Criminels, et ce dans l'étendue des Villes de la résidence desdits Officiers de Justice.

Art. II. Lesdits Officiers pourront pareillement faire marcher ladite Maréchaussée pour les objets mentionnés dans l'article précédent, dans les banlieues desdites Villes; mais dans ces cas ils seront tenus d'en avertir ensuite et sans retardement lesdits Commandans.

Art. III. Dans les cas où ils auront besoin du service de ladite Troupe hors desdites banlieues, ils la demanderont auxdits Commandans, lesquels seront tenus de la faire marcher sans délai, conformément audit article XVI du Réglement du 31 Juillet 1743, lequel sera exécuté en ce qui n'y est dérogé par la présente.

Mande et ordonne Sa Majesté aux sieurs Marquis de Vaudreuil, Commandant Général, et Laporte Lalanne, Intendant en ses Isles sous le Vent de l'Amérique, et autres Officiers qu'il appartiendra, de tenir la main à l'exécution de la présente Ordonnance, qui sera enregistrée aux Greffes des Conseils Supérieurs de Saint-Domingue, et par-tout où besoin sera. Fait à Versailles, &c.

R. au Conseil du Port-au-Prince le 4 Mars 1754.

Et à celui du Cap le 6 Août 1759.

ORDONNANCE des Administrateurs, qui permet aux Inspecteurs et Gardes des Eaux de la Riviere Blanche, de faire feu sur les Negres qui viendront dégrader les travaux et canaux pratiqués sur ladite riviere.

Du 9 Décembre 1753.

SUPPLIENT humblement les Syndics de la Riviere Blanche, disant qu'il vous auroit plu, Nosseigneurs, établir sur cette riviere des Inspecteurs et Gardes pour empêcher les dégradations des bassins, et les contraventions des Intéressés mal intentionnés. Mais comment seroit-il possible que les Inspecteurs et Gardes arrêtassent des Negres aussi alertes, d'autant plus que ceux qui commettent ces sortes d'infidélités, n'envoyent pas pour un Negre, mais plusieurs, qui se tiennent en vigie, pendant qu'un d'eux bouche et dégrade. A la vue de l'Inspecteur et des Gardes, ils donnent un coup de sifflet, et font un signal convenu entre eux, de façon qu'ils disparoissent tous; et quand même il y en auroit un d'aposté, comment l'arrêter? et si on ne l'arrête, comment savoir quel est le Negre et quel en est le Maître? Les Supplians vous prient, Nosseigneurs, d'observer que, dans votre Ordonnance pour l'établissement des Inspecteurs, il n'y a aucun article qui porte punition contre le Negre. C'est donc pour obvier à tout, et pour empêcher ces sortes de ruses, que les Supplians ont recours à votre autorité, &c.

Vu la Requête, et y ayant égard, permettons aux Inspecteurs et Gardes des eaux de la Riviere Blanche de tirer sur les Negres qu'ils trouveront dans le cas de la contravention au Réglement fait sur cette matiere, si lesdits Negres n'arrêtent pas, après qu'il leur aura été crié une fois de le faire, pourvu toutefois que les coups soient portés de façon à justifier la fuite des Negres, pour chacun desquels, audit cas, l'amende mentionnée dant le susdit Réglement sera encourue contre leurs Maîtres; et afin que personne ne puisse prétendre ignorer la présente Ordonnance, voulons qu'elle soit publiée et affichée à l'issue de la Grand'Messe, tant à la porte de l'Eglise de cette Ville, qu'à celle de l'annexe de ladite Paroisse. DONNÉ au Port-au-Prince, &c. *Signés* VAUDREUIL et LAPORTE LALANNE.

R. au Greffe de l'Intendance le 15 Avril 1754.

ORDONNANCE des Administrateurs, qui accorde aux Maîtres un mois, à compter de sa publication, pour justifier du retour de leurs Esclaves en France, afin de retirer du Trésor leurs soumissions pour ledit retour.

Du 14 Janvier 1754.

R. au Greffe de l'Intendance le même jour.

ARRÊT du Conseil d'Etat, portant que les Jugemens rendus par l'Intendant de Saint-Domingue, en vertu de l'Arrêt du Conseil d'Etat du 20 Août 1752, contre les Débiteurs de la Compagnie des Indes, pour le payement des dettes de cargaison, seront exécutés par la vente des effets desdits Débiteurs, et même par la contrainte par corps.

Du 15 Février 1754.

ARRÊT du Conseil du Cap, qui ordonne l'enregistrement des titres de Noblesse de la famille MOL DE KJEAN, d'après la Lettre d'attache du Ministre.

Du 21 Février 1754.

VU par le Conseil la Requête à lui présentée, &c.; vu aussi les titres justificatifs de la noblesse desdits sieurs Mol de Kjean, la lettre de M. Rouillé, Ministre d'Etat, écrite de Versailles le 12 Janvier 1753, à MM. Dubois de la Motte et Lalanne, Gouverneur Général et Intendant de ladite Colonie, contenant que, sur l'examen qui avoit été fait des titres de Noblesse du sieur de Kjean Mol, le Roi vouloit bien permettre que les Conseils Supérieurs de Saint-Domingue procédassent à leur enregistrement dans la forme ordinaire: conclusions du Procureur Général du Roi, et oui le rapport de M. l'Héritier, Conseiller, et tout considéré, LE CONSEIL a ordonné et ordonne que les titres de Noblesse dont s'agit seront enregistrés, pour jouir par la Suppliante et Michel Mol son fils, des droits et priviléges attribués en cette Colonie.

Ce sont les premiers titres de Noblesse enregistrés au Conseil du Cap, avec la Lettre du Ministre; formalité constamment observée depuis.

ARRÊT du Conseil du Cap, portant défenses aux Paroissiens de s'assembler pour délibérer sur des objets déjà réglés par de précédentes délibérations.

Du 23 Février 1754.

SUR ce qui a été remontré au Conseil par le Procureur Général du Roi, que l'Eglise de Sainte-Anne de Limonade étant dans un très-mauvais état, les Paroissiens assemblés auroient arrêté que visite en seroit faite par Experts, en présence du Curé, des Marguilliers, et deux Syndics nommés, à l'effet de constater les réparations qu'il étoit indispensable de faire à ladite Eglise; que le procès verbal de visite fait et rapporté, et envoyé à MM. le Général et l'Intendant, permission fût expédiée, qui les autorisoit à faire faire lesdites réparations, et même de se taxer, si besoin étoit, pour subvenir aux frais de cette réparation; que le sieur Chabanon, Commandant pour lors dans le quartier, ayant reçu cette permission, il fut convoqué, suivant le vœu de tous les Habitans, une assemblée pour le 15 Janvier, où le Procureur Général se trouveroit présent, à l'effet de statuer sur ces réparations, et de recevoir et arrêter les comptes des anciens Marguilliers; que cette assemblée s'est tenue au jour indiqué, qui avoit été fixé à un jour ouvrable, afin qu'on eût plus de temps pour statuer sur les objets pour lesquels elle étoit indiquée; qu'après visite très-exacte de l'Eglise par tous les délibérans, il fut arrêté et convenu, qu'il n'étoit plus question que de l'achat de quelques palissades et barils de chaux, et de faire marché avec les Ouvriers, lorsque les Paroissiens, assemblés le 20 Janvier dernier, à l'effet d'élire un Marguillier pour la présente année, se sont avisés de délibérer de nouveau sur cet objet déjà fixé et arrêté, et de changer même les dispositions de l'assemblée du 15 Janvier 1753, en cette partie. LE CONSEIL, faisant droit sur le Réquisitoire dudit Procureur Général, a déclaré et déclare nulle et comme non avenue, ladite délibération du 20 Janvier dernier, en ce qui a été arrêté par icelle, concernant les réparations à faire à ladite Eglise de Limonade; ordonne, quant à ce, que la délibération du 15 dudit mois de Janvier 1753, aura sa pleine et entiere exécution, sauf toutefois aux Habitans de ladite Paroisse à faire faire les plans et devis nécessaires pour la construction d'une Eglise de maçonnerie, si bon leur semble, et à se pourvoir pardevant MM. le Général et l'Intendant, pour se faire autoriser à la construire suivant l'Ordonnance: fait défenses auxdits Habitans de plus s'assembler à l'avenir, pour délibérer de nouveau sur les objets fixés et arrêtés définitivement par de précédentes délibérations, sans en avoir au préalable obtenu la permission de la Cour. Ordonne que le présent Arrêt sera transcrit sur le registre des délibérations de ladite Paroise, et que, pour cet effet, le Marguillier actuellement en charge représentera ledit registre, sous peine d'y être contraint par toutes voies dues et raisonnables; ordonne en outre que la permission de MM. le Général et l'Intendant, accordée auxdits Paroissiens, à l'effet de faire faire les réparations nécessaires à leur Eglise, sera enregistrée au Greffe de la Cour.

ARRÊT du Conseil du Cap, qui décide que le Greffier Garde-Sac doit porter les Sacs de production sur les Habitations des Conseillers-Rapporteurs, sauf à faire taxer son transport.

Du 23 Février 1754.

VU par le Conseil la Requête de Baudu, Huissier Audiencier et Greffier Garde-Sac en la Cour, conclusions du Procureur Général du Roi, et ouï le rapport de M. Mercier Dupaty, Conseiller-Assesseur, et tout considéré, LE CONSEIL, faisant droit sur le réquisitoire dudit Procureur Général, ordonne que le Suppliant portera à chacun de MM., sur leur Habitation, les procès dont ils auront été nommés Rapporteurs, ainsi qu'ils l'aviseront, sauf au Suppliant, en cas de perte desdits procès par quelques événemens imprévus, et dont il ne pourroit se garantir, d'en faire sa déclaration au Greffe de la Cour.

ORDONNANCE des Administrateurs, pour permettre l'entrée des denrées étrangeres au Port-au-Prince, attendu la disette.

Du 11 Avril 1754.

JOSEPH-Hyacinthe de Rigaud, Marquis de Vaudreuil, &c.

Jean-Baptiste Laporte Lalanne, &c.

Le besoin pressant de vivres qu'éprouvent la plupart des quartiers de la Colonie, nous mettant dans la nécessité de faire venir des farines de l'étranger, nous avons permis aux sieurs Shé et Shéridan, Négocians à Léogane, d'envoyer leur Navire l'*Aigle*, Capitaine de Lamain, à Philadelphie, et d'en revenir chargé de farines, à la charge par lesdits sieurs

Shé et Shéridan de faire faire directement le retour dudit Navire au Port-au-Prince, sans qu'il lui soit permis d'entrer dans aucun autre Port ou Rade de la Colonie; seront tenus de faire une exacte déclaration du chargement d'icelui, duquel visite sera faite par les Officiers de l'Amirauté; leur défendons d'introduire d'autres marchandises ni denrées que des farines; le tout à peine de confiscation du bâtiment et de son chargement, et d'être en outre poursuivis suivant la rigueur des Lettres Patentes du mois d'Octobre 1727. Sera la présente enregistrée en notre Greffe de l'Intendance. DONNÉ au Port-au Prince, &c.

R. au Greffe de l'Intendance le lendemain 12.

ARRÊT du Conseil d'Etat Privé, qui casse un Jugement rendu par l'Intendant de Saint-Domingue, assisté de six Conseillers du Conseil du Port-au-Prince, par lui pris comme Commissaires, dans une cause qu'il s'étoit évoquée.

Du 22 Avril 1754.

SUR la Requête présentée au Roi en son Conseil par Accurse-René Sigono, Habitant de la Grande-Anse, côte de Saint-Domingue, contenant, qu'il est obligé de se pourvoir en cassation contre un Jugement du sieur Intendant de Saint-Domingue, assisté de six Commissaires par lui choisis, rendu le 10 Juillet 1752 en faveur du sieur Arnaud Roux, Juge de la Grande-Anse..... Un transport sur le sieur Roux, accepté par le Suppliant, a été la source de tous les chagrins qu'il a essuyés. Forcé de reprendre contre le sieur Roux les poursuites que Dancy son créancier avoit commencées; ces poursuites blesserent vivement le sieur Roux, qui trouva bientôt après l'occasion de satisfaire son ressentiment. Le Suppliant étoit créancier d'un nommé Baudry d'une somme de 7,000 liv. Le Suppliant demanda le payement de sa créance contre le sieur Auger, Curateur des successions vacantes dans le ressort de la Justice de la Grande-Anse, et gérant celle de Baudry; Auger, sous prétexte d'usure, prit des Lettres de rescision contre le compte arrêté entre le créancier et le débiteur; il peignit le Suppliant, dans différentes écritures, comme un usurier digne de toute la sévérité de la Justice. Le Suppliant demanda inutilement réparation de ces injures. Après différentes procédures, le sieur Roux, Juge de la Grande-Anse, le 20 Janvier 1750, rendit sa Sentence définitive, par laquelle il entérina les Lettres de rescision prises par Auger, déclara le compte usuraire, et le modéra à la somme de 4,050 liv. Le Suppliant ne pouvant, sans se déshonorer, laisser subsister un pareil Jugement, il en interjeta appel au Conseil Supérieur de Léogane, et le 4 Mars 1751, il y obtint un Arrêt contradictoire, qui infirma la Sentence dans tous ses chefs, condamna Auger à payer le montant de l'arrêté, et ordonna la suppression des injures et des calomnies contenues dans ses écritures. Le sieur Roux regarda le triomphe du Suppliant comme une nouvelle injure; huit jours après, c'est-à-dire, le 13 Mars 1751, il rendit une plainte au Conseil Supérieur de Léogane contre le Suppliant, sous prétexte que celui-ci, en donnant à manger à différens Particuliers, avoit traité le sieur Roux, devant ses convives, de Juge injuste, ignorant, et passionné. Il demanda de faire informer de ces faits, et qu'il fût nommé un Commissaire pour faire l'information sur les lieux. Sur cette Requête, et sur les conclusions du Ministere public, intervint une Ordonnance qui commit le Juge de la Jurisdiction du Petit-Goave. Le Juge accepta la Commission, permit d'informer, et procéda à l'information. Le premier Juge décréta le Suppliant d'ajournement personnel, lui fit subir un interrogatoire, et enfin ordonna, le 12 Novembre 1751, le Réglement à l'extraordinaire. Le récolement et la confrontation ayant été faits en conséquence, le sieur Roux s'avisa de présenter une Requête le 29 Mars 1752 au sieur Intendant de l'Amérique, dans laquelle il exposa, que l'éloignement et la difficulté de faire rendre les témoins dans le lieu où ils devoient être entendus, avoit empêché la décision de l'affaire; que, depuis huit jours qu'ils avoient été confrontés au Suppliant, le sieur Roux s'étoit attendu à un Jugement; mais qu'il avoit été retardé par le défaut de Lieutenans du Juge; que d'ailleurs, des trois Procureurs qui occupent au Petit-Goave, il y en avoit deux qui occupoient pour les Parties. Sur ce fondement, le sieur Roux demanda qu'il plût au sieur Intendant de l'Amérique évoquer la connoissance du procès, ordonner en conséquence au Greffier du Petit-Goave d'envoyer au Greffe de l'Intendance toutes les procédures faites contre le Suppliant.

C'est dans cet état que, sans avoir observé aucunes des formalités prescrites par les Ordonnances, sans conclusion du Ministere public, sans avoir fait subir à l'Accusé l'interrogatoire derriere le Bureau; le sieur Intendant et les Commissaires qu'il avoit choisis, ont rendu, le 10 Juillet 1752, le Jugement en dernier ressort dont le Suppliant demande la cassation: on y déclare le Suppliant suffisamment atteint et convaincu d'avoir indûment et témérairement taxé M^e. Arnaud Roux, d'être suspect et même passionné en ses Sentences sur les affaires contentieuses de l'accusé;

en conséquence, il est condamné à demander pardon audit Me. Roux desdites imputations en la Chambre civile du Bourg de la Grande-Anse, Audience tenante, et à déclarer audit Me. Roux, qu'il le reconnoît pour homme d'honneur, sans tache, et pour Juge integre : il est ordonné que certains termes injurieux contre ledit Me. Roux, répandus dans un Mémoire produit au Conseil Supérieur le 4 Septembre 1750, seront rayés et biffés, le Suppliant condamné en 50 liv. d'amende, applicables aux réparations de la Grande-Anse, et en tous les dépens du procès; défenses lui sont faites de récidiver sous plus grandes peines; permis audit Me. Roux de faire afficher et publier le présent Jugement aux frais du Suppliant.

C'est dans cet état que l'affaire se présente. Trois sortes de moyens se réunissent pour opérer la cassation d'un Jugement aussi irrégulier; le premier résulte de l'incompétence des Juges qui l'ont prononcé; le second, de la nullité des procédures qui l'ont précédé; le troisieme, de la qualité des dispositions qui y sont contenues. 1°. Le sieur Intendant de l'Amérique et les Commissaires qu'il a choisis pour juger le procès du sieur Roux et du Suppliant, étoient incompétens. En effet, Sa Majesté, en rendant dépositaires d'une portion de son autorité les Intendans et Commissaires départis dans les Provinces, ne leur accorde, en matiere de crime, que cette Jurisdiction imparfaite qu'on appelle simple notion. Comme ils sont obligés de veiller à la sûreté des Citoyens et de maintenir le bon ordre et la tranquillité publique, ils ont droit d'exercer sur les délinquans une sorte de Jurisdiction passagere et momentanée, de les arrêter, et de faire quelques actes de justice conventionnelle; mais ils n'ont aucun droit de connoître de tout ce qui peut intéresser la vie et l'honneur des Citoyens : en un mot, ils n'ont point, en matiere criminelle, une véritable Jurisdiction; ils ne peuvent exercer le droit que l'on appelle *merum imperium et jus gladii*, à moins que Sa Majesté ne juge à propos de leur donner des attributions particulieres. Cette prérogative appartient uniquement aux Juges ordinaires des lieux où les crimes ont été commis, et par appel aux Cours Souveraines : ainsi, toutes les fois que les Intendans de Province ou leurs Subdélégués ont voulu s'ingérer dans la connoissance des matieres criminelles, sans y être autorisés par une Commission expresse sur la Jurisdiction ordinaire, ils ont toujours été réprimés.

2°. Le deuxieme moyen de cassation se tire de l'irrégularité des procédures. Les récolemens et confrontations, dit le nouvel Auteur des Matieres Criminelles, troisieme part. ch. 13, ne peuvent être ordonnés que dans les accusations qui méritent d'être instruites, et lorsquelles sont graves, et non dans les affaires criminelles

criminelles légeres. (Défaut de conclusions du Ministere public, et point de dernier interrogatoire derriere le Barreau.)

Le troisieme moyen de cassation résulte des dispositions qui sont contenues dans le prétendu Jugement en dernier ressort. Les peines des différens crimes ne sont pas arbitraires dans le Royaume; elles sont déterminées ou par des Ordonnances précises, ou par des usages constans, et il n'a jamais été permis à des Juges d'imprimer une tache et une note d'infamie pour un délit qui, quoique certain et avéré, ne méritoit qu'une peine ordinaire.

Vu la Requête signée Drou, Avocat du Suppliant, et de l'Argentine et Roland, Avocats anciens. Vu le rapport du sieur Baillon, Chevalier, Conseiller du Roi en tous ses Conseils, Maître des Requêtes ordinaire de son Hôtel, Commissaire en cette partie député, après en avoir communiqué aux sieurs Commissaires du Bureau des Cassations, aussi à ce députés; et tout considéré, le Roi en son Conseil, ayant égard auxdites Requêtes, sans s'arrêter au laps de temps qui s'est écoulé depuis le 18 Octobre 1752 jusqu'à présent, dont Sa Majesté a relevé et releve le Suppliant par grace spéciale, et sans tirer à conséquence, a cassé et casse le Jugement en dernier ressort rendu par le sieur Intendant de Saint-Domingue le 10 Juillet 1752. Ce faisant, Sa Majesté a évoqué et évoque à elle & à son Conseil le procès criminel sur lequel ledit Jugement est intervenu, ensemble les procédures criminelles faites contre le Suppliant pour le même fait en la Jurisdiction du Petit-Goave; et pour être fait droit sur le tout, circonstances et dépendances, a renvoyé et renvoie ledit procès criminel au Grand Conseil, pour y être procédé jusqu'à Jugement définitif inclusivement, attribuant à cet effet audit Grand Conseil toutes Cours, Jurisdiction et connoissance, et icelle interdisant à toutes ses autres Cours et Juges; ordonne que les charges, informations et procédures criminelles, faites, tant à ladite Jurisdiction du Petit-Goave, que devant le sieur Intendant, seront apportées au Greffe du Grand Conseil; à quoi faire tout Greffier contraint par les voies qu'il y est obligé; quoi faisant, il en sera bien et valablement quitte et déchargé. Fait au Conseil d'Etat privé du Roi, tenu à Versailles, &c.

ORDONNANCE des Administrateurs, touchant les limites des quartiers des Racadeaux, du Trou Vilain, et des Bas-Ouragans.

Du 1er Mai 1754.

JOSEPH-Hyacinthe de Rigaud, Marquis de Vaudreuil, &c.

Jean-Baptiste Laporte Lalanne, &c.

Etant informés qu'il s'est élevé plusieurs difficultés au sujet de la séparation des quartiers des Racadeaux et Trou-Vilain, auxquels les uns donnent pour bornes la Riviere à Provoſt, et d'autres une crête qui se trouve plus à l'est, et chasse au nord jusqu'au Piton des Flambeaux, de sorte que, suivant ceux là, il y a entre lesdites crête et riviere, un canton nommé les Bas-Ouragans ou la nouvelle Gascogne, dépendant du quartier du Trou-Vilain, sous laquelle dénomination il a été même fait plusieurs concessions : nous, pour fixer les incertitudes à ce sujet, attendu que ladite riviere est peu considérable et ne peut être une borne aussi immuable que la grande crête dont il s'agit ; déclarons que ladite crête servira à l'avenir de séparation entre lesdits quartiers des Racadeaux et Trou-Vilain ; voulons néanmoins que ceux qui ont obtenu ces concessions du terrain qui se trouve entre lesdites crête et riviere, sous la dénomination des Bas-Ouragans ou de la nouvelle Gascogne, soient conservés dans la propriété et jouissance de leurs Habitations, par préférence à ceux dont les concessions sont faites dans les quartiers des Racadeaux, même dans le cas où les titres de ceux ci seroient plus anciens que ceux des concessionnaires des Bas-Ouragans ou de la nouvelle Gascogne. Sera la présente enregistrée au Greffe de l'Intendance, &c., à celui de la Jurisdiction Royale du Fort Dauphin, lue, publiée et affichée par-tout où besoin sera. DONNÉ au Port-au-Prince, &c. *Signés* VAUDREUIL et LAPORTE LALANNE.

R. au Greffe de l'Intendance le 11 Mai 1754.
Et à celui du Siége Royal du Fort Dauphin le 30 du même mois.

ARRÊT du Conseil du Cap, qui fixe à quelles heures doivent s'ouvrir et se fermer les Bureaux des Receveurs de l'Octroi.

Du 8 Mai 1754.

SUR ce qui a été remontré par le Procureur Général du Roi, qu'il conviendroit que les Bureaux des droits d'Octroi seroient ouverts à des heures fixes pour le service public, LE CONSEIL, faisant droit sur ledit réquisitoire, a ordonné et ordonne que les Receveurs des Octrois du ressort de la Cour, tiendront leurs Bureaux ouverts les jours ouvrables, depuis neuf heures du matin jusqu'à midi, et depuis deux heures de relevée jusqu'à cinq heures; et sera le présent lu, publié et affiché où besoin sera.

ARRÊT du Conseil du Cap, portant que les Curateurs aux successions vacantes seront tenus de fournir des cautions et certificateurs domiciliés dans la Jurisdiction du lieu de leur exercice.

Du 9 Mai 1754.

SUR ce qui a été remontré par le Procureur Général du Roi, et ouï le rapport de M. le Gras, Conseiller, et tout considéré, LE CONSEIL, faisant droit sur ladite remontrance du Procureur Général du Roi, ordonne qu'à l'avenir les Receveurs aux emplois de Procureurs de biens vacans du ressort de ce Conseil, donneront pour caution et certificateur gens dont les biens et leur domicile seront situés dans le ressort de la Jurisdiction où sera l'exercice de leur Office.

ARRÊT du Conseil du Cap, qui dispense le sieur LESCURE, Maître en Chirurgie, reçu à Paris, d'un nouvel examen.

Du 13 Mai 1754.

ARRÊT du Conseil du Cap, qui assujettit les Magasiniers et Passagers à fournir des récépissés des marchandises et effets qu'ils reçoivent.

Du 12 Juin 1754.

ENTRE les sieurs Mangol et Constant, Passagers du Port Margot, Appelans de Sentence de l'Amirauté du Cap, d'une part; et le sieur Castonnel de Belair, Habitant au Port-Margot, Intimé; après que Couet, Procureur pour lesdits Appelans, et Lohier de la Charmeraye pour ledit Intimé, ont été ouïs, et tout considéré: LE CONSEIL, &c.; et faisant droit sur le réquisitoire du Procureur Général du Roi, ordonne qu'à l'avenir tous les Passagers et Magasiniers seront tenus de donner des récépissés des marchandises et autres effets qu'ils recevront, sauf à eux à se faire donner des décharges desdits marchandises et effets, si bon leur semble, par ceux qui les recevront: ordonne que le présent Arrêt sera lu, publié et affiché.

ARRÊT du Conseil du Cap, portant défenses aux Huissiers de confier leurs signatures.

Du 15 Juin 1754.

VU par le Conseil la Requête des Huissiers résidans au Cap, conclusions du Procureur Général du Roi, et ouï le rapport de M. l'Héritier, Conseiller, et tout considéré, LE CONSEIL ordonne aux Huissiers de la Cour et des différentes Jurisdictions du ressort de ce Conseil, de se conformer aux Ordonnances; en conséquence, leur fait défenses de confier leurs signatures à d'autres personnes, sous peine d'interdiction, même d'être poursuivis extraordinairement, si le cas y échoit: ordonne que le présent Arrêt sera lu et publié où besoin sera, et enregistré dans les différentes Jurisdictions du ressort de ce Conseil, &c.

LETTRE *de M. l'Intendant au Procureur Général du Conseil du Cap, portant défenses au Greffier de la Jurisdiction d'enregistrer des concessions.*

Du 17 Juin 1754.

TOUTES les concessions sont, Monsieur, enregistrées au Greffe de l'Intendance, à mesure qu'on les expédie; elles ne sont assujetties qu'à ce seul enregistrement, et la Déclaration du Roi est précise sur cela. Si les Particuliers du Cap veulent encore faire faire un enregistrement sur les lieux, c'est au Greffe de la Subdélégation qu'il doit être reçu. Le Greffier de la Jurisdiction n'en doit point recevoir, et c'est ce que je vous serai fort obligé de vouloir bien lui faire expliquer. *Signé* LAPORTE LALANNE.

Pour copie conforme à l'original. A Limonade, ce 17 Juin 1754. *Signé* FOURNIER DE LA CHAPELLE (Procureur Général).

Déposée pour minute au Siége Royal du Cap, le 22 Juin 1754.

ARRÊT *de Réglement du Conseil du Cap, portant que les oppositions aux Arrêts ne pourront être formées que par Requête.*

Du 1er Juillet 1754.

CONGÉ au sieur Varrancé, Négociant au Cap, Défendeur, contre le sieur Baudouin, Fermier des Jeux et des Cafés, au Cap, opposant à l'exécution de l'Arrêt contre lui rendu par défaut le 18 Juin dernier, *suivant l'exploit signifié à sa requête par Pageot, Huissier de la Cour, le 25 dudit mois de Juin, pour raison à deduire en temps et lieu*, et défaillant, et par vertu dudit congé; vu ledit Arrêt, et ouï Dumoulin, Procureur pour ledit Défendeur, en opposition, et tout considéré, LE CONSEIL a déclaré l'opposition formée par ledit Baudouin audit Arrêt, nulle; en conséquence, ordonne qu'il sera exécuté selon sa forme et teneur, et l'a condamné aux dépens; et faisant droit sur le réquisitoire du Procureur Général du Roi, ordonne qu'à l'avenir les oppositions aux Arrêts de la Cour ne se feront que par Requête. Et sera le présent Arrêt lu et publié où besoin sera, à la diligence dudit Procureur Général.

ARRÊT du Conseil du Cap, qui, attendu la résidence d'une Partie en France, permet devant le Juge de ladite résidence l'affirmation ordonnée en la Cour par un de ses Arrêts, sur des prix de sucres.

Du 6 Juillet 1754.

ORDONNANCE qui annulle et casse une Sentence du Lieutenant de Juge du Port-au-Prince, rendue contre un Exempt de Maréchaussée ayant capturé un Negre de l'ordre du Commandant.

Du 19 Septembre 1752.

LE Marquis de Vaudreuil, &c.

Jean-Baptiste Laporte Lalanne &c.

Nous ayant été représenté par Tapiau, Exempt de la Maréchaussée de cette Ville, une signification à lui faite le 16 du présent mois par Chabin, Huissier, d'une Sentence contre lui rendue à l'extraordinaire par le sieur Verges, Lieutenant de Juge, le 14, à onze heures du matin, sur la demande du sieur Fontenelle, Juge de la même Ville, formée par Requête et exploit du même jour 14, vu ladite Requête expositive; que lui sieur Fontenelle ayant mis, depuis quelque temps, un jeune Negre, âgé d'environ quatorze ans, en apprentissage chez le nommé Thibaudiere, Orfévre de cette Ville, il fut fort surpris d'apprendre la veille au soir que ce Negre auroit été saisi par Tapiau, Exempt de Maréchaussée, seul et sans procès verbal d'Huissier, et par lui conduit en prison, où il seroit détenu sans procès verbal d'écrou; que cette démarche, injurieuse au Suppliant, mériteroit répréhension, d'autant que le Negre n'avoit pas manqué de se réclamer de son Maître; que tous les témoins de la capture en auroient pareillement averti l'auteur de l'emprisonnement; que la détention du Negre exigeant d'ailleurs des dommages intérêts proportionnés à l'insulte et au retardement, et sur-tout le cas requérant célérité, il conclut à ce qu'ayant égard à l'exposé, il lui soit permis de faire appeler devant les Officiers du Siége à tous jours et heures par extraordinaire ledit Tapiau, pour, en premier lieu, voir déclarer ladite saisie, capture et emprisonnement du Negre l'Africain, nuls, injurieux, tortionnaires, et mal faits: en second lieu, que le Negre sera élargi, à quoi faire le Geolier contraint; en troisieme lieu, être condamné en la somme de 3,000 liv., par forme de réparation civile, dommages et intérêts, sauf à M. le Procureur du Roi à prendre, pour l'intérêt public, telles conclusions qu'il verra l'avoir à faire, avec dépens; l'Ordonnance au pied, portant le permis d'appeler, signée de Verges; Sentence rendue ledit jour 14, sans date de lieu ni d'heure, par ledit sieur Verges, entre ledit sieur Fontenelle, comparant par le sieur Terrier son Procureur, d'une part, contre Tapiau, Exempt de Maréchaussée, comparant en personne, par laquelle il est donné acte à Tapiau de ce qu'il a excipé avoir arrêté un Negre nommé l'Africain, par ordre de M. le Commandant, comme le croyant appartenir au sieur Thibaudiere, absent; et après que ledit Tapiau est convenu avoir été prévenu et averti par le sieur Creuset que ledit Negre appartenoit au Demandeur, il est ainsi prononcé: « Sans avoir égard aux » exceptions, avons déclaré et déclarons la saisie et enlevement faits du » Negre l'Africain, appartenant au Demandeur, nulle et tortionnaire, » et comme non avenue; ordonnons que ledit Negre sera élargi des pri» sons où il est détenu, et remis au Demandeur, à quoi faire le Geolier » contraint, quoi faisant déchargé; déboutons le Demandeur du surplus » de ses demandes, fins et conclusions, et condamnons le Défendeur en » tous les dépens, même en ceux de gîte et geolage dudit Negre, et lui » défendons de récidiver et de saisir à l'avenir, pour dette, sans procès » verbal et compagnie d'un Huissier, sous telle peine qu'il appartien» dra; ce qui sera exécuté, &c. » Le tout vu et mûrement considéré, nous avons remarqué dans la demande du sieur Fontenelle une précipitation sans fondement; dans la permission d'assigner à l'extraordinaire donnée par le sieur Verges, outre une condescendance blâmable, un abus notable, en ce que la détention d'un Esclave n'est pas assez visiblement un cas requérant célérité, pour autoriser cette permission; dans la Sentence, un aveuglement qui a fait méconnoître au sieur Verges les bornes de sa compétence, et qui l'a porté à traiter comme un délit soumis à sa connoissance, l'emprisonnement fait par ordre du Commandant de cette place, et une témérité sans exemple, qui ne va pas moins qu'à renverser l'autorité établie par le Roi, et dont les différens Commandans sont dépositaires, en ce que, sans avoir égard à l'exception de Tapiau qui dit avoir agi par ordre du Commandant, il lui est fait défense de récidiver; et enfin, dans les poursuites continuées par le sieur Fontenelle, instruit par la Sentence même de l'état de l'affaire, une imprudence et une témérité égales à celles du sieur Verges. Par ces raisons, nous n'avons pas cru que *les interdictions par nous prononcées contre l'un et l'autre le jour d'hier*, fussent des réparations suffisantes pour un tel délit, si nous laissions un Jugement propre à le perpétuer: en conséquence, nous, en vertu du pouvoir à nous donné par Sa Majesté, évoquant la connoissance de cette affaire et de tout ce qui y a rapport, ordonnons que la Requête introductive d'instance du sieur de Fontenelle, du 14 du présent mois, l'Ordonnance étant au pied de l'exploit d'assignation donnée à sa requête à Tapiau le même jour par l'Huisssier Lamotte, *lesquelles pieces nous nous sommes fait remettre en original*, ainsi que l'exploit original de la signification faite de la Sentence le 16 par Chabin, et celui de l'itératif commandement fait le même jour par Lamotte, demeureront supprimés et comme non avenus; disons que la Sentence rendue à l'extraordinaire par le sieur Verges, le 14 dudit présent mois, est abusivement, incompétemment et témérairement rendue, et tendante à donner atteinte à l'autorité du Roi, et à la constitution du Gouvernement par lui établi en cette Colonie. Déclarons ladite Sentence nulle et comme non avenue; ordonnons que la minute en sera biffée par le Greffier du Siége, et que par lui, à la diligence, en présence du Substitut du Procureur du Roi, sera dressé procès verbal de radiation ensuite d'icelle, auquel procès verbal sera annexé expédition de la présente, après que celle-ci aura été enregistrée au Greffe de l'Intendance. Prions MM. les Officiers du Conseil Supérieur séant en cette Ville, de la faire enregistrer audit Greffe du Conseil; ordonnons qu'elle sera lue et publiée partout où besoin sera. DONNÉ au Port-au-Prince, &c. le 19 Septembre 1754. *Signés* DE VAUDREUIL et LAPORTE LALANNE.

R. au Greffe de l'Intendance le même jour.

LETTRES du Ministre au Conseil du Cap, sur une accusation de rebellion à Justice, et l'envoi à lui fait de la procédure.

Des 28 Septembre 1754, et 14 Juin 1755.

MRS, Les sieurs Villeneuve et Saint-Pé s'étant adressés au Roi pour demander des Lettres d'abolition à l'occasion du Jugement rendu contre eux le 3 Février 1751, par le Lieutenant Criminel du Cap, je me suis fait rendre compte de la procédure qui avoit été faite contre ces deux accusés; j'ai reconnu que l'accusation intentée contre eux étoit d'avoir fait rebellion à Justice, et d'avoir grievement maltraité les nommés Paris et Taupin, Recors du nommé Grivau, Huissier; ce qui a donné lieu à une condamnation

condamnation capitale. Il est vrai que la preuve la plus considérable du crime imputé aux accusés se tire du procès verbal dressé par Griveau et ses deux assistans, et de leur répétition et récolement. Ce procès verbal doit paroître d'autant plus suspect, qu'ils chargeoient à peu près de la même maniere le nommé Dagassan, qui, s'étant pourvu contre la Sentence rendue contre lui, a obtenu un Arrêt qui l'a déchargé de l'accusation, et qui, en enjoignant à l'Huissier & à ses assistans d'être plus circonspects dans la rédaction de leurs procès verbaux, les a condamnés en 2000 liv. de dommages et intérêts envers Dagassan. Mais quelque impression qu'ait faite sur mon esprit l'Arrêt que vous avez rendu en faveur de Dagassan, et quelque atteinte qu'il ait donnée à la foi due au procès verbal, les sieurs Villeneuve et Saint-Pé étant contumaces, je n'ai pas cru qu'il convînt de suppléer en leur faveur des moyens de faux qu'ils n'ont pas même articulés, et qu'ils seroient en état de proposer, s'ils prenoient le parti de se représenter, tant qu'ils seront sous le poids de la condamnation prononcée contre eux : mais si ces deux accusés se représentoient, ou s'ils étoient arrêtés lorsqu'ils auront été jugés par les premiers Juges, et par appel au Conseil Supérieur, vous aurez soin, s'il vous plaît, de faire suspendre la prononciation et l'exécution de l'Arrêt, et de m'en rendre compte, afin qu'après avoir reçu les ordres du Roi, je vous fasse savoir les intentions de Sa Majesté sur la grace qu'ils ont demandée. Je suis, Messieurs, &c. *Signé* MACHAUT.

R. au Conseil du Cap le 3 Février 1755.

Du 14 Juin 1755.

Messieurs, j'ai reçu les deux lettres que vous m'avez écrites le 8 Février dernier ; je suis satisfait de la délibération que vous avez prise sur ma dépêche du 28 Septembre précédent, au sujet de la procédure instruite en la Jurisdiction du Cap contre les sieurs de Villeneuve et Saint-Pé ; mais la lettre par laquelle vous m'en avez rendu compte, auroit dû me parvenir par la voie de MM. de Vaudreuil et Lalanne, qui vous avoient remis la mienne. Je suis, Messieurs votre affectionné Serviteur. *Signé* MACHAUT.

Déposée aux minutes du Conseil du Cap.

LETTRES de réduction à neuf années du bannissement perpétuel hors de la Colonie, prononcé par Arrêt du Conseil du Cap, du 6 Mai 1746, contre l'Econome qui avoit tué un Negre du sieur Beaujeau d'un coup de fusil.

Du mois d'Octobre 1754.

Ces Lettres, qui portent aussi remise de la confiscation, furent enregistrées au Conseil du Cap le 9 Juillet 1755, en même temps qu'un ordre du Roi du 27 Octobre 1754, qui permettoit à l'accusé de repasser dans la Colonie, pour y vaquer à ses affaires, encore que les neuf années du bannissement ne fussent pas encore expirées, et comme il auroit pu le faire après cette expiration, en vertu des Lettres.

MÉMOIRE du Roi, qui proroge pour cinq ans, et jusqu'en 1760 l'imposition réglée par les deux Conseils assemblés le 16 Mars 1751, pour les frais extraordinaires des Fortifications.

Du 7 Novembre 1754.

LORSQUE Sa Majesté approuva, par son Mémoire du 22 Juillet 1751, adressé aux sieurs de Conflans et Maillart, alors Gouverneur et Lieutenant Général, et Intendant de ses Isles, la délibération qui avoit été prise le 16 Mars précédent dans l'assemblée de ses deux Conseils Supérieurs de Saint-Domingue, qui s'étoit tenue, en conséquence de ses ordres, à Léogane, elle avoit jugé que le produit de l'imposition de certains droits établis par cette délibération, pour cinq années, seroit suffisant pour subvenir aux dépenses extraordinaires à faire pour les fortifications nécessaires à la défense de la Colonie. C'est avec peine que Sa Majesté a appris, par le compte qu'elle s'est fait rendre de l'état des travaux de ces fortifications, qu'il ne seroit pas possible de les porter à leur perfection, si cette imposition extraordinaire n'étoit prorogée pour cinq années. Les dépenses qui restent à faire pour cela sont en effet trop considérables pour pouvoir être prises sur le produit des autres droits qui se perçoivent dans la Colonie, et l'épuisement où se trouve encore les finances de Sa Majesté, ne lui permet pas de destiner pour ces dépenses des fonds extraordinaires de son Trésor Royal, comme elle a pris ceux qui ont été employés à l'augmentation des troupes, d'armes et d'artillerie envoyées dans la Colonie ; et comme elle y prend encore de quoi acquitter les envois qui sont faits annuellement, tant en recrues et approvisionnemens de vivres et de hardes pour la subsistance et l'habillement des Troupes, qu'en armes, artillerie et munitions de guerre, et généralement toutes les dépenses qui se font en France pour le service de Saint-Domingue et la protection de son commerce.

Sa Majesté veut donc que l'imposition réglée par la délibération de ses deux Conseils Supérieurs de Saint-Domingue, du 16 Mars 1751, et approuvée par son Mémoire du 22 Juillet suivant, soit et demeure prorogée pour les années 1756, 1757, 1758, 1759 et 1760, et qu'en conséquence, les droits expliqués dans cette délibération et dans ce Mémoire, continuent d'être levés et perçus durant ces cinq années, sur le même pied et dans la même forme qu'ils l'ont été et qu'ils le sont depuis le premier Janvier 1751.

La recette continuera aussi de s'en faire par des Receveurs particuliers, qui seront nommés par les deux Conseils Supérieurs, chacun dans son ressort, et les Receveurs rendront leurs comptes pardevant le sieur Intendant et deux Conseillers de chacun de ces Conseils, conformément à ce qui a été ordonné par le même Mémoire de Sa Majesté, du 22 Juillet 1751.

Les Habitans de la Colonie continueront pareillement d'être exempts, durant les cinq années de cette prorogation, des corvées ordinaires de leurs Negres, pour les ouvrages et travaux des Fortifications, et ils ne seront tenus d'en fournir que dans les occasions où il s'agira de travaux extraordinaires pour les fouilles, transports, déblais et remblais des terres.

Sa Majesté trouvera bon qu'à cette occasion les sieurs de Vaudreuil et Lalanne renouvellent de sa part la promesse qu'à l'exemple du feu Roi son bisaïeul, elle a déjà fait faire aux Habitans de Saint-Domingue, qu'au moyen des droits d'Octroi qui se perçoivent dans cette Colonie, ils seront toujours exempts des droits du Domaine, qui sont établis aux Isles du Vent, et que, dans aucuns cas, les droits d'Octroi ne seront mis à ferme. Satisfaite du zele avec lequel les Habitans les ont payés jusqu'à présent, Sa Majesté est en effet résolue de s'en tenir à la perception de ces droits, et de les employer uniquement, comme elle a toujours fait, aux dépenses de Saint-Domingue, et elle continuera aussi de faire d'ailleurs tous les efforts que les circonstances pourront exiger, et que la situation de ses finances pourra lui permettre, pour assurer la défense de la Colonie. Sa Majesté ordonne aux sieurs de Vaudreuil et Lalanne de faire enregistrer le présent Mémoire au Greffe des deux Conseils Supérieurs, même aux Greffes des Jurisdictions de Saint-Domingue, et de tenir la main à son exécution. FAIT à Fontainebleau le 7 Novembre 1754.

R. suivant l'Arrêt du Conseil du Cap, du 3 Juin 1754. Voy. *cet Arrêt à sa date.*

Et au Port-au-Prince le 10 Mai 1755.

MANDEMENT du Vice-Préfet de la Mission des Dominicains, et Ordonnance des Administrateurs, qui suppriment la Messe de Minuit dans l'étendue de ladite Mission.

Des 15 et 20 Novembre 1754.

FRERE Noël Baillet, Vice-Préfet Apostolique et Pro-Vicaire Général des Missions des FF. Prêcheurs dans l'Isle et Côte Saint-Domingue; A tous les Missionnaires et Fideles des Paroisses dépendantes de nos Missions, salut et bénédiction en notre Seigneur Jésus-Christ.

Quelque respectable que soit un usage, soit par son antiquité, soit par la Religion, motif qui l'a fait établir, nous pensons que c'est un devoir de l'abolir, lorsqu'il est devenu une occasion, quoiqu'innocente, de scandale, et que sa pratique n'est presque plus d'aucun avantage.

C'est pour satisfaire à ce devoir, nos très-chers Freres, qu'après un mûr examen, et avoir consulté des personnes aux lumieres desquelles nous pouvions avoir confiance, et avoir conféré spécialement avec MM. le Marquis de Vaudreuil, Général, et Laporte Lalanne, Intendant de ces Colonies, et reçu leur approbation, et avoir reçu sur ce sujet l'avis des anciens Missionnaires, nous nous sommes déterminés à changer l'heure de la Messe, la nuit de Noël.

Cette nuit, qu'on peut appeler une nuit sainte dans son institution, et qui devroit être telle pour tous les Chrétiens, par le grand Mystere dont elle rappelle le souvenir, l'auguste naissance d'un Dieu fait homme pour sauver tous les hommes, est devenue, dans ces Colonies, une nuit infructueuse, par le peu de religion de la plupart des Habitans, et même scandaleuse, par la grande corruption qui y regne, puisque personne ne se rend en nos Temples en ce temps, soit par une certaine tiédeur produite par je ne sais quelle indifférence pour les pratiques de la Religion, auxquelles on semble ne se rendre qu'avec peine, même pendant le jour, où elles paroissent toujours trop longues, soit par les difficultés qu'occasionne l'éloignement où sont de nos Eglises les Habitations, soit enfin par la nécessité de rester chez soi, par la crainte des désordres auxquels une absence pourroit donner lieu. Parmi ceux qui s'y rendent, combien peu le font avec cet esprit recueilli que la solennité exigeroit! Au lieu du silence et de la retraite, par lesquels on devroit se disposer à suivre les Anges qui annoncerent, par des chants d'une sainte alégresse, aux Pasteurs l'agréable nouvelle de la naissance de notre divin Sauveur, et entrer dans les mêmes sentimens de ces Bergers qui vinrent sur le champ rendre à Jésus-Christ leurs louanges; on ne voit que dissolutions, que divertissemens profanes, que plaisirs mondains de toutes les especes: de-là cette dissipation avec laquelle on vient, comme à un spectacle profane, assister au sacrifice d'actions de grace pour un si grand bienfait; de là ces entretiens scandaleux qu'on substitue aux Cantiques de louanges, ces postures indécentes jusqu'aux pieds des Autels, dont un peu de modestie feroit rougir dans ces assemblées composées de ce qu'on appelle honnêtes gens dans le monde; ces actions plus que déshonnêtes, que la pudeur nous fait taire, et qui, en profanant nos Eglises, font des Maisons de Dieu des Maisons de débauche, & de nos saints Temples, des lieux d'abomination. Outre ces désordres, dont la Religion gémit, de quels autres la Société n'a-t-elle pas lieu de se plaindre, malgré la rigueur des ordres supérieurs, la vigilance de ceux qui sont chargés de les faire exécuter! combien la tranquillité publique ne souffre-t-elle pas! quel tumulte parmi le petit Peuple, et quels accidens fâcheux ne cause pas l'intempérance à laquelle plusieurs se livrent, au mépris du jeûne et de l'abstinence ordonnés par l'Eglise! Il est peu d'endroits où chaque année cette nuit ne soit l'innocente occasion de quelques-uns. La vue de ces scandales différens, auxquels le jour le plus éclairé permet à peine de remédier, et desquels la religion de MM. le Général et Intendant n'a pas été moins touchée ni moins frappée que la nôtre; l'amour de la tranquillité publique, le peu d'avantage que la Religion retire de cette dévotion nocturne, dans un temps et dans des pays où la piété des premiers Fideles est si peu connue et la ferveur de nos peres si affoiblie: toutes ces raisons réunies nous ont porté à abolir dans tous les lieux de la dépendance de notre Mission, l'usage, quoiqu'ancien, de célébrer la Messe de Minuit le jour de Noël, et y substituer une autre heure qui ne puisse donner occasion aux mêmes inconvéniens. A CES CAUSES, en vertu de l'autorité Apostolique qui nous est confiée, nous ordonnons à tous les Missionnaires de ne plus dire dorénavant la Messe à minuit, la nuit de Noël; mais de célébrer cette même Messe vers les cinq heures du matin, avec la même solennité qu'ils auroient fait à minuit; de dire tout de suite la Messe qu'on nomme de l'Aurore; et la troisieme, vers les dix heures, à l'ordinaire: nous leur enjoignons en outre d'annoncer ce changement à leurs Paroissiens, à celui des Dimanches de l'Avent qu'ils jugeront le plus à propos, et de leur faire la lecture du présent Mandement, afin qu'ils soient instruits des motifs qui nous y ont déterminé. DONNÉ en notre Maison de Léogane, sous le sceau de notre Office, et le contre-seing de notre Secrétaire, le 15 Novembre 1754. *Signés* F. B. BAILLET, F. J. ESTANCHON, Secrétaire.

Joseph-Hyacinthe de Vaudreuil, &c.
Jean-Baptiste Laporte Lalanne, &c.

Le R. P. Baillet, Vice-Préfet Apostolique et Pro-Vicaire Général de la Maison des FF. Prêcheurs en cette Colonie, nous ayant fait part des motifs qui ont excité sa piété à changer l'heure de la célébration de la Messe qui se dit à minuit ordinairement la nuit de Noël; et la considération du scandale occasionné dans les Eglises mêmes, par les suites des débauches de cette nuit, se joignant à celui des tumultes et du désordre qu'il est presque impossible d'éviter, nous nous sommes déterminés à donner notre approbation au changement énoncé dans l'écrit en forme de Mandement, adressé par ledit R. P. Baillet aux Missionnaires et Fideles des Paroisses dépendantes de ladite Mission; en conséquence, ordonnons qu'après la publication faite dudit Mandement par les Missionnaires desservans les Cures, aux Prônes de leurs Paroisses, ainsi qu'il leur est prescrit, il sera affiché, muni de la présente approbation, par-tout où besoin sera, à la diligence de MM. les Commandans des quartiers: faisons défenses aux Marguilliers de faire sonner la cloche pour l'Office de la nuit de Noël, à l'heure où il a été usité de le faire par le passé; leur enjoignons de tenir les Eglises fermées jusqu'à cinq heures du matin, auquel temps ils feront sonner pour ledit Office, ainsi qu'il est réglé par le susdit Mandement. Mandons à MM. les Commandans des quartiers de faire afficher la présente Ordonnance aux portes des Eglises paroissiales; leur enjoignons de tenir la main à l'exécution d'icelle ; et sera la présente enregistrée en notre Greffe commun. DONNÉ au Port-au-Prince, &c. le 20 Novembre 1754. *Signés* DE VAUDREUIL et LAPORTE LALANNE.

R. au Greffe de l'Intendance le même jour.

Les mêmes motifs ont amené la même suppression dans l'étendue de la Mission des RR. PP. Capucins, depuis 1778, et l'Office de la Messe de Minuit se célebre aussi au point du jour.

LETTRE *du Ministre à MM.* DE VAUDREUIL *et* LALANNE, *sur leurs pouvoirs respectifs.*

Du 31 Janvier 1755.

DANS l'examen que j'ai fait des principes établis pour l'Administration de Saint-Domingue, il m'a paru qu'on ne sauroit être trop attentif à leur exacte observation. Je me propose de vous les rappeler à mesure que j'aurai occasion de traiter les différentes parties de cette administration ; mais ceux qui reglent l'exercice de l'autorité sont si importans, et le Roi a si fort à cœur que vous vous y conformiez, que je ne dois pas différer d'entrer avec vous dans quelques détails sur ce qui y a rapport.

C'est le partage de vos fonctions communes et particulieres qui en fait la base. Les unes et les autres vous sont clairement expliquées par les instructions qui doivent vous servir de regle ; vous devez d'ailleurs les connoître mieux que personne par votre propre expérience. En vous renfermant chacun dans les bornes de celles qui vous sont particulieres, et ne faisant rien l'un sans l'autre dans celles qui doivent vous être communes, il faut que vous soyez tous deux également attentifs à contenir les Officiers d'Epée, de Justice et de Plume, dans l'exercice légitime de leurs emplois respectifs, sans qu'ils puissent rien entreprendre les uns sur les autres. Ce n'est que par cette harmonie entre les différens ordres qui concourent à l'administration, que vous pouvez conserver la véritable constitution et maintenir le bon ordre et la tranquillité dans la Colonie qui vous est confiée.

Ainsi, vous ne pouvez rien faire que conjointement sur les concessions des terres, sur les cultures, sur les arrangemens généraux relatifs au Commerce, sur l'établissement des nouvelles Paroisses et des chemins, et sur les autres objets dépendans de la police générale, dont la connoissance vous est attribuée en commun. Il vous est défendu de rien faire l'un sans l'autre sur aucune de ces parties. Lorsque vous vous trouvez de sentiment différent sur quelqu'une, et que vous ne pouvez pas vous accorder, vous devez m'expliquer vos raisons respectives, pour me mettre en état de vous faire savoir la décision du Roi; et si l'affaire dont il s'agit est de nature que vous ne puissiez pas attendre les ordres de Sa Majesté, l'avis de M. le Marquis de Vaudreuil doit être suivi; mais cette prépondérance ne doit avoir lieu que dans le dernier cas, et c'est une observation que vous ne devez pas perdre de vue.

M. de Vaudreuil doit en particulier se renfermer dans la connoissance des objets dépendans du commandement et des détails militaires. Il ne peut se méler, ni de ce qui regarde la gestion des Finances et des Magasins, ni de l'administration de la Justice et de la Police particuliere, ni des autres détails, dont la connoissance appartient à l'Intendant.

M. Lalanne doit se borner aux détails relatifs aux Finances, aux Magasins, aux Hôpitaux, et à l'administration de la Justice et de la Police particuliere, sans se mêler de ce qui a rapport au commandement.

Vous devez sur-tout l'un et l'autre laisser un libre cours à la Justice, et soutenir les Officiers chargés de la rendre, dans l'exercice de leur ministere. Vous êtes à la vérité en droit de surseoir, jusqu'aux ordres du Roi, à l'exécution des Jugemens, lorsque le service de sa Majesté ou le bien public y sont intéressés et l'exigent; mais vous ne devez faire usage de ce droit qu'avec beaucoup de prudence et autant que l'objet est assez important pour cela. Vous devez sur-tout vous abstenir de l'étendre sur les Jugemens qui n'intéressent que les Particuliers. Il ne vous est permis de vous mêler de ceux-ci, que pour tenir la main à leur exécution. Les atteintes directes ou indirectes que vous pourriez y donner en commun ou en particulier, par des surséances, sauf-conduits ou autrement, seroient regardées comme autant de vexations de votre part, et Sa Majesté ne pourroit que les désapprouver ouvertement. M. de Vaudreuil doit en particulier tenir la main à ce que les Officiers de Justice trouvent toujours main-forte pour l'exécution des Jugemens; et à cet égard, je suis bien aise de vous rappeler l'Ordonnance que Sa Majesté a rendue le 6 Décembre 1753, concernant le service de la Maréchaussée, et dont elle veut que toutes les dispositions soient exactement observées.

L'exemple que vous donnerez doit sans doute beaucoup contribuer à contenir les Officiers d'Epée, de Justice et de Plume, dans les bornes de leurs

leurs pouvoirs respectifs. Vous devez cependant veiller continuellement sur la conduite des uns et des autres.

M. de Vaudreuil doit empêcher que les Officiers d'Epée, de quelque grade qu'ils soient, ne s'immiscent directement ni indirectement dans la connoissance d'aucune affaire de Justice ou de Police, et qu'ils se renferment uniquement dans les détails militaires, qui les occuperont assez lorsqu'ils y donneront les soins qu'ils doivent. Cet article mérite la plus grande attention de sa part. Je n'ignore point les abus qu'il y a eus en différens temps à Saint-Domingue sur cette matiere. Je ne vous dissimulerai pas même qu'il m'est revenu qu'il y a actuellement des Officiers qui, sous prétexte du commandement dans les quartiers, ou des détails de l'Etat-Major, se croient en droit de connoître de toutes sortes d'affaires de Justice et de Police; mais le Roi ne le souffrira certainement pas, et il sera aisé de juger des dispositions de Sa Majesté à cet égard, par l'exemple de punition qu'elle fera sur la premiere plainte qui lui sera portée contre quelqu'un de ces Officiers, quel qu'il puisse être.

Sa Majesté ne souffriroit pas non plus que les Officiers de Justice se mêlassent ni de la Police générale, ni d'aucune affaire du Gouvernement; et M. Lalanne doit tenir la main à ce qu'ils se renferment dans les bornes de l'administration de la Justice et de la police particuliere.

Il doit aussi contenir les Officiers de Plume dans les détails des Finances, des Magasins, des Hôpitaux et des classes auxquels ils sont employés.

Telles sont les regles sur lesquelles vous devez vous conduire dans l'administration dont vous êtes chargés. L'objet en est si important, que je souhaite que vous me fassiez sans retardement une réponse, article par article, avec les observations que vous pourrez avoir à faire sur chacun; et comme il peut y en avoir d'autres sur lesquels vous ayez besoin d'explication, vous aurez agréable de me les indiquer, pour que je puisse vous faire savoir les intentions du Roi.

ARRÊT du Conseil du Cap, portant, que les Receveurs de l'Octroi seront tenus de remettre, année par année, le compte de leur recette au Greffe de la Cour, ainsi que les Receveurs des Amendes, &c. au désir de l'art. 7 de la Déclaration du Roi du 7 Septembre 1723.

Du 5 Février 1755.

Il y a eu plusieurs Arrêts subséquens, confirmatifs de celui ci-dessus, et qui ont même fixé à trois mois le délai pour déposer les comptes.

ARRÊT du Conseil du Cap, qui permet le décret volontaire d'une habitation, et en fixe le délai à un an.

Du 22 Avril 1755.

ENTRE le sieur Marguerit, Habitant au quartier Dauphin, Appelant, d'une part, et M. Dalcourt, Conseiller en ce Conseil; les prétendus héritiers Bonaud, le sieur Abel Ray, et le sieur Safray de Tournemine, le sieur de Bailleul et autres, d'autre part; conclusions du Procureur Général du Roi, et ouï le rapport de M. Hirel, Conseiller, et tout considéré; LE CONSEIL, avant faire droit, condamne le sieur Safray à rapporter sous un mois, pour tout délai, audit sieur Dalcourt les titres de propriété bien et dûment quittancés en sa personne et en celle des anciens Propriétaires, des terrains compris dans les concessions accordées à Pierre Lescot, le 9 Octobre 1716, à Antoine et Jacob Lopes freres, le 13 Octobre audit an, et à Gratien Bordenave, le 12 Mars 1725, même la quittance qu'a dû donner le feu sieur Croisœuil, de la somme de 52,079 livres, pour le montant de la vente qu'il avoit faite au sieur de Safray des mêmes terrains portés au contrat du 4 Janvier 1741, sinon et à faute de faire ladite remise, permet audit sieur Dalcourt de faire procéder, si bon lui semble, et à ses propres frais et dépens, fors ceux des opposans, à un décret volontaire de l'Habitation vendue par ledit contrat du 4 Janvier 1741, et ce dans le temps d'une année; sera même tenu ledit sieur Dalcourt de commencer ledit décret volontaire dans trois mois du jour du présent Arrêt, sinon déchu de ladite faculté, pour ledit décret ainsi fait et parfait d'autorité du Siége Royal du Fort Dauphin, où l'Habitation est située, et rapporté à la Cour, être ordonné ce qu'il appartiendra, dépens réservés.

Il y a eu à Saint-Domingue quelques exemples de décrets volontaires et de décrets forcés, mais en très-petit nombre.

LETTRE du Ministre à M. l'Intendant, pour défendre de communiquer les procédures criminelles.

Du 26 Avril 1755.

J'AI été fort surpris de voir, avec un placet qui m'a été présenté au nom d'un Habitant des Colonies, pour des Lettres de rémission, une expédition en forme de la procédure instruite contre cet Habitant, à l'occasion d'un homicide par lui commis, et pour raison duquel il sollicite sa grace; et je l'ai été encore davantage de trouver dans cette procédure une Ordonnance rendue par le Chef de la Justice, pour autoriser le Greffier de la Jurisdiction où elle a été instruite, à en délivrer cette expédition au frere de l'accusé. Quoique je sois bien persuadé que vous ne tomberez pas dans une telle irrégularité, je suis cependant bien aise de vous observer que le Roi veut que les règles établies sur cette matiere s'observent dans la Colonie de Saint-Domingue comme dans le Royaume, et que vous teniez la main à ce que les procédures criminelles ne puissent être communiquées à personne. Lorsqu'il s'en fera dans la Colonie, et que les accusés pourront être dans le cas, soit de demander grace des peines qui auront été prononcées contre eux, soit de se pourvoir par les voies de droit au Conseil d'Etat contre les procédures mêmes, vous aurez soin de m'en envoyer des expéditions, sans attendre que je vous les demande, et d'y ajouter les éclaircissemens qui pourront m'être nécessaires pour en faire usage, pour les décisions qu'il y aura à rendre.

ARRÊT d'enregistrement au Conseil du Cap du Mémoire du Roi, du 7 Novembre 1754, portant prorogation d'imposition.

Du 3 Juin 1755.

VU par le Conseil le Mémoire du Roi au sieur Marquis de Vaudreuil et Laporte Lalanne, Commandant Général et Intendant pour Sa Majesté en ses Isles sous le Vent de l'Amérique, fait à Fontainebleau le 7 Novembre 1754. *Signé* LOUIS. *Et plus bas*, *signé* MACHAULT, par lequel Sa Majesté, &c.: ouï le rapport de M. Grandpré, Conseiller, et tout considéré; LE CONSEIL, ouï et ce requérant le Procureur Général du Roi, a ordonné et ordonne que ledit Mémoire du Roi sera enregistré au Greffe de la Cour, pour être executé selon sa forme et teneur, à la réserve toutefois de l'article dudit *Mémoire* concernant les fournitures de Negres pour les travaux extraordinaites des fouilles, transports, déblais et remblais de terre; ordonne qu'à cet égard sera sursis audit énregistrement, et qu'à cet effet, sur ledit article ainsi que sur les autres dudit Mémoire, très-humbles et très-respectueuses Remontrances seront faites à Sa Majesté ainsi et de la même maniere qu'il sera arrêté par la Cour; ordonne de plus, que la lettre de MM. le Général et Intendant, en date du 12 Mai dernier, adressée à la Cour, sera et démeurera déposée au Greffe de ladite Cour, et qu'à la diligence dudit Procureur Général, ledit Mémoire du Roi et le présent Arrêt seront lus, publiés et enregistrés dans les Jurisdictions du ressort, à la diligence des Substituts dudit Procureur Général en icelle, qui en certifieront la Cour au mois.

Voy. *les Arrêts du Conseil du Cap, et autres pieces, à la date des 22 Juillet, 4 et 22 Septembre, 10 et 25 Octobre 1755.*

ARRÊT du Conseil du Cap, qui permet provisoirement une enquête close en matiere d'état.

Du 7 Juin 1755.

VU par le Conseil la Requête de Nicolas Portail, demeurant au Fort Dauphin, conclusions du Substitut pour le Procureur Général du Roi; et ouï le rapport de M. Legras, Conseiller, et tout considéré: LE CONSEIL ayant égard à ladite Requête, ordonne, nonobstant l'appel, qu'incessamment et sans délai, il sera, à la requête du Suppliant, procédé à l'enquête ordonnée par la Sentence du Siége Royal du Fort Dauphin, du 25 Septembre dernier, pardevant le Juge dudit Fort Dauphin, ou son Lieutenant, pour ladite enquête faite et close, et déposée au Greffe dudit Siége, servir au Suppliant après la décision dudit appel, ainsi que de raison; et sera le présent Arrêt exécuté, nonobstant oppositions quelconques, et sans y préjudicier.

Cette Sentence ordonne, que Nicolas Portail fera preuve par enquête, que depuis qu'il est dans la Colonie, il jouit de son état, et a été reconnu, tant par la dame Langé Jousserand, que par son mari, pour fils issu du précédent mariage de ladite Lange Jousserand avec Portail.

COMMISSION de Notaire général dans le ressort du Conseil du Cap, donnée par M. l'Intendant à Me. Courtin.

Du 12 Juillet 1755.

JEAN-Baptiste Laporte Lalanne, &c.

Etant nécesssaire de pourvoir à un Office de Notaire général dans le ressort du Conseil Supérieur du Cap, sur la connoissance que nous avons de la probité, capacité et expérience du sieur Courtin, Avocat en Parlement, nous l'avons nommé et commis, le nommons et commettons audit Office de Notaire général dans le ressort dudit Conseil, pour, en cette qualité, faire et recevoir tous actes du fait des Notaires ordinaires dans tout le susdit ressort, et généralement exercer toutes les fonctions attribuées audit Office, aux honneurs, droits, émolumens y attachés, à la charge par lui de se conformer aux Ordonnances de Sa Majesté. Prions MM. les Officiers dudit Conseil Supérieur du Cap de recevoir ledit sieur Courtin au susdit Office, et mandons à ceux des Jurisdictions y ressortissantes de le reconnoître en ladite qualité, après qu'il aura paru de ses bonnes vie et mœurs, Religion Catholique, Apostolique et Romaine, et avoir pris de lui le serment en tel cas requis. Sera la présente enregistrée au Greffe dudit Conseil, à celui de l'Intendance, et par-tout où besoin sera, &c. *Signé* LAPORTE LALANNE.

R. au Conseil du Cap le 4 Août 1755.

ARRÊTS du Conseil du Cap, touchant l'envoi au Roi des Remontrances par lui dressées, et Lettres relatives des Administrateurs.

Des 22 Juillet, 4 et 22 Septembre, et 10 Octobre 1755.

Extrait de la Lettre des Administrateurs au Conseil.

Port-au-Prince, 22 Juillet 1755.

NOUS vous prions, Messieurs, de vouloir bien considérer, quant aux Remontrances qui ont été arrêtées, qu'il ne suffira pas de nous en faire part, comme l'annonce la Lettre qui nous a été écrite en votre nom. Il est de l'ordre que ce soit par nous que le Conseil adresse ces Remontrances à Sa Majesté *; et il est absolument nécessaire que nous en ayons connoissance, pour que nous puissions les accompagner des observations que le bien de son service nous inspirera.

* *Ce sont celles mentionnées dans l'Arrêt de cette Cour du 3 Juin précédent.*

Du 4 Septembre

Cejourd'hui auroit été représentée la Lettre écrite par MM. les Général et Intendant le 22 Juillet dernier, adressée à MM. du Conseil Supérieur du Cap, et déposée au Greffe dudit Conseil, suivant l'arrêté du 4 Août suivant; lecture faite de ladite Lettre, et après qu'il en auroit été délibéré par la Cour, a été arrêté qu'il sera écrit à MM. les Général et Intendant, que MM. Juchereau de Saint-Denis et Grandpré, en annonçant, par la Lettre du 10 Juillet dernier, que le Conseil leur fera part des Remontrances, n'auroient fait que se conformer aux ordres de la Cour; que le Conseil, en ce, avoit eu pour objet de donner à MM. les Général et Intendant des preuves de la déférence qu'il a eue et aura dans tous les temps pour eux, comme dépositaires de l'autorité royale et Chefs de la Compagnie; que le Conseil Supérieur du Cap étant créé à l'instar des Cours Souveraines et Parlemens de France, est en droit d'adresser directement ses plaintes au Roi; qu'il ne peut se départir d'un droit aussi précieux qu'éminent; et pour faire parvenir le présent arrêté à MM. les Général et Intendant, a commis MM. Juchereau de Saint-Denis et Lhéritier, Conseillers.

Du 22 Septembre

Au Port-au-Prince ce 22 Septembre 1755.

Votre arrêté, Messieurs, du 4 de ce mois, nous a été adressé par MM. de Juchereau et Lhéritier, que vous en aviez chargés. Le sujet de cet arrêté est un article de notre Lettre du 22 Juillet dernier; nous y disons, à l'occasion des Remontrances, qu'il ne suffira pas, *lorsqu'elles seront arrêtées, de nous en faire part*, comme le porte la Lettre qui nous a été écrite en votre nom le 10 Juillet; qu'il est de l'ordre que ce soit par nous que le Conseil adresse ces Remontrances au Roi, et qu'il est absolument nécessaire que nous en ayons connoissance, pour que nous puissions les accompagner des observations que le bien de son service nous inspirera.

Si vous avez eu quelque doute sur l'intentention du Roi à cet égard, il doit être éclairci par la Lettre de M. le Garde des Sceaux, du 14 Juin dernier, concernant l'affaire des sieurs de Villeneuve et Saint-Pé : ce qui vous est prescrit a dû vous paroître conforme à ce que nous avons observé sur l'envoi des réponses que vous faites dans les affaires que Sa Majesté vous fait passer par notre canal. Celle qui fait l'objet des Remontrances est de cette nature, puisque le Roi, dans le Mémoire qui y a donné lieu, n'a parlé qu'à nous. L'envoi qui doit nous être fait de ces Remontrances, n'empêche point que le Conseil n'y parle directement au Roi ; c'est un droit dont jouissent non seulement les Compagnies souveraines, mais même les moindres Sujets de Sa Majesté. Il est précieux : en ce que par lui l'oreille du Prince est ouverte aux besoins du Peuple et à ceux des Particuliers. Il est éminent, en ce que les Compagnies traitent des objets qui intéressent plus particulierement Sa Majesté, parce qu'ils intéressent son Peuple, et qu'elle les entend avec plus d'appareil : mais ce droit ne peut aller jusqu'à changer l'ordre et les moyens par lesquels Sa Majesté veut que ces Compagnies lui fassent parvenir leurs Remontrances. Il est établi ici que ce doit être par nous, et nous ne pouvons reconnoître que le Conseil du Cap ait aucun droit contraire. Il est inutile d'examiner quels sont les droits des Cours Souveraines et Parlemens de France ; vous ne pouvez, Messieurs, vous refuser d'avouer que le Conseil n'est pas créé de tout point à leur instar, spécialement quant aux priviléges et prérogatives. Cette observation, à laquelle nous ne donnons pas plus d'étendue, doit restreindre plutôt qu'augmenter les prétentions ; celle-ci est de nature à exiger que nous en rendions compte au Roi : c'est ce que nous allons faire, en envoyant au Ministre copie de votre arrêté, avec le récit de ce qui l'a précédé. Nous avons l'honneur d'être, avec un parfait attachement, Messieurs, vos très-humbles Serviteurs. *Signés* VAUDREUIL et LAPORTE-LALANNE.

Du 10 Octobre.

Cejourd'hui auroit été remis au Conseil un paquet cacheté, avec suscription à MM. du Conseil Supérieur du Cap, contresigné Vaudreuil ; ouverture faite, s'y seroit trouvée Lettre du 22 Septembre dernier, écrite par MM. les Général et Intendant de la Colonie ; lecture faite, a été arrêté que ladite Lettre sera déposée au Greffe de la Cour ; et pour réponse, que le Conseil persiste dans son arrêté du 4 Septembre 1755 ; qu'il ne pense pas que l'on puisse faire application de ce qui est dit en la dépêche de M. le Garde des Sceaux, du 14 Juin dernier, aux Remontrances que le Conseil se propose de faire au Roi ; que cependant, attendu les circonstances présentes, le Conseil adressera incessamment à MM. les Général et Intendant deux paquets cachetés à l'adresse de M. le Garde des Sceaux, contenant les Remontrances au Roi, avec priere de les lui faire parvenir ; qu'il leur en sera en même temps envoyé copie au désir dudit arrêté ; que le Conseil ne répond point aux observations faites sur le privilége précieux et éminent de remontrer au Roi ; que, sans entrer dans la discussion des priviléges et prérogatives des Parlemens de France et Cours Souveraines de l'Amérique, le Conseil du Cap auroit cru, jusqu'à présent, que l'avantage qu'il a de distribuer la Justice aux Sujets du Roi gratuitement, et au très-grand détriment de la fortune des Officiers qui le composent, lui auroit mérité de voir étendre et non restreindre ses priviléges ; que c'est au Roi seul qu'il appartient d'en décider ; que le Conseil, prévenu du compte que MM. les Général et Intendant se proposent de rendre au Ministre de l'arrêté du 4 Septembre dernier, et de ce qui a précédé, rendra également compte de ses différens arrêtés, et des motifs qui les ont déterminés ; et pour faire parvenir le présent arrêté à MM. les Général et Intendant, la Cour a commis MM. Hirel et Lhéritier, Conseillers.

ARRÊT *du Conseil du Cap, qui nomme un Curateur à des* biens *vacans, aux mêmes droits que le Curateur aux* successions *vacantes.*

Du 30 Juillet 1755.

SUR ce qui a été remontré au Conseil par le Procureur Général du Roi, qu'il auroit appris que le sieur Hersan de Kerbolle se seroit absenté depuis environ huit mois, et auroit abandonné son Habitation, sans avoir prévenu de son départ, ni préposé personne à la conduite de son bien et de ses Negres ; que jusqu'ici, malgré les plus exactes perquisitions, on n'auroit pu découvrir le lieu de sa retraite ; que si l'indépendance de plusieurs Esclaves, abandonnés à eux-mêmes depuis long-temps, n'avoit pas jusqu'à présent produit de funestes effets, il y auroit tout lieu d'en craindre pour l'avenir ; que d'ailleurs l'Ordonnance exigeroit qu'il y eût des Blancs à la tête des Negres de chaque Habitation ; qu'outre ces vices de police, la conservation des droits du Propriétaire absent, en cas de vie, et des héritiers ou du Roi, en cas de mort, demanderoit qu'il fût commis quelqu'un à l'administration du bien et des Negres dudit sieur Hersan de

Kerbolle,

Kerbolle, &c. Vu les pieces attachées à ladite Remontrance, et ouï le rapport de M. le Gris, Conseiller Assesseur, et tout considéré : LE CONSEIL faisant droit sur le réquisitoire du Procureur Général du Roi, a commis et commet ledit Coma pour administrer et faire régir l'Habitation dudit Hersan de Kerbolle pendant son absence, ou jusqu'à ce qu'il en soit autrement ordonné par la Cour, et ce à titre de dépositaire de biens de Justice, et aux mêmes droits et commission que le Procureur des biens vacans, ou à mettre l'Habitation à bail à ferme, ainsi qu'il sera jugé convenable, à la charge par ledit Coma de faire faire préalablement inventaire de ladite Habitation et effets en dépendans, et de rendre compte toutes fois et quantes audit Procureur Général de son administration.

ORDONNANCE des Administrateurs pour la translation de la Jurisdiction de la Grande-Anse au Trou Jérémie.

Du 6 Août 1755.

LE Marquis de Vaudreuil, &c.

Jean-Baptiste Laporte Lalanne, &c.

Par notre Ordonnance du 9 Décembre dernier, ayant été statué que celles qui avoient prescrit la translation du Bourg de la Grande-Anse au Trou Jérémie, seroient exécutées ; nous avons, depuis ce temps, permis de célébrer l'Office Divin en ce dernier endroit. De ces dispositions suit la nécessité d'y transférer aussi le Siége qui avoit été établi à l'ancien Bourg ; en conséquence, nous ordonnons aux Officiers dudit Siége de faire à l'avenir leur résidence au trou Jérémie, à l'effet d'y exercer les fonctions de leurs Offices, ainsi qu'ils faisoient à l'ancien Bourg, comme aussi d'y faire transporter sûrement les minutes des Greffes, et les Prisonniers, si aucuns y a, ès lieux qui seront destinés pour la garde des uns et des autres. Et sera la présente enregistrée au Greffe de l'Intendance et de la Jurisdiction de la Grande-Anse. Prions MM. les Officiers du Conseil Supérieur de cette Ville de la faire pareillement enregistrer dans le Greffe dudit Conseil. DONNÉ au Port-au-Prince, &c.

R. au Conseil du Port-au-Prince le 6 Septembre suivant.

ORDONNANCE des Administrateurs, qui, 1°. concede les eaux de la riviere du Mesle, dans la partie du Sud, à ses riverains, pour se la partager, à raison de la quantité de terre arrosable; 2°. ordonne que les travaux seront faits à frais communs, en exceptant les riverains qui peuvent prendre l'eau sans aucuns frais; 3°. et enfin, réserve à d'autres riverains, s'il reste de l'eau, la faculté d'en user, en payant leur part des dépenses.

Du 6 Août 1755.

Vu la Requête et les pieces y jointes, nous donnons acte aux Supplians des consentement et renonciations donnés par les riverains de la riviere du Mesle; en conséquence, permettons aux Supplians et riverains souscripteurs, de faire les travaux nécessaires pour partager les eaux de ladite riviere au prorata de leur volume et de la quantité qu'ils possedent de terres arrosables; voulons toutefois que le sieur Boiran continue à jouir de la quantité d'eau nécessaire pour le vaisseau qu'il a construit à la faveur de cette riviere, sans être tenu de contribuer aux frais de cette entreprise, non plus que les héritiers Noble et la Biche, qui, par leur situation, n'ont besoin d'aucun ouvrage pour se servir desdites eaux, et jouiront de la portion d'icelle à eux afférente, au prorata de leurs terres arrosables seulement; et où le volume de ces eaux seroit assez considérable pour que d'autres riverains puissent avoir part à cette distribution, nous leur réservons le droit de se faire colloquer, en par eux payant aux intéressés leur contingent des dépenses faites et à faire. Seront lesdites Requêtes et pieces enregistrées et déposées au Greffe de l'Intendance, pour y avoir recours, si besoin est. Mandons, &c. DONNÉ au Port-au Prince. *Signés* VAUDREUIL et LAPORTE-LALANNE.

R. au Greffe de l'Intendance le même jour.

ARRÊTÉ du Conseil du Cap, à l'occasion d'une corvée de Negres, ordonnée pour les fortifications, en vertu d'un article non enregistré d'un Mémoire du Roi.

Du 16 Octobre 1755.

Sur ce qu'il auroit été observé à la Cour, que depuis le 6 du courant, il auroit été envoyé ordre aux Habitans, pour qu'ils eussent à fournir au

Lundi 13, des Negres pour les fortifications du Cap; et après qu'il en a été délibéré, il a été arrêté par la Cour qu'il sera représenté à MM. les Général et Intendant, que le Réglement des deux Conseils du 16 Mars 1751, confirmé par le Mémoire du Roi du 22 Juillet de la même année, auroit expressément stipulé l'exemption de toutes corvées de Negres; que le Mémoire du Roi du 7 Novembre 1754, en les confirmant, semble à la vérité faire des distinctions, et admettre des corvées extraordinaires de Negres; mais cet article n'ayant pas été enregistré en la Cour, et la Loi fondamentale de l'Etat étant qu'aucun Edit et Déclaration n'ait d'exécution avant l'enregistrement, LE CONSEIL pensoit qu'il n'auroit pas été ordonné aucune corvée de Negres, jusqu'à ce qu'il eût plu au Roi de s'expliquer sur les très-humbles remontrances qu'il a été arrêté de lui faire; que les corvées ayant pour objet de faire des fortifications en terre, le Conseil croyoit devoir observer à MM. les Général et Intendant, que de pareils ouvrages étoient de peu de durée, et ruineux à l'Habitant, par le détournement de leurs Negres; qu'il étoit de l'intérêt de l'Etat de faire des fortifications solides et en maçonnerie; que Sa Majesté, en prescrivant en 1750 une nouvelle imposition, avoit ordonné que les fonds en provenans seroient employés en fortifications; que, lors de l'assemblée des deux Conseils en 1751, MM. les Général et Intendant auroient promis au nom du Roi, que les fonds de la nouvelle imposition qui seroient perçus dans le Gouvernement du Cap, y seroient employés, pour le mettre en état de défense; que la recette des nouveaux droits perçus depuis cinq ans montent à 1,700,000 l. et plus; qu'il n'en auroit été rien employé en fortifications, que le Conseil prioit MM. le Général et Intendant d'avoir égard à sa représentation, de profiter d'un temps de paix, dont la durée étoit incertaine, pour ordonner des ouvrages si nécessaires à la défense de cette partie de la Colonie; qu'il les assuroit qu'il n'avoit en ceci d'autre motif que celui du bien public; et qu'en attendant leur décision, il donneroit l'exemple de la soumission due aux ordres du Roi, en fournissant chacun en particulier, avec la plus scrupuleuse exactitude, les Negres qui seroient ordonnés; et pour faire parvenir le présent Arrêté à MM. les Général et Intendant, a commis MM. Juchereau de Saint-Denis, Doyen, et Le Gras, Conseiller.

ORDONNANCE des Administrateurs, qui permet de saigner la riviere de l'Artibonite, à la charge d'indemniser les Propriétaires des terrains sur lesquels seront pratiqués des canaux, lesquels Propriétaires auront la préférence de l'eau excédante, s'il en est, en contribuant aux dépenses.

Du 24 Octobre 1755.

VU la Requête, les Mémoires, Devis, Traité et Délibération y joints, nous permettons aux Supplians de saigner la riviere de l'Artibonite à l'endroit projeté sur l'Habitation du sieur de Préval, à l'effet de tirer une portion des eaux d'icelle, à la charge par eux de faire tous les travaux convenus et nécessaires pour prévenir les inconvéniens qui pourroient résulter de cette prise d'eau, lesquels travaux ils seront tenus d'entretenir en bon état, comme aussi de dédommager, à dire d'Experts convenus ou nommés d'office par le Juge des lieux, les Habitans sur le terrain desquels passeront leurs canaux; voulons, dans le cas où le volume d'eau tiré par les Supplians excéderoit la quantité qui leur est nécessaire, lesdits Habitans sur lesquels passeront lesdits canaux, et après eux les plus voisins de ces canaux, soient, par préférence, admis au partage desdites eaux, au prorata de leurs terres arrosables, en par eux contribuant aux dépenses faites pour conduire l'eau seulement à l'endroit où ils la prendront; en conséquence, le Syndic de l'entreprise tiendra un registre, dans lequel il portera exactement les journées des Negres (que nous évaluons à 3 liv. chacune), état des matériaux, et autres dépenses à faire pour l'exécution de ladite entreprise, à défaut de quoi ladite contribution sera déterminée par Experts aussi convenus et nommés d'office par le Juge des lieux. Permettons aux Propriétaires des terrains sur lesquels passeront lesdits canaux, d'y jeter les eaux qui pourroient être retenues par les terres qui proviendront de la fouille de ces canaux; seront les Supplians tenus de remplir les obligations qu'ils ont contractées par leur traité dudit jour 25 Février dernier; et ladite Requête, ainsi que la présente, enregistrées au Greffe de l'Intendance, ou elles demeureront déposées avec lesdits Traités, Mémoires, Devis et Délibération, pour y avoir recours, si besoin est. DONNÉ au Port-au-Prince le 24 Octobre 1755. *Signés* DE VAUDREUIL et LAPORTE LALANNE.

R. au Greffe de l'Intendance le 27 Octobre.

***ORDONNANCE** du Commandant Général en chef, portant établissement de Compagnies d'Artillerie - Milices.*

Du 30 Octobre 1755.

JOSEPH-Hyacinthe de Rigaud, Marquis de Vaudreuil, &c.

La Compagnie des Canonniers et Bombardiers entretenue par le Roi en cette Colonie, n'étant pas suffisante pour fournir au service de l'Artillerie, dont les différens postes sont munis, nous avons cru devoir y suppléer par l'établissement, dans chacun des principaux endroits, d'une Compagnie d'Artillerie-Milice, qui sera employée au service des batteries, ainsi que nous avons déjà fait dans la Ville des Cayes; en conséquence, et en vertu du pouvoir à nous donné par Sa Majesté, nous y avons pourvu ainsi qu'il suit:

ART. Ier. Il sera formé en chacune des Villes du Port-au-Prince, Petit-Goave, Saint-Louis et Saint-Marc, &c. une Compagnie d'Artillerie composée de vingt-cinq hommes de bonne volonté, qui seront attachés au service de l'Artillerie du lieu et postes en dépendans.

ART. II. Cette Troupe, lorsqu'elle sera assemblée avec les autres Troupes des Milices, prendra la droite, ainsi qu'il est réglé par Sa Majesté entre les Troupes d'Artillerie et son Infanterie.

ART. III. Chaque Compagnie sera commandée par un Capitaine, un Lieutenant, et un Enseigne; et ces Officiers jouiront du rang, honneurs, prérogatives et exemptions accordés par le Roi aux Officiers de Milice du même grade qu'eux.

ART. IV. Dans le choix qui sera fait des hommes qui entreront dans cette Compagnie, on observera de préférer ceux qui seront déjà au fait de ce service, soit pour y avoir été employés sur les vaisseaux, ou, par le passé, dans cette Colonie, en temps de guerre; et ceux qui auront été admis sans être au fait, seront tenus de s'y exercer aux lieux et heures qui leur seront indiqués; et à cet effet, il sera établi une Ecole d'Artillerie dans chaque endroit.

ART. V. Les Canonniers composant cette Compagnie, seront attachés particulierement au service de la Place et postes en dépendans, et ne pourront être employés à aucune autre espece de services ou corvées personnels. Mandons à MM. les Commandans des Villes du Port-au-Prince,

Petit-Goave, Saint-Louis, Saint-Marc, &c. de faire lire et publier la présente par-tout où besoin sera, et de tenir la main à son exécution. DONNÉ de nous au Petit-Goave, &c. le 30 Octobre 1755. *Signé* DE VAUDREUIL.

ARRÊT du Conseil du Port-au-Prince, touchant le baptême des enfans illégitimes.

Du 14 Novembre 1755.

ENTRE les héritiers de feu François Lardié, &c.; et faisant droit sur le réquisitoire du Procureur Général du Roi, fait défense à tous les Curés des Paroisses du ressort d'employer sur le registre des baptêmes le nom d'aucune personne libre, sans son consentement par écrit, pour pere des enfans illégitimes qu'ils baptiseront; ordonne que copies collationnées du présent Arrêt seront envoyées, à la diligence du Procureur Général du Roi, dans tous les Siéges dudit ressort, pour y être lues, &c.

ARRÊT du Conseil du Port-au-Prince, touchant la résidence et le transport des Huissiers de la Jurisdiction de Saint-Marc.

Du 15 Novembre 1755.

VU la remontrance du Procureur Général du Roi, expositive que l'augmentation considérable des établissemens en habitations dans l'étendue de la Jurisdiction de Saint-Marc, auroit porté MM. le Général et Intendant de cette Colonie, toujours attentifs à procurer des commodités et de nouveaux avantages au Public, à changer de lieu le passage de l'ancien Bac de l'Artibonite, à en établir de nouveaux sur cette même riviere et sur celle de l'Ester, et à ouvrir de nouveaux chemins qui facilitent la communication des quartiers de cette Jurisdiction; en sorte que tel quartier qui étoit autrefois fort éloigné de tel autre, s'en trouve aujourd'hui voisin, par le moyen de ces nouveaux Bacs et de ces nouveaux chemins; malgré le changement des distances que ces opérations si utiles ont si considérablement raccourcies, les Huissiers exigent pour leurs transports des sommes plus considérables qu'ils ne doivent, sous le prétexte qu'ils se conforment aux Réglemens qui ont été faits anciennement pour ces quartiers: mais ces Réglemens ne sont point assez détaillés, ils ne sont pas même relatifs à l'état actuel de cette Jurisdiction; ce qui fait que les Huissiers estiment arbitrairement les distances, et toujours au trop grand préjudice des Parties. Pourquoi requiert ledit Procureur Général du Roi, que, ce considéré, il plaise à la Cour statuer sur le contenu en la présente; sur quoi, la matiere mise en délibération, et faisant droit sur la remontrance du Procureur Général du Roi, LE CONSEIL a ordonné ce qui suit:

ART. Ier. Quatre des Huissiers de la Jurisdiction de Saint-Marc résideront à l'avenir dans le Bourg de la Petite-Riviere, et le surplus dans la ville de Saint-Marc, suivant le tableau qui en sera dressé et arrêté par les Officiers du Siége de Saint-Marc, dans huitaine après la publication du présent Réglement.

ART. II. Les Huissiers résidans dans la Ville de Saint-Marc exploiteront dans les Paroisses de Saint-Marc et des Gonaïves seulement, et ceux résidans à la petite riviere n'exploiteront que dans l'étendue de la Petite-Riviere et Verette; les uns et les autres se conformeront, pour les distances, à l'échelle qui a été dressée par le sieur Peyrotte, laquelle sera enregistrée au Greffe de Cour; et pour leurs transports, ils se conformeront au Réglement du Conseil du 17 Juillet 1738, sur les peines y portées.

ART. III. Pour faciliter aux Habitans, Négocians, et autres Particuliers résidans dans les paroisses de Saint-Marc et des Gonaïves, la remise et le retrait de leurs pieces, un des Huissiers résidans à la Petite-Riviere, à tour de rôle, suivant l'ordre du tableau; & l'un à défaut de l'autre, en cas de maladie ou de corvée, sera obligé de se trouver aux Audiences ordinaires dudit Siége.

ART. IV. Lesdits Huissiers auront une expédition collationnée de ladite échelle et du présent Réglement, lequel sera exposé dans le lieu le plus apparent de leur Etude.

ART. V. Seront tous Huissiers tenus de se conformer aux articles ci-dessus, sur peine de 30 liv. d'amende pour la premiere contravention, applicable aux réparations de l'Auditoire, & d'interdiction en cas de récidive; et pour que le présent Arrêt de Réglement soit notoire, LE CONSEIL ordonne que copie collationnée d'icelui et de la susdite échelle sera enregistrée au Greffe du Siége Royal de Saint-Marc, lu, publié et affiché, &c.

ORDRE du Roi, pour conserver à M. MAILLART, ancien Intendant, repassant dans la Colonie pour ses affaires, les honneurs de sa place.

Du 21 Novembre 1755.

DE PAR LE ROI.

SA MAJESTÉ désirant donner au sieur Maillart, ci-devant Intendant des Isles sous le Vent, auquel elle a permis de se retirer du service, une nouvelle marque de la satisfaction qu'elle a de ceux qu'il lui a rendus, tant dans ladite Intendance que dans les autres emplois qu'il avoit précédemment remplis dans la Marine, elle veut et entend que, dans les voyages qu'il pourra faire auxdites Isles, pour ses affaires particulieres, il y jouisse des honneurs attachés à ladite Charge d'Intendant, et de l'exemption de tous droits pour ses Negres domestiques; mandant Sa Majesté aux sieurs Commandant Général et Intendant desdites Isles, de tenir la main, chacun en droit soi, à l'exécution du présent ordre, lequel sera enregistré par-tout où besoin sera. FAIT, &c.

M. Maillart mourut à Saint-Domingue en Décembre 1758.

ORDONNANCE du Gouverneur du Cap, pour défendre la vente du Poisson jusqu'à nouvel ordre.

Du 6 Février 1756.

Cette défense avoit pour motif une épidémie qui s'étoit jetée sur les chiens, et qui en avoit fait périr un très-grand nombre dans la ville du Cap et aux environs; et comme ces animaux infectés de vers étoient jetés dans la rade, on crut prudent d'interdire la vente du poisson pendant quelque temps.

ARRÊT du Conseil du Cap, touchant le droit de l'Audiencier de la Cour, pour les significations, et pour la présentation des Placets, Requêtes, &c.

Du 10 Avril 1756.

VU par le Conseil la Requête de Jean-Baptiste Baudu, Huissier Audiencier en la Cour, aussi les pieces jointes, conclusions du Procureur Général du du Roi, et ouï le rapport de M. Hirel Conseiller, et tout considéré; LE CONSEIL ordonne qu'il sera fait et établi une bourse commune des droits des Huissiers de la Cour, pour les significations qu'ils feront de Procureur à Procureur, dans laquelle le Suppliant aura telle part et portion qui sera fixée par le réglement qui en sera fait; autorise le Suppliant à prendre et percevoir 3 liv. par chacune des Requêtes qui seront répondues par la Cour pendant et hors ses séances, autres toutefois que celles touchant les appellations et les anticipations, et par chacun des Placets qui seront présentés pendant lesdites séances au Président de la Cour, pour ajouter causes aux rôles, à l'effet de quoi lesdites Requêtes et Placets seront remis au Suppliant, pour être expédiés et mis sur le Bureau : et pour dresser le Réglement dont s'agit, a commis et commet ledit Conseiller Rapporteur, pour ce fait et rapporté pardevant la Cour, être ordonné ce qu'il appartiendra.

Voy. *l'Arrêt du 8 Novembre suivant.*

ARRÊT du Conseil du Port-au-Prince, qui ordonne une levée de 30 sous par tête de Negres, pour les droits curiaux et suppliciés.

Du 11 Mai 1756.

DÉCLARATION du Roi, portant suspension du dixieme de M. l'Amiral.

Du 15 Mai 1756.

LOUIS, &c. Parmi les divers objets dont nous sommes obligés de nous occuper dans les conjonctures présentes, nous avons cru devoir donner une attention particuliere aux armemens de mer qui se font pour la course sur les ennemis de l'Etat; et il nous a paru convenable de faire de nouveaux arrangemens, tant pour exciter nos Sujets à multiplier ces sortes d'armemens, dans le cas où nous jugerons nécessaire de les autoriser, que pour assurer dès à présent aux Officiers et Equipages de nos Vaisseaux armés pour notre compte, des marques publiques de la satisfaction que nous sommes en droit d'attendre de leur zele et de leur valeur dans toutes les occasions. C'est dans cette vue que nous nous proposons de faire examiner les Ordonnances, Arrêts et Réglemens rendus jusqu'à présent, concernant les procédures des Amirautés, pour l'instruction des prises faites à la mer, afin de simplifier, par un nouveau Réglement, ces procédures, d'en diminuer les frais, et de procurer à tous les Intéressés aux armemens, les moyens de profiter le plus promptement que faire se pourra, du fruit des dépenses qu'ils feront, et des risques auxquels ils s'exposeront; et c'est aussi dans la même vue, qu'après nous être fait représenter notre Déclaration du 5 Mars 1748, par laquelle nous aurions ordonné la suspension du dixieme de l'Amiral de France sur les prises, durant la guerre qui subsistoit alors, avec d'autres encouragemens pour la course, nous nous sommes déterminés à en renouveler les principales dispositions, à en ajouter de nouvelles, et à faire connoître plus particulierement la résolution où nous sommes de protéger la course, et de la favoriser par toutes sortes de moyens. A CES CAUSES, &c.

ART. Ier. *Il est copié sur le premier de la Déclaration du Roi, du 5 Mars 1748.*

ART. II. Outre le produit des prises qui seront faites par les Bâtimens armés en course par nos Sujets, et desquelles le partage se fera en entier, sans perception du dixieme de l'Amiral, voulons qu'il soit payé des deniers de notre Trésor Royal les gratifications suivantes, pour raison desdites prises; savoir, la somme de 100 liv. pour chaque canon du calibre de quatre livres et au-dessus, jusqu'à douze livres, des Navires qui seront pris chargés en marchandises; celle de 150 livres, pour chaque canon desdits calibres des Navires particuliers armés en course, et celle de 200 liv. pour chaque canon du même calibre des Vaisseaux et Frégates de guerre; celle de 150 liv., pour chaque canon de douze livres et au-dessus des Navires chargés en marchandises, et de 225 liv. pour chaque canon desdits Corsaires particuliers, et de 300 liv. pour chacun de ceux des Vaisseaux et Frégates de guerre; celle de 30 liv. pour chaque Prisonnier des Navires marchands qui seront pris; de 40 liv. pour chacun des Prisonniers des Corsaires particuliers, et de 50 liv. par tête de ceux des Vaisseaux et Frégates de guerre; et lorsqu'il y aura combat, lesdites gratifications seront accordées pour le nombre d'hommes effectifs qui se seront trouvés sur les prises au commencement de l'action; voulons même qu'elles soient augmentées d'un quart en sus, tant pour les Vaisseaux et Frégates de guerre, que pour les Corsaires particuliers qui auront été enlevés à l'abordage.

ART. III. *C'est le quatrieme de la Déclaration du Roi du 5 Mars 1748.*

ART. IV. Lesdites gratifications appartiendront en entier aux Capitaines,

Officiers et Equipages des Navires preneurs, pour être partagées entre eux proportionnément aux quotités respectives, revenantes aux Capitaines, Officiers et Equipages dans le produit des prises, suivant les conditions faites par l'acte d'engagement; voulons que le payement en soit fait, &c. *Pour le surplus de cet article*, voy. *le cinquieme de la Déclaration du Roi du 5 Mars* 1748.

Art. V. Déclarons que nous prendrons pour notre compte les Vaisseaux ou Frégates de vingt-quatre canons et au-dessus, qui auront été construits pour la course, soit sur le pied des factures, s'ils n'y avoient pas été employés, soit sur le pied de l'estimation, s'ils y ont été employés, lorsque ladite course cessera d'être autorisée; déclarons pareillement que nous prendrons pour notre Marine les Vaisseaux ou Frégates de vingt-quatre canons et au-dessus, qui seront pris par les Corsaires particuliers, et qui se trouveront en état de servir, suivant l'estimation qui en sera égalemene faite; se le prix de tous lesdits Vaisseaux et Frégates sera payé des deniers de notre Trésor Royal, aussi-tôt que la livraison en aura été faite aux Officiers qui seront par nous commis pour les recevoir; le tout néanmoins si mieux n'aiment les Propriétaires les garder pour leur compte, ou en faire la vente comme des autres effets des prises.

Art. VI. Déclarons aussi que notre intention est de donner des marques particulieres et honorables de notre satisfaction aux Armateurs qui se distingueront par des armemens et entreprises considérables; voulons même que, pour indemniser les Intéressés auxdits armemens des dommages que les Vaisseaux ou Corsaires auront pu souffrir dans les combats où ils se seront rendus maîtres de quelques Vaisseaux ou Frégates de guerre, il leur soit payé des deniers de notre Trésor Royal, sur la représentation des pieces mentionnées en l'article III des présentes, les sommes ci-après; savoir, 100 liv. par chaque canon du calibre de quatre livres et au-dessus, jusqu'à douze livres, et 200 liv. par chaque canon du calibre de douze liv. et au-dessus des Vaisseaux qui auront été pris dans lesdits combats; et en outre, 20 liv. par chaque homme effectif qui se sera trouvé au commencement du combat sur les vaisseaux pris.

Art. VII. A l'égard des prises qui seront faites par nos vaisseaux armés pour notre compte, nous voulons qu'il appartienne aux Officiers et Equipages desdits Vaisseaux le tiers dans le produit net des prises des Vaisseaux marchands, sauf à leur donner une plus grande part, suivant les circonstances; et qu'en outre, il leur soit payé des deniers de notre Trésor

Royal, pour raison de toutes les prises qu'ils feront, des gratifications semblables à celles que nous avons réglées par l'article III des présentes en faveur des Corsaires particuliers, à l'exception néanmoins des prises des Vaisseaux et Frégates de guerre, pour raison desquelles nous voulons qu'il soit payé auxdits Officiers et Equipages la somme de 300 livres pour chaque canon de quatre livres et au-dessous, jusqu'à douze livres, et celle de 450 liv., pour chaque canon de 12 livres et au-dessus, et que lesdites sommes soient augmentées d'un quart en sus, lorsque lesdits Vaisseaux et Frégates auront été enlevés à l'abordage, nous réservant de leur accorder aussi des récompenses particulieres, suivant leurs grades, la force des Vaisseaux de guerre et Corsaires ennemis dont ils se seront emparés, et les autres circonstances des combats qu'ils auront livrés ou soutenus; et le partage, tant du tiers desdites prises des Navires marchands, que desdites gratifications, se fera entre nosdits Officiers et Equipages, conformément au Réglement qui en sera par nous arrêté en notre Conseil.

Art. VIII. Voy. *le huitieme de la Déclaration du Roi du 5 Mars* 1748.

Art. IX. Les Navires qui seront armés en course, jouiront de l'exemption de tous droits généralement quelconques, sur les vivres, artillerie, munitions et ustensiles de toutes especes servant à leur construction, avitaillement et armement.

Art. X. Il sera par nous statué sur les especes et quantité de marchandises provenantes des prises qui pourront être vendues et consommées dans le Royaume.

Art. XI. Suivant les témoignages qui nous seront rendus de la conduite des Officiers et Volontaires qui serviront sur les Corsaires, nous les dispenserons d'une, et même de deux campagnes sur nos Vaisseaux, pour être reçus Capitaines.

Art. XII. Les Officiers et Matelots des Equipages des Corsaires, qui, par des blessures qu'ils auront reçues dans les combats, se trouveront invalides, seront compris dans les états des demi-soldes que nous accordons aux gens de mer; comme aussi nous accorderons des pensions aux veuves de ceux qui auront été tués dans les combats.

Art. XIII. Les salaires et parts des Matelots déserteurs des Corsaires de vingt-quatre canons, et au-dessus, appartiendront et seront acquis aux Armateurs desdits Corsaires.

Art. XIV. Ne pourront les Capitaines Corsaires admettre à rançon aucuns Navires ennemis, sous quelque prétexte que ce puisse être, qu'après qu'ils auront renvoyé dans les Ports trois prises effectives depuis leur derniere sortie.

ART. XV. *C'est mot à mot l'art. IX de la Déclaration du Roi du 5 Mars 1748.*

Si donnons en mandement, &c. DONNÉ à Versailles le 15 Mai 1756, &c.

R. au Conseil du Cap le 16 Août 1756.
Et à celui du Port-au-Prince le 6 Septembre suivant.

LETTRE du Roi aux Administrateurs, sur le Jugement des Prises faites aux Colonies.

Du 20 Mai 1756.

R. au Conseil du Cap le 16 Août 1756.
Et à celui du Port-au-Prince le 6 Septembre suivant.

Cette Lettre est conforme à celle du 17 Février 1745, sur le même sujet.

ARRÊT du Conseil d'Etat, qui permet aux Habitans et Négocians de la Ville de Cherbourg, de faire directement par le Port de ladite Ville le commerce des Isles et Colonies Françoises de l'Amérique, en se conformant aux Lettres Patentes du mois d'Avril 1717.

Du 8 Juin 1756.

ORDONNANCE du Roi, portant déclaration de guerre contre l'Angleterre.

Du 9 Juin 1756.

R. au Siége de l'Amirauté du Cap le 13 Septembre suivant.

ORDONNANCE de M. l'Intendant, portant confiscation de soixante huit Negres, non compris au recensement du sieur GAUTHIER, Habitant au Cul-de-Sac.

Du 19 Juin 1756.

R. au Greffe de l'Intendance le 23 du même mois.

LETTRE du Ministre à MM. DE VAUDREUIL et LALANNE, sur le renvoi en France d'un Procureur du Roi.

Du 24 Juin 1756.

J'AVOIS déjà entendu parler de l'affaire de M. Dumesnil, Procureur du Roi de la Jurisdiction et de l'Amirauté du Port au-Prince, lorsque j'ai reçu le détail que vous m'avez fait des motifs du parti que vous avez pris de renvoyer cet Officier en France. Cet acte d'autorité, et les circonstances dont il a été accompagné, n'ont pas fait moins d'éclat ici que dans la Colonie; et le Roi, à qui j'ai été obligé d'en rendre compte, n'a rien trouvé dans les griefs détaillés contre le sieur Dumesnil, qui puisse justifier le traitement que M. le Marquis de Vaudreuil lui a fait éprouver.

Ce traitement blesse également et les principes de la Justice, et les maximes d'un Gouvernement réglé. Il ne seroit pas tolérable contre un simple Habitant sans caractere, et il l'est encore bien moins contre un Officier de Justice, dont le ministere exige des égards et des ménagemens. Ainsi, Sa Majesté, loin d'y donner son approbation, a jugé au contraire qu'il n'étoit pas juste que le sieur Dumesnil en fût plus long-temps la victime. Elle a cependant bien voulu ne pas le renvoyer aux fonctions de ses charges au Port-au-Prince, mais elle l'a nommé pour remplir celles de son Procureur à la Jurisdiction et à l'Amirauté du Cap; et j'ai été bien aise d'avoir occasion de proposer à Sa Majesté cet arrangement, qui m'a paru concilier, autant qu'il étoit possible, toutes les considérations.

Je vous envoie les nouvelles Provisions du sieur Dumesnil; l'intention du Roi est que vous donniez sans retardement les ordres pour sa réception; que vous le souteniez dans l'exercice de son ministere, et que vous le traitiez en toute occasion de maniere à dissiper entierement les impressions qui pourroient rester dans le Public du traitement qu'il a essuyé.

Ce n'est point au reste que les Officiers des Jurisdictions ne doivent reconnoître l'autorité des Chefs de la Colonie; Sa Majesté ne souffriroit pas qu'ils cherchassent à s'y soustraire. Libres dans l'exercice de leurs fonctions, ils en sont néanmoins comptables au Gouverneur ou Commandant Général, et à l'Intendant, qui sont chargés d'y veiller; mais s'ils commettent des prévarications, ou qu'ils tombent dans d'autres cas répréhensibles, ce n'est que par les voies juridiques et légales qu'ils doivent être punis. On doit leur faire faire le procès dans les regles, s'il y a lieu, par les Conseils Supérieurs; supposé qu'il n'y ait pas matiere, ou que des raisons particulieres s'opposent à l'instruction et à l'appareil d'une procédure réguliere, le Gouverneur ou le Commandant Général et l'Intendant sont autorisés alors à prononcer l'interdiction; et sur le compte qu'ils doivent en rendre, le Roi ordonne ce que Sa Majesté juge à propos. Mais, dans tous les cas, l'interdiction est la seule punition qu'ils puissent faire subir à ces Officiers, et ils ne doivent s'y déterminer qu'avec beaucoup de réserve et pour des raisons graves. Ils doivent être également circonspects par rapport aux punitions que ces mêmes Officiers peuvent mériter pour des écarts ou des manquemens dans leur conduite personnelle, en ménageant ces punitions, lorsqu'elles sont indispensables, et que des avis ne sont pas suffisans, de maniere qu'elles ne puissent ni avilir le caractere de ceux qui les subissent, ni commettre en rien l'autorité qui les ordonne.

Tels sont en général les principes sur lesquels vous devez vous régler. Le Roi ne peut que s'en rapporter à votre prudence pour en faire l'application aux diverses circonstances qui peuvent se présenter dans votre Administration. La conduite de M. de Vaudreuil à l'égard du sieur Dumesnil a été bien opposée, et c'est ce que je lui explique plus particulierement.

MÉMOIRE de M. l'Intendant, pour servir d'instruction au sieur L'HONNORÉ DE TREVIGNON, Ecrivain principal de la Marine, faisant fonction de Contrôleur aux Isles sous le Vent.

Du 10 Juillet 1756.

ART. Ier. LE sieur de Trevignon, Ecrivain principal de la Marine, fera les fonctions de Contrôleur à Saint-Domingue, jusqu'à ce que le Roi ait pourvu à cette place, et sa résidence sera fixée au Port-au-Prince.

ART. II. Il aura inspection sur toutes les recettes, les dépenses, les achats, et l'emploi des marchandises, sur le travail des Armuriers, et il assistera à tous les marchés.

ART. III. Il signera à la fin de chaque mois avec le Commissaire, sur les registres des Gardes-Magasins, dans lesquels seront portées la recette et la dépense de tout ce qui sera entré et sorti des Magasins, et de trois en trois mois il vérifiera le livre de balance, qu'il arrêtera, pour connoître ce qui reste dans les Magasins, après avoir constaté les déchets et les revenant-bons qui pourront s'y trouver, en observant les causes d'où ils proviennent, de laquelle balance il remettra une copie à l'Intendant, pour lui faire connoître la situation du Magasin.

ART. IV. Il fera de temps en temps des recensemens des marchandises et munitions déposées dans les Magasins du Roi, pour s'assurer si les quantités portées sur la balance existent, et pour en examiner la qualité; il aura soin aussi que ces marchandises soient disposées en bon ordre et dans des lieux où elles ne dépérissent pas.

ART. V. Il tiendra un registre particulier des marchés, adjudications et conventions qui se feront avec les Marchands ou les Ouvriers de la Ville, tant pour les fournitures des marchandises dans les Magasins du Roi, que pour les façons d'ouvrages, et il aura soin de poursuivre l'exécution desdits marchés, et de rendre compte à l'Intendant des défauts et manquemens qu'il pourroit y avoir, afin qu'il y soit pourvu.

ART. VI. Il tiendra un registre exact et fidele de la recette et de la dépense qui seront faites par le Commis principal du Trésorier Général des Colonies, servant près de l'Intendant, lequel Commis sera tenu de lui communiquer ses bordereaux de chaque exercice, toutes les fois qu'il les demandera.

ART. VII. Il contrôlera tous les acquits, rôles, états et reçus du Garde-Magasin, servant à la décharge du Receveur Général des Colonies.

ART. VIII. Il fera les poursuites et diligences nécessaires pour le recouvrement, tant de ce qui se trouvera dû à la caisse par les Particuliers, que par les Receveurs des droits du Roi, et autres comptables.

ART. IX. Il enregistrera dans un livre particulier les Commissions, Brevets et ordres accordés par Sa Majesté aux Officiers qui viendront servir dans la Colonie, ou qui y seront avancés, lesquels il endossera, et fournira des copies collationnées qu'il sera nécessaire de joindre aux premieres quittances d'appointemens.

ART. X.

Art. X. Il visitera tous les Ouvrages que Sa Majesté fera faire, desquels il rendra compte à l'Intendant.

Art. XI. Il aura attention de faire coter et parapher par l'Intendant tous les registres qu'il est obligé de tenir, et il aura soin de les tenir dans le meilleur ordre.

Art. XII. Il assistera à la revue que le Commissaire fait chaque mois, des Bombardiers, des Compagnies franches, et des Suisses, et en signera conjointement avec lui, sur le registre tenu au Bureau des Soldats, l'extrait et les mouvemens qui les concernent.

Art. XIII. Il visitera souvent les Hôpitaux, veillera à ce que les malades y soient bien nourris et bien soignés, et il tiendra un registre particulier de l'entrée et de la sortie desdits malades, pour pouvoir constater avec exactitude le payement des journées; il rendra d'ailleurs compte à l'Intendant de ce qui pourroit se passer de contraire au bon ordre.

Art. XIV. Il veillera soigneusement à la conservation des registres, mémoires, et autres papiers qui seront déposés au Contrôle, desquels il aura un inventaire, sur lequel il suivra les mouvemens, lequel inventaire il fera arrêter à la fin de chaque année par l'Intendant.

Art. XV. Il doit être tenu au Magasin général un registre des armes, ustensiles et meubles qui sont déposés dans les Forts et les batteries, dans les cazernes et maisons du Roi; il veillera à ce que les mouvemens en soient suivis exactement, et il rendra compte de ce qu'il trouvera de contraire au bon ordre à cet égard.

Enfin, le sieur de Trevignon aura attention de suivre exactement tout ce qui est relatif à sa charge, et d'en rendre un compte exact à l'Intendant. Au Port-au-Prince, le 10 Juillet 1756. *Signé* Laporte Lalanne.

C'est à cette époque qu'il y a eu un vrai régime établi pour l'administration du Contrôle de la Marine à Saint-Domingue, dont les registres et les archives ne remontent qu'à cette même époque.

Arrêts du Conseil du Cap, qui nomment M. Lhéritier, Conseiller, pour tenir le Siége Royal et celui de l'Amirauté du Cap, attendu le décès de M. Rey, Sénéchal et Lieutenant Général de l'Amirauté.

Du 5 Août 1756.

Sur ce qui a été remontré au Conseil par le Procureur Général du Roi, que la Sénéchaussée de cette Ville a perdu depuis peu son premier

Officier ; que cette mort, qui enleve au Public un Juge également recommandable par son assiduité, ses lumieres, et son intégrité, laisse le Siége vacant, ne se trouvant pas actuellement de Lieutenant Particulier ; que l'importance et la multiplicité des affaires ne permettant aucune interruption dans l'administration de la Justice, ce seroit à la Cour à y pourvoir, et à entretenir le cours ordinaire de la Justice, si nécessaire aux besoins des Sujets du Roi ; que le remontrant observera seulement que l'étendue de cette Sénéchaussée, la nature des affaires, et la décence, si désirable dans les Tribunaux, semblent exiger une personne dont l'état et les lumieres répondent à ces objets : pourquoi requéroit, &c. ; et ouï le rapport de M. Duperier, Conseiller, et tout considéré, LE CONSEIL a commis et commet M. Lhéritier, Conseiller, pour tenir le Siége Royal du Cap, jusqu'à ce qu'il y ait été pourvu par MM. les Général et Intendant ; ordonne que le présent Arrêt sera enregistré au Greffe dudit Siége Royal, et signifié, à la diligence dudit Procureur Général, au Doyen des Procureurs audit Siége.

Du même jour.

Sur ce qui a été remontré au Conseil par le Procureur Général du Roi, que le sieur Rey, Lieutenant de l'Amirauté de cette Ville, est décédé ces jours derniers ; que cette mort laisse ce Siége vacant et dépourvu d'Officier ; qu'il est bien vrai que le Réglement de 1717, concernant les Siéges de l'Amirauté, porte, qu'en cas de mort, de maladie, ou d'absence des Officiers de ces Tribunaux, les plus prochains Juges en feront les fonctions ; mais que, dans la circonstance présente, l'exécution de cet article est impossible, par le défaut de Juge dans la Sénéchaussée de cette Ville, et par l'éloignement des autres Jurisdictions ; que comme il importe au commerce que l'administration de la Justice en cette partie ne soit point interrompue, il est donc indispensable que la Cour commette quelqu'un à cet effet : pourquoi requéroit, &c ; et ouï le rapport de M. Duperier, Conseiller, et tout considéré, LE CONSEIL a commis et commet M. Lhéritier, Conseiller, pour tenir le Siége d'Amirauté du Cap, et exercer les fonctions de Lieutenant d'icelle, jusqu'à ce que la Jurisdiction Royale du Cap ait été pourvue d'un Juge ; ordonne que le présent Arrêt sera enregistré au Greffe dudit Siége d'Amirauté, et signifié, à la diligence dudit Procureur Général, au Doyen des Procureurs audit Siége.

ARRÊT du Conseil du Cap, touchant les Boucheries de la même Ville.

Du 6 Août 1756.

A Nosseigneurs du Conseil Supérieur du Cap. Supplient humblement les Habitans du Cap ci-après nommés, disant que la détresse et la misere où ils se trouvent réduits, par l'état actuel des Boucheries, les forcent à vous porter leurs plaintes contre un mal qui a toujours été très-fâcheux, mais qui s'est tellement augmenté depuis quelque temps, qu'il devient intolérable, par l'insolence et la mauvaise foi des Préposés à la Boucherie.

On s'est toujours plaint, et sur-tout depuis cinq à six ans, qu'on n'avoit communément au Cap que de la viande détestable; mais l'intérêt du service du Roi engageoit les Habitans à prendre leur mal en patience, quoique l'Adjudicataire des Boucheries ait toujours abusé de sa qualité, en faisant un monopole criant, et vendant de la viande à tel prix et sous tel nom qu'il vouloit; mais du moins on avoit la ressource, si on achetoit du mauvais bœuf pour du veau, de pouvoir choisir le mouton et le cochon, parce que l'usage étoit que l'Adjudicataire des Boucheries recevoit une souscription de 300 liv., pour permettre, à qui le vouloit, de tuer et débiter du mouton et du cochon.

Cette viande, qui se débitoit sur la place, étoit la ressource du pauvre et du riche, et c'étoit l'état et la profession de cinq à six familles connues sous le titre de *Bouchers de mouton et de cochon*, et entre lesquelles il y avoit une espece d'émulation à qui auroit la meilleure viande et la mieux habillée, pour se procurer plus de débit. Aujourd'hui ces Bouchers sont sans état et sans ressource, parce qu'il a plu au nouvel Adjudicataire de préposer deux Etrangers pour la vente de ces deux especes de viandes; en sorte que c'est le même Boucher qui vend à présent le bœuf, le veau, et le mouton; c'est-à-dire, qui donne au Public de la vraie charogne sous ces trois noms. Le bœuf a presque toujours la chair glaireuse et meurtrie; ce qui prouve, ou qu'il est mort de lui-même, ou qu'il a été tué étant malade, parce que le Boucher prend indifféremment tout ce qu'il trouve; et pour peu qu'une bête puisse se traîner à la Boucherie, ou, étant morte, pourvu qu'elle ne soit pas tout à fait pourrie quand on l'y apporte, elle se débite au Public; les Negres sont forcés de la recevoir; et si quelqu'un des Habitans, persuadé que ses Negres le trompent, et qu'il n'est pas possible qu'on vende de pareille viande, veut informer ou s'en plaindre aux Bouchers, on lui répond insolemment qu'il est le maître de la prendre ou de la laisser; et s'il en voit qui ait une meilleure pparence, et qu'il en demande, on le force en même temps d'en prendre d'autre qui n'est bonne à donner qu'aux chiens, ou on la lui veut vendre un prix si excessif, qu'il faut qu'il se tienne pour dit qu'on ne veut pas lui en donner; et s'il insiste, il se trouve en butte aux injures les plus grossieres, et même aux menaces.

C'est ce qui est arrivé à un des Supplians le jour de Pâques: il fut à la Boucherie, sur ce que son Negre lui avoit apporté de très-mauvaise viande; et ayant demandé que l'on lui pesât un morceau qui avoit meilleure apparence, un des Préposés à la Boucherie le refusa, s'il n'en acceptoit en même temps de la même qu'il avoit renvoyée. L'Habitant envoya avertir l'Inspecteur de Police, qui vint, et qui dit au Boucher de peser la viande; ce qu'il refusa insolemment, et il dit à l'Habitant, qu'il voudroit, pour mille piastres, le tenir seul dans un bois. L'Inspecteur fut témoin de cette violence; elle fut secondée par plusieurs autres des Préposés à la Boucherie, qui étoient armés de couteaux et autres instrumens de leur métier. Un des plus insolens fut mis en prison: mais tout cela peut-il arrêter le mal qui s'augmente chaque jour? Le seul Inspecteur de Police, qui est d'un âge très-avancé, veille à la Boucherie; mais il n'a ni jurisdiction ni autorité: il ne peut que faire son rapport; mais il ne peut ni saisir ni faire enlever la mauvaise viande, ou s'il le peut, il ne l'a jamais fait; en sorte que sa présence n'en impose point, et l'Adjudicataire en est quitte pour des réprimandes, auxquelles il s'attend, et qui ne le corrigent point.

Cependant, Nosseigneurs, au moyen de ce qu'il a commis à la vente du mouton et du cochon, un homme qui lui est entierement dévoué, il vend au Public la viande telle qu'il veut, et à tel prix qu'il veut: rien ne le retient; il ne craint plus qu'on lui laisse son bœuf, pour prendre du mouton ou du cochon; il y a donné bon ordre. Le mouton, qui, pour l'ordinaire, est remplacé par du cabrit ou de la chevre, et du belier, est si mauvais, qu'il ne fait point de tort au bœuf; en sorte qu'il faut se borner au cochon, ou se passer de viande; ce qui est impossible, tant pour les Blancs que pour les Negres, et sur-tout pour les malades et les convalescens. On est donc forcé d'en prendre, toute mauvaise qu'elle est; ce qui ne peut produire que les effets les plus pernicieux, dans un pays sur-tout où les personnes les plus robustes et les plus rangées éprouvent une diminution sensible de leurs forces, et où les fievres putrides sont si fréquentes et si dangereuses, que la peste même ne produit pas des effets plus prompts et plus funestes; on en éprouve souvent dans la Colonie, sans parler des maladies inflammatoires, qui sont le tribut dangereux que payent les nouveaux venus, et il y regne une malignité dont les meilleurs sujets ne peuvent se défendre.

Depuis dix mois, entre autres, cette malignité a été si terrible, qu'après avoir emporté un très-grand nombre d'Habitans de tout âge, elle s'est jetée, il y a six mois, sur les chiens, qui mouroient pleins de vers, et en si grand nombre, qu'on craignit avec raison qu'il n'infectassent la rade, et M. le Gouverneur fit publier une défense de vendre du poisson, dans la juste crainte que, s'étant nourris de cette chair corrompue, l'usage n'en fût contraire à la santé, &c.: c'est pourquoi les Supplians prennent la liberté, Nosseigneurs, de s'adresser à vous, qui connoissez la vérité de ces faits, &c. (*Cette Requête est signée de quatre-vingt-huit Citoyens notables de la Ville du Cap*).

Vu aussi les minutes des criées, encheres et adjudication de la Ferme des Boucheries du Cap, apportées en la Cour, en exécution de l'Arrêt de ce jour, conclusions du Procureur Général du Roi; et ouï le rapport de M. Lhéritier, Conseiller, et tout considéré, LE CONSEIL ayant aucunement égard aux conclusions dudit Procureur Général, ordonne que les clauses et conditions insérées en la carte bannie et adjudication des 27 Juillet et 26 Août 1755, seront exécutées selon leur forme et teneur; ce faisant:

1°. Qu'au désir de l'art 8, les Fermiers, Sous-Fermiers et Commis préposés ne pourront vendre et débiter que de bonnes viandes, et sous les peines portées audit article, et même sous plus grande peine, en cas de récidive.

2°. Qu'au désir de l'art. 6, lesdits Fermiers, Sous-Fermiers et Commis préposés ne pourront vendre ladite viande plus de 7 sous 6 deniers la livre, sans que, sous aucun prétexte, ils puissent la faire payer au-dessus dudit prix, à peine, en cas de contravention, de 300 liv. d'amende, pour la premiere fois, et d'être poursuivis extraordinairement, en cas de récidive.

3°. Que le Fermier et Commis par lui préposés ne pourront, en conséquence de l'art. 3, tuer et débiter au delà de dix veaux par semaine dans la Ville du Cap: et attendu que, lors de l'adjudication, il a été permis audit Fermier de faire payer ladite viande de veau 10 sous la livre, ordonne que, pour éviter tout prétexte de fraude, ladite viande de veau sera débitée dans un lieu destiné et séparé de celui où se débitera la viande de bœuf, sans que, sous prétexte de cet article, les Sous-Fermiers des différens quartiers de la plaine puissent s'immiscer à vendre de la viande de veau.

4°. Qu'au désir de l'art. 4 et pour la commodité du Public, le Fermier sera tenu d'établir ou faire établir par gens par lui préposés dans différens quartiers de cette Ville, quatre Etaux pour le débit et la distribution des viandes de mouton et cochon, à la charge par lui de se conformer au prix fixé pour lesdites viandes par ladite carte bannie et adjudication, et ce sous les peines ci-dessus expliquées.

Et faute par ledit Fermier de fournir la quantité suffisante de mouton et de cochon, déclare qu'il sera permis à tous Particuliers de débiter lesdites viandes de cochon et de mouton, en payant chacun audit Fermier à raison de 300 liv. par an, pour le temps seulement qu'ils en débiteront, à l'effet de quoi ils seront tenus de faire leurs soumissions audit Fermier de se conformer aux clauses et conditions de ladite carte bannie et adjudication, sous les peines y portées : ordonne que le présent Arrêt sera lu, publié et affiché par-tout où besoin sera dans le ressort de la Cour ; enjoint aux Officiers de Police de tenir la main à l'exécution dudit Arrêt ; ordonne en outre que ladite carte bannie et minute de l'adjudication seront rendues au Greffier de la Jurisdiction Royale de cette Ville. FAIT au Cap en Conseil, le 6 Août 1756, de relevée.

PROVISIONS de Gouverneur-Lieutenant Général des Isles sous le Vent, pour M. BART.

Du 1er Octobre 1756.

R. au Conseil du Cap le 24 Mars 1757.
Et à celui du Port-au-Prince le 9 Juillet suivant.

Voy. *les Provisions de M. le Chevalier de Conflans, du 1er Mai. 1747.*

ARRÊT du Conseil du Cap, qui enjoint aux Juges, Procureurs du Roi, et Greffiers, d'exécuter l'Ordonnance de 1667, par rapport à leurs signatures sur les registres et les minutes.

Du 2 Novembre 1756.

SUR ce qui a été remontré cejourd'hui au Conseil par le Procureur Général du Roi, qu'il auroit appris avec une extrême surprise, que, dans la Jurisdiction du Cap, les Ordonnances et Arrêts pour la signature des registres et des minutes, n'auroient point été exécutés depuis plusieurs années; que par le compte que le Greffier lui en auroit rendu, et par les états qu'il lui auroit fournis, il se trouveroit vingt-un registres d'audience non signés, et quatorze liasses de minutes, desquels actes et minutes la plus grande partie n'a pas été signée par les sieurs Rey et Ducasse, Juge et Procureur du Roi; que tous ces actes et minutes pourroient être argués de nullité, et notamment les Jugemens portés dans les registres, ne s'étant point tenu dans cette Jurisdiction de plumitif ni de feuille d'Audience qui puisse en assurer l'existence; mais que la plupart de ces actes et Jugemens ayant été délivrés, plusieurs exécutés, d'autres confirmés par Arrêt, si l'on n'écoutoit que la rigueur du droit, ce seroit semer la discorde dans les familles, bouleverser les fortunes des Particuliers, et plonger le plus grand nombre de Citoyens dans de nouveaux frais et de nouveaux procès; que la vûe de tant de maux, bien loin de conseiller la sévérité des Loix, paroît exiger que l'on donne à ces actes et à ces Jugemens la même validité que s'ils eussent été signés; qu'il est bien vrai qu'il n'appartient qu'à la Puissance législative, qu'au Roi seul de prononcer sur cet objet; que cependant l'éloignement des lieux, la circonstance présente de la guerre, le tort que causeroit aux Sujets du Roi le retard dans l'administration de la Justice de cette partie, sembleroit rendre indispensable des remedes provisionnels: pourquoi requéroit, &c. Ouï le rapport de M. Duperier, Conseiller, et tout considéré: LE CONSEIL ayant aucunement égard au Réquisitoire du Procureur Général du Roi, a commis et commet M^es^. Courtin et Saint-Martin, Sénéchal et Procureur du Roi en exercice de ladite Jurisdiction, à l'effet de suppléer aux signatures de feu M^es^. Rey et Ducasse, Sénéchal et Procureur du Roi dudit Siége, sur les registres et minutes dont il s'agit; ordonne que M^e^. Kyer, Substitut du Procureur du Roi audit Siége, se transportera au Greffe, pour apposer sa signature aux actes auxquels il a procédé de son Office; de tout quoi il sera dressé procès verbal, et mention faite du présent Arrêt en tête de chacun desdits registres et liasses de minutes; ordonne que Mes. Kyer et de Cury seront mandés en la Cour; enjoint aux Juges, Procureurs du Roi et Greffiers de se conformer à l'avenir à l'art. V du tit. 26 de l'Ordonnance de 1667, et audit Procureur Général du Roi de tenir la main à l'exécution du présent Arrêt.

ARRÊT du Conseil du Cap, touchant les droits de l'Audiencier pour les significations des Arrêts, et autres actes émanés de la Cour.

Du 8 Novembre 1756.

VU par le Conseil la Requête de Baudu, Huissier Audiencier en la Cour, conclusions du Substitut pour le Procureur Général du Roi, et ouï le rapport de M. Lhéritier, Conseiller, et tout considéré, LE CONSEIL, ayant égard à la Requête, ordonne par provision, que tous Arrêts et actes à signifier seront remis au Suppliant, et par lui distribués à un des Huissiers de la Cour, pour être les significations faites ainsi qu'il appartiendra; et sera tenu chacun des Huissiers de faire le service à tour de rôle et suivant l'ordre du tableau, et à la charge par ledit Baudu de compter des émolumens desdites significations, quand et à qui il appartiendra, et ce suivant la part qui sera attribuée à chacun des Huissiers de la Cour, par le Réglement dont est question, et sera le présent Arrêt exécuté nonobstant opposition, et sans y préjudicier.

Voy. *l'Arrêt du 16 Juin 1757.*

EXTRAIT du Mémoire du Roi, en forme d'instructions communes données à MM. BART et LALANNE, sur le cours de la Justice.

Du 15 Décembre 1756.

SA MAJESTÉ recommande aux sieurs Bart et Lalanne de laisser un libre cours à la Justice, et en particulier au sieur Bart de ne s'en mêler que de gré à gré, et pour faire donner main-forte lorsqu'il en sera requis. Son intention est en effet que les Officiers de Justice qu'elle a établis dans la Colonie, soient maintenus dans les fonctions de leurs charges, sans qu'ils puissent

puissent y être troublés. Il lui est revenu que, depuis quelque temps, des Officiers Majors et autres se sont mis dans l'usage de juger toute sorte d'affaires. Sa Majesté veut que les sieurs Bart et Lalanne vérifient ce qui peut s'être passé à cet égard, et qu'ils en rendent compte, sans complaisance pour personne, afin que Sa Majesté puisse donner les ordres qu'elle jugera à propos, pour ne pas laisser impunies des entreprises si contraires à l'ordre public & à la tranquillité de la Colonie. Elle est persuadée qu'il ne lui reviendra point de plaintes semblables durant le gouvernement du sieur Bart, par l'attention qu'il aura à contenir tous les Officiers, de quelque grade qu'ils soient, dans les bornes de leurs fonctions militaires, sans souffrir qu'ils se mêlent directement ni indirectement des affaires de Justice : en tout cas, Sa Majesté punira très-séverement ceux qui s'écarteront de cette regle. Au reste, la défense de connoître des affaires de Justice, s'étend généralement sur toutes celles qui sont de la compétence des Juges ordinaires, tant pour discussions entre des Particuliers, que pour le fait de la police particuliere, ainsi que sur celles qui sont de la compétence des Amirautés.

ARRÊT du Conseil d'Etat, qui permet aux Habitans de la Ville de Caen de faire directement, par le Port de leur Ville, le commerce des Isles et Colonies Françoises de l'Amérique, conformément aux Lettres Patentes du mois d'Avril 1717.

Du 21 Décembre 1756.

ARRÊT du Conseil du Port-au-Prince, qui nomme des Conseillers-Commissaires, à l'effet de dresser le cadastre pour l'imposition sur les maisons pendant les années 1756, 1757, 1758, 1759 et 1760; savoir, M. DUFOUR pour le Petit-Goave, M. HAYS pour les Cayes du fond, M. DE SAINTARD pour Saint-Marc, et M. LETORT pour Léogane, lesquels se feront représenter les baux, ou évalueront le produit des maisons occupées par les Propriétaires.

Du 12 Janvier 1757.

ARRÊT du Conseil du Cap, qui fixe à quelles heures le Receveur des successions vacantes doit avoir son Bureau ouvert.

Du 7 Février 1757.

ENTRE Me. Coma, Curateur aux successions vacantes du ressort du Cap, Appelant, d'une part, et le sieur Galland; et faisant droit sur les plus amples conclusions dudit Substitut, pour ledit Procureur Général du Roi, enjoint à Me. Coma de tenir son Bureau ouvert depuis huit heures du matin jusqu'à midi, et depuis deux heures de relevée jusqu'à cinq heures.

ARRÊT du Conseil du Cap, qui ordonne des excuses de la part d'un Chirurgien-Apothicaire, envers un Médecin, dont il avoit jeté l'Ordonnance avec mépris.

Du 10 Février 1757.

ENTRE le sieur Boisremy, Chirurgien-Apothicaire au Cap, Appelant, d'une part; et le sieur Lalanne, Docteur en Médecine de l'Université de Montpellier, demeurant au Cap, Intimé, Défendeur; et après que Semonville, Procureur pour l'Appelant, et Gaucher pour l'Intimé, ont été ouïs, ensemble le Substitut pour le Procureur Général du Roi, et tout considéré, LE CONSEIL évoquant le principal, et faisant droit sur la demande de la Partie de Gaucher; vu l'enquête, ordonne que la Partie de Semonville demandera excuse à celle de Gaucher au Greffe de la Cour, en présence de deux personnes au choix de ladite Partie de Gaucher, d'avoir jeté avec mépris et paroles injurieuses, son Ordonnance, fait défenses à ladite Partie de Semonville de récidiver, sous telles peines qu'il appartiendra; déboute la Partie de Semonville de ses demandes, et la condamne en tous les dépens.

ORDONNANCE des Administrateurs, touchant l'admission des Bâtimens Etrangers, Neutres ou Amis, et leurs ventes.

Du 15 Février 1757.

LE Marquis de Vaudreuil, &c.

Jean-Baptiste Laporte Lalanne, &c.

Notre intention, en admettant, en vertu des pouvoirs que le Roi nous a donnés, des Bâtimens étrangers, neutres, ou amis, à traiter dans les différens ports de cette Colonie où il y a Etat-Major et Amirauté, ayant pour objet de procurer aux Habitans les subsistances avec les ustensiles propres à la culture de leurs terres, et de leur faciliter l'exportation de leurs denrées qu'ils fabriquent; et voulant en même temps laisser aux étrangers qui y aborderont, en vertu des passe-ports du Roi ou des permissions que nous aurons fait expédier, des avantages propres à les exciter à nous apporter les comestibles et autres marchandises nécessaires à la culture des terres et à l'usage des Habitans : nous, pour remplir ces vues différentes, avons statué et ordonné ce qui suit:

ART. Ier. Tout Capitaine ou Supercargue étranger, dont le bâtiment aura été admis à traiter en cette Colonie, et qui, après sa déclaration faite à l'Amirauté, et sa visite reçue à son bord en la maniere accoutumée, aura reçu la permission de mettre son chargement à terre, sera tenu de nous fournir un état exact et détaillé de tous les effets qui composent, tant ledit chargement que lesdites pacotilles, et de comprendre dans cet état la quantité dont chaque article sera composé.

ART. II. La vente de ces effets comestibles ou autres composant, tant ledit chargement que la pacotille, sera faite au détail pendant l'espace d'un mois, à compter du jour de l'ouverture de ladite vente, aux divers Habitans qui se présenteront pour acheter, ainsi qu'il est ordonné pour la vente des cargaisons des Navires François; et pour connoître les divers Habitans, le Capitaine étranger admis à traiter, prendra un Commissionnaire François, dont il aura le choix, et auquel il payera la commission, dont ils conviendront de gré à gré, lequel Commissionnaire donnera ses avis à l'Etranger sur l'état et les facultés des personnes qui se présenteront, et auxquelles il pourra vendre et livrer avec confiance.

ART. III. La vente des effets introduits, tant ceux qui composent les chargemens que les pacotilles, seront faites sur le pied et au prix que nous aurons fixé à chaque article, et le payement en sera fait par l'Habitant en sa denrée qu'il fabrique, dont nous réglerons pareillement le prix ; les prix tant des marchandises à vendre, que des denrées à recevoir en payement, seront par nous réglés suivant les circonstances, et nous aurons l'attention de fixer les premieres sur un pied assez avantageux, et de réduire si bas celui des denrées, qu'il reste aux étrangers un bénéfice assez séduisant pour les engager à apporter des secours à l'Habitant.

Art. IV. Ne pourront les Marchands domiciliés, Pacotilleurs, Regrattiers ou autres qui achetent pour revendre, faire des partis et acheter en gros, qu'après que l'Habitant ou le domicilié dans les Villes et Bourgs aura été pourvu au détail, et proportionnément à ses besoins, à peine de nullité de la vente, et de 500 liv. d'amende, tant contre celui qui auroit acheté en gros et en parti, pour revendre, que contre le Capitaine vendeur; et le Correspondant qu'aura pris le Capitaine étranger, sera responsable de ladite amende de 500 liv. prononcée contre le Capitaine étranger; et en cas de récidive de la part du Marchand qui auroit acheté pour revendre, seront confisquées au profit de l'Hôpital les marchandises qui auront été achetées en gros.

Art. V. Sera loisible au Capitaine étranger, un mois après l'ouverture de sa vente, et aux Marchands pacotilleurs et autres, de vendre et acheter en gros et en partie, sur le pied dont ils conviendront de gré à gré, soit en argent ou telle denrée dont ils conviendront ensemble; et en cas que lesdites ventes soient faites en argent, il sera employé par le vendeur en denrées du pays, à son choix, et ne pourra être emporté en nature.

Art. VI. Ne pourra le vendeur refuser à tous Habitans ou domiciliés connus et solvables, des effets qui composent sa cargaison ou sa pacotille, tant qu'il lui en restera; et pour vérifier s'il en reste, il sera tenu un livre sur lequel seront portés les effets vendus, le nom des acheteurs, les quantités des marchandises achetées, avec lequel vérification sera faite sur l'état qui nous aura été présenté avant l'ouverture de la vente; et en cas qu'il se trouvât quelques effets scellés, ils seront confisqués au profit de l'Hôpital.

Art. VII. N'entendons par le présent Réglement rien changer aux clauses et conditions auxquelles nous avons accordé nos permissions, ni déroger aux Ordonnances et Réglemens ci-devant faits, lesquels seront exécutés suivant leur forme et teneur, et ne pourra le présent Réglement être applicable aux Capitaines des Armateurs François, lesquels continueront de faire leur commerce en la maniere accoutumée. Sera le présent Réglement enregistré au Greffe de l'Intendance, publié et affiché par-tout où besoin sera. Mandons, &c. DONNÉ au Port-au-Prince, &c.

R. au Greffe de l'Intendance le 16.

ARRÊT du Conseil du Cap, qui ordonne que le registre plumitif sera porté chez le Président de la séance, le dernier jour d'icelle, pour être signé par lui.

Du 19 Février 1757.

SUR ce qui a été dit en la Cour par M. Lambert, Commissaire Général de la Marine, Ordonnateur au Cap, et Premier Conseiller des deux Conseils Supérieurs de Saint-Domingue, que M. Duhameau, Greffier en chef, faisoit difficulté de déplacer et faire porter chez le Président le registre plumitif des Arrêts, pour y être apposées les signatures requises, fondé sur la prohibition de l'Ordonnance, LE CONSEIL ordonne que ledit registre sera porté le dernier jour des séances chez le Conseiller qui aura présidé, pour y être par ledit Président apposé les signatures requises.

ARRÊT du Conseil du Cap, qui déclare nulle une Ordonnance du Juge de Police de la même Ville, portant que la Remontrance du Procureur du Roi sur le fait des Boucheries, seroit communiquée à l'Ordonnateur, et enjoint au Juge de faire droit sur les Réquisitoires du Procureur du Roi.

Du 14 Juin 1757.

SUR ce qui a été remontré au Conseil par le Procureur Général du Roi, que sur la dénonciation qui lui auroit été faite, que le sieur de Laborde, Sous-Fermier de la Boucherie du quartier Morin, vendoit la viande 10 sous aux Habitans dudit quartier, contre la disposition de l'article 6 de la carte bannie et adjudication du bail des Boucheries de la Ville du Cap et dépendance; et au mépris de l'Arrêt de la Cour du 6 Août dernier, il auroit donné ordre à son Substitut en la Sénéchaussée Royale dudit lieu, de requérir et faire prononcer par le Juge de Police de ladite Ville, l'amende de 300 liv. ordonnée pour la premiere contravention, et qu'il fût fait défenses audit Laborde de récidiver, sous peine d'être poursuivi extraordinairement au désir de l'Arrêt de la Cour; qu'en conséquence, son Substitut auroit donné au sieur Juge de Police sa Remontrance, tendante auxdites fins;

mais qu'au lieu de la répondre d'un permis d'assigner, il auroit ordonné par son Ordonnance du même jour, au bas de ladite Remontrance, qu'elle seroit communiquée à M. le Commissaire Général Ordonnateur au Cap; qu'une telle Ordonnance de sa part ne tendoit pas à moins qu'à se dépouiller volontairement de la connoissance des causes et contraventions de la police particuliere qui lui appartient de droit, et à diminuer par conséquent l'autorité de la Cour, pardevant laquelle doivent ressortir les appels de ses Sentences et de celles des autres Juges de Police du ressort; que le ministere dudit Procureur Général, qui doit veiller à maintenir le bon ordre dans l'administration de la Justice, et les Juges inférieurs dans leurs fonctions, ne lui permettoit pas de laisser subsister cette Ordonnance. A CES CAUSES, requéroit, &c.: et ouï le rapport de M. Lhéritier, Conseiller, et tout considéré, LE CONSEIL, faisant droit sur le Réquisitoire dudit Procureur Général, le reçoit appelant de ladite Ordonnance du Juge de Police de la Ville du Cap, en date du 3 de ce mois, mise au bas de la Remontrance de son Substitut audit Siége, qui ordonne qu'elle sera communiquée à M. le Commissaire Général Ordonnateur; et faisant droit sur ledit appel, a mis et met ladite Ordonnance au néant, et icelle déclarée nulle et comme non avenue, ainsi que tout ce qui s'en est ensuivi; enjoint au Juge de Police de faire droit à l'avenir aux Remontrances du Substitut du Procureur Général audit Siége, et à tous autres qu'il appartiendra.

ARRÊT du Conseil du Cap, touchant le plan d'un tarif pour les salaires des Chirurgiens.

Du 14 Juin 1757.

SUR ce qui a été remontré au Conseil par le Procureur Général, que les Réglemens qui ont été faits en la Cour, concernant les Chirurgiens et la profession de l'art de Chirurgie, n'avoient guere eu pour objet que d'empêcher que cet Art ne fût exercé que par des personnes reconnues capables, mais qu'il n'en avoit été fait aucuns pour fixer les salaires qui peuvent leur être dus, pour les différentes opérations et le traitement des maladies qui sont du ressort de la Chirurgie, et les remedes qu'ils sont dans le cas d'administrer; que dans les différentes taxes qui ont été faites en différens temps par les Médecins du Roi, pour raison de ces objets, ils avoient suivi un projet de Réglement de 1720, qui n'avoit jamais été autorisé par la Cour ni par les Juges inférieurs ; que cette partie, à laquelle le Public est si intéressée, ne demandant pas moins l'attention de la Cour, que toutes celles dont elle s'occupe journellement pour l'utilité et l'avantage des Peuples du ressort; A CES CAUSES, requéroit, &c. ; et ouï le rapport de M. Loiseau, Assesseur, et tout considéré, LE CONSEIL, faisant droit sur le Réquisitoire dudit Procureur Général, ordonne que les Médecins du Roi et autres Médecins de cette Ville du Cap seront tenus de s'assembler en présence de MM. le Gras et Lhéritier, Conseillers, et dudit Procureur Général, pour conférer et donner leur avis sur les objets portés en la Remontrance dudit Procureur Général, pour par lesdits Commissaires être, sur les avis desdits Médecins, dressé les articles dudit Réglement, et sur le rapport qui en sera fait, être par la Cour ordonné ce qu'il appartiendra.

ARRÊT en Réglement du Conseil du Cap, concernant les Accouchemens.

Du 14 Juin 1757.

SUR ce qui a été remontré au Conseil par le Procureur Général du Roi, que la Cour, par son Arrêt du 5 Avril 1756, rendu en l'instance d'entre le sieur Michel Taris, Charpentier, demeurant au Cap, et la dame Duval, Maîtresse Sage-Femme, auroit ordonné, avant faire droit, qu'il seroit procédé à un tarif des salaires pour accouchemens; à l'effet de quoi le Médecin du Roi et autres seroient tenus de donner leur avis audit Remontrant; qu'il auroit fait part de cet Arrêt à tous les Médecins résidant au Cap pour lors, qui lui auroient envoyé leur avis, à l'exception toutefois du sieur Lacq, qui avoit toujours été très-dangereusement malade; que le Jugement de plusieurs Sentences étoit suspendu; requérant qu'il plût à la Cour procéder audit Réglement; à l'effet de quoi il rapportoit les avis du sieur Alliez, aujourd'hui Médecin du Roi, et des sieurs Boyer, Daubenton, Lalanne, et du feu sieur Salaignac, Médecins; ensuite un projet qu'il avoit dressé dudit Réglement; vu aussi la Requête des veuve Duval, Sorbier, femme Latrinelle, femme Lefebvre, et veuve Aucomte, Sages-Femmes, tendant à ce qu'il plût à la Cour statuer et régler un prix fixe pour les accouchemens, &c. ; et ouï le rapport de M. Lhéritier, Conseiller, et tout considéré, LE CONSEIL a ordonné et ordonne ce qui suit:

ART. Ier. Les accouchemens naturels faits de jour ou de nuit par les

Maîtres Chirurgiens ou Sages-Femmes, dans les Villes ou Bourgs, seront payés 60 liv. pour les personnes libres, et seulement 30 liv. pour les Esclaves, et ceux des jumeaux seront payés la moitié en sus.

Art. II. Les accouchemens laborieux des femmes libres, faits de jour ou de nuit dans les Villes ou Bourgs, seront payés 90 liv., et ceux des Esclaves 45 liv.

Art. III. Les accouchemens contre nature, ou dans lesquels il sera question d'opérer avec les instrumens de Chirurgie, ne pourront, dans aucun cas, être faits dans les Villes, Bourgs ou Campagnes, que par des Maîtres Chirurgiens; sera tenu le Maître Chirurgien qui opérera, d'appeler un Médecin pour être présent, ou un autre Maître Chirurgien, et seront lesdits accouchemens de personnes libres ou esclaves, payés 200 liv.

Art. IV. Les accouchemens de jour ou de nuit, naturels ou laborieux, des personnes libres demeurant à la campagne, faits par les Maîtres Chirurgiens résidant dans les différens quartiers, ou par Sages-Femmes qui seront appelées, seront payés 120 liv.; sera en outre payé 10 écus aux Sages-Femmes, pour chaque jour de séjour, soit avant, soit après l'accouchement, celui de l'accouchement non compris.

Art. V. Les accouchemens naturels des Esclaves, faits de jour ou de nuit dans les campagnes, par les Maîtres Chirurgiens résidant dans les différens quartiers, seront payés 45 liv., et ceux des jumeaux ou laborieux, 66 liv.

Art. VI. Dans les Villes ou Bourgs, lorsque les Chirurgiens ou Sages-Femmes seront appelés auprès des femmes libres en travail d'enfant, et que l'accouchement ne s'en sera pas suivi, leur sera fixé la somme de 30 l. pour la nuit entiere, et celle de 15 liv. pour une partie.

Art. VII. Les soins et les visites, tant avant qu'après l'accouchement, seront payés suivant les facultés et la libéralité de chacun, sans que, pour raison de ce, il puisse être rien exigé.

Art. VIII. Fait défenses à toutes personnes, soit Blanches ou Mulâtresses, et Négresses libres, sous peine de 100 liv. d'amende pour la premiere fois, de faire aucun accouchement dans les Villes ou Bourgs, sans au préalable avoir été reconnues capables d'exercer la profession de Sages-Femmes, avoir été reçues et prêté serment en la Cour; ce qui n'aura lieu toutefois que dans les Villes ou Bourgs où il y aura des Sage-Femmes, &c.

ARRÊT

ARRÊT du Conseil du Cap, qui ordonne que les Edits, Ordonnances, Arrêts, Réglemens, &c., depuis 1738, seront portés sur un registre, et mis dans la Bibliotheque de la Cour pour l'usage de Messieurs.

Du 14 Juin 1757.

SUR ce qui a été remontré au Conseil par le Procureur Général, que le besoin continuel où l'on étoit de recourir aux Edits, Ordonnances, Déclarations, Arrêts et Réglemens, et la difficulté qui se rencontroit à les chercher parmi les différens registres du Greffe, qui d'ailleurs ne pouvoient être déplacés, avoit porté la Cour à ordonner que ces Edits, Ordonnances, Déclarations, Arrêts et Réglemens seroient transcrits sur un registre particulier; mais que ce registre finissoit au 7 Octobre 1738, et que l'on se trouvoit dans le même embarras pour tout ce qui avoit été ordonné et réglé depuis ce temps: pourquoi requéroit, &c.; et ouï le rapport de M. le Gras, Conseiller, et tout considéré: LE CONSEIL, faisant droit sur la Remontrance dudit Procureur Général, ordonne que, par les soins du Greffier de la Cour, les Edits, Ordonnances, Déclarations, Arrêts et Réglemens, depuis le 7 Octobre 1738 jusqu'à ce jour, seront transcrits sur un registre particulier, lequel sera déposé en la Bibliotheque de la Cour, pour servir à l'usage des Messieurs d'icelle, sauf à pourvoir aux frais de copie.

ARRÊT du Conseil du Cap, qui donne acte à l'Audiencier de la Cour de ce qu'il renonce à exploiter et mettre à exécution, et qui lui accorde exclusivement le droit de signifier tous Actes, Requêtes et Procédures en la Cour, jusqu'à la taxe et exécutoire des dépens inclusivement.

Du 16 Juin 1757.

VU par le Conseil la Requête de Baudu, Huissier Audiencier en la Cour, ensemble le consentement des Huissiers de la Cour, du 9 Mai dernier, conclusions du Substitut pour le Procureur Général du Roi, et ouï le rapport de M. Lhéritier, Conseiller, et tout considéré, LE CONSEIL donne acte au Suppliant de l'abandon et renonciation par lui faits par ladite Requête du 7 Mai dernier, au bénéfice de l'Edit de 1693, au regard seulement de la faculté de pouvoir exploiter et mettre à exécution toutes Commissions, Arrêts, Sentences, Jugemens, &c.; et par ce qui résulte d'icelui, en ce qu'il ne permet la concurrence de toutes significations d'actes, requêtes et procédures concernant l'instruction des procès, jusqu'à la taxe et exécutoire de dépens inclusivement, qu'entre les Huissiers Audienciers seulement; ordonne qu'à l'avenir ledit Baudu fera seul, et à l'exclusion de tous autres Huissiers, toutes les significations des actes, requêtes et procédures concernant l'instruction des procès, jusqu'à la taxe et exécutoire de dépens inclusivement; fait défenses à tous autres Huissiers et Sergens de s'y immiscer, sous les peines qu'il appartiendra.

ORDONNANCE *des Administrateurs portant que la vente des effets provenant des prises amenées par des Vaisseaux du Roi, sera faite par les Officiers de l'Amirauté en présence du Contrôleur de la Marine, après une seule publication et affiche.*

Du 23 Juillet 1757.

ORDONNANCE *des Administrateurs touchant l'administration des Postes, la taxe des Lettres, le Port franc, &c.*

Du 26 Juillet 1757.

PHILIPPE-François Bart, &c.

Jean-Baptiste Laporte Lalanne, &c.

Le commerce entre les différens quartiers de la Colonie étant considérablement augmenté, et désirant lui procurer tous les moyens de concourir à en faciliter les opérations, nous avons cru que rien ne lui seroit plus utile qu'une correspondance active et bien réglée; et c'est pour remplir ces vues, qu'en établissant un bon ordre dans les Bureaux des Postes, nous en avons augmenté le nombre et multiplié celui des Courriers; de sorte qu'à l'avenir chaque Partie pourra, une fois la semaine, écrire dans tous les quartiers de la Colonie, et en recevoir également les lettres. Nous avons pour cet effet ordonné et ordonnons ce qui suit; savoir:

Le Courrier du Port-au-Prince, pour toute la partie du Nord (*jusqu'au Fort Dauphin, passant par l'Arcahaye, Saint Marc, le Port-de-Paix et le Cap, où il y a des Bureaux*), partira le Jeudi de chaque Semaine à huit heures du matin, et arrivera tous les Lundis à la même heure.

Celui des parties du Sud et de l'Ouest (*en passant par Léogane, Jacmel, le Petit-Goave, Aquin, les Cayes, les Côteaux, le Cap Tiburon, Nippes, Jérémie; et l'Islet à Pierre-Joseph, où il y a des Bureaux)*, partira le mardi à huit heures du matin, et arrivera des mêmes endroits le Samedi à la même heure.

Celui du Mirebalais partira le Jeudi à huit heures du matin, et arrivera le Lundi à pareille heure.

Toutes les lettres venant de la partie du Sud, pour la partie du Nord, et celle de la partie du Nord pour celle du Sud, seront adressées au Bureau du Port-au-Prince, où elles seront taxées et réparties pour les Bureaux de leur destination.

Les Directeurs des Bureaux des autres quartiers ne taxeront que les lettres qui devront être déposées dans les Bureaux de la route, jusqu'au Port-au-Prince exclusivement, suivant le tarif ci-après, et ils feront alors un bordereau à l'ordinaire, contenant le nombre des lettres et le produit de la taxe dont sera composé leur envoi; ils se contenteront, pour celles qui passeront au Port-au-Prince, de joindre un bordereau, contenant le nombre des lettres, dont le paquet sera composé; ils ajouteront au bas de celles qui auront été recommandées, affranchies, ou dont ils auront pris une obligation particulière, pour qu'on puisse leur en procurer la décharge.

Pour qu'on puisse reconnoître en tout temps le Bureau d'où seront parties les différentes lettres, tant pour la facilité des taxes, que pour les renvoyer, s'il arrivoit qu'elles ne fussent pas retirées dans le temps prescrit, il sera remis à chaque Directeur un timbre, contenant le nom du lieu de son Bureau, lequel il imprimera sur toutes les lettres qui y seront déposées, avant que d'en faire l'envoi.

Pour procurer d'un autre côté au Public tout l'avantage qu'il doit attendre du nombre des Courriers, nous apporterons une attention particuliere à ce que le service de chaque Bureau de Poste se fasse régulierement: il sera pour cet effet donné à chaque Directeur une instruction particuliere, et nous préposerons des Inspecteurs qui nous rendront compte de l'exactitude des Directeurs. C'est pour parvenir à l'entretien des Courriers et aux dépenses nécessaires pour l'établissement de cette régularité dans les Bureaux, que nous avons réglé les ports de lettres suivant le tarif ci-après.

Les lettres simples du Port-au-Prince au Cap et au Port-de-Paix, ou celles du Cap et du Port-de-Paix pour le Port-au-Prince, payeront . . . . 30 s.

Celles du Port-au-Prince au Fort Dauphin . . . . 37 s. 6 d.

Celles de Léogane et du Port-au-Prince à Saint-Marc . . . . 15 s.

Celles de Saint-Marc au Port-de-Paix et au Cap, ainsi que pour le retour . . . . 15 s.

Celles de Saint Marc au Fort Dauphin ou du Fort Dauphin à Saint-Marc . . . . 22 s. 6 d.

Celles du Cap au Fort Dauphin, et au Port de Paix . . . . . . 15 s.

Celles du Port de Paix au Fort Dauphin . . . . 22 s. 6 d.

Celles du Cap, du Fort Dauphin, et du Port de Paix, pour Acquin, Saint-Louis, les Cayes, les Côteaux, Cap Tiburon, Jérémie, et l'Islet à Pierre-Joseph, ainsi que celles des mêmes endroits pour le Cap, payeront 45 s.

Celles du Cap, du Fort Dauphin, et Port-de-Paix, pour Jacmel, Mirebalais, le Petit Goave, le Fond des Negres et Nippes, ainsi que pour le retour aux mêmes endroits . . . . 37 s. 6 d.

Celles de Saint-Marc pour Mirebalais, Jacmel, le Petit-Goave, le Fond des Negres et Nippes . . . . 22 s. 6 d.

Celles de Saint-Marc pour Acquin, Saint-Louis et les Cayes . 30 s.

Celles de Saint-Marc pour les Côteaux, Cap Tiburon, Jérémie, et Islet à Pierre-Joseph, payeront . . . . 37 s. 6 d.

Celles de Saint-Louis et des Cayes aux Côteaux et Cap Tiburon. 15 s.

Celles du Port-au-Prince à Jacmel et Acquin . . . . 22 s. 6 d.

Celles du Port-au-Prince et de Léogane à Saint-Louis et aux Cayes. 30 s.

Celles du Port-au-Prince aux Côteaux, Cap Tiburon, Jérémie et Islet à Pierre-Joseph . . . . 37 s. 6 d.

Celles du Port-au-Prince à Léogane . . . . 7 s. 6 d.

Celles de Léogane à Jacmel payeront . . . . 15 s.

Celles du Port-au-Prince pour le Petit-Goave, Fond des Negres et Nippes . . . . 15 s.

Celles du Port-au-Prince pour Mirbalais . . . . 15 s.

Celles du Cap Tiburon, des Côteaux, des Cayes de Saint-Louis et d'Acquin, pour Jérémie et l'Islet à Pierre-Joseph . . . . . . 37 s. 6 d.

Celles du Petit-Goave et Nippes pour Acquin . . . . 15 s.

Celles du Fond des Negres pour Acquin . . . . 7 s. 6 d.

Celles du Petit-Goave, Fond des Negres et Nippes, pour Saint-Louis et les Cayes . . . . 22 s. 6 d.

Celles du Petit-Goave aux Côteaux, Cap Tiburon, Jérémie, et Islet à Pierre-Joseph . . . . 30 s.

Les Lettres dont les taxes ne seront pas réglées, payeront 7 sous 6 den., lorsqu'elles seront adressées au Bureau le plus prochain de celui où elles auront été mises, et lorsquelles passeront, les taxes seront augmentées de 7 sous 6 den. par dix lieues qu'elles auront à faire.

Les lettres doubles ou paquets qui peseront un ou deux gros, payeront un tiers en sus des lettres simples, et le double lorsque la qualité des monnoies ne le permettra pas autrement.

Ceux qui peseront trois à quatre gros, autant que deux lettres simples.

Ceux de quatre gros à une once, trois lettres simples.

Ceux d'une à trois onces, quatre lettres simples.

Ceux de trois à cinq onces, cinq lettres simples.

Ceux de cinq à huit onces, six lettres simples.

Ceux de huit à douze onces, huit lettres simples; et de douze onces à une livre, dix lettres simples.

Les Directeurs auront pour cet effet des balances, et marqueront sur chaque paquet, avec la taxe, le poids qu'il se trouvera peser.

Les lettres de France seront remises par les Capitaines de Navires au Bureau de la Poste, à leur arrivée dans les différens Ports de la Colonie où ils aborderont.

Les Directeurs n'apporteront aucun retardement, sous quelque prétexte que ce soit, au départ des Courriers; leurs paquets seront fermés à l'heure fixe, et les lettres qui ne leur seront pas remises à temps, partiront par le Courrier suivant; ils auront attention d'instruire chaque Courrier du moment de son départ, et de la diligence qu'il aura à faire pour se rendre au premier Bureau de sa route.

Les Directeurs auront soin de se trouver dans leurs Bureaux à l'arrivée des Courriers, pour en distribuer les lettres le plutôt que faire se pourra, et ne souffriront jamais que telles personnes que ce puisse être, et même sous prétexte d'autorité, en ouvre les paquets, soit en leur présence, soit en leur absence.

Les Directeurs ne laisseront entrer personne dans leurs Bureaux, encore moins permettront-ils aux Particuliers d'y chercher eux-mêmes leurs lettres; mais dès qu'ils les auront arrangées, ils les distribueront par l'ouverture de leur Bureau, qui sera pratiquée à cet effet, et le plus promptement que faire se pourra, et ils auront attention de ne remettre aucunes lettres à des personnes inconnues dans leur quartier, non plus qu'à des Negres, à moins qu'ils ne soient porteurs d'un billet ou carte signée de leurs Maîtres.

Les Directeurs ne pourront charger les Courriers d'aucunes lettres ou paquets, sans être taxés ni chargés sur la feuille d'envoi, et ils joindront au paquet le produit de celles qui auroient été affranchies, dont ils feront ainsi note sur ladite feuille, suivant le modele qui leur en sera envoyé.

Lorsque les Directeurs n'auront pas de lettres à remettre aux Courriers pour quelque Bureau de sa route, jusqu'au Port-au-Prince seulement, ils lui en donneront un certificat adressé à chacun des Directeurs à qui ils n'auront rien à envoyer, lequel leur servira de décharge pour constater que le Courrier d'un tel jour n'a rien produit.

Les Directeurs ni les Courriers ne seront responsables de l'argent qui sera envoyé dans des lettres ou paquets. Si cependant ils arrivent sains, ils seront taxés suivant le tarif.

Les Directeurs pourront se charger de faire des remises d'argent pour le Public dans les différens Bureaux de la Colonie, sans cependant que les sommes qu'ils se chargeront de faire passer puissent excéder 600 liv. en or, pour la remise de laquelle ils conviendront de la commission, qui ne pourra excéder cinq pour cent, pour les Bureaux les plus éloignés; ils tiendront à cet effet un registre-journal, dans lequel ils inscriront le nom des personnes, les sommes qu'ils en auront reçues, les noms des lieux et des personnes à qui elles devront être remises, et ils en feront mention au bas de la feuille d'envoi. Lorsque les directeurs auront ainsi reçu des sommes qu'ils seront chargés de compter, ils s'en feront donner un reçu dans le même registre ou autre tenu dans la même forme : et la commission sera partagée entre les Directeuts qui auront reçu et fait la remise.

Toutes les lettres contresignées du Ministre et de MM. les Général et Intendant, à quelques personnes qu'elles soient adressées, seront franches, ainsi que celles qui seront adressées à MM. les Général et Intendant, Gouverneurs, Lieutenans de Roi, Commandans, Commissaires, Contrôleurs, Ingénieurs en chef, Trésorier principal de la Colonie, les Doyens et Procureurs Généraux des Conseils Supérieurs, les Commissaires de la caisse des deniers publics, le Médecin entretenu, le Greffier en chef de l'Intendance, les premiers Secrétaires ou Chefs des Bureaux de MM. les Général et Intendant, le Vérificateur des Comptes, et les Directeurs des Postes. Elles seront cependant chargées par nombre sur les feuilles d'envoi.

Les personnes qui jouissent de l'exemption, ne pourront prêter leur adresse pour frauder les droits de la Poste; et lorsqu'elles recevront des lettres ou paquets à double enveloppe, elles les feront remettre au Bureau, pour y être taxées.

Les Courriers ne pourront se charger d'autres lettres ou paquets, que de ceux du Bureau de la Poste, et ne pourront s'arrêter dans les routes ni dans les Villes et Bourgs, avant d'avoir remis leurs paquets aux Bureaux, de même qu'après les avoir reçus pour leur départ, sous peine de prison.

Les Courriers qui ne se trouveront pas au Bureau de la Poste à l'heure fixée pour leur départ, seront punis par une amende de 30 liv., et de prison si le cas y échoit, et ce sur l'ordre que nous en donnerons, relativement aux plaintes des Directeurs.

Les lettres de rebut, qui, après avoir séjourné six mois dans les Bureaux particuliers, n'auront pas été retirées, seront renvoyées au Bureau du Port-au-Prince, dont le Directeur fournira à ceux qui auront fait des renvois, une reconnoissance, dans laquelle le montant des taxes sera constaté, pour qu'elles leur soient passées en reprise. Le premier envoi des lettres de rebut se fera à la réception du présent Réglement, et sera continué de six en six mois.

Il sera donné à chaque Directeur une instruction, contenant les détails particuliers de son Bureau, et de l'ordre à suivre dans sa comptabilité, à laquelle il se conformera, et suivra au surplus les dispositions des anciens Réglemens

Les Directeurs et autres personnes préposées au service des Postes seront exemptes de revues et autres corvées de Milice. Sera la présente Ordonnance envoyée dans les Bureaux des Postes, et enregistrée au Greffe de l'Intendance. DONNÉ au Port-au-Prince, &c. le 26 Juillet 1757.

Signés BART et LAPORTE LALANNE.

R. au Greffe de l'Intendance le 4 Janvier 1758.

ORDONNANCE *des Administrateurs, touchant l'admission des Bâtimens étrangers, neutres, ou amis.*

Du 31 Juillet 1757.

R. au Greffe de l'Intendance le 11 Août suivant.
Et au Siége Royal du Port-au-Prince le 10 Mai 1755.

Cette Ordonnance est copiée mot à mot sur celle du 15 Février précédent.

ARRÊT du Conseil d'Etat, qui ordonne la continuation de la perception du droit de demi pour cent sur les marchandises des Isles, établi par la Déclaration du Roi du 10 Novembre 1727.

Du 16 Août 1757.

ARRÊT du Conseil du Port au-Prince, qui interdit un Huissier, et le condamne en 50 liv. d'amende, pour avoir signifié un acte d'appel au Conseil Privé du Roi, d'un Arrêt de la Cour.

Du 9 Septembre 1757.

CEJOURD'HUI le Procureur Général du Roi est entré, et a dit qu'il lui auroit été remis une signification faite par exploit de Plichon, Huissier, le 2 de ce mois, d'un acte d'appel interjeté par le sieur de la Roque au Conseil Privé du Roi, de l'Arrêt de la Cour rendu entre le sieur Chalviere et ledit de la Roque, le 2 Mai dernier; que la témérité de cet Huissier méritant d'être réprimée, il requiert qu'il plaise à la Cour prononcer contre lui telle peine qu'elle jugera à propos. Sur quoi LE CONSEIL, faisant droit au Réquisitoire du Procureur Général du Roi, interdit pour trois mois ledit Plichon des fonctions de son Office d'Huissier, lui fait défenses de récidiver sous les peines de droit, le condamne en 50 livres d'amende; ordonne que le présent Arrêt lui sera notifié à la diligence du Procureur Général du Roi.

ORDONNANCE du Gouverneur et de l'Ordonnateur du Cap, qui accorde un chemin aux Habitans de l'Embarcadere de la Petite-Anse, pour aller chercher de l'eau, laver le linge, et abreuver les animaux à la riviere du Mapou.

Du 17 Septembre 1757.

LE Marquis de Chastenoye, Chevalier de l'Ordre Royal et Militaire de Saint-Louis, Gouverneur pour le Roi au Cap et dépendances.

Claude-Ange Lambert, Commissaire Général de la Marine, Ordonnateur au Cap, Premier Conseiller des deux Conseils de Saint-Domingue.

Vu la Requête à nous présentée par les Habitans du Bourg de l'Embarcadere

cadere de la Petite-Anse, tendante, pour les raisons et motifs y expliqués, à ce qu'il nous plût ordonner qu'il seroit ouvert incessamment un chemin pour conduire au bord de la riviere du Mapou, pour l'usage du Corps-de-Garde établi audit Embarcadere et desdits Habitans, et pour y puiser l'eau nécessaire à la vie, laver le linge, et abreuver les animaux, et ce entre les Habitations des sieurs de Saint-Michel et héritiers Garraux, ou ailleurs, ainsi que nous le jugerons convenable; ladite Requête signée de tous lesdits Habitans. Le tout vu et mûrement examiné, nous, faisant droit sur la Requête des Habitans de l'Embarcadere de la Petite-Anse, nous avons le procès verbal de visite et rapport fait le 6 du présent mois, en exécution de notre Ordonnance du 25 Juillet précédent, par les Officiers des Milices, en présence du Procureur du sieur de Saint-Michel, et des Habitans dudit Embarcadere, homologué et homologuons, pour être exécuté selon sa forme et teneur; en conséquence, autorisons les Demandeurs à ouvrir un chemin de vingt-cinq pieds de large, y compris les hayes qui seront plantées par les Propriétaires des terreins, et ce entre les bornes mitoyennes des Habitations des sieur et dame Michel et héritiers Garreau, pour aller puiser de l'eau à la riviere du Mapou, y laver le linge, et abreuver les animaux, à la charge par les Demandeurs d'entretenir ledit chemin à l'avenir; ordonnons en outre que ledit procès verbal de visite et rapport de nous paraphé, demeurera déposé au Greffe de la Subdélégation au Cap, pour recours, dépens compensés; ce qui sera exécuté, &c. DONNÉ au Cap, &c. *Signé* CHASTENOYE et LAMBERT.

R. à la Subdélégation.

ARRÊT du Conseil du Cap, qui défend aux Notaires et Greffiers, sous peine de faux, d'employer comme présens, dans leurs actes, les Officiers des Jurisdictions qui ne le seront pas.

Du 11 Novembre 1757.

SUR ce qui a été remontré au Conseil par le Procureur Général du Roi, qu'il auroit appris que, par un abus aussi ancien que généralement répandu, les Notaires et même les Greffiers étoient dans l'usage de passer ses Substituts présens, quoiqu'absens, aux différens actes où leur présence seroit nécessaire; que cet abus étant également contraire aux Ordonnances et au bien public, il étoit de son ministere de le faire réformer. A CES CAUSES, requéroit, &c.; et ouï le rapport de M. le Gras, Conseiller, et tout considéré : LE CONSEIL, faisant droit sur ladite Remontrance, fait défenses à tous Notaires et Greffiers de passer dans leurs actes, comme présens, les Officiers des Jurisdictions qui n'y auront point assisté, à peine de faux ; ordonne que le présent Arrêt sera, à la diligence du Procureur Général, signifié aux Greffiers et Notaires du ressort de la Cour.

ORDONNANCES *des Administrateurs, concernant le Pavé de la Ville du Port-au-Prince.*

Des 22 Novembre et 28 Décembre 1757.

PHILIPPE-François Bart, &c.

Jean-Baptiste Laporte Lalanne, &c.

Le peu de facultés d'une partie de ceux à qui les emplacemens destinés à former cette Ville ont été concédés, et l'espérance que tous s'exécuteroient avec le temps sur l'obligation d'ouvrir et d'entretenir les rues, ont suspendu jusqu'à présent les dispositions qu'une bonne police à cet égard exige de notre part ; mais leur négligence ne nous permet pas de différer de pourvoir à ce que le bien public et la santé des Habitans demandent de nos soins : nous avons en conséquence ordonné et ordonnons ce qui suit :

ART. Ier. Seront tenus tous concessionnaires d'emplacement d'ouvrir et de former, d'ici au premier de Janvier prochain, les rues, chacune dans l'étendue des faces de son emplacement, de façon à procurer un écoulement facile aux eaux, et un passage assuré aux voitures de toutes especes; le tout à peine de 500 liv. d'amende contre les Propriétaires des emplacemens bâtis, et de réunion au Domaine de Sa Majesté contre ceux dont les emplacemens ne le sont pas.

ART. II. Ordonnons aux Locataires des maisons et magasins bâtis sur aucuns desdits emplacemens, de pourvoir à ladite ouverture et formation des rues, et la dépense qu'ils auront faite à cette occasion sera imputée sur les premiers termes des loyers qui échoiront immédiatement après que le travail aura été perfectionné.

ART. III. Seront obligés les Propriétaires des maisons et emplacemens situés dans les rues allant de l'est à l'ouest, de planter d'ici audit jour premier Janvier prochain, des piquets par intervalles, pour arrêter l'effet des ravinages, de façon néanmoins que le passage des voitures se trouve toujours sûr et facile; autorisons les Locataires des maisons et magasins à faire faire ce travail, et la dépense leur en sera remboursée ainsi qu'il est porté par l'article précédent.

ART. IV. Seront les concessionnaires des emplacemens non encore établis, obligés, d'ici au même jour premier Janvier, de les nettoyer et entourer, à peine de réunion d'iceux au Domaine de Sa Majesté, pour être ensuite concédés à d'autres.

ART. V. Ordonnons à tous Propriétaires des maisons et emplacemens qui n'ont pas déjà pourvu à la plantation d'arbres ordonnée dans toutes les faces portant sur les rues, d'y pourvoir dans le courant du mois d'Avril prochain, à peine de 300 liv. contre les délayans.

ART. VI. Sera la moitié desdites amendes ordonnée en faveur de l'Inspecteur et des Archers de la Police. Mandons aux Officiers d'icelle de faire lire, publier et enregistrer la présente Ordonnance, et de tenir la main à son exécution, en ce qui les concerne. DONNÉ au Port-au-Prince, &c.

R. au Greffe de l'Intendance le même jour.

Par une Ordonnance du 22 Novembre dernier, il a été réglé des dispositions pour la conservation des rues de cette Ville; mais l'expérience faisant connoître que ces dispositions ne suffisoient pas pour les rendre solides et procurer au Public une communication facile dans tous les temps, nous nous sommes déterminés à ordonner qu'elles seront couvertes d'un pavé par un devis que nous a fourni M. de Saint-Romes, Ingénieur ordinaire du Roi; la largeur de ce pavé, ainsi que les pentes et les égouts, ont été déterminées; et estimant que cette opération doit être exécutée sans retardement, afin de profiter de la saison propre aux travaux qu'elle exige, nous avons ordonné et ordonnons ce qui suit:

ART. Ier. Le devis fourni par M. de Saint-Romes, et approuvé par nous, sera et demeurera déposé au Greffe de la Police, pour être exécuté selon sa forme et teneur.

ART. II. Chaque Propriétaire de maison sera tenu de pourvoir, sans retardement, à faire paver les faces de son emplacement, et de se conformer, tant pour la disposition du pavé, que pour les nivellemens, les pentes, et les égouts, à ce qui est déterminé par ledit devis, sur les proportions qui seront indiquées par l'Inspecteur qui sera par nous proposé, pour en suivre l'exécution, auquel il sera payé 20 livres par emplacement.

ART. III. Laissons à ceux des Propriétaires qui voudront exécuter l'ouvrage par eux-mêmes, la liberté de le faire; seront néanmoins assujettis à suivre la disposition de l'article précédent.

ART. IV. Ordonnons aux Locataires des maisons ou magasins de pourvoir au pavé dont lesdites maisons seront tenues, et la dépense qu'ils auront faite à cette occasion, sera imputée sur les premiers termes des loyers qui échoiront immédiatement après que l'ouvrage aura été perfectionné.

ART. V. Chaque Propriétaire sera tenu de fournir au pavé de chaque face de son emplacement, de l'étendre en largeur jusqu'à la rigole qui partagera la rue et le pavé; et la rigole sera fournie en commun par les maisons paralleles. Sera la présente Ordonnance enregistrée au Greffe de l'Intendance, ainsi qu'à celui de la Jurisdiction. Mandons, &c. DONNÉ au Port-au-Prince le 28 Décembre 1757. *Signés* BART et LAPORTE LALANNE.

R. au Greffe de l'Intendance le 29.

ORDONNANCE du Roi, qui regle l'Uniforme des Etats-Majors de Places.

Du 25 Novembre 1757.

SA MAJESTÉ ayant, par ses Ordonnances précédentes, réglé les uniformes de tous les Corps de ses Troupes, ainsi que ceux des Officiers Généraux employés dans ses Armées, même ceux des Officiers de l'Etat Major desdites Armées; et jugeant qu'il étoit également important pour le bien de son service, que les Officiers des Etats-Majors de toutes les Places soient reconnus par les Habitans et par les Troupes qui y tiennent garnison, l'intention du Roi est que tous les Officiers des Etats-Majors de ses Places soient tenus de porter à l'avenir, dans lesdites Places, des habits non croisés, de couleur vulgairement appelée *bleu de Roi*, doublés d'une étoffe rouge, avec un bouton de cuivre doré, ainsi qu'il sera ci-après expliqué.

Les Gouverneurs qui sont Officiers Généraux, porteront les uniformes réglés par l'Ordonnance du 1er Février 1741. Ceux qui ne sont point Officiers Généraux, auront sur leur habit un bordé en or, large d'environ douze lignes, garni en outre d'un galon de dix lignes de large sur les deux devans ainsi qu'autour des poches, sur les manches, et par derriere. Les Lieutenans de Roi auront un pareil bordé, avec un galon de dix-huit lignes de large sur les poches et aux manches. Les Majors auront seulement le bordé.

Ces trois différens uniformes seront en outre garnis en boutonnieres de fil d'or des deux côtés, jusqu'à la taille, trois sur les manches, ainsi que sur les poches, et sur chaque côté par derriere.

Les habits des Aides-Majors auront pareillement des boutonnieres des deux côtés, sans bordé; et ceux des Capitaines des Portes, des boutonnieres d'un seul côté; le tout suivant les échantillons et devis qui demeureront annexés à la minute de la présente Ordonnance.

Défend Sa Majesté à toutes autres personnes, de quelque qualité et condition qu'elles soient, de porter des habits semblables aux uniformes ci-dessus réglés.

Mande et ordonne Sa Majesté aux Gouverneurs et Lieutenans Généraux, ou Commandans en ses Provinces, de tenir la main à l'exécution de la présente, et aux Gouverneurs et autres Officiers de l'Etat-Major de ses Places, de s'y conformer ponctuellement, chacun en ce qui les concerne. FAIT à Versailles, &c.

Cette Ordonnance est exécutée à Saint-Domingue, excepté en ce qui concerne les Capitaines des Portes, qui n'y sont pas établis.

COMMISSION *de Greffier de la Paroisse du Cap.*

Du 22 Décembre 1757.

PHILIPPE-François Bart, &c.

Jean-Baptiste Laporte Lalanne, &c.

Etant nécessaire d'établir un dépositaire des titres et archives de la Fabrique de la Paroisse de Notre Dame de l'Assomption du Cap, pour veiller à la conservation d'iceux, et lequel puisse poursuivre les recouvremens des sommes qui pourront être dues à ladite Fabrique, nous n'avons pas cru pouvoir faire un meilleur choix que de la personne du sieur Delan, Notaire en ladite Ville du Cap, que nous avons établi et établissons pour dépositaire desdits titres et archives, lesquels lui seront remis par le Marguillier sortant d'exercice, après qu'inventaire en aura préalablement été fait, et desquels titres il se chargera au pied d'icelui.

Et en considération des peines et soins qu'exige ladite Commission, nous consentons que le sieur Delan jouisse des honneurs et prérogatives attribués aux anciens Marguilliers de ladite Paroisse. Sera la présente enregistrée au Greffe de l'Intendance, ainsi que sur le registre de la susdite Paroisse du Cap. DONNÉ au Port-au-Prince, &c. le 22 Décembre 1757. *Signés* BART et LAPORTE LALANNE.

R. au Greffe de l'Intendance le même jour.

ARRÊT du Conseil du Port-au-Prince, portant Réglement à l'égard du payement des Negres suppliciés.

Du 11 Janvier 1758.

VU la Remontrance du Procureur Général du Roi, expositive qu'il pourroit arriver que le remboursement d'un même Negre supplicié ou tué en chasse, seroit demandé, ordonné, et même fait plus d'une fois, si la Cour ne prévenoit un pareil abus par des précautions nécessaires; pourquoi il requiert, &c. Sur quoi, la matiere mise en délibération, LE CONSEIL faisant droit sur la Remontrance du Procureur Général du Roi, a ordonné et ordonne qu'à l'avenir le Receveur des deniers publics tiendra un registre relié, numéroté et paraphé par le Commissaire ayant l'inspection de la caisse, sur lequel ledit Receveur inscrira de suite et sans intervalle les Arrêts de remboursement des Negres esclaves, et écrira en marge le nom du Maître du Negre remboursé, à peine de radiation dans son compte des sommes qu'il pourroit avoir plus d'une fois payées pour le même Negre, quoiqu'il en rapportât ordonnance et quittance; ordonne en outre que ledit registre sera représenté par ledit Receveur, lors de la liquidation de son compte, pour être remis à son successeur, et que le présent Arrêt sera notifié au Receveur actuel, à la diligence du Procureur Général du Roi.

ARRÊT du Conseil du Port-au Prince, qui défend aux Huissiers de faire aucune société entre eux.

Du 12 Janvier 1758.

ENTRE Sarret, Huissier au Siége Royal de Saint-Louis, &c., et Clermont, aussi ci devant Huissier audit Siége, &c. Vu par le Conseil, &c. La Cour, faisant droit au Réquisitoire du Procureur Général du Roi, fait défenses auxdits Sarret et Clermont, et à tous autres Huissiers du ressort, de plus à l'avenir faire aucune société entre eux, à peine de 300 liv. d'amende; ordonne que le présent Arrêt servira de Réglement, et sera lu et registré dans tous les Siéges du Ressort, &c.

ARRÊT du Conseil du Port-au-Prince, concernant la sépulture des personnes mortes dans des endroits éloignés des Villes et Bourgs.

Du 12 Janvier 1758.

LE CONSEIL, faisant droit sur la Remontrance du Procureur Général du Roi, ordonne que les Habitans éloignés des Villes ou Bourgs, chez lesquels sera décédé quelque personne dont ils n'ont pu faire transporter le corps à l'Eglise de la Paroisse, pour y être enterré, par le trop grand éloignement, chemins trop difficiles, débordemens des rivieres, ou autres empêchemens, seront tenus, le plutôt qu'il leur sera possible, de se transporter chez le Curé de la Paroisse, pour lui donner avis de la personne morte, dont sera fait mention sur le registre destiné à écrire les Baptêmes, Mariages, et Sépultures de la Paroisse, par le Curé d'icelle, lequel fera signer l'acte par l'Habitant déclarant, et par un de ses plus proches voisins, qu'il aura eu soin de faire appeler pour être présent à l'enterrement du mort; et si aucun d'eux ne sait signer, ils le déclareront, de ce interpellés par le Curé ou le Vicaire, qui en fera mention sur le registre, à peine contre les Habitans négligens de donner les avis ci-dessus, de demeurer responsables envers les Parties intéressées de tous dépens, dommages et intérêts, et sous telle autre peine qu'il appartiendra, suivant l'exigence des cas: et sera le présent Arrêt lu et publié ès Audiences des Siéges du Ressort, ainsi qu'ès Prônes des Paroisses, registré ès Greffes desdits *Siéges*, ainsi que sur les livres de délibération desdites Paroisses.

Arrêt du Conseil du Port-au-Prince, touchant les actes de la Paroisse de Léogane, extraits de la copie d'un ancien registre.

Du 13 Janvier 1758.

Vu la Remontrance du Procureur Général du Roi, expositive que, par la visite qu'il a faite des registres des baptêmes, mariages, et sépultures de la Paroisse de Léogane, il s'est apperçu que la copie des anciens registres, qui a été faite par défunt F. Savornin, vivant Religieux de l'Ordre des FF. Prêcheurs, à ce commis par Arrêt de la Cour du 8 Juillet 1730, n'a pas été vérifiée et collationnée par lesdits Officiers de la Jurisdiction, au désir du même Arrêt; que les anciens registres ont cependant été déposés au Greffe du Siége, et le Religieux desservant la Cure de Léogane du depuis ce temps-là, a délivré et délivre tous les jours des expéditions et extraits de ces copies de registres, quoiqu'informes, et auxquels foi ne doit point être ajoutée; pourquoi requiert qu'il plaise à la Cour, &c. Sur quoi, la matiere mise en délibération, le Conseil, faisant droit à la Remontrance du Procureur Général du Roi, ordonne que les copies de registre de baptêmes, mariages, et sépultures de la Paroisse de Léogane, faite, par ledit F. Savornin, Religieux de l'Ordre des FF. Prêcheurs, seront incessamment présentées par le Religieux desservant la Cure de Léogane, aux Officiers du Siége de cette Ville, pour être sur le champ procédé à la vérification et collation d'iceux, sans frais, en présence du Substitut du Procureur Général du Roi audit Siége, sur les anciens registres de la Paroisse, qui ont été ci-devant déposés au Greffe dudit Siége, pour ce fait, lesdits registres être ensuite remis auxdits Religieux; lui fait défenses, à peine de faux, de délivrer aucunes expéditions desdits registres, jusqu'après la vérification et collation d'iceux: ordonne que le présent Arrêt sera exécuté à la diligence du Substitut du Procureur Général du Roi au Siége Royal de cette Ville.

Arrêt

ARRÊT du Conseil du Cap, touchant l'Empoisonneur MACANDAL *et ses Complices, et qui ordonne la publication de l'Edit du mois de Juillet 1682, sur les Poisons.*

Du 20 Janvier 1758.

VU par le Conseil le procès criminel extraordinairement fait et instruit par continuation de procédures par le Lieutenant Criminel du Cap, à la requête du Substitut du Procureur Général du Roi, Demandeur et Accusateur contre le nommé François Macandal, Défendeur et Accusé, prisonnier ès prisons de cette Ville du Cap, appelant de Sentence contre lui rendue cejourd'hui par ledit Lieutenant Criminel, par laquelle il a été déclaré dûment atteint et convaincu de s'être rendu redoutable parmi les Negres, et de les avoir corrompus et séduits par des prestiges, et fait se livrer à des impiétés et des profanations auxquelles il se seroit lui-même livré, en mêlant les choses saintes dans la composition et l'usage de paquets prétendus magiques, et tendant à maléfices, qu'il faisoit et vendoit aux Negres; d'avoir en outre composé, vendu, et distribué des poisons de toute espece: pour réparation de quoi il auroit été condamné à faire amende honorable, nu en chemise, tenant en ses mains une torche de cire ardente, du poids de deux livres, au devant de la principale porte de l'Eglise paroissiale de cette Ville, où il seroit amené par l'Exécuteur de la haute-Justice, ayant écriteau devant et derriere, avec l'inscription: *Séducteur, Profanateur, et Empoisonneur;* et là, étant nu-tête et à genoux, dire et déclarer que, malicieusement et méchamment, il auroit séduit et corrompu les Negres par des prestiges, les auroit fait se livrer et se seroit livré lui-même à des impiétés et profanations, en mêlant les choses saintes dans la composition et l'usage des paquets prétendus magiques, et tendant à maléfices, qu'il faisoit et vendoit aux Negres, et d'avoir en outre composé, vendu, et distribué des poisons de toute espece, dont il se repent, en demande pardon à Dieu, au Roi, et à la Justice, et à être ensuite brûlé vif, et à cet effet conduit par l'Exécuteur de la haute-Justice sur la place publique de cette Ville, où il seroit attaché à un poteau, pour son corps réduit en cendres, être icelles jetées au vent; ledit François Macandal préalablement appliqué à la question ordinaire et extraordinaire, pour avoir révélation des complices de son crime: conclusions du Procureur Général du Roi, et ouï et interrogé en la Chambre ledit François Macandal sur la cause d'appel et cas à lui imposés; et ouï le rapport de

M. Duperrier, Conseiller, et tout considéré : dit a été par le Conseil qu'il a été bien jugé, mal et sans grief appelé; et pour faire mettre le présent Arrêt à exécution, a renvoyé et renvoie ledit François Macandal, ensemble son procès et l'interrogatoire par lui subi, devant la Cour cejourd'hui, pardevant ledit Lieutenant Criminel : Et faisant droit sur le Réquisitoire dudit Procureur Général, ordonne que l'Edit du Roi du mois de Juillet 1682, contre les Devins, Magiciens, et Empoisonneurs, sera publié et affiché par trois Dimanches consécutifs, aux portes des Eglises paroissiales du ressort, et aussi publié et affiché aux portes des Audiences des Jurisdictions; enjoint aux Substituts dudit Procureur Général desdites Jurisdictions de tenir la main à l'exécution du présent Arrêt, et d'en certifier la Cour sous trois mois.

Cet Arrêt fut suivi d'un arrêté, portant que la Cour témoigneroit aux Officiers de la Jurisdiction du Cap, sa satisfaction du zele et des soins par eux apportés dans l'instruction et la poursuite de cette affaire.

Nous n'aurons que trop à entretenir nos Lecteurs de la célébrité funeste de Macandal, dont le nom, justement abhorré, suffit pour désigner tout à la fois un poison et un empoisonneur; c'est encore l'injure la plus atroce qu'un Esclave puisse vomir contre un autre à Saint-Domingue.

ARRÊT du Conseil du Cap, qui ordonne que les Marguilliers feront la recette des droits Suppliciés et de Maréchaussée, et qui fixe la forme dans laquelle ils devront se pourvoir contre les Habitans délinquans, et se faire décharger de la quotité des non payans.

Du 11 Février 1758.

VU par le Conseil la Requête présentée par les Curé et Marguilliers en charge de la Paroisse du Cap, contenant, que lorsqu'il n'y a point eu de Receveur en titre commis à la recette des droits Suppliciés et Maréchaussée; qu'on perçoit dans l'étendue de la Paroisse du Cap; les Marguilliers en charge de ladite Paroisse auroient annuellement fait cette recette sans difficulté de leur part, et avec toute l'exactitude possible. Les sieurs Maignon et Rouyer ayant été nommés successivement par la Cour pour Receveurs desdits droits, les Marguilliers auroient dû cesser de faire cette recette; qu'ils l'auroient néanmoins continuée pendant l'exercice de ces deux Receveurs, d'une façon très-onéreuse pour eux, puisqu'outre qu'ils le faisoient gratuitement, sans qu'aucune obligation de leur élection de

Marguillier leur imposât la nécessité de la faire, ils auroient été obligés de compter de Clerc à Maître au Receveur, en lui faisant raison de l'insolvabilité des débiteurs, quoiqu'ils eussent fait leur possible pour être payés; qu'ils auroient été même exposés très-fréquemment aux menaces des Receveurs, on ne leur parloit que de leur envoyer garnison, s'il leur arrivoit de n'être pas prêts à compter à la premiere demande, sans égard s'ils étoient payés ou non, ou même s'ils avoient l'espérance de l'être; que les Marguilliers auroient eu jusqu'à présent cette charge publique, ignorant en vertu de quoi ils pouvoient être assujettis dès le moment que l'on avoit nommé des Receveurs particuliers pour la perception de ces droits. La Paroisse a cru qu'elle pouvoit être déchargée de cette recette; qu'elle pouvoit espérer d'y réussir, et qu'il y avoit lieu d'attendre de la justice et de l'équité de la Cour, qu'elle lui octroyeroit cette demande; qu'en conséquence, elle auroit annoncé une assemblée qui a été faite le 3 Juillet 1757; A CES CAUSES requéroient lesdits Supplians qu'il plût audit Conseil ordonner qu'à l'avenir les Marguilliers de la Paroisse Notre-Dame de l'Assomption du Cap, seront et demeureront déchargés de faire les recouvremens et recette des droits Suppliciés et Maréchaussée de ladite Paroisse: ce faisant, que le Receveur commis par la Cour à ladite recette, sera tenu de la faire ou faire faire, pour ladite Paroisse du Cap seulement, attendu sa résidence dans ladite Ville, et ordonner que l'Arrêt à intervenir sur ladite demande sera enregistré sur le livre de la Paroisse, pour être exécuté selon sa forme et teneur; ladite Requête signée Desmarets, Curé de la Paroisse Lory et Suarez. Vu aussi les pieces jointes à ladite Requête, conclusions du Procureur Général du Roi; et ouï le rapport de M. le Gras, Conseiller, et tout considéré: LE CONSEIL a débouté et déboute les Supplians des fins de leurdite Requête; et faisant droit sur le Réquisitoire dudit Procureur Général, ordonne que les Arrêts de la Cour des 1er Juillet 1720 et 5 Juillet 1723, seront exécutés selon leur forme et teneur; en conséquence, que les Marguilliers de ladite Paroisse feront la recette desdits droits Suppliciés, à l'effet de quoi les Paroissiens apporteront lesdits droits dans la maison qui leur sera indiquée par les Marguilliers, et ce dans le courant du mois d'Octobre au plus tard, passé lequel temps lesdits Marguilliers présenteront à la Cour la liste des débiteurs, pour obtenir les contraintes nécessaires, à peine de répondre des droits non payés; ordonne en outre que, pour ce qui concerne les droits des Paroissiens qui n'ont point de domiciles fixes, lesdits Marguilliers ne pourront en être déchargés, qu'en rapportant un certificat des deux notables et plus proches voisins, justifiant que lesdits Paroissiens sont absens, et n'ont laissé aucuns effets connus.

ORDONNANCE des Gouverneur et Ordonnateur au Cap, homologative d'un concordat passé entre les Négocians de la même Ville, pour rétablir la circulation de l'Argent de poids.

Du 14 Février 1758.

LE 3 Novembre 1755, il fut rendu, à la requête d'un Négociant, une Sentence au Siége de l'Amirauté, qui établissoit un cours à l'argent de poids, au change de 22 pour cent au-dessus de l'argent courant. Depuis lors, le commerce goûtoit l'avantage de cet établissement, et ne s'attendoit pas à en être privé, sur-tout par une Sentence qui vient d'être rendue au même Siége. Le mal qui résulte de ce dérangement est très-considérable; il suffit, pour en tirer une idée, de dire que cela interrompt le tiers de la circulation de l'argent qui est dans le commerce. Comme les Négocians sont ceux qui perdent le plus à cela, et qu'entre eux se fait la plus grande circulation d'especes, il est à propos, sans avoir égard à ladite Sentence rendue, que les Négocians conviennent et arrêtent le concordat ci-après, qui fera force parmi eux, et qui sera déposé chez deux Négocians et un Capitaine.

Nous nous obligeons les uns envers les autres de recevoir dans les payemens que nous aurons à nous faire, l'argent de poids au change de vingt-cinq pour cent au-dessus de l'argent courant, pourvu néanmoins que ces payemens excedent 300 liv.; car au-dessous ils seront dans les especes courantes; comme aussi nous serons obligés dans un payement au-dessus de 1800 liv. de donner cent écus en argent ou en or courant. Ainsi convenu et arrêté de bonne foi entre nous jusqu'à un nouveau Réglement, sous peine de tous dépens envers les contrevenans. Fait triple, dont l'un déposé chez MM. Raby freres, le second chez M . . . . . Négocians au Cap, et le troisieme chez le sieur Chapduc, Capitaine, gérant diverses cargaisons. Au Cap le 4 Décembre 1757. *Signé* à l'original resté entre les mains de Raby freres. P. MILLOT, J. MILLS, et soixante-un autres Négocians.

A MM. le Marquis de Chastenoye, Gouverneur de l'Isle de la Tortue, du Cap et dépendances, &c.; et Lambert, Commissaire Général audit lieu.

Supplient très-humblement Raby freres, et les Négocians du Cap, dont partie soussignés : disant qu'ils auroient eu l'honneur d'adresser à MM. les Général et Intendant, le 11 Décembre dernier, un concordat fait dans le commerce, y joint une Requête signée par les Supplians, pour obtenir de ces Messieurs leur agrément sur le rétablissement du cours de l'argent de poids. Les Supplians ont été honorés d'une lettre du 22 Décembre dernier de MM. les Général et Intendant, qu'ils ont pris la liberté de vous communiquer, par laquelle ces MM. les flattent que vous voudrez bien les favoriser dans les vues qu'ils ont d'un cours aisé à cette marchandise dans le commerce de Négociant à Marchand, et Marchand à Négociant, même vis-à-vis toutes personnes qui font quelques affaires, pour faciliter leurs opérations, à l'exception des Habitans. Le Commerce attend de vous, Messieurs cette faveur, &c.

Vu la présente Requête, en conséquence de la lettre à nous écrite par MM. Bart et Laporte Lalanne, en date du 22 Décembre dernier, par laquelle ces Messieurs, en approuvant le concordat souscrit par les Négocians de cette Ville, nous prescrivent de donner cours à l'argent de poids dans le commerce, pour la facilité des payemens et l'expédition des affaires. Nous ordonnons que ledit argent de poids sera reçu et aura cours, dans toute la dépendance du Cap, dans les payemens qui se feront de Négociant à Marchand, et de Marchand à Négociant, à l'exception des Habitans, conformément à l'exposé de ladite Requête, qui sera enregistrée avec la présente Ordonnance au Greffe de la Subdélégation, pour y avoir recours en cas de besoin. Au Cap le 14 Février 1758. *Signés* CHASTENOYE, LAMBERT.

R. au Greffe de la Subdélégation le même jour 14 Février.

ARRÊT du Conseil du Cap, qui ordonne que la Monnoie d'Espagne continuera d'avoir cours, comme depuis l'établissement de la Colonie, à la piece et non au poids.

Du 10 Mars 1758.

ENTRE les sieurs Mesnier freres, Négocians au Cap, appelans de Sentence de l'Amirauté, d'une part, et le sieur Mouillé, Capitaine du Navire *les deux Elizabeth* de Bordeaux, Intimé, d'autre : après que Coüet, Procureur pour lesdits Appelans, et Lohier pour ledit Intimé, ont été ouïs, ensemble le Procureur Général du Roi, et tout considéré ; LE CONSEIL, &c.

et faisant droit sur le Réquisitoire dudit Procureur Général, ordonne que l'Ordonnance de M. Desnos de Champmeslin, du 14 Février 1724, enregistrée en la Cour, sortira son plein et entier effet; en conséquence, que la monnoie d'Espagne continuera d'avoir cours à la piece, et non au poids, ainsi qu'il s'est pratiqué depuis l'établissement de la Colonie.

ARRÊT du Conseil du Cap, qui défend à un Particulier de se mêler de fabriquer et distribuer des compositions chimiques, sans y avoir été autorisé.

Du 10 Mars 1758.

ENTRE le sieur Blanchard, d'une part, et les sieurs Fournier, Lavaud, Habriac, Bidon, Bordes et Boisfremy, Maîtres Chirurgiens au Cap, d'autre; LE CONSEIL, &c.; et faisant droit sur le Réquisitoire dudit Procureur Général, fait défenses audit Blanchard et à tous autres, de se mêler dans la fabrication et distribution de compositions chimiques, sans y avoir été auparavant autorisés, et ce sous peine de punition corporelle, au désir de l'Edit de 1682; ordonne que le présent Arrêt sera lu, publié et affiché où besoin sera.

ARRÊT de Réglement du Conseil du Cap, qui défend aux Negres de garder des paquets appelés Macandals, *ni de composer et vendre des drogues.*

Du 11 Mars 1758.

SUR ce qui a été remontré au Conseil par le Procureur Général du Roi, que par les déclarations faites par plusieurs Accusés de pratiques prétendues magiques et d'empoisonnemens, il résultoit évidemment que les paquets ficelés, appelés Macandals, ne sauroient être composés, sans qu'il y ait profanation de choses saintes; que le sacrilége s'y trouvoit joint très-souvent, par le mélange des crucifix qui y sont employés; que l'usage de ces paquets entraînoit nécessairement la profanation, puisque celui qui s'en sert mêle l'eau bénite et l'encens bénit dans la mixtion dont il enduit les paquets; que par conséquent, si on jugeoit à la rigueur ceux qui s'en servent, ils seroient punissables, comme profanateurs, aux termes de l'Edit du mois de Juillet 1682; mais que la simplicité des Negres, qui va quelquefois jusqu'à la stupidité, et le grand nombre de ceux que la crédulité auroit entraînés dans cette superstition, sembloit en quelque façon les excuser, et mériter de l'indulgence pour le passé; qu'il paroîtroit même de l'intérêt public de rassurer plusieurs Negres, qui n'auroient reçu ces paquets que pour des usages qui par eux-mêmes ne seroient pas criminels, d'autant plus qu'il y en auroit un grand nombre qui en auroient reconnu l'abus et l'illusion, et qui, dans la crainte d'être impliqués dans des accusations et des condamnations dont ils ne distingueroient pas bien la cause, pourroient, dans l'idée d'un supplice inévitable, se porter à des extrémités fâcheuses pour eux et pour leurs maîtres; que ces mêmes Negres se trouvant soulagés de cette inquiétude, ils pourroient parler avec liberté sur le compte des Empoisonneurs, prétendus Devins, et Sorciers et Compositeurs desdits paquets, qu'il s'agissoit principalement de connoître et de détruire, comme ennemis de Dieu et des hommes. A CES CAUSES, requéroit, &c.; et ouï le rapport de M. Duperrier, Conseiller, et tout considéré; LE CONSEIL, faisant droit sur le Réquisitoire dudit Procureur Général, ordonne que tous Negres porteurs de paquets ficelés, connus sous le nom de Macandals, les remettront à leurs Maîtres, ou aux Curés des Paroisses, dans la huitaine au plus tard après la derniere publication du présent Arrêt, à peine contre ceux qui seront trouvés nantis desdits paquets après ledit temps, d'être poursuivis extraordinairement, au désir de l'Edit de 1682; fait défenses, sous les mêmes peines, à tous Negres de composer et distribuer des remedes aux autres Negres, sans permission de leurs Maîtres; ordonne que le présent Arrêt sera lu, publié et affiché aux portes des Eglises paroissiales du ressort de la Cour pendant trois Dimanches consécutifs, à la diligence des Substituts dudit Procureur Général.

ORDONNANCE *des Administrateurs, rendue sur la Requête des Négocians, Marchands et Boutiquiers du Port-au-Prince, portant que les maisons, autres que celles exceptées par l'Ordonnance du 13 Juin précédent, étant au Bourg de la Croix des Bouquets, seront démolies sous trois mois, faisant défenses de vendre des marchandises au Bourg, à peine de confiscation d'icelles, et de 300 l. d'amende; le tout applicable moitié au dénonciateur, et l'autre moitié à la Maréchaussée; et qui approuve le choix du sieur Beaucamp pour syndic desdits Négocians, Marchands, &c., à l'effet de suivre l'exécution de ladite Ordonnance.*

Du 18 Mars 1758.

R. au Greffe de l'Intendance le 21.

ORDONNANCE du Roi, qui établit une seconde Compagnie de Canonniers, Bombardiers à Saint-Domingue, et augmente le nombre des Officiers dans la premiere, de maniere que chacune desdites deux Compagnies ait un Capitaine, un Capitaine en second, un Lieutenant et deux Sous-Lieutenans, quatre Sergens, quatre Caporaux, deux Tambours, et cinquante Canonniers.

Du 24 Mars 1758.

R. au Contrôle le 16 Juillet 1759.

ARRÊT d'enregistrement au Conseil du Cap du Mémoire du Roi, sur les fonctions du Commissaire Ordonnateur à Saint Domingue, en l'absence ou à défaut de l'Intendant.

Du 2 Avril 1759.

VU par le Conseil le Mémoire du Roi fait à Versailles le 3 Octobre 1730; *signé* LOUIS, *et plus bas*, PHELIPPEAUX, contenant neuf articles sur les fonctions du Commissaire de la Marine, Ordonnateur à S. Domingue, en l'absence ou à défaut de l'Intendant, lequel n'aura point de Lettres-Patentes de Sa Majesté de Subdélégué à l'Intendance, conclusions du Procureur Général du Roi; et ouï le rapport de M. Duperrier, Conseiller, et tout considéré: LE CONSEIL ordonne que ledit Mémoire du Roi sera enregistré au Greffe de la Cour, pour être exécuté suivant sa forme et teneur, à la charge qu'il ne pourra préjudicier aux droits attribués au plus ancien Conseiller, en l'absence ou au défaut de l'Intendant, attribués par l'Edit de création dudit Conseil.

ORDONNANCE des Administrateurs, qui, sur les réclamations des Marchands et Négocians du Fort Dauphin, défend de faire aucun commerce sur la frontiere Espagnole, ni au Bourg d'Ouanaminthe.

Du 4 Avril 1758.

SUPPLIENT humblement tous les Marchands et Négocians du Fort Dauphin; disant, &c. Vu la Requête et l'Ordonnance rendue par MM. de Larnage

Larnage et de Sartre, le 30 Juin 1738 : faisons défenses à toutes personnes de faire directement ou indirectement aucun commerce sur la frontiere avec les Espagnols, ou dans le Bourg d'Ouanaminthe, soit en boutique ou sur la place, à peine de confiscation des marchandises au profit des Officiers ou Archers de la Maréshaussée qui trouveront en contravention, et de 500 liv. d'amende au profit de la maison de Providence au Cap. Prions MM. de Chastenoye et Lambert de tenir la main à l'exécution des présentes, qui seront registrées au Greffe de l'Intendance, lues, publiées et affichées par-tout où besoin sera. DONNÉ au Port-au-Prince le 4 Avril 1758; *Signés* BART et LAPORTE LALANNE.

R. au Greffe de l'Intendance le 8.

ARRÊT en Réglement du Conseil du Cap, touchant la police des Esclaves.

Du 7 Avril 1758.

VU par le Conseil la Remontrance à lui faite par le Procureur Général du Roi, contenant que la police des Esclaves étoit un des objets les plus importans des Colonies, et que de tout temps elle avoit fixé l'attention des Rois, des Généraux et Intendans, et des Conseils Supérieurs; que les dispositions qu'elle avoit occasionnées, et qui prévoient presque tous les cas, sembloient, par leur multiplicité et leur sagesse, assurer le bon ordre et prévenir les abus; mais que l'inexécution presque totale de ces dispositions auroit laissé subsister les désordres, et que, par une gradation nécessaire, ils étoient montés à leur comble; que le peu de connoissance des Loix concernant les Esclaves, étoit la principale cause de leur inobservation, et que jusqu'ici, par le défaut d'Imprimerie, la plupart se trouvent cachées et dispersées dans les registres des Greffes; qu'il paroissoit convenable et même indispensable de rappeler ces Loix, et de les réunir dans un même corps, sur-tout celles qui sont relatives aux circonstances présentes, et de statuer sur les cas que la prudence n'avoit pas pu prévoir; qu'à cet effet, le Remontrant avoit l'honneur de présenter à la Cour un Mémoire signé de lui, et joint à ladite Remontrance, pour qu'il lui plût y faire droit, suivant sa prudence ordinaire. Vu aussi ledit Mémoire, les Edits et Ordonnances Royaux concernant la police des Isles Françoises de l'Amérique, les Réglemens des Gouverneurs Géneraux et Intendans desdites Isles, et Arrêts dudit Conseil concernant la même matiere; et ouï le rapport de MM. Duperrier et le Gras, Conseillers, la matiere mise en délibération, et tout considéré : LE CONSEIL a ordonné et ordonne que les Edits et Ordonnances Royaux concernant la police des Isles Françoises de l'Amérique, seront exécutés selon leur forme et teneur, comme aussi les Réglemens des Gouverneurs Généraux et Intendans desdites Isles, et Arrêts dudit Conseil sur ladite police ; en conséquence :

ART. Ier. Fait défenses à tous Habitans de souffrir les assemblées et cérémonies superstitieuses que certains Esclaves ont coutume de faire à la mort d'un d'entre eux, et qu'improprement ils nomment prieres, à peine de 300 liv. d'amende contre les Maîtres, Procureurs, ou en leur absence contre les Economes et Raffineurs qui permettront de telles assemblées, et du fouet contre les Esclaves qui y assisteront pour la premiere fois, et de plus grosses peines, en cas de récidive.

ART. II. Fait défenses à tous Affranchis et Esclaves de composer, vendre, distribuer ou acheter des Garde Corps et Macandals, à peine d'être poursuivis extraordinairement, comme profanateurs et séducteurs, et punis suivant la rigueur de l'Edit de 1682.

ART. III. Fait très expresses défenses à tous Esclaves, s'ils ne sont à la suite de leurs Maîtres, de porter aucunes armes offensives, ni même d'en garder dans leur case, à peine du fouet et de confiscation desdites armes au profit de celui qui les en trouvera saisis ; à l'exception seulement de ceux qui seront envoyés à la recherche des Negres marons, ou à la chasse, avec une permission par écrit de leurs Maîtres, qui contiendra la qualité des armes, les lieux où ils doivent aller, et le temps qu'ils y doivent être, lequel ne pourra jamais s'étendre au-delà de quatre jours. Fait pareillement défenses, et sous les mêmes peines, aux Esclaves de marcher dans les grands chemins, ou dans les Villes et Bourgs avec des bâtons ferrés, ou à grosse tête.

ART. IV. Fait défenses aux Esclaves appartenans à différens Maîtres, de s'assembler dans les Eglises après le soleil couché, de s'attrouper le jour et la nuit sous aucun prétexte, sur une Habitation ou ailleurs, encore moins dans les grands chemins ou lieux écartés, à peine de punition corporelle, qui ne pourra être moindre que le fouet et la fleur de lis ; et en cas de fréquentes récidives, ou autres circonstances aggravantes, pourront être iceux Esclaves punis de mort : est enjoint à tous les Sujets du Roi, bien qu'ils ne soient Officiers, de courir sur lesdits Esclaves ainsi attroupés, de les arrêter et conduire en prison, quoiqu'il n'y ait contre eux encore aucun décret, et au Geolier de les recevoir sur la simple déclaration des Habitans qui les conduiront, et de les mettre au cachot jusqu'aux ordres des Officiers de Jussice.

Art. V. Les Propriétaires ou Procureurs d'Habitation, en leur absence les Economes ou Raffineurs, qui seront convaincus d'avoir permis ou même toléré des assemblées composées d'autres Esclaves que ceux appartenans aux mêmes Maîtres, ou d'avoir souffert les Negres de leur Habitation, quoiqu'il n'y eût pas actuellement des Esclaves étrangers, battre le tambour la nuit, ou pendant le Service divin, seront condamnés à 300 l. d'amende, et en outre tenus, en leurs propres et privés noms, de réparer tout le dommage que lesdites assemblées auront pu occasionner aux voisins.

Art. VI. Les Habitans qui trouveront sur leurs Habitations des Esclaves étrangers qui y seront entrés sans leur permission, ou celle de leurs Economes ou Raffineurs Blancs, pourront les faire châtier de quinze coups de fouet, et les mettre dehors.

Art. VII. Fait défenses à tous Esclaves résidans dans les Villes et Bourgs, à peine du fouet, de sortir après dix heures du soir, de se trouver dans les rues, sans être à la suite d'une personne libre, ou sans une permission par écrit de leur Maître.

Art. VIII. Fait défenses à tous Esclaves de vendre, soit aux marchés, soit dans les maisons particulieres, même avec la permission de leur Maître, des sucres, sirops, cannes à sucre, indigos, cafés, cotons, cacao, et ustensiles de Manufactures, sous peine du fouet contre les Esclaves vendeurs, de 20 liv. d'amende contre le Maître qui l'aura permis, et de 100 l. d'amende contre les acheteurs.

Art. IX. Leur fait défenses d'exposer en vente aux marchés, ni de porter dans les maisons particulieres, pour y vendre aucunes sortes de denrées ni fruits, légumes, bois à brûler, d'herbes propres à la nourriture des bestiaux, sans permission par écrit de leur Maître, à peine de confiscation desdites choses.

Art. X. Permet à tous Habitans de se saisir de toutes les choses dont ils trouveront les Esclaves chargés, lorsqu'ils n'auront pas de billets de leurs Maîtres ou Economes.

Art. XI. Seront tenus les Propriétaires, Procureurs, Economes ou Raffineurs, d'expliquer, dans les billets qu'ils donneront, les choses dont les Esclaves seront chargés, et le lieu où ils vont, à peine de confiscation desdites choses; et ne pourront lesdits billets servir pour plus de huit jours.

Art. XII. Fait défenses à toutes personnes de permettre à leurs Esclaves d'avoir en propre des chevaux, sous aucun prétexte, et ce sous peine de 300 liv. d'amende contre les Maîtres, Procureurs, et en leur absence, contre les Economes et Raffineurs qui l'auront permis, et de confiscation desdits chevaux et harnois, desquelles armes et confiscations un tiers appartiendra au dénonciateur.

Art. XIII. Sera permis à un chacun d'arrêter les Esclaves montés sur des chevaux, et de saisir lesdits chevaux ou harnois, lorsqu'ils ne seront pas à la suite de leurs Maîtres, ou qu'il n'apparoîtra pas d'une permission par écrit qu'ils vont pour leur service; seront néanmoins lesdits chevaux et harnois rendus à leurs Maîtres, en payant la prise.

Art. XIV. Fait défenses à tous Esclaves de monter des chevaux ou mulets, sans permission par écrit, à peine du fouet, et de plus grosse peine, suivant l'exigence du cas.

Art. XV. Fait défenses à toutes personnes, de quelque qualité qu'elles soient, d'envoyer leurs Esclaves vendre aucunes sortes de marchandises d'Habitations en Habitations, et aux portes des Eglises et Bourgs ou Marchés publics, à moins que lesdits Esclaves ne soient sous leur conduite, ou celle d'un Blanc, à peine contre le Maître de 500 liv. d'amende, et de confiscation des marchandises, desquelles amende et confiscation un tiers appartiendra à celui qui aura arrêté l'Esclave porteur d'icelles.

Art. XVI. Fait défenses à tous ceux qui ont des Esclaves, soit en propre, soit à leur service, de laisser lesdits Esclaves libres de leurs personnes, et de les laisser travailler à leur gré, moyennant que lesdits Esclaves leur rapportent une somme convenue par chaque jour ou par chaque mois, à peine de 500 liv. d'amende pour la premiere fois, et de confiscation de l'Esclave, en cas de récidive, desquelles amende et confiscation moitié appartiendra au dénonciateur.

Art. XVII. Fait défenses à tous Negres ou Mulâtres libres de retirer chez eux aucuns Negres marons, à peine d'être déchus de leur liberté, et d'être vendus, avec leur famille résidante chez eux, au profit du Roi, à la réserve du tiers qui sera donné au dénonciateur.

Art. XVIII. Fait défenses à tous Mulâtres et Negres libres de porter épées, sabres ou manchettes dans les Villes et Bourgs, à moins qu'ils ne soient Officiers, ou employés dans la Maréchaussée, ou commandés pour le service, et ce sous peine de trois mois de prison.

Art. XIX. Enjoint aux Mulâtres et Negres affranchis de faire enregistrer sous trois mois, si fait n'a été, la ratification de leur liberté aux Greffes des Jurisdictions où ils feront leur domicile, et aux Negres et Mulâtres libres de naissance d'y faire enregistrer la ratification de la liberté de leur mere, à laquelle ils annexeront leur extrait de baptême. Fait défenses aux Juges, Greffiers et Notaires du ressort de reconnoître pour libres, et de passer comme tels en aucuns actes les Mulâtres et Negres qui n'auront pas justifié de leur liberté.

Ordonne que le présent Arrêt sera envoyé ès Jurisdictions ressortissantes dudit Conseil, pour y être enregistré, lu publié et affiché par-tout où besoin sera, pendant trois Dimanches consécutifs, à l'issue des Messes paroissiales : enjoint aux Substituts dudit Procureur Général èsdites Jurisdictions, de tenir la main à l'exécution du présent Arrêt, &c.

ARRÊT du Conseil du Cap, qui, de l'agrément des Administrateurs, ordonne, sur des Empoisonneurs condamnés, l'essai des poisons et contrepoisons par eux indiqués, et pieces relatives.

Du 8 Avril 1758.

VU par le Conseil la Requête à lui présentée par M. Lacq, Médecin du Roi au Cap, signée de lui, et de MM. Daubenton, Boyer, Alliés, Pagès et Keau, aussi Médecins au Cap, contenant, &c.; vu aussi autre Requête du sieur Lacq, sur laquelle, par Arrêt du 11 Février précédent, a été ordonné que ladite Requête seroit envoyée à MM. les Général et Intendant; la Requête de mesdits sieurs les Général et Intendant, en réponse de celle de MM. Grandpré et Pasquier, conclusions du Procureur Général du Roi, et ouï le rapport de M. Duperrier, Conseiller, et tout considéré: LE CONSEIL, vu les empoisonnemens multipliés qui désolent cette partie de la Colonie, faisant droit sur ladite Requête, a ordonné et ordonne, sous le bon plaisir du Roi, que les Negres nommés Samba et Colas, condamnés à mort par Arrêt du 4 de ce mois, et le Negre Lafleur, aussi condamné à mort par Arrêt de ce jour, seront délivrés auxdits Médecins, pour faire sur lesdits Negres Samba, Colas, et Lafleur, les essais par eux proposés, à la charge qu'ils n'éprouveront sur chacun desdits Negres qu'un genre de poison, et que lesdits Negres tiendront prison jusqu'à ce qu'il plaise à Sa Majesté d'en ordonner autrement; et pour parvenir auxdits essais, sera délivré auxdits Médecins les drogues suspectées de poison, qui ont été ou seront déposées aux Greffes des Jurisdictions, ensemble expédition des déclarations déjà faites ou à faire par les criminels prévenus d'empoisonnemens, tant sur la composition de leurs différens poisons, que sur leurs contre-poisons; a autorisé lesdits Médecins à faire composer en leur présence, par tels Apothicaires qu'ils choisiront à cet effet, lesdits poisons et contre-poisons, pour ensuite procéder auxdits essais, serment par eux préalablement prêté pardevant M. Lambert, premier Conseiller, de se bien et fidelement comporter en leur commission; ordonne qu'ils tiendront registre exact, jour par jour, des poisons qu'ils donneront, des symptômes qu'ils reconnoîtront, et des remedes qu'ils administreront, lequel registre sera ensuite déposé au Greffe de la Cour: à l'effet desdits essais, sera fourni par le Geolier des prisons de la Cour un lieu sûr et sain pour y mettre lesdits Negres, auxquels ils fournira les alimens et autres choses qui seront par lesdits Médecins jugées nécessaires, dont le mémoire sera visé par ledit Procureur Général, et taxé par le Médecin du Roi, ainsi que ceux des médicamens et opérations de Chirurgie, et payés par le Receveur des droits des Negres suppliciés, sur les Ordonnances qui en seront délivrées par M. de Juchereau, Doyen dudit Conseil, Commissaire en cette partie, laquelle dépense sera allouée audit Receveur dans le compte qu'il rendra de sa recette; et pour faire passer à MM. les Général et Intendant le présent Arrêt, a commis MM. Duperrier, Conseiller, et Collet, Assesseur.

LETTRE *des Administrateurs, du 22 Février 1758.*

Par la lettre que vous nous avez fait, Messieurs, l'honneur de nous écrire le 12 de ce mois, nous voyons que le Conseil vous a chargés de nous faire passer la proposition qui lui a été faite par le sieur Lacq, Médecin entretenu, de lui abandonner un certain nombre de Negres convaincus du crime d'empoisonnement, pour pouvoir faire sur eux-mêmes les expériences des diverses especes de poisons et contre-poisons par eux indiqués, ainsi que des remedes que l'on jugera pouvoir être adaptés à la cure des maladies qu'on a remarqué résulter de l'usage de quelques-uns de ces poisons.

Le Roi seul a, comme vous l'observez, le pouvoir de commuer les peines que les Loix ont établies; mais dans la circonstance critique où se trouvent les Habitans du Gouvernement du Cap, nous ne balançons pas à penser que Sa Majesté, non seulement ne désapprouvera pas qu'on fournisse aux moyens de remédier, s'il est possible, au mal qui afflige les Citoyens, mais qu'elle voudra bien regarder encore cette disposition comme une marque du zele commun qui nous anime. Nous vous prions cependant de vouloir bien faire observer au Conseil, qu'en fournissant au sieur Lacq trois ou quatre sujets pour exercer le sien, il convient de ne prendre pour cet usage que ceux que la grossiereté et la superstition auront rendus criminels, plutôt que la malice et la méchanceté, et de réserver à l'exemple des peines ceux que les derniers de ces motifs auront conduits. Nous allons profiter d'une occasion particuliere de rendre compte au Roi du parti que nous avons cru devoir adopter, et ce sera en même temps avec une satisfaction particuliere que nous l'informerons de l'application avec laquelle le Conseil se porte à tous les moyens qui peuvent contribuer à procurer la cessation du mal. Nous avons l'honneur, &c. *Signés* BART et LAPORTE LALANNE.

Autre du 19 Avril 1758.

Nous avons reçu, Messieurs, avec la lettre que vous nous avez fait l'honneur de nous écrire le 10 de ce mois, une expédition de l'Arrêt que le Conseil Supérieur a rendu concernant les expériences à faire des poisons et contre-poisons qui ont été indiqués. Nous n'avons rien trouvé que de convenable dans les dispositions que contient cet Arrêt, et nous vous sommes très-obligés de votre attention. Nous avons l'honneur, &c. *Signés* BART et LAPORTE LALANNE.

Les Médecins et Chirurgiens prêterent serment ès mains de M. Lambert, les 13 et 15 Avril 1758; mais ils ne répondirent pas à la confiance de la Cour; ils ne firent qu'un brouillon de journal du 24 au 31 Mai, sans signature, qui annonce qu'ils ont donné à un Negre inconnu une émulsion faite avec une demi-once d'une graine commune en Amérique. Il paroît qu'une heure après ce Negre fut sans mouvement, sans connoissance, ayant la langue épaisse; une salive gluante, une muscosité jaunâtre au nez, et qu'il fut remis dans l'état naturel avec de l'élixir de propriété de Paracelse et des gouttes d'esprit volatil de Sylvius et de lilium: mais cette piece informe n'est pas faite pour inspirer la plus légere confiance.

PROVISIONS de Lieutenant au Gouvernement Général, pour M. le Marquis DE CHASTENOYE.

Du 1er Mai 1758.

LOUIS, &c. Salut: estimant nécessaire, pour le bien de notre service, d'établir un Lieutenant pour nous au Gouvernement général de nos Isles

Françoises sour le Vent de l'Amérique, nous avons cru ne pouvoir faire un meilleur choix pour remplir cette importante place, que de notre cher et bien amé le sieur Marquis de Chastenoye, Gouverneur pour nous au Cap, en notre Isle Saint-Domingue, par la confiance que nous avons en son zele, fidélité et affection à notre service, et par les preuves qu'il nous a données en diverses occasions de sa valeur, bonne conduite, expérience et capacité. A CES CAUSES, avons ledit sieur Marquis de Chastenoye commis, ordonné et établi, commettons, ordonnons et établissons Lieutenant pour nous au Gouvernement général de nosdites Isles Françoises sous le Vent de l'Amérique, pour, sous notre autorité, et en l'absence du Gouverneur notre Lieutenant Général auxdites Isles avoir le commandement sur tous les Gouverneurs particuliers et Lieutenans que nous y avons établis, même sur les Officiers des Conseils Supérieurs, et tous autres; commander aussi à tous nos Sujets Ecclésiastiques, nobles, gens de guerre, et autres y demeurans, de quelque condition qu'ils soient; maintenir le Peuple desdites Isles en paix, repos et tranquillité; les défendre de tout son pouvoir; commander tant par mer que par terre; ordonner et faire exécuter tout ce qu'il jugera devoir et pouvoir faire pour la conservation desdites Isles, sous notre autorité et sous notre obéissance, et généralement faire et ordonner tout ce qu'il appartient à ladite Charge de Lieutenant pour nous au Gouvernement Général desdites Isles, et tenir et exercer, en jouir et user pendant trois années, à compter de cejourd'hui, aux honneurs, pouvoir, autorités, prééminences, franchises, libertés, droits, fruits, profits, revenus, et émolumens y appartenans, et aux gages et émolumens qui lui seront ordonnés par notre Etat. Si donnons en mandement, &c.

R. au Conseil du Cap le 5 Mai 1760.

(Tout le reste de ces Provisions est copié sur celle de M. de Chastenoye pere, du 1er Juin 1737.)

ORDONNANCE *du Roi, qui défend aux Gouverneurs généraux et particuliers, Intendans et Commissaires ordonnateurs, de posséder des Habitations aux Colonies.*

Du 12 Mai 1758.

SA MAJESTÉ s'étant fait représenter l'Ordonnance du 7 Novembre 1719, qui défend aux Gouverneur Lieutenant Général et Intendant des Colonies,

Colonies, d'avoir des Habitations; et étant informée qu'au préjudice de cette défense, plusieurs d'entre eux possedent des biens considérables qu'ils font valoir; ce qui n'est point convenable au service de Sa Majesté, ni compatible avec leur état, leur résidence n'étant que pour un temps dans lesdites Colonies, elle a jugé nécessaire de renouveler les dispositions de ladite Ordonnance; en conséquence elle a ordonné et ordonne qu'à l'avenir il ne pourra être acquis directement ni indirectement, par achat ni autrement, ni établi pour le compte des Gouverneurs Lieutenans Généraux, Particuliers, Intendans et Commissaires de la Marine, Ordonnateurs auxdites Colonies, aucune Habitation pour y faire des sucres, indigo, café, tabac, cacao, coton, gingembre, rocou, ni autres denrées et marchandises desdites Colonies; leur permet néanmoins Sa Majesté d'avoir des jardins portant fruits, légumes et herbages, pour leur usage particulier seulement; et à l'égard de ceux qui ont actuellement des Habitations, leur défend Sa Majesté d'y faire aucunes augmentations, sous quelque prétexte que ce puisse être; enjoint Sa Majesté auxdits Gouverneurs Lieutenans Généraux, Gouverneurs particuliers, Intendant et Commissaire de la Marine, Ordonnateurs, de se conformer à la présente Ordonnance, sous peine de désobéissance. FAIT à Versailles, &c.

R. au Conseil du Port-au-Prince le 21 Juillet 1759.
Et à celui du Cap le 3 Septembre suivant.

ARRÊT du Conseil du Port-au-Prince, qui augmente la Brigade de Police de la même Ville, de deux Brigadiers et de deux Sergens, et ordonne que les appointemens attribués à l'Exempt par l'Ordonnance du 10 Mars 1750, seront fixés à 900 liv.

Du 12 Mai 1758.

ARRÊT du Conseil d'Etat, qui permet aux Maires, Consuls et Lieutenans de Roi de la Ville de Toulon, de faire expédier tous les ans du Port de ladite Ville huit Navires seulement, pour faire le commerce des Isles et Colonies Françoises de l'Amérique, en se conformant aux Lettres Patentes du mois d'Avril 1717.

Du 25 Juillet 1758.

ORDONNANCE *du Juge de Police du Cap, qui condamne le sieur* LEBRUN, *gérant l'Habitation Carbon au Bois de l'Anse, en 300 liv. d'amende, avec défenses de récidiver, sous plus grande peine, pour avoir souffert une assemblée de Negres, et un Calenda le 23 Juillet précédent sur ladite Habitation.*

Du 5 Août 1758.

COMMISSION *de Commandant de la Partie du Sud, pour M.* D'ARGOUT, *donnée par le Gouverneur Général.*

Du 12 Août 1758.

PHILIPPE-François Bart, &c.

Etant nécessaire, dans les circonstances de la présente guerre, d'établir dans le Gouvernement du Fond de Saint-Domingue un Commandant dont l'autorité puisse s'étendre dans tous les différens quartiers; vu les preuves que nous a données M. d'Argout de sa bonne conduite, vigilance et capacité dans l'exercice des fonctions de Major-Inspecteur des Troupes et Milices: Nous, en vertu du pouvoir à nous donné par Sa Majesté, avons commis et commettons ledit sieur d'Argout pour Commandant dans toute l'étendue du Gouvernement du Sud. Mandons à tous Lieutenans de Roi, Majors, et autres Officiers des Troupes et Milices qui y sont ou pourront y être ci-après, de le reconnoître et de lui obéir en ladite qualité de Commandant. DONNÉ au Port-au-Prince le 12 Août 1758. *Signé* BART.

ORDONNANCE *du Juge du Cap, qui défend aux honnêtes Citoyens de la Ville de venir en veste et en bonnet aux Audiences.*

Du 30 Septembre 1758.

SUR ce qui nous a été représenté par le Procureur du Roi du Siége, que les Habitans, Négocians et Marchands de cette Ville et dépendances se donnent la liberté de se présenter aux Audiences et Adjudications qui se tiennent et se font en ce Siége d'une façon des plus indécentes, y venant et s'y présentant en veste, en bonnet et en mouchoir; ce qui est manque de respect pour le lieu où se tiennent les Audiences; pourquoi requéroit qu'il y fût par nous pourvu : Nous, faisant droit sur ledit Réquisitoire, et renouvelant, en tant que de besoin, les Ordonnances ci-devant données à ce sujet, faisons très-expresses inhibitions et défenses à tous Habitans, Négocians, Marchands, et domiciliés de cette Ville et dépendances, à l'exception des Artisans, Ouvriers, Canotteurs, Journaliers, et Gagne-deniers, de venir ni de se présenter aux Audiences qui se tiennent, ni aux Adjudications qui s'y font, en veste, bonnet et mouchoir, à peine de 25 liv. d'amende, payable sans déport, applicable, moitié aux réparations de l'Auditoire, et l'autre au pain des Pauvres de cette Ville ; enjoignons aux Huissiers de ce Siége qui seront de service, lors des Audiences et Adjudications, de nous dénoncer tous ceux qui contreviendront à la présente, et d'y tenir la main chacun en droit soi ; et sera la présente lue, publiée et affichée par-tout où besoin sera, et notamment à la porte de l'Auditoire, &c. DONNÉ de nous JEAN-BAPTISTE ESTEVE, &c.

DÉCISION de M. BART, Gouverneur Général, adressée à M. MAGNY, Commissaire de la Marine au Cap, à l'occasion de quelques honneurs funebres rendus à M. LAMBERT, Intendant.

Du 20 Décembre 1758.

L'ARRANGEMENT que vous aviez fait, Monsieur, au sujet du poële, est tout à fait dans la regle, et conforme à l'usage que j'ai vu pratiquer par-tout ; c'est aux Officiers du même corps à en porter les coins ; et sur ce principe, le Militaire n'avoit aucunes prétentions fondées ; il ne pouvoit y avoir de contestation qu'entre MM. du Conseil et MM. les Officiers de plume de la Marine, si les uns avoient voulu porter le poële, à l'exclusion des autres, le partage que l'on avoit réglé terminoit tout convenablement, en faisant porter les coins par deux Ecrivains principaux, à défaut de Commissaires, et par deux Conseillers. C'est dans cet esprit que je réponds au sieur Frottier, qui me rend compte de ce qui s'est passé à cet égard, et à M. le Procureur Général, qui me demande une décision.

ARRÊT du Conseil d'Etat, qui casse et annulle tous traités, marchés, et autres actes quelconques, pour raison du fret des marchandises et denrées chargées à Saint-Domingue sur des Vaisseaux de Sa Majesté, et notamment sur les Vaisseaux l'Intrépide, l'Opiniâtre, *le* Greenwich *et le* Sceptre, *les Frégates la* Sauvage *et la* Licorne, *et la Flûte* l'Outarde; *et ordonne que le prix du fret desdites marchandises sera perçu à son profit, sans que personne y puisse rien prétendre.*

Du 20 Décembre 1758.

ARRÊT du Conseil d'Etat, qui renvoie pardevant l'Intendant de la Marine au Port de Brest, toutes les contestations nées et à naître à l'occasion du fret des marchandises apportées de Saint-Domingue sur des Vaisseaux de Sa Majesté.

Du 20 Décembre 1758.

ARRÊT du Conseil du Cap, concernant le transport des Papiers publics, en cas d'attaque de l'ennemi.

Du 5 Janvier 1759.

VU par le Conseil la Remontrance à lui faite par le Procureur Général du Roi, contenant, que les Anglois faisant un armement considérable, qui pourroit avoir pour objet l'attaque et l'invasion de cette partie de la Colonie: dans de pareilles circonstances, l'attention de la Cour pour l'intérêt public paroissoit exiger d'elle de pourvoir à la sûreté des papiers publics qui servent à constater et assurer l'état et la fortune des Citoyens. A CES CAUSES, requéroit, &c. Et ouï le rapport de M. le Gras, Conseiller, et tout considéré; LE CONSEIL, faisant droit sur la Remontrance dudit Procureur Général, l'a autorisé et autorise, ainsi que ses Substituts dans les différens Siéges du ressort, à se retirer auprès de M. le Gouverneur et Officiers-Majors commandans dans les différens quartiers, et les requérir de leur indiquer les lieux qu'ils jugeront les plus convenables et les moins exposés, pour y transporter les papiers publics, en cas d'attaque de l'ennemi, ainsi que leurs ordres pour leur transport et leur sûreté.

Ordonne à tous Notaires du ressort de la Cour de remettre, sous huitaine du présent Arrêt, leurs minutes, sans en rien réserver et retenir chez eux, aux Greffes des Jurisdictions où ils exercent, et d'y joindre un double de leur répertoire ; de tout quoi leur sera donné *récépissé* par les Greffiers ; ordonne qu'incessamment, et sans délai, et aussi-tôt la communication du présent Arrêt, le Greffier de la Cour et ceux des Jurisdictions ressortissantes seront tenus de renfermer les liasses des minutes de leurs Greffes, ensemble celles qui y sont déposées, ainsi que leurs registres, dans des barriques cerclées de fer, ou des coffres fermant à clef et numérotés ; qu'il sera dressé un procès-verbal des liasses des minutes et registres que chaque barrique ou coffre contiendra, en présence de M. Grandpré, Conseiller, et ce pour les liasses des minutes et registres du Conseil ; et pour celles des Jurisdictions, le procès verbal en sera dressé en présence des Juges et du Substitut dudit Procureur Général auxdits Siéges, lesquels seront signés, pour ce qui concerne le Conseil, par le Commissaire de la Cour, ledit Procureur Général et le Greffier ; et par les Juges des lieux, lesdits Substituts et les Greffiers, en ce qui concerne les Jurisdictions ; lesquels procès verbaux seront renfermés dans chaque barrique ou coffre. Sera dressé un état général desdits procès verbaux, qui sera également signé du Commissaire de la Cour, dudit Procureur Général, et du Greffier ; des Juges des lieux, desdits Substituts, et des Greffiers, en ce qui les concerne ; lequel état général restera ès mains desdits Greffiers, pour être représenté en temps et lieu, et ainsi qu'il appartiendra. Que chaque coffre ou barrique, contenant les liasses des minutes et registres du Conseil, sera scellé du cachet dudit Commissaire, et ceux des Greffes des Jurisdictions, par les Juges, du sceau de chaque Jurisdiction, pour le tout être transporté, ainsi que tous dépôts d'argent et autres effets, aux lieux indiqués, au premier ordre qu'en donnera M. le Gouverneur ou Officiers commandans dans les différens quartiers, et y rester sous la garde et consignation de ceux qui seront par eux préposés à cet effet.

Les 24 et 26 Janvier, et 17 Février 1759, il fut dressé procès-verbal des minutes, registres et papiers du Greffe de la Cour, enfermés dans de grosses barriques ou boucauds, ainsi que des sacs des procès appointés, apportés au Greffe par le Greffier Garde-Sac.

ARRÊT du Conseil du Cap, touchant le transport des papiers des Etudes des Procureurs, en cas d'attaque, et les formalités à observer pour ledit transport.

Du 5 Janvier 1759.

VU par le Conseil la Requête à lui présentée par Me. Benoît-Louis Couet de Montarand, Doyen des Procureurs de la Cour, conclusions du Procureur Général, et ouï le rapport de M. le Gras, Conseiller, et tout considéré: LE CONSEIL, ayant égard à ladite Requête, autorise les Procureurs à faire déplacer et transporter les papiers de leurs Etudes aux endroits qu'ils jugeront les plus convenables à leur conservation, pour y rester jusqu'à ce qu'ils soient de nouveau autorisés à les retirer, à la charge néanmoins de ne pouvoir faire ledit transport hors de la Ville, sans préalablement s'être assemblés chez le Doyen de la Communauté, et y avoir délibéré sur le temps de faire ledit transport, et réglé le lieu où chacun des Procureurs entendra faire transporter les papiers de son Etude; de laquelle délibération sera dressé procès verbal, pour icelui être remis audit Procureur Général, ou à l'un de ses Substituts.

ORDONNANCE du Juge du Cap, touchant le transport des Papiers publics en lieu de sûreté.

Du 8 Janvier 1759.

NOUS, conformément à l'Arrêt du Conseil, avons autorisé et autorisons les Procureurs de la Jurisdiction d'exporter dès à présent, s'ils le jugent à propos, et dans les lieux qu'ils trouveront les plus convenables, même dans les lieux où ils ont pu délibérer de transporter les papiers des affaires du Conseil, tous et chacun les papiers et dossiers des affaires appointées en ce Siége, ensemble les dossiers d'Audience et autres dans lesquels il se trouve des actes dont les minutes sont déposées hors la Colonie, en faisant néanmoins pour cette derniere nature d'affaire, notifier par un simple acte ladite exportation aux Procureurs des Parties adverses, et ce pour éviter les procédures qui pourroient être faites par l'une des Parties, sans cette précaution; leur ordonnons de défendre dans toutes leurs autres affaires courantes et d'Audience, jusqu'à ce que le Siége, averti par M. le Gouverneur, du temps et de la nécessité de l'exportation des minutes du Greffe, leur fasse communiquer par le Remontrant ledit avertissement, auquel cas il leur sera loisible d'exporter généralement tous les papiers de leurs cliens, et de les laisser en dépôt aux lieux qu'ils auront choisis, jusqu'à ce qu'il ait été pourvu a leur retour; autorisons néanmoins lesdits Procureurs de la Jurisdiction de faire transporter et mettre également au même dépôt les billets, lettres de change, et autres papiers et actes essentiels de cette espece, qui se trouvent dans les dossiers des affaires courantes de l'Audience, en par eux y substituant des copies certifiées d'eux.

Et faisant droit sur le Réquisitoire du Procureur du Roi, concernant les papiers des successions vacantes, dont M^e. Coma, établi curateur, se trouve nanti, et dont il n'a pas rendu compte, ordonnons par provision, jusqu'à ce qu'il y ait été pourvu par le Conseil, que, conformément à la lettre et à l'esprit de l'Arrêt du 5 de ce mois, concernant les dépôts publics, ledit curateur sera tenu, dans le courant de la présente semaine, de remettre au Greffe de cette Jurisdiction tous et chacun les papiers et dossiers qu'il peut avoir des successions qu'il gere en ladite qualité, à l'exception néanmoins des affaires courantes et d'audience, pour raison desquelles il se conformera à ce qui a été ordonné ci-devant, relativement à la même nature des affaires des Procureurs, sauf toutefois le dépôt des billets et autres papiers de cette nature, qui ne pourra être fait qu'en notre Greffe; et pour l'exécution de ladite disposition, ordonnons qu'il sera par ledit M^e. Coma dressé deux répertoires doubles; le premier, des papiers, liasses et dossiers qui seront par lui remis dans la présente semaine, avec le double du répertoire qui les concerne, et dont lui sera donné récépissé par notre Greffier, à l'instant de ladite remise; que le second répertoire contiendra le détail de chacun des dossiers ou liasses des affaires courantes et d'Audience, sauf à remettre lesdits dossiers et liasses audit Greffe, avec les doubles dudit Répertoire, lorsqu'il en sera averti par ledit Procureur du Roi; ordonnons pareillement que tous lesdits papiers à mesure seront mis dans une barrique ou coffre particulier, qui sera scellé du sceau de la Jurisdiction, aussi-tôt après la seconde remise, et au premier ordre que M. le Procureur du Roi en aura de M. le Gouverneur; qu'il sera, conformément audit Arrêt, dressé procès-verbal de chacune desdites deux remises, et ce par le Greffier, en notre présence et celle du Procureur du Roi, et que mention sera faite de ladite remise et desdits papiers dans l'état général qui restera aux mains du Greffier, conformément à l'Arrêt de la Cour; et pour l'exécution de la présente ordonnance, ordonnons qu'à la diligence du

Procureur du Roi, elle sera sans délai signifiée au plus ancien Procureur de la Jurisdiction, pour en être par lui donné connoissance à tous et chacun les Procureurs ses Confreres, et pour qu'ils aient à s'y conformer; comme aussi que pareille copie sera signifiée, à la diligence dudit Procureur du Roi, à Mᵉ. Coma, curateur des successions vacantes, afin qu'il n'en puisse prétendre cause d'ignorance. DONNÉ de nous Jean-Baptiste ESTEVE, &c.

RÉGLEMENT du Conseil du Port-au-Prince, portant que, pendant le cours des séances, il sera par le Greffier-Commis de la Cour, tenu une table, pour y être pris matin et soir, par les Officiers dudit Conseil, leurs repas ordinaires.

Du 11 Janvier 1759.

SUR ce qui a été représenté par le Procureur Général du Roi, que les motifs qui avoient déterminé à Léogane, lorsque le Conseil y tenoit ses séances, à appliquer à la dépense d'une table, pour la Compagnie, les fonds qui, par arrêté du 16 Mars 1747, avoient été destinés et appliqués à celle d'une Buvette pour le déjeûner de Messieurs, sont plus pressans encore en cette Ville, par la difficulté d'y trouver des maisons assez décentes pour qu'ils puisssent y prendre leurs repas ordinaires pendant le cours des séances; la matiere mise en délibération, et dérogeant, en tant que besoin, à l'arrêté susdaté, LE CONSEIL a réglé que désormais, et à commencer de ce jour, il sera, par le Greffier-Commis de la Cour, tenu une table, pour y être pris, matin et soir, par les Officiers d'icelle, leurs repas ordinaires, pendant le cours des séances, et que, pour fournir à la dépense d'icelle, sur les états qui en seront donnés et produits à la fin d'icellec séances par ledit Greffier-Commis, lui seront données par M. le Président de la Cour, qui les arrêtera, ordonnances pour s'en faire payer et rembourser.

MÉMOIRE de M. le Général au Conseil du Port-au-Prince, et arrêté de cette Cour, touchant la présentation d'un Mémoire du Roi concernant les fonctions du Commissaire de la Marine, Ordonnateur, en cas d'absence ou de décès de l'Intendant.

Du 23 Janvier 1759.

LES ordres précis de Sa Majesté à son Gouverneur Lieutenant Général, portant

portant expressément : *Que le Commissaire de la Marine, Ordonnateur à Saint-Domingue, en l'absence ou à défaut de l'Intendant, doit faire seul toutes les fonctions que pourroit faire seul l'Intendant, s'il étoit présent, et en commun aussi toutes celles que l'Intendant feroit en commun avec le Gouverneur Lieutenant Général*; l'obligation où je suis de faire exécuter les ordres du Roi qui me sont connus, me porte à les notifier à la Compagnie, afin qu'elle ait à s'y conformer, en ce qui la regarde, et que les Peuples, instruits par son exemple, reconnoissent dans M. Elias, Commissaire de la Marine, actuellement Ordonnateur (ainsi que je le connois moi-même, conformément aux ordres du Roi) le droit à toutes les fonctions, tant communes que particulieres, que feroit l'Intendant, s'il étoit présent.

J'avois lieu d'attendre cet exemple, comme un effet nécessaire de la sagesse de la Compagnie, de son attachement à l'ordre et au bien public, de sa soumission aux ordres du Roi. Je vois cependant avec douleur dans tout ce qui vient de se passer aux séances précédentes, et dont je souhaiterois pouvoir effacer le souvenir, une opposition méditée, au lieu d'une soumission si légitime; et j'envisage dans les suites, des désordres qu'il me convient de prévenir par une conduite tout opposée à celle que tient le Conseil en cette occasion.

Cette opposition s'annonce dès le premier pas, et au moment qu'il s'agit de délibérer. L'essence de la délibération est d'être formée des avis de ceux qui ont voix délibérative. Or, les Assesseurs en sont privés, suivant les Lettres patentes d'établissement du 6 Août 1742, hors deux cas qui n'ont point lieu ici.

Cependant le premier avis qui se présente sous la forme d'un long plaidoyer, est celui d'un Assesseur. Ce n'est point une méprise, ce n'est point un usage indifférent; c'est un dessein prémédité, c'est une prétention, c'est même un droit. Les termes exprès des Lettres patentes enregistrées ne sont pas assez clairs pour ne point éprouver toutes les interprétations qui tendent à établir un usage diamétralement opposé; et cet usage abusif devient assez respectable pour prendre enfin la place de la volonté du Roi, contenue dans ses Lettres patentes. Les Titulaires se joignent aux Assesseurs, et le trouble m'oblige de lever la séance. Après une telle épreuve sur un article aussi clair et aussi précis, je ne puis plus espérer de faire reconnoître les ordres du Roi d'aucun genre, par la voie de la délibération.

Je cesse donc de demander l'enregistrement du Mémoire du 3 Octobre

1730. Je me borne à cet égard à la déclaration et notification que je viens faire à la Compagnie de ma proposition sur l'enregistrement, qui restera *en suspens* jusqu'aux ordres du Roi, et je réduirai le compte que j'ai à rendre à Sa Majesté, principalement à la prétention formée par la Compagnie au sujet de la voix délibérative pour les Assesseurs, quoiqu'à eux refusée par les Lettres patentes du Roi, portant leur établissement. *Signé* BART.

Ce jour, cinq heures de relevée, le Procureur Général du Roi est entré, et a dit, qu'il vient de recevoir un Mémoire de M. le Général, accompagné d'une lettre, lesquels il a mis sur le Bureau, et a requis qu'il en fût tout présentement fait lecture et délibéré par la Cour sur le contenu en iceux, et s'est retiré. Sur quoi, la matiere mise en délibération, et après lecture faite par le Greffier de la Cour desdites Lettres et Mémoire, LE CONSEIL a ordonné et ordonne que lesdits Lettres et Mémoire demeureront déposés au Greffe de la Cour, et a arrêté qu'il y sera répondu sur le champ, à quoi il a vaqué comme il suit :

« Le Conseil ne peut regarder comme réguliere et juridique la maniere dont M. le Général lui a notifié les intentions du Roi au sujet des fonctions du Commissaire, devenu Ordonnateur par l'absence ou décès de l'Intendant; il ne lui reconnoît d'autres attributs que ceux dont le sieur de Saint-Aubin a joui en cette qualité; et ce qu'il peut y avoir de réglé à cet égard entre le Gouverneur Lieutenant Général, et cet Officier, n'a rapport qu'au détail de l'administration de l'Intendant, et fait la matiere des instructions particulieres qu'il plaît à Sa Majesté de donner à ces Messieurs, dont il n'appartient pas à la Compagnie de connoître. Le Conseil est éloigné de rien prétendre dans ce qui a rapport aux fonctions particulieres de l'Intendance; *et s'il a résisté* à l'enregistrement du Mémoire du Roi, du 3 Octobre 1730, en vertu duquel on veut donner au Commissaire Ordonnateur des fonctions plus étendues qu'il n'avoit auparavant, c'est parce que cette piece, restée dans l'obscurité depuis vingt-neuf ans, et reconnue inutile par le sieur de Saint-Aubin lui-même, pour ce qui concerne l'administration de la Justice, a été présentée sans aucun mandement de Sa Majesté, et sans lettre du Ministre ayant le département de la Marine, qui en ordonne l'enregistrement, ainsi que le Roi le prescrit par sa lettre du 26 Octobre 1744, qui est consignée dans son registre. Le Conseil ne s'est opposé à l'enregistrement du Mémoire, que parce qu'il ne lui a pas paru avoir été fait par lui, et il a jugé que la proposition qu'on lui en faisoit ne pouvoit pas même faire la matiere d'une délibération ».

» Si un Assesseur, comme le dernier Membre, a opiné le premier sur l'objet proposé, c'est conformément aux usages de la Compagnie, et sans aucune affectation ni dessein prémédité; il avoit le droit d'ouvrir son opinion consultative, quand même sa voix n'eût pas dû être comptée avec celle des délibérans ».

» D'ailleurs, la question de la voix délibérative des Assesseurs a été entierement indépendante du refus d'enregistrer, puisqu'elle n'a été agitée qu'après qu'il a été délibéré que le Mémoire du Roi n'étoit pas présentable à l'enregistrement. Quand même cette question auroit été préliminaire, la Compagnie a lieu de penser qu'ils auroient été dans le cas de donner leur voix; 1°. parce que de douze Titulaires qui doivent composer le Conseil, suivant l'Edit de 1685, il n'y en avoit que quatre de présens aux séances, de cinq qui se trouvent dans ladite Colonie. 2°. Parce que les Assesseurs ont toujours été dans l'usage d'opiner et de signer dans les délibérations générales, et dans celles d'enregistrement, nomination aux Offices, &c., ainsi qu'il est attesté par ses registres; et si aucun Assesseur n'assista à l'assemblée des deux Conseils en Mars 1751, ce fut parce que ceux que le Conseil du Cap avoit députés ne purent s'y rendre, pour cause de maladie ».

» Le Conseil rend et rendra toujours l'obéissance qu'il doit aux ordres du Roi, quand ils lui seront présentés dans la forme qu'il a prescrite lui-même, pour qu'on ne pût les méconnoître. Le Mémoire que M. le Général a mis sur le Bureau, ne porte aucuns de ces caracteres distinctifs; l'observation en fut faite sans agitation et sans trouble de la part des Conseillers. On ne peut donc espérer que la notification qu'en fait le Mémoire particulier de M. le Général, puisse lui donner une plus grande authenticité, ni rien changer à l'étendue des droits communs du Commissaire Ordonnateur ».

» La Compagnie auroit souhaité que M. le Général eût voulu, dès le commencement, reconnoître avec elle que Sa Majesté seule avoit le droit de régler les pouvoirs de ses Officiers, et de déroger aux prérogatives qu'il lui a plu de leur accorder. C'est l'unique point de vue qu'elle a toujours eu, et elle ne pourra jamais être coupable aux yeux du Roi, pour avoir rendu cet hommage à ses volontés souveraines: c'est ce qui la rassure contre l'impression que pourroient faire à Sa Majesté les prétendus désordres annoncés par M. le Général, et qu'il envisage devoir être la suite de sa conduite actuelle. FAIT au Port-au-Prince, en Conseil, &c. »

Et à l'instant a été arrêté qu'il seroit fait et adressé à Sa Majesté un Mémoire, tant sur le contenu de la délibération ci-dessus, que sur lesdites prétentions, que le Commissaire de la Marine, Ordonnateur, entend tirer du Mémoire du Roi, du 3 Octobre 1730.

ORDONNANCE des Administrateurs, concernant le choix des Negres destinés pour porter les armes contre les ennemis de l'Etat.

Du 14 Février 1759.

PHILIPPE-François Bart, &c.

Les circonstances dans lesquelles se trouve cette Colonie, par le voisinage de nos ennemis, et par les forces maritimes que nous apprenons leur être survenues dans les mers de l'Amérique, exigeant que nous mettions en usage toutes les forces et toutes les ressources que nous pouvons nous procurer, et l'expérience sur ce qui s'est pratiqué dans les précédentes guerres, nous apprenant que l'on peut tirer parti très-utilement des Negres des Habitans, en choisissant ceux que leurs Maîtres estiment les plus fideles, soit pour servir à la queue de chaque Compagnie de Milices, armés de fusils, lances, et autres armes, soit pour servir les différentes batteries, nous avons résolu de renouveler ce qui a été statué en pareil cas, et notamment en 1709, suivant l'Ordonnance rendue par MM. de Choiseul et Mithon, Général et Intendant de cette Colonie, le 9 Septembre, laquelle nous nous sommes fait représenter, en y apportant toutefois des changemens, tels que la différence des temps a paru les exiger. A CES CAUSES, nous avons, conjointement avec M. Elias, Commissaire de la Marine, Ordonnateur à Saint-Domingue, ordonné et ordonnons à tous les Habitans qui ont vingt Negres et au-dessus, de fournir, à la premiere demande qui en sera faite par MM. les Commandans, une liste de ceux de leurs Negres en qui ils connoissent assez de fidélité et de résolution pour être dignes de porter les armes contre les ennemis de l'Etat, qui tenteroient quelque entreprise, et de remettre ces listes, au premier ordre qu'ils en recevront; à MM. les Gouverneurs, Lieutenans de Roi, Majors, et autres Officiers, leurs Commandans, et même aux Capitaines de Milices qui pourront être chargés de les recevoir, pour par lesdits Commandans être fait choix, dans le nombre de ceux qui seront présentés, d'un Negre mâle sur quarante têtes de Negres travaillant, composant l'Atelier, deux sur quatre-vingts, trois sur cent vingt; de maniere que les nombres qui sont dans l'intervalle, fournissant sur le pied de la quantité dont ils approchent le plus, soixante donnera comme quarante, et soixante-un comme quatre-vingts, et de même cent ne fournira que comme quatre-vingt, et cent un comme cent vingt : voulons cependant que ceux qui n'en ont que vingt, soient tenus d'en fournir un, comme ceux qui en ont quarante, lesquels Negres, ainsi pris et choisis par les Commandans, seront destinés et exercés au service auquel il aura été jugé à propos de les employer; à l'effet de quoi leurs Maîtres seront tenus de les pourvoir des armes et outils nécessaires pour remplir cette destination.

Afin d'encourager lesdits Negres à servir fidelement et à combattre dans les occasions, nous déclarons qu'ils seront récompensés, selon le mérité de leurs actions, par gratifications, pensions, leur vie durant, et même par le don de leur liberté, lorsque l'action sera assez distinguée pour mériter une si noble récompense.

Déclarons que si quelqu'un de ces Negres est blessé ou estropié, soit pendant qu'il sera exercé, soit dans les occasions où il se trouvera, et qu'il devienne par-là hors d'état de travailler et de rendre aucun service, le Maître en sera remboursé sur le pied de 2000 liv.; que le Negre qui sera tué sera payé le même prix à son Maître, ainsi que celui qui aura mérité sa liberté; et enfin, que pour le Negre estropié, et mis hors de service, il sera alloué une pension, à titre de subsistance, sa vie durant, laquelle sera payée à son Maître, lesquels payemens, soit pour prix des Negres, soit pour pension alimentaire, dans les cas ci dessus énoncés, seront ordonnés par M. le Commissaire Ordonnateur, sur les certificats incontestables des Commandans qui auront été témoins de l'action dans laquelle le Negre aura été estropié, ou aura perdu la vie, lesdits certificats de nous visés : ordonnons aussi que, dans le cas où les Habitaes fourniront des Negres à talens, dont la valeur pourroit être plus forte que celle de 2000 liv., ils pourront en demander une estimation, qui sera préalablement faite en présence du Commandant, par deux des principaux et notables Habitans, à laquelle estimation faite à l'avance, on aura égard, le cas du payement arrivant. Mandons à MM. les Gouverneurs, Lieutenans de Roi, Majors ou autres Officiers commandans, de se faire fournir incessamment, et sans aucun délai, les listes des Negres ci-dessus désignés, et de commencer incontinent à les exercer, pour les rendre capables de remplir leur destination, conformément à la présente Ordonnance, laquelle sera lue, publiée, et affichée partout où besoin sera, &c. *Signés* BART et ELIAS.

R. au Conseil du Port-au-Prince le 14 Mars 1759.
Et à celui du Cap le 2 Avril suivant.

Voy. *l'Ordonnance du 12 Mars suivant.*

ARRÊT du Conseil du Port-au-Prince pour le transport des Papiers publics, en cas d'incursion de l'ennemi.

Du 7 Mars 1759.

CE jour, le Procureur du Roi est entré, et a dit que, par les nouvelles dispositions militaires qu'il voit faire, il y a lieu de penser que les personnes à qui ce soin est confié, ont des avis secrets de quelques projets de la part des ennemis d'attaquer cette partie de l'Isle; que les minutes et registres, tant du Greffe de la Cour, que des Jurisdictions et des Amirautés du ressort, sont trop précieux pour les exposer à être perdus ou détruits par quelques incursions inopinées; sur quoi il estime qu'il est de son devoir de requérir qu'il plaise à la Cour délibérer sur les moyens de conserver un dépôt qui mérite autant d'attention, a laissé sa Remontrance sur le Bureau, et s'est ledit Procureur Général du Roi retiré. Sur quoi, la matiere mise en délibération, le Conseil a ordonné et ordonne, que par les soins des Greffiers du Conseil, Jurisdiction et Amirautés du ressort, chacun pour ce qui le concerne, il sera incessamment fait des sacs de grosse toile ou des caisses en quantité suffisante pour contenir les minutes et registres qui sont dans chacun desdits Greffes, le prix desquels sacs, caisses, ou autres frais nécessaires, sera payé par la caisse des amendes, sur les ordonnances de la Cour, qui seront expédiées à cet effet, sur les états qui seront fournis par lesdits Greffiers, pour lesdites minutes et registres être renfermés dans lesdits sacs, dans le cas de nécessité, après qu'il aura été fait un état des liasses et registres qui seront contenus dans chaque sac, par le Greffier de la Cour, en présence de M. Motmans de Bellevue, que le Conseil a nommé Commissaire en cette partie, pour ce qui regarde le Greffe de la Cour; et pour ce qui concerne les Greffes des Jurisdictions et Amirautés, par les Greffiers d'icelles, en présence des Officiers desdits Siéges, pour tous lesdits registres et minutes être transportés dans une maison éloignée de la mer de trois lieues au moins, et y être conservés par les soins dudit Greffier, jusqu'à ce que par la Cour il en ait été autrement ordonné : ordonne que copies du présent Arrêt seront, à la diligence du Procureur Général du Roi, envoyées dans tous les Siéges et notifiées aux Notaires.

ORDONNANCE des Administrateurs, touchant les Negres qui seront blessés étant armés contre les ennemis de l'Etat.

Du 12 Mars 1759.

PHILIPPE-François Bart, &c.

Ayant été informé que plusieurs Habitans, en obéissant à l'Ordonnance du 14 Février dernier, ont paru craindre que les Negres, dont il est ordonné qu'ils fourniront des listes, à l'effet de pouvoir être armés et employés à la queue des Compagnies de Milices, ou au service de l'Artillerie, ne fussent trop fréquemment détournés des travaux de leurs cultures, s'ils étoient assemblés plusieurs fois par semaine dans les chefs-lieux, pour y être exercés au maniement des armes, ou au service de l'Artillerie, et que ces Negres ne prissent à cette occasion du dégoût pour la discipline ordinaire des Habitans, et ne devinssent même insubordonnés à leurs Maîtres, par l'habitude d'une occupation moins pénible et d'un joug moins dur : Nous, ayant intention de ne laisser aucun fondement à ces alarmes, et de les dissiper entierement, nous nous sommes fait représenter notredite Ordonnance, dans laquelle nous n'avons rien remarqué qui puisse les occasionner, n'y ayant aucune clause qui tende à faire employer les Negres armés, ni à les faire exercer séparément d'avec leurs Maîtres : pourquoi nous avons résolu d'en rappeler les dispositions par la présente, et d'y en ajouter en même temps quelques autres, relativement au nombre des Negres à fournir, attendu qu'il nous a été observé que la proportion du quarantieme ne rempliroit pas suffisamment nos vues, et que, dans la dépendance du Cap, les Habitans qui ont souvent fourni jusqu'au cinquieme de leurs Negres, sont disposés à porter leur zele et leur bonne volonté en cette occasion, jusqu'à en donner le quinzieme ; à quoi ayant aucunement égard, et désirant tirer le parti le plus avantageux qu'il nous sera possible de cette bonne volonté des Habitans, en remédiant aussi aux inconvéniens qu'ils ont paru craindre, nous avons, conjointement avec M. Elias, Commissaire de la Marine, Ordonnateur à Saint-Domingue, statué et ordonné, statuons et ordonnons ce qui suit :

ART. Ier. Les Habitans qui ont, en exécution de notre Ordonnance du 14 Février, donné ou dû donner les listes qui leur ont été demandées, porteront ces listes au double du nombre qu'elles contiennent, et fourniront par conséquent le vingtieme de leurs Negres payant droits, suivant leurs recensemens, au lieu du quarantieme qui leur étoit prescrit.

ART. II. Sur ces listes, l'Habitant pourra destiner partie des Esclaves y portés, pour les armes, à l'effet de se rendre avec lui dans les lieux qui lui seront indiqués, en cas d'alarme ou d'attaque, et il spécifiera le genre d'armes qu'il compte leur donner, tels que fusils, lances, manchettes, ou autres armes.

ART. III. L'autre partie portée en ces listes sera destinée au service de l'Artillerie; et pour cet effet, les Habitans les enverront aux Commandans, lorsqu'ils les leur demanderont, pour être exercés à l'avance les Dimanches et Fêtes seulement.

ART. IV. Les Negres destinés au service de l'Artillerie seront employés, en cas de besoin, à tous les travaux que les circonstances pourront exiger, comme ouvrir des chemins, les fermer par des coupures et des barricades, faire des abattis, ouvrir les haies, applanir les fossés, transporter les vivres ou munitions, &c.; en un mot, à tous les ouvrages auxquels s'emploient les Travailleurs à la guerre; et pour cet effet, leurs Maîtres les fourniront des outils ordinaires, houes, serpes, et haches.

ART. V. Ceux qui devront servir armés, conformément à la déclaration donnée par leurs Maîtres, ne marcheront qu'avec eux et à côté d'eux, à la suite des Compagnies de Milices; et s'il est jugé nécessaire de les exercer, ce ne sera qu'en présence de leurs Maîtres, à des revues indiquées pour cela aux Milices, auxquelles revues ces Negres seront conduits de la même maniere qu'ils le seroient dans les occasions de guerre; et dans aucuns cas, ces Negres ne pourront faire un Corps de Troupes séparées.

ART. VI. Le prix fixé par notredite Ordonnance pour le payement des Negres tués, de ceux à qui la liberté sera accordée à la demande de leurs Maîtres, lorsqu'ils se trouveront dans le cas de l'avoir mérité, ainsi que les sommes à titre de subsistance pour les estropiés hors de service, seront payées sur les Ordonnances du Conseil, par le Receveur des deniers publics, en la forme usitée pour sa décharge valable.

ART. VII.

ART. VII. Notre Ordonnance du 14 Février dernier sera exécutée selon sa forme et teneur, dans tous les articles auxquels il n'a été rien ajouté ni dérogé par la présente, et l'une et l'autre seront enregistrées aux Conseils Supérieurs de cette Colonie. Mandons à MM. les Gouverneurs, Lieutenans de Roi, Majors ou autres Commandans, de tenir la main à l'exécution de la présente, qui sera lue, publiée et affichée par-tout où besoin sera, &c. *Signés* BART et ELIAS.

R. au Conseil du Port-au-Prince le 2 Mars 1759.
Et à celui du Cap le 2 Avril suivant.

ORDONNANCE du Roi, qui attribue au Commissaire de la Marine, qui se trouve Ordonnateur, le droit de faire les fonctions d'Intendant, en cas de mort ou d'absence de ce dernier.

Du 28 Mars 1759.

SA MAJESTÉ estimant nécessaire, pour le bien de son service, de pourvoir à l'administration des fonctions d'Intendant des Isles sous le Vent de l'Amérique, dans les différens cas qui peuvent arriver, au défaut dudit Intendant, afin de prévoir les difficultés et les inconvéniens qui pourroient se présenter à ce sujet, elle a ordonné et ordonne ce qui suit:

ART. Ier. Le Commissaire de la Marine plus ancien, servant à Saint-Domingue, fera dans la Colonie les mêmes fonctions de l'Intendant, en cas de mort ou d'absence desdits Intendans.

ART. II. Il présidera auxdits cas aux Conseils Supérieurs, tant du Port-au-Prince que du Cap, fera appeler les causes, demandera les avis, recueillera les voix, prononcera et signera les Arrêts, distribuera les rapports, indiquera les Conseils extraordinaires, et généralement tout ce que pourroit faire ledit Intendant.

ART. III. Il nommera aux places des Procureurs des Conseils Supérieurs, et des Jurisdictions de Notaires et d'Huissiers.

ART. IV. Il ordonnera seul, en l'absence ou à défaut de l'Intendant, des fonds pour le payement des dépenses réglées par les Etats de Sa Majesté.

ART. V. Il expédiera, conjointement avec le Gouverneur Lieutenant Général, toutes Lettres de concession, rendra des Ordonnances de réunion de terres, celles de Police, et généralement toutes les autres qui sont rendues en commun par le Gouverneur Lieutenant Général et l'Intendant; et lesdites Lettres et Ordonnances continueront d'être expédiées au Bureau de l'Intendance, nonobstant l'absence de l'Intendant: et sera la présente Ordonnance registrée aux Conseils Supérieurs des Isles sous le Vent, publiée et affichée partout où besoin sera. FAIT à Versailles, &c.

R. au Conseil du Cap le 15 Décembre 1760.

Et à celui du Port-au-Prince le 13 Avril 1761.

LETTRE *du Ministre à MM.* BART *et* ELIAS, *sur les fonctions du Commissaire Ordonnateur, en cas de mort de l'Intendant, et sur ce qui s'est passé à l'occasion de M.* ELIAS, *réclamant lesdites fonctions.*

Du 6 Avril 1759.

J'AI reçu la Lettre que vous m'avez écrite le 30 Janvier de cette année, au sujet de ce qui s'est passé de la part du Conseil Supérieur du Port-au-Prince, à l'occasion de la présidence demandée au Conseil par M. Elias, lorsqu'il a pris les fonctions de l'Intendance de Saint-Domingue, après la mort de M. Lambert, et j'en ai rendu compte au Roi. Plusieurs objets ont fixé l'attention de Sa Majesté dans cette affaire; le fond de la prétention des Conseillers, la maniere dont ils l'ont soutenue et fait dépendre de la voix délibérative qu'ils ont jugé à propos d'attribuer aux Assesseurs, pour éluder la question principale; et enfin, la conduite particuliere du Procureur Général, et de deux Conseillers.

Sur le premier objet, il est certain que le Mémoire du Roi, du 3 Octobre 1730, qui attribue au Commissaire de la Marine, en l'absence ou à défaut de l'Intendant, les mêmes fonctions, tant communes avec le Gouverneur Général, que particulieres, n'ayant point été enregistré aux Conseils Supérieurs, et ce Mémoire étant ancien, le Conseil Supérieur avoit un prétexte pour ne pas reconnoître M. Elias pour Président; mais ce prétexte n'étoit pas une raison suffisante, non plus que le défaut de présentation d'une lettre du Secrétaire d'Etat de la Marine, pour cet enregistrement.

Indépendamment de ce que ce Mémoire expliquoit assez les intentions de Sa Majesté, et que la signature de M. de Maurepas, qui est au bas, équivaloit à une lettre; cette lettre avoit été écrite dans le temps, et c'est par la négligence seule des Chefs de la Colonie, auxquels il avoit été adressé, que ce Mémoire n'a pas été enregistré. Il suffisoit que M. Bart présentât ce Mémoire dans l'occasion où il s'agissoit d'établir les fonctions de M. Elias, pour que le Conseil Supérieur procédât à l'enregistrement de ce Mémoire; il auroit donné une preuve de l'attachement et de la soumission qu'il doit au Gouvernement, et Sa Majesté lui en auroit su bon gré.

Mais bien loin de se prêter aux intentions de Sa Majesté, expliquées dans le Mémoire, et présentées par M. Bart, le Conseil Supérieur, pour se dispenser de l'enregistrement, avoit formé le dessein de rompre les vues de M. Bart, en chargeant le sieur Frenaye, alors Assesseur, de composer un Plaidoyer pour préparer l'opposition concertée entre tous les Membres. Non seulement Sa Majesté a vu avec peine la manière dont le Conseil s'est porté à cette opposition, mais elle a été très mécontente de la prétention qu'il a élevée et soutenue en faveur des Assesseurs, pour leur donner voix délibérative, malgré la connoissance qu'il avoit des Lettres Patentes en forme d'Edit du mois d'Août 1742, qui portent à l'article 3, qu'ils n'auront voix délibérative que dans le jugement des affaires dont ils seront Rapporteurs, à moins que dans les affaires dont ils ne sont point Rapporteurs, il ne se trouvât pas un nombre suffisant de Juges, ou dans le cas de partage d'opinions entre les autres Juges.

Aucun de ces cas ne se présentoit dans la matière dont il s'agissoit. Outre que le nombre de Juges y étoit plus que suffisant, puisqu'ils étoient neuf, il n'étoit point question d'une affaire de rapport, mais simplement de délibérer sur la présentation faite par M. Bart du Mémoire du Roi. Le Conseil Supérieur auroit dû sentir que si, même dans une affaire particulière, les Assesseurs n'ont point voix délibérative, ils ne devoient pas l'avoir à plus forte raison dans une matière où il s'agissoit d'une portion de l'administration de la Colonie; mais, encore une fois, ce n'étoit qu'un prétexte dont Sa Majesté m'ordonne de leur marquer son ressentiment.

Cependant, pour lever tous les doutes à cet égard et prévenir les difficultés qui pourroient être faites à l'avenir, Sa Majesté a rendu une Ordonnance qui pourvoit aux fonctions d'Intendant à Saint-Domingue, en cas de mort ou d'absence. J'en joins ici une expédition; vous aurez agréable de la faire enregistrer aux deux Conseils Supérieurs.

Je verrois avec plaisir, et Sa Majesté seroit satisfaite elle-même d'apprendre que le Conseil Supérieur du Cap eût, comme vous le présumez;

tenu une conduite différente de celle du Conseil Supérieur du Port-au-Prince. En mettant sous les yeux de Sa Majesté le détail de ce qui s'est passé, je n'ai pas omis de lui rendre compte de ce que vous avez marqué de la lettre qui vous a été écrite à ce sujet par le Procureur Général du Cap. Sa conduite est bien différente de celle du Procureur Général du Port-au-Prince. Sa Majesté a été très-fâchée de voir que celui-ci a été le premier moteur du refus d'enregistrement. L'homme du Roi auroit dû être au contraire le premier à porter le Conseil Supérieur à reconnoître les ordres de Sa Majesté, et à dissiper le vain prétexte qu'on a mis en avant pour en éluder l'effet. Ce n'est pas sans peine que j'ai obtenu de Sa Majesté qu'elle se contenteroit pour cette fois de lui faire connoître combien elle est peu satisfaite de la maniere dont il s'est comporté.

Il n'en est pas de même du sieur Fresnaye; Sa Majesté m'a ordonné de vous dire que son intention est que, non seulement vous reteniez les provisions qui vous ont été adressées l'année derniere, mais encore qu'il soit interdit pendant six mois de ses fonctions d'Assesseur, pour le punir de l'affectation indécente avec laquelle il a composé et débité son prétendu avis. Je joins ici l'ordre que Sa Majesté a fait expédier; vous aurez agréable de tenir la main à son exécution.

A l'égard du Conseiller qui a refusé d'opiner, qu'au préalable les Assesseurs n'eussent voix délibérative, vous l'avertirez d'être plus circonspect à l'avenir, et de s'attacher à l'étude des Loix et des Constitutions de la Colonie, pour ne plus tomber dans le cas d'élever des difficultés sans fondement, sans quoi Sa Majesté y pourvoiroit.

Le Conseil Supérieur doit être sensible à la maniere dont Sa Majesté en use dans cette occasion avec ses membres. C'est sur mes instances qu'elle a bien voulu le traiter avec tant de douceur; car il doit bien sentir que le sieur Fresnaye étoit dans le cas d'être destitué de sa place; mais j'ai été bien aise, dans la premiere occasion que j'ai eue de parler des Conseils Supérieurs de Saint-Domingue à Sa Majesté, d'éviter à celui du Port-au-Prince la destitution du sieur Fresnaye, qui d'ailleurs ne manque pas de lumieres. Je suis persuadé qu'à l'avenir je n'aurai qu'à rendre des comptes satisfaisans à Sa Majesté de la conduite que tiendront les Conseils Supérieurs, et à lui proposer des graces qu'elle est disposée à accorder à ceux des Conseillers qui se distingueront par leur zele pour la Justice et par leur attachement à son service. Sa Majesté m'ordonne cependant de vous marquer que son intention est que vous fassiez faire lecture de cette

Lettre à la premiere séance du Conseil Supérieur du Port-au-Prince, afin qu'il soit plus précisément informé de la façon dont elle a pensé sur cette affaire et sur tout ce qui s'est passé.

Lu, par ordre de M. Bart, au Conseil du Port-au-Prince assemblé, le 14 Mars 1761.

Voy. *l'Arrêt de cette Cour, du 16 du même mois.*

ORDRE du Roi, qui interdit de ses fonctions pendant six mois, le Sieur FRESNAYE, Assesseur du Conseil Supérieur du Port-au-Prince.

Du 6 Avril 1759.

Voy. *la Lettre du Ministre, qui précede le présent ordre, et l'Arrêt du Conseil du Port-au-Prince, du 16 Mars 1761.*

EXTRAIT de la Lettre du Ministre à M. BART, touchant la prétendue recousse des Bâtimens neutres, et l'approvisionnement des Colonies en temps de guerre.

Du 21 Avril 1759.

LA conduite des Juges de l'Amirauté à Saint-Domingue, à l'occasion des Bâtimens Hollandois et Danois, qui, après avoir introduit des vivres dans la Colonie, ont été pris par les Anglois, et repris sur ceux-ci par nos Frégates, n'est pas tolérable; l'action en recousse ne peut pas être appliquée dans ces sortes de cas. Il est vrai que les Anglois ne font aucune difficulté de prononcer la confiscation de ces Bâtimens, sur le seul prétexte qu'ils commercent dans nos Colonies: mais ce n'est pas une raison pour que nous puissions les regarder de bonne prise de leur part; nous ne pouvons les considérer que comme des injustices, et dès-lors nous n'avons aucun motif légitime pour les reprendre, sur-tout les Commandans des Bâtimens ayant la voie de défense devant les Tribunaux Anglois, sur les Jugemens desquels ils peuvent être relâchés. La recousse exercée par nos Frégates préjuge contre les neutres la question de savoir si leurs bâtimens sont de bonne prise par les Anglois, lorsqu'ils commercent dans nos Colonies, et vous devez bien penser que dans le besoin où nous sommes des vivres que les neutres y apportent, ce ne seroit pas le moyen de les y attirer.

C'est donc autant à la conduite qu'on a tenue, et à la confiscation prononcée de ces recousses, qu'aux enlevemens faits par les Anglois, qu'on doit attribuer le peu d'introduction des Navires neutres. Je vous prie de m'informer particulierement, et par la premiere occasion, des noms des Bâtimens ainsi arrêtés, de leurs chargemens, et de ce qu'ils ont produit par la vente qui en a pu être faite, afin que si les Nations auxquelles ils appartiennent en portoient des plaintes, comme il y a lieu de le croire, le Roi puisse prendre un parti sur les réclamations.

Vous aurez agréable au surplus de donner des ordres précis aux Commandans des Vaisseaux et Frégates du Roi, de s'abstenir à l'avenir de prendre ces sortes de Bâtimens, de se contenter de les tirer des mains des Anglois, de les mettre en sûreté, lorsqu'ils pourront le faire sans se compromettre, et de faire savoir aux Juges de l'Amirauté de Saint-Domingue, que l'intention du Roi est qu'il n'en soit point prononcé de confiscation. Vous ne sauriez trop engager les Commandans des différens quartiers de la Colonie à donner aux Capitaines des Navires neutres toutes les facilités praticables pour leurs expéditions : ils doivent en sentir les conséquences, et combien il est essentiel d'approvisionner la Colonie par toutes les voies possibles. La seule chose à laquelle il convient de porter un soin particulier, c'est de donner la préférence à tous les bâtimens chargés de comestibles, et d'empêcher, autant qu'il sera possible, que les Bâtimens n'introduisent pas une trop grande quantité de marchandises seches, afin de ne pas tomber, à la paix, dans l'inconvénient qu'on a éprouvé à la derniere. Vous savez que Saint-Domingue avoit été tellement pourvu de marchandises seches, que lorsqu'à la paix, le Commerce de France y a fait des envois, il a essuyé des pertes considérables. Ne perdez point de vue ces deux objets, et ayez agréable de vous faire rendre compte de toutes ces introductions, et de m'en envoyer un état tous les trois mois, conjointement avec M. Elias, auquel vous communiquerez cette partie de ma dépêche, pour qu'il s'y conforme en ce qui le concerne.

ORDONNANCE des Administrateurs, sur les limites des deux Paroisses du Fort Dauphin et d'Ouanaminthe.

Du 23 Avril 1759.

PHILIPPE-François Bart, &c.

L'étendue du quartier Dauphin ne permettant pas aux Habitans éloignés qui en dépendent, d'assister que très-rarement au Service divin, et de se procurer que très-difficilement les secours spirituels, et particulièrement le Sacrement de Baptême à leurs enfans, on se détermina, il y a près de trente ans, à permettre l'établissement d'une Eglise dans la Savanne d'Ouanaminthe. Mais cette Eglise n'étoit qu'une annexe de la Paroisse du Fort Dauphin; l'accroissement considérable qu'ont pris ensuite les nouveaux quartiers dépendans de cette Paroisse, ayant rendu nécessaire l'établissement d'une nouvelle, avant de l'accorder, MM. Dubois de la Mothe et Laporte Lalanne ordonnerent aux Habitans de s'assembler chez le Commandant des Milices de Maribaroux, à l'effet d'indiquer, 1°. l'endroit où l'Eglise de cette nouvelle Paroisse pourroit être le plus avantageusement située; 2°. les limites qu'il convenoit lui donner du côté du Fort Dauphin. Cette assemblée se tint le 15 Décembre 1751; il y fut unanimement déclaré que la riviere de la Matrie, depuis la source jusqu'à la mer, étoit la séparation la plus convenable aux deux Paroisses, quoique par-là le quartier de Maribaroux perdît plus de vingt-cinq Habitations qui se trouvoient à l'ouest de cette riviere depuis ce temps. Sur des représentations de la part des Habitans du Fort Dauphin, qui nous ont fait connoître que ces limites laissoient trop d'étendue à la Paroisse d'Ouanaminthe, et restreignoient trop celle du chef-lieu, après qu'il nous a été rendu compte de nouveau par M. le Gouverneur du Cap de ce qui étoit le plus convenable pour cette fixation des limites; sur sa réponse, et sur la communication qu'il nous a donnée d'une Requête des Habitans des quartiers de Maribaroux et Ouanaminte, qui proposent de distraire sur la partie située à l'est de la Matrie, les Habitations qui se trouvent au-dessous et au nord du chemin qui va de cette riviere au Massacre, entre les Habitations Lataste et Lambert Camax: nous, conjointement avec M. Elias, Commissaire Ordonnateur à S. Domingue, ayant égard auxdites délibérations, représentations, propositions contenues dans ladite Requête, et au rapport à nous fait par mondit sieur le Gouverneur du Cap, ordonnons que les deux Paroisses du

Fort Dauphin et d'Ouanaminthe seront séparées par une ligne qui prendra du sommet du Mont-Organisé à venir au sommet du Morne du sieur de la Chapelle; de sorte que le quartier de la Savanne au Lait sera de la Paroisse d'Ouanaminthe, et que celui de l'Acul des Pins demeurera dépendant de celle du Fort Dauphin; que dudit sommet du Morne du sieur de la Chapelle, il sera continué une ligne droite tombant à la Passe de la Matrie, vulgairement dite la Passe à Dépé; de ladite Passe la ligne suivra le cours de la Matrie jusqu'à la Passe de ladite riviere appelée la Passe à Lataste; de laquelle Passe partant du point qui sépare les Habitations Lataste et Lambert Camax, il sera tiré une ligne de l'Ouest à l'Est, jusqu'à la rencontre de la riviere du Massacre; de maniere que tout ce qui sera renfermé, à prendre du Massacre, et suivant ces lignes jusqu'au Mont-Organisé, au Sud et à l'Est, formera la Paroisse d'Ouanaminthe, et que tout ce qui sera à l'Ouest et au Nord desdites lignes, demeurera à celle du Fort Dauphin, lesquelles deux Paroisses seront ainsi divisées, tant pour le spirituel que pour le temporel. Sera la présente lue, publiée et enregistrée par-tout où besoin sera. DONNÉ au Port-au-Prince, &c. *Signés* BART et ELIAS.

R. au Conseil du Cap le 7 Mai 1759.

ARRÊT du Conseil du Cap, touchant le rapport des Papiers publics déplacés par la crainte de l'ennemi, et leur transport, s'il est encore nécessaire.

Du 7 Mai 1759.

VU par le Conseil la Remontrance à lui faite par le Procureur Général du Roi, contenant que la Cour, par son Arrêt du 5 Janvier dernier, auroit pourvu à la sûreté des papiers publics, en cas d'invasion de la part de l'ennemi; qu'aujourd'hui qu'on étoit certain que l'Escadre ennemie qui étoit dans ces mers s'étoit séparée, et que nous n'en avons rien à craindre, du moins pour cette année, il paroîtroit convenable de remettre les choses dans l'état où elles étoient avant l'Arrêt de la Cour, pour que les affaires publiques puissent reprendre leur cours ordinaire; que ce parti étoit devenu d'autant plus indispensable, que partie des barriques dans lesquelles ont été mis les papiers publics (et qui ont été fournies du magasin du Roi), n'étant pas parfaitement seches, ont communiqué leur humidité aux papiers qui y ont été renfermés; ce qui avoit obligé le Remontrant de prendre sur lui

lui de les faire défoncer, pour leur donner de l'air, et prévenir la perte de ces mêmes papiers; qu'en conservant ces mêmes barriques dans les Greffes, pour s'en servir au même usage, s'il y a lieu, on n'auroit plus rien à craindre de pareil. A CES CAUSES, requéroit; et ouï le rapport de M. Grandpré, Conseiller, et tout considéré: LE CONSEIL, faisant droit sur la Remontrance dudit Procureur Général, a ordonné et ordonne, que les liasses des minutes et registres, tant du Greffe dudit Conseil, que des Jurisdictions du ressort, ainsi que les minutes des Notaires ou autres, seront tirées des barriques où elles ont été renfermées, et ce pour celles du Greffe de la Cour, en présence des Commissaires qui ont été commis pour dresser procès verbal des registres des liasses et minutes, lorsqu'elles ont été mises dans lesdites barriques, et pour celles des Jurisdictions, en présence des Juges et des Substituts dudit Procureur Général aux Siéges, qui en feront le récolement sur les procès verbaux qui ont été dressés desdits registres et liasses de minutes, pour le tout être remis en place par les Greffiers, qui remettront pareillement aux Notaires les minutes qu'ils ont déposées à leur Greffe, en exécution de l'Arrêt de la Cour du 5 Janvier dernier; et attendu les circonstances, autorise le Président de la Cour, ou à son défaut ledit Procureur Général, à donner des ordres pour remettre les registres, les liasses et minutes des Greffes, et celles des Notaires, dans des barriques, et conformément audit Arrêt du 5 Janvier dernier, dans le cas où cette Colonie seroit menacée d'une prochaine attaque, et que la Cour ne se trouveroit point assemblée.

ORDONNANCE du Juge du Cap, pour faire rapporter les Papiers publics, et reprendre le cours des affaires.

Du 9 Mai 1759.

LETTRE de M. le Général au Sénéchal du Cap, pour approuver l'établissement d'un second Substitut du Procureur du Roi.

Du 16 Mai 1759.

M. Lohier de la Charmeraye fut nommé en conséquence par les Administrateurs.

LETTRE du Gouverneur du Cap au Sénéchal de la même Ville, touchant l'exécution des Criminels.

Du 21 Juin 1759.

LES Archers de la Police ne sont en effet, Monsieur, pas institués pour escorter les Criminels au Supplice, et il n'est pas douteux que ce sont les fonctions de la troupe de Maréchaussée, lorsqu'il y a quelque émeute ou enlevement à craindre. Comme cela n'est pas à présumer dans le cas présent, et quand il ne s'agit que de faire fouetter ou marquer quelques coupables; que d'ailleurs on a toujours tâché d'éviter la dépense à laquelle la caisse a bien de la peine à fournir, il convient d'en user dans la suite comme cela s'est toujours pratiqué jusqu'à présent dans la Colonie, et sans innovation. J'ai l'honneur, &c. *Signé* CHASTENOYE.

ARRÊT du Conseil d'Etat, concernant la retenue des six deniers pour livre, attribués aux Invalides de la Marine, sur le produit des prises faites par les Vaisseaux et autres Bâtimens de Sa Majesté, armés pour son service.

Du 23 Juin 1759.

LE Roi étant informé qu'il s'est introduit différens usages dans les Amirautés, par rapport à la retenue des six deniers pour livre attribués aux Invalides de la Marine, sur le produit des prises faites par ses Vaisseaux et autres Bâtimens armés pour son service; que dans quelques unes desdites Amirautés on ne retient ces six deniers dans les procès verbaux de liquidation, que sur les deux tiers qui reviennent à Sa Majesté, sans les déduire sur le tiers appartenant aux Officiers et Equipages; et que dans d'autres on les préleve immédiatement après les frais de déchargement, de garde, de justice et autres, pour en faire supporter la retenue sur ledit tiers, comme sur les deux qui appartiennent à Sa Majesté; que cette maniere d'opérer, plus simple et plus conforme à l'ordre de la comptabilité que la premiere, l'étant d'ailleurs non seulement à l'Edit de Juillet 1720, mais encore à la Déclaration du 15 Mai 1756, qui n'admet le tiers des Officiers et Equipages, que dans le produit net des prises; Sa Majesté auroi jugé d'autant plus nécessaire de la rendre uniforme dans tous les

Siéges d'Amirauté, qu'elle est relative à l'Ordonnance du 15 Juin 1757, qui assujettit ce tiers à la retenue desdits six deniers pour livre ; à quoi voulant pourvoir, ouï le rapport, le Roi étant en son Conseil, a ordonné et ordonne ce qui suit :

Art. Ier. Immédiatement après les frais de déchargement, de garde, de justice, et autres, pour parvenir à la vente et à la conservation des marchandises des prises faites par ses Vaisseaux et autres Bâtimens armés pour son service, seront, sur le restant du produit desdites prises, prélevés les six deniers pour livre des Invalides de la Marine, pour les faire supporter sur les deux tiers revenant à Sa Majesté, comme sur le tiers qui appartient aux Officiers et Equipages, conformément au treizieme et dernier article de l'Ordonnance du 15 Juin 1757, sans que lesdits six deniers puissent être retenus sur les payemens des parts, attendu que cette déduction se trouve comprise dans celle qui a été faite sur la masse.

Art. II. Veut cependant Sa Majesté que les liquidations auxquelles on a procédé avant l'Ordonnance du 15 Juin 1757, et dans lesquelles on n'a retenu les six deniers que sur les deux tiers qui lui appartiennent, subsistent telles qu'elles ont été arrêtées, parce que, lorsque l'on y a procédé, ladite retenue sur le tiers des Officiers et Equipages n'étoit point encore ordonnée; mais elle veut que les liquidations postérieurement faites à ladite Ordonnance, soient annullées, pour en faire d'autres où cette retenue soit établie, ainsi qu'il est dit dans l'article précédent.

Art. III. Entend néanmoins Sa Majesté que, dans le cas où lesdits six deniers, pour n'avoir pas été déduits sur le tiers des Officiers et Equipages dans les liquidations faites depuis le 15 Juin 1757, l'auront été par le Trésorier de la Marine sur les parts qu'il leur a payées, ledit Trésorier remette, sans délai, à celui des Invalides, le montant des sommes qu'il a retenues, pour le comprendre dans la partie prise sur les deux tiers qu'il aura ci-devant reçus, et en faire un total qui réponde à celui porté par la nouvelle liquidation, dont il lui sera remis un extrait par les Officiers de l'Amirauté, pour le rapporter dans son compte.

Art. IV. Mais pour connoître quel est l'objet de la retenue des six deniers pour livre du produit de chaque prise qui aura été vendue au profit de Sa Majesté, elle enjoint aux Intendans et Ordonnateurs des Ports et des Colonies, d'envoyer au Secrétaire d'Etat ayant le département de la Marine, un bordereau exact de ce qui est revenu aux Invalides par chacune des prises, dont la vente et la liquidation y auront été faites, afin que, sur le compte qu'il en rendra à Sa Majesté, il puisse faire expédier un ordre pour autoriser le Trésorier des Invalides du port où le Vaisseau preneur aura désarmé, à s'en charger en recette, comme une suite de celle qui doit y être faite du produit net de la prise.

Art. V. Veut au surplus Sa Majesté que l'Arrêt rendu en son Conseil le 30 Août 1745, concernant la retenue des six deniers pour livre au profit des Invalides, ait son entiere exécution à l'égard des prises faites par les Corsaires; mais que pour celles qui l'ont été et le seront par ses Vaisseaux et autres Bâtimens armés pour son service, les Officiers d'Amirauté se conforment, dans les liquidations qu'ils en feront, aux dispositions contenues au présent Arrêt.

Mande et ordonne Sa Majesté à Monseigneur le Duc de Penthievre, Amiral de France, et aux Intendans et Ordonnateurs des Ports et des Colonies, de tenir la main, chacun en droit soi, à l'exécution du présent, lequel sera registré aux Greffes des Amirautés, lu, publié et affiché par-tout où besoin sera. Fait au Conseil d'Etat, &c.

Arrêt du Conseil du Port-au-Prince, touchant la succession d'un Juif.

Du 4 Juillet 1759.

Entre David Daguilard, Négociant en cette Ville, Appelant, comparant par Berault, Procureur en la Cour, d'une part; et Nicolas de Saint-Quentin, Receveur des Aubaines du ressort dudit Siége, Intimé, comparant par Terrien, Procureur en la Cour; et encore Jean Suarès, Négociant au Cap, au nom et comme exécuteur testamentaire de feu Moïse Daguilard, Demandeur en intervention, comparant par Bonnart, Procureur en la Cour, d'autre part.

Vu par le Conseil les Lettres patentes du Roi du mois de Juin 1723, en faveur des Juifs Portugais des Généralités de Bordeaux et d'Auch, registrées au Parlement de Bordeaux le 11 Septembre de la même année; Arrêt de la Cour du 8 Mai 1751, rendu en faveur d'Emanuel Cardoze, Juif de ladite Généralité et autres, contre le sieur Ruynet, Receveur des Aubaines en cette Ville, et chargé de la succession de David Cardoze; un acte de Société passé entre ledit feu Moïse Daguilard et l'Appelant, le 13 Juillet 1755, au rapport de Baron, Notaire, et renouvelé le 14 Mars 1758, par acte passé devant de Carrere, Notaire, de laquelle appert à l'article 9, qu'en cas de décès de l'un desdits Associés pendant le cours de leur Société, le survivant restera et demeurera chargé de toutes les marchandises, fonds et crédits de ladite Société, sur sa simple caution juratoire, sans être tenu d'en donner d'autre, ni de faire faire inventaire en justice, et sera seulement tenu de rendre, par bref état de lui certifié, compte de sa gestion à la fin de ladite Société, aux héritiers et représentans le prédécédé: ouï leurs Procureurs en leurs dires et répliques respectifs; M. de Vergez pour le Procureur Général du Roi en ses conclusions, et tout considéré: LE CONSEIL a donné acte à l'Appelant de l'appel qu'il a interjeté sur le barreau de l'Ordonnance du Juge Royal de cette Ville, du 19 Juin dernier; faisant droit sur ledit appel, ainsi que sur celui de l'Ordonnance et Procès verbal d'apposition de scellés du 18 du même mois, a mis et met les appellations et ce au néant; émendant, évoquant le principal, y faisant droit, déboute l'Intimé de ses demandes, fins et conclusions; en conséquence, ordonne que les scellés apposés en la maison de l'Appelant, seront levés par le Juge dont est appel, après avoir été par lui préalablement reconnus, pour après ladite levée ledit Appelant demeurer saisi et rester en possession, à sa caution, juratoire, suivant l'article 9 de sa Société avec le défunt Moïse Daguilard son frere, de tous les effets, fonds et crédits de leur Société, à la charge par lui d'en rendre compte par bref état à qui il appartiendra, à la fin d'icelle; condamne l'Intimé, en sa qualité, aux dépens, qu'il pourra employer en frais de régie, l'amende remise: prononçant sur la demande en intervention de Suarès, Exécuteur testamentaire dudit Moïse Daguilard, l'a reçu et reçoit Partie intervenante; donne acte à la Partie de Berault des offres qu'elle a faites de garnir les mains dudit Suarès de sommes suffisantes pour l'acquittement des legs portés dans le testament dudit Moïse Daguilard; et faisant droit sur lesdites offres, a débouté et déboute ledit Suarès de son intervention, à la charge par l'Appelant de lui garnir les mains, si fait n'a été, de sommes suffisantes *pour acquitter les legs portés dans ledit testament;* ordonne que les dépens de ladite intervention seront pris sur la masse des succession et Société Daguilard. DONNÉ au Port-au-Prince, &c.

Voy. *l'Arrêt du Conseil du Cap du 6 Octobre suivant.*

ORDONNANCE du Juge du Cap, touchant la police des Boulangers et le prix du Pain.

Du 9 Juillet 1759.

SUR ce qui nous a été remontré par le Procureur du Roi, que les circonstances des temps ayant donné lieu à l'introduction des farines étrangeres dans la Colonie, lesquelles sont en général d'une qualité inférieure à celles de France, et par conséquent moins cheres, il avoit été reconnu que les Boulangers ne fabriquent presque plus du pain de farine pure françoise, mais qu'ils y mêlent tous de cette farine étrangere, et qu'il y en a même qui en font de farine pure étrangere; que cette fabrication, et sur-tout la mixtion ne sauroit être absolument désapprouvée dans les circonstances présentes, tant qu'elle ne se fera qu'avec une attention singuliere sur la qualité des farines; mais qu'elle devroit au moins servir à rendre le pain moins cher que s'il se faisoit avec de la farine purement françoise.

Que, suivant l'opinion des Négocians qui ont le plus vendu des deux especes de farine, il paroît constant que la farine étrangere de poids égal à celle de France, se vend toujours au moins un quart au-dessous de la farine de France; que par conséquent, lorsque la farine de France vaut 120 liv., celle étrangere ne valant tout au plus que 90 liv., il seroit naturel que le poids de chacune de ces deux farines fût proportionné aux prix qu'elles ont coûté; et qu'en cas de mixtion, le bénéfice de 30 liv. fait sur le baril de farine étrangere, fût réparti également sur les deux barils, de maniere que le pain ne fût payé en ce cas que sur le pied de 105 liv. le baril.

A remontré de plus ledit Procureur du Roi, qu'en même temps qu'on feroit ce Réglement, il conviendroit encore de réformer un abus dans lequel on vit sans s'en appercevoir depuis le tarif de 1721. Le demi-escalin ne valant que 6 sous 3 deniers, il n'étoit pas étonnant qu'on donnât huit onces de pain, lorsque la livre valoit 12 sous; mais qu'aujourd'hui que le même demi-escalin vaut 7 sous 6 deniers, il convient que les Boulangers donnent plus de huit onces de pain pour un demi-escalin, lorsque le pain ne vaut que 12 sous la livre.

Qu'il est juste, comme on l'a observé en 1721, de donner un profit honnête aux Boulangers, tant pour les frais de leur cuisson, que pour les indemniser des dépenses auxquelles la Boulangerie les assujettit. Qu'indépendamment de l'eau, qui augmente d'autant le poids de la farine mise en pain, il convient encore de leur donner un bénéfice en argent. Qu'en 1721, le bénéfice en argent se trouvoit en ce que, relativement aux Boulangers, le demi-escalin, quoique valant 6 sous 3 deniers, n'étoit regardé que pour 6 sous, de même que l'escalin n'étoit compté que pour 12 sous; qu'ainsi, lorsque le pain valoit la livre 12 sous, les Boulangers n'étoient obligés d'en donner que huit onces pour un demi-escalin de 6 sous 3 deniers, et seize onces pour un escalin de 12 sous 6 deniers; qu'on peut faire la même opération dans le nouveau tarif avec une fois plus d'avantage pour les Boulangers, en ce qu'on peut supposer dans le nouveau tarif que l'escalin ne vaut que 14 sous; et d'après cette supposition, dans le cas où le pain doit revenir à 14 sous la livre, faire payer les huit onces un demi-escalin, et les seize onces un escalin.

Nous, après en avoir délibéré, ordonnons, 1°. que, par provision et jusqu'à ce qu'il en ait été autrement ordonné par le Conseil, le prix et le poids du pain seront réglés d'orénavant suivant le tarif ci-après, qui sera transcrit dans les affiches et en fin des présentes.

2°. Et attendu qu'il y a actuellement dans cette Ville deux sortes de farines, lesquelles même étant mêlées, donnent une troisieme qualité de pain, nous ordonnons que les Boulangers se conformeront d'orénavant à la pancarte que nous ferons afficher tous les mois, à compter du jour de la publication des présentes, laquelle pancarte contiendra (d'après les instructions que nous aurons eues sur le prix des farines) le prix et le poids qu'ils doivent donner, conformément audit tarif, tant au pain de farine pure françoise, ou pure étrangere, qu'au pain mêlé de ces deux especes de farine.

3°. Comme il est important, en cas de contravention, de connoître qui sont les Boulangers qui ne se seront pas conformés à ladite pancarte, nous ordonnons que tous les Boulangers seront tenus d'orénavant de marquer d'une marque particuliere tous les pains qu'ils fabriqueront chez eux, pour être vendus, sans qu'un Boulanger puisse avoir la marque de l'autre; et afin que ladite marque ne puisse pas faire contestation, nous ordonnons que, dans huit jours pour tout délai, à compter du jour de la publication du présent Réglement, chacun des Boulangers sera tenu de faire sa déclaration en notre Greffe de la figure que doit avoir la marque dont il entend se servir.

4°. Ordonnons pareillement que, pour empêcher, autant qu'il est possible, que les Boulangers ne vendent du pain d'une qualité inférieure, pour du pain fabriqué avec la meilleure farine, les pains fabriqués avec de la farine françoise et de la premiere qualité, ne seront marqués que de la seule marque du Boulanger; que les pains fabriqués avec de la farine pure étrangere ou inférieure seront, outre la marque du Boulanger, marqués encore d'une croix sur le pain, et que les pains fabriqués avec de la farine mêlée seront, outre la marque du Boulanger, marqués au-dessus de la lettre O, et seront tous les articles ci-dessus exécutés dans tous les chefs, à peine contre les contrevenans de la confiscation, au profit de la Providence, des pains qui seront trouvés en contravention, et d'une amende de 150 l. pour chacune desdites contraventions, applicable, moitié à la Providence, et moitié aux Officiers de Police qui l'auront reconnue, en auront dressé procès verbal, et apporté les pains au Procureur du Roi, pour les vérifier; et en cas de récidive, seront lesdits Boulangers punis par plus grande peine, même corporelle, s'il y échet.

5°. Ordonnons au surplus que les Boulangers seront tenus de se conformer aux loix de leur état; et en conséquence, qu'ils auront très-grand soin de ne se pourvoir que de farines bonnes, saines, et marchandes, et de ne fabriquer du pain qu'avec ces sortes de farines, et ce sous telles peines que de droit. Mandons aux Officiers de Police de tenir la main à l'exécution de la présente, qui sera lue et publiée en notre Audience ordinaire, les Plaids tenant, et affichée aux portes de l'Auditoire et de l'Eglise paroïssiale de cette Ville, afin que nul n'en prétende cause d'ignorance. DONNÉ de Nous, &c. *Signé* ESTEVE.

Tarif de ce que doit peser le pain de demi-escalin, valant 7 sous 6 deniers, à raison des différens prix de la farine.

Dans le tarif, on compte le baril sur le pied de 175 liv. pesant net: on accorde pour le profit du Boulanger l'augmentation de l'eau, comme il s'est toujours pratiqué, et on y ajoute 6 deniers par pain de demi-escalin, ne comptant le demi-escalin que pour 7 sous.

Le baril de farine, à 35 liv.; la livre est à	4 s.	
C'est, pour un demi-escalin		28 onces.
A 61 l. 5 s., pour	7 s.	16
A 70 l. , pour	8 s.	14

Et ainsi de suite.

ARRÊT

ARRÊT du Conseil du Port-au-Prince, qui condamne un Particulier à payer des billets par lui consentis, et le déboute de l'entérinement de Lettres de rescision fondées sur ce que la valeur de ces billets lui avoit été fournie en cinq permissions accordées par le Gouvernement, pour l'introduction d'autant de Bâtimens neutres.

Du 10 Juillet 1759.

ENTRE David Duval, Habitant au quartier de l'Artibonite, Appelant, incidemment Demandeur en entérinement de Lettres de rescision, comparant par Bonnart, Avocat en la Cour, d'une part :

Et Elie et Benjamin Rasteau, freres, Négocians en cette Ville, Intimés, comparans par Terrien, Avocat en la Cour, d'autre part.

Vu par le Conseil l'une desdites Sentences dont est appel, laquelle condamne l'Appelant à payer aux Intimés, avec intérêts et dépens, la somme de 8500 liv. en argent, et non autrement, pour solde de celle de 30,000 l. contenue en un billet signé D. Duval, consenti le 18 Avril 1757, à l'ordre des Intimés, lequel billet est tenu pour reconnu ; la seconde Sentence susdatée dont est appel, laquelle, vu un écrit sous seing privé, signé D. Duval, fait double entre les Parties les 20 et 24 Avril 1757, ensemble les certificats de Texier freres, Penettes et Cadieu, Négocians en cette Ville, en date du 24 Octobre dernier *, condamne ledit Appelant à payer auxdits Intimés, en argent, et non autrement, avec intérêts et dépens, la somme de 10,000 liv., pour l'inexécution du traité ** porté audit écrit, ainsi qu'il s'y est obligé, donne acte aux Intimés de toutes leurs réserves, lesquelles leur demeureront conservées ; ensemble toutes les autres pieces desdites Parties : ouï leurs Procureurs en leurs dires et répliques respectifs, le Procureur Général du Roi en ses conclusions, et tout considéré : LE CONSEIL joignant les deux instances, sans avoir égard aux Lettres de rescision prises en la Cour par l'Appelant, dont il sera et demeurera débouté, a mis et met les appellations au néant, ordonne que ce dont est appel sortira son plein et entier effet ; condamne l'Appelant en l'amende ordinaire, et aux dépens.

* *Ces certificats portoient, que le sieur Duval avoit eu le temps d'user des permissions, avant que l'introduction des neutres ne cessât.*

** *Ce traité étoit relatif aux conditions de la gestion des cinq Bâtimens qui entreroient en vertu des permissions.*

Réglement du Roi pour la police et discipline des Equipages des Navires Marchands, expédiés pour les Colonies Françoises de l'Amérique, et sur ce qui doit être observé pour les remplacemens des Equipages, tant des Vaisseaux de Sa Majesté, que des Navires Marchands.

Du 11 Juillet 1759.

SA Majesté s'étant fait représenter ses Ordonnances et Réglemens des 22 Mai 1719, 23 Décembre 1721, 19 Juillet 1742, 19 Mai 1745, et 22 Juin 1753, sur la police, &c. (Voy. *le préambule du Réglement du Roi du 22 Juin 1753*), au préjudice du bon ordre et de la discipline des gens de mer; et désirant pourvoir en même temps aux remplacemens des équipages des Vaisseaux et autres Bâtimens de Sa Majesté, et à ceux des Navires de ses Sujets qui se trouveroient dans le cas d'en avoir besoin, elle a arrêté le présent Réglement, ainsi qu'il suit:

ART. I, II et III. (Voy. *les art. I, II et III du Réglement de 1753.*)

ART. IV. Cet Officier des Classes fera mention sur chaque rôle des mouvemens arrivés dans l'Equipage pendant la traversée du Bâtiment, de même que de ceux qui auront lieu jusqu'à son départ.

ART. V. Aucun Capitaine ne pourra congédier un seul homme de son Équipage, sans la permission dudit Commissaire, laquelle il apostillera et signera sur le rôle; il lui rendra compte pareillement de ceux qui lui déserteront, pour être aussi apostillés, et il ne pourra prendre un seul homme en remplacement ou comme passager, qu'il ne soit aussi établi sur son rôle par ledit Commissaire, lequel fera une seconde revue avant le départ du Navire, sous peine de 300 liv. d'amende envers le Capitaine, pour chaque homme qu'il aura débarqué ou remplacé sans l'aveu de l'Officier des Classes, et d'être déchu de sa qualité de Capitaine.

ART. VI. (Voy. *l'art. V du Réglement de 1753.*)

ART. VII. (*C'est l'Art. XIII du Réglement de 1753.*)

ART. VIII. (*C'est l'art. VI du Réglement de 1753.*)

ART. IX. (*Il est formé des art. VII et VIII du Réglement de 1753, mis l'un à la suite de l'autre, excepté que celui-ci ne porte pas que les Déserteurs seront remis aux Officiers de l'Amirauté, lorsqu'ils les réclameront pour procéder contre eux.*

ART. X. (*C'est le dixieme du Réglement de 1753.*)

ART. XI. Il sera donné par les Capitaines desdits Navires, auxdits Officiers chargés des Classes, les noms, surnoms, qualités, demeures, et autres signalemens détaillés de chaque homme qui aura débarqué ou déserté de leurs Navires.

ART. XII. Lesdits Officiers des Classes tiendront un registre de ces Gens de mer débarqués ou désertés ; ils y porteront leur signalement, y feront mention du nom du Navire d'où ils proviennent, du nom du Capitaine, de celui du Port où il aura armé, et suivront les mouvemens desdits Gens de mer, jusqu'à ce qu'ils aient obtenu la permission de retourner en France, et qu'ils aient été inscrits sur un rôle d'Equipage.

ART. XIII. Enjoignons auxdits Officiers chargés des Classes, de porter sur ledit registre les gens restés des Equipages aux Hôpitaux, ainsi que ceux provenans des Navires qui seront désarmés ou condamnés dans la Colonie, et de suivre pareillement leurs mouvemens.

ART. XIV. Les Capitaines des Navires de France qui seront désarmés aux Colonies. . . . (Voy. *l'art. XIV du Réglement de* 1753) en argent de France, sans que, sous quelque prétexte que ce soit, aucune desdites lettres de change puisse être tirée sur les Trésorisrs de la Marine ou des Colonies.

ART. XV. (*C'est l'art. XV du Réglement de* 1753.)

ART. XVI. L'article III de ladite Ordonnance du 19 Juillet 1742.... (Voy. *l'art. XVI du Réglement de* 1753), si les envois en France ci-dessus prescrits ont été faits régulierement, et les Intendans ou Commisssaires Ordonnateurs mettront leur vu à chaque article desdits décomptes.

ART. XVII. *C'est l'art. XVII du Réglement de* 1753.)

ART. XVIII. (*C'est l'art. XX du Réglement de* 1753.)

ART. XIX. (*Il ne differe de l'art. XXI du Réglement de* 1753, *qu'en ce que ledit art. XIX ordonne que la visite aura lieu tous les mois.*)

ART. XX. Il sera délivré à tous les Gens de mer François, débarqués, congédiés ou Déserteurs, et aux Habitans des différentes Colonies qui auront pris la profession de Matelot, un certificat en papier conforme au modele ensuite du présent Réglement, lequel certificat ils seront tenus de porter toujours sur eux, pour servir à constater leur origine et leur état.

ART. XXI. Tous Matelots et autres gens de mer qui ne seront point porteurs de pareils certificats, seront réputés Déserteurs des Navires de France, et comme tels arrêtés dans tous les lieux où ils seront trouvés, pour être tenus en prison jusqu'à ce qu'ils puissent être renvoyés sur des Navires de la même Province où sera situé le département dont ils se trouveront.

ART. XXII. Lesdits Gens de mer seront obligés de déclarer aux Commissaires et autres chargés des classses, le lieu de leur domicile, dont il sera fait mention à côté du nom de chacun d'eux, et ils seront tenus de passer en revue pardevant lesdits Commissairies, le premier jour de chaque mois, et de leur déclarer s'ils ont changé de domicile, sous peine de quinze jours de prison.

Art. XXIII. (*C'est l'art. XXVII du Réglement de 1753.*)

Art. XXIV. Les Habitans des Colonies ne pourront employer aucuns des Gens de mer François, non domiciliés auxdites Colonies, sans une permission par écrit des Officiers qui seront chargés du détail des Classes, et ne pourront les cacher ou recéler auxdits Officiers, lorsqu'ils les réclameront, sous peine de 20 liv. d'amende pour chaque homme de mer employé sans permission, et de 100 liv. pour chaque homme qu'ils auront caché ou recélé

Art. XXV. (*C'est l'art. XI du Réglement de 1753.*)

Art. XXVI. En conséquence de l'art. V du Réglement du 19 Mai 1745... (Voy. *l'art. XXVIII du Réglement de 1753*), pour suivre l'application qui sera ordonnée par Sa Majesté, et les Capitaines qui les auront embarqués seront interdits pendant un an.

Art. XXVII. Défend aussi Sa Majesté, relativement aux Lettres patentes du mois d'Octobre 1727, auxdits Gens de mer de prendre parti sur aucun des Bâtimens étrangers qui pourroient avoir entrée dans les Colonies, sous peine d'être arrêtés comme Déserteurs, et leur procès être fait suivant la rigueur des Ordonnances, et les Gouverneurs, Intendans ou Commissaires Ordonnateurs feront veiller soigneusement, dans le temps du départ desdits Navires, à ce qu'il n'y soit embarqué aucun Matelot François.

Art. XXVIII. Entend Sa Majesté que, dans les cas où il seroit besoin d'Officiers-Mariniers et Matelots pour compléter les Equipages de ses Vaisseaux et autres Bâtimens armés pour les Colonies, que les Officiers qui les commanderont s'adressent aux Intendans ou Commissaires Ordonnateurs, pour en obtenir le nombre de Gens de mer qu'ils auront à remplacer, lesquels seront pris dans les Matelots François congédiés, débarqués ou désertés des Bâtimens marchands.

Art. XXIX. Sa Majesté voulant que toute protection soit accordée au commerce de ses Sujets, défend aux Officiers commandant ses Vaisseaux, de retirer, sous quelque prétexte que ce soit, aucuns Officiers-Mariniers et Matelots des Navires marchands, pour remplacer ceux qui pourroient leur manquer pour compléter leurs Equipages, voulant que, dans les cas où il ne se trouveroit pas assez de Gens de mer dans la Colonie, qu'ils s'adressent aux Gouverneurs et Intendans, ou Commissaires Ordonnateurs, pour y pourvoir, lesquels pourront de concert, si les remplacemens sont nécessaires, leur destiner des Matelots desdits Navires marchands par proportion au nombre d'hommes d'Equipage qu'ils auront, en observant de les prendre dans les Navires dont les retours dans le Royaume seront les plus éloignés.

ART. XXX. La solde que devront gagner lesdits Gens de mer sur nos Vaisseaux où ils seront destinés, sera la même que celle qu'ils auroient eue s'ils s'étoient embarqués dans les Ports de France.

ART. XXXI. Celle des Gens de mer qui seront donnés aux Navires marchands, sera aussi celle qu'ils avoient sur ceux d'où ils auront été congédiés, débarqués ou désertés, sans qu'ils puissent en prétendre une plus forte, quelques conventions qu'ils aient d'ailleurs faites; et sera ladite solde portée sur le rôle d'Equipage par le Commissaire de la Marine, ou autre Officier chargé du détail des Classes dans les Colonies; voulant Sa Majesté qu'il n'y ait que ledit rôle qui puisse servir de titre sur les prétentions des Gens de mer, pour raison desdits salaires, conformément à son Ordonnance du 23 Décembre 1721, et au Réglement du 19 Mai 1745.

ART. XXXII. (*C'est le XXIX du Réglement de* 1753.)

Mande et ordonne Sa Majesté à Monseigneur le Duc de Penthievre, Amiral de France, Gouverneur et Lieutenant Général en la Province de Bretagne, aux Gouverneurs et ses Lieutenans Généraux des Colonies de l'Amérique, Intendans, Commissaires généraux et ordinaires dans ses Colonies, et à tous autres qu'il appartiendra, de tenir la main à l'exécution du présent Réglement, qui sera enregistré dans les Conseils Supérieurs desdites Colonies; et sera en outre lu, publié, affiché et registré par-tout où besoin sera. FAIT à Versailles, &c.

MODELE du Certificat à délivrer à chaque Officier-Marinier et Matelot.

COLONIE DE *MARINE.*

DE PAR LE ROI.

Extrait du Registre des Officiers-Mariniers et Matelots.

âge de ans en 17 taille poil de la Paroisse de département de fils de et de marié à provenant du Navire le Capitaine du Port de

déserté / *débarqué* / *congédié* } le payé à solde par mois.

Le Matelot ci-dessus est tenu d'avoir toujours sur lui le présent Certificat, et de passer en revue devant nous le premier jour de chaque mois, sous peine de quinze jours de prison, et défense de s'engager pour aucun Habitant de l'Isle, sans notre permission, sous la même peine.

Délivré par nous Commissaire de chargé des Classes de la Marine
FAIT à le

ARRÊTÉS du Conseil du Port-au-Prince, touchant la rétention faite par le Gouverneur Général des Provisions de Conseiller titulaire accordées à un des Assesseurs de la Cour.

Des 17 et 18 Juillet 1759.

CEJOURD'HUI de relevée, Me. Frenaye, Conseiller-Assesseur en la Cour est entré, et a dit, qu'ayant su, par le rapport de M. le Procureur Général, que M. le Général avoit reçu des Provisions de Conseiller pour MM. les Assesseurs, Mes. Letort et de Bellevue auroient eu l'honneur de les recevoir de sa main, et lui auroient témoigné l'empressement dudit Me. Frenaye pour aller lui-même recevoir les siennes; que M. le Général leur auroit répondu qu'il ne pensoit pas qu'il s'en fût rendu digne; sur quoi ledit Me. Frenaye, assuré de sa bonne conduite, qui lui avoit mérité les graces du Roi, auroit écrit à M. le Général la lettre dont la teneur suit.

« Monsieur, les graces du Roi que vous avez obtenues, sont aujourd'hui le sujet de la joie publique & de la reconnoissance des Particuliers qui en sont l'objet. Seul, je ne puis donc prendre part à aucun de ces sentimens, et cependant, Monsieur, vous m'avez annoncé vous-même deux fois que mon assiduité au Conseil, et mon exactitude à tous mes devoirs, m'avoient mérité des provisions de Conseiller. Vous avez bien voulu me faire voir la Lettre de M. le Comte de Massiac, lors Ministre de la Marine, qui vous en donnoit avis, et par une lettre commune avec feu M. Lalanne, qui en a reçu mes remercîmens, vous avez instruit M. le Procureur Général, que les quatre Assesseurs du Conseil étoient pourvus. Tant de preuves d'un fait essentiel à ma réputation m'ont rassuré jusqu'ici contre les alarmes que l'on a cherché à me donner. Je n'ai pu croire, Monsieur, que la généreuse liberté avec laquelle j'ai ouvert mon opinion à la séance de Janvier, à laquelle vous avez assisté, m'eût rendu digne d'aucune proscription. Jusqu'à ce moment, j'avois mérité votre estime, et vous m'aviez assuré au commencement de l'année, que je pourrois toujours compter sur vos bontés. A quel autre événement dois-je donc en attribuer la perte?

Je ne puis me le dissimuler, Monsieur ; j'ai lu dans vos yeux une disgrace, qui me fait craindre de vous demander de vive voix les preuves des bontés du Roi, que vous m'avez obtenues vous même. J'ose vous supplier de m'en remettre les titres que vous avez en main. Vous ne pouvez les retenir, Monsieur, sans rendre suspecte une vertu soutenue, une probité épurée, une conduite irréprochable. Votre justice s'oppose à une suppression aussi injurieuse ; et ceux qui vous la conseillent sont les ennemis de votre gloire et de la sagesse de votre gouvernement. Revenu, Monsieur, à des sentimens plus dignes de vous, qui vous sont plus naturels, vous me rendrez vos bontés ; vous ne verrez plus en moi qu'un Magistrat qui ne s'est jamais écarté de ce qu'il doit à l'autorité, ni de ce que la délicatesse de son état exige. Je suis persuadé, Monsieur, que si le premier moment de ma résistance apparente à vos volontés vous a produit quelque sensibilité, les mûres réflexions que vous aurez faites sur ce qu'exigeoit mon serment, sur ce que je devois au Roi et à ma Compagnie, dans un instant malheureux pour tous ceux qui la composent, m'auront rétabli dans la juste opinion que vous aviez conçue de moi, & que je ne me consolerois pas d'avoir mérité de perdre ».

Qu'en réponse ce même jour, il en a reçu la lettre dont la teneur suit aussi : « Tant que j'ai eu, Monsieur, des raisons d'applaudir à votre conduite, je ne vous en ai point caché ma satisfaction ; si vous avez remarqué chez moi quelque altération à votre égard, ç'a été depuis qu'il m'a paru de la passion dans celle que vous avez tenue. De quelques beaux noms que se couvre l'opposition que l'on apporte à reconnoître les volontés du Roi, je ne puis la voir sans la désapprouver ; et quand les choses sont portées à un certain point, mon devoir m'oblige d'aller plus loin, et de la punir. Cette opposition de votre part a paru soutenue par un travail affecté, auquel vous n'étiez point astreint : je l'ai observé au Ministre ; et lui ayant fait part en même temps du parti que je croyois devoir prendre, en attendant les ordres du Roi, de retenir vos Provisions, si je les recevois, pour mettre Sa Majesté en état de vous faire sentir, comme elle jugera à propos, l'écart dans lequel vous me paroissez avoir donné ; je ne crois point aujourd'hui devoir rien changer à ce que je me suis proposé de faire, sans avoir reçu les ordres que je me suis engagé d'attendre. J'ai l'honneur d'être, &c.

Signé BART ».

Et après en avoir donné lecture à la Cour, il l'a laissée sur le Bureau, et s'est retiré : sur quoi, la matiere mise en délibération, LE CONSEIL a arrêté qu'il seroit écrit par M. le Président, au nom de la Compagnie, à mondit sieur le Général la lettre suivante :

« Monsieur, le Conseil ne voit qu'avec la plus sensible douleur que vous vous portez à retenir les provisions de Conseiller qu'il a plu au Roi d'envoyer pour Me. Frenaye. Cet Officier lui a rendu compte de la lettre qu'il a eu l'honneur de vous écrire à cette occasion; et par votre réponse, qu'il a aussi communiquée, il paroît que vous voulez le punir personnellement d'une opposition qui ne lui a pas été particuliere, et qui est devenue commune à la Compagnie. Elle n'auroit pas cru, Monsieur, qu'ayant déclaré, par votre Mémoire du 23 Janvier dernier, que vous reconnoissiez, ainsi qu'elle, le Roi pour seul Juge de la légitimité de sa résistance, vous eussiez pris sur vous de la punir par anticipation dans un de ses Membres, sans attendre la décision de Sa Majesté. La peine que le Conseil en ressent le porte, Monsieur, à vous faire les plus instantes prieres pour lui rendre un Magistrat dont les services lui sont devenus précieux, et qui, par son amour pour la justice, s'est rendu cher aux Sujets du Roi. La juste confiance que la Compagnie a en votre zele pour le bien public, lui fait espérer le prompt succès des instances qu'elle vous fait en faveur d'un Citoyen vertueux, que vous n'avez pas toujours cru indigne de votre estime. Je suis avec respect, &c. FAIT au Port-au-Prince en Conseil le 17 Juillet 1759 ».

Et advenant le 18 Juillet audit an, M. le Président ayant écrit cejourd'hui à M. le Général, en conformité de l'arrêté du jour d'hier, il en a reçu la réponse, qu'il a mise sur le Bureau, et dont la teneur suit:

Au Port-au-Prince ce 18 Juillet 1759.

« Quand j'ai déclaré, Monsieur, que je rendrois compte au Roi de ce qui s'étoit passé au Conseil de Janvier, je n'ai point mis en question si la résistance du Conseil étoit légitime ou non. Je l'ai toujours regardée comme ne l'étant point; ayez agréable, je vous prie, de voir le Mémoire que vous citez ».

« Je n'ai point pris sur moi de punir par anticipation la résistance de la Compagnie dans un de ses Membres; ayez la bonté de peser les expressions: je ne prends point sur moi, et je ne punis point la Compagnie ».

« En mettant une différence entre MM. les Conseillers auxquels j'ai remis leurs Provisions, et M. Frenaye, il lui reste toujours de commun avec eux les fonctions, la qualité, et les prérogatives de la Magistrature, et l'avantage de pouvoir servir le Roi et le Public comme auparavant. Si cette différence est une mortification pour lui, je déclare à la Compagnie que j'ai cru cette mortification méritée, par l'affectation avec laquelle étoit

préparé

préparé l'avis de M. Frenaye, et par des particularités dont j'ai eu connoissance, et dont j'ai rendu compte à qui je le dois ».

» Je vous supplie de vouloir bien témoigner à MM. du Conseil toute la peine que je ressens de ne pouvoir déférer aux instances que vous me faites en leur nom. J'ai l'honneur d'être, &c. *Signé* BART ».

Sur quoi, la matiere mise en délibération, a été arrêté par le Conseil qu'il seroit rendu compte de tout ce que dessus par le Président de la Cour au Ministre Secrétaire d'Etat ayant le département de la Marine. FAIT au Port-au Prince en Conseil le 18 Juillet 1759.

ORDONNANCE du Roi, portant réglement pour les appointemens du Gouverneur-Lieutenant Général, Intendant, Gouverneurs particuliers, Lieutenans de Roi, et autres Officiers de l'Etat-Major, Commissaires et Ecrivains de la Marine, servant aux Isles sous le Vent, et qui fixe leur nombre, leur grade, et leur résidence.

Du 23 Juillet 1759.

DE PAR LE ROI.

SA MAJESTÉ s'étant fait rendre compte du traitement dont ont joui jusqu'à présent le Gouverneur-Lieutenant Général, l'Intendant, les Gouverneurs particuliers, Lieutenans de Roi, Majors et Aides-Majors des Isles sous le Vent, elle auroit reconnu qu'il étoit insuffisant pour les mettre en état de se soutenir décemment dans leurs places; que, pour y suppléer, le Gouverneur-Lieutenant Général, l'Intendant, et les Gouverneurs particuliers auroient d'abord reçu des Capitaines des Navires Négriers, des Negres à titre de présens pour la protection de leurs ventes; que ces présens seroient ensuite devenus une sorte d'imposition, qui, après avoir été tolérée, auroit été réglée depuis, savoir à un pour cent pour le Gouverneur-Lieutenant Général, à un demi pour cent pour l'Intendant, et à un autre demi pour cent pour chaque Gouverneur particulier; qu'indépendamment de ces gratifications, originairement arbitraires, ils se seroient encore attribué sur les Fermes des Boucheries, des Cafés, et des Cabarets, d'autres émolumens qui auroient été également tolérés; et Sa Majesté trouvant ces droits et gratifications aussi peu convenables à la dignité des places qu'occupent ceux qui les reçoivent, qu'à charge aux Habitans qui en supportent tout le poids, elle a jugé convenable d'y pourvoir; mais considérant que, par la suppression de ces prétendus droits et gratifications, le traitement qui est fait auxdits Officiers dans les états de dépenses, seroit trop modique, Sa Majesté a bien voulu y suppléer, en accordant un traitement plus avantageux, ainsi qu'il est réglé par la présente Ordonnance, tant au Gouverneur-Lieutenant Général, à l'Intendant, aux Gouverneurs particuliers, qu'aux autres Officiers de l'Etat-Major. Sa Majesté, également informée que les Commissaires et Ecrivains de la Marine servant aux Isles sous le Vent, n'ayant joui jusqu'à présent que d'appointemens modiques, se sont trouvés souvent dans le cas de faire des représentations à ce sujet aux Intendans, et d'en obtenir des secours particuliers; Sa Majesté a jugé convenable d'assigner en même temps auxdits Commissaires et Ecrivains un traitement qui les mette en état de se soutenir; et pour prévenir que le nombre, tant desdits Officiers de l'Etat-Major que des Commissaires et Ecrivains employés auxdites Isles, ne puisse être augmenté au delà des besoins du service, et empêcher toute nouvelle charge inutile dans les dépenses desdites Isles, Sa Majesté a estimé nécessaire, en même temps qu'elle a réglé les appointemens desdits Officiers, Commissaires et Ecrivains, d'en fixer dès à présent le nombre, le grade, et la résidence, se réservant néanmoins Sa Majesté d'augmenter ou de diminuer encore le nombre desdits Officiers de l'Etat-Major, en réglant celui des Officiers employés au commandement des Compagnies d'Infanterie servant dans lesdites Isles, suivant que les circonstances et les besoins du service l'exigeront: en conséquence, Sa Majesté a ordonné et ordonne, qu'à compter du premier Janvier 1760, il sera payé sur le fonds des Octrois des Isles sous le Vent, et argent desdites Isles, auxdits Gouverneur-Lieutenant Général, Gouverneurs particuliers, et autres Officiers de l'Etat Major, ainsi qu'à l'Intendant, aux Commissaires et Ecrivains de la Marine, résidans dans les lieux dénommés dans le présent Réglement, les appointemens ci-après; savoir:

Au Port-au-Prince.

Un Gouverneur-Lieutenant Général des Isles sous le Vent. Pour ses appointemens, ceux de son Secrétaire, frais de Bureaux, entretien de la Compagnie de ses dix Gardes, y compris le Capitaine, le Lieutenant et le Cornette, fret et transport de ses hardes et provisions de France à Saint-Domingue, et généralement pour tous ses appointemens, gratifications et indemnités quelconques, par chacun an . . . . 150000 l.

Un Lieutenant de Roi. Pour ses appointemens, logement, et pour tous émolumens généralemenr quelconques . . . . . . 4000 l.

Un Major de Place. Pour ses appointemens, logement, et pour tous émolumens généralement quelconques 3000

Un Aide-Major de Place. Pour ses appointemens, logement, et tous émolumens généralement quelconques . . . 2400

Un Major-Inspecteur des Troupes et Milices. Pour ses appointemens, frais de voyages, et pour tous émolumans généralement quelconques 6000

Un Aide-Major desdites Troupes et Milices. Pour ses appointemens, frais de voyages, et pour tous émolumens généralement quelconques 3000

Un Intendant desdites Isles. Pour ses appointemens, ceux de son Secrétaire, payement de Commis, frais de Bureaux, de quelque espece qu'ils soient, solde des Archers servant auprès dudit Intendant, et généralement pour tous émolumens quelconques. 120000

Un Commissaire de la Marine, faisant fonction de Contrôleur. Pour ses appointemeus et pour tous émolumens généralement quelconques 6000

Trois Ecrivains de la Marine. Pour leurs appointemens, et pour tous émolumens généralement quelconques. 7200

Au Cap.

Un Gouverneur particulier. Pour ses appointemens, ceux de son Secrétaire, logement, frais de Bureaux, et généralement pour tous émolumens, à quelque titre et pour quelque cause que ce soit 12000

Un Lieutenant de Roi. Un Major de Place. Un Aide-Major de Place. Un Major, Inspecteur des Troupes et Milices. Un Aide-Major desdites Troupes et Milices. (*Comme au Port-au-Prince.*)

Un Commissaire de la Marine, Ordonnateur. Pour ses appointemens, payement de Commis, frais de Bureaux, entretien d'Archers de la Marine, servant auprès de lui, et pour tous émolumens généralemenr quelconques 15000

Trois Ecrivains de la Marine. (*Comme au Port-au-Prince.*)

Au Fort Dauphin.

Un Lieutenant de Roi. Un Major de Place. Un Aide-Major de Place. (*Comme au Port-au-Prince.*)

Un Ecrivain de la Marine . . . . 2400 l.

Au Port-de-Paix.

Un Lieutenant de Roi. Un Aide-Major de Place. (*Comme au Port-au-Prince.*)

Un Ecrivain de la Marine. 2400

A Saint-Marc.

Un Gouverneur particulier de la partie de l'Ouest. Un Lieutenant de Roi. Un Major de Place. Un Aide-Major de Place. (*Comme au Cap.*)

Un Ecrivain de la Marine 2400

Au Petit-Goave.

Un Lieutenant de Roi. Un Major de Place. Un Aide-Major de Place. (*Comme au Port-au-Prince.*)

Un Ecrivain de la Marine 2400

A Léogane.

Un Major de Place. Un Aide-Major de Place. (*Comme au Port-au Prince.*)

Un Ecrivain de la Marine 2400

Au Mirbalais.

Un Major de Place. (*Comme au Port-au-Prince.*)

A Saint-Louis.

Un Gouverneur particulier de la partie du Sud. Un Lieutenant de Roi. Un Major de Place. Un Aide-Major de Place. (*Comme au Cap.*)

Un Ecrivain de la Marine 2400

Au fond de l'Isle à Vache.

Un Lieutenant de Roi. Un Major de Place. Un Aide-Major de Place. (*Comme au Port-au-Prince.*)

Un Ecrivain de la Marine aux Cayes 2400

A Jaquemel.

Un Major de Place. (*Comme au Port-au-Prince.*)

Un Ecrivain de la Marine 2400

A la Grande-Anse.

Un Major de Place. (*Comme au Port-au-Prince.*)

Fait défenses Sa Majesté à toutes les personnes dénommées en la présente Ordonnance, de percevoir aucuns autres émolumens, sous quelque prétexte et à quelque titre que ce soit, que ceux qui sont réglés par icelle. Enjoint Sa Majesté auxdits Gouverneur-Lieutenant Général et Intendant, de se conformer et de tenir la main, chacun en droit soi, à l'exécution de la présente Ordonnance, laquelle Sa Majesté veut être enregistrée aux Conseils Supérieurs desdites Isles sous le Vent. FAIT à Versailles, &c.

R. au Conseil du Cap le 15 Décembre 1760.
Et à celui du Port-au-Prince le 16 Mars 1761.

ORDONNANCE *du Roi, concernant les Mariages et Acquisitions que les Gouverneurs Généraux et Intendans, ainsi que les Commissaires et Ecrivains de la Marine, servant aux Isles sous le Vent, pourroient y contracter à l'avenir.*

Du 23 Juillet 1759.

DE PAR LE ROI.

SA MAJESTÉ étant informée des abus qui résultent des acquisitions en biens-fonds que plusieurs de ses Officiers, employés aux Isles sous le Vent, ont faites par le passé, ainsi que des mariages que plusieurs d'entre eux y ont contractés avec des filles Créoles : et considérant que de pareils établissemens sont d'autant plus contraires à l'administration dont ils sont chargés, que la régie de leurs biens, et les alliances qu'ils contractent les détournent du véritable esprit de leurs fonctions, et peuvent donner lieu à des vues d'intérêts particuliers, toujours préjudiciables au bien général; Sa Majesté, pour prévenir les abus, qui sont les suites de ces établissemens, a résolu d'expliquer ses intentions à cet égard d'une maniere précise et qui prévienne tout retardement dans l'exécution de ses ordres ; en conséquence, elle a ordonné et ordonne ce qui suit :

Art. Ier. Le Gouverneur, son Lieutenant Général, et l'Intendant ne devant point être regardés comme Habitans de la Colonie, dont le gouvernement et l'administration ne leur sont confiés que pour un temps limité, Sa Majesté veut et entend qu'à l'avenir il ne puisse être choisi pour remplir lesdites fonctions, aucunes personnes qui auroient épousé des filles Créoles, ou qui posséderoient, soit de leur chef, soit de celui de leurs femmes, des Habitations dans lesdites Isles sous le Vent. Les Commissaires et Ecrivains de la Marine employés auxdites Isles, n'y étant pareillement destinés que pour un temps, Sa Majesté veut également qu'il n'y en soit employé aucun de ceux qui auroient épousé des filles Créoles, ou qui posséderoient, soit de leur chef, soit de celui de leurs femmes, des Habitations dans lesdites Isles sous le Vent.

Art. II. Veut Sa Majesté que ceux qui auroient par elle été nommés pour remplir lesdites fonctions de Gouverneur-Lieutenant Général, d'Intendant, de Commissaire, et d'Ecrivain de la Marine auxdites Isles sous le Vent, et qui viendroient à épouser des filles Créoles ou domiciliées dans ledit pays, ou qui y acquerroient des Habitations en biens-fonds, autres que des jardins portant fruits, légumes et herbages, pour leur usage particulier seulement, soient censés eux-mêmes devenus Habitans par de pareils engagemens ; qu'en conséquence, ils soient révoqués de leurs emplois, et remplacés le plutôt qu'il se pourra, sur le compte qui en sera rendu à Sa Majesté par le Secrétaire d'État ayant le département de la Marine. Veut Sa Majesté qu'à l'avenir il soit fait mention dans toutes les Provisions, Commissions, Brevets et Ordres qui seront expédiés auxdits Gouverneurs-Lieutenans Généraux, et Intendans, ainsi qu'aux Commissaires et Ecrivains de la Marine destinés à servir dans lesdites Isles, de la clause de leur révocation, en cas de semblables mariages ou acquisitions.

Art. III. Les Gouverneurs particuliers, Lieutenans de Roi, Majors, Aides-Majors des Isles sous le Vent, ainsi que les Capitaines, Lieutenans, et Enseignes des Troupes servant auxdites Isles, y ayant une demeure fixe par la nature de leur service, dans lequel ils ne peuvent mériter d'avancement que par leur résidence continuelle dans la Colonie ; Sa Majesté veut bien, par cette considération, leur conserver leurs emplois, nonobstant les acquisitions et les mariages qu'ils pourroient contracter dans le pays; leur recommande en même temps Sa Majesté d'être attentifs à ne jamais se prévaloir des fonctions de leurs emplois, pour se procurer des préférences et des avantages pour raison de leurs Habitations, ou pour en procurer aux familles auxquelles ils se seront alliés. Ordonne spécialement Sa Majesté au Gouverneur-Lieutenant Général d'y veiller de près, et d'empêcher tout abus à cet égard.

Art. IV. Défend pareillement Sa Majesté audit Gouverneur son Lieutenant Général, et à l'Intendant des Isles sous le Vent, ainsi qu'aux Gouverneurs particuliers, et autres Officiers de l'Etat-Major, Commissaires et Ecrivains de la Marine, et toutes autres personnes employées au gouvernement et administration desdites Isles, de faire aucun commerce direct ou indirect, sous peine de révocation de leurs emplois: enjoint au surplus Sa Majesté auxdits Gouverneur son Lieutenant Général et Intendant auxdites Isles, de se conformer exactement au présent Réglement, lequel Sa Majesté veut être exécuté, à compter du premier Janvier 1760, nonobstant tous ordres et permissions contraires, et être enregistré aux Conseils Supérieurs des Isles sous le Vent. Fait à Versailles, &c.

R. au Conseil du Cap le 15 Décembre 1760.
Et à celui du Port-au-Prince le 16 Mars 1761.

Ordonnance du Roi, *qui défend aux Gouverneur-Lieutenant Général, Intendant et Gouverneurs particuliers des Isles sous le Vent de l'Amérique, de percevoir le droit de deux pour cent sur les Negres, et réunit aux caisses de la Colonie le produit des Fermes des Cafés, Boucheries, et Cabarets.*

Du 23 Juillet 1759.

DE PAR LE ROI.

Sa Majesté ayant, par son Ordonnance en date de ce jour, fixé les apppointemens du Gouverneur, son Lieutenant Général, Intendant, Gouverneurs particuliers, Lieutenans de Roi, et autres Officiers-Majors des Isles sous le Vent de l'Amérique, ainsi que des Commissaires et Ecrivains de la Marine servant auxdites Isles, elle a eu en vue d'une part de retrancher de leur traitement tout ce qui pourroit provenir d'émolumens particuliers et extraordinaires; et de l'autre, de faire cesser les charges que la perception des droits sur les Negres a fait tomber sur le commerce de France, et dont les Habitans desdites Isles ont supporté tout le poids jusqu'à présent; et Sa Majesté voulant expliquer plus particulierement ses intentions, tant sur ce droit que sur celui des Cafés, Cabarets, et Boucheries, elle a ordonné et ordonne ce qui suit:

ART. Ier. Le droit de deux pour cent qui a été perçu jusqu'à présent sur les Negres introduits aux Isles sous le Vent de l'Amérique; savoir, un pour cent par le Gouverneur-Lieutenant Général, demi pour cent par l'Intendant, et demi pour cent par les Gouverneurs particuliers, demeurera éteint et supprimé, à commencer du premier Janvier 1760. Fait Sa Majesté très-expresses inhibitions et défenses auxdits Officiers de percevoir ledit droit, et d'exiger ni recevoir des Capitaines des Navires Négriers, ni de qui que ce puisse être, aucune espece de droit, présent, don gratuit, pour les Negres qui seront introduits auxdites Isles, ni pour tout autre objet directement ou indirectement, ni souffrir qu'aucun Secrétaire, Commis, ou autre employé sous leurs ordres, se procure aucune semblable rétribution, sous peine d'être traités comme concussionnaires. Fait pareillement défenses auxdits Capitaines de Navires, et à tous autres qu'il appartiendra, de payer aucun droit, ni de donner ou proposer aucun don ou présent, sous peines d'être privés pendant dix ans de toute navigation et résidence dans la Colonie.

ART. II. Les Fermes des Cafés, Cabarets, et Boucheries, et toutes autres Fermes, continueront d'être exploitées suivant les adjudications qui en ont été faites, et les deniers en provenans seront remis dans les différentes caisses desdites Isles, sans qu'il en puisse être distrait aucune somme en faveur de qui que ce puisse être, à titre de don, gratification, indemnité, ou sous quelque autre prétexte que ce soit; mais sera le produit desdits droits uniquement employé aux dépenses nécessaires au bien, avantage, et entretien de la Colonie.

ART. III. Ordonne Sa Majesté que, dans les baux qui seront passés pour les Fermes des Cafés, il soit inséré une condition particuliere, portant défenses aux Adjudicataires de donner à jouer à aucun jeu de hasard, conformément aux Ordonnances rendues à ce sujet, et à l'exécution desquelles Sa Majesté enjoint spécialement aux Gouverneur Lieutenant Général, et Intendant desdites Isles de tenir exactement la main. Leur enjoint pareillement Sa Majesté de se conformer à la présente Ordonnance, et de la faire exécuter chacun en droit soi; veut Sa Majesté qu'elle soit enregistrée aux

aux Conseils Supérieurs desdites Isles sous le Vent. FAIT à Versailles, &c.

R. au Conseil du Cap le 15 Décembre 1760.
Et à celui du Port-au-Prince le 16 Mars 1761.

ARRÊT du Conseil d'Etat, portant établissement de Chambres mi-parties d'Agriculture et de Commerce aux Isles sous le Vent, avec faculté d'avoir un Député à Paris à la suite du Conseil.

Du 23 Juillet 1759.

SUR ce qui a été représenté au Roi, étant en son Conseil, des grands avantages qui ont résulté de l'établissement des Chambres de Commerce établies dans les principales Villes du Royaume, en admettant au Bureau de Commerce, par la nomination de leurs Députés à Paris, des personnes instruites du commerce en général, et en particulier de celui de chacune desdites Villes, afin de recevoir leurs mémoires et leurs avis sur les différentes affaires relatives à cette partie; Sa Majesté auroit reconnu qu'il seroit également utile au bien et à l'agrandissement du Commerce d'établir aux Isles sous le Vent des Chambres mi-parties d'Agriculture et de Commerce, dont les Membres, choisis entre les Habitans et les Négocians, proposeroient en commun tout ce qui leur paroîtroit le plus propre à favoriser la culture des terres et le commerce desdites Isles; et pour être instruite plus particulierement des véritables intérêts qui les concernent, et les faire participer aux mêmes avantages desdites Villes du Royaume, Sa Majesté auroit jugé nécessaire d'accorder à ces nouvelles Chambres la faculté d'avoir un Député à la suite du Conseil de Sa Majesté, pour leur procurer les moyens de faire parvenir jusqu'à elle toutes les représentations qu'elles croiroient devoir lui faire pour le bien desdites Isles. Sur quoi voulant expliquer ses intentions: ouï le rapport, le Roi étant en son Conseil, a ordonné et ordonne ce qui suit:

ART. Ier. Il sera établi à Saint-Domingue deux Chambres mi-parties d'Agriculture et de Commerce, composées chacune de quatre Habitans et de quatre Négocians, et d'un Secrétaire, dont l'une au Port-au-Prince, et l'autre au Cap.

ART. II. Un mois après la réception et l'enregistrement du présent Arrêt, et plutôt si faire se peut, les Conseils Supérieurs du Port au-Prince et du

Cap s'assembleront extraordinairement au jour qui leur sera indiqué; le premier par l'Intendant, et le second par le Commissaire Ordonnateur, pour procéder à l'élection des Membres qui devront composer leur chambre. Ils auront un soin particulier de ne choisir dans l'étendue de leur ressort, que des sujets qui soient parfaitement en état de connoître les véritables intérêts de la Colonie et de son commerce, dont quatre Habitans et quatre Négocians, comme il est dit à l'article Ier.

Art. III. L'élection des Membres de chaque Chambre se fera par scrutin; le Conseil Supérieur du Port-au-Prince remettra la liste de ceux qui auront été ainsi élus au Gouverneur-Lieutenant-Général & à l'Intendant, et celui du Cap remettra la sienne au Gouverneur et au Commissaire de la Marine Ordonnateur, pour qu'ils informent les nouveaux Membres du choix qui aura été fait d'eux, et qu'ils leur indiquent le jour de leur assemblée; et lesdits Gouverneur-Lieutenant Général et Intendant adresseront au Secrétaire d'Etat ayant le département de la Marine, la liste de ceux qui auront été élus au Port-au-Prince, avec celle des Membres élus au Cap, qui leur sera envoyée par le Gouverneur et le Commissaire Ordonnateur audit lieu.

Art. IV. Les Membres nécessaires pour composer lesdites Chambres, seront pris parmi les Habitans et Commerçans desdites Isles, et même parmi les anciens Procureurs Généraux et Conseillers des Conseils Supérieurs retirés, ayant Habitation, comme aussi parmi les Officiers Militaires retirés du service, ayant Habitation; mais ne pourront y être admis aucuns Officiers Militaires ni autres, de quelque grade qu'ils puissent être, étant actuellement dans le service, ni aucuns Officiers de Justice exerçant leurs emplois.

Art. V. Chaque Chambre commencera sa premiere assemblée par choisir, à la pluralité des voix, un Secrétaire, qui sera pris indistinctement dans tout état, pourvu qu'il ait les qualités requises pour cet emploi; il tiendra les registres que la chambre jugera à propos d'ouvrir pour ses délibérations, et en dressera les extraits que la Chambre ordonnera. Il sera payé, tant au Secrétaire de la Chambre du Port-au-Prince, qu'à celui de la Chambre du Cap, 3000 liv. d'appointemens, argent de la Colonie, et 2000 liv. à chacun, pour tous frais de Bureau, lesquelles sommes seront prises sur la caisse des Octrois desdites Isles. Lesdits Secrétaires pourront être révoqués et remplacés par les Chambres, à la pluralité des voix, si elles ne sont pas satisfaites de leur travail et de leur conduite.

Art. VI. L'Intendant résidant au Port-au-Prince, et le Commissaire de la Marine, Ordonnateur au Cap, pourront présider aux assemblées desdites Chambres, et y auront voix délibérative, en cas de partage d'avis seulement; ils indiqueront le jour et l'heure desdites assemblées dans les lieux de leur résidence respective, sur la demande qui leur en sera faite par les deux plus anciens Membres de la Chambre.

Art. VII. Les délibérations desdites Chambres auront pour objet toutes les propositions et représentations qu'elle jugeront à propos de faire pour l'accroissement de la culture des terres et du commerce de la Colonie; elles en adresseront un extrait en forme au Secrétaire d'Etat ayant le département de la Marine, dont elles remettront le double à l'Intendant et au Commissaire Ordonnateur; et ceux qui auront été d'un avis différent de celui qui aura passé à la pluralité des voix, pourront demander que les différens avis soient envoyés avec leurs motifs au Secrétaire d'Etat ayant le département de la Marine, lorsqu'ils les croiront intéressans pour le service, et le Secrétaire de la Chambre sera tenu de faire registre de leurs demandes, des avis et des motifs, pour y avoir recours au besoin.

Art. VIII. Les Membres desdites Chambres n'ayant aucuns honoraires pour leurs fonctions, et donnant gratuitement leurs soins au bien de la Colonie et à l'avantage de son commerce, seront relevés de deux en deux, tous les deux ans, après que les premiers élus auront rempli les six premieres années d'exercice. Pour cet effet, les Conseils Supérieurs s'assembleront à la fin desdites six premieres années, et ainsi successivement de deux en deux ans, à la réquisition du Procureur Général de chaque Conseil, au jour indiqué par l'Intendant au Port-au-Prince, et par le Commissaire de la Marine Ordonnateur au Cap, pour élire deux nouveaux Membres, dont un Habitant, et l'autre Négociant, afin de remplacer les deux qui sortiront d'exercice; et si, dans l'intervalle, il venoit à vaquer quelque place dans l'une des Chambres, par la mort ou la retraite d'un de ses Membres, le Conseil Supérieur procédera à la nomination d'un nouveau sujet, qui sera pris dans l'état de celui qui sera mort ou retiré.

Art. IX. Lorsque tous les Membres nommés par la premiere élection auront été successivement remplacés, le temps de l'exercice de chaque Membre ne sera que de six années; mais celui qui sera élu pour remplir une des places vacantes par la mort ou la retraite de quelqu'un desdits Membres, sera tenu, en sus de l'exercice restant de son prédécesseur, de remplir un nouvel exercice de six années, auxquelles il auroit été obligé par sa nomination à l'élection suivante.

Art. X. Lesdites Chambres tiendront leurs assemblées dans une salle particuliere qui leur sera assignée au Port-au-Prince par l'Intendant, et au Cap par le Commissaire Ordonnateur, avec un Greffe attenant à ladite salle pour la conservation de leurs archives.

Art. XI. Pour rendre l'établissement de ces Chambres le plus avantageux qu'il est possible aux Habitans et Négocians desdites Isles, et leur donner un moyen certain d'expliquer les différens sujets de leurs délibérations, Sa Majesté veut bien permettre auxdites Chambres d'avoir un Député à la suite de son Conseil, à l'instar des principales Villes de son Royaume; pour cet effet, elle autorise lesdites deux Chambres à proposer au Secrétaire d'Etat ayant le département de la Marine, chacune deux sujets qu'elles choisiront dans leur ressort, dont elles feront la nomination par scrutin, afin que, sur le rapport qui en sera fait à Sa Majesté, elle puisse agréer l'un desdits quatre sujets qui lui seront présentés par les deux Chambres pour ladite place de Député, lequel, en conséquence des ordres de Sa Majesté, se rendra à Paris le plus promptement qu'il pourra, pour y vaquer aux fonctions dont il sera chargé.

Art. XII. Le Député des Isles sous le Vent aura entrée et séance au Bureau du Commerce, ainsi que les autres Députés des principales Villes du Royaume; il aura les mêmes droits et fonctions attribués auxdits Députés, et assistera conjointement avec eux aux assemblées qui se tiendront chez le Secrétaire du Bureau du Commerce, en la maniere accoutumée.

Art. XIII. En cas de mort ou démission dudit Député résidant à Paris, lesdites Chambres du Port-au-Prince et du Cap procéderont chacune à la nomination de deux nouveaux sujets, dans la forme prescrite dans l'article XI.

Art. XIV. Pour indemniser ledit Député des frais de son déplacement, et de son séjour en France, Sa Majesté lui attribue 8000 liv. d'appointemens, argent de France, qui lui seront payées à Paris par les Trésoriers Généraux des Colonies, chacun dans l'année de leur exercice; et de plus, une somme de 4000 liv. pour les frais de son voyage; le tout, sur les ordres expédiés par le Secrétaire d'Etat ayant le département de la Marine. Enjoint Sa Majesté au Gouverneur son Lieutenant-Général, et Intendant desdites Isles sous le Vent, aux Conseils Supérieurs établis au Port-au-Prince et au Cap, et à toutes autres personnes qu'il appartiendra, de veiller, chacun en droit soi, à l'exécution du présent Arrêt, que Sa Majesté veut être enregistré auxdits Conseils Supérieurs. FAIT au Conseil d'Etat, &c.

R. au Conseil du Cap le 15 Décembre 1760.
Et à celui du Port-au-Prince le 16 Mars 1761.
Voy. *l'Arrêt du Conseil d'Etat du 28 Mars 1763.*

MÉMOIRE du Roi, qui proroge pendant cinq nouvelles années l'Octroi pour les Fortifications extraordinaires.

Du 28 Juillet 1759.

R. au Conseil du Cap le 15 Décembre 1760.
Et à celui du Port-au-Prince le 16 Mars 1761.
Ce Mémoire est conforme à celui du 7 Novembre 1754.

SENTENCE du Sénéchal du Cap, touchant le service des Huissiers de la Jurisdiction.

Du 24 Août 1759.

VU la Remontrance du Procureur du Roi, faute par Potat de s'être trouvé à son service lors de la derniere Audience, nous l'avons condamné à une amende de 25 liv., applicable aux réparations de l'Auditoire; lui faisons défense de plus y manquer à l'avenir, sous plus grande peine; ordonnons que d'orénavant il se trouvera à la porte de l'Auditoire tous les Samedis, jour d'Audience, et à sept heures du matin, au plus tard, deux Huissiers, savoir, celui qui aura fait le service de la Ville pendant la semaine, et celui qui doit entrer en semaine après lui, et leur ordonnons d'être assidus pendant tout le temps de l'Audience, sans pouvoir s'absenter ni manquer à leur service, sous peine de 50 liv. d'amende, applicable comme dessus, à moins qu'ils n'aient obtenu la permission de s'absenter de Nous ou du Procureur du Roi, ou de quelques autres Officiers du Siége, et qu'en ce cas ils ne se soient fait remplacer par un autre Huissier, qui sera également exact, sous peine de l'amende comme dessus, tant contre l'Huissier qui l'a commis à sa place, que contre celui qui se seroit chargé du service; leur ordonnons pareillement, sous peine d'amende, d'être plus exacts à l'avenir, d'empêcher le tumulte et le bruit pendant l'Audience; et sera la présente exécutée, à compter d'aujourd'hui, et signifiée de plus audit Potat, pour ce qui le concerne. DONNÉ, &c.

ORDONNANCE *des Administrateurs pour la conservation des Eaux destinées à la ville du Port-au-Prince.*

Du 6 Septembre 1759.

PHILIPPE-François Bart, &c.

Etant instruits que plusieurs Habitans riverains du ruisseau appelé la Charbonniere, dont les eaux sont les seules qui abreuvent la Ville du Port-au-Prince, sous prétexte que ces eaux naissent ou coulent chez eux, les détournent, et employent journellement à leur usage particulier, soit pour éteindre de la chaux, pour fabriquer de l'indigo, pour laver du manioc, &c.; après lesquels usages, étans remis dans leur lit ordinaire, elles y portent des qualités préjudiciables à la santé; et qu'outre cet inconvénient, la quantité s'en trouve par-là diminuée, de maniere qu'à peine s'en rend-il suffisamment à la Ville pour les besoins des endroits principaux; étant de plus informés que plusieurs domiciliés du Port-au-Prince envoient laver leur linge dans le canal de dérivation de ce ruisseau, qui en conduit les eaux à la Ville, et voulant obvier à tout ce qui peut diminuer le volume de ces eaux, et pourvoir à tout ce qui doit les conserver dans leur pureté, nous avons, conjointement avec M. Elias, &c., ordonné ce qui suit:

ART. Ier. Nulles personnes, de quelque qualité et condition qu'elles soient, ne pourront tirer des rigoles de dérivation des sources dudit ruisseau ni de son lit, dans toute l'étendue de leurs cours; ordonnons que les rigoles qui auroient été pratiquées récemment, soit pour arrosages, soit pour des Indigoteries, construites ou renouvelées depuis ledit établissement jusqu'à ce jour, seront bouchées à demeure, sous peine de 500 liv. d'amende, applicable aux travaux des fontaines publiques.

ART. II. Ordonnons que toutes les Indigoteries, tant celles récemment construites ou réparées aux environs desdites eaux, que celles qui, l'ayant été antérieurement à l'établissement du Port-au-Prince, ont déjà été interdites lors d'icelui ou depuis, seront démolies dans vingt-quatre heures; défendons de les réparer, à peine de pareille amende de 500 liv. applicable comme ci-dessus.

ART. III. Défendons à tous Habitans de la Ville d'envoyer laver du linge dans le cours desdites eaux, soit pour éteindre de la chaux, soit pour laver et grager du manioc, à peine de confiscation du linge, chaux et denrées, et de 300 liv. d'amende, applicable comme ci-dessus.

ART. IV. Défendons à toutes personnes de la Ville, de quelque qualité et condition qu'elles soient, d'y ouvrir des rigoles pour conduire l'eau dans leurs emplacemens, à peine de 300 liv. d'amende, applicable comme ci-dessus.

ART. V. Ordonnons au sieur de Saint-Romes, Ingénieur en chef, de connoître du cours desdites eaux, et de préposer un Ingénieur pour établir et faire construire tout ce qui sera nécessaire pour soutenir leur niveau, et empêcher qu'elles ne s'échappent de leur cours ordinaire.

ART. VI. Le sieur Lalué, auquel il a été accordé une écluse d'un pouce carré d'eau, sera maintenu dans ladite jouissance jusqu'à ce qu'il en soit autrement ordonné; il en sera accordé une autre de pareille grandeur, et aux mêmes conditions, à la veuve Bauvais, et à tous ceux chez qui lesdites sources prennent naissance, et il sera pourvu par mondit sieur de Saint-Romes, ou par l'Ingénieur par lui commis à la construction de ladite écluse, chez chacun des Particuliers chez lesquels elles seront placées à un niveau convenable, pour qu'ils puissent en faire usage, avec faculté auxdits Particuliers de faire au-dessous desdites écluses telle quantité de marres qu'ils voudront, pour contenir et conserver l'eau qui leur aura été accordée. DONNÉ au Port-au-Prince, &c. *Signés* BART et ELIAS.

R. au Greffe de l'Intendance le même jour.

Voy. *l'Ordonnance du 17 Mars 1770.*

ARRÊT du Conseil du Cap, portant plusieurs dispositions relatives aux Boucheries.

Du 5 Octobre 1759.

VU par le Conseil la Remontrance à lui faite par le Procureur Général le 3 Septembre dernier, contenant que c'étoit en vain que la Cour s'étoit flattée, par son Arrêt du 6 Août 1756, rendu sur la Requête des Habitans du Cap, de rétablir la bonne discipline dans les Boucheries de son ressort; que le désordre est parvenu aujourd'hui à son dernier période; que l'Habitant des plaines, et sur-tout ceux de la Ville, privés des choses les plus nécessaires à la vie, par le défaut d'importation de denrées d'Europe, et d'exportation de celles de la Colonie, n'ont plus, pour ainsi dire, de ressource que dans la viande de Boucherie, pour pouvoir subsister; que cette ressource même n'en est pas une pour les Pauvres, par l'avidité et les concussions des Fermiers des Boucheries, qui vendent la viande au prix qu'ils veulent, et qu'elle devient pour les Riches une source de maux; qu'il est peu de MM. de la Cour, faisant leur résidence dans différens quartiers, qui ne soient informés que les Fermiers et Sous-Fermiers des Boucheries débitent le plus souvent des bêtes malades, qui, n'ayant pas assez de force pour se rendre aux Tueries, meurent dans les chemins, et sont transportées dans des cabrouets aux Boucheries, pour y être vendues et distribuées au Public; qu'on ne peut douter que l'usage de pareilles viandes, dont le Citoyen se voit forcé de faire sa nourriture ordinaire, n'ait été une des causes prédisposantes de la cruelle épidémie qui a affligé ce Gouvernement, et qui a été si funeste à tant d'Habitans de la Ville du Cap, qui n'ont pas, comme ceux des plaines, autant de ressource pour leur subsistance; que le bien public, dont la Cour s'est toujours sérieusement occupée, exige toute son attention pour rétablir le bon ordre dans cette partie; qu'en recherchant les causes de pareils désordres dans les Boucheries, le Remontrant a cru reconnoître qu'ils prennent leur source dans les clauses même de la carte bannie; qu'il n'est question que d'en parcourir les principaux articles, pour en être convaincu; que le premier article porte, que l'Adjudicataire fournira la quantité de viande de bœuf nécessaire pour n'en pas laisser manquer aux Boucheries, et autres qu'on pourroit lui ordonner d'établir par la suite dans la Jurisdiction du Cap; et au cas qu'elles n'en fussent pas pourvues, qu'il seroit permis aux Habitans de faire tuer sur la permission de MM. les Gouverneurs et Ordonnateurs au Cap; qu'il n'y avoit pas de doute que MM. les Gouverneurs et Commissaires Ordonnateurs, Subdélégué de l'Intendant, représentans dans ce Gouvernement MM. les Général et Intendant, chargés de la police générale, ne puissent, dans le cas prévu, accorder ces sortes de permissions; mais qu'en restreignant à MM. les Gouverneurs et Ordonnateurs le droit de donner des permissions, ne seroit-ce point exclure les Officiers de Police du droit de les donner, contre les intentions de Sa Majesté, qui leur a confié le soin de la police particuliere, dont les Boucheries font une partie essentielle? Que MM. les Gouverneurs et Commissaires Ordonnateurs Subdélégués, occupés des soins importans du Gouvernement, n'ont pas toujours le temps d'entrer dans les

détails

détails de la police particuliere, qui ne demande aucun retardement, comme le peuvent faire les Officiers que Sa Majesté a chargés de cette même police, dont le devoir est de veiller à la maintenir dans toute sa vigueur, et réprimer les abus aussi-tôt qu'ils en sont informés, et qui, par leur état, sont préposés pour faire droit aux Sujets du Roi, sans aucun retardement, dans toutes les affaires qui sont de leur compétence; que la Cour verra, par la Requête des Habitans du Fort Dauphin, présentée au Substitut du Procureur Général du Roi au Siége Royal de cette Ville, et sa lettre missive au Remontrant, en date du 21 Mai dernier; que le Juge de Polige de cette même Ville, n'a pas cru être en droit de connoître des faits articulés en ladite Requête, ni donner des permissions de tuer et débiter de la viande, au préjudice du Fermier, quoiqu'instruit que ce dernier n'en fournissoit pas la Boucherie d'une quantité suffisante; que la Cour voyoit assez les inconvéniens qui pouvoient résulter de cette disposition de l'art. 1er; qu'il en naissoit encore d'autres non moins considérables de la disposition de ce même article, en ce qu'il ne prononçoit aucune peine contre les Fermiers, dans le cas où ils ne garniroient pas suffisamment de viande leurs Boucheries, sur-tout celles de la Ville; que l'Adjudicataire, en acquérant le privilége exclusif de tuer et débiter de la viande de bœuf, contractoit une obligation envers le Public d'en fournir une quantité suffisante pour sa subsistance; qu'il ne pouvoit y manquer, sans que le Public n'en souffrît beaucoup avant que quelques Particuliers se soient pourvus de bestiaux, et se présentent pour obtenir la permission de tuer et débiter de la viande à son défaut; que l'Adjudicataire avoit d'ailleurs des charges onéreuses résultantes de son bail; que ne point infliger de peines, lorsqu'il ne remplit pas ses obligations et les charges de son bail, c'étoit, pour ainsi dire, l'autoriser à y manquer ou à s'en dispenser, lorsque, par événement, le prix des bestiaux vient à augmenter, comme cela arrive quelquefois; que la Cour sentoit la nécessité de réformer ce premier article, pour couper court aux inconvéniens qui en peuvent résulter, et les prévenir; que l'article 4 de cette Carte-bannie prononce des peines contre ceux qui débiteront ou feront débiter par leurs Esclaves des viandes de bœuf, cochon et mouton, lesquelles seront prononcées par le Commissaire Ordonnateur, sur les procès verbaux de saisie qui en seront faits; que l'Adjudicataire de la Ferme générale des Boucheries payant un prix considérable de son bail, rien n'étoit plus juste que les amendes et peines prononcées par cet article contre ceux qui tenteroient à son préjudice de tuer, débiter ou faire distribuer de la viande. Mais à combien de réflexions et à combien d'observations la disposition de ce même article, qui porte que ces peines, amendes, et confiscations seront prononcées par le Commissaire Ordonnateur, ne donnoit-elle pas lieu ? Que le Remontrant se borneroit à deux seulement. Que les Officiers de Police ont-ils pu soumettre les Sujets du Roi domiciliés au Tribunal de M. le Commissaire Ordonnateur, que Sa Majesté n'a point commis pour juger les contestations qui pourroient naître entre eux sur le fait de la police particuliere ou autrement ? Que les Officiers de Police ont-ils pu se dépouiller du droit qu'ils ont de connoître et de juger, sauf l'appel en la Cour, de toutes les causes contentieuses entre des domiciliés dans l'étendue de leur Jurisdiction, en ce qui concerne la police particuliere qui leur est confiée ? Non, sans doute, et le Remontrant ne doutoit pas que la Cour ne réforme la disposition de cet article 4; que l'article 5 de la Carte bannie contient l'énumération des Privilégiés, la qualité, les différens prix, et la quantité de viande que le Fermier des Boucheries doit fournir par jour à chacun d'eux; que ces charges sont immenses; mais que les Officiers de Police ayant sans doute consulté ceux à qui Sa Majesté a confié l'administration des Finances de la Colonie, le Remontrant croyoit inutile d'entrer dans aucun détail sur ce sujet; qu'il se borneroit seulement à faire connoître à la Cour combien la disposition de cet article, qui, après avoir fixé à 7 sous 6 deniers le prix de la livre de viande, fait défenses aux Fermiers de la vendre au-dessus de ce prix, à peine de 300 liv. d'amende, applicables à la Providence, est illusoire, peu réfléchie, et donne lieu aux concussions du Fermier des Boucheries; qu'en effet, le Fermier étant dans le cas de débiter quatre mille livres de viande de Boucherie par jour aux non Privilégiés de la Ville du Cap seulement, et sa banlieue, s'il la vend 10 sous, au lieu de 7 sous 6 deniers la livre, comme le justifie la Sentence du Juge de Police du Cap, du 24 Mars dernier, ce que de notoriéte publique il continuoit de faire, il faisoit par jour un bénéfice de 500 liv. au delà de ce qui lui est légitimement dû; et quand même, ce qui n'est pas possible, il seroit, pour cause de cette contravention, condamné tous les jours à l'amende de 300 liv. portée par cet art. 5, il lui resteroit encore 200 liv.; bénéfice immense, bien capable de tenter sa cupidité : que ce ne seroit qu'en lui imposant une amende considérable, pour raison de cette contravention, qu'on pourroit espérer de la réprimer; mais que ce n'est point par des peines pécuniaires que la Cour peut espérer d'arrêter une pareille concussion. Si vendre à faux poids est un vol fait au Public par le Fermier ou Sous-Fermier, et qui les mette dans le cas d'être poursuivis extraordinairement à la requête du Substitut du Procureur Général, comme le porte l'article 8 de la Carte bannie; ne donner que trois quarterons de viande au Public pour 7 sous 6 deniers, au lieu d'une livre, contre la disposition de l'art. 5 de cette même Carte bannie; c'est un seul et même délit, une véritable concussion, qui ne mérite pas moins d'être poursuivie extraordinairement à la requête du Ministere public; que l'art. 7 de la Carte bannie porte une amende de 300 liv. contre le Fermier, en cas qu'il débite de mauvaise viande, et la confiscation à la Maison de la Providence; que rien n'étoit plus juste que la disposition de cet article; mais qu'il sembloit que le Juge de Police ait voulu s'interdire à lui-même les moyens de pouvoir prononcer cette amende, en n'admettant qu'une seule voie pour constater cette contravention. Vu aussi copie en forme d'expédition de la Carte bannie, et adjudication du bail à ferme de la Boucherie du Cap, en date des 6 et 20 Mai 1758; la matiere mise en délibération, et ouï le rapport de M. Collet, et tout vu et mûrement examiné : LE CONSEIL, ayant égard à ladite Remontrance, et y faisant droit, a ordonné et ordonne que les clauses et conditions insérées en la Carte bannie de la Ferme générale des Boucheries de la Ville du Cap, et adjudication des 6 et 20 Mai 1758, seront exécutées suivant leur forme et teneur; ce faisant, 1°. qu'au désir de l'article 1er, les Fermiers et Sous-Fermiers seront tenus de garnir leurs Boucheries d'une quantité suffisante de viande de bœuf, à peine de 300 liv. d'amende pour chaque contravention; et en outre, en cas de récidive de la part du Fermier des Boucheries de la Ville, le bail être recrié à sa folle enchere, à la requête du Substitut du Procureur Général, sans que ledit Fermier puisse s'en rendre adjudicataire, directement ni indirectement, à peine de nullité de l'adjudication, et de 3000 liv. d'amende; ordonne en outre que, dans le cas où lesdits Fermiers ou Sous-Fermiers des Boucheries des différens quartiers manqueroient de fournir leurs étaux d'une quantité suffisante de viande, les permissions de tuer et faire débiter de la viande seront accordées aux Habitans, soit par MM. les Gouverneurs et Commissaires Ordonnateurs Subdélégués de l'Intendant, soit par les Juges de Police, à la charge par ceux qui auront obtenu lesdites permissions de se conformer aux clauses de ladite Carte bannie, et au présent Arrêt, tant pour la qualité que pour le prix des viandes, et sous les peines y portées; 2°. que les peines, amendes, et confiscations portées par l'article 4 contre ceux qui feront tuer et débiter des viandes de bœuf, mouton et cochon, au préjudice des Fermiers et Sous-Fermiers, ne pourront être prononcées que par les Juges de Police de ladite Ville, et sauf l'appel en la Cour, s'il y échoit; 3°. que, conformément à l'article 5 de ladite Carte bannie, les Fermiers et Sous-Fermiers, leurs Commis, et gens par eux préposés à la distribution desdites viandes, ne pourront vendre aux personnes non privilégiées la viande de bœuf et de veau au-dessus de 7 sous 6 deniers la livre, celle de mouton au-dessus de 20 sous la livre, et celle de cochon de 12 sous la livre, à peine d'être poursuivis extraordinairement comme concussionnaires publics, et pourront les personnes qui auront acheté lesdites viandes, être entendues comme témoins dans l'information qui se fera pour parvenir à constater lesdites contraventions; 4°. qu'au désir de l'art. 7, les Fermiers et Sous-Fermiers ne pourront vendre et débiter que de bonnes viandes, sous peine de confiscation de celle qui se trouvera mauvaise, au profit de la Maison de Providence, et de 300 liv. d'amende envers le Roi: et sera la contravention à cet égard constatée par les Juges de Police par toutes voies qu'il appartiendra, et ainsi qu'ils aviseront bon être; fait défenses aux Fermiers de la Boucherie, et Sous-Fermiers de débiter des viandes provenant de bêtes malades, ou mortes de mort naturelle, sous peine de 3000 liv. d'amende envers le Roi pour la premiere fois; et en cas de récidive, d'être poursuivis extraordinairement: enjoint aux Officiers de Police du Cap de se conformer exactement à l'avenir au présent Arrêt, et de tenir la main chacun en droit soi à l'exécution d'icelui, sous telles peines qu'il appartiendra, et même d'interdiction, s'il y échoit; leur fait défenses de passer outre à la publication d'aucun bail des Boucheries, sans qu'au préalable la Carte bannie n'ait été communiquée au Procureur Général; ordonne que l'état des pieces, joint à ladite Remontrance, sera paraphé et déposé au Greffe de la Cour, ainsi que les pieces y référées; ordonne que le présent Arrêt sera enregistré au Greffe du Siége Royal du Cap, lu et publié audience tenante, et signifié à la requête du Substitut dudit Procureur Général au Fermier des Boucheries de ladite Ville, et aux différens Sous-Fermiers, tant des quartiers de la plaine, que des viandes de mouton et de cochon.

ARRÊT du Conseil du Cap, concernant les Boucheries du Fort Dauphin.

Du 5 Octobre 1759.

Il est semblable à celui qui le précede.

ARRÊT du Conseil du Cap, touchant la succession d'un Juif.

Du 6 Octobre 1759.

ENTRE le sieur Jean Suarez, Négociant au Cap, en son nom, comme Marguillier, et comme légataire, stipulant pour les Pauvres aussi légataires, et comme Exécuteur testamentaire de feu Moïse Daguilard, Négociant au Port-au-Prince, appelant de quatre Ordonnances ou Sentences rendues par le Juge du Cap, d'une part; et le sieur Julbain, Receveur des amendes, aubaines, et confiscations du ressort de la Jurisdiction du Cap, Intimé, d'autre; et entre le sieur David Daguilard, Négociant au Port-au-Prince, frere et associé dudit feu Moïse Daguilard, tant comme de Juge incompétent, qu'autrement desdites Ordonnances, opposant à l'exécution de l'Arrêt de paréatis; après que d'Augy, Procureur pour ledit Suarez; Dumoulin pour ledit David Daguilard, et Creton pour ledit Julbain, ont été ouïs, ensemble le Procureur Général du Roi, pendant deux Audiences, et tout considéré: LE CONSEIL a donné acte à la Partie de Creton de sa tierce-opposition à l'Arrêt rendu par le Conseil Souverain du Port-au-Prince, le 4 Juillet dernier, et à l'Arrêt sur Requête en paréatis de la Cour, du 7 Septembre aussi dernier; et sans s'arrêter auxdites oppositions, dont elle est déboutée, ayant égard à la demande en intervention de la Partie de Dumoulin, et y faisant droit, lui a donné acte de ce qu'elle déclare adhérer aux appels interjetés par la Partie de d'Augy desdites Ordonnances et Sentences; faisant droit tant sur ladite demande que sur celle en évocation, ensemble sur lesdits appels, a mis et met lesdits appels, et ce dont est appel au néant; émendant, évoquant le principal, et y faisant droit, a ordonné et ordonne que l'Arrêt du Conseil Souverain du Port-au-Prince, dudit jour 4 Juillet dernier, sera exécuté contre la Partie de Creton; en conséquence, l'a condamné et condamne à remettre à ladite Partie de Dumoulin tous les effets, crédits, et marchandises trouvés après le décès dudit Moïse Daguilard; ordonne que ledit Arrêt du Conseil du Port-au-Prince sera pareillement exécuté contre la Partie de Daugy, en par celle de Dumoulin, suivant ses offres, lui remettant en mains sommes suffisantes *pour acquitter les legs portés au testament dudit Daguilard;* condamne la partie de Creton aux dépens, tant des causes principales que d'appel envers les Parties de d'Augy et de Dumoulin, lesquels toutefois elle pourra employer en frais de remise; déboute les Parties du surplus de leurs demandes.

DÉLIBÉRATION de la Paroisse du Cap, pour l'établissement d'un nouveau Cimetiere à la Fossette, et Ordonnance des Administrateurs, qui l'approuve, et ordonne la radiation de l'opposition que le Préfet y avoit faite chez le Greffier de la Paroisse le lendemain.

Des 7 et 31 Octobre 1759.

IL a été unanimement décidé que le changement du Cimetiere est indispensablement nécessaire, et que l'endroit le plus convenable pour en former un nouveau, est le terrain dit *la Fossette*, appartenant à la Compagnie des Indes dans la Savanne, duquel terrain il en sera choisi un de la contenance d'un carreau, et dans le lieu qui sera déterminé le plus propre à l'inhumation des corps, et le plus à couvert des vents qui pourroient attirer de mauvaises influences sur le Cap; le choix duquel terrain se fera par le sieur Suarez, et le sieur Mils son Collegue, en se faisant assister par tels Experts qu'ils jugeront à propos, et ce en présence de M. le Procureur du Roi; et après l'opération du choix du terrain, et de son estimation ainsi faite et constatée, lesdits sieurs Suarez et Mils en rendront compte à Nosseigneurs les Général et Intendant, en les suppliant très humblement, au nom de la Paroisse, de vouloir bien les aider de leur autorité supérieure pour acquérir la portion du terrain choisi du sieur Bretous, Agent de la Compagnie des Indes, au prix de l'estimation, suivant le rapport des Experts, lequel prix sera payé des deniers de la Fabrique, en passant contrat, lequel payement sera passé au Syndic pour bonne dépense dans ses comptes, ainsi que les dépenses qu'il conviendra faire pour faire entourer ledit terrain en mâçonnerie, et subvenir à tous les autres frais occasionnés par la totalité dudit Cimetiere, après que Nosseigneurs les Général et Intendant y auront donné leur agrément, et sous la condition de l'homologation de la présente délibération en la Cour du Conseil Supérieur du Cap.

Vu la Requête et les pieces y jointes, nous approuvons la délibération dudit jour 7 du présent mois, et en permettons l'enregistrement au Conseil Supérieur du Cap; déclarons l'opposition à l'exécution d'icelle indûment faite et inscrite sur le registre des délibérations de la Paroisse dudit lieu; en conséquence, ordonnons qu'elle sera rayée et biffée, et qu'en marge d'icelle sera transcrite notre Ordonnance; faisons défenses au Greffier dudit registre d'en recevoir de semblables à l'avenir. Mandons, &c. DONNÉ au Port-au-Prince, &c. *Signés* BART et ELIAS.

ARRÊT du Conseil du Cap, portant que le Lieutenant Particulier du Siége du Cap fera les fonctions de Procureur du Roi dudit Siége.

Du 10 Octobre 1759.

SUR ce qui a été remontré au Conseil par le Procureur Général du Roi, que, par Arrêt de Réglement de la Cour du 5 Juin 1733, entre les Officiers du Siége du Cap, au sujet de leurs fonctions, il auroit été ordonné qu'en l'absence du Substitut dudit Procureur Général audit Siége, le Lieutenant Particulier dudit Siége feroit de droit ses fonctions; et comme, au moyen de l'Arrêt de la Cour, rendu cejourd'hui sur les conclusions dudit Procureur Général, contre le sieur Dumesnil, son Substitut audit Siége, ce même Siége alloit se trouver sans substitut; A CES CAUSES, requéroit, &c.; et oui le rapport de M. le Gras, Conseiller, et tout considéré: LE CONSEIL, faisant droit sur le réquisitoire dudit Procureur Général, a ordonné et ordonne que M^e. Saint-Martin, Lieutenant Particulier du Siége Royal du Cap, fera les fonctions de Substitut du Procureur Général audit Siége, jusqu'à ce qu'il y ait été autrement pourvu par M. le Général, conjointement avec M. le Commissaire Ordonnateur.

DÉCLARATION du Roi en interprétation des Lettres Patentes en forme d'Edit du mois d'Octobre 1727, concernant les parts de prises attribuées aux Officiers Majors, &c.

Du 13 Octobre 1759.

LOUIS, &c. Le désir que nous avons de faire cesser tout ce qui peut être un sujet d'abus dans l'administration de la Colonie des Isles Françoises de l'Amérique sous le Vent, nous a déterminé à rendre nos Ordonnances du 23 Juillet dernier, par lesquelles nous avons supprimé tous les droits attribués ou tolérés en faveur du Gouverneur-Lieutenant Général et Intendant, Gouverneurs particuliers, et autres Officiers Majors, ainsi qu'aux Commissaires de la Marine servant auxdites Isles, au moyen du traitement fixe et avantageux que nous leur avons accordé, pour leur tenir lieu de toute autre attribution. Nous n'avons pas compris dans la suppression de ces droits celui des parts et portions dont ils ont joui jusqu'à présent sur le produit des prises des Bâtimens faisant le commerce étranger, parce que la perception de ce droit faisant partie des dispositions de nos Lettres patentes en forme d'Edit du mois d'Octobre 1727, nous nous serions réservé d'expliquer plus particulierement nos intentions à cet égard, et d'une maniere qui ne laissât aucune incertitude sur la destination d'un droit que nous nous sommes également proposé de supprimer. A CES CAUSES, &c. voulons et nous plaît ce qui suit :

ART. Ier. Les parts et portions de prises attribuées par les art. VII, VIII et IX du tit. 1er. des Lettres patentes du mois d'Octobre 1727, aux Gouverneurs-Lieutenans Généraux, Intendans, Gouverneurs particuliers et Commissaires Ordonnateurs des Colonies, cesseront d'être perçus à leur profit, à compter du jour de la publication des présentes, et les deniers en provenans seront remis entre les mains des Commis des Trésoriers Généraux, pour être employés aux dépenses de la Colonie, comme devant à l'avenir faire partie de ses revenus.

ART. II. Voulons pareillement que, dans les cas où lesdits Gouverneurs-Lieutenans Généraux, Intendans, Gouverneurs particuliers, et Commissaires Ordonnateurs enverront arrêter des Bâtimens qui se trouveront dans les Ports, Anses et Rades des Colonies y faisant le commerce étranger, ils ne puissent exiger aucunes parts et portions pour raison de ce.

ART. III. Les Lieutenans de Roi, Majors, Aides-Majors, et autres Officiers de nos Troupes et Milices commandans dans les différens quartiers qui auront envoyé arrêter lesdits Bâtimens dans les Ports, Anses et Rades de leur district, jouiront des parts attribuées par l'article X du tit. 1er desdites Lettres Patentes ; et attendu que lesdits Lieutenans de Roi et autres Officiers Majors ont rang et séance dans les assemblées des Officiers des Conseils Supérieurs, qui assistent aux jugemens des appels des Sentences qui sont rendues, tant à l'occasion des prises des Navires françois faisant le commerce étranger, que des Navires étrangers ; leur défendons d'assister aux Jugemens des appels, lorsqu'il sera question des prises qu'ils auront envoyé arrêter, à peine d'être privé des parts et portions qui leur sont attribués audit cas.

ART. IV. Ordonnons au surplus que lesdites Lettres patentes du mois d'Octobre 1727 seront exécutées selon leur forme et teneur, en tout ce qui n'est pas dérogé par les présentes. Si donnons en mandement, &c.

R. au Conseil du Cap le 15 Décembre 1760.

Et à celui du Port-au-Prince le 16 Mars 1761.

DECLARATION

DÉCLARATION du Roi, en interprétation de celles des 17 Juillet 1743 & 1er Février 1747, et qui attribue aux Juges ordinaires, et par appel aux Conseils Supérieurs des Isles sous le Vent, la connoissance de toutes les contestations et procès qui naîtront pour raison des concessions de terres faites et à faire par le Gouverneur-Lieutenant Général, et l'Intendant desdites Isles.

Du 13 Octobre 1759.

LOUIS, &c. Nous avons, par nos Déclarations des 17 Juillet 1743 et 1er Février 1747, autorisé et confirmé nos Gouverneurs-Lieutenans Généraux et Intendans en nos Colonies de l'Amérique, non seulement à faire seuls les concessions des terres que nous faisons distribuer à ceux de nos Sujets qui veulent y faire des établissemens; mais aussi à procéder à la réunion à notre Domaine, des terres concédées qui se trouvent dans le cas d'y être réunies, faute d'avoir été mises en valeur, et nous leur avons attribué, à l'exclusion de tous autres Juges, la connoissance de toutes les contestations qui naîtroient, tant sur l'exécution desdites concessions, qu'au sujet de leurs positions, étendues, et limites, en ordonnant que les Jugemens qu'ils rendroient pour raison desdites concessions, seroient exécutées par provision, et nonobstant l'appel qui pourroit en être interjeté en notre Conseil: mais ayant considéré que les soins continuels que les Gouverneur-Lieutenant Général, et Intendant des Isles sous le Vent sont obligés de donner aux affaires générales de cette Colonie, ne leur permettent pas de vaquer à ces discussions particulieres autant qu'il seroit nécessaire, et de les terminer aussi promptement qu'exige l'intérêt des Habitans; nous aurions reconnu qu'il seroit plus convenable à l'administration desdites Isles, et à l'avantage de chaque concessionnaire en particulier, de soulager lesdits Gouverneur-Lieutenant Général, et Intendant des Isles sous le Vent, d'une partie de leurs fonctions à cet égard, pour en charger nos Juges ordinaires. A CES CAUSES, &c. disons, déclarons et ordonnons, voulons et nous plaît ce qui suit:

ART. Ier. Les Gouverneur-Lieutenant Général et Intendant des Isles sous le Vent, ou les Officiers qui les représenteront à leur défaut ou en leur absence, continueront, comme par le passé, de faire conjointement les concessions des terres aux Habitans qui seront dans le cas d'en obtenir, pour les faire valoir, et leur expédieront les titres, aux clauses et conditions ordinaires et accoutumées, sans que, dans aucun cas et sous quelque prétexte que ce soit, nuls autres que lesdits Gouverneur-Lieutenant Général et Intendant, ou les Officiers qui les représenteront, puissent faire pareil don ou concession.

Art. II. Lesdits Gouverneur-Lieutenant Général et Intendant continueront pareillement de procéder, lorsque le cas y écherra, à la réunion à notre Domaine des terres qui devront y être réunies, à la diligence de nos Procureurs des Jurisdictions ordinaires, dans le ressort desquelles seront situées lesdites terres.

Art. III. Lesdits Gouverneur-Lieutenant Général et Intendant après avoir fait lesdites concessions, et expédié en conséquence les titres nécessaires, ne pourront plus à l'avenir, & à compter du jour de la publication des présentes, connoître des contestations qui naîtront desdites concessions, et pour raison de leurs positions, étendues, limites et arrosages, dont nous attribuons, par ces présentes, toute cour, jurisdiction et connoissance en premiere instance à nos Juges ordinaires des lieux, et par appel à nos Conseils Supérieurs des Isles sous le Vent, chacun dans son ressort.

Art. IV. N'entendons néanmoins que les contestations qui pourroient avoir été jugées jusqu'au jour de la publication des présentes, par lesdits Gouverneur-Lieutenant Général et Intendant, soient portées de nouveau pardevant les Juges ordinaires; validant, en tant que de besoin, les jugemens rendus sur lesdites contestations, ou qui pourroient l'être jusqu'à la publication des présentes, contre lesquels les Parties ne pourront se pourvoir, comme par le passé, que par appel en notre Conseil; mais voulons que celles desdites contestations qui seroient pendantes devant lesdits Gouverneur-Lieutenant Général et Intendant, et sur lesquelles il ne seroit point intervenu de Jugement au jour de l'enregistrement et publication des présentes, ne puissent par eux être retenues; leur ordonnons de les renvoyer sans délai, ensemble tous les titres produits, avec tous les actes et procédures qui peuvent avoir été faits sur lesdites contestations, aux Juges ordinaires dans le ressort desquels seront situées lesdites terres qui auront donné lieu auxdites contestations, pardevant lesquels les Parties auront à se pourvoir, sauf l'appel à nos Conseils Supérieurs.

Art. V. Pourront les Parties se pourvoir en notre Conseil, par la voie de cassation, contre les Arrêts qui seront rendus par lesdits Conseils Supérieurs des Isles sous le Vent, sur lesdites contestations; les demandes en cassation contre lesdits Arrêts seront formées, et il sera procédé sur icelles en la maniere prescrite par nos Réglemens rendus au sujet des procédures qui doivent y être faites en notre Conseil, pour l'instruction des affaires qui y sont portées. Ordonnons au surplus que nos Déclarations des 17 Juillet 1743 et 1er Février 1747 seront exécutées selon leur forme et teneur, en tout ce qui n'y est pas dérogé par ces présentes. Si donnons en mandement à nos amés et féaux Conseillers en nos Conseils, le Gouverneur-Lieutenant Général pour nous, et l'Intendant de nos Isles Françoises de l'Amérique sous le Vent, et aux Officiers des Conseils Supérieurs desdites Isles, que ces présentes ils aient à faire lire, publier, et enregistrer, &c.

Cette Déclaration ne fut pas présentée à l'enregistrement par les Administrateurs, et n'a jamais eu aucune exécution.

ORDONNANCE des Administrateurs, qui accorde le privilège exclusif de la distribution des eaux thermales du Cul-de-Sac, au sieur GUILLON DE CHABANNE.

Du 3 Décembre 1759.

SUPPLIE humblement Jacques Guyon de Chabanne : Disant qu'ayant travaillé depuis long-temps à la connoissance des simples dont cette Isle est remplie, et Dieu ayant favorisé ses peines et ses soins par les lumieres qu'il lui a accordées, il seroit parvenu, par l'usage qn'il en a fait, et par plusieurs expériences récidivées, à guérir des maladies jugées incurables dans cette Colonie, comme il appert par différens certificats des Habitans connus. Le désir que le Suppliant a de se rendre utile dans cette Colonie, lui a fait naître l'idée de joindre à l'efficacité de ces remedes le secours des eaux des sources chaudes, situées au pied des montagnes du nord du quartier du Cul-de-Sac.

Depuis un an que le Suppliant fait l'épreuve desdites eaux, il a trouvé qu'elles secondent merveilleusement les remedes composés de simples qu'il employoit pour la guérison des maladies dont il entreprenoit les cures. Des guérisons multipliées, non seulement sur les Negres, mais sur des Blancs, et même des personnes de considération de ce quartier, l'ont mis dans le cas de songer sérieusement à mettre ces sources dans un état de propreté qui puisse en rendre les bains encore plus salutaires, en partageant lesdits bains, dont les degrés de chaleur sont différens, et en leur procurant un écoulement qui renouvelle les eaux à chaque instant et les rende plus pures. Cependant le Suppliant n'ose encore entreprendre de former des établissemens considérables et faire des travaux dispendieux, sans que vous lui ayez accordé le sceau de votre autorité, &c.

Vu la Requête; et sur la connoissance que nous avons du succès de plusieurs traitemens faits par le Suppliant avec le concours des eaux dont il s'agit, nous l'autorisons à faire des travaux, ainsi que les dispositions convenables, tant pour mettre en bon état les sources qui les produisent, que pour pouvoir loger et médicamenter les malades qui se confieront à ses soins. Accordons aussi au Suppliant la faculté exclusive d'y administrer les bains; le tout jusqu'à ce qu'il en ait été autrement ordonné par Sa Majesté. DONNÉ au Port-au-Prince, &c.

R. au Greffe de l'Intendance le 3 Décembre 1759.

Et au Siége Royal du Cap le 12 Novembre 1760.

COMMISSION d'Intendant pour M. DE CLUGNY.

Du 1er Janvier 1760.

LOUIS, &c. Salut. La charge d'Intendant de Justice, Police, Finances et Marine en nos Isles sous le Vent de l'Amérique, étant actuellement vacante par la mort du sieur Lambert, et étant nécessaire d'y commettre une personne qui puisse en remplir tous les objets à notre satisfaction & à l'avantage de nos sujets qui sont établis en nosdites Isles, &c. . . . . et au surplus, faire et ordonner ce que vous verrez être nécessaire et à propos pour le bien et avantage de notre service, et qui dépendra de la fonction de ladite charge d'Intendant de Justice, Police, Finances et Marine en nosdites Isles, de laquelle nous entendons que vous jouissiez, aux honneurs, autorités, prérogatives, prééminences qui y appartiennent, et aux appointemens ordonnés par notre Réglement du 23 Juillet 1759; de ce faire vous donnons pouvoir, commission, autorité, et mandement spécial, même de subdéléguer en votre absence, et dans les lieux où notre service ne vous permettra pas de vous transporter et d'être en personne; n'entendons que, pendant le temps que vous exercerez ladite charge d'Intendant en nosdites Isles sous le Vent, vous puissiez contracter mariage avec aucune fille ou veuve Créole desdites Isles, ni acquérir aucunes Habitations ou autres biens-fonds, conformément à nos Ordonnances du 23 Juillet 1759, sous peine de destitution de ladite charge. Mandons à notre très-cher et très-amé cousin Louis Jean-Marie de Bourbon, Duc de Penthievre, Amiral de France, au Gouverneur notre Lieutenant Général desdites Isles sous le Vent de l'Amérique, de vous faire jouir, &c.

Le Duc DE PENTHIEVRE, Amiral de France.

R. au Conseil du Cap le 1er Décembre 1760.
Et à celui du Port-au-Prince le 12 Mars 1761.

Pour le surplus de cette Commission, voy. *celle de M. Laporte Lalanne, du 24 Octobre 1751.*

ORDONNANCE du Roi, concernant les prises faites par les Vaisseaux et autres Bâtimens de Sa Majesté.

Du 3 Janvier 1760.

DE PAR LE ROI.

SA MAJESTÉ étant informée que les Officiers commandans ses Vaisseaux et autres Bâtimens, ne rapportent pas dans les déclarations qu'ils sont obligés de faire aux Greffes des Amirautés, toutes les circonstances dont on a besoin, pour connoître si les prises qu'ils ont faites l'ont été par un ou par plusieurs Vaisseaux, ou en présence de quelque autre que ceux de l'Escadre ou de la Division dont ils faisoient partie; et voulant qu'une pareille circonstance ne soit jamais oubliée, parce que si elle l'étoit, il en résulteroit que les Officiers et Equipages des Vaisseaux, en présence desquels les prises ont été faites, seroient privés des parts qui leur sont accordées par l'Ordonnance du 15 Juin 1757; Sa Majesté a ordonné et ordonne à tous Officiers commandans ses Vaisseaux, et autres Bâtimens, de même qu'à ceux qui seront détachés pour amariner des prises, d'en faire, dans les vingt-quatre heures au Greffe des Amirautés des Ports où ils conduiront lesdites prises, une déclaration en forme et circonstanciée, sous peine contre ceux desdits Officiers qui ne déclareront pas les Vaisseaux ou autres Bâtimens en présence desquels les prises auront été faites, d'être privés de la part qui leur reviendra desdites prises. Mande et ordonne Sa Majesté à M. le Duc de Penthievre, Amiral de France, &c.

ARRÊT du Conseil du Cap, qui défend les traités particuliers entre les Procureurs et les Huissiers.

Du 8 Janvier 1760.

ENTRE le sieur de Savigny, Huissier du Conseil, Appelant, d'une part; et Me. Gailhac de Serigas, Procureur au Cap, Intimé et Défendeur, d'autre; après que Menude, Procureur pour ledit Appelant, et Dumoulin pour ledit Intimé, ont été ouïs, ensemble le Substitut pour le Procureur Général du Roi, et tout considéré : LE CONSEIL a mis et met l'appellation et ce dont a été appelé au néant ; émendant, déclare l'acte sous seing privé, passé entre Gailhac et Bernard de Savigny, le 23 Juillet 1750, nul; leur fait défenses de faire à l'avenir de pareilles conventions; et pour le payement des salaires dus audit Bernard, a renvoyé les Parties pardevant Me. Lohier de la Charmeraye, Procureur en la Cour, pour être taxés suivant le tarif, dépens compensés.

ARRÊT du Conseil du Port-au-Prince, qui ordonne une levée de 30 sous par tête de Negres, pour les droits Suppliciés.

Du 14 Janvier 1760.

ARRÊT du Conseil du Cap, qui enjoint aux Procureurs en la Cour d'instruire eux-mêmes dans les affaires où ils auront occupé en cause principale, et qui, en attribuant à l'Audiencier seul le droit de signifier alors les actes d'appel, le maintient dans les droits portés en l'Arrêt du 16 Juin 1757.

Du 15 Janvier 1760.

VU la Requête de Baudu, Huissier Audiencier en la Cour, conclusions du Substitut du Procureur Général du Roi, et ouï le rapport de M. de Laye, Conseiller-Assesseur, et tout considéré : LE CONSEIL, ayant égard à ladite Requête, ordonne que l'Arrêt de la Cour du 16 Juin 1757, sera exécuté selon sa forme et teneur ; en conséquence, les Procureurs en la Cour tenus d'instruire eux-mêmes dans les affaires, où en cause principale ils ont occupé, et que, dans les significations accordées au Suppliant par ledit Arrêt, l'acte d'appel et procédures qui suivent dans lesdites affaires, y sera compris, si auparavant icelui il n'y a eu révocation expresse et signifiée; enjoint aux Procureurs de se conformer au présent Arrêt, et fait défenses aux Huissiers de la Cour et à tous autres de plus à l'avenir s'immiscer dans la signification desdits actes, Requêtes, et procédures, et ce sous telles peines qu'il appartiendra, et encore de tous dépens, dommages et intérêts.

ARRÊT du Conseil du Port-au-Prince, portant qu'il y aura quatre Huissiers employés pour le service de la Cour.

Du 18 Janvier 1760.

SUR ce qui a été remontré à la Cour par le Procureur Général du Roi, au sujet de l'inexécution du Réglement du 14 Septembre 1751, concernant les Huissiers et Archers de la Marine, qui sont assujettis à faire seuls le service de la Cour pendant les séances, et qui en sont très-souvent empêchés par le service de l'Intendance, lequel leur sert même fréquemment de prétexte pour se dispenser de celui de la Cour; et vu la Requête présentée à la Cour par lesdits Huissiers et Archers de la Marine, &c. : LE CONSEIL, faisant droit à la Remontrance du Procureur Général du Roi, ordonne qu'à l'avenir le service de la Cour sera fait concurremment, tant par les Huissiers et Archers de la Marine, que par tous les autres Huissiers de la Cour résidans en cettte Ville, au nombre de quatre par chaque jour, pendant les séances, suivant l'ordre du tableau qui sera à cet effet dressé par le plus ancien desdits Huissiers; en conséquence, que lesdits Huissiers de la Cour, résidant au Port-au-Prince, cesseront, à compter du 1er de ce mois, de payer aux Huissiers Archers de la Marine les 60 liv. portées par ledit Réglement, et qu'ils feront d'orénavant bourse commune avec lesdits Huissiers Archers de la Marine, pour partager entre eux le provenu de la somme de 60 liv., qui leur sera payée par chaque Huissier, tant du Conseil que des Jurisdictions en ressortissantes, à la diligence du plus ancien desdits Huissiers dans chaque Jurisdiction, lequel sera tenu de faire les diligences nécessaires pour le recouvrement desdites sommes, à peine d'en répondre en son propre et privé nom, et à la charge d'en compter au plus ancien des Huissier de la Cour résidant en cette Ville, lequel en fera entre eux la répartition par égale portion ; ordonne que le présent Arrêt sera notifié aux Huissiers du Conseil résidans dans les Siéges en ressortissans, à la diligence des Substituts du Procureur Général du Roi, &c.

ORDONNANCE des Administrateurs, qui autorise le Directeur des Postes à percevoir un droit de 7 sous 6 deniers sur tout paquet apporté dans la Colonie.

Du 20 Janvier 1760.

A MM. Bart et Elias, &c. De Saint-Quentin, Directeur Général des Postes de Saint-Domingue, a l'honneur de représenter à vos Grandeurs, que lorsque M. Lalanne l'appela au Port-au-Prince pour remplir cet emploi, il lui dit que, pour le dédommager des peines et soins qu'il se donneroit pour faire la distribution des lettres qui seroient apportées en cette Ville, tant par les Vaisseaux du Roi que par les Bâtimens Marchands, il lui seroit accordé un émolument de 7 sous 6 deniers sur lesdites lettres et paquets de lettres, de tels poids qu'ils puissent être.

Un Réglement général précéda l'entrée du Directeur en fonctions ; mais l'arrivée d'un Bâtiment de France lui ayant fait voir de plus près ce Réglement, il s'apperçut que la perception du droit de 7 sous 6 deniers pour chaque lettre ou paquet n'y avoit pas été comprise, et fut en parler à M. Lalanne, qui lui répondit, que quoique ce droit n'eût pas été exprimé dans le nouveau Réglement, il étoit devenu public, et qu'il devoit l'exiger ; ce qu'il fit, et personne n'en murmura, parce que la perception du droit étoit déjà connue. Cependant la mort de M. Lalanne et la délicatesse du Directeur ne lui permettant pas de percevoir ce droit, qui, n'étant point écrit, pourroit être attaqué, il a été conseillé d'avoir recours à votre autorité, pour que, ce considéré, &c.

Sur la connoissance de l'autorisation verbale ci-devant donnée au Suppliant par feu M. Lalanne, à l'effet de percevoir les 7 sous 6 deniers dont il s'agit, nous nous sommes déterminés à donner notre approbation formelle à ce que ledit Suppliant a fait en conséquence de cette autorisation; et pour qu'il ne puisse à l'avenir lui être rien contesté à cet égard, nous l'autorisons expressément par la présente à percevoir 7 sous 6 deniers par chaque lettre ou paquet, de tel poids qu'ils puissent être, qui seront apportés en ce Port et remis à la Poste, soit par les Vaisseaux du Roi,

soit

soit par les Bâtimens Marchands, pour être distribués dans cette Ville et dépendance. Sera notre présente Ordonnance enregistrée en notre Greffe. DONNÉ au Port-au-Prince le 20 Janvier 1760. *Signés* BART et ELIAS.

R. au Greffe de l'Intendance le 25.

Ce droit, contre lequel toute la Colonie murmura, ne tarda point à tomber en désuétude.

ORDONNANCE *des Administrateurs, portant établissement d'une Brigade de Maréchaussée au quartier des Gonaïves, composée d'un Exempt, d'un Brigadier, et de quatre Archers.*

Du 29 Janvier 1760.

R. au Conseil du Port-au-Prince le 19 Mai suivant.

ORDONNANCE *de l'Intendant, touchant l'établissement d'un lieu pour la résidence du Capitaine de Port au Cap.*

Du 6 Février 1760.

SUPPLIE Humblement Hervier, Capitaine de port au Cap: disant que, pour remplir avec exactitude les devoirs de son état, il est dans le cas de demeurer sur le terrain appartenant au Roi, près le Fort de Picolet, assigné aux Capitaines de Port, tant pour les loger, que pour y loger les Pilotes et les Negres Canotiers, et ce pour être plus à portée de donner du secours aux Vaisseaux qui entrent dans le port. Les Bâtimens qu'il a trouvés sur ce terrain, n'étant pas à beaucoup près suffisans pour loger le Suppliant, ses Pilotes, et les Negres occupés à l'exercice de sa place, il a été dans la nécessité de faire construire à ses dépens les Bâtimens désignés au procès verbal, &c.

Vu la Requête, et le procès verbal d'estimation y joint des Bâtimens construits par le Suppliant sur le terrain du Roi, près le Fort de Picolet, pour servir à l'usage des Capitaines de port du Cap, montant à la somme de 12,000, en date du 23 Août 1758, et déposé dans l'Etude de Me. Doré, Notaire: Nous, attendu les circonstances actuelles de la guerre, avons sursis au payement de ladite somme de 12,000 liv., jusqu'à la paix, et ordonnons que ledit payement sera fait par le Trésorier de la Marine, en deux payemens égaux; savoir, 6000 liv. une année après icelle, et les autres 6000 liv. à la fin de la seconde année; et comme le Suppliant jouit encore actuellement desdits Bâtimens, et que sesdits successeurs seront tenus de pourvoir, à leurs frais, aux réparations que ces Bâtimens pourront exiger, sans en pouvoir rien répéter contre qui que ce soit; et au moyen du payement de ladite somme de 12,000 liv., ledit Trésorier en demeurera bien et valablement quitte et déchargé, en rapportant acquittée l'Ordonnance en forme, qui sera expédiée en conséquence de la présente. DONNÉ au Port-au-Prince le 6 Février 1760. *Signé* ELIAS.

R. au Greffe de la Subdélégation le 11 Février 1760.

ORDONNANCE et Instructions du Commissaire Ordonnateur du Cap, touchant une perception de droits sur les Bâtimens neutres, et pieces relatives.

Des 15 et 20 Avril 1760.

ETAT des droits à percevoir sur les denrées de la Colonie, exportées par les Navires étrangers, pour tenir lieu de ceux qui se perçoivent en France sur le domaine d'Occident; savoir:

	l.	s.	d.
Par barrique de sucre terré	13	10	
Par barrique de sucre brut	9		
Par livre d'indigo		3	
Par livre de coton		2	6
Par livre de café		1	3
Par bannette de cuir en poils	2	5	
Par côtés de cuirs tannés		11	3
Par barrique de melasse et sirop	4	10	
Par barrique de taffia	3		

Pour copie conforme au tarif à nous adressé par M. Peyrat. Au Cap le 15 Avril 1760. *Signé* FLEURY.

Instructions pour les Receveurs établis dans tous les Embarcaderes du Gouvernement du Cap, où il y a des corps-de-garde, à l'effet de percevoir les droits du Roi sur les denrées qui en sortiront par les canots, pirogues, ou autres petits Bâtimens Espagnols, pour être exportées à Monte-Christ; savoir:

ART. Ier. Lesdits Receveurs, qui sont au nombre de deux à chaque

Embarcadere, veilleront exactement au chargement que feront tous Canots, Chaloupes, Pirogues, et autres petits Bâtimens Espagnols, afin de tirer des Patrons des Bâtimens la plus exacte déclaration de ce qu'ils emporteront.

Art. II. Il leur sera remis par le Commissaire Ordonnateur un registre coté et paraphé de lui, à l'effet d'y transcrire toutes les déclarations qui leur seront faites de la part des Capitaines ou Patrons des Bâtimens Espagnols, dans lequel ils dénommeront le Bâtiment, celui qui le commandera, et spécifieront, quantité par quantité, les denrées qui composeront le chargement, le montant des droits du Roi sur chaque denrée qu'ils percevront, et ils feront signer lesdites déclarations sur ledit registre par chaque Patron, conjointement avec eux.

Art. III. Ils feront deux reçus d'une même nature, teneur du montant de chaque déclaration, pour l'un être remis au Patron, et l'autre à M. l'Officier de Milices qui commandera au corps-de-garde.

Art. IV. Ils représenteront au commencement de chaque mois au Commissaire leur registre, pour y être fait un arrêté de la recette qui aura été faite pendant le cours du précédent, et être par lui expédié une ordonnance de recette, pour le produit être compté au Receveur du ressort de la Jurisdiction dont l'Embarcadere sera dépendant, lequel Receveur en donnera sa reconnoissance sur le registre desdits Receveurs, qui, de leur côté, donneront une ampliation dudit reçu au bas de l'ordonnance de recette.

Art. V. Lesdits Receveurs prendront par chaque Bâtiment, pour l'expédition de la déclaration, la somme de 12 liv. seulement, dont ils feront mention dens le reçu qu'ils donneront pour les droits.

Art. VI. Ils percevront aussi le droit établi pour tenir lieu de celui qui se paye en France au domaine d'Occident, sur les denrées qui proviennent des Colonies, et ce sur le pied qui est spécifié dans le tarif, conforme à celui qui nous a été adressé par M. Peyrat, pour laquelle perception il sera alloué auxdits Receveurs une somme de 600 liv. par an par chaque Embarcadere.

Art. VII. Ils porteront dans un cahier à part la recette dudit droit du Domaine, afin de ne pas la confondre avec celle de la Colonie; pourront seulement, pour ne pas multiplier leur ouvrage dans les reçus qu'ils donneront, les ajouter ensemble.

Art. VIII. S'ils éprouvoient des difficultés de la part de ces Patrons de Canots et Chaloupes, touchant la perception qui leur est confiée, ils

Qq 2

s'adresseront à M. l'Officier de garde, qui les aidera de son autorité, s'il est nécessaire : observeront MM. les Receveurs de ne prendre en payement des droits que de l'argent ayant cours, et des monnoies de poids sur lesquelles il n'y ait point de pertes à supporter. Au Cap, le 15 Avril 1760. *Signé* FLEURY.

Nous Commissaire de la Marine, Ordonnateur au Cap, en conséquence des ordres qui nous auroient été adressés par M. Peyrat, Commissaire de la Marine, faisant les fonctions d'Intendant en cette Colonie, à l'effet d'établir des Receveurs dans tous les Embarcaderes de ce Gouvernement, pour la perception des droits du Roi sur les denrées du cru de la Colonie qui s'exportent desdits Embarcaderes par les Canots, Chaloupes, et autres Bâtimens Espagnols qui font leur retour à Monte-Christ, sans passer dans les endroits où les Bureaux sont établis : Nous, en vertu desdits ordres, et du pouvoir que mondit sieur Peyrat nous auroit donné, avons commis et commettons à l'Embarcadere de ..... les sieurs ..... résidans audit lieu, pour faire la recette des droits dus au Roi sur toutes les denrées qui sortiront par lesdits Bâtimens Espagnols, tant dudit Embarcadere du Morne rouge, que de celui de l'Accul, qui se trouve dans la même Baie, de laquelle recette il nous rendra compte tous les mois ; le tout en se conformant pour ladite perception au tatif et instructions que nous leur aurions remis. Au Cap, le 20 Avril 1760. *Signé* FLEURY.

Déposé aux minutes du Greffe du Conseil Supérieur du Cap, en vertu de l'Arrêt du 6 Mai 1760. Voy. *cet Arrêt.*

LETTRES *du Gouverneur du Cap au Lieutenant Général de l'Amirauté de la même Ville, relatives à l'usage de faire conduire, par un Caporal, les Capitaines qui arrivent, chez le Commandant et le Juge d'Amirauté, au Greffe de l'Amirauté, aux Classes, &c.*

Des 17 Février, 29 Avril, et 21 Mai 1760.

Du 17 *Février.*

SUR le compte qui m'a été rendu, Monsieur, le 14 de ce mois par M. de Villeneuve, que les Espagnols, dont je le pressois de me remettre les déclarations, se plaignoient qu'on les leur refusoit au Greffe, et que vous aviez demandé que les Capitaines fussent à l'avenir menés chez vous, je lui ai à la vérité marqué de les faire conduire, comme ci-devant, au Greffe de l'Amirauté : ce sont mes termes, n'ayant prétendu rien innover à ce que je croyois s'être pratiqué, ignorant qu'ils fussent jamais allés chez vous, comme vous me le marquez. J'écris en conséquence à M. de Villeneuve de continuer à vous les envoyer. *Signé* CHASTENOYE.

Du 29 Avril.

Il est de regle générale que le Capitaine, de quelque Bâtiment que ce soit qui entre dans le Port, ne peut descendre à terre qu'il ne me soit amené, et ne m'ait rendu un compte exact, ou au Commandant de la Place en mon absence, de sa navigation; vous n'étiez donc pas en droit d'exiger que les sieurs Pomet pere et fils fussent faire leur déclaration, et déposer à votre Greffe les papiers trouvés à bord du *Danois*, qu'ils ont arrêté avant d'avoir rempli cette formalité, qui n'empêche ni ne retarde l'exécution des Ordonnances, quelles qu'elles soient, et qui tend au contraire à les faire exécuter plus exactement. J'ai l'honneur d'être, &c. *Signé* CHASTENOYE.

Du 21 Mai.

Actuellement même Jean-Baptiste Enfosse, Espagnol, arrivé le 14, se plaint qu'ayant été conduit ce jour-là à l'Amirauté, et qu'y étant retourné depuis, on avoit refusé de recevoir sa déclaration, sous le prétexte qu'il ne remettoit pas son passe-port, qui étoit déposé aux Classes, comme si, pour rédiger sa déclaration, il étoit indispensable ou même dans le cas de le laisser au Greffe ; ce qui ne peut être, vu qu'immédiatement après que ces étrangers y ont été conduits par le Caporal, le même Caporal est obligé de les mener au Bureau des Classes, où ils déposent ce passe-port, qui ne leur est délivré qu'après qu'ils ont justifié avoir satisfait de tout.

Cet usage s'observe encore. Il faut cependant ajouter à cette liste la visite chez l'Intendant ou le principal Officier d'Administration, en son absence.

ARRÊT du Conseil d'Etat, portant que le délai pour payer le fret des marchandises portées des Colonies en France par les Vaisseaux de Sa Majesté, n'est que de trois mois, et Ordonnance de M. l'Intendant pour sa publication.

Des 19 Avril et 12 Décembre 1760.

R. au Greffe de la Subdélégation le même jour 12 Décembre 1760.

LETTRE du Ministre à M. BART, sur les Espions.

Du 19 Avril 1760.

J'AI rendu compte au Roi du parti que vous avez pris de faire passer en France le sieur Corner, lieutenant de Vaisseau d'Angleterre; les nommés Clinet[1], Remond Hursey, Garet White, et Ambroise, Mulâtre Espagnol; le premier arrêté à *Saint-Louis*, où il *servoit d'Espion*, et *les autres* également Espions ou Guides. Sa Majesté a fort désapprouvé que vous n'ayez pas fait faire le procès au sieur Corner, dont la qualité d'Espion, et la mission qu'il a remplie en conséquence à Saint-Louis, étoient prouvées par l'ordre qu'il en avoit eu par écrit de son Capitaine. Il devoit vous être facile d'acquérir sur les lieux les autres preuves nécessaires pour opérer sa condamnation: en tout cas, tout devoit vous engager à faire faire une instruction en regle contre cet Officier; et où les preuves ne se seroient pas trouvées suffisantes, alors seulement vous auriez pu vous contenter de le faire passer en France, et de m'envoyer une expédition de la procédure, pour me mettre en état d'en faire le rapport à Sa Majesté. Il est étonnant que vous n'ayez pas rempli cette formalité, et que vous ayez manqué cette occasion de faire un exemple, tandis qu'au Cap on en a senti la *nécessité*, et qu'on l'a remplie par rapport aux autres: aussi Sa Majesté a approuvé que vous les ayez fait embarquer, les preuves n'étant pas assez fortes pour opérer leur condamnation. Sa Majesté vous commande d'être plus exact à l'avenir, si l'occasion s'en présente, et de ne pas négliger de faire faire dans la Colonie même un exemple juridique des personnes, soit étrangeres, soit nationales, qui pourroient se trouver dans ledit cas, toutes les fois qu'on pourra acquérir les preuves nécessaires. Au surplus, ces Particuliers ont été mis en prison à leur arrivée à Brest, et ils y sont encore détenus, Sa Majesté ayant jugé qu'il ne convenoit pas de leur laisser la liberté de retourner aux Isles.

ARRÊT du Conseil du Cap, qui défend aux Receveurs de l'Octroi de percevoir les droits de Domaine d'Occident sur les Etrangers introduits daas la Colonie, à peine de concussion.

Du 6 Mai 1760.

VU par le Conseil la Remontrance à lui faite par le Procureur Général du Roi, contenant, &c. La matiere mise en délibération, et ouï le rapport de M. de Grandpré, Conseiller, LE CONSEIL ordonne que Novion, Receveur des Octrois de la Ville du Cap, sera mandé; et étant comparu dans la Chambre, après qu'il lui a été fait entendre le sujet du mandement, il a présenté à la Cour deux lettres à lui écrites par M. Peyrat, Commissaire Ordonnateur; la premiere du 12 Mars dernier, par laquelle, entre autre choses, il prie ledit Novion de ne délivrer aucune expédition pour les Bâtimens qui exporteront les denrées de la Colonie, pour passer à l'Etranger, sans leur faire payer les droits dus au domaine d'Occident, outre les droits de sortie ordinaires, à l'effet de quoi a été joint un tarif, pour s'y conformer; la seconde lettre datée du 19 du même mois, au sujet d'une erreur qui s'étoit glissée aux articles du coton et du café, dans l'état que ledit Commissaire Ordonnateur avoit adressé audit Novion, pour la perception des droits dus au Roi pour le domaine d'Occident; qu'il lui envoyoit celui qu'il avoit fait expédier pour rectifier ces articles, et qu'il le prioit de s'y conformer, lesdits deux tarifs signés dudit Commissaire Ordonnateur, et datés au Port-au-Prince les 10 et 19 dudit mois, lesquelles dites pieces ont été certifiées véritables par ledit Novion, lequel a aussi déclaré avoir tenu un registre particulier de la recette par lui faite dudit droit. Ledit Novion retiré, et le Procureur Général du Roi étant rentré, et ayant dit qu'il s'en rapportoit à la Cour pour ordonner comme elle aviseroit; et ouï le rapport de M. de Grandpré, Conseiller, et tout considéré: LE CONSEIL fait défenses audit Novion, Receveur des Octrois de la Jurisdiction du Cap, et à tous autres Receveurs des Octrois dans l'étendue du ressort dudit Conseil, de percevoir d'autres droits que ceux énoncés dans les Arrêts des deux Conseils de la Colonie, confirmés par les Mémoires du Roi, à peine d'être réputés Concussionnaires publics, et poursuivis comme tels suivant la rigueur des Ordonnances; ordonne que le présent Arrêt sera lu, publié et affiché par-tout où besoin sera, et enregistré ès Greffes des Jurisdictions du Fort Dauphin et Port-de-Paix, et signifié à tous les Receveurs des Octrois, afin qu'ils n'en prétendent cause d'ignorance, le tout à la diligence des Substituts du Procureur Général, et Jurisdictions, qui en certifieront la Cour au mois; et pour constater les sommes qui ont été perçues par les différens Receveurs d'Octroi, en vertu des lettres et tarifs ci-dessus mentionnés, a commis et commet, pour la Jurisdiction du Cap, MM. de Grandpré et le Gras, Conseillers; et pour l'étendue de la Jurisdiction du Fort Dauphin, MM. Dubort de Courcin, Sénéchal; et Me. Marigny, Procureur du Roi; et en leur absence, les deux plus anciens Officiers du Siége; et pour la Jurisdiction du Port-de-Paix, a commis Me. Bocquet, Sénéchal, et la Salle, Procureur du Roi en ladite Sénéchaussée; et en leur absence les deux plus anciens Officiers dudit Siége; lesquels Commissaires se transporteront chez lesdits Receveurs, et se feront représenter les registres qu'ils ont tenus pour la perception des droits énoncés audit tarif, arrêteront leur recette, et dresseront du tout un procès verbal, pour lesdits procès verbaux faits et rapportés à la Cour, être ordonné ce qu'il appartiendra; ordonne que lesdites quatre pieces mises sur le Bureau par ledit Novion, seront paraphées, et demeureront au Greffe de la Cour.

Voy. *l'Arrêt du 9 du même mois.*

ARRÊT du Conseil du Port-au-Prince, touchant la distribution des appointemens des Archers de Maréchaussée.

Des 9 et 14 Mai 1760.

A NOSSEIGNEURS du Conseil Supérieur du Port-au Prince. Supplie humblement Jean Noailles, Prévôt général, et en cette qualité attentif au devoir des Archers, et s'intéressant à ce que tous ceux qui composent les différentes Maréchaussées soumises à son district, soient exactement payés, au désir et en exécution des Réglemens du Conseil: disant que le Brigadier et les Archers de Mirbalais se plaignent depuis deux ans ou environ de ne point recevoir leur paye; et comme leur conduite les a jusqu'à présent mis à l'abri des reproches, et qu'ils se sont acquittés de leur emploi avec fidélité, le Suppliant croit devoir prendre à leur sort un intérêt proportionné au zele qu'ils ons toujours marqué pour le service.

Le Suppliant vous observera, Nosseigneurs, que le Brigadier et les Archers de Mirbalais se sont toujours adressés à lui comme à leur Supérieur, pour

pour obtenir la délivrance des sommes qui leur reviennent annuellement. La marche que prend, pour arriver à eux, l'argent qui leur est destiné, est si longue, leur peu d'intelligence dans les affaires ne leur permettant pas d'en suivre la route, ils s'égarent ou se rebutent dès qu'on leur présente des obstacles qu'ils ne peuvent surmonter, ou des délais qu'ils imaginent être sans terme. En effet, en vertu des Ordonnances qu'ils obtiennent en payement de leurs appointemens, ils se présentent au Receveur Général, qui tire des mandats sur les Marguilliers des Paroisses; ceux-ci payent à leur commodité, ce qui traîne en longueur. L'argent est enfin remis au Commandant, qui, voulant faire des dispositions nouvelles, ou par des raisons qu'on ne veut point approfondir, le garde, et laisse languir des Archers dans l'attente de leurs salaires. La misere refroidit le zele, et il ne faut pas attendre de ceux qu'elle assemble, des expéditions fatigantes et périlleuses. Les Archers de Mirbalais sont précisément dans le cas qu'on vient d'expliquer. Le sieur de la Marilliere, dépositaire depuis longtemps de leur argent, ne veut pas leur en faire la distribution, sous le prétexte qu'il veut en employer partie au payement des gardes qui se font au Bourg de Mirbalais.

Vu la présente Requête et les pieces y énoncées, LE CONSEIL, sur ce ouï le Procureur Général du Roi, ordonne qu'à sa diligence, Mepieu, Lieutenant de Prévôt de la Brigade de Maréchaussée du quartier de Mirbalais, sera mandé pour se rendre à la suite de la Cour aux présentes séances dans trois jours, à compter de la signification du présent Arrêt : ordonne que la présente demeurera déposée au Greffe de la Cour. Fait en Conseil le 9 Mai, &c.

Et le quatorzieme jour du mois de Mai est comparu le sieur de Mepieu, Prévôt de la Brigade de Maréchaussée du quartier de Mirbalais, auquel lecture a été faite par le Greffier-Commis de la Cour de la Requête à elle présentée par le sieur Jean Noailles, Prévôt Général du ressort, et des lettres missives des Brigadiers et Archers de la Brigade, ensemble de celle par lui écrite audit sieur Noailles le 26 Avril dernier, lequel dit Mepieu, après avoir le tout ouï, a dit et déclaré qu'en vertu des Ordonnances du Commissaire de la Caisse des deniers publics, il a reçu une somme de 3200 liv; savoir, celle de 2600 liv. pour une année des appointemens des deux Brigadiers et six Archers reçus, et celle de 600 liv. à valoir sur ceux de la présente année, échue le 6 du présent mois, lesquelles sommes il n'a pas été le maître de distribuer aux Employés sur l'état, le sieur de la Marilliere, Commandant les Milices audit quartier de Mirbalais, lui ayant ordonné de les lui remettre en main, pour les employer et répartir entre quarante-deux Mulâtres libres, du nombre desquels sont les six Archers et deux Brigadiers, auxquels il fait faire le service quatre par quatre, dans un Corps-de-Garde qu'il lui a plu d'établir dans le Bourg du Mirbalais, dont acte, et a signe. *Signé* DE MEPIEU. Sur quoi LE CONSEIL, sur ce ouï le Procureur Général du Roi, et le rapport de M. de Vergez, Conseiller en la Cour, ordonne audit sieur de Mepieu de retirer sous quinzaine des mains dudit sieur de la Marilliere la somme de 3200 liv. qu'il a déclaré lui avoir remise, et de la répartir aux deux Brigadiers et six Archers reçus en Justice, conformément au Réglemenr du Roi de 1743; lui enjoint de certifier la Cour au mois de l'exécution du présent Arrêt, en la personne de Me. Viau, Commissaire de la Caisse; fait défenses audit sieur de Mepieu de plus à l'avenir remettre le montant des appointemens desdits Brigadiers et Archers à d'autres qu'à eux, sous telle peine qu'il appartiendra; ordonne qu'à la diligence du Procureur Général du Roi le présent Arrêt sera notifié audit sieur de Mepieu, sans frais.

ARRÊTS du Conseil du Cap, touchant les droits exigés des Bâtimens étrangers par les Receveurs de l'Octroi.

Des 9 Mai et 6 Juin 1760.

Du 9 Mai.

VU par le Conseil l'Arrêt de la Cour, rendu le 6 Mai présent mois, par lequel, &c., le procès verbal des Commissaires, du 8 dudit mois, contenant leur transport ledit jour en compagnie de Me. Bonnaud, Substitut du Procureur Général, et du Commis au Greffe de la Cour, en la maison du sieur Novion, Receveur desdits droits, la représentation par lui faite du registre où sont écrits lesdits droits, qu'il a perçus sous la dénomination des droits d'Occident; l'Arrêt intervenu sur le rapport fait à la Cour dudit procès verbal, par lequel il a été ordonné qu'il seroit communiqué au Procureur Général, ses conclusions sur la communication par lui prise dudit procès verbal, et ouï le rapport de MM. de Grandpré et le Gras, Conseillers, et tout considéré: LE CONSEIL, faisant droit sur le Réquisitoire dudit Procureur Général, ordonne que ledit Arrêt du 6 du présent mois, sera signifié aux Préposés et Commis à la recette desdits droits, sous le titre de *droits dus au Domaine d'Occident*, avec défenses à eux de continuer de percevoir lesdits droits, sous les peines portées par ledit Arrêt, et que, sous vingt-quatre heures pour tout délai de la signification qui leur sera faite, ils seront tenus de porter les registres qu'ils ont dû tenir desdites recettes au Greffe de la Cour, pour ce qui concerne le ressort de la Juridiction du Cap; et à l'égard des Jurisdictions du Port-de-Paix et du Fort Dauphin, ordonne que les Receveurs desdits droits les porteront aux Greffes desdites Jurisdictions, lesquels registres seront arrêtés par les Commissaires nommés par ledit Arrêt du 6 du présent mois, qui en dresseront des procès verbaux, pour en constater l'état et le montant desdites recettes; ordonne en outre que lesdits Commis et Préposés à la perception desdits droits, sous le titre de Domaine d'Occident, sous vingt-quatre heures également de la signification dudit Arrêt, seront tenus de remettre et vider les deniers de recette qu'ils ont faites, ès mains des Receveurs des Octrois desdites Jurisdictions du Cap, Port-de-Paix, et du Fort Dauphin, lesquels seront tenus de s'en charger, et en donneront leurs récépissés auxdits Commis et Préposés, pour lesdits procès verbaux faits et rapportés à la Cour, être par elle statué sur le tout ainsi et comme il appartiendra; en outre, fait défenses auxdits Receveurs préposés à la perception des prétendus droits d'Occident, tant au Cap, du Port-de-Paix, que Fort Dauphin, de se dessaisir des deniers qui se sont trouvés dans leurs caisses, ainsi que de ceux qui y sont versés par les différentes personnes établies pour la perception de ce même droit dans les Embarcaderes et autres lieux de ce ressort, jusqu'à ce qu'il en ait été autrement ordonné par la Cour.

Du 6 Juin.

La Cour, informée qu'au mépris de son Arrêt du 6 Mai dernier, portant, &c., on auroit exigé des Etrangers que la nécessité contraint d'appeler pour la subsistance des Peuples de ce Gouvernement, des soumissions ou cautionnemens; et à défaut desdites soumissions ou cautionnemens, des dépôts d'argent pour l'acquit des droits autres que ceux imposés par les deux Conseils et autorisés par Sa Majesté, le Procureur Général sur ce mandé, après que la contravention audit Arrêt lui auroit été dénoncée, a dit qu'il s'en rapportoit à la prudence de la Cour. Ledit Procureur Général retiré, la matiere mise en délibération: LE CONSEIL fait défenses à toutes personnes, de quelque qualité et condition qu'elles soient, de percevoir, sous quelque prétexte et dénomination que ce puisse être, soit de dépôts, cautionnemens ou soumissions, autres droits que ceux énoncés dans les Arrêts des deux Conseils de la Colonie, confirmés par les Mémoires du Roi, à peine d'être réputés concussionnaires publics, et d'être poursuivis comme tels suivant la rigueur des Ordonnances; déclare toutes soumissions, cautionnemens et dépôts d'argent qui pourroient avoir été faits pour raison d'autres droits que ceux y méntionnés, nuls et de nul effet; ordonne que lesdits dépôts seront remis à ceux qui les ont consignés; à quoi faire tous dépositaires contraints, même par corps, quoi faisant, valablement déchargés; ordonne que le présent Arrêt sera envoyé ès Jurisdictions du ressort de la Cour, pour y être enregistré, lu, publié et affiché où besoin sera, à la diligence des Substituts dudit Procureur Général, &c.

A été arrêté par la Cour, qu'il sera envoyé au Secrétaire d'Etat, ayant le département de la Marine et des Colonies, expéditions des Arrêts rendus les 6 et 9 Mai dernier, et ce jour, avec Mémoire contenant les faits qui ont donné lieu auxdits Arrêts, et les motifs qui ont décidé la Cour. A été pareillement arrêté, qu'expédition desdits Arrêts et du Mémoire seront envoyés à MM. les Général et Commissaire Ordonnateur; et pour faire parvenir lesdites expéditions et les présens arrêtés, la Cour a commis MM. de Grandpré, Sous-Doyen, et Pasquier, Conseillers.

Voy. *l'Arrêt du 13 Mai.*

ARRÊT du Conseil du Port-au-Prince, concernant les fonctions des Huissiers.

Du 10 Mai 1760.

VU par le Conseil la Remontrance du Procureur Général du Roi, expositive, qu'il a eu avis que les Huissiers établis à la résidence de cette Ville, se chargent de donner des exploits dans l'étendue du ressort des Siéges, et dans les quartiers à la résidence desquels il a été établi d'autres Huissiers, et qu'ils se taxent pour leur transport en raison de l'éloignement, &c. LE CONSEIL, faisant droit à la Remontrance du Procureur Général du Roi, fait défenses à tous Huissiers qui exploiteront dans les quartiers où ils ne sont pas résidans, et où il y aura des Huissiers établis à résidence, de prendre de plus fortes vacations pour leur transport, que celles qui leur seroient dues, conformément aux Réglemens, s'ils résidoient dans le Bourg du quartier, à peine de 20 liv. d'amende pour la premiere fois, et d'interdiction en cas de récidive : ordonne que le présent Arrêt sera publié et affiché à la diligence du Substitut du Procureur Général du Roi, à la porte de l'Auditoire du Siége Royal de cette Ville, et à celle de l'Eglise paroissiale du Bourg de l'Arcahaye, &c.

ARRÊT du Conseil du Cap, portant que les RR. PP. Jésuites payeront les droits Suppliciés et de Maréchaussée de leurs Habitations, pour les années 1755 et 1756, à la déduction de leur exemption de trente Negres par année, suivant l'art. 1er du Réglement de 1744.

Du 10 Mai 1760.

ARRÊT du Conseil du Cap, qui enjoint aux Receveurs de l'Octroi de la même Ville de rembourser les droits du Domaine d'Occident par lui exigés d'un Bâtiment étranger.

Du 13 Mai 1760.

Il y eut à la même époque plusieurs Arrêts semblables.

ARRÊT du Conseil du Port-au-Prince, qui ordonne aux Hussiers de se conformer à son Arrêt du 18 Janvier précédent.

Du 22 Mai 1760.

ARRÊT du Conseil du Cap, qui autorise la Mulâtresse femme COTTIN à exercer la profession de Sage-Femme.

Du 22 Mai 1760.

VU par le Conseil la Requête de Marie Guerineau, femme du sieur Cottin, contenant que, depuis plus de vingt ans, elle fait la profession de Sage-Femme, à la satisfaction de ceux qui l'ont employée, en présence des Médecins de la Faculté, et de plusieurs Chirurgiens qui attestent tous sa capacité. Elle avoit jusqu'à présent exercé cette profession, sans être inquiétée; mais le 20 Novembre dernier, il lui a été signifié, à la requête de la veuve Fourbié, de la dame Lefebvre, et de la veuve Aucomte, Sages-Femmes, l'extrait d'un Arrêt de la Cour du 14 Juin 1757, rendu sur les conclusions de M. le Procureur Général, qui fait défenses à toutes personnes de faire aucun accouchement dans les Villes ou Bourgs, sans au préalable avoir été reconnues capables d'exercer la profession, avoir été reçues, et prêté serment à la Cour.

La Suppliante, qui ignoroit cet Arrêt de Réglement, professant cet état depuis plus de vingt ans, l'ayant appris de sa mere, qui a exercé cet état depuis plus de trente ans, s'est munie de certificats qui certifient sa capacité, et a recours à l'autorité de la Cour, et requiert que, ce considéré, il lui plût, vu les certificats de MM. Alliés et Daubenton, Docteurs en Médecine; des sieurs Labourdette, Barthelemy, Sain et Voix, Chirurgiens, qui attestent sa capacité et son expérience, permettre à la Suppliante d'exercer la profession de Sage-Femme comme par le passé, aux offres de prêter le serment en pareil cas requis, et de se conformer aux Arrêts et Réglemens de la Cour; les certificats attachés à ladite Requête, conclusions du Procureur du Roi; et oui le rapport de M. Beaujeau, Conseiller, et tout considéré: LE CONSEIL, ayant égard à la Requête, a autorisé la Suppliante, *sans tirer à conséquence*, à faire et exercer la profession de Sage-Femme, à la charge par elle de prêter le serment en la Cour, de se comporter fidelement dans l'exercice de ladite profession, et de se conformer aux Réglemens de la Cour; donne acte à la Suppliante du serment par elle présentement fait en la Cour, conformément au présent Arrêt.

Cette exception flatteuse pour la femme Cottin est un acte de justice dont ses vertus l'ont rendue encore plus digne chaque jour. Condamnée en quelque sorte à l'abjection par sa couleur, elle est parvenue à inspirer une estime universelle par ses sentimens, et sur-tout par cette générosité secourable qui en fait encore aujourd'hui au Cap la mere des Pauvres et l'objet de la vénération publique.

ORDONNANCE des Administrateurs, portant suspension de trois Arrêts du Conseil du Cap, contenant défense de percevoir les droits du Domaine d'Occident sur les Bâtimens étrangers.

Du 16 Juin 1760.

PHILIPPE-François Bart, &c.

Le Conseil Supérieur du Cap, conformément à son arrêté du 6 de ce mois, nous ayant fait adresser expédition de trois Arrêts qu'il a rendus les 6 et 9 Mai dernier, et 6 de ce mois, dont le premier, &c. (Voy. *cet Arrêt*); le second porte, &c. (Voy. *cet Arrêt*); le troisieme fait défenses, &c. (Voy. *aussi cet Arrêt*). Nous, conjointement avec M. Peyrat, Commissaire de la Marine Ordonnateur en cette Colonie, en vertu du pouvoir à nous donné par Sa Majesté, avons suspendu et suspendons l'exécution desdits Arrêts des 6 et 9 Mai dernier, et 6 de ce mois, jusqu'aux ordres du Roi. Prions M. le Marquis de Chastenoye, Lieutenant de Roi au Gouvernement général de cette Colonie, et Gouverneur au Cap, de tenir la main à l'exécution de la présente Ordonnance, qui sera enregistrée dans les Jurisdictions du ressort du Conseil Supérieur du Cap, lue, publiée et affichée par-tout où besoin sera, à la diligence du Procureur du Roi desdites Jurisdictions du ressort du Conseil Supérieur du Cap, qui seront tenus de nous en certifier dans le mois. Et sera la présente enregistrée au Greffe de l'Intendance de cette Ville, et en celui de la Jurisdiction du Cap. DONNÉ au Port-au-Prince le 16 Juin 1760. *Signés* BART et PEYRAT.

R. au Greffe de l'Intendance le 14 Juillet suivant.

ARRÊTS et Arrêtés du Conseil du Cap, touchant la suspension de trois de ses Arrêts, par une Ordonnance des Administrateurs.

Des 7, 10, 16, 22 et 23 Juillet 1760.

Du 7.

L'Arrêt de ce jour est relaté dans le suivant.

Du 10.

LE Procureur Général du Roi étant entré, a dit, qu'en exécution de l'Arrêt de la Cour du 7 de ce mois, par lequel il a été autorisé à retirer des mains de ses Substituts l'Ordonnance de MM. les Gouverneur-Lieutenant Général pour le Roi des Isles Françoises de l'Amérique sous le Vent, et Commissaire-Ordonnateur, donnée au Port-au-Prince le 16 Juin 1760, pour icelles rapportées à la Cou rêtre par elle statué ainsi qu'il appartiendra, il auroit écrit à ses Substituts des différens Siéges du ressort, et leur auroit envoyé expédition dudit Arrêt, afin qu'ils eussent à s'y conformer, et à lui remettre ladite Ordonnance rendue par M. le Général, conjointement avec M. le Commissaire Ordonnateur: que son Substitut au Siége Royal du Cap, en conséquence et pour obéir audit Arrêt, lui auroit fait remise de ladite Ordonnance; que pour satisfaire lui-même audit Arrêt, il avoit l'honneur de la rapporter à la Cour, pour être par elle statué suivant ses lumieres ordinaires; et après avoir mis ladite Ordonnance sur le Bureau, et lecture faite d'icelle, M. le Marquis de Chastenoye, Lieutenant de Roi au Gouvernement Général, et Gouverneur de la partie du Nord de cette Colonie, auroit demandé à la Cour qu'il ne fût rien statué de contraire aux dispositions de ladite Ordonnance, à l'exécution de laquelle il est chargé de tenir la main, et auroit requis à cet effet sa pleine et entiere exécution, et la jonction dudit Procureur Général, à quoi ledit Procureur Général auroit répondu que l'Ordonnance dont est question ne lui étant point adressée, il n'est point dans le cas de rien requérir pour ce qui concerne son exécution, déclarant au surplus qu'il s'en rapporte à la prudence de la Cour, et s'est retiré; la matiere mise en délibération, et tout considéré: LE CONSEIL a donné acte à M. le Marquis de Chastenoye de sa réquisition, a sursis à faire droit sur le tout, jusqu'à ce que les Substituts dudit Procureur Général ès Siéges Royaux du Port-de-Paix et Fort-Dauphin, aient pu satisfaire audit Arrêt du 7 de ce mois; et cependant a arrêté qu'il seroit fait lettre à MM. les Gouverneur-Lieutenant Général pour le Roi, et Commissaire Ordonnateur de cette Colonie, à l'effet de leur représenter, 1°. que l'Ordonnance du 16 Juin 1760, en ce qu'elle suspend l'exécution des Arrêts de cette Cour, des 9 Mai et 6 Juin dernier, est directement contraire à toutes les Ordonnances du Royaume; 2°. que s'il a plu au Roi de déroger à ces Ordonnances, et de confier à MM. les Gouverneurs-Lieutenans Généraux et Commissaires Ordonnateurs

les

le pouvoir de suspendre l'exécution des Arrêts des Cours Souveraines de la Colonie, dans les cas où les intérêts de Sa Majesté s'y trouvent impliqués; le Conseil Supérieur du Cap, toujours prêt à donner au Roi des preuves de son obéissance, s'y conformera, lorsque ces pouvoirs lui seront connus et auront été enregistrés; 3°. que dans l'espece sur laquelle les Arrêts des 6, 9 Mai, et 6 Juin derniers, sont intervenus, les intérêts de Sa Majesté ne se trouvent nullement impliqués; qu'il n'a jamais été question jusqu'à ce jour d'aucun ordre du Roi, à l'effet de faire percevoir en cette Colonie des droits en faveur du Domaine d'Occident, que la Remontrance du Procureur Général du Roi, et les Arrêts de la Cour n'ont eu pour objet que les droits établis par une lettre de M. Peyrat, écrite aux Receveurs des Octrois, et par eux perçus conformément au tarif qu'il leur avoit adressé; 4°. que l'adresse directe de l'Ordonnance du 16 Juin 1760 aux Jurisdictions inférieures, sans vérification préalable à la Cour Souveraine où elles ressortissent, sur-tout dans le cas extraordinaire où cette Ordonnance suspend l'exécution de deux Arrêts de cette même Cour, détruit absolument la subordination établie, et si nécessaire entre les différens Tribunaux de Justice, intervertit tout l'ordre public, et ne peut empêcher que la Cour ne suive l'exécution de ses Arrêts; 5°. que, dans ces circonstances, le Conseil Supérieur du Cap n'auroit pu se dispenser d'autoriser le Procureur Général du Roi à retirer des mains de ses Substituts l'Ordonnance du 16 Juin 1760, pour icelle rapportée à la Cour être statué ainsi qu'il appartiendra; 6°. que le Conseil Supérieur du Cap a donné, dans tous les temps, au Roi des preuves de sa fidélité, de sa soumission, et de son zele pour le bien de son service; que ses registres sont remplis des témoignages authentiques de satisfaction que Sa Majesté a bien voulu lui en donner; que, pénétré de la plus vive reconnoissance, bien loin, par ses Arrêts, d'exposer les droits dus au Roi au risque d'être perdus, le Conseil ne cessera de veiller avec l'attention la plus scrupuleuse à tout ce qui peut concerner les intérêts de Sa Majesté; et pour écrire ladite lettre, conformément au présent arrêté, a commis et commet MM. de Grandpré, sous-Doyen, et le Gras, Conseillers.

Du 22.

Le Procureur Général du Roi étant entré en Conseil, lui a présenté l'Ordonnance rendue Par MM. le Gouverneur et Lieutenant Général pour le Roi des Isles Françoises de l'Amérique sous le Vent, et Commissaire

Ordonnateur, donnée au Port-au-Prince le 16 Juin 1760, laquelle lui a été envoyée par son Substitut au Siége Royal du Port-de-Paix, pour obéir à l'Arrêt de la Cour du 7 Juillet courant, et a demandé acte de la remise par lui faite de ladite Ordonnance sur le Bureau. LE CONSEIL a donné acte audit Procureur Général de la remise par lui faite sur le Bureau de ladite Ordonnance; a pareillement donné acte à M. le Marquis de Chatenoye, Gouverneur du Cap, de la déclaration par lui faite à la Cour, que MM. les Gouverneur-Lieutenant Général pour le Roi des Isles de l'Amérique sous le Vent, et Commissaire Ordonnateur à Saint-Domingue, comptant que leur Ordonnance étoit promulguée, comme ils le lui avoient prescrit, au son de la caisse; et qu'étant ainsi publique, il n'étoit plus question que d'en maintenir l'exécution; que pour cet effet, ils le prioient de déclarer expressément au Conseil, au nom du Roi et en vertu de leurs ordres, qu'ils mettoient sous la protection particuliere et sauve-garde de Sa Majesté, tous ceux qui, par leurs ordres exprès, ont reçu ou recevront, soit payement effectif, soit dépôt, soit cautionnement, pour les droits dus par les étrangers au Domaine d'Occident; que si, par impossible, la totalité de ces droits, ou la moindre partie se trouvoit en souffrance, périclitée, ou retenue, détournée ou perdue pour le Roi, ils en rendoient responsables envers Sa Majesté, comme de deniers royaux, toutes Cours, Jurisdictions, Magistrats, autres Officiers, et Particuliers quelconques, que par leur fait, soit jugement, soit opposition directe, simple empêchement, retardement ou négligence, y auroit donné ou donneront lieu en quelque façon, et dans quelque temps que ce puisse être, jusqu'à la réception des ordres du Roi; que la Compagnie étoit avertie de veiller à ce qui est de son ressort, à ce que l'ordre et la tranquillité publique ne soient point troublés.

Du 23.

Sur le rapport fait au Conseil par MM. de Grandpré et le Gras, Conseillers, de la lettre à eux écrite par MM. le Gouverneur-Lieutenant Général pour le Roi des Isles de l'Amérique sous le Vent, et Commissaire Ordonnateur à Saint-Domingue, datée au Port-au-Prince le 16 du présent mois de Juillet, par eux mise sur le Bureau, et lecture faite d'icelle, après que le Procureur du Roi a déclaré s'en rapporter à la prudence de la Cour; lui retiré, la Cour, délibérant, tant sur le contenu en ladite lettre, que sur la déclaration faite à la séance du jour d'hier, par M. le Marquis de Chatenoye, Lieutenant de Roi audit Gouvernement Général, et Gouverneur au Cap; le tout vu et mûrement examiné: LE CONSEIL ordonne que la lettre écrite à MM. les Général et Commissaire Ordonnateur, par les Commissaires de la Cour, le 10 du présent mois, ensemble leur réponse à ladite Lettre, datée au Port-au-Prince le 16 du courant, seroient et demeureroient déposées au Greffe; a été arrêté par la Cour qu'il sera envoyé au Secrétaire d'Etat ayant le département de la Marine, expéditions des Arrêts rendus les 7 et 10 Juillet, et du présent arrêté, ensemble copie de la lettre écrite par les Commissaires de la Cour à MM. le Général et Commissaire Ordonnateur, en date du 10 du présent mois, et de leur réponse à ladite lettre en date du 16.

A pareillement été arrêté que les faits sur lesquels lesdits Arrêts et arrêtés sont intervenus, ensemble les motifs qui ont décidé la Cour, seront joints au Mémoire énoncé en l'arrêté du 6 Juin dernier, et cependant, vu les imputations mentionnées en ladite lettre de MM. les Général et Commissaire Ordonnateur, le Conseil, voulant continuer de donner des marques de sa modération, de son amour pour le bien du service du Roi, et pour la tranquillité publique, a sursis à statuer sur les objets mentionnés èsdits Arrêts, Arrêtés, Déclarations et Lettres, jusqu'à la réponse audit Mémoire.

Voy. *l'Ordonnance du 12 Décembre suivant, et les dépêches du Ministere du 20 Janvier* 1761.

LETTRE du Ministre à M. DE CLUGNY, touchant le taux des Monnoies.

Du 12 Juillet 1760.

LE Roi, à qui j'ai rendu compte des lettres de change qui ont été tirées de Saint-Domingue, a été fort surpris de les trouver presque toutes à 25 pour cent de perte seulement, pour les personnes auxquelles elles ont été distribuées, tandis que, dans un temps de guerre, les Habitans doivent être fort aises de trouver à remettre en France l'argent des Isles au pair. Les intérêts de Sa Majesté en ayant été considérablement lésés, elle est dans l'intention de faire cesser cet abus, et c'est de sa part que je vous marque qu'à l'avenir vous ayez à tirer les lettres de change pour les dépenses des Escadres au pair de l'argent de France à celui de Saint-Domingue, c'est-à-dire, à 33 $\frac{1}{3}$ pour $\frac{0}{0}$ de perte. Vous aurez agréable de vous y conformer, sans quoi les lettres de change ne seroient point acquittées.

ARRÊT du Conseil du Cap, touchant un Prévôt de Maréchaussée qui avoit refusé d'obéir au Procureur du Roi du Port-de-Paix.

Du 12 Juillet 1760.

VU par le Conseil la déclaration faite au Greffe du Siége Royal du Port-de-Paix, le 4 Mai 1760, par M^e^. la Salle, Substitut du Procureur Général du Roi audit Siége, sur le refus du sieur Bertineau Duplessis, Prévôt de la Maréchaussée dudit lieu, de se rendre chez ledit Substitut, pour affaires concernant le service de la Jurisdiction; la remontrance faite au Juge par ledit Substitut, sur laquelle est son Ordonnance dudit jour 4 Mai, portant injonction audit Prévôt de se transporter dans deux heures d'après la signification de ladite Ordonnance, en la maison dudit Substitut, pour y recevoir les ordres qui concernent le service de la Jurisdiction, sous toutes les réserves dudit Substitut; la signification faite audit Prévôt, en parlant à la dame son épouse, dudit jour; le procès verbal de Laurent Martin et François Doucet, Huissiers dudit Siége, du même jour, contenant entre autres choses le transport dudit Prévôt chez ledit Substitut, et la remise par lui faite audit Prévôt d'un décret; la déclaration faite au Greffe dudit Siége par ledit Prévôt ledit jour heures de relevée, contenant ce qui s'est passé à l'occasion de l'invitation à lui faite par ledit Substitut de se transporter chez lui; trois lettres missives écrites audit Procureur Général par lesdits Substitut et Prévôt, sur le même sujet, des 4, 5 et 6 dudit mois de Mai; Remontrance dudit Procureur Général, en forme de plainte, faite au Conseil, sur laquelle, par Arrêt du 14 dudit mois de Mai, a été ordonné que ledit Bertineau Duplessis, Prévôt de ladite Maréchaussée, seroit ajourné à comparoir en personne devant la Cour, dans quinzaine de la signification dudit Arrêt, pour être ouï et interrogé sur les faits résultans de ladite plainte et autres, sur lesquels il plairoit audit Procureur Général de le faire ouïr et interroger, pour l'interrogatoire fait et communiqué audit Procureur Général, et rapporté à la Cour, être ordonné ce qu'il appartiendra. Acte de comparution dudit sieur Duplessis au Greffe dudit Conseil, du 13 Juin, contenant sa déclaration qu'il s'étoit rendu en cette Ville du Cap, à la suite des séances de la Cour, pour obéir audit Arrêt;

l'interrogatoire subi par ledit sieur Bertineau Duplessis, le 9 du présent mois de Juillet, conclusions du Procureur Géneral du Roi, et ouï le rapport de M. Loiseau, Conseiller, et tout considéré : LE CONSEIL a renvoyé ledit sieur Bertineau Duplessis à l'exercice de son Office de Prévôt de la Maréchaussée du Port-de-Paix, lui enjoint d'être plus circonspect à l'avenir, et d'avoir pour ledit Substitut dudit Procureur Général audit Siége, la déférence et les égards qu'il lui doit ; lui enjoint aussi de se conformer à la declaration du Roi du 6 Décembre 1751, en interprétation de l'art. 16 du Réglement du Roi pour les Maréchaussées de Saint-Domingue, du 31 Juillet 1743, et à l'article 4 dudit Réglement ; ordonne que la déclaration par lui faite au Greffe du Siége Royal du Port-de-Paix, le 4 Mai dernier, sera et demeurera supprimée.

ARRÊT du Conseil du Cap, qui renvoie à se pourvoir comme il appartiendra, sur l'appel comme d'abus de l'interdiction prononcée contre un Vicaire par le Préfet de la Mission.

Du 15 Juillet 1760.

VU par le Conseil la Requête du R. P. Salvien Pasquet, Prêtre, Religieux Profès Récollet de la Province de l'Immaculée Conception en Guienne, ci-devant Vicaire de la Paroisse Notre-Dame de l'Assomption du Cap, y demeurant, tendante à ce qu'il plût à la Cour l'autoriser à ester en jugement, en conséquence, le recevoir appelant comme d'abus de la Sentence d'interdit contre lui fulminée par le Juge ordinaire Ecclésiastique, Préfet Apostolique de cette Mission, et à lui notifiée le 4 de ce mois ; ce faisant, lui permettre d'intimer ledit Juge ordinaire, et les Marguilliers en charge de la Paroisse du Cap ; conclusions du Procureur Général du Roi ; ouï le rapport de M. le Gras, Conseiller, et tout considéré : LE CONSEIL, sur la Requête, ordonne que le Suppliant se pourvoira ainsi qu'il appartiendra.

ORDONNANCE des Administrateurs, pour l'administration des Eaux thermales des hauteurs de la riviere de la Grande-Anse.

Du 1er. Août 1760.

PHILIPPE-François Bart, &c.

Les excellens effets qu'ont produits depuis quelque temps les eaux thermales des sources chaudes nouvellement découvertes dans les hauteurs de la riviere de la Grande-Anse, tant au bras droit qu'au bras gauche, ayant mérité notre attention, nous n'avons pas cru devoir nous en rapporter à ce que la renommée publioit des cures surprenantes qu'elles avoient opérées; il nous a paru important de nous en assurer d'une maniere à pouvoir établir la confiance du Public et la nôtre; et pour cet effet, nous avons commis un Médecin accrédité, que nous avons envoyé sur les lieux, non pour faire simplement l'analyse de ces eaux et rechercher quels en sont les principes, mais particulierement et expressément pour en étudier les effets, examiner l'état des malades qui se présenteroient pour les prendre; observer quel usage ils en feroient, quels seroient les progrès de leur rétablissement, et quel enfin seroit le succès, et nous rendre du tout un compte exact et détaillé. C'est d'après ce qui nous a été mis sous les yeux des observations faites par ce Praticien attentif, éclairé, pendant le séjour de trois mois qu'il a fait à la source chaude du bras gauche de ladite riviere, que nous sommes demeurés pleinement convaincus de l'efficacité des eaux de cette source; il nous a en même temps été attesté, sur le rapport unanime de nombre d'Habitans de la partie du Sud, que la source du bras droit de la même riviere, appelée *Source des Irois*, à cause du voisinage du quartier des Irois, est douée des mêmes vertus et propriétés, et produit absolument les mêmes effets; de sorte que, pouvant porter aujourd'hui un jugement certain sur le mérite de ces eaux, nous avons dû nous appliquer à deux objets importans, qui ne peuvent être remplis que par nos soins, et par l'usage éclairé de l'autorité que le Roi nous a confié. Le premier objet est la conservation des sources, et le second d'en faciliter l'usage, en y procurant aux malades toutes les commodités dont le lieu est susceptible pour la disposition des bains. Il est connu de tout le monde que ces sortes d'eaux sont un trésor dont il faut jouir sagement et suivant l'économie de la Nature qui les fournit, sans entreprendre de troubler ces dispositions, en voulant les hâter. Personne n'ignore qu'il y a des exemples de sources qui ont disparu aux yeux de ceux qui vouloient connoître leur origine, et tirer d'elles un plus grand volume d'eau. Il est donc essentiel de ne les point laisser abandonnées à la discrétion de tous ceux qui en vont faire usage; et même en y travaillant, comme nous proposons de le permettre, il faut avoir attention de ne point y porter une main imprudente; c'est-là ce qui importe à leur conservation. Il n'est pas moins important, pour ce qui concerne leur usage, de distribuer leur cours à l'issue de la source, de maniere à en tirer le meilleur parti possible, soit pour la quantité des bains, soit pour leur distribution relative aux différentes classes des malades et des maux. Pour remplir ces deux objets, il y a des travaux à faire; et pour les exécuter, il faut, outre la dépense, une connoissance de la distribution la plus convenable à faire des réservoirs, bassins, canaux et baignoires, ainsi que de toutes les autres commodités à procurer aux malades. Il ne sera pas moins avantageux à ceux qui se transporteront dans ces lieux de difficile accès, et qui ne voudront point s'embarrasser eux-mêmes du soin de se pourvoir des choses nécessaires, tant pour leur subsistance que pour leur guérison, d'y trouver un établissement formé, au moyen duquel ils auront le logement et la subsistance de la même maniere et du même prix que les Voyageurs les trouvent aux Auberges dans les Villes de la Colonie; et outre cela, les secours et les remedes dont l'usage peut seconder l'effet des eaux. A CES CAUSES, Nous, conjointement avec M. Peyrat, Commissaire de la Marine, Ordonnateur en cette Colonie, ayant examiné diverses propositions qui nous ont été faites, avons reconnu que celles du sieur Martin, Chirurgien au fond de l'Isle à Vache, sont propres à remplir tous les objets que nous avons en vue; en conséquence, nous les avons acceptées; et pour en assurer l'exécution, nous les avons reçues de lui en forme de soumission, par laquelle il s'oblige d'exécuter tous les travaux et établissemens qui y sont détaillés, et qui sont jugés nécessaires pour l'économie et distribution des eaux, pour le logement commode et subsistance convenable de tous ceux qui s'y transporteront (sans toutefois priver les Particuliers de la liberté de pourvoir par eux-mêmes à leur subsistance et à celles de leurs Esclaves, auquel cas ils n'auront affaire audit Entrepreneur que pour les bains et les logemens); et pour indemniser ledit sieur Martin des avances dans lesquelles le jettera cette entreprise, nous lui avons concédé à titre de jouissance, pour sept années seulement, les terrains où sont situés les sources dont il s'agit, à charge de les remettre au Roi, avec les établissemens qui seront dessus, à l'expiration de ladite jouissance, pendant laquelle nous lui accordons par ces présentes le privilége spécial de par lui, exclusivement à tous autres, administrer et faire administrer lesdites eaux, et les remedes nécessaires à ceux qui les prendront, ainsi que de fournir le logement à ceux qui s'y transporteront, à charge de traiter gratuitement les Pauvres, de recevoir les Soldats et Matelots sur le même pied que dans les Hôpitaux, et autres charges portées dans ladite soumission, qui sera, avec la présente Ordonnance de privilége, enregistrée en notre Greffe, pour y avoir recours. DONNÉ au Port-au-Prince le 1er Août 1760. *Signés* BART et PEYRAT.

R. au Greffe de l'Intendance le 28 Septembre suivant.

ORDONNANCE *des Administrateurs, touchant les exemptions des RR. FF. Prêcheurs, pour leur Habitation du quartier de Cavaillon.*

Du 26 Août 1760.

VU la présente, et les Lettres patentes du mois de Novembre 1723 y énoncées, nous ordonnons que les Religieux de l'Ordre des Freres Prêcheurs établis au quartier de Cavaillon de cette Isle, jouiront à l'avenir, et à commencer du 1er Janvier de la présente année, de l'exemption portée auxdites Lettres patentes, ainsi et de la même façon dont ils en jouissent pour leur maison établie à Léogane; et en conséquence, ils auront pour leur établissement et Maison de Cavaillon quarante-deux Negres d'exempts; savoir, trente pour l'Habitation, et douze pour leur Maison principale dudit lieu, non compris l'exemption particuliere de chaque Religieux faisant les fonctions curiales, lequel aura trois Negres d'exempts sur chaque Paroisse; le tout en outre et par-dessus les exemptions dont jouissent lesdits Religieux pour leur Maison de Léogane. Renvoyons, de leur consentement, lesdits Religieux de la demande par eux faite du remboursement des sommes qu'ils pouvoient avoir payées de trop, pour raison desdits droits qu'ils ont négligé de réclamer: leur enjoignons de faire mention à l'avenir, en marge, aux recensemens qu'ils fourniront, de l'exemption susdite. Sera la présente enregistrée au Greffe de l'Intendance, &c. DONNÉ au Port-au-Prince, &c. *Signés* BART et PEYRAT.

R. au Greffe de l'Intendance le 30 dudit mois.

LETTRES

LETTRE de MM. les Administrateurs au Lieutenant Général de l'Amirauté du Cap, touchant la permission du Gouverneur Général pour la délivrance des congés de M. l'Amiral.

Du 5 Novembre 1760.

M. le Gouverneur, Monsieur, est en droit d'exiger de vous, ou, comme vous le dites, de vous assujettir à ne permettre au Receveur de M. l'Amiral, de délivrer des congés de Port en Port, que sur une permission écrite de sa part. Le Réglement du 12 Janvier 1717 n'est point la seule loi à cet égard que vous deviez connoître; et dans cette loi même, il y a une disposition à laquelle vous paroissez n'avoir pas fait attention, lorsque vous dites que de tous les cas possibles où il est besoin du consentement exprès des Gouverneurs, il n'y a que celui du congé pour la pêche, qui ne puisse être délivré que du consentement de MM. les Gouverneurs, le retour même en France n'étant sujet qu'à un simple avertissement de la part des Capitaines. Lisez l'art. IX du tit. 4, vous y verrez qu'il est question, non des Capitaines, mais nommément du Receveur par qui le Gouverneur doit être averti; et que le congé ne pouvant être enregistré à l'Amirauté sans que cet avertissement ait précédé, il suit nécessairement que le Lieutenant de l'Amirauté ne doit point le permettre, que le Receveur n'ait satisfait à cette disposition. Cette Loi, que vous reconnoissez, décide donc contre votre prétention.

Mais il en existe encore une autre que vous ne devez pas moins connoître; elle est enregistrée au Greffe de l'Amirauté du Cap le 21 Février 1720. C'est une décision du Conseil de Régence du 24 Avril 1719, sur l'avis de MM. de Chateaumorand et Mithon, Général et Intendant de cette Colonie, apostillée des observations de M. l'Amiral du 26 Mars précédent. M. le Comte de Toulouse a fait ces observations en qualité d'Amiral de France, et a signé la décision comme un des Chefs du Conseil de Régence. L'observation sur l'article III de l'avis du Général et de l'Intendant, n'est autre chose que le développement de l'article IX du Réglement de 1717, sur le devoir du Receveur pour l'avertissement, et sur celui des Officiers d'Amirauté pour l'enregistrement; ordre aux Receveurs de ne délivrer aucun congé, aux Officiers d'Amirauté de n'enregistrer aucun congé. Ce mot *aucun* est relatif aux Barques, Bateaux, et autres Bâtimens qui navigent dans les Colonies dont il est question dans l'article apostillé dudit avis.

Vous voyez donc, Monsieur, que ce qu'exige de vous M. le Gouverneur, n'est point une *servitude* qu'il vous impose, et ne peut être appelé une loi trop dure; c'est simplemen une loi à laquelle vous ne pouvez vous soustraire; le Réglement de 1717 l'a etablie, la décision du Conseil de Régence l'a confirmée, et M. l'Amiral l'a interprétée lui-même, en lui donnant toute l'étendue qu'elle pouvoit avoir. Nous avons, &c. *Signés* BART et PEYRAT.

ORDONNANCE *de M. l'Intendant, qui défend de percevoir aucun droit de Domaine d'Occident, et ordonne la restitution de ceux reçus.*

Du 12 Décembre 1760.

JEAN-Etienne-Bernard de Clugny, &c.

Nous, en conséquence des ordres du Roi à nous adressés, tant au sujet des droits du Domaine d'Occident sur les denrées exportées de la Colonie par les Etrangers, et perçues depuis le mois de Mars dernier, que concernant les cautionnemens qui ont été fournis par la suite, pour sûreté du payement desdits droits, avons défendu et défendons aux Receveurs des Octrois, et à tous autres, d'exiger ni percevoir à l'avenir lesdits droits de Domaine d'Occident. Ordonnons que toutes les sommes payées pour raison desdits droits, seront restituées à ceux qui les auront parfournies, auquel effet les réclamateurs se pourvoiront pardevant nous, aux fins de justifier des payemens par eux faits, et d'obtenir en conséquence notre Ordonnance particuliere, pour en être remboursés par le Commis des Trésoriers Généraux des Colonies. Avons déclaré et déclarons tous les cautionnemens qui ont été prêtés pour la sûreté du payement desdits droits de Domaine d'Occident, sur les denrées exportées par les étrangers, nuls et de nul effet; et comme tels, les avons cassés, révoqués et annullés, cassons, révoquons et annullons en conséquence de notre présente Ordonnance particuliere; avons déchargé et déchargeons les cautions de toutes poursuites à cet égard, de maniere qu'ils ne puissent à l'avenir être inquiétés ni recherchés pour raison desdits cautionnemens. Ordonnons que notre présente Ordonnance sera enregistrée au Greffe de l'Intendance, au contrôle de la Marine, et luc, &c. par-tout où besoin sera. DONNÉ au Cap, &c. le 12 Décembre 1760. *Signé* CLUGNY NUYS.

R. au Contrôle le 23.

ARRÊT du Conseil du Cap, sur des Mémoires, Ordonnances de Sa Majesté, et Arrêts de son Conseil d'Etat, dont les Administrateurs ne se trouvent que des exemplaires imprimés, sans signature de la main du Ministre; et touchant la certification des Général et Intendant, pour suppléer cette signature, au moyen de la dépêche qui annonce l'envoi desdites Ordonnances et Arrêts du Conseil d'Etat auxdits Administrateurs.

Du 15 Décembre 1760.

LE Conseil, délibérant sur l'enregistrement demandé par le Procureur Général du Roi d'un Mémoire de Sa Majesté, daté de Versailles du 28 Juillet 1759, portant prorogation pour cinq années de l'imposition établie en 1751 par délibération des deux Conseils Supérieurs assemblés à cet effet, auroit vu qu'il est enjoint par ledit Mémoire à MM. Bart et Elias de faire part aux Habitans des vues de Sa Majesté, et des mesures qu'elle a déjà prises pour augmenter les plantations et le commerce de la Colonie; ayant également connoissance de la dépêche du Ministre de la Marine à MM. les Général et Intendant, datée du 28 Juillet 1759, laquelle M. l'Intendant auroit communiquée à la Cour à ce sujet pour rendre possible l'enregistrement demandé par le Procureur Général d'une Ordonnance du Roi du 23 Juillet 1759, qui défend au Gouverneur-Lieutenant Général, Intendant et Gouverneurs particuliers des Isles sous le Vent de l'Amérique de percevoir le droit de deux pour cent sur les Negres, et réunit aux caisses de la Colonie le produit des Fermes, des Cafés, Boucheries, Cabarets, &c. Ayant encore reconnu qu'à ladite dépêche étoit joint un Arrêt du Conseil d'Etat du Roi, portant établissement de deux chambres mi-parties d'Agriculture et de Commerce dans cette Colonie, avec faculté d'avoir un Député à la suite du Conseil de Sa Majesté; une Ordonnance qui regle les appointemens que Sa Majesté accorde aux Gouverneur-Lieutenant Général, et Intendant, aux Gouverneurs particuliers, Officiers Majors, aux Commissaires, Ecrivains de Marine, &c.; une Ordonnance concernant les mariages que pourroient contracter dans cette Colonie les Gouverneur-Lieutenant Général, l'Intendant, les Commissaires et Ecrivains de Marine servant dans ladite Colonie, lesquels Arrêts et trois Ordonnances, ainsi que ledit Mémoire, contenant prorogation d'imposition, tous expédiés dans le mois de Juillet 1759, forment un corps de nouveaux Réglemens pour la Colonie, qu'il est dangereux de morceler : LE CONSEIL a arrêté qu'avant de prononcer définitivement sur l'enregistrement du Mémoire de Sa Majesté, du 28 Juillet 1759, M. l'Intendant, actuellement Président à la séance, auroit pour agréable de rapporter à la Cour ledit Arrêt du Conseil d'Etat du Roi, et les Ordonnances mentionnées en ladite dépêche du Ministre de la Marine : sur quoi M. l'Intendant ayant declaré que ledit Arrêt du Conseil d'Etat, et les Ordonnances demandées *étant dans la même forme que l'Ordonnance du 23 Juillet* 1759, concernant la suppression du droit de deux pour cent sur les Negres dont la Cour vient d'ordonner l'enregistrement, *à l'exception toutefois de la certification de M. le Général, laquelle M. Bart lui marquoit n'avoir pu y apposer, n'ayant d'autres exemplaires que les trois qu'il lui avoit fait passer, il avoit différé de les apporter à la Cour, et comptoit ne les présenter que lorsque M. le Général auroit pu les certifier.* LE CONSEIL, ayant persisté à demander le rapport desdits Arrêts et Ordonnances dans l'état et tels qu'ils ont été envoyés par le Ministre, et joints à la dépêche du 28 Juillet 1759, et ayant invité M. l'Intendant *de les certifier*, sauf à y avoir tel égard que de raison, après qu'ils auroient été apportés, et qu'il en auroit été délibéré par la Cour; M. l'Intendant auroit demandé à se retirer, pour aller chercher lesdits Arrêts et Ordonnances ; à quoi la Cour auroit accédé, auroit commis M. Collet, Conseiller du Roi, et M. Beaujeau, Conseiller-Assesseur, pour l'accompagner ; et cependant auroit été sursis à toutes délibérations.

M. l'Intendant, MM. Collet et Beaujeau étant rentrés, M. l'Intendant ayant présenté à la Cour l'Arrêt du Conseil d'Etat du Roi, et les deux Ordonnances dites ci-dessus, *de lui certifiées*, la Cour a continué à délibérer sur l'enregistrement du Mémoire du Roi, du 28 Juillet 1759. FAIT au Cap, au Conseil, &c.

ARRÊT du Conseil du Cap, qui établit que les Substituts du Procureur Général doivent le représenter pleinement, en cas de maladie ou autres empêchemens.

Du 17 Décembre 1760.

SUR ce qui a été représenté à la Cour par Me. Bonnaud, Substitut du Procureur Général du Roi en icelle, &c., ledit Substitut retiré, et la matiere mise en délibération, LA COUR, ayant égard aux représentations dudit Me. Bonnaud, en sa qualité, a ordonné et ordonne qu'il fera les réquisitions sur les enregistremens et réceptions dont s'agit, le maintient dans les droits, fonctions et prérogatives attribués par sa Commission; en conséquence, ordonne que le Substitut du Procureur Général le suppléera, lorsque, par maladie ou tout autre empêchement quelconque, il n'y pourra vaquer lui-même, et vaquer aux séances de la Cour.

ARRÊTS du Conseil du Cap, touchant l'établissement des Tambours publics, leurs salaires, leur serment, &c.

Des 17 Décembre 1760 et 11 Février 1761.

Du 17 Décembre 1760.

VU par le Conseil la Remontrance du Procureur Général du Roi, contenant que, dans toutes les Villes du Royaume, les Magistrats Municipaux ont des Tambours ou des Trompettes immédiatement sous leurs ordres, à l'effet de publier les différens ordres émanés de Justice et Police; que l'usage contraire dans les Villes du ressort de la Cour, pourroit donner lieu à des difficultés toujours indécentes. A CES CAUSES, requéroient, &c.: ouï le rapport de M. Loiseau, Conseiller, et tout considéré: LE CONSEIL, faisant droit sur ladite Remontrance, ordonne qu'il sera établi un ou plusieurs Tambours ou Trompettes dans les Villes du ressort, pour publier les Ordonnances, Edits, Déclarations, Mandemens, et tous autres actes émanés de Justice, lesquels seront commis dans les Villes du Cap par la Cour, et dans les Villes du Port-de-Paix et Fort Dauphin par les Juges des lieux, auxquels Tambours ou Trompettes seront fixés des salaires pour chaque publication, suivant le tarif qui sera arrêté par la Cour.

Du 11 Février 1761.

Vu par le Conseil l'Ordonnance de MM. les Général et Intendant, du 27 Janvier 1761, portant établissement d'un Tambour ou Trompette dans les Villes du ressort de la Cour, et conforme à l'Arrêt de Réglement d'icelle, du 17 Décembre 1760. LE CONSEIL, ouï et ce requérant le Procureur Général du Roi, a ordonné et ordonne que ladite Ordonnance sera enregistrée au Greffe d'icelui, pour être exécutée suivant sa forme et teneur, à la charge toutefois par lesdits Tambours ou Trompettes de publier tous Réglemens, Mandemens, et Ordonnances de Justice, lorsqu'ils en seront requis, et de se conformer au tarif de leurs salaires, qui sera arrêté par la Cour, à la charge pareillement que lesdits Tambours ou Trompettes ne pourront être employés dans les Troupes réglées du ressort, et seront tenus de prêter serment; savoir, celui du Cap, en la Cour; et ceux des Villes du Port-de-Paix et Fort Dauphin, pardevant les Juges de Police des lieux; ordonne en outre que copies collationnées de ladite Ordonnance, ensemble du présent Arrêt, seront envoyées aux Jurisdictions du ressort, pour y être pareillement lues, publiées et affichées, &c.

Et sur ce qui a été remontré au Conseil par le Procureur Général du Roi, que l'Ordonnance de MM. les Général et Intendant, du 27 Janvier 1761, et l'Arrêt de la Cour du 17 Décembre 1760, auroient eu pour objet, dans l'établissement d'un Tambour ou Trompette dans chacune des Villes du ressort, non seulement de prévenir toutes contestations ou retardemens aussi indécens que nuisibles à l'administration de la Justice, mais aussi d'épargner des frais au Roi, et de soulager le Public des droits exorbitans que l'on avoit jusqu'ici exigés pour les publications; que le Remontrant, pour concourir, autant qu'il étoit en lui, à des vues aussi sages, avoit pris des informations exactes sur les salaires qui avoient jusqu'ici été payées aux Tambours qu'on avoit employés, et sur la somme à laquelle on pouvoit réduire le droit de chaque publication. A CES CAUSES, requéroit ledit Procureur Général, &c.; et ouï le rapport de M. le Gras, Conseiller, et tout considéré : LE CONSEIL, faisant droit sur ledit Réquisitoire dudit Procureur Général, a ordonné et ordonne que lesdits Tambours ou Trompettes ne pourront prétendre que la somme de 4 liv. pour chaque publication, à la charge de publier gratuitement les Ordonnances, Edits, Déclarations et Réglemens du Roi, les Ordonnances des Généraux et Intendans, lés Arrêts de la Cour, et les Ordonnances des Juges de Police; ordonne que le présent Arrêt soit lu, publié et registré ès Jurisdictions du ressort, à la diligence dudit Procureur Général.

ORDONNANCE de M. l'Intendant, qui accorde exclusivement aux Hoquetons de l'Intendance et de la Subdélégation le droit de signifier les Ordonnances des Administrateurs, les exploits et les certificats en matiere de terrains, et les départs pour France.

Du 19 Décembre 1760.

JEAN-Etienne Bernard de Clugny, &c.

Vu la Requête à nous présentée par Jean Debon, Huissier de la Jurisdiction du Cap, tendante à ce qu'il nous plaise annuller la sommation qui lui a été faite par les Hoquetons de la Subdélégation, et lui permettre d'exercer sa Commission d'Huissier de la Subdélégation; notre Ordonnance en marge de ladite Requête, du 11 de ce mois, portant qu'elle sera communiquée auxdits Hoquetons, pour leur réponse vue être par nous ordonné ce qu'il appartiendra; la réponse desdits Hoquetons, à laquelle se trouve jointe l'Ordonnance de M. Lambert, du 13 Maï 1757, nous avons ordonné et ordonnons que ladite Ordonnance sera exécutée suivant sa forme et teneur, et en conséquence, faisons défense audit Debon, et à tous autres de la Jurisdiction de faire et signifier aucuns actes concernant l'Intendance et la Subdélégation, qui consistent dans la significatïon d'Ordonnances supérieures, de quelque nature qu'elles puissent être; en second lieu, les publications des certificats, pour l'obtention et réunïon de terrains; en troisieme lieu, les publications de départs pour France; et enfin, généralement tous autres actes et exploits concernant les discussions de terrains, à peine de faux, de privation de leurs salaires, et de l'amende de 300 liv. prononcée dans la Commission accordée aux Hoquetons de la Subdélégation, entendant qu'il n'y ait à l'avenir que les Supplians qui jouissent de ce droit, à l'exclusion de tous auttes; ordonnons en outre audit Debon, et autres qui pourroient en avoir, de nous remettre leurs Commissions d'Huissiers de la Subdélégation, et à l'Intendance, aussi-tôt la signification des présentes, à peine de désobéissance. Mandons au premier Huissier sur ce requis de notifier ces présentes à qui il appartiendra ; autorisons à la faire lire, publier et afficher par-tout où besoin sera, icelle préalablement registrée au Greffe de l'Intendance. DONNÉ au Cap, &c.

Signé CLUGNY NUYS.

R. à la Subdélégation le 20.

ORDONNANCE *du Juge de Police du Cap, qui défend de tirer des fusées, pétards, et feux d'artifice dans l'intérieur de la Ville, à peine de 150 liv. d'amende contre les Blancs, et de punition corporelle contre les Esclaves.*

Du 3 Janvier 1761.

ORDONNANCE *de M. l'Intendant, qui enjoint aux Porteurs d'Ordonnances sur le Trésor, de billets de Caisse, et de récépissés sur les Receveurs particuliers, de les faire enregistrer au Bureau de l'Intendance, dans le chef-lieu de chacun des trois quartiers de la Colonie, à peine d'en être déchus.*

Du 4 Janvier 1761.

R. au Contrôle le 19 Février suivant.
Et au Greffe de la Subdélégation.

LETTRE *du Ministre au Conseil du Cap, relative à la perception des droits sur les Bâtimens étrangers, et approbative d'une suspension d'Arrêts de cette Cour, par les Administrateurs.*

Du 20 Janvier 1761.

MESSIEURS, j'ai rendu compte au Roi des observations que vous avez chargé MM. de Grandpré et Duperrier de dresser, sur la conduite que vous avez cru devoir tenir, au sujet des ordres que M. Peyrat avoit donnés aux Receveurs des droits de Saint-Domingue de percevoir trois pour cent sur toutes les denrées de la Colonie, qui y seroient chargées par Navires étrangers, au delà des droits ordinaires. Quoique les Arrêts qui ont été rendus par le Conseil Supérieur du Cap, à l'occasion de cette recette, soient contraires au sentiment de MM. Bart et Peyrat, le Conseil Supérieur n'auroit pas

pas dû se dispenser, suivant l'usage fondé sur les intentions de Sa Majesté, de leur remettre les observations, pour me les faire parvenir; c'est la première réflexion que Sa Majesté a faite, lorsque je lui ai présenté votre Mémoire. Sa Majesté m'a commandé de vous marquer qu'elle désapprouve que vous vous soyez dispensés de le leur remettre, pour me l'envoyer, et qu'elle veut que vous ne vous en absteniez point à l'avenir, sous quelque prétexte que ce soit: c'est une regle à laquelle elle désire que vous vous conformiez.

A l'égard de l'objet qui a donné lieu à vos représentations, Sa Majesté a été fort étonnée de l'affectation avec laquelle le Conseil a commencé, sur la connoissance qu'il a eue de l'ordre donné par M. Peyrat de percevoir les trois pour cent, par faire défenses aux Receveurs du Cap, et à tous autres dans l'étendue de son ressort, de percevoir ces droits, à peine d'être poursuivis comme concussionnaires publics, et d'ordonner que cet Arrêt seroit, comme il l'a été, lu, publié et affiché. Cette conduite de la part du Conseil fait voir d'abord une précipitation marquée, et un manquement d'égard pour les personnes qui représentent Sa Majesté dans la Colonie. Avant que de se déterminer à une procédure aussi vive, aussi indécente pour l'autorité, et aussi dangereuse pour les suites qu'elle pouvoit avoir, il auroit dû s'adresser à MM. Bart et Peyrat, pour savoir les motifs qui pouvoient avoir déterminé M. Peyrat à donner les ordres sur lesquels se faisoient les perceptions en question; il auroit concilié dans le principe la considération qu'il leur devoit, avec le motif qui le faisoit agir; il auroit pu ramener ces Chefs à suspendre cette perception jusqu'aux ordres de Sa Majesté, au lieu qu'il n'a cherché qu'à faire un coup d'éclat, qui n'a servi qu'à les aigrir, et à produire une fermentation dangereuse dans tous les temps, et plus encore dans les circonstances où l'on se trouvoit à Saint-Domingue. Sa Majesté ne peut pas douter que si le Conseil Supérieur eût pris la voie de la représentation, comme il l'auroit dû, il n'eût trouvé auprès de MM. Bart et Peyrat des dispositions pour ne rien précipiter. En effet, il n'a point été question, de la part de M. Peyrat, d'établir une imposition nouvelle à Saint-Domingue; l'ordre même qu'il a donné, et dont vous m'avez envoyé une copie, le prouve; il ne falloit que le lire, pour voir que son intention étoit seulement d'assurer dans la Colonie le payement des trois pour cent dus en France sur les denrées de Saint Domingue, que les circonstances avoient fait permettre aux Etrangers d'y aller charger, et qu'ils rapportoient chez eux. Son motif étoit fondé sur les clauses expresses qui en étoient insérées dans tous les passe-ports de Sa Majesté, qui avoient été délivrés pour des Navires étrangers ; et sans entrer dans la question de savoir s'il avoit pu ou dû ordonner le payement de ce droit à Saint-Domingue, il est du moins certain que ce droit est dû en France, et qu'il doit importer fort peu aux Habitans qu'il soit payé par les Chargeurs, soit en France, soit dans la Colonie, toutes les fois que la denrée y est assujettie : c'est une distinction que le Conseil Supérieur auroit dû faire, au lieu de se livrer à la discussiou des pouvoirs d'un Intendant, et de celui qui le représente, de répandre dans ses Arrêts des expressions peu mesurées, et de représenter en alarmes les Habitans de Saint-Domingue, qui n'en avoient aucune, et dont la plus saine partie a été scandalisée de la conduite du Conseil.

Le Conseil Supérieur se seroit épargné les autres Arrêts ; MM. Bart et Peyrat n'auroient pas été obligés de rendre l'Ordonnance qui les rend inutiles, si, dans le principe, il avoit consenti à la suspension du premier, comme le Gouverneur Général et l'Ordonnateur le lui avoient demandé; et si même il n'avoit pas cherché à rendre inutile le moyen pris par MM. Bart et Peyrat d'exiger simplement des cautionnemens des Etrangers chargeurs, pour la sûreté du payement des trois pour cent.

Enfin, le Conseil Supérieur ne se seroit pas mis dans le cas de voir ses Arrêts cassés, comme ils méritent de l'être, et comme ils l'auroient été infailliblement, si je n'avois représenté à Sa Majesté la peine que je sentois d'avoir à vous annoncer cette mortification, et si je ne lui avois observé que ces Arrêts tomboient d'eux-mêmes, non seulement par l'Ordonnance que MM. Bart et Peyrat ont rendue, mais encore par les ordres qu'elle avoit donnés avant que cette Ordonnance fût venue à sa connoissance, de ne point percevoir les trois pour cent dus en France sur les denrées chargées par les Etrangers à Saint-Domingue.

Sa Majesté a donc bien voulu vous épargner ce désagrément ; mais elle vous ordonne de faire enregistrer cette dépêche sur le registre qui contient les Arrêts du Conseil Supérieur, d'être plus circonspects à l'avenir, de mettre moins de précipitation dans vos démarches, et de donner à ses Peuples l'exemple de la modération, comme le Conseil Supérieur du Port-au-Prince l'a fait dans cette circonstance.

De mon côté, vous me trouverez toujours disposé à faire valoir vos services, votre vigilance, et votre zele dans l'administration de la Justice. Vous avez dû voir que depuis que Sa Majesté m'a confié le département de la Marine, je me suis occupé de ce qui peut non seulement contribuer à la perfection et à l'accroissement des cultures de Saint-Domingue, mais même de procurer à ses Habitans la facilité d'en faire connoître tous les moyens : vous devez de votre côté, comme Habitans, concourir à mes vues ; comme Juges, vous renfermer dans les bornes de vos fonctions, éviter soigneusement les occasions qui pourroient aigrir les esprits, faire les représentations que vous croirez convenables, et dans la forme qui vous est prescrite, et attendre que Sa Majesté fasse connoître ses intentions ; car je ne vous dissimule pas que je serois fâché qu'il vous arrivât, dans quelque autre circonstance, de rendre des Arrêts de la nature de ceux dont il est question, parce que Sa Majesté les verroit avec peine, et que je ne parviendrois pas à empêcher l'exemple qu'elle vouloit faire de ceux-ci. Je suis, &c.

Signé BERRIER.

R. au Conseil du Cap le 6 Mai 1761.

LETTRE du Ministre à MM. BART et DE CLUGNY, sur les droits exigés des Bâtimens étrangers.

Du 20 Janvier 1761.

PAR une autre de mes dépêches, je vous envoie celle pour le Conseil Supérieur du Cap, qui contient les intentions du Roi par rapport aux Arrêts qu'il a rendus sur la perception ordonnée à Saint-Domingue de trois pour cent sur les denrées étrangeres portées dans cette Colonie par des Bâtimens étrangers. Mais je vais entrer ici dans un examen plus particulier, tant de ce qui concerne ce droit, que de ce qui a été fait par M. Peyrat pour en faire faire la perception.

Il est d'abord certain qu'il ne peut ni ne doit être levé dans les Colonies aucun droit, de quelque nature qu'il puisse être, sans un ordre du Roi ; dès-lors M. Peyrat avoit, comme je l'ai marqué à M. de Clugny le 24 Août de l'année derniere, excédé ses pouvoirs, en ordonnant la perception desdits trois pour cent. Ce Commissaire a cru pouvoir en agir à Saint Domingue comme il avoit vu qu'on en usoit à la Martinique, où l'on perçoit en effet des droits du Domaine sur les denrées de nos Isles dont on permet l'exportation à l'Etranger. Mais la constitution de Saint-Domingue est différente des autres Isles, en ce que, dans la premiere, il n'a jamais été établi que des droits d'Octroi, et que, suivant même la promesse que le feu Roi en a faite, et que Sa Majesté en a renouvelée dans plusieurs occasions, et encore en 1759, pour la continuation des droits imposés en 1750, il ne doit en être perçu à Saint-Domingue qu'après qu'ils auront été proposés par les Habitans représentés par les Conseils Supérieurs, et confirmés par Sa Majesté. C'est une forme dont on ne s'est jamais écarté, et que Sa Majesté veut maintenir, par une suite des ménagemens qu'elle veut bien avoir pour les Habitans de cette Isle, au lieu que, dans les autres Isles, Sa Majesté y établit purement et simplement les droits qu'elle juge nécessaire pour leur conservation et pour son service.

Il n'est pas étonnant, d'après ces principes, dont les Habitans de Saint-Domingue sont jaloux, que le Conseil Supérieur du Cap, qui, dans tous les temps, s'est montré le premier pour les soutenir, ait fait voir de la chaleur dans les poursuites, sur-tout le tarif que M. Peyrat avoit dressé pour la perception de ces droits étant, dans plusieurs articles, du double et du triple, et dans d'autres de plus du quadruple des trois pour cent qu'il vouloit percevoir sous le nom de droits du Domaine d'Occident sur les denrées de la Colonie. Ce droit, très-ancien en France et dans les autres Isles, étoit nouveau à Saint-Domingue. Les exemples de quelques occasions où ils ont été permis sur quelques chargemens, non plus que la perception qui y a été faite pendant la derniere guerre, du droit d'indult, ne suffisoit pas pour autoriser M. Peyrat. Sa Majesté n'avoit jamais ordonné la levée des trois pour cent; les passe-ports mêmes qui ont été accordés en France, tant dans le commencement de la guerre, que ceux qu'on expédie encore, prouvent que ce droit doit être payé en France, puisqu'on y exige une caution sédentaire et connue. Il est vrai que le droit d'indult fut payé dans la derniere guerre à Saint-Domingue, pour quelques parties; mais ce ne fut que des objets modiques, qui ne firent aucune sensation, et qui n'éprouverent point de difficulté; d'ailleurs M. Maillart étoit autorisé à le faire payer pour les chargemens introduits à Saint-Domingue, et dont les navires y étoient condamnés. D'un autre côté, le droit d'indult étoit d'une nature différente, et tournoit tout entier à l'avantage des Habitans, pour les escortes des Vaisseaux, dont l'armement étoit payé par le produit de ce droit. Quand même il y auroit eu quelques exemples d'une pareille perception, elle étoit contraire à la constitution de la Colonie; elle n'étoit point autorisée par le Roi; et en revenant aux véritables principes, M. Peyrat n'auroit pas dû s'exposer à la résistance qu'il a éprouvée; il auroit dû me proposer auparavant son projet, et je lui aurois fait connoître les intentions de Sa Majesté.

Ce n'est pas, comme vous le verrez par une autre de mes dépêches, que le Conseil Supérieur du Cap puisse être approuvé; il l'auroit été s'il se fût contenté de faire des représentations sur le cautionnement que MM. Bart et Peyrat ont exigé pour la sûreté du payement du droit de trois pour cent; mais sa conduite a été trop précipitée, ses Arrêts immodérés, ses expressions peu mesurées. Il a usé, sans aucun ménagement, de l'occasion que M. Peyrat lui fournissoit, pour déprimer dans ses mains l'autorité qui lui étoit confiée. Cet événement vous prouve combien il est essentiel de se renfermer dans les bornes de l'administration qui vous est confiée, et combien il est dangereux de s'en écarter. Pour éviter dans la suite de tomber dans de pareils inconvéniens, il est nécessaire que, lorsque vous aurez, ou en commun ou séparément, des vues, soit pour l'amélioration, soit pour des changemens dans votre administration, vous m'en envoyiez les projets avec les motifs. Je prendrai les ordres du Roi, et je vous les ferai passer aussi-tôt qu'il sera possible; mais dans quelque circonstance que ce puisse être, à moins qu'elle ne fût de nature à exiger une exécution prompte et indispensable pour le service, vous devez attendre les ordres de Sa Majesté, avant que de rien innover : c'est le moyen de faire cesser les occasions de schisme, et prévenir les mauvaises intentions.

ORDONNANCE *des Administrateurs, pour l'établissement d'un Tambour ou Trompette public dans chaque Ville du ressort du Conseil du Cap.*

Du 27 Janvier 1761.

PHILIPPE-François Bart, &c.

Jean-Etienne-Bernard de Clugny, &c.

Sur ce qui nous a été représenté qu'il seroit avantageux au Public d'établir dans chaque Ville du ressort du Conseil Supérieur du Cap, un Tambour ou Trompette destiné à faire toutes publications, tant des Ordonnances, Edits, Déclarations, et Réglemens émanés de Sa Majesté, que des Ordonnances ou Réglemens émanés de nous, relatifs à la police générale et à l'ordre public, ainsi que des Ordonnances ou Réglemens de police particuliere, ventes et adjudications de la part des Conseils et des Tribunaux ordinaires, nous avons ordonné et ordonnons qu'il sera établi, et par ces présentes, créons et établissons dans chacune des Villes du Cap, Port-de-Paix, et du Fort Dauphin, un Tambour public ou Trompette, selon que l'un ou l'autre se trouvera plus aisément, à l'effet de faire toutes les publications en vertu du droit que nous lui en attribuons exclusivement à tous autres, pour lesquelles publications il lui sera alloué tels salaires qui seront réglés et fixés pour chacune, suivant un tarif qui sera de nous approuvé, après avoir été dressé par MM. du Conseil Supérieur du Cap, que nous prions de faire enregistrer la présente Ordonnance au Greffe dudit Conseil, et en ceux des Jurisdictions du ressort, après qu'il l'aura été au Greffe de l'Intendance. DONNÉ, &c. *Signés* BART et CLUGNY NUYS.

R. au Conseil du Cap le 11 *Février suivant.*

ARRÊT du Conseil du Cap, touchant le Port d'armes, et qui l'interdit expressément aux Negres et Mulâtres libres.

Du 3 Février 1761.

VU par le Conseil la Remontrance à lui faite par le Procureur Général, contenant qu'au mépris de l'Ordonnance du Roi, du 23 Juillet 1720, concernant le port d'armes dans les Bourgs et Villes des Colonies, toutes les personnes à qui il est interdit, continuoient à porter l'épée ; que l'inexécution de cette Ordonnance occasionnoit fréquemment les mêmes désordres auxquels elle avoit eu pour objet de remédier; que la fureur des combats singuliers se multiplioit de jour en jour, et avoit même gagné parmi le Peuple ; que, malgré la sévérité des Loix, il n'y avoit point d'année où elle n'enlevât plusieurs Citoyens à cette Colonie ; que dernierement encore, le Remontrant avoit été averti d'un duel commis en plein jour dans cette Ville ; que la source fatale de ces combats venoit en partie du port habituel des armes; qu'il paroissoit indispensable, pour prévenir, autant qu'il étoit possible, des crimes aussi funestes, de rappeler cette Ordonnance, que l'on pouvoit ignorer, ou que l'on feignoit de ne pas connoître; que, d'un autre côté, l'article 18 de l'Arrêt de Réglement de la Cour, du 7 Avril 1758, qui défend le port d'armes aux Mulâtres et Negres libres, hors le cas de service, étoit aussi resté sans exécution; qu'il en étoit résulté des maux aussi frappans; que depuis peu, aux environs de la Ville du Fort Dauphin, il s'étoit pareillement commis un duel entre deux hommes de cette classe ; qu'il étoit également nécessaire de présenter de nouveau la disposition de cet Arrêt. A CES CAUSES, requéroit, &c. Oui le rapport de M. le Gras, Conseiller, et tout considéré : LE CONSEIL, faisant droit sur la Remontrance dudit Procureur Général, a ordonné et ordonnne que ladite Ordonnance du Roi, du 23 Juillet 1720, ensemble l'article 18 de l'Arrêt de Réglement de la Cour, du 7 Avril 1758, seront exécutés suivant leur forme et teneur ; en conséquence, enjoint à tous Prévôts et Inspecteurs de Police de tenir la main à leur exécution; ordonne que ladite Ordonnance du Roi, et l'article dudit Arrêt de la Cour, seront de nouveau publiés et affichés dans tous les Bourgs et Villes du ressort, à la diligence dudit Procureur Général.

ARRÊT du Conseil du Cap, qui enjoint aux Chirurgiens de déclarer dans les vingt-quatre heures les blessés qu'ils pansent.

Du 3 Février 1761.

VU par le Conseil la Remontrance du Procureur Général, contenant que, par un abus également opposé au bon ordre et à la découverte des crimes, les Chirurgiens des Villes du ressort gardoient un profond silence sur les blessés confiés à leurs soins; que cependant l'article 130 des Statuts des Maîtres Chirurgiens les assujettit à déclarer les blessés qu'ils ont pansés chez eux ou ailleurs ; que cette obligation étoit spécialement consacrée dans la Déclaration du Roi du mois de Décembre 1666, qui prononce des peines séveres contre les Chirurgiens qui y seroient contrevenans ; qu'un des moyens le plus sûr et le plus prompt pour avoir connoissance des rixes ensanglantées, des homicides, des assassinats, et des duels, étoit d'être avertis par les Chirurgiens des blessés, de l'état des blessures, et des instrumens qui pouvoient les avoir causées, &c. ; et ouï le rapport de M. le Gras, Conseiller, et tout considéré, LE CONSEIL a ordonné et ordonne que tous les Chirurgiens des Villes du ressort dudit Conseil, déclareront aux Procureurs du Rôi des Jurisdictions, dans les vingt-quatre heures, et même plutôt, s'il est possible, les blessés qu'ils auront pansés chez eux, ou ailleurs, à peine contre les contrevenans de deux cents liv. d'amende, pour la premiere fois; d'interdiction pendant un an de l'exercice de la Chirurgie, pour la seconde ; et de privation dudit exercice de Chirurgie, pour la troisieme : ordonne que le présent Arrêt sera lu, publié, et affiché où besoin sera, et copies d'icelui envoyées ès Jurisdictions du ressort, &c.

Voy. *l'Arrêt du Conseil du Port-au-Prince du 18 Septembre suivant.*

ARRÊT du Conseil d'Etat, qui nomme des Commissaires pour la connoissance des affaires contentieuses des Colonies, portées au Conseil de Sa Majesté.

Du 8 Février 1761.

LE Roi s'étant fait rendre compte des moyens propres à réformer les abus qui se sont introduits dans l'administration de ses Colonies, et à y établir un ordre capable, non seulement d'assurer la fortune et la tranquillité, mais encore de soutenir et même augmenter les établissemens qui y ont ci-devant été ou pourroient être formés à l'avenir; Sa Majesté, toujours occupée du bonheur de ses Peuples, a déjà commencé à donner à ses Sujets desdites Colonies, des témoignagees essentiels de sa protection, par la permission qu'elle leur a accordée d'envoyer en France des Députés, à l'effet d'assister au Bureau du Commerce, pour, conjointement avec les Députés des Villes du Royaume, veiller particulierement aux intérêts des Habitans: mais un commerce si intéressant en lui-même, et si propre à animer l'industrie et à encourager l'art de la Navigation, ne pouvant se soutenir, et jouir de la sûteté qui lui est nécessaire, qu'à l'abri de l'exécution des Loix, Sa Majesté regarderoit comme imparfaite la protection singuliere qu'elle veut lui donner, si elle laissoit subsister les abus qui se sont introduits dans la distribution de la Justice: Sa Majesté a été informée que l'ordre judiciaire est altéré dans plusieurs points par des interprétations arbitraires, qui ne laissent presque plus à la Jurisprudence d'état certain; que ce désordre, provenu, soit de la distance des lieux, soit du peu de Réglemens sages en eux-mêmes, soit des applications indiscretes et vicieuses qu'on en a faites, a interverti l'ordre et la compétence des Tribunaux; et Sa Majesté ayant reconnu la nécessité de mettre fin incessamment à des abus aussi préjudiciables au bien de son service et au repos de ses Peuples, elle a jugé indispensable, pour y parvenir, d'établir une Commission composée de Membres de son Conseil, à laquelle elle a résolu de renvoyer et d'attribuer l'examen de toutes les matieres contentieuses provenant desdites Colonies, et de nature à être discutées dans son Conseil; et en rétablissant par ce moyen l'uniformité essentielle à la Jurisprudence, de rassembler les connoissances nécessaires pour la perfectionner par de nouveaux Réglemens, que lesdits Commissaires pourront proposer comme convenables à l'état des lieux, des personnes, et des biens; à quoi étant

nécessaire

nécessaire de pourvoir, ouï le rapport, LE ROI étant en son Conseil, a commis et commet les sieurs de Fontanieu, de la Bourdonnaye, Conseillers d'Etat, et les sieurs le Pelletier de Morfontaine, Dupleix de Baquincourt, de Boullongne, Taboureau des Réaux, d'Aine, de Cotte et de Vilevaut, Maître des Requêtes, à l'effet d'examiner et discuter toutes les matieres contentieuses provenant des Colonies, et de nature à être portées dans son Conseil, pour, sur le vu des Requêtes et pieces des Parties, ensemble sur les conclusions du sieur Petit, ancien Conseiller au Conseil Supérieur de Léogane, que Sa Majesté a commis et commet pour son Procureur Général en ladite Commission, être par lesdits sieurs Commissaires donné leur avis à Sa Majesté, et sur ledit avis remis au Secrétaire d'Etat ayant le département de la Marine, être par Sa Majesté statué ce qu'il appartiendra, attribuant à cet effet tout pouvoir et connoissance auxdits sieurs Commissaires, lesquels pourront appeler et entendre les Députés des Colonies, lorsque le cas le requerra. Veut et entend Sa Majesté, qu'à compter du jour de la publication du présent Arrêt, les Parties, leurs fondés de procuration, ou leurs Avocats, soient tenus de remettre leurs Requêtes et pieces entre les mains du Secrétaire d'Etat ayant le département de la Marine, lequel en fera le renvoi auxdits sieurs Commissaires, pour, sur les conclusions du Procureur Général en ladite Commission, et au rapport de l'un deux, être procédé à la formation de leur avis. Fait Sa Majesté défenses aux Parties, à leurs fondés de procuration, et aux Avocats de son Conseil, de porter aucunes des contestations provenant desdites Colonies, ailleurs que pardevant lesdits sieurs Commissaires, à peine de nullité de Procédures, et de tous dépens, dommages et intérêts; enjoint Sa Majesté aux Gouverneurs, ses Lieutenans Généraux, Intendans aux Conseils Supérieurs établis dans ses Colonies, et à tous autres qu'il appartiendra, de veiller, chacun en droit soi, à l'exécution du présent Arrêt, que Sa Majesté veut et ordonne être enregistré ès registres desdits Conseils Supérieurs, lu, publié et affiché par-tout où besoin sera dans lesdites Colonies, desquels enregistrement, lecture et publication, les Gouverneurs, Lieutenans Généraux, Intendans, et Procureurs de Sa Majesté ès Conseils Supérieurs des Colonies, seront tenus de certifier le Secrétaire d'Etat ayant le département de la Marine, aussi tôt ledit enregistrement, lecture, et publication. FAIT au Conseil d'Etat, &c.

Voy. *l'Arrêt du Conseil d'Etat du 26 Mars suivant.*

ARRÊT *du Conseil du Cap, concernant la police de ses Procureurs.*

Du 10 Février 1761.

Vu par le Conseil la Remontrance à lui faite par le Procureur Général du Roi, contenant que, lors de l'établissement des Procureurs en la Cour, il n'auroit été établi aucunes regles, soit pour s'assurer de leur capacité, soit pour les réunir, et par-là les inviter à s'observer mutuellement, soit enfin pour introduire parmi eux l'esprit d'une Jurisprudence suivie; qu'il en étoit résulté une confusion désavantageuse à plusieurs d'entre eux, et des abus préjudiciables au bien public; que l'on auroit vu des sujets qui, sans être gradués, sans avoir suivi le Barreau, et n'ayant pour eux qu'une légere connoissance de la pratique acquise en peu de temps dans une étude, avoient été pourvus de Commissions de Procureur; que c'étoit à eux principalement que l'on devoit attribuer cette multiplicité de procédures, souvent irrégulieres, toujours inutiles, ces détours et ces abus de la forme, aussi fatigans pour les Juges, que ruineux pour les Parties; que, faute d'avoir des assemblées et des registres communs, le plus grand nombre négligeoient de recueillir les Arrêts, qui forment la Jurisprudence de la Cour, et servent de fondement à de nouveaux Jugemens; ce qui produisoit une diversité dangereuse de principes dans les Ecrits et les Plaidoiries; que chaque Procureur se regardant comme distinct et séparé des autres, croyoit n'avoir aucun intérêt, ou même aucun titre pour relever l'ignorance, l'inconduite, ou les prévarications de ses Confreres; ce qui entretenoit les désordres; que plusieurs d'entre eux, qui étoient Avocats, et qui avoient milité dans les Tribunaux Souverains de France, éprouvoient le désagrément d'être confondus avec ces simples Praticiens; et d'en être souvent précédés dans les assemblées publiques; qu'en ôtant les distinctions, c'étoit détruire l'émulation; que le Remontrant, frappé des suites que ces abus entraînoient après eux, s'étoit appliqué à chercher des moyens d'y remédier, autant que la nature de cette Colonie et l'état actuel de la Justice pouvoient le permettre, moyens qu'il soumettoit aux lumieres et à la prudence de la Cour; que, dans ces circonstances, il proposoit, &c.: et ouï le rapport de M. Duperrier, Conseiller, et tout considéré; LE CONSEIL, faisant droit sur la remontrance du Procureur Général, a ordonné et ordonne:

ART. 1er. Que les pourvus de Commissions de Procureurs en la Cour, ne pourront à l'avenir être reçus, qu'en justifiant, ou qu'ils sont gradués, ou qu'ils ont, pendant trois ans, suivi le Barreau et travaillé dans l'Etude d'un Procureur.

ART. II. Sera établi un Registre des Procureurs en la Cour, lequel sera paraphé par le Président, et gardé par le plus ancien des Procureurs gradués, à l'effet d'inscrire sur ledit Registre les Commissions, Arrêts d'enregistremens d'icelles, et prestations de serment, tant des Procureurs actuels que futurs; comme aussi les Arrêts d'interdiction d'iceux, si aucuns survenoient, ensemble les Arrêts et Réglemens de la Cour, concernant la discipline du Barreau, l'ordre de procéder, les frais de poursuite, ainsi que les Jugemens formant la Jurisprudence locale de la Cour.

ART. III. Ordonne qu'à l'avenir les Procureurs en la Cour s'assembleront quatre fois l'année au parquet, en présence des Gens du Roi, aux jours qui seront fixés par le Procureur Général, à l'effet d'examiner les abus qui pourroient s'être introduits dans le Barreau, et les plaintes qui pourroient être portées contre quelques-uns desdits Procureurs, pour le résultat desdites conférences être apporté à la Cour par le Procureur Général, et être ordonné ce qu'il appartiendra.

ART. IV. Ordonne enfin que, dans lesdites assemblés, les Procureurs gradués seront placés et parleront avant les autres; et que, dans les marches publiques, ils précéderont également les Procureurs non gradués, et que le Doyen des Procureurs sera toujours le plus ancien des Procureurs gradués.

ART. V. Ordonne que le présent Arrêt sera inscrit en tête du registre desdits Procureurs, &c.

Voy. *l'Arrêt du Conseil du Port-au-Prince du* 18 *Septembre suivant.*

ARRÊT du Conseil du Cap, qui ordonne que les Confrontations seront toutes mises sur un même cahier, quand elles concerneront le même Accusé.

Du 14 Février 1761.

SUR ce qui a été été remontré au Conseil par le Procureur Général du Roi, et ouï le rapport de M. le Gras, Conseiller, et tout considéré : LE CONSEIL, faisant droit sur le Réquisitoire du Procureur Général, ordonne que toutes les confrontatious faites au même accusé, seront à l'avenir écrites dans un seul et même cahier; enjoint aux Juges criminels et Greffiers de s'y conformer; et sera le présent Arrêt lu et registré ès Greffes des Jurisdictions du ressort.

Voy. *l'Arrêt du Conseil du Port-au-Prince du* 18 *Septembre suivant.*

ARRÊT du Conseil du Cap, qui ordonne que les deniers saisis entre les mains d'un tiers, sur une succession vacante, seront remis directement au saisissant, et non pas au Curateur.

Du 11 Février 1761.

LOUIS, &c. Entre le sieur Barthelemy, Chirurgien au Cap, Appelant d'une part; et Me. Coma, Curateur aux successions vacantes, gérant en cette qualité celle du sieur Latty, intimé, d'autre part; de la cause le sieur Genouvrier, Habitant au Limbé, tiers saisi, d'autre part; après que Crosnier, Procureur pour ledit Barthelemy; Arnoux pour ledit Me. Coma, et Chiron pour ledit Genouvrier, ont été ouïs, ensemble Me. Bonneau, Substitut pour notre Procureur Général, et tout considéré, NOTREDIT CONSEIL donne acte à la Partie de Chiron de ce qu'elle s'en rapporte à la prudence de la Cour; et faisant droit sur les appellations, a mis et met icelles, et ce dont est appel au néant, en ce qu'il a été ordonné que la délivrance des deniers saisis seroit faite à la partie d'Arnoux; *émendant*, ordonne que ladite délivrance sera faite à la Partie de Crosnier; condamne ladite Partie d'Arnoux, en sa qualité, aux dépens des causes principales et d'appel envers lesdites Parties; et faisant droit sur les conclusions dudit Procureur Général du Roi, ordonne que le présent Arrêt sera enregistré aux Greffes des Jurisdictions du ressort, et sur le registre du Syndic des Procureurs en la Cour, &c.

PROVISIONS de Gouverneur-Lieutenant Général, pour M. DE BORY.

Du 13 Février 1761.

LOUIS, &c. Salut. Le Gouvernement Général de nos Isles sous le Vent de l'Amérique, étant sur le point de vaquer, par le retour en France du sieur Bart, qui en est actuellement pourvu, &c... A CES CAUSES, &c....

la tenir et exercer, en jouir et user pendant trois années, aux honneurs, pouvoirs, autorités, prérogatives, prééminences, franchises, libertés, droits et appointemens y appartenans, suivant et de la maniere que nous l'avons réglé par notre Ordonnance du 23 Juillet 1759. Si donnons en mandement à tous Gouverneurs, Lieutenans, et Officiers des Conseils Supérieurs.... Il lui soit payé comptant par chacun an, à compter du jour qu'il prendra possession de ladite Charge à Saint-Domingue, la somme de 150,000 liv, monnoie desdites Isles, pour tous gages, appointemens, paye de la Compagnie de ses Gardes, et pour tous frais et émolumens quelconques de ladite Charge, sans pouvoir exiger ni prétendre aucun autre bénéfice, tant pour lui que pour les personnes qui seront sous ses ordres, conformément aux dispositions de notredite Ordonnance du 23 Juillet 1759, concernant le traitement du Gouverneur-Lieutenant Général, et être employé pour ladite somme dans les Ordonnances particulieres et états qui en seront par nous expédiés et signés; n'entendons que, pendant le temps que ledit sieur Bory exercera ladite Charge de Gouverneur et notre Lieutenant Général en nosdites Isles sous le Vent, il puisse contracter mariage avec aucune fille Créole desdites Isles, ni acquérir aucune Habitation ou autres biens-fonds, conformément à une autre de nos Ordonnances du 23 Juillet 1759, sous peine de destitution de ladite Charge. Mandons à notre très-cher et très-amé Cousin, le Duc de Penthievre, Amiral de France, &c.

Le Duc DE PENTHIEVRE, Amiral de France. Mandons à tous ceux sur qui notre pouvoir s'étend, &c.

R. au Conseil du Cap le 30 Mars 1762.

Pour le surplus de ces Provisions, voy. *celles de M. de Conflans, du 1er Mai 1747.*

COMMISSION de Tambour public, avec privilége exclusif, donnée par M. l'Intendant à l'Hospitalier de la Providence.

Du 15 Février 1761.

R. au Conseil du Cap le 18.

ARRÊT du Conseil du Cap, touchant les Préfets Apostoliques des Missions et les Curés.

Du 18 Février 1761.

VU par le Conseil la Remontrance à lui faite par le Procureur Général du Roi, contenant, &c.; ouï le rapport de M. le Gras, Conseiller, la matiere mise en délibération, et tout considéré : LE CONSEIL, sous le bon plaisir du Roi, et jusqu'à ce qu'il en ait autrement ordonné, ayant égard au Réquisitoire dudit Procureur Général, a ordonné et ordonne ce qui suit :

ART. Ier. Le Supérieur de la Mission et Préfet Apostolique actuel sera tenu de faire enregistrer au Greffe de la Cour, sous un mois du jour de la publication du présent Arrêt, les provisions ou actes de nomination ou d'élection par lesquels il est Supérieur de la Mission et Préfet Apostolique, lequel enregistrement sera gratuit.

ART. II. Le Supérieur de la Mission et Préfet Apostolique actuel, sera pareillement tenu de faire enregistrer sous un mois, au Greffe de la Cour, les bulles, actes ou titres qui contiennent les pouvoirs accordés au Préfet Apostolique, lequel enregistrement sera gratuit.

ART. III. Chaque Religieux à l'avenir qui sera nommé, élu ou établi Supérieur de la Mission et Préfet Apostolique, sera tenu de faire enregistrer au Greffe de la Cour les provisions ou actes de nomination ou d'élection pour lesquels il sera élu Supérieur de la mission, et Préfet Apostolique, et ce dans le mois de sa date, à compter du jour qu'ils entreront en fonction, lequel enregistrement sera gratuit.

ART. IV. Toutes les dispenses d'un ou deux bancs, les dispenses de parenté, les fulminations d'icelles seront pareillement enregistrées, sous un mois de leur date, au Greffe des Jurisdictions du domicile des Parties, pour lequel enregistrement ne sera pris par le Greffier que la somme de 3 liv.

ART. V. Les Religieux ou Prêtres préposés à la desserte des Cures seront tenus, dans le mois de leur nomination, de faire enregistrer au Greffe de la Jurisdiction Royale, dans le ressort de laquelle sera située la Cure, l'acte par lequel ils auront été nommés pour la desservir par le Supérieur de la Mission et Préfet Apostolique, pour lequel enregistrement ne sera pris que la somme de 3 liv.

Art. VI. Les Religieux ou Prêtres préposés à la desserte des Cures ne pourront en prendre possession, qu'au préalable il n'ait été fait par le Marguillier en charge, en présence desdits Religieux, un inventaire des effets appartenans à la Paroisse et Fabrique, soit dans le Presbytere, soit dans l'Eglise, lequel inventaire sera signé desdits Religieux et Marguilliers.

Art. VII. Les Religieux ou Prêtres desservans des Cures, qui recevront des testamens ou autres dispostions à cause de mort, seront tenus, incontinent après la mort du testateur, de remettre le testament qu'ils auront reçu, chez le Notaire du lieu, ou chez le plus proche Notaire.

Art. VIII. Les Religieux ou Prêtres desservans les Cures seront tenus d'inscrire sur les deux registres que les Marguilliers en charge leur fourniront chaque année, cotés et paraphés par les Juges Royaux, tous les baptêmes, mariages, et sépultures des personnes libres qui se feront dans le cours de chaque année; seront tenus d'inscrire sur deux registres, qui seront pareillement fournis, cotés et paraphés, les baptêmes, mariages, et sépultures des Esclaves, et feront mention dans les actes de célébration de mariage des Esclaves, du consentement des Maîtres.

Art. IX. Dans six semaines après l'expiration de chaque année, les Desservans des Cures apporteront, ou feront apporter et remettre sûrement un double desdits registres au Greffe du Siége Royal dudit lieu.

Art. X. En cas de mutation de Religieux ou de Prêtres desservans les Cures, l'ancien Desservant sera tenu de remettre à celui qui lui succédera, les registres qui seront en sa possession, dont il lui sera donné une décharge, contenant le nombre et les années desdits registres.

Art. XI. Lors du décès des Desservans les Cures, le Juge du lieu, sur la réquisition du Procureur du Roi, dressera un procès verbal du nombre et des années des registres qui seront en la possession du défunt, de l'état où il les aura trouvés, et des défauts qui pourroient s'y rencontrer, chacun desquels registres il paraphera au commencement et à la fin, et remettra ensuite au Marguillier en charge; et ne pourra, pour ledit procès verbal, être pris qu'une vacation pour les Paroisses voisines de deux lieues, et quatre vacations pour les Paroisses éloignées de plus de six lieues, soit dans les plaines, soit dans les montagnes, lesquels frais seront supportés par les Fabriques.

Art. XII. Dans le cas où il auroit été apposé un scellé sur les effets desdits Desservans décédés, lesdits registres ne pourront être laissés sous le scellé; mais seront les anciens registres enfermés au Presbytere dans un coffre ou armoire fermant à clef, laquelle sera déposée au Greffe, et les registres doubles de l'année courante remis ès mains du Marguillier en charge, lequel remettra ensuite lesdits registres au Desservant qui sera nommé, auquel temps sera pareillement remise la clef du coffre ou armoire où les anciens registres ont été déposés.

Art. XIII. Enjoint au Greffier de tenir un registre particulier pour les enregistremens ordonnés.

Art. XIV. Ordonnons que le présent Arrêt sera lu, publié, et enregistré ès Jurisdictions Royales du ressort, et inscrit sur les registres des délibérations des Paroisses, à la diligence des Substituts dudit Procureur Général esdites Jurisdictions, &c.

Arrêt de Réglement du Conseil du Cap, sur les abus, en matiere de Religion, de la part des Gens de couleur.

Du 18 Février 1761.

Vu par le Conseil la Remontrance à lui faite par le Procureur Général du Roi, contenant que les attroupemens des Negres, intéressant, non seulement le maintien de la Police et le bon ordre, mais même la sûreté publique, avoient de tout temps été un des principaux objets de l'attention de la Cour; que, malgré la sévérité des peines portées dans le Code Noir contre les attroupemens, cette Loi avoit été souvent éludée par la ruse des Esclaves, qui couvroient les assemblées du voile de l'obscurité et de celui de la Religion, en se réunissant la nuit dans les Eglises; que la Cour, avertie de ce nouveau genre de désordre, frappée des conséquences qu'il présentoit, instruite d'ailleurs que par-là les Temples de Dieu devenoient le refuge passager des Negres fugitifs, et servoient souvent de théâtre à la prostitution, avoit défendu, à peine de fouet et de la fleur de lis, et de plus grosse peine, en cas de fréquente récidive, ou autres circonstances aggravantes, par l'article IV de son Réglement du 7 Avril 1758, aux Negres Esclaves de s'assembler dans les Eglises après le soleil couché, que

la

la disposition de cet article avoit eu principalement pour objet cette Ville, où la multiplicité de Negres domestiques et Ouvriers, et la proximité de l'Eglise, rendoient ces attroupemens plus fréquens et plus nombreux ; que cependant, sous le prétexte de la priere qu'il est d'usage de faire en cette Ville pour les Negres, sur la fin du jour, ces assemblées nocturnes avoient continué dans cette Paroisse; que les Marguilliers, pour maintenir, autant qu'il étoit en eux, l'exécution de ce Réglement, et pour prévenir les vols qui pourroient se commettre à la faveur de la nuit, et auxquels ils devoient veiller, comme responsables des effets de la Fabrique, avoient fait fermer l'Eglise aux Esclaves au soleil couché; que lesdits Marguilliers s'étant apperçus, depuis quelque temps, que les Négres profitoient le jour des momens où tous les Citoyens étoient retirés chez eux, et se livroient au repos, pour s'assembler également dans l'Eglise, ils avoient cru devoir aussi leur en fermer l'entrée depuis midi jusqu'à deux heures; mais qu'ayant éprouvé quelques difficultés à ce sujet, ils en avoient donné avis au Remontrant, pour qu'il plût à la Cour leur prescrire la conduite qu'ils doivent tenir; qu'il s'étoit introduit dans cette même Paroisse d'autres abus, non seulement à l'occasion des Negres esclaves, mais aussi des Negres libres; que par Lettres patentes concernant l'établissement des Peres de la Compagnie de Jésus dans la partie du nord de cette Isle, il est porté qu'il y aura un Religieux au Cap, chargé de l'instruction des Negres; que le Religieux chargé de cette instruction, au lieu de se renfermer dans le Catéchisme, la prédication, et la priere, par un zele dont le principe étoit sans doute louable, mais dont les suites pourrroient être dangereuses, faisoit seul, à l'égard desdits Negres libres et esclaves, toutes les fonctions curiales; que cela sembloit annoncer et inspirer à ces mêmes Negres, qu'ils formoient un corps de Fideles distincts et séparés des autres; ce qui étoit aussi contraire à la saine politique, qu'opposé aux véritables maximes de la Religion; que ce ne pouvoit être que par une suite de cette idée que lesdits Negres avoient érigé quelques-uns d'eux en Chantres, en Bedeaux, et en espece de Marguilliers, et affectoient de copier l'usage des Fabriques, que les préjugés de la Religion étoient d'autant plus funestes, que leur base étoit sacrée; que la Cour avoit eu lieu de s'en convaincre, il y a peu d'années, à l'occasion des procès multipliés pour crime de poison; qu'elle s'étoit assurée alors qu'un grand nombre desdits Negres, animés par un faux esprit de piété, s'obstinoient à taire leurs complices, et que, conduits par une superstition grossiere, ils mêloient souvent les choses saintes de notre Religion, à des objets profanes d'un culte idolâtre ; que dans les assemblées desdits Negres dans l'Eglise de cette Ville, il arrivoit souvent qu'il ne se trouvoit aucun Prêtre; qu'alors un d'entre eux avoit accoutumé de catéchiser, ou de prêcher les autres; que ces mêmes Negres alloient souvent et fréquemment, dans l'étendue de la banlieue, catéchiser dans les maisons et les Habitations, les Negres, sans y être autorisés ; qu'outre que les vérités et les dogmes de notre Religion pouvoient être altérés dans la bouche d'un Missionnaire de cette espece, le bon ordre et la sûreté publique en étoient nécessairement blessés ; que le Religieux chargé de l'instruction des Negres, et leur administrant seul tous les Sacremens sous ce titre, différoit souvent de baptiser les enfans noirs ou mulâtres, par le refus qu'ils faisoient des Parrains et Marraines de cette classe, sous prétexte qu'ils n'étoient point assez exacts aux devoirs de la Religion, ou assez assidus aux exercices spirituels ; qu'il avoit également coutume de renvoyer les enfans mulâtres, lorsque des personnes blanches se présentoient pour les tenir sur les fonds baptismaux ; que cet usage, bizarre et inconnu au reste de la Chrétienté, enfantoit des contestations et des retardemens, qui exposoient les enfans à être privés du Saint Sacrement de Baptême, à mourir victimes de la tache originelle ; que c'étoit pour éviter ce malheur, aussi grand qu'irréparable, que l'Eglise avoit cru devoir faire participer les enfans aux graces attachées à ce Sacrement ; que, dans le principe, il ne se conféroit qu'aux Cathécumenes ; que c'étoit dans cet esprit que les Ordonnances assujettissoient, notamment dans cette Colonie, à présenter les nouveaux nés au Temple, pour les consacrer à Dieu ; que les Loix ecclésiastiques et civiles n'avoient pu prévoir que les Ministres du Seigneur opposeroient eux-mêmes des retardemens à l'augmentation des Chrétiens ; que l'Eglise avoit tant à cœur le baptême des enfans, qu'elle avoit accordée aux simples Fideles le pouvoir de leur administrer ce Sacrement dans un danger éminent ; que dès-lors tous les Fideles pouvoient devenir les peres et meres spirituels des nouveaux nés ; que l'assistance des parrains et marraines n'étant point nécessaire à l'intégrité du Sacrement de Baptême ; c'étoit nuire au but salutaire de la Religion, que de perdre le moment précieux de gagner une nouvelle créature à Dieu, en discutant la conduite des Chrétiens qui s'offrent pour les tenir sur les fonts baptismaux ; que d'ailleurs ce refus devenoit une espece d'injure à ceux sur qui il tomboit ; que d'un côté ce même Religieux administroit le Sacrement de Mariage aux Negres et Mulâtres libres, sans le consentement par écrit ou sans la présence du Curé de la Paroisse, et en dressoit les actes, sans y faire mention du consentement ou de la présence dudit Curé; que cet usage, contraire aux Ordonnances, ouvroit la porte à une infinité de procès, ces célébrations et ces actes pouvant être argués de nullité ; que dès-lors il intéressoit l'état de beaucoup de Citoyens et le repos de plusieurs familles; que le Remontrant, frappé des abus qu'il venoit d'exposer à la Cour, pour satisfaire au devoir qui lui est imposé de veiller au maintien des Ordonnances et Réglemens, et à ce qui peut intéresser l'ordre public, s'étoit occupé des moyens les plus propres à remédier à ces abus, sans nuire à la propagation de la Foi, à l'administration des Sacremens, et au bien du Service divin; que dans ces circonstances, il proposoit, &c.: ouï le rapport de M. le Gras, Conseiller, la matiere mise en délibération, et tout considéré : LE CONSEIL, sous le bon plaisir du Roi, et jusqu'à ce qu'il en ait été autrement ordonné, a ordonné ce qui suit :

ART. Ier. Ordonne qu'à l'avenir les célébrations des mariages des Negres ou Mulâtres libres seront faites, et les actes d'icelles dressés par le Curé de la Paroisse, ou, en cas d'absence et de maladie dudit Curé, par le Vicaire de ladite Paroisse, dont mention sera faite dans les actes desdites célébrations; fait défenses à tous Prêtres d'administrer le Sacrement de Mariage auxdits Negres et Mulâtres libres, sans la présence ou le consentement par écrit du Curé de la Paroisse, dont mention sera pareillement faite dans les actes de célébrations.

ART. II. Fait défenses à tous Prêtres de retarder le Sacrement de Baptême aux enfans noirs ou mulâtres, libres ou esclaves, et de refuser pour Parrains et Marraines desdits enfans, toutes personnes, blanches ou noires, qui feront profession de la Religion Catholique, Apostolique, et Romaine.

ART. III. Fait défenses à tous Esclaves de s'assembler dans les Eglises ou Chapelles, après le soleil couché, et depuis midi jusqu'à deux heures, et ce sous les peines portées par l'article IV dudit Réglement du 7 Avril 1758; enjoint aux Marguilliers de faire fermer l'Eglise auxdits Esclaves, tant après le soleil couché, que depuis midi jusqu'à deux heures.

ART. IV. Fait défenses à tous Esclaves de faire les fonctions de Suisse ou de Bedeau dans l'Eglise, sous la peine du fouet.

ART. V. Fait défenses à tous Negres ou Mulâtres libres, et Esclaves, de catéchiser dans les maisons et Habitations; le tout à peine du fouet.

ART. VI. Ordonne que le présent Arrêt sera publié à l'issue de la Messe paroissiale du Cap, et pareillement dans toutes les Paroisses; affiché aux portes des Eglises, et enregistré dans les Jurisdictions du ressort de la Cour, sur les registres des délibérations desdites Paroisses.

ARRÊTÉ du Conseil du Cap, qui nomme MM. LE GRAS et LOISEAU, Conseillers, Commissaires pour dresser un nouveau tarif des droits des Officiers de Justice.

Du 21 Février 1761.

ARRÊT en Réglement du Conseil du Cap, concernant les Notaires.

Du 21 Février 1761.

VU par le Conseil la Remontrance à lui faite par le Procureur Général du Roi, contenant que depuis l'établissement de l'Office des Notaires Royaux dans cette Colonie, il n'avoit été pris aucune précaution ni aucune regle pour s'assurer de la capacité des sujets pourvus de ces Offices; que cependant la confection des actes qui leur sont attribués, intéressant l'état et la fortune des Citoyens, et le repos des familles, il étoit de la derniere importance qu'elle ne fût confiée qu'à des personnes non seulement instruites des Ordonnances et de la Coutume, mais aussi de la forme et du style dans lesquels les actes devoient être rédigés; que l'on voit assez souvent de ces actes argués de nullité, par le défaut des plus précieuses formalités, ou enfanter des procès, par des vices de rédaction; que l'on ne s'étoit pareillement jamais occupé à fixer le nombre de ces Offices; qu'on les avoit même multipliés sans ménagement dans de certaines Jurisdictions; que le trop grand nombre diminuant nécessairement leur travail, ils s'étoient portés ou à étendre inutilement leurs actes, ou à en exiger un prix exorbitant, au mépris des tarifs et au préjudice du Public; que la résidence des Notaires étoit un autre objet essentiel sur lequel on n'avoit point donné assez d'attention; que le plus grand nombre des Commissions de ces Officiers portoient seulement la Jurisdiction dans laquelle ils instrumentoient; que par là plusieurs endroits en étoient surchargés, et d'autres totalement dépourvus; que plusieurs Notaires changeoient même arbitrairement de résidence; ce qui devenoit plus incommode à ceux qui avoient besoin de leur ministere; que la Déclaration du Roi du 2 Août 1717, et l'Ordonnance du 4 Janvier 1724, en interprétation d'icelle, contenoient plusieurs dispositions pour la conservation des minutes des Notaires ; mais que, par un malheur inexplicable et commun à presque toutes les Loix de cette Colonie, la plupart de ces dispositions avoient été négligées, ce qui avoit nécessairement occasionné la perte ou la confusion d'un grand nombre de minutes; que l'Arrêt de la Cour du 6 Mai 1704, qui assujettit les Notaires à remettre au Remontrant des extraits en bonne forme des testamens ou autres actes contenant des aumônes et legs au profit des Eglises, Hôpitaux, Prisonniers et Pauvres, aussi-tôt que ces testamens ou autres actes auroient lieu, étoit pareillement resté sans exécution; ce qui mettoit le Remontrant dans l'impossibilité de pouvoir veiller à l'acquittement et à l'application de ces legs et aumônes; que, dans ces circonstances, il croyoit devoir requérir, &c.; et ouï le rapport de M. le Gras, Conseiller, la matiere mise en délibération, et tout considéré; LE CONSEIL, sous le bon plaisir du Roi, et jusqu'à ce qu'il en ait été autrement ordonné, ayant égard au Réquisitoire dudit Procureur Général, a ordonné et ordonne ce qui suit:

ART. Ier. Aucun sujet ne pourra à l'avenir être reçu en l'Office de Notaire, qu'en justifiant, ou qu'il a été gradué, ou qu'il a été Notaire dans une Jurisdiction Royale, ou qu'il a travaillé pendant trois années en l'Etude d'un Notaire Royal, soit en France, soit ici.

ART. II. Sera à l'avenir toujours exprimé dans les Commissions des Notaires, la Ville, Bourg ou quartier où ils seront établis, et leur sera enjoint d'y résider exactement, à peine d'être déchus de leurs Offices.

ART. III. A été arrêté que M. l'Intendant demeure invité de ne nommer que par remplacement auxdits Offices, jusqu'à ce que le nombre desdits Notaires et le lieu de leur résidence ait été déterminé, soit provisoirement par M. l'Intendant, de concert avec le Conseil, soit définitivement par le Roi.

ART. IV. Les Notaires de chaque Jurisdiction s'assembleront une fois l'année en présence des Officiers du Siége, pour examiner les moyens d'assurer la fidélité et la conservation des actes desdits Notaires, et faire cesser les abus qui pourroient s'être introduits dans l'exercice des fonctions desdits Notaires, pour le résultat desdites assemblées être remis audit Procureur Général, et par lui rapportés à la Cour.

ART. V. Dans lesdites assemblées, ainsi que dans les cérémonies publiques, les Notaires gradués précéderont les Notaires non gradués.

6°. Seront lesdits Notaires tenus d'exprimer au bas de chaque expédition le coût d'icelle, à peine de 300 liv. d'amende la premiere fois, d'interdiction pour un an la seconde, et de privation d'Office la troisieme.

Art. VII. Seront tenus lesdits Notaires d'avoir, exposé dans un lieu apparent de leur étude, le tarif de leurs droits, à peine de 100 livres d'amende pour la premiere fois, & de plus grosse peine en cas de récidive.

Art. VIII. La Déclaration du Roi du 2 Août 1717, et la Déclaration du 4 Janvier 1724, en interprétation d'icelle, seront exécutées suivant leur forme et teneur; en conséquence, seront tenus les Juges de se transporter, sans frais, à la requête des Substituts dudit Procureur Général, aux domiciles des Notaires décédés, démis, ou destitués, pour faire, sans frais, l'inventaire de leurs minutes et protocoles; lesdits Substituts seront pareillement tenus de se transporter, sans frais, dans les trois premiers mois de chaque année, chez les Notaires de leur ressort, pour en visiter les minutes et en dresser procès verbal; lesquels procès verbaux, ainsi que l'expédition des inventaires faits par les Juges, seront remis audit Procureur Général, pour être par lui rapportés à la Cour, et être par elle ordonné ce qu'il appartiendra.

Art. IX. L'Arrêt de la Cour du 6 Mai 1704, sera exécuté suivant sa forme et teneur; en conséquence, tous les Notaires qui recevront des testamens ou autres actes contenant des legs et aumônes au profit des Eglises, Hôpitaux, Prisonniers, et Pauvres, seront tenus incessamment, après que lesdits testamens ou actes auront lieu, d'en remettre des extraits en bonne forme audit Procureur Général, pour être par lui faites les poursuites nécessaires, à peine de répondre en leurs noms de tous dépens, dommages et intérêts.

Art. X. Sera le présent Arrêt lu, publié et registré ès Jurisdictions Royales du ressort, &c.

Arrêt en Réglement du Conseil du Cap, sur la procédure à tenir dans plusieurs circonstances.

Du 21 Février 1761.

Ce jour, la Cour délibérant sur ce qui a été proposé le mois dernier par M. Clugny Nuys, Intendant de cette Colonie, faisant fonction de Premier Président, d'aviser aux moyens d'accélérer les Jugemens des procès et instances, tant en matiere civile que criminelle; ouï Jean-Pierre Desmé Dubuisson, Procureur Général du Roi:

ART. Ier. Le Conseil autorise les Procureurs à prendre au Greffe de la Cour tous défauts simples, après les délais expirés, et le Greffier de les leur expédier.

ART. II. Permis de prendre par expédiens des appointemens au Greffe, en matiere de reddition de compte, de liquidations, de dommages-intérêts, d'appointemens, de taxes de dépens, lorsqu'il y aura plus de deux croix.

ART. III. Es appellations qui seront relevées en la Cour des Sentences rendues sur des appointemens en droit, même par forclusion, contre l'une des Parties, chacune des Parties sera tenue, après l'échéance du délai d'assignation, de mettre ses productions au Greffe de la Cour, et les faire signifier au Procureur de la Partie adverse, et le Rapporteur desdits procès sera nommé par le Président sur le registre où se portent les actes de produit au Greffe; défend d'en venir à l'Audience, pour raison desdites appellations et nominations de Rapporteur.

ART. IV. Ordonne que, pour les causes d'Audiences, il sera fait deux rôles pour chaque mois; le premier, qui sera appelé les Lundis et Mardis, contenant les causes d'Amirauté, les causes sommaires, et toutes autres causes où le Ministere public n'est point intéressé; le second sera appelé les mercredis et Vendredis, contenant toutes les causes où le Ministere public a intérêt.

ART. V. Les Jugemens des procès criminels, des procès par écrit, des délibérés, des Requêtes, des comptes, des Receveurs des droits suppliciés et de Maréchaussée, seront réservés pour les séances des Jeudis & Samedis.

ART. VI. Ordonne qu'à l'avenir les causes ne seront mises au rôle que sur Placets, lesquels les Procureurs seront tenus de remettre à l'Audiencier, le plus tard le jeudi d'avant l'ouverture des séances; à faute de quoi les causes seront renvoyées au rôle du mois suivant, et sera passé la somme de 30 sous aux Procureurs, et de 3 livres à l'Audiencier, pour chacun desdits placets, en sus de ce qu'ils percevoient auparavant, pour droit de mise au rôle.

ART. VII. Enjoint aux Procureurs de communiquer au parquet les causes où le Ministere public est intéressé, avant l'ouverture des séances, aux jours et heures qui leur seront indiqués par le Procureur Général.

Art. VIII. A la fin des séances de chaque mois, les causes qui n'auront pas été appelées seront mises en tête des rôles, pour les séances des mois suivans, sans qu'il soit besoin de donner aucuns Placets à cet effet; et ne sera passé que la somme de 3 liv. à l'Audiencier pour la remise au rôle, et 30 sous pour le droit de Procureur.

Art. IX. Ordonne que les appellations de déni de renvoi et d'incompétence, seront vidées au Parquet par l'avis du Procureur Général, sauf l'opposition.

Art. X. Ordonne que lorsque les séances ne tiendront point, tous Arrêts sur Requête, pour obtenir rescisions, requêtes civiles, bénéfices d'inventaire, et autres lettres royaux, seront à l'avenir expédiés par le Greffier, sur les conclusions des Gens du Roi, et l'Ordonnance conforme d'un des Conseillers; et lorsque les séances tiendront, seront pareillement lesdits Arrêts expédiés sur les conclusions des Gens du Roi, et l'Ordonnance conforme du Président, sans avoir besoin de remettre à cet effet aucunes Requêtes sur le Bureau.

Art. XI. Ordonne que les Arrêts sur Requête pour obtenir défenses d'exécuter les Sentences et Ordonnances des premiers Juges, lorsque les séances ne tiendront pas, pourront être expédiés sur les conclusions du Procureur Général, et l'Ordonnance de deux Conseillers, conforme auxdites conclusions.

Art. XII. Sera le présent Arrêt lu et publié, Audience tenante, et registré sur le registre des Procureurs de la Cour, &c.

Arrêts du Conseil du Cap, qui décident qu'un Procureur gradué, qui reprend son état, doit aussi reprendre son rang de réception.

Des 21 et 26 Février, et 11 Avril 1761.

Du 21 Février.

Sur ce qui a été exposé à la Cour par le Procureur Général du Roi, que Me. Bourgeois, pourvu d'une Commission de Procureur en icelle, en 1740, ayant demandé à rentrer au Barreau et à reprendre son rang du jour de son serment, et les autres Procureurs gradués s'étant opposés à l'ancienneté qu'il prétendoit; les uns et les autres se seroient retirés devers ledit Procureur Général, pour le prier de soumettre les motifs de leurs prétentions respectives à la décision de la Cour; que Me. Bourgeois alléguoit

alléguoit en sa faveur, que si on le considéroit comme Avocat, ce caractere indélébile devoit lui conserver en tout sens le rang qu'il avoit dans ce Barreau lorsqu'il commença à y assister; que si on ne l'envisageoit que comme Procureur, ne s'étant point démis de cet Office, & personne n'y ayant point été pourvu à sa place, il étoit dans le cas d'en reprendre les fonctions avec son ancienneté; que les autres Procureurs gradués opposoient qu'en pareil cas, M. le Riche avoit été obligé de recourir à une nouvelle Commission; qu'il avoit renoncé lui-même à pouvoir conclure en la Cour, puisque, dans deux différentes occasions, il s'étoit fait assister d'un Procureur, en y plaidant; qu'il avoit même excipé de son domicile à la campagne, lorsqu'il avoit été assigné au Cap; que Me. Bourgeois avoit abandonné, non seulement le Barreau pendant un nombre considérable d'années, et pendant des temps orageux, mais qu'il s'étoit même, pendant ce temps, livré au commerce et à d'autres emplois opposés au caractere qu'il réclamoit; que le décanat, qui étoit l'objet de ses désirs et la suite de sa demande, se trouvoit enlevé, si elle étoit admise, à des Avocats qui avoient exercé leur ministere avec autant d'applaudissement que d'assiduité pendant plus de quinze années, et qu'il seroit bien douloureux pour eux de voir reparoître à la tête du Barreau celui qui s'y étoit montré pendant un aussi court espace; qu'après cet exposé, il se contentoit d'observer que la Cour ayant établi un nouvel ordre parmi les Procureurs, c'étoit à elle qu'il appartenoit de décider lesquelles des raisons qui lui étoient soumises, étoient les plus conformes à l'esprit de son Réglement, et que la décision qui interviendroit, devant servir de regle à l'avenir, devoit être inscrite sur le registre desdits Procureurs. LA COUR a arrêté que Me. Bourgeois reprendroit son rang parmi les Procureurs gradués, du jour du serment qu'il a prêté en cette qualité, et que le présent arrêté seroit inscrit sur le registre des Procureurs en icelle, &c.

Du 26 Février.

Sur la Requête présentée au Conseil par les Procureurs gradués en icelle, Demandeurs en opposition à l'Arrêt du 21 présent mois, et sur celle de Me. Bourgtois, pour l'exécution dudit Arrêt, LA COUR a ordonné que ledit arrêté tiendroit, et leur enjoint de s'y conformer; ordonne en outre que le présent Arrêt sera pareillement inscrit sur le registre desdits Procureurs.

Les Procureurs ayant donné Requête à fin d'obtention de Lettres de Requête ci-

vile, contre les deux Arrêts des 21 et 26 Février 1761, Arrêt intervenu le 11 Avril suivant les a déboutés de cette demande.

ORDONNANCE *de M. l'Intendant, qui réduit l'exemption prétendue par les Religieuses du Cap, à quarante-deux Negres, conformément au Réglement de Sa Majesté, du 25 Septembre 1744, pour l'ancienne imposition seulement, et leur enjoint de payer celle établie par le Mémoire du Roi de 1751, sans aucune exemption.*

Du 23 Février 1761.

R. à la Subdélégation le lendemain.

ORDONNANCE *de M. l'Intendant, qui accorde à la Chambre d'Agriculture du Cap, un lieu pour y tenir ses assemblées.*

Du 25 Février 1761.

JEAN-Etienne-Bernard de Clugny, &c.

Etant nécessaire de pourvoir à procurer à la Chambre mi-partie d'Agriculture et de Commerce établie en cette Colonie, un lieu propre et convenable à tenir ses assemblées, nous avons assigné et assignons à ladite Chambre les deux premieres pieces de l'appartement occupé actuellement par M. Magny dans les Magasins du Roi, dont l'une servira de Secrétariat, et l'autre de Chambre d'assemblée. DONNÉ au Cap, &c. *Signé* CLUGNY NUYS, &c.

ARRÊT *en Réglement du Conseil du Cap, qui regle certaines fonctions des Officiers des Siéges et des Notaires.*

Du 26 Février 1761.

VU par le Conseil la Remontrance à lui faite par le Procureur Général du Roi, contenant qu'il étoit important, dans l'administration de la Justice, que les fonctions des différens Officiers publics fusssent déterminées d'une maniere fixe et précise, soit pour éviter entre eux des contestations toujours indécentes, et souvent nuisibles au bien public, soit pour instruire les Citoyens des personnes à qui ils doivent s'adresser pour le besoin de leurs affaires ; que les difficultés de ce genre qui étoient survenues dans cette Colonie, regardoient principalement les Notaires ; que la Cour, en 1736, sur les demandes de ces Officiers, et les défenses de ceux des Siéges Royaux, avoit ordonné que les inventaires et partages seroient faits concurremment par les Juges et Notaires, au choix des parties ; que lors de l'assemblée des deux Conseils en 1738, par l'art. 9 du Réglement du 17 Juillet de ladite année, il auroit été ordonné que les inventaires seroient faits par les Notaires au désir de l'Arrêt du Conseil d'Etat, du 17 Janvier 1688 ; que depuis ce temps, les Officiers des Siéges Royaux avoient toujours continué à faire les inventaires concurremment avec lesdits Notaires ; que ces derniers réclamoient aujourd'hui, non seulement le droit de faire exclusivement lesdits inventaires, mais aussi toutes les fonctions attribuées aux Notaires Royaux en France, et même quelques fonctions attribuées dans le Royaume aux Huisssiers Priseurs, qui n'ont pas lieu dans cette Colonie ; que, sur la réclamation desdits Notaires, quelques-uns des Juges du ressort auroient exposé au Remontrant, que si les Officiers actuels des Siéges Royaux avoient partagé quelques-unes des fonctions réclamées par les Notaires, ils s'étoient en cela conformés en partie à l'Arrêt de la Cour du 5 Juin 1736, et à d'autres égards à l'usage établi avant eux ; que cet usage, toléré depuis si long-temps, annonçoit clairement que les Supérieurs avoient envisagé les inventaires, ventes et partages comme un moyen nécessaire aux Juges pour subsister décemment dans l'état dont le Roi les avoit honorés, &c. ; requéroit, &c. *de permettre aux Juges des Siéges Royaux du ressort de percevoir un droit de 15 sous pour la signature, pour chacune des Sentences définitives qu'ils rendront, et un droit de 7 sous 6 deniers sur chaque Requête introductive d'instance* *, &c. Ouï le rapport de M. le Gras, Conseiller, la matiere mise en délibération, et tout considéré : LE CONSEIL, sous le bon plaisir du Roi, et jusqu'à ce qu'il en ait été autrement ordonné ; faisant droit sur la Remontrance dudit Procureur Général, a ordonné et ordonne ce qui suit :

ART. Ier. Seront les Notaires du ressort dudit Conseil maintenus et gardés dans le droit de faire seuls tous les inventaires entre majeurs et mineurs, soit qu'il y ait eu apposition de scellés ou non, exclusivement aux Officiers des Siéges Royaux, à l'exception seulement des cas royaux, d'aubaine, déshérence, bâtardise ou confiscation, comme aussi des successions

* *Cet article de la Remontrance est le seul qui n'ait pas été adopté.*

vacantes qui regarderont seules les Officiers desdits Siéges ; fait défenses auxdits Officiers d'assister aux inventaires que feront les Notaires, qu'au cas de contestation, et qu'ils en soient requis par les Parties ; ordonne cependant que les Procureurs du Roi ou leurs Substituts assisteront aux inventaires que lesdits Notaires feront des biens des mineurs ou absens, lorsque lesdits mineurs n'auront point de tuteurs, ou que lesdits absens ne seront point représentés par les fondés de procuration, et non autrement; fait pareillement défenses aux Procureurs de donner aucune Requête tendante à requérir les Officiers desdits Siéges pour la confection des inventaires, autres que ceux à eux attribués; enjoint auxdits Officiers d'en faire le renvoi auxdits Notaires, sans dénomination d'aucun.

Art. II. Maintient et garde pareillement lesdits Notaires dans le droit exclusif de faire seuls tous les partages, à l'exception de ceux des biens des mineurs, et autres lorsqu'ils seront ordonnés en Justice.

Art. III. Maintient et garde lesdits Notaires dans le droit de recevoir seuls les dépôts des testamens olographes, codicilles, et de ceux reçus par les desservans des Cures, les compromis et Sentences arbitrales, de faire et passer tous contrats de vente, quittances de remboursement, déclarations, subrogation, transaction, constitution, baux à rente et loyers, autres que ceux qui seront faits et adjugés par Sentence et Ordonnance ; comme aussi tous autres actes volontaires, tels qu'ils puissent être.

Art. IV. Autorise les Sénéchaux et Lieutenans particuliers, lorsqu'ils ne pourront vaquer à l'apposition des scellés et levée d'iceux, à commettre, soit un Notaire, soit un Procureur ; et dans ledit cas, les procès verbaux qui seront dressés par lesdits Notaire ou Procureur, seront rapportés au Greffe.

Art. V. Fait défenses aux Officiers desdits Siéges d'ordonner aucun dépôt au Greffe des actes passés par les Notaires hors les cas ci-dessus, et de vérification ou inscription de faux, de mort ou de démission, et de destitution desdits Notaires.

Art. VI. Ordonne que le présent Arrêt sera lu, publié et registré ès Jurisdictions du ressort dudit Conseil, à la diligence dudit Procureur Général, &c.

ARRÊT en Réglement du Conseil du Cap, portant établissement des Huissiers du Cap, en bourse commune.

Du 26 Février 1761.

VU par le Conseil la Requête à lui présentée par les Huissiers résidant au Cap, tendante à ce que, vu le Mémoire joint à leur Requête, il plût à la Cour donner son agrément et autorisation à ce que tous les Huissiers résidant au Cap, établisssent un Bureau général et social, à l'effet par eux d'exercer en société et faire les actes et exploits concernant leur ministere; et y faisant droit, ordonner que tous les Huissiers résidant au Cap établiront un Bureau général et social, auquel Bureau tous les actes et exploits concernant leur ministere, y seront mis par les Procureurs, pour y être expédiés en société entre lesdits Huissiers, et les émolumens en provenans être entre eux répartis par égale portion; comme aussi ordonner qu'il seroit indiqué par lesdits Huissiers une maison convenable et à proximité, autant que faire se pourra, pour y établir ledit Bureau social, et donner par eux un Mémoire, avec le nom de tous les Huissiers, pour par la Cour y être statué et définitivement ordonné ce qu'elle avisera. Vu aussi autre Mémoire desdits Huissiers, contenant dix-neuf articles, portant leurs soumissions, au cas qu'il plût à la Cour de statuer sur ledit établissement du Bureau général, et bourse commune par eux demandée; Conclusions du Procureur Général du Roi, et ouï le rapport de M. le Gras, Conseiller, la matiere mise en délibération, et tout considéré : LE CONSEIL, sous le bon plaisir du Roi, et jusqu'à ce qu'il ait plu à Sa Majesté d'en ordonner autrement, ayant aucunement égard à ladite Requête, a ordonné et ordonne provisoirement, qu'à commencer du premier Mai prochain, il sera fait et établi une bourse commune des droits desdits Huissiers, tant actuels que futurs, pour tous les actes généralement quelconques résultans de leur ministere, hors ceux réservés ci-après, et les émolumens d'iceux entre eux répartis par égale portion, aux charges et soumissions, ainsi qu'il suit :

ART. Ier. Tous les Huissiers devant à l'avenir être pourvus de Commissions en la Cour, au Siége Royal de cette Ville, et en celui de l'Amirauté, suivant le consentement de M. l'Intendant, et les offres du sieur Lieutenant Général de l'Amirauté, ils seront tenus de faire le service de ces trois Tribunaux, dans l'ordre ci-après.

Art. II. Seront tenus lesdits Huissiers, suivant leurs offres, de répondre solidairement, sur le produit de la bourse commune, de tous les dommages et intérêts qui pourront résulter en faveur des Parties, pour tous les actes dans lesquels aucuns des Huissiers auroient commis faute, par dol, fraude, prévarication, négligence et ignorance, sauf leur recours contre le délinquant.

Art. III. Tous les dépens et pertes qu'occasionnera la bourse commune, seront supportés par lesdits Huissiers, par égale portion, ainsi que les émolumens, dans lesquels toutefois ne pourront être compris les frais des chevaux et harnois, &c., que chaque Huissier sera tenu de se fournir comme ci-devant.

Art. IV. Sera établi par ladite bourse commune un Bureau, par lequel seul passeront tous les actes qui doivent être faits par les Huissiers qui la composeront, dans lesquels toutefois ne seront compris ceux réservés à l'Audiencier de la Cour, par Arrêt du 15 Janvier 1760.

Art. V. Fait défenses auxdits Huissiers de faire aucunes significations, sommations ou autres actes de leur ministere, s'ils n'y sont commis par ledit Bureau, à peine de 300 liv. d'amende, pour la premiere fois, et de plus grosse peine en cas de récidive.

Art. VI. Sera néanmoins loisible aux Parties, en fait de saisie-exécution de meubles seulement, de s'adresser, soit audit Bureau, soit à tel Huissier qu'elles choisiront; et en ce cas, permet audit Huissier de procéder à ladite saisie, et d'émolumenter pour son compte et à son profit particulier, à la charge, s'il est pour lors de service, de se faire remplacer à ses frais.

Art. VII. Ledit Bureau sera établi dans un lieu commode et agréé par le Procureur Général, le Sénéchal, et le Lieutenant Général de l'Amirauté de cette Ville, et ouvert depuis sept heures du matin jusqu'à midi, et depuis deux heures jusqu'à six.

Art. VIII. Il y aura dans le Bureau trois Huissiers qui en auront la principale régie, lesquels seront choisis par le Procureur Général, le Sénéchal, et le Lieutenant Général de l'Amirauté, en présence des Huissiers qui seront mandés à cet effet, en l'Hôtel dudit Procureur Général, aux jours et heures par lui indiqués; et si, après la premiere nomination, un de ces trois Administrateurs venoit à vaquer par mort ou autrement, et que ledit Procureur Général fût absent, il sera pourvu par ledit sieur Sénéchal en la même forme, mais par intérim seulement.

Art. IX. L'un des trois Huissiers tiendra un registre qui sera coté et paraphé par le Sénéchal, dans lequel il écrira sommairement la nature des actes et les exploits dont le Bureau sera chargé, marquera le nom de la personne qui aura donné ladite Commission, et l'heure à laquelle ladite Commission sera donnée : lorsque la Partie, le Procureur ou le Conseil remettront au Bureau des pieces essentielles, en conséquence desquelles l'exploit doit être donné, ledit Huissier en fera note sur ledit registre, et il en fournira son reçu au bas d'un bordereau ou état qui lui sera présenté par la Partie, par le Procureur, ou autre qui aura donné ladite Commission, et lesdites Commissions seront écrites de suite et sans interruption, et à fur et mesure qu'elles seront données au Bureau.

Art. X. Lorsque lesdites Commissions auront été inscrites sur ledit registre, avec la note des pieces y jointes, ces mêmes pieces seront remises à un autre Huissier, du nombre des trois mentionnés ci-dessus, lequel répartira lesdites affaires, soit aux Huissiers chargés du service de la Ville, soit à ceux chargés du service de la campagne, et pour ce que la charge qui sera donnée auxdits Huissiers de ville et de campagne, soit certaine, ledit Huissier chargé de la distribution, sera tenu d'avoir un registre également coté et paraphé, dans lequel seront écrites les Commissions données à chacun d'eux, avec la note des pieces, même des sommes, si aucunes sont, qui leur seront remises pour faire des offres ; et sur ce registre, chacun desdits Huissiers sera tenu de signer sa charge, sauf à se faire décharger en marge, lorsqu'il aura fini sa Commission, tant de la Commission que des pieces, et même de la somme qui lui aura été donnée avant de faire son exploit, et qu'il remettra au Bureau, en remettant l'exploit et les pieces.

Art. XI. Le même Huissier chargé de la distribution, après avoir reçu les exploits et pieces de l'Huissier de ville ou de campagne, qui en auroit été chargé, mettra de sa main, au bas de chacun desdits actes, les vacations et salaires dus pour iceux, et paraphera la taxe, et marquera en tête le nom de la Partie ou du Procureur à qui chacun desdits actes ou pieces doit être remis, après quoi il portera ledit exploit, pieces y jointes, et les deniers, s'il y en a, au troisieme Receveur ci-après.

Art. XII. Le troisieme Huissier élu, dont est fait mention à l'article VIII ci-dessus, sera chargé de la caisse, et recevra tous les deniers provenans des actes et exploits faits par les Huissiers, comme aussi les différentes sommes qui auront été reçues pour les Parties par aucuns des Huissiers, en faisant leurs exploits ou autres actes.

Art. XIII. Ledit Huissier Receveur aura à cet effet un registre également coté et paraphé, comme ci-dessus, dans lequel il sera tenu de porter article par article, tous et chacun les exploits et autres actes qui auront été faits par les Huissiers, avec la note des pieces y jointes, et des sommes qui auront été reçues par les Huissiers exploitans, et lui seront remis lesdits exploits, pieces et dossiers par l'Huissier distributeur, ainsi qu'il est dit dans l'article XI ci-dessus après que ledit Huissier aura mis sa taxe aux actes, et marqué le nom de la personne à qui lesdits exploits, pieces et dossiers doivent être délivrés; et lorsque l'inscription aura été ainsi faite sur le registre du Receveur, ledit Huissier Receveur tirera hors ligne, sur une colonne, la somme qui revient au Bureau, pour l'acte fait par l'Huissier; et plus loin, sur une autre colonne, il portera la somme appartenante à la Partie, et qui doit lui être remise.

Art. XIV. D'abord que les actes et exploits faits par les Huissiers auront été inscrits sur le registre du Receveur, ce qui sera fait sans délai, ledit Huissier Receveur délivrera lesdits actes ou exploits, même les pieces et sommes de deniers qui en dépendent, sur la réquisition verbale qui en sera faite, en par la Partie, Procureur ou Commis, payant sur le champ ce qui aura été taxé par l'Huissier distributeur pour le salaire des exploits, sauf à se pourvoir contre ladite taxe, s'il y a lieu; et en même temps, ledit Procureur, son Commis, ou la Partie donnera, en marge, décharge des pieces ou sommes, si aucunes lui sont remises.

Art. XV. Au moyen de ce que tous les exploits seront payés comptant en les retirant, l'Huissier Receveur, lorsqu'il comptera à la Société des sommes entrées à la caisse et sujettes à répartition, sera personnellement responsable de tous les crédits qu'il auroit faits, et on ne lui allouera en reprise que le prix des exploits qui n'auront pas été retirés, et qui seront représentés en nature.

Art. XVI. Les deniers de la bourse commune seront partagés tous les premiers Dimanches de chaque mois entre tous ceux qui la composeront, sur lesquels néanmoins, avant partage, sera prélevé tous les mois une somme de 400 liv., pour subvenir aux frais du Bureau, duquel prélevement sera compté, et l'excédant des frais partagé à la fin de chaque mois.

Art. XVII. Les trois Huissiers chargés de la conduite du Bureau, seront, à ce titre, dispensés de tout autre service.

Art. XVIII. Toutes les semaines il y aura, à tour de rôle, huit Huissiers qui partiront pour la campagne; savoir, quatre le Lundi, et quatre le Jeudi; le plus ancien des quatre ira faire les exploits relatifs au quartier Morin, Limonade, Sainte-Susanne, et le Moka neuf; le second ira faire

faire les exploits relatifs aux quartiers de la Petite-Anse, Grande-Riviere, le Dondon, et dépendances; le troisieme ira faire celles concernant le Morne Rouge, Camp-de-Louise, Limbé, et Port-Margot; et enfin, le quatrieme fera les exploits concernant la Plaine du Nord, la Cul, la Soufriere, Grande-Ravine et Plaisance. Les quatre Huissiers qui partiront le Jeudi, feront le même service, et sera la même distribution observée entre eux.

ART. XIX. Tous autres Huissiers qui ne seront pas de service de campagne, seront de service pour tous les exploits, tant de la Ville que du Haut du Cap, Morne du Cap, Bande du Nord, et généralement toute l'étendue de la Paroisse du Cap, comme aussi pour faire les ventes ou les criées de celles qui seront faites, soit par les Officiers de la Jurisdiction, soit par les Notaires, et les exploits et actes à faire leur seront répartis avec autant d'égalité que faire se pourra, par l'Huissier distributeur, sans qu'aucun desdits Huissiers puisse refuser ce qui lui sera donné à faire; mais l'Huissier qui croira avoir sujet de se plaindre, pourra s'adresser au Procureur Général ou au Sénéchal, qui donneront les ordres qu'ils jugeront convenables.

ART. XX. Dans le nombre des Huissiers de service de ville, il y en aura toujours un qui, à tour de rôle, ira tous les matins chez le Sénéchal & le Procureur du Roi; et dans le temps des séances du Conseil, chez le Président et le Procureur Général, pour prendre leurs ordres; comme aussi il y en aura toujours un au moins qui aura un cheval au piquet, pour faire les corvées pressées, soit du Conseil, soit de la Jurisdiction ou de l'Amirauté, et qui n'auront pas pu être données aux Huissiers de service de plaine.

ART. XXI. Pendant les séances du Conseil, le Bureau sera tenu de faire trouver tous les jours, à sept heures du matin, deux Huissiers à la porte du Conseil, pour en faire le service, comme aussi il sera tenu d'en faire trouver deux autres à la porte de la Jurisdiction et à celle de l'Amirauté, tous les jours d'Audience; et pour que la présente disposition soit ponctuellement observée, le Bureau sera tenu la veille de donner à l'Huissier Audiencier le nom de ceux qui doivent le lendemain faire le service; et en cas de contravention de la part du Bureau à donner lesdits noms, ou en cas d'inexécution de la part des Huissiers de la commission qui leur aura été donnée par le Bureau, pour assister aux Audiences, chacun des Huissiers Directeurs sera condamné à une amende de 50 liv. au premier cas; et dans le second, chacun des Huissiers désobéissans sera condamné en une amende de 50 liv., lesquelles amendes seront payées par le Bureau, et retenues sur la part de chacun, lors de la répartition.

Art. XXII. Pendant les séances du Conseil, il y aura tous les jours un Huissier qui se trouvera à la porte du banc du Conseil, dans l'Eglise, à l'heure de la Messe qui se dit pour ledit Conseil; et tous les Dimanches et Fêtes, il s'en trouvera un au moins à la porte du Banc du Conseil, et un autre à la porte de celui de la Jurisdiction. A l'égard des grandes Fêtes annuelles, et jours solemnels où il y aura procession, tous les Huissiers qui se trouveront au Cap, seront de service à l'Eglise, et les deux tiers au service auprès du Conseil, et l'autre tiers auprès de la Jurisdiction.

Art. XXIII. Aucun Huissier, hors le cas de service du Bureau, ne pourra s'absenter pour ses affaires personnelles, sans congé, soit du Procureur Général, soit du Sénéchal, à peine de 50 liv. d'amende, applicables à la bourse commune, et de privation de sa part dans ladite bourse pendant l'absence.

Art. XXIV. Tout Huissier qui, pour raison de maladie non justifiée, manquera à faire son service, outre la privation de sa part dans ladite bourse commune, pendant le temps de sa prétendue maladie, payera 50 l. d'amende, comme dessus.

Art. XXV. Tout Huissier qui voudra s'absenter en vertu d'un congé, sera tenu de se faire remplacer à ses frais, et de prévenir le Bureau.

Art. XXVI. Enjoint aux Huissiers de se conformer exactement au tarif de leurs salaires, porté au Réglement des deux Conseils de 1738, aux peines de droit, lequel tarif, ainsi que le présent Arrêt, sera exposé dans un lieu apparent du Bureau.

Art. XXVII. Seront tenus les Audienciers du Conseil et de la Jurisdiction, de se transporter audit Bureau, au moins une fois le mois, pour se faire représenter les registres, et voir si l'ordre est observé suivant le présent Réglement, dont ils rendront compte, le premier, au Procureur Général, l'autre au Sénéchal.

Art. XXVIII. Ordonne que le présent Arrêt sera lu, publié et enregistré ès Jurisdiction Royale et Siége d'Amirauté de cette Ville, inscrit sur le registre des Procureurs, et affiché par-tout où besoin sera. Fait au Cap, en Conseil, &c.

ARRÊT du Conseil du Cap, qui juge qu'un Negre qui périt des suites de la question, meurt pour son Maître.

Du 3 Mars 1761.

LETTRES du Roi à M. l'Amiral et aux Administrateurs, touchant l'exécution provisoire des Jugemens sur les Prises.

Du 6 Mars 1761.

La Lettre adressée à M. l'Amiral ne contient que ce qui se trouve dans la suivante; elle a été enregistrée en l'Amirauté du Cap le 12 Août 1761.

CHERS et bien amés, ayant jugé à propos, pour encourager et favoriser la course dans mes Colonies de l'Amérique, d'assurer l'exécution provisoire de l'avis des Officiers des Amirautés sur les prises conduites dans leur ressort, sans la faire dépendre de la réquisition des Parties ni des autres formalités prescrites par l'article XI de mon Réglement du 22 Avril 1744, rendu pour l'établissement du Conseil des Prises; je vous avois autorisé, par ma lettre du 20 Mai 1756, à ordonner l'exécution des avis des Officiers de l'Amirauté, sur les procédures par eux instruites des prises faites sur les ennemis, et sous leur pavillon; mais cette forme provisoire, qui a été substituée à celle portée audit Réglement, ne changeant rien d'ailleurs à ses autres dispositions, et n'ayant point entendu préjudicier à la compétence de M. l'Amiral, et du Conseil que j'ai établi pour le jugement des prises, je vous fais cette lettre, pour vous dire que mon intention est que M. l'Amiral, et les Commissaires que j'ai établis par mon Arrêt du 14 Juin 1756, continuent, comme par le passé, à prendre connoissance de toutes les affaires concernant les prises, partages d'icelles, circonstances et dépendances, en quelque pays qu'elles soient conduites; et qu'en conséquence, les expéditions de procédures qui seroient faites à ce sujet par les Officiers des Amirautés des Colonies, soient envoyées au Secrétaire général de la Marine, avec les pieces originales, pour y être fait droit par M. l'Amiral, et les Commissaires établis à cet effet. J'ai fait savoir à M. l'Amiral mes intentions sur cela, afin qu'il donne des ordres aux Officiers des Amirautés. Sur ce, je prie Dieu, &c.

R. au Contrôle le 2 Février 1762.

ARRÊT du Conseil d'Etat, qui ordonne que les affaires contentieuses des Colonies seront portées en son Conseil, comme par le passé.

Du 26 Mars 1761.

LE Roi étant informé des difficultés qui se sont élevées sur l'exécution de l'Arrêt du Conseil du 8 Février dernier, par lequel, &c.; et Sa Majesté voulant terminer ces difficultés, en faisant connoître ses intentions sur ce sujet; ouï le rapport, et tout considéré : le Roi étant en son Conseil, a ordonné que, sur les évocations, les Réglemens de Juges, les demandes en cassation, en contrariété d'Arrêts, ou en révision, les appels des Ordonnances rendues par lesdits Gouverneurs et Intendans des Colonies, et sur toutes autres affaires contentieuses nées ou à naître, qui concerneront les Habitans desdites Colonies, ou les biens qui y sont situés, ou qui seroient de nature à être portées dans son Conseil, les Parties procéderont en sondit Conseil, pour y être être lesdites affaires instruites et jugées comme par le passé, se réservant Sa Majesté de pourvoir à tels Réglemens qu'il appartiendra, pour la réformation des abus, et de l'ordre de la Justice dans lesdites Colonies, et pour l'avantage de ceux qui les habitent, sur le compte qui lui en sera rendu en la maniere accoutumée; le tout comme auparavant ledit Arrêt; et sera le présent Arrêt exécuté nonobstant toutes choses à ce contraires, imprimé et publié par-tout où besoin sera : enjoint Sa Majesté aux Gouverneurs ses Lieutenans Généraux, Intendans, aux Conseils Supérieurs établis dans ses Colonies, et à tous autres qu'il appartiendra, de veiller, chacun en droit soi, à l'exécution du présent Arrêt, que Sa Majesté veut et ordonne être enregistré ès registres desdits Conseils Supérieurs, lu, publié et affiché par-tout où besoin sera dans lesdites Colonies, desquels enregistremens, lecture et publication, les Gouverneurs Lieutenans Généraux, Intendans et Procureurs Généraux de Sa Majesté èsdits Conseils Supérieurs, seront tenus de certifier le Secrétaire d'Etat ayant le département de la Marine, aussi-tôt ledit enregistrement, lecture et publication. FAIT au Conseil d'Etat, &c.

LETTRE des Administrateurs au Sénéchal du Cap, qui décide que le Greffier de l'Amirauté a droit de se placer dans le Banc de la Jurisdiction.

Du 2 Avril 1761.

IL nous est présenté Requête, Monsieur, par le Greffier de l'Amirauté, pour réclamer le rang et la séance dont il allegue que vous avez intention de le priver, lui ayant fait des défenses verbales de se placer dans le banc de la Jurisdiction où le Greffier se trouve avec les quatre Officiers du Siége. Il est vrai que Sa Majesté, par son Réglement du 31 Juillet 1743, concernant les honneurs, n'a rien déterminé en faveur des Officiers de l'Amirauté; mais il faut aussi convenir qu'elle ne les a point exclus, et il suffit que leurs fonctions aient pour objet l'administration de la Justice, pour être censées de leur nature susceptibles de procurer des distinctions à ceux qui en sont chargés. Nous ne pouvons nous dispenser de les considérer sous ce point de vue, et le silence de Sa Majesté sur ce qui concerne ces Officiers, étant visiblement occasionné, parce que, dans ce temps-là, il n'y en avoit point qui fussent uniquement Officiers de l'Amirauté, il s'ensuit de ce que leurs fonctions sont de même nature, et principalement encore de ce que leurs provisions émanent de Sa Majesté, qu'il est à présumer qu'elle n'auroit mis entre les uns et les autres une différence que de degré, et non de tout à rien, comme il arriveroit, si l'Officier, simplement d'Amirauté, étoit privé de toute distinction. Cette présomption nous paroît suffire pour que nous n'admettions point de contestations sur cet objet, et pour qu'il n'en soit point fait une décision en forme. Nous nous nous fixons d'autant plus à ce parti, que le cas où se trouve le Greffier de l'Amirauté du Cap, est unique dans la Colonie, et n'exige point cette décision. Il n'y a donc aucun inconvénient à le laisser se placer, après le Greffier du Siége Royal, dans le banc, et marcher à sa gauche dans les cérémonies. Cette petite attribution ne préjudicie à personne, et convient à un Officier qui tient sa nomination de M. l'Amiral, et ses fonctions par commission du Roi. Si vous avez contre cet arrangement quelque objection fondée sur des moyens qui nous aient échappé, nous trouverons très-bon que vous nous les exposiez. Nous avons l'honneur d'être, &c.

Signés BART et CLUGNY NUYS.

ARRÊT du Conseil du Cap, qui, 1°. accueille des oppositions faites entre les mains d'un débiteur à une succession vacante; et 2°. ordonne que les causes où les Curateurs aux vacances auront intérêt, seront communiquées au Parquet.

Du 8 Avril 1761.

LOUIS, &c. Entre le sieur Valery et le sieur Chauveau, tous les deux créanciers de la succession Bouvié, Appelans, d'une part, et Me. Desfosses, Curateur aux successions vacantes du ressort de la Jurisdiction du Cap, gérant celle du feu sieur Bouvier, Intimé, Défendeur d'autre part. Vu par la Sentence du Siége du Cap, du 18 Octobre dernier, par laquelle les saisies-oppositions formées par lesdits Appelans entre les mains du sieur Vidrieres, sur la succession Bouvier, auroient été déclarées nulles, et pleines et entieres mains-levées en auroient été données audit Intimé, en sa qualité; en conséquence, ordonné que ledit sieur Vidrieres délivreroit audit Intimé les sommes dont il s'est reconnu réliquataire envers ladite succession, aux offres que faisoit l'Intimé d'en compter le montant, ainsi que toutes les sommes de la succession qu'il pourroit percevoir, à qui, ainsi et quand il appartiendroit, lesdits Appellans aux dépens; après qu'Amboide, Procureur pour lesdits sieurs Vallery et Chauveau, et Creton pour ledit Me. Desfosses, ont été ouïs, ensemble M. Lohier de la Charmeraye, Substitut pour notre Procureur Général, et tout considéré : notredit CONSEIL a mis et met l'appellation et ce dont est appel au néant; émendant, déclare les oppositions faites par les Parties d'Amboide à l'inventaire et vente des effets de la succession Bouvier, bonnes et valables, sauf les droits des créanciers de ladite succession, en cas de déconfiture; condamne la Partie de Creton, en sa qualité, aux dépens de la cause principale et d'appel; et faisant droit sur les plus amples conclusions dudit Substitut, a ordonné que dans tous les Siéges du ressort de la Cour, les Procureurs des biens vacans communiqueront au Parquet, tant en demandant qu'en défendant: ordonne que le présent Arrêt sera lu et publié èsdites Jurisdictions, et enregistré sur le registre des Procureurs en la Cour, &c.

ARRÊT du Conseil du Port-au-Prince, portant injonction au Major du Mirbalais de se renfermer dans les bornes du pouvoir à lui confié, et défenses de se mêler d'affaires contentieuses.

Des 9 et 13 Avril 1761.

ENTRE Bernard, Navigateur, &c., Appelant, &c., et Friou Cantinier, Intimé, &c.: LE CONSEIL a mis et met l'appellation au néant; émendant, condamne l'Intimé, et par corps, à payer à l'Appelant, en deniers, quittances, ou compensations valables, la somme de 429 liv., avec intérêt du jour de la demande en Justice; faisant droit sur les Lettres de rescision incidemment prises par l'Appelant contre le billet que le sieur Beynard a consenti à sa décharge, à l'Intimé, et icelles entérinant, déclare le billet nul et comme non avenu, ordonne que remise en sera faite à l'Appelant par l'Intimé: sans avoir égard à la déclaration extrajudiciaire du sieur de Villepeyroux, condamne l'Intimé à payer à l'Appelant la somme de 600 l., par forme de dommages et intérêts résultans de l'indue détention de l'Appelant dans les prisons et cachots de la Ville de Léogane, et en tous les dépens de la cause principale et d'appel, l'amende remise à l'Appelant; faisant droit sur les conclusions du Procureur Général du Roi, condamne l'Intimé en 600 liv. d'amende applicables au Roi, lui fait défense de se pourvoir à l'avenir, pour des affaires litigieuses, pardevant autres Juges que ceux établis par le Roi, faute de quoi il y sera séverement pourvu; enjoint au sieur de Villepeyroux de se renfermer dans les bornes du pouvoir à lui confié par Sa Majesté, lui fait très-expresses inhibitions et défenses de plus s'immiscer dans les affaires contentieuses d'entre les Citoyens, faute de quoi il y sera pourvu: ordonne que les pieces du procès demeureront déposées au Greffe de la Cour, pour y avoir recours, si besoin est; que le présent Arrêt sera notifié audit sieur Villepeyroux, à la diligence du Procureur Général du Roi, qui en certifiera la Cour au mois. DONNÉ au Port-au-Prince en Conseil, le 9 Avril 1761. *Signé* CLUGNY NUYS.

M. de Villepeyroux fut en outre mis aux arrêts pendant huit jours par M. le Général.

ARRÊT du Conseil du Port-au-Prince, touchant les Testamens reçus par les Curés.

Du 10 Avril 1761.

ENTRE Rouzier, Receveur des Aubaines dans le ressort du Siége Royal de cette Ville, Appelant, &c : faisant droit sur les conclusions du Procureur Général du Roi, fait défenses, tant audit sieur Paul Palmier, qu'à tous Prêtres, autres que les Curés des Paroissses, dont les Lettres seront enregistrées ès Greffes des Jurisdictions, de plus à l'avenir recevoir aucuns testamens ou dispositions de derniere volonté : ordonne que le présent Arrêt sera notifié audit sieur Palmier, à la diligence du Procureur Général du Roi, et que copies collationnées en seront envoyées dans tous les Siéges du ressort, pour y être enregistrées, lues et publiées, &c.

ORDONNANCE des Administrateurs, touchant les productions des Parties au Greffe de l'Intendance.

Du 25 Avril 1761.

PHILIPPE-François Bart, &c.

Jean-Etienne-Bernard de Clugny, &c.

Les soins continuels que nous ne cessons de donner aux objets qui peuvent tendre à assurer la possession des terres de cette Colonie, nous ont déterminés à prendre les mesures les plus sûres pour assurer la conservation des titres sur lesquels la fortune des Habitans est fondée, lorsque ces mêmes titres sont produits pardevant nous au soutien des procès concernant l'étendue, limite ou arrosage des terres pendant à notre Tribunal; nous nous sommes apperçus que lorsque ces titres sont déposés au Greffe de l'Intendance, le Greffier n'en donne aucune reconnoissance, et ne les porte sur aucun registre où le dépôt en soit consigné, quoique cette formalité soit observée dans les Greffes de tous les Tribunaux. Pour remédier aux inconvéniens qui peuvent résulter de cet usage, pour calmer les inquiétudes fondées des Habitans qui ont des procès pardevant nous; et enfin, pour assurer la sûreté et la conservation des titres et papiers produits pardevant nous, avons jugé convenable d'y pourvoir provisoirement, jusqu'à ce qu'il y soit

plus

plus amplement statué : pour cet effet, nous avons ordonné et ordonnons ce qui suit :

ART. Ier. Le Greffier de l'Intendance sera obligé de tenir un registre à grande marge, où seront inscrites et signées de lui et de la Partie, ou de son Procureur, les productions qui seront ci après faites audit Greffe, avec mention de la date du jour et de l'année qu'auront été faites lesdites productions, et du nombre des pieces qui les composent, lequel registre sera ouvert, à compter du jour du premier Mai prochain : en conséquence, ordonnons qu'aucune production ne sera faite à l'avenir au Greffe que par les Parties, ou par des Procureurs des Cour ou Jurisdictions de cette Ville.

ART. II. Ledit registre sera coté par premier et dernier, et paraphé par nous au commencement et à la fin, pour y être lesdites productions inscrites tout de suite et sans aucun blanc.

ART. III. Les Parties qui retireront leurs productions, ou qui prendront en communication, soit les leurs, soit celles de leurs Parties adverses, seront tenues de s'en charger en marge dudit registre et à côté de chaque production, et de dater et signer, tant lorsqu'elles les prendront en communication, que lorsqu'elles les rapporteront.

ART. IV. Sera délivré par le Greffier ou son Commis ayant serment, à chaque Partie ou à son Procureur, un acte de sa production, contenant le nombre des pieces qui la composent, et la date du jour auquel elle aura été faite ; et sera ledit acte de produit signé du Greffier ou de son Commis.

ART. V. Sera perçu par ledit Greffier, tant pour l'inscription du dépôt des titres et papiers dans son registre, que pour l'expédition de l'acte de produit, une somme de 6 liv., et sera passé en taxe au Procureur, pour ladite avance, celle de 30 sous, outre sa production.

ART. VI. Enjoignons au Greffier de l'Intendance de procéder, aussi-tôt après l'enregistrement de la présente Ordonnance, à la confection d'un inventaire ou registre à grande marge, distinct et séparé de celui ci-dessus établi, et dans lequel seront portés et relatés tous les titres et papiers ci-devant produits au Greffe de l'Intendance, et dans lequel sera fait mention du nombre et qualité des Parties, du nombre des pieces qui composent leur production, lequel inventaire sera coté par premier et dernier, et signé de nous au commencement et à la fin, aussi-tôt après sa perfection.

ART. VII. Sera ledit inventaire enregistré, perpétuellement ostensible à toutes les Parties, et y seront inscrits en marge, tant le retrait final de production que leur prise en communication et rapport au Greffe; et chacun desdits actes sera daté et signé de la Partie, ou de son Procureur.

ART. VIII. Ledit Greffier percevra ladite somme de 6 liv. pour chaque production ancienne qui sera retirée de ses mains, en par lui justifiant aux Parties qu'elles auront été rapportées ou enregistrées dans ledit inventaire.

ART. IX. Sera la présente enregistrée au Greffe de l'Intendance, lue, publiée et affichée dans les Villes et Bourgs de la Colonie. DONNÉ au Port-au-Prince, &c. le 25 Avril 1761. *Signés* BART et CLUGNY NUYS.

R. au Greffe de l'Intendance le 28.

DÉLIBÉRATION du Conseil du Cap, pour savoir s'il seroit plus convenable que les Membres de la Cour siégeassent en robes plutôt que l'épée au côté.

Du 5 Mai 1761.

Cette Délibération n'amena aucun arrêté, et fut renvoyée, sauf à être reprise en temps et lieu.

Voy. *celles des 22 et 24 Avril, et 11 Mai 1780.*

ARRÊT du Conseil du Cap, qui interdit un Procureur de ses fonctions pendant un mois, pour s'être trouvé absent lors de l'appel de l'une de ses Causes, sans congé de la Cour.

Du 5 Mai 1761.

ORDONNANCE de M. l'Intendant, pour l'enregistrement des Ordonnances de recette au Contrôle.

Du 8 Mai 1761.

JEAN-Etienne-Bernard de Clugny, &c.

Sur le compte que nous nous sommes fait rendre de l'administration des finances générales de cette Colonie, nous aurions reconnu qu'un grand nombre de comptables auroient négligé de payer leurs débets entre les mains du Trésorier principal de cette Colonie, faute d'y avoir été provoqués par l'Officier chargé de remplir les fonctions de Contrôleur, et qu'après un laps de temps considérable, les comptables seroient devenus insolvables, ou auroient passé en France sans avoir rempli les engagemens qu'ils avoient avec le Roi. Voulant remédier à de pareils abus, si préjudiciables au bien du service, et assurer la rentrée prompte et exacte des deniers de Sa Majesté, nous avons ordonné et ordonnons ce qui suit; savoir:

Art. Ier. Toutes les Ordonnnces de recettes ordinaire ou extraordinaire, qui seront à l'avenir expédiées de nos Bureaux de l'Intendance, ne pourront être reçues par le Trésorier principal, sans avoir été auparavant enregistrées par le Contrôleur de la Marine, qui en certifiera l'enregistrement.

Art. II. Huitaine après ledit enregistrement, le Contrôleur sera tenu de s'informer exactement du Trésorier principal, si les fonds ont été versés au Trésor par les personnes au nom de qui les Ordonnances de recette auront été délivrées, et faute de quoi, il en poursuivra le recouvrement pardevant nous par les voies de droit.

Art. III. Pour assurer l'exécution de la présente Ordonnance, nous avons réglé que le Contrôleur tiendroit deux registres particuliers, cotés et paraphés de nous, dont l'un serviroit à l'enregistrement de toutes les recettes ordinaires et extraordinaires qui peuvent concerner le compte de la Marine, et l'autre à l'enregistrement des Ordonnances de recette relatives au débet des comptes des Curateurs aux successions vacantes, Receveurs des amendes, aubaines, confiscations, &c., et Directeurs des Postes, pour être ledit Contrôleur en état de s'assurer par lui-même de l'état et de la situation de chaque comptable ou débiteur à la caisse. Sera la présente Ordonnance enregistrée au Contrôle de la Marine, et copie collationnée remise au Trésorier principal de la Marine en cette Colonie, pour s'y conformer en tout son contenu. Donné au Port-au-Prince, &c.

Signé Clugny Nuys.

R. au Contrôle le 10 *du même mois.*

ARRÊT du Conseil d'Etat, qui ordonne que les Cotons filés venant de l'Etranger, même des Isles et Colonies françoises de l'Amérique, payeront 20 liv. par quintal de droits d'entrée dans le Royaume.

Du 12 Mai 1761.

ORDONNANCE des Administrateurs, qui accorde une Bourse au Commerce du Cap.

Du 13 Mai 1761.

PHILIPPE-François Bart, &c.
Jean-Etienne-Bernard Clugny, &c.

Sur ce qui nous a été représenté par la Chambre mi-partie d'Agriculture et de Commerce établie au Cap, en conséquence de sa délibération du 17 du mois d'Avril dernier, de l'utilité de l'établissement des Bourses établies dans les différentes Villes du Commerce du Royaume, et des avantages qu'éprouveroient les Négocians et Habitans du Cap d'un semblable établissement, s'il nous plaisoit y donner les mains, en attendant que la Cour jugeât à propos d'y pourvoir: nous, ayant égard à ladite demande, et attendu les avantages promis de l'établissement proposé, avons permis et permettons aux Négocians de la Ville du Cap de se choisir dans ladite Ville un lieu propre à s'assembler entre eux, pour y conférer des affaires du Commerce, à l'imitation des Bourses établies dans les différentes Villes commerçantes du Royaume, à la charge toutefois par eux de nous adresser les Statuts et Réglemens qu'ils pourront faire entre eux à ce sujet, pour être par nous homologués, s'il y a lieu. Sera la présente enregistrée au Greffe de l'Intendance, lue, publiée et affichée dans ladite Ville du Cap. DONNÉ au Port-au-Prince, &c.

R. au Greffe de l'Intendance le même jour.

ORDONNANCE du Gouverneur du Cap, pour l'ouverture du chemin de la nouvelle Coupe du Limbé, malgré l'opposition des Habitans sur le terrain desquels il doit passer.

Du 13 Mai 1761.

LE Marquis de Chastenoye, &c.

Vu les différentes Requêtes à nous présentées par les Habitans du quartier du Limbé, tendante à l'ouverture d'une nouvelle Coupe, pour se rendre du quartier de l'Acul audit quartier du Limbé, au pied desquelles sont les Ordonnances des 6 Mai, 6 et 20 Juin dernier, rendues sur les divers procès verbaux faits par le sieur Thomas de Montreuil, Arpenteur; le Mémoire à nous présenté par le sieur Jean Pillat, tant en son nom que comme tuteur de la mineure de Guiscard, pour servir de défense à la demande des Habitans du Limbé, tendante à l'ouverture d'un chemin sur leurs Habitations; la nouvelle Requête à nous présentée par lesdits Habitans du Limbé et dépendances, au nombre de trente-sept, qui ont signé, par laquelle ils ont conclu à ce qu'il nous plût ordonner qu'ouverture soit faite sans délai dudit chemin nouveau du côté de l'Acul, par l'Atelier public dudit quartier: enfin, une Requête aussi à nous présentée par Antoine Metais, Habitant dudit quartier du Limbé, par laquelle il a conclu à ce qu'il nous plût arrêter l'exécution du nouveau chemin, &c. Le tout vu et mûrement examiné, attendu le grand bien qui résulte pour le Public du Jugement ci-après, sans nous arrêter ni avoir égard aux oppositions et défenses dudit sieur Pillat ès-noms, et de tous autres, à l'ouverture du nouveau chemin et nouvelle Coupe dont s'agit, dont les avons déboutés; nous avons, en tant que besoin est, homologué le procès verbal de rapport et visite du sieur Thomas de Montreuil, Arpenteur, dudit jour 27 Juin 1760, y joint le plan figuratif des lieux, de nous paraphé: en conséquence, autorisons les Habitans du Limbé à ouvrir et former, à l'aide du sieur Chicaneau, homme expert en cette partie, ou tout autre, une nouvelle coupe et chemin pour se rendre dudit quartier du Limbé dans celui de l'Acul, tel qu'il est tracé sur le plan dont est question, à la charge par les Habitans du Limbé d'entretenir ce nouveau chemin pendant dix ans, à compter de sa perfection, et à mesure qu'ils ouvriront le chemin, et sur-tout lorsqu'ils seront dans les plantations et établissemens dudit sieur

Pillat, ils feront faire de côté et d'autre des entourages de pieux et gaules qu'ils prendront dans les bois dudit sieur Pillat, afin d'éviter qu'il ne soit ravagé, lesquels entourages seront à l'avenir entretenus par ledit sieur Pillat. Autorisons aussi lesdits Habitans du Limbé à faire construire à leurs dépens des ponts de mâçonnerie ou autrement, s'il est nécessaire, sur les différentes ravines et ravins qui se trouveront sur ledit nouveau chemin, lesquels ponts ils entretiendront à perpétuité; faisons défenses audit sieur Pillat et à tous autres de troubler lesdits Habitans du Limbé dans l'ouverture et perfection dudit nouveau chemin, et ce sous telle peine qu'il appartiendra, dépens compensés; ce qui sera exécuté par provision. DONNÉ au Cap le 13 Mai 1761. *Signé* CHASTENOYE.

R. à la Subdélégation en Novembre suivant.

Voy. *l'Ordonnance des Administrateurs du* 11 *Juin même année.*

ARRÊT du Conseil du Cap, touchant le Port d'armes des Procureurs.

Du 14 Mai 1761.

Vu par le Conseil l'Arrêt rendu le 3 Février dernier, sur la Remontrance du Procureur Général du Roi, concernant le port d'armes dans les Bourgs et Villes de cette Isle, la lecture et publication faites dans les différens Tribunaux du ressort de ce Conseil, et dans les Carrefours de cette Ville; autre Remontrance dudit Procureur Général, tendante à ce qu'il plût à la Cour lui permettre de faire informer des contraventions audit Arrêt; information faite en exécution dudit Arrêt, conclusions dudit Procureur Général du Roi, et ouï le rapport de M. Duperrier, Conseiller, et tout considéré: LE CONSEIL, pour les faits résultans de ladite information, a condamné et condamne Boissel, Procureur en la Cour, à trois mois de prison, et a interdit pour trois mois de toutes fonctions, Gobert de la Haye, Daugy, Chiron et de Ligny, aussi Procureurs en la Cour; a aussi interdit Creton, Procureur, pour un mois de ses fonctions, le tout à compter du jour de la signification du présent Arrêt; ordonne que ledit Arrêt sera inscrit sur les registres des Procureurs, et affiché au Bureau de la bourse commune des Huissiers.

Voy. *l'Arrêt du* 8 *Juillet suivant.*

ARRÊTS du Conseil du Cap, qui enjoignent au Juge de la même Ville d'être soumis aux ordres du Président de la Séance.

Des 15 et 16 Mai 1761.

M. DE GRANDPRÉ, Conseiller, Sous-Doyen, Président de la séance, a dit, qu'en exécution de l'arrêté verbal de la Cour, du jour d'hier, portant que le sieur Sénéchal, Juge du Cap, seroit appelé à l'Hôtel de mondit sieur de Grandpré, pour, au désir de l'Arrêt de Réglement de la Cour, du 12 Novembre 1735, lui recommander de ne plus s'absenter pendant les séances de la Cour, comme il venoit de le faire, sans avoir prévenu le Président de la Cour; il avoit fait avertir ledit sieur Sénéchal, de la part de la Cour, ledit jour d'hier, sur les onze heures et demie du matin, par Saintord, Huissier, de se rendre ce jour, sept heures du matin, en son Hôtel; à quoi ledit sieur Juge du Cap n'auroit point obéi; et à l'instant, le Procureur Général du Roi s'étant levé, a dit que son Substitut audit Siége lui a remis ce matin, sur les sept heures, une délibération des Officiers dudit Siége, relative à l'arrêté verbal susdit de la Cour, du jour d'hier, le priant en leur nom de vouloir bien la présenter à la Cour; qu'il avoit en conséquence l'honneur de la mettre sur le Bureau: lecture faite de ladite délibération, LA COUR a ordonné qu'elle seroit communiquée audit Procureur Général du Roi, pour être par lui conclu sur icelle, et ensuite par la Cour être statué ainsi qu'il appartiendra.

Vu par le Conseil l'Arrêt intervenu le jour d'hier, contenant, &c. Vu pareillement la délibération des Officiers dudit Siége Royal du Cap, du 14 du courant, et ouï le Procureur Général du Roi en ses conclusions, et le rapport de M. Duperrier, Conseiller, et tout considéré: LA COUR enjoint au sieur Sénéchal, Juge du Cap, d'être soumis à l'avenir aux ordres qui lui seront donnés par le Président de la séance, d'être plus circonspect dans ses démarches, et de se conformer à l'Arrêt de la Cour du 12 Novembre 1735: ordonne que le présent Arrêt lui sera signifié à la diligence dudit Procureur Général du Roi.

La délibération des Officiers du Siége du Cap, du 14 Mai, porte: « Que le » Sénéchal s'étoit absenté pour cause d'incommodité, et pour trois jours » seulement, pendant lesquels il y avoit eu deux fêtes; qu'un mandement

» *fait à un Officier de Justice, et sur-tout au Chef d'une Jurisdiction, ne » sauroit être fait avec trop de ménagement; qu'un mandement fait chez le » Président, est encore bien plus grave qu'un mandement fait à la Cour, » qui seule a droit de corriger en corps les Officiers qui manquent à leurs » fonctions; pourquoi M. le Procureur Général (auquel seroit remis copie » de la délibération), seroit prié de vouloir bien rendre compte à la Cour de » tout son contenu, tant sur le mandement en soi, que sur la forme dans » laquelle il a été fait, et supplier la Cour d'accorder aux Officiers du Siége » la considération qu'ils croient mériter par leur état et leur conduite irré- » prochable* ».

ARRÊT du Conseil du Cap, qui déboute les Notaires de leur demande afin d'obtenir le Pas et la Préséance sur les Procureurs.

Du 20 Mai 1761.

VU la Requête présentée au Conseil par les Notaires de la Ville du Cap, tendant à ce qu'il plût audit Conseil, par les moyens et autorités cités en leur Requête, et autres qu'il plairoit à la Cour suppléer de droit et d'équité, maintenir et garder les Supplians dans les droits et honneurs du Pas et Préséance acquis incontestablement, et de temps immémorial, à la Compagnie des Notaires sur la Communauté des Procureurs, ladite Requête signée Delan, Doyen des Notaires, conclusions de Me. Lohier de la Charmeraye, Substitut pour le Procureur Général du Roi; ouï le rapport de M. Delaye, Conseiller-Assesseur, et tout considéré: LA COUR a débouté les Supplians des fins et conclusions de leur Requête; et faisant droit sur les plus amples conclusions du Procureur Général, ordonne que le présent Arrêt sera inscrit sur le registre des Procureurs.

ARRÊT en Réglement du Conseil du Cap, relatif à la Bourse commune des Huissiers.

Du 20 Mai 1761.

VU par le Conseil la Remontrance du Procureur Général du Roi, contenant que l'Arrêt de la Cour du 26 Février de cette année, portant

établissement

établissement d'une bourse commune entre les Huissiers, par la sagesse et le nombre de ses dispositions, sembloit ne laisser rien à désirer, et prévenir toutes les contestations que la nouveauté de cet établissement pouvoit occasionner d'elle-même, ou qui pourroient être suscitées par la jalousie des esprits intéressés à s'y opposer; que cependant il seroit encore survenu quelques difficultés à l'occasion de cette bourse commune entre les Procureurs et les Huissiers; que l'accélération de la Justice demandant que l'on déterminât, d'une maniere fixe, tous les objets qui pourroient les diviser, il alloit soumettre ces difficultés à la décision de la Cour.

Que les Procureurs se plaignoient de ce que les Huissiers, pour les Saisies-Arrêts, prennent 4 liv. 10 sous, et de plus 30 sous pour les avenir; que les Huissiers réclament la copie des pieces que les Procureurs soutiennent leur appartenir; que les Huissiers prétendent que les élections de domicile ne devroient point avoir lieu pour les demandes principales et les significations qui devroient être faites à personne au domicile; que les uns et les autres sont divisés sur le prix du transport des Huissiers dans les quartiers nouveaux, dont la distance n'a point été fixée; que les parts de quelques Huissiers ayant été saisies, ces derniers prétendent que les profits de la bourse commune sont insaisissables.

Que sur le premier objet, il croyoit devoir observer que l'avenir étant un exploit simple, le prix en devoit être maintenu, conformément au tarif du 17 Juillet 1738, à 30 sous; que la Saisie-Arrêt étant omise dans ce même tarif, cet exploit étant plus libellé & plus étendu par sa nature, sembloit pouvoir être porté à 3 liv.; 2°. que quant à la copie des pieces, en consultant l'usage uniforme des Tribunaux du Royaume, on ne pouvoit raisonnablement la refuser aux Procureurs: mais qu'il paroissoit convenable, en la leur accordant, de les assujettir à fournir des copies lisibles, et à les signer, afin qu'ils en fussent garans; 3°. que pour les élections de domicile, quelque diminution qu'elles pussent apporter aux salaires des Huissiers, on ne pouvoit les abolir, sans contredire à l'Ordonnance; que quand ces élections de domicile ne seroient point autorisées par le Roi, elles mériteroient d'être conservées, par la diminution des frais qu'elles entraînent nécessairement; diminution précieuse, et qui, tendant au soulagement du Public, sera toujours favorisée des Magistrats; qu'autant qu'il etoit régulier et utile de laisser subsister les élections de domicile, autant il paroissoit nécessaire de le faire dans une forme plus simple et moins dispendieuse; que l'usage où l'on a été de les faire signifier à tous les Procureurs et les Huissiers, a jeté dans des frais et des lenteurs qu'on pourroit éviter ; qu'il seroit à désirer que ces élections de domicile se fissent au Bureau des Huissiers, par la Partie ou le Procureur fondé d'un pouvoir *ad hoc* ; 4°. que la distance des nouveaux quartiers étoit un autre objet, qu'il étoit indispensable de fixer ; 5°. que l'article de la saisie des profits de la bourse commune, présentoit une question difficile ; que par l'Edit du mois d'Octobre 1696, portant création des Offices de Jurés-Priseurs dans les Villes et Bourgs du ressort immédiat des Justices Royales, et établissement d'une bourse commune entre lesdits Jurés-Priseurs, il est porté que les parts de ladite bourse commune ne pourront être saisies par quelques créanciers que ce puisse être, si ce n'est par ceux qui auront prêté leurs deniers pour l'acquisition desdits Offices ; que l'Edit du mois de Novembre 1697, portant suppression des Petits Voyers, et union de leurs Office et fonctions aux Experts-Priseurs et Arpenteurs Jurés, et aux Greffiers de l'Ecritoire, établissoit également une bourse commune entre eux, dont les profits étoient déclarés insaisissables, excepté par ceux qui auroient prêté les deniers pour la finance de ces Offices ; qu'en autorisant la saisie des profits de la bourse commune des Huissiers, c'étoit enlever au plus grand nombre d'entre eux le moyen de subsister et de pouvoir faire le service ; qu'il étoit nécessaire, pour l'administration de la Justice, de les mettre en état d'y suffire ; mais qu'aussi il pourroit paroître suspect d'ôter aux créanciers la faculté d'exercer leurs créances ; que pour concilier ces deux objets, on pourroit prendre un tempérament, en ne déclarant saisissable qu'une certaine quotité de la part afférente à chaque Huissier. A CES CAUSES, requéroit, &c. Ouï le rapport de M. le Gras, Conseiller, la matiere mise en délibération, et tout considéré : LE CONSEIL, sous le bon plaisir du Roi, et jusqu'à ce qu'autrement il en ait été décidé par Sa Majesté, a ordonné et ordonne ce qui suit :

ART. Ier. Fait défense aux Huissiers provisoirement, et jusqu'au tarif général, de percevoir plus de 3 liv. pour les saisies-Arrêts, et plus de 30 s. pour les avenir.

ART. II. Ordonne que les copies des pieces appartiendront aux Procureurs, quand ils voudront les fournir, et encore leur enjoint de les signer et les fournir lisibles aux Huissiers.

ART. III. Toutes élections de domicile seront à l'avenir inscrites sur un registre particulier, coté et paraphé, et tenu par un des Directeurs de la bourse commune des Huissiers, et signé par la Partie ou le fondé de son pouvoir *ad hoc* ; lesdites élections de domicile seront ensuite portées sur un tableau particulier, qui restera exposé dans le Bureau desdits Huissiers, sans qu'il soit besoin de faire signifier aux Procureurs et Huissiers lesdites élections de domicile, et sera payé pour lesdits enregistremens et expositions, la somme de 6 liv.

ART. IV. Ordonne que sous deux mois, à compter de la publication du présent Arrêt, toutes les personnes qui ont élu domicile ès Etudes des Procureurs de cette Ville, seront tenus de renouveler leurs élections de domicile dans la forme prescrite par l'article ci-dessus, à faute de quoi iceux domiciles seront révoqués de droit.

ART. V. Toute élection de domicile, dont le terme n'aura pas été limité, ne pourra avoir lieu que pour deux ans, passé lequel temps elle demeurera révoquée de droit, si elle n'est pas renouvelée; et ne pourra le Procureur dans l'Etude duquel domicile aura été élu, pour toutes affaires, exiger plus de 150 liv. par chacun an, sans qu'il puisse rien prétendre pour raison de domicile élu dans son Etude, pour une ou deux affaires.

ART. VI. Ordonne qu'il sera incessamment procédé à la fixation de la distance des quartiers nouveaux par le grand Voyer ou le premier Arpenteur requis par ledit Procureur Général, pour le procès verbal dudit grand Voyer ou Arpenteur requis, être rapporté à la Cour, et sur icelui être ordonné ce qu'il appartiendra.

ART. VII. Les parts des Huissiers dans les profits de ladite bourse commune, ne pourront être saisis que pour le tiers desdites parts, par quelques créanciers que ce puisse être, si ce n'est par ceux qui auront fourni les chevaux et harnois pour le service desdits Huissiers, auquel cas seulement pourra être saisie la moitié de la part afférente à l'Huissier débiteur dans ladite bourse commune.

ART. VIII. Ordonne que le présent Arrêt sera lu et registré ès Jurisdictions Royales et Siéges d'Amirauté de cette Ville, inscrit sur le registre des Procureurs en la Cour, et affiché dans le Bureau de la bourse commune desdits Huissiers.

LETTRE du Ministre à MM. BART et DE CLUGNY, sur les rétributions exigées des Bâtimens Etrangers admis.

Du 31 Mai 1761.

IL m'est revenu de plus d'un endroit que, nonobstant les défenses qui ont été faites de temps en temps de percevoir ou laisser percevoir aucuns droits sur les Bâtimens étrangers que la nécessité des temps oblige de recevoir dans les ports de Saint-Domingue, les Secrétaires du Général, de l'Intendant, et des Gouverneurs, prennent une rétribution de 150 liv. pour la permission donnée au Bâtiment de vendre sa cargaison; qu'on tolere même que d'autres personnes en exigent des présens ou des étrennes de moindre conséquence; et qu'enfin un Capitaine étranger est obligé de payer plusieurs personnes pour parvenir à vendre sa cargaison. J'ai été d'autant plus surpris d'apprendre ces sortes de prévarications, qu'on m'a assuré qu'elles avoient eu lieu depuis les dernieres défenses faites par le Roi, et les Ordonnances de Sa Majesté, qui excluent toute sorte de rétribution pour les Chefs de la Colonie, leurs Secrétaires, et tous autres employés à leur service, par le dernier Réglement que Sa Majesté a rendu pour leur traitement. Je n'ai pas cru devoir rendre compte à Sa Majesté d'une transgression aussi marquée à ses volontés, sans auparavant vous en avoir avertis, afin que s'il s'est passé à cet égard quelque chose à votre insçu, vous répariez le mal qui en est résulté, en faisant rembourser par vos Secrétaires, et ceux des Gouverneurs particuliers et Commissaires, les rétributions qu'ils auroient pu recevoir, tant en ce genre que dans tout autre, sans quoi Sa Majesté vous rendroit vous-mêmes responsables de la transgression de ses Ordonnances, dont elle vous a si fort recommandé l'exécution. Je désire, pour votre satisfaction personnelle, qu'il n'y ait rien eu de semblable; mais si les avis qui m'en ont été donnés sont fondés, je vous prie de m'en rendre compte dans la plus grande exactitude, de me faire connoître ceux qui ont reçu de semblables rétributions, et de leur en faire restituer le montant aux Capitaines qui les ont payées, ou à leurs correspondans. Sa Majesté a tellement à cœur de détruire tous les abus qui ont régné en ce genre à Saint Domingue, qu'elle sera inexorable à l'avenir envers ceux qui les commettront ou les souffriront de la part des personnes employées sous leurs ordres.

ARRÊT du Conseil d'Etat, qui attribue à celui du Port-au-Prince la connoissance des affaires concernant le Procureur du Roi du Cap.

Du 5 Juin 1761.

SUR la Requête présentée au Roi en son Conseil par Louis-Nicolas Dumesnil, Ecuyer, Conseiller de Sa Majesté, et son Procureur en la Sénéchaussée et en l'Amirauté du Cap, Isle et Côte Saint-Domingue, contenant, &c. A CES CAUSES, requéroit, &c. Vu ladite Requête signée Dumesnil, Suppliant, ensemble Despaulx, son Avocat, comme aussi les pieces y énoncées et jointes; ouï le rapport, LE ROI étant en son Conseil, ayant aucunement égard à ladite Requête, a évoqué à soi et à sondit Conseil toutes les demandes et contestations, tant en matiere civile que criminelle, dans lesquelles le Suppliant seroit Partie, tant en demandant, qu'en défendant ou intervenant, et qui seroient de nature à être portées au Conseil du Cap, soit en premiere instance, soit par voie d'appel, et icelles circonstances et dépendances, a renvoyé et renvoye pardevant le Conseil Supérieur du Petit Goave séant au Port-au-Prince, Isle Saint-Domingue, pour y être jugées en premiere et derniere instance; le tout néanmoins sans préjudice de la Jurisdiction des Juges ordinaires de ladite Colonie, devant lesquels le Suppliant se pourvoira comme par le passé, Sa Majesté n'entendant évoquer que les affaires qui pourroient être portées au Conseil du Cap, attribuant à cet effet seulement audit Conseil Supérieur du Port-au-Prince, toute Cour, Jurisdiction et connoissance, et icelle interdisant audit Conseil du Cap. Fait Sa Majesté défenses à toutes Parties de faire aucunes poursuites ni procédures contre le Suppliant audit Conseil du Cap, à peine de nullité, cassation, et de tous dépens, dommages. intérêts: ordonne Sa Majesté que le présent Arrêt sera exécuté nonobstant oppositions et empêchemens quelconques, dont si aucuns interviennent, Sa Majesté s'est réservé la connoissance, et à son Conseil, et que sur icelui toutes Lettres patentes nécessaires seront expédiées. FAIT au Conseil d'Etat du Roi, &c.

Signifié au Greffier du Conseil du Cap par Capdeville, Huissier, le 9 Mars 1762.

Le motif de cette attribution fut la destitution de ce Procureur du Roi; prononcée par Arrêt du Conseil du Cap, du 10 Octobre 1759, cassé par Arrêt du Conseil d'Etat Privé, du 15 Décembre 1760.

ORDONNANCE des Administrateurs, qui en désapprouve et annulle une rendue par le Gouverneur du Cap, comme émanée d'une Autorité qui n'a ni Jurisdiction ni Tribunal.

Du 11 Juin 1761.

PHILIPPE-François Bart, &c.
Jean-Etienne-Bernard de Clugny, &c.

Par le compte qui nous a été rendu de ce qui s'est passé dans le Gouvernement du Cap, au sujet de l'ouverture du nouveau chemin de la Coupe du Limbé, et par les différentes pieces produites pardevant nous, nous aurions reconnu que, le 13 du mois dernier, M. le Gouverneur du Cap auroit rendu une Ordonnance en forme de Jugement contradictoire, par lequel il auroit statué définitivement sur l'ouverture dudit chemin. Une procédure aussi irréguliere, émanée d'une autorité qui n'a ni Jurisdiction ni Tribunal, est essentiellement nulle et entierement contraire aux Ordonnances du Roi et Réglemens de nos prédécesseurs, et notamment à l'article premier du Réglement du 1er Mars 1752, portant que l'ouverture des chemins royaux et publics ne seroit faite qu'après avoir été par nous ordonnée, et à l'article 12 du même Réglement, contenant qu'en cas de contestation au sujet de l'ouverture de quelques chemins que ce soit, il seroit par nous ordonné ce qu'il appartiendra. Ces dispositions sont trop précises pour tolérer une entreprise aussi contraire à la regle et à l'autorité dont nous sommes les seuls dépositaires; en conséquence, nous, sans avoir égard à l'Ordonnance en forme de Jugement incompétemment rendu par M. le Gouverneur du Cap, le 13 Mai dernier, qu'autant que de besoin, nous avons déclarée nulle et comme non avenue; et attendu la nécessité de réparer incessamment l'ancien chemin de ladite Coupe du Limbé, ou d'en ouvrir un autre, ordonnons, avant faire droit, que les lieux seront vus et visités, et examinés, Parties présentes ou dûment appelées par le sieur Rabié, Ingénieur du Roi, et Phelippeaux, Grand Voyer au Cap, auxquels à cet effet seront remis tous papiers et Mémoires fournis sur cette matiere, tant par les Habitans du Limbé, intéressés à l'ouverture dudit chemin, que par le sieur Pillat, habitant de l'Acul, ensemble les procès verbaux qui auroient pu être dressés sur le même objet, lesquels sieurs Rabié et Phelippeaux examineront en outre l'exactitude du sieur Thomas de Montreuil, et détermineront sur quel terrain il est plus avantageux au Public de faire passer ledit chemin, de tout quoi ils dresseront leur rapport dans le mois, pour le tout à nous rapporté, être statué ce qu'il appartiendra; et jusqu'à ce, défendons la continuation de tous travaux qui pourroient avoir été ordonnés à l'occasion dudit chemin. Sera la présente enregistrée au Greffe de l'intendance et en celui de la Subdélégation au Cap. DONNÉ au Port-au-Prince, &c. le 11 Juin 1761. *Signés* BART et CLUGNY NUYS.

R. au Greffe de l'Intendance le même jour.

LETTRE *des Administrateurs aux Marguilliers du Cap, touchant les Bancs du Conseil, de la Jurisdiction, et de l'Etat-Major dans l'Eglise de cette même Ville.*

Du 18 Juin 1761.

SUR le compte qui nous a été rendu, Messieurs, de l'Arrêt du Conseil Supérieur du Cap, du 19 Mai dernier, qui vous ordonne de faire incessamment agrandir le banc du Conseil, nous allons vous faire part de nos intentions à ce sujet, et vous aurez agréable de vous y conformer.

1°. Nous consentons que le banc du Conseil soit rehaussé de six pouces, et qu'il ait cette élévation au-dessus de celui de la Jurisdiction; 2°. qu'il soit agrandi de cinq à six pouces, afin qu'il puisse contenir tous les Officiers du Conseil; à l'égard de celui de la Jurisdiction, il doit être placé à la suite de celui du Conseil, et sur le même alignement, ainsi qu'il est prescrit par l'Arrêt du 31 Juillet 1743.

2°. Nous observons à cette occasion que les bancs du Lieutenant de Roi, du Major, du Commissaire de la Marine, qui sont placés de l'autre côté de l'Eglise, vis-à-vis du Conseil, doivent être à la même hauteur que ce dernier. Vous aurez agréable de faire porter cette décision sur le registre des délibérations de la Paroisse, et de nous rendre compte de son exécution Nous avons l'honneur d'être, &c. Au Port-au-Prince le 18 Juin 1761. *Signés* BART et CLUGNY NUYS.

R. à la Paroisse le 23.

ARRÊT du Conseil du Port-au-Prince, sur une Plainte portée à l'Autorité Militaire, dans une matiere contentieuse.

Du 19 Juin 1761.

ENTRE Blondeau, demeurant ci-devant aux Cayes, Appelant, comparant par Couder, Procureur en la Cour, d'une part;

Et Daniel Suire, Négociant au Cayes, au nom et comme exécuteur testamentaire de feu Joseph Lagere, vivant capitaine du Navire *la Vestale* de Bordeaux, Intimé, comparant par Terrien, Procureur en la Cour, d'autre part;

Et entre Jean Lorin de la Potiere, ci-devant demeurant audit lieu des Cayes, Demandeur en intervention, comparant par Bonnart, Procureur en la Cour, d'une part;

Et ledit Daniel Suire, Défendeur, comparant par led. Terrien, d'autre part.

Vu par le Conseil, &c. LE CONSEIL, sans s'arrêter à l'appel interjeté par la Partie de Couder, de la Sentence du 10 Novembre 1755, a mis et met l'appellation au néant; ordonne que ce dont est appel sortira effet; condamne l'Appelant en l'amende ordinaire, et aux dépens, quant à ce chef; et en ce que touche l'appel de la Sentence du 20 Septembre 1760, a mis et met l'appellation et ce dont est appel au néant; émendant, déclare ladite Sentence attentatoire à l'autorité de la Cour; en conséquence, l'a cassée, révoquée et annullée; déclare la saisie du Negre Alexandre, nulle, tortionnaire, et déraisonnable, ainsi que tout ce qui s'en est ensuivi; condamne l'Intimé à faire remise dudit Negre à l'Appelant, ou à lui en payer la valeur sur le pied de 4000 liv., à laquelle somme la Cour en a évalué d'office le prix, au choix dudit Intimé, et à lui en payer les journées à raison de 3 liv. par jour, à compter du 17 Septembre 1760, jusqu'au jour de la remise effective dudit Negre, ou du payement de ladite somme de 4000 liv.; condamne l'intimé, en son propre et privé nom, à payer à l'Appelant la somme de 6000 liv. par forme de dommages et intérêts résultans de son indue vexation et injuste emprisonnement; condamne l'intimé aux dépens des causes principale et d'appel, l'amende remise à l'Appelant; et faisant droit sur les conclusions du Procureur Général du Roi, fait très-expresses inhibitions et défenses à l'Intimé de se pourvoir désormais, pour raison d'aucunes affaires contentieuses, pardevant d'autres d'autres Juges que ceux établis par Sa Majesté en cette Colonie, à peine d'y être séverement pourvu ; et pour l'avoir fait, le condamne aussi personnellement, et par corps, en 6,000 liv. d'amende envers le Roi ; prononçant sur la demande en intervention de la Partie de Bonnart, et y ayant aucunement égard, déclare l'accusation contre elle formée par la Partie de Terrien, téméraire et calomnieuse ; en conséquence, condamne ladite Partie de Terrien à payer au Demandeur la somme de 4,000 liv., par forme de dommages et intérêts résultans de ladite accusation ; autorise ledit Demandeur à se retirer aux Cayes, lieu de sa résidence, ou dans tout autre endroit qu'il le jugera à propos ; condamne la Partie de Terrien aux dépens de ladite intervention ; et quant au surplus des demandes des Parties, les met hors de Cour et de procès ; faisant droit sur les plus amples conclusions de Procureur Général du Roi, ordonne que les principales pieces du procès seront et demeureront déposées au Greffe de la Cour, pour y avoir recours, si le cas y échoit, après avoir été paraphées par le Président de la Cour, *ne varientur*, et qu'il en sera délivré expédition gratis aux Parties. DONNÉ au Port-au-Prince, &c.

Ce fût cette affaire particulierement qui amena l'Arrêt du Conseil d'Etat du 21 Mai 1762.

ARRÊT du Conseil d'Etat, qui attribue à M. DE CLUGNY, Intendant de Saint-Domingue, la connoissance des affaires nées et à naître entre les Intéressés à la Compagnie formée en 1749, pour la traite des Negres, à la Côte d'Angole, et leurs débiteurs à Saint-Domingue.

Du 26 Juin 1761.

ORDONNANCE des Administrateurs, qui exempte le sieur TEXIER, Habitant à Plaisance, de toutes corvées personnelles et charges publiques, attendu les secours fournis par son Habitation pour le service du Roi, le passage des Courriers extraordinaires, les Voyageurs, &c.

Du 27 Juin 1761.

R. au Greffe de l'Intendance le 6 Juillet suivant.

ARRÊT du Conseil du Cap, qui décharge un Gentilhomme du Marguillage.

Du 7 Juillet 1761.

VU par le Conseil la Requête de Philippe Léonard, Ecuyer, sieur de Beaupré, ancien Commandant au Port-Margot, Habitant au Borgne, conclusions de M. Lohier de la Charmeraye, Substitut pour M. le Procureur Général; ouï le rapport de M. Laforgue, Conseiller-Assesseur, et tout considéré: LE CONSEIL, ayant aucunement égard à l'appel interjeté par le Suppliant de la délibération des Curé et Paroissiens de Saint-Charles du Borgne, portant nomination de sa personne pour Marguillier de ladite Paroisse, l'a déchargé dudit Marguillage et fonctions en dépendantes, sauf auxdits Curé et Paroissiens à faire procéder à une autre assemblée et nomination, au lieu et place du Suppliant, comme ils aviseront.

Voy. *les Arrêts de la même Cour, des 21 Avril et 22 Septembre 1766.*

ARRÊT du Conseil du Cap, touchant un Procureur de la Cour, emprisonné pour avoir porté l'épée.

Du 8 Juillet 1761.

VU par le Conseil la Requête de Me. Boissel, Avocat en Parlement, et Procureur en la Cour, conclusions de M. le Procureur Général, et ouï le rapport de M. Laforgue, Conseiller-Assesseur, et tout considéré: LE CONSEIL, ayant égard à la Requête, a permis et permet au Suppliant de sortir des prisons, pour cause de maladie, et rétablir sa santé pendant six semaines.

Voy. *l'Arrêt du 14 Mai précédent.*

ARRÊTS du Conseil du Cap, qui établissent, 1°. que les Substituts du Procureur Général doivent le représenter pleinement lors de ses maladies et autres empêchemens ; 2°. que lesdits Substituts sont du Corps de la Cour ; & 3°. qu'ils doivent rouler, pour l'ancienneté, avec les Assesseurs.

Du 8 Juillet 1761.

VU par le Conseil la Requête à lui présentée par MM. Lohier de la Charmeraye, et Ruotte, Conseillers du Roi, Substituts de son Procureur Général en cette Cour; contenant, que sur la représentation et réquisition verbales que Me. Bonnaud, ci-devant pourvu du même Office, eut l'honneur de faire en la Cour le 17 Décembre 1760, Arrêt intervint, M. l'Intendant présidant à la séance, qui, conformément à la demande du sieur Bonnaud, a prononcé (Voy. *cet Arrêt*); que cet Arrêt ne contient d'autres dispositions que celles, 1°. de l'Edit du Roi Henri III, en Mai 1586, portant érection en titre d'office des Substituts des Procureurs Généraux du Roi, et Adjoint aux Conseillers dans chacune des Cours de Parlement, et autres Cours Souveraines du Royaume ; 2°. de la Déclaration du Roi Henri III en Novembre 1586, sur l'exécution de l'Edit d'érection en titre d'office de Conseillers de Sa Majesté, et Substituts de son Procureur Général en la Cour de Parlement de Paris, Adjoints des Conseillers de la Cour ; 3°. de la Déclaration du Roi Henri IV, en Juin 1597, par laquelle les Offices des Conseillers de Sa Majesté, et Substituts de son Procureur Général en la Cour de Parlement de Paris, sont exemptés et déchargés du droit de confirmation, comme étant du Corps de ladite Cour ; 4°. aux divers Arrêts de la Cour du Parlement de Paris, des Mercredi 26 Juillet 1458, et Samedi 23 Janvier 1461, par lesquels appert comme ladite Cour a de tout temps reconnu les Substituts du Procureur Général pour Officiers nécessaires d'icelle Cour ; 5°. à la Déclaration du Roi du 29 Juin 1704, donnée au sujet des Substituts du Procureur Général du Roi au Parlement de Paris, qui leur accorde la noblesse à leurs enfans et veuves, avec d'autres prérogatives, comme Officiers principaux du Parlement ; 6°. aux Lettres patentes en forme d'Edit, du mois de Décembre 1729, qui accordent aux Substituts du Procureur Général du Roi, le droit de committimus au grand Sceau, comme étant du Corps du Parlement, suivant l'Edit de création de leurs Charges ; 7°. au Réglement du Roi concernant l'exemption des droits royaux et municipaux, du 4 Septembre 1744, dans lequel le Roi accorde aux Substituts des Procureurs Généraux dans les Cours Souveraines de cette Colonie, la même exemption de six Negres, qu'aux Assesseurs qu'il ne nommoit qu'après lesdits Substituts, finalement à l'Ordonnance du Roi du 24 Juin 1746, pour le jugement des affaires concernant le commerce étranger, en exécution de l'Edit de 1717, où il est dit qu'en l'absence par maladie ou autre légitime empêchement du Procureur Général, son Substitut pourra être nommé pour conclure; qu'ainsi, tout constatant sans réplique l'honneur qu'ont les Supplians d'être Officiers nécessaires de la Cour, et qu'ils jouissent en conséquence des prérogatives, honneurs et exemptions, à ce titre et dans leur rang, dont jouissent les Conseillers-Assesseurs, ils se croyent fondés à supplier la Cour de les maintenir dans leur rang et ancienneté de service sur tous les Conseillers-Assesseurs qui pourroient entrer en la Cour après eux, et être ensuite nommés titulaires, afin que les Supplians datent en ce cas de l'ancienneté de leurs services, suivant les regles en pareil cas suivies en tous les Tribunaux du Royaume. A CES CAUSES, requéroient, &c. Vu aussi la lettre écrite par MM. Bart et Clugny Nuys, Gouverneur Général et Intendant de cette Colonie, à M. Dubuisson, Procureur Général en cette Cour, datée au Port-au-Prince le 17 Mars dernier, au sujet des Commissions de Substitut demandées par lesdits MM. Lohier de la Charmeraye et Ruotte, et sur les observations faites au sujet de leur rang d'ancienneté, sur les Assesseurs nommés après eux; et ouï le rapport de M. Collet, Conseiller, et tout considéré: LE CONSEIL, ayant égard à ladite Requête, a arrêté et ordonné, sous le bon plaisir du Roi, que les Substituts actuels et à venir jouiront, comme étant du corps de la Cour, de leur rang d'ancienneté sur tous les Conseillers-Assesseurs qui entreront après eux dans ladite Cour, pour, en cas de promotion à la charge de Conseillers titulaires desdits Assesseurs et Substituts, être ces derniers reçus dans l'ordre et date de leur ancienneté; ordonne que ladite Lettre de MM. les Général et Intendant demeurera déposée au Greffe de la Cour.

ARRÊT du Conseil du Cap, qui ordonne que celui du 17 Décembre 1760, concernant les Substituts du Procureur Général, sera lu, publié et enregistré aux Greffes des Jurisdictions, sur le registre des Procureurs en la Cour, et exposé dans le Bureau de la bourse commune des Huissiers.

Du 8 Juillet 1761.

ARRÊT du Conseil d'Etat, qui accorde au sieur François SOLIGNAC, *ci-devant Négociant à Louisbourg, le privilége exclusif pendant vingt ans de faire, avec sa machine, le biscuit de mer à Saint-Pierre de la Martinique, au Cap et au Port-au-Prince, à Saint-Domingue, dans l'étendue de vingt lieues de chaque Ville, le long de la mer, et de quatre lieues de profondeur, à peine de confiscation de tout autre biscuit qui y seroit fabriqué, et de* 3000 *liv. d'amende; et quant aux contestations relatives à l'exercice dudit privilége, en attribue la connoissance exclusive aux Intendans desdites Colonies.*

Du 10 Juillet 1761.

R. au Conseil du Port-au-Prince le 10 *Octobre* 1762.
Et à celui du Cap le 3 *Décembre suivant.*

ORDONNANCE de M. l'Intendant, qui fixe les salaires et vacations des Huissiers de l'Intendance sur le même pied que ceux attribués aux Huissiers des Conseils.

Du 21 Juillet 1761.

JEAN-Etienne Bernard de Clugny, &c.

Par notre Ordonnance du 3 Juin dernier, nous avons maintenu les Huissiers de l'Intendance du ressort du Conseil du Port-au-Prince, dans le droit de signifier tous les actes émanés du Gouvernement et de l'Intendance; et comme il est nécessaire de fixer leurs salaires, pour prévenir les abus qu'ils pourroient commettre dans l'exercice de leurs fonctions, nous avons ordonné et ordonnons que les salaires et vacations desdits Huissiers de l'Intendance, seront et demeureront fixés sur le même pied que ceux attribués aux Huissiers du Conseil Supérieur de cette Ville, par les Réglemens dudit Conseil; enjoignons auxdits Huissiers de l'Intendance de se conformer exactement audit tarif porté par lesdits Réglemens; leur défendons d'exiger ou recevoir aucun autre droit, de quelque nature et sous quelque prétexte que ce soit, à peine contre les contrevenans de destitution, et de 5 liv. d'amende envers le Roi; et dans le cas où quelqu'un desdits Huissiers de l'Intendance auroit perçu avant la publication de la présente Ordonnance des droits plus forts que ceux attribués aux Huissiers du Conseil, leur enjoignons, sur les mêmes peines, de les rendre et restituer à la premiere réquisition des Parties. Sera la présente enregistrée, publiée et affichée, &c.

LETTRE des Administrateurs aux Substituts du Procureur Général du Conseil du Cap, touchant la préséance de ces derniers sur les Officiers de la Jurisdiction.

Du 28 Juillet 1761.

NOUS avons reçu, Messieurs, votre Lettre du 14 de ce mois avec le Mémoire qui y étoit joint, concernant votre contestation avec les Officiers du Cap, sur la préséance. M. le Général avoit senti d'avance la force de vos raisons, lors de sa Lettre du 5 Juin 1760, et nous ne pouvons que confirmer aujourd'hui ce qu'il a décidé pour lors; nous écrivons en conséquence aux Officiers de la Jurisdiction, que notre intention est que vous vous placiez dans le banc du Conseil, et que vous y jouissiez des mêmes honneurs que les autres Membres du Conseil, et que vous précédiez les Officiers de la Jurisdiction dans les cérémonies et dans les marches publiques. Nous avons l'honneur d'être, &c. *Signés* BART et CLUGNY. Au Port-au-Prince, &c.

R. au Conseil du Cap le 11 Août 1761.

ORDONNANCE des Administrateurs, pour obliger les Prêtres et le Clergé du Cap à conduire les morts jusqu'au Cimetiere de la Fossette.

Du 29 Juillet 1761.

PHILIPPE-François Bart, &c.

Jean-Etienne-Bernard Clugny, &c.

Les Paroissiens de l'Eglise du Cap ayant jugé nécessaire, par leur délibération du 7 Octobre 1759, de changer l'emplacement du Cimetiere, et de le porter hors de la Ville, afin d'éviter l'infection qui s'exhaloit du premier Cimetiere qui se trouve au milieu de la Ville, et qui occasionnoit souvent des maladies épidémiques; les Missionnaires Apostoliques ayant de leur côté formé opposition à cette délibération, et déclaré qu'ils n'accompagneroient pas les corps jusqu'au nouveau Cimetiere, sous prétexte qu'il étoit trop éloigné de la Ville. Sur le compte qui en fut rendu pour lors à MM. les Général et Intendant, ils donnerent une Ordonnance le 31 Octobre 1759, par laquelle ils approuverent la délibération de la Paroisse, en permirent l'enregistrement au Conseil, déclarerent l'opposition à icelle indûment faite, et en conséquence en ordonnerent la radiation.

Cette décision étoit plus que suffisante pour apprendre aux Missionnaires qu'ils ne devoient pas refuser d'accompagner les corps jusqu'au nouveau Cimetiere ; ayant été entierement clos et porté à sa perfection, il auroit été béni par le Supérieur en la maniere accoutumée: mais plusieurs personnes étant mortes depuis ce temps, les Prêtres desservans la Paroisse du Cap avoient refusé d'accompagner leurs corps, et les avoient laissés dans l'Eglise ; en sorte qu'ils avoient été transportés au Cimetiere, et inhumés sans aucune cérémonie ; que lesdits Prêtres ayant voulu en user de même à l'égard du corps du nommé Dupaty, décédé au Cap le 18 de ce mois, sur l'avis qui en fut donné aux Marguilliers, ils en firent dresser procès verbal, avec sommation au Supérieur des Missions d'envoyer un Prêtre pour accompagner le corps jusqu'au Cimetiere, et l'inhumer avec les cérémonies accoutumées ; que le Supérieur avoit accédé à cette sommation, avec protestation qne c'étoit sàns tirer à conséquence ; enfin, que la dame veuve Bailly étant décédée le 20 de ce mois, elle n'auroit été enterrée avec les cérémonies ordinaires, qu'après que le P. Thomas, desservant la Cure du Cap, auroit fait des protestations pardevant Despujeaux et Rabouin, Notaires au Cap ; que c'étoit sans tirer à conséquence pour l'avenir, et qu'il protestoit de se pourvoir contre toutes délibérations tendantes à contraindre les missionnaires à accompagner les corps jusqu'audit Cimetiere. De pareilles entreprises de la part des Missionnaires étant aussi contraires à l'ordre public, à la tranquillité des Citoyens, qu'à la décence de la Religion, nous avons cru ne pouvoir les réprimer trop fortement, afin d'en empêcher les suites à l'avenir. A cet effet, nous, en conséquence de l'Ordonnance rendue par MM. Bart et Elias le 31 Octobre 1759, avons ordonné et ordonnons aux Prêtres desservans la Paroisse du Cap, d'accompagner les corps des Fideles décédés, jusqu'au nouveau Cimetiere établi hors de la Ville du Cap ; et là, de les faire inhumer en la maniere accoutumée avec les cérémonies ordinaires de l'Eglise, nonobstant tous actes de protestations à ce contraires, que nous avons révoqués, cassés et annullés ; et en cas de contestation de la part desdits Prêtres, ordonnons qu'ils y seront contraints par les voies de droit. Prions MM. du Conseil, &c. DONNÉ au Port-au-Prince, &c.

R. pour être exécuté selon sa forme et teneur, lu, publié l'Audience tenante, et copie collationnée envoyée au Siége Royal du Cap, pour y être lue et enregistrée sur le registre des délibérations de la Paroisse du Cap; et attendu la circonstance de la guerre et l'état présent de la Mission, ordonne qu'en cas d'épidémie et de diminution du nombre actuel des Missionnaires, les Marguilliers se retireront pardevant la Cour, à l'effet par elle d'aviser alors aux moyens de concilier la décence de la Religion avec le soulagement desdits Missionnaires. FAIT au Conseil du Cap le 6 Août 1761.

ARRÊT du Conseil du Cap, touchant l'inscription des affaires de campagne, celle des reprises, et l'achat d'un coffre fort pour la Bourse des Huissiers.

Du 14 Août 1761.

VU par le Conseil la Requête à lui présentée par les sieurs Sébastien Pageot et Jean-Baptiste Duplessis; le premier, Trésorier de la bourse commune des Huissiers; et le second, distributeur des actes et exploits qui y entrent en général, et Huissiers en ladite Cour, tendante à ce que, pour les causes y contenues, il plût audit Conseil, &c. Vu ledit Arrêt de Réglement de la Cour, du 26 Février dernier, portant établissement de la bourse commune des Huissiers, conclusions du Procureur-Général; oüi le rapport de M. Bonneau, Conseiller-Assesseur, et tout considéré: LE CONSEIL, ayant égard à ladite Requête, a autorisé et autorise l'Huissier distributeur des actes et exploits du Bureau, aux termes et en conformité de l'article X dudit Réglement, à avoir un second registre dûment coté et paraphé comme le premier, pour y inscrire purement et simplement tous les actes et exploits regardant les affaires de la campagne, en se conformant pour le surplus aux dispositions dudit Réglement, le prix duquel registre sera supporté en commun par ladite bourse; a pareillement autorisé et autorise l'Huissier Trésorier de ladite bourse commune à acheter à frais communs un coffre fort, pour rester à l'avenir dans ledit Bureau, et servir à serrer l'argent de la recette d'icelui, comme aussi celui qui pourra y être compté par les Parties, soit à titre d'offre ou autrement, duqueldit coffre fort le Trésorier, comme chargé de ladite recette, aura les clefs et la disposition en seul

seul, sauf à lui à en compter aux termes de l'Arrêt de Réglement susdaté, le premier Dimanche de chaque mois; l'a pareillement autorisé à se pourvoir à même frais communs d'un second livre, qui sera coté et paraphé au désir dudit Arrêt et Réglement, pour servir à y inscrire purement et simplement sur deux colonnes; savoir, sur la premiere toutes les reprises des mois antérieurs des actes ou exploits non retirés, et ce dans un seul article, se trouvant déjà portés au détail dans celui de la recette effective et journaliere dudit Bureau, des mois où elles ont été faites; et dans la seconde colonne, le montant au détail des reprises qui pourront rentrer du total de celles ci-dessus, en par le Trésorier, suivant les offres qu'il a faites en ce cas, s'en chargeant dans le premier livre, lors de la répartition, comme d'une recette réelle et effective, et de passer en outre le surplus desdites reprises dans son compte, comme une recette, sauf reprise, à la charge en outre de se conformer aux dispositions de l'Arrêt de Réglement susdit, &c.

ORDONNANCE du Gouverneur Général, touchant la Plantation des Vivres.

Du 19 Août 1761.

PHILIPPE-François Bart, &c.

La négligence de la plupart des Habitans sur la Plantation des vivres pour leurs Negres, ayant souvent attiré l'attention de nos prédécesseurs, et les Ordonnances multipliées par eux rendues à ce sujet, n'ayant point eu l'effet qu'elles devoient produire, il est d'autant plus de notre devoir d'en renouveler les dispositions, et même d'y ajouter, qu'aujourd'hui *il* ne s'agit pas seulement de la subsistance des Negres, motifs ordinaires de ces Ordonnances, il est encore question de pourvoir à la subsistance et conservation des Habitans eux-mêmes, qui, dans le cours de cette guerre, ayant manqué souvent des secours que le commerce de France ne peut leur fournir, tomberoient encore dans une extrémité plus fâcheuse, si les étrangers, qui ont suppléé à ce commerce, cessoient le leur, ou se ralentissoient. C'est pour prévenir les inconvéniens funestes qui pourroient en résulter, et pour forcer les Habitans à préparer chez eux une ressource qu'il leur est facile de se procurer, que nous nous déterminons à porter leurs travaux sérieusement, par préférence à tout, vers un objet aussi important, en les obligeant à y travailler dès ce jour. A CES CAUSES, nous ordonnons ce qui suit:

ART. Ier. Tous les Habitans, de quelque qualité et condition qu'ils soient, et quels que puissent être leur établissement et culture, seront tenus d'avoir sur leurs Habitations le tiers en sus de la quantité de vivres plantés de toutes especes qui se trouvent par eux déclarées, sur le recensement par eux fourni pour la présente année.

ART. II. Ceux qui, sur le recensement, n'auront point la quantité de vivres prescrite par les Ordonnances, seront tenus, non seulement d'augmenter jusqu'à cette quantité, mais encore de planter ledit accroissement d'un tiers en sus.

ART. III. Ceux qui seront trouvés dans le cas de l'article précédent, n'ayant point la quantité de vivres prescrite par les anciennes Ordonnances, encourront l'amende de 500 liv., conformément auxdites Ordonnances; et s'ils y étoient encore lors de la seconde visite, dont il sera mention ci-après, ils encourront l'amende de 1000 liv., outre la premiere.

ART. IV. Ceux qui étant trouvés en regle, relativement aux anciennes Ordonnances, tomberont dans le cas de manquer à l'exécution de la présente, encourront pareille amende de 1000 liv., lesdites amendes applicables comme ci-devant aux travaux publics, seront par nous prononcées, sur le compte qui nous sera rendu du résultat des visites ci-après ordonnées.

ART. V. Pour assurer l'exécution de la présente, il sera fait par MM. les Officiers de Milices, chacun dans leur Compagnie, deux listes; la premiere immédiatement après la publication de la présente, dans laquelle ils dresseront un état de la quantité de terrein que chaque Habitant se trouvera avoir planté en vivres de toutes especes, lequel état sera par eux remis, aussi-tôt après ladite visite, à l'Officier-Major commandant, qui le conservera pour servir lors de la seconde visite. Cette seconde visite sera faite par les mêmes Officiers de Milices, ou par tels autres que MM. les Commandans jugeront à propos de commettre dans les quinze premiers jours du mois de Novembre, et il en sera dressé un pareil état, qui sera remis à l'Officier-Major, pour en faire la comparaison avec le premier, et juger si l'augmentation du tiers en sus, portée par la présente, aura été effectuée; et sur le rapport qui en sera fait par ledit Officier-Major, et à nous représenté, les amendes seront par nous prononcées contre les contrevenans.

ART. VI. Comme de toutes les différentes especes de vivres, celle des grains est, par sa nature, la plus propre à se conserver long-temps après la récolte, et facile à transporter des quartiers les plus fertiles dans ceux où il y auroit moins d'abondance, MM. les Commandans auront attention, si-tôt après la publication de la présente, dans la premiere visite ci-dessus ordonnée, de faire prescrire dans chaque quartier, à chaque Habitant, suivant la quantité de sa terre connue, d'observer d'en planter telle quantité précise, soit en riz, soit en maïs, en petit mil, ou en pois de toutes sortes, et les Officiers chargés de cette visite feront mention dans leur procès verbal de ce qu'ils auront ainsi réglé. Prions MM. les Gouverneurs des trois quartiers de cette Colonie de tenir la main à son exécution, dont ils nous rendront compte dans les quinze premiers jours du mois de Décembre prochain, temps auquel elle aura dû avoir lieu en son entier; à l'effet de quoi elle sera, à leur diligence, lue et publiée par trois Dimanches consécutifs, issue de la Messe Paroissiale, et affichée aux portes des Eglises. DONNÉ au Port-au-Prince, &c. *Signé* BART.

R. au Greffe de l'Intendance le 1er Septembre suivant.

ARRÊT du Conseil du Cap, qui condamne, 1°. un Tuteur à être blâmé, pour avoir marié sa Pupille de sa seule autorité; 2°. ordonne l'Assemblée des Parens pour délibérer sur les mariages des mineurs; 3°. défend aux Curés de procéder à ces mariages, sans avoir vu par écrit la permission des Tuteurs; 4°. et enfin défend aux Notaires de dresser les contrats sans les mêmes précautions.

Du 10 Septembre 1761.

VU par le Conseil l'Arrêt rendu sur la plainte du Procureur Général, le 7 du présent mois, par lequel a été donné acte audit Procureur Général de sa plainte; en conséquence, ordonné que le sieur T... seroit ajourné à comparoître en personne pardevant la Cour, pour être ouï et interrogé sur les faits résultans de ladite plainte, circonstances et dépendances, et qu'il en seroit informé, si besoin étoit, la signification faite dudit Arrêt audit T..., le 9 du présent, l'interrogatoire par lui subi ledit jour, l'Ordonnance de soit communiqué audit Procureur Général, au bas dudit interrogatoire, conclusions du Procureur Général du Roi; ouï le rapport de M. le Gras, Conseiller, et tout considéré: LE CONSEIL a déclaré et déclare ledit T . . . dûment convaincu d'avoir abusé de sa qualité de Tuteur envers la mineure, et notamment d'avoir fait contracter mariage à ladite mineure, dans un temps où sa qualité de Tuteur étoit attaquée, et sans s'être fait autoriser, par une assemblée de parens, à consentir au mariage de ladite mineure, ainsi que d'avoir tenu, en sa qualité de Tuteur, une conduite insubordonnée et injurieuse, tant au ministere dudit Procureur Général, qu'à celui de ses Substituts aux Siéges Royaux du Cap et du Fort Dauphin, pour réparation de quoi, a condamné et condamne ledit T . . . à être blâmé desdits faits, audience tenante, à l'effet de quoi sera ledit T . . . amené par les Huissiers de service en la Chambre de l'Auditoire, Vendredi matin, onze heures du courant; l'a condamné et condamne en 3000 liv. d'amende envers le Roi. Et faisant droit sur les plus amples conclusions dud. Procureur Général, ordonne que les dispositions de l'Ordonnance de Blois, des Ordonnances et Déclarations de 1639, 1697, 1741, et 1743, seront exécutées selon leur forme et teneur; en conséquence, fait défenses à tous Tuteurs et Curateurs des mineurs, dont les peres seront décédés, de consentir au mariage desdits mineurs, que de l'avis de parens assemblés pardevant le Juge qu'aura nommé ledit Tuteur et Curateur, à peine de punition exemplaire; fait pareillement défenses à tous Prêtres ou Vicaires de publier aucunes dispenses de bans ou de parenté, et de célébrer aucun mariages de mineurs, sans s'être pareillement assurés du consentement par écrit des Tuteurs et Curateurs, et des parens juridiquement assemblés; fait pareillement défenses à tous Prêtres qui ne seront Curés ou Vicaires des Paroisses où les personnes qui voudront contracter mariage auront leur domicile, de célébrer aucun mariage entre telles personnes, soit majeures ou mineures, sans le consentement par écrit ou la présence de leurs Curés; fait pareillement défenses à tous Notaires de passer aucuns contrats de mariage, lorsqu'une des Parties sera mineure, sans qu'il leur apparoisse du consentement du Tuteur ou Curateur, et de l'avis des parens assemblés, pardevant le Juge qui aura nommé lesdits Tuteur ou Curateur, à peine d'interdiction; ordonne que le présent Arrêt sera envoyé ès Jurisdictions Royales du ressort, pour y être lu, publié et registré, &c.

ARRÊT en Réglement du Conseil du Port-au-Prince, qui enjoint aux Juges de faire sur un seul Cahier toutes les Confrontations au même accusé, et de procéder aux interrogatoires et aux récolemens des témoins en la Chambre criminelle.

Du 18 Septembre 1761.

Vu par le Conseil la Remontrance du Procureur Général du Roi; sur quoi la matiere mise en délibération: LE CONSEIL, faisant droit à ladite Remontrance du Procureur Général du Roi; ouï le rapport de MM. Saintart et de Vergès, Conseillers, a ordonné et ordonne que toutes les confrontations faites au même accusé seront à l'avenir écrites sur un seul et même cahier; enjoint aux Juges criminels et Greffiers de s'y conformer; enjoint pareillement auxdits Juges de procéder en la Chambre à tous interrogatoires en matiere criminelle, même à ceux sur décret d'ajournement personnel, ou d'assigné pour être ouïs, et aux récolemens des témoins; et sera le présent Arrêt lu, publié et affiché aux Audiences, et copies d'icelui envoyées dans tous les Siéges du ressort, pour y être enregistrées, lues, publiées, &c.

ARRÊT du Conseil du Port-au-Prince, portant Réglement, 1° sur les Causes portées à l'Audience; 2°. sur la forme de la procédure; et 3°. sur l'expédition des Arrêts de défenses, lorsque les séances de la Cour ne tiendront point.

Du 18 Septembre 1761.

Vu par le Conseil la Remontrance du Procureur Général du Roi, contenant que, par l'établissement du Conseil, la Cour n'étant pas continuellement assemblée, et les séances se trouvant distantes entre elles, les contestations qui y sont portées ne sont pas terminées aussi promptement que l'intérêt des Citoyens le demanderoit, il arrive même souvent que les séances manquent de tenir, ou qu'elles sont interrompues par carence de Juges, qui, établis en petit nombre, sont la plupart souvent empêchés par des maladies, &c.; sur quoi, la matiere mise en délibération, et ouïs MM. Saintard et de Vergès, Conseillers, en leur rapport: LE CONSEIL, sous le bon plaisir du Roi, et jusqu'à ce qu'il en ait été autrement ordonné par Sa Majesté, a ordonné et ordonne ce qui suit:

ART. Ier, Ordonne que les Procureurs prendront à l'avenir, au Greffe de la Cour, les défauts faute de se présenter et constituer Procureur, après l'expiration des délais ordinaires de l'assignation, et autorise le Greffier à les leur délivrer.

ART. II. Les défauts sur les billets à ordre, et les affaires à renvoyer à délais fixes, seront néanmoina exceptés de la disposition de l'article ci-dessus, et continueront à être portés et jugés à l'Audience, comme par le passé, et sera en outre l'article IV du titre 14 de l'Ordonnance de 1667, exécuté suivant sa forme et teneur.

ART. III. L'article X du tit. 11 de ladite Ordonnance de 1667, sera pareillement exécuté suivant sa forme et teneur; en conséquence, pourront être pris des appointemens au Greffe ès matieres de redditions de comptes, liquidations de dommages et intérêts, et appellations de taxes de dépens, lorsqu'il y aura plus de deux croix.

ART. IV. Es appellations qui seront relevées en la Cour, de Sentences rendues sur des appointemens en droit, même par forclusion contre l'une des parties, chacune des parties sera tenue, après l'échéance du délai d'assignation, de mettre ses productions au Greffe de la Cour, et les faire signifier au Procureur de la Partie adverse, et le Rapporteur dudit procès sera nommé par le Président sur le registre où se porte les actes de production au Greffe; défend d'en venir à l'Audience pour raison desdites appellations et nominations de Rapporteurs.

ART. V. Ordonnons que, pour les causes d'Audience, il sera fait deux rôles pour chaque séance; le premier, qui sera plaidé à l'ouverture desdites séances, contiendra les causes d'Amirauté, les causes sommaires, provisoires, et autres qui requierent célérité; et le second, contenant toutes les autres affaires, sera plaidé après que le premier sera épuisé, en observant l'ordre des Jurisdictions établi par l'Arrêt de Réglement de la Cour du 25 Janvier 1747.

ART. VI. Les Mardis et Jeudis de chaque semaine, il sera procédé aux Jugemens des procès criminels, des procès par écrit, des délibérés, des Requêtes, des comptes des Receveurs des droits suppliciés, et des Maréchaussées.

ART. VII. Ordonne qu'à l'avenir les rôles seront signés et arrêtés par le Président, et que les causes n'y seront mises que sur placets, lesquels les Procureurs seront tenus de remettre à l'Audiencier, au plus tard le Jeudi d'avant l'ouverture des séances, faute de quoi les causes seront renvoyées aux rôles des séances suivantes; pourra cependant le Président faire ajouter aux rôles, après la clôture d'iceux, les causes qu'il jugera requérir célérité, et seront passés 30 sous aux Procureurs, et 3 liv. à l'Audiencier pour chacun desdits placets, en sus de ce qu'ils percevoient auparavant pour droits de mise au rôle.

Art. VIII. Enjoint aux Procureurs de communiquer au parquet les causes où le ministere public est intéressé avant l'ouverture des séances, aux jours et heures qui leur seront indiqués par le Procureur Général.

Art. IX. A la fin de chaque séance, les causes qui n'auront pas été appelées, seront continuées de droit, et mises en tête des rôles pour les séances suivantes, sans qu'il soit besoin d'Arrêts de continuation, et de donner aucuns placets à cet effet, et ne sera passé que 3 liv. à l'Audiencier pour la nouvelle mise au rôle, et 30 sous pour le droit du Procureur.

Art. X. Ordonne que les appellations de déni de renvois, d'incompétence, les folles intimations et désertions d'appel, seront vuidées au Parquet par l'avis du Procureur Général, sauf l'opposition.

Art. XI. Ordonne que tous Arrêts sur Requête pour obtenir Lettres de rescision, de Requête civile, bénéfice d'âge et d'inventaire, et autres Lettres Royaux, seront expédiés par le Greffier sur l'Ordonnance du Président du Conseil.

Art. XII. Ordonne que lorsque les séances ne tiendront point, les Arrêts pour obtenir défenses dexécuter les Sentences et Ordonnances provisoires des premiers Juges, seront expédiés sur les conclusions du Procureur Général, et l'ordonnance du Président et d'un Conseiller; et lorsque les séances tiendront, lesdits Arrêts seront rendus sur le rapport d'un Commissaire de la Cour : et sera le présent Arrêt lu, publié, audience tenante, et copies d'icelui envoyées ès Jurisdiction du ressort, pour y être enregistrées, lues et publiées, &c.

Réglement du Conseil du Port-au-Prince, concernant les droits des Receveurs de l'Octroi.

Du 18 Septembre 1761.

Vu par le Conseil la Remontrance du Procureur Général du Roi, contetenant, &c. Le Conseil, sous le bon plaisir du Roi, et jusqu'à ce qu'il en ait été autrement ordonné par sa Majesté, a provisoirement ordonné et ordonne ce qui suit :

ART. Ier. Les appointemens des Receveurs des Octrois du ressort du Conseil, demeurent réduits et fixés à la somme de 600 liv. par an, pour chacun desdits Receveurs, à compter du 1er Janvier dernier.

ART. II. Outre et par-dessus lesdits appointemens fixes, le Conseil accorde auxdits Receveurs une commission de deux pour cent sur le montant de leur recette effective, à compter dudit jour 1er Janvier dernier.

ART. III. Ordonne à cet effet, qu'à commencer de la présente année, lesdits Receveurs compteront par chapitre de recette, reprise et dépense, et porteront dans le chapitre de reprise le montant des quittances des droits non recouvrés.

ART. IV. Permet auxdits Receveurs des Octrois de recevoir pour l'expédition des déclarations faites par les Capitaines des Navires, la somme de 30 liv. pour les bâtimens de deux cents tonneaux et au-dessus, et celle de 15 liv. seulement pour les bâtimens au-dessous de deux cents tonneaux; leur fait très-expresses inhibitions et défenses d'exiger ni reçevoir de plus forts droits, à peine d'être traités comme concussionnaires.

ART. V. Le Receveur des Octrois de la Ville du Port-au-Prince, fournira à l'avenir une caution de 30,000 liv.; et celui de Léogane, une caution de 10,000 liv. seulement. Et sera le présent Réglement lu, publié Audience tenante, et copies d'icelui envoyées dans tous les Siéges du ressort, pour y être registrées, lues et publiées, &c.

RÉGLEMENT du Conseil du Port-au-Prince, concernant la Buvette.

Du 18 Septembre 1761.

SUR ce qui a été représenté à la Cour par le Procureur Général du Roi, &c.; sur quoi, la matiere mise en délibération, M. l'Intendant ayant consenti provisoirement, et en attendant les ordres du Roi, qu'il fût pris sur le fonds des amendes une somme de 9,100 liv. par an pour le loyer d'une maison propre à loger tous les Membres de la Compagnie, et une somme de 4000 liv. aussi par an pour le payement de la Buvette établie par M. Maillart le 16 Mars 1757, lesquelles seront payées sur les Ordonnances de mondit sieur l'Intendant; il a été arrêté que, pour fournir aux frais de la table, il seroit pris tous les ans une somme de 12,000 liv sur la caisse des deux pour cent, laquelle sera payée sur les mandats du Doyen du Conseil, et ce à commençer du 1er. Juillet dernier.

Réglement

RÉGLEMENT du Conseil du Port-au-Prince, concernant la police de ses Procureurs.

Du 18 Septembre 1761.

VU par le Conseil la Remontrance du Procureur Général du Roi, contenant que l'établissement des Procureurs en la Cour ayant été jugé nécessaire, il fut fait en 1738 un Réglement qui, &c.; sur quoi, la matiere mise en délibération, LE CONSEIL, faisant droit à ladite Remontrance, et ouï le rapport de MM. Saintard et de Vergès, Conseillers, a ordonné et ordonne ce qui suit :

ART. Ier. et II. Voy. *les art. I et II de l'Arrêt du Conseil du Cap, du 10 Février précédent, sur la même matiere, sur lesquels ils sont copiés mot à mot.*

ART. III. *Il ne differe du troisieme de l'Arrêt du Conseil du Cap, que parce qu'il ne porte pas ces mots :* en présence des Gens du Roi.

ART. IV. Lors de l'ouverture des séances du mois de Janvier, il sera fait aux Procureurs et Huissiers des mercuriales publiques par le Président et le Procureur Général, sur tous les objets qui peuvent intéresser la discipline du Barreau, sur les devoirs desdits Procureurs et Huissiers, et sur les abus qui pourroient s'être introduits pendant le cours de l'année, après serment par eux préalablement renouvelé, suivant l'usage suivi dans les Tribunaux du Royaume.

ART. V et VI. *Ce sont les IV et V^e de l'Arrêt du Conseil du Cap.* Ordonne que le présent Réglement sera lu, &c.

ARRÊT de Réglement du Conseil du Port-au-Prince, concernant les Notaires.

Du 18 Septembre 1761.

VU par le Conseil la Remontrance du Procureur Général du Roi, contenant que, depuis l'établissement des Notaires Royaux de cette Colonie, &c.; sur quoi, la matiere mise en délibération, et ouï le rapport de MM. Saintard et de Vergès, Conseillers : LE CONSEIL, sous le bon plaisir du Roi, et jusqu'à ce qu'il en ait été autrement ordonné par Sa Majesté, faisant droit à ladite Remontrance dudit Procureur Général, a ordonné et ordonne ce qui suit :

ART. Ier. Personne ne pourra à l'avenir être reçu en l'Office de Notaire, qu'en justifiant qu'il est âgé de vingt-cinq ans, qu'il est gradué, et qu'il a été Notaire dans une Jurisdiction Royale, ou qu'il ait travaillé pendant trois années en l'Etude d'un Notaire, soit en France, soit dans la Colonie; et enfin, après avoir été examiné sur sa capacité par le Juge de la Jurisdiction où il se fera recevoir.

ART. II et III. (Voy. *les art. II et III de l'Arrêt du Conseil du Cap, du 21 Février* 1761, *sur la même matiere.*)

ART. IV. L'Arrêt de la Cour du 3 Février 1705, sera exécuté selon sa forme et teneur, &c. (Voy. *l'art. IX de l'Arrêt du Cap, du* 21 *Février précédent.*)

ART. V. L'Arrêt de la Cour, du 9 Novembre 1712, sera pareillement exécuté suivant sa forme et teneur; en conséquence, il est enjoint à tous Notaires de tenir des répertoires et registres des actes qu'ils reçoivent, et de tous autres dont ils seroient rendus dépositaires, lesquels répertoires ils représenteront à toutes parties intéressées à se faire délivrer lesdits actes.

ART. VI. L'Arrêt de Réglement de la Cour, du 12 Juillet 1727, sera aussi exécuté suivant sa forme et teneur, par tous les Notaires du ressort, sous les peines y portées; ordonne qu'il sera de nouveau lu, publié et affiché dans toutes les Jurisdictions, afin que lesdits Notaires aient à s'y conformer.

ART. VII et VIII. (Voy. *l'Art. VI et VII de l'Arrêt du Cap, du* 21 *Février précédent.*)

ART. IX. Fait défenses à tous Notaires du ressort de se loger et garder leurs minutes dans des maisons couvertes de paille; leur ordonne d'en sortir, ou de les faire couvrir de tuiles plates ou essentes, sous six mois, à compter du jour de la publication du présent Arrêt, à peine d'être déchus de leurs Offices.

ART. X. (*C'est l'art. VIII de l'Arrêt du Cap, du* 21 *Février précédent.*)

ART. XI. Les Notaires de chaque Jurisdiction s'assembleront une fois l'année en présence des Officiers du Siége, pour examiner les moyens d'assurer la fidélité et la conservation de leurs minutes, et faire cesser les abus qui pourroient s'être introduits dans l'exercice de leurs fonctions, pour, le résultat desdites assemblées remis audit Procureur Général, et par lui rapporté à la Cour, être ordonné ce qu'il appartiendra; et dans lesdites assemblées, les Notaires gradués précéderont ceux qui ne le sont pas.

ART. XII. Ordonne que le présent Arrêt de Réglement sera lu et publié, Audience tenante, et que copies d'icelui seront envoyées ès siéges du ressort, pour y être pareillement lues, publiées, registrées et affichées par-tout où besoin sera, &c.

ARRÊT du Conseil du Port-au-Prince, qui enjoint aux Chirurgiens de déclarer aux Procureurs du Roi les blessés qu'ils auront pansés.

Du 18 Septembre 1761.

Le dispositif de cet Arrêt est mot à mot comme celui du Conseil du Cap, du 3 Février précédent. Voy. cet Arrêt.

ARRÊT du Conseil du Port-au-Prince, touchant les Successions Vacantes, et qui ordonne que l'Ordonnance du Roi du 2 Février 1711, sur la même matiere, sera publiée de nouveau.

Du 23 Septembre 1761.

ENTRE Dupont, Curateur aux successions vacantes du ressort du Siége Royal du Petit-Goave, Appelant;

Et Thomas Arnoux, Négociant audit lieu, au nom et comme Exécuteur testamentaire de feu Jacques Robert : LE CONSEIL, &c., faisant droit sur les conclusions du Procureur Général du Roi, ordonne que l'Ordonnance de Sa Majesté du 2 Février 1711, registrée au Greffe de la Cour le 9 Juin suivant, sera de nouveau lue et publiée, Audience tenante, dans tous les Siéges du ressort, pour être exécutée suivant sa forme et teneur; enjoint aux Substituts du Procureur Général du Roi de lui envoyer, tous les six mois de chaque année, des extraits des testamens homologués, qui contiendront nomination d'exécuteurs testamentaires, avec copies des trois lettres que lesdits Exécuteurs testamentaires ou Curateurs aux successions vacantes, qui géreront des successions dont les héritiers ne seront point dans la Colonie, auront écrit auxdits héritiers absens, pour leur donner avis du décès desdits Testateurs, ainsi que les extraits mortuaires desdits défunts, lesquels Exécuteurs testamentaires et Curateurs aux successions vacantes seront tenus de remettre lesdits extraits, copies de lettres et extraits mortuaires, auxdits Substituts, sous les peines de droit; ordonne que copies collationnées du présent Arrêt seront envoyées dans tous lesdits Siéges, pour y être pareillement lues, publiées et enregistrées, &c.

ARRÊT du Conseil du Port-au-Prince, touchant les Réglemens de Police.

Du 23 Septembre 1761.

ENTRE Duclos, ci-devant Aubergiste au Petit-Goave, Appelant, comparant par Bonnart, Procureur en la Cour, d'une part; et le Procureur Général du Roi, prenant le fait et cause pour son Substitut audit Siége, Intimé, d'autre part. Vu par le Conseil la Sentence, &c. : LE CONSEIL sur ce, &c., faisant droit sur les plus amples conclusions du Procureur Général du Roi, déclare le prétendu Réglement de Police fait par le Juge dont est appel, nul, lui fait défenses de plus à l'avenir s'immiscer à en faire, notamment sur les cas déjà prévus : ordonne que le présent Arrêt sera écrit sur le registre en marge de la Sentence dont est appel, et ensuite publié et affiché à la diligence du Substitut du Procureur Général du Roi, qui en certifiera la Cour au mois.

ARRÊT de Réglement du Conseil du Port-au-Prince, qui enjoint aux Notaires et aux Curés d'insérer dans leurs actes les qualités des Negres, Mulâtres, Quarterons, et autres gens de sang mêlé.

Du 24 Septembre 1761.

SUR ce qui a été représenté à la Cour par le Procureur Général du Roi, qu'il s'introduit un abus préjudiciable à la Colonie, et digne d'exciter l'attention de la Cour, en ce que les Curés, dans les publications de bans et leurs registres de mariages, et les Notaires, dans leurs actes et contrats, négligent de donner à ceux qui se présentent à eux, les qualités qui les distinguent des autres Citoyens, &c. La matiere mise en délibération, et ouï le rapport de M. de Frenaye, Conseiller : LE CONSEIL ordonne que le Réglement du 12 Juillet 1727, qui défend aux Notaires de recevoir des actes de la part de personnes qui leur sont inconnues, sera exécuté selon sa forme et teneur; leur fait défenses de plus en passer entre ou avec des Libres ou Affranchis, sans y exprimer leurs qualités de Negres, Mulâtres, ou Quarterons libres, à peine d'interdiction pour six mois de leurs fonctions, pour la premiere fois, et de révocation de leurs Commissions pour la seconde; leur fait pareillement défenses de donner dans leurs actes, aux enfans illégitimes, les noms de leurs peres putatifs ou d'adoption, sans leur consentement par écrit; enjoint aux Curés d'exprimer les mêmes qualités dans les publications de bancs, et dans les registres de baptêmes et de mariages, à peine de suspension du payement de leurs pensions; ordonne que le Réglement du Roi du 15 Juin 1736, ensemble l'Arrêt de Réglement de la Cour du 14 Novembre 1755, seront de nouveau notifiés aux Curés du ressort, à la diligence des Substituts du Procureur Général du Roi, pour être par eux exécutés selon leur forme et teneur. Et sera le présent Arrêt lu, publié et affiché, et copies collationnées d'icelui envoyées dans tous les Siéges du ressort, pour y être pareillement lues, publiées, Audiences tenantes, registrées et affichées, et icelles notifiées, tant aux Curés qu'auxdits Notaires, à la diligence des Substituts du Procureur Général du Roi, &c.

LETTRE du Conseil du Port-au-Prince, à M. BART, sur un Duel dont il s'étoit évoqué la connoissance, et réponse de ce Gouverneur Général.

Du 25 Septembre 1761.

M. le Procureur Général du Roi vient de porter plainte d'un duel que la clameur publique lui a dénoncé être entre deux Citoyens de cette Ville. LA COUR, instruite que vous vous etiez évoqué une affaire de ce caractere, vous prie de répondre d'une façon précise à ce que les Loix ordonnent en pareil cas; et à supposer que vous persévériez dans l'évocation, ayez pour agréable d'en communiquer vos pouvoirs, pour être statué sur leur validité. Nous sommes très-respectueusement, Monsieur, vos très-humbles et très-obéissans serviteurs. *Signés* CLUGNY, VIAU, GLAPION, GRENIER, MOTMANS DE BELLEVUE, DE VERGÈS, LETORT, et LONGPRÉ aîné.

J'approuve, Messieurs, la conduite que tient M. le Procureur Général; l'on ne peut que louer le zele que ce Magistrat fait paroître pour contenir les altercations qui peuvent naître par des emportemens dans cette Colonie. S'il s'y trouve quelqu'un qui ait contrevenu aux Ordonnances du Roi (votre Maître et le mien), il me paroît juste qu'il en éprouve la sévérité, dès que les preuves claires et indispensables en pareil cas se trouveront complettes. Je vous ordonne donc, Messieurs, de la part de Sa Majesté, d'avoir à vous y conformer. Si je me suis évoqué quelques affaires relatives à l'énoncé de votre Lettre de ce jour, ce n'est point à vous à en pénétrer les raisons ni les motifs. Je n'ai de connoissance à donner de mes pouvoirs qu'à personnes compétentes, qui puissent les peser, et non à une Cour Souveraine, qui, n'étant point ici dominante, se trouve, dans tous les cas, soumise à mes ordres. Mon intention, au surplus, est que vous fassiez enregistrer la présente sur vos registres, et qu'il m'en soit certifié par l'un de vous sous vingt-quatre heures. Je suis parfaitement, &c. *Signé* BART ; *et plus bas*, BOURDON.

ARRÊT du Conseil du Cap, qui proscrit les Actes faits sous marques ordinaires.

Du 26 Septembre 1761.

LE CONSEIL, &c. Tous actes faits sous croix ou marques ordinaires avant la publication du présent Arrêt, seront reconnus et passés pardevant Notaires, à la diligence des porteurs d'iceux, trois mois après la publication, passé lequel temps et faute par eux d'avoir fait les diligences nécessaires, ils en demeureront déchus, proscrivant l'abus et l'usage de ces marques ordinaires, en conformité de l'Ordonnance de 1667, qui tire cette disposition de celle de Moulins, lesquelles n'admettent les preuves testimoniales que pour des objets dont la valeur n'excede pas la somme de 100 liv.

ARRÊT du Conseil du Port-au-Prince, touchant les Assemblées de Parens.

Du 30 Septembre 1761.

ENTRE le sieur Duvivier Boury, &c. Faisant droit sur les plus amples conclusions du Procureur Général du Roi, ordonne qu'à la diligence de son Substitut au Siége dont est appel, la succession du feu sieur Duvivier Bourgogne sera remise au Curateur aux vacances en exercice ; autorise ledit Curateur à s'en emparer, pour en compter à qui de droit ; fait défenses aux Juges du ressort de plus à l'avenir recevoir les avis de parens et amis qui ne comparoîtront pas en personne dans les assemblées et délibératioes qui regardent les mineurs, que lesdits avis ne soient représentés par un Procureur fondé de leur procuration spéciale, qui fera mention de leur avis d'une maniere claire et détaillée, et dans laquelle les parens auront affirmé devant le Notaire qui l'aura reçue, qu'elle contient leurdit avis : ordonne que les procurations seront et demeureront annexées auxdits actes d'assemblée et de délibération, et qu'expéditions en seront données par les Greffiers avec lesdits actes ; ordonne que cette partie du présent Arrêt sera envoyée dans tous les Siéges du ressort, pour y être enregistrées, lues, publiées, &c."

ORDONNANCE du Roi, qui fixe le rang des Troupes de Terre, et de celles des Colonies dans le service qu'elles peuvent faire en commun.

Du 1er Octobre 1761.

DE PAR LE ROI.

SA MAJESTÉ voulant pourvoir à ce qu'il ne se rencontre point de difficulté dans le service que ses Troupes de terre devront faire avec celle des Colonies en Amérique, elle a ordonné et ordonne ce qui suit :

ART. Ier. Les Troupes de terre marcheront en toute occasion avant celles des Colonies, et les Officiers des Troupes de terre prendront le commandement sur ceux des Colonies, à grade égal, sans avoir égard à l'ancienneté de leurs Commissions, Lettres ou Brevets.

ART. II. Les Gouverneurs particuliers des Places rouleront avec les Colonels d'Infanterie, quand ils marcheront avec eux en détachemens, les Lieutenans de Roi avec les Lieutenans Colonels, et les Majors desdites Places avec les Capitaines.

ART. III. Lorsqu'il s'agira de juger, dans des Conseils de guerre, des Officiers ou Soldats des Troupes de terrre, ils se tiendront dans les Places chez le Gouverneur ou autre Officier qui y commandera, lequel y présidera. Si le délit est d'Officier à Officier, ou de Soldat à Soldat des Troupes de terre, le Gouverneur n'appellera au Conseil que les Officiers des Troupes de terre : quand le délit sera mixte entre des Officiers ou Soldats des Troupes de terre et des Colonies, il y appellera des Officiers de ces deux Corps, qui s'y placeront suivant leur grade, leur ancienneté, sans aucune distinction des corps. Dans l'un et l'autre cas, la plainte sera portée au Gouverneur ; mais si le Conseil de Guerre ne doit être que d'Officiers des Troupes de terre, l'Officier-Major du Corps dont sera l'accusé, fera l'information, et remplira les fonctions de Procureur du Roi. Si au contraire les Officiers de terre et des Colonies doivent s'assembler ensemble, alors ces mêmes fonctions seront remplies par le Major de la Place, et les Troupes de terre pourront seulement envoyer un Officier-Major pour être présent à l'information.

ART. IV. Si le Conseil de Guerre doit être tenu hors de la Place, il s'assemblera chez le Commandant de la Troupe dont sera l'Accusé, avec la permission du Commandant, aux ordres de qui ladite Troupe se trouvera; ou chez ledit Commandant, si le délit est mixte. Dans le premier cas, l'instruction du procès sera faite par un Officier-Major de la Troupe; et dans le second, par le Major Général, ou autre Officier qui en fera la fonction à son défaut.

ART. V. Dans les détachemens qui ne seront composés que de Compagnies ou de Piquets, le Conseil de Guerre se tiendra toujours chez l'Officier qui commandera le Détachement, de quelque corps qu'il soit; quand même le cas ne seroit pas mixte, la procédure sera instruite par l'Officier chargé du détail.

ART. VI. Les Troupes, soit de terre ou des Colonies, se conformeront pour le surplus du service dans les Places ou en campagne, à ce qui est prescrit par les Ordonnances des 25 Juin 1750 et 17 Février 1753, sauf à suivre les Réglemens particuliers établis pour le service des Colonies.

Mande et ordonne Sa Majesté au sieur Vicomte de Belsunce, Maréchal des Camps en ses Armées, Commandant Général desdites Troupes employées en Amérique; et au sieur Chevalier de Sainte-Croix, aussi Maréchal de Camp, Commandant particulier de celles desdites Troupes qui serviront à la Martinique, de tenir la main à l'exécution de la présente, à tous Officiers étant à leurs ordres de s'y conformer, chacun en ce qui les concerne; à l'effet de quoi elle sera lue et publiée à la tête desdites Troupes, à ce que personne n'en prétende cause d'ignorance. FAIT à Versailles le 1er Octobre 1761. *Signé* LOUIS. *Et plus bas*, le Duc DE CHOISEUL.

Pour copie, au Cap le 1er Avril 1762. *Signé* REYNAUD, Major-Général.

Ordre

ORDRE du Roi, pour charger un des Commissaires ou Contrôleurs de la Marine, servant à Saint-Domingue, de remplir les fonctions de Commissaire des Guerres à la suite des Troupes commandées par M. le Vicomte DE BELSUNCE.

Du 1er Octobre 1761.

Ce fut sur M. Fleury que s'arrêta le choix de M. l'Intendant.

ORDONNANCE de M. l'Intendant, touchant l'enregistrement des Quittances des droits de Liberté au Contrôle de la Marine.

Du 3 Octobre 1761.

JEAN-Etienne-Bernard de Clugny, &c.

Par notre Ordonnance du 8 Mai dernier, nous avons réglé qu'il seroit tenu au Contrôle deux registres particuliers, cotés et paraphés de nous, dont l'un serviroit à l'enregistremenr de toutes les Ordonnances de recettes ordinaires et extraordinaires qui peuvent concerner les comptes de la Marine, et l'autre à l'enregistrement des Ordonnances de recettes relatives aux débets des comptes des Curateurs aux successions vacantes, Receveurs des amendes, aubaines, confiscations, Directeurs des Postes, &c., pour que le Contrôleur puisse s'assurer de l'état de la situation de chaque comptable ou débiteur à la caisse; mais comme il n'est pas moins intéressant de mettre cet Officier à même de connoître quel peut être le produit des fonds provenans des taxes par nous imposées sur les libertés des Mulâtres et autres gens de sang mêlé, et d'être instruit de l'état du Trésorier principal de la Marine, relativement à cet objet, nous avons ordonné et ordonnons ce qui suit; savoir:

ART. Ier. Seront à l'avenir, et à compter du jour de la publication des présentes, les quittances que délivrera le Trésorier principal de la Marine, lors du payement qui lui sera fait du montant des taxes par nous imposées sur les libertés des Mulâtres, et autres gens de sang mêlé, enregistrées au Contrôle de la Marine sur le registre destiné à l'enregistrement des Ordonnances de recette relatives aux débets des comptes des Curateurs aux successions vacantes, Receveurs des amendes et autres, comme faisant, ainsi que lesdits débets, partie des fonds de la Colonie.

Art. II. Ledit enregistrement ainsi fait, l'original desdites quittances sera visé du Contrôleur, et les Lettres de ratification desdites libertés ainsi taxées ne seront expédiées que sur la représentation qui nous sera faite par les impétrans desdites quittances dûment contrôlées.

Art. III. Après l'expédition desdites Lettres de ratification, icelles seront, comme à l'ordinaire, enregistrées au Greffe de l'Intendance, et l'original desdites quittances y demeurera déposé avec l'acte de donation du Patron auquel il sera annexé, pour y avoir recours en cas de besoin. Sera la présente enregistrée au Contrôle de la Marine et au Greffe de l'Intendance, lue, publiée et affichée par-tout où besoin sera. Donné au Port-au-Prince, &c. le 3 Octobre 1761. *Signé* Clugny Nuys.

R. au Contrôle le 6.

Ordre du Roi, sur le rang des Officiers envoyés à Saint-Domingue, et sur le Gouvernement de la Colonie, dans le cas où le Gouverneur Général viendroit à manquer.

Du 13 Octobre 1761.

De par le Roi.

Sa Majesté estimant nécessaire de fixer le rang des Officiers qu'elle a destinés à passer à Saint-Domingue, avec les bataillons qu'elle y envoie pour la défense de cette Colonie, elle veut et ordonne que le sieur Vicomte de Belsunce, Maréchal de ses Camps et Armées, prenne le commandement général de toutes les Troupes et Milices de Saint-Domingue, sous les ordres du Gouverneur Lieutenant Général des Isles sous le Vent; qu'au défaut du sieur de Belsunce, le sieur Comte de la Tour-d'Auvergne, Brigadier d'Infanterie, et Colonel du Régiment d'Infanterie de Boulonnois, ait ledit commandement; et à défaut de ces deux Officiers, le plus ancien Colonel. Veut pareillement Sa Majesté que, dans le cas où le Gouverneur-Lieutenant Général viendroit à manquer, le Lieutenant de Roi au Gouvernement Général lui succede, et à leur défaut le plus ancien Gouverneur de Saint-Domingue. Et sera la présente Ordonnance enregistrée aux Conseils

Supérieurs desdites Isles sous le Vent, publiée et affichée par-tout où besoin sera. FAIT à Versailles, &c.

R. au Conseil du Cap le 30 Mars 1762.

ORDONNANCE DU ROI pour la convocation et tenue des Conseils de Guerre de Terre et de Mer, dans les Isles et Mers du Vent et sous le Vent de l'Amerique.

Du 13 Octobre 1761.

SA MAJESTÉ estimant nécessaire de prévenir les inconvéniens qui pourroient résulter pour son service de la diversité des sentimens et des opinions qui viendroient à s'élever entre ses Généraux de mer et de terre employés dans les Isles du Vent et sous le Vent, à l'occasion des opérations qu'il y auroit lieu d'entreprendre pour la défense de ses Colonies, et pour les tentatives à faire sur celles de ses ennemis, elle veut et entend qu'au cas de diversité d'avis entre lesdits Généraux, sur les opérations qu'il y auroit lieu de faire par mer et par terre, relativement aux circonstances et aux instructions respectives que Sa Majesté leur a fait remettre, il soit tenu des Conseils de Guerre, pour y discuter les différens avis, et y être déterminé, à la pluralité des voix, ce qui sera le plus avantageux au service de Sa Majesté, à l'effet de quoi elle a ordonné et ordonne ce qui suit :

ART. Ier. Il sera permis au Gouverneur-Lieutenant Général de la Colonie, de convoquer un Conseil de Guerre, et aux Officiers Généraux de terre et de mer de requérir ledit Conseil toutes les fois qu'ils l'estimeront nécessaire au bien du service de Sa Majesté, pour discuter les différens avis, et déterminer les opérations qu'il y aura lieu de faire, et sur lesquelles les opinions seroient partagées. La réquisition dudit Conseil en sera faite au Gouverneur-Lieutenant Général, si c'est pour opérations concernant le service de terre dans la Colonie, et au Commandant en chef des Escadres, si c'est pour opérations à faire par mer, et sur pareilles réquisitions, tant ledit Gouverneur-Lieutenant Général, que le Commandant des Escadres seront obligés de convoquer le Conseil qui leur aura été demandé.

ART. II. Si le Conseil de Guerre est tenu à terre par la convocation qui en aura été faite par le Gouverneur-Lieutenant Général, de son propre mouvement, ou à la requisition des Officiers Généraux de mer ou de terre, ledit Gouverneur-Lieutenant Général présidera audit Conseil, et les Officiers Généraux de mer et de terre prendront rang à sa droite et à sa gauche, suivant leur rang d'ancienneté; ensuite les Brigadiers, après eux les Capitaines de Vaisseaux, les Colonels et Gouverneurs particuliers de la Colonie roulant ensemble, suivant la date de leurs Commissions; après eux les Lieutenans de Roi du Département, et les Lieutenans Colonels roulant ensemble, suivant leur ancienneté.

Art. III. Pour éviter toute partialité qui pourroit naître dans les résolutions, si le plus grand nombre d'Officiers d'un même service venoit à prévaloir sur l'autre, Sa Majesté permet à son Gouverneur-Lieutenant Général et à ses Officiers Généraux de mer et de terre, de fixer le nombre des Officiers de tous grades de l'un et de l'autre service qui devront assister au Conseil de Guerre, lequel nombre ne pourra être moindre de neuf, autant que faire se pourra, le Président compris, et les Officiers restans seront pris par nombre égal de quatre parmi les Officiers Généraux de mer et de terre; et dans le cas où le Gouverneur-Lieutenant Général de la Colonie, et les Officiers Généraux de mer et de terre estimeroient nécessaire d'assembler un certain nombre de Capitaines commandans les Vaisseaux de Sa Majesté, elle entend qu'il sera convoqué un nombre égal d'Officiers de terre, et qu'au défaut de Colonels et Lieutenans-Colonels, les plus anciens Capitaines des Régimens soient admis au Conseil de Guerre; le Gouverneur particulier du Département, et le Lieutenant de Roi seront réputés dans le nombre des Officiers de terre.

Art. IV. Si le Conseil de Guerre étoit tenu à bord du Vaisseau commandant, ensuite de la convocation que l'Officier Général commandant les Escadres en auroit faite de son pur mouvement, ou à la requisition de tout autre Officier Général, on observera les mêmes formalités prescrites dans les articles ci-dessus, excepté que ledit Commandant présidera au Conseil de Guerre, et que si le Gouverneur-Lieutenant-Général de la Colonie y assiste, il n'occupera que la seconde place immédiatement après l'Officier Général qui y présidera.

Art. V. Le Major de l'Escadre des Vaisseaux du Roi remplira les fonctions de Major Général dans les Conseils de Guerre qui seront tenus à bord du Vaisseau commandant, de même que l'Officier chargé des fonctions de Major Général à la suite des bataillons, en remplira les fonctions dans les Conseils de Guerre qui seront tenus à terre. Sa Majesté leur ordonne de dresser des procès verbaux desdits Conseils de Guerre, dont ils enverront des expéditions au Secrétaire d'Etat ayant le département de la Guerre, et de se conformer au surplus aux Ordonnances précédemment rendues au sujet des Conseils de Guerre.

Mande et ordonne Sa Majesté à ses Gouverneurs Lieutenans Généraux dans les Colonies, à ses Officiers Généraux de mer et de terre, et à tous autres qu'il appartiendra, de tenir la main à l'exécution de la présente Ordonnance, &c.

ORDONNANCE de M. l'Intendant, qui regle l'ordre qui doit être suivi dans les Magasins.

Du 14 Octobre 1761.

JEAN-Etienne Bernard de Clugny, &c.

Sur le compte que nous nous serions fait rendre de la forme observée dans les Magasins du Roi de cette Ville, nous aurions reconnu qu'il s'y étoit glissé une infinité d'abus, au préjudice des intérêts de Sa Majesté, et que pour y remédier, il seroit nécessaire d'y établir un nouvel ordre, et de faire exécuter les dispositions de l'Ordonnance de 1689, concernant cet objet; pour ces considérations, nous avons ordonné et ordonnons ce qui suit:

ART. Ier. Les Magasins seront ouverts le matin depuis sept heures jusqu'à onze; et le soir, depuis trois heures jusqu'à cinq, sans qu'ils puissent être ouverts à d'autres heures que pour les besoins urgens du service, et sur nos ordres.

ART. II. Le Garde-Magasin portera sur ses registres, jour par jour et sans interruption de date, les recettes et dépenses en toutes lettres, et aura soin de faire arrêter ses registres de la maniere prescrite au tit. 5 du liv. 12 de l'Ordonnance de 1689.

ART. III. Il aura un registre particulier pour y porter les ventes qui pourroient être faites desdits Magasins, et fera mention en marge des ordres qu'il aura reçus de nous; pour cet effet, il ne pourra délivrer les effets en aucuns cas, qu'on ne lui ait rapporté la quittance du Trésorier de la Marine.

ART. IV. Il aura un autre registre, dans lequel il portera les prêts qui pourroient être faits par nos ordres, et fera obliger chaque particulier sur ledit registre en marge de l'article délivré, et le déchargera à mesure qu'ils rendront ce qu'ils auront reçu; lui défendons de prendre aucunes reconnoissances sur des feuilles volantes; seront lesdits deux registres de nous cotés et paraphés.

Art. V. Le Garde-Magasin tirera à la fin de chaque mois sur ses registres de recette, dépense et vente, un extrait sommaire de chaque nature de marchandises et munitions bien distinguées par leur qualité, poids et mesures, et en fournira des copies de lui certifiées à l'Officier chargé du détail, afin de le mettre dans le cas de savoir toujours ce qui existe dans les Magasins, et de nous en rendre compte.

Art. VI. Le registre des balances sera tenu avec netteté et précision par colonne, suivant ce qui sera prescrit à ce sujet, et sera arrêté ainsi qu'il est porté par l'Ordonnance de 1689, au titre ci-dessus cité, et le Garde-Magasin en fournira tous les ans des copies collationnées et certifiées, et donnera au surplus toutes les pieces et éclaircissemens nécessaires pour pouvoir constater avec certitude l'état des Magasins.

Art. VII. Il ne recevra et ne délivrera rien, sous quelque prétexte que ce soit, sans un ordre par écrit, signé de nous, visé par le Contrôleur et l'Ecrivain, et il avertira ce dernier des recettes et délivrances qu'il aura à faire, afin qu'il puisse y être présent.

Art. VIII. Il veillera avec attention à la conservation, entretien et arrangement des effets qui sont à sa garde, et les disposera de façon qu'on puisse les delivrer avec facilité.

Art. IX. Il répondra de toutes les avaries qui pourroient être causées par sa faute.

Art. X. Il sera toujours présent à la réception et délivrance des marchandises et munitions, sans qu'il y puisse commettre personne en son lieu et place.

Art. XI. Les poids et mesures seront incessamment échantillés et étalonnés, et il répondra du déficit.

Art. XII. Il ne fournira point de farines ni aucune ration, soit en riz, biscuit ou autrement, aux Soldats congédiés, sans avoir une expédition, ou du moins un certificat de la date qu'ils auront eu leur congé, signé du Contrôleur de la Marine.

Art. XIII. Il tiendra son Bureau dans la maison principale des Magasins, dans le logement qui lui est indiqué.

Art. XIV. Il délivrera, à la premiere réquisition de l'Officier chargé du détail, tous les états, pieces et registres, pour constater, quand bon lui semblera, ses recettes et dépenses, et lui donnera tous les éclaircissemens qui lui seront nécessaires.

Art. XV. Pour prévenir à l'avenir les abus qui se sont commis dans les diverses fournitures et voyages de cabrouets, le Garde Magasin informera exactement l'Ecrivain chargé du détail de tout ce qu'il y aura à faire, afin qu'il puisse nous en rendre compte exactement.

Art. XVI. Le Garde-Magasin se conformera au surplus à ce qui est prescrit par le tit. 5 du liv. 12 de l'Ordonnance de 1689. Sera enregistrée la présente au Contrôle de la Marine et au Greffe de l'Intendance. Donné au Port-au-Prince, &c. le 14 Octobre 1761. *Signé* Clugny Nuys.

R. au Greffe de l'Intendance le 17 Octobre 1761.
Et au Contrôle de la Marine le 19 du même mois.

Lettre de M. l'Intendant aux Officiers de la Jurisdiction du Cap, touchant ses droits en matiere de Boucherie.

Du 14 Octobre 1761.

Ce n'est, Messieurs, qu'après de mûres réflexions que je me suis décidé à n'établir dans la Ville du Cap qu'une seule Boucherie, et après avoir mûrement examiné le pour et le contre. Cependant, comme je n'ai en vue que l'utilité publique et le bien de la Colonie, j'attendrai volontiers, avant que de prendre un parti, les observations que vous m'annoncez de la part de M. le Procureur Général, et je serai fort aise d'agir de concert avec lui.

A l'égard de l'Arrêt du Conseil Supérieur du Cap, du 5 Octobre 1759, dont vous venez de m'envoyer copie, je ne le connoissois pas; mais il ne seroit pas suffisant pour arrêter la publication de la Carte bannie. Il s'agit ici d'une Ferme du Roi, dont les clauses, les conditions et l'exécution me regardent seul et à l'exclusion de tous autres; et ce n'est que par une sorte de tolérance que l'on en a laissé la connoissance au Juge de Police; et si cela faisoit la moindre difficulté, je prendrois le parti de faire faire l'adjudication pardevant le Commissaire Ordonnateur. Vous ne devez pas au reste, Messieurs, me savoir mauvais gré d'avoir retranché vos priviléges, et je ne l'ai fait que parce que c'est une nouveauté introduite au Cap et au Fort Dauphin, qui n'a lieu dans aucun autre endroit de la Colonie, et j'ai voulu tout ramener à une regle uniforme. J'ai l'honneur d'être, &c. *Signé* Clugny Nuys.

ORDONNANCE de M. l'Intendant, qui enjoint aux Capitaines de Navires de se charger, sous récépissé, des paquets de la Chambre mi-partie d'Agriculture et de Commerce, pour le Ministre.

Du 20 Octobre 1761.

JEAN-Etienne-Bernard de Clugny, &c.

Il est ordonné aux Capitaines des Bâtimens Marchands, auxquels le Secrétaire de la Chambre d'Agriculture et de Commerce remettra, lors de leur retour en France, les paquets que cette Chambre adressera au Ministre de la Marine, de lui en fournir un reçu, à peine, en cas de refus de leur part, d'y être par nous pourvu. Mandons, &c. DONNÉ au Port-au-Prince, &c. *Signé* CLUGNY NUYS.

ORDONNANCE du Roi, qui donne le commandement des Troupes et Milices à M. le Comte DE LANGERON, dans le cas où il arriveroit à Saint-Domingue avant MM. DE BELSUNCE et DE LA TOUR-D'AUVERGNE.

Du 1er Novembre 1761.

LETTRE du Ministre à MM. BART et DE CLUGNY, sur l'envoi des Troupes.

Du 1er Novembre 1761.

VOUS aurez soin de faire recevoir les Troupes, et de les placer convenablement pour la défense de la Colonie et pour leur conservation. Dans les cas où les Cazernes ne seroient point en état de les recevoir, il conviendra de les faire loger chez les Habitans, qui doivent faire d'autant moins de difficulté, que ces Troupes ne feront qu'un séjour passager dans la Colonie, et qu'elles n'y sont envoyées que comme un surcroît de forces jusqu'à la paix. Je suis persuadé que vous trouverez chez les Habitans, si on est obligé d'avoir recours à eux, toutes les dispositions nécessaires pour répondre aux efforts que Sa Majesté fait pour leur tranquillité et pour la conservation de leurs biens. Comme Citoyens, comme bons et fideles

fideles sujets, ils doivent se prêter dans cette circonstance où leur intérêt particulier est lié à la cause de la Nation; et après tout ce qui m'est revenu de leurs sentimens et de leur zele pour le service, je ne puis pas douter qu'ils ne donnent dans cette occasion une nouvelle preuve de leur affection et de leur dévouement à la Patrie. Ayez agréable de me rendre compte de ce qu'ils feront sur cela; je n'aurai pas de plus grande satisfaction que d'en faire le rapport à Sa Majesté, et de procurer des graces à ceux qui en donneront l'exemple.

Au surplus, je vous préviens, et vous le verrez dans d'autres dépêches, que l'envoi de ces Troupes, et de celles qui vous parviendront par l'Escadre, ne sont point une charge pour la Colonie, parce qu'il a été pris des arrangemens et pour leur solde et pour leur subsistance. C'est encore un nouveau motif que vous pouvez faire valoir auprès des Habitans de Saint-Domingue, quoiqu'encore une fois je suis bien convaincu qu'ils seront bien aises de prouver leur attachement dans cette occasion.

LETTRE du Ministre à MM. BART et DE CLUGNY, portant, que le payement des Troupes amenées par M. le Vicomte DE BELSUNCE, doit être fait sur le pied de l'argent de France.

Du 1er Novembre 1761.

ARRÊT du Conseil du Cap, touchant la Licitation d'une Habitation où des Mineurs sont intéressés pour moitié.

Du 3 Novembre 1761.

VU par le Conseil la Requête à lui présentée par demoiselle Gabet, veuve Pouponneau, aujourd'hui épouse du sieur Patissier de Châteauneuf, et lui audit nom, pour l'autorisation; contenant qu'avant son nouveau mariage la demoiselle Gabet auroit fait procéder à l'inventaire et au partage des biens dépendans de la communauté qui a été entre elle et défunt M^e. Pouponneau son premier mari; que de cette communauté auroit dépendu, entre autres choses, une Habitation en café, demeurée indivise entre elle et deux enfans qu'elle a du premier lit, lesquels, comme héritiers de leur pere, sont fondés pour une moitié dans ladite Habitation, qui en conséquence a été affermée au profit commun des copropriétaires qu'à l'expiration du bail, qui n'a pris fin que depuis son mariage actuel, la Suppliante a cru que, pour prévenir toute contestation entre ses enfans du premier et du second lit, il convenoit de faire le partage effectif de ladite Habitation ; qu'elle auroit donné le 10 Janvier 1761, au Juge du Port-de-Paix, sa Requête à ces fins, par laquelle elle l'auroit demandé ; que sur cette demande, dirigée contre le sieur Vitet, Tuteur *ad hoc* des mineurs Pouponneau, il seroit intervenu le même jour 10 Janvier dernier, une Sentence contradictoire, qui ordonne que l'Habitation dont s'agit sera vue et estimée par Arbitres qui constateront de sa divisibilité ou indivisibilité; qu'après serment prêté le 31 Mars suivant, les Experts et sur-Experts auroient procédé à cette opération le 4 Avril. De leur rapport déposé au Greffe le 10 Août dernier, il résultoit que, par les raisons qui y sont déduites, l'Habitation en question est indivisible, et que sa valeur est fixée à 20,000 liv.; que le 29 du mois d'Août suivant, il auroit été rendu une Sentence contradictoire qui prononce la licitation. A CES CAUSES, requéroit la Suppliante qu'il plût audit Conseil, vu la Sentence du Siége Royal du Port-de-Paix, du 10 Janvier dernier, le rapport d'Experts du 4 Avril, déposé au Greffe dudit Siége le 10 Août, ensemble la Sentence du 29 dudit mois d'Août, ordonner que la Sentence dudit jour 29 Août sera exécutée selon sa forme et teneur; en conséquence, que la Suppliante sera et demeurera autorisée à faire procéder à la barre du Siége Royal du Port-de-Paix, à la vente et adjudication par licitation au plus offrant et dernier enchérisseur de la totalité de l'Habitation indivise entre elle et les mineurs Pouponneau. Ladite Requête signée Monceaux, Procureur; Conclusions de Me. Lohier de la Charmeraye, Substitut pour le Procureur Général, et ouï le rapport de M. Delaye, Conseiller-Assesseur, et tout considéré : LE CONSEIL, ayant égard à ladite Requête, permet à la Suppliante, en tant que besoin, de faire procéder, à la Barre dudit Siége Royal du Port-de-Paix, à la vente par licitation de l'Habitation dont s'agit, ordonnée par ladite Sentence du 29 Août dernier; donne acte audit Procureur Général de son opposition, en tant que besoin, au chef de ladite Sentence, qui ordonne qu'à l'égard du prix de la part et portion revenant aux mineurs Pouponneau dans ladite Habitation, il sera employé par leur Tuteur à l'acquisition d'un autre fonds de terre à leur profit, qui leur tiendra lieu de propre ; et faisant droit sur ses plus amples conclusions, ordonne qu'il sera sursis audit remploi, et qu'à la diligence dudit Tuteur, convocation sera faite en la forme ordinaire devant le Juge des lieux, des parens, amis ou voisins desdits mineurs, pour délibérer lequeldit remploi des deniers dont s'agit, en fonds de terre ou en Negres, est plus avantageux auxdits mineurs, pour ladite délibération faite, communiquée au Procureur Général, et rapportée à la Cour, être ordonné ce qu'il appartiendra. FAIT au Cap au Conseil, &c.

ARRÊT en Réglement du Conseil du Port-au-Prince, portant tarif des honoraires des Médecins et Chirurgiens.

Du 9 Novembre 1761.

SUR ce qui a été remontré à la Cour par le Procureur Général du Roi, qu'elle n'avoit encore fait aucun Réglement pour fixer les honoraires des Médecins et Chirurgiens ; que cependant il seroit essentiel et d'autant plus pressant d'y vaquer incessamment, que non seulement les hommes publics, comme les Curateurs des biens vacans, mais aussi les Exécuteurs testamentaires, et toutes personnes chargées des affaires d'autrui, ne savent quelle conduite tenir, ni jusqu'où ils doivent porter la reconnoissance de ceux qu'ils représentent, et sont dans l'appréhension qu'on ne refuse de leur allouer dans leurs comptes les sommes qu'ils auront payées de bonne foi ; plusieurs même ont pris le parti de refuser tout payement, jusqu'à ce qu'il y eût un tarif qui pût servir de loi ; ce qui semble devoir porter la Cour, sur leurs instances, à vaquer au travail qu'elles paroissent avoir droit d'espérer de son équité ; sur quoi, la matiere mise en délibération, LE CONSEIL a ordonné et ordonne, provisoirement et jusqu'à ce qu'il ait plu au Roi d'y statuer, ce qui suit :

Honoraires des Médecins.

Sera alloué en Ville au Médecin, par visite . . . . 6 l.

Chaque visite de nuit, après dix heures . . . . 9 l.

En toutes circonstances, il ne leur sera passé plus de deux visites par jour.

Hors la Ville, et jusqu'à une lieue de distance, leur sera alloué 20 l.

A deux lieues . . . . 30 l.

A trois lieues . . . . 40 l.

A quatre . . . . 50 l.

A cinq, six et sept lieues, sera réputée la journée entiere, et il leur reviendra . . . . 60 l.

Le tout ordonnances comprises.

Lorsque le Médecin s'absentera de sa résidence pour rester auprès du malade, il aura par journée, la nuit comprise . . . . 60 l.

Il lui appartiendra, lorsqu'il sera appelé pour consulter . . . . 30 l.

Pour les rapports et procès verbaux de visite, et transport compris. 60 l.

Il sera alloué aux Maîtres Chirurgiens, dans tous les cas ci-dessus, la moitié des honoraires du Médecin, excepté pour la visite dans les Bourgs et Villes, à raison desquelles il ne leur appartiendra rien.

Sera dû aux Médecins, pour leur assistance à l'ouverture d'un cadavre, avec visite . . . . 100 l.

Sera alloué la même chose aux Chirurgiens : les uns et les autres n'auront que moitié de la taxe pour ouverture et visite de cadavre des Negres esclaves.

Droits des Chirurgiens.

Leur sera alloué pour chaque saignée au bras . . . . 3 l.

Pour celle du pied . . . . 6 l.

Celle de la gorge . . . . 12 l.

Pour les accouchemens simples, où il ne s'agit que de porter secours à la Nature. 100 l.

Pour tous accouchemens laborieux, ils auront . . . . . . 200 l.

Dans les deux cas, il ne leur reviendra que moitié de la taxe pour les Négresses esclaves.

Pour chaque pansement ou ulcere simple, leur sera dû . . . . 3 l.

Lorsque la plaie ou ulcere sera accompagnée de sinus ou fusées, ils auront, remedes compris . . . . 6 l.

Et moitié pour les Esclaves, dans les deux cas.

Pour luxation et réduction de l'humerus, bandages et embrocations, leur sera payé . . . . 60 l.

Celle du cubitus et radius, tout compris. . . . . 100 l.

Et lorsqu'il n'y aura qu'un des deux os fracturé . . . . . . 60 l.

La luxation des deux os, avec fracture à l'olicrâne, sera taxée à 200 l.

Celle de la clavicule . . . . 40 l.

Celle de la mâchoire inférieure . . . . 40 l.

Celle de la cuisse, si la réduction est parfaite . . . . 300 l.

Il ne reviendra que le tiers dans tous les cas ci-dessus, lorsque la réduction sera incomplette.

Pour les Negres esclaves, il ne reviendra que moitié de la taxe.

Sera alloué pour fracture simple ou composée de deux os, avec embrocation, tant aux extrémités supérieures qu'inférieures . . . 120 l.

Pour les fractures compliquées, appareil, bandage, et onguent, avec les pansemens, auront . . . . 300 l.

Pour fracture de la clavicule, tout compris . . . . 60 l.

Pour celle d'une ou deux côtes, avec pansemens . . . . 60 l.

Lorsque les fractures seront compliquées, soit par plaie hémorrhagique ou dépôt causé par la contusion, ou toute autre cause que ce puisse être, tout compris, sera dû . . . . 120 l.

Pour fracture de la mâchoire inférieure, y compris le traitement 60 l.

La moitié desdites taxes pour les Esclaves.

Pour l'opération du trépan, avec une ou deux couronnes et incision, pour débrider les tégumens, sera dû . . . . 150 l.

Celles où il faut appliquer au delà de deux couronnes, relever les pieces d'os, ou comporter les intervalles, sera taxé . . . . 300 l.

Le prix des pansemens ci-dessus sera réglé par les Médecins du Roi.

L'opération du bec de lievre vaudra . . . . 60 l.

Celle de la bronchotomie, avec pansemens et remedes . . . 150 l.

Celle de l'empieme, avec pansemens . . . . 200 l.

Celle de la gastroraphie, avec pansemens . . . . 150 l.

Celle de la paracenthese . . . . 60 l.

Celle de la bubonocelle, avec issue de l'intestin et de l'épiploon, où il est de nécessité de débrider l'anneau herniaire, avec les pansemens et remedes. . . . . 400 l.

S'il n'y a que l'épiploon qui fasse hernie, quoiqu'il faille débrider ou couper l'anneau, le tout compris, il sera alloué . . . . 150 l.

L'opération de la castration, où il faut emporter les deux testicules, tout compris . . . . 100 l.

Celle où il sera possible d'en conserver un, les pansemens compris. 300 l.

Celle de la fistule à l'anus complette, ou borgne interne, tout compris . . . . 400 l.

La borgne externe . . . . 150 l.

L'ouverture des panaris des deux premieres especes, avec les pansemens et remedes. . . . . 45 l.

Celle des deux dernieres especes, qui obligent à ouvrir la gaîne des tendons, ou débrider le périoste, pour tout . . . . 100 l.

Pour ouverture des abcès. . . . . 15 l.

Les mêmes opérations pour les Esclaves, moitié.

Pour l'amputation d'un doigt ou orteil, pansement et remede, sera alloué . . . . 40 l.

Celle des extrémités supérieures et de la jambe, pansemens et remedes compris . . . . 150 l.

Celle de la cuisse, tout compris . . . . 250 l.

Moitié pour lesdites opérations aux Esclaves

Remedes.

Il reviendra pour une médecine simple . . . . 6 l.

Pour la composée, à la charge d'en détailler les remedes, à peine d'être distraite du compte . . . . 10 l.

Celles des Esclaves vaudront la moitié.

Pour looc, julep simple ou composé, même les potions . . . . . 6 l.

Pour purgatif en bol fondant ou autre . . . . 3 l.

Pour une prise de kina. . . . . 2 l.

Pour une bouteille de kina composé . . . . 10 l.

Pour chaque bouteille de tisane purgative . . . . 6 l.

Pour chaque bouteille de tisane sudorifique . . . . 4 l.

Pour lavement simple . . . . 30 s.

Moitié desdites taxes aura lieu pour les Esclaves.

Pour chaque emplâtre vésicatoire, remedes compris . . . . . 10 l.

Pour les Esclaves . . . . 5 l.

Pour le traitement de la gonorrhée, pour les Libres . . . . 200 l.

Pour les Esclaves . . . . 100 l.

Pour le traitement et guérison des pians, nourriture non comprise, sera de . . . . 200 l.

Les maladies vénériennes qui exigent l'application des grands remedes, seront taxés pour les Libres, à . . . . 300 l.

Et aux Esclaves, alimens non compris . . . . 150 l.

L'opération de la taille et le traitement des maladies des yeux seront taxés, suivant les circonstances, par les Médecins du Roi.

Fait défenses à ces derniers de rien prendre en aucun cas pour la taxe des comptes qui leur seront envoyés par les Juges, ou présentés librement par les Parties, sous prétexte d'usage, coutume ou autrement, sous les peines de droit; enjoint aux Chirurgiens de faire mention dans leurs Mémoires de l'espece de la maladie, d'en détailler les principes et accidens, d'expliquer les opérations qu'ils auront faites, et d'en justifier la nécessité, à peine d'être privés du payement de leurs comptes.

Ordonne aux Médecins et Chirurgiens de se conformer au présent tarif; et leur fait défenses de prendre plus fortes sommes que celles qui leur sont attribuées, à peine de restitution du quadruple, applicable aux besoins des pauvres, pour la premiere fois, et de plus forte peine, en cas de récidive; ordonne que le présent Réglement sera lu, publié et enregistré par-tout où besoin sera.

ORDONNANCE *des Administrateurs, qui, attendu que la Ville du Port-au-Prince, manque d'eau, enjoint à l'Ingénieur en chef de la Colonie de dresser sous un mois un plan et un devis à cet égard, autorisant toutes personnes à remettre au Greffe de l'Intendance, pendant le même delai, les plans et devis qu'elles auront pu faire sur le même objet.*

Du 15 Novembre 1761.

R. au Greffe de l'Intendance le lendemain.

ORDONNANCE *du Juge du Cap, rendu sur la délibération des Notaires de la même Ville, portant que le Décanat appartient aux Notaires gradués, à l'exclusion de ceux non gradués.*

Du 3 Décembre 1761.

L'AN mil sept cent soixante-un, le trois du mois de Décembre, huit heures du matin, sur la convocation qui a été faite des Notaires du Siége Royal du Cap résidant en cette Ville, du consentement de MM. les Officiers du Siége, à la diligence de M. le Procureur du Roi en la Maison et Hôtel de M. le Sénéchal, sont comparus Mes. Brulé, Delan, Moreau, Rabouin, Laboëxiere, de Vienne, Doré, Bordier, Despujaux, et Godicheau; et après que chacun desdits Notaires a pris place sans distinction de rang, M. le Sénéchal a dit, que l'intention du Siége, pour l'exécution du Réglement du Conseil du 21 Février dernier, avoit été d'abord de ne convoquer les Notaires qu'au commencement de l'année prochaine; mais que les Officiers de la Jurisdiction étant instruits que la lettre circulaire que Me. Delan avoit écrite de la part de M. le Sénéchal, le 1er de ce mois, avoit fait quelque difficulté, sous prétexre que Me. Delan n'étoit pas le plus ancien, ils auroient cru devoir anticiper le temps de cette assemblée, pour tâcher de régler une fois cette difficulté, et en même temps pour rédiger toutes et chacunes les observations que chacun des Notaires auroit à proposer pour le bien et l'avantage de son état, et la correction des abus, et afin même de recevoir les plaintes, si les Notaires en avoient quelqu'une à porter; que tous ces objets tendant tous au bien du Public et à la perfection de l'Etat, étoient tout autant d'articles qui devoient se porter dans ces assemblées, tel qu'ils ne doutoient point, connoissant le zele et l'exactitude des Notaires, qu'ils ne concourussent tous également à mettre à portée d'entretenir d'un côté le bon ordre et les saines regles, et d'un autre côté l'union et la confraternité qui doivent toujours régner entre eux.

Et à l'instant M^e. Delan a dit, que le doyenné ne doit pas faire de difficulté en sa faveur, attendu l'art. V du Réglement du 21 Février dernier, qui donne la préséance aux Notaires gradués, et d'ailleurs parce que c'est la regle que le Conseil a suivie à l'égard des Procureurs, accordant au plus ancien Procureur gradué le décanat, au préjudice du Procureur plus ancien que lui non gradué.

M^e. Moreau et M^e. Brulé ont dit ensuite, que quoique plus anciens que Me Delan, ils ne croient point devoir lui disputer le décanat, attendu sa qualité de gradué.

M^e. Doré prenant la parole, a dit qu'il respectoit les Réglemens de la Cour, et particulierement celui du 21 Février dernier; mais que l'article V dudit Réglement n'étant relatif qu'au pas dans les cérémonies, il croyoit être fondé, en cette espece particuliere, à réclamer, comme plus ancien que M^e. Delan, le droit de faire passer à chacun des Notaires les intentions et ordres que les Supérieurs pourroient avoir à leur donner, comme aussi en sa même qualité, il croit qu'il doit lui appartenir le droit de recevoir les petites plaintes et faire les représentations au nom de tous.

Par M^e. de la Boëxiere, a été dit que le Greffier, tant de la Jurisdiction que de l'Amirauté, étant chacun pourvu d'un Office de Notaire, et jouissant en leur qualité de Greffiers, d'honneurs et de rangs après les Officiers principaux de la Jurisdiction et de l'Amirauté, et par conséquent avant tous gradués et non gradués, par la même raison, le décanat, en tout ce qui y est relatif, doit leur appartenir, et préférablement aux plus anciens gradués ou non gradués.

Et par M^es. Bordier, Despujaux, Rabouin, Gaudicheau et de Vienne, a été dit qu'ils sont tous du même avis que M^e. Delan.

Après quoi, nous Jean-Baptiste Esteve, Sénéchal; Bernard Saint Martin Lieutenant,

Lieutenant; et Jean-Baptiste Rasse, Procureur du Roi, délibérant entre nous sur les objets traités dans la délibération des Notaires ci-dessus, ouï le Procureur du Roi en ses conclusions, avons unanimement arrêté que, par provision, et jusqu'à ce qu'il en ait été autrement ordonné par la Cour, M^e^. Delan jouira, comme par le passé, des fonctions ordinaires attachées au décanat, et qu'extrait du présent Arrêt lui sera envoyé, pour en faire part à tous ses Confreres, sans préjudice des droits prétendus par aucuns d'eux, qu'ils pourront faire valoir en la Cour, lorsque la délibération des Notaires aura été remise à M. le Procureur Général, conformément au Réglement du 21 Février dernier, pour être par ladite Cour statué définitivement sur les objets contenus en ladite délibération.

A été de plus arrêté que lesdites assemblées des Notaires ne pouvant produire qu'un bien très important, la Cour est très-humblement suppliée de nous autoriser à convoquer lesdites assemblées des Notaires, toutes fois et quantes nous le jugerons nécessaire pour le bien du bon ordre et les intérêts du Public. FAIT, &c.

ORDONNANCE *en forme de Réglement de M. l'Intendant, concernant les Comptables.*

Du 10 Décembre 1761.

JEAN-Etienne-Bernard de Clugny, &c.

Ayant reconnu que l'insolvabilité d'un grand nombre de Comptables de cette Colonie, auroit été occasionnée, tant parce que ces Comptables n'ont jamais été assujettis à tenir des registres en forme de leurs recettes et dépenses, que parce qu'ils n'ont pas toujours fourni exactement des bordereaux de leur situation, suivant les ordres particuliers qui leur en avoient été donnés par nos prédécesseurs, et renouvelés par nous-mêmes à notre arrivée dans cette Colonie ; mais qui n'ont jamais été également exécutés dans la plupart des départemens. Les intérêts de Sa Majesté ne pouvant que souffrir de cette négligence, qui devient d'autant plus favorable à de certains Comptables, qu'elle jette un désordre et une confusion dans leur comptabilité, dont quelques-uns se sont adroitement servis pour retarder la vérification et l'arrêté de leur compte, et obscurcir les lumieres que le service de Sa Majesté a intérêt de porter sur leur véritable situation ; par toutes ces considérations, nous nous sommes attachés à y pourvoir d'une maniere plus authentique, et à établir à cet égard une regle invariable et uniforme pour la sûreté des deniers confiés aux différens Trésoriers et Receveurs d'autres droits dans cette Colonie, et qui sera d'autant plus aisé à suivre, que nous nous proposons de prescrire à chacun d'eux la quantité de registres, l'ordre dans lequel nous entendons qu'ils soient tenus, en même temps que nous leur tracerons les modeles des bordereaux qu'ils seront obligés de nous envoyer tous les mois, qui ne deviendront par ce moyen que des extraits sinceres de leurs registres; et en conséquence nous avons ordonné et ordonnons ce qui suit; savoir :

ART. Ier. A compter du premier Janvier prochain, le Trésorier principal de cette Colonie, et les Trésoriers particuliers des différens ports, seront tenus d'avoir trois registres cotés et paraphés de nous ou du Commissaire ou Ecrivain de leur département; chacun de ces registres sera divisé en deux chapitres, l'un de recette, et l'autre de dépense: le premier sera destiné pour les fonds de la Marine; le second, pour ceux des successions vacantes, amendes, épaves, aubaines, confiscations, déshérences, bâtardises, droit de deux pour cent, postes, taxes sur les libertés, &c., et le troisieme pour ceux des Invalides de la Marine.

ART. II. Ils seront tenus de porter dans l'ordre prescrit par lesdits registres, tout ce qu'ils auront reçu des différens Receveurs particuliers, en observant de spécifier le nom desdits Receveurs, la nature de leur recette, si c'est un à compte, ou pour solde des débets résultans des comptes qu'ils auront rendus, en relatant toutefois la date de l'ordonnance de recette dûment enregistrée, et le nom du Commissaire et Ecrivain qui l'aura délivrée; ils porteront dans le même ordre toutes les sommes qu'ils auront dépensées, et expliqueront également le nom de celui qu'ils auront soldé, ainsi que l'ordonnance en vertu de laquelle ils auront payé, dont ils rapporteront la date, ainsi que de la quittance; et enfin, ils marqueront la nature des fonds sur lesquels la dépense a été affectée, et le tout sans pouvoir s'écarter de l'obligation que nous leur imposons d'écrire chaque jour leur recette et leur dépensé; et lorsqu'il s'en passera quelques-uns où ils n'auront rien reçu ni dépensé, ils seront tenus d'en faire mention, de maniere que leurs registres soient arrêtés à la fin de chaque jour, et qu'il n'y ait aucune interruption dans la recette ni dans la dépense.

ART. III. Les Commissaires et Ecrivains de la Marine des différens départemens, examineront, vérifieront et arrêteront lesdits registres au moins une fois le mois, et nous rendront compte de l'exactitude desdits Trésoriers à les tenir dans la formule prescrite, à peine de destitution de ces derniers, au cas de contravention.

Art. IV. Le Trésorier principal de cette Colonie, et les Trésoriers particuliers de la Marine et des Invalides, seront en outre tenus de nous remettre ou de nous envoyer, dans les dix premiers jours de chaque mois, leurs bordereaux de situation, extraits de leurs registres, datés du 31 du mois précédent, en distinguant les recettes ordinaires des recettes extraordinaires, les dépenses ordinaires d'avec les extraordinaires, lesquels bordereaux seront faits doubles; le premier, visé du Commissaire ou de l'Ecrivain de la Marine, nous sera envoyé avec ses observations en marge; et le second, également visé, restera auxdits Trésoriers pour leur décharge, et ce sous peine de privation de trois mois de leurs appointemens pour la premiere fois, et de destitution de leurs emplois pour la seconde.

Art. V. Les Receveurs de l'octroi, outre les registres dans lesquels doit être distinguée la nouvelle d'avec l'ancienne imposition, pour raison des denrées exportées de la Colonie, seront tenus d'avoir deux autres registres, dont le premier servira pour y porter jour par jour toutes les sommes qu'ils toucheront, soit de la capitation des Negres, soit des différens Fermiers de Sa Majesté, en spécifiant les noms des Habitans ou desdits Fermiers qui auront payé, ou l'année qu'ils auront acquittée; l'autre registre contiendra la dépense, et sera aussi tenu jour par jour. Le Comptable y portera toutes les sommes qu'il aura versées dans la caisse du Trésorier de son département, ainsi que les ordonnances qu'il aura été autorisé à acquitter, et fera mention, tant de la date desdites ordonnances, que de celle des récépissés qui lui seront fournis.

Art. VI. Seront pareillement tenus lesdits Receveurs de nous fournir, dans le même délai que les Trésoriers, et sous les mêmes peines, un bordereau de leur situation, dans lequel ils feront mention des recettes faites pour raison des droits d'exportation des denrées de la Colonie, et payés, soit par les Nationaux ou les étrangers, ainsi que des droits des Negres acquittés par les Habitans dans le courant du mois précédent; ils y joindront un bref état de toutes les quittances qui leur restent en nature; ils porteront dans la dépense les appointemens qui leur reviendront par chaque mois, et le montant des sommes versées dans la caisse du Trésorier principal, ou des Trésoriers particuliers, en observant au surplus la forme ci-dessus établie pour les bordereaux des Trésoriers, et pour l'envoi qui doit en être fait.

Art. VII. Les Curateurs aux successions vacantes tiendront deux registres; ils ouvriront dans le premier un compte de recette et de dépense à chacune des successions vacantes, pendant leur exercice, et y inscriront journellement sur le feuillet gauche la recette, et sur le feuillet droit la dépense, afin de pouvoir donner facilement dans tous les temps, et toutes les fois qu'on l'exigera d'eux, un bref état desdites successions, et aussi pour que d'un coup-d'œil, sur la représentation que nous jugerions à propos de leur faire faire de leurs registres, nous puissions juger du tableau au vrai de chaque succession, en le comparant avec les informations que nous nous mettrons à portée de prendre, et en tirer le résultat; ils tiendront l'autre registre dans la même forme, pour la masse des reprises de chaque succession anciennement gérées par leurs prédécesseurs, qui leur auront été remises au commencement ou dans le courant de leur exercice, pour en poursuivre le recouvrement.

Art. VIII. Ils seront également obligés de nous fournir tous les trois mois le bordereau des recouvremens faits pour raison des reprises des successions gérées par leurs prédécesseurs, en observant de ne point confondre les différentes successions auxquelles elles appartiennent; ils en useront de même pour celles tombées aux vacances pendant leur exercice, se chargeront en recette effective, ou sauf reprise, de tout l'actif porté dans l'inventaire, et employeront en dépense pour chacune d'elles, tous les frais qu'elles auront occasionnés, les sommes payées aux créanciers par Ordonnance des Juges, ou les Sentences des Siéges, leurs droits de commission sur les sommes rentrées dans le courant du mois, pour lesquelles ils fourniront leurs bordereaux, qu'ils auront soin de faire viser par le Commissaire ou l'Ecrivain de leur département; une copie nous en sera envoyée, et l'autre, également visée, restera au Curateur, pour sa décharge; et ce sous peine de 500 l. d'amende applicable au Roi pour la premiere fois, et d'interdiction pour la seconde.

Art. IX. Les Receveurs des amendes, &c. tiendront deux registres; ils ouvriront dans le premier un compte de recette et de dépense à chacune des successions échues au Roi par droit d'aubaine, déshérence, bâtardise; ou confiscation de biens des criminels, et ce dans la même forme que ce qui est prescrit à l'article VII, pour chacune des successions vacantes; ils porteront journellement dans l'autre registre, qu'ils partageront en deux, la recette et la dépense relatives aux amendes prononcées par nous, le Conseil Supérieur, ou les Jurisdictions dans le ressort desquelles ils sont établis, celles également relatives aux confiscations maritimes, épaves de terre ou de mer, ou droit de deux pour cent, en distinguant les différens objets avec le plus de clarté qu'il leur sera possible.

Art X. Seront pareillement tenus de nous fournir, tous les trois mois, leur bordereau de situation, ainsi et dans la même forme que nous l'avons prescrit à l'article VIII aux Curateurs aux successions vacantes, et ce sous les mêmes peines portées audit article.

Art. XI. Les Directeurs des Postes tiendront un registre à deux colonnes, dans lequel ils inscriront, jour par jour, le montant des envois qui leur seront faits, et qu'ils feront aux différens Bureaux de leur correspondance; la premiere colonne contiendra le montant des envois qui leur seront faits relativement aux bordereaux à eux envoyés, et qui doivent composer leur recette, et la seconde colonne constatera leurs envois; ils auront attention de porter en ligne le détail d'envois de chaque Bureau, arrivés ou partis par le même Courrier; de sorte qu'ils n'en tireront hors ligne que la totalité.

Art. XII. Ils nous fourniront tous les trois mois un bordereau de situation, dont la recette sera établie par une copie de leurs registres, contenant les envois qu'ils auront reçus pendant lesdits trois mois des différens Bureaux de leur correspondance; ils emploieront en dépense leurs appointemens, et les gages des Courriers qu'il leur aura été ordonné de payer; ils balanceront le montant de leur dépense avec leur recette, dont le résultat annoncera la somme effective qu'ils auront en caisse, et dont ils formeront le premier article de recette du bordereau des mois suivans; ils feront mention au bas du résultat du montant des taxes des lettres qui n'auront pas été retirées de leur Bureau, pour mémoire seulement; ils joindront à la suite un état détaillé des envois des lettres qu'ils auront faits aux différens Bureaux de leur correspondance, et ce sous peine de radiation de trois mois de leurs appointemens pour la premiere fois, et d'interdiction de leurs emplois pour la seconde.

Art. XIII. Les Commissaires et Ecrivains de la Marine parapheront au premier Janvier de cette année tous les registres des Comptables de leur département, et ainsi de suite toutes les fois qu'ils seront finis, et qu'il sera nécessaire d'en recommencer d'autres; ils auront soin aussi d'en faire la vérification, et de les arrêter le plus souvent qu'il leur sera possible, et de nous en rendre compte au moins une fois le mois; ils nous informeront si lesdits registres sont tenus avec exactitude et fidélité dans la forme prescrite; ils tiendront la main à ce que les bordereaux nous soient envoyés avec leurs observations en marge dans les détails que nous avons marqués; de maniere que ceux des Trésoriers et Receveurs de l'octroi nous parviennent dans les dix premiers jours de chaque mois; et ceux des Curateurs aux successions vacantes, Receveurs des amendes, et Directeurs des Postes, dans les quinze premiers jours de Janvier, Avril, Juillet et Octobre de chaque année, en observant que tous lesdits bordereaux soient datés des 30 ou 31 des derniers mois pour lesquels ils les fourniront.

Art. XIV. Huitaine après la notification de la présente Ordonnance, tous les Trésoriers et Receveurs y dénommés, à présent en exercice, seront tenus de nous remettre deux expéditions de l'acte de leur cautionnement, dont l'un sera déposé au Bureau de l'Intendance, et l'autre au Contrôle de la Marine, à peine contre les contrevenans de 500 liv. d'amende, applicable au Roi.

Art. XV. A l'avenir, tous les Trésoriers et autres Receveurs seront tenus de nous remettre, huitaine après leur réception, des expéditions de l'acte de leur cautionnement, pour être déposées comme dessus, et sous les mêmes peines.

La présente Ordonnance que nous entendons être mise en vigueur et avoir son exécution, à compter du premier Janvier prochain, sera enregistrée au Contrôle de la Marine et au Greffe de l'Intendance, et copies collationnées envoyées à tous les Comptables de cette Colonie, pour s'y conformer. Donné au Port-au-Prince, &c. *Signé* Clugny Nuys.

R. au Contrôle de la Marine le 12 *Décembre* 1761.

Arrêt du Conseil d'Etat, portant établissement d'une Commission pour la Législation des Colonies Françoises.

Du 19 Décembre 1761.

Le Roi s'étant fait représenter l'Arrêt rendu en son Conseil le 26 Mars dernier, par lequel Sa Majesté, en ordonnant que les Parties procéderoient comme par le passé, sur toutes les affaires contentieuses qui concernoient les Habitans de ses Colonies ou les biens qui y sont situés, et qui seroient de nature à être portés en sondit Conseil, se seroit réservé de pourvoir de tel Réglement qu'il appartiendroit pour la réformation des abus, et pour l'ordre de la Justice dans lesdites Colonies: et Sa Majesté ayant été informée, par le compte qui lui en a été rendu par M. le Duc de

Choiseul, ayant actuellement le département de la Guerre et de la Marine, de l'état actuel desdites Colonies, elle auroit jugé nécessaire de remplir incessamment les vues qu'elle s'étoit proposées pour l'avantage de ceux de ses sujets qui les habitent, et d'établir en même temps, pour le jugement des affaires contentieuses qu'ils peuvent avoir en son Conseil, un ordre propre à concourir à la plus grande perfection et au maintien desdits Réglemens. A quoi voulant pourvoir; ouï le rapport, et tout considéré: LE ROI étant en son Conseil, a ordonné et ordonne que les Mémoires, pieces et projets concernant lesdits Réglemens présentés à Sa Majesté par le sieur Petit, Conseiller en l'un de ses Conseils Supérieurs de Saint-Domingue, à ce député par Sa Majesté pour les Conseils des Colonies; comme aussi tous ceux qui pourroient lui être présentés par la suite sur le même objet, seront remis ès mains des sieurs de Bacquencourt, Bastard, Dagay et de Monthion, Maîtres des Requêtes, que Sa Majesté a commis et commet pour être par chacun d'eux, suivant la distribution qui leur en sera faite par M. le Chancelier, communiqués au Duc de Choiseul, Pair de France, ayant actuellement le département de la Guerre et de la Marine; au sieur d'Aguesseau de Fresnes, Conseiller d'Etat ordinaire; et aux sieurs de la Bourdonnaye, de Sénozan et de Boynes, Conseillers d'Etat, pour, sur le compte qui en sera rendu par eux à Sa Majesté, au rapport de celui desdits sieurs Maîtres des Requêtes qui en aura été chargé, être par elle pourvu de tels Réglemens qu'il appartiendra pour la réformation desdits abus, et pour l'ordre de la Justice dans lesdites Colonies: ordonne pareillement que les Requêtes en cassation, en contrariété, ou en révision des Arrêts émanés des Conseils Supérieurs établis dans lesdites Colonies; les instances d'évocations, de Réglemens de Juges, et d'appels des Ordonnances rendues par les Gouverneurs et Intendans, et de toutes autres affaires contentieuses qui concerneront leurs Habitans, ou les biens qui y sont situés, seront distribuées par M. le Chancelier, en la maniere accoutumée, à l'un desdits sieurs Maîtres des Requêtes seulement, pour, après en avoir communiqué auxdits sieurs Conseillers d'Etat, y être fait droit en son Conseil des Parties, ainsi qu'il appartiendra; et à l'égard des appels des Ordonnances desdits Gouverneurs et Intendans, qui concerneroient les dons, concessions et réunions des terrains dans lesdites Colonies, ou autres contestations qui seroient de nature à être portées devant Sa Majesté en son Conseil des Dépêches, ordonne que lesdites affaires seront remises pareillement à l'un desdits sieurs Maîtres des Requêtes, pour, après en avoir communiqué auxdits Conseillers d'Etat, y être à son rapport, en leur présence et de leur avis, statué par Sa Majesté en sondit Conseil des Dépêches, ce qu'il appartiendra. FAIT au Conseil d'Etat, &c.

R. au Conseil du Cap le 8 Juillet 1762.
Et à celui du Port-au-Prince le 14 Janvier 1763.

BREVET de Député des Conseils des Colonies, pour M. PETIT.

Du 19 Décembre 1761.

AUJOURD'HUI 19 Décembre 1761, le Roi étant à Versailles, jugeant nécessaire d'avoir en France un Officier de ses Conseils Supérieurs qui soit en état de rassembler et lui présenter tout ce qui peut perfectionner les Loix et Réglemens faits pour lesdites Colonies, et remédier aux abus qui pourroient s'y être introduits, et Sa Majesté étant informée de la capacité et l'expérience en cette partie du sieur Petit, Conseiller en l'un de ses Conseils Supérieurs de son Isle de Saint-Domingue, qui en a exercé les fonctions pendant plusieurs années, elle a commis et commet ledit sieur Petit, pour, en qualité de Député des Conseils Supérieurs des Colonies, rassembler sous les yeux de Sa Majesté et de son Conseil, lesdites Lettres patentes, Arrêts, Réglemens, Mémoires, Instructions, et tout ce qui pourra concerner l'ordre de la Justice et de la Police générale ou particuliere desdites Colonies, voulant Sa Majesté que le sieur Petit soit entendu par ceux de son Conseil qu'elle jugera à propos de charger de l'examen des Réglemens qu'elle se propose de faire pour le bien et l'avantage desdits pays; et pour témoignage de sa volonté, Sa Majesté m'a commandé d'expédier le présent Brevet, &c.

Déposé au Conseil du Cap le 8 Juillet 1762.
Et à celui du Port-au-Prince le 14 Janvier 1763.

ORDONNANCE de Police, qui défend à tous Marchands Regrattiers, et autres, d'aller chercher sur les chemins; ni d'acheter, avant huit heures du matin, au Marché, les provisions apportées par les Negres, à peine de 50 liv. d'amende, même de plus grande peine, s'il y échet.

Du 26 Décembre 1761.

Lettres

LETTRES de Conseillèr honoraire au Conseil du Port-au-Prince, pour M. BEUDET, avec Lettre du Ministre aux Administrateurs, portant dispense de les présenter en personne à l'enregistrement, sans tirer à conséquence.

Des 1er Janvier 1762 et 25 Février suivant.

R. au Conseil du Port-au-Prince le 5 Juillet 1762.

ORDONNANCE sur référé du Juge Royal du Cap, qui décide que le Notaire du Mandataire prenant possession, doit garder la minute de l'acte de remise, et non pas le Notaire du Mandataire destitué.

Du 20 Janvier 1762.

PARDEVANT nous Bernard Saint-Martin, Lieutenant Particulier du Siége du Cap, pour l'empêchement de M. le Sénéchal dudit Siége, en présence du Procureur du Roi en notre Hôtel; sont comparus Mes Delan et Bordier, Notaires de ce Siége, lesquels ont dit, qu'à l'instant de la signature du procès verbal de remise de l'Habitation du sieur Dustou par le sieur Dubasque, ci-devant son chargé de procuration, aux sieurs Batanchon et Marot, Négocians au Cap, nouveaux Procureurs de mondit sieur Dustou, il est intervenu une contestation entre eux, pour raison de laquelle ils en ont référé devant nous: sur quoi, ouï ledit Procureur du Roi, nous disons qu'il appartient aux sieurs Batanchon et Marot, en leur qualité, de requérir le Notaire qu'ils aviseront, aux fins d'opérer la remise et la décharge d'une Habitation, de laquelle ils sont nouveaux Procureurs; qu'ayant requis pour cet effet ledit Me. Bordier, et en ayant prévenu le sieur Dubasque, ledit sieur Dubasque n'a pas dû requérir pour les mêmes fins ledit Me. Delan, Notaire, lequel doit être payé de son transport et honoraire par ledit sieur Dubasque; en conséquence, ordonnons que la minute de l'acte de remise demeurera à Me. Bordier, pour en délivrer les expéditions, lorsqu'il en sera requis; ce qui sera exécuté nonobstant opposition, &c.

INSTRUCTIONS demandées aux Conseils Supérieurs des Colonies, pour le travail de la nouvelle Législation, et Lettres de M. le Chancelier et du Ministre à ce sujet.

Des 3 et 15 Février 1762.

ETAT de ce qui sera fait par les Conseils Supérieurs du Port-au-Prince et du Cap, pour l'exécution des intentions de Sa Majesté, et de l'Arrêt de son Conseil du 19 Décembre 1761.

1°. Il sera fait incessamment par un des Conseillers qui sera à ce commis, un état de toutes les Ordonnances, Edits, Déclarations ou Arrêts qui ont été envoyés par Sa Majesté au Conseil Supérieur, et qui ont été enregistrés Cet état contiendra seulement le titre de la Loi et la date de son enregistrement. S'il avoit été ajouté quelque chose à cet enregistrement, on en feroit mention.

2°. Il sera fait aussi incessamment, par le même Commissaire, un dépouillement exact sur les registres du Conseil Supérieur, de tous les Arrêts dudit Conseil qui auront fait quelques Réglemens relatifs à la Justice ou à la Police, le tout par ordre de matieres, autant que faire se pourra, et il en sera dressé un état particulier.

3°. En cas qu'aucuns desdits Réglemens aient été depuis modifiés, ou qu'ils soient tombés en désuétude, il en sera fait mention à la marge de cet état.

4°. Ces deux états seront signés, tant dudit Conseiller que dudit Greffier du Conseil Supérieur, et envoyés par le Procureur Général, le plutôt qu'il sera possible, à M. le Chancelier et à M. le Duc de Choiseul.

5°. Il faudra aussi envoyer des copies de ceux de ces Réglemens qui ne se trouveront pas compris dans l'état ci-joint; mais cet envoi ne retardera pas celui des états ci-dessus portés.

6°. Il sera choisi par le Conseil Supérieur, parmi ceux de ses Officiers qui auront le plus d'expérience, tel nombre de Commissaires qu'il jugera convenable, à l'effet d'examiner tous lesdits Réglemens, et de délibérer sur ce qu'ils jugeront à propos d'y être ajouté ou réformé pour le bien de la Colonie.

7°. Les mêmes Commissaires examineront en même temps ce qui leur paroîtra nécessaire de proposer à Sa Majesté sur ce qu'ils croiront le plus propre au bien de la Colonie, par rapport à l'exercice de la Justice, au maintien de la Police, à l'augmentation du Commerce, et la population de ses Habitations.

8°. Lesdits Commissaires porteront aussi leurs vues sur le détail de l'administration de la Justice dans la Colonie, c'est-à-dire, sur ce qui peut concerner l'augmentation et la réduction des Justices inférieures, ou des Officiers qui les composent, et sur ce qui intéressera l'ordre et la dignité du Conseil, l'augmentation ou le choix des Officiers dont il est composé, et en général sur tout ce qui pourra procurer aux Habitans de la Colonie une justice bonne, prompte, et non dispendieuse.

9°. Lesdits Commissaires procéderont également à l'examen des Loix qui sont actuellement observées dans la Colonie, et ils verront ce qu'ils ont à proposer à Sa Majesté, pour y perfectionner & simplifier la Législation, la rendre propre aux usages, à la situation, et aux véritables intérêts de la Colonie.

10°. Ils donneront aussi leur attention à la maniere de procéder pour obtenir justice, et ils proposeront ce qu'ils jugeront nécessaire pour l'abréviation des procédures, notamment par rapport aux Parties qui sont obligées d'avoir recours au Conseil de Sa Majesté.

11°. Ils dresseront le résultat de leurs observations sur chacun de ces objets séparément; et après avoir proposé ce qu'ils croiront convenable sur chacun, ils rédigeront leur avis en forme de Loi ou de Réglement, en un ou plusieurs articles, selon que la matiere l'exigera.

12°. Et afin d'accélérer ce travail autant qu'il sera possible, et de mettre Sa Majesté en état d'en faire usage plus promptement, les Commissaires commenceront par les objets qui leur paroîtront les plus intéressans et les plus pressés; et aussi tôt qu'ils auront rédigé leurs Mémoires et projets de Réglement sur l'un de ces objets, le Procureur Général les enverra signés d'eux à M. le Chancelier et à M. le Duc de Choiseul.

13°. S'il se trouvoit nécessaire et pressant de faire un Réglement provisoire sur quelqu'un desdits objets, les Commissaires pourront en dresser un projet, pour être envoyé à M. le Chancelier et à M. le Duc de Choiseul par le Procureur Général, avec un Mémoire signé d'eux, qui en contiendra le motif.

14°. Dans toute la suite de ce travail, les Commissaires s'attacheront sur tout à examiner, 1°. les moyens de fournir la Colonie de bois nécessaires pour la construction et le chauffage, soit par de nouvelles plantations, soit par des Réglemens sur la maniere de défricher, et sur ce qui pourroit prévenir les incendies; 2°. les moyens d'avoir et entretenir dans la Colonie des vivres de terre, petits grains et légumes, pour la subsistance des Noirs, en tout temps; et en temps de guerre, des Blancs ou des Auxiliaires, que l'on peut appeler d'un quartier à l'autre, comme aussi les moyens de prévenir les disettes causées par sécheresses ou autres accidens, et pour assurer l'exécution des Réglemens qui seront faits à cet égard; 3°. les moyens de concilier l'autorité des Maîtres sur leurs Esclaves, si nécessaire à maintenir, avec ce qu'exige l'humanité, la saine politique et le véritable intérêt des Maîtres, pour la nourriture, l'habillement, le traitement dans les maladies, et le châtiment des Esclaves; 4°. les précautions que l'on peut prendre contre les empoisonnemens, et autres crimes occultes de ces Esclaves, et les moyens de ne les pas laisser impunis par la difficulté de preuves, sans les livrer à la discrétion des Maîtres irrités; 5°. enfin, les moyens de faire cesser la distinction des deux prix, tant des marchandises d'Europe, en argent ou en denrées, que des denrées du pays vendues en argent, ou données en payement, et ceux de ne pas forcer les Colons à payer dans un argent qu'ils n'ont pas, sans contraindre le Commerçant à prendre la denrée au-dessus de sa valeur.

LETTRE de M. le Chancelier à M. DE CLUGNY. Versailles, le 3 Février 1762.

Vous avez vu, Monsieur, par l'Arrêt qui vous a été envoyé, combien Sa Majesté désire de donner aux Colonies des marques de sa protection et de ses bontés; c'est pour en accélérer les effets, que j'ai cru devoir vous envoyer un état des principaux points sur lesquels Sa Majesté juge à propos que les deux Conseils Supérieurs auxquels vous présidez, lui envoient les éclaircissemens dont elle peut avoir besoin pour effectuer un projet si utile aux Colonies. Vous aurez donc pour agréable de leur expliquer ses intentions, en leur faisant part de cette Lettre, et de l'état qui y est joint, afin qu'ils s'empressent à témoigner à Sa Majesté leur reconnoissance et leur zele pour le bien de son service, en satisfaisant à ce qu'elle désire d'eux en cette occasion. Rien n'égale l'étendue des sentimens avec lesquels je vous suis, Monsieur, très-véritablement et parfaitement attaché.

Signé DE LAMOIGNON.

La Lettre de M. le Duc de Choiseul aux Administrateurs, du 25 du même mois de Février, est calquée sur celle de M. le Chancelier.

R. au Conseil du Cap le 15 Décembre 1762.
Et à celui du Port-au-Prince le 14 Janvier 1763.

ARRÊT du Conseil du Cap, qui ordonne de continuer la poursuite des Procès criminels, nonobstant appellation, s'il n'apparoît juridiquement d'un Arrêt de défense.

Du 4 Février 1762.

LE CONSEIL enjoint audit Substitut au Siége du Port-de-Paix, de poursuivre, et au Juge dudit lieu de continuer ès matieres criminelles l'instruction et le jugement des procès, nonobstant toutes appellations, et jusqu'à ce qu'il leur apparoisse juridiquement des Arrêts de défense de la Cour, de continuer les instructions desdits procès criminels obtenus sur le vu des charges et informations, conformément aux articles III et IV du tit. 26 de l'Ordonnance de 1670; ordonne que le présent Arrêt sera joint pour recours à la procédure instruite contre le Negre Scipion.

ARRÊT qui déclare les Substituts du Procureur du Roi du Siége du Cap non recevables dans leur demande afin d'enregistrement de l'Edit de 1696, portant création d'Offices de Substituts.

Du 4 Février 1762.

VU par le Conseil la Requête des Conseillers du Roi, Substituts de son Procureur au Siége Royal du Cap, contenant que l'attention des Rois à faire rendre aux Peuples une justice prompte et sans retard, les a portés à créer plusieurs Offices de Judicature dans différens grades, pour se suppléer les uns et les autres, soit en cas d'absence ou autre empêchement, et éviter par-là un retard dans l'administration de la Justice, si nécessaire pour la conservation du bon ordre et de la sûreté publique.

Sa Majesté, lors de la création de ces Offices, a voulu que ceux qui en seroient pourvus, fussent distingués par des honneurs et des prérogatives relatives à leur état, et proportionnées aux grades qu'ils occupent; de là le privilége des Supplians comme Substituts, de participer aux mêmes honneurs, prérogatives, fonctions, droits, profits et émolumens attribués aux Offices de semblable et ancienne création; de là la prérogative de faire Membre du Corps des Officiers des Siéges où ils sont établis, d'avoir rang et séance dans les cérémonies publiques, suivant leurs grades, de plaider couverts, et les premiers, leurs causes, et de faire les fonctions des Juges en leur absence, et en celle des Avocats et Procureurs du Roi ès matieres où Sa Majesté n'a aucun intérêt, privativement aux Avocats, Procureurs et Praticiens des Siéges; et enfin, de jouir de toutes les exemptions et priviléges dont jouissent les Officiers des Siéges.

Les Supplians ayant été pourvus desdits Offices, y ont été, sous le bon plaisir et l'agrément de la Cour, reçus et installés; ils croiroient manquer à leur état et à tous les Membres des Officiers en corps, s'ils négligeoient de réclamer ces avantages, pour en jouir dans toute leur étendue, et en conformité de l'Edit de création desdits Officiers, du mois d'Avril 1696: mais comme cet Edit n'a point été enregistré dans cette Colonie, que ce défaut pourroit peut-être occasionner quelque difficulté dans les circonstances où les Supplians voudroient faire usage des prérogatives de leur état, ils sont bien fondés à demander l'enregistrement de cet Edit: c'est pour y parvenir qu'ils recourent à l'autorité de la Cour. Ce considéré, &c.; ladite Requête signée Kier, Gailhac et Perrin; conclusions de Lohier, Substitut pour le Procureur Général du Roi: ouï le rapport de M. le Gras, Conseiller, et tout considéré: le Conseil a déclaré les Supplians non recevables en leur demande tendante à l'enregistrement, lecture et publication de l'Edit du Roi, donné à Versailles au mois d'Avril 1696; ordonne que, dans leurs fonctions de Substitut, et pour les droits, honneurs, rangs, prérogatives et émolumens attribués audit Office, ils se conformeront aux Commissions qui leur ont été accordées par MM. les Généraux et Intendans, et aux Arrêts de la Cour qui en ont ordonné l'enregistrement.

Arrêt du Conseil du Cap, qui, sur la plainte d'un Procureur contre un autre, pour des faits passés à l'Audience lors des Plaidoiries non terminées, ordonne que ce dernier sera assigné pour en venir à l'Audience du lendemain, lors de la plaidoirie de la cause.

Du 4 Février 1762.

Voy. *l'Arrêt qui suit.*

ARRÊT du Conseil du Cap, portant réparation en faveur d'un Procureur injurié par la Partie adverse.

Du 6 Février 1762.

ENTRE la dame veuve Floret, d'une part; et Me. Pierre Duprey, Procureur en la Cour, Défendeur, d'autre part; et de la cause, Me. d'Augy, Avocat en Parlement, défendeur à la plainte contre lui formée personnellement par ledit Duprey; et entre ledit Me. d'Augy, Demandeur, d'une part, et ledit Me. Duprey, d'autre, &c. : LE CONSEIL, en ce qui concerne le second chef des conclusions dudit Duprey, portées en sa Requête, tendantes à obtenir, contre ledit d'Augy et veuve Floret, réparation pour plusieurs termes injurieux insérés en leur Requête du 11 Septembre dernier, vu le pouvoir donné audit Me. d'Augy par le fondé de procuration de ladite veuve Floret, et la Requête présentée à la Cour par ladite veuve Floret, par laquelle elle prend le fait dudit d'Augy, et approuve formellement tout ce qui a été dit et avancé, comme s'il avoit été dit et fait par elle-même, a renvoyé ledit d'Augy hors d'assignation, a condamné et condamne la dame veuve Floret à passer acte au Greffe de la Cour en présence dudit Duprey et quatre témoins à son choix, par lequel elle déclarera qu'elle n'a jamais entendu donner atteinte à l'honneur et à la réputation dudit Duprey; qu'elle le connoît pour homme d'honneur, incapable de prévarication, ni d'abuser de la confiance de qui que ce soit; ordonne que les termes injurieux dont se plaint ledit Duprey, seront rayés par le Greffier de la Cour; condamne la veuve Floret en tous les dépens, pour tous dommages et intérêts; déboute ledit Duprey du surplus de ses demandes : passant au Jugement de la plainte dudit d'Augy contre ledit Duprey, en date du 4 Février présent mois, a renvoyé et renvoie ledit Duprey absous d'accusation; condamne ledit d'Augy aux dépens de ladite plainte.

ARRÊT du Conseil du Cap, touchant les Contraintes par corps et les Réceptions de cautions.

Du 10 Février 1762.

ENTRE le sieur Lorry, &c. LA COUR fait défenses au Juge du Cap de prononcer à l'avenir l'exécution des contraintes par corps par provision, et nonobstant opposition ou appellation quelconque; lui enjoint de se conformer en pareille matiere, et en ce qui concerne la réception des cautions, à l'Ordonnance de 1667.

ARRÊT du Conseil du Cap, qui juge que le prix d'un Negre qui meurt des suites du jarret coupé, n'est pas dû à son Maître.

Du 20 Février 1762.

Voy. *l'Arrêt du 15 Août* 1718, *tom. II, pag.* 623.

ORDONNANCE du Roi, portant qu'il ne sera plus accordé, à compter du 1er Mars 1762, de relief aux Officiers des Colonies qui passeront en France, pour quelque cause et raison que ce puisse être.

Du 28 Février 1762.

ARRÊT du Conseil du Cap, touchant la Rage Canine.

Du 1er Mars 1762.

SUR ce qui a été représenté à la Cour par le Procureur Général du Roi; qu'il venoit présenter les alarmes des Habitans de ce ressort sur un genre de maladie funeste, reconnue depuis peu, et dont jusqu'ici cette Isle avoit été préservée; qu'il avoit reçu des avis multipliés de différens endroits, que la rage canine étoit rèpandue dans plusieurs quartiers; outre les symptômes qui caractérisent cette maladie, et qui avoient été observés, la mort cruelle que la morsure de quelques chiens avoit occasionnée à des Negres, ainsi qu'à des bestiaux, ne laissoit aucun doute sur l'existence de ce fléau; que le Médecin du Roi étoit venu pour lui confirmer l'importance de cet avis, et la nécessité de rendre obligatoire la précaution que quelques Habitans avoient prise de détruire les chiens de leurs Habitations; qu'en examinant d'où pouvoit venir cette maladie, inconnue jusqu'à présent, on ne pouvoit l'attribuer qu'à l'introduction de quelques chiens attaqués de la rage, et transportés dans les bâtimens étrangers, à qui la nécessité a ouvert nos ports; que quoiqu'il n'y ait encore aucune preuve juridique qui puisse servir de de base à une décision précise ; que cependant, vu l'interruption des séances de la Cour, la grandeur du mal, l'importance d'en arrêter les progrès, et la nécessité de prévenir le renouvellement d'un présent aussi funeste, il croyoit qu'il étoit au moins de la prudence de réveiller sur cet objet l'attention des Officiers de Police et d'Amirauté des différens Siéges du ressort. A CES CAUSES, requéroit, &c. : oui le rapport de M. Loiseau, Conseiller, et tout considéré : LE CONSEIL ordonne à tous les Habitans des Villes qui ont des chiens, de les détruire incessamment et sans délai ; et à ceux des campagnes, de les contenir, ne pas les laisser vaguer, et de les détruire au premier symptôme de maladie, et ce sous peine de 1000 liv. d'amende envers le Roi, et de tous dommages que lesdits chiens pourroient occasionner ; permet à toutes personnes de tuer les chiens qu'ils rencontreront dans les rues ou grands chemins ; enjoint aux Médecins et Chirurgiens de dresser des procès verbaux des personnes attaquées de cette maladie, qu'ils traiteront, et d'y détailler exactement les remedes qu'ils auront employés, et de remettre les procès verbaux aux Greffes des Jurisdictions dans lesquelles ils exerceront leur Art ; enjoint à tous Habitans de faire brûler les animaux qu'on soupçonne être morts de ladite maladie ; fait défenses à toutes personnes, de quelque qualité et condition qu'elles soient, d'introduire des chiens dans la Colonie, sous les mêmes peines de 1000 l. d'amende, et de répondre de tous dommages que lesdits chiens pourroient occasionner : et sera le présent Arrêt lu, publié et affiché par-tout où besoin sera, et registré aux Greffes des Siéges Royaux du ressort, &c.

ARRÊT du Conseil du Cap, qui défend l'introduction des Animaux Féroces dans la Colonie.

Du 1er Mars 1762.

SUR ce qui a été remontré à la Cour par le Procureur Général du Roi, que la divine Providence avoit préservé cette Isle des bêtes féroces et animaux nuisibles qui désolent les autres pays, par les ravages qu'ils font ; qu'un bienfait aussi grand ne peut être trop précieusement conservé ; que cependant il auroit appris que, par l'imprudence de quelques Navigateurs et la curiosité de quelques Colons, il se seroit introduit dans cette Colonie, notamment des ours, des loups et de gros singes, &c. ; que même la négligence de quelques personnes avoit été au point qu'il s'en étoit échappé qui ont occasionné des désordres dans la campagne; qu'il est également intéressant de prévenir les suites dangereuses que présente l'introduction de tels animaux, et d'empêcher qu'un présent aussi funeste puisse être renouvelé; A CES CAUSES, requéroit, &c.: ouï le rapport de M. Paquier, Conseiller; et tout considéré : LE CONSEIL, ayant égard à la Remontrance dudit Procureur Général du Roi, a fait inhibitions et défenses, à quelque personne que ce soit, et sous quelque prétexte que ce puisse être, d'introduire dans cette Colonie aucune bête féroce et animal nuisible, comme ours, loups, tigres, lions, renards, &c. de cette nature, à peine de 500 liv. d'amende, et même de punition corporelle, s'il y échoit; enjoint à tous possesseurs de pareils animaux de les détruire incessamment, sous les mêmes peines; comme aussi a permis et permet à chacun de tuer ou faire tuer lesdites bêtes féroces ou animaux nuisibles par-tout où ils les rencontreront; ordonne que le présent Arrêt sera envoyé ès Siéges Royaux et d'Amirauté de ce ressort, pour être lu, publié et enregistré, &c.

ORDONNANCE *de l'Amirauté de France, qui enjoint à toutes personnes ayant à leur service des Negres ou Mulâtres de l'un ou de l'autre sexe, d'en faire leur déclaration au Greffe de ladite Amirauté, et fait défenses par provision à toutes personnes de vendre ou acheter aucuns Negres ou Mulâtres.*

Du 5 Avril 1762.

ARRÊT *du Conseil d'Etat, qui permet d'appeler à la Commission établie pour la Législation des Colonies, les Députés et Membres des Conseils desdites Colonies.*

Du 16 Avril 1762.

LE ROI s'étant fait représenter l'Arrêt rendu en son Conseil le 19 Décembre 1761, portant établissement d'une Commission de sondit Conseil, pour la réformation de la Législation de ses Colonies, et voulant procurer auxdits sieurs Commissaires tous les éclaircissemens qui pourront les mettre en état de discuter les projets qui leur seront remis par le sieur Petit, Député des Conseils Supérieurs desdites Colonies, elle auroit jugé à propos de donner ses ordres auxdits Conseils Supérieurs, d'envoyer des Mémoires, et leurs avis sur tout ce qui peut intéresser la justice et la police desdits pays ; et comme il n'est pas moins utile de leur procurer les éclaircissemens qu'ils pourront avoir, tant par le moyen des Députés des Chambres d'Agriculture et de Commerce desdites Colonies, que par ceux des Conseillers desdits Conseils Supérieurs, qui sont actuellement à Paris, et qui pourront y venir par la suite, afin de réunir sous leurs yeux tout ce qui peut être nécessaire pour juger de la convenance desdits projets, relativement aux lieux, à l'état des personnes, aux établissemens et au commerce desdites Colonies. A quoi voulant pourvoir : ouï le rapport, LE ROI étant en son Conseil, a permis et permet auxdits sieurs Commissaires d'appeler dans les assemblées de ladite Commission, qui concerneront les Réglemens à faire sur l'administration de la justice et de la police des Colonies, tant les Députés des Chambres d'Agriculture et de Commerce desdites Colonies, que ceux des Conseillers des Conseils Supérieurs desdites Colonies, qui se trouveront à Paris, et qui pourront y venir par la suite, à l'effet de prendre leurs avis sur lesdits objets. FAIT au Conseil d'Etat, &c.

ORDONNANCE *du Juge de Police du Cap, qui défend, 1°. aux Boulangers de vendre du pain aux gens de couleur, même libres, à peine de 10 liv. d'amende, et d'en livrer pour les Blancs, sans un billet dont le Negre demeurera porteur ; et 2°. aux Négocians, Capitaines de Navires Marchands, et autres, de vendre de la farine auxdits gens de couleur, sous les mêmes peines.*

Du 17 Avril 1762.

ORDONNANCE *des Administrateurs touchant le projet de plusieurs chemins, et notamment de celui du Cap au Port-au-Prince par le Dondon, le Bois de la Porte, Saint-Raphaël, et le Mirebalais.*

Du 19 Avril 1762.

GABRIEL de Bory, &c.

Jean-Etienne-Bernard de Clugny, &c.

L'attention que nous devons porter sur les différentes communications à établir dans la Colonie, nous ayant engagés à faire examiner celle du quartier du Dondon, nous aurions reconnu la nécessité indispensable d'établir un chemin praticable pour les voitures de transport du Cap au Bourg du Dondon, soit en faisant réparer celui des Crêtes, soit en faisant l'ouverture d'un nouveau chemin par le Bonnet à l'Evêque; nous aurions encore senti la nécessité d'un chemin aussi praticable pour les voitures dudit Bourg du Dondon au Bourg Saint-Raphael, dans la partie Espagnole, par la gorge appelée le Bois de la Porte, pour ensuite communiquer dans le quartier du Mirebalais. Avant de statuer sur ces différens objets, nous avons cru devoir faire reconnoître préalablement les lieux, afin de préférer les routes les plus convenables et les moins dispendieuses; pour cet effet, nous avons ordonné et ordonnons que le sieur Philippe, Grand Voyer, et le sieur Chicanneau, Inspecteur Général des chemins de montagnes, se transporteront sans délai sur les lieux, à l'effet de reconnoître les endroits qui leur paroîtront les plus convenables pour les communications ci-dessus désignées, ainsi que les réparations et travaux à faire, tant pour les chemins des Crêtes, que pour l'ouverture de celui du Bonnet à l'Evêque, et la continuation dudit chemin jusqu'à la partie Espagnole, dont et de tout quoi ils dresseront leur procès verbal, pour, à la vue d'icelui, être par nous statué ce qu'il appartiendra: ordonnons en outre à tous les Habitans requis de fournir auxdits sieurs Philippe et Chicanneau les secours dont ils pourront avoir besoin pour parvenir aux opérations ci-dessus. Ordonnons et mandons à tous Commandans desdits quartiers de tenir la main et prêter les secours d'autorité nécessaires pour l'exécution de la présente Ordonnance, chacun en droit soi. Sera la présente enregistrée au Greffe de la Subdélégation. DONNÉ au Cap, &c.

R. à la Subdélégation le même jour.

ORDONNANCE du Gouverneur Général, portant établissement d'une Compagnie de Chasseurs de gens de couleur.

Du 29 Avril 1762.

GABRIEL de Bory, &c.

Sur les représentations que nous a faites M. le Vicomte de Belsunce, Maréchal des Camps et Armées du Roi, Commandant Général sous nos ordres des Troupes et Milices de cette Colonie, qu'il seroit du bien du service de former dans cette Isle un Corps de Chasseurs, et sur les assurances que nous avons que plusieurs Negres et Mulâtres libres se présentent pour servir dans ce Corps; comme nous croyons ne pouvoir mieux faire que de déférer aux propositions de cet Officier Général; et en même temps comme nous voulons donner à ce corps la consistance dont il a besoin, et qu'il ne peut avoir que par le concours de l'autorité qui nous est confiée, nous avons, par la présente Ordonnance, créé et établi, créons et établissons un Corps de Chasseurs volontaires de l'Amérique.

ART. Ier. Ce Corps sera composé de Negres et Mulâtres libres, tous de bonne volonté, servant sans autre engagement que celui de faire plus exactement le service personnel auquel ils sont déjà assujettis.

ART. II. Ce Corps ne subsistera que pendant la guerre présente.

ART. III. Il sera répandu dans toutes les parties de l'Isle, et le nombre dont il sera composé sera réglé incessamment par une nouvelle Ordonnance, sur les états qui nous ont déjà été et nous seront adressés.

ART. IV. La composition particuliere de ce Corps, son Ordonnance, son armement et son uniforme seront pareillement réglés par la même Ordonnance, sur l'avis de M. le Vicomte de Belsunce.

ART. V. Ce corps étant destiné au soulagement des Milices, et à remplacer le non complet des Troupes, il sera payé des fonds de ce non complet; et à cet égard, la solde sera aussi réglée par une Ordonnance particuliere, que nous dresserons en commun avec M. de Clugny, Intendant de cette Colonie: on pourvoira aussi à son logement dans les lieux où il sera.

Enjoignons à MM. les Gouverneurs, Lieutenans de Roi, Inspecteurs, Majors, Commandans de quartiers, et autres qu'il appartiendra, de tenir la main à l'exécution de la présente Ordonnance, qui sera enregistrée au Greffe de l'Intendance, lue, publiée et affichée par-tout où besoin sera. DONNÉ au Cap, &c. *Signé* BORY.

R. au Greffe de l'Intendance le 10 Mai suivant.

Cette Ordonnance a été approuvée par une Lettre du Ministre à M. de Bory, du 31 Juillet suivant.

ORDONNANCE du Roi pour former un second bataillon à chacun des Régimens d'Infanterie de Boulonnois, Foix et Quercy, par l'incorporation des Troupes détachées de la Marine servant à Saint-Domingue; et pour régler le service de l'Artillerie.

Du 30 Avril 1762.

SA MAJESTÉ jugeant convenable au bien de son service d'incorporer les Troupes de la Colonie de Saint-Domingue dans les Régimens de son Infanterie Françoise qu'elle y a fait passer, a ordonné et ordonne ce qui suit :

ART. Ier. Les Troupes de la Colonie de Saint-Domingue, consistant en trente-quatre Compagnies de cinquante hommes chacune, non compris les Officiers, seront distribuées, à commencer du jour de la réception de la présente Ordonnance, en cinquante-une Compagnies, dont trois de Grenadiers de quarante-cinq hommes, et quarante-huit de fusiliers de quarante hommes chacune.

ART. III. Il sera formé de ces cinquante-une Compagnies trois bataillons, composés chacun d'une Compagnie de Grenadiers, et de seize Compagnies de fusiliers. dont l'un sera incorporé dans le Régiment de Boulonnois, pour y servir comme second Bataillon dudit Régiment; le second, dans le Régiment de Foix; et le troisieme, dans le Régiment d'Infanterie de Quercy, pour y servir aussi comme second Bataillon desdits Régimens.

ART. VI. L'intention de Sa Majesté est que les Commandans de Bataillons, les Capitaines de Grenadiers, et les Aides Majors desdits seconds Bataillons soient tirés du premier Bataillon de chacun des Régimens de Boulonnois, Foix et Quercy. A l'égard des quarante-huit Capitaines de Fusiliers, ainsi que les Lieutenans et les deux Enseignes par Bataillon, ils seront choisis parmi les Capitaines, Lieutenans et Enseignes des Troupes de la Colonie, suivant les états que Sa Majesté a arrêtés, et qui seront ci-joints.

ART. VII. Les Enseignes de ladite Colonie, qui, au moyen de la présente composition, ne pourront être employés dans les trois Bataillons de Boulonnois, de Foix et de Quercy, seront entretenus à la suite desdits Régimens, et jouiront des mêmes appointemens que les Enseignes, jusqu'à leur remplacement; voulant Sa Majesté qu'ils soient remplacés dans lesdits trois Régimens, suivant l'ordre de leur ancienneté, et par préférence à tous nouveaux sujets.

Art. VIII. Veut Sa Majesté que les Capitaines, Lieutenans et Enseignes de la Colonie prennent rang entre les Officiers du même grade des Régimens de Boulonnois, Foix et Quercy; du jour et date de leurs Commissions, Lettres ou Brevets.

Art. X. L'intention de Sa Majesté étant que le service de l'Artillerie dans ladite Colonie, soit supérieurement assuré, elle veut et entend que les deux Compagnies de Bombardiers, Canonniers, qui y servent actuellement, composées de soixante hommes chacune, non compris les Officiers, soient portées jusqu'au nombre de cent hommes chacune, sans augmentation ni d'Officiers ni de hautes payes, au moyen des Canonniers restans de l'Isle Royale, et de ceux revenus de la Martinique, auxquels elle donnera ses ordres de se rendre à Saint-Domingue, pour entrer dans lesdites deux Compagnies, et y servir comme les autres Canonniers, Bombardiers, dont elles sont composées, voulant de plus Sa Majesté que lesdits Canonniers, Bombardiers d'augmentation reçoivent le même traitement dont jouissent les autres.

Art. XI. Sa Majesté voulant qu'il ne soit rien négligé pour former et exercer à toutes les manœuvres de l'Artillerie ces deux Compagnies de Canonniers, Bombardiers, elle a donné ses ordres pour faire rendre à Saint-Domingue les sieurs Caron de Gibert et Trinquelague, Officiers du Corps Royal, son intention étant que le sieur Caron de Gibert prenne le commandement en chef desdites deux Compagnies, aux appointemens de 400 l. par mois pour tout traitement, et que le sieur Trinquelague soit chargé de la police, de la discipline, des exercices et du détail desdites Compagnies, aux appointemens de 333 liv. 6 sous 8 den. par mois, pour tout traitement.

Mande et ordonne Sa Majesté au Gouverneur et Lieutenant Général de Saint-Domingue, aux Officiers Généraux ayant commandement sur ses Troupes, à l'Intendant, au Commissaire des Guerres, et à tous autres ses Officiers qu'il appartiendra, de tenir la main à l'exécution de la présente Ordonnance. Fait à Versailles, &c.

Les art. II, IV, V, IX, n'ont trait qu'à la formation intérieure des Compagnies, et au traitement des Régimens dénommés au titre de l'Ordonnance.

RÉGLEMENT du Commandant Général des Troupes et Milices, concernant ces dernieres.

Du 4 Mai 1762.

ARMAND, Vicomte de Belsunce et de Mechin, Grand Bailly du Pays de Mixe, Maréchal des Camps et Armées du Roi, Gouverneur de l'Isle et Citadelle d'Oleron, et Commandant Général des Troupes de Sa Majesté en Amérique.

M'étant fait représenter les différentes Ordonnances du Roi, et les Réglemens des Généraux concernant les revues, assemblées, discipline, police, et exercice des Milices, j'ai jugé, pour le bien et la facilité du service, devoir former un Réglement général, tel que je l'ai cru convenable aux circonstances du moment. Tout Officier, Soldat, Cavalier ou Dragon sera tenu de se conformer, jusqu'à nouvel ordre, aux articles suivans.

ART. Ier. Tout homme qui habite la Colonie, autre que les Officiers de Guerre et de Justice ayant Commission, Brevet ou ordre de Sa Majesté, devant servir par l'Ordonnance du Roi du 16 Juillet 1732, en qualité d'Officier Cadet ou Soldat dans les Compagnies de Milices, se présentera chez le Commandant du quartier, au plus tard huit jours après qu'il y sera arrivé, pour se faire inscrire ou dans la Cavalerie ou dans l'Infanterie.

ART. II. Nul ne pourra quitter la Compagnie ni le quartier où il sera établi, sans en avoir averti le Capitaine de la Troupe et le Commandant du quartier, lesquels lui donneront un certificat par écrit.

ART. III. Les forces que les ennemis rassemblent dans les possessions qu'ils ont à portée de cette Colonie, annoncent qu'ils peuvent avoir en projet de l'insulter. Il est indispensable, pour la conservation de l'Isle, pour la sûreté de ses Habitans, et pour la gloire des armes du Roi, de s'occuper des moyens les meilleurs et les plus prompts pour se mettre en état de pouvoir rendre inutiles tous leurs efforts par une défense vigoureuse et obstinée, telle en un mot qu'il y a lieu d'attendre de la valeur des Habitans, de leur zele, de leur attachement à la personne du Roi, et de l'intérêt qu'ils prennent à la gloire de ses armes.

Les représentations qui me sont venues de toutes parts sur le relâchement qui s'est glissé dans la maniere dont se fait le service dans les différens postes le long de la côte; sur le peu d'exactitude de quelques Officiers, Soldats, Cavaliers et Dragons à se rendre aux revues, et les malheurs qui pourroient

pourroient résulter pour la Colonie de ces abus, s'ils subsistoient plus long-temps., dans la circonstance où elle se trouve, m'oblige à ordonner à MM. les Commandans de quartier de tenir la main avec l'attention la plus suivie, à ce qu'à commencer du moment où ce Réglement leur sera parvenu, nul Officier, Soldat, Cavalier ou Dragon de leur département ne se dispense, sous aucun prétexte, de se trouver aux revues et exercices qui seront ordonnés, non plus que de monter en personne les gardes, et faire les détachemens pour lesquels ils seront commandés.

Art. IV. Les Officiers qui, étant malades, ne pourroient se rendre à leur service, en informeront le Commandant du quartier; et les Soldats, Cavaliers ou Dragons qui se trouveront dans le même cas, lui enverront une attestation en regle, signée du Médecin ou Chirurgien, qui constate leur état.

Art. V. Chaque Cavalier et Dragon devant être armé, par le Réglement de M. de Larnage, du 10 Août 1739, approuvé par le Roi, d'un fusil d'ordonnance avec la bayonnette, un gargoussier, deux pistolets, une épée de bonne longueur; les Soldats, d'un fusil d'ordonnance avec sa bayonnette, un gargoussier, un sabre ou épée, le tout entretenu en bon état; s'en pourvoiront d'ici au premier de Juin. Il sera délivré des fusils des Magasins du Roi à ceux qui n'en auront pas de calibre, et qui ne pourront trouver à s'en pourvoir: les armes seront payées sur le pied de 36 liv.

Art. VI. Chaque Officier, Soldat, Cavalier ou Dragon doit être instruit de la partie du maniement des armes, et des évolutions qu'il est indispensable à une troupe de savoir exécuter devant l'ennemi. J'en ai fait faire un abrégé, tiré de l'Ordonnance du Roi du 6 Mai 1755. Il en sera envoyé un exemplaire par M. le Major-Inspecteur à chaque Capitaine commandant, qui en donnera des copies à chaque Capitaine particulier de son quartier.

Art. VII. Les Troupes s'assembleront une fois par mois, chacune dans leur quartier, aux endroits ordinaires, pour passer en revue, et être exercées.

Art. VIII. Dans le cas où une Compagnie se trouvera composée de deux Paroisses, l'assemblée se fera alternativement dans l'une et l'autre Paroisse, sans avoir égard à la demeure des Officiers commandans.

Art. IX. Les Capitaines commandans dans chaque quartier auront un contrôle de chaque Compagnie conforme au modele ci-joint, sur lequel ils marqueront, à la revue qu'ils feront chaque mois, aux jours et heures indiqués sur ledit contrôle, les événemens arrivés depuis la derniere revue. La revue faite, ils feront exercer et manœuvrer les Troupes.

Art. X. Ils tiendront la main à ce que toute personne sujette à la Milice se fasse inscrire chez eux, comme il est dit au premier article du présent Réglement.

Art. XI. Ils feront arrêter et mettre en prison ceux qui viendront s'établir dans leur quartier sans un certificat du Capitaine commandant le quartier, et de celui de la Compagnie qu'ils auront quittés.

Art. XII. Ils rendront compte au Major Général, et au Major-Inspecteur de tous les changemens et événemens arrivés dans leur quartier, de même que de ceux qui auront manqué aux revues et exercices, qui y auront paru mal armés et en mauvais ordre, qui se seront négligés dans le service, et qui ne seront pas instruits de l'exercice, afin que, sur le compte qui en sera rendu au Commandant général des Troupes, il puisse y remédier de la façon la plus convenable.

Art. XIII. Les Aides-Majors des quartiers étant chargés particulierement de la discipline et de l'exercice des Troupes, s'instruiront promptement de ce qu'ils doivent enseigner aux autres; ils se conformeront à cet égard aux ordres qui leur seront envoyés par le Major-Inspecteur.

Art. XIV. Ils visiteront deux fois par semaine les gardes et postes dépendans de leur quartier, veilleront à ce que le service s'y fasse en regle, et leur feront faire l'exercice. Ils rendront compte par écrit au Commandant de leur quartier, et au Major-Inspecteur, de ce qui leur aura paru de contraire à l'ordre et à la regle du service.

Art. XV. Chaque Capitaine aura un contrôle exact de sa Compagnie, conforme au modele que lui remettra le Commandant de son quartier, auquel il rendra exactement compte de tous les événemens de sa Troupe.

Art. XVI. Tous MM. les Officiers attachés aux Troupes doivent veiller de leur mieux sur l'entretien et bon ordre des armes, sur l'instruction de la Troupe, et sur le silence à observer sous les armes; ils doivent donner eux-mêmes l'exemple aux Soldats, Cavaliers et Dragons sur tous les objets qui intéressent le bien du service du Roi, auquel tout bon Citoyen doit concourir de son mieux. Au Trou, le 4 Mai 1762. *Signé* Belzunce.

ORDONNANCE des Administrateurs, pour barraquer les Chasseurs de couleur, et enjoindre aux Habitans les fournitures nécessaires à cet effet.

Du 5 Mai 1762.

GABRIEL de Bory, &c.

Jean-Etienne-Bernard de Clugny, &c.

Les circonstances exigeant la plus grande promptitude dans les travaux nécessaires pour la construction des barraques en forme de cazernes, pour le logement des Negres et Mulâtres libres composant le Corps des Chasseurs volontaires de l'Amérique et ces travaux, qui n'ont pour but que la sûreté des Habitans et la conservation de la Colonie, ne pouvant être faits trop promptement,

Nous avons ordonné et ordonnons que, par les quartiers de Limonade, du Trou, du Terrier Rouge, du Fort-Dauphin, il sera fourni pour Lundi prochain 10 du présent mois, et autres jours suivans, jusqu'à la perfection des travaux sur la Savane, dite de Polidor, au devant de l'Habitation du sieur Narp, où doivent être construites lesdites barraques, pour y faire lesdits travaux qui seront fixés et indiqués sur les lieux, jusqu'à concurrence de soixante Charpentiers Negres, tant pour abattre les bois, les dresser, écarrir, que pour travailler en même temps à la construction et couverture desdites barraques; cent quatre-vingt Negres Manœuvres, avec des serpes, haches et houes, pour abattre les gaules, arracher les souches, faire les trous, creuser les terres, et aider aux Charpentiers; trois Maîtres Charpentiers blancs, pour conduire les travaux, faire abattre les bois convenables, et dresser la charpente des barraques; vingt Cabrouets, avec leurs conducteurs, pour le transport du bois des Mornes à la Savane; et enfin, deux Economes pour conduire les Ouvriers; le tout par égales distributions, eu égard à l'étendue de chaque quartier et du nombre des Habitans. Mandons aux Gouverneur et Commandans particuliers de donner des ordres en conséquence, et de tenir la main à l'exécution de la présente Ordonnance.

Et en cas où le Commandant, Officier Major ou Commissaire des Guerres, chargé de l'inspection des travaux, auroient besoin d'autres secours, soit en chevaux, Cabrouets ou autres, les Commandans desdits quartiers seront autorisés à les leur faire fournir provisoirement, pour ne pas retarder les travaux, nous en donnant avis. Enjoignons à tous Propriétaires d'Habitations, Procureurs gérans ou Economes, d'envoyer exactement les Ouvriers qui seront commandés, sous les peines de droit; sera aussi commandé un Officier de Milices, pour veiller à ce que les travaux soient faits avec soin et exactitude. Sera la présente registrée au Greffe de l'Intendance. DONNÉ au Cap le 5 Mai 1762. *Signés* BORY et CLUGNY NUYS.

R. au Greffe de l'Intendance le 27 dudit mois.

ARRÊT du Conseil du Cap, qui condamne un Particulier en 500 liv. d'amende, pour être contrevenu à l'article XV de son Réglement du 7 Avril 1758, en envoyant son Negre vendre à la plaine, sans l'avoir mis sous la conduite d'un Blanc.

Du 8 Mai 1762.

ARRÊT du Conseil du Cap, portant fixation des droits du Greffier du Parquet.

Du 8 Mai 1762.

VU par le Conseil la Requête à lui présentée par M^e. Coisceau, Greffier du Parquet des Gens du Roi en cette Cour, contenant que les droits du Greffier du Parquet n'ayant point été réglés par la Cour, il s'étoit abstenu d'en percevoir aucuns, dans l'attente du tarif général ordonné par la Cour, et auquel MM. les Commissaires *ad hoc* travaillent; que cependant ce tarif général pouvant être reculé, le Suppliant espéroit de la bonté et de la justice de la Cour, qu'elle voudroit bien fixer provisoirement ce qu'il doit percevoir, soit pour l'expédition des avis ou appointés du parquet, soit pour la remise des conclusions ès procès civils, autrement appointés, soit pour la remise des conclusions par écrit sur Requête; qu'il étoit certain que ces droits sont d'usage dans tous les Parlemens du Royaume, et qu'ils sont d'autant plus équitables, qu'indépendamment des registres criminels, sur lesquels le Greffier du Parquet inscrit et porte les conclusions des Gens du Roi, il doit encore inscrire et porter, comme il le fait, sur les registres dudit Parquet, toutes les conclusions au civil, et sur les procès par écrit; qu'il doit encore recevoir les sacs, Requêtes et dossiers apportés au parquet; qu'il doit enfin enregistrer les avis que les Gens du Roi donnent sur les appellations de déni de renvoi, d'incompétence et autres, qui se doivent vider au Parquet par leur avis, suivant l'Ordonnance de 1667, et l'article III de l'Arrêt de Réglement de la Cour du 21 Février 1761, rendu sur les conclusions du Procureur Général; que ce n'est pas tout; qu'il faut délivrer aux Procureurs et aux Parties des expéditions en forme des avis du Parquet; de façon que le Suppliant, en sa qualité, assujetti à se rendre au Parquet aux jours où il tient; c'est-à-dire, les Mercredis et Vendredis, même au jour où les Gens du Roi jugeroient à propos de s'assembler pour vider les expédiens, est encore dans le cas de frais et déboursés en proportion, auxquels les autres Greffiers sont eux-mêmes assujettis, soit pour la fourniture des registres, du papier ou autrement; que c'est à ce titre, et pour les autres raisons qu'il plairoit à la Cour, qui a, par ledit Arrêt de Réglement, établi le Parquet à l'instar de ceux des autres Cours Souveraines du Royaume, de suppléer. A CES CAUSES, requéroit, &c., conclusions dudit Procureur Général, et ouï le rapport de M. le Gras, Conseiller, et tout considéré: LE CONSEIL, ayant égard à la Requête, en attendant la fixation qui sera faite desdits droits par le tarif général, a autorisé et autorise le Suppliant à prendre et percevoir, 1°. pour l'enregistrement et expédition desdits avis ou appointés du Parquet, 6 liv.; 2°. pour les conclusions par écrit, et procès civils ou appointés, 1 liv. 10 sous par sac; 3°. pour les conclusions par écrit sur Requête, 15 sous, et 6 liv. pour celles sur Requête, afin de réception d'Officiers de Judicature et autres qui seront reçus au Conseil, fors ceux qui y ont séance; autorise les Procureurs et Parties à faire emploi desdits droits dans leurs mémoires d'avances, frais et vacations; ordonne que le présent Arrêt sera enregistré sur le registre des avis et appointés du Parquet, ensemble sur celui des Procureurs en la Cour. FAIT au Cap, &c.

LETTRE de M. l'Intendant aux Officiers de la Jurisdiction du Cap, touchant l'encaissement des minutes des Greffes, en cas d'invasion de l'ennemi.

Du 8 Mai 1762.

LES circonstances où nous nous trouvons, Messieurs, exigent qu'il soit pris les plus grandes précautions pour la conservation des papiers de chaque Jurisdiction. Je vous recommande très-expressément de vouloir bien, sans perdre de temps, donner ordre au Greffier de la vôtre, ainsi qu'à celui de l'Amirauté, de se pourvoir incessamment des caisses propres à serrer et transporter les pieces de leurs Greffes, en cas d'accident, dans les réduits qui seront désignés. Vous voudrez bien donner de pareils ordres à tous les Notaires de votre Jurisdiction, pour la sûreté de leurs minutes. Je suis très-persuadé que cet objet vous paroîtra d'une trop grande importance, pour n'y pas donner tous vos soins, et je vous serai obligé de vouloir bien me rendre compte au plutôt de l'effet qu'ils auront produits. Il est bien entendu que les caisses doivent être faites sur le produit des Greffes. Je pense que ceux qui sont pourvus de ces places, sont trop raisonnables pour se refuser à une dépense qui n'a pour objet que la sûreté publique, d'autant qu'ils tiennent leurs Offices du Roi à titre gratuit. J'ai l'honneur d'être, &c. *Signé* CLUGNY NUYS.

ARRÊT du Conseil du Cap, touchant le lieu où se porteroit la Cour en cas d'alarme, et le transport des dépôts publics.

Du 11 Mai 1762.

CE jour, le Procureur Général du Roi est entré, et a dit, que les circonstances présentes exigeoient de l'attachement et de la fidélité de la Cour au service du Roi, ainsi que de son zele et de sa vigilance pour tout ce qui peut intéresser l'ordre public, la tranquillité et le repos des familles, de délibérer sur deux points également importans, en cas d'alarme ou d'attaque ; l'un, de savoir où les Membres de la Compagnie se réuniroient et se transporteroient, si l'ennemi de l'Etat venoit à menacer ou attaquer les possessions de Sa Majesté dans les Colonies ; l'autre, ce qu'il y auroit à statuer, dans le même cas, pour la conservation des titres et papiers, dépôts publics, notamment des Greffes et des Etudes des Notaires, &c. ; sur quoi, la matiere mise en délibération, la Cour a arrêté, 1°. qu'en cas d'alarme ou d'attaque, elle s'assemblera incontinent au Palais, lieu ordinaire de ses séances, s'il est possible, sinon dans le lieu le plus commode, pour, suivant l'exigence des cas, se transporter par-tout où le service qu'elle est accoutumée de rendre au Roi l'exigera, et principalement autant que faire se pourra auprès des Chefs de la Colonie ; 2°. enjoint au Greffier de la Cour, et à ceux des Jurisdictions y ressortissantes, comme aussi à tous Notaires, de se pourvoir d'une quantité suffisante de caisses faciles à transporter à dos de Mulet, pour y renfermer les titres, papiers, minutes, enseignemens, dépôts, argent de leurs Greffes ou Etudes, de dresser chacun en droit soi un inventaire exact du contenu en chaque caisse, lesquels inventaires seront vérifiés, pour ce qui concerne le Greffier de la Cour, par le Premier Président ou le plus ancien Conseiller, et pour les Greffiers des Jurisdictions et Notaires, par les Juges, chacun dans leur ressort, afin qu'au premier ordre qui leur en sera donné par la Cour, si elle est assemblée, sinon par le Premier Président ou le Procureur Général, lesdits titres, papiers, enseignemens, minutes et dépôts publics, puissent être facilement et sûrement transportés aux lieux qui leur seront indiqués; autorise audit cas les Procureurs à transporter de la même maniere, et au même lieu, les titres et papiers appartenans à leurs Cliens: ordonne que le présent Arrêt sera envoyé aux Jurisdictions du ressort, pour y être lu, publié et enregistré à la diligence du Substitut du Procureur Général, comme aussi qu'il sera transcrit sur le registre des Procureurs de la Cour, de tout quoi le Procureur Général certifiera la Cour au mois. FAIT au Cap, &c.

ORDONNANCE du Juge de Police du Cap, qui, en confirmant celle du 17 Avril précédent, défend de vendre le Pain ailleurs que dans les boutiques, et permet seulement aux Boulangers d'en envoyer à leurs Pratiques, en munissant les Negres porteurs, d'un billet contenant le nom desdites Pratiques, à peine de 300 l. d'amende, et de punition corporelle contre les Negres esclaves.

Du 15 Mai 1762.

ORDONNANCE de M. l'Intendant, portant interdiction d'un Huissier.

Du 15 Mai 1762.

JEAN-Etienne-Bernard de Clugny, &c.

Sur les plaintes qui nous ont été portées par M. le Procureur Général, de l'insubordination du nommé Garnier, Huissier au Conseil Supérieur et à la Jurisdiction de cette Ville, et du peu d'effet qu'ont produit les corrections qui lui ont été faites à cet égard, nous avons révoqué et révoquons les Commissions qui lui ont été expédiées desdites places d'Huissier; en conséquence, lui faisons défenses d'en faire aucunes fonctions à l'avenir, à peine de faux, et d'être poursuivi comme coupable dudit crime. Sera la présente révocation notifiée audit Garnier, à la diligence du Procureur du Roi de ladite Jurisdiction, et enregistrée au Greffe de l'Intendance. DONNÉ au Cap, &c. *Signé* CLUGNY NUYS.

Nota. *Cet exemple a été choisi entre plusieurs autres d'interdictions prononcées par les Intendans contre des Huissiers, des Procureurs, et des Notaires.*

ARRÊT du Conseil d'Etat, qui fixe les bornes du Pouvoir Militaire dans les Colonies, par rapport à la Justice.

Du 21 Mai 1762.

LE ROI étant informé qu'il s'éleve dans ses Colonies des difficultés entre les Gouverneurs, Commandans, et autres Officiers de Justice, sur l'étendue ou les limites du pouvoir que les uns et les autres ont reçu de Sa Majesté, pour le bien de son service, et pour la sûreté et la tranquillité de ses Sujets; et Sa Majesté voulant prévenir ce qui pourroit altérer l'ordre qui doit y régner, en attendant qu'elle soit en état de régler plus particulierement ce qui peut concerner l'administration et la police desdits pays, suivant ce qu'elle a ordonné par l'Arrêt de son Conseil du 19 Décembre 1761, elle auroit résolu d'expliquer ses intentions à ce sujet. A quoi voulant pourvoir; ouï le rapport, et tout considéré: LE ROI étant en son Conseil, a ordonné et ordonne, qu'en toutes affaires contentieuses, civiles, ou criminelles, dans lesquelles seront intéressés les Habitans desdites Colonies, les Parties ne pourront se pourvoir que devant les Juges des lieux qui en doivent connoître; leur fait défenses de s'adresser à autres, et autrement que dans les formes prescrites pour lesdites affaires, à peine de 2,000 liv. d'amende, applicable moitié à Sa Majesté, et moitié à l'Hôpital du domicile de la Partie qui aura contrevenu auxdites défenses: ordonne que les Gouverneurs, Commandans, et autres Officiers de l'Etat-Major prêteront main-forte pour l'exécution des Décrets, Sentences, Jugemens ou Arrêts, à la premiere réquisition qui leur en sera faite, sans néanmoins qu'ils puissent rien entreprendre sur les fonctions desdits Juges ordinaires, ni s'entremettre, sous quelque prétexte que ce puisse être, dans les affaires qui auront été portées pardevant lesdits Juges, ou en général dans toutes matieres contentieuses. Mande Sa Majesté aux Gouverneurs, Lieutenans-Généraux, aux Commandans en chef dans lesdites Colonies,

Colonies, aux Commissaires départis pour Sa Majesté dans lesdits pays pour l'exécution de ses ordres, et à tous Officiers de Justice de tenir la main à l'exécution du présent Arrêt, qui sera enregistré, publié et affiché par-tout où il sera nécessaire. FAIT au Conseil d'Etat, &c.

R. au Conseil du Cap le 4 Octobre 1762.
Et à celui du Port-au-Prince le 10 Novembre suivant.

ORDONNANCE *des Administrateurs touchant le logement et les marches des Troupes.*

Du 28 Mai 1762.

GABRIEL de Bory, &c.

Jean-Etienne-Bernard de Clugny, &c.

Les circonstances présentes exigeant que l'on use de la plus grande célérité dans les arrangemens à faire, et voulant remédier aux obstacles qui se rencontrent souvent, soit pour le logement des Troupes, soit pour les fournitures à leur faire lorsqu'elles sont en marche, nous avons cru devoir y pourvoir par une Ordonnance qui remplisse les différens objets, et qui aura lieu pendant la présente guerre seulement; en conséquence, nous avons ordonné et ordonnons ce qui suit:

ART. Ier. Quand les Troupes arriveront dans les Villes où il y a Jurisdiction, les Juges ou leurs Lieutenans feront les billets de logement proportionnés au nombre des Troupes, sur la demande qui leur sera faite par l'Etat-Major de la Place.

ART. II. Les billets ainsi faits seront remis au Major de la Place, qui les donnera ensuite au Major du Régiment ou de la Troupe.

ART. III. Lorsque les Troupes seront destinées à loger dans les Bourgs ou sur les Habitations, les Commandans de quartier, sur l'ordre de l'Etat-Major de la Place, donneront les billets de logement au Major de la Troupe à loger.

ART. IV. Dans l'un et l'autre cas du logement, soit dans les Villes ou dans les Bourgs, ou sur les Habitations, les Juges et les Commandans de quartier auront égard aux priviléges des Exempts, conformément aux Ordonnances et Réglemens du Roi, excepté dans les cas de foule, où il n'y a point d'exemptions.

Art. V. Les Juges de Jurisdictions, et les Commandans de quartier feront fournir les premiers, dans les Villes, et les seconds dans leurs quartiers, les chevaux ou cabrouets nécessaires pour accompagner les Troupes dans leurs mouvemens, et ce sur les ordres que nous leur en donnerons, soit conjointement, soit séparément, ou sur la demande qui leur en sera faite par les Majors des Troupes ou le Commissaire des Guerres.

Art. VI. Il en sera usé de même pour les voitures nécessaires au transport des munitions de guerre ou de bouche.

Art. VII. Comme il est du bien général de la Colonie que ces fournitures se fassent régulierement et de la façon qui lui soit le moins à charge, personne ne sera exempt de ces corvées. Les Commandans de quartier auront attention de tenir un registre exact de celles qui auront été faites, afin que chacun y fournisse à son tour.

Art. VIII. Les voitures attelées de deux bœufs ne doivent traîner que huit quintaux; il sera fourni à chaque Bataillon dix cabrouets, et tout cabrouet qu'on demandera au-dessus de ce nombre, sera payé deux piastres. Sera la présente Ordonnance enregistrée, tant au Greffe de l'Intendance, qu'en ceux des différentes Jurisdictions de la Colonie, lue, publiée et affichée par-tout où besoin sera. Donné au Cap le 28 Mai 1762. *Signés* Bory et Clugny Nuys.

R. au Greffe de l'Intendance le 30, &c.

Ordonnance du Gouverneur Général, touchant le Port d'Armes des Gens de Couleur.

Du 29 Mai 1762.

Gabriel de Bory, &c.

Le port d'armes est un de ces priviléges singuliers que nos Rois n'ont accordé qu'à certaines classes privilégiées, et destinées par leur état à les porter, ou à ceux qu'ils vouloient récompenser d'une façon distinguée. Les hommes libres de naissance n'ayant pas tous le droit de port d'armes, à plus forte raison les affranchis ne peuvent-ils l'avoir, sans une permission expresse. Cette permission les mettant dans la classe la plus élevée à laquelle ils puissent aspirer, nous avons cru devoir limiter cette permission, et ne l'accorder, sans réserve, qu'à ceux qui, dans l'occurrence présente, se sont distingués par un zele particulier pour la défense de leur Patrie.

ART. Ier. Tout Negre ou Mulâtre libre, autre que les Officiers Majors des Compagnies de ce nom, ne pourra porter de fusil, pistolet, sabre, épée, manchette, et autres armes blanches, que les jours de revue, exercice, ou dans le moment actuel auquel il sera en service, sous peine de punition.

ART. II. Exceptons de cette défense tout Negre ou Mulâtre attaché à la Maréchaussée, comme aussi tout Negre ou Mulâtre libre qui est ou qui sera incorporé dans le Corps des Chasseurs volontaires, huit jours après la publication de la présente.

ART. III. Tout Mulâtre ou Negre inscrit dans le Corps des Chasseurs volontaires, sera reconnoissable à son habit uniforme.

ART. IV. Tout Chasseur volontaire, qui, par des raisons indispensables, ne pourra porter son habit uniforme, sera tenu d'avoir sur lui un certificat de son Commandant, qui porte qu'il est inscrit dans le Corps des Chasseurs volontaires.

ART. V. Défendons à tous Esclaves de porter des armes, sous quelque prétexte que ce soit, excepté au cas d'alarmes, auquel il sera armé pour suivre son Maître.

ART. VI. Tout Habitant qui voudra avoir des Negres Chasseurs, ne pourra les armer que de fusil, toute arme blanche leur étant défendue; il enverra en demander la permission au Commandant de son quartier, qui la donnera sous le visa du Gouverneur de la partie dont sera l'Habitant.

ART. VII. Enjoignons aux Commandans de quartiers d'arrêter tout Negre ou Mulâtre qui contreviendra à la présente Ordonnance, et de le mettre sur le champ en prison, s'il est libre; et s'il est esclave, de l'envoyer aux Epaves.

ART. VIII. Mandons à MM. les Gouverneurs particuliers, Lieutenans du Roi, Majors, Commandans de quartier, et autres Officiers qu'il appartiendra, de tenir la main à l'exécution de la présente Ordonnancé, qui sera publiée aux portes des Eglises des Paroisses, pendant trois Dimanches consécutifs, et enregistrée en notre Greffe. DONNÉ au Cap le 29 Mai 1762. *Signé* BORY.

R. au Greffe de l'Intendance le 3 Juin suivant.

ORDONNANCE des Administrateurs, portant qu'il sera élu des Syndics Municipaux pour la répartition du Logement des Gens de Guerre.

Du 29 Mai 1762.

GABRIEL de Bory, &c.

Jean-Etienne-Bernard de Clugny, &c.

Les précautions que la nécessité de la défense de cette Colonie exigent dans les circonstances présentes, où elle se trouve menacée par nos ennemis, et les marches et dispositions des Troupes que cette même défense occasionne journellement, et pourra occasionner par la suite, donnant lieu à des détails considérables, qui détourneroient les Officiers Majors de Place qui en ont été chargés jusqu'à présent, de fonctions plus importantes pour le service, nous avons cru ne pouvoir prendre un meilleur parti que d'autoriser et établir dans cette Ville l'usage qui se pratique en France, où les Habitans eux-mêmes sont tenus de pourvoir au logement es Gens de Guerre, aux corvées qui sont nécessaires pour leur marche, et autre détail de cette nature. A CES CAUSES, ordonnons qu'il sera incessamment convoqué une assemblée générale des Habitans, aux lieux et heures qui seront indiqués pardevant M. le Gouverneur de la partie du Nord; et en son absence, du Commandant, à l'effet par eux de délibérer et nommer entre eux un ou plusieurs Syndics, lesquels seront chargés du détail du logement des Gens de Guerre, des corvées qu'il conviendra d'ordonner, et autres de cette nature; nous réservant au surplus, après que ladite nomination aura eté faite en ladite assemblée, de l'approuver et confirmer, et en même temps de régler plus particulierement les fonctions desdits Syndics. Sera la présente enregistrée au Greffe de l'Intendance, &c. DONNÉ au Cap le 29 Mai 1762. *Signé* BORY et CLUGNY NUYS.

R. au Greffe de l'Intendance le 9 Juin suivant.

ORDONNANCE *des Administrateurs, touchant une Corvée publique, pour faire un retranchement au Quartier de Limonade.*

Du 30 Mai 1762.

GABRIEL de Bory, &c.

Jean-Etienne-Bernard de Clugny, &c.

La conservation de la Colonie exigeant que l'on prenne toutes les précautions possibles pour écarter l'ennemi qui menace nos côtes, nous avons cru devoir faire des retranchemens à la Côte de Limonade.

Il sera pour cet effet fourni des Negres par corvées, à commencer de Mercredi prochain 2 Juin au matin, des quartiers de Limonade & de Saint-Louis. Le travail à y faire consistant en six mille journées de Negres environ, ces deux quartiers les feront en dix jours, en fournissant six cents Negres par jour.

Cette corvée sera répartie de façon que chaque Habitation enverra son atelier tout entier, lequel fera tout de suite la besogne qui lui est destinée. Par ce moyen, l'Econome et les Commandeurs de chaque Habitation veilleront aux travaux, sous les ordres de l'Ingénieur chargé de la construction des retranchemens. Sera la présente enregistrée au Greffe de l'Intendance, &c. DONNÉ au Cap, &c.

R. au Greffe de l'Intendance le même jour.

ORDONNANCE *du Roi, portant Déclaration de guerre contre le Portugal.*

Du 20 Juin 1762.

Registrée, lue et publiée en l'Amirauté du Cap le 2 Octobre suivant.

ORDONNANCE *du Gouverneur Général, concernant les Milices.*

Du 20 Juin 1762.

GABRIEL de Bory, &c.

Sa Majesté ayant jugé à propos, par son Ordonnance du 1er Octobre

1727, et celle du 16 Juillet 1732, de remettre les Corps des Milices en Compagnies indépendantes les unes des autres, hors les cas où elles se trouveroient assemblées, et d'établir dans les Compagnies d'Infanterie un Capitaine en premier, un Capitaine en second, un Lieutenant en premier, un Lieutenant en second, un Enseigne en premier, un Enseigne en second; et dans les Compagnies de Cavalerie, un Capitaine en pied, et un en second; un Lieutenant en pied, et un en second; un Cornette en pied, et un en second; elle régla que tous ces Officiers seroient proposés par le Gouverneur Lieutenant Général; et comme, par l'éloignement des lieux, il pourroit s'écouler un temps considérable, avant qu'ils fussent proposés, *agréés et pourvus* de Commissions de Sa Majesté, elle voulut bien, par un Brevet du même jour, donner pouvoir au Lieutenant Gouverneur Général, et à l'Officier commandant en son absence, d'y commettre par provision.

Ce pouvoir a été continué à chaque Gouverneur, Lieutenant Général, dans ses instructions; mais les Commissions ne devant durer; savoir, celles de Capitaines, qu'un an; et les ordres de Lieutenans, Enseignes ou Cornettes, que cinq ans, nous avons jugé à propos, pour faire cesser toute contestation née et à naître, de rendre l'Ordonnance présente, en attendant que Sa Majesté fasse expédier les Commissions et les ordres nécessaires, en réponse à nos propositions.

Art. Ier. Tous les Capitaines et autres Officiers pourvus de commissions et ordres des Gouverneurs Lieutenans Généraux ou de nous, seront confirmés dans les commissions et ordres qu'ils ont obtenus, de la même façon que si nous leur donnions à chacun en particulier une Commission de Capitaine, ou un Ordre de Lieutenant, d'Enseigne ou de Cornette, datés de ce jour.

Art. II. Tous les Capitaines, Lieutenans, Enseignes ou Cornettes, garderont respectivement les uns vis-à-vis des autres, le rang et ancienneté qu'ils ont actuellement; de sorte qu'à cet égard il n'y a rien de changé, et que les choses resteront sur le pied où elles sont.

Art. III. Les Capitaines et autres Officiers réformés jouiront à l'avenir des emplois qui leur ont été confiés, de la même maniere qu'il vient d'être expliqué dans les deux précédens articles.

Art. IV. Sa Majesté ayant voulu que les Compagnies fussent indépendantes les unes des autres, chaque Capitaine de Milice jouira de l'indépendance ordonnée par le Roi, hors les cas exceptés. Mandons à chaque Commandant pour le Roi, dans les différens quartiers de la Colonie, de tenir la main à l'exécution de la présente Ordonnance, qui sera lue, publiée et affichée par-tout où besoin sera, et enregistrée au Greffe de l'Intendance. DONNÉ au Cap, &c.

R. au Greffe de l'Intendance le 13 Juillet suivant.

ORDONNANCE du Gouverneur Général, concernant les Milices.

Du 30 Juin 1762.

GABRIEL de Bory, &c.

Une des plus importantes fonctions de la place dont le Roi nous a honoré, est sans contredit la conservation de cette Colonie contre les entreprises de ses ennemis; et un des meilleurs moyens pour y parvenir, seroit d'avoir un Corps de Milices nombreux et aguerri: mais une fonction non moins importante est celle de veiller en même temps au bonheur des Peuples confiés à nos soins, et de déterminer à quoi ils sont obligés. Ce seroit donc mal répondre aux vues de Sa Majesté, que d'assembler sans choix et sans discernement, des gens qui, n'étant point faits pour servir les uns à côté des autres, ne feroient pas le service avec ce zele qui anime tout François lorsqu'il est question de la défense de la Patrie. Après avoir examiné cette matiere avec l'attention dont nous sommes capable, et après avoir lû les Ordonnances et Réglemens rendus à ce sujet, pour tâcher d'en pénétrer l'esprit, nous aurions cru nous assurer, que s'ils répondoient exactement aux vues que l'on avoit lorsqu'ils ont été faits, il étoit survenu dans la Colonie des changemens qui en exigeoient d'autres plus convenables.

Nous aurions vu, par exemple, que les revues générales auroient été ordonnées pour savoir au juste la quantité d'Habitans que la Colonie contenoit, et qu'on parvenoit à la même connoissance par d'autres voies; que, depuis la fondation de la Colonie, il s'étoit établi un grand nombre de personnes si différentes les unes des autres par leur naissance et par leur état, qu'il étoit indispensable d'y avoir égard, de même qu'aux nuances entre les couleurs, qui, assurant de plus en plus la population de la Colonie, exigeoient cependant qu'il n'y eût rien de plus confondu dans cette classe que dans les autres. Nous aurions remarqué que les exemptions accordées par Sa Majesté, étoient quelquefois expliquées arbitrairement; nous aurions jugé en même temps qu'il étoit de notre devoir de fixer l'état du Citoyen, et de lui apprendre ce à quoi il est tenu. Nous aurions vu que l'on étoit autorisé à se dispenser du service pour de l'argent, et à le faire faire par d'autres, et cependant nous aurions trouvé cette méthode supprimée.

Nous aurions appris que, tandis qu'un Propriétaire d'Habitation faisoit son service personnel, on exigeoit qu'il fournît pour cette même Habitation un Blanc qu'il ne sauroit avoir. Nous aurions vu que l'ordre d'avoir sur chaque Habitation un certain nombre de Blancs, pour une quantité de Negres déterminée, étoit favorable à la population en temps de paix, et ne pouvoit avoir son exécution en temps de guerre, où il n'est pas possible d'armer plus de Blancs qu'il n'y en a dans la Colonie.

Toutes ces variations ne pouvant mettre que de la confusion dans les idées, et de l'embarras dans la pratique, nous aurions cru devoir, sous le bon plaisir du Roi, la fixer par l'Ordonnance suivante, qui a pour base l'Ordonnance de Sa Majesté du 16 Juillet 1723, et sur ce principe incontestable; savoir, que toute personne qui réside dans la Colonie, contracte le titre de Citoyen, avant que d'avoir celui de Milicien, et que toutes les fonctions de ce dernier se bornent à défendre l'autre contre les ennemis de l'Etat.

Art. Ier. Toute personne arrivée dans la Colonie depuis le premier Avril dernier, sera tenue d'envoyer, quinze jours après la publication de la présente Ordonnance, son nom et sa résidence au Gouvernement de la partie dans laquelle elle demeure.

Art. II. Toute personne qui voudra changer de quartier, ne le pourra faire sans en avoir prévenu par écrit son Gouverneur, qui l'accordera par écrit également.

Par ce moyen, et par celui des recensemens usités depuis long-temps, on saura la quantité des hommes et des femmes qui sont actuellement dans la Colonie.

Art. IV. Sur la quantité d'hommes, on déterminera celles dont les Milices peuvent être composées.

Art. V. La Nature ayant établi trois classes différentes d'hommes; savoir, les Blancs, les Sang-Mêlés, et les Mulâtres ou Negres libres, on observera toujours cette différence dans la composition des Milices; de sorte que, sous quelque prétexte ou sous quelque dénomination que ce soit, on ne puisse jamais faire des Compagnies mêlées de deux especes différentes.

Art. VI. Les Gentilshommes méritant la distinction par leur naissance, ainsi

ainsi que les Officiers retirés du service du Roi, quoiqu'ils n'aient point de retraite, soit qu'ils aient servi en France, soit qu'ils aient servi dans la Colonie, à moins qu'ils ne soient déjà Officiers de Milice, auront le privilége de former un corps séparé, lequel servira près du Chef de la Colonie toutes les fois qu'il le demandera, et qui, dans le cas d'alarme, s'y rendra sur le champ.

ART. VII. Tous les autres Blancs feront leur service personnel, excepté ceux que leur âge, leurs infirmités, et leurs emplois en exempteront.

ART. VIII. L'âge eſt celui de soixante ans ; ce qui se prouve par les extraits baptistaires, ou par le témoignage de personnes non suspectes.

ART. IX. Les infirmités seront constatées par des certificats de Chirurgien, visés du Médecin du Roi, et délivrés gratis ; ce qui sera spécifié dans le certificat.

ART. X. Pour éviter toute équivoque sur les emplois qui exemptent du service personnel, en voici la liste; 1°. tous ceux qui ont des Brevets, Commissions, ou Ordres de Sa Majesté, pour quelque emploi que ce soit, Militaire, de Justice ou Civil; 2°. tous ceux qui, ayant eu des Brevets, Commissions ou Ordres du Roi, se sont retirés, en conservant les honneurs de leur place; 3°. tous ceux qui ont des Commissions du Gouverneur Lieutenant Général seul, ou du Gouverneur Lieutenant Général, et de l'Intendant, ou de l'Intendant seul, en attendant que Sa Majesté les leur fasse expédier ; 4°. tous ceux dont les Commissions ne sont pas de celles que le Roi expédie, mais sont délivrées par le Gouverneur Lieutenant Général et l'Intendant, si l'exemption est spécifiée dans lesdites Commissions ; 5°. tous ceux qui auroient été pourvus de Commissions pareilles, et se seroient retirés avec les honneurs de leur emploi; 6°. tous les Trésoriers, comme ceux de la Marine et des Invalides, les Commis de ces Trésoriers au Port-au-Prince et au Cap, les Receveurs des droits du Roi, comme octroi, amende, confiscation, deux pour cent, les Inspecteurs ou Directeurs des Postes, les Curateurs aux successions vacantes, les Receveurs des droits curiaux et suppliciés, le Receveur des droits de M. l'Amiral ; 7°. le Directeur de la Compagnie des Indes; 8°. l'Econome de la principale Habitation des Officiers-Majors et Conseillers ; 9°. le Concierge des Prisons Royales, et les Huissiers Audienciers ; 10°. Les Marguilliers et les Syndics, et autres Notables chargés des fonctions publiques dans leur Paroisse, tant que durera leur exercice; 11°. la Compagnie des Gardes du Gouverneur Lieutenant Général, les Hoquetons de l'Intendance, leurs Secrétaires, Commis, ainsi que ceux du Commissaire Ordonnateur au Cap; 12°. tous ceux auxquels on sera dans le cas d'en attribuer dans la suite, soit à raison de nouveaux emplois à eux accordés, soit pour des services rendus, soit pour des entreprises par eux faites pour l'avantage de la Colonie, comme Fortifications, Casernes, Boucheries, &c.; 13°. les Chirurgiens, autres que ceux qui ont des Brevets du Roi, étant nécessaires sur les Habitations dont ils sont chargés, et ne devant point cependant être exemps du service, en rempliront les fonctions, pourvu qu'il y en ait toujours un d'occupé à faire deux visites par jour au Corps-de-Garde de son quartier, et d'y administrer les secours dont on pourroit y avoir besoin. Cette visite sera réputée service personnel, et ils seront inscrits sur les listes des Compagnies, pour le remplir ainsi.

Art. XI. S'il survient quelques contestations à ce sujet, il nous en sera rendu compte par le Gouverneur de la partie où la contestation sera mue, pour être par nous décidé ce qu'il conviendra.

Art. XII. Sur les états des Habitans ainsi réglés, eu égard aux exceptions susdites, le Gouverneur particulier, et sous ses ordres les Officiers Majors de l'Isle, formeront des listes des Compagnies de Cavalerie et d'Infanterie, selon la volonté de chaque Habitant, qui choisira celui des deux services qu'il voudra, et les listes seront visées par le Gouverneur Lieutenant Général.

Art. XIII. Ces listes ainsi faites et ainsi visées seront remises par les Officiers de l'Etat-Major aux Capitaines de Milice qui en ont ou qui en auront le commandement, ainsi que le nom de ceux qui, dans la suite, se seront fait inscrire.

Art. XIV. Défendons à tous Capitaines et Officiers de Milices, à peine d'interdiction, de contraindre aucun Habitant d'entrer dans les Milices, ni de se mêler en aucune façon de la réformation de leur Troupe, se contentant de leur police et discipline, lorsqu'elles seront formées.

Art. XV. Pourront cependant lesdits Capitaines ou autres Officiers avertir le Gouverneur ou Officier-Major de leur quartier, s'il savoit qu'il y eût quelqu'un qui n'eût pas donné son nom au Gouverneur.

Art. XVI. Tout homme faisant le service personnel, ne pourra être tenu à autre chose, quelque nombre d'Habitations qu'il puisse avoir, et quand même le lieu où il feroit son service ne seroit pas celui où seroit située son Habitation.

Art XVII. Celui qui servira dans la Cavalerie, ne payera rien pour l'Infanterie, et réciproquement.

Art. XVIII. Le Roi ayant ordonné qu'il y eût des Blancs sur chaque Habitation, pour contenir le Negres, et qu'il y en eût plusieurs, quand bien même le nombre des Negres seroit considérable, tous les Blancs d'une même Habitation ne pourront être commandés pour le service ordinaire.

Art. XIX. Les Sang-Mêlés serviront tous dans la Cavalerie; ils doivent s'y porter avec zele, pour la distinction que leur attribue la présente Ordonnance.

Art. XX. S'il n'y a jamais assez de Sang-Mêlés dans un quartier pour former une Compagnie entiere, on la composera de deux ou trois quartiers, de sorte que chaque Compagnie de Cavalerie ne puisse être moindre que de cinquante Maîtres.

XXI. Tous les Capitaines et Officiers des Compagnies de Milices, soit anciennes, soit nouvelles, seront pourvus de Commissions que nous leur ferons expédier en vertu du pouvoir à nous accordé par le Roi, et qui leur sont nécessaires, en attendant celles de Sa Majesté.

Art. XXII. Les Compagnies des Mulâtres et Negres libres seront composées comme auparavant, et commandées de même.

Art. XXIII. Par l'arrangement susdit, toutes les revues, dites générales, c'est-à-dire, celles auxquelles tous les Habitans sans distinction devroient se trouver, deviennent inutiles, et nous les supprimons, comme tendantes à détourner les Citoyens de leurs fonctions.

Art. XXIV. Tout Cabaretier, Aubergiste ou autres, tant Blanc que Noir, chez qui viendront des inconnus ou vagabonds, gens courant sans permission, en informeront l'Officier-Major le plus prochain.

Art. XXV. Celui-ci, sur l'avertissement qui lui en sera donné, fera arrêter sur le champ l'inconnu ou vagabond, et en rendra compte à son Gouverneur.

Art. XXVI. Tout Blanc, autrefois monteur de garde, ou tout autre homme sans emploi, qui en demandera au Gouverneur ou aux Officiers-Majors de la dépendance, de laquelle il sera, en recevra sur le champ, et sera incorporé dans un Corps particulier, ou dans les Milices; et s'il n'est pas en état d'acheter des armes, le Roi lui en fera délivrer. Enjoignons à tous Commandans pour le Roi de tenir la main à l'exécution de la présente Ordonnance, qui sera lue, publiée et affichée par-tout où besoin sera, et enregistrée au Greffe de l'Intendance. DONNÉ au Cap, &c. le 30 Juin 1762. *Signé* BORY.

R. au Greffe de l'Intendance le 1er Février 1763.

ARRÊTÉ du Conseil du Cap, touchant les Corvées et le Logement des Gens de Guerre, auxquels on vouloit astreindre les Conseillers, et décision des Administrateurs.

Du 14 Juillet 1762.

CE jour, MM. le Gras et le Gris, Conseillers, et le Procureur Général du Roi ont dit, qu'en exécution des Arrêts de la Cour des 8 et 13 de ce mois, ils se seroient transportés le jour d'hier en l'Hôtel de M. le Général, à l'heure indiquée, pour y recevoir la réponse positive sur chacun des objets desdits arrêtés; qu'étant entrés dans la Salle, ils auroient été annoncés à MM. les Général et Intendant, qui s'y seroient rendus aussi-tôt; et tout le monde étant retiré, M. le Général leur auroit dit: « Nous avons examiné, Messieurs, les différens objets contenus dans l'arrêté du Conseil » du 13 de ce mois, dont vous nous avez fait part; nous sommes fort reconnoissans du remerciement que la Compagnie nous a fait à ce sujet, » des ordres qui ont été été donnés pour faire retirer les Gens de Guerre » qui avoient été logés sur l'Habitation de quelqu'un de ses Membres. » Cette attention que nous avons eue de les maintenir dans la jouissance » du privilége, doit vous être un sûr garant que nous nous porterons » avec le même empressement à donner les ordres nécessaires pour que » les Officiers du Conseil ne soient plus troublés à l'avenir dans l'exemption de garde et de revue dont doivent jouir les Economes de leurs principales Habitations. A l'égard de l'exemption des corvées de Negres, qui » fait le dernier objet de l'arrêté du 13 de ce mois, nous avons examiné » avec la derniere attention la dépêche du Ministre, du 21 Janvier 1737, » sur laquelle le Conseil fonde sa prétention; les Mémoires du Roi des 24 » Octobre 1750, 7 Novembre 1754, et 28 Juillet 1759. Nous n'avons » rien trouvé dans ces dernieres pieces qui établisse pour les Officiers du » Conseil une exemption particuliere et différente de celle des autres Habitans; nous avons été obligés de revenir aux prétentions de MM. du » Conseil. Les Officiers du Conseil Supérieur de Saint-Domingue (dit

» cette Dépêche) ont demandé en second lieu d'être exemptés des corvées » de Gens de Guerre, soit par le logement, soit par les voitures auxquelles » on veut les assujettir, sous prétexte qu'il n'est pas parlé de Gens de Guerre » dans les priviléges précédemment accordés. Sa Majesté a bien voulu en» core leur accorder cette exemption ». Ces deux derniers mots paroissent expliquer clairement que le Roi applique ici le mot de corvées à ce qui concerne les Gens de Guerre, pour lesquels il n'accorde qu'une seule exemption, et qu'il désigne ces deux branches de corvées de Gens de Guerre; savoir, les logemens et les voitures. Cependant Sa Majesté ayant accordé depuis peu aux Membres de la Chambre mi-partie d'Agriculture et de Commerce, une exemption de toutes corvées publiques, nous avons cru que l'intention du Roi, en traitant cette Chambre aussi favorablement, n'a pas été de lui attribuer des priviléges plus grands que ceux des Officiers de ses Conseils Supérieurs, et nous avons cru, sous le bon plaisir de Sa Majesté, pouvoir les en faire jouir dès le moment présent. Nous nous y sommes portés d'autant plus volontiers, que nous avons pensé, Messieurs, devoir accorder cette distinction aux fonctions importantes que vous remplissez, aux services gratuits que vous avez rendus, et que vous rendez chaque jour; mais sur-tout au zele que vous avez témoigné pour le service du Roi. Nous en attendons, Messieurs, dans les occasions, et à la moindre alarme, les preuves les plus éclatantes, et nous sommes persuadés d'avance de l'ardeur avec laquelle vous concourrez avec nous à la conservation de cette Colonie, sous l'obéissance d'un Souverain chéri, et qui n'est occupé que de son bonheur. En faisant part de cette réponse à votre Compagnie, nous vous prions, Messieurs, de vouloir bien lui témoigner en même temps combien nous sommes sensibles à la marque distinguée qu'elle a bien voulu nous donner de ses sentimens pour nous, par la députation qu'elle nous a faite. Notre reconnoissance est égale à notre attachement pour le Conseil en général, et pour chacun de ses Membres en particulier. Que lesdits Députés se retirant, ils auroient été reconduits par MM. les Général et Intendant jusqu'à la Salle des Gardes; et ledit compte rendu, la matiere mise en délibération, et ouï le Procureur Général du Roi, LA COUR a arrêté, 1°. qu'il seroit fait registre du compte rendu par lesdits Députés, et de la réponse de MM. les Général et Intendant; 2°. que le plus ancien Conseiller de la présente séance verroit MM. les Général et Intendant, pour les remercier de ce qu'ils ont fait et annoncé vouloir faire pour le maintien des priviléges de la Compagnie, et de la justice qu'ils ont rendue au zele qu'elle a montré dans toutes les occasions pour le service du Roi; qu'il leur témoigneroit en même temps la sensibilité de la Cour aux sentimens dont ils sont animés pour elle et pour chacun de ses Membres; sentimens justifiés par la tendre affection du Conseil envers leurs personnes, et par son union inséparable à MM. les Général et Intendant, soit comme Chefs de la Compagnie, soit comme Chefs de la Colonie; et pour donner de nouvelles preuves à Sa Majesté du zele ardent dont le Conseil est constamment animé pour son service et la conservation de cette Colonie, pour donner un nouvel exemple, par un nouveau sacrifice de ses prérogatives les plus méritées, et encourager de plus en plus les autres Sujets à supporter le poids des corvées et contributions, devenues accablantes dans cette guerre malheureuse; LA COUR, sans porter aucunement atteinte à ses priviléges, auxquels elle ne peut renoncer, sans avilir l'autorité souveraine dont elle est dépositaire, a arrêté que chacun de ses Membres fourniroit des Negres au prorata des autres Habitans, pour les retranchemens qui peuvent se faire dans les quartiers où ils résident, et ce pendant un mois, à compter de ce jour, et que copie du présent arrêté seroit remise à MM. les Général et Intendant.

ORDONNANCE des Administrateurs, concernant la Police du Cap.

Du 14 Juillet 1762.

GABRIEL de Bory, &c.

Jean-Etienne-Bernard de Clugny, &c.

L'agrandissement constant de la Ville du Cap, et l'augmentation de ses Habitans exigent une police exacte dans tous les points qui peuvent intéresser la sûreté, la propreté, la salubrité, et l'embellissement de cette Ville, ainsi que la fidélité dans les prix, les poids, et les mesures des denrées et marchandises qui se consomment. Pour arriver à un but si utile, nous nous sommes fait représenter d'un côté les Réglemens rendus jusqu'ici sur cette partie; et de l'autre, le tableau des personnes qui ont été employées à l'économie de la Police dans cette Ville; mais nous avons reconnu que ces Réglemens n'étoient pas, à beaucoup près, suffisans; qu'ils contenoient des dispositions susceptibles d'inconvéniens; que d'ailleurs quelques-uns avoient été désapprouvés par Sa Majesté. Nous avons apperçu également qu'il avoit été donné des Commissions d'Offices qui n'avoient point été établis; que les fonctions de différens Officiers préposés à la Police, n'avoient point été réglés, et que leur nombre, à certains égards, étoit insuffisant. D'après cet examen, nous nous sommes déterminés à donner une forme plus réguliere, plus étendue, et plus fixe à l'établissement des différens Officiers, pour l'exercice de la Police dans la ville du Cap. Dans ce dessein, nous avons cru ne pouvoir mieux faire que d'entendre les représentations des Juges de Police de cette Ville, de consulter les Mémoires qui nous ont été fournis par M. le Procureur Général, et de conférer avec MM. du Conseil Supérieur.

A CES CAUSES, nous, en vertu des pouvoirs qui nous sont attribués, sous le bon plaisir du Roi, et jusqu'à ce qu'il en ait été autrement ordonné par Sa Majesté.

TITRE Ier. *Des Inspecteurs.*

ART. Ier. Avons établi et établissons, si fait n'a été, deux Inspecteurs de Police dans la Ville du Cap, lesquels seront par nous pourvus de Commissions, sur la présentation de M. le Procureur Général, et reçus au Conseil; mais seront tenus lesdits Inspecteurs de faire enregistrer l'Arrêt de leur réception au Greffe de la Jurisdiction.

ART. II. Les deux Inspecteurs seront égaux en tout; mais leur ancienneté sera décidée par la date de leurs Commissions, et ils seront employés suivant les ordres qu'ils recevront et le district qui leur sera assigné.

ART. III. Les fonctions des Inspecteurs seront les mêmes que dans les Villes du Royaume, et auront pareillement pour objet la propreté de la Ville, les jeux défendus, les tapages, les Boucheries, les Boulangeries, les Cabarets, les Cafés, les Marchés, les Voitures publiques, les Arrivans, les Mendians et gens sans aveu, et les Negres esclaves; renvoyons lesdits Inspecteurs à se conformer aux différentes Ordonnances du Royaume, et aux Réglemens qui pourront être faits ci-après sur ces différens objets par le Conseil Supérieur ou le Juge de Police.

ART. IV. Les personnes jusqu'ici préposées à la police du Cap ayant été payées sur la caisse des droits Suppliciés et de Maréchaussée, les appointemens desdits Inspecteurs et leur payement seront réglés par MM. du Conseil Supérieur.

ART. V. Les droits et parts desdits Inspecteurs dans les confiscations, amendes, prises des Negres, arrêts des personnes libres, et autres cas, pour contravention aux Ordonnances et Réglemens de Police, et exécution d'iceux, seront fixés par MM. du Conseil Supérieur ou le Juge de Police.

Art. VI. Etant nécessaire de distinguer au dehors les Inspecteurs de Police, pour qu'ils ne puissent être méconnus, seront lesdits Inspecteurs vêtus d'un habit bleu, boutons d'argent, une aiguillette d'argent sur l'épaule, et porteront un bâton d'ébene, garni en haut et en bas d'ivoire, excepté toutefois le cas où il seroit nécessaire qu'ils fussent déguisés.

Art. VII. En considération des fonctions continuelles desdits Inspecteurs, et pour les encourager à les remplir avec exactitude, les avons dispensés et dispensons de tous services et corvées personnels; leur accordons en outre l'exemption pour six de leurs Negres, telle qu'elle a lieu dans la Colonie.

Art. VIII. En cas de négligence, ou d'insubordination, ou de prévarication de la part desdits Inspecteurs dans leurs fonctions, seront lesdits Inspecteurs interdits de leurs fonctions, privés de leurs appointemens, et même destitués, suivant l'exigence du cas.

Art. IX. Il sera assigné un district à chaque Inspecteur, conjointement par les Juge et Procureur du Roi de la Police, sous les ordres desquels ils seront immédiatement, et auxquels lesdits Inspecteurs seront tenus chaque jour de rendre compte des contraventions commises dans leur district, ou de l'exécution des ordres qu'ils auront reçus.

Titre II. *Des Sergens de Police.*

Art. Ier. Avons établi et établissons, si fait n'a été, dix Sergens de Police dans la ville du Cap, dont cinq seront employés sous chacun des deux Inspecteurs de Police, dans le district qui lui sera assigné.

Art. II. Les Sergens de Police seront nommés par le Juge de Police, et prêteront serment devant lui.

Art. III. Les Sergens de Police seront payés sur la caisse des droits Suppliciés et de Maréchaussée, leurs appointemens et leur payement seront réglés par MM. du Conseil Supérieur.

Art. IV. Les Sergens de Police seront vêtus d'un habit bleu, boutons blancs, et porteront une bandouliere aux armes du Roi, avec ce mot, *Police*, excepté les cas où l'Inspecteur leur permettroit d'être déguisés.

Art. V. Les fonctions des Sergens de Police étant continuelles, nous les

les avons en cette considération dispensés et dispensons de tous services et corvées personnelles.

Art. VI. En cas de négligence, d'insubordination ou de prévarication de la part desdits Sergens, sur les plaintes des Inspecteurs, et de l'avis du Procureur du Roi, pourront lesdits Sergens être corrigés, interdits et révoqués par le Juge de Police.

Art. VII. Les droits et parts desdits Sergens dans les confiscations, amendes, prises de Negres, arrêt de personnes libres, et autres cas, pour contraventions aux Ordonnances et Réglemens de Police, ou exécution d'iceux, seront fixés par MM. du Conseil Supérieur ou Juges de Police.

Art. VIII. Ne pourront lesdits Sergens et leurs Inspecteurs être détournés pour conduite de Criminels ou exécution d'iceux : ordonnons au Prévôt de la Maréchaussée du Cap, pendant les séances du Conseil Supérieur, de tenir un détachement à la suite dudit Conseil, lequel ne pourra être moindre que d'un Brigadier et deux Archers, tant pour la conduite et reconduite des Criminels au Palais, que pour l'exécution subite des décrets.

Titre III. *Du Voyer.*

Art. Ier. Avons établi et établissons, si fait n'a été, un Voyer de la ville du Cap, lequel sera par nous pourvu de Commission, sur la présentation de M. le Procureur Général, et reçu au Conseil, mais sera tenu ledit Voyer de faire enregistrer au Greffe de la Jurisdiction l'Arrêt de sa réception.

Art. II. Les fonctions du Voyer auront pour objet l'alignement des maisons, le nivellement des rues, et leur inscription, le passage, le barrage, les conduits souterrains, les remblais et déblais des emplacemens, l'écoulement des eaux de la ravine, les saillies et avancées sur les rues, comme degrés, balcons, abat-vents, les encombremens des matériaux dans les rues ou places, et les plantations dans les promenades et places publiques; renvoyons ledit Voyer à se conformer aux Ordonnances du Royaume rendues sur cette matiere, et aux Réglemens qui pourroient être faits ci-après sur ces différens points par le Conseil ou le Juge de Police.

Art. III. Les droits et émolumens du Voyer, dans les différens cas où il sera requis ou employé, seront fixés par le Conseil ou par le Juge de Police.

Art. IV. Défendons à tous Arpenteurs de s'immiscer dans l'arpentage dès emplacemens et alignemens des maisons dans la ville du Cap, même à l'Arpenteur général, et Grand Voyer, à moins qu'ils ne soient commis par Justice pour les cas de vérification et d'empêchemens du Voyer.

Le Voyer sera exempt de toutes corvées et service personnel; lui avons en outre accordé l'exemption pour six de ses Negres, telle qu'elle a lieu dans la Colonie.

Art. VI. Le Voyer rendra compte au Juge et Procureur du Roi de Police, des contraventions commises dans la partie qui le concerne, et sera immédiatement sous leurs ordres.

Art. VII. En cas de négligence, d'insubordination ou prévarication de la part dudit Voyer, il sera interdit, destitué ou puni, suivant l'exigence des cas.

Art. VIII. Les Inspecteurs de Police seront tenus de fournir deux Archers ou Sergens de Police au Voyer, toutes les fois qu'ils en seront requis par ledit Voyer, pour l'exercice de ses fonctions.

Titre IV. *De l'Etalonneur-Jaugeur-Juré.*

Art. Ier. Avons établi et établissons, si fait n'a été, un Etalonneur-Jaugeur-Juré dans la Ville et Jurisdiction du Cap, lequel sera par nous pourvu de Commission, sur la présentation de M. le Procureur Général, et reçu au Conseil; mais sera tenu de faire enregistrer l'Arrêt de sa réception au Greffe de la Jurisdiction.

Art. II. Les fonctions de l'Etalonneur-Jaugeur-Juré seront les mêmes que dans le Royaume, et auront pour objet les poids, jauges et mesures, tant dans la Ville que dans le ressort de la Jurisdiction; renvoyons ledit Etalonneur-Jaugeur à se conformer aux Ordonnances et Réglemens rendus sur cette partie, et à ceux qui pourroient être faits à l'avenir par le Conseil Supérieur ou Juge de Police.

Art. III. L'Etalonneur-Jaugeur-Juré se conformera, pour les poids, jauges et mesures des denrées, liqueurs et marchandises provenant du Royaume, à l'Arrêt du Conseil d'Etat du Roi du premier Mars 1744; et pour les denrées, liqueurs et marchandises qui se vendent et débitent dans la Ville et Jurisdiction du Cap, il suivra les poids, jauges et mesures qui ont lieu dans la ville de Paris.

Art. IV. Les droits, salaires et émolumens de l'Etalonneur-Jaugeur-Juré seront fixés, si fait n'a été, ou s'il est nécessaire d'en dresser un autre tarif, par le Conseil ou le Juge de Police.

Art. VI. Défendons à tous Orfévres, Fondeurs, Chaudronniers, Ferblantiers, Menuisiers, ou autres, de vendre aucuns poids et mesures qu'ils n'aient été vérifiés par l'Etalonneur JaugeurJuré, à peine d'être punis suivant l'exigence des cas.

Art. VII. Les Inspecteurs de Police seront tenus de fournir deux Archers ou Sergens de Police à l'Etalonneur-Jaugeur, toutes les fois qu'ils en seront requis par écrit par ledit Etalonneur-Jaugeur-Juré, pour l'exercice de ses fonctions; sera pareillement tenu ledit Etalonneur-Jaugeur de se transporter, sur l'avis desdits Inspecteurs, chez les personnes qui vendront ou débiteront à faux poids et mesures.

Art. VIII. En cas de négligence, d'insubordination, ou de prévarication de la part de l'Etalonneur-Jaugeur-Juré, il sera interdit, destitué, et poursuivi suivant l'exigence des cas. Prions Messieurs du Conseil d'enregistrer la présente, qui sera pareillement enregistrée au Greffe de l'Intendance. Donné au Cap le 14 Juillet 1762. *Signés* Bory et Clugny.

R. au Conseil du Cap le lendemain.

Arrêt du Conseil du Cap, suspensif, à certains égards, de celui du 26 Février 1761, touchant les fonctions des Officiers des Siéges, et des Notaires.

Du 15 Juillet 1762.

Vu par le Conseil la Remontrance du Procureur Général du Roi, contenant que le 26 Février de l'année derniere, il auroit donné à la Cour sa Remontrance, à l'effet de faire régler les prétentions des Notaires à l'encontre des Officiers des Jurisdictions; que la Cour, par son article Ier et II de son Arrêt du même jour, avoit prononcé en faveur des premiers l'attribution exclusive desdits inventaires et partages ès cas énoncés, et n'avoit pas fait droit sur les indemnités demandées pour les derniers; mais que, par autre Arrêt, sur la Requête du Remontrant, du 21 Février de la même année, elle avoit ordonné qu'il seroit fait un tarif général des droits, épices, vacations, salaires des différens Officiers de Justice, et qu'il avoit été convenu d'y renvoyer les indemnités proposées en faveur des Officiers des Jurisdictions; que le premier avoit eu son exécution, et que l'effet du second n'étoit point consommé; qu'il en étoit résulté pour les Officiers des Siéges une privation des actes les plus lucratifs, sans aucun dédommagement; que depuis ce temps, ceux du Fort Dauphin et du Port-de-Paix avoient fait au Remontrant des représentations réitérées sur l'impossibilité absolue où ils étoient de pouvoir subsister avec décence dans leur état, si la Cour ne daignoit, comme elle se l'étoit proposé, les indemniser par le tarif général, ou surseoir à l'exécution de l'Arrêt du 26 Février; qu'ils lui avoient aussi exposé que le petit nombre de leurs affaires leur donnoit un temps considérable qu'ils pouvoient donner à la confection des actes attribués aux Notaires, sans que le cours de la Justice en souffrît; enfin, que la plupart des Notaires de leurs Siéges étant incapables de la confection de ces actes, notamment des partages, que le Juge du Cap sollicitoit également un dédommagement, mais que par un tarif provisionnel, attendu que ces occupations nombreuses ne pouvoient guere se concilier avec les actes attribués aux Notaires, et vu le temps, qui paroissoit exiger l'adresse d'un tarif général; que l'on ne pouvoit se refuser à la différence réelle qui se rencontroit entre le produit et les occupations des Officiers du Siége du Cap, et ceux des Siéges du Fort Dauphin et du Port-de-Paix; que la Cour s'en étoit convaincue, par les relevés qu'elle avoit ordonnés des Greffes des différentes Jurisdictions; que ces relevés prouvoient également que la confection des inventaires et partages formoit le principal revenu des Officiers du Fort Dauphin et du Port-de-Paix; qu'il étoit à présumer que la même capacité ne se trouvoit pas dans les Notaires de ces deux derniers Siéges et ceux du Cap; enfin, que la multiplicité des objets contenus dans un tarif général demandoit beaucoup de réflexions et de travail, et conséquemment de temps; que, d'après ces faits et ces réflexions, le Remontrant croyoit devoir requérir, &c.; et ouï le rapport de M. le Gras, Conseiller, et tout considéré: LE CONSEIL, faisant droit sur la Remontrance dudit Procureur Général du Roi, a sursis et surseoit à l'exécution des art. I et II dudit Arrêt de Réglement, du 26 Février 1761, concernant les inventaires et partages attribués aux Notaires; et en conséquence, permet aux Officiers des Siéges du ressort de la Cour de procéder auxdits inventaires et partages, concurremment avec les Notaires, et lorsqu'ils en seront requis par les Parties; et ce jusqu'au tarif général ordonné par l'Arrêt de la Cour du 21 Février 1761. Ordonne que le présent Arrêt sera envoyé èsdits Siéges, pour y être lu, publié et enregistré à la diligence des Substituts dudit Procureur Géneral èsdits Siéges, qui certifieront la Cour de leur diligence au mois; et sera le présent Arrêt pareillement enregistré sur le registre de la Communauté des Procureurs du Cap.

LETTRE du Ministre aux Administrateurs ; 1°. sur le bon traitement fait aux Troupes par les Habitans ; 2°. sur le payement des Lettres de change ; 3°. sur un envoi de Vivres, &c.

Du 17 Juillet 1761.

J'AI appris, Messieurs, par le retour forcé du Vaisseau de Roi *le Protée*, et de la Frégate *le Zéphyr*, le bon état où se trouvoient les Officiers et les Troupes du Roi qui sont à Saint-Domingue, et les secours que les uns et les autres reçoivent journellement de la part des Habitans ; le Roi m'a fait l'honneur de m'en parler avec une satisfaction que je puis d'autant moins vous laisser ignorer, que Sa Majesté m'a ordonné de vous écrire d'en témoigner de sa part son contentement à tous les Habitans de Saint-Domingue, et l'envie extrême qu'elle a de pouvoir leur en donner des marques à la fin de la guerre. Elle avoit déjà vu avec plaisir le concours des Créoles qui sont en France, à lui offrir les fonds qu'ils avoient à Saint-Domingue, pour subvenir au payement de la solde de ses Troupes, et elle a appris avec une nouvelle satisfaction, que ceux qui résident dans la Colonie, n'ont pas moins d'empressement à concourir à leur traitement par tous les moyens qui dépendent d'eux. Sa Majesté m'a chargé en conséquence, non seulement d'apporter la plus grande attention à l'exactitude du payement des Lettres de change qui seront tirées sur l'extraordinaire des Guerres, pour ladite solde, ainsi que celles qui seront tirées sur les Trésoriers Généraux des Colonies, pour les autres dépenses, comme je vous l'ai déjà prescrit par plusieurs de mes Dépêches, mais encore de faire rembourser de préférence les fonds des anciennes Lettres de change qui ont été tirées de Saint-Domingue, pour différens besoins du service, et dont le payement avoit été suspendu en 1759. Sa Majesté vous recommande en particulier, à l'un et à l'autre, de ne rien oublier pour procurer aux Habitans toute la protection dont ils auront besoin pour le débouché de leurs denrées, et leur procurer, de la part de ses Troupes, la tranquillité et les égards que méritent leurs attentions pour elles, et que Sa Majesté exige de leur part. Je suis persuadé que M. le Vicomte de Belsunce, à qui vous aurez soin de communiquer cette Lettre, emploiera tous ses soins pour seconder les intentions du Roi dans cette partie, et c'est le moyen le plus sûr qu'il puisse employer pour être lui-même efficacement secondé des Habitans, si la Colonie venoit à être attaquée.

Je vous ai fait passer jusqu'à présent des munitions de guerre par tous les bâtimens qui ont été expédiés de France ; je joins ici la note des vivres qui vous ont été envoyés pour le compte du Roi, pour la subsistance des Troupes, par laquelle vous verrez qu'il a été chargé fort au delà du nécessaire, tant par la voie de France, que par celle d'Angleterre; il y aura encore une quantité de vivres à bord de trois Bâtimens qui vont partir de Bordeaux, avec six cents Grenadiers Royaux. Je suis fâché seulement que différentes circonstances aient retardé jusqu'à présent le départ de six Flûtes qui sont chargées de vivres pour l'Escadre du Roi ; ce qui a obligé la Colonie à lui en fournir pour deux mois. Je compte qu'elles mettront à la voile par le premier vent favorable, et Sa Majesté fera passer un nouveau supplément de vivres, pour remplacer les deux mois que vous avez fait fournir à l'Escadre. Tous les différens envois dont je viens de vous parler, seront redoublés au mois de Septembre prochain, afin que la Colonie soit suffisamment pourvue d'hommes, de vivres, et de munitions ; c'est tout ce que je puis vous marquer pour le présent, n'ayant pu recevoir aucunes de vos lettres par *le Protée* et *le Zéphyr*. J'ai l'honneur, &c.

Signé LE DUC DE CHOISEUL.

La Lettre de MM. de Bory et de Clugny au Conseil du Cap, avoit pour objet l'enregistrement et la publication de celle du Ministre.

R. au Conseil du Port-au-Prince le 24 Novembre 1762.
Et à celui du Cap le 8 Janvier 1763.

TRAITÉ fait entre le Gouverneur Général de la partie françoise, et le Capitaine général, Président de la partie Espagnole de Saint-Domingue.

Du 21 Juillet 1762.

Nous en renvoyons les détails à une autre partie de cet Ouvrage.

ORDONNANCE des Administrateurs, portant réunion de tous les Emplacemens devant former une Place devant l'Intendance, au Port-au-Prince.

Du 23 Juillet 1762.

GABRIEL de Bory, &c.

Jean-Etienne-Bernard de Clugny, &c.

Lors de l'établissement de la Ville du Port-au-Prince, nos prédécesseurs concéderent quelques emplacemens au bas de la place projetée, devant la maison de l'Intendance; mais ils reconnurent bientôt que cette place seroit trop resserrée, s'ils concédoient le reste du terrain sur le même alignement; en sorte qu'ils prirent la résolution de laisser dans la place le restant de terrain; ce qui forme aujourd'hui une irrégularité d'autant plus contraire à l'embellissement de la Ville, que les bâtimens qui se trouvent élevés sur ces emplacemens ne consistent qu'en quelques mauvaises barraques de bois, qui déparent la place; d'ailleurs les propriétaires de ces barraques ayant été prévenus depuis long-temps que le terrain sur lequel elles sont bâties, étoit destiné à être réuni à la place, ne se sont pas mis en peine de les entretenir, de maniere qu'elles tombent en ruine, et ne sont presque d'aucune utilité. Ces motifs nous auroient déterminés à ordonner la réunion de ces emplacemens au Domaine du Roi, en dédommageant toutefois les Propriétaires, tant en leur accordant de nouveaux emplacemens, qu'en leur payant les frais de démolition et transport des matériaux composant leurs barraques. Par ces considérations, nous avons déclaré comme non avenues les concessions d'emplacemens situés sur la place de l'Intendance: ordonnons que lesdits emplacemens seront réunis et feront partie à l'avenir de ladite place de l'Intendance, et que les Propriétaires des barraques qui y sont situées, seront tenus de les démolir un mois après la signification de la présente Ordonnance, qui leur sera faite à la requête du Procureur du Roi du Siége Royal du Port-au-Prince. Permettons néanmoins auxdits Propriétaires de se pourvoir incessamment pardevant nous, pour obtenir d'autres emplacemens, dont les concessions leur seront délivrées gratis; et pour les dédommager des frais de transport de leurs matériaux, il leur sera payé la somme qui sera fixée par l'Ingénieur en chef. Sera la présente registrée au Greffe de l'Intendance, &c. DONNÉ au Cap. *Signés* BORY et CLUGNY NUYS.

R. au Greffe de l'Intendance le 28.

ORDONNANCE du Roi, concernant les Milices de Saint-Domingue, et l'autorité de M. le Vicomte DE BELSUNCE sur tout le Militaire audit Pays, et Lettre du Ministre sur le même sujet.

Du 31 Juillet 1762.

DE PAR LE ROI.

SA MAJESTÉ jugeant utile au bien de son service de donner aux Officiers préposés pour commander les Milices levées dans l'Isle Saint-Domingue, pour la garde et la défense du pays, la considération qui doit être attachée à leur état pour le maintien de la discipline et de la subordination; et voulant en même temps pourvoir à la composition desdites Milices, et aux moyens de remplir promptement les emplois qui y sont, ou qui y deviendroient vacans, de quelque maniere que ce soit, elle a ordonné et ordonne, veut et entend que les Officiers desdites Milices seront à l'avenir, et à commencer de ce jour, pourvus de leurs emplois par des Commissions, Lettres, Brevets, ou Ordres signés de Sa Majesté, lesquels seront expédiés par le Secrétaire d'Etat ayant le département de la Marine, à l'effet de quoi son intention est que les états lui en soient envoyés par l'Officier Général qu'elle a commis ou qu'elle commettra pour commander les Troupes de cette Colonie; que le sieur Vicomte de Belsunce, Maréchal de ses Camps et Armées, ait le pouvoir de nommer provisoirement aux emplois desdites Milices, voulant que les sujets qu'il aura choisis pour les remplir, y soient reçus & reconnus sur le certificat qu'il aura délivré à chacun d'eux de sa nomination, tout ainsi que s'ils étoient pourvus des Commissions, Lettres, Brevets ou Ordres qu'elle leur fera expédier; et les circonstances pouvant exiger que les Milices aient une forme différente de celle qu'elles ont eue jusqu'à présent, Sa Majesté autorise ledit sieur Vicomte de Belsunce à en régler la composition, soit en Compagnie, soit en corps de Bataillon, ainsi qu'il l'estimera plus utile pour la facilité du service, la simplicité des manœuvres et évolutions, et l'instruction des Officiers ou Soldats dans les différens exercices qu'ils doivent pratiquer; à fixer le nombre des Officiers existant actuellement, qui lui paroîtront les moins propres au service, et à faire à cet égard, ainsi que pour ce qui pourra assurer l'exécution des ordres dont elle l'a chargé, tout ce qu'il jugera le plus convenable, l'intention de Sa Majesté étant qu'il ait sur lesdites Milices et

autres

autres Troupes de la Colonie la même autorité que sur le Corps dont elle lui a confié le commandement, et qu'elle a spécialement mis sous ses ordres, lorsqu'elle en a réglé la destination pour Saint-Domingue, et telle que celle dont les Généraux de ses Armées sont revêtus. Mande et ordonne Sa Majesté à tous ceux qu'il appartiendra de tenir la main à l'exécution du présent ordre. FAIT à Versailles, &c.

LETTRE du Ministre à M. DE BELSUNCE.

Du même jour.

J'ai rendu compte au Roi, Monsieur, de la Lettre que vous m'avez fait l'honneur de m'écrire le 13 Juin dernier; Sa Majesté m'a paru satisfaite de la conduite que vous avez tenue jusqu'à présent, ainsi que des moyens que vous vous proposez d'employer pour conserver sous sa domination la Colonie de Saint-Domingue, dont elle vous a confié le commandement; et pour que vous ne puissiez rencontrer aucune difficulté dans l'exécution des ordres que vous jugerez à propos de donner relativement au bien du service, le Roi m'a fait part de ses intentions sur l'autorité qui vous est confiée, et Sa Majesté m'a ordonné de vous les faire connoître, ainsi qu'à M. de Bory, de la maniere la plus claire et la plus positive; de façon qu'il ne puisse s'élever entre vous et le Gouverneur de Saint-Domingue la moindre contestation à ce sujet, toujours nuisible au service, et qu'on ne sauroit éviter avec trop de soin.

Le Roi entend, Monsieur, que vous ayez sur toutes les Troupes l'autorité égale et absolument semblable à celle que les Généraux commandans ses Armées ont sur les Troupes qui les composent. Cette autorité ne sera point bornée aux Troupes de terre qui ont été envoyées pour la défense de la Colonie; le Roi veut que cette autorité s'étende également sur les Troupes de la Colonie, sur les Milices du Pays, sur les Officiers et les Troupes de l'Artillerie, sur les Ingénieurs, enfin sur les Officiers de l'Etat-Major, qui peuvent se rencontrer dans les différentes places qui existent dans l'étendue de la Colonie de Saint-Domingue. Le Roi veut aussi qu'en votre absence, le commandement qui vous est attribué appartienne à l'Officier le plus élevé en grade de ceux qui ont des Lettres de service, pour être employés sous vos ordres.

Les fonctions de M. de Bory seront purement relatives à ce qui concerne le Civil, le Commerce, et la Police, autre que celle militaire de la Colonie.

Le Gouverneur, chargé par ses fonctions de veiller à la conservation des Habitans de la Colonie, et à ce que la justice que le Roi doit à ses Sujets, dont ceux-ci font partie, soit exactement administrée en conformité des Loix, sera tenu de s'occuper de cet emploi important; et s'il arrive que, pour remplir ses fonctions, ou pour soutenir l'autorité qui lui est confiée, M. de Bory ait besoin de forces, alors il s'adressera à vous, Monsieur; et le Roi veut qu'en pareille circonstance vous ne puissiez, sous aucun prétexte, lui refuser le secours des Troupes dont il pourroit avoir besoin, soit pour contenir les Habitans dans la discipline et la subordination, soit pour y faire rentrer ceux qui auroient pu s'en écarter. J'écris en conformité à M. de Bory; et comme il est essentiel que vous soyez exactement instruits l'un et l'autre des intentions du Roi, je vous envoie copie de la Lettre que j'écris au Gouverneur, de même que je lui envoie copie de celle que je vous écris.

Pour copie conforme à l'original, au Cap le 28 Septembre 1762.

Signé BELSUNCE.

ORDONNANCE des Administrateurs, qui établit des Magasins et Garde-Magasins Publics.

Du 20 Août 1762.

GABRIEL de Bory, &c.

Jean-Etienne-Bernard de Clugny, &c.

La difficulté de se procurer des comestibles d'Europe, et la disette qu'on a éprouvée à plusieurs reprises depuis le commencement de la guerre, ont engagé les Chefs de la Colonie à porter en différens temps leur attention sur un objet aussi important, en ordonnant la plantation et la culture des vivres du pays; mais les précautions qu'ils ont cru devoir prendre n'ont pas toujours été secondées avec tout le zele qu'ils devoient attendre de ceux mêmes qui avoient le plus d'intérêt à les faire réussir: aussi, malgré l'Ordonnance rendue sur cet objet le 1er Septembre de l'année derniere, malgré les ordres particuliers donnés au mois de Mars suivant, l'on n'a pu parvenir à se procurer de ce côté là les ressources qu'on étoit dans le cas d'en attendre; mais les circonstances devenant plus pressantes, et le soin de la conservation des Sujets du Roi que Sa Majesté a confiés à notre administration, nous obligeant à prévenir de pareils inconvéniens, nous nous sommes déterminés à former des magasins dans les différens quartiers, à l'effet d'y déposer la récolte que les Habitans ont dû retirer ou retireront des cultures auxquelles ils ont été assujettis, et auxquelles nous comptons qu'ils se porteront avec une nouvelle ardeur, d'autant plus que, dans un cas de nécessité, ils doivent y trouver une ressource assurée, tant pour eux que pour leurs Negres. Par ces considérations, nous avons ordonné et ordonnons ce qui suit :

Art. Ier. Sera établi dans chaque quartier de la Colonie, et dans les lieux qui seront par nous désignés, un magasin, et un Garde-Magasin qui sera choisi par les Habitans de son quartier.

Art. II. Tout Habitant, de quelque qualité et condition qu'il soit, exempt ou non exempt, sera tenu de déposer dans le courant du mois de Janvier prochain, dans les magasins de son quartier, à raison d'un baril de riz ou petit mil par cinq têtes de Negres; et à défaut de ces deux premieres especes de grains, à raison de deux barils de maïs ou poids secs, aussi par cinq têtes de Negres.

Art. III. Pour cet effet, sera remis à chaque Garde-Magasin un état qui sera dressé sur les recensemens dans les Bureaux de l'Intendance du Port-au-Prince et du Cap, et qui contiendra la quantité à laquelle chacun des Habitans sera imposé, relativement à ce nombre de Negres porté par lesdits recensemens.

Art. IV. Les Gardes-Magasins fourniront à chaque Habitant un certificat visé du Commandant, de la quantité des grains qu'il aura livrés dans le magasin ; ils tiendront un registre exact de tout ce qui entrera dans lesdits magasins, et adresseront chaque mois à M. l'Intendant un état visé du Commandant, de la quantité des grains qui sera en magasin.

Art. V. Seront tenus les Habitans de renouveler tous les six mois ladite provision de grains, et pourront pour lors retirer ceux qu'ils auront déposés au magasin six mois auparavant.

Art. VI. Les Gardes-Magasins seront exempts de guet, garde, tutelle, curatelle, logement de guerre, et corvées personnelles, &c., pendant la durée de leur exercice, et seront tenus de veiller exactement à la conservation des grains qui leur seront remis.

Art. VII. L'élection des Gardes-Magasins sera faite dans chaque quartier avant le 1er Novembre prochain. Seront tenus les Gardes-Magasins qui seront choisis, d'en informer M. l'Intendant aussi-tôt après, et de lui adresser expédition de l'acte d'assemblée, par laquelle ils auront été nommés;

et passé le 1er Novembre, M. l'Intendant nommera aux places auxquelles les Habitans auront négligé de pourvoir.

ART. VIII. Les domiciliés des Villes et Bourgs seront tenus de fournir dans les Magasins de leur résidence un baril de riz ou petit mil par quatre têtes de Negres.

ART. IX. Ceux qui manqueront de faire les fournitures ci-dessus ordonnées, seront condamnés par M. l'Intendant en une amende qui ne pourra être moindre que le double de la valeur des grains qu'ils auroient négligé de fournir, laquelle amende sera employée en achat de vivres, qui seront déposés dans les magasins du Roi.

ART. X. Dans le cas où l'on retiendroit pour l'usage des Troupes du Roi une certaine quantité de grains de ceux déposés dans les magasins ci-dessus établis, elle sera payée par Sa Majesté sur le pied du cours.

ART. XI. Prions MM. les Gouverneurs de cette Colonie de tenir la main, chacun en droit soi, à l'exécution de la présente Ordonnance, laquelle sera lue et publiée par trois Dimanches consécutifs, issue de la Paroissiale, affichée aux portes des Eglises, et sera préalablement registrée au Greffe de l'Intendance. DONNÉ au Cap, &c. le 20 Août 1762.

Signés BORY et CLUGNY NUYS.

R. au Greffe de l'Intendance le 25.

ARRÊT du Conseil du Cap, qui enjoint à un Procureur de ne plaider que des Causes dont il sera plus instruit, sous peine d'interdiction.

Du 7 Septembre 1762.

ARRÊT du Conseil du Cap, touchant la solde et l'équipement de la Police du Cap.

Du 11 Septembre 1762.

VU par le Conseil la Remontrance du Procureur Général du Roi, contenant que, par l'Ordonnance de MM. les Général et Intendant, du 14 Juillet de cette année, il auroit, entre autres choses, été établi deux Inspecteurs de Police et dix Archers; que par l'article 4 du tit. 1er, et l'art. 3

du tit. 2, il seroit porté, &c.; qu'en 1739, MM. de Larnage et Maillart ayant senti la nécessité d'une Troupe employée à l'exercice de la Police dans la Ville du Cap, par l'art. 17 de leur Ordonnance, registrée à la Cour le 7 Septembre de la même année, ils détacherent de la Troupe de Maréchaussée une Brigade composée d'un Brigadier et quatre Archers, pour être sous les ordres d'un Inspecteur. Les appointemens dudit Inspecteur furent assimilés par la Cour à ceux d'Exempt de Prévôt, c'est-à-dire, portés à 1200 liv.; ceux de la Brigade sous ses ordres furent continués sur le même pied que ceux de la Maréchaussée, c'est-à-dire, 900 l. au Brigadier, et 600 liv. à chaque Archer; que ces Archers étant sédentaires en Ville, perpétuellement de service, la somme qui pouvoit leur servir étant dans la Maréchaussée, soit par le séjour des campagnes, soit par le revenant-bon des captures, &c., devenoient insuffisantes; on permit tacitement, qu'au lieu d'un Brigadier et quatre Archers, il y eût quatre Brigadiers; que, par cet arrangement, les appointemens des Archers furent augmentés d'un tiers; que quant à la forme du payement, ils furent payés par le Receveur des droits municipaux, tous les trois mois, sur l'ordonnance du Commissaire de la Cour, mise au bas de l'état de la Troupe de Police, présenté par l'Inspecteur; que le Remontrant observoit, sur les appointemens à fixer des nouveaux Inspecteurs, que la cherté du séjour en cette Ville, &c. La matiere mise en délibération, ouï le rapport de MM. le Gris et Collet, Conseillers, et tout considéré: LE CONSEIL a ordonné et ordonne:

ART. Ier. Qu'à l'avenir, chaque Inspecteur de Police aura annuellement d'appointemens fixes, la somme de 2400 liv.

ART. II. Chaque Archer de Police aura annuellement d'appointemens fixes la somme de 900 liv.

ART. III. Il leur sera fourni sur la caisse des deniers publics, un fusil, la bayonnette et fourniment, une épée et bandouliere telle qu'elle est ordonnée, à la charge par les Inspecteurs de faire remettre exactement par chaque Sergent qui se retirera ou sera renvoyé, lesdites armes et bandoulieres, à peine d'en répondre.

ART. IV. Autorise le Commissaire de la Cour à donner des ordonnances sur les Receveurs des droits publics ou municipaux, lesquelles ordonnances ne seront expédiées que sur l'état desdits Inspecteurs et Sergens, certifié par le Juge de Police, et visé par le Procureur Général du Roi; et au cas qu'il soit moins dû que le quartier entier à chaque Inspecteur ou Sergent, il en sera fait mention dans ledit état, &c.

ORDONNANCE des Administrateurs, portant Amendes contre les Habitans qui ne fournissent pas le nombre d'Economes, Negres, Cabrouets, Chevaux, &c., pour les travaux publics relatifs à la défense de la Colonie.

Du 15 Septembre 1762.

GABRIEL de Bory, &c.
Jean-Etienne-Bernard de Clugny, &c.

La nécsssité d'assurer la prompte exécution des différens travaux que l'on a été obligé d'ordonner, tant pour la défense de la Colonie, que pour les communications à établir dans les différens quartiers; la négligence de quelques Habitans à envoyer le nombre de Negres, Cabrouets, Mulets et Chevaux commandés pour les exécuter, et pour les autres besoins du service du Roi; et le peu de soin qu'on a apporté à tenir la main à ce que ces contraventions fussent punies suivant l'Ordonnance du Roi de 1711, nous ont déterminés à en renouveler les dispositions, et à fixer les amendes que les contrevenans seront dans le cas de payer, afin que les Habitans étant prévenus de la rigueur de ces peines, qui ne seront pas réputées comminatoires, ne se mettent pas dans le cas de les encourir. Par ces considérations, nous avons ordonné et ordonnons ce qui suit; savoir:

ART. Ier. Tout Habitant qui, après en avoir reçu l'ordre, n'enverra pas aux travaux le nombre de Negres prescrit, sera condamné en 50 liv. d'amende par chaque journée de Negres qu'il n'aura pas fournis.

ART. II. Tout Habitant qui n'aura pas envoyé son Econome au lieu et jour ordonnés, sera condamné en 150 liv. d'amende par chaque journée qu'il aura manqué.

ART. III. Tout Habitant qui n'aura pas fourni le nombre de Cabrouets, Chevaux ou Mulets de corvée qui auront été commandés, seront condamnés en une amende de 1000 liv. pour chaque journée qu'il aura manqué de fournir.

ART IV. En conséquence, les Capitaines de quartiers, ou les Directeurs, Inspecteurs, et autres préposés à la conduite des travaux, de quelque nature qu'ils soient, adresseront à M. l'Intendant, à la fin de chaque semaine, un état de ceux qui n'auront pas fourni aux corvées, et une copie des ordres qui leur auront été donnés, sur lequel il prononcera les amendes ci-dessus fixées, même de plus fortes, s'il y échet, à la forme des articles VI et XII de l'Ordonnance du Roi du 22 Février 1711.

Art. V. Les amendes seront levées sans déport, aussi-tôt qu'elles seront prononcées, et ceux qui les auront encourues, y seront contraints par la voie de la garnison, que l'Officier-Major du quartier sera tenu de faire marcher sur le champ, à la réquisition du Receveur des amendes.

Art. VI. Les sommes provenantes desdites amendes seront employées à l'ouvrage même, qui sera entrepris, soit en payement de Piqueurs, soit en achat ou entretien d'outils propres au travail.

Prions MM. les Gouverneurs et Commandans de tenir la main exactement à l'exécution de la présente, enrégistrée au Greffe de l'Intendance, publiée et affichée par-tout où besoin sera. Donné au Cap, &c.

R. au Greffe de l'Intendance le 18.

Ordonnance du Juge de Police du Cap, touchant le service des deux Inspecteurs de Police.

Du 17 Septembre 1762.

Sur ce qui nous a été remontré par le Procureur du Roi de cette Jurisdiction, que, lorsque MM. les Général et Intendant ont établi deux Inspecteurs de Police, ces Messieurs ont en même temps laissé le soin de distribuer plus particulierement à chacun d'eux le détail de Police dont ils devoient être chargés; sur quoi le Remontrant nous, ayant proposé un plan qui nous a paru le plus convenable, nous, faisant droit sur le Réquisitoire du Procuteur du Roi, et de son consentement, avons ordonné et ordonnons ce qui suit:

Art. Ier. Chaque Inspecteur de Police fera une semaine entiere la police de la Boucherie; et dans ladite semaine, il s'y transportera tous les matins à l'ouverture de ladite Boucherie, et il vérifiera la qualité de la viande, et veillera à ce que le poids soit donné exactement aux Blancs et Negres qui en iront chercher, et empêchera le tumulte et les querelles, tant au dedans qu'au dehors de ladite Boucherie, et fera arrêter et mener à son Maître tout Negre qui sera trouvé trafiquant la viande par lui prise à la Boucherie; et du tout ledit Inspecteur de Police étant de semaine pour la Boucherie, nous fera son rapport et au Procureur du Roi; et dans le cas où il se seroit passé en l'absence de l'Inspecteur quelque contravention connue à ses Sergens, et dont ils ne lui auroient pas rendu compte, ils seront sur le champ punis de prison, ou de perte de leurs appointemens, même de plus forte peine, suivant l'exigence des cas.

ART. II. L'Inspecteur de Police qui ne sera pas de semaine de Boucherie, sera de semaine de Marché, et en conséquence il s'y transportera tous les jours de grand matin avec deux Sergens de Police, qui se promeneront séparément, et veilleront à ce que tout se passe dans le bon ordre, et que le mouton et le cochon se vendent au poids, et non à la main, appaiseront les tumultes et querelles; et en cas de désobéissance de la part des auteurs, l'Inspecteur de semaine au marché fera arrêter lesdits Auteurs; et suivant leurs qualités, nous les fera conduire, ou au Procureur du Roi, pour y être statué sur le champ; ou si c'est un Negre, il le fera mettre en prison; et du tout ledit Inspecteur de Police nous en fera le rapport, et au Procureur du Roi.

ART. III. Chaque Inspecteur, à huit heures du matin, fera dans la partie de la Ville dont il sera convenu, la police des rues, et veillera particulieremenr à ce que le devant des maisons soit balayé, et donnera son rapport au Procureur du Roi contre toutes les personnes qu'il aura trouvées contrevenant aux Réglemens de Police en général, et particulierement à celui par nous arrêté ce jour.

ART. IV. Indépendamment de la police, les Inspecteurs, chacun de leur côté, feront des patrouilles avec leur Troupe, qu'ils diviseront, si besoin est, et les patrouilles seront multipliées aussi souvent qu'il se pourra, tant le jour que la nuit.

ART. V. L'Inspecteur de Police qui sera par nous choisi, tiendra, exclusivement à l'autre, un registre coté et paraphé de nous, divisé en différentes parties : dans la premiere, il inscrira le nom des Bouchers; dans la seconde, le nom des Boulangers, avec la marque de leur pain; dans la troisieme, le nom des Cafetiers, Maîtres de Billard, Cabaretiers, et Marchands de vin, biere et taffia; enfin, dans la quatrieme, les Loueurs de Cabrouets et Tombereaux, et les noms des Negres destinés pour les servir; pour raison de chacun desquels enregistremens, pour le dédommager de ses peines et dépenses de registres, nous l'autorisons à prendre la somme de 3 liv., laquelle entrera dans la masse de la portion des amendes à partager entre les Inspecteurs.

ART. VI. L'Inspecteur qui sera aussi par nous choisi, tiendra en outre un registre également coté et paraphé, dans lequel il inscrira par ordre de lettres alphabétiques, les noms des personnes qui logent en chambre garnie, et à la

feuille

feuille de chacun des noms, il écrira par ordre, et sans aucun blanc, le nom, qualité et pays des personnes qui seront déclarées y être logées, avec la date de leur entrée; et en marge, il mettra ensuite la date de leur sortie, lorsqu'elle lui sera déclarée.

Art. VII. Lesdits Inspecteurs de Police auront soin, et recommanderont particulierement à leurs Sergens, lorsqu'ils les enverront faire des patrouilles particulieres, d'empêcher et de dissiper les assemblées et attroupemens des Negres, même de les arrêter lorsqu'ils les trouveront assemblés, pour jouer, ou autrement en contravention.

Art. VIII. Dans le cas où les Negres ou Mulâtres, même libres, tiendroient des assemblées de danse, si lesdits Negres libres ne sont munis d'une permission expresse, ils les feront discontinuer; et même, en cas de désobéissance, ils arrêteront les principaux Negres ou Mulâtres; et dans le cas où ils seroient même munis d'une permission, ils examineront s'il ne s'y trouve des Negres ou Négresses, Mulâtres ou Mulâtresses Esclaves; et dans ce cas, ils arrêteront ces derniers, et donneront leur rapport du tout au Procureur du Roi.

Art. IX. Ils veilleront particulierement à ce que les Negres qu'ils trouveront à vendre ou autrement trafiquer, soient munis d'un billet de leur Maître, et arrêteront tout Negre ou Négresse qui sera trouvé laissé, sur sa bonne foi, travailler pour rendre une somme par mois à son Maître.

Art. X. Ils visiteront de temps en temps les maisons des Negres et Négresses libres, comme aussi celles des Gagne-deniers qui seront soupçonnés de retirer des Negres Marrons; et au cas qu'ils soient trouvés en délits bien constans, ils les arrêteront tous, et les conduiront aux prisons civiles, pour y être statué sur leur rapport, qu'ils remettront au Procureur du Roi.

Art. XI. Ils veilleront à ce que les Negres ou Négresses qui se mêlent de vendre en détail des denrées, n'en vendent point de corrompues, et qui puissent être contraires à la santé et à la salubrité de l'air.

Art. XII. Les Inspecteurs et Sergens de Police meneront à leurs Maîtres tous les Negres qu'ils trouveront, dans le cours de leurs patrouilles, errans dans la Ville, après dix heures du soir; et si les Negres ne nomment leurs Maîtres, ils les conduiront en prison.

Art. XIII. Ils veilleront à ce qu'il ne soit tiré aucuns serpentaux ni fusées dans la Ville; et en cas qu'ils découvrent les auteurs, ils en donneront leur rapport par écrit au Procureur du Roi, pour en poursuivre l'amende.

Mandons aux Inspecteurs et autres Officiers de Police, de tenir la main, chacun en droit soi, à l'exécution des présentes, &c. FAIT et arrêté par nous Jean-Baptiste ESTEVE, &c.

Publié au Cap le 1er Octobre 1762.

ORDONNANCE du Juge du Cap, portant Réglement général pour la Police de ladite Ville.

Du 17 Septembre 1762.

SUR ce qui nous a été remontré par le Procureur du Roi, &c. &c.

Boucheries.

ART. Ier. Pour prévoir les abus qui ont eu lieu jusqu'à présent dans les différens étaux des Boucheries de mouton et de cochon, nous ordonnons que nul ne pourra avoir Boucherie en cette Ville, même en payant au Fermier les trois cents livres portées par la Carte bannie, s'il n'est avant inscrit dans le registre tenu par l'Inspecteur de Police, qui sera par nous choisi, à peine de 30 liv. d'amende par jour, applicables aux Officiers de la Police qui le trouveront en contravention.

ART. II. Défendons pareillement auxdits Bouchers, sous quelque prétexte que ce puisse être, de vendre ni débiter de la viande de mouton et cochon autrement qu'au poids et au prix porté dans la Carte bannie, excepté toutefois l'abatis, têtes ou pieds, qu'il leur sera loisible de vendre à la piece.

Boulangers.

ART. III. Défendons pareillement à toutes personnes qui veulent se mêler du métier de Boulangers dans cette Ville, d'entreprendre ni de continuer ledit état, s'ils ne se sont auparavant fair inscrire sur ledit registre, sous les mêmes peines que dessus.

ART. IV. Leur ordonnons pareillement de marquer d'une marque particuliere tous et chacun les pains qu'ils fabriqueront, de laquelle marque ils seront tenus de faire leur déclaration sur ledit registre, en même temps qu'ils s'y feront inscrire, sous peine de confiscation du pain, de 50 liv. d'amende pour chaque contravention, applicable comme dessus.

ART. V. Faisons défense aux Regrattiers et autres qui se mêlent de vendre du pain, même au détail, d'en vendre d'autre que de celui qui aura la marque du Boulanger qui l'aura fabriqué, sous les mêmes peines.

ART. VI. Faisons défense aux Boulangers de fabriquer et exposer en vente des pains qui ne seront pas du poids fixé par le tarif qui sera par nous arrêté chaque mois ; nous ordonnons aux Inspecteurs de Police de nous rapporter, et au Procureur du Roi, chaque fin du mois, un état du prix des farines, certifié de deux Boulangers et de deux Bourgeois.

Cafetiers, Maîtres de Billard, &c.

ART. VII. Faisons pareillement défenses à tous et chacun les Cafetiers, Maîtres de Billard, &c., d'entreprendre à l'avenir ledit état, et à ceux qui le font déjà, de le continuer, sans se faire pareillement inscrire sur le registre de Police, sans avoir une enseigne à leur porte, sous les mêmes peines que dessus.

ART. VIII. Faisons défenses aux Maîtres de Billard, Cabaretiers, &c. d'avoir leurs boutiques ouvertes, et de donner à boire, à jouer les jours de Fêtes et Dimanches, avant dix heures du matin, à peine de 50 liv. d'amende.

ART. IX. Leur faisons pareillement défenses de laisser jouer les Negres esclaves dans leurs maisons; comme aussi de leur donner à boire, soit vin ou tafia, sous peine de 100 liv. d'amende par chaque contravention.

ART. X. Leur faisons défenses, ainsi qu'à tous autres Particuliers quelconques de rien acheter desdits Negres esclaves, s'ils ne sont munis d'un billet de leurs Maîtres, sous peine d'amende, et d'être poursuivis extraordinairement, suivant les circonstances.

ART. XI. Défendons à tous les Cabaretiers et autres qui vendent du vin, &c., de tenir leur boutique ouverte passé dix heures du soir, sous peine de 50 liv. d'amende.

Loueurs de Cabrouets et Tombereaux.

ART. XII. Ordonnons à tous ceux qui ont ou voudront avoir par la suite dans cette Ville des Cabrouets et Tombereaux pour louer sur la place, de faire mettre et attacher une plaque de fer-blanc avec un numéro, comme aussi de faire déclaration sur le registre que l'Inspecteur de Police chargé de ce détail, aura à cet effet, de la quantité des Cabrouets et Tombereaux qu'ils ont, et des numéros de chacun d'eux, ainsi que des noms des Negres attachés au service de ces Cabrouets et Tomberaux, sous peine d'une amende de 300 liv. contre les Propriétaires, pour chaque contravention au premier article.

Art. XIII. Tous ceux qui auront en ville des Cabrouets et Tombereaux qu'ils loueront sur la place, seront assujettis tour à tour aux corvées de la Police, comme de faire charoyer les immondices de la place, enlever les chevaux qui seront trouvés morts, et autres de cette nature, sans que pour cela le Propriétaire puisse prétendre aucune rétribution : enjoignons auxdits Propriétaires d'envoyer exactement leurs Cabrouets et Tomberaux, lorsqu'ils seront commandés par l'Inspecteur de Police, à peine de 30 liv. d'amende; recommandons toutefois audit Inspecteur d'observer dans les tours le plus d'exactitude qu'il lui sera possible d'observer.

Art. XIV. Faisons défenses aux Negres Cabrouetiers de faire galoper leurs chevaux ou mulets dans les rues, et d'en quitter le licou; comme aussi défendons aux Negres qui conduisent des chevaux, de les mener autrement qu'attachés, et de les faire aussi galoper dans les rues, sous peine de prison pour la premiere fois, et de plus forte peine en cas de récidive : et dans tous les cas exprimés au présent article, comme tous ceux où il y aura des Negres, Cabrouets ou chevaux arrêtés, les Maîtres payeront la prise, les frais de geole ou de fourriere.

Aubergistes, &c.

Art. XV. Ordonnons à tous Aubergistes, et autres qui logent en chambres garnies, de mettre, aussi-tôt après la publication de la présente Ordonnance, un écriteau sur leurs portes, portant indication qu'on y loge en chambres garnies, à peine de 100 liv. d'amende contre les contrevenans.

Art. XVI. Seront aussi tous les Aubergistes, et ceux qui logent en chambres garnies, tenus d'avoir un registre paraphé de l'Inspecteur de Police à qui ce département aura eté assigné, dans lequel ils écriront de suite, de jour à jour, et sans aucun blanc, les noms, pays et qualités de ceux qu'ils recevront de suite dans leurs maisons, pour y loger, ainsi que le jour de leur sortie, et ils en feront sur le champ leur déclaration audit Inspecteur, qui sera aussi tenu de l'inscrire sur le registre à ce destiné, à peine de 300 liv. d'amende contre les contrevenans.

Art. XVII. Faisons défenses à tous Propriétaires ou Locataires qui auront des chambres ou maisons à louer, d'en louer à aucuns Negres ou Négresses esclaves, sous peine de 300 liv. d'amende.

Art. XVIII. Faisons défenses pareillement à tous logeans et autres, de recevoir et de donner retraite en leurs maisons, sous aucun prétexte, aux vagabonds, gens sans aveu, et même aux Matelots qui n'auront point une permission écrite de leurs Capitaines, sous peine de 100 liv. d'amende; et pour l'exécution du présent article, permettons et autorisons les Inspecteurs de Police d'entrer à cet effet dans les maisons des Taverniers et autres gens de cette qualité demeurant dans le marécage ou au bord de la mer, pour faire lesdites recherches; et dans le cas où ils en trouveroient quelqu'un, leur ordonnons d'emprisonner lesdits Matelots en contravention ou gens sans aveu, d'en dresser leur rapport contre le Tavernier ou autre, qu'il remettra au Procureur du Roi.

Art. XIX. Faisons pareillement défenses à toutes personnes, de quelque qualité qu'elles soient, de loger chez eux des étrangers autres que les Capitaines des Bâtimens admis dans nos ports, si lesdits étrangers ou ceux qui les logeront n'y sont autorisés, sous les peines portées par les Ordonnances.

Police des Marchés.

Art. XX. Faisons défenses à tous Vendeurs de moutons et cochons, comme aussi à tous Marchands de quincaillerie et autres, qui ont boutique dans la place du marché, de s'y établir ou d'y continuer leur trafic, vendre et commercer ailleurs que dans le lieu qui leur sera marqué par l'Inspecteur de Police, à qui ce département aura été assigné, sous peine de confiscation de leurs marchandises, et de 100 liv. d'amende, applicable comme dessus.

Art. XXI. Ordonnons pareillement audit Inspecteur de Police d'assigner à chacun des Negres ou Négresses qui viennent habituellement et journellement vendre au Marché, la place qu'ils y doivent avoir; enjoignons auxdits Negres et Négresses de s'y contenir, sous peine d'emprisonnement, même d'être punis plus séverement, en cas de récidive et d'insubordination marquée; enjoignons pareillement aux Negres et Négresses qui y vendront, de temps à autre, de porter la même obéissance aux Officiers de Police; et en cas de contravention, permettons auxdits Inspecteurs de les emprisonner; et en cas de faute grave, ils en feront leur rapport par écrit au Procureur du Roi, pour le faire punir suivant la rigueur des Ordonnances.

Art. XXII. Les Inspecteurs de Police auront soin de faire balayer la place du Marché toutes les fois qu'il en sera nécessaire, et particulierement le samedi au soir, et de faire porter les immondices sous le vent de la Ville.

Art. XXIII. Les Inspecteurs de Police veilleront à ce que dans le Marché il ne se trouve rien de corrompu, des cayeux dans la saison défendue, ni des choses prohibées par les Ordonnances; et en cas qu'ils trouvent quelqu'un en faute, ils s'empareront desdites marchandises, et en feront leur rapport au Procureur du Roi.

Art. XXIV. Ils auront pareillement soin d'assoupir et arrêter toutes querelles et disputes qui pourroient s'y élever; et en cas que quelque Negre soit désobéissant, leur permettons de les emprisonner; et si c'est un Blanc qui se révolte contre eux, ils l'arrêteront, et le conduiront au Procureur du Roi ou à nous, pour sur le champ statuer ce qu'il appartiendra.

Police des Rues.

Art. XXV. Ordonnons pareillement à tous et chacun les Propriétaires et Locataires des maisons de cette Ville, de faire balayer devant leurs maisons, d'en entretenir les remblais, de faire enlever leurs immondices, et tenir le ruisseau de leur pavé en état de faire facilement écouler les eaux, sous peine, par chaque contravention, d'une amende de 30 liv.

Art. XXVI. Permettons aux Inspecteurs de Police, lorsqu'ils s'appercevront que lesdits Propriétaires ou Locataires ne tiendront pas également leurs cours intérieures dans un état de propreté, et qu'ils y laisseront croupir des eaux ou des immondices qui peuvent infecter l'air, d'entrer dans lesdites maisons; et en cas que les Propriétaires ou Locataires ne satisfassent aux ordres qu'ils donneront à cet égard, leur ordonnons d'en dresser leur rapport, et de le remettre au Procureur du Roi, qui requerra en ce cas les amendes qu'il jugera convenables.

Art. XXVII. Ordonnons pareillement à tous et chacun les Propriétaires, Tuteurs, et autres Administrateurs qui ont ou jouissent en leur qualité des emplacemens dans cette Ville, de les entourer, sous peine d'une amende de 50 liv., laquelle amende sera personnelle auxdits Tuteurs et autres Administrateurs ; et en cas de refus obstiné, sous de plus grandes peines.

Art. XXVIII. Faisons défenses à tous et chacun les Habitans de la Ville de laisser autour de leur maison des gravois, pierres, solives, &c. qui peuvent nuire à la voie publique, même de mettre des solives et de barrer les rues, sous prétexte de maladie ou autrement, s'ils ne sont autorisés par écrit de nous ou du Procureur du Roi; faisons pareillement défenses à tous Marchands de mettte des tables devant leur boutique, pour exposer des marchandises, et d'anticiper, de quelque maniere que ce puisse être, sur les rues; le tout à peine d'amende, applicable comme dessus.

Art. XXIX. Faisons défenses aux Habitans de laisser vaguer leurs chevaux, mulets, et autres bestiaux dans les rues, à peine d'une amende de 30 liv.; comme aussi d'avoir et de nourrir dans les maisons des cochons, moutons, cabrits, sous la même peine: ordonnons aux Sergens de Police de tirer sur tous les animaux de cette derniere espece qu'ils trouveront vaguer dans les rues, et de les faire porter à la Providence. Mandons aux Inspecteurs et autres Officiers de Police, de tenir la main chacun en droit soi à l'exécution de la présente, &c. &c.

Arrêt du Conseil du Port-au-Prince, qui enjoint aux Habitans de cette Ville de faire tuer ou noyer leurs Chiens dans vingt-quatre heures.

Du 20 Septembre 1762.

Sur ce qui a été représenté à la Cour par le Procureur Général du Roi, que les Citoyens de cette Ville sont alarmés de voir une quantité prodigieuse de chiens, dont plusieurs sont soupçonnés d'être attaqués de la rage; que même quelques Habitans et Negres libres et esclaves, ayant été mordus par des chiens, sont morts de la rage; pourquoi requiert, &c.; sur quoi, la matiere mise en délibération: Le Conseil, faisant droit au Réquisitoire du Procureur Général du Roi, a ordonné et ordonne à tous les Habitans de cette Ville de faire tirer ou noyer leurs chiens dans les vingt-quatre heures du jour de la publication du présent Arrêt, à peine de répondre des fâcheux accidens qui pourroient survenir, de tous dépens, dommages et intérêts, et de 500 liv. d'amende; ordonne aux Officiers de la Maréchaussée et de la Police de poursuivre et tuer tous les chiens qui se trouveront dans la Ville; et que le présent Arrêt sera sur le champ publié et affiché en cette Ville par-tout où besoin sera, à la diligence du Substitut du Procureur Général du Roi au Siége Royal de cette Ville, &c.

LETTRE de MM. les Administrateurs au Sénéchal du Cap, touchant le service des Huissiers auprès la personne de M. l'Intendant, et leur exemption du Service Militaire.

Du 26 Septembre 1762.

NOUS avons reçu, Monsieur, votre Lettre du 21 de ce mois, au sujet de l'ordre qui avoit été donné par M. de Vaublanc aux Huissiers de porter les paquets de la Cour à M. de Clugny; nous n'avons jamais entendu, par les arrangemens qui avoient été pris, donner aucun droit à MM. de l'Etat-Major sur les Officiers de Justice; mais il avoit été réglé que deux Huissiers feroient le service chez M. l'Intendant, et qu'ils auroient toujours deux chevaux prêts à partir pour l'exécution des ordres qu'il est dans le cas de donner. Cet arrangement a eu lieu pendant quelque temps, et les Huissiers s'en sont dispensés petit à petit. C'est sans doute sur ce fondement que M. de Vaublanc a cru pouvoir en disposer, pour un service qui étoit relatif à celui de M. l'Intendant; ce qui n'auroit point souffert de difficulté, s'ils se fussent conformés aux ordres qui leur avoient été donnés ci-devant, et qu'il est nécessaire de rétablir. A quelque titre que les Huissiers soient exempts du service militaire, ils ne jouissent pas moins de ce privilége, et ils ne seront pas fort à plaindre de faire le service près de M. l'Intendant, qui, étant Chef de la Justice, peut se trouver dans le cas à chaque instant de donner des ordres relatifs à cette partie. Nous avons l'honneur d'être, &c. *Signés* BORY et CLUGNY NUYS.

ORDONNANCE de M. l'Intendant, qui ordonne que la retenue sur la Solde des Soldats malades, sera portée de 2 sous à 7 sous et demi, et qu'il sera retenu moitié des appointemens des Officiers malades pour l'établissement d'un Hôpital où ils seront traités dans la ville du Cap.

Du 27 Septembre 1762.

Arrêt

ARRÊT du Conseil du Cap, qui accorde, sans tirer à conséquence, une pension annuelle de 1200 liv. au sieur CHESNEAU, ancien Inspecteur de Police, âgé et infirme, à prendre sur la Caisse des droits Suppliciés et de Maréchaussée.

Du 7 Octobre 1762.

ARRÊT du Conseil du Cap, qui ordonne que les Jésuites remettront au Greffe de la Cour leurs Constitutions, Statuts, &c.

Du 7 Octobre 1762.

VU par le Conseil la Remontrance du Procureur Général du Roi, contenant que, par les Lettres patentes du mois d'Octobre 1704, registrées en cette Cour, concernant l'établissement dans la partie du nord de cette Isle, des soi-disant Religieux de la Compagnie de Jésus, il est porté qu'ils y auront seuls le soin de tout le spirituel, et y desserviront les Cures suivant leurs constitutions et priviléges; que depuis ce temps, lesdits soi-disant Religieux de la Compagnie de Jésus s'étoient dispensés de présenter à la Cour leursdites constitutions et priviléges; qu'aucun Ordre régulier ne pouvoit avoir d'existence légale, jusqu'à ce que ses Statuts eussent été examinés et homologués dans les Tribunaux Souverains, par qui le Roi voit, juge et autorise en pareil cas; que cette obligation étoit toujours entiere et subsistante, quand même ces corps se trouveroient déjà établis, soit par des intrigues ou des coups d'autorité, soit par un consentement tacite, ou en vertu de Lettres patentes, aucune prescription ne pouvant jamais être admise contre l'ordre public; que cette sage précaution de la Loi devenoit plus pressante envers un Ordre étranger, suivant une regle étrangere, qu'il évitoit de soumettre aux regards de la Justice, envers un Ordre qui, dans cette partie de la Colonie, avoit seul l'autorité ecclésiastique; autorité dont la source, le titre, l'étendue, l'exercice et la forme, malgré les Arrêts de la Cour, étoient encore mal connus, et restoient couverts d'une obscurité aussi suspecte que mystérieuse; qu'il étoit du devoir indispensable des Magistrats de s'assurer si les constitutions et priviléges d'un Ordre ne contenoient rien de contraire à l'autorité du Roi, aux libertés de l'Eglise Gallicane, aux priviléges des autres Corps, au maintien des autres Loix et de la tranquillité publique; que, d'après ces principes certains et ces maximes fondamentales, abstraction faite des cris dont l'Europe retensissoit contre lesdits soi-disant Jésuites, et de cette foule d'Arrêts par lesquels les Cours Souveraines du Royaume avoient signalé leur amour et leur fidélité pour leur Souverain, leur zele pour le droit de l'humanité et de la Justice, et leur vigilance pour le maintien de l'ordre public; A CES CAUSES, requéroit, &c.; ouï le rapport de M. le Gras, Conseiller, et tout considéré: LE CONSEIL, faisant droit sur la Remontrance dudit Procureur Général, ordonne que le P. Langlois, ou à son défaut le P. Dusaunier ou le P. Desmarets, seuls et uniques Prêtres de la Compagnie soi-disant de Jésus, rapportera au Greffe de la Cour, dans deux jours pour tout délai de la signification du présent Arrêt, les Constitutions, Statuts, Bulles, Priviléges, et généralement tous les actes concernant le Régime, Institut, et Gouvernement de la Compagnie soi-disant de Jésus; ordonne en outre que ledit P. Langlois, ou à son défaut ledit P. Dusaunier ou le P. Desmarets, déclarera s'ils ont en leur possession les deux volumes petit *in-folio* des Constitutions de ladite Société, sous le titre: *Institutum Societatis Jesûs*, pour, sur ladite déclaration, ensemble sur le rapport au Greffe de la Cour, des Constitutions, Statuts, Bulles, Priviléges, et tous autres actes concernant le Régime, Institut, et Gouvernement de la Société soi-disant de Jésus, ou à défaut de ladite déclaration et du rapport, être requis par ledit Procureur-Général, et par la Cour ordonné ce qu'il appartiendra.

ORDONNANCE *des Administrateurs, touchant les Vivres du Pays.*

Du 10 Octobre 1762.

GABRIEL de Bory, &c.

Jean-Etienne-Bernard de Clugny, &c.

Nous avons réglé, par notre Ordonnance du 20 Août, la formation de plusieurs magasins de grains dans les différens quartiers de la Colonie; mais les dispositions de M. le Vicomte de Belsunce pour la défense du Pays, lui ayant fait juger que l'approvisionnement fixé par cette Ordonnance n'étoit pas suffisant, et qu'il étoit nécessaire de l'augmenter, et de laisser les vivres en dépôt chez les Habitans, pour être transportés dans les lieux qu'il jugeroit à propos d'indiquer dans l'occasion; nous nous sommes déterminés, pour un objet qui intéresse autant la conservation de la Colonie, à faire de nouveaux arrangemens, qui assurent de plus en plus une ressource aux Troupes, aux Habitans, et à leurs Esclaves, dans un cas de nécessité, et qui d'ailleurs remplissent les ordres du Roi qui nous sont récemment parvenus; en conséquence, nous avons ordonné et ordonnons ce qui suit:

ART. Ier. Chaque Habitant, de quelque qualité et condition qu'il soit, exempt ou non exempt, sera tenu, après la publication de la présente Ordonnance, de planter en grains et autres vivres du pays, qui se conservent, une quantité de terrain suffisante pour se procurer un approvisionnement de six mois de subsistance pour la totalité de ses Negres; de maniere que ladite quantité de grains ou autres vivres de garde soit emmagasinée chez lui au 1er de Mai prochain.

ART. II. Chaque Habitant sera pareillement tenu de renouveler cette provision tous les six mois, tant que cette guerre durera, et ne pourra la diminuer, sous quelque cause ou prétexte que ce puisse être.

ART. III. Les Habitans seront tenus de transporter lesdites provisions dans les magasins qui leur seront indiqués, soit par nous, soit par M. le Vicomte de Belsunce, incontinent après l'ordre qu'ils en recevront.

ART. IV. Outre le six mois de vivres prescrits par l'article Ier, chaque Habitant exempt ou non exempt, ayant plus de cinquante têtes de Negres, sera tenu d'avoir un carreau de terre planté en manioc: celui ayant plus de cent Negres, d'en avoir deux carreaux, et ainsi au prorata des Negres; et ne pourront lesdits Habitans fouiller le manioc sans notre permission ou nos ordres.

ART. V. Aussi-tôt que le manioc prescrit par l'article ci dessus aura été fouillé en vertu de notre permission ou de nos ordres, les Habitans seront tenus de replanter la même quantité qui aura été fouillée.

ART. VI. Il sera fait une visite, dans le courant du mois de Décembre, chez tous les Habitans, par les Vérificateurs qui seront par nous nommés dans chaque quartier à l'effet de constater si les plantations de manioc ci-dessus ordonnées, ont été exactement faites.

ART. VII. Lesdits Vérificateurs dresseront un état exact de la quantité de terre plantée en manioc par chaque Habitant, et en adresseront les procès verbaux à l'Intendant, avec les observations qu'ils jugeront à propos de faire.

ART. VIII. Lesdits Vérificateurs feront une seconde visite dans le courant du mois de Mars prochain chez tous les Habitans, à l'effet de vérifier s'ils ont en magasin la quantité de vivres prescrite par l'article Ier, dont ils dresseront des procès verbaux en bonne forme, contenant un détail exact de la quantité, qualité et especes de vivres qui leur seront représentés par chaque Habitant, lesquels procès verbaux seront incontinent après adressés à l'Intendant.

ART. IX. Les Habitans qui contreviendront aux dispositions de la présente Ordonnance, seront condamnés par l'Intendant, sur les procès verbaux des Préposés aux visites, en une amende, qui ne pourra être moindre que le double du prix des vivres qu'il sera tenu d'avoir en magasin, laquelle sera employée en achats de vivres qui seront déposés dans les Magasins du Roi. Sera la présente publiée par trois Dimanches consécutifs, issue de la Messe paroissiale, et affichée aux portes des Eglises, après avoir été préalablement enregistrée au Greffe de l'Intendance, &c. DONNÉ au Cap, &c. le 10 Octobre 1762. *Signés* BORY et CLUGNY NUYS.

R. au Greffe de l'Intendance le 18.

ARRÊT du Conseil du Cap, portant que M. DE LAYE, *Conseiller, demeurera Juge, malgré sa récusation volontaire, pour cause de parenté, et ce à la réquisition des Parties, attendu qu'il ne se trouvoit que six Juges en la Cour.*

Du 13 Octobre 1762.

ARRÊT du Conseil du Port-au-Prince, qui fait défenses aux Procureurs en la Cour, Huissier Audiencier, et Huissiers de service, d'assister aux Audiences en habits de couleur; leur enjoint au contraire d'y paroître en habit noir.

Du 6 Novembre 1762.

CE jour, le Conseil étant assemblé en la forme ordinaire, plusieurs de Messieurs ont représenté que les Procureurs de la Cour s'étoient mis, depuis plusieurs années, dans l'usage d'assister aux Audiences, et d'y plaider en habits de toutes sortes de couleurs; ce qui blessoit également la décence de leur profession, et la majesté du Tribunal; que les Huissiers, par une suite de ce mauvais exemple, faisoient également le service sous des habits aussi indécens, et qu'il étoit de la dignité de la Cour de réformer un pareil abus; sur quoi, le Procureur Général du Roi ayant été mandé, après communication par lui prise de ce que dessus, lui ouï et retiré, la matiere mise en délibération : LE CONSEIL a fait et fait inhibitions et défenses aux Procureurs, à l'Huissier Audiencier, et aux Huissiers de la Cour, d'assister aux Audiences en habits de couleur; leur enjoint d'y paroître dorénavant en habit noir; ordonne en outre aux Huissiers d'être pareillement vêtus d'habits noirs, lorsqu'ils seront de service au Palais, ou qu'ils se trouveront à la suite de la Cour dans les cérémonies publiques. Ordonne que le présent Arrêt sera notifié aux Procureurs, Huissier Audiencier, et Huissiers, par le Greffier de la Cour.

ARRÊT du Conseil du Port-au-Prince, qui enjoint aux Habitans des Villes, Bourgs et Campagnes du ressort de la Cour, de tuer ou faire tuer tous leurs Chiens qu'ils soupçonneront être attaqués de la rage.

Du 11 Novembre 1762.

VU par le Conseil la Remontrance du Procureur Général du Roi, contenant que, &c. LE CONSEIL, faisant droit au Réquisitoire du Procureur Général du Roi, a déclaré et déclare nulle, et comme non avenue, l'Ordonnance du Juge du Siége Royal de cette Ville, en date du 3 de ce mois; fait défenses à tous Officiers et Archers de Maréchaussée et de Police, et autres personnes, de la mettre à exécution; et procédant par nouveau Réglement, enjoint à tous les Habitans des Villes, Bourgs et Campagnes du ressort de la Cour, de tuer ou faire tuer tous leurs chiens qu'ils soupçonneront être attaqués de la rage, à peine de tous dépens, dommages et intérêts pour les accidens qu'ils pourront occasionner; leur permet de tirer ou faire tirer sur tous ceux qui passeront sur leurs Habitations, sans être à la suite de leurs Maîtres libres; permet à toutes personnes, et ordonne à tous Officiers et Archers de Maréchaussée ou de Police, de tirer sur tous les chiens qui seront errans dans les rues des Villes, Bourgs, et dans les chemins de l'étendue du ressort de la Cour, avec les précautions nécessaires pour que personne ne soit blessé, vingt-quatre heures après la publication du présent Arrêt : ordonne que copies collationnées d'icelui seront envoyées dans tous les Siéges du ressort, pour y être enregistrées, lues, publiées et affichées, ainsi que dans toutes les Villes et Bourgs, à la diligence des Substituts du Procureur du Roi.

ORDONNANCE du Lieutenant Général de l'Amirauté du Port-de-Paix, touchant le mouillage des Canots, Chaloupes, &c.

Du 16 Novembre 1762.

VOUS remontre le Procureur du Roi de ladite Amirauté, que plusieurs Negres de ladite Ville auroient, la nuit du 9 au 10 de ce mois, enlevé un Canot sur le bord de la mer; qu'il y auroit lieu de penser que lesdits Negres l'auroient fait dans l'intention de se rendre sur les Bâtimens Anglois qui se trouvoient alors dans le canal de l'Isle de la Tortue; pourquoi requiert, &c.

Soit communiqué au Capitaine de Port, pour être par lui choisi et désigné un mouillage en ce Port à tous Canots, Chaloupes, Pirogues, Esquifs, et autres Bâtimens de rade et de petits cabotage.

Vu la présente, le soit communiqué étant ensuite; la déclaration y référée, et jointe ensemble; l'avis du Capitaine de Port y annexé, nous ordonnons à tous Passagers, Pêcheurs, Navigateurs, et autres Propriétaires de Chaloupes, Canots, Pirogues, et autres Bâtimens de rade et petit cabotage, de les mouiller désormais, et tenir mouillés par de bons grappins, cablot, ou aussiere, devant et vis-à-vis le Corps-de-Garde de Milice de cedit Port, et sous le canon d'icelui, à peine contre les contrevenans d'être poursuivis suivant l'exigence des cas; à l'effet de quoi ledit Capitaine de Port se pourvoira pardevers le sieur Commandant de ladite Forteresse, pour la consigne nécessaire à la protection et sûreté desdits Canots, et autres Bâtimens ci-dessus désignés: donnons acte au Procureur du Roi de ses réserves portées par son Réquisitoire, au désir duquel ordonnons que la Remontrance le concernant, ainsi que la présente, seront lues, publiées et affichées aux lieux accoutumés. DONNÉ au Port-de-Paix le 16 Novembre 1762. *Signé* REGNIER DU TILLET.

ARRÊT de Réglement du Conseil du Port-au-Prince, portant que les Comptables feront précéder leur réception de celle de leurs Cautions.

Du 16 Novembre 1762.

CE jour le Procureur Général du Roi est entré, et a dit, &c.; sur quoi, la matiere mise en délibération, LE CONSEIL a donné acte audit Procureur Général du Roi de sa Requête, et y faisant droit, vu la signification faite au sieur Sillegue, de l'Arrêt de la Cour du 12 de ce mois, la Requête qu'il a présentée aux fins de la démission de son emploi; et faute par lui d'avoir satisfait audit Arrêt, et fourni les cautionnemens ordonnés, sans s'arrêter à la Sentence de réception du sieur Sillegue, du 9 Juillet dernier, a nommé et nomme en son lieu et place la personne du sieur Faure la Chapelle, pour Curateur aux successions vacantes dans le ressort de ladite Jurisdiction : ordonne auxdits Officiers de le recevoir audit Office, après qu'il aura préalablement fourni, et fait recevoir et agréer, contradictoirement avec le Substitut du Procureur Général du Roi, la soumission des cautionnemens de la somme de 40,000 liv.; fait défenses auxdits Officiers de plus à l'avenir recevoir les Receveurs, les Curateurs aux successions vacantes, et autres Comptables, que leurs cautionnemens n'aient été préalablement fournis et agréés contradictoirement avec le Substitut du Procureur Général du Roi, et audit Substitut de consentir à leur réception, avant la soumission desdits cautionnemens par lui agréés : ordonne que la Requête du sieur Sillegue, ainsi que toutes les autres pieces relatives à sa réception, seront et demeureront déposées ès minutes du Greffe, pour y avoir recours, si besoin est; et que le présent Arrêt sera notifié aux Officiers de la Jurisdiction de cette Ville, à la diligence du Procureur Général du Roi, &c.

LETTRE des Administrateurs au Conseil du Port-au-Prince, qui lui accorde l'exemption de toutes Corvées publiques, et Arrêté en conséquence, pour les en remercier.

Des 20 et 24 Novembre 1762.

Cette Lettre contient absolument ce qu'on trouve dans la Réponse de M. le Général aux Députés du Conseil du Cap. (Voy. *l'Arrêté du* 14 *Juillet* 1762.)

LE Conseil a arrêté, 1°. que, conformément à son arrêté du 13 du courant, il sera fait registre de la Lettre écrite au Conseil par MM. le Général et Intendant, en réponse à celle des Commissaires de la Cour, aussi du 4 du courant, ladite Lettre datée du Cap, du 20 aussi courant; 2°. que, par les mêmes Commissaires, il sera fait Lettre commune à MM. le Général et Intendant, pour les remercier de ce qu'ils ont bien voulu se porter à maintenir, confirmer les priviléges et exemptions de la Compagnie, et pour les prier en même temps de se joindre à elle pour en obtenir une pleine confirmation de Sa Majesté.

ARRÊT du Conseil du Port-au-Prince, qui ordonne un Inventaire de son Greffe.

Du 23 Novembre 1762.

LA matiere mise en délibération, le Conseil, ayant aucunement égard à la Remontrance dudit Procureur Général du Roi, sans nuire ni préjudicier à l'Arrêt du 23 Septembre 1761, qui sera exécuté selon sa forme et teneur, ordonne que le sieur de Saint-Vast, Greffier en chef, sera mis en possession des registres et minutes, papiers, tutelles, armoires, établis, coffres et autres effets dépendans du Greffe de la Cour, par un inventaire sommaire qui en sera fait par M. de Longpré, Conseiller, que la Cour a nommé Commissaire en cette partie, qui sera assisté du sieur Breton des Chapelles, Greffier-Garde-Sac, que la Cour nomme pareillement à cet effet, et pour l'expédition du présent Arrêt, après avoir pris de lui le serment en tel cas requis, lequeldit inventaire sommaire sera fait en présence dudit sieur de Saint Vast, qui sera tenu de se charger, après la confection d'icelui, de tous lesdits registres, minutes, papiers, et autres effets dudit Greffe, pour en répondre, conformément aux Arrêts de la Cour des 12 Mars 1742 et 23 Septembre 1761.

ORDONNANCE du Roi, concernant les termes de la cessation des Hostilités en mer.

Du 23 Novembre 1762.

ARRÊTÉ du Conseil du Port-au-Prince, touchant, 1°. la nomination d'un Député des Conseils; 2°. le projet d'une nouvelle Législation; 3°. le maintien de la Justice civile; et 4°. le concert entre les deux Cours Souveraines de la Colonie.

Du 25 Novembre 1762.

CE jour, le Conseil tenant ses séances, et étant assemblé en la forme ordinaire, sur la lecture d'une lettre écrite audit Conseil par le sieur Petit, datée

datée de Paris des 15 Février et 20 Août de cette année, d'une expédition collationnée; d'un Brevet accordé par Sa Majesté audit sieur Petit le 19 Décembre 1761; d'une autre Lettre dudit sieur Petit, du 30 Mai aussi dernier; autre Lettre du même, adressée pareillement au Conseil, datée de Paris du 12 Septembre dernier, avec trois Tables et Prospectus de matieres, et un Mémoire raisonné sur le projet de la réformation de la Législation des Colonies; ensemble d'une Lettre aussi écrite au Conseil par M. l'Intendant, à ce sujet, le 17 de ce mois.

Le Conseil, sur ce ouï le Procureur Général du Roi, a arrêté, 1°. que les Lettres, Brevet, et différens Prospectus, Tables de matieres, et Projets adressés et envoyés au Conseil par le sieur Petit, seront examinés par MM. Saintart et de Vergès, Conseillers, que la Cour nomme Commissaires en cette partie, pour, sur le rapport quils feront du tout aux prochaines séances, être avisé, à la réponse à faire audit sieur Petit, sur lesdites Lettres et Projets, ainsi qu'il appartiendra; 2°. que par les mêmes Commissaires il sera fait Lettte en réponse à M. l'Intendant, pour lui témoigner la reconnoissance de la Compagnie sur les efforts qu'il a faits avec tant de succès pour maintenir les droits de la Justice contre les entreprises de l'Etat-Major; 3°. que, par la même Lettre, il sera représenté à M. l'Intendant, comme Chef et Président des deux Conseils, que le Conseil du Port-au-Prince considere que, pour assurer à jamais le lustre et la consistance des Tribunaux Supérieurs de la Colonie, il convient qu'ils partent l'un et l'autre des mêmes principes, pour répondre uniformément, tant sur les Lettres et Brevets du sieur Petit, que sur les Réglemens projetés, et annoncés pour une nouvelle Législation; et que, par une suite des premieres avances qui ont été faites par le Conseil du Cap, pour la correspondance de son Procureur Général avec celui du Port-au-Prince, et pour y répondre, le Conseil du Port-au-Prince désireroit que l'union, le concert, et l'unanimité des deux cours, tant sur lesdites Lettres, Brevet et Projets de Législation, que tout ce qui peut concerner l'administration de la Justice, pussent s'établir solidement par la nomination qui seroit faite de deux Conseillers-Commissaires, conjointement avec le Procureur Général du Roi, de part et d'autre; 4°. et finalement, que le présent arrêté sera envoyé à M. l'Intendant par lesdits MM. de Saintard et de Vergès, avec la lettre qu'ils lui écriront.

Voy. *l'Arrêt du Conseil du Cap du* 15 *Décembre suivant.*

PROVISIONS de Gouverneur Lieutenant Général, pour M. le Vicomte DE BELSUNCE.

Du 6 Décembre 1762.

R. au Conseil du Cap le 7 Mars 1763.
Et à celui du Port-au-Prince le 23.

Voy. *les Provisions de M. de Bory, du 13 Février 1761.*

LETTRE du Roi à M. DE BORY, sur la nomination de M. DE BELSUNCE pour Gouverneur Général.

Du 8 Décembre 1762.

MONS DE BORY, les événemens qui se sont passés dans mes Colonies pendant la derniere guerre, ne m'ont que trop fait connoître la nécessité qu'il y a d'en donner le Gouvernement à des Officiers Généraux de mes Troupes de terre, dont les talens pour la guerre aient été assez éprouvés pour me rassurer dans les occasions où elles pourront être attaquées. C'est d'après cette expérience seulement, et non par aucun sujet de mécontentement de ma part, que j'ai pris le parti de nommer pour Gouverneur mon Lieutenant Général des Isles sous le Vent, le sieur Vicomte de Belsunce. Je suis au contraire satisfait de vos services, et de la maniere dont vous vous êtes conduits pendant le temps de votre administration. Mon intention est donc que vous lui remettiez le Gouvernement, et que vous reveniez en France, pour y reprendre votre service dans la Marine. Sur ce, &c.

EXTRAIT de la Lettre du Ministre à MM. DE BELSUNCE et DE CLUGNY, sur les Paquebots.

Du 8 Décembre 1762.

JE vous préviens que le Roi a ordonné qu'il sera armé en France, tous les mois, un Paquebot qui ira porter des dépêches à Saint-Domingue, où il prendra les lettres que vous aurez à m'écrire. Vous pouvez vous arranger en conséquence pour votre correspondance. La Corvette *le Saint-Esprit*, par laquelle vous recevrez cette dépêche, est le premier des Paquebots, et il sera suivi d'un autre le mois prochain.

ARRÊT du Conseil du Cap, portant que tous les biens des Jésuites seront séquestrés et mis dans les mains de la Justice.

Du 9 Décembre 1762.

Vu par le Conseil la Remontrance du Procureur Général du Roi, contenant que, vers la fin de Septembre dernier, il auroit reçu différens avis que les Freres de la Société se disant de Jésus, disposoient de leurs effets mobiliers ; qu'il avoit cru de son devoir d'arrêter, autant qu'il étoit en lui, les suites de pareilles aliénations, et de prévenir la spoliation de la Mission, jusqu'à ce que la Cour y ait elle-même pourvu ; qu'à cet effet, dans l'intervalle des séances, il auroit écrit aux différens Notaires du ressort une Lettre circulaire le 25 dudit mois, pour qu'ils n'eussent à passer aucuns actes concernant les terres, maisons, Negres, bestiaux, et autres effets possédés par lesdits Freres de la Société se disant de Jésus, sans l'avoir prévenu ; que depuis ce temps, il se seroit assuré, par ses recherches, que le feu Frere Langlois, ci-devant Supérieur desdits Religieux, avoit vendu au sieur du Colombier, Habitant aux Fonds-Blancs, le 7 Août, par contrat passé par M^e. la Fontaine, cinquante-deux, tant Negres que Négresses, Négrillons et Négrittes ; que par autre du même jour, et pardevant le même Notaire, ledit feu Frere Langlois avoit pareillement vendu à la dame Gaye, Habitante aux Fonds-Blancs, la quantité de quarante-un autres, tant Negres que Négresses, Négrillons et Négrittes; que d'un autre côté, ledit feu Frere Langlois avoit encore vendu quelques autres Negres aux Dames Religieuses de cette Ville, et au sieur de Reynaud, Major-Général, et de Maussé, Maréchal-des-Logis des Troupes, ainsi que quelques bestiaux au Sieur Vicomte de Belsunce; que ces aliénations, sans celles qui pouvoient être inconnues, formoient un objet considérable; qu'il étoit intéressant d'examiner ces ventes, pour apprécier et juger de la conduite du feu Frere Langlois, dans les contrats ci-dessus cités, &c. Et ouï le rapport de M. Duperrier, Conseiller, et tout considéré : LE CONSEIL, faisant droit sur la Remontrance dudit Procureur Général, a ordonné et ordonne que provisoirement, à sa diligence et de moment à autre, les biens, tant mobiliers qu'immobiliers possédés par les Freres de la Société soi-disant de Jésus, même les Negres vendus au sieur Colombier, et à la dame Gaye et autres, les titres, registres, journaux de recette et dépense, état des dettes et recouvremens, seront saisis et mis sous la main du Roi et de la Justice, à laquelle fin ordonne qu'inventaire sera fait desdits titres, papiers, meubles et effets, par M. Duperrier, Conseiller, que la Cour a commis à cet effet, en présence d'un des Substituts dudit Procureur Général du Roi, pour la Maison possédée par ladite Société dans cette Ville du Cap; et à l'égard des autres Maisons, Habitations, et biens sis dans le ressort, par les Juges Royaux des Siéges où sont situés lesdites Maisons, Habitations et biens, que la Cour a commis à cet effet, le tout en présence des Substituts dudit Procureur Général esdits Siéges, et qu'au régime et gouvernement des biens et revenus d'iceux, sera par ledit Conseiller Commissaire, et Juges Royaux à ce députés, établi des Gardiens, Séquestres, et Economes suffisans, par lesquels néanmoins sera délivré les deniers nécessaires à la subsistance desdits Freres de ladite Société, jusqu'à ce qu'autrement par la Cour en ait été ordonné. Fait très-expresses inhibitions et défenses à tous Sujets du Roi, de quelque qualité et condition qu'ils soient, d'acheter, vendre ni recéler, directement ni indirectement, aucuns effets appartenans à ladite Société: ordonne à tous ceux qui auront aucuns desdits effets, titres et contrats appartenans à ladite Société, soit à titre de dépôt ou autrement, de les remettre incessamment ès mains du Conseiller Commissaire et Juges Royaux à ce commis, pour être joints audit inventaire, à peine d'être, contre les uns et les autres, procédé suivant l'exigence des cas: ordonne que le présent Arrêt sera lu, publié et affiché par-tout où besoin sera.

ARRÊT du Conseil du Cap, qui accorde au Député dudit Conseil une gratification de 6000 liv., et une de 3000 liv. à celui de la Colonie, sur la Caisse des Droits Municipaux.

Du 13 Décembre 1762.

CE jour, le Procureur Général du Roi est entré, et a dit: Messieurs, nous venons vous exposer les sentimens et les vœux des principaux Habitans de ce ressort, sur deux objets qui intéressent essentiellement, sur-tout pour l'avenir, leur bonheur et leur fortune ; l'un est l'établissement d'un Député des Conseils Supérieurs des Colonies; l'autre est l'établissement d'un Député des Chambres d'Agriculture et de Commerce de cette Isle. Le premier de ces établissemens est lié au projet de la réformation de la Législation des Colonies ; projet qui, en montrant l'attention paternelle du Souverain pour le bonheur de ses Sujets éloignés, annonce dans le Ministre à qui il a confié le soin des Colonies, un génie vaste et actif, qui, dans le sein de la guerre, s'occupe également de l'intérieur, et en même temps qu'il protége les Colons au dehors contre les entreprises de l'ennemi, leur prépare au dedans un heureux avenir. La générosité avec laquelle M. le Chancelier et M. le Duc de Choiseul ont donné les mains à un Bureau de Législation, caractérise des ames élevées, qui ne sont jamais arrêtées par une fausse jalousie, lorsqu'il s'agit d'opérer le bien public. Le concours du Chef de la Justice étoit nécessaire pour réformer la constitution intérieure des Colonies, et on les a vus aussi-tôt, avec un désintéressement et un zele égal, embrasser les moyens d'arriver à ce but si utile, et si long-temps désiré. L'autre établissement tient aux vues bienfaisantes de la Cour pour l'augmentation de la culture et du commerce des Colonies; accroissement aussi favorable aux biens, que la réforme des abus intéresse la félicité des personnes. Les Colons, Messieurs, en même temps qu'ils sont pénétrés de reconnoissance envers le Monarque, et ceux à qui ils doivent cet heureux établissement, sentent aussi combien ils devront à des Députés laborieux et actifs, qui, répondant à l'honneur du choix qui a été fait d'eux, s'occuperont sans relâche du bien de la Colonie. Ils prévoient les soins, les voyages, les frais de Bureau, et le séjour couteux de la Capitale, auxquels ces places assujettissent ceux qui en sont revêtus, et il leur paroît aussi juste que décent de les dédommager de leurs travaux et de leurs dépenses, par un traitement sur la caisse municipale. Vous êtes, Messieurs, les Représentans des Habitans; vous êtes les sages Ordonnateurs de cette caisse; c'est à vous, après que nous vous avons exposé les désirs et les sentimens des Colons, à juger de ces sentimens, et à en faire l'usage convenable, à adopter et à régler ces mouvemens de libéralité et de gratitude. Le Procureur Général retiré, la matiere mise en délibération ; LA COUR, en considération des services de M. Petit, Député des Conseils Supérieurs des Colonies, a arrêté qu'il lui sera payé pour cette année 1762, sur la caisse des droits municipaux, la somme de 6000 liv., par forme de gratification, laquelle somme sera délivrée au Greffier de la Cour, pour être par lui remise audit

Député; et sera ladite somme passée en bonne et valable dépense au Receveur des droits municipaux, en par lui rapportant le reçu dudit Greffier, sauf à renouveler annuellement ladite gratification, s'il y échet; a arrêté pareillement qu'il sera payé à M. l'Héritier, Député de la Chambre mi-partie d'Agriculture et de Commerce de cette Ville du Cap, pour cette année 1762, sur ladite caisse des droits municipaux, la somme de 3000 l., aussi par forme de gratification, laquelle somme sera payée au Secrétaire de ladite Chambre, pour être par lui remise audit sieur l'Héritier; et sera ladite somme de 3000 liv. passée en bonne et valable dépense au Receveur des droits municipaux, en par lui rapportant le reçu dudit Secrétaire de ladite Chambre mi-partie d'Agriculture et de Commerce, sauf à renouveler annuellement ladite gratification, s'il y échoit. *Signé* CLUGNY NUYS.

Rayé, biffé le 19 Novembre 1763, en vertu de l'Arrêt du Conseil d'Etat, du 21 Mai précédent. (Voy. *cet Arrêt.*)

ARRÊT du Conseil du Cap, touchant les Assertions des Jésuites.

Du 13 Décembre 1762.

CE jour, le Procureur Général du Roi est entré, et a dit: « Messieurs, depuis l'institution de la Société soi-disant de Jésus dans presque tous les Etats Catholiques, on s'est fréquemment élevé contre la doctrine et la morale enseignées, publiées et pratiquées par différens Membres de cette Société. En consultant l'Histoire, depuis 1540, époque de sa fondation, ou plutôt de son autorisation, on rencontre une foule de condamnations, de censures des Papes, du Clergé de France, des Evêques, de la Sorbonne, d'autres Facultés de Théologie du second ordre, du Clergé et des Tribunaux laïques contre plusieurs articles de cette doctrine et de cette morales, renfermées dans les Livres, les Theses, les Cahiers, les Catéchismes, et les Sermons de plusieurs Religieux de ces Ordres, &c. » Ledit Procureur Général retiré, après avoir mis sur le Bureau deux volumes en brochures, de l'Imprimerie de L. G. S., Imprimeur du Parlement de Paris, de la présente année, intitulés: Extraits des assertions dangereuses et pernicieuses en tout genre que les soi-disant Jésuites ont dans tous les temps et persévéramment soutenues, enseignées et publiées dans leurs livres, avec l'approbation de leurs Supérieurs et Généraux, vérifiées et collationnées par les Commissaires dudit Parlement, en exécution de l'Arrêt de la Cour du 31 Août 1761; et Arrêt du 3 Septembre suivant, sur les Livres, Theses, Cahiers composés, dictés et publiés par les soi-disant Jésuites, et autres actes authentiques déposés au Greffe de ladite Cour, par Arrêt des 3 Septembre, 5, 17, 18, 26 Février et 25 Mars 1762. La matiere mise en délibération, et tout considéré : LE CONSEIL donne acte audit Procureur Général de la remise par lui faite sur le Bureau desdits volumes in-8°. composant le Recueil desdites assertions; et vu et examiné lesdites assertions, fait très-expresses inhibitions et défense à toutes personnes, de quelque état, qualité et condition qu'elles soient, de débiter, enseigner, soutenir, publier, et par la suite faire imprimer la Doctrine et Morale contenues èsdites assertions, et dans les Auteurs desquels elles sont extraites, notamment sur le Régicide, à peine d'être poursuivis extraordinairement; enjoint à un chacun d'apporter au Greffe de la Cour les Livres qu'il pourroit avoir en sa possession, desquels lesdites assertions ont été extraites, notamment celles sur le Régicide, pour y être fait droit. Fait très-expresses inhibitions et défenses à toutes personnes, de quelque qualité et condition qu'elles soient, d'introduire dans la Colonie aucuns des livres contenant la doctrine exécrable du Régicide, à peine d'être poursuivies extraordinairement : ordonne que le présent Arrêt sera envoyé ès Jurisdictions du ressort, pour être lu, publié et registré, &c.

ARRÊT du Conseil du Cap, qui nomme un seul Séquestre des biens des Jésuites, et regle plusieurs points de leur administration.

Du 15 Décembre 1762.

VU par le Conseil la Remontrance du Procureur Général du Roi, contenant que, par son Arrêt du 9 de ce mois, il auroit été ordonné, &c., que l'éloignement des Séquestres et Régisseurs des Habitations desdits Religieux, et leur intérêt, demandoit qu'il y eût une seule personne chargée de la totalité du revenu et de la dépense desdits biens, qui, résidant en cette Ville, pût être à portée d'exécuter promptement les ordres de la Cour, &c. A CES CAUSES, requéroit, &c.; ouï le rapporr de M. Duperrier, Conseiller, et tout considéré : LE CONSEIL, faisant droit sur la Remontrance dudit Procureur Général, a nommé et commis le sieur Aubert, Négociant de cette ville du Cap, pour Econome Séquestre principal de tous les biens des soi-disant Jésuites de ce ressort, à la commission de dix pour cent, suivant l'usage, lequel prêtera serment pardevant M. Duperrier, Conseiller à ce député, auquel tous autres Gardiens, Economes, Séquestres et Régisseurs seront tenus de rendre compte, et de remettre les fruits et revenus provenans desdits biens; a autorisé et autorise ledit Econome Séquestre principal à fournir par chacun mois au Supérieur de la Mission, sur son reçu, une somme de 2000 liv., pour la subsistance, vêtement et besoins, tant desdits soi-disant Jésuites, qu'autres Prêtres attachés à la Maison de cette Ville; au moyen de quoi seront les pensions ordinaires pour la nourriture d'aucun desdits Prêtres, perçues et touchées par ledit Econome Séquestre principal, à compter du jour du présent Arrêt; l'autorise pareillement en ladite qualité à suivre jusqu'au recouvrement les dettes actives desdits soi-disant Jésuites; a ordonné et ordonne aux créanciers desdits soi-disant Jésuites, de remettre, sous un mois pour tout délai, audit Econome Séquestre principal, des états certifiés de leurs titres, pour lesdits états remis audit Procureur Général être sur ses conclusions, et par la Cour ordonné ce qu'il appartiendra; et sera le présent Arrêt lu, publié et affiché, &c.

ARRÊTÉ du Conseil du Cap, concernant la distribution du travail relatif à la nouvelle Législation des Colonies.

Du 15 Décembre 1762.

CE jour, la Cour délibérant, en exécution de son Arrêt du 13, rendu sur le compte rendu par M. Delaye, Conseiller-Assesseur, des Dépêches de M. le Chancelier et de M. le Duc de Choiseul, énoncées dans ledit arrêté, ainsi que du Mémoire qui y étoit joint, contenant l'état de ce qui doit être fait par le Conseil Supérieur du Cap, pour l'exécution des intentions de Sa Majesté, et de l'Arrêt de son Conseil du 19 Décembre 1761; ouï sur iceux le Procureur Général, a été arrêté; 1°. que lesdites Dépêches, ensemble ledit Mémoire, seroient enregistrés au Greffe de la Cour; 2°. que ledit Mr. Delaye, Commissaire nommé à cet effet, seroit chargé de l'exécution des articles 1, 2, 3, 4 dudit Mémoire, et qu'il resteroit chargé de demander les éclaircissemens nécessaires sur l'article 5; 3°. qu'il sera fait, sous les yeux dudit Commissaire, copie, tant des Ordonnances, Edits, Déclarations, et Arrêts du du Conseil de Sa Majesté, que des Réglemens de la Cour, lesquelles seront rangés par ordre de matiere, et de suite distribués aux différens Commissaires, relativement à la partie dont ils seront chargés, aux fins de l'article 6 dudit Mémoire; 4°. que MM. le Gras, le Gris, Loiseau, et Dalcourt, Conseillers, que la Cour a commis à cet effet, seront chargés des objets contenus dans la premiere partie de l'art. 7, relatifs à la Justice et Police, ensemble des objets contenus dans les art. 8. et 9; 5°. que M. Pasquier, Conseiller, et ledit Me. Delaye, que la Cour a commis à cet effet, seront chargés des objets contenus dans la seconde partie de l'article 7, relatif au Commerce et à la Population, ensemble des objets contenus dans la premiere, deuxieme et cinquieme partie de l'art. 14, sur lesquels les Membres de la Chambre d'Agriculture et de Commerce seront invités par le Procureur Général à fournir des Mémoires qui seront remis auxdits Commissaires; 6°. que MM. Collet, Conseiller, et Beaujau, Conseiller-Assesseur, que la Cour a commis à cet effet, seront chargés des objets contenus daus l'art. 10 dudit Mémoire relatif à la procédure; 7°. que MM. Duperrier, Conseiller, et Laforgue, Conseiller-Assesseur, que la Cour a commis à cet effet, seront chargés des objets contenus dans la troisieme et quatrieme partie de l'art. 14 relatif aux Negres; 8°. que les Commissaires, chacun à leur égard, se conformeront, pour les objets dont ils sont chargés, à ce qui est porté dans les articles 11, 12 et 13 dudit Mémoire; 9°. que le Président des deux Conseils demeure invité de faire connoître à M. le Chancelier, et à M. le Duc de Choiseul, le petit nombre de Magistrats dont la Cour est composée, l'étendue du travail dont ils se trouvent chargés, le temps nécessaire pour dresser les états demandés, et fournir à chaque Commissaire les matériaux relatifs aux objets qui leur sont confiés; matériaux ensevelis dans les Greffes par le défaut d'impression; enfin, que la résidence des Officiers du Conseil n'étant pas continuelle, les Commissaires ne peuvent être toujours réunis pour se concerter et accélérer le travail proposé.

Arrêté pareillement que M. le Président des deux Conseils demeure invité de faire passer le présent arrêté à M. le Chancelier et à M. le Duc de Choiseul.

La Cour, par suite de la délibération et arrêté ci-dessus, a arrêté, 1°. que le Greffier demeure autorisé à remettre au Commissaire chargé de l'exécution des art. 1, 2, 3, 4 du susdit Mémoire, sous son récépissé, les registres contenant les Ordonnances, Edits, Déclarations et Arrêts du Conseil de Sa Majesté, les registres contenant les Arrêts de la Cour, faisant

Réglemens, ensemble ceux contenant les Ordonnances des Généraux et Intendans; 2°. que le Commissaire susdit demeure autorisé à prendre les Commis nécessaires, tant pour la dresse des états demandés par le Mémoire susdit, que pour faire copier les Edits, Ordonnances, Déclarations et Arrêts du Conseil de Sa Majesté, les Arrêts de la Cour faisant Réglemens, ensemble les Ordonnances des Généraux et Intendans, lesquelles copies seront faites sur des feuilles séparées, numérotées et rangées par ordre de matiere; 3°. que sur les représentations faites à M. l'Intendant, ci-présent, il est convenu que, pour le payement desdits Commis et frais nécessaires pour lesdites copies, il seroit par lui, ou, en son absence, par le Commissaire de la Marine, délivré des ordonnances sur les Mémoires arrêtés par le susdit Commissaire nommé à cet effet. *Signé* CLUGNY NUYS.

ARRÊTÉ du Conseil du Cap, pour s'entendre avec celui du Port-au-Prince, sur le travail d'une nouvelle Législation.

Du 15 Décembre 1762.

CE JOUR D'HUI, M. le Président des deux Conseils a mis sur le Bureau une Lettre à lui écrite le 2 du présent mois par MM. Saintart et de Vergès, Conseillers au Conseil Supérieur du Port-au-Prince, ensemble l'arrêté dudit Conseil du 25 Novembre dernier, lecture faite de ladite Lettre et dudit arrêté, et ouï le rapport de M. Collet, Conseiller; LA COUR a arrêté qu'il seroit répondu auxdits Commissaires du Conseil Supérieur du Port-au-Prince:

Que le Conseil du Cap avoit désiré, dans tous les temps, cette union et ce concert, si nécessaires entre les Cours Souveraines de la Colonie, pour opérer plus efficacement le bien public; union plus intéressante encore dans cette circonstance, où il s'agit de la réformation entiere des abus et d'une nouvelle Législation; que, malgré quelques expressions de la Lettre et de l'arrêté, qui paroîtroient éloignées de ce concours si utile, le Conseil du Cap, animé pour le bien public d'un zele toujours supérieur à des vues particulieres, ne s'est pas moins porté à nommer M. Duperrier pour faire parvenir au Conseil du Port-au-Prince tous les objets qui ont été traités dans cette séance, relatifs à la Législation; que l'arrangement proposé de nommer des Commissaires respectifs, à l'effet de se concerter sur les objets demandés par la Cour, devenoit impraticable, par l'éloignement des lieux; mais qu'on pourroit y suppléer, en se communiquant réciproquement le travail qui seroit arrêté; que les deux Cours par ce moyen, pourroient se faire parvenir leurs observations sur l'ouvrage de leurs Commissaires, avant de le faire passer à M. le Chancelier et à M. le Duc de Choiseul; que M. le Président des deux Conseils sera invité à faire passer le présent arrêté à MM. du Conseil Supérieur du Port-au-Prince.

BREVET d'Imprimeur exclusif à Saint-Domingue.

Du 31 Décembre 1762.

AUJOURD'HUI 31 Décembre 1762, le Roi étant à Versailles, le sieur Antoine Marie, Imprimeur à Nantes, ayant fait représenter à Sa Majesté qu'il souhaiteroit exercer la profession d'Imprimeur et Libraire dans l'Isle Saint-Domingue; s'il plaisoit à Sa Majesté lui accorder un privilége exclusif, tant pour l'Imprimerie que pour la vente des Livres écrits, imprimés et manuscrits; et Sa Majesté étant informée que ledit sieur Marie a l'expérience et la capacité acquises au fait de l'Imprimerie, elle lui a accordé et accorde le privilége d'imprimer, à l'exclusion de tous autres, les Edits, Lettres patentes, Déclarations, Ordonnances, Réglemens, Arrêts, les Factums, et autres Ecrits concernant l'instruction des procès, ensemble tous autres Ecrits qui seront approuvés par l'Intendant de Saint-Domingue; lui permet pareillement Sa Majesté de vendre, à l'exclusion de tous autres, touses sortes de Livres approuvés, Gazettes, et autres Nouvelles publiques, imprimées ou manuscrites, qu'il pourra faire venir du Royaume, à condition néanmoins qu'il ne pourra les faire passer dans les différentes parties de l'Isle Saint-Domingue, qu'après en avoir fait approuver la liste à l'Intendant de ladite Isle, et que, lorsque l'envoi lui en aura été fait, il représentera audit Intendant tous les volumes de Livres imprimés et manuscrits qui lui auront été envoyés de France, avec la facture, lesquels il ne lui sera permis de vendre qu'après en avoir reçu l'approbation dudit Intendant. Mande et ordonne Sa Majesté aux sieurs Vicomte de Belsunce, Lieutenant Général de ses Armées, Gouverneur et Lieutenant Général à Saint-Domingue; et de Clugny, Intendant en ladite Isle, de tenir la main à l'exécution du contenu au présent Arrêt, qui sera registré au Greffe des deux Conseils Supérieurs de ladite Isle Saint-Domingue, et par-tout ailleurs où besoin sera, lequel, pour assurance de Sa volonté, Sa Majesté a voulu être signé de sa main, &c.

R. au Conseil du Cap le 24 Mars 1764.

Voy. *la Lettre du Ministre du 19 Janvier suivant.*

LETTRES PATENTES, qui accordent le Commandement général des Isles sous le Vent, en cas de décès ou d'absence de M. DE BELSUNCE, à M. le Chevalier DE MONTREUIL.

Du 1er Janvier 1763.

LOUIS, &c. Salut : Estimant nécessaire de pourvoir au commandement général des Isles sous le Vent de l'Amérique, dans le cas où le sieur Vicomte de Belsunce, Lieutenant Général de nos Armées, que nous y avons établi en la qualité de Gouverneur et de notre Lieutenant Général desdites Isles, viendroit à manquer; et voulant y commettre un Officier capable d'en remplir tous les objets avec tout le zele et la capacité, l'expérience, la valeur, et la prudence qu'ils exigent, nous avons choisi le sieur Chevalier de Montreuil, Brigadier de nos Armées, en qui nous avons eu occasion de reconnoître toutes ces qualités, par les preuves qu'il nous en a données dans les différentes occasions où nous l'avons employé. A CES CAUSES, &c., commettons, constituons, ordonnons et établissons ledit sieur Chevalier de Montreuil, pour, en cas de mort dudit sieur Vicomte de Belsunce, Gouverneur, notre Lieutenant Général des Isles sous le Vent, avoir commandement général sur tous nos Officiers Militaires, comme aussi sur les Officiers des Conseils Supérieurs du Port-au-Prince et du Cap, et sur les Vaisseaux françois qui y navigueront, soit de guerre, à nous appartenans, soit de Marchands; tenir la main à l'exacte administration de la Justice; commander, tant au Peuple desdites Isles qu'à tous nos autres Sujets, Ecclésiastiques, Nobles, et Gens de guerre et autres, de quelque qualité et condition qu'ils soient, y demeurans, les maintenir et conserver en paix, repos et tranquillité, et les défendre de son pouvoir; commander, tant par terre que par mer, ordonner et faire exécuter tout ce que lui ou ceux qu'il commettra jugeront devoir et pouvoir faire pour l'étendue et conservation desdites Isles, sous notre autorité et obéissance, et généralement faire et ordonner par lui tout ce que pourroit faire le sieur Vicomte de

Belsunce, Gouverneur, notre Lieutenant Général auxdites Isles, à l'effet de quoi nous lui avons attribué et attribuons audit cas les mêmes honneurs, pouvoirs, prérogatives, prééminences, franchises, libertés et droits, pour les tenir et exercer, en jouir et user en sadite qualité de Commandant Général pour nous, ainsi et de la même maniere que pourroit faire ledit sieur Vicomte de Belsunce, et ce jusqu'à ce qu'il en ait été par nous autrement ordonné. Si donnons en mandement à tous nos Officiers Militaires èsdites Isles sous le Vent, aux Officiers des Conseils Supérieurs qui y sont établis, et à tous nos autres Officiers et Justiciers, chacun en droit soi, qu'il appartiendra, que ledit sieur Chevalier de Montreuil, lequel nous avons dispensé audit cas du serment en tel cas requis, attendu qu'il ne seroit pas à portée de le prêter entre nos mains, ils aient à le reconnoître, lui obéir, et le laisser jouir et user dudit commandement; ordonnons pareillement, et enjoignons à tous nos autres Sujets, de quelque qualité et condition qu'ils soient, de le reconnoître, lui obéir et entendre ès choses concernant ledit commandement: voulons que, par les Gardes du Trésor Royal ou autres Comptables qu'il appartiendra, il soit payé comptant des gages et appointemens qui lui seront ordonnés par les ordonnances et états qui en seront par nous expédiés et signés, lesquels rapportant avec ces présentes, ou copie d'icelle dûment collationnées, pour une fois seulement, et quittance sur ce suffisante, nous voulons que tout ce qui lui aura été payé à cette occasion, soit passé et alloué aux comptes de ceux qui en auront fait le payement, par nos amés et féaux les Gens de nos Comptes à Paris, auxquels nous mandons ainsi le faire, sans difficulté; car tel est notre plaisir, &c.

R. au Conseil du Cap le 9 Juin 1763.
Et à celui du Port-au-Prince le 14 Juillet suivant.

BREVET portant établissement d'un Maître Charpentier, entretenu dans le Port du Cap, avec mandement à l'Intendant de le faire reconnoître.

Du 1er Janvier 1763.

BREVET comme le précédent, pour un Maître d'Equipage entretenu dans le même Port.

Du 1er Janvier 1763.

COMMISSION de Subdélégué Général de l'Intendance de Saint-Domingue, pour M. DE KERDISIEN DE TREMAIS.

Du 1er Janvier 1763.

LOUIS, &c. La satisfaction que nous avons des services que vous nous avez rendus en différentes occasions où vous avez été employé pour notre service, nous a déterminé à vous confier les fonctions d'Ordonnateur au département du Cap, Isle et Côte Saint-Domingue; et voulant vous mettre de plus en plus en état de nous donner des marques de votre zele, de votre capacité, et de votre expérience, nous avons résolu de vous établir en qualité de Subdélégué Général de l'Intendant des Isles sous le Vent. A CES CAUSES, &c. vous commettons, ordonnons, et établissons en ladite qualité de Subdélégué Général de l'Intendant, pour, dans ladite Isle de Saint-Domingue, en l'absence de l'Intendant, informer de toutes entreprises, pratiques, et menées faites contre notre service, procéder contre les coupables d'icelles, de quelque qualité et condition qu'ils soient, et faire toutes les procédures et instructions nécessaires pour raison de ce, et juger ensuite lesdits procès avec le nombre de Gradués et Juges, porté par nos Ordonnances, qui seront appelés par vous à cet effet; veiller à ce que la Justice soit exactement rendue, et tenir la main à ce que les Juges et autres Officiers établis dans ladite Colonie soient maintenus dans leurs fonctions, sans y être troublés; faire juger toutes matieres civiles, conformément à nos Edits et Ordonnances, et à la Coutume de notre bonne Ville, Prévôté et Vicomté de Paris; voulons que les Jugemens et Ordonnances qui seront par vous rendus, soient exécutés comme s'ils avoient été rendus par ledit sieur Intendant, nonobstant toutes prises à Partie, récusations, Edits, Ordonnances, et autres choses à ce contraires, et que les appellations qui en seront interjetées, soient portées directement en notre Conseil; de faire tout ce que dessus vous donnons pouvoir et mandement spécial. Mandons au Gouverneur, notre Lieutenant Général, et à l'Intendant, &c.

R. au Conseil du Cap le 6 Juin 1763.
Et à celui du Port-au-Prince le 16 Juillet suivant.

PROVISIONS de Premier Conseiller des deux Conseils de Saint-Domingue, pour M. KERDISIEN DE TREMAIS.

Du 1er Janvier 1763.

Ces Provisions portent, pour avoir rang, séance, et faire aux Conseils les fonctions attribuées au Premier Conseiller.

R. au Conseil du Cap le 6 Juin 1763.
Et à celui du Port-au-Prince le 13 Juillet suivant.

ARRÊT du Conseil du Cap, touchant la nomination faite d'un second mari pour tuteur des enfans du premier lit.

Du 7 Janvier 1763.

ENTRE le Procureur Général du Roi en la Cour du Conseil Supérieur du Cap, Appelant d'office de la nomination faite le 23 Septembre dernier de la personne du sieur B..... pour Tuteur aux Mineurs D....., et de tout ce qui s'en est ensuivi, d'une part; et le sieur B....., Intimé, Défendeur, d'autre; après que Daugy, Avocat pour l'Intimé, a été ouï, ensemble Lohier de la Charmeraye, Substitut pour le Procureur Général du Roi, et tout considéré : LE CONSEIL a mis et met l'appellation et ce dont a été appel au néant; a ordonné et ordonne, qu'à la diligence du Substitut dudit Procureur Général au Siége du Fort Dauphin, il sera procédé, en la maniere accoutumée, à la convocation des parens et amis des mineurs D....., à l'effet d'être élu un nouveau tuteur auxdits mineurs, au lieu et place dudit sieur B.....

ARRÊT du Conseil du Cap, qui mande un Procureur, pour lui enjoindre d'être plus respectueux envers un Juge, et qui défend d'intimer les Juges pour soutenir le bien jugé de leurs Sentences.

Du 8 Janvier 1763.

VU par le Conseil la Requête de B....., Avocat au Parlement de Paris, et Procureur en la Cour en son nom, Appelant ; conclusions de M. Lohier de la Charmeraye, Substitut pour le Procureur Général du Roi ; ouï le rapport de M. Delaye, Conseiller-Assesseur, tout considéré : LE CONSEIL a déclaré le Suppliant non recevable dans les fins et conclusions de sa Requête, sauf et sans préjudice des moyens et griefs, si aucun il a, contre la Sentence rendue par ledit Lieutenant de l'Amirauté le 18 Décembre dernier : ordonne que ledit B..... sera mandé en la Chambre du Conseil, pour lui être enjoint d'être à l'avenir plus circonspect et plus respectueux envers un Juge devant le Tribunal duquel il se prétend en droit de militer ; lui fait défenses de requérir à l'avenir permission d'intimer un Juge pour soutenir le jugé d'une Sentence rendue comme celle dont s'agit, sur les conclusions du Ministere public, à peine d'y être pourvu en cas de récidive : ordonne que le présent Arrêt sera signifié audit B..... à la diligence dudit Substitut du Procureur Général en la Cour, et enregistré au Greffe de l'Amirauté de cette Ville, et sur le registre des Procureurs en la Cour.

ARRÊT du Conseil du Cap, qui ordonne la transcription d'un Acte de Notoriété sur un registre de la Paroisse du Limbé, où on ne trouvoit pas la mention d'un baptême, et enjoint de tenir les registres conformément à l'Ordonnance.

Du 8 Janvier 1763.

VU la Requête présentée au Conseil par le sieur Dufresne de Pont-Briand, Ecuyer, Capitaine de Cavalerie, Habitant au Limbé, contenant que, pour constater l'état de la Demoiselle Thérese-Marie-Jeanne Dufresne du Pont-Briand, sa fille aînée, qu'il a eue de son mariage avec feu dame Louise de Trévan, le 13 Octobre 1750, et baptisée quelque temps après en l'Eglise paroissiale du Limbé, par l'Abbé Didier, qui en desservoit lors

lors la Cure; il se seroit adressé, en 1760, au P. Edouard, Carme desservant la Cure, et l'auroit requis de lui délivrer un extrait de son acte de baptême; et sur la réponse qu'il n'étoit pas en son pouvoir de délivrer cet extrait au Suppliant, attendu que, sur les registres dont il étoit dépositaire en sa qualité, il y avoit une lacune et vide de deux à trois ans, dans lequel vide de temps et cercle se trouvoit compris et confondu l'acte baptistaire en question, et ainsi qu'il est plus au long contenu en ladite Requête; vu aussi les pieces attachées à icelles, conclusions de M. Lohier de la Charmeraye, Substitut du Procureur Général du Roi, et ouï le rapport de M. le Gris, Conseiller, et tout considéré: LE CONSEIL, ayant égard à ladite Requête, a ordonné et ordonne que l'Arrêt du 13 Décembre 1760, sur la Requête du Suppliant, sera exécuté; en conséquence, lui permet de faire enregistrer avec le présent Arrêt, sur le registre de la Paroisse du Limbé, l'acte de notoriété reçu par Mes. Delan et Bruté, Notaires au Cap, les 3, 4 et 5 Novembre 1760, par lequel est constaté, à défaut dudit acte de baptême, la naissance et l'état de demoiselle Therese-Marie-Jeanne Dufresne de Pont-Briand, fille aîné du sieur Julien Dufresne de Pont-Briand, et de dame Louise de Trévan ses pere et mere; à quoi faire le Desservant la Cure de ladite Paroisse, Greffier ou autres dépositaires des registres d'icelles, seront contraints, et ce aux fins que ledit acte de notoriété et présent Arrêt suppléent au défaut dudit acte de baptême de la fille du Suppliant, et lui conserve, ainsi que de droit, son état d'enfant légitime du Suppliant, et de la feue dame son épouse, pour en jouir aux formes et droits ordinaires. Et faisant droit sur les plus amples conclusions dudit Procureur Général, enjoint au Curé de ladite Paroisse du Limbé de tenir les registres des baptêmes, mariages et sépultures dans les formes prescrites par l'Ordonnance, et aux Marguilliers de ladite Paroisse de veiller exactement à la tenue desdits livres dans ladite forme, sous les peines de droit, et de tous dommages et intérêts envers les Parties: ordonne que le présent Arrêt sera lu, publié et affiché à la porte de toutes les Eglises paroissiales du ressort de la Cour, et enregistré sur le registre de délibération desdites Paroisses, à la diligence des Substituts dudit Procureur Général ou Juges Royaux du ressort de ladite Cour, &c.

ARRÊTÉ du Conseil du Port-au-Prince, touchant son travail pour la nouvelle Législation.

Du 14 Janvier 1763.

Vu par le Conseil la Lettre écrite par M. le Chancelier à M. l'Intendant, &c. LE CONSEIL, ouï le Procureur Général du Roi en ses conclusions, et M. Saintard, Conseiller, en son rapport, ordonne que les Lettres de M. le Chancelier et de M. le Duc de Choiseul, relatives à la nouvelle législation ordonnée par l'Arrêt du Conseil d'Etat du Roi du 19 Décembre 1761; l'état double joint auxdites Lettres, intitulé: *Etat de ce qui doit être fait par le Conseil, &c.*, et la Lettre de M. l'Intendant au Conseil, seront enregistrés, pour être ledit état ou plan de travail exécuté en tout son contenu; en conséquence, a commis et commet M. Motmans de Bellevue, Conseiller séant, pour faire dresser incessamment et en sa présence, par le Greffier de la Cour, deux états particuliers extraits de ses registres; l'un contenant les titres des Edits et Déclarations envoyés par Sa Majesté dans cette Colonie depuis l'établissement du Conseil, et la date de leur enregistrement; et l'autre, ceux des Arrêts et Réglemens faits jusqu'à ce jour, ensemble pour compulser dans les minutes, et faire expédier par ledit Greffier copies d'iceux et des Réglemens registrés, qui ne sont point compris dans lesdits deux états; a commis et commet pareillement M. Gressier, Président à la séance, MM. Saintart, de Vergês, et ledit M. de Motmans, tant pour exécuter le travail des observations demandées par Sa Majesté, sur ces Edits et Déclarations ci-devant enregistrés, et sur les Arrêts et Réglemens de la Cour, lorsque les états en seront achevés, que pour dresser des Mémoires sur les points qui leur paroîtront exiger préliminairement de nouvelles Loix de Sa Majesté, et sur tout ce qui concerne le meilleur ordre de la Justice, l'augmentation du Commerce, la population, ou tous autres objets à l'examen desquels lesdits Commissaires sont autorisés par les articles 7, 8, 9 10, 11, 12, 13 et 14 de l'état du travail demandé par Sa Majesté.

Ordonne à cet effet qu'il leur sera délivré à chacun séparément, par le Greffier de la Cour, copie dudit état de travail, et de toutes autres pieces qu'ils estimeront leur être nécessaires, pour lesdits Mémoires signés d'eux, être successivement et à mesure qu'ils seront dressés, remis au Procureur Général du Roi, et par lui envoyés à M. le Chancelier et au Ministre de la Marine, conformément aux intentions de Sa Majesté; a été arrêté en outre qu'il seroit fait réponse à la Lettre de M. l'Intendant, mentionnée en l'Arrêt d'enregistrement ci-dessus, par M. Saintard, Conseiller, que le Conseil nomme à cet effet, de laquelle réponse sera fait registre.

ARRÊT du Conseil du Port-au-Prince, touchant la réparation du Pont de Miragoane.

Du 15 Janvier 1763.

SUR ce qui a été représenté par le Procureur Général du Roi, que, par un état des bois destinés à réparer le Pont de Miragoane, à lui adressé par M. l'Intendant, il paroît que ces réparations sont considérables, et qu'il est urgent d'y pourvoir; sur quoi, la matiere mise en délibération, vu la lettre écrite par M. l'Intendant au Procureur Général, et l'état des bois y joint: LE CONSEIL a ordonné et ordonne que le pont de Miragoane sera visité par trois Habitans ou Charpentiers qui seront nommés par M. Gressier, Président de la séance, que la Cour a nommé Commissaire à cet effet, lesquels dresseront en sa présence un devis des réparations à faire audit pont, donneront un état des bois et autres choses à ce nécessaires, en fixeront le prix et celui de main d'œuvre, lequel Commissaire sera autorisé à convenir, de gré à gré, du prix du tout, et à en passer marché pardevant Notaire, avec tel Entrepreneur qu'il jugera à propos, pour, après la perfection et la réception desdits ouvrages, par experts que ledit Commissaire nommera, ladite somme qui sera énoncée au marché être payée à l'Entrepreneur des deniers de la caisse du droit de deux pour cent, laquelle somme sera passée en bonne dépense, en rapportant le marché, ordonnance de payement, et quittances.

ARRÊTÉ du Conseil du Port-au-Prince, qui accorde une gratification aux Députés du Conseil et de la Colonie.

Du 15 Janvier 1763.

SUR ce qui a été représenté à la Cour par le Procureur Général du Roi, que Sa Majesté, désirant donner aux Habitans des Colonies de nouvelles marques de sa protection, auroit créé une nouvelle Commission de Législation pour ce pays, ce qui donne aux Peuples qui l'habitent les plus grandes espérances sur leur tranquillité et sur la sûreté de leur fortune; que c'est en grande partie aux Mémoires et Projets que le sieur Petit, aujourd'hui nommé Député des Conseils Supérieurs des Colonies par Sa Majesté, lui a présentés, que l'on doit un établissement aussi avantageux pour la Colonie, et dont elle a commencé à ressentir les bons effets, par l'Arrêt du Conseil d'Etat du 21 Mai 1762; que les lettres que le sieur Petit a écrites à la Compagnie, les états qu'il lui a adressés, contenant les plans et l'ordre de son travail, auquel il donne tout son temps depuis plusieurs années; la correspondance qu'il établit entre M. le Chancelier et le Conseil, de concert avec M. le Duc de Choiseul; les éclaircissemens qui lui sont demandés pour concourir à la nouvelle Législation, et à la réformation des abus, sont des preuves multipliées du zele et des soins de ce Député pour l'avantage des Habitans de Saint-Domingue en général, et de la Compagnie en particulier, qui méritent leur reconnoissance; que le Député des Chambres d'Agriculture et de Commerce étant occupé du soin de procurer à la Colonie l'abondance, les commodités, et l'exportation des denrées, son travail est fort intéressant pour les Habitans, et mérite leur gratitude; qu'il estime qu'il est aussi juste que convenable qu'il soit accordé à chacun des Députés une gratification proportionnée aux services qu'ils rendent, et qui puisse les indemniser dss dépenses nécessaires que leur état et l'intérêt de la Colonie leur occasionnent, à prendre sur la caisse des deniers publics; sur quoi, la matiere mise en délibération : LE CONSEIL, faisant droit au Réquisitoire du Procureur Général; et ouï le rapport de M. de Saintart, a accordé au sieur Petit, par forme de gratification, une somme de 9000 liv.; et au sieur l'Héritier celle de 3000 liv., à prendre sur la caisse des deniers publics, lesquelles seront payées au porteur de leurs procurations, sauf à renouveler.

Rayé, biffé le 2 Juin 1764, en vertu d'Arrêt du Conseil d'Etat du 21 Mai 1763.

LETTRE *du Ministre à MM.* DE BELSUNCE *et* DE CLUGNY, *sur l'établissement d'une Imprimerie.*

Du 19 Janvier 1763.

SUR les représentations qui ont été faites de la nécessité d'établir une Imprimerie à Saint-Domingue, pour faciliter les expéditions du service, et la lecture des Factums et autres Ecrits concernant l'instruction des procès, le Roi a bien voulu accorder au sieur Marie, Imprimeur à Nantes, le Brevet dont il a besoin pour en aller remplir les fonctions. Il sera porteur de ce Brevet, et il passera incessamment dans la Colonie. Je vous prie de donner les ordres nécessaires pour que son Brevet soit entegistré à son arrivée.

Quoique cet établissement soit fort utile à Saint-Domingue, il n'est pas moins certain qu'il pourroit être susceptible de beaucoup d'inconvéniens, si, d'un côté, la probité éprouvée du sieur Marie ne répondoit pas qu'il est incapable de faire un mauvais usage du privilége qui lui est accordé, et si, de votre part, vous ne veilliez à ce qu'il ne soit rien imprimé de dangereux, soit contre le Gouvernement, soit contre les Particuliers; et c'est sur ce dernier objet que j'ai quelques observations à vous faire.

Vous verrez, par le Brevet du sieur Marie, qu'il lui est permis d'imprimer tout ce qui sera approuvé par M. de Clugny; mais comme, dans les affaires particulieres et les instructions des procès, les Procureurs auront la liberté de faire imprimer leurs Ecrits, il faut que M. de Clugny défende au sieur Marie de les imprimer, s'ils ne sont auparavant signés par les Procureurs, et qu'il lui enjoigne de l'avertir, dans le cas où il y auroit dans quelqu'un de ces Ecrits, des traits contre les bonnes mœurs ou contre la réputation de quelqu'un.

Au surplus, cet Imprimeur sera le maître de choisir le lieu qui lui conviendra le mieux pour sa résidence. Il paroît qu'il suffira seul pour remplir tous les objets du service et du Public; mais il est nécessaire que M. de Clugny fasse un tarif qui fixe le prix que le sieur Marie devra prendre, soit pour ce qui concernera le Roi, soit pour ce qui regardera le Public. Il ne conviendroit pas de le laisser le maître de se faire payer comme il le jugeroit à propos, et il aura attention de m'envoyer une copie de ce tarif, et des ordres particuliers qu'il donnera au sieur Marie sur la maniere dont il doit se conduire dans l'exercice de sa profession.

Cet établissement sera pour M. de Clugny un moyen de diminuer les dépenses, en diminuant le nombre des Employés qu'il falloit pour écrire les états et recensemens de toute espece, qui, étant imprimés à l'avenir, ne laisseront que peu de travail à remplir.

ORDONNANCE *du Roi, pour réformer les six Piquets d'Infanterie employés à Saint-Domingue.*

Du 31 Janvier 1763.

Les Soldats de ces six Piquets, composés de cinquante hommes chacun, et connus sous le nom des Trois Cents, *furent incorporés dans les Compagnies de Fusiliers des Régimens de Foix, Boulonnois, Quercy et Angoumois, étant à Saint-Domingne, au désir de cette Ordonnance. Ceux des Officiers qui le voulurent, furent mis à la suite desdits Régimens, pour en former les remplacemens, tandis que les autres passerent en France avec le Major. Le Commandant de ce Corps fut conservé avec son grade de Lieutenant-Colonel à la suite de la Colonie.*

ORDONNANCE *du Roi, concernant les Officiers réformés des Régimens de Foix, de Boulonnois, de Quercy, et d'Angoumois.*

Du 31 Janvier 1763.

Cette Ordonnance laisse auxdits Officiers l'option de servir à la suite desdits Régimens, pour en former les remplacemens, ou de repasser en France avec une pension.

ARRÊT *du Conseil du Cap, qui ordonne que les Marguilliers apporteront à la Caisse des droits Suppliciés le montant de leur recette, à quoi contraints par voie de Garnison, huitaine après la signification qui leur sera faite dudit Arrêt.*

Du 7 Mars 1763.

ORDONNANCE du Juge de Police du Cap, qui défend aux Pacotilleurs des Navires, et autres de cette espece, d'étaler au Marché de la Place de Clugny, et les renvoie au Marché aux Blancs.

Du 11 Mars 1763.

ORDONNANCE des Administrateurs, touchant l'admission ou le refus des Bâtimens Etrangers.

Du 17 Mars 1763.

LE Vicomte de Belsunce, &c.

Jean-Etienne-Bernard de Clugny, &c.

Les circonstances de la guerre n'ayant point permis au Commerce de France de fournir aux besoins des Habitans de cette Colonie pendant la durée des hostilités, auroient déterminé nos prédécesseurs, autorisés par les ordres du Roi, à accorder des permissions aux Etrangers pour introduire dans les différens Ports les denrées nécessaires aux Habitans, soit pour leur consommation, soit pour l'exploitation de leurs biens, et les besoins de leurs Negres. Par cette précaution, devenue nécessaire et indispensable pour la subsistance des Colons et le soutien de leurs Manufacsures, on est parvenu à leur procurer, sinon une entiere abondance, au moins le nécessaire pour la vie, malgré le prix excessif auquel se sont soutenues les marchandises d'Europe, et la modicité de celui des denrées du pays; l'incertitude de la durée de la guerre auroit engagé à continuer d'accorder ces permissions, dans la crainte, en cas de continuation, de voir manquer la Colonie des choses les plus essentielles; mais depuis la signature des préliminaires de la paix, le Commerce de France ayant fait des armemens nombreux, et ayant envoyé un nombre considérable de Bâtimens, qui ont apporté une grande quantité de marchandises d'Europe, à la vente desquelles l'admission des Etrangers pouvant faire tort, nous aurions cru d'abord devoir y pourvoir par les ordres particuliers que nous avons donnés et fait passer, tant aux Commandans qu'aux Officiers des Amirautés des différens Ports de la Colonie; mais pour y parvenir d'une maniere plus authentique, nous avons pensé devoir rendre publiques nos intentions à cet égard, afin de ne laisser aucun prétexte aux Etrangers de venir par la suite commercer dans nos Ports; en conséquence, nous avons ordonné et ordonnons ce qui suit: savoir:

Art. Ier. A compter du 1er Juin prochain, aucun Bâtiment étranger, muni ou non de permission, ne pourra être reçu ni admis dans aucun Port de la Colonie, sous quelque cause ou prétexte que ce soit, excepté néanmoins qu'il ne se trouve dans quelques-uns des cas prévus par les Lettres patentes de 1727.

Art. II. N'entendons néanmoins comprendre dans la prohibition portée par l'art. précédent, les Bâtimens Espagnols, ceux qui seront munis de permissions ou passe-ports de Sa Majesté, non plus que ceux qui seront porteurs de permissions par nous expédiées depuis la paix, soit pour la Côte d'Espagne, soit pour introduire des bois de construction, mulets, et autres marchandises qui ne viennent pas de France, et qui doivent faire leurs retours en sirops, tafias ou guildives, lesquels seront reçus ou admis, sans difficulté aux charges, clauses et conditions, par les permissions à eux accordées.

Art. III. Tout Bâtiment qui se présentera d'ici au 1er Juin prochain, sans être muni de passe-port du Roi, ou d'une permission en bonne forme, ne sera point reçu dans les Ports.

Art. IV. Tout Bâtiment qui se présentera avec une permission dont la terme sera expiré, ou avec une permission qui ne sera pas revêtue des formalités ordinaires, sera également renvoyé, sans pouvoir être admis à traiter.

Art. V. Les Bâtimens étrangers qui se présenteront dans les Ports de la Colonie après le 1er Juin prochain, soit sans permission ou passe-ports, soit avec des permissions expirées et irrégulieres, seront arrêtés, et leur procès instruit et jugé suivant la rigueur des Lettres patentes de 1727.

Art. VI. Les Bâtimens qui se présenteront dans les Ports de la Colonie jusqu'audit jour 1er Juin, munis de permissions en bonne regle, seront admis, et les Capitaines seront tenus d'aller faire sur le champ leur déclaration à l'Amirauté, et de déposer leurs permissions.

Art. VII. Aussi-tôt après la déclaration, les Officiers de l'Amirauté seront tenus de se transporter à bord des Bâtimens, ou d'envoyer un Officier-Visiteur, à l'effet de faire une visite exacte de toutes les denrées qui y seront chargées, et de vérifier si le Bâtiment ne se trouve pas chargé d'autres effets que de ceux mentionnés dans ladite permission, dont le Capitaine sera porteur; on fera même décharger le Bâtiment, s'il est nécessaire, et du tout sera dressé procès verbal en bonne forme: autorisons en conséquence

conséquence lesdits Officiers de l'Amirauté qui feront la visite par eux-mêmes, à prendre de plus forts droits que ceux à eux attribués par les Réglemens, et ce eu égard à leur travail, ou à taxer les droits de l'Huissier-Visiteur qu'ils emploieront, aussi eu égard à son travail.

ART. VIII. Lesdits Officiers nous adresseront, incontinent après la permission qui leur aura été remise en original, les expéditions de la déclaration et procès verbal de visite ci-dessus ordonnés, pour, à la vue d'iceux, être par nous statué sur l'admission dudit Bâtiment, laquelle ne sera permise qu'autant qu'il sera dans la regle la plus étroite.

ART. IX. Les Bâtimens étrangers qui introduiront dans la Colonie des marchandises qui ne se tirent point de France, en vertu des permissions que nous aurons accordées depuis la paix, et qui seront tenus de faire leur retour en sirops et taffias seulement, seront également visités dans la forme ci-dessus prescrite, soit à leur arrivée dans le Port, soit lors de leur départ, afin de constater s'ils n'importent ou n'exportent aucunes marchandises contraires aux intérêts du Commerce de France; et en cas de contravention, seront lesdits Bâtimens et leur cargaison acquis et confisqués au profit de Sa Majesté.

ART. X. La permission de sortir du Port ne sera accordée auxdits Bâtimens que sur la représentation du procès verbal de visite des Officiers de l'Amirauté.

ART. XI. Il sera permis aux Négocians de chacune des Villes où aborderont lesdits Bâtimens étrangers, de commettre un Préposé, à l'effet d'assister à toutes les visites ci-dessus ordonnées, et de requérir tous actes, procès verbaux, et transports qu'il croira nécessaires pour les intérêts du Commerce de France; et les honoraires dudit Préposé seront taxés par les Officiers de l'Amirauté et payés par les Armateurs du Bâtiment étranger.

ART. XII. Enjoignons aux Officiers des Amirautés de poursuivre à la forme et suivant la rigueur des Lettres patentes de 1727, tous les Bâtimens qu'ils trouveront en contravention aux dispositions de la présente Ordonnance. Mandons aux Officiers Gouverneurs, Commandans, Officiers des Amirautés, et tous autres, de tenir la main, chacun en droit soi, à l'exécution de la présente Ordonnance, laquelle sera registrée au Greffe de l'Intendance, dans ceux des Amirautés, publiée et affichée par-tout où besoin sera. DONNÉ au Cap, &c.

R. au Greffe de l'Intendance le 5 Avril suivant.

ORDONNANCE du Roi, touchant le Gouvernement Civil de Saint-Domingue.

Du 24 Mars 1763.

DE PAR LE ROI.

SA MAJESTÉ voulant déclarer ses volontés sur le service de l'administration qu'elle a résolu d'établir à Saint-Domingue, elle a ordonné et ordonne ce qui suit:

Gouvernement Militaire.

ART. Ier. Le Gouvernement Militaire de Saint-Domingue sera composé à l'avenir d'un Gouverneur Général, de deux Officiers commandans en second, un Aide-Major Général d'Infanterie, un certain nombre de Troupes, un Officier principal d'Artillerie, avec un détachement de deux cents Canonniers, un Ingénieur en chef, et quatre Ingénieurs ordinaires, un Officier de Port, et une Compagnie de Maréchaussée.

Gouvernement Civil.

ART. II. Le Gouvernement civil sera composé d'un Intendant, un Subdélégué Général, un Commissaire Ordonnateur, et deux Commisssaires ordinaires des Guerres, un Commissaire Ordonnateur de la Marine, un Contrôleur, trois Ecrivains de Marine pour les Arsenaux, et sept Ecrivains ou Commis de la Marine pour les Classes, deux Subdélégués principaux, un Trésorier, un Médecin en chef, trois Médecins et trois Chirurgiens-Majors des Hôpitaux, et trois Apothicaires, un Garde-Magasin principal, et des Gardes-Magasins particuliers d'Artillerie, deux Gardes-Magasins principaux, et Gardes-Magasins particuliers des vivres et effets destinés au besoin des Troupes et Ouvriers employés aux travaux du Roi, et un Garde-Magasin de la Marine.

Résidence des Chefs et autres Officiers employés.

ART. III. Le Gouverneur Général, l'Intendant, l'Aide-Major Général d'Infanterie, l'Officier principal d'Artillerie, l'Ingénieur en chef, le Commissaire Ordonnateur des Guerres, le Contrôleur, l'Officier de Port, un Ecrivain de la

Marine pour l'Arsenal, un Ecrivain ou Commis pour les Classes, le Trésorier, le Garde-Magasin principal d'Artillerie, un Garde-Magasin principal des Vivres, le Garde-Magasin de la Marine, un Médecin, un Chirurgien-Major des Hôpitaux, et un Apothicaire, feront leur résidence au Cap François; à l'égard du Médecin en chef, il se portera dans telle partie de la Colonie où sa présence sera jugée nécessaire. Le plus ancien Commandant en second, le Subdélégué Général, un Subdélégué principal, un Commissaire ordinaire des Guerres, un Ecrivain de la Marine, un Ecrivain ou Commis pour les classes, un Garde-Magasin principal des Vivres, un Médecin, un Chirurgien-Major, et un Apothicaire feront leur résidence au Port-au-Prince. L'autre Commandant en second, un Subdélégué principal, un Commissaire des Guerres, un Ecrivain pour la Marine et pour les Classes, un Médecin, un Chirurgien-Major, et un Apothicaire feront ensemble leur résidence au Petit-Goave; les quatre Ingénieurs ordinaires résideront au Cap François, ou dans les autres parties de la Colonie où leur présence sera nécessaire.

Suppression des Milices.

Art. IV. Sa Majesté voulant à l'avenir que son service militaire soit fait à Saint-Domingue par les Troupes réglées, il n'y aura point de Milices générales ni particulieres dans cette Isle.

Distribution des Troupes.

Art. V. Les Troupes seront disposées de maniere qu'elles formeront deux Brigades, qui seront commandées par les deux Commandans en second, sous les ordres du Gouverneur Général; elles seront placées dans les endroits les plus salubres de l'Isle, et chaque Bataillon fournira à son quartier principal tous les détachemens qui seront jugés nécessaires. Le détachement du Corps Royal d'Artillerie sera établi le plus près qu'il sera possible du Cap, afin que, restant toujours sous les yeux de l'Officier principal d'Artillerie, il puisse mieux être entretenu dans l'observation de l'exacte discipline, et dans l'habitude des différentes Ecoles; il fournira de ce quartier principal tous les détachemens dont on aura besoin.

Etablissement d'Hôpitaux.

Art. VI. Il sera établi, à portée de chacun de ces quartiers principaux des Troupes, un Hôpital Militaire, pour y recevoir les Officiers et les

Soldats qui tomberont malades. Celui du Cap François servira en même temps pour la Marine ; il sera attaché à chacun de ces Hôpitaux un Médecin et un Chirurgien.

Art. VII. L'entreprise des Hôpitaux Militaires de la Colonie restera entre les mains des Freres de la Charité ; mais ils seront assujettis à tous les Réglemens que Sa Majesté a rendus ou rendra concernant les Hôpitaux de ses Troupes en Europe, et à l'inspection du Médecin et du Chirurgien-Major des Hôpitaux.

Ports de Marine et de Commerce.

Art. VIII. Le Port du Cap François sera destiné à servir d'Arsenal à la Marine du Roi ; tous les autres Ports ne seront regardés que comme des Ports Marchands.

De la Religion.

Art. IX. La Hiérarchie et l'exercice de la Religion, pour ce qui concerne les Habitans, resteront comme ils sont entre les mains des Religieux établis depuis long-temps dans la Colonie ; les Aumôniers des Troupes en seront chargés à l'égard des Corps auxquels ils seront attachés.

De la Justice.

Art. X. La Justice continuera d'être rendue par les deux Conseils Supérieurs résidans au Cap et au Port-au-Prince, et par les différentes Sénéchaussées que Sa Majesté a déjà jugé à propos d'établir dans plusieurs parties de la Colonie.

Art. XI. Les huit Siéges particuliers de l'Amirauté resteront établis comme ils le sont ; savoir, au Fort Dauphin, au Cap François, au Port-de-Paix, à Saint Marc, au Port-au-Prince, au Petit-Goave, à Saint-Louis, et à Jacquemel.

Chambres d'Agriculture.

Art. XII. Sa Majesté ayant jugé à propos de supprimer les deux Chambres mi-partie d'Agriculture et de Commerce qu'elle avoit établies au Cap et au Port-au-Prince, par Arrêt de son Conseil du 23 Juillet 1759, elle a estimé plus convenable, pour le bien de l'Administration et l'avantage de la Colonie, de les remplacer par deux autres Chambres, qui seront seulement d'Agriculture, dont l'une résidera également au Cap, et l'autre au

Port-au-Prince, lesquelles ne seront composées à l'avenir que de sept Colons Créoles ou ayant Habitation, à l'exclusion de toutes personnes choisies dans d'autre état. Les quatre Habitans qui faisoient déjà partie des anciennes Chambres, seront confirmés pour les nouvelles; ils choisiront dans leur premiere assemblée un des trois nouveaux Membres qui devront entrer dans la composition de leur Chambre; et lorsque celui-ci y aura pris séance, et qu'ils seront reçus ensemble au nombre de cinq, ils nommeront, à la pluralité des voix, le sixieme et le septieme Habitant, auquel Sa Majesté a fixé la composition de chaque Chambre.

ART. XIII. On traitera dans cette Assemblée toutes les matieres qui concernent la Population, les Défrichemens, l'Agriculture, la Navigation, le Commerce extérieur et intérieur, la communication de l'intérieur de la Colonie par des chemins ou canaux à établir, les différens canaux à faire aux Ports, soit pour en former de nouveaux ou pour entretenir les anciens, la salubrité de l'air, la défense des côtes et de l'intérieur du pays; en un mot, tout ce qui sera le plus propre à contribuer à l'amélioration, aux progrès, et à la sûreté de la Colonie: mais cette Chambre n'aura pas le pouvoir de faire à cet égard aucunes représentations au Gouverneur ni à l'Intendant; elle se bornera simplement à proposer à l'un ou à l'autre tout ce qu'elle imaginera sur ces différens objets, et à lui en remettre en même temps un Mémoire. Quand le Gouverneur ou l'Intendant, chacun dans sa partie, jugera le projet utile, il le fera exécuter, pour ne pas perdre de temps; mais s'il ne juge pas à propos de le faire, la Chambre d'Agriculture ne sera pas en droit de lui en demander les raisons; il attendra que Sa Majesté lui ait fait savoir ses intentions sur ce Mémoire, qui sera envoyé au Secrétaire d'Etat de la Marine par le Gouverneur ou l'Intendant, avec les motifs sur lesquels sera fondé le refus de la demande qui aura été faite par la Chambre.

ART. XIV. Toutes les fois qu'un Gouverneur ou Intendant mourra ou quittera sa place pour revenir en Europe, soit sur sa demande, soit qu'il ait été rappelé, la Chambre d'Agriculture sera tenue d'envoyer au Secrétaire d'Etat ayant le département de la Marine, son avis signé de tous les Membres sur l'administration du Gouverneur ou de l'Intendant qui sera mort ou parti pour l'Europe, et d'entrer dans les détails sur son caractere, ses talens, ses vices, sa probité, et le bien ou le mal qu'il aura produit pendant son administration.

ART. XV. Lesdites Chambres continueront à correspondre, comme faisoient les anciennes, avec leurs Députés à Paris, sur toutes les affaires de la Colonie qui intéresseront son commerce avec la France, afin que ceux-ci soient en état d'en faire usage au Bureau du Commerce, toutes les fois qu'il sera question de discuter les matieres qui seront relatives au Commerce de leur Colonie.

Administration générale de la Colonie.

ART. XVI. L'administration générale de la Colonie sera partagée entre le Gouverneur et l'Intendant. Ce dernier dépendra du premier dans les parties relatives à toutes les opérations militaires, à la conservation, et à la défense de la Colonie, comme l'Intendant d'une Armée dépend du Général qui la commande; mais avec cette différence, que l'autorité du Gouverneur s'étendra pareillement sur toutes les parties militaires de la Marine.

ART. XVII. Dans toutes les autres branches de l'administration de la Colonie, l'Intendant y aura le même pouvoir que l'Intendant d'une Généralité du Royaume a dans son département, lorsque le Gouverneur de la Province y réside.

ART. XVIII. Quant aux autres objets qui peuvent être particuliers à l'administration d'une Colonie, ou à la Marine, les choses vont être réglées ci-après, de maniere qu'il n'y en ait que le moins qu'il sera possible en commun entre le Gouverneur et l'Intendant; que toutes les autres fonctions respectives soient bien distinctes, et qu'à cet égard il ne puisse y avoir entre eux la moindre difficulté.

ART. XIX. Tous les fonds que Sa Majesté accordera chaque année pour les dépenses générales et particulieres de la Colonie, seront distingués en trois classes; savoir, celle des fonds qui concerneront les Troupes, l'Artillerie, et toutes les dépenses relatives à la partie militaire de terre; celle des fonds qui concerneront la Marine; et enfin, celle des fonds destinés aux progrès de l'Agriculture et du Commerce, et à tous les besoins civils de la Colonie. Entend Sa Majesté que l'on ne pourra jamais changer la destination de ces différentes parties des fonds que sur un ordre exprès de sa part, à l'exception cependant de quelques cas pressans, où il seroit nuisible d'attendre la décision de Sa Majesté, et lorsque le Gouverneur et Intendant seront d'accord à cet égard.

ART. XX. Tous les magasins seront aussi divisés en trois classes, un pour l'Artillerie, un autre pour les Troupes de terre, et un troisieme pour la Marine.

Partie de l'Administration commune entre le Gouverneur et l'Intendant.

Art. XXI. La haute police de la Colonie devant être commune entre le Gouverneur et l'Intendant, ils ordonneront ensemble de tout ce qui concernera les affaires de Religion, la police extérieure du Culte, et celle sur les personnes qui y sont attachées, tant à raison de leurs mœurs, qu'a raison de leurs fonctions; les concessions à donner aux Habitans, ou celles qui devront être reconcédées faute de culture, la police des côtes, ponts, bacs, passages de riviere, et chemins, excepté dans le cas où il y aura contestation entre les Particuliers et Communautés, qu'ils renverront devant les Juges ordinaires; ils se concerteront entre eux pour empêcher le commerce de contrebande, tant des Etrangers que des Habitans; l'Intendant en requérant le Gouverneur de lui prêter main-forte, et celui-ci en la lui accordant. Toutes les lettres qui seront écrites sur différens objets au Secrétaire d'Etat ayant le département de la Marine, seront signées en commun par le Gouverneur et l'Intendant. S'il arrive que le Gouverneur et l'Intendant ne se trouvent pas du même avis sur quelques-uns de ces objets, la voix du Gouverneur l'emportera, et son avis sera exécuté.

Art. XXII. Ils feront chacun pardevers eux copie des instructions et de tous les ordres que Sa Majesté donnera à l'un et à l'autre, pour qu'ils soient en état de s'avertir mutuellement toutes les fois qu'ils s'en écarteront, chacun dans sa partie; ils seront tenus d'écouter les représentations qu'ils pourront se faire réciproquement à ce sujet, soit par écrit ou de bouche, et même de recevoir tous les Mémoires qu'ils se donneront; et celui qui ne voudra pas déférer à la représentation, sera obligé de faire mention des motifs qui l'auront déterminé à n'y point avoir égard, et le tout sera envoyé au Secrétaire d'Etat ayant le département de la Marine; bien entendu que, malgré toutes les représentations, les ordres de celui qui sera dans le cas d'en donner sur l'objet en question, seront exécutés.

Art. XXIII. Lorsque la Chambre d'Agriculture présentera à l'un ou à l'autre un Mémoire au sujet de quelques parties de l'administration dont il peut disposer seul, s'il juge le projet de la Chambre utile, il le fera exécuter, et il enverra un double de ce Mémoire au Secrétaire d'Etat ayant le département de la Marine, avec les copies des ordres qu'il aura cru devoir donner à l'occasion de cette demande: si au contraire il y trouve des difficultés, de l'impossibilité, et même de simples inconvéniens, il n'en acceptera pas moins le projet, signé en bonne forme, mais sans s'arrêter à discuter la matiere avec laquelle il ne pourra jamais demander que des éclaircissemens ; sur le projet, sans entrer dans le détail des motifs d'opposition, il répondra simplement qu'il va l'envoyer au Secrétaire d'Etat ayant le département de la Marine, qui décidera des inconvéniens ou de l'utilité de ce projet, approuvera le délai ou le blâmera, et fera savoir ensuite les intentions de Sa Majesté aux uns et aux autres. Le Gouverneur et l'Intendant suivront en commun la même forme, lorsque le Mémoire que présentera la Chambre d'Agriculture regardera une des parties de l'administration dont ils sont chargés en commun.

Art. XXIV. Ils formeront en commun, à la fin de chaque année, l'état des demandes qu'ils auront à faire pour les besoins de l'année suivante, qui concerneront les parties de l'administration générale dont ils sont chargés en commun ; quant à celles qui leur sont particulieres, chacun formera seul cet état pour la partie qui le regarde.

Art. XXV. Ils pourront faire arrêter les malfaiteurs, Habitans ou autres qui troubleront l'ordre public, et les faire punir, sauf, si le cas requiert que leur procès leur soit fait, à les remettre entre les mains de la Justice ordinaire, et à les dénoncer au Procureur Général, qui ne pourra refuser de les poursuivre ; ils seront pareillement autorisés à faire arrêter et punir les hommes des Equipages des Vaisseaux de Sa Majesté, qui, étant à terre, feroient des désordres, ou bien à les envoyer au Commandant des Vaisseaux, qui sera tenu de les faire punir à bord, d'après l'ordre du Gouverneur, auquel l'Intendant devra rendre compte, lorsqu'il aura fait arrêter quelqu'un dans les parties de l'administration dont il est chargé.

Partie de l'Administration particuliere au Gouverneur.

Art. XXVI. Le Gouverneur conservera le droit de preséance aux Conseils Supérieurs de la Colonie, soit au Cap, où il résidera, soit au Port-au-Prince, lorsqu'il y passera ; il n'aura qu'une voix, laquelle sera prépondérante, en cas de partage ; il y assistera, pour y représenter la personne de Sa Majesté, voir si tout s'y passe en regle, et en rendre compte au Secrétaire d'Etat ayant le département de la Marine ; il ne pourra se mêler en rien de l'administration de la Justice, et encore moins s'opposer aux procédures ni à l'exécution des Arrêts, à laquelle il sera tenu de prêter main-forte toutes les fois qu'il en sera requis.

Art. XXVII. Il sera obligé de se conduire suivant les instructions et les ordres qu'il aura reçus de Sa Majesté ; il sera néanmoins le maître d'y déroger

déroger dans les cas pressés et imprévus où il sera nuisible d'attendre la décision de Sa Majesté ; mais il ne pourra le faire que par des raisons très-fortes, dont il sera responsable.

Art. XXVIII. L'autorité du Gouverneur sera entiere et sans partage sur le Militaire de terre et de mer, quand ce dernier sera à terre, ou quand il y aura quelque opération utile à la Colonie à entreprendre en temps de guerre.

Art. XXIX. Tous les Vaisseaux ou Escadres du Roi qui seront dans les Ports de la Colonie, seront tenus d'écouter les ordres que le Gouverneur leur donnera pour le bien de la Colonie, à moins que ces ordres ne fussent contraires aux instructions que Sa Majesté aura données aux Commandans de ses Vaisseaux et de ses Escadres. Ce cas sera prévu dans les dernieres instructions, et le Gouverneur en sera prévenu.

Art. XXX. Les Commandans de ces Vaisseaux et de ces Escadres ne pourront s'arroger, pendant leur séjour dans un Port de la Colonie, aucune espece d'autorité ni de police particuliere sur les Bâtimens qui seront dans le Port, que subordonnément au Gouverneur, et ils seront obligés, à leur retour en Europe, de convoyer les Bâtimens Marchands, toutes les fois qu'ils en seront requis par le Gouverneur et l'Intendant.

Art. XXXI. Le Gouverneur sera le maître d'établir dans tous les Ports autant de Corps-de-Garde à terre qu'il le jugera à propos, pour la police des Gens de mer, tant des Vaisseaux de Sa Majesté, que des Bâtimens particuliers.

Art. XXXII. Son pouvoir sera absolu sur les Troupes de terre, quant à leur distribution dans le Pays, à leur service, à la destination des Officiers Généraux et Particuliers, tant des Troupes que de l'Artillerie et du Génie, et il veillera à faire observer par-tout la discipline la plus exacte.

Art. XXXIII. Il aura seul l'inspection et le commandement supérieur sur tout ce qui concernera les armes, les munitions de guerre, l'Artillerie, les Fortifications, ou autres ouvrages à faire pour la défense de la Colonie, les approvisionnemens et l'emplacement de tous les magasins nécessaires à la subsistance des Troupes et à la défense du pays.

Art. XXXIV. Il pourra se faire remettre, toutes les fois qu'il le jugera à propos, un inventaire de tous les magasins, pour connoître les approvisionnemens en tous les genres; l'intention de Sa Majesté étant cependant qu'il ne se mêle en aucune maniere de leur administration, dont les détails ne regarderont que l'Intendant; mais celui-ci ne pourra disposer, sans la permission du Gouverneur, d'aucuns des magasins nécessaires à la subsistance des Troupes ou à la défense du pays.

Art. XXXV. Il aura toute l'inspection sur les Hôpitaux Militaires, et l'Intendant sera tenu de lui rendre compte de l'ordre et de la tenue qui y seront observés.

Art. XXXVI. Il ne se mêlera en rien de tout ce qui concerne la finance, ni de l'établissement de la levée et de la répartition des impôts, et il sera obligé de prêter main-forte à l'Intendant, toutes les fois qu'il en sera requis par lui, pour l'exécution de ceux de ses Jugemens de police qui regarderont les interêts de Sa Majesté, telles que décisions sur le Domaine de Sa Majesté, levées d'impositions, corvées, arrêts de Corsaire, empêchemens nécessaires de la contrebande, tant des Etrangers que des Habitans.

Art. XXXVII. Il aura seul la police pour la sûreté des grands chemins et de l'intérieur des Villes et Habitations ; il sera à cet effet établi une Compagnie de Maréchaussée dans l'Isle, et ledit Gouverneur lui donnera seul des ordres à cet égard.

Art. XXXVIII. Tout Militaire qui sera dans le cas de s'absenter de la Colonie pour ses affaires particulieres, ne pourra en sortir sans la permission du Gouverneur ; et nul Capitaine de Vaisseau ou de Bâtiment Marchand ne pourra en recevoir sur son bord, pour les transporter ailleurs, sans ladite permission.

Art. XXXIX. Le Gouverneur donnera ses ordres à l'Intendant, sur ce qui concerne le logement des Militaires, dont l'Intendant conservera néanmoins tous les détails.

Art. XL. Il ne se mêlera en aucune maniere de la solde des Troupes ni des moyens de la leur procurer, cette partie devant dépendre en entier de l'Intendant. S'il y arrivoit de l'abus, le Gouverneur se bornera à en rendre compte.

Art. XLI. Il aura le droit d'interdire provisoirement, jusqu'à la réception des ordres de la Cour, tout Commissaire Ordonnateur ou ordinaire des Guerres et de la Marine, qui se conduiroit mal, soit qu'il l'interdise de lui-même ou à la réquisition de l'Intendant.

Art. XLII. Il répondra à Sa Majesté du service, de la discipline, de la subordination, de l'ordre, de la tenue, et de la conduite de toutes les Troupes employées dans la Colonie, Sa Majesté le faisant en cette partie dépositaire de son autorité, et le laissant le maître de punir tous les Officiers qui seront à ses ordres, lorsqu'ils auront encouru les peines portées par les Ordonnances de Sa Majesté, selon les différens cas.

Art. XLIII. Il sera tenu de faire à cet effet tous les ans, dans les saisons convenables, deux revues d'inspection desdites Troupes, et de les adresser ensuite au Secrétaire d'Etat ayant le département de la Marine, et au Secrétaire d'Etat ayant le département de la Guerre.

Art. XLIV. La premiere de ces revues aura pour objet d'examiner si les réparations d'un Régiment, ordonnées par la derniere revue de l'année précédente, auront été bien faites; quelles ont été les pertes de ce Régimens, par mort ou désertion; si les recrues sont belles ou médiocres; il examinera en même temps le nombre et la qualité des hommes de ce Régiment; s'il est bien discipliné, bien tenu; s'il fait exactement son service; si la subordination y est bien établie, non seulement du Soldat au Bas-Officier, mais encore de l'Officier subalterne au Capitaine, et de celui-ci aux Officiers Supérieurs; quelles sont les bonnes ou les mauvaises qualités, les talens, la négligence ou l'application de ces Officiers supérieurs, de ceux de l'Etat-Major, des Capitaines, des Officiers subalternes, et même des Bas-Officiers; si l'on s'est attaché à ne composer que de sujets bien intelligens cette derniere classe, aujourd'hui devenue si nécessaire; si on a suivi bien exactement tout ce qui a été prescrit par l'Ordonnance sur la formation de chaque Compagnie en escouades, demi-sections, en sections, en quel état sont les caisses des différentes masses; si le Trésorier du Régiment est en regle avec le Trésorier Général de l'Extraordinaire des Guerres et celui de la Colonie; s'il ne doit rien d'ailleurs, et de quelle maniere chaque Officier est avec ce Trésorier; enfin, il entrera dans le plus grand détail sur toutes les parties de l'habillement, de l'armement, et de l'équipement, et sur celle du linge et de la chaussure.

Art. XLV. La seconde revue d'inspection embrassera les mêmes objets, et elle aura de plus ceux de faire congédier tous les Bas Officiers et Soldats dont les engagemens seront expirés, au cas qu'ils ne veuillent pas les renouveler; d'arrêter l'état de ceux qui seront dans le cas de mériter et de demander l'Hôtel des Invalides ou d'autres graces du Roi; de constater le nombre d'hommes, de recrues, et la quantité d'habits, vestes, culottes et chapeaux dont on aura besoin pour l'hiver et pour l'été suivant, et d'ordonner toutes les menues réparations qu'il y aura à faire à l'habillement, à l'armement, et à l'équipement.

Art. XLVI. Il sera tenu pareillement de faire chaque année une visite de tous les postes, et de toutes les places et quartiers de la Colonie où il y aura des Troupes, afin qu'en voyant tout par lui-même, il puisse maintenir le bon ordre par-tout, et rendre à Sa Majesté le compte le plus exact de l'état dans lequel seront les places et postes, de l'avancement des travaux et autres ouvrages ordonnés concernant l'Artillerie et les Fortifications; de la conduite et des talens des Officiers Généraux, de ceux du Génie, de l'Artillerie, et de la Marine, qui y seront employés, et des Commandans des différens quartiers; de la maniere dont les Troupes vivent avec les Habitans; de l'état dans lequel sont tous les Magasins d'Artillerie, des Vivres, et autres effets concernant les besoins des Troupes ou la défense du Pays, et de la maniere dont le service se fait dans les Hôpitaux; en un mot, pour ne rien laisser ignorer à Sa Majesté, de tout ce qui pourroit tendre au bien de son service, ni de toutes les lumieres qu'il acquerra sur les moyens qu'il y auroit de mettre en sûreté la Colonie.

Art. XLVII. Le Gouverneur enverra un Mémoire au Secrétaire d'Etat ayant le département de la Marine, sur l'espece des Fortifications des différentes places ou Forts de la Colonie, sur celles dont elles seroient susceptibles pour la premiere défense, et sur le nombre d'Ingénieurs qu'il y faudroit; sur la quantité de troupes qu'il conviendroit de mettre, en cas de Siége, dans chacune de ces Places; sur la quantité de canons, mortiers, affûts, boulets, bombes, grenades, balles, fer, charbon, poudre, armes offensives et défensives, et autres effets qui seroient nécessaires dans chacune desdites places pour une défense plus ou moins longue; sur le nombre d'Officiers et de Soldats d'Artillerie qu'il faudroit y placer, et sur le nombre de chevaux et équipages nécessaires à la manœuvre des pieces; sur la quantité des grains et des farines qu'il conviendroit qu'il y eût en tout temps, eu égard à la grandeur et à l'étendue de ses ouvrages, et au nombre des Troupes nécessaires à sa défense; sur la quantité de bois qui seroit nécessaire pour la cuisson du pain, et autres besoins des Troupes; et enfin, sur le nombre et l'espece des moulins et des fours qui seront dans ladite Place, et sur le nombre des rations de pain qu'on pourroit y cuire en vingt-quatre heures; sur la quantité de lits et de linge nécessaires dans chaque Place pour un Hôpital, en cas de siége; sur la quantité des denrées, remedes et effets de toutes les especes qu'il faudroit y avoir, eu égard à la durée de la défense, et au nombre des Troupes qui y seroient employées; enfin, sur le nombre d'Officiers de santé employés, et Domestiques qu'il conviendroit d'y tenir pour le service des malades et des blessés; sur la quantité de bois, huile, chandelle, vinaigre, riz, légumes, viandes fraîches et salées, vin, eau-de-vie, sel, et autres denrées qui seroient nécessaires dans lesdites Places, eu egard au nombre des Troupes qui devront les défendre, et au nombre de jours et de mois qu'elles pourront tenir.

Art. XLVIII. Il fera lever succinctement une carte exacte de toutes les parties de la Colonie, dont il enverra chaque année une partie à la Cour, avec un Mémoire détaillé sur la nature des côtes et celle de l'intérieur du Pays; il y discutera avec soin quelles sont les parties de la côte les plus susceptibles d'une descente ou d'un bombardement de la part des ennemis; les raisons qu'on a eues de fortifier telle ou telle autre partie: delà, parcourant l'intérieur du Pays, il examinera le cours des rivieres et des ruisseaux, leur volume d'eau, la nature de leurs fonds et de leurs bords, l'étendue et la qualité des bois et des marais, les positions avantageuses qu'on pourroit y trouver pour y construire une bonne Place, et pour y former un bon Camp retranché, en état de couvrir une grande partie du Pays; les obstacles et les facilités à y marcher en tout sens; quelles ressources le pays fourniroit en subsistances, pâturages, voitures, chevaux, travailleurs; quelle est la population; quels seroient les moyens de l'augmenter; quelle est la navigation des rivieres et des canaux, les avantages qu'il y auroit à en établir de nouveaux; les obstacles et les facilités que l'on y rencontreroit; en quel état sont les chemins, relativement à la partie militaire; enfin, tous les points par où la Colonie peut être attaquée; les moyens qu'il y auroit de la défendre efficacement, et combien il y faudroit de Troupes; il entrera ensuite par ce Mémoire dans le détail des rapports que la Colonie peut avoir avec les autres Colonies étrangeres de cette partie de l'Amérique; il commencera par examiner quels seroient les secours que l'on pourroit tirer des Espagnols qui habitent la même Isle, ceux que nous pourrions leur donner, ainsi que les facilités et les difficultés qu'il y auroit à se servir mutuellement, par rapport à la nature du pays, à la distance des lieux, et aux moyens réciproques des différens projets à concerter entre les deux Cours, pour assurer cette défense commune, et pour éviter, en cas de jonction, tout motif de jalousie et de discussion entre les deux Nations; il examinera ensuite quels sont les rapports de la Colonie avec les autres Colonies de Sa Majesté et celles des Espagnols, la protection qu'elle peut en attendre, celle qu'elle est en état de leur donner; les facilités qu'il y auroit à réunir les forces, tant par rapport à la distance où elles sont les unes des autres, que par rapport à leurs positions, relativement aux vents: il finira par examiner ces mêmes rapports à l'égard des Colonies des Anglois, et de celles des Hollandois et des Danois, en discutant, dans le plus grand détail, tout ce que la Colonie peut avoir à craindre, et le mal qu'elle peut leur faire : il faut que ces Memoires, qui traiteront de ces différens objets, contiennent deux projets, l'un défensif, et l'autre offensif, et que tout y soit prévu, sans absolument y rien omettre.

Fonctions des Commandans en second.

Art. XLIX. Au défaut du Gouverneur, le plus ancien des deux Commandans en second employés dans la Colonie, en remplira toutes les fonctions, et le remplacera dans tous ses droits, autorités, honneurs et prérogatives, tant pour le Civil que pour le Militaire de la Colonie, jusqu'à ce que le Gouverneur soit en état de reprendre ses fonctions, ou que le Roi lui envoie un successeur, et sans que ledit Commandant en second ait à cet effet besoin d'aucun autre ordre de Sa Majesté que la présente Ordonnance.

Art. L. Tant que le Gouverneur sera en état de remplir ses fonctions dans la Colonie, les deux Commandans en second n'y auront aucune espece d'autorité sur les Habitans, qu'en ce qui pourroit intéresser la sûreté de la Colonie, et ils ne se mêleront en rien du Gouvernement. Le Commandant en second au Port-au-Prince aura droit d'assister au Conseil Supérieur d'y avoir voix délibérative : il y occupera la premiere place à côté de celle du Gouverneur, qui restera vacante.

Art. LI. Ils auront sur toutes les Troupes de leur département, et sur les Commandans particuliers des Places et des Quartiers, les Officiers d'Artillerie et du Génie qui y seront employés, toute l'autorité pour commander ces Troupes, les inspecter, faire la visite des Places et des différens Quartiers, et se faire rendre un compte exact de tout ce qui s'y passera, et ils seront responsables envers le Gouverneur de tout ce qui concernera la discipline, le service, les exercices, la subordination, l'ordre, la tenue, et la conduite de toutes les Troupes de leurs départemens, de celles de tous les Officiers qui leur seront subordonnés, et de l'exécution de tous les ordres du Gouverneur à cet égard, qui lui seront tous adressés.

Art. LII. Ils seront tenus de faire tous les deux mois une revue d'inspection de toutes les Troupes qui seront sous leurs ordres. Ces revues d'inspection embrasseront les mêmes objets que celles du Gouverneur, dont il a été parlé ci-dessus, avec cette différence que lesdits Commandans en second ne pourront faire congédier aucuns Bas-Officier ni Soldat, ce droit étant réservé au seul Gouverneur ou Commandant en chef de la Colonie, ainsi que celui d'arrêter les différens états des hommes de recrues, et de toutes les parties de l'habillement, armement, équipement dont on aura besoin pour l'année suivante, et celui d'ordonner les réparations : ils enverront ces revues au Secrétaire d'Etat ayant le département de la Guerre, au Secrétaire d'Etat ayant le département de la Marine, et au Gouverneur.

ART. LIII. Ils seront en outre tenus de faire chaque année une visite de toutes les Places, Forts, et Quartiers de leur département où il y aura des Troupes, pour en visiter les Arsenaux, Salles d'Armes et Magasins d'Artillerie, les Fortifications, et tous les travaux ordonnés, afin qu'ils puissent juger de leur avancement; ils verront en même temps les Hôpitaux, pour y juger de la nature des alimens, et se faire rendre compte de la propreté et des especes de remedes, de l'expérience et de la capacité des gens de santé; ils examineront l'état des magasins, des vivres, et autres effets destinés aux Troupes, pour juger de la bonté des denrées, de celle des étoffes ou autres effets, et de l'exactitude des Employés; mais ils se contenteront de faire des observations sur toutes ces parties, sans pouvoir rien ordonner d'eux-mêmes à ces différens égards, et d'en faire un Mémoire très-détaillé, pour l'envoyer, à la fin de chaque année, au Gouverneur; ils y joindront un autre Mémoire sur la nature du Pays, et successivement de toutes les parties de leur département, en y discutant les mêmes matieres et les mêmes objets que l'on vient d'expliquer ci-dessus, pour le Mémoire que le Gouverneur sera tenu d'envoyer au Secrétaire d'Etat ayant le département de la Marine.

ART. LIV. Ils seront de plus obligé de rendre, le premier de chaque mois, au Gouverneur, un compte exact de tout ce qui se sera passé dans leur département pendant le mois précédent; ils lui en rendront pareillement compte sur le champ, toutes les fois que le cas requerra un prompt remede et une prompte décision.

Fonctions de l'Aide Major Genéral d'Infanterie.

ART. LV. L'Aide-Major Général prendra les ordres immédiatement du Gouverneur et du Commandant en chef de la Colonie, pour tout ce qui concernera l'Infanterie, la discipline, et le service des Places et des différens Quartiers où il y aura des Troupes.

ART. LVI. Il sera autorisé à veiller continuellement au maintien de la discipline, de la subordination, des exercices, de l'exactitude du service, et autres détails relatifs à l'Infanterie et au service des Places; en conséquence il sera tenu de faire tous les ans une revue d'inspection de toute l'Infanterie, et une visite des différentes Places et Quartiers de la Colonie où il y aura des Troupes; les objets de sa revue d'inspection et de sa visite des Places et Quartiers, seront les mêmes que ceux qu'on a déjà expliqués ci-dessus pour la revue d'inspection et la visite des places des Commandans en second; il examinera de plus dans lesdites Places et Quartiers si le service s'y fait exactement, et quelle est la maniere dont les Commandans s'y conduisent, tant avec les Troupes que les Habitans; il dressera des Mémoires très-détaillés sur toutes ces parties, et il les joindra à ses revues, qu'il adressera au Gouverneur.

ART. LVII. Outre cette revue d'inspection, il pourra, toutes les fois qu'il le jugera à propos, faire prendre les armes à chaque Régiment, en en demandant la permission au Commandant en second dans le département duquel il sera, soit pour exercer lui-même le Régiment, ou pour le faire exercer en sa présence, soit pour le passer une autre fois en revue, sans que le Colonel ou le Commandant du Corps puisse être en droit de le lui refuser.

ART. LVIII. Il sera de plus autorisé à se faire rendre à la fin de chaque mois, et même toutes les fois que cela sera nécessaire, par les Commandans des Corps, et par ceux des différentes Places et Quartiers, un compte exact de tout ce qui s'y sera passé pendant le mois précédent, afin qu'il soit en état d'en rendre compte lui-même.

Fonctions des Commandans des Places et des différens Quartiers.

ART. LIX. Les Commandans des Places et ceux des différens Quartiers n'auront d'autorité sur les Habitans qu'à l'égard des choses qui pourront intéresser la sûreté de la Place; ils ne se mêleront en rien de tout ce qui peut regarder l'administration de la Police ou l'administration civile de la Colonie; mais ils seront tenus de prêter main-forte, toutes les fois qu'ils en seront requis, pour l'exécution des Jugemens de la Justice et de la Police, pour la levée des impôts, et pour empêcher tout désordre et toute espece de contrebande.

ART. LX. Ils répondront au Commandant en second dans le département duquel ils seront, et dont tous les ordres leur seront adressés concernant leurs départemens particuliers, de l'exécution de ces ordres,

ordres, et de la discipline, de la tenue des Troupes qui seront sous leurs ordres, et de la conduite qu'elles tiendront vis-à-vis des Habitans, avec lesquels elles vivront en bonne intelligence.

Art. LXI. Le premier de chaque mois, ils rendront un compte exact de tout ce qui se sera passé pendant le mois précédent, dans leur place, audit Commandant en second et à l'Aide Major Général; ils leur en rendront pareillement compte sur le champ, si les circonstances l'exigent.

Fonctions des Commandans des Corps.

Art. LXII. Les Commandans des Corps auront sur leur Régiment la même autorité qu'ils ont en Europe, et telle qu'elle est ou qu'elle sera réglée par les Ordonnances de Sa Majesté concernant son Infanterie. Ils seront responsables envers le Commandant en second, sous les ordres duquel ils seront, et envers le Commandant de la Place et du Quartier, de la discipline, de la subordination, de l'exactitude dans le service, des exercices et de la conduite de la Troupe dont ils auront le commandement. Ils répondront pareillement de l'exécution de tous les ordres qui seront donnés concernant cette Troupe, et qui leur seront tous adressés.

Art. LXIII. Le premier de chaque mois, ils rendront un compte exact audit Commandant en second, ainsi qu'à l'Aide-Major Général, de tout ce qui se sera passé dans la Troupe pendant le mois précédent.

Service des Troupes.

Art. LXIV. Les Troupes feront le service dans la Colonie, sur le pied où il sera réglé par le Gouverneur, et conformément à ce que Sa Majesté a déjà réglé ou réglera pour le service, la discipline, les exercices, la subordination, &c. concernant son Infanterie en Europe, soit pour le service des Places, soit pour le service de Campagne, et elles seront subordonnées au Gouverneur, aux Commandans en second, aux Commandans des Places, et à ceux des Quartiers.

Art. LXV. Le traitement desdites Troupes dans la Colonie, ainsi que le traitement particulier du Gouverneur, des deux Commandans en second, et des autres Officiers Militaires, sera fixé par un Réglement particulier.

Honneurs que les Troupes auront à rendre.

Art. LXVI. Il ne sera rendu par les Troupes à terre aucune espece d'honneur qu'à ceux à qui il en sera dû, conformément aux Ordonnances de l'Infanterie à cet égard.

ART. LXVII. L'intention de Sa Majesté est que les Gardes des Portes ne se mettent point en haie pour les Capitaines de Vaisseaux ni pour les Colonels, auxquels cet honneur n'est dû que lorsqu'ils se trouveront Commandans en chef dans une Place ou dans un Poste.

ART. LXVIII. Les Chefs d'Escadres recevront les mêmes honneurs que ceux qui sont dus aux Commandans en second, et les Lieutenans Généraux de la Marine seront traités comme ceux du service de terre. L'Intendant n'étant point Militaire, il ne doit lui être rendu aucun honneur militaire; il lui sera seulement fourni devant la porte de son logement une sentinelle du poste le plus voisin, lorsqu'il y aura des Troupes dans le lieu où il sera.

ART. LXIX. Quant aux honneurs qui devront être rendus sur les Vaisseaux de Sa Majesté, on se conformera strictement aux Ordonnances de la Marine à cet égard, sans qu'il soit permis de rendre à qui que ce soit d'autres honneurs que ceux qui sont fixés par lesdites Ordonnances.

Fonctions de l'Officier principal d'Artillerie, et service du détachement du Corps Royal.

ART. LXX. L'Officier principal du Corps Royal recevra les ordres immédiatement du Gouverneur, ou à son défaut du Commandant en chef de la Colonie, pour tout ce qui concerne l'Artillerie, et il ne rendra compte qu'au Gouverneur et au Secrétaire d'Etat ayant le département de la Guerre, et au Secrétaire d'Etat ayant le département de la Marine.

ART. LXXI. Il aura seul la direction, l'inspection, et l'administration des Arsenaux, Salles d'Armes, et Magasins d'Artillerie de la Colonie, dont il aura le pouvoir de proposer le Garde-Magasin.

ART. LXXII. Il commandera le détachement du Corps Royal; il veillera sur sa discipline, ses exercices, et ses Ecoles; en un mot, il aura sur ce détachement la même autorité que le Commandant Général de l'Artillerie d'une Armée, a sur tout ce qui la compose; il fera tous les deux mois une revue d'inspection de ce détachement, telle qu'elle est prescrite ci-dessus pour les Commandans en second, à l'égard de l'Infanterie; quant aux deux revues d'inspection qui doivent être faites de six mois en six mois, ainsi que celles de l'Infanterie, elles seront faites par le Gouverneur; l'Aide-Major Général pourra aussi inspecter ce détachement, comme faisant partie de l'Infanterie, sans pouvoir cependant entrer dans aucuns détails sur ce qui ne regarde que l'Artillerie.

ART. LXXIII. Cet Officier principal d'Artillerie sera tenu de faire tous les ans la visite de toutes les Places et de tous les Ports où il y aura des Magasins, des Arsenaux, ou des Salles d'Armes d'Artillerie, pour juger du progrès des ouvrages ordonnés, ainsi que de la précision et de l'économie avec laquelle on les exécute; pour dresser les projets de tous les ouvrages à ordonner pour l'année suivante; pour examiner par lui-même en quel état se trouveront l'Artillerie et les munitions des Places et des Ports, et ce qu'il seroit à propos d'y changer, réparer, ou augmenter; enfin, pour s'y faire rendre compte des talens, de la conduite particuliere, de la négligence ou de l'application de tous les Officiers d'Artillerie qui seront sous ses ordres, et de l'exactitude, de l'intelligence, du peu de vigilance et d'attention des différens Gardes-Magasins, pour dresser, d'après cette visite et cet examen, des Etats et des Mémoires très-détaillés sur tous ces objets, les adresser au Gouverneur à mesure qu'il fera la visite des Places et des Ports, et les envoyer ensuite tous au Secrétaire d'Etat ayant le département de la Guerre, et au Secrétaire d'Etat ayant le département de la Marine.

ART. LXXIV. Les Officiers particuliers du Corps Royal, qui seront détachés dans une Place ou dans un Port, y seront aux ordres de celui qui y commandera, et seront responsables de la discipline et de la bonne conduite des Officiers et des Soldats de leur détachement particulier; ils se conformeront d'ailleurs à tout ce qui est ou sera prescrit en Europe pour le service particulier de ce Corps, et seront fort exacts à rendre compte, le premier de chaque mois, à l'Officier principal de leur Corps, de tout ce qui se sera passé pendant le mois précédent concernant toutes les parties dont ils sont spécialement chargés; ils en rendront compte aussi au Commandant en second sous les ordres duquel ils seront détachés.

ART. LXXV. Ils ne pourront se dispenser de faire connoître audit Commandant en second et à l'Aide-Major Général, toutes les fois qu'ils feront la visite des Places, les travaux ordonnés par Sa Majesté, ou par le Gouverneur même, de leur donner la communication des Places, afin qu'ils puissent juger de leur avancement; bien entendu que ledit Commandant en second ni l'Aide-Major Général ne pourront faire tirer copie de ces plans, et qu'ils seront obligés de les leur rendre avant le départ de la Place.

Fonctions des Ingénieurs en chef et des Ingénieurs ordinaires.

Art LXXVI. L'Ingénieur en chef recevra immédiatement les ordres du Gouverneur, ou à son défaut, de celui qui commandera en chef dans la Colonie, pour tout ce qui concerne le Génie et les Fortifications ; ses fonctions seront les mêmes qu'en Europe, et il aura la même autorité sur les Ingénieurs ordinaires qui seront sous ses ordres.

Art. LXXVII. Il sera tenu de faire chaque année une visite de toutes les Places et de tous les Ports de la Colonie, pour examiner toutes les dégradations que les mauvais temps ou la pluie peuvent y avoir occasionnées, tant aux Fortifications et autres ouvrages, qu'aux Maisons et autres Bâtimens appartenans à Sa Majesté ; quelles sont les réparations urgentes à y faire ; à quel point d'avancement en sont les ouvrages ordonnés, les différens projets qu'il convient de former pour les réparations ou les augmentations d'ouvrages dont ces Places et ces Ports ont besoin ; pour examiner en même temps la conduite particuliere des Ingénieurs ordinaires ; quels sont leurs talens, leur zele, et faire ensuite des Mémoires détaillés sur ces différentes parties, et sur tout ce qu'il conviendroit de faire pour mettre chaque place et chaque Port dans l'état le plus respectable, et envoyer ensuite ces Mémoires au Secrétaire d'Etat de la Marine et au Gouverneur.

Art. LXXVIII. Les Ingénieurs ordinaires seront aux ordres du Commandant en second dans le département duquel ils se trouveront détachés, et du Commandant de la Place ou de celui du Quartier dans lequel ils résideront ; ils rendront le 1er de chaque mois audit Commandant en second et à l'Ingénieur en chef, un compte exact de tout ce qui se sera passé le mois précédent : ils ne pourront se dispenser, ainsi qu'il vient d'être expliqué pour les Officiers du Corps Royal, de faire connoître auxdits Commandans en second et à l'Aide-Major Général, lorsqu'ils feront la visite des Places, les travaux ordonnés, et même de leur communiquer les plans, afin qu'ils puissent juger de leurs progrès.

Fonctions de l'Officier de Port.

Art. LXXIX. L'Officier de Port remplira dans la Colonie les mêmes fonctions que le Capitaine d'un Port du Royaume y remplit en Europe ; et en conséquence il sera sous les ordres du Gouverneur et sous ceux de l'Intendant, pour toutes les parties où ledit Capitaine de Port est sous les ordres des Commandans de la Marine ou de l'Intendant de ce Port.

Fonctions du Garde-Magasin principal, et des Gardes-Magasins particuliers d'Artillerie.

Art. LXXX. Le Garde-Magasin principal d'Artillerie ne recevra des ordres que de l'Officier principal du Corps Royal ou du Gouverneur, soit qu'il les lui donne lui-même, soit qu'il les lui fasse passer par ledit Officier principal, et il ne rendra compte qu'à eux des choses qui auront été confiées à sa garde.

Art. LXXXI. En conséquence des ordres qu'il recevra, il fera tous les envois qui seront jugés nécessaires pour les différens Magasins particuliers d'Artillerie, et il ordonnera aux Gardes-Magasins particuliers qui lui seront subordonnés, de lui adresser, le premier de chaque mois, un état de situation de leurs magasins particuliers, et de la recette et de la dépense dudit Magasin pendant le mois précédent. Les Gardes-Magasins particuliers seront tenus d'en rendre compte en même temps à l'Officier du Corps Royal dans la dépendance duquel sera leur magasin, afin qu'il puisse en rendre compte lui-même au Commandant en second sous les ordres duquel il sera détaché; comme le Garde-Magasin principal rendra compte de tout à l'Officier principal d'Artillerie de la Colonie, et celui-ci au Secrétaire d'Etat de la Guerre, au Secrétaire d'Etat de la Marine, et au Gouverneur.

Art. LXXXII. S'il arrivoit que le Garde-Magasin principal ou les Gardes-Magasins particuliers se conduisissent mal dans leurs fonctions, le Gouverneur auroit seul le droit de les interdire, soit de lui-même, soit à la réquisition de l'Officier principal d'Artillerie, et de pourvoir à leur emploi sur la présentation qui lui sera faite par ledit Officier principal de trois sujets propres à les remplir.

Partie de l'Administration générale qui regarde l'Intendant.

Art. LXXXIII. L'Intendant aura séance aux Conseils Supérieurs à la droite du Gouverneur; il aura le droit, ainsi que lui, de convoquer les Conseils extraordinaires; mais il pourra seul assigner les Audiences, faire appeler les causes, recueillir les voix, et prononcer les Jugemens; en un mot, l'intention de Sa Majesté est qu'il y fasse toutes les fonctions de

Président, et qu'il ait la voix prépondérante, en cas de partage, en l'absence du Gouverneur.

Art. LXXXIV. Il aura seul le droit de proposer à tous les emplois de Justice et civils qui viendront à vaquer, soit dans les Conseils Supérieurs et dans les Sénéchaussés qui en ressortissent, soit dans le reste de la Colonie, en attendant que Sa Majesté ait fait connoître ses intentions pour le remplacement de ces emplois vacans, et la Commission qui sera donnée pour l'exercice par intérim desdits emplois, sera expédiée au nom du Gouverneur et de l'Intendant, sans que le Gouverneur puisse le refuser.

Art. LXXXV. Toutes les matieres concernant la Justice, la levée des octrois, les marchés à passer, les payemens, les fonds, les comptes, la solde des Troupes, les Classes, le Commerce, l'Agriculture, les encouragemens à donner pour en accélérer le progrès, la population de la Colonie, et les moyens d'y rendre les vivres abondans et à meilleur prix; la faveur à donner au travail des Blancs, en réduisant les Negres aux seuls travaux des Habitations, seront absolument du ressort de l'Intendant, et le Gouverneur n'en prendra connoissance, que pour savoir, comme premier Chef de la Colonie, en quel état elle se trouve. Les défrichemens seront aussi du ressort de l'Intendant; mais il n'en permettra aucuns que de l'aveu du Gouverneur, qui jugera s'il ne peut pas nuire à la défense de la Colonie.

Art. LXXXVI. Son autorité s'étendra généralement sur tous les approvisionnemens dont il aura la direction et la manutention, sur tous les Magasins de terre et de mer, à l'exception de ceux d'Artillerie, dont il ne se mêlera pas; sur toutes les fournitures à faire aux Troupes; sur la construction et l'entretien de tous les Bâtimens servant à l'usage des Troupes et à celui des magasins en tous genre; sur les Hôpitaux militaires et civils; sur les Arsenaux de Marine qui seront établis dans la Colonie; sur la police des Navires Marchands, et il ne sera tenu d'en rendre compte au Gouverneur que dans les parties relatives à la subsistance et au besoin des Troupes ou à la défense de la Colonie.

Art. LXXXVII. Tous les Gardes-Magasins, à l'exception, ainsi qu'il a été dit, de ceux d'Artillerie, ne dépendront que de lui seul, et il sera le maître de les interdire et de les remplacer toutes les fois qu'ils se conduiront mal dans leurs fonctions; mais s'il y avoit une prévarication manifeste, il en instruira le Gouverneur pour les faire arrêter, et les renvoyer en France, avec les pieces qui constateront le délit, pour y être punis suivant l'exigence des cas.

Art. LXXXVIII. Ce sera à lui seul à régler toutes les défenses, et à passer les marchés dans les formes ordinaires, c'est-à-dire, pour ceux qui se feront sur les lieux par des adjudications publiques au rabais. Ces marchés seront confirmés par le Secrétaire d'Etat ayant le département de la Marine, bien entendu que, dans les choses instantes, l'exécution du marché aura son effet.

Art. LXXXIX. Il ne pourra permettre à aucun Habitant de sortir de la Colonie, ni renvoyer en France aucunes personnes employées sous ses ordres, sans l'aveu du Gouverneur.

Art. XC. Il fera commander les Equipages des Bâtimens de Commerce, ainsi que les Ouvriers et autres Habitans attachés au service dont il est chargé; il pourra même les faire punir, en cas de désobéissance, en demandant, s'il est besoin, main-forte au Gouverneur, qui ne pourra la lui refuser sans de fortes raisons, dont il sera tenu de rendre compte au Secrétaire d'Etat ayant le département de la Marine.

Art. XCI. Il aura sur le Commissaire Ordonnateur et sur les Commissaires ordinaires des Guerres, la même autorité que l'Intendant d'une armée a sur les Commissaires qui y sont employés.

Art. XCII. Il aura sur l'Officier de Port, sur le Commissaire de la Marine, sur les Ecrivains, Commis, et autres Employés de la Marine, la même autorité que l'Intendant d'un Port a sur ceux qui y sont employés; enfin, il aura la même autorité sur le Subdélégué général, sur les Subdélégués principaux, et sur toutes les personnes publiques et particulieres qui auront quelque rapport à son administration, que l'Intendant d'une Généralité du Royaume a dans son département; il lui sera permis d'avoir auprès de sa personne un ou deux Hoquetons, pour l'exécution des ordres qu'il aura à donner dans sa partie; mais les frais de leur entretien seront à ses dépens.

Fonctions du Subdélégué Général.

Art. XCIII. Au défaut de l'Intendant, le Subdélégué Général remplira toutes les fonctions, et les Commissaires Ordonnateurs et ordinaires des Guerres et de la Marine lui seront subordonnés; mais il ne pourra prétendre à aucune supériorité sur eux, tant que l'Intendant sera dant la Colonie, quoiqu'étant hors d'état de remplir les fonctions, le Subdélégué

Général n'étant censé remplir sa place qu'autant qu'il seroit mort, ou qu'il se seroit démis volontairement, ou qu'il auroit été rappelé.

Art. XCIV. Le Subdélégué Général sera chargé immédiatement sous les ordres de l'Intendant, de tout ce qui aura rapport à l'administration civile de la Colonie; mais en cette qualité, il ne se mêlera en rien de tout ce qui concernera le Militaire de terre et de mer, ou de la défense du Pays.

Art. XCV. Le Subdélégué Général aura une attention particuliere à veiller à l'approvisionnement général de tous les magasins, tant pour les vivres que pour les autres effets destinés à l'usage des Troupes; il sera chargé, sous les ordres de l'Intendant, de la comptabilité des Gardes-Magasins pour la recette et la dépense de tous les articles qu'il fera entrer dans lesdits magasins, pour suivre le recouvrement de leur valeur; mais il ne se mêlera en aucune façon de l'exercice et de l'usage desdits magasins, de la distribution et conservation des vivres, de leur inspection et visite, ainsi que de l'administration et conduite des Gardes-Magasins, qui seront du ressort des Commissaires Ordonnateurs et ordinaires pour la partie militaire; il se donnera aussi tous les soins possibles pour que les Hôpitaux soient fournis de tout ce qui leur sera nécessaire pour la commodité et la guérison des malades, et pour constater la recette et la dépense desdits Hôpitaux, dont l'inspection et l'administration concerneront les Commissaires des Guerres, qui en rendront compte à l'Intendant. Le Subdélégué Général aura soin qu'on retienne le moins qu'on pourra, dans les Ports de la Colonie, les Flûtes et autres Bâtimens chargés de vivres et autres effets pour le compte de Sa Majesté, et leur procurera les denrées à fret, pour les charger à leur retour en France.

Art. XCVI. Les Officiers Municipaux des Isles et autres lieux lui seront subordonnés pour tout ce qui concernera la Police civile, l'Agriculture, le Commerce extérieur et intérieur, les Impositions, la levée des Octrois, les Corvées, le Commerce de contrebande; en un mot, il sera chargé des mêmes fonctions qu'un Subdélégué Général dans une Généralité du Royaume; il aura la même autorité, et de plus l'administration et l'inspection relative aux besoins civils de la Colonie.

Art. XCVII. Lorsque le Subdélégué Général réunira à sa place celle de Commissaire ordinaire des Guerres et de la Marine, il aura, sous les ordres de l'Intendant, la direction et la manutention de tout ce qui appartiendra à ces deux départemens.

Art. XCVIII.

Art. XCVIII. Le Subdélégué Général assistera au Conseil Supérieur résidant au Port-au-Prince, prendra séance à la droite de l'Intendant, en qualité de Premier Conseiller, et fera fonction de Président en l'absence de l'Intendant.

Fonctions des deux Subdélégués principaux.

Art. XCIX. Les fonctions des deux Subdélégués principaux seront les mêmes dans les départemens de chaque Commandant en second, que celles d'un Subdélégué ordinaire dans une Intendance du Royaume.

Fonctions du Commissaire Ordonnateur, et des Commissaires ordinaires des Guerres.

Art. C. Le Commissaire Ordonnateur des Guerres aura sur les Commissaires ordinaires des Guerres la même autorité que l'Intendant d'une armée a sur les Commissaires des Guerres qui y sont employés.

Art. CI. Il recevra les ordres du Gouverneur et de l'Intendant, soit que le premier les lui donne lui-même, ou qu'il les lui fasse donner par le dernier, et il rendra compte à l'un et à l'autre des différentes parties qui les concernent chacun en particulier.

Art. CII. Il passera lui-même les Troupes en revue, ou il les fera passer par les autres Commissaires, pour que ces revues servent au payement desdites Troupes; il se conformera, à l'égard de ces revues, de l'expédition des congés absolus et limités, des billets d'Hôpitaux, &c., à tout ce qui a été réglé ou le sera par la suite concernant les revues de l'Infanterie de Sa Majesté en Europe.

Art. CIII. Il aura l'inspection sur tous les Hôpitaux militaires, sur toutes les fournitures à faire aux Troupes, sur tous les approvisionnemens des Places et des différens Quartiers où il y aura des Troupes, et sur tous les Magasins relatifs, tant à leur subsistance et à leurs autres besoins, qu'à la défense du Pays, et il veillera sur la conduite de ces différens Gardes-Magasins.

Art. CIV. Il sera d'ailleurs chargé de toutes les parties de l'administration militaire dont les Commissaires des Guerres sont chargés dans les armées et dans les Provinces du Royaume; mais il ne se mêlera en rien de tout ce qui regarde l'administration civile de la Colonie.

Art. CV. Il sera tenu de faire chaque année une visite de toutes les Places et de tous les Quartiers où il y aura des Troupes, pour examiner par lui-même si le service s'y fait bien dans les Hôpitaux militaires; si les

Troupes sont bien fournies, si tout se passe en regle dans les magasins, dans les distributions et ailleurs; si les Commissaires ordinaires des Guerres remplissent exactement leurs devoirs; quelle est leur conduite particuliere; quels sont leurs talens, &c.; la quantité des différentes fournitures à faire aux Troupes; la situation de tous les magasins de cette espece; les mesures que l'on prend pour leur conservation et pour les approvisionnemens; enfin, si les Habitans ne se plaignent pas des Troupes: il rendra compte de cette visite au Secrétaire d'Etat ayant le département de la Marine, et à l'Intendant et au Gouverneur.

Art. CVI. Les Commissaires ordinaires des Guerres seront exacts à remplir, chacun dans leur district particulier, toutes les mêmes fonctions dont ils sont ou seront chargés en Europe, et à rendre compte, le premier de chaque mois, à leur Commissaire Ordonnateur et au Commandant en second dans le département duquel ils seront employés, de tout ce qui s'y sera passé pendant le mois précédent.

Fonctions du Commissaire Ordonnateur de la Marine.

Art. CVII. Le Commissaire Ordonnateur de la Marine aura sur les Officiers de Port, sur les Ecrivains, les Commis, et les Gardes-Magasins de Marine, la même autorité dont jouit un Commissaire de Marine dans un des Ports du Royaume; et en conséquence il aura, sous les ordres de l'Intendant, la direction et la manutention de tout ce qui appartiendra à la Marine et aux Classes; il suivra avec la plus grande attention le service des Arsenaux et celui des Commis dans les différens Quartiers de la Colonie; il sera tenu de faire chaque année une visite de tous les Ports de la Colonie où il y aura des établissemens de Marine ou des Bureaux des Classes, pour y examiner par lui-même si tout s'y passe en regle, et en rendra compte à l'Intendant, ainsi que de la conduite, des talens, du zele, ou de la négligence des Ecrivains, des Commis, et des différens Gardes-Magasins de la Marine; il lui rendra pareillement compte, le premier de chaque mois, et même plus souvent, si les circonstances l'exigent, de tout ce qui se sera passé pendant le mois précédent dans le Port du Cap François et dans tous les autres Ports de la Colonie. Les Ecrivains et les Commis de la Marine qui y seront détachés, seront également tenus de lui rendre compte.

Fonctions des Ecrivains de la Marine.

ART. CVIII. Les Ecrivains de Marine rempliront dans la Colonie les mêmes fonctions qu'ils exercent en Europe dans les Ports du Royaume, et ils seront exacts à rendre compte au Commissaire de la Marine de tout ce qui s'est passé dans les parties dont ils seront chargés.

Fonctions des Ecrivains ou Commis aux Classes.

ART. CIX. Le Commis des Classes résidera dans le Quartier qui lui aura été assigné, et remplira tous les devoirs qui lui sont prescrits; il aura une attention particuliere sur la discipline des Equipages des Bâtimens de Commerce pendant le temps qu'ils séjourneront dans les Ports de son Quartier, autant pour empêcher leur désertion et les contenir dans l'obéissance, que pour tenir la main à ce qu'il ne leur soit fait aucun tort de la part de leur Capitaine, et de prendre garde en même temps que les Bâtimens ne soient retenus trop long-temps dans les Ports, soit par sa faute, soit par celle des Officiers de l'Amirauté.

Fonctions du Contrôleur de la Marine.

ART. CX. Le Contrôleur de la Marine remplira les mêmes fonctions que celles des Contrôleurs dans les Ports du Royaume.

Fonctions des Officiers d'Amirauté.

ART. CXI. Les fonctions des huit Siéges de l'Amirauté établis ci-devant dans la Colonie, continueront d'être les mêmes sous les ordres et la direction de l'Amiral; mais ils seront en même temps comptables au Conseil supérieur de leurs Jugemens.

Du Trésorier de la Colonie.

ART. CXII. Le Trésorier de la Colonie ne dépendra du Gouverneur que dans les parties qu'un Trésorier d'une armée dépend d'un Général; mais il ne recevra des ordres que de l'Intendant, tant pour les recettes qu'il fera dans sa caisse, que pour les différens payemens qu'il aura à faire. Cependant il sera tenu de remettre au Gouverneur le bordereau de sa caisse toutes les fois qu'il le lui demandera: il se conformera d'ailleurs aux Ordonnances de Sa Majesté concernant le payement des Troupes, et ses fonctions, soit qu'elles concernent le Militaire, la Marine, ou la Colonie en général.

Fonctions des Médecins et Chirurgiens-Majors.

Art. CXIII. Le Médecin et le Chirurgien-Major auront sur tous les Hôpitaux militaires de terre et de mer de la Colonie, la même autorité et la même inspection que le Médecin et Chirurgien-Major d'une armée ont sur tous les Hôpitaux de l'armée; ils seront tenus d'en faire chaque année une visite; pour examiner la quantité des remedes, et quels sont la conduite, les talens, et l'application ou la négligence du Médecin et du Chirurgien particulier de chaque Hôpital, dont ils exigeront qu'ils leur rendent compte le premier de chaque mois de tout ce qui se sera passé dans ledit Hôpital pendant le mois précédent, afin qu'ils soient eux-mêmes en état d'en rendre compte ensuise au Gouverneur et à l'Intendant, relativement aux parties de l'administration dont ils sont chargés; et tous les Médecins en général seront tenus de rendre compte au Médecin résidant en France, que Sa Majesté a nommé Inspecteur et Directeur Général de la Médecine, Botanique, et Pharmacie pour les Colonies, de toutes les maladies ordinaires et extraordinaires qu'ils auront à traiter, de leurs causes, des remedes qu'ils emploieront pour leur guérison, et de leur suite, afin que ledit Médecin-Inspecteur, en réunissant tous les détails qu'ils lui auront envoyés en ce genre, soit en état d'en rendre la connoissance utile pour la perfection de la Médecine, Botanique, et Pharmacie, et de leur donner en conséquence les conseils qu'il jugera les plus convenables dans la direction desdites maladies. Les Médecins résidans dans les Colonies adresseront leurs Lettres et Mémoires audit Médecin-Inspecteur, sous l'enveloppe du Secrétaire d'Etat ayant le département de la Marine.

Fonctions des Gardes-Magasins principaux des vivres et effets des Troupes.

Art. CXIV. Il y aura deux Gardes-Magasins principaux, l'un au Cap, et l'autre au Port-au-Prince, et autant de Gardes-Magasins particuliers que de Quartiers où il y aura des Garnisons établies.

Art. CXV. Chaque Garde-Magasin principal ne recevra des ordres que de l'Intendant ou du Commissaire Ordonnateur des Guerres, soit que l'Intendant les donne lui-même, ou qu'il les fasse passer par ledit Commissaire Ordonnateur des Guerres; il ne sera tenu de rendre compte qu'à eux de la distribution de tous les vivres et effets qui seront dans les Magasins particuliers, pour qu'ils soient fournis de toutes les choses que l'on y aura jugées nécessaires ; mais il sera comptable au Subdélégué Général du montant de sa recette et de sa dépense en vivres et autres effets.

Art. CXVI. Tous les Gardes-Magasins particuliers lui seront subordonnés, et lui adresseront, le premier de chaque mois, un état exact de la situation de leur Magasin, et de la recette et de la consommation dudit magasin pendant le mois précédent ; ils en rendront compte en même temps, et toutes les fois que les circonstances l'exigeront, au Commissaire ordinaire des Guerres dans le département duquel sera leur Magasin, pour qu'il puisse en rendre compte au Commandant en second sous lequel il sera détaché, comme le Garde-Magasin principal rendra compte de tout au Commissaire Ordonnateur des Guerres, et celui-ci au Gouverneur et à l'Intendant.

Art. CXVII. S'il y avoit abus dans le Magasin, soit de la part du Garde-Magasin principal, ou de celle des Gardes-Magasins particuliers, l'Intendant pourra, de son propre mouvement et à la réquisition de son Subdélégué Général ou du Commissaire Ordonnateur des Guerres, interdire les délinquans ou les renvoyer en France, après les avoir remplacés, ainsi qu'il est expliqué dans l'article LXXXVII.

Du Garde-Magasin de la Marine.

Art. CXVIII. Sa Majesté ayant ordonné qu'il n'y ait, pour le présent, qu'un Arsenal de Marine, pour radoubs, rechanges, et carennes, au Cap François, le Garde-Magasin qui y sera préposé se conformera en tout, pour cette partie, aux Ordonnances de la Marine.

Art. CXIX. Immédiatement après la réception de la présente Ordonnance, le Gouverneur et l'Intendant rendront, chacun dans leur partie, les Ordonnances communes et particulieres, contenant des extraits séparés des fonctions qui sont attribuées par la présente Ordonnance aux personnes qui leur sont subordonnées, afin que chacun soit exactement instruit du service qu'il aura à remplir dans le poste ou l'emploi qui lui aura été confié. Mande et ordonne Sa Majesté au sieur Vicomte de Belsunce, Lieutenant Général de ses Armées, Gouverneur, son Lieutenant Général ; et au sieur de Clugny-Nuys, Intendant de Justice, Police, Finances, Guerre et Marine de l'Isle de Saint-Domingue, et aux Commandans en second et Commandans particuliers dans ladite Isle, aux Subdélégué Général et Subdélégués Particuliers, principaux Commissaires

Ordonnateurs et ordinaires des Guerres et de Marine, et à tous les autres Officiers qu'il appartiendra, de tenir, chacun en droit soi, la main à l'exécution de la présente Ordonnance, qu'elle veut être enregistrée aux deux Conseils Supérieurs de la Colonie. FAIT à Versailles le 24 Mars 1763. *Signé* LOUIS. *Et plus bas*, le DUC DE CHOISEUL.

R. au Conseil du Cap le 15 Juin 1763.
Et à celui du Port-au-Prince le 21 Juillet suivant.

Voy. *la Lettre du Ministre, du 6 Septembre* 1763.

ORDONNANCE du Juge de Police du Cap, qui défend aux Habitans de la même Ville de faire fouetter leurs Esclaves dans les rues.

Du 24 Mars 1763.

VU la Remontrance du Procureur du Roi, et y faisant droit, faisons défenses à tous et chacun les Habitans de cette Ville de faire fouetter leurs Negres ou Négresses, ou autres Esclaves, dans la rue et voie publique, sauf à eux à les corriger et discipliner dans leurs maison et cour, ainsi qu'ils aviseront, et conformément aux Ordonnances; le tout à peine d'amende. Mandons aux Inspecteurs de Police, &c.

ORDONNANCE du Roi, concernant le traitement des Troupes qui iront servir dans la Colonie.

Du 25 Mars 1763.

SA MAJESTÉ ayant, par son Ordonnance du 10 Décembre 1762, concernant l'Infanterie Françoise, nommé les Régimens qui serviront à l'avenir dans ses Colonies, et fixé le traitement particulier qui leur sera fait pendant le temps qu'ils seront employés à ce service; elle a voulu, par la présente Ordonnance, leur expliquer plus en détail en quoi consistera ce traitement.

ART. Ier. Les Colonels, Lieutenans-Colonels, Majors, Capitaines, Lieutenans, Commissaires des Guerres, Chirurgiens, et Aumôniers à la suite des Régimens, ainsi que tous les Bas-Officiers, Soldats, et Tambours, jouiront, à compter du jour de leur embarquement dans un Port de France, pour passer dans lesdites Colonies, et pendant tout le temps qu'ils serviront dans lesdites Colonies, jusqu'au jour de leur débarquement dans un Port de France, de la moitié en sus de leurs appointemens et de leur solde, laquelle moitié leur sera payée par les Trésoriers Généraux des Colonies, soit en France, soit dans la Colonie où ils serviront, et il sera également payé par les mêmes Trésoriers, pour chaque Bas Officier et Soldat, 4 deniers par jour, pour la moitié en sus du montant de la retenue de 8 deniers, qui leur sera faite pour le linge et chaussure, moyennant quoi, la totalité de la paye du Soldat dans la Colonie, sera de 7 s. 6 deniers, et d'un sou pour le linge et la chaussure.

Art. II. Il sera payé en outre à chaque Officier qui s'embarquera avec sa Troupe, et non autrement, une gratification de 50 liv., pour le mettre en état de se procurer un lit de bord, &c.

Art. III. Il sera payé aux Troupes qui s'embarqueront pour les Colonies trois mois d'avance de leur solde de France, par le Trésorier de l'extraordinaire des Guerres, et la moitié en sus de ladite solde par les Trésoriers des Colonies, pour les mettre en état, avant leur départ, de se procurer les mêmes approvisionnemens dont elles auroient besoin. Lorsque les Troupes passeront d'une Colonie à l'autre, elles seront soldées dans la Colonie qu'elles quitteront, jusqu'au jour de leur départ, et continueront d'être payées, à compter de ce jour, dans la Colonie où elles passeront, sans qu'il soit question pour ces passages intermédiaires d'aucune avance ni gratification pour le lit de bord aux Officiers, ni pour les hamacs aux Soldats; et à leur départ de la derniere Colonie qu'elles quitteront pour revenir en France, non seulement elles seront soldées jusqu'au jour de leur départ, mais il leur sera donné de plus un mois d'avance; de maniere qu'à leur arrivée en France il ne leur restera dû que la solde qui aura couru au delà d'un mois, pour achever leur navigation.

Art. V. La cherté des denrées que les variations du Commerce causent souvent dans les Colonies, ayant fait connoître à Sa Majesté les difficultés qu'auroient éprouvées ses Troupes à se procurer dans ces Colonies les subsistances nécessaires, elle s'est déterminée à les leur faire fournir sur les lieux; pour cet effet, elle a fait donner ses ordres pour y faire passer annuellement les denrées nécessaires, et y former des Magasins de vivres suffisans; au moyen desquels l'Intendant de la Colonie fera donner à chaque Bas-Officier et Soldat effectifs, moyennant la retenue de 4 sous 6 deniers qui sera faite aux uns et aux autres, une ration composée d'une livre de farine de France de la premiere qualité, de trois quarterons de farine de manioc, ou l'équivalent en autres vivres du Pays, ou en quatre onces de riz, et une demi-livre de viande fraîche: ou à défaut, de même quantité de bœuf salé, ou de six onces de lard et d'un huitieme de pinte de Paris en tafia, la cuisson du pain qui sera faite de la livre de farine de France seulement, sera à la charge de Sa Majesté; et moyennant l'introduction de la petite monnoie que Sa Majesté établira dans ses Colonies, les Soldats seront en état de se procurer plus facilement les menus légumes et les autres articles nécessaires à leurs besoins.

Art. VI. Sa Majesté ayant ordonné, par l'article précédent, que dans la ration du Soldat il seroit compris un huitieme de pinte de Paris en tafia, elle ordonne en conséquence au Gouverneur, à l'Intendant, au Commandant en second, au Subdélégué Général, aux Colonels et Majors des différens Corps, et à toutes autres personnes chargées de la discipline des Troupes, d'empêcher de tout leur pouvoir qu'aucun Cabaretier, Aubergiste, et autres personnes quelconques ne vendent ni donnent à boire aucune boisson aux Troupes, à peine d'une amende telle qu'elle sera arbitrée pas le Gouverneur ou l'Intendant, pour la premiere fois, et sous peine de prison, en cas de récidive; veut et ordonne Sa Majesté que, sans avoir égard à l'usage où sont les Etats-Majors d'avoir des cautions établies dans les Places de résidence, pour les Soldats qui y tiennent Garnison, toutes cautions soient supprimées à l'avenir dans ses Colonies, et que, sous quelque prétexte que ce puisse être, il n'y ait dans lesdites Colonies aucun lieu particulier et privilégié, pour y donner à boire aux Soldats, sans une permission par écrit du Gouverneur, qui ne l'accordera que dans le cas où les Soldats étant employés pour les travaux de Sa Majesté, lesdits Gouverneur et Intendant jugeroient que ce petit secours leur seroit nécessaire.

Art. VII. Il sera permis aux Gouverneurs, aux Intendans, et à tous les Officiers indistinctement, ainsi qu'à toutes les personnes employées au service de Sa Majesté, de prendre dans les Magasins des rations de Soldats, en les payant sur le pied de 6 sous, et dans le nombre que Sa Majesté a fixé, suivant le grade et l'état de chacun; savoir;

Au Gouverneur.	20 *rations*.
Au Commandant en second	12
A l'Aide-Major Général d'Infanterie.	10
A un Brigadier.	10
A un Colonel non Brigadier, employé extraordinairement.	10
A un Colonel de service ordinaire.	8

A

A un Lieutenant-Colonel	6 *rations*
A un Major	5
A un Aide-Major.	4
A chaque sous-Aide-Major.	3
A un Capitaine.	4
A chaque Lieutenant et sous-Lieutenant.	3
A un Officier principal d'Artillerie.	8
A un Ingénieur en chef.	8
A un Ingénieur ordinaire.	4
A un Officier de Port.	4
A chaque Trésorier.	3
A chaque Chirurgien.	3
A chaque Aumônier.	3
A chaque Quartier-Maître.	2
A chaque Porte Drapeau.	2
A l'Intendant.	15
Au Subdélégué Général	10
A chaque Subdélégué principal.	5
A chaque Commissaire Ordonnateur des Guerres et de la Marine.	8
Au Contrôleur de la Marine.	8
A chaque Commissaire ordinaire des Guerres et de la Marine.	6
A chaque Ecrivain.	4
Au Médecin en chef.	8
A chaque Médecin ordinaire.	6
A chaque Chirurgien-Major.	6
A chaque Chirurgien en second	3
A chaque Apothicaire.	4
A chaque Aide-Apothicaire.	3
A chaque Sage-Femme	
Et pour leur mari et pour chaque enfant.	1
A chaque Eleve Sage-Femme.	3
Et pour leur mari et pour chaque enfant.	1
Au Trésorier de la Colonie.	4
Au Garde-Magasin principal.	4
A chaque Garde-Magasin particulier.	3
A chacun des deux Maîtres d'ouvrages et de manœuvres entretenus à l'Arsenal.	3

A l'Hôpital, autant qu'il y aura de Soldats et Ouvriers malades, suivant le certificat de l'Ecrivain ou Commis préposé à l'Hôpital, laquelle ration ne sera payée qu'au prix du Soldat.

Art. XVII. Sa Majesté fera donner aux Officiers et Soldats les logemens, soit dans les Cazernes, soit dans d'autres bâtimens ou maisons particulieres, suivant les ordres qui seront donnés pour la distribution desdites Troupes dans toute l'étendue de chaque Colonie; Sa Majesté leur fera également fournir la lumiere et le bois, &c.

Art. XVIII. Défend Sa Majesté à tous Soldats de ses Troupes de travailler dans ses Colonies pour le compte des Habitans, ou dans leurs Habitations, sans une permission expresse signée du Gouverneur ou des personnes qui le représenteront, lequel ne l'accordera qu'autant que Sa Majesté n'aura pas besoin de ses Troupes pour les travaux concernant son service, et qu'il se sera assuré que lesdits Habitans n'emploieront jamais lesdits Soldats pour suppléer aux Negres dans les gros travaux de la terre, mais seulement à des ouvrages ou à des cultures convenables à leur état et à leur santé; et lorsque Sa Majesté jugera à propos de les employer à des travaux nécessaires pour son service, elle aura soin de faire assigner un prix convenable à leurs peines, soit par journées, soit par toisé de l'ouvrage, indépendamment de leur solde.

Art. XIX. Pour assurer une plus prompte correspondance avec les Colonies, Sa Majesté ayant fait établir des Paquebots à Rochefort, dont il en partira un au commencement de chaque mois, Sa Majesté veut que, lorsqu'il se trouvera quelque Soldat qui ne pourra s'habituer au climat de la Colonie où il servira, et que son état aura été dûment constaté par les certificats des Médecins et des Chirurgiens, le Gouverneur lui permette de revenir en France sur un de ces Paquebots, sans attendre l'arrivée des Vaisseaux de Sa Majesté; et en ce cas il sera nourri aux dépens de Sa Majesté pendant la traversée, et sa solde, ainsi que la moitié en sus, lui sera payée en France jusqu'au jour de son débarquement, dont il prendra un certificat du Commandant du Paquebot sur lequel il se sera embarqué.

Art. XX. Sa Majesté accordera le congé absolu à tout Soldat qui ayant déjà servi dans ses Troupes, soit en France, soit dans les Colonies, pendant l'espace de six ans, voudra s'y marier; et Sa Majesté lui accorde de plus, pendant la premiere année de son mariage, la ration qu'il avoit dans la Colonie, ou à son choix quatre sous 6 deniers par jour, pour lui en tenir lieu, et la faculté de pouvoir se procurer des Magasins du Roi les effets propres aux Soldats, et au même prix, pendant l'espace de six ans.

Enjoint Sa Majesté à tous ses Gouverneurs et Intendans, Commandans en second, Subdélégués Généraux, Commissaires Ordonnateurs et ordinaires des Guerres dans ses Colonies, et à tous autres Officiers qu'il appartiendra, de tenir, chacun en droit soi, la main à l'exécution de la présente Ordonnance, qu'elle veut être lue, publiée, et affichée par-tout où besoin sera. FAIT à Versailles, &c.

Les articles supprimés n'ont trait qu'à l'habillement des Troupes, à la retenue à faire pour leurs journées d'Hôpitaux, et aux Magasins dont il est parlé dans l'art. V.

ARRÊT du Conseil d'Etat, qui supprime les deux Chambres mi-parties d'Agriculture et de Commerce, et établit deux Chambres d'Agriculture seulement.

Du 28 Mars 1763.

LE ROI ayant, par Arrêt de son Conseil du 23 Juillet 1759, établi dans chacune des Villes du Cap et du Port-au-Prince de l'Isle Saint Domingue, une Chambre mi-partie d'Agriculture et de Commerce, dont les Membres devoient être choisis entre les Habitans et Négocians de cette Colonie, pour délibérer ensemble, et proposer tout ce qui leur paroîtra le plus propre à favoriser les cultures des terres et le commerce de ladite Colonie, avec la faculté d'avoir un Député à Paris à la suite du Conseil de Sa Majesté, elle auroit reconnu que la composition desdites Chambres donnoit lieu à des débats et à des discussions inutiles entre les Colons et les Négocians, sur les intérêts respectifs des uns et des autres, et que les Chambres du Commerce établies en France étoient suffisantes pour défendre par elles-mêmes et par leurs Députés au Bureau du Commerce, les intérêts du Commerce de la Métropole en général, et de celui de la Colonie de Saint-Domingue en particulier, pour pouvoir déterminer, en connoissance de cause, les parties les plus avantageuses aux intérêts respectifs des Colons et des Négocians, Sa Majesté auroit jugé nécessaire de réduire la composition desdites Chambres à la seule classe des Colons; à quoi voulant pourvoir; ouï le rapport, le Roi étant en son Conseil, a ordonné et ordonne ce qui suit :

ART. Ier. Les Chambres mi-parties d'Agriculture et de Commerce établies par Arrêt du Conseil du 23 Juillet 1759, dans les villes du Cap et du Port-au-Prince de l'Isle Saint-Domingue, seront supprimées à compter du 1er Juillet prochain.

Art. II. A compter de la même époque, il sera établi dans chacune desdites Villes une nouvelle Chambre, qui sera seulement d'Agriculture, laquelle ne sera composée à l'avenir que de sept Colons créoles ou ayant Habitations, à l'exclusion de toutes personnes choisies dans d'autres états.

Art. III. Sa Majesté conserve et confirme les quatre Habitans qui faisoient déjà partie des anciennes Chambres, pour entrer dans la composition des nouvelles: ils choisiront dans leur premiere assemblée un des trois nouveaux Membres qui devront entrer dans la composition de la nouvelle Chambre; et lorsque celui-ci y aura pris séance, et qu'ils seront unis ensemble au nombre de cinq, ils nommeront, à la pluralité des voix, le sizieme et le septieme Habitant, qui devront compléter le nombre auquel Sa Majesté a fixé la composition de chaque Chambre.

Art. IV. Lorsqu'un des Membres de ladite Chambre viendra à mourir ou à se retirer, pour infirmité ou raison de ses affaires particulieres, les six autres restans procéderont à la nomination d'un nouveau Membre qui devra le remplacer, et ils seront tenus de faire part de son élection au Gouverneur et à l'Intendant de la Colonie, et d'en rendre compte au Secrétaire d'Etat ayant le département de la Marine.

Art. V. Sa Majesté confirme les dispositions contenues dans les articles 5, 10, 11, 12, 13 et 14 de l'Arrêt du 23 Juillet 1759, en tout ce qui concerne la nomination des Secrétaires desdites Chambres, les lieux où elles devront s'assembler, la nomination de leur Député à la suite du Conseil de Sa Majesté, avec lequel elles continueront d'entretenir leur correspondance ordinaire pour toutes les affaires relatives aux objets de leur délibération.

Art. VI. Lesdites Chambres se conformeront au surplus aux dispositions des articles du Réglement général de la Colonie de Saint-Domingue, pour les nouvelles fonctions dont Sa Majesté a jugé à propos de les charger, relativement au bien et à l'avantage de ladite Colonie, dérogeant à cet effet Sa Majesté aux articles 1, 2, 3, 4, 5, 6, 7, 8 et 9 dudit Réglement du 23 Juillet 1759; veut Sa Majesté que le présent Arrêt soit enregistré aux deux Conseils Supérieurs des Isles sous le Vent; enjoint au Gouverneur, Lieutenant Général, à l'Intendant desdites Isles, et aux

Procureurs Généraux desdits Conseils, d'y tenir la main. FAIT au Conseil d'Etat, &c.

R. au Conseil du Cap le 15 Juin 1763.
Et à celui du Port-au-Prince le 21 Juillet suivant.

ARRÊT du Conseil d'Etat, qui permet aux Maire, Echevins et Négocians de la ville de Fécamp, de faire directement par le Port de ladite Ville le Commerce des Isles et Colonies Françoises de l'Amérique, en se conformant aux Lettres patentes du mois d'Avril 1717.

Du 11 Avril 1763.

LETTRE du Ministre aux Administrateurs, pour faire cesser l'admission des Bâtimens étrangers, lesquels seront refusés jusqu'au 1er Octobre, mais confisqués après cette époque.

Du 12 Avril 1763.

ARRÊT du Conseil du Cap, touchant les qualifications de Noblesse.

Du 13 Avril 1763.

ENTRE la dame veuve Carles, &c. LE CONSEIL, faisant droit sur les plus amples conclusions du Procureur Général du Roi, a ordonné et ordonne que les Arrêts de Réglement des 25 Avril 1712 et 7 Septembre 1727, concernant la qualité et titres des Nobles, seront exécutés selon leur forme et teneur; qu'ils seront de nouveau lus et publiés ès Jurisdictions du ressort, à la diligence des Substituts du Procureur Général du Roi èsdits Siéges, enregistrés sur le registre des Procureurs en la Cour, et signifiés au Doyen des Notaires desdits Siéges, à la diligence des Substituts du Procureur Général du Roi, à ce qu'ils n'en ignorent.

ARRÊTÉS du Conseil du Cap, sur la rétention d'une Procédure criminelle par M. DE BELSUNCE; Lettres de ce Général, et Décision du Ministre.

Des 13, 21, 23, 26 et 27 Avril, et 19 Juillet 1763.

LETTRE de M. DE BELSUNCE aux Officiers de la Jurisdiction du Cap.

Du 13 Avril.

J'AI examiné, MM., la procédure que vous avez faite sur la plainte en date du 6 Mars, du sieur F...., ancien Procureur Général, contre le Lieutenant-Colonel commandant un Corps de trois cents hommes d'Infanterie. Cette affaire n'est point de votre compétence; elle est de l'ordre de celles sur lesquelles le Roi s'est réservé de prononcer, d'après le compte que Sa Majesté veut qu'il lui soit rendu par le Secrétaire d'Etat ayant le département de la Guerre. Vous voudrez bien, Messieurs, pour éviter de tomber à l'avenir dans le même inconvénient de procéder irrégulierement, me faire part des plaintes qui vous seront portées sur des affaires de cette nature, dans lesquelles il se trouvera des Militaires compliqués, et attendre, avant d'aller plus loin, que vous ayez reçu mes ordres sur la conduite que vous aurez à tenir. J'ai l'honneur d'être, &c. *Signé* BELSUNCE.

Déposée aux minutes du Conseil du Cap.

Du 21 Avril.

Sur ce qu'il auroit été dénoncé à la Cour par un de Messieurs, qu'il avoit appris, par la voie publique, que M. le Vicomte de Belsunce, Gouverneur-Lieutenant Général, retenoit entre ses mains les minutes de la procédure criminelle faite et instruite par le Lieutenant Criminel du Cap, à la requête de M. F...., ancien Procureur Général en la Cour, Conseiller honoraire des deux Conseils Supérieurs de Saint-Domingue, Plaignant et Accusateur contre le Commandant le Corps des trois cents Volontaires détachés au service de Sa Majesté, le Substitut du Procureur Général du Roi audit Siége joint: LA COUR a arrêté qu'il en seroit délibéré Samedi prochain, pendant lequel temps M. de Grandpré, Conseiller, sera invité à se trouver à la séance.

Du 23 Avril.

La Cour délibérant, en exécution de son Arrêt du 21 du courant, a arrêté que les Gens du Roi seroient à l'instant mandés, pour être entendus sur les objets de la dénonciation. Eux entrés, le Procureur Général du Roi a dit, que les faits dénoncés à la Cour paroissoient de la derniere importance, et dignes de toute son attention ; que sa prudence la porteroit sans doute à prendre les informations et les éclaircissemens nécessaires dans ces circonstances. Eux retirés, la matiere mise en délibération, a arrêté que les Officiers du Siége Royal du Cap seroient à l'instant mandés au Parquet, à l'effet d'être par ledit Procureur Général pris les informations concernant les objets portés en ladite dénonciation ; pour ce fait, et après le compte qu'il en rendra à la Cour, être par elle statué ce qu'il appartiendra.

Les Gens du Roi rentrés, le Procureur Général du Roi a dit, qu'en exécution de l'Arrêt de ce jour, il a mandé au Parquet les Officiers de la Jurisdiction Royale de cette Ville ; que M. Esteve, premier Officier de cette Jurisdiction, s'y seroit seulement rendu, le Lieutenant Particulier, le Procureur du Roi, et le Greffier étant à l'Audience ; qu'après avoir fait connoître audit Juge le sujet du mandement, il auroit exposé que, le 7 de ce mois, M. le Vicomte de Belsunce étant en cette Ville, lui auroit demandé la procédure ; que ne croyant pas devoir lui refuser la communication de cette procédure, il s'étoit rendu chez le Procureur du Roi, qui en étoit saisi ; que ce dernier la lui ayant confiée, il l'avoit portée lui-même à M. le Vicomte de Belsunce ; que M. de Belsunce, après avoir entendu la lecture de partie des charges, lui avoit ordonné de lui laisser cette procédure pour l'examiner à tête reposée ; qu'il lui avoit alors représenté que ces minutes devoient rester au Greffe, à quoi M. le Général auroit répondu qu'il les lui remettroit, et qu'il ne devoit pas craindre qu'il désavouât de les avoir ; que le 13, les Officiers de la Jurisdiction avoient reçu une Lettre de M. le Vicomte de Belsunce, portant, &c. ; que le 15, n'entendant point parler des minutes qu'il avoit remises à M. le Général, suivant son ordre verbal, il s'étoit transporté chez lui au Quartier du Trou ; et sur le nouvel entretien qu'il avoit eu sur cette procédure, M. le Général lui avoit promis de lui envoyer une déclaration des pieces qu'il avoit reçues ; que cette déclaration, datée du 15, ne lui étoit parvenue que le 18 ; que le même jour, trois heures de relevée, en présence de lui, du Lieutenant Particulier, de lui et du Procureur du Roi, sous la réserve des droits de la Jurisdiction, le dépôt et enregistrement de ces deux pieces avoient été faits au Greffe de la Jurisdiction, desquelles pieces, ensemble du procès verbal du dépôt et enregistrement, il lui a présenté des expéditions en bonne forme; lesdites pieces remises sur le Bureau par ledit Procureur Général, il a ajouté que les informations dont il venoit de rendre compte à la Cour, et les faits consignés dans ces pieces, ne pouvoient faire naître dans l'esprit et le cœur des Magistrats qu'une même impression et qu'un même sentiment; qu'il se croyoit dispensé de se livrer à des réflexions qui ne feroient que retarder le zele et les démarches de la Compagnie pour le maintien de l'ordre, de l'autorité des Tribunaux, des droits des Citoyens, et de la sûreté des dépôts publics; que, pour remplir ces vues et ces devoirs importans, il paroît convenable, quant à présent, de faire à M. le Vicomte de Belsunce, avec les égards dus à sa place, les représentations les plus pressantes sur le déplacement et la rétention des minutes dont s'agit, ainsi que sur le contenu de la Lettre par lui écrite aux Officiers du Siége Royal du Cap. Les Gens du Roi retirés, la matiere mise en délibération : LA COUR a ordonné et ordonne que lesdites trois pieces demeureront déposées et jointes au présent, et arrêté qu'il seroit représenté à M. le Vicomte de Belsunce, Gouverneur-Lieutenant Général pour le Roi, &c.; et aux fins du présent Arrêté, LA COUR a commis et député MM. Juchereau, Doyen; Loiseau, Conseiller, et le Procureur Général du Roi, lesquels solliciteront près dudit sieur Vicomte de Belsunce une réponse précise au présent Arrêté, et la rapporteront à la Cour.

Du 26 Avril.

Ce jour, les Députés ont rapporté, qu'en exécution de l'Arrêté du 23, ils s'étoient rendus le 24 au soir au Quartier du Trou, précédés de deux Huissiers; qu'ils avoient aussi-tôt écrit par l'un desdits Huissiers à M. le Vicomte de Belsunce, pour le prévenir de la Commission dont ils étoient chargés, et lui demander l'heure à laquelle il pourroit les entendre; qu'il leur auroit répondu qu'il comptoit partir le lendemain à la pointe du jour, pour se rendre au Cap; mais que, sur leur Lettre, il retarderoit son départ jusqu'à neuf heures; que le 25, à sept heures du matin, ils s'étoient rendus en chaise, précédés de deux Huissiers à cheval, sur l'Habitation du sieur de Beaunay, lieu de la résidence ordinaire de M. le Vicomte de Belsunce; qu'étant arrivés près de la principale maison, le sieur de Castera, Brigadier des Armées, étoit venu au devant d'eux, et les avoit introduits dans la salle de ladite maison; que quelques instans après, M. le Gouverneur

Lieutenant

Lieutenant Général avoit paru ; qu'alors M. de Juchereau lui avoit dit qu'ils étoient députés vers lui pour lui remettre les représentations que le Conseil avoit cru devoir lui faire, et qu'à l'instant il lui avoit présenté l'arrêté, contenant lesdites représentations ; qu'il avoit ajouté, qu'ils avoient charge de lui demander une réponse précise ; que M. le Vicomte de Belsunce leur avoit répondu, qu'il examineroit les représentations, et qu'il feroit parvenir sa réponse au Conseil. LA COUR, délibérant sur le rapport desdits Députés, a arrêté qu'elle resteroit assemblée, pour attendre la réponse de M. le Vicomte de Belsunce.

Du 27 Avril.

M. de Juchereau, Doyen de la Compagnie, Président à la séance, a dit que le jour d'hier après-midi, le sieur Beville, Secrétaire de M. le Gouverneur-Lieutenant Général, lui a apporté un paquet à son adresse, contresigné Vicomte de Belsunce, et qu'il lui a ajouté qu'il contenoit la réponse aux représentations du Conseil; ledit paquet ouvert, lecture faite du contenu en icelui, les Gens du Roi mandés et entendus, LA COUR a arrêté, 1°. qu'il sera fait registre de la réponse de M. le Vicomte de Belsunce à ses représentations ; 2°. qu'il seroit fait de très-humbles et respectueuses Remontrances au Roi, sur les ordres donnés par M. le Vicomte de Belsunce au Juge du Siége Royal du Cap, de lui apporter les minutes de la procédure; sur le refus par lui fait de rendre lesdites minutes, sur le contenu de la Lettre par lui écrite aux Officiers dudit Siége, et sur la réponse par lui faite aux représentations de la Cour ; 3°. que les différens arrêtés de la Cour, jusqu'à ce jour inclusivement, ensemble copie figurée des pieces relatives à ce qui s'est passé entre la Compagnie et M. le Vicomte de Belsunce, seront envoyés à M. le Duc de Choiseul, Ministre et Secrétaire d'Etat de la Guerre et de la Marine.

RÉPONSE de M. DE BELSUNCE au Conseil du Cap.

Du 26 Avril.

Il n'y a rien qui doive alarmer le Conseil dans le contenu de la Lettre que j'ai écrite aux Officiers de la Jurisdiction du Cap le 13 de ce mois, par laquelle je leur mande, &c.

Ce que je prescris par cette Lettre aux Officiers de la Jurisciction, est conforme aux intentions de Sa Majesté et à ses Ordonnances ; il n'en peut par conséquent résulter aucun des inconvéniens qu'il paroît que craint le Conseil par son arrêté du 23, qui m'a été remis par les Députés. Le Roi veut que les Magistrats de Saint-Domingue s'occupent seulement des choses contentieuses, et ne se mêlent en aucune façon de celles qui peuvent avoir quelque rapport au Gouvernement. Ce n'est point à eux à chercher à m'éclairer sur l'étendue de l'autorité du Roi qui m'est confiée; elle doit être respectée, et elle le sera certainement dans cette Colonie, tant que je serai chargé de la gouverner et d'y commander; et je n'ai à cet égard de compte à rendre qu'au Roi et à ses Ministres.

R. au Conseil du Cap le 27 Avril 1763.

LETTRE *du Ministre à M. l'Intendant.*

Du 19 Juillet.

J'ai reçu, Monsieur, votre Lettre du 27 Avril dernier, par laquelle vous me faites le détail de ce qui s'est passé au Cap entre M. B. . . . . et M. F. . . . ., et ensuite de la part de M. le Vicomte de Belsunce, à l'occasion de la procédure qui a été faite à ce sujet. Je ne puis pas mieux répondre aux réflexions que contient votre Lettre, qu'en vous envoyant copie de celle que j'écris à M. le Vicomte de Belsunce, et je la joins ici. J'ai l'honneur, &c. *Signé* le Duc DE CHOISEUL.

LETTRE *du même à M.* DE BELSUNCE.

Du même jour.

MM. de Langeron et de Damas, qui sont arrivés ici, Monsieur, m'ont remis, avec la lettre que vous m'avez fait l'honneur de m'écrire le 27 Avril dernier, la procédure qui a été instruite pardevant le Sénéchal du Cap, sur la plainte de M. F . . ., ancien Procureur Général, contre M. B. . ., Lieutenant-Colonel, &c.

Je suis surpris que vous n'ayez pas senti la conséquence de la démarche que vous avez faite de garder cette procédure, aucune raison n'ayant pu vous autoriser à faire prendre des minutes dans un dépôt public, et vous n'ignorez pas que Sa Majesté même n'a jamais fait usage de son autorité pour des cas pareils.

Vous avez cru devoir envisager cette affaire comme un cas militaire, qui étoit de votre compétence, et non point de la Justice ordinaire. Vous interprétez mal l'article 40 de l'Ordonnance que vous citez à ce sujet ; elle ordonne que les plaintes et procès verbaux des insultes faites aux Magistrats ou Officiers Municipaux par les Officiers des Troupes de Sa Majesté, seront envoyés au Secrétaire d'Etat de la Guerre. Vous auriez dû observer que ces Magistrats ou Officiers Municipaux ne sont que des Maires et Echevins ou Consuls des Villes, avec lesquels les Officiers sont obligés de traiter pour les logemens ou autres besoins des Troupes, et non des Magistrats, Juges Royaux ou Conseillers de Cours Supérieures, préposés par le Roi pour rendre la Justice à ses Peuples, pardevant qui tout Particulier peut porter sa plainte contre un autre, de quelque état qu'il puisse être. Certainement les Juges du Cap ne sont rien moins que des Officiers Municipaux, et l'affaire dont il s'agissoit, ainsi que le motif qui l'a occasionnée, ne regardoit point le service du Roi. Pourquoi donc avez-vous pu prétendre vous en rendre le maître, en refuser la compétence au Juge naturel, et employer votre autorité pour arrêter le cours de la Justice, en vous emparant de la procédure ?... Vous voyez par-là que la lettre que vous avez écrite aux Juges du Cap, bien loin d'être juste, tend à les priver d'une partie de leurs fonctions..... Est-il naturel qu'un Gouverneur Général, qui ne peut se mêler de la Justice, qu'autant qu'il est associé à l'Intendant, ait paru ne le pas consulter, dans une affaire où il a été question de dépôt public, de fonctions de Juges Royaux, de députations, et d'arrêtés du Conseil Supérieur, dans laquelle il étoit de votre devoir de n'agir que conjointement avec lui. L'autorité de votre place ne vous permet pas de donner des ordres, sans le concours de l'Intendant, à des Juges qui sont spécialement sous ses ordres, en ce qui regarde leurs fonctions.....

C'est d'après les observations que je viens de vous faire, par ordre de Sa Majesté, qu'elle vous ordonne, 1°. de rendre sur le champ, et sans aucune distraction de papiers, la procédure, pour qu'elle soit réintégrée au Greffe de la Jurisdiction, en observant de vous abstenir de toute entreprise semblable à l'avenir, sous quelque prétexte que ce soit ; 2°. de laisser un libre cours à la Justice dans cette affaire, ainsi que dans toutes celles qui n'intéresseront pas directement le service de Sa Majesté dans la partie militaire; 3°. de ne donner, pendant tout le cours de cette affaire, aucun congé à M. B ...., et de lui défendre de sortir du Cap, sous quelque prétexte que ce soit, pour y être à la disposition des Juges*, et des décrets

* *Cette affaire n'a eu aucune suite ultérieure.*

qui pourront être rendus ; 4°. de laisser la Maréchaussée à la disposition des Juges, toutes les fois qu'ils la requerront dans la suite de l'instruction, afin qu'ils puissent s'en servir librement pour l'appel des témoins et l'exécution des décrets qu'ils jugeront à propos de rendre, l'intention de Sa Majesté étant que les Conseils ne sortent pas des bornes de leur devoir, mais qu'ils soient maintenus dans tout ce qui concerne leurs fonctions, et que vous leur laissiez la libre et entiere connoissance de toutes les affaires dans lesquelles les Militaires seront impliqués, lorsqu'elles n'intéresseront pas le service du Roi directement pour des cas purement militaires. J'ai l'honneur, &c.

Pour extrait. *Signé* CLUGNY NUYS.

Déposée aux minutes du Conseil du Cap, par Arrêt du 24 Mars 1764, et copies envoyées aux Jurisdictions du ressort, pour y être pareillement déposées.

ARRÊT du Conseil du Cap, touchant une Lettre trouvée cachetée entre les mains d'un Negre capturé.

Du 14 Avril 1763.

VU par le Conseil la Requête de Jean Baberdeau et son épouse, conclusions de M. Lohier de la Charmeraye, Substitut pour le Procureur Général; et ouï le rapport de M. Loiseau, Conseiller, et tout considéré: LE CONSEIL ordonne que ladite Lettre sera retirée du dossier, et remise à son adresse.

C'étoit une Lettre trouvée entre les mains d'un Negre arrêté, et soupçonné d'avoir été soutiré; la Requête en demandoit l'ouverture et le dépôt; étant jointe au procès-verbal de l'Huissier, et devant contenir la preuve du recélé.

ARRÊT du Conseil du Cap, qui defend de saisir-arrêter ès mains des Débiteurs aux Droits Curiaux et Suppliciés.

Du 15 Avril 1763.

LOUIS, &c. Entre le sieur Castex, &c.; et faisant droit sur les plus amples conclusions du Procureur Général du Roi, LA COUR fait défenses de saisir et arrêter à l'avenir ès mains des débiteurs des droits et deniers curiaux et suppliciés, sous peine de nullité, et de tous dépens, dommages et intérêts, sauf à se pourvoir par la même voie de saisie-arrêt, et autres de droit, entre les mains des Marguilliers, Syndics ou Trésoriers des Paroisses; ordonne que le présent Arrêt sera lu, publié, &c.

ORDONNANCE du Juge de Police du Cap, touchant le Pavé et le Remblai de la rue Espagnole.

Du 20 Avril 1763.

REMONTRE le Procureur du Roi que la ville du Cap est composée de plusieurs grandes rues qui doivent servir de niveau aux rues qui descendent au bord de la mer, et qui y doivent porter ensuite les eaux pluviales; ce qui ne peut être, en ce que celles qui sont sur le rivage de la mer, doivent être au moins de trois pieds d'élévation sur la plus forte marée, ce qui est cause que le milieu de la Ville, depuis une extrémité à l'autre, est beaucoup plus bas que les rues adjacentes; en conséquence, les eaux y croupissent et y séjournent, n'ayant point d'issue pour s'écouler; pour prévenir pareil inconvénient, qui est très-préjudiciable à la santé des personnes qui habitent cette Ville, et qui rend les rues du centre impraticables, il conviendroit en principe de donner une hauteur convenable à la rue Espagnole depuis un bout jusqu'à l'autre, de la remblayer, &c.

Vu la Remontrance ci-dessus, ensemble les procès verbaux qui constatent la nécessité d'élever la rue Espagnole, pour donner un écoulement facile aux eaux qui descendent à la mer par ladite rue, nous ordonnons à tous et chacuns les Propriétaires de ladite maison, de remblayer, exhausser le sol de ladite rue, même d'en paver le milieu, suivant et conformément au niveau et regles qui lui seront donnés par le Voyer gratuitement et sans frais, et de mettre à fin lesdites opérations le plutôt possible, et au plus tard dans le courant du mois de Mai; sinon et à faute par eux de ce faire dans ledit délai, et icelui passé, le Procureur du Roi sera et demeurera autorisé, sans qu'il soit besoin d'autre jugement, à y faire mettre Ouvriers suffisans par ledit Voyer, aux frais de chacun des Propriétaires, sur le seul rapport par écrit qui lui sera fourni par ledit Voyer; et pour que nul n'en puisse prétexter cause d'ignorance, ordonnons que la présente sera affichée à la porte de l'Auditoire et de l'Eglise Paroissiale, et publiée par le Tambour de la Ville dans toute la rue Espagnole; et sera la présente enregistrée et exécutée nonobstant opposition, &c.

Voy. *l'Arrêt du Conseil du Cap du 1er Janvier 1764.*

ARRÊT du Conseil du Cap, qui ôte la Tutelle à une Mere, attendu son Convol.

Du 22 Avril 1763.

ENTRE le Procureur Général, Appelant de délibération des parens et amis de feu Me. R....., portant nomination des beau-pere et mere desdits mineurs pour leurs Tuteurs, et de tout ce qui a suivi, d'une part; et le sieur de R..... et la dame veuve dudit Me. R..... son épouse, Intimés, Défendeurs, d'autre part; après que d'Augy, Procureur pour les Intimés, a été ouï, ensemble Lohier de la Charmeraye, Substitut du Procureur Général du Roi, et tout considéré: LE CONSEIL, faisant droit sur l'appel dudit Procureur Général du Roi, a mis et met l'appellation et ce dont est appel au néant; émendant, ordonne qu'à la diligence du Substitut dudit Procureur Général au Siége Royal du Cap, il sera procédé à une nouvelle convocation de parens, voisins et amis desdits mineurs, à l'effet de leur être pourvu d'un Tuteur autre que lesdits sieur et dame; condamne les Intimés aux dépens des causes principales et d'appel, qu'ils pourront néanmoins employer dans leur compte de tutelle.

ARRÊTÉ du Conseil du Cap, portant nomination de M. FOURNIER DE VARENNE, ci-devant Lieutenant de la Compagnie d'Artillerie du Cap, et habitant à Limonade, pour remplacer dans la Chambre mi-partie d'Agriculture et de Commerce, M. le Chevalier DE GABRIAC, partant pour France.

Du 30 Avril 1763.

M. Fournier de Varenne est le seul Membre qu'ait nommé le Conseil du Cap, en remplacement de ceux élus par cette Cour lors de l'établissement de la Chambre.

Il fut installé le 11 Juillet suivant.

LETTRE du Ministre à M. l'Intendant, touchant les Apothicaires du Roi & les Sages-Femmes.

Du 6 Mai 1763.

LES Apothicaires qui ont femme et enfans, m'ont fait représenter que le nombre de ration fixé par le Réglement du 25 du mois dernier, qui leur est accordé personnellement, ne leur est pas suffisant pour faire vivre leur famille; Sa Majesté, à qui j'en ai rendu compte, a bien voulu accorder deux rations à leurs femmes, une à chacun de leurs enfans, et une pour leur domestique; elle a jugé à propos en même temps d'accorder aussi deux rations au mari de la Sage-Femme, au lieu d'une portée par le Réglement, qui fixe aussi une ration pour chacun de leurs enfans, et ils jouiront pareillement d'une ration pour leur domestique. Indépendamment de cette facilité, qui mettra les Apothicaires et leurs Aides, ainsi que les Sages-Femmes et leurs Eleves en état de vivre aisément avec les appointemens qui ont été réglés à chacun, Sa Majesté a bien voulu aussi leur accorder les logemens. Vous aurez agréable de leur en assigner un dans les maisons appartenant au Roi, qui se trouveront dans les Quartiers où les uns et les autres doivent être attachés, et vous leur procurerez d'ailleurs les facilités qui seront praticables, et dont ils pourront avoir besoin, sur-tout dans les premiers temps de leur établissement. Je vous prie de les faire payer exactement de leurs appointemens, et de m'informer de la condui te que les uns et les autres tiendront dans la Colonie.

ARRÊT du Conseil d'Etat, qui casse ceux du Conseil du Cap et du Port-au-Prince, qui accordent des gratifications au Député de la Colonie et à celui des Conseils.

Du 21 Mai 1763.

LE ROI étant informé que le Conseil Supérieur du Cap auroit, par une délibération du 13 Décembre 1762, accordé une somme de 6000 l. au sieur Petit, Député des Conseils Supérieurs des Colonies, et une autre de 3000 liv. au sieur l'Héritier, Député de ladite Colonie, le tout à prendre, par forme de gratification, sur la caisse des droits municipaux du ressort dudit Conseil Supérieur; Sa Majesté étant pareillement instruite que le Conseil Supérieur du Port-au-Prince, imitant la conduite de celui du Cap, auroit de son côté, par une semblable délibération du 15 Janvier 1763, accordé, par gratification sur la caisse des droits municipaux, une somme de 9000 liv. au sieur Petit, et une autre de 3000 liv. au sieur l'Héritier; que même, sans avoir demandé à être autorisés à faire de pareilles libéralités, lesdits Conseils Supérieurs en avoient fait passer le montant en France: et des entreprises de cette nature, par lesquelles les Conseils Supérieurs ont disposé pour des objets étrangers, des fonds qui ont une destination particuliere, étant de la plus dangereuse conséquence, Sa Majesté ayant d'ailleurs pourvu au traitement du sieur l'Héritier, pour son déplacement, et à celui du sieur Petit, pour le travail dont il est chargé; ouï le rapport, le Roi étant en son Conseil, a cassé les délibérations des Conseils Supérieurs du Cap et du Port-au-Prince, des 13 Décembre 1762 et 15 Janvier 1763; leur fait Sa Majesté très-expresses inhibitions et défenses d'en prendre de nouvelles en semblable cas, et de disposer des fonds qui sont perçus dans la Colonie de Saint-Domingue, pour d'autres objets que ceux auxquels il a plu à Sa Majesté d'en autoriser la perception, et ce pour quelque cause et prétexte que ce soit: fait pareillement défenses aux sieurs l'Héritier et Petit de recevoir le montant des gratifications accordées par lesdites délibérations, lesquelles seront rayées et biffées sur les registres desdits Conseils Supérieurs. Ordonne Sa Majesté que le présent Arrêt sera transcrit en marge d'iceux. Fait au Conseil d'Etat, &c.

R. au Conseil du Cap le 10 Novembre 1763,
Et à celui du Port-au-Prince le 2 Juin 1764.

LETTRE du Ministre aux Administrateurs, sur la Forme des Ordres du Roi et les Enregistremens.

Du 26 Mai 1763.

JE réponds, Messieurs, à la Lettre que MM. de Bory et de Clugny m'ont écrite le 24 Décembre de l'année derniere, au sujet de l'Arrêt du Conseil du 19 Décembre 1761, portant établissement d'une Commission pour la Législation des Colonies.

Je n'ai pas été peu surpris d'apprendre que les Conseils Supérieurs de Saint-Domingue n'ont pas voulu procéder à l'enregistrement de cet Arrêt, sous prétexte que l'expédition originale n'en étoit pas venue dans la

Colonie;

Colonie; mais je l'ai été encore bien davantage de voir, par une Lettre que M. le Chancelier m'a écrite à ce sujet, que les Conseils Supérieurs lui ont fait des représentations sur le défaut d'arrivée de cette expédition, et que, voulant s'assimiler aux Parlemens du Royaume, ils prétendent ne devoir reconnoître les ordres du Roi, que par des expéditions en forme de ce qui émane de sa volonté.

Ce n'est pas la premiere fois que ces Conseils ont cherché à établir ce principe; mais chaque fois qu'ils en ont fait naître l'occasion, Sa Majesté s'en est expliquée de maniere qu'il est étonnant qu'ils veuillent encore revenir à la charge. L'intention de Sa Majesté est que, tant qu'elle jugera à propos de faire passer dans ses Colonies des ordres qu'elle voudra être enregistrés, ils le soient dans quelque forme qu'ils y parviennent, pourvu qu'ils soient envoyés par le Secrétaire d'Etat ayant le département de la Marine. C'est par son canal seul que Sa Majesté y fait connoître ses volonsés, et rien ne doit y parvenir que par son ministere. C'est également à lui qu'ils doivent s'adresser pour les représentations qu'ils croient être dans le cas de faire, en remettant toutefois ces représentations à MM. les Gouverneurs, Lieutenans Généraux, et Intendans, qui sont chargés de les lui faire parvenir.

Telles sont les regles qui ont été prescrites et observées dans tous les temps. Bien loin de s'y conformer, les Conseils Supérieurs ne m'ont pas même dit un mot, dans une Lettre qu'ils m'ont écrite, des motifs qui leur avoient fait susprendre l'enregistrement de l'Arrêt; ils se sont adressés à M. le Chancelier; de maniere que si MM. de Bory et de Clugny ne m'en avoient pas informé, je n'aurois appris que par une voie indirecte ce qui s'est passé à cet égard à Saint-Domingue. Sa Majesté vous ordonne de faire lecture de cette Dépêche au Conseil Supérieur du Cap, et d'en envoyer le duplicata à MM. de Montreuil et Kerdisien, pour qu'ils en usent de même au Conseil Supérieur du Port-au-Prince, afin que l'un et l'autre s'y conforment à l'avenir, et qu'ils n'élevent plus sur un pareil objet des difficultés d'autant plus déplacées, que, dans le cas présent, l'enregistrement qui leur étoit ordonné, étoit de surérogation, puisqu'il n'étoit question que de rendre public un Arrêt qui ne contient qu'un nouvel établissement pour parvenir à éclaircir la Législation des Colonies, et que cet enregistrement étoit aussi inutile en soi, qu'il l'est devenu en effet par l'opposition des Conseils Supérieurs, et que la publicité que MM. de Bory et de Clugny lui ont donnée d'ailleurs est suffisante. J'ai l'honneur d'être, &c.

LETTRES PATENTES concernant la poursuite des Biens de la Société et Compagnie des Jésuites qui sont dans les Colonies Françoises.

Du 3 Juin 1763.

R. au Conseil du Cap le 9 Mai 1764.

Ces Lettres patentes, communes à toutes les Colonies où les Jésuites avoient des propriétés, n'ont eu à Saint-Domingue aucune exécution ; l'établissement d'un Séquestre ayant même eu lieu précédemment par Arrêt du Conseil du Cap du 9 Décembre 1762 ; aussi leurs dispositions ont-elles été changées par d'autres Lettres patentes du 27 Octobre 1764, et enfin rendues sans effet par celles du 14 Février 1768.

ORDONNANCE du Roi, portant publication de la Paix faite avec les Rois d'Angleterre et de Portugal.

Du 3 Juin 1763.

R. en l'Amirauté du Cap, et publiée le 27 Septembre suivant.

ARRÊT du Conseil du Cap, concernant les Ordonnances non enregistrées en la Cour.

Du 6 Juin 1763.

LOUIS, &c. Entre les sieurs Sicard et de la Croix, &c.....; Et faisant droit sur les conclusions du Procureur Général du Roi, LA COUR a fait inhibitions et défenses aux Juges des Siéges ressortissans en icelle, de plus à l'avenir juger, prononcer et statuer sur des Ordonnances qui n'auront point été enregistrées en la Cour, et à eux par icelle envoyées : ordonne que le présent Arrêt sera lu, publié et enregistré, &c.

ARRÊT du Conseil du Cap, concernant les Jésuites.

Du 6 Juin 1763.

Vu par le Conseil la Remontrance du Procureur Général du Roi, contenant que le F. Bourges, soi-disant Jésuite, ci-devant desservant la Cure de cette Ville, après avoir passé quelques années dans le Royaume, étoit revenu dans cette Colonie, &c. A CES CAUSES, requéroit, &c.; ouï le rapport de M. le Gras, Conseiller, et tout considéré : LE CONSEIL, faisant droit sur ladite Remontrance, fait défenses audit F. Bourges, soi-disant Jésuite, de s'immiscer dans la Mission du ressort, avant d'avoir justifié à la Cour de sa qualité actuelle de Religieux soi-disant Jésuite, ainsi que des ordres en vertu desquels il a passé dans cette Colonie; 2°. fait défense à tous Prêtres ou Ecoliers ci-devant de la Société se disant de Jésus dans le Royaume, d'en prendre le nom, et d'en porter l'habit dans cette Colonie, à peine d'être poursuivis extraordinairement; 3°. ordonne que les Prêtres ci-devant de la Société soi-disant de Jésus dans le Royaume, ne pourront, en qualité de Séculiers, être admis à aucunes fonctions curiales ou Vicariats dans cette Colonie, avant d'avoir justifié du serment prêté d'être inviolablement fidele au Roi, de tenir et enseigner les quatre Propositions de l'Assemblée du Clergé de 1682, et les libertés de l'Eglise Gallicane; et faute de justifier dudit serment prêté en France, qu'ils seront tenus de le prêter ou de le renouveler en cette Colonie pardevant le Juge Royal du lieu; 4°. ordonne que le présent arrêté sera enregistré ès Jurisdictions Royales du ressort de la Cour, lu et publié par-tout où besoin sera.

ARRÊT du Conseil du Cap, qui juge que les Hôpitaux et les Maisons Religieuses sont exempts des Droits Suppliciés.

Du 9 Juin 1763.

Vu par le Conseil la Requête de Jean-Joseph Lory, Négociant au Cap, conclusions du Procureur Général du Roi; ouï le rapport de M. le Gris, et tout considéré : LE CONSEIL a déchargé et décharge le Suppliant de 190 l. 10 s., pour le montant des droits suppliciés et de Maréchaussées des Maisons Religieuses et Hôpitaux situés dans la dépendance de la Paroisse de cette

Ville, que le Suppliant sera et demeurera autorisé de donner en bonne reprise au sieur Duplessis, Receveur des droits pour l'année 1758.

Ces 190 liv. se composoient ainsi :

L'Hôpital de la Charité, pour	79 l. 10 s.
Les Dames Religieuses, pour	60
Les Providences des hommes et des femmes, pour	51
	190 l. 10 s.

ARRÊTÉ du Conseil du Cap, portant que c'est aux Présidens de la Cour, et non pas aux Procureurs Généraux, qu'il appartient de relever les manquemens des Conseillers.

Du 9 Juin 1763.

CE jour, le Procureur Général du Roi est entré, et a dit : Messieurs, nous voyons avec un étonnement mêlé de douleur, que M. D....., depuis sa réception en l'Office de Conseiller, n'a paru que très-rarement au Tribunal, et n'a jamais suivi une des séances de la Cour. Cet abandon de son devoir et de son Corps pendant plus de deux années, intéresse l'honneur de la Magistrature et le bien public : c'est s'affranchir de l'obligation imposée d'administrer la Justice aux Sujets du Roi ; c'est enlever un Juge au Peuple ; c'est s'exposer à causer l'interruption des séances, et à retarder les jugemens des Parties ; c'est annoncer le peu de goût que l'on a pour son état, et le peu de cas qu'on en fait ; c'est manquer d'égard à ses Confreres, en s'en tenant éloigné. Nous avons cru devoir, d'après ces motifs, relever la négligence de M. D....., et nous estimons convenable que la Compagnie le rappelle à ses fonctions, l'invite à plus d'assiduité, et à imiter le zele et l'union dont les anciens lui donnent l'exemple. Les Gens du Roi retirés, la matiere mise en délibération : LE CONSEIL a arrêté qu'il sera dit au Procureur Général du Roi, que la Cour, déjà instruite par ses Présidens, à qui seuls il appartient de relever de pareils manquemens, a pris les mesures convenables et qu'elle a jugé nécessaires pour ramener à leur devoir ceux de ses Membres qui auroient eu le malheur de s'en écarter.

ARRÊT du Conseil du Cap, touchant l'absence des Huissiers du Bureau de la Bourse commune.

Du 11 Juin 1763.

LA COUR, faisant droit sur les plus amples conclusions du Procureur Général du Roi, en interprétant, en tant que de besoin, l'article 24 du Réglement de la Cour, concernant ladite Bourse commune, en date du 25 Février 1761, a ordonné et ordonne qu'à l'avenir les Huissiers qui s'absenteront du Bureau pour quelque cause que ce soit, même de maladie bien justifiée, seront et demeureront privés des émolumens acquis à ladite bourse commune, depuis leurs absences jusqu'à leurs rentrées.

ARRÊTS du Conseil du Cap, portant que les Procureurs du Siége Royal de ladite Ville ont droit à ce titre de remplir les mêmes fonctions en l'Amirauté.

Des 11 Juin, 7 et 17 Septembre 1763.

Du 11 Juin.

VU par le Conseil la Requête de Chiron, Poitier, Gaubert de la Haye, et Crosnier, Procureurs en la Cour, aussi les pieces attachées à icelle, conclusions du Procureur Général du Roi; ouï le rapport de M. le Gras, Conseiller, et tout considéré : LE CONSEIL, avant faire droit sur ladite Requête, a ordonné et ordonne que ledit Arrêt de la Cour, du 3 Octobre 1742, sera exécuté suivant sa forme et teneur; qu'en conséquence, ledit sieur Lieutenant de l'Amirauté du Cap fera apparoir à la Cour du pouvoir qu'il a d'accorder des Commissions de Procureur et d'Huissier audit Siége de l'Amirauté, sous un mois du jour de la signification du présent Arrêt, pour ce fait, ou à défaut de ce faire, et ledit délai passé, être par le Procureur Général du Roi requis, et par la Cour ordonné ce qu'il appartiendra.

Du 7 Septembre.

Entre M^e. François Boissel, Avocat au Parlement de Paris, Procureur en la Cour en son nom, &c., en ce qui touche les autres dispositions de ladite Sentence ; LA COUR en a reçu et reçoit ledit Procureur Général du Roi Appelant de sa part; faisant droit, tant sur ledit appel que sur le surplus de celui dudit Me. Boissel, a mis et met l'appellation et ce dont est appel au néant; corrigeant et réformant, déclare le surplus des dispositions de ladite Sentence nul et de nul effet ; ordonne que l'Ordonnance de la Marine, du mois d'Août 1681, ensemble le Réglement du Roi du 12 Janvier 1717, concernant les Siéges d'Amirauté établis dans tous les Ports des Isles et Colonies du Royaume, seront exécutés selon leur forme et teneur ; ce faisant, maintient ledit Me. Boissel dans la faculté de postuler au Siége de l'Amirauté dudit lieu, concurremment avec les autres Praticiens dudit Siége, lorsqu'il en sera requis par les Parties, et le tout ainsi qu'il se pratique dans les autres Amirautés du ressort de la Cour; condamne néanmoins ledit Me. Boissel en l'amende ordinaire, aux dépens des causes principales et d'appel ; ordonne que le présent Arrêt sera inscrit sur les registres du Greffe de l'Amirauté de cette Ville, en marge de ladite Sentence, par le Greffier dudit Siege, et sur celui des Procureurs au Siége Royal du Cap.

Du 17 Septembre.

Vu par le Conseil la Requête de Chiron, Poitier, Gaubert de la Haye, et Crosnier, Procureurs en la Cour, conclusions de M. Lohier de la Charmeraye, Substitut pour le Procureur Général du Roi: LE CONSEIL a ordonné et ordonne que l'Ordonnance de la Marine, du mois d'Août 1681, ensemble les Réglemens du Roi du 12 Janvier 1717, concernant les Siéges d'Amirauté établis dans tous les Ports des Isles et Colonies du Royaume, seront exécutés selon leur forme et teneur ; et vu les deux Arrêts de la Cour des 3 Décembre 1742 et 11 Juin dernier, signifiés à la requête du Substitut du Procureur Général du Roi, au Lieutenant de l'Amirauté de cette Ville, a maintenu et maintient les Supplians, comme Procureurs au Siége Royal du Cap, dans la faculté de postuler au Siége de l'Amirauté dudit lieu, concurremment avec les autres Praticiens, ainsi qu'il se pratique dans les autres Siéges d'Amirauté du ressort de la Cour ; ce qui sera exécuté par provision, nonobstant opposition quelconque, et sans y préjudicier : ordonne que le présent Arrêt sera transcrit sur les registres du Greffe de l'Amirauté de cettedite Ville.

Ordonnance de M. l'Intendant, touchant la recette des divers Droits de la Colonie.

Du 19 Juin 1764.

Jean-Etienne-Bernard de Clugny, &c.

Etant nécessaire, pour remplir les intentions du Roi, de séparer entierement, à compter du premier du mois prochain, la nouvelle administration d'avec l'ancienne, nous avons cru, pour y parvenir plus efficacement, qu'il étoit indispensable de diviser les fonds des Octrois de ceux propres à la Colonie, et de régler, d'une maniere invariable et constante, ce qui doit être exécuté à l'avenir par les Curateurs aux vacances, Receveurs des amendes, confiscations, déshérences, bâtardises, aubaines, épaves de terre et de mer, &c., et par les Directeurs des Postes, tant pour les à compte qu'ils auront à verser pendant le temps de leur exercice, que pour la solde du débet clair de leurs comptes définitifs; et en conséquence nous avons ordonné et ordonnons ce qui suit:

Art. Ier. Les Curateurs aux vacances, Receveurs aux amendes, &c., et Directeurs des Postes, continueront de faire leurs recettes, de les porter sur leurs registres, et de nous envoyer leurs bordereaux suivant et conformément à notre Ordonnance du 10 Décembre 1761, sous les peines y portées.

Art. II. Lesdits Receveurs seront tenus d'envoyer leurs comptes avec les pieces au soutien, au Bureau de la vérification, qui sera transféré du Port-au-Prince au Cap, pour y être lesdits comptes examinés, vérifiés, apostillés et arrêtés par nous.

Art. III. Il sera établi au Cap un Receveur Général de la Colonie, indépendamment du Commis principal des Trésoriers Généraux des Colonies, dont l'exercice commencera au premier Juillet prochain, et qui, destiné à faire les recettes et dépenses des fonds propres à la Colonie, prendra toujours la qualité que nous lui donnons au commencement du présent article, et qui servira à le différencier du Commis principal nommé par les Trésoriers Généraux de la Colonie.

Art. IV. L'exercice dudit Receveur Général commencera au premier Juillet prochain, et il sera installé dans ses fonctions en vertu de la commission que nous lui en ferons expédier, en donnant caution de 15,000 l., qui sera recue par le Contrôleur de la Marine, et jouira des prérogatives, franchises, et exemptions ordinaires, attribuées au Commis principal des Trésoriers Généraux des Colonies.

Art. V. A compter de l'époque du premier Juillet prochain, il établira trois registres, cotés et paraphés de nous, dont le premier servira à porter sa recette journaliere, le second sa dépense, en vertu de nos Ordonnances, et le troisieme à porter les soumissions et obligations qui lui seront remises pour les sommes restantes des exercices précédens, dont le recouvrement n'aura pas été fait.

Art. VI. Le Receveur Général de la Colonie ne fera des recettes et dépenses qu'en vertu de nos Ordonnances dûment enregistrées au Contrôle de la Marine, soit qu'il reçoive ou paye des à compte, soit qu'il liquide en entier les remboursemens par nous ordonnés, ou qu'il fasse la recette des dettes claires résultant de comptes définitifs des Receveurs particuliers de cette Colonie.

Art. VII. Il jouira de la somme de 6000 liv. par chaque année, pour appointemens, logement, frais de Commis et de Bureau, laquelle somme il emploiera en dépense à la fin de ladite année.

Art. VIII. Pour obvier au désordre et à la confusion qui regnent depuis si long-temps dans les différens fonds versés dans les caisses de Sa Majesté, et qui doivent être distingués par leur nature et leur emploi, nous défendons expressément aux Curateurs aux vacances, Receveurs des amendes, &c., et Directeurs des Postes, de compter aucuns deniers de leur recette entre les mains du Commis principal des Trésoriers Généraux des Colonies, ou des Trésoriers particuliers établis en chaque département, à peine de non valeur des récépissés fournis par ledit Commis principal ou lesdits Trésoriers particuliers.

Art. IX. Défendons également au Commis principal des Trésoriers Généraux des Colonies, ou à ses Commis établis en chaque département, sous la dénomination de Trésoriers particuliers de la Marine, de recevoir aucuns deniers desdits Curateurs aux vacances, Receveurs des amendes, &c., et Directeurs des Postes, à peine de 500 liv. d'amende contre les contrevenans pour la premiere fois, et de révocation en cas de récidive.

Art. X. Confirmons, en tant que besoin seroit, à l'égard du Receveur Général, l'usage établi dans cette Colonie en faveur des Trésoriers particuliers, de retenir deux pour cent pour droit de dépôt aux parties prenantes et réclamantes les successions tombées en vacances, ou celles échues

au

au Roi par droit d'aubaine, de confiscation, de déshérence, et de bâtardise, dont les débets clairs auroient été versés dans sa caisse par les Receveurs desdits droits, et le remboursement seroit ensuite par nous ordonné sur les titres des fondés de procuration des héritiers, ou sur les ordres à nous adressés par Sa Majesté, lequel droit de deux pour cent sera pris par ledit Receveur Général sur le net produit du remboursement.

ART. XI. L'autorisons également à retenir ledit droit de deux pour cent aux créanciers desdites successions, dans le cas ci-dessus exprimé, et qui seroient pourvus de nos Ordonnances, pour être payés sur le net produit desdites successions, en vertu de Sentences des Jurisdictions et des Arrêts confirmatifs desdites Sentences rendues par les Cours Souveraines, sur la légitimité de leurs titres de créances.

ART. XII. Dans le cas où, par quelques circonstances imprévues, il seroit nécessaire de distraire une partie des fonds propres à la Colonie, pour les employer à des dépenses urgentes pour le service de Sa Majesté, il sera par nous expédié un ordre de fonds par forme d'emprunt, pour que ledit Receveur Général verse la somme que nous aurons fixée par ledit ordre dans la caisse du Commis principal des Trésoriers Généraux des Colonies, qui lui en fournira son récépissé au dos de ladite Ordonnance; et pour être le remplacement de la somme ainsi versée par nous ordonné aussi-tôt que faire se pourra.

ART. XIII. Ordonnons qu'à la fin de chaque mois il nous sera remis par ledit Receveur Général un bordereau détaillé de ses recettes et dépenses, pour être en état de juger dans tous les temps de la situation de sa caisse, et faire la destination des fonds qui y auront été versés.

ART. XIV. Immédiatement après que les anciens Commis des Trésoriers Généraux des Colonies auront rendu leurs comptes, à l'apurement et liquidation desquels on travaille actuellement, il sera par nous arrêté un état des reprises desdits comptes, qui seront remises audit Receveur Général, pour en être le recouvrement par lui fait à la diligence du Contrôleur de la Marine; et ces reprises ne regarderont que ce qui peut être accordé pour le reliquat des débets des anciens Curateurs aux vacances, Receveurs des amendes, &c., et Directeurs des Postes, ou des soumissions et obligations par eux déposées au Trésor, pour solde desdits débets.

ART. XV. Le Receveur Général recevra seul, dans toute l'étendue de cette Colonie, le montant des taxes de libertés qui seront par nous faites; défendu à tous Trésoriers principaux ou particuliers de s'immiscer en maniere quelconque dans la recette desdites taxes, à peine de 150 liv. d'amende.

La présente Ordonnance sera enregistrée au Contrôle de la Marine et au Greffe de l'Intendance, et copies collationnées adressées au Subdélégué Général, et à nos Subdélégués principaux et particuliers, ainsi qu'à tous les Trésoriers et comptables des deniers royaux de cette Colonie, pour être exécutée selon sa forme et teneur, chacun en ce qui les concerne. DONNÉ au Cap, &c. *Signé* CLUGNY NUYS.

R. au Contrôle le 15.

ARRÊT du Conseil du Cap, concernant les Procureurs et les Huissiers.

Du 16 Juin 1763.

VU par le Conseil la Requête des Doyen et Procureurs gradués et non gradués reçus en la Cour et autres Jurisdictions du Cap; vu aussi les divers Mémoires desdits Procureurs en la Cour, contre les Huissiers, joints à leurdite Requête; le tout réciproquement signifié, conclusions de M. Lohier de la Charmeraye, Substitut pour le Procureur Général, et ouï le rapport de M. Beaujeau, Conseiller Assesseur, et tout considéré: LE CONSEIL a joint les demandes et défenses, y faisant droit, renvoie les Parties à l'exécution de l'Arrêt de Réglement de la Cour, du 20 Mai 1761, les déboute du surplus de leurs demandes respectives, sauf l'exercice et payement des droits et vacations desdits Huissiers, à fur et mesure qu'on retirera du Bureau de leur bourse commune les actes, exploits, et significations qui y restent en nature et reprise, dépens compensés.

ORDONNANCE des Administrateurs, portant Etablisssement de Syndics dans les Paroisses.

Du 17 Juin 1763.

ARMAND, Vicomte de Belsunce, &c.

Jean-Etienne-Bernard de Clugny, &c.

Le Roi, par son Ordonnance du 24 Mars de cette année, concernant le service et l'administration de sa Colonie de Saint-Domingue, ayant attribué à l'Intendant, pour l'administration civile, les détails et l'autorité des Intendans des Généralités; et étant nécessaire de pourvoir au défaut d'Officiers Municipaux dont cette Ordonnance suppose l'existence, et de se rapprocher de l'ordre intérieur du Royaume, pour le logement des Gens de Guerre, les corvées de Negres, les fournitures de voitures et de bestiaux, nous avons cru, pour remplir ces vues, et nous conformer, autant qu'il étoit en nous, aux intentions de Sa Majesté, devoir établir dans les Villes et les différentes Paroisses, des personnes qui, sous le nom de Syndic, fussent spécialement chargées de ces objets, et de quelques autres relatifs à l'administration civile. Par ce nouvel arrangement, nous avons lieu de nous promettre de l'égalité et de l'ordre dans les logemens, de l'exactitude et de l'utilité dans les corvées, de la précision et de l'équité dans les fournitures des voitures et des bestiaux. Cet établissement nous procurera en même temps les moyens de donner aux Habitans de cette Colonie une marque de la confiance que nous avons en leur zele, en leur abandonnant la nomination des sujets qu'ils croiront les plus propres à remplir ces fonctions. A CES CAUSES, nous, en vertu du pouvoir à nous donné par le Roi, et sous le bon plaisir de Sa Majesté, avons ordonné et ordonnons ce qui suit:

ART. Ier. Il sera tenu une assemblée des Habitans de chaque Ville, Bourg ou Paroisse du ressort du Conseil Supérieur du Cap, à l'effet de procéder à la nomination d'un Syndic pour l'étendue de la Ville, Bourg ou Paroisse où il aura été élu.

ART. II. Cette assemblée sera indiquée à jour fixe dans chaque Ville ou Paroisse, par l'Intendant, ou en vertu de ses ordres, par son Subdélégué principal, et elle sera annoncée par le Curé de chaque Ville ou Paroisse, en la maniere pratiquée pour l'élection des Marguilliers.

ART. III. Cette assemblée sera composée au moins de douze personnes notables; pourront cependant y assister et y avoir voix tous les Habitans des Villes, Bourgs et Paroisses, lorsque l'assemblée excédera le nombre de douze.

ART. IV. Les Subdélégués particuliers assisteront auxdites assemblées, chacun dans le ressort de la Jurisdiction où ils seront établis, à l'effet d'empêcher les brigues, le tumulte, et de recueillir les voix, qui seront données par scrutin.

ART. V. Il sera dressé un procès verbal de chaque assemblée et élection sur un registre destiné à cet effet, et qui demeurera entre les mains du Subdélégué particulier, lequel procès verbal sera souscrit, tant du Subdélégué qui y aura assisté, que de tous ceux qui auront donné leur voix; et copie du procès verbal sera déposée au Greffe de l'Intendance, et une autre remise au Syndic élu, pour être transcrite sur les registres de la Paroisse.

Art. VI. Les Syndics des Villes seront choisis parmi les notables Bourgeois, Habitans, et Négocians.

Art. VII. Les Syndics des campagnes seront choisis parmi les Habitans, les Procureurs, et les Régisseurs d'Habitations, pour celles seulement dont les Propriétaires seront absens.

Art. VIII. Ne pourront, dans aucuns cas, être choisis pour Syndics les personnes attachées au Service Militaire, les Officiers des Tribunaux de Justice, les Avocats, les Notaires et Procureurs, et les personnes employées dans les Magasins, Arsenaux et Fermes du Roi, attendu que, par leur état, ils pourroient être détournés des détails qu'ils ont à remplir.

Art. IX. Ne pourront pareillement être choisis pour Syndics les Gentilhommes ou Officiers Militaires retirés avec la Croix de Saint-Louis ou avec pension, et les anciens Magistrats pourvus de Lettres d'honoraires.

Art. X. Le Syndicat étant une Charge municipale et personnelle, ne pourra être refusée que par les sexagénaires, les infirmes, ceux ayant dix enfans vivans, ou étant chargés de trois tutelles.

Art. XI. La durée du Syndicat sera de trois années consécutives.

Art. XII. Trois mois avant l'expiration du Syndicat, il sera procédé, dans la forme ci-dessus prescrite, à l'élection d'un nouveau Syndic; pourra cependant l'ancien Syndic être continué, s'il y consent.

Art. XIII. En cas de mort des Syndics, de départ pour France, ou établissement dans d'autres Quartiers, il sera en la forme ci-dessus portée procédé à leur remplacement.

Art. XIV. Les Syndics, si-tôt après leur élection, seront tenus d'avoir un tableau ou contrôle exact des divers Habitans de leur district, pour être en état d'établir au besoin et d'avance, l'ordre du logement des Gens de Guerre, ainsi que l'état des fournitures, soit des voitures ou des bestiaux, afin d'observer l'égalité entre tous les Habitans de leur dépendance.

Art. XV. Lorsque les logemens seront une fois assis, ils ne pourront être changés que par ordre de l'Intendant ou par celui des Commissaires des Guerres, avec l'avis des Officiers de Ville, desquels changemens le Commissaire signera les billets conjointement avec eux; faute de quoi il ne sera point déféré.

ART. XVI. S'il arrivoit que les Officiers de Ville ou Syndics surchargeassent de logement quelques Habitans, pour en exempter d'autres qui devroient y être sujets, le Commissaire des Guerres pourra obliger les Officiers principaux à lui représenter les rôles desdits Habitans, et expédier seul ses billets, pour faire déloger ceux qu'il conviendra, sans que personne puisse se dispenser de se conformer auxdits billets, à peine de désobéissance.

ART. XVII. Seront autorisés pareillement les Commissaires des Guerres à faire loger les Gens de Guerre chez les Officiers de Ville, de Justice, et autres exempts, qui, par connivence ou autrement, souffriroient qu'il fût commis quelques abus au fait des logemens, après en avoir reçu plainte.

ART. XVIII. Seront exempts du logement des Gens de Guerre et de toute contribution à icelui, les Religieux ou autres Ecclésiastiques séculiers et réguliers desservant actuellement les Cures, ou employés à d'autres fonctions relatives à leur état; les Officiers étant actuellement dans le Service Militaire ou qui s'en seront retirés après avoir obtenu la Croix de l'Ordre Militaire de Saint-Louis ou pension de Sa Majesté; les Présidens, Conseillers, et autres Officiers du Conseil Supérieur; les Commissaires de Guerre et de Marine, ensemble les Ecrivains, lorsqu'ils seront employés; les Subdélégués, les Gentilshommes dont les titres seront enregistrés; les Sénéchaux et les Procureurs de Sa Majesté auxdits Siéges; les Officiers et la Compagnie des Gardes du Gouverneur; les Officiers et Cavaliers de Maréchaussée; les Syndics, pour le temps de leur administration seulement. Ces exemptions ne peuvent être prétendues au delà, sous tel prétexte que ce soit.

ART. XIX. Jouiront pareillement de ladite exemption les veuves des Gentilshommes reconnus, dont les titres seront enregistrés au Conseil; celles des Officiers des Troupes spécifiées en l'article précédent, et des Officiers du Conseil Supérieur; mais elles n'en jouiront que pendant leur viduité.

ART. XX. Les Privilégiés ne jouiront de leurs exemptions que pour les Maisons ou Habitations, ou partie d'icelles, qu'ils occuperont ou feront valoir personnellement, sans que les Particuliers non exempts, qui pourroient les louer ou affermer en tout ou en partie, puissent participer, sous quelque prétexte que ce soit, auxdites exemptions.

Art. XXI. En cas de foule, les Privilégiés seront assujettis aux logemens; mais les Syndics commenceront par les moins privilégiés, en remontant jusqu'aux Ecclésiastiques, et ce conformément à l'ordre des priviléges porté à l'article 18.

Art. XXII. Ceux qui, étant exempts, feront commerce à boutique ouverte, ou distribueront du tafia, seront assujettis au logement des Gens de Guerre, et déchus de leur exemption.

Art. XXIII. Les Syndics seront tenus de faire fournir aux Troupes, relativement aux ordres qu'ils en recevront de l'Intendant ou de ses Subdélégués, le nombre de voitures nécessaires aux Troupes, tant pour le transport de leurs bagages, que pour leurs vivres et autres besoins, en l'absence de l'Intendant. Les mêmes ordres pourront être donnés par les Commissaires des Guerres.

Art. XXIV. Ne seront les Habitans de la campagne, sous tel prétexte que ce soit, tenus de fournir aux Troupes que des cabrouets à mulets, chevaux de selle, et mules ou mulets de charge, et des chaises attelées par des chevaux ou mulets, pour des Officiers qui, étant malades ou blessés, ne pourroient être transportés autrement, suivant que leurs Habitations seront imposées sur l'état que les Syndics en dresseront, lesquelles voitures, ensemble les chevaux et selles, mulets de charge, seront payés par les Troupes, avant leur départ du logement, à ceux qui les fourniront, comme ils le sont dans le Royaume; savoir, pour chaque cabrouet attelé de quatre bœufs, 9 liv. par jour, argent de la Colonie; pour un cabrouet attelé de trois mulets, 6 liv. 15 sous par jour; pour chaque cheval de selle, 45 sous par jour; et pour une mule ou mulet de charge, 2 liv. 5 sous par jour. Une chaise sera payée à raison de 2 liv. 5 sous par jour et par chaque cheval dont elle sera attelée; et lorsque le Roi aura besoin d'animaux pour les trains d'artillerie, transport de munitions de vivres, de matériaux ou ustensiles, ils seront payés suivant le prix qui en sera fixé par l'Intendant.

Art. XXV. Seront de plus les Syndics chargés du détail des corvées des Negres et bestiaux qui pourroient être ordonnées, soit pour les travaux du Roi, soit pour les réparations des passes de riviere ou de ravines, des embarcadaires, ouvertures de nouveaux chemins, et réparations des anciens chemins, suivant l'usage pratiqué où les Réglemens qui pourroient être faits ci-après; comme aussi du détail des ordres pour la réparation des chemins particuliers auxquels chaque Habitant est ou sera assujetti; ensemble pour les corvées relatives aux terrains appartenant aux Paroisses.

Art. XXVI. Ils seront également tenus de veiller sur les Boucheries et les Cabarets, soit de vin, soit de guildive; et en cas de contravention, ils en dresseront des procès verbaux, qu'ils adresseront au Procureur du Roi de leur ressort, pour faire punir les contrevenans, et en donneront avis en même temps à l'Intendant ou à son Subdélégué principal.

Art. XXVII. Les Syndics recevront tous les ordres que nous leur adresserons, soit en commun, soit en particulier, relativement aux parties de l'administration qui nous sont confiées, de même que les ordres qui leur seront envoyés par le Subdélégué, en vertu de ceux de l'Intendant, et rendront compte de l'exécution à ceux dont ils les auront reçus.

Art. XXVIII. En cas que l'exécution ou l'inexécution de ces ordres requierent main-forte, ils s'adresseront aux Subdélégués particuliers, qui la demanderont aux Commandans les plus voisins.

Art. XXIX. La premiere peine de l'inexécution desdits ordres concernant les logemens de Gens de Guerre, la fourniture des chevaux, voitures et corvées, et autres adressés par l'Intendant au Subdélégué, sera une amende de 150 liv., laquelle sera payée, nonobstant opposition, dans les vingt-quatre heures de la communication de l'Ordonnance qui y condamnera, et qui sera rendue par le Subdélégué principal, sauf l'appel pardevant l'Intendant. En cas de récidive, opiniâtreté ou rebellion, seront les désobéissans condamnés à plus forte peine, et même à la prison, suivant l'exigence des cas.

Art. XXX. Les Habitans qui auront à se plaindre des Syndics, ou des ordres par eux délivrés, s'adresseront à l'Intendant; à son défaut, à son seul Subdélégué principal.

Art. XXXI. Seront encore lesdits Syndics chargés de recevoir les recensemens des Habitans de leur Paroisse, lesquels leur seront fournis et portés ou chez eux ou aux portes des Eglises paroissiales dans le courant du mois de Novembre, et ce à peine de 100 livres d'amende, et même de plus grossse peine, s'il y échet. Ils se conformeront au surplus sur cet objet aux formalités prescrites par le Réglement du Roi du 15 Septembre 1744, et adresseront lesdits recensemens à l'Intendant dans le courant du mois de Décembre de chaque année.

Art. XXXII. Seront également chargés lesdits Syndics de faire passer et publier tous les ordres qui pourront être relatifs à la rentrée des deniers du Roi, et dont ils certifieront ceux dont ils les auront reçus.

ART. XXXIII. Les ordres seront portés par des Mulâtres et Negres de corvées ; il sera pour cet effet dressé un tableau de ceux de chaque Ville ou Paroisse, dont il en sera à tour de rôle commandé un pour être chez le Subdélégué, et un chez le Syndic de chaque Ville ou Paroisse ; et en outre ce qu'il en sera jugé nécessaire au bien du service chez les Commandans, dans les endroits où il en sera établi, et ce jusqu'à ce qu'il puisse y être autrement pourvu.

ART. XXXIV. Il y en aura pareillement, et suivant l'ordre du tableau, toujours un de service au Cap auprès du Subdélégué principal.

ART. XXXV. En considération des soins et des peines desdits Syndics, nous les avons exempté de corvées de Negres, à l'exception toutefois de celles pour la réparation de leurs chemins particuliers, auxquelles ils continueront d'être assujettis.

ART. XXXVI. Si quelqu'un vient à les insulter, de quelque état et condition qu'il soit, ils en dresseront procès verbal, qui sera tout de suite envoyé au Subdélégué principal ou à l'Intendant, pour y être sur ce pourvu suivant l'exigence du cas, et conformément aux Ordonnances du Roi.

ART. XXXVII. Les Syndics recevront les plaintes qui leur seront faites dans les premieres vingt-quatre heures après le départ des Troupes ou de la Troupe, conformément à l'article 42 de l'Ordonnance du Roi du 25 Juin 1750, concernant la police des Troupes dans le Royaume, et seront tenus d'en dresser des procès verbaux, qu'ils enverront pareillement au Gouverneur-Lieutenant Général, et à l'Intendant ou à son Subdélégué, à peine d'en répondre, lesdites vingt-quatre heures écoulées sans qu'il y ait eu de plaintes. Lesdits Syndics ne pourront refuser de donner des certificats de bien vivre à l'Officier-Major qui restera, pour cet effet, au lieu du logement, c'est-à-dire, dans les Villes ou autres Quartiers dans lesquels les Troupes auront été en garnison seulement, lesdits certificats devant être donnés audit Officier au moment du départ de la Troupe, dans les lieux où elle n'aura été qu'en passant.

ART. XXXVIII. Auront attention lesdits Syndics d'avertir les Habitans de leur district, et leur sera même défendu de faire crédit aux Soldats, Cavaliers, et Dragons, à peine de perdre leur dû.

Prions Messieurs les Officiers du Conseil Supérieur du Cap d'enregistrer

la

la présente ordonnance, qui sera lue, publiée et affichée par-tout où besoin sera, après avoir été préalablement enregistrée au Greffe de l'Intendance. DONNÉ au Cap, &c. le 17 Juin 1763. *Signés* BELSUNCE et CLUGNY NUYS.

R. au Conseil du Cap le 18 Juin 1763.
Et à celui du Port-au-Prince le 21 Juillet suivant

ORDONNANCE de M. l'Intendant, portant établissement des Subdélégués particuliers.

Du 18 Juin 1763.

JEAN-Etienne Bernard de Clugny, &c.

L'Ordonnance du Roi du 24 Mars dernier nous attribuant de nouveaux détails concernant l'administration civile de cette Colonie, Sa Majesté auroit préposé différens Officiers pour la remplir sous nos ordres, et auroit établi entre autres deux Subdélégués principaux, pour faire les mêmes fonctions qui sont attribuées à ceux de France; mais il a plu au Roi de fixer leur résidence au Port-au-Prince et au Petit-Goave; de sorte qu'il n'y auroit point un pareil Officier dans la partie du Cap, lieu de notre résidence. Cependant cet établissement près de notre personne est également nécessaire, soit pour remplir le détail courant et journalier dont nous nous trouverons surchargés, soit pour nous remplacer et pourvoir aux besoins urgens, lorsque le service de Sa Majesté nous appellera dans quelque autre endroit de la Colonie.

Nous aurions en outre considéré qu'il étoit nécessaire détablir, comme en France, des Subdélégués particuliers dans chaque Jurisdiction de ce ressort, pour faire exécuter les différens ordres et Ordonnances que nous serons dans le cas de donner, relativement à l'administration dont nous sommes chargés. A CES CAUSES, nous avons, par provision, sous le bon plaisir de Sa Majesté et jusqu'à ce qu'elle en ait autrement ordonné, statué et ordonné ce qui suit; savoir:

ART Ier. Il sera établi dans la ville du Cap, chef-lieu de notre résidence, un notre Subdélégué principal, pour remplir les fonctions attribuées aux Subdélégués principaux par l'Ordonnance du Roi du 24 Mars dernier, et jouir des mêmes droits et émolumens à eux accordés par Sa Majesté.

ART II. Il sera par nous pareillement établi des Subdélégués particuliers dans les villes du Cap, du Fort Dauphin et du Port-de-Paix, aux fonctions, droits et priviléges des Subdélégués des Intendans des Généralités du Royaume.

ART. III. Lorsque nous serons absens du département du Cap, les Subdélégués particuliers rendront compte au Subdélégué principal, conformément aux instructions que nous leur adresserons.

Prions Messieurs du Conseil Supérieur du Cap, attendu le rapport que lesdits Subdélégués ont avec l'ordre public, d'enregistrer la présente Ordonnance, qui le sera pareillement au Greffe de l'Intendance. DONNÉ au Cap, &c. *Signé* CLUGNY NUYS.

R. au Conseil du Cap le même jour.

LETTRE du Ministre aux Administrateurs, qui défend d'accorder aucun passage pour France aux Esclaves et aux Negres libres.

Du 30 Juin 1763.

VOUS êtes informés, Messieurs, des motifs qui ont engagé le Roi à permettre aux Habitans des Colonies d'emmener ou d'envoyer en France leurs Esclaves, et de les y laisser pendant trois ans. Cette permission avoit deux objets principaux; le premier, de les faire instruire dans la Religion Catholique; et le second, de leur faire apprendre des métiers utiles pour les travaux des Habitations. Bien loin que ces objets aient été remplis, les Negres se trouvent sans instruction, et peu propres à remplir les métiers pour lesquels ils étoient destinés; d'un autre côté, le nombre des Esclaves s'est augmenté si fort en France, et depuis, qu'il en est résulté un sang mêlé, qui se multiplie tous les jours, par la communication qu'ils ont avec les Blancs. Le Roi a jugé indispensable, pour faire cesser ce désordre, de faire repasser tous ces Esclaves aux Colonies dont ils sont sortis. Les ordres nécessaires en ont été donnés, pour que l'expulsion totale ait lieu d'ici au mois d'Octobre prochain, à peine de confiscation.

D'un autre côté, Sa Majesté a pensé que ce ne seroit pas remplir ses vues, que de se contenter de faire repasser ces Esclaves, si on laissoit aux Habitans des Colonies la liberté d'en emmener d'autres, ou peut-être les mêmes, lorsqu'ils viendront en France : elle m'a ordonné de vous dire qu'elle vous défend d'accorder aux Habitans de Saint-Domingue la permission de faire embarquer aucun Negre esclave, pour le faire passer en France, sous quelque prétexte que ce soit ; et par la même raison, Sa Majesté veut que vous refusiez aux Negres libres la faculté d'y venir. Pour l'exécution de ses ordres, il sera nécessaire que vous donniez les vôtres, chacun en ce qui vous concerne, dans tous les quartiers de Saint-Domingue, et que vous y teniez exactement la main. Dans quelque temps, il sera pris des arrangemens pour l'expulsion des Negres libres qui sont en France. En attendant, je vous prie de m'envoyer une liste des esclaves qui seront retournés à Saint-Domingue, afin que j'en rende compte à Sa Majesté.

LETTRE *du Ministre aux Officiers du Conseil du Cap et aux Administrateurs, sur la maniere dont les Conseils des Colonies doivent se qualifier.*

Du 19 Juillet 1763.

J'AI reçu, Messieurs, avec la Lettre que vous m'avez écrite le 27 Avril dernier, le Mémoire que vous m'avez adressé, intitulé : *Remontrances au Roi*, et autres pieces qui y étoient jointes ; j'ai fait mon rapport à Sa Majesté de l'affaire qui en faisoit l'objet, malgré la forme irréguliere dans laquelle vous en avez rendu compte ; Sa Majesté m'a ordonné en conséquence d'expliquer ses intentions à M. le Vicomte de Belsunce, et les choses seront rétablies dans leur ordre naturel : mais en ayant égard au fond de vos représentations, elle a trouvé mal à propos que vous les lui eussiez fait parvenir sous le titre de *Remontrances ;* elle vous défend à l'avenir d'user du terme de Remontrances, et elle veut que, dans tous les cas qui pourront se présenter, vous ne vous adressiez qu'à son Gouverneur Général et à son Intendant, et qu'à défaut de la justice que vous pourriez en attendre, vous envoyiez de simples Mémoires de représentations au Secrétaire d'Etat ayant le département de la Guerre et de la Marine, qui en rendra compte à Sa Majesté, et vous fera parvenir ses ordres par son canal.

Sa Majesté a aussi observé que, continuant de vouloir vous assimiler aux

Parlemens du Royaume, vous finissiez votre Mémoire par les mots de *Gens tenans le Conseil Souverain ;* elle vous a cependant assez fait connoître ses intentions sur l'irrégularité de cette qualification; elle vous défend de prendre d'autres qualités que celle de Conseil Supérieur; c'est la seule que Sa Majesté donne aux Conseils Supérieurs des Colonies, à la tête desquels sont les Gouverneurs, Lieutenans Généraux, et les Intendans. Je suis, Messieurs, votre, &c. *Signé* le Duc DE CHOISEUL.

LETTRE du Ministre aux Administrateurs.

Du même jour.

Je vous envoie, Messieurs, une Lettre que j'écris aux Officiers du Conseil Supérieur du Cap. Je vous prie de vouloir bien vous y rendre, pour la faire enregistrer. Vous enverrez en même temps le duplicata à MM. de Montreuil et de Kerdisien, pour la faire enregistrer au Conseil Supérieur du Port-au-Prince. J'ai l'honneur, &c.

R. au Conseil du Cap le 13 Février 1765. Voy. *l'Arrêt.*
Et à celui du Port-au-Prince le 25 Juillet. Voy. *aussi l'Arrêt.*

ARRÊTÉ du Conseil du Port-au-Prince, portant, 1°. qu'un de ses Membres sera tenu de se démettre de son Office ; et 2°. que ses Membres ne pourront être chargés de procurations à titre lucratif, ou pour droits litigieux, si ce n'est de leurs parens.

Du 20 Juillet 1763.

LA COUR, ensuite du procès jugé cejourd'hui, au rapport de M. de Motmans de Bellevue, entre M. D....., Conseiller en la Cour, Demandeur et Accusateur contre la dame D....., a arrêté unanimement, qu'attendu la gravité des faits prouvés au procès, l'irrégularité de la conduite du sieur D....., le peu de délicatesse qu'il a montré, il ne convient point à l'honneur et à la dignité d'une Cour Souveraine de conserver parmi elle un Membre dont les sentimens peuvent être suspects; et qu'en conséquence, ledit sieur de F..... sera tenu de donner dans vingt-quatre heures la démission de son Office entre les mains du Président de la Cour, qui lui notifiera le présent Arrêt ; et qu'en cas de refus de sa part, il y sera pourvu.

Sur ce qu'un de Messieurs auroit dit que, par la visite du procès, il étoit constant que ledit M^{e}. D.... avoit continué d'être chargé de procuration à titre lucratif, depuis qu'il a eu l'honneur d'être admis dans la Compagnie; qu'un usage pareil étant contraire à la dignité d'une Cour Souveraine, et pouvant avoir des suites désavantageuses pour la Magistrature, il croyoit nécessaire de prendre des mesures pour qu'à l'avenir aucun des Membres de la Compagnie ne pût se trouver dans un cas pareil; sur quoi, après qu'il en a été délibéré, a été arrêté que nul Membre de la Compagnie ne pourra à l'avenir être chargé de procuration à titre lucratif, ou pour droit litigieux, à l'exception des procurations de parens.

La démission fut remise le lendemain, et transcrite sur les registres de la Cour.

ARRÊT du Conseil du Port-au-Prince, portant que nul ne pourra solliciter une place de Receveur, qu'il ne justifie de l'agrément de l'Intendant et de celui de Messieurs.

Du 21 Juillet 1763.

CE jour, le Procureur Général du Roi est entré, et a dit, que la Cour, aux dernieres séances, auroit nommé le sieur Lefebvre à la place de Receveur des Octrois de l'Arcahaye; que ledit Lefebvre a écrit au Procureur Général du Roi, pour prier la Cour de nommer un autre que lui à ladite place, dont le dérangement actuel de sa santé ne lui permet pas de remplir les fonctions; que le refus que fait ledit Lefebvre d'accepter l'emploi auquel la Cour l'a nommé, semble compromettre en quelque façon la Compagnie; et pour remédier à un pareil inconvénient, requiert, &c.

Sur quoi, la matiere mise en délibération, le Conseil faisant droit au Réquisitoire du Substitut du Procureur Général du Roi, a ordonné et ordonne qu'à l'avenir tous ceux qui prétendront aux places de Receveur, seront tenus de présenter Requête à la Cour, et de justifier qu'ils ont sollicité l'agrément de M. l'Intendant et de chacun de Messieurs.

ARRÊTÉ du Conseil du Port-au-Prince, touchant la qualité de Subdélégués principaux, acceptée par deux Conseillers.

Du 27 Juillet 1763.

CE jour, la Cour assemblée en la maniere ordinaire, M. de Kerdisien, Président, a dit : « Que, flatté de la commission dont le Conseil l'avoit chargé auprès de M. l'Intendant, par sa délibération verbale du jour d'hier, il lui auroit fait les représentations les plus fortes, et telles que l'on doit attendre de son attachement inviolable pour la Compagnie; que pour suivre avec ordre les objets de sa mission, il avoit témoigné à M. de Clugny, que le Conseil voyoit avec le plus grand déplaisir deux de ses Membres revêtus de Commissions de Subdélégués principaux; que la répugnance du Conseil à ce sujet étoit fondée sur l'espece d'incompatibilité qui paroissoit exister entre la Charge de Conseiller, et ces places; que la Compagnie croyoit avec raison qu'il étoit au-dessous d'un Membre d'une Cour Souveraine, bréveté de Sa Majesté, et qui ne pouvoit être révoqué ou interdit que par le Prince, d'accepter cette Commission, qui n'étoit point émanée du Trône, et qui étoit révocable *ad nutum*; que la dépendance dans laquelle ces deux Officiers alloient tomber, en qualité de Subdélégués principaux, ne pourroit manquer d'altérer en eux la liberté des suffrages; que le grand détail attaché à ces places leur feroit négliger les travaux pénibles de la Magistrature, et priveroit la Compagnie de deux de ses Membres, dans un temps où, par le petit nombre de ceux qui la composent, elle est presque réduite à un état d'inexistence; qu'il n'avoit pas non plus dissimulé à M. l'Intendant que le Conseil avoit été sensiblement affecté de voir que ces deux Membres avoient, sans sa participation, sollicité des places qu'ils n'auroient pas même dû accepter sans son aveu, quand même elles auroient été aussi honorables qu'elles paroissent au-dessous de leur état; que la Compagnie oubliant cependant ce qu'il pouvoit y avoir de mortifiant pour elle, n'étoit occupée que du bien public et de sa dignité, et que c'étoit sur des motifs aussi louables qu'il avoit prié M. l'Intendant, au nom du Conseil, de mettre la Subdélégation en d'autres mains qu'en celles de ses Membres; que M. de Clugny lui avoit répondu, « qu'il étoit pénétré de la légitimité des motifs qui animoient la Compagnie, et des inconvéniens qui paroissoient résulter de la réunion de deux charges qui sembloient en apparence incompatibles ; qu'il se proposoit d'y remédier d'une façon bien satisfaisante pour la Compagnie, en faisant venir des Commissions de la Cour pour MM. Hays et de la Mahautiere ; qu'au moyen de ce correctif, les inconvéniens dont le Conseil avoit été frappé se trouvoient anéantis, et que ceux qui pouvoient encore subsister étant de la plus petite considération, devoient céder au bien qui résulteroit pour le Public de ce que l'administration civile alloit être confiée à des Magistrats de Cour Souveraine; que c'étoit par des vues aussi pures et relatives à la considération qu'il s'efforce de donner aux Compagnies Souveraines de Saint-Domingue, qu'il avoit choisi dans leur sein les Subdélégués principaux; que si, contre son attente, il ne pouvoit obtenir de la Cour, sous huit mois, des Commissions pour ces places, MM. Hays et de la Mahautiere seroient dans le cas de donner leurs démissions; qu'il se flattoit que la Compagnie approuveroit les démarches qu'il alloit faire, lesquelles intéresseroient autant la Magistrature que le bien public ».

Après le compte rendu par M. de Kerdisien, LE CONSEIL, ouï le Substitut de M. le Procureur Général du Roi ; considérant qu'il ne doit pas être moins flatté du zele avec lequel M. de Kerdisien a appuyé ses prétentions, que des égards qu'elles ont éprouvés de M. l'Intendant, envisageant d'ailleurs que les Commissions que M. l'Intendant se propose d'obtenir de la Cour pour ces Subdélégués, en rapprochant ces places de la Magistrature, ne les laissoient plus exposées au désagrément dont la délicatesse de la Cour avoit été le plus blessée ; que le choix que M. de Clugny avoit fait des Membres de la Compagnie, devoit lui être d'autant plus agréable, que son exemple seroit sans doute suivi par ses successeurs, et que l'administration civile seroit par ce moyen confiée pour toujours aux Magistrats des Cours Souveraines ; a agréé que MM. Hays et de la Mahautiere acceptent provisoirement les Commissions de Subdélégués principaux, et en fassent les fonctions, à la charge de donner leurs démissions de ladite Subdélégation, sous huit mois, dans le cas où ils ne pourroient obtenir dans ledit délai des Brevets de la Cour ; et pour faire connoître à M. l'Intendant l'empressement avec lequel la Compagnie adopte tout ce qui émane de son amour pour le bien public, a ordonné qu'il lui seroit envoyé copie du présent Arrêté ; et pour le lui faire parvenir, a commis et commet M. de Motmans de Bellevue.

ARRÊT du Conseil d'Etat, touchant la procédure à tenir par les Habitans des Colonies, pour se pourvoir ès Conseils de Sa Majesté.

Du 30 Juillet 1763.

LE ROI étant informé que le grand éloignement et les difficultés de la correspondance privent souvent les Habitans de ses Colonies de l'avantage des regles que Sa Majesté a établies pour la plus prompte expédition des affaires de ceux qui sont obligés de se pourvoir en son Conseil, elle auroit jugé à propos de faire examiner par les Commissaires de sondit Conseil, députés par l'Arrêt du 19 Décembre dernier, les moyens qui pourroient être employés pour procurer auxdits Habitans la facilité d'avoir plus promptement les pieces et instructions qui leur sont nécessaires, pour mettre Sa Majesté en état de prononcer sur leurs demandes et instructions, et de faire cesser ainsi cette incertitude dans laquelle elle jette les Propriétaires, qui est aussi contraire à la tranquillité du Colon qu'au bien général de la Colonie; et Sa Majesté voulant témoigner auxdits Habitans qu'elle ne les a pas moins en considération que ses autres Sujets, elle auroit jugé à propos d'expliquer ses intentions à cet égard, en attendant qu'elle puisse les faire connoître plus sûrement, par les Réglemens qu'elle s'est proposé de faire pour tout ce qui peut intéresser leur bonheur et leur tranquillité. A quoi voulant pourvoir; ouï le rapport, le Roi étant en son Conseil, a ordonné et ordonne ce qui suit;

ART. Ier. Dans tous les cas où les Habitans des Colonies auront à se pourvoir au Conseil de Sa Majesté, soit en matiere d'évocation, de Réglement de Juges, de contrariété d'Arrêts, d'Appels, d'Ordonnances et Jugemens, et en toutes affaires contentieuses, autres néanmoins que les demandes en cassation, le Demandeur fera signifier à la Partie adverse, à son domicile, un Mémoire signé de lui ou du fondé de sa procuration, passé devant Notaire, et dont il restera minute, contenant la demande qu'il entend former au Conseil de Sa Majesté, les moyens et les pieces sur lesquelles elle est fondée, et d'y joindre lesdites pieces en copies bien et dûment collationnées.

ART. II. La partie à laquelle ledit Mémoire aura été signifié, fera signifier audit Demandeur, dans un mois pour tout délai, à compter du jour de ladite signification, un Mémoire en réponse, signé d'elle ou du fondé

de

de sa procuration passée en la forme portée par l'article précédent, contenant ses demandes, ses moyens, et l'énonciation des pieces qu'il y joindra en la forme susdite.

Art. III. En cas que ladite Partie ne juge pas à propos de faire signifier ledit Mémoire, elle le déclarera au Demandeur par un acte signé d'elle ou de son fondé de procuration, passée en la forme susdite, lequel acte sera signifié au domicile dudit Demandeur.

Art. IV. Quinzaine après la signification dudit Mémoire, le Demandeur pourra y répondre par un Mémoire signifié, auquel il pourra joindre de nouvelles pieces et copies dûment collationnées.

Art. V. Le Défendeur pourra répondre audit second Mémoire par un Mémoire pareil, accompagné des pieces dûment collationnées qu'il y voudra joindre, lequel sera signifié dans la quinzaine du jour de la signification qui lui aura été faite du second Mémoire.

Art. VI. Après l'expiration des délais portés par les deux articles précédens, lesdits seconds Mémoires ne pourront plus être signifiés.

Art. VII. En cas que la collocation de quelques-unes des pieces jointes aux Mémoires se trouvât contestée, la vérification en sera poursuivie en la maniere accoutumée devant les Juges des lieux, et ce dans les délais prescrits par la signification desdits Mémoires, ou dans la quinzaine de la signification du second Mémoire dudit Défendeur, passé lesquels délais elles n'y seront plus reçues, et lesdites pieces seront tenues pour reconnues.

Art. VIII. La signification du premier Mémoire de chacune desdites Parties, ou de l'acte porté par l'article 3, contiendra élection de domicile en la ville de Paris, chez telles personnes qu'ils voudront choisir, avec un pouvoir à ladite personne de constituer un Avocat ès Conseils de Sa Majesté, pour y instruire la contestation jusqu'à jugement définitif inclusivement, et de lui en substituer un autre à mêmes fins, s'il étoit nécessaire.

Art. IX. Dans tous les cas où il est permis, par la Déclaration du 17 Juillet 1743, d'interjeter, par un simple acte, l'appel des Ordonnances et Jugemens rendus par les Gouverneurs, Intendans, et Commissaires départis dans la Colonie, ledit acte contiendra élection de domicile, ainsi qu'il est porté par l'article précédent, à peine de nullité, et seront au surplus observées les dispositions du présent Arrêt concernant les significations et envois des Mémoires et pieces, et la vérification desdites pieces.

Art. X. Quinzaine après la signification des Mémoires ci-dessus portés, chacune des Parties les remettra, avec les pieces y jointes, ainsi que les Mémoires, pieces ou actes à elle signifiés par la Partie adverse, au Greffe des Amirautés suivantes; savoir, pour l'Isle de Saint-Domingue, à celui des Amirautés du Cap, lorsque le Défendeur sera domicilié dans le ressort du Conseil Supérieur du Cap; et au Greffe de celles des Amirautés de Saint-Marc, du Port au-Prince, du Petit-Goave, et de Saint-Louis, les plus proches du domicile du Défendeur, quand il sera domicilié dans le ressort du Conseil Supérieur du Port-au-Prince, comme aussi aux Greffes des Amirautés du Fort Royal et du Fort Saint-Pierre de la Martinique, les plus proches du domicile du Défendeur; au Greffe de l'Amirauté de la Guadeloupe, lorsque le Défendeur sera domicilié dans ladite Isle; et au Greffe de l'Amirauté de Cayenne, lorsque le Défendeur sera domicilié dans l'étendue du Gouvernement de la Guyanne Françoise; le tout si mieux n'aiment lesdites Parties, pour une plus prompte expédition, convenir par écrit de les remettre au Greffe d'une autre Amirauté.

Art. XI. Le Greffier dudit Siége tiendra un registre particulier, paraphé par le premier Officier du Siége, dans lequel il portera le titre et la date desdites pieces et Mémoires et significations d'iceux, et il en donnera son récépissé aux Parties, au pied d'un état sommaire; lui défend néanmoins de recevoir aucunes desdites pieces, si les significations portées par les articles 1, 2 & 3 ci-dessus, ne contiennent pas élection de domicile à Paris, ainsi qu'il est porté par les articles 8 et 9.

Art. XII. Le récépissé porté par l'article précédent sera signifié à la Partie adverse, et l'original de ladite signification, ou copie collationnée d'icelle, sera remis audit Greffier par la Partie qui l'aura fait faire.

Art. XIII. Les Mémoires, pieces et actes qui auront été remis au Greffe par les Parties, seront mis par le Greffier dans un ou plusieurs sacs, scellés du sceau de l'Amirauté, sur lesquels seront écrits les noms des Parties, et l'adresse de celui chez lequel elles auront élu domicile à Paris.

Art. XIV. Quinzaine après la signification du récépissé porté par l'article 11, lesdits sacs seront remis par le Greffier au premier Capitaine de Vaisseau Marchand, qui fera enregistrer son congé audit Greffe; et ledit Capitaine reconnoîtra, dans l'acte d'enregistrement, qu'il s'est chargé desdits sacs, avec soumission de les remettre au Greffe de l'Amirauté du

Port de son débarquement. Enjoint Sa Majesté auxdits Capitaines, ainsi qu'auxdits Greffiers de se conformer aux dispositions du présent article, à peine de répondre par eux des dommages et intérêts des Parties.

Art. XV. Dans tous les délais portés par les articles précédens, ne sera compris le temps nécessaire pour porter les significations sur les lieux, lequel sera compté à raison d'un jour par dix lieues.

Art. XVI. Le Greffier de l'Amirauté du Port dudit débarquement, sera tenu de faire mention, dans l'expédition du rapport desdits Capitaines, que lesdits sacs lui ont été remis en bon état; lui fait défenses de délivrer ladite expédition sans ladite mention, et ce sous les peines portées par l'art. 13.

Art. XVII. Lesdits sacs ainsi remis par lesdits Capitaines, seront envoyés par lesdits Greffiers sur le champ aux personnes chez lesquelles les Parties auront élu leur domicile, suivant l'adresse qui en aura été mise sur lesdits sacs, ainsi qu'il est porté par l'article 13, à peine de répondre par eux des dommages et intérêts qui résulteroient du retard dudit envoi.

Art. XVIII. Il sera payé par chaque Partie la somme de 24 livres, pour tous frais de remise, dépôt et envoi desdits Mémoires et pieces, comme aussi celle de 24 livres pour le fret, et celle de 9 livres pour le Greffier de l'Amirauté du lieu du débarquement en France; le tout monnoie d'Espagne.

Art. XIX. Lesdites sommes seront remises au Greffier de l'Amirauté des Colonies, à l'effet d'être par lui délivrée celle de 33 livres audit Capitaine, qui lui en donnera son récépissé, sur laquelle somme de 33 liv. led. Capitaine remettra celle de 6 livres, monnoie de France, au Greffier de l'Amirauté du lieu de son débarquement; et seront lesdites sommes comprises dans l'exécutoire des dépens qui sera délivré au Conseil contre la Partie qui succombera, ainsi que les frais des procédures ci-dessus prescrites.

Art. XX. En cas de perte du chargement entier par naufrage, échouement de Navire, ou autrement, le Capitaine et l'Armateur seront tenus d'en justifier en la maniere accoutumée, sinon ils demeureront responsables desdits sacs envers les Parties intéressées, sans qu'en aucun cas ils puissent être reçus à alléguer le jet des papiers à la mer.

Art. XXI. Faute par le Défendeur d'avoir remis au Greffe de l'Amirauté les Mémoires et pieces, ou l'acte prescrit par l'article 3, dans le délai porté par l'article 10, ledit Greffier sera tenu d'envoyer les Mémoires et pieces du Demandeur, ainsi qu'il est porté par les articles précédens, et d'y joindre son certificat, qu'il ne lui a été rien remis de la part du Défendeur ; et si les demandes se trouvent suffisamment justifiées, elles seront adjugées par un Arrêt rendu sur sa simple Requête, et sur le vu dudit certificat, lequel Arrêt sera exécuté par provision et nonobstant toutes les oppositions, jusqu'à ce qu'il en ait été autrement ordonné.

Art. XXII. Lorsque les Parties auront élu domicile en la ville de Paris, conformément à ce qui est porté par les artices 8 et 9 du présent Arrêt, les assignations au Conseil de Sa Majesté ne pourront être données, et les significations des Arrêts de communiquer, qu'au domicile élu, ainsi que toutes autres significations qui seroient de nature à être faites à domicile.

Art. XXIII. Les délais prescrits par l'article 11 du titre 2 de la deuxieme partie du Réglement du Conseil, pour se pourvoir par restitution contre les Arrêts rendus par défaut contre les Parties domiciliées dans les Colonies, auront pareillement lieu à l'égard des Arrêts rendus par défaut sur les assignations et significations portées par l'article précédent, et lesdits délais ne courront que du jour que l'Arrêt par défaut aura été signifié à la personne ou domicile du défaillant dans la Colonie.

Art. XXIV. Seront au surplus observées les regles et formalités prescrites par le Réglement du Conseil, pour l'introduction et le jugement des instances.

Art. XXV. En cas que la demande formée au Conseil de Sa Majesté se trouve de nature à être portée au Conseil qu'elle tient pour les Dépêches, elle y sera instruite en la maniere accoutumée, par simples Mémoires signés des Avocats constitués par les fondés de procuration du Demandeur.

Art. XXVI. Le présent Réglement sera observé au Cap, Isle et Côte Saint-Domingue, par provision seulement, et jusqu'à ce qu'il en ait été autrement ordonné par Sa Majesté. Fait au Conseil d'Etat, &c.

R. au Conseil du Cap le 10 Mai 1764.

ORDONNANCE *du Roi, concernant les Préfets Apostoliques.*

Du 31 Juillet 1763.

LOUIS, &c. Par l'établissement de la Commission que nous avons formée par Arrêt de notre Conseil du 19 Décembre 1761, nous nous sommes proposé de rétablir dans la Colonie le bon ordre et le maintien d'une exacte discipline, d'où dépendent le bonheur de nos Sujets au dedans, et leur sûreté au dehors; mais un projet si étendu exigeant du temps pour son exécution, nous avons cru ne pas devoir différer d'expliquer nos intentions sur un objet d'autant plus pressant, qu'il intéresse la Religion, l'instruction de nos Sujets, la sûreté des familles, et l'état des Citoyens. Nous avons été informés que les Préfets Apostoliques exercent leurs fonctions dans l'étendue de nos Colonies, sans que les regles prescrites dans notre Royaume aient été observées jusqu'ici, et que ceux qui y desservent les Paroisses entrent en fonctions, sans que leurs pouvoirs aient été connus de leurs Paroissiens et des Juges des lieux; en sorte que l'incertitude qui pourroit en résulter sur leur état, pourroit aussi influer sur celui de leursdits Paroissiens: et comme nous ne pouvons trop promptement remédier à de pareils inconvéniens, il nous a paru nécessaire de faire connoître par provision nos intentions à ce sujet, en attendant que nous les rendions définitives par les Réglemens généraux dont nous nous occupons actuellement. A CES CAUSES, &c. Disons, déclarons et ordonnons, voulons et nous plaît ce qui suit:

ART. Ier. Les fonctions de Préfet Apostolique ne pourront être exercées dans nos Colonies que par un Ecclésiastique séculier ou régulier, né François et domicilié dans nos Etats.

ART. II. Ceux desdits Ecclésiastiques qui auront été commis par le Saint-Siége pour exercer lesdites fonctions, seront tenus de prendre nos Lettres d'attache sur les pouvoirs à eux donnés à cet effet, et elles seront enregistrées sur leur Requête en nos Conseils Supérieurs dans le ressort desquels ils doivent exercer leursdites fonctions.

ART. III. Permettons néanmoins aux Préfets Apostoliques qui sont actuellement établis dans lesdites Colonies, d'y continuer l'exercice de leurs fonctions comme par le passé, à la charge toutefois de faire enregistrer leurs pouvoirs en nosdits Conseils Supérieurs aussi-tôt après l'enregistrement et publication de nos présentes Lettres, lesquels pouvoirs y seront enregistrés sur leur simple Requête, sans qu'il soit besoin de prendre des Lettres d'attache sur iceux, dont nous les dispensons pour cette fois seulement, et sans tirer à conséquence.

Art. IV. Les Vice-Préfets Apostoliques que lesdits Préfets auroient substitués à leurs places pour remplir leurs fonctions dans toute l'étendue de la Mission ou dans une partie seulement, ne pourront les exercer qu'en faisant enregistrer dans nosdits Conseils Supérieurs, en la forme portée par l'article précédent, les Commissions qui leur en ont été données par les Préfets Apostoliques.

Art. V. Les pouvoirs donnés aux Supérieurs ou Vicaires Généraux des Missions desdites Colonies, ou à ceux qui leur sont substitués, en cas d'absence ou de décès, seront enregistrés en la forme portée par l'article 3 de notre présente déclaration, avant qu'ils en puissent faire aucunes fonctions.

Art. VI. Les enregistremens portés par l'article précédent seront faits sur les conclusions de nos Procureurs Généraux, et sans frais, et il sera délivré gratuitement par le Greffier du Conseil Supérieur une expédition en forme à ceux qui les auront requis.

Art. VII. Le Supérieur ou Vicaire Général sera tenu de donner aux Réguliers qu'il choisira pour la desserte des Eglises paroissiales ou succursales, situées dans le district de la Mission, ainsi qu'à ceux qu'il jugera nécessaire de choisir pour faire auprès d'eux les fonctions de Vicaire, une Commission en bonne forme pour remplir lesdites fonctions, sauf à lui à nommer, en cas de nécessité, des Ecclésiastiques séculiers, en sa qualité de Préf.t Apostolique.

Art. VIII. Ledit Supérieur Général sera tenu d'avoir un registre coté et paraphé par le Juge du lieu où il sera établi, à l'effet d'y transcrire lesdites Commissions avant de les délivrer.

Art. IX. Lesdits Desservans seront tenus, avant qu'ils puissent exercer leurs fonctions, de se faire installer par le premier Officier de Justice ou Notaire à ce requis, et ce en présence des Marguilliers en charge et des Paroissiens qui seront assemblés à cet effet en la maniere accoutumée ; et sera l'acte d'installation signé, tant par ledit Officier ou Notaire, que par les Marguilliers en charge, et inscrit sur les registres de baptêmes, mariages, et sépultures de ladite Paroisse, ainsi que ladite Commission portée par l'article précédent.

Art. X. Lesdits Desservans et Vicaires continueront d'être amovibles, et pourront être révoqués par lesdits Supérieurs ou Vicaires Généraux, ainsi qu'il s'est pratiqué jusqu'à présent, sans qu'il puisse leur être apporté aucun empêchement à cet égard.

ART. XI. Enjoignons au surplus très-expressément auxdits Desservans et Vicaires de se conformer exactement à notre Déclaration du 9 Avril 1736, par rapport aux registres de baptêmes, mariages et sépultures, et de remettre annuellement lesdits registres au Greffe de la Jurisdiction du lieu, ainsi qu'il y est porté. Si donnons en mandement à nos amés et féaux les Officiers des Conseils Supérieurs de l'Isle et Côte Saint-Domingue, que ces présentes ils aient à faire enregistrer, et le contenu en icelles garder et observer selon sa forme et teneur : car tel est notre plaisir; en témoin de quoi nous avons fait mettre notre scel à cesdites présentes. DONNÉ à Compiegne, &c.

R. au Conseil du Cap le 9 Mai 1764.
Et à celui du Port-au-Prince le 21 Novembre suivant.

LETTRE *du Ministre à M. l'Intendant, qui décide que les appointemens des Gouverneurs Généraux ne courent que du jour de leur réception à l'un des Conseils de la Colonie.*

Du 9 Août 1763.

LES appointemens de M. le Vicomte de Belsunce, en qualité de Gouverneur-Lieutenant Général des Isles sous le Vent, ne devant, Monsieur, commencer que du 7 Mars 1763, jour qu'il a été reçu au Conseil, suivant ses provisions, dont il doit être remis une copie collationnée au Trésorier principal de la Colonie; M. de Bory son prédécesseur doit jouir des siens jusqu'au 6 du même mois; c'est un arrangement qu'il a plu au Roi d'ordonner, non seulement pour M. le Vicomte de Belsunce, mais encore pour tous les Gouverneurs des Colonies, lorsqu'ils prendront possession de leurs Gouvernemens. Ainsi, vous aurez agréable de faire payer à M. de Bory les six premiers jours de Mars, qu'il a réclamés avec droit.

R. au Contrôle le 10 Janvier 1764.

MÉMOIRE du Roi aux Administrateurs, pour un Octroi de quatre millions.

Du 15 Août 1763.

Les divers événemens qui sont arrivés aux Colonies Françoises de l'Amérique, pendant la derniere guerre, ayant assez fait connoître combien elles sont peu en état de résister et de se défendre, Sa Majesté a pris, immédiatement après la paix, la résolution, d'une part, de remédier aux vices qui se sont trouvés dans leurs constitutions, et de l'autre, de faire de nouveaux arrangemens pour leur procurer tous les moyens possibles d'augmenter leurs cultures pendant la paix, et des forces suffisantes pour pouvoir être défendues en temps de guerre.

Sa Majesté a eu principalement en vue sa Colonie de Saint-Domingue, la plus riche et la plus importante de ses possessions : malgré l'épuisement de ses finances, elle a fait les plus grands efforts pour sa conservation, et ce n'est qu'avec des dépenses excessives qu'elle a pu y parvenir. Les risques que cette Colonie a courus pendant la derniere guerre, ont fait sentir la nécessisé d'avoir dans l'intérieur une place fortifiée, où, en cas de besoin, on pût réunir toutes les forces, et enlever aux ennemis toute espérance de se maintenir dans cette Colonie, même après une descente, qu'il seroit difficile d'empêcher, par rapport à l'étendue considérable de ses côtes.

Sa Majesté a d'abord destiné un certain nombre de Bataillons de ses Troupes de France, avec des Brigades d'Artillerie et des Ingénieurs, dont les talens éprouvés et reconnus assurent que si, d'un côté, il y a assez de Troupes destinées pour la défense de Saint-Domingue, de l'autre, les fortifications qui y seront faites seront bien entendues, et que la dépense n'en tombera point en pure perte.

Sa Majesté, pénétrée de la nécessité d'exécuter ces arrangemens sans aucun retardement, n'a pas même consulté la situation de ses finances; elle a commencé par faire passer à Saint-Domingue la plus grande partie des Troupes, avec des Officiers d'Artillerie et du Génie, et elle a donné les ordres les plus précis pour que la totalité des objets soit remplie dans le courant de cette année. Mais ce seroit en vain que Sa Majesté auroit pris toutes ces précautions, si elle ne trouvoit dans la Colonie même une

partie

partie des ressources dont elle a besoin pour subvenir à toutes ces dépenses.

Les droits établis à Saint-Domingue ne seront pas suffisans pour remplir tous ces objets ; il est indispensable, pour pouvoir les exécuter avec toute la célérité qu'ils exigent, d'augmenter en proportion la quantité des droits qui se perçoivent à Saint-Domingue, et d'en augmenter le montant jusqu'à la concurrence de quatre millions, argent de Saint-Domingue. Sa Majesté n'a cependant pas voulu ordonner elle-même cette imposition, comme elle en a usé aux Isles du Vent ; elle laisse aux Conseils Supérieurs de Saint-Domingue le soin de régler les augmentations qui doivent être faites pour parvenir à faire entrer ensuite dans la caisse générale de la Colonie les quatre millions qui y sont nécessaires.

Pour cet effet, les sieurs Vicomte de Belsunce, Lieutenant Général des Armées de Sa Majesté, Gouverneur-Lieutenant Général ; et de Clugny, Intendant desdites Isles sous le Vent, convoqueront les deux Conseils Supérieurs, lesquels s'assembleront au Cap, pour régler l'augmentation par une délibération qui sera exécutée, à compter du premier Janvier 1764 ; et pour que les intentions de Sa Majesté soient connues, elle ordonne que le présent Mémoire soit déposé au Greffe du Conseil Supérieur du Cap, pour y être enregistré, ainsi qu'au Conseil Supérieur du Port-au-Prince, et aux Greffes des Jurisdictions ordinaires. FAIT à Compiegne, &c.

R. au Conseil du Port-au-Prince le 31 Décembre 1763.
Et à celui du Cap le 3 Février 1764.

LETTRE du Ministre à MM. DE BELSUNCE et DE CLUGNY, touchant l'enregistrement, avec modification, d'une Ordonnance du Roi au Conseil du Cap.

Du 6 Septembre 1763.

M. DE BELSUNCE m'a adressé, par une Lettre particuliere qui auroit dû vous être commune, un extrait des délibérations du Conseil Supérieur du Cap du 15 Juin dernier, contenant l'enregistrement qui y a été fait des articles du Réglement de Sa Majesté du 24 Mars précédent, avec les modifications que ledit Conseil a cru devoir ajouter à différens articles de ce Réglement.

J'aurois voulu pouvoir me dispenser de rendre compte à Sa Majesté d'une délibération aussi irréguliere; mais étant obligé de le faire, elle m'a ordonné de vous écrire qu'elle a trouvé très-singulier que le Conseil Supérieur du Cap se soit avisé de vouloir modifier une loi qu'elle a bien voulu elle-même ne rendre que provisoire, pour la perfectionner sur les représentations des différentes personnes qu'elle en a chargées. Il n'a pas échappé à Sa Majesté que le Conseil Supérieur n'a recherché, dans cette démarche, qu'à satisfaire le goût qu'il a pris depuis quelque temps à faire des représentations assez mal entendues, même par le titre qu'il leur donne. Sa Majesté, mécontente que ce Conseil s'occupe d'autre objet que de juger les procès de son ressort, qui s'accumulent tous les jours, et voyant qu'après s'être porté déjà plusieurs fois à faire des Remontaances qui lui sont défendues, il en est venu au point de s'arroger le pouvoir législatif, en voulant, d'une part, détruire en partie une loi que Sa Majesté n'avoit faite que provisoire; et de l'autre, gêner, par des dispositions positives, les changemens que sa Majesté pourra juger à propos d'y faire; ce qu'elle ne peut regarder que comme formellement attentatoire à son autorité: elle vous ordonne de vous transporter tous les deux au Conseil Supérieur du Cap, d'y faire lecture de cette dépêche, de la faire transcrire en marge de la délibération du 15 Juin dernier, portant enregistrement, avec modification du Réglement de Sa Majesté du 24 Mars, et de faire biffer ladite délibération depuis la premiere jusqu'à la derniere ligne: elle vous recommande de m'informer au plutôt de l'exécution de ses ordres, afin que je puisse lui en rendre compte. Sa Majesté a bien voulu encore, pour cette fois, épargner au Conseil la mortification de voir casser ses Arrêts par un Arrêt public; mais vous pouvez l'avertir que s'il ne se contient pas dans les bornes qui lui sont prescrites dans la seule administration de la Justice, Sa Majesté prendra d'autres arrangemens, pour y pourvoir d'une maniere plus conforme au gouvernement de ses Colonies, et à l'esprit qui doit régner dans ses Tribunaux.

ARRÊT du Conseil du Cap, concernant les Captures et Emprisonnemens.

Du 7 Septembre 1763.

LOUIS, &c. Entre le sieur Fage, &c.; et le sieur Raby, &c. Et faisant droit sur les plus amples conclusions du Procureur Général du Roi, LA COUR fait défenses à tous Huissiers, Sergens, et à la Maréchaussée, 1°. de plus arrêter à l'avenir aucun Citoyen dans sa maison, pour dettes civiles, sans une permission expresse du Juge; 2°. d'arrêter aucun Citoyen, et de le constituer prisonnier, en exécution des Jugemens, sans préalablement lui signifier les ordres, si aucuns sont, des Gouverneurs-Lieutenans Généraux ou autres Officiers commandans, portant main-forte à Justice, et sans procès verbal de capture en bonne forme et dûment signifié au débiteur emprisonné; le tout à peine de nullité, et de tous dépens, dommages et intérêts envers la partie, conformément et sous les peines portées par les Ordonnances: ordonne que le présent Arrêt, &c.

LETTRE *de M. l'Intendant aux Officiers de l'Amirauté du Cap, qui décide que les seuls ordres de M. l'Amiral leur suffisent pour la publication de la Paix.*

Du 14 Septembre 1763.

J'AI reçu, Messieurs, la Lettre que vous m'avez fait l'honneur de m'écrire le 13 de ce mois, au sujet de la publication de la Paix. J'avois pensé, lorsque M. le Procureur du Roi m'en parla, que l'on pouvoit suspendre cette cérémonie jusqu'à ce que nous eussions reçu les ordres de Sa Majesté à cet égard, afin de la faire en même temps, et de la rendre plus solennelle: mais si vous êtes dans un usage contraire, et qu'il y ait des inconvéniens à attendre, vous êtes fort les maîtres d'exécuter les ordres de M. l'Amiral, et vous n'y trouverez de mon côté aucun obstacle. J'ai l'honneur d'être, &c. *Signé* CLUGNY NUYS.

LETTRE *du Roi aux Administrateurs, touchant la commutation de la peine des Galeres, et de celle de Mort contre les Negres Marrons, en celle d'une chaîne publique.*

Du 23 Septembre 1763.

MONS le Vicomte de Belsunce, et Mons de Clugny, j'ai ci-devant accordé à mes Gouverneur-Lieutenant Général et Intendant de ma Colonie de Saint-Domingue, la permission de commuer la peine des galeres prononcée contre les Negres esclaves, dans les cas où ils doivent y être condamnés, et même celle de mort contre les Negres Marrons et fugitifs, en celle d'être marqués d'une fleur de lis à la joue, enchaînés, et employés à perpétuité ou pour un temps, suivant les différens cas, aux fortifications ou autres travaux ordonnés dans cette Colonie. Les avantages qui en sont résultés, non seulement par la conservation de ces Negres, et par l'utilité qu'on en a retirée, m'ont fait penser qu'en vous accordant le même pouvoir, on en tireroit, dans ma Colonie de Saint-Domingue, de grands secours, sur-tout dans les circonstances présentes, où il est question de travailler aux fortifications de cette Isle. Je n'ai cependant pas voulu rendre tout de suite, &c.

Tout le reste de cette Lettre est copié mot à mot sur celle du 14 Mars 1741.

ORDONNANCE *de M. l'Intendant, concernant les Rations.*

Du 24 Septembre 1763.

JEAN-Etienne-Bernard de Clugny, &c.

Par l'Ordonnance du Roi du 25 Mars 1763, Sa Majesté accorde à ses Troupes servant dans la Colonie, des rations pour leur procurer dans tous les temps la sûreté et la facilité de leur subsistance. Cette ration doit être composée, &c.

Par l'article 17 de la même Ordonnance, le Roi a accordé à ces mêmes Troupes du bois et de la lumiere, sans en spécifier la quantité; la distribution a été faite, à compter du premier Juillet, sur le pied que nous avons réglé, et qu'il est nécessaire de fixer définitivement, tant pour lesdites Troupes que pour les Officiers de l'Etat-Major, et autres employés au service de la Colonie.

D'un autre côté, l'impossibilité d'établir des magasins approvisionnés de toutes les denrées nécessaires à la formation des rations, et notamment des vivres du pays, auroit déterminé à régler, le 28 Juin dernier, qu'en cas d'insuffisance des vivres du pays, la ration du pain seroit augmentée à proportion; ce qui a été exécuté et suivi jusqu'à présent: mais comme ces vivres pourroient continuer à manquer, malgré l'approvisionnement de riz qui a été ordonné, nous avons cru devoir rendre publics les arrangemens pris à cet égard, les faire exécuter, autant qu'il sera possible, dans les différens départemens de cette Colonie, et prévenir en même temps les abus qui pourroient se glisser dans la distribution des rations prises dans les Magasins du Roi: en conséquence, nous avons ordonné et ordonnons ce qui suit:

Lorsque la ration fixée par le Roi ne pourra être complette dans l'ordre ci-dessus, pour y suppléer, il sera délivré du Magasin du Roi:

28 onces de pain sans riz, ou 26 idem et 1 once de riz, ou 24 idem et 2 onces de riz.

Les viandes et le salé toujours sur le même pied.

Chacun de ceux auxquels il est attribué des rations par ladite Ordonnance, sera tenu de les prendre dans le courant de chaque mois, de maniere que le compte puisse lui en être fait dans les quinze premiers jours du mois suivant, passé lequel temps il sera déchu de prendre ladite ration.

Le bois et la lumiere seront distribués dans la proportion suivante, par mois.

	Bois.	*Chandelle.*
A un Colonel.	1 *corde*	15 *liv.*
A un Lieutenant-Colonel..	$\frac{3}{4}$	11 $\frac{1}{4}$
A un Major.	$\frac{1}{2}$	11 $\frac{1}{4}$
A un Capitaine.	$\frac{1}{3}$	7 $\frac{1}{2}$
A un Lieutenant, au Trésorier, au Chirurgien, à l'Aumônier, aux Porte-Drapeaux, au Quartier-Maître, (à chacun)	$\frac{1}{4}$	3 $\frac{3}{4}$
A chaque Compagnie.	$\frac{3}{4}$	7 $\frac{1}{2}$

Etat-Major.

Au Gouverneur.	3	30
A chaque Commandant en second.	2	20
A chaque Commissaire Ordonnateur des Guerres, au Subdélégué Général, au Commissaire Ordonnateur de la Marine (à chacun)	1 $\frac{1}{2}$	15
A chaque Commissaire ordinaire des Guerres, à chaque Subdélégué principal, à chaque Commissaire de Marine, à l'Officier de Port (à chacun).	$\frac{3}{4}$	10
A l'Aide-Major Général, à l'Officier principal d'Artillerie, à l'Ingénieur en chef, au Contrôleur de la Marine, au Trésorier de la Colonie, et au Médecin en chef chacun.	1	10

	Bois.	*Chandelles.*
A chaque Ingénieur ordinaire, à chaque Ecrivain, à chaque Chirurgien en second, à l'Apothicaire-Major, aux Gardes-Magasins principaux.	$\frac{1}{2}$	6
A l'Intendant.	2 $\frac{1}{2}$	30
A chaque Médecin ordinaire, à chaque Chirurgien-Major (chacun)	$\frac{3}{8}$	8
A chaque Sage-Femme, et aux Maîtres d'ouvrages à l'Arsenal (chacun)	$\frac{1}{4}$	4

Sera le présent Réglement enregistré au Greffe de l'Intendance. FAIT au Cap le 24 Septembre 1763. *Signé* CLUGNY NUYS.

R. au Greffe de l'Intendance le 26.

ORDONNANCE *du Roi, qui destine cent hommes du Corps Royal d'Artillerie pour faire le service de l'Artillerie à Saint-Domingue.*

Du 30 Octobre 1763.

Voy. *l'Ordonnance du 27 Mars 1764.*

ARRÊT *du Conseil d'Etat, portant Réglement sur les Charte-parties d'Affrétement passées avant la signature des préliminaires de la Paix, pour les Navires expédiés pour les Colonies.*

Du 5 Novembre 1763.

Il est absolument conforme à celui du 15 Octobre 1748, rendu sur la même matiere.

PROCÈS VERBAL *d'enregistrement au Conseil du Cap, de l'Arrêt du Conseil d'Etat du 21 Mai 1763, fait de l'ordre exprès des Administrateurs.*

Du 10 Novembre 1763.

CEJOURD'HUI 10 Novembre 1763, le Conseil du Cap, assemblé pour la tenue de ses séances en la Chambre ordinaire des délibérations, où étoient M. le Chevalier de Montreuil, Commandant Général en cette Colonie; M. de Clugny, Intendant de ladite Colonie; MM. de Grandpré, Conseiller; de Chambrun, *Conseiller au Conseil du Port-au-Prince;* Duperrier, le Gras, le Gris, Loiseau, Pasquier et Collet, Conseillers, Duhameau, Conseiller honoraire; la Forgue, de Laye et Beaujeau, Conseillers-Assesseurs; du Buisson, Procureur Général; Lohier de la Charmeraye, Substitut; et Despallieres, Greffier en chef. MM. de Montreuil et de Clugny ayant mis sur le Bureau un Arrêt du Conseil d'Etat du Roi, en date du 21 Mars dernier, qui casse la Délibération du Conseil Supérieur du Cap du 13 Décembre 1762, qui accorde des gratifications aux sieurs Petit et l'Héritier; et lecture ayant été faite dudit Arrêt, et la matiere mise en délibération, le plus grand nombre des voix ayant été de nommer des Commissaires pour examiner ledit Arrêt du Conseil d'Etat, et en rendre compte à la Compagnie, M. de Montreuil a déclaré que l'intention du Roi étoit que cet Arrêt fût transcrit, sans aucune délibération, en marge dudit registre, et qu'en conséquence il alloit y faire procéder par le Greffier, de concert avec M. l'Intendant; sur quoi tous les Officiers du Conseil s'étant levés et s'étant retirés, M. de Montreuil auroit requis M. l'Intendant d'ordonner au Greffier de représenter le registre qui contient ladite Délibération du 13 Décembre 1762; ce qui ayant été exécuté, ledit Arrêt du Conseil d'Etat auroit été transcrit en marge du présent registre par moi Greffier soussigné, après avoir rayé et biffé ladite délibération; le tout en présence de mesdits sieurs de Montreuil et de Clugny, lesquels se sont avec moi soussignés. *Signés* le Chevalier DE MONTREUIL, CLUGNY NUYS, et DESPALLIERES.

Voy. *l'Arrêt du Conseil d'Etat du 11 Février 1764.*

ARRÊT de Réglement du Conseil du Port-au-Prince, qui ordonne aux Boulangers d'étamper leurs Pains.

Du 19 Novembre 1763.

VU la Remontrance du Procureur Général du Roi, et y faisant droit, le Conseil a ordonné que tous ceux qui tiennent actuellement des Boulangeries ou qui en établiront à l'avenir, seront tenus de mettre une étampe ou marque distinctive sur chacun des pains qu'ils feront vendre, soit aux

Blancs, soit aux Negres, et de déclarer au Greffe du Siége Royal dans le ressort duquel ils seront établis ou s'établiront, quelle marque ou étampe ils ont adoptée: ordonne que le présent Arrêt sera envoyé dans tous les Siéges du ressort, pour y être, &c.

ARRÊT du Conseil du Port-au-Prince, touchant les Curés.

Du 19 Novembre 1763.

LE CONSEIL, faisant droit sur les conclusions du Procureur Général du Roi, ordonne qu'à l'avenir les Curés desservans les Paroisses du ressort, y seront nommés et établis par Commissions du Préfet Apostolique de la Mission, lesquelles seront enregistrées ès Jurisdictions du ressort, et transcrites sur les registres des Fabriques des Paroisses, pour lesdits enregistremens et transcriptions tenir auxdits Curés desservans, lieu de prise de possession de leurs Cures, et leur donner droit à leur pension.

ARRÊT du Conseil du Cap, touchant l'enregistrement des Arrêts de réception des Officiers publics y dénommés, aux Greffes des Siéges de leur résidence.

Du 21 Novembre 1763.

VU par le Conseil la Requête de M. Despallieres, Greffier en chef de la Cour, tendante, &c. La Cour a ordonné et ordonne que tous Chirurgiens, Apothicaires et Sage-Femmes actuellement établis dans l'étendue du ressort de la Cour, et y exerçant leurs professions, sans avoir fait enregistrer l'Arrêt de leur réception au Greffe de la Jurisdiction de leur résidence, seront tenus de le faire sous deux mois, à compter du jour de la publication du présent Arrêt, à peine de 300 liv. d'amende au profit des Maisons de Providence de cette Ville; fait défenses, sous les mêmes peines, à tous Médecins, Arpenteurs, Curateurs aux successions vacantes, Receveurs des Octrois et autres deniers Royaux ou Municipaux, ainsi qu'à tous autres Officiers publics ayant serment en la Cour, de faire aucunes fonctions ni s'immiscer en leur Office, qu'ils n'aient pareillement fait enregistrer au Greffe de la Jurisdiction de leur résidence, leurs Arrêts de réception; enjoint pareillement aux Procureurs et aux Huissiers en la Cour de faire enregistrer leurs Arrêts de réception sur les registres respectifs de de leur Communauté; autorise le Suppliant à faire consigner au Greffe de la Cour, pour la sûreté de ses droits, conformément au tarif, et notamment par chacun des récipiendaires qui auront été admis à poursuivre leur réception, &c.

ARRÊT du Conseil du Cap, qui déclare nulle la disposition d'un Pere pour prolonger l'exécution de son testament au delà de l'an et jour, et maintient néanmoins l'Exécuteur testamentaire dans l'administration des immeubles, *pendant le délai de l'an et jour.*

Du 23 Novembre 1763.

LOUIS, &c. Entre les sieurs Comte et Chevalier de Beaunay, Appelans; et le sieur Monjal, Exécuteur testamentaire de feu M. de Beaunay, Intimé; après que Bourgeois, Procureur pour les Appelans, et d'Augy pour l'Intimé, ont été ouïs, ensemble M. Lohier de la Charmeraye, Substitut pour notre Procureur Général, et tout considéré: NOTREDIT CONSEIL, en ce qui touche l'appel de la Sentence du 25 Octobre 1762, a mis et met l'appellation et ce dont a été appelé au néant, en ce que, par ladite Sentence, le testament dont s'agit a été homologué, quant à l'exécution testamentaire seulement; émendant, quant à ce, ordonne que ladite exécution testamentaire n'aura lieu que pour la saisine et régie des biens dudit feu sieur de Beaunay *, pendant l'an et jour seulement, à compter du jour de la clôture de l'inventaire: ordonne que pour lors les Parties de Bourgeois seront mises en possession des biens, meubles et immeubles dépendans des successions de leurs pere et mere, à la remise d'iceux tous détenteurs contraints, et nommément ledit Exécuteur testamentaire; quoi faisant, bien et valablement déchargés; et sur le surplus des demandes des Parties, a renvoyé pardevant le sieur Juge du Fort Dauphin, pour y être fait droit, sauf l'appel en la Cour; condamne lesdites Parties de Bourgeois aux dépens de la cause d'appel.

* *La succession consistoit notamment en Habitations.*

ARRÊT définitif du Conseil du Cap, qui prononce l'Extinction des Jésuites, et leur expulsion hors de la Colonie.

Du 24 Novembre 1763.

VU par la Cour l'Arrêt d'icelle, du 7 Octobre 1762, qui ordonne, &c.; l'acte de dépôt fait au Greffe de la Cour par ledit F. Langlois, d'un volume in-8°. ayant pour titre: *Regulæ Societatis Jesûs, autoritate supremæ Congregationis auctæ. Ant. Piæ*, 1735; d'un autre volume in-12, ayant pour titre: *Regulæ Societatis Jesûs. Lugdunum*, 1644; d'un autre volume in-folio, ayant pour titre: *Historiæ Societatis Jesûs pars quinta Auctore Joseph, Juvencio. Romæ*, 1710; l'Arrêt de la Cour du 9 Décembre 1762, qui, &c.; le compte rendu par le Procureur Général du Roi, de la doctrine et morale-pratique des soi-disant Jésuites envers les Esclaves, qui constate qu'on doit principalement imputer à ladite morale et doctrine les crimes énormes, notamment les profanations et empoisonnemens commis par lesdits Esclaves; qui constate pareillement la conformité de la doctrine et morale-pratique des soi-disant Jésuites du ressort, avec celle contenue dans les deux volumes des assertions extraites, en exécution de l'Arrêt de la Cour de Parlement séant à Paris, du 31 Août 1761; l'Arrêt rendu le 13, qui donne acte au Procureur Général de la remise par lui faite desdits deux volumes, et qui fait inhibitions et défenses à toutes personnes d'enseigner ladite morale, d'introduire ni débiter les Livres desquels lesdites assertions ont été extraites, notamment celles sur le régicide, à peine d'être poursuivis extraordinairement, &c.; les procès verbaux de saisies des biens des soi-disant Jésuites; l'inventaire des biens possédés par eux dans cette Ville, fait par le Conseiller à ce commis, qui constate qu'il s'est trouvé quatre éditions du *Buzenbanne* dans la bibliotheque des soi-disant Jésuites; l'inventaire des biens par eux possédés dans le quartier des Terrier-Rouges, fait par les Officiers du Siége Royal du Fort Dauphin à ce commis; l'inventaire des biens par eux possédés dans le quartier de Saint-Louis, fait par les Officiers du Siége Royal du Port-du-Paix à ce commis; l'Arrêt de la Cour du 15 Décembre 1762, qui nomme le sieur Aubert, &c.; l'Arrêt de la Cour du 16 Avril; l'Arrêt de la Cour du même jour, qui accorde au F. Charrié un itinéraire pour passer en France; les déclarations faites à la Cour par le F. Dusaunier, Supérieur des soi-disant Jésuites, le 21 Avril

de cette année, en exécution de l'Arrêt du 14 du même mois et an; les déclarations faites le lendemain 22 par ledit F. Dusaunier sur les mêmes objets; l'Arrêt de la Cour du 6 Juin dernier, sur la Remontrance du Procureur Général du Roi, qui fait défenses, &c.; Requête présentée à la Cour par le F. Bourget, qui constate l'existence actuelle d'un Procureur de la Mission Angloise des soi-disant Jésuites, résidant à Londres; les deux pieces en latin jointes à ladite Requête, dont l'une constate également l'existence actuelle d'une Province et d'un Provincial des soi-disant Jésuites en Angleterre; l'Arrêt du 18 Février 1761, concernant les Ecclésiastiques, &c.; autre Arrêt dudit jour, qui proscrit l'établissement fait en cette Ville par les soi-disant Jésuites d'un prétendu Curé des Negres, ainsi que les abus par eux introduits dans l'administration des Sacremens de Baptême aux enfans Negres et Mulâtres, comme aussi les attroupemens nocturnes des Esclaves dans les Eglises, autorisés par les soi-disant Jésuites; l'acte de dépôt fait au Greffe par le F. Wiron, Supérieur des soi-disant Jésuites, le 31 Août 1761, d'un décret de la Congrégation *de propagandâ fide*, daté de Rome du 12 Mars 1759, qui nomme pour cinq ans le F. Riviere Préfet des Missions du ressort; un Bref du Pape Clément XIII, du 3 Avril 1759, qui accorde audit F. Riviere la faculté de dispenser d'empêchemens de consanguinité dans le troisieme et quatrieme degré; l'Arrêt de la Cour du 7 Octobre 1752, qui ordonne que le F. Langlois sera mandé aux pieds de la Cour, pour y passer déclaration sur la nature, l'autorité, et la forme de la nomination des Préfets Apostoliques, et des Supérieurs de la Mission; les déclarations faites en conséquence par ledit F. Langlois: vu aussi les trois volumes déposés par ledit F. Langlois; le Décret de la Propagande du 12 Mars 1759; le Bref de Clément XIII, du 3 Avril de ladite année; un imprimé de la Lettre apostolique de Benoît XIV, du 20 Mai 1752, adressante aux Provinciaux et Missionnaires soi-disant Jésuites dans les Indes Orientales, portant prorogation des pouvoirs à eux accordés, au bas duquel se trouve un exemple de ces oracles de vive voix dont est fait mention ès constitutions des soi-disant Jésuites, conçu en ces termes: « Quoi-
» que ces facultés, à prendre les termes à la rigueur, ne regardent que
» nos Missionnaires des Indes Orientales, elles sont cependant pour tous nos
» Missionnaires du Nouveau-Monde: ainsi l'a déclaré le Pape de vive voix.
» *Signé* D. Desacy de la Compagnie de Jésus »; l'extrait d'une Lettre dudit F. Desacy, du 22 Août 1751, certifié par le F. Levantier, ancien Supérieur de la Mission du ressort, qui décide que lorsqu'un Préfet Apostolique a écrit avant que ses pouvoirs soient expirés, pour obtenir le re-

nouvellement, ces mêmes pouvoirs subsistent jusqu'à ce qu'il ait reçu réponse; un billet écrit en latin par le F. Langlois à un Desservant l'Eglise du Port-Margot, qui constate que les soi-disant Jésuites favorisoient la désertion des Esclaves : vu pareillement les Lettres patentes du mois d'Octobre 1704, concernant l'établissement des soi-disant Jésuites dans le ressort; l'Arrêt d'enregistrement d'icelles, Conclusions du Procureur Général du Roi; l'Arrêt de la Cour du jour d'hier, qui ordonne que lesdites conclusions et les motifs d'icelles demeureront joints aux procédures faites contre lesdits soi-disant Jésuites, pour être fait droit sur le tout, au rapport de MM. Duperrier et le Gras, Conseillers; ouï le rapport desdits Commissaires, et tout considéré: LA COUR a donné acte au Procureur Général du Roi de son opposition, en tant que besoin seroit, aux Lettres patentes du mois d'Octobre 1704, concernant l'établissement des soi-disant Jésuites dans le ressort, et à l'Arrêt d'enregistrement d'icelles; faisant droit sur ladite opposition, faute par lesdits soi-disans Jésuites d'avoir présenté leurs Constitutions, et d'avoir satisfait à l'Arrêt de la Cour du 7 Octobre 1762, les a déclarés définitivement déchus du bénéfice desdites Lettres patentes; en conséquence, leur enjoint, sous les peines de droit, de vider le ressort dans six semaines pour tout délai, sauf à accorder à chacun desdits soi-disant Jésuites, pour viatique et itinéraire, telle somme qu'elle jugera convenable; et attendu la nécessité de pourvoir à l'administration des Sacremens, ordonne provisoirement, et jusqu'à ce qu'il y ait été pourvu par Sa Majesté, que par la Cour, dans le temps de ses séances, et hors des séances, par le Président d'icelle, il sera commis, à la requête dudit Procureur Général, des Prêtres à la desserte des Eglises qui pourront devenir vacantes, et que les Prêtres qui s'offriront pour être employés, seront préalablement examinés, ainsi que leurs Lettres de Prêtrise et démissoires, par deux Desservans de l'Eglise de cette Ville, dont il sera dressé procès verbal, lequel sera déposé au Greffe : ordonne pareillement que la saisie et séquestration des biens des ci-devant soi-disant Jésuites, subsistera jusqu'à ce qu'il en ait été autrement ordonné par qui et ainsi qu'il appartiendra; et sera le présent Arrêt lu, publié et affiché, et copies collationnées d'icelui envoyées ès Jurisdictions du ressort, pour y être pareillement lues, publiées, affichées et enregistrées à la diligence des Substituts du Procureur Général du Roi, qui en certifieront la Cour au mois. *Signé* CLUGNY NUYS.

ARRÊT du Conseil du Cap, touchant la Somme à fournir pour viatique et itinéraire aux Ex-Jésuites de la Colonie.

Du 24 Novembre 1763.

LA COUR, délibérant sur la somme accordée à chacun des soi-disant Jésuites, pour viatique et itinéraire, en exécution de son Arrêt de ce jour, qui leur enjoint de vider le ressort, &c.. : ordonne que, par le sieur Aubert, Séquestre principal aux biens desdits soi-disant Jésuites, il sera payé au F. Dusaunier une somme de 10,000 liv., argent de la Colonie, et pareille somme au F. Desmarets, pour tout viatique et itinéraire, lesquelles deux sommes seront passées en bonne dépense, en par lui rapportant quittance desdits FF. Dusaunier et Desmarets.

ARRÊT du Conseil du Cap, qui prononce une condamnation, à la charge par l'Appelant d'affirmer pardevant le Greffier de la Cour que la somme lui est légitimement due.

Du 25 Novembre 1763.

ENTRE M. Léger, Substitut du Procureur du Roi au Conseil Supérieur du Port-au-Prince, Appelant ; et Me. Coma, Curateur aux vacances, Intimé. Plaidans, Mes. Trimolet et Amboïde, et sur les conclusions de M. Fournier de Bellevue, Substitut de M. le Procureur Général.

ORDONNANCE de Police du Juge du Port-de-Paix, touchant les précautions à prendre contre les Incendies.

Du 30 Novembre 1763.

VU la Remontrance du Procureur du Roi audit Siége, en date du 21 de ce mois, expositive que la sûreté publique et la fortune des Citoyens de cette Ville se trouvoient menacées du fléau terrible des incendies, par l'indiscrétion et la négligence énorme que l'on s'est permise jusqu'à présent dans la construction des cuisines et dans le choix des endroits que l'on destine aux foyers ; que les flammes qui se manifesterent le 10 de ce mois sur les deux heures après midi dans la maison du sieur Vincent, Bourgeois de cette Ville, seroient une preuve de l'affreux danger auquel la Ville ne cesseroit d'être exposée, dès que les feux se feront généralement dans des endroits mal conditionnés, et sans aucune précaution contre l'activité de ce furieux élément; que la sûreté du Citoyen seroit encore journellement attaquée, par la licence avec laquelle certaines personnes, et sur-tout les Negres et les Mulâtres, feroient des feux dans les cours ou autres endroits qui n'y furent jamais destinés, et porteroient en tout temps des brasiers ou tisons ardens dans les rues ; qu'il seroit nécessaire de prendre sans délai les précautions et les mesures qui sont essentielles à la constitution des Villes, relativement aux Ordonnances de Police rendues dans tout le Royaume en pareil cas, et indiquées par la pratique exacte des Villes bien policées ; le tout ainsi qu'il est plus au long mentionné en la susdite Remontrance ; pourquoi ledit Procureur du Roi prend les conclusions qui sont contenues en icelle ; tout vu et considéré, nous disons et ordonnons ce qui suit :

Art. Ier. Tout Bourgeois ou Propriétaire de maison en cette ville du Port-de-Paix, sera tenu, dans six mois du jour de la publication du présent Réglement, de faire construire et élever dans la cuisine de sa maison une cheminée en mâçonnerie à chaux et à sable, avec ouverture et élévation suffisantes, laquelle sera au moins de 2 pieds au-dessus du toit.

Art. II. Les Locataires donneront avis aux Propriétaires de la publication du présent Réglement ; et faute par lesdits Propriétaires de donner les ordres nécessaires pour la construction des cheminées dans les trois premiers mois du jour de ladite publication, les Locataires les feront construire et élever dans les trois derniers mois, en diminution des loyers.

Art. III. A l'expiration des six mois, les cuisines des maisons seront vues et visitées par le Voyer de cette Ville ; et sur le rapport qui nous sera par lui fait, en cas de contravention contraire au bien public, nous nous transporterons sans frais, aux fins d'en dresser procès verbal en présence des Parties intéressées, et de rendre les jugemens nécessaires pour la réformation des ouvrages, s'il y échoit.

Art. IV. Faisons défense au Voyer d'avoir aucune contestation avec les Bourgeois à cet égard, et lui enjoignons, dans tous les cas de contravention, de se borner à faire son rapport exact, pour être par nous sur icelui fait et ordonné ce qu'il appartiendra.

Art. V. Les Boulangers, Serruriers, et autres gens qui travaillent à la forge, seront tenus d'avoir des cheminées pour les fours et forges, indépendantes de leurs cuisines.

Art. VI. Ceux qui feront à l'avenir construire un four ou une forge contre un mur mitoyen, seront tenus de faire un contre-mur, ou de laisser une distance qui sera au moins de 2 pieds.

Art. VII. Les cheminées des cuisines et celles des fours et forges seront nettoyées tous les trois mois, et le Particulier dans la cheminée ou dans la maison duquel le feu aura pris, sera condamné en 500 liv. d'amende.

Art. VIII. Faisons défenses à toutes personnes, de quelque qualité et condition qu'elles puissent être, de faire ou allumer des feux de bois ailleurs que dans les cheminées des cuisines, à peine de 500 livres d'amende.

Art. IX. Faisons pareillement défenses à tous Negres libres ou esclaves, ou autres personnes généralement quelconques, de porter ou faire porter dans les rues aucun brasier ou tison ardent, à peine de prison contre les Esclaves, et de 500 liv. d'amende contre les personnes libres.

Art. X. Le quartier vulgairement appelée la Guinée, situé sous le Vent de la Ville, sera borné et désigné suivant le procès verbal qui en sera par nous dressé, aux fins de fixer et déterminer le nombre des maisons qui doivent être comprises dans ledit quartier.

Art. XI. Les Propriétaires ou Locataires des maisons dudit quartier, seront tenus, dans le susdit temps de six mois, de faire construire, dans un bout desdites maisons un pignon de mâconnerie, contre lequel ils pourront faire le feu de leurs cuisines, avec un chapeau dans la couverture au-dessus du foyer, lequel chapeau sera changé tous les ans.

Art. XII. Faisons très-expresses inhibitions et défenses à tous Mulâtres ou Negres demeurans dans ledit quartier, d'allumer des feux ailleurs que dans les foyers à pignon de mâçonnerie, qui seront construits à cet effet, à peine de prison et de 500 liv. d'amende.

Art. XIII. Toutes les maisons dudit quartier de la Guinée seront couvertes en essentes dans un an du jour de la publication du présent Réglement, aux frais et dépens des Propriétaires, parce que, faute par eux de le faire dans ledit temps, la réunion de leurs emplacemens sera poursuivie à la diligence du Procureur du Roi, sous l'agrément et l'autorité des Chefs de la Colonie, auxquels il en sera par lui rendu compte.

Art. XIV. Les Propriétaires des terrains situés dans ledit quartier de la Guinée, ne pourront à l'avenir construire aucune maison neuve, sans élever dans la cuisine une cheminée en maçonnerie, conformément aux dispositions de l'article 1er.

ART. XV. Le Réglement de Police ci-dessus sera lu, publié et affiché par-tout où besoin sera, icelui préalablement présenté, à la diligence du Procureur du Roi, à Nosseigneurs du Conseil Supérieur du Cap, lesquels seront suppliés d'en autoriser l'exécution et publication. FAIT au Port-de-Paix le 30 Novembre 1763. *Signé* BOCQUET.

Homologué par Arrêt du Conseil du Cap du 9 Février 1764.

PROVISIONS de Gouverneur Lieutenant Général, REPRÉSENTANT LA PERSONNE DU ROI, *pour M. le Comte d'ESTAING.*

Du 27 Décembre 1763.

LOUIS, &c. salut. Etant nécessaire de pourvoir au Gouvernement général de nos Isles sous le Vent de l'Amérique, vacant par la mort du sieur Vicomte de Belsunce, nous avons jugé à propos de le confier à notre très-cher et bien amé le sieur Charles-Henri Théodat d'Estaing, Lieutenant Général de nos armées et des Armées navales. Les preuves de zele qu'il a données jusqu'à présent pour notre service, les talens et les connoissances que nous lui avons reconnus, tant pour les opérations de terre que pour celles de mer, dans le séjour qu'il a fait aux Indes Orientales; enfin, les services distingués que ses ancêtres ont rendus à cette Monarchie, nous sont des gages assurés de son affection pour notre personne, et du succès avec lequel il remplira cette importante place. A CES CAUSES, et autres à ce nous mouvans, nous avons ledit sieur Comte d'Estaing fait, constitué ordonné et établi, et par ces présentes signées de notre main, faisons, constituons, ordonnons et établissons Gouverneur et notre Lieutenant Gènéral des Isles sous le Vent de l'Amérique à Saint-Domingue, par terre et par mer, pour, en ladite qualité de Gouverneur Général, y *représenter notre Personne*, et avoir commandement sur tous les Officiers militaires que nous y avons établis, sur les Escadres et Vaisseaux françois qui y navigueront, soit de guerre, à nous appartenant, soit Marchands, leur enjoignant pour cet effet, et à tous autres, de reconnoître ledit sieur Comte d'Estaing, et de lui obéir en tout ce qu'il leur ordonnera; voulons qu'en la même qualité il il ait le pouvoir, quand besoin sera, d'assembler les Habitans, leur faire prendre les armes, commander, tant par terre que par mer, ordonner et faire exécuter tout ce que lui ou ceux qu'il commettra jugeront devoir ou pouvoir faire pour la conservation desdites Isles, sous notre autorité et obéissance; maintenir et conserver les Peuples en paix, repos et tranquillité; veiller à l'exécution des Loix et Ordonnances que nous avons rendues sur le Gouvernement desdites Isles; distribuer par provision, conjointement avec l'Intendant que nous avons établi auxdites Isles, les terres aux Habitans qui résident, et à ceux qui y passeront, bien intentionnés et disposés à les cultiver et faire valoir, pour s'y habituer, jusqu'à ce qu'ils se soient pourvus pardevant nous, et généralement faire et ordonner par lui tout ce qui appartient à ladite Charge de Gouverneur, notre Lieutenant Général, *nous représentant auxdites Isles et Mers adjacentes*, la tenir et exercer, jouir et user pendant le temps qu'il nous plaira, aux honneurs, pouvoirs, autorités, prérogatives, prééminences, franchises, libertés, droits et appointemens qui y appartiennent. Si donnons en mandement à tous nos Officiers et Commandans de Terre et de Marine, et Officiers des Conseils Supérieurs établis auxdites Isles, et à tous autres Officiers et Sujets qu'il appartiendra, chacun en droit soi, que le sieur Comte d'Estaing ils aient à reconnoître et lui obéir, faire et laisser jouir dudit Etat et Charge, comme si nous eussions pris et reçu de lui le serment en tel cas requis, duquel nous l'avons dispensé et dispensons: voulons que, par le Trésorier Général des Colonies en exercice, résidant en France, ou son Commis aux Isles sous le Vent, il lui soit payé comptant par chacun an, à compter du jour de son arrivée auxdites Isles, la somme de 150,000 liv., monnoie desdites Isles, pour tous gages, appointemens, paye de la Compagnie de ses Gardes, et pour tous frais et émolumens quelconques de ladite Charge, sans pouvoir exiger ni y prendre aucun autre bénéfice, tant pour lui que pour les personnes qui seront sous ses ordres, et être employé pour ladite somme dans les Ordonnances particulieres et états qui en seront par nous expédiés et signés, rapportant lesquels avec ces présentes, ou copies d'icelles dûment collationnées, pour une fois seulement, et quittances, nous voulons que tout ce qui aura été payé desdits appointemens, soit passé et alloué aux comptes de ceux qui en auront fait le payement par nos amés et féaux les Gens de nos comptes à Paris, auxquels nous enjoignons le faire sans difficulté. Mandons à notre très-cher et très-amé cousin le Duc de Penthievre, Amiral de France, de faire reconnoître ledit sieur Comte d'Estaing en ladite qualité de Gouverneur notre Lieutenant Général *nous représentant auxdites Isles*; car tel est notre plaisir, &c.

Le Duc DE PENTHIEVRE, Amiral de France. Vu les Provisions du Roi à nous adressées, &c.

R. au Conseil du Cap le 23 Avril 1764.
Et à celui du Port-au-Prince le 20 Juillet suivant.

COMMISSION *d'Intendant pour M.* MAGON.

Du 27 Décembre 1763.

LOUIS, &c. : salut. Ayant jugé à propos de rappeler en France le sieur de Clugny de Nuys, Intendant de nos Isles sous le Vent de l'Amérique, et étant nécessaire de pourvoir une personne fidelle et capable d'exercer la place d'Intendant de Justice, Police et Finances de la Guerre et de la Marine auxdites Isles, nous avons cru ne pouvoir faire un meilleur choix que de vous pour cette place, vu les preuves que nous avons de votre expérience, de votre zele et affection pour notre service. A CES CAUSES, et autres à ce nous mouvans, nous vous avons commis, ordonné et député, et par ces présentes, signées de notre main, commettons, ordonnons et députons Intendant de Justice, Police et Finances, de la *Guerre* * et de la Marine, en nos Isles françoises sous le Vent de l'Amérique, pour, en cette qualité, vous trouver aux Conseils de Guerre. . . . . ; et au surplus, faire et ordonner ce que vous verrez être nécessaire et à propos pour le bien et avantage de notre service, et qui dépendra de la fonction de ladite Charge d'Intendant de Justice, Police et Finances, de la Guerre et de la Marine en nosdites Isles, de laquelle nous entendons que vous jouissiez, aux honneurs, autorités, prérogatives, prééminences qui y appartiennent, et aux appointemens qui vous seront par nous ordonnés, dont vous jouirez, à compter du jour de votre arrivée auxdites Isles, lesquels appointemens seront pour tous frais et émolumens quelconques de ladite Charge, sans pouvoir exiger ni prétendre aucun autre bénéfice, tant pour vous que pour les personnns qui seront sous vos ordres : de ce faire

* *M. Magon est le premier Intendant de Saint-Domingue qualifié Intendant de la Guerre.*

vus donnons pouvoir, commission, autorité et commandement spécial, même subdéléguer, &c.

Le Duc de Penthievre, Amiral de France. Vu la Commission du Roi à nous adressée, &c.

R. au Conseil du Cap le 23 Avril 1764.
Et à celui du Port-au-Prince le 20 Juillet suivant.

Pour le surplus de cette Commission, voy. *celle de M. de Clugny, du 1er Janv.* 1760.

Arrêt du Conseil du Port-au-Prince, qui nomme pour ses Députés, à l'effet d'assister à l'assemblée Coloniale, indiquée au Cap, MM. Gressier, Saintart, Chambrun, Motmans de Bellevue, et Galbaud-Dufort, Conseillers, et Leger, Substitut du Procureur Général.

Du 31 Décembre 1763.

Extrait du Mémoire du Roi, pour servir d'instructions à M. le Comte d'Estaing, sur les fonctions des Conseils.

Du 1er Janvier 1764.

Le sieur Comte d'Estaing, qui est déjà instruit en partie de la conduite des Conseils Supérieurs, donnera la plus grande attention pour empêcher qu'ils ne s'écartent des bornes de leurs fonctions, qui se réduisent à la distribution de la Justice, en voulant se mêler du Gouvernement de la Colonie, ou de la conduite de ses Chefs.

R. au Conseil du Cap le 13 Février 1765. Voy. *l'Arrêt.*

LETTRE du Roi à M. le Comte d'ESTAING, Gouverneur Général, sur l'étendue de ses Pouvoirs.

Du 2 Janvier 1764.

MONS le Comte d'Estaing, je vous ai fait remettre une instruction générale sur la maniere dont vous devez administrer la Colonie de Saint-Domingue; mais la confiance que j'ai en vous, m'engage à augmenter vos pouvoirs, pour vous mettre en état de connoître toutes les parties de la Colonie dont vous allez être chargé; et comme je désire de parvenir à former un Réglement definitif pour tous les points de l'administration de cette importante Colonie, je vous fais cette Lettre, pour vous dire, qu'en faisant exécuter mon Réglement provisoire, en date du 24 Mars 1763, vous pourrez modérer, suspendre, et même interpréter provisoirement les articles qui vous paroîtront d'une exécution difficile, et pouvant devenir nuisible à la Colonie, et dont vous me rendrez compte sur le champ, en me proposant les moyens qui vous paroîtront les plus simples et les plus avantageux pour être substitués à ceux qui avoient été prescrits. Mon intention est que l'Intendant de la Colonie vous rende un compte exact de la partie de l'administration qui lui est particulierement confiée. En votre qualité de mon Lieutenant Général, représentant ma personne, vous prendrez séance dans mes Conseils Supérieurs, avec voix délibérative, pour y présider seulement, afin de me rendre compte de tout ce qui pourra intéresser dans cette partie le bien de mon service, le bonheur de mes Sujets, et la conduite des Membres des Conseils, et que toutes les fois qu'il pourra y être question d'affaires générales de la Colonie, qui regarderont le recouvrement des deniers, les défrichemens et les cultures, vous puissiez y appeler tels des Habitans qui vous paroîtront les plus capables d'y donner leurs avis avec plus de connoissance des matieres qu'on y traitera; et les décisions que vous donnerez en conséquence, seront exécutoires par provision, et jusqu'à ce que j'y aye statué, sur le compte que vous m'en rendrez, et en attendant le Réglement de Justice auquel je fais travailler actuellement par une Commission de mon Conseil. Mon intention est aussi que vous nommiez provisoirement, et en attendant mes ordres, à tous les emplois civils et de justice, à l'exception des emplois de pure comptabilité et gardes de mes effets, vivres et Hôpitaux qui vous seront présentés par l'Intendant, et que vous pourrez refuser, en m'en rendant compte, voulant de plus que les Chefs des lieux et quartiers de la Colonie soient choisis par vous, et qu'ils vous rendent compte, ainsi qu'à l'Intendant, auquel ils obéiront subordonnément à vous. Je vous autorise à tout ce que dessus provisoirement, nonobstant les dispositions du Réglement du 24 Mars 1763, et jusqu'à nouvel ordre; et pour qu'il n'y ait point de difficulté, vous en ferez enregistrer le contenu aux Conseils Supérieurs du Cap et du Port-au-Prince, et la présente n'étant à autres fins, &c.

R. au Conseil du Cap le 8 *Mai* 1764.

Voy. *l'Arrêt du Conseil du Port-au-Prince du* 12 *Février* 1765.

LETTRE du Roi à M. le Comte D'ESTAING, pour former les Habitans de Saint-Domingue en Compagnie, sous le nom de Troupes Nationales.

Du 2 Janvier 1764.

MONS le Comte d'Estaing, les Habitans de ma Colonie de Saint-Domingue se trouvant en petit nombre, eu égard à celui des Esclaves de leurs Habitations, qui sont autant d'ennemis domestiques, je trouve qu'il est nécessaire de les entretenir toujours armés, pour en imposer à leurs Esclaves, et qu'en les formant en Compagnies détachées, qu'on pourra réunir au besoin, il sera facile d'en tirer un bon parti, en cas de guerre, non seulement pour s'opposer à une descente de la part des ennemis, mais même pour former quelque entreprise sur les Colonies étrangeres, s'il y a lieu. Je vous fais donc cette Lettre, pour vous dire que mon intention est qu'à votre arrivée à Saint-Domingue vous ayez à le déclarer aux Habitans de cette Colonie, qui seront bien aises de l'apprendre, par la double satisfaction d'être utiles à leur Patrie, et de pouvoir être employés à mon service en temps de guerre. Pour vous mettre en état de former ces Compagnies sous le nom de Troupes nationales, vous examinerez la force des différens quartiers, l'état et la qualité de leurs Habitans, afin de les composer de maniere à ne point confondre les états, et à les distinguer suivant le rang que les Habitans tiennent dans la Colonie. Je vous autorise à les établir sur le pied de cinquante hommes par Compagnie, avec un Capitaine, un Lieutenant, et un Sous-Lieutenant à leur tête, même de nommer des Commandans particuliers dans chaque quartier, sous les ordres du sieur d'Argout, Brigadier de mes Armées, que j'ai nommé Commandant et Inspecteur Général desdites Troupes nationales sous vos ordres; enfin, je vous autorise à faire dans cet établissement tout ce que vous estimerez être du plus grand bien de mon service, et de le faire exécuter, jusqu'à ce que j'y aye statué, sur le compte que vous m'en rendrez; et la présente, &c.

Déposée au Conseil du Cap en vertu de l'Arrêt du 8 Novembre suivant.

LETTRE des Administrateurs à M. DE LAMAHAUTIERE, Subdélégué de l'Intendant, touchant les limites des Jurisdictions de Jérémie et de Saint-Louis.

Du 11 Janvier 1764.

PAR le Mémoire, Monsieur, que vous avez adressé à M. l'Intendant, au sujet des contestations qui se sont élevées entre les Habitans des Anses et des Irois, il nous a paru que le dernier de ces deux quartiers a toujours dépendu de la Jurisdiction de la Grande-Anse, qui se trouve même séparée des quartiers qui dépendent de celle de Saint-Louis, par le morne du Cap Tiberon, que l'on a toujours regardé comme la borne de la séparation de la partie de l'ouest avec celle du sud; d'ailleurs, nous croyons que la proximité de celui du Cap Dame-Marie, qui dépend de la Grande-Anse, est une raison décisive pour que celui des Irois doive en dépendre aussi, d'autant qu'il se trouve éloigné du quartier des Anses d'environ dix-huit lieues; en conséquence, nous vous prions de faire part aux Subdélégués de Jérémie et de Saint-Louis, ainsi qu'aux Officiers des Jurisdictions de l'un et de l'autre quartier, de notre décision sur cet objet, afin de prévenir les conflits de Jurisdiction qui pourroient survenir dans la suite entre eux. Nous avons l'honneur d'être, avec un sincere attachement, &c. *Signés* le Chevalier DE MONTREUIL et CLUGNY NUYS.

R. au Siége Royal de Jérémie.

ORDONNANCE des Administrateurs, portant Etablissement de la Place Clugny.

Du 12 Janvier 1764.

LE Chevalier de Montreuil, &c.

Jean-Etienne-Bernard de Clugny, &c.

L'expérience a fait connoître depuis long-temps que le Marché public dans la grande place d'armes de cette Ville, donne lieu à des inconvéniens qu'il est de notre exactitude de faire cesser; il trouble le Service divin et gêne le passage pour arriver à l'Eglise principale, située dans cet endroit, et nuit aussi au service du Roi et des Troupes de la Garnison qui y font leur lieu d'assemblée.

Nos prédécesseurs, sur les plaintes qui leur avoient été portées, et sur la représentation des Habitans, avoient formé le projet de transférer le Marché dans un lieu plus commode. Dès l'année 1752, il avoit été arrêté de faire cet établissement dans la partie de cette Ville appelée le Marécage, et dès-lors il fut donné des ordres pour empêcher le cours des constructions dans cet endroit; dès-lors aussi il a été proposé de la part des Propriétaires même des maisons qui se trouverent autour et dans le voisinage de la nouvelle place, de fournir, par contribution proportionnée, aux dépenses nécessaires, et encore au remboursement de chacun des concessionnaires du terrain qu'elle contiendra.

L'accroissement de cette Ville, qui devient de jour en jour plus considérable, par l'étendue de son commerce, l'affluence des étrangers, et le nombre des Habitans nouveaux qui s'y établissent, l'embellissement et la décoration d'un lieu devenu, par la détermination de notre résidence, le chef-lieu et la Capitale de cette Colonie; et enfin, le temps de la paix, plus convenable aux entreprises et aux travaux publics, nous ont déterminés à profiter des circonstances, et à donner des ordres définitifs, pour mettre aussi-tôt à exécution un projet absolument nécessaire à remplir.

C'est dans ces vues que nous nous sommes fait représenter le plan de la nouvelle Place, dressé sur nos ordres par le Voyer de cette Ville, et nous n'y avons rien trouvé qui ne soit absolument conforme à l'objet d'intérêt public qu'on se propose. Nous avons d'ailleurs observé que les Habitans propriétaires des maisons et terrains qui sont renfermés dans ladite Place, demeureront sans aucun motif pour se plaindre, puisqu'ils sont dédommagés chacun à proportion du terrain et des établissemens dont ils sont propriétaires. A l'égard des Propriétaires des maisons et emplacemens autour et au voisinage de la nouvelle Place, obligés de contribuer aux dépenses à faire, tant pour raison de la construction et établissement de ladite Place, que pour le remboursement auquel ils seront assujettis envers les Propriétaire du terrain qu'elle occupera; ils en seront plus que récompensés par l'accroissement de leur commerce, celle du prix intrinseque de leurs maisons, et l'augmentation de leurs loyers. A CES CAUSES, et par ces considérations, nous avons ordonné et ordonnons ce qui suit:

ART. Ier. Il sera établi en cette Ville une nouvelle Place où se tiendra le Marché public pour la vente et distribution des denrées et autres choses que les Negres ont accoutumé de vendre et de fournir aux Habitans.

ART. II. La même Place qui sera appelée *Place de Clugny*, sera destinée pour l'étalage des Bouchers, Boulangers, Marchands de poisson, et généralement de tous les autres pourvoyeurs de vivres et choses nécessaires à la vie et subsistance desdits Habitans.

ART. III. La nouvelle Place sera établie dans le quartier de cette Ville appelé le marécage, au centre de la rue Royale, et bornée au côté nord de la rue des trois Chandeliers, à l'est de la rue de Vaudreuil, au sud de la rue de la Vieille Joaillerie, et à l'ouest de la rue Saint-Louis.

ART. IV. Contiendra ladite Place dans son étendue la superficie de quatre Islets de 120 pieds chacun, sans y comprendre les rues qui environneront ladite Place, formant seize emplacemens; le tout conformément au procès verbal et plan figuratif dressé à cet effet par le sieur Desforges, Voyer, et encore à un autre procès verbal et plan figuratif aussi dressé par le Voyer, pour parvenir à l'augmentation et embellissement de cette Ville, lesquels procès verbaux et plan figuratif nous ordonnons être déposés au Greffe de l'Intendance, pour y avoir recours.

ART. V. Se feront les remblais, pavages, et généralement tous les travaux et ouvrages nécessaires pour l'établissement de ladite Place, ainsi que la plantation des arbres qui seront placés et élevés autour d'icelle, suivant la désignation portée auxdits procès verbaux et plan figuratif, à la diligence et sous l'inspection dudit sieur Desforges, Voyer.

ART. VI. Seront les Propriétaires des maisons, barraques, bâtimens établis sur le terrain destiné pour former ladite Place, remboursés du prix principal d'iceux, et de la valeur de leur emplacement dans six mois, à compter

compter du jour de la publication de la présente Ordonnance, suivant l'estimation qui en sera faite avant tout par les Experts qui seront convenus, tant par les Propriétaires des emplacemens à détruire, que par les contribuables au remboursement, et ce pardevant le Greffier de l'Intendance à ce commis, qui, à défaut ou refus, en nommera d'office, même un tiers, s'il y échet.

Art. VII. Enjoignons à chacun desdits Propriétaires de démolir leurs bâtimens, et d'en enlever les matériaux dans un mois, à compter du jour de la publication de notre présente Ordonnance, lesquels matériaux leur resteront et appartiendront, en dédommagement des frais desdites démolition et transport.

Art. VIII. Seront le remboursement mentionné dans l'article 7, et le coût des dépens et frais à faire, tant pour l'établissement de ladite Place, que pour autres ouvrages et travaux accessoires, jusqu'à leur perfection, payés et acquittés contributoirement, et par proportion par les Propriétaires des maisons sises audit quartier du Marécage, autour et au voisinage de ladite Place, et renfermées au plan particulier et figuratif d'icelle et de ses environs, dans les lettres E, F, G, H, à quoi faire ils seront contraints par toutes voies dues et raisonnables, même par privilége et préférence sur les loyers des maisons, pour raison desquelles ils sont contribuables.

Art. IX. Sera ladite contribution proportionnelle fixée et déterminée, eu égard aux avantages que lesdits Propriétaires contribuables retireront de la proximité de ladite Place.

Art. X. Et pour établir et arrêter le rôle de répartition qui en sera fait, nommeront lesdits Propriétaires trois Commissaires, qu'ils choisiront parmi eux, l'un desquels restera en outre chargé de faire la perception des deniers. Sera la présente Ordonnance enregistrée au Greffe de l'Intendance, imprimée, lue, publiée et affichée par-tout où besoin sera. Donné au Cap, &c. *Signés* le Chevalier de Montreuil et Clugny Nuys.

R. au Greffe de l'Intendance le 13 dudit.

LETTRE du Ministre à M. l'Abbé DE LA ROQUE, sur la Préfecture Apostolique de la Partie du Nord de Saint-Domingue.

Du 22 Janvier 1764.

LE Roi vous ayant choisi pour remplir à Saint-Domingue la place de Préfet Apostolique, qui étoit ci-devant remplie par les Jésuites, Sa Majesté a fait demander à Rome le Bref et le Décret qui vous sont nécessaires pour cela. Vous les recevrez de M. le Nonce, à qui ils ont été adressés.

Indépendamment de la Préfecture, vous serez chargé de desservir la Cure du Cap, et il faudra que vous emmeniez avec vous cinq à six Prêtres, dont les mœurs et la capacité vous soient connues, et sur lesquels vous puissiez compter, soit pour en employer quelques-uns auprès de vous en qualité de Vicaires, soit pour leur confier les Cures que vous trouverez vacantes à votre arrivée dans la Colonie.

Il sera nécessaire qu'après votre installation vous fassiez une tournée pour examiner les différens sujets qui ont été pourvus des Cures, vous assurer de leur capacité, de leurs mœurs, et enfin, s'ils remplissent exactement leurs devoirs. Vous ne devez en déplacer aucun qu'autant qu'il y aura des motifs suffisans, et après les avoir communiqués à MM. le Comte d'Estaing et Magon, après avoir obtenu leur consentement et avoir arrangé avec eux les moyens de les faire repasser en France, s'il y a lieu. Ce n'est pas seulement à votre arrivée dans la Colonie que vous devez en user ainsi; Sa Majesté veut que dans tous les temps et dans tous les cas où il pourroit être question de déplacer quelque Missionnaire dans votre Préfecture, soit que vous les ayez pourvus, soit qu'ils l'aient été avant votre arrivée, vous ne vous y déterminiez que de l'avis du Gouverneur Général et de l'Intendant, qui vous le donneront, sur le compte des motifs que vous aurez.

Cet article de vos instructions est conforme aux ordres que Sa Majesté donne aux Chefs de la Colonie; vous les trouverez entierement disposés à vous donner, dans les occasions, toute la protection dont vous aurez besoin pour le maintien de vos fonctions et de celles des autres Missionnaires. Les témoignages avantageux qui ont été rendus de vous, me persuadent que, de votre côté, vous ne laisserez rien à désirer sur la conduite que vous devez tenir pour vous attirer le respect et la considération qui sont dus à votre caractere, et que vous veillerez exactement à celle des Missionnaires de votre Préfecture. Ne perdez jamais de vue que le concours de la puissance temporelle vous est nécessaire pour remplir tous ces objets.

Il n'y a eu jusqu'à présent aucune dispute de religion à Saint-Domingue; Sa Majesté espere qu'il n'y en aura pas pendant votre Préfecture, que vous saurez les prévenir, et détruire celles qui pourroient s'élever parmi les sujets qui vous seront subordonnés. Sa Majesté veut encore que vous vous concertiez avec le Gouverneur Général et l'Intendant, pour faire repasser en France, sans éclat, ceux en qui vous reconnoîtrez une conduite mauvaise ou turbulente.

Vous aurez attention de ne vous mêler en aucune maniere de ce qui regarde la Préfecture des Dominicains ni des Prêtres qui en dépendent; de son côté, cet Ordre Religieux n'aura aucun droit ni inspection sur la vôtre. Les Chefs de la Colonie ont ordre de vous maintenir dans vos fonctions respectives, et j'espere que vous contribuerez efficacement, par la régularité de vos mœurs et par votre sagesse, à conserver la paix et l'union qui doivent régner entre vous et les Dominicains.

Vous trouverez encore au Cap une maison de Religieuses qui étoit sous la direction des Jésuites. Vous verrez ce qu'il conviendra de faire pour fournir à cette Communauté les secours spirituels dont elle a besoin: il faudra leur donner un Prêtre, ou vous vous en chargerez vous-mêmes, suivant que, de concert avec le Gouverneur Général et l'Intendant, vous le trouverez plus convenable, afin de prévenir les discussions qui pourroient naître à cette occasion.

Lorsque vous serez arrivé à Saint-Domingue, vous verrez encore avec ces Messieurs s'il ne seroit pas possible d'établir dans la Maison des Jésuites, au haut du Cap, un Hospice pour les Prêtres que vous emmenerez avec vous, et pour ceux qu'on vous enverra de France, en attendant qu'ils soient placés. Cet établissement seroit utile et fort avantageux, ainsi que la construction d'une Eglise paroissiale et d'un Presbytere. J'écris sur tout cela à MM. le Comte d'Estaing et Magon; vous pourrez en hâter l'effet, qui regarde les Paroissiens, par la maniere dont vous vous conduirez avec eux, et en vous conciliant leur affection.

Sa Majesté vous a accordé 2000 liv. d'appointemens, argent de France, en votre qualité de Préfet Apostolique; et ce traitement, joint au revenu de la Cure du Cap, vous mettra en état de vivre avec la décence convenable. Chaque Missionnaire doit jouir de 1000 liv., aussi argent de France. Vos appointemens courront depuis et compris le 1er Avril de l'année derniere.

PROCÈS VERBAL *de l'imposition de quatre Millions faite par l'Assemblée des deux Conseils Supérieurs de la Colomie, tenue au Cap.*

Du 30 Janvier au 12 Mars 1764.

CE jour, MM. les Officiers des deux Conseils Supérieurs, sur l'indication de l'Assemblée faite à chacun d'eux par une Lettre commune de MM. les Général et Intendant, se sont rendus à la Chambre d'Audience, où ils se sont placés en vertu d'un Arrêté verbal et provisoire, suivant leur rang de réception, à Office égal, à droite et à gauche, à la charge de délibérer, aussi-tôt après avoir pris séance, sur la forme de l'Assemblée.

Ordre de séance.

M. le Chevalier de Montreuil, Commandant Général; M. de Clugny de Nuys, Intendant; M. de Juchereau, Doyen du Conseil Supérieur du Cap; M. de Grandpré, Sous-Doyen dudit Conseil; M. Fournier de la Chapelle, Conseiller honoraire des deux Conseils; M. Duperrier, Conseiller au Conseil du Cap; MM. Gressier, de Saintard, de Chambrun, Conseillers au Conseil Supérieur du Port-au-Prince; MM. le Gras, le Gris, Loiseau, Pasquier, Collet, Conseillers au Conseil Supérieur du Cap; MM. Motmans de Bellevue, Galbaud du Fort, Conseillers au Conseil Supérieur du Port-au-Prince; M. du Hameau, Conseiller honoraire au Conseil Supérieur du Cap; MM. de la Forgue et de Laye, Conseillers-Assesseurs au Conseil Supérieur du Cap.

Parquet. M. Desmé Dubuisson, Procureur Général du Roi au Conseil Supérieur du Cap; MM. Lohier de la Charmeraye, Ruotte, Substituts du Procureur Général au Conseil Supérieur du Cap; M. Leger, Subtitut du Procureur Général du Roi au Conseil Supérieur du Port-au-Prince.

M. Despallieres, Greffier en chef du Conseil Supérieur du Cap, assis au-dessous du banc des Gens du Roi; M^e^. Baudu, Audiencier du Conseil Supérieur du Cap, sur une forme détachée, à côté de la Barre, vis-à-vis de la porte par où Messieurs entrent, et moi Ferrier, Commis-Greffier du Conseil Supérieur du Cap, tenant la plume, assis à gauche du Greffier en chef.

Les places prises dans l'ordre ci-dessus, un de Messieurs a dit, qu'en exécution de l'Arrêté verbal fait avant d'entrer, il demandoit qu'il fût délibéré sur la forme de l'assemblée des deux Conseils Supérieurs ; que cette forme ayant été jusqu'ici incertaine, il étoit important de la déterminer, soit pour régler les prétentions, soit pour prévenir les difficultés, soit pour fixer les incertitudes pour les Assemblées futures, qu'il proposoit pour objets de la délibération.

1°. Quel sera l'ordre de la séance entre les Officiers des deux Conseils Supérieurs à l'Assemblée.

2°. Quelles seront les fonctions et le rang entre les Gens du Roi des deux Compagnies à l'Assemblée ?

3°. Si les Assesseurs des deux Compagnies peuvent assister à l'Assemblée et y avoir voix délibérative ?

4°. Comment seront choisis les Commissaires ?

5°. Si les Conseillers des Cours du Royaume, avec qui les Conseils fraternisent, peuvent avoir voix et séance dans l'Assemblée ?

6°. De pourvoir aux frais des Officiers du Conseil hors du ressort duquel se tiendra l'Assemblée.

La matiere mise en délibération, l'Assemblée a arrêté, sur le premier objet, que les deux Conseils Supérieurs assemblés, représentant tous les Habitans de la Colonie, ne formoient qu'un seul Corps, et que les Officiers des deux Cours siégeroient, dans tous les cas, suivant leur ancienneté de réception, à Office égal.

Sur le second objet, a été arrêté que, lorsque les deux Procureurs Généraux se trouveroient à l'Assemblée, le plus ancien de réception porteroit la parole : mais que les conclusions seroient délibérées et signées en commun au Parquet ; que dans le cas où il n'y auroit que des Substituts à l'Assemblée, ils observeront entre eux l'ordre établi pour les Procureurs Généraux.

Sur le troisieme objet, a été arrêté que les Assesseurs des deux Cours ont le droit d'assister à l'Assemblée ; mais qu'ils n'y auront voix délibérative, que dans le cas où ils seroient Commissaires ; ce qui ne pourra toutefois avoir lieu que lorsque le nombre des Conseillers Titulaires sera au-dessous de sept.

Sur le quatrieme objet, a été arrêté que les Commissaires seront pris parmi les Officiers des deux Cours.

Sur le cinquieme objet a été arrêté que les Officiers des Cours Souveraines du Royaume, avec qui les Conseils fraternisent, ne pourront, dans aucun cas, être admis à l'Assemblée.

Sur le sixieme objet, a été arrêté, qu'il sera payé pour tous frais, 50 l. par jour à chacun des Officiers du Conseil hors du ressort duquel se tiendra l'Assemblée, et qui y auront assisté, à compter du jour du départ du chef-lieu dudit ressort, jusqu'au jour du retour au même lieu, lesquelles sommes seront supportées par moitié par les deux caisses municipales de la Colonie.

La Délibération finie, M. le Chevalier de Montreuil, Commandant Général, a fait l'ouverture de l'Assemblée par le discours suivant:

MM., le Roi vous laissant le soin de régler les augmentations imposées sur cette Colonie, vous donne une preuve sensible de sa confiance dans votre justice. Je suis très-persuadé, MM., que vous remplirez les intentions de Sa Majesté avec autant d'empressement que j'en aurai à lui rendre compte du zele et de l'attachement que vous avez témoignés dans toutes les occasions pour son service.

M. le Commandant Général ayant cessé de parler, M. l'Intendant a dit:

MM., l'attention avec laquelle le Roi s'est occupé de la défense de cette Colonie pendant la derniere guerre, fournit des preuves bien touchantes de son amour paternel pour ses Sujets les plus éloignés.

Dans un temps où l'on suffisoit à peine aux dépenses de la guerre qui se faisoit en Europe, les secours les plus puissans, les Généraux les plus expérimentés nous ont été envoyés pour nous protéger et nous défendre.

La Métropole a fait en notre faveur les efforts les plus considérables, et les dépenses énormes qui devoient en être la suite, n'ont point ralenti les soins du grand Ministre qui nous gouverne: par l'étendue de sa prévoyance et la sagesse de ses mesures, les Caisses de France ont suppléé à l'épuisement et à l'insuffisance de la nôtre.

Le retour de la paix, en rétablissant la tranquillité, en ranimant la circulation, l'Agriculture, et le Commerce, a fait penser à Sa Majesté qu'il étoit important de s'occuper du soin d'assurer davantage la conservation et la défense de ses possessions dans cette Isle, et qu'il étoit indispensable, pour y parvenir, d'augmenter ses impositions, et de les porter à la somme de quatre millions de livres par année.

C'est, MM., l'objet du Mémoire que nous vous présentons. Si d'une part, la nécessité des circonstances a forcé le meilleur des Rois à exiger de ses Sujets de nouveaux secours, de l'autre, sa bonté, en conservant les privilégés des Colons, en confie la répartition aux deux Cours Supérieures qui représentent le Corps des Habitans. Il connoît, MM., l'étendue de vos lumieres, votre zele aussi infatigable que désintéressé, votre amour pour sa personne, votre ardeur pour le bien public, et il vous charge aujourd'hui du soin important de concilier l'intérêt de son service avec celui de ses Peuples; d'augmenter leurs charges, il est vrai, mais de les rendre moins onéreuses, par la prudence et la sagesse de la répartition.

Déjà, de son côté, il a pris les mesures les plus convenables pour assurer le bonheur de ses Sujets de Saint-Domingue, et leur procurer les soulagemens qui ont dépendu de lui, soit par l'établissement du Bureau de Législation, soit en faisant succéder la douceur et la justice de l'administration municipale, à l'arbitraire qui avoit toujours régné dans la précédente, soit en rendant aux Habitans leur liberté légitime, par la suppression des Milices, ce fardeau si difficile à supporter, et qui, sous prétexte du service, a été la source de tant de maux. C'est à vous, MM., qu'il s'en rapporte sur l'objet de ses finances. Quelles fonctions plus nobles et plus intéressantes en même temps que celles qui sont confiées à cette auguste Assemblée? La maniere dont elle les remplira, lui assurera de plus en plus la protection de son Souverain, l'amour, la confiance, et la vénération de ses Concitoyens.

Le discours de M. l'Intendant fini, lecture a été faite par le Greffier en chef du Conseil Supérieur du Cap, du Mémoire du Roi. (*Voyez-le à la date du* 15 *Août* 1763.)

Ensuite lecture a été faite de la Lettre de M. le Duc de Choiseul à MM. de Belsunce et de Clugny, dont la teneur suit:

Vous êtes prévenus, MM., des dispositions où est le Roi pour mettre la Colonie de Saint-Domingue dans le meilleur état possible de défense. Les Officiers du Génie et de l'Artillerie qui y ont été envoyés, doivent avoir mis M. le Vicomte de Belsunce en état d'en arrêter le plan, et j'espere qu'il ne tardera pas à me l'envoyer, pour que je puisse le présenter à Sa Majesté. Ce seroit cependant en vain que les arrangemens qui ont été déjà faits, auroient été pris à l'avance, si la colonie même ne fournissoit point de son côté les moyens de subvenir aux dépenses qu'ils occasionneront, parce que les finances en France ne permettroient pas d'y pourvoir. Sa Majesté s'est déterminée en conséquence, après avoir examiné le tableau de la recette des différens droits déjà établis à Saint-Domingue, de régler qu'ils seront portés à l'avenir, à compter du 1er. Janvier 1764, à quatre millions, argent de Saint-Domingue, comme vous le verrez par le Mémoire que je joins ici. Sa Majesté a bien voulu laisser aux Conseils Supérieurs la liberté de déterminer la nature du droit qu'ils jugeront le moins onéreux aux Habitans, pour l'augmentation ordonnée, soit en forçant en proportion les droits ci-devant établis, soit en établissant quelque nouvelle imposition, suivant qu'ils le trouveront plus convenable. Pour cet effet, il sera nécessaire que vous convoquiez les Officiers des deux Conseils; mais il suffira que celui du Port-au-Prince y envoie des Députés, pour concerter et régler cet arrangement avec celui du Cap. Je vous prie de ne pas perdre de temps à me faire passer la délibération qui sera prise sur cela, afin que je la mette sous les yeux de Sa Majesté, et que je vous envoie son approbation. Je suis persuadé que les Conseils Supérieurs donneront dans cette occasion des preuves de zele et d'attachement pour le service de Sa Majesté; qu'ils sentiront que Sa Majesté n'a en vue que d'assurer la tranquillité de ses Sujets à Saint-Domingue, et qu'il ne seroit pas possible d'y parvenir, si on ne prenoit de bonne heure les moyens de mettre cette Colonie importante en bon état de défense; au surplus, les Habitans se trouveront par-là entierement soulagés des corvées extraordinaires qu'on étoit obligé d'exiger d'eux, et d'un autre côté, ils seront d'autant plus en état de payer l'augmentation qui sera fixée, qu'ils sont dispensés du service personnel des Milices, qui les déplaçoit souvent, et qui leur occasionnoit des dépenses assez considérables. J'ai l'honneur d'être, MM., votre très-humble et très-obéissant serviteur, *Signé* le Duc DE CHOISEUL.

Après, les Gens du Roi se sont levés, et M. Desmé Dubuisson, Procureur Général du Roi au Conseil Supérieur du Cap, portant la parole, a dit:

MM., le spectacle de la réunion des deux Conseils Supérieurs, en annonçant aux Colons les soins toujours fâcheux mais nécessaires dont vous allez vous occuper pour eux, doit aussi leur rappeler le privilége flatteur que leurs ancêtres ont mérité en se donnant à la France, le droit de s'imposer eux-mêmes; droit précieux, non seulement par la cause qui l'a produit, mais aussi par l'utilité qui en doit résulter. Placés entre le Prince et ses sujets, vous avez en cette occurrence deux fonctions également importantes à remplir. Comme Cours Souveraines, et en vertu de la Loi fondamentale, par laquelle toute imposition doit être vérifiée avant sa perception, vous avez à enregistrer le Mémoire du Roi, qui regle la quotité des impôts. Comme Corps représentant les Habitans, vous avez, par

par la constitution de la Colonie, à répartir la somme demandée par le Souverain. Vous saurez, MM., concilier ce que vous devez au Roi et à la Colonie ; ou plutôt, comme les intérêts du Monarque et des Sujets ne peuvent être divisés, comme ils ne font qu'un, vous satisferez à tout, en consultant le bien de l'Etat.

Il est de principe que les besoins publics sont la mesure des impôts; et quoique l'augmentation des subsides soit un malheur, il est juste de les payer, quand ils sont devenus nécessaires. On ne peut se refuser aux dépenses extraordinaires qu'entraîne évidemment le nombre des Troupes envoyées dans cette Colonie. Il faut donc que les droits s'accroissent dans la même proportion : mais quelque grandes que soient les charges, il y a toujours un moyen sûr de les rendre moins pesantes, soit par les objets sur lesquels on les fait porter, soit par le genre de perception qu'on établit. Cette Colonie a cet avantage singulier, que vous êtes chargés pour elle du soin de la répartition. Il y a plus ; Sa Majesté, en déterminant seulement la quotité de la somme à fournir, semble vous laisser la liberté de revenir sur vos opérations passées, d'examiner si les opérations précédentes ne seroient pas susceptibles de quelques inconvéniens, s'il n'y auroit pas des moyens de les rendre plus égales, ou même d'en substituer d'autres moins onéreuses; si la perception ne pourroit pas être encore plus facile et moins coûteuse; enfin si, par de nouvelles opérations, on ne pourroit pas parvenir à mieux assurer que par le passé, l'emploi de certains fonds, dont la destination très-sage a pu rester sans exécution.

Quel motif de satisfaction pour vous, MM., et quel sujet de consolation et d'encouragement pour les Colons, de voir, par la Lettre de M. le Duc de Choiseul à MM. de Belsunce et de Clugny, que Sa Majesté semble unir et lier à l'augmentation d'impôts qui vous est demandée, la suppression des Milices et la confirmation de l'exemption des corvées extraordinaires ! On connoît le poids énorme du service personnel et des corvées extraordinaires. L'expérience a démontré que ce sont les deux fléaux les plus redoutables, et que, par leur nature, ils sont non seulement des obstacles insurmontables à l'accroissement de la culture et de la population, mais encore des principes destructeurs de l'intérieur des Colonies. On ne peut donc trop reconnoître le bienfait de leur suppression; on doit donc les racheter avec joie. Tandis que le Roi rend les Esclaves à la culture, et affranchit les Maîtres du joug de la Milice ; vous vous empresserez à lui fournir les moyens de renoncer pour jamais à ces secours violens, aussi inutiles à son service, que ruineux pour la Colonie.

Lecture faite des conclusions dudit Procureur Général du Roi, remises sur le Bureau, il a été nommé des Commissaires pour examiner le Mémoire du Roi et la Lettre de M. le Duc de Choiseul, et en faire le rapport à Vendredi prochain 3 Février.

Du 3 Février.

La séance a commencé par la lecture du procès verbal du 30 Janvier dernier. Les Commissaires nommés pour l'examen du Mémoire du Roi du 15 Août dernier, et de la Dépêche du Ministre du même jour, en ayant fait leur rapport aux Conseils, la matiere mise en délibération, il a été arrêté, 1°. que ledit Mémoire du Roi, ensemble la Dépêche de M. le Duc de Choiseul, comme servant de supplément audit Mémoire, seront enregistrés; en conséquence, qu'il sera fourni au Roi par chaque année une somme de quatre millions, à titre d'octroi gratuit, par ses Sujets de Saint-Domingue, et ce pendant l'espace de cinq années, sauf, après ledit temps, à être pourvu par l'Assemblée des deux Conseils Supérieurs aux dépenses de la Colonie; qu'il sera nommé des Commissaires pour procéder à la répartition desdits quatre millions, lesquels Commissaires examineront toutes les impositions et recettes anciennes, pour constater les changemens, tels que les réunions, augmentations, et suppressions qui pourroient être nécessaires dans les anciennes impositions et recettes, ainsi que les objets nouveaux susceptibles d'être imposés.

Et sur les autres objets relatifs auxdits Mémoire, Dépêche, et enregistrement d'iceux, a continué la délibération à demain Samedi 4 du courant.

Du 4 Février.

Par suite de la délibération sur l'enregistrement du Mémoire du Roi, il a été passé à l'examen des autres objets y relatifs, conformément à l'Arrêté du jour d'hier; et la matiere mise en délibération, l'Assemblée a arrêté en second lieu, qu'au moyen de l'enregistrement par elle prononcé dudit Mémoire du Roi, les Habitans de Saint-Domingue seront entierement et perpétuellement exempts du service personnel, conformément à l'Ordonnance du 24 Mars dernier, et à la Dépêche de M. le Duc de Choiseul, du 15 Août aussi dernier.

En troisieme lieu, que lesdits Habitans seront pareillement entierement et perpétuellement exempts de toutes corvées de Negres, ordinaires et extraordinaires, et de toutes fournitures de voitures et de bestiaux, lesquelles ne pourront être exigées par la suite, même en payant, à l'exception néanmoins des corvées nécessaires pour les chemins, lesquelles continueront d'être fournies conformément à l'Ordonnance de 1711.

Sur quoi, M. l'Intendant a dit, qu'il croyoit devoir observer à l'Assemblée, que personne n'étoit plus pénétré que lui du tort énorme et irréparable que les corvées occasionnoient à la culture; mais que cependant il étoit des cas où les besoins du service du Roi exigeoient nécessairement des secours de la part de ses Sujets, et qu'il étoit juste alors de le mettre en état d'en remplir les différens objets, sauf à dédommager les Particuliers de qui on étoit forcé d'exiger ces mêmes secours. Que les fournitures de voitures, cabrouets, chevaux de selle et de trait, étoient absolument indispensables lors du passage et de la marche des Troupes, soit pour changer de garnison ou de poste, soit pour quelques mouvemens qui pourroient être ordonnés dans certaines circonstances: qu'il y avoit d'ailleurs des cas pressés et imprévus, pour lesquels il étoit impossible de se passer de ces secours, sans faire manquer les opérations les plus importantes; qu'actuellement même personne ne pouvoit ignorer que cette ressource étoit indispensable, tant pour les réparations continuelles qu'exigeoit l'établissement du Camp du Trou, que pour les approvisionnemens de toute espece qu'il falloit y faire passer journellement, soit pour la subsistance, soit pour les autres besoins de la Troupe qui y tient garnison; mais qu'en reconnoissant que ces fournitures étoient indispensables en certains cas, il pensoit qu'il falloit en fixer le prix, afin d'éviter toutes difficultés à l'avenir, et de procurer à l'Habitant une espece de dédommagement de la privation de ses Negres, voitures et animaux, lorsqu'on seroit forcé d'y recourir; ce qu'il ne feroit jamais que dans le cas d'une nécessité absolue, et après avoir épuisé tous les autres moyens praticables: qu'il invitoit l'Assemblée de délibérer sur ces deux objets.

Sur quoi, la matiere mise de nouveau en délibération, sur la premiere partie de la représentation de M. l'Intendant, il a été unanimement reconnu et arrêté, que, dans les cas de marche et passage des Troupes, il sera fourni par les Habitans, et en payant, la quantité de voitures, cabrouets, Negres, chevaux et bestiaux nécessaires pour les besoins des Officiers et Soldats desdites Troupes; et qu'en conséquence il sera procédé, pendant le cours de la présente Assemblée, au tarif de ce qui sera payé aux Particuliers pour chacune desdites fournitures; et pour arrêter et proposer ledit tarif, a nommé des Commissaires.

Sur la seconde partie desdites représentations, l'Assemblée a reconnu qu'il pouvoit effectivement se rencontrer des cas forcés et imprévus, où des secours directs de la part des Habitans pourroient être absolument nécessaires; mais en même temps, que l'observation de M. l'Intendant n'étoit véritablement applicable, pour le moment présent, qu'aux fournitures nécessaires pour soutenir l'établissement du Camp, fait au quartier du Trou. Vivement frappé du spectacle effrayant de la ruine entiere de tout un quartier, pour un objet aussi peu important, et pénétrée également de la dépense excessive occasionnée par ce même établissement, et qui diminue considérablement le fonds de quatre millions ci devant accordé, l'Assemblée, d'une voix unanime, a cru devoir faire à M. le Chevalier de Montreuil les représentations les plus fortes sur un établissement aussi destructeur, et le solliciter, au nom des Habitans, de faire cesser ce Camp, qui seroit perpétuellement une occasion de corvées indéfinies, toujours onéreuses au Colon, à quelque prix qu'on les porte. On lui a présenté à cet effet le tableau attendrissant des malheurs généraux enfantés par les Camps du Dondon et de la Grande-Riviere, et le détail des maux particuliers que celui du Trou n'avoit cessé d'occasionner depuis près de deux ans; qu'outre la diminution considérable de culture qui en étoit résultée, il étoit notoire qu'il avoit entraîné la ruine totale de huit Sucreries, sans parler des autres manufactures qui étoient à la veille d'éprouver le même sort. On a ajouté que ce Camp ne présentoit que des inconvéniens, sous quelque point de vue qu'on l'envisageât; que le prétexte de la salubrité tomboit de lui-même, puisqu'il est certain que, dans l'espace d'une année, il y étoit mort la moitié des Ouvriers envoyés par le Roi; que les cinq Compagnies de Quercy, qui l'occupoient actuellement, avoient éprouvé plus de maladies que les autres Troupes en garnison au Cap et au Fort Dauphin, et que l'expérience avoit démontré que la Garnison du Cap étoit celle qui avoit perdu le moins de Soldats; que d'ailleurs ce Camp n'avoit aucun objet militaire; que, du côté de la discipline, il étoit évident qu'elle étoit plus difficile à conserver dans un Bataillon divisé, que lorsqu'il est réuni; que, du côté des finances, il étoit frappant qu'il causoit beaucoup de dépenses extraordinaires, notamment pour l'établissement des Fours, des Magasins, et des Hôpitaux, dont on n'auroit pas besoin, si les cinq Compagnies de Quercy, qui y sont en garnison, étoient placées au Cap, comme

M. l'Intendant l'avoit proposé; que les Officiers désiroient eux-mêmes la cessation de ce Camp; et que les Habitans, qui en souffroient le plus, le lui demandoit les larmes aux yeux, comme le seul moyen de rendre la vie à leur quartier.

M. le Chevalier de Montreuil s'est borné à répondre à toutes ces représentions et invitations réitérées.

MM., j'ai distribué les Troupes de la maniere qui m'a paru le plus convenable au bien du service du Roi, et il ne m'est pas possible d'y rien changer.

Sur quoi l'Assemblée a arrêté qu'il seroit dressé, ainsi qu'il vient d'être fait, procès verbal de ce qui s'est passé à ce sujet; et cependant, que, dans le cas d'une nécessité urgente et absolue, et après que tous les autres moyens auront été épuisés, les Habitans fourniront les voitures, cabrouets, Negres, bestiaux qui pourroient être nécessaires, en les payant néanmoins, conformément au tarif ci-dessus ordonné.

Passant ensuite à l'examen des autres objets relatifs audit Mémoire du Roi du 15 Août, l'Assemblée a arrêté en quatrieme lieu, qu'au moyen de l'enregistrement dudit Mémoire, les Habitans des Villes et de la Campagne seront entierement et perpétuellement exempts du logement des Gens de Guerre et fournitures d'ustensiles, à l'exception néanmoins lors du passage et des marches des Troupes.

Sur quoi, M. l'Intendant ayant observé à l'Assemblée qu'il n'étoit pas possible de pourvoir dans le moment au logement de tous les Officiers répartis dans les maisons des différentes Villes où ils tiennent garnison, tant par la difficulté de trouver des maisons propres à les loger, que par rapport aux fournitures nécessaires pour garnir leur logement; a été arrêté que les choses resteroient sur le pied où elles sont jusqu'au premier Juin prochain, auquel terme les Habitans seroient entierement déchargés du logement des Gens de Guerre.

A été arrêté en cinquieme lieu, que l'enregistrement dudit Mémoire du Roi, n'auroit lieu qu'à la charge que la solde et appointement de la Maréchaussée seront supportés sur les quatre millions ci-dessus accordés, attendu que, d'une part, cette Troupe, créée originairement pour l'utilité des Habitans, étant devenue entierement militaire, a été détournée des fonctions primitives dont elle avoit été chargée; et que de l'autre, la surcharge occasionnée aux Peuples par l'imposition de ladite somme de quatre millions, ne permet plus d'assigner cette dépense sur la Caisse municipale de la Colonie.

Du Lundi 6 Février au matin.

Ce jour, les Commissaires nommés par l'Arrêté du Samedi 4 du présent mois, ont fait lecture à l'Assemblée d'un projet de tarif de ce qui seroit payé par Negres, voitures, et bestiaux que seroient tenus les Habitans de fournir, dans les cas de passages de Troupes, pour changement de garnison ou de nécessité urgente et absolue, et après que tous les autres moyens auroient été épuisés. La matiere mise en délibération, a été unanimement convenu et arrêté, que, lesdits cas advenans, il seroit payé:

1°. Pour chaque Negre, y compris la nourriture, par jour . . 3 l.

2°. Pour les chevaux de monture, avec selles et brides, par jour. 10 l.

3°. Pour le Negre qui sera obligé de ramener le cheval, par jour . 3 l.

4°. Ceux qui donneront les ordres pour fournir les chevaux de selle, auront soin d'y énoncer le lieu où ceux en faveur de qui les ordres auront été donnés remettront lesdits chevaux.

5°. Pour les mulets et chevaux de charge, ainsi que pour les mulets et chevaux de trait, par jour . . . . 8 l.

6°. Pour quatre bœufs de cabrouet, par jour . . . . 24 l.

7°. Pour les cabrouets, tant à bœufs qu'à mulets, par jour . . 6 l.

8°. La journée des chevaux de selle, ou mulets, ou chevaux de charge, sera, y compris l'aller et le retour, de . . . . 10 l.

9°. La journée des cabrouets à mulets, sera, y compris l'aller et le retour, de . . . . 8 l.

10°. La journée des cabrouets à bœufs sera, y compris l'aller et le retour, de . . . . 6 l.

11°. La journée des Negres sera estimée relativement à celle des chevaux et mulets de selle, de charge et de cabrouet qu'ils auront conduits.

12°. Pour régler la distance des lieux, on suivra les tarifs faits ou à faire pour le transport des Huissiers.

13°. Tout Negre, cheval, mulet ou cabrouet, sera censé avoir été employé une journée, dès qu'il aura été mis en route par ordre, quand bien même il n'auroit pas été commandé pour la distance fixée pour chaque journée.

14°. la charge de chaque mulet ou cheval de charge, ne pourra excéder le poids de 200 liv.

15°. La charge d'un cabrouet attelé de deux mulets ou chevaux, ne pourra excéder le poids de 650 liv.

16°. La charge d'un cabrouet de trois mulets ou chevaux, ne pourra excéder le poids d'un millier.

17°. La charge d'un cabrouet à bœufs, qui ne pourra être attelé de moins de quatre bœufs, ne pourra excéder le poids de deux milliers.

18°. Dans quelque cas ni sous quelque prétexte que ce puisse être, les chaises et voitures à l'usage personnel des Habitans, ne pourront être commandées.

Il est réservé à la prudence et à l'équité de M. l'Intendant d'indemniser les Habitans des pertes de bestiaux et cabrouets, ainsi que du retard de leur retour, qui pourra être occasionné par les mauvais chemins et l'intempérie des saisons.

Et sur les autres objets relatifs auxdits Mémoire, Dépêche, et enregistrement d'iceux, a continué la délibération à demain 7 du présent mois.

Du 7 Février.

Par suite de la délibération sur l'enregistrement dudit Mémoire du Roi, l'Assemblée a arrêté qu'il seroit fait de très-humbles représentations à Sa Majesté ;

1°. Sur la quotité de l'impôt de quatre millions, somme accablante au sortir d'une guerre longue et ruineuse, dans le cours de laquelle les Peuples de sa Colonie n'ont cessé de faire des efforts qui épuisoient leurs forces, et ont éprouvé une perte constante de presque tout le net produit de leurs revenus ; impraticable, quant à la perception, dans les temps de guerre qui peuvent survenir, sous quelque dénomination et sur quelques objets qu'on établisse l'imposition ; nuisible enfin, dans les temps de la paix la plus durable, au commerce de la Métropole avec la Colonie, eu égard à l'énormité de la dette déjà contractée par la Colonie envers le Commerce, et à l'immensité de ses consommations courantes, dont les objets réunis et mis sous les yeux de Sa Majesté, sont de nature à la déterminer (dans le cas même de la plus foible imposition) à chercher des remedes propres à prévenir la ruine de la Colonie, dont les trois quarts des fonds sont engagés et ne peuvent jamais se libérer dans l'économie actuelle du Commerce.

2°. Sur la nécessité où s'est trouvée l'Assemblée, relativement à ces premieres considérations, de n'ordonner la perception de ladite imposition de quatre millions, que provisoirement pour cinq années, pendant lequel terme Sa Majesté eût le loisir de se convaincre de l'indispensable nécessité où elle se trouvera elle-même, par une suite de son amour connu pour ses Peuples, et des vues qui l'ont toujours inspirée dans l'administration de la Colonie, ou d'ordonner le retranchement des dépenses les moins urgentes, pour pouvoir diminuer la quotité de l'imposition, même avant le temps prescrit par l'imposition provisoire, ou d'augmenter, par quelques nouvelles dispositions sur le Commerce, favorables, tant à l'extension de la culture qu'à la multiplication des valeurs numéraires des revenus, la recette de la Colonie, pour pouvoir mettre la dépense de l'imposition en quelque proportion avec elle, et en assurer solidement la perception.

3°. Sur la nécessité particuliere qui s'offre d'abord à remplir à la bonté et à l'équité de Sa Majesté, conformément à cette derniere partie du plan des moyens qu'elle peut employer pour mettre les Peuples de la Colonie en état de payer les impositions, à rétablir la permission générale ci-devant accordée aux étrangers pour l'importation des poissons salés, et des bois et merrains, devenus indispensables aujourd'hui; les premiers, à la nourriture des Esclaves; et les derniers, à la conservation des Manufactures, et pour l'exportation des tafias, sirops et mélasses; et sur cet objet, que Sa Majesté sera très-humblement suppliée de consacrer cette permission par des Lettres patentes, dérogatoires en ce chef à l'Edit de 1727, rendu sur le fait du Commerce étranger.

Et pour dresser les cahiers des Remontrances sur lesdits articles et sur tous les objets qui seroient relatifs à l'enregistrement et à toutes les modifications qui ont été arrêtées, l'Assemblée a nommé des Commissaires, lesquels, après la confection desdits cahiers, les rapporteront à l'assemblée au jour qui leur sera indiqué par M. le Président.

Pour la répartition desdits quatre millions à imposer, il a pareillement été nommé des Commissaires; après quoi a été arrêté que la Délibération seroit continuée au présent mois, pour procéder à ladite répartition.

Du Samedi 18 Février, au matin.

Ce jour, les Commissaires chargés de travailler à la répartition, ont demandé à rendre compte de leur travail; et un d'entre eux a dit;

« MM.,

« MM., pour remplir les vues de l'Assemblée ; et la commission » dont nous sommes chargés, nous avons cru devoir poser d'abord les » principes généraux d'après lesquels toute imposition doit être répartie, » et les principes particuliers qui doivent régler la nature des impôts dans » les Colonies du genre de celle-ci.

» Nous avons ensuite examiné séparément chacun des droits précé» demment établis, afin d'en bien connoître la quotité, la perception, » et la destination, et de s'assurer par-là des changemens qu'il seroit » nécessaire d'apporter dans ces anciens droits.

» De là, nous avons passé à la recherche des objets nouveaux qui » pourroient être susceptibles d'imposition. Ces principes et cet examen » nous ont guidé dans le projet que nous avons dressé pour la répar» tition des quatre millions accordés au Roi ».

Principes généraux de répartition des impôts. La premiere maxime en fait de répartition est l'égalité. Cette égalité ne consiste pas à ce que chacun paye, mais que chacun paye suivant ses facultés. Les facultés des Citoyens ne doivent point être calculées sur la totalité des biens qu'ils possedent, mais sur le revenu qu'ils peuvent retirer année commune ; et sur ce revenu, il faut encore déduire la subsistance et les frais; la diversité du revenu, provenant de la diversité des biens que l'on fait valoir, tels que les fonds de terre, les Manufactures, les effets mobiliers, le Commerce, l'industrie, rend impossible l'appréciation juste des revenus nets de chaque Citoyen, et s'opposera toujours à une parfaite égalité. Les biens les plus apparens sont les biens-fonds, et les produits les plus aisés à évaluer, sont les productions de la terre ; dès-lors le Cultivateur est plus en butte aux impôts, et est toujours le plus foulé. L'Europe nous fournit la preuve de cette triste vérité, et les Colons, jusqu'ici, ont eu le sort des Cultivateurs d'Europe : il faut donc chercher à remédier à cette inégalité.

Une autre maxime en fait de répartition, est que l'impôt doit porter sur le produit des biens, et non sur les personnes. En effet, qu'est-ce que l'impôt? C'est la portion que chaque Citoyen doit de son revenu net à l'Etat. C'est donc la chose, et non la personne, qui doit en répondre. Ainsi, tout impôt personnel est odieux et injuste.

Une troisieme maxime en fait d'imposition, est que la perception soit simple, facile, et peu coûteuse. Toute perception compliquée exige beaucoup de monde, de formalités, et de dépense ; elle devient tyrannique et onéreuse; elle blesse la liberté du Citoyen, et appauvrit l'Etat; double raison pour la proscrire. Il faut donc renoncer aux droits dont la perception entraîneroit ces inconvéniens.

Une quatrieme maxime en fait de répartition, est qu'elle soit la moins sensible. Tout droit que le Cultivateur et le Consommateur ne paye pas lui-même, est moins pesant, ou plutôt le paroît : tels sont les droits de sortie et d'entrée. Ce n'est cependant qu'une adresse, qu'un déguisement; car tout impôt porte toujours sur le Cultivateur ou le Consommateur. Ces vérités générales nous ont paru être la base de toute répartition sage et bien ordonnée.

Principes sur la nature des Impôts dont les Colonies des Antilles sont susceptibles, et singulierement la Colonie de Saint-Domingue.

L'Amérique et l'Europe ne se ressemblent point; on ne peut les comparer; il faut encore moins, en matiere d'impôt, raisonner d'une Colonie par ce qui se passe dans la Métropole. Il nous a paru nécessaire d'établir ces différences, non pour vous, MM., qui connoissez la Colonie, mais parce que vos opérations devant être ultérieurement approuvées par le Roi, il est essentiel de faire connoître à Sa Majesté les motifs qui vous auront déterminés.

Premiere différence. En Europe, la culture et les Manufactures ont d'abord pour objet la subsistance et la consommation intérieures; le commerce extérieur d'exportation n'est que la vente du superflu des productions de la terre et des matieres travaillées. Dans les Colonies du genre de celle-ci, la culture principale n'a aucun rapport à la subsistance, et presque point du tout à la consommation du dedans. Tout ce que l'on fait est destiné, par sa nature, à être exporté; de là, point de commerce intérieur; de là, la subsistance et le revenu, c'est-à-dire, la vie et la richesse, sont précaires à Saint-Domingue. Si le commerce extérieur cesse en Europe, le Cultivateur et le Manufacturier vendent moins ou à meilleur marché dans l'intérieur. Ici, lorsque le commerce extérieur est suspendu, tout cesse avec lui; plus de ventes, plus d'achats, plus de circulation; tout languit, tout meurt. En Europe, la guerre, que les Peuples trouvent si funeste et qui l'est en effet, est pour les Colonies un fléau bien plus redoutable : là, elle est le prétexte ou la cause de nouveaux impôts; ici, elle anéantit à coup sûr le produit des cultures et des Manufactures, et ne laisse pas même au Colon sa subsistance et ses frais.

D'après cette premiere différence, il faut conclure que le revenu des Colonies, dépendant uniquement du commerce extérieur, les impôts dans les Colonies doivent suivre la nature du commerce maritime: or la nature de ce commerce est d'importer et d'exporter; les droits doivent donc être sur les entrées et les sorties. La nature du commerce est de varier; les droits, dans les Colonies, doivent donc varier avec le commerce, augmenter et diminuer avec lui; on ne peut donc déterminer avec précision la quotité des droits dans les Colonies, on ne peut donc les rendre fixes et perpétuels, et ils doivent être à temps court et limité, afin de pouvoir consulter les variations du commerce, qui seul peut faire établir ces droits et en rendre la perception possible.

Seconde différence. En Europe, la culture est facile, parce qu'on peut cultiver une petite étendue de terrain comme une grande; parce qu'un arpent de vignes, de pré, ou de terre labourable, ne coûte pas plus de frais, et rapporte autant, proportion gardée, qu'une plus grande quantité de ces mêmes choses. Dans les Colonies du genre de celle-ci, c'est le contraire; il faut nécessairement une certaine étendue de terre, une certaine quantité d'Esclaves, une certaine quantité de bestiaux, une certaine quantité de bâtimens, de machines, et d'ustensiles pour la culture du sucre, de l'indigo, du café, du coton; et la moindre de ces cultures exige un fonds considérable pour les entreprendre, et entraîne chaque année une dépense plus forte pour l'exploitation, qu'une terre considérable dans le Royaume. En France, toute terre est susceptible de quelque culture ou rapport; ici la plus grande partie de la terre se refuse à la culture; il faut des plaines pour les sucreries, des terres neuves pour l'indigo et le café; et dans la partie la plus considérable de la Colonie, l'on ne cultive encore que par le secours de l'arrosage.

De cette seconde différence, il résulte qu'on ne peut, dans aucun cas, comparer la culture d'Europe à celle des Colonies; que chaque Habitant est, à proprement parler, un Manufacturier, et dans un sens plus étendu que ceux d'Europe; que la terre, les Negres, les bestiaux, les ustensiles et les bâtimens sont les matieres premieres, les Ouvriers et les choses de nécessité pour les Manufactures; qu'ils ne peuvent dès-lors être imposés, et que la Colonie ne doit en général payer à l'Etat que par des droits sur le produit de ses Manufactures.

Troisieme différence. En fait d'impôts dans le Royaume, on ne considere point les dettes des particuliers parce que les Citoyens doivent à d'autres Citoyens, parce que le capital et les intérêts appartiennent au Royaume, parce que ces dettes sont intérieures et n'appauvrissent point l'État : dans cette Colonie, il faut raisonner différemment.

Nous avons dit que la culture exigeoit ici un fonds considérable. La plupart des Colons n'ont pu l'entreprendre que par le secours des avances ; la plupart des Colons ne peuvent la soutenir que par les mêmes moyens. Les Negres, ce mobilier si nombreux, si cher, et si casuel, sont indispensables pour cultiver; il a fallu s'en procurer pour défricher; il faut s'en procurer sans cesse pour réparer les pertes et augmenter les plantations ; de là, cette dette primitive et sans cesse renaissante envers le Commerce, dette forcée, dette énorme, et dont les intérêts se sont accumulés à un point effrayant, par l'interruption du commerce et de l'exportation, occasionnée par les deux dernieres guerres maritimes ; dette supportée par le plus grand nombre des Colons, et des Colons mal-aisés, et qui finira par absorber la plus grande partie des capitaux de la Colonie, si de nouvelles guerres viennent encore la grossir.

Il résulte de ce tableau fidele, que les Colons en général sont plutôt les Fermiers du commerce, que les Propriétaires des Habitations ; que sur les revenus, il ne reste rien au plus grand nombre des Habitans, les frais d'exploitation, la subsistance et les intérêts des dettes prélevés ; qu'on ne peut dès-lors les imposer sans raccourcir leur subsistance, sans diminuer leur culture, ou sans suspendre le remboursement des sommes dues au Commerce.

Quelles seroient donc les suites de l'imposition actuelle, si on la faisoit porter directement sur le Colon ? Ce dernier, lassé d'une subsistance difficile et d'un travail infructueux, abandonneroit sa terre, comme nous en avons déjà de tristes exemples parmi les Habitans à café ; de son côté, le Commerçant, recevant difficilement, suspendroit ses crédits, et la culture s'anéantiroit de toutes parts. Il faut donc établir comme une démonstration, que cette Colonie est hors d'état de supporter le poids des impôts demandés ; et que, dans la nécessité où nous sommes cependant de les asseoir, il est impossible d'en faire tomber directement une partie sur le Cultivateur.

Examen des anciens droits. Jusqu'ici, il a été établi et perçu dans la Colonie, au profit du Roi, cinq especes différentes de droits ; savoir, les droits de sortie sur les denrées exportées, la capitation sur les Esclaves, le droit sur les loyers des maisons des Villes, le produit de certaines fermes, et les droits dits seigneuriaux. Les quatre premieres especes ont été établies et données par la Colonie à titre d'octrois ; la cinquieme a pris naissance avec les Tribunaux, en faveur du Souverain, comme Haut Justicier; mais leur produit a été par lui donné à la Colonie. Nous allons parler séparément de chaque espece de droits.

Droits de sortie sur les denrées. Les droits sur les denrées ont cet avantage, qu'ils établissent une parfaite égalité entre les contribuables; ils suivent l'augmentation ou la diminution du revenu de chaque Citoyen. Celui qui fait plus, paye plus; celui qui fait moins, paye moins; celui qui ne fait rien, ne paye rien. Les droits de sortie se sont étendus successivement sur plusieurs objets; savoir, en suivant l'ordre chronologique, sur l'indigo, sur le sucre brut et blanc, sur le coton, le café, le cacao, et sur les cuirs.

Indigo. L'indigo fut la premiere denrée taxée; elle commença à être imposée en 1696 à 2 sous par livre. En 1713, où l'octroi commença et prit la forme qu'il a toujours eue depuis, c'est-à-dire, où les Habitans, représentés par les Conseils, s'imposerent eux mêmes, le droit de l'indigo fut conservé; en 1751, lors de la nouvelle imposition, il fut établi, en sus des anciens droits, 1 sou par livre d'indigo pour cinq ans. Cette nouvelle imposition ayant été prorogée deux fois de suite, il a été payé depuis ce temps 3 sous par liv. de cette denrée exportée. Par le relevé que nous avons fait des droits de sortie de 1753, qui est la plus forte année en indigo, nous trouvons qu'il en a été déclaré une quantité de 1,690,545 liv. pesant; ce qui, à 3 sous par livre, a produit cette année dans la caisse d'octroi, 253,581 liv. 15 sous.

Nous avons reconnu que la quantité de 1,690,545 liv. d'indigo déclarée en 1753, étoit fort au-dessous de celle qui se fabrique annuellement dans la Colonie, et que cela provenoit de deux causes; l'une, des chargemens faits sous voile, dont les déclarations ne se faisoient qu'en France; l'autre, du défaut d'une mesure fixe pour les futailles dans lesquelles on embarque l'indigo. Nous proposerons dans notre plan de répartition les moyens de remédier à ces deux abus; nous renvoyons au même article la fixation de la quotité annuelle d'indigo.

Le droit sur l'indigo est un droit de sortie; il est donc analogue à la nature des Colonies. Ce droit est payé par l'acheteur ou le fréteur; il est donc moins sensible pour le Cultivateur. Ce droit se paye dans les ports par les Capitaines ou Négocians: la perception est donc la plus simple et la plus facile: ces raisons doivent porter à le conserver; mais les impôts étant doublés, il est indispensable de l'augmenter. Nous renvoyons au plan de répartition, l'évaluation de l'augmentation du droit que l'indigo peut supporter.

Sucre brut. L'Assemblée des deux Conseils imposa en 1715 un droit de 1 liv. 10 sous par barrique de Bordeaux de sucre brut; et, par une conséquence établie alors, de 3 liv. par barrique du pays, appelée *barrique créole.* Par le Mémoire du Roi, du 2 Août 1718, ce droit fut augmenté d'un quart en sus. En 1751, lors de la nouvelle imposition, les Conseils tiercerent le droit sur le sucre brut. Depuis ce temps, on a payé pour cette denrée 6 liv. par barrique créole.

Par le relevé que nous avons fait des droits de sortie en 1753, qui est également l'année la plus forte en sucre brut, nous avons trouvé que l'exportation du sucre brut en 1753, a monté à 67,657 barriques créoles, qui, à 6 liv. par barrique, a produit à l'octroi 405,936 liv. 14 sous 9 deniers.

Les barriques créoles de sucre brut sont réputées de mille pesant net. Cependant il est certain qu'elles contiennent en général plus de denrées; ce qui fait que la quantité apparente est inférieure à la quantité réelle. Il y a des moyens de prévenir cet abus : d'un autre côté, il est certain que le retour de la paix et l'introduction des Noirs augmenteront encore la quantité de sucre pendant les cinq années que doit durer l'imposition. Il suffit, pour s'en convaincre, de comparer les sorties pendant la durée de la paix derniere, avec les sorties pendant la durée de la premiere guerre: la fixation de la quotité annuelle de sucre brut appartenant au plan de répartition, nous nous abstiendrons de la déterminer ici.

La nature du droit sur le sucre brut, et son genre de perception, a les mêmes avantages que celui sur l'indigo: ainsi, les motifs sont les mêmes pour le conserver et l'augmenter. Cette augmentation sera fixée et raisonnée dans le plan de répartition.

Sucre blanc. Le sucre blanc ou terré fut imposé en même temps que le sucre brut; on établit 3 liv. par barrique pesant 600 net. En 1718, le Roi porta ce droit à 4 liv. L'usage ayant prévalu peu de temps après d'enfutailler cette denrée dans de plus grandes barriques, on perçut ce droit sur le pied de 6 liv. par barrique: il fut tiercé en 1751. Par le relevé de 1753, qui est l'année la plus forte, le sucre blanc exporté monte à 29,012 barriques, qui, à 9 liv. par barrique, ont produit à l'octroi 261,114 l. 15 s. 10 den.

Les observations que nous avons faites sur le sucre brut, étant en tout applicables au sucre blanc, nous nous dispenserons de les répéter, et nous renvoyons également au plan de répartition, pour régler la quotité annuelle de cette denrée, et l'augmentation du droit dont elle est susceptible.

Café. La culture du café a été tardive dans cette Colonie; les plantations de ce genre ne commencerent à former un objet qu'en 1737. L'Assemblée des deux Conseils imposa cette denrée, le 14 Mai 1738, à 3 den. la livre. Cette culture exigeant des terres neuves et un climat pluvieux, a été la source de l'établissement et de la population des montagnes, principalement dans le ressort du Conseil du Cap. Cette denrée y a toujours été plus abondante que dans les parties de l'Ouest et du Sud. En 1751, les Conseils assemblés doublerent l'imposition sur le café; depuis ce temps, elle est demeurée à 6 deniers par livre. En 1755, qui est la plus forte année de cette denrée, il est sorti de la Colonie 6,941,258 livres de café; ce qui a produit à l'octroi une somme de 173,531 liv. 9 sous.

Il est besoin pour le café, comme pour l'indigo et le sucre, d'une mesure fixe de futailles, pour rapprocher la quantité qui s'en déclare, de celle qui s'en fabrique.

Le droit sur le café et sa perception ont les mêmes avantages que ceux sur l'indigo et le sucre; mais le bas prix où est tombé le café, les maux que la derniere guerre a causés à cette culture, et le besoin où elle est d'être encouragée, ne permettent pas de faire supporter à cette denrée une augmentation de droits proportionnelle à celle du sucre et de l'indigo, ni de compter sur une grande augmentation de la quotité annuelle de cette denrée. Ces deux objets seront fixés dans le plan de répartition.

Coton. La supériorité du coton de Saint-Domingue sur celui du Levant, rend plus précieuse à la France la culture du coton dans cette Colonie. Malheureusement le climat pluvieux de la partie du Nord n'y permet pas cette culture; et dans la partie de l'Ouest et du Sud, on ne s'y livre qu'à défaut de pouvoir cultiver l'indigo: ainsi, elle ne sera jamais bien considérable dans la Colonie; elle n'en mérite pas moins de fixer l'attention. Le coton fut imposé en même temps que le café. En 1738, il fut établi un droit de 2 liv. 10 sous par quintal; ce droit fut doublé en 1751. L'année 1753, où il a été exporté le plus de coton, nous fournit une quantité de 1,393,646 liv., qui, à 5 liv. par quintal, ont produit dans la caisse des octrois 69,682 liv. 6 sous.

Le coton se livre et se charge en balles ou ballotins. Il est aussi essentiel de déterminer ces balles et ballotins que les futailles pour l'indigo, le sucre, et le café. Nous renvoyons cet objet, ainsi que l'évaluation de la quotité annuelle de coton, au plan de répartition. Le droit sur le coton et sa perception présentent les mêmes avantages que ceux sur l'indigo, le sucre, et le café; l'augmentation de droit dont le coton est susceptible, aura sa place dans le plan de répartition.

Cacao. Le cacao fut imposé avec le café et le coton en 1738, à 1 sou par livre exportée. Le Roi, en approuvant la délibération des deux Conseils, exempta, pendant dix ans, le cacao du droit de sortie. En 1751, l'Assemblée des Conseils ne crut pas devoir faire supporter aucune augmentation de droits à cette denrée; elle fut la seule exceptée. Malgré ces encouragemens, nous n'avons pu découvrir que la culture du cacao ait été reprise; la nature du sol et du climat s'y refusent: elle demande des terres fraîches et couvertes; les rats ravagent le fruit avant sa maturité, et les autres cultures offrent plus de bénéfice. Le cacao qui sort de la Colonie, ne provient point de son cru; il est introduit par l'Espagnol de la Grande-Terre ou vient de Cayenne; c'est d'ailleurs un objet trop modique pour en faire la matiere d'un droit. Dans les années 1740, 41, 43, 45, 46 et 47, il n'en a point été exporté, et il est plusieurs années où l'exportation n'a pas monté à un millier pesant. Toutes ces considérations réunies nous font penser qu'il conviendroit d'éteindre l'ancien droit d'1 sou pour livre sur le cacao, et de ne pas comprendre cette denrée dans la présente imposition.

Cuirs. Les cuirs sont un des premiers objets imposés. En 1715, on mit 20 sous sur la bannette de cuirs, au lieu de 10 sous qu'elle payoit précédemment. En 1751, on ajouta un droit de 10 sous sur la bannette de cuirs en poil, et 2 sous 6 den. sur chaque côté de cuirs tannés. En 1754, il est sorti deux mille cinq cent soixante-un côtés de cuirs tannés, qui ont produit à l'octroi 11,845 l. 17 s. 6 d.; et 13,334 bannettes de cuirs en poil, qui ont produit à l'octroi 20,002 l. 5 s. Les cuirs étant le produit des Tanneries et Boucheries, doivent payer par le principe d'égalité en fait d'impôt. Cependant il est bon d'observer que la plus grande partie des cuirs est fournie par l'Espagnol de l'intérieur de l'Isle. Le genre simple de perception de ce droit est un autre motif pour l'adopter.

La quotité annuelle d'exportation des différens cuirs, et l'objet qu'ils peuvent former dans la présente imposition, appartiennent à la répartition.

Droits de Capitation sur les Esclaves. Le Roi ayant demandé un octroi à la Colonie en 1713, le peu de denrées qu'elle produisoit alors, força les Conseils assemblés à établir une capitation sur les Esclavss travaillans; elle fut réglée à 6 liv. par tête. Cette imposition étoit si excessive, que le Roi,

Roi, en 1718, fut forcé de la modérer lui même à moitié. La difficulté de bien constater les Esclaves travaillans, porta Sa Majesté, en 1744, à réduire le droit de 3 liv. par Negre travaillant, à 2 liv.; mais en même temps, à l'étendre sur tous les Esclaves, de quelque âge qu'ils fussent, et dans quelque état qu'ils se trouvassent. De nouveaux fonds exigés par le Souverain en 1751, firent doubler la capitation des Noirs; et sur sa demande précise, les Negres des Colons absens supporterent une triple capitation. Par la vérification des recensemens de 1762, il y avoit dans la Colonie 180,000 esclaves.

De tous les droits établis à Saint-Domingue, le plus contraire à la nature des Colonies, le plus accablant, et le plus destructif, est la capitation sur les Esclaves; une fatale expérience a démontré cette triste vérité. Cette capitation réunit en elle seule tous les maux des impositions vicieuses, sans en présenter le plus léger avantage: elle est injuste, elle est inégale; sa perception est compliquée, dure, et odieuse. Les détails sur cette matiere instruiront la France, attendriront sur le sort des Colons, et justifieront notre plan de répartition. Il est reconnu que les enfans, les vieillards, et les infirmes composent le tiers des Esclaves. Loin d'être d'aucune utilité aux Maîtres, ils sont pour eux une charge pesante, que l'humanité seule pour les vieillards et les infirmes, et un intérêt aussi éloigné qu'incertain pour les enfans, peuvent aider à supporter. Est-il possible de concevoir qu'on puisse imposer un droit sur un objet qui coûte au lieu de rendre? L'humanité n'est-elle pas également révoltée que l'équité, de voir des Maîtres généreux payer un tribut au Fisc, pour les soins gratuits qu'ils prennent de prolonger les jours et de soulager les maux d'hommes, dont l'enfance, la vieillesse, ou les infirmités les livreroient bientôt, sans ces secours, aux douleurs et à la mort? Telle est cependant la capitation sur les Noirs, depuis qu'on l'a étendue sur tous les Esclaves indistinctement.

Une autre injustice non moins sensible de cette capitation, est qu'elle s'étend au delà du tombeau; le droit subsiste, même lorsque la chose sur laquelle il est établi cesse d'exister. Des Negres meurent après le recensement fourni; le Colon alors éprouve, non seulement une diminution dans ses revenus, mais la perte d'une partie de son capital. Il n'est point assez malheureux; il faut encore que la nécessité de payer un droit pour des Esclaves qu'il a perdus, lui en rappelle et en augmente l'amertume.

Une troisieme injustice résultante de la capitation des Noirs, est qu'ils ne sont point un signe certain de revenu. Nous ne parlons plus de la mort qui en enleve sans cesse dans le cours de chaque année ; nous ne parlons plus de ceux dont l'âge tendre ou avancé les rend inutiles à la culture ; nous ne parlons plus de ceux dont la maladie ou les infirmités suspendent le travail, ainsi que de ceux qui passent une partie de leur vie fugitifs dans les bois ; nous disons que les Esclaves capables de cultiver et employés à la terre, ne sont pas même un signe certain de revenu. Comme la terre ne produit point sans les bras des Negres, le travail de ces derniers devient infructueux, si la terre et les saisons ne répondent point à leur travail. Les inconvéniens qui surviennent aux cultures et aux plantations, peuvent annuller le revenu, comme les accidens qui frappent sur les Esclaves. Des sécheresses, des inondations, des incendies, des insectes dévorans, sont des causes multipliées, et malheureusement trop fréquentes, qui suspendent, diminuent, ou anéantissent les récoltes. De quel produit sont alors les Esclaves ? Dans la culture du café, il faut attendre pendant trois ans le fruit de ses soins et du temps de ses Negres. L'établissement des sucreries demande deux années de peines et de travaux stériles ; le passage d'une culture à une autre, que la terre exige, ou que la guerre rend indispensable, éloigne encore le produit du fonds et du mobilier. La capitation sur les Noirs, qui méconnoît ces différences, est donc encore injuste sous ce point de vue.

Une quatrieme injustice que renferme la capitation des Noirs, est qu'elle confond le temps de la paix et le temps de la guerre. Supposons pour un moment que, dans la guerre, tout concourt en faveur des cultures, que les Esclaves soient immortels, et les saisons toujours favorables, les Colons seront-ils plus en état de satisfaire à cette capitation ? Non, Messieurs. Pauvres au milieu de l'abondance de leurs denrées, sans débouchés, dès-lors sans argent ; incertains de trouver les objets de premiere nécessité pour la vie, le vêtement ou l'entretien de leurs Manufactures, trop heureux quelquefois de livrer à un vil prix de précieuses récoltes, pour subvenir uniquement à leur subsistance et à l'exploitation de leurs biens : telle est l'image la plus flattée du sort des Colons pendant la guerre. Comment payer alors pour des Esclaves dont le travail ne produit rien, ou ne produit aucun revenu net au delà de la vie et des frais ? Nous ne rappellerons point ici ces temps de guerre si douloureux, où le Colon infortuné voyoit ses Negres enlevés à la culture, et employés loin de ses yeux à des fortifications et à des camps démontrés inutiles, où, quoique privé de leur travail et forcé de les nourrir au loin, il payoit encore des droits pour ces mêmes Esclaves dont on lui enlevoit la jouissance; pour ces Esclaves qui, en mourant hors de ses mains, bien loin de lui en procurer le remboursement, ou de diminuer le poids de ses corvées, lui imposoit encore la cruelle obligation de les remplacer. Cette partie appartient à MM. les Commissaires chargés des Remontrances.

A l'injustice de la capitation sur les Noirs, se joint l'inégalité. Nous avons dit et prouvé que les Negres n'étoient pas un signe certain de revenu; il est notoire qu'ils sont encore moins un signe uniforme du produit des Habitations auxquelles ils sont attachés. Outre la différence de valeur entre des Esclaves dans la force de l'âge, et des vieillards, des infirmes, et des enfans, il en est une prodigieuse entre des Esclaves de même valeur, appliqués à des terres de différentes qualités, et même à des cultures différentes. Dans de certaines terres, une petite quantité de Negres donne beaucoup plus de productions qu'une plus grande quantité de bras dans d'autres terres. Cette augmentation de produit, jointe à la diminution des frais, met une double différence entre les Cultivateurs des bonnes terres, qui forment la plus petite classe, et les Cultivateurs des terres médiocres, qui sont les plus nombreux. Il est donc constant que, par la capitation des Noirs, l'Habitant le plus riche paye moins, proportion gardée, que l'Habitant mal-aisé. Cette vérité est si constante, que les Commissaires du Roi à la Martinique ont été forcés de l'adopter eux-mêmes.

L'inégalité d'imposition provenant de la capitation des Noirs, est encore plus frappante entre les Manufacturiers du sucre, de l'indigo, du café, du coton, et les Manufacturiers de briqueries, de poteries, de chaux, de guildives, les léguminiers, et sur-tout les Habitans des Villes et des Bourgs: les premiers fournissent à l'Etat des droits considérables par leurs denrées; les derniers ne contribuent en rien aux droits de sortie: les premiers possedent la plus grande partie des Esclaves; les derniers n'en ont que la plus foible portion: ainsi, le Cultivateur du sucre, de l'indigo, du café, du coton, supporte le poids de deux impositions, tandis que le Tuilier, le Potier, le Guildivier, le Chaux-Fournier, le Léguminier, le Négociant, le Marchand et l'Artisan ne sont assujettis qu'à un droir unique; encore, dans la capitation des Noirs, les sept huitiemes de l'imposition tombent-ils sur les Cultivateurs.

Une troisieme inégalité dans la capitation des Noirs, est le tiercement de cette capitation sur les Negres des Habitans absens. Cet impôt, dira-t-on, a eu pour objet de prévenir la dépopulation; d'ailleurs on n'est réputé absent qu'au bout de deux ans. L'on s'est étrangement trompé, lorsqu'on a compté les Loix pénales parmi les moyens de population des Colonies : le premier de tous est la douceur du Gouvernement. L'intérêt peut bien appeler de nouveaux Colons, mais la certitude de jouir paisiblement des fruits de son industrie, peut seule les y retenir. Cesse-t-on d'être François, cesse-t-on d'être Colon, pour retourner dans le sein de sa véritable Patrie ? Un Citoyen laborieux et utile, qui, sous un climat brûlant, a consumé son temps et sa santé à se créer une fortune, en étendant la culture ou le commerce, n'a-t-il pas bien acquis le droit de finir sa vie dans le séjour agréable et l'air tempéré de la Métropole ? Cette circulation d'hommes entre la France et Saint-Domingue n'est-elle pas même désirable pour conserver les mœurs françoises ? Cette distinction de présens et d'absens est donc odieuse et peu politique ; d'ailleurs le véritable motif qui l'a fait établir, n'existe plus ; c'étoit, suivant le Mémoire du Roi de 1750, parce que les absens ne contribuant pas à la défense de la Colonie, devoient être plus imposés, &c. Les Milices sont supprimées, l'effet doit cesser avec la cause.

La perception de la capitation des Noirs est compliquée, difficile pour le Roi, et dure pour les Colons : il a fallu que chaque propriétaire d'Esclaves en donnât chaque année une déclaration ; il a fallu, pour prévenir les fausses déclarations, les faire vérifier par des personnes préposées. Cette précaution ne suffisant pas, il a fallu prononcer la confiscation des Negres non déclarés ; loi absurde, en ce que le Negre cultivateur est un capital, et qu'en exerçant la confiscatisn, on diminue la culture et on anéantit même l'objet sur lequel le droit est établi. Les recensemens fournis, il faut que le Receveur expédie autant de quittances de droits, qu'il y a de propriétaires d'Esclaves ; et pour s'assurer de la quotité des quittances, il faut encore qu'elles soient visées par un Ecrivain du Roi. Que d'écritures ! que de papiers ! Si l'Habitant des montagnes veut satisfaire à ce droit, il faut qu'il abandonne ses Esclaves à eux-mêmes, qu'il entreprenne un voyage aussi coûteux que le droit : si, par négligence ou par impuissance, le Cultivateur est en retard de payer, alors la saisie des Negres de culture et la garnison sont mis en usage ; moyens violens, dont les frais forment un nouvel impôt pour celui contre qui ils sont employés. Cette perception est si difficile, qu'il est encore dû beaucoup au Roi pour des années reculées. Dans le temps de la guerre, la raison et l'humanité interdisent les voies rigoureuses de contraintes ; enfin, il se rencontre toujours des non valeurs, lorsque les Propriétaires des Villes et des Bourgs s'absentent ou meurent, et que leurs Negres passent en d'autres mains. Il est un autre inconvénient qui résulte de la capitation sur les Noirs: la comptabilité des Colonies est modelée sur celle des Ports de France; et, par une suite de cette ressemblance forcée, les Receveurs des Octrois comptent par recette et dépense, ainsi que les Trésoriers des Colonies. Il faut donc que chaque année, la recette de la capitation des Noirs paroisse effective, quoiqu'elle ne le soit pas, et qu'il y ait beaucoup de reprises. Ainsi, outre la complication des moyens qu'il faut mettre en usage pour présenter comme effective une recette qui ne l'est pas, il est certain que, par ces comptes, il est impossible de connoître le véritable état des caisses de la Colonie.

Après avoir détaillé les inconvéniens de cette perception, il faut observer qu'elle est moins difficile dans les Villes que dans les Campagnes. Le payement du droit n'exige point de déplacement; ceux qui les habitent ont toujours les moyens d'y satisfaire; les voies de rigueur y sont moins nécessaires, et les frais en sont moins considérables.

Nous devons observer encore sur la capitation des Negres en général, que chaque tête d'Esclave est déjà assujettie à deux impositions municipales (les droits Curiaux et les droits *Suppliciés*); la premiere a pour objet la religion, l'instruction de chaque Esclave; la seconde, la sûreté publique, en procurant à chaque Maître le remboursement de l'Esclave criminel qu'il a dénoncé à justice: l'une et l'autre sont également justes, et il n'est pas possible d'appliquer à leur égard ce qui a été dit ci-dessus.

De tout ce que nous avons dit sur la capitation des Noirs, il faut conclure qu'il seroit à désirer que l'on pût la proscrire entierement du plan de répartition; que, dans tous les cas, il est impossible de la conserver sur les Negres cultivateurs ou fabricateurs des denrées qui s'exportent; que, d'après le principe de l'égalité et la nécessité de faire concourir aux charges de la Colonie, les Potiers, Tuiliers, Briquetiers, Chaux-Fourniers, les Légumiers, et les Habitans des Villes et Bourgs, on peut conserver la capitation sur les Esclaves qui leur appartiennent; cette capitation étant encore le droit le moins odieux et le moins onéreux qu'on puisse leur faire payer, en observant la proportion qui doit être établie entre eux. Nous renvoyons au plan de répartition la fixation de la quantité d'Esclaves possédés par ces différentes classes de Citoyens, la quotité du droit à imposer, et la somme qu'il peut produire.

Droits sur les Maisons. Ce ne fut qu'en 1751, lors d'une nouvelle imposition, qu'il fut stipulé, par l'article 8 de la délibération des deux Conseils, que les Propriétaires des maisons de Léogane, du Petit-Goave, des Cayes, du Fond, de Saint-Marc, du Cap, du Fort Dauphin et du Port-de-Paix, payeroient deux pour cent de la valeur des baux à ferme desdites maisons. Pour ne point s'opposer à l'augmentation des Villes, on exempta de ce droit les maisons commencées, ou qui se bâtiroient pendant la durée de l'imposition, c'est-à-dire, pendant cinq années. Ce droit a été prorogé deux fois. Par le rôle de 1760, le revenu général des maisons montoit à 2,136,283 liv., et les deux pour cent imposés, à 42,725 liv. La perception de ce droit est assez facile; elle exige tous les cinq ans un recensement des maisons de chaque Ville, pour établir le prix des loyers de chaque maison, soit affermée, soit occupée par les Propriétaires. Ce sont les Commissaires des Conseils dans les deux ressorts qui font ces recensemens.

Il est juste que les possesseurs des maisons contribuent aux besoins publics; il faut donc conserver ce droit. Les impôts étant augmentés, et le retour de la paix ayant, sur-tout dans cette Ville, haussé le prix des loyers, il est encore juste d'augmenter ce droit. Nous traiterons dans le plan de répartition la quotité actuelle du revenu des maisons, le droit qu'il peut supporter, et le produit qu'il peut donner.

Droits des Fermes. Les Fermes sont au nombre de quatre; savoir, la Ferme des Cabarets, la Ferme des Boucheries, la Ferme des Cafés, et la Ferme des Passages.

Ferme des Cabarets. Il fut établi en 1713, par l'Assemblée des deux Conseils, un droit de 150 liv. par chaque Cabaret. En 1715, ce droit fut porté à 300 liv.; depuis, ce droit a été changé en Ferme. Année commune, cette Ferme a produit 27,927 liv. 18 sous 4 den. La Ferme de l'adjudication consiste dans une carte-bannie dressée par l'Intendant, affichée et criée à la diligence des Procureurs du Roi, et adjugée à la Barre des Siéges Royaux, au plus offrant et dernier enchérisseur. La nature des Fermes est de varier; la nature de celle-ci est d'augmenter, par l'accroissement des Villes et des Bourgs.

La perception du produit de cette Ferme ne s'étend que vis-à-vis d'un petit nombre de personnes, et dès-lors n'est pas compliquée. Les seuls embarras qu'elle occasionne, sont les discussions qui s'élevent entre les Fermiers principaux et les Cabaretiers et Aubergistes, et les contraintes qu'il faut exercer, soit contre les uns et les autres, soit contre les cautions et certificateurs.

Le seul inconvénient de cette Ferme est de renchérir un peu certains objets de consommation : mais cet inconvénient est trop léger pour s'en occuper ; d'ailleurs la fréquentation des Cabarets est rarement nécessitée, et presque toujours volontaire.

Si la Colonie n'avoit pas autant d'impôts à supporter, on pourroit peut-être s'occuper de la suppression de cette Ferme ; mais dans la dure nécessité où l'on est de fournir quatre millions, elle doit former un objet dans la nouvelle imposition. On trouvera dans le plan de répartition l'évaluation annuelle de cette Ferme.

Ferme des Boucheries. En 1713, il fut établi un droit sur les Boucheries ; en 1715, ce droit fut donné au Roi pour 10,000 liv. Deux causes ont successivement porté le produit de cette Ferme à un point considérable, l'augmentation de la consommation, et l'augmentation du prix de la viande débitée. En 1750, le produit de cette Ferme a monté, dans la seule partie du Cap, à 122,500 liv. : la livre de bœuf valoit alors 7 sous 6 den. Dans les différens quartiers de la Colonie, il y a toujours eu une grande variation, soit dans le prix des Fermes, soit dans le prix de la viande. Ces variations dépendent de la facilité ou de la difficulté de les approvisionner, et de la consommation plus ou moins grande. La livre de bœuf doit se vendre actuellement 9 sous 6 deniers au Cap, et 12 sous au Port-au-Prince. Depuis un grand nombre d'années, on a beaucoup écrit et crié contre les Fermes des Boucheries. Il paroît contre tous les principes qu'un objet de premiere nécessité pour la subsistance, soit imposé ; il paroît encore plus étonnant qu'on ait formé un privilége exclusif d'un aliment indispensable à la vie. Ces deux vices inhérens aux Fermes des Boucheries, ont enfanté les fraudes, les vexations et l'impunité des Fermiers ; de là la mauvaise qualité de la viande ; de là le faux poids ; de là le défaut de police. Les plaintes ameres du Public et les soins des Tribunaux ont été jusqu'ici infructueux sur cette partie.

En cherchant les causes des abus qui subsistent dans les Boucheries, nous en avons reconnu quatre principales ; la premiere, et la plus féconde, est l'arbitraire qui regne dans cette Ferme. Sous le prétexte que les droits sur les Boucheries font partie des fonds accordés au Roi, les Administrateurs des Finances (de leur seule autorité et sans formes légales) ont souvent augmenté le prix de la viande, pour hausser le prix de la Ferme, et ont inséré dans les cartes-bannies des clauses onéreuses aux Citoyens, pour favoriser les Fermiers.

La seconde source de ces abus, est la différence du prix de la viande distribuée aux Colons, et de la viande fournie aux Troupes. Pour faire consentir les Fermiers à donner à bas prix la viande au Soldat et à l'Officier, il a bien fallu surhausser en proportion le prix de la viande consommée par les Habitans ; et dans ce calcul, les Fermiers ont toujours eu l'avantage ; par-là, le Roi a retiré un double bénéfice des Boucheries, le produit de cette Ferme, et une diminution de dépense dans la subsistance de ses Troupes. Si l'on calculoit cette diminution, et qu'on la réunît au prix de la Ferme, on trouveroit une somme énorme que les Colons payent au delà de la valeur réelle de la viande. Cependant quand la Colonie fit entrer dans l'Octroi un droit sur les Boucheries, elle ne comptoit payer et donner que ce droit.

La troisieme source de ces abus est l'unité de Fermier dans les Villes. Outre qu'un seul Boucher ne peut donner autant de soins à une quantité considérable de bestiaux, que si ces bestiaux appartenoient à plusieurs, et que dès-lors la qualité de la viande doit être généralement mauvaise, il arrive encore que le même homme fournissant aux Troupes et aux Citoyens, et le prétexte du service du Roi donnant la préférence aux premiers sur les derniers, le Citoyen n'est approvisionné qu'après le Soldat, et n'a de viande qu'autant qu'il en reste : comme si le Colon étoit moins précieux à l'Etat que le Soldat ; comme si tous les hommes n'avoient pas le même droit à la subsistance.

La quatrieme source de ces abus est le défaut d'une police exacte dans les Boucheries. L'illégitimité des gains des Fermiers a toujours été un motif de hausser le prix des Fermes ; et les Fermiers, par toute terre, ont redouté l'œil des Magistrats. Les Intendans (nous exceptons M. de Clugny, non parce qu'il est présent, mais parce que son administration a eu dans tous les temps l'équité pour regle) ont toujours cherché à soustraire la police des Boucheries aux Tribunaux, à se l'attirer en entier, à excuser les Fermiers, à infliger des punitions légeres pour des contraventions graves, à rendre les contraventions difficiles à constater, ou même avantageuses à commettre, quand elles seroient prouvées et punies. Les Bouchers des Villes ont toujours secretement éludé la vigilance et la sévérité des Loix ; et dans les campagnes, les Bouchers ont toujours joui d'une impunité publique et absolue.

D'après cet exposé, l'unique moyen de remédier à ces abus, est l'abolition de cette Ferme, et d'en rejeter le montant sur d'autres objets ; c'est le vœu du Public, et nous sommes pénétrés des avantages de cette opération. Mais la réforme des anciens abus a ses inconvéniens ; tous les changemens subits ont souvent des suites fâcheuses, et il est quelquefois de la prudence de les préparer et de les amener par degrés. Il faut considérer

que

que la viande est précaire; que la plus grande quantité qui s'en consomme est tirée de l'Espagnol; qu'ils gênent la sortie de leurs bestiaux, pour en retirer des rétributions; qu'il est à craindre qu'en rendant la liberté de tenir Boucheries, cela n'augmente le prix des bestiaux à l'Espagnol, par la concurrence des acheteurs; qu'enfin, dans les commencemens d'un tel changement, la viande peut venir à manquer dans quelques endroits, et que le premier objet est de pourvoir à la subsistance. Dans cette situation embarrassante, voici le parti auquel nous nous sommes déterminés, et que nous proposons; c'est de laisser encore subsister pendant cinq années les Fermes des Boucheries, sauf, après ledit temps, à y être pourvu différemment; de remédier actuellement aux principaux abus qui sont introduits; et pour cet effet, 1°. de fixer le prix des différentes Fermes de la Colonie, sans que ce prix, sous aucun prétexte, puisse être augmenté; savoir, pour le Cap et le Fort Dauphin, soit qu'on les divise ou qu'on les réunisse, à 80,000 liv. Pour le Port-au-Prince, Saint-Marc, Léogane, le Petit-Goave, soit qu'on les réunisse ou les divise, à 60,000 liv. Pour Saint-Louis et ses dépendances, soit qu'on les réunisse ou qu'on les divise, à 10,000 liv., et cependant que les Fermes du Port-de-Paix, de Nippes, du Fond-des-Negres et de la Grande-Anse, seront adjugées séparément, sans rétribution pour le Roi; 2°. que, dans tous les cas, soit qu'il y ait un prix attaché à la Ferme ou non, la viande sera criée au rabais, à la Barre des Siéges Royaux, à la diligence des Substituts des Procureurs Généraux; 3°. que le prix de la viande sera le même pour le Soldat et le Citoyen, et en général pour toutes personnes, de quelque état, grade ou qualité qu'elles soient; 4°. que les cartes-bannies seront arrêtées par l'Intendant, le Doyen, et le Procureur Général de chaque Conseil, avant d'être publiées; 5°. que la police des Boucheries, relativement aux Habitans, appartiendra aux Juges de Police dans les Villes; et dans les quartiers, aux Syndics.

Cafés et Jeux non prohibés. La permission de tenir des Cafés et des Jeux non prohibés, fut, dans le principe, accordée à prix d'argent par les Gouverneurs Généraux, au profit de leurs Capitaines des Gardes. L'établissement de ces Cafés et de ces Jeux ayant donné, avec le temps, un certain produit, les Géneraux se l'attribuerent, tant pour soudoyer leur Capitaine des Gardes, que pour accorder des gratifications aux pauvres Officiers. Tous les Gouverneurs n'ayant pas toujours rempli cette destination, et la Ferme des Cafés grossissant, le Roi, en 1754, régla, par une Dépêche non registrée, que le produit de cette Ferme seroit partagé en trois portions égales, dont une appartiendroit au Général, l'autre à l'Intendant, et la troisieme seroit employée en gratifications. En 1759, Sa Majesté ayant porté les appointemens du Général à 150,000 liv., et ceux de l'Intendant à 120,000 liv., réunit la Ferme des Cafés à la caisse de l'Octroi : elle produit, année commune, environ 24,000 liv.

Cette Ferme est la source des jeux prohibés, et conséquemment de beaucoup d'abus, dont le moindre est la ruine des personnes, et principalement des jeunes gens qui fréquentent les Cafés; son modique produit, joint à cette considération, devroit la faire proscrire ; mais nous avons observé qu'en l'abolissant, elle pourroit ressusciter de la même maniere qu'elle étoit née, sans tourner au profit du Roi et à la décharge de la Colonie ; ce qui seroit encore plus abusif que dans l'état actuel des choses. Cette réflexion unique, mais décisive, doit la laisser subsister.

Il est à considérer que cette Ferme rendoit plus entre les mains des Chefs de la Colonie, que depuis qu'elle fait partie de l'Octroi. La solution de ce problême est qu'alors les jeux prohibés étoient secretement permis, et qu'ils sont aujourd'hui séverement défendus; tant il est vrai, comme nous l'avons dit, que les gains illégitimes des Fermiers sont la principale cause de l'augmentation du prix des Fermes !

La perception de ce droit est fort simple: pour ce qui est de l'évaluation du produit de cette Ferme, nous renvoyons au plan de répartition.

Passages. Ces passages sont des passages par mer, c'est-à-dire, qui appartiennent au petit cabotage. Leur origine est assez obscure, quoique peu reculée ; ils ne sont établis que dans la seule dépendance du Cap ; c'est l'ouvrage des Commissaires Ordonnateurs ; le Roi ni les Conseils assemblés n'en ont jamais parlé ; une forme aussi illégale suffiroit pour les faire rejeter. Celui du Fort Dauphin a déjà été supprimé, comme contraire à l'Ordonnance de la Marine, qui exige un congé de l'Amiral pour naviger de port en port. Les Fermes des passages ne rendent, année commune, que 8,500 liv.: ainsi, c'est un très-mince objet pour l'Octroi que leur conservation ; mais c'est un objet très-important pour le commerce que leur suppression. On connoît la négligence des Fermiers de passages pour les effets et les denrées qui leur sont confiés ; on connoît les rapines, les avaries, et les déprédations dont ces Fermes sont la source ; on sait que, malgré le prix fixé pour le fret, les Fermiers des passages exigent des droits plus forts, et donnent la préférence à ceux qui souscrivent à leurs vexations. Le plus grand mal est la lenteur qu'éprouve le transport des denrées ; le chargement des Vaisseaux en est retardé, et l'Habitant et le Négociant sont accablés de frais de magasinage dans les embarcadaires. Les Fermes des passages supprimées, plusieurs Navigateurs s'y emploieront ; il se formera une peuplade de Caboteurs ; la concurrence fera tomber le prix du fret ; le transport sera rapide, et le commerce plus libre et plus actif. Tout privilége exclusif dans le Commerce, lui ôte son ressort, et tend à le détruire. Aux vices qui se rencontrent dans les Fermes des passages, il s'est joint un autre abus. Un Particulier en crédit auprès des Ministres (le sieur Laporte, ci-devant premier Commis du Bureau des Colonies), a obtenu un Brevet de don d'un de ces passages (le passage du Cap à la Petite-Anse) : par un fait encore plus singulier, il jouit, depuis plusieurs années, du passage de Limonade, sans Brevet de don, et contre les dispositions d'un Arrêt du Conseil du Cap, rendu relativement à la jouissance de ce passage. Outre qu'il est convenable d'englober ces deux passages dans la suppression générale de tous les passages par mer, nous estimons, MM., que l'Assemblée doit statuer sur le produit de celui de Limonade.

Bacs sur les Rivieres. On compte trois rivieres sur lesquelles il y a des bacs ; la riviere de l'Artibonite, l'Ester, et la riviere du haut du Cap, ou riviere de Galifet. Ce furent les Habitans de l'Artibonite qui établirent eux-mêmes des Bacs sur leur riviere, pour la facilité de la communication, qui étoit fréquemment interrompue. Ces bacs sont affermés par les Habitans à un prix modéré, et ce prix est destiné à leur entretien, et déposé entre les mains d'un Habitant du quartier, sous l'inspection de l'Intendant. Le Bac sur l'Ester a été établi et est entretenu par un Particulier, au moyen d'une rétribution modique. Ce Bac et son produit sont deux objets trop peu intéressans pour s'en occuper. Le Bac sur la riviere du haut du Cap, a été établi le 10 Septembre 1742 par MM. de Larnage et Maillart, et réuni à la Ferme de la Petite-Anse et de Limonade ; le tarif des droits de passage sur ce Bac fut également dressé par eux sur le pied où il se perçoit aujourd'hui. Le 16 Décembre 1746, le sieur Laporte obtint un Brevet de don du Roi de la jouissance pleine et entiere, tant du droit du passage établi sur la riviere du haut du Cap, que sur le passage de la Petite-Anse, pendant l'espace de vingt années, à compter du 1er Juin 1747, pour lui, ses héritiers ou ayans cause. Ce Brevet de don a été enregistré au Conseil du Cap en 1747, dans un temps où le donataire étoit premier Commis du Bureau des Colonies. Le Bac de la riviere du haut du Cap, et le passage de la Petite-Anse, rendoient alors 10,500 liv. par an En 1747, la Ferme monta à 30,100 livres. En 1750, cette Ferme fut portée à 38,000 livres. En 1755, elle augmenta encore, et fut adjugée à 40,200 liv., sur lequel pied elle est demeurée. En évaluant le produit de ce Brevet de don pendant les vingt années, dont il reste encore trois à expirer, il procurera au sieur Laporte une somme de 792,000 liv. Quelle gratification tirée d'une seule Colonie ! Avec le produit de ce Bac et de ce passage, on jouiroit d'un pont qui auroit aboli le droit. Les Bacs ayant été établis pour la communication, il s'ensuit que leur produit doit être employé à la communication de l'intérieur; et comme la communication n'est jamais plus sûre, plus prompte et plus commode que par l'établissement des ponts, il convient d'affecter le montant de la Ferme des Bacs à la construction de ponts sur les mêmes rivieres où ils sont établis. Il ne suffiroit pas de régler la destination de ces derniers, si on ne prend encore des mesures pour en assurer l'emploi. En les réunissant à la caisse des octrois, ils seront confondus avec les autres droits, et employés indistinctement à d'autres dépenses. Il est donc indispensable de les verser dans les caisses municipales ou des deniers publics, pour remplir l'objet indiqué. Nous proposons à cet effet à l'Assemblée d'ordonner, sous le bon plaisir du Roi, la réunion du produit des Bacs sur la riviere de l'Artibonite, à la caisse des deniers publics ou municipaux du ressort du Port-au Prince, et la réunion du produit du Bac sur la riviere du haut du Cap, après l'expiration du Brevet de don du sieur Laporte, à la caisse des deniers publics ou municipaux du ressort du Cap, pour lesdits deniers être, le plutôt possible, employés à la construction de ponts sur lesdites rivieres, sous la direction des Conseils Supérieurs chacun dans leur ressort.

Droits Seigneuriaux. Les droits Seigneuriaux sont les amendes, les épaves, les aubaines, les déshérences, les bâtardises, les confiscations, et les successions vacantes; ils ont pris naissance avec l'établissement des Justices Royales, et ont été perçus au profit du Roi jusqu'en 1721, que Sa Majesté, par sa Déclaration du 8 Avril, les donna à la Colonie. L'Intendant nomme les Receveurs de ces droits, et par Arrêt du Conseil d'Etat de 1727, les comptes de ces droits sont rendus pardevant l'Intendant et deux Conseillers dans chaque ressort. Le produit n'en est point versé dans la caisse des Octrois, et les Trésoriers des Colonies ne comptent ni de la recette ni de la dépense à la Chambre des Comptes de Paris. Le compte de recette est apuré par l'Intendant et deux Conseillers, comme nous l'avons dit, et le compte de l'emploi du produit de ces droits est arrêté par l'Intendant seul, qui en rend compte au Ministre. Les droits seigneuriaux sont ordinairement employés aux frais des Palais et des Prisons. Quelquefois on rejette sur cette caisse des dépenses qui ne sont pas de nature à être supportées par la caisse des octrois, ou qui passeroient difficilement à la Chambre des Comptes. C'est un agrément et une facilité pour les Intendans, qui peut, il est vrai, tourner quelquefois en abus. Ces droits peuvent être évalués, année commune, à 80,000 liv.

Le Roi ayant donné à la Colonie le produit des droits seigneuriaux, il paroîtroit conséquent de les réunir aux Octrois; mais plusieurs obstacles semblent s'y opposer.

1°. Ces droits sont susceptibles de variations considérables; les épaves et les successions vacantes sont sujettes à être réclamées, et le sont très-fréquemment. Le droit du Roi sur ces dernieres est incertain pendant trente ans; d'un autre côté, Sa Majesté remet quelquefois les amendes et les confiscations. Ainsi, outre qu'il est difficile de bien déterminer la somme pour laquelle on feroit entrer ces droits dans la répartition des quatre millions, il en naîtroit encore un inconvénient très-grand, en les réunissant aux Octrois, en ce qu'une partie de ces droits entrés dans cette Caisse, seroient perpétuellement exposés à en sortir.

2°. En réunissant les droits Seigneuriaux aux Octrois, les Trésoriers des Colonies seroient tenus de justifier de la recette à la Chambre des Comptes. Or, comment établir en recette des successions vacantes qu'on peut réclamer? comment justifier le produit d'une succession vacante? Dans la regle, il faudra envoyer toutes les pieces et les procédures au soutien de ces successions. Les successions vacantes obérées sont consommées en frais de poursuites de la part des créanciers, ou en acquittement des dettes: alors quelle immensité de papiers à faire passer en France, et à examiner par la Chambre des Comptes, sans utilité ou pour un mince objet.

Ces considérations exigent qu'on laisse les droits Seigneuriaux sur le pied où ils sont; mais en même temps, pour prévenir tout abus dans l'emploi de ces fonds, et remédier à la forme illégale du compte de cet emploi, nous proposons à l'Assemblée d'arrêter que Sa Majesté sera suppliée d'ordonner qu'à l'avenir les Receveurs des droits Seigneuriaux compteront, tant du produit desdits droits, que de l'emploi d'iceux, pardevant l'Intendant et quatre Conseillers, les plus anciens du Conseil dans le ressort duquel résidera l'Intendant, et que lesdits droits seront affectés aux dépenses des Palais, des Prisons, et autres frais de Justice. Cette destination est d'autant plus nécessaire, qu'il n'y a pas un seul Palais dans la Colonie, et que les Prisons y sont mal-saines, incommodes, et peu sûres.

La quantité immense de pieces et de procédures dont sont chargés les comptes des droits seigneuriaux, rend impossible à l'Intendant, et aux Conseillers, ses adjoints, l'examen détaillé de toutes ces procédures; à peine pourroient-ils y suffire, en ne s'occupant que de cet objet. Pour parer à cet inconvénient, et attendu la nécessité d'apurer ces mêmes comptes, où les abus sont plus faciles à commettre par les Receveurs, les Intendans ont établi un Vérificateur de ces comptes, et leur ont alloué un droit sur les Receveurs par chaque compte apuré. Les Conseils, en convenant de l'utilité de cet établissement, n'ont pu le reconnoître, attendu qu'il n'étoit pas légal; d'un autre côté, ils ont désapprouvé que le Vérificateur fût payé par les Receveurs, et ont prétendu que, dans le cas d'un Vérificateur, la nomination devoit leur appartenir. Pour concilier tout, nous proposons à l'Assemblée de faire un arrêté, par lequel Sa Majesté sera suppliée d'établir dans la Colonie un Vérificateur des comptes des droits seigneuriaux, lequel sera nommé par le Conseil dans le ressort duquel résidera l'Intendant, et dont le travail sera taxé à chaque compte par l'Intendant et les quatre plus anciens Conseillers dudit Conseil, et payés sur la caisse desd. droits seigneuriaux, suivant ladite taxe. M. l'Intendant est parfaitement d'accord sur cet Arrêté. Il seroit bon que les comptes des Octrois passassent aussi par les mains de ce Vérificateur, quoiqu'ils soient d'un examen plus facile. Nous avons apperçu, dans le cours de nos recherches, que, dans quelques anciens comptes d'Octrois, arrêtés par M. Laporte Lalanne, il s'étoit glissé des erreurs frappantes.

Après vous avoir entretenus des droits Seigneuriaux, il convient de parler des deux pour cent sur les adjudications judiciaires, des Postes, et du produit des libertés.

Droits de deux pour cent sur les Adjudications judiciaires. L'origine de ces droits est singulier. Quelques Juges de cette Colonie ayant pris sur eux de faire payer en sus du prix des ventes et des baux judiciaires, une certaine somme applicable aux Hôpitaux et aux Edifices publics, cet usage s'étendit et subsista sans forme légale : ce qui paroîtra encore plus étonnant, est qu'il existe des comptes de ce droit apurés par les Conseils, avant qu'il eût été approuvé et établi par eux. La destination utile de ce droit a été l'excuse de ces irrégularités. En 1740, sur la demande de MM. de Larnage et Maillart, lors Général et Intendant, chaque Conseil, dans son ressort, fit un Réglement presque entierement semblable. Tous les deux réglerent qu'il seroit perçu un droit de deux pour cent sur les adjudications judiciaires; que le Receveur seroit nommé par le Conseil, et fixerent les mêmes appointemens sur sa recette : tous les deux statuerent que le produit de ces droits seroit employé à la construction des édifices publics. La seule dissemblance fut, que le Conseil Supérieur, lors séant à Léogane, ordonna que les Receveurs de ce droit compteroient pardevant le Conseil, et que celui du Cap arrêta que les comptes de ces Receveurs seroient rendus en la maniere accoutumée. Cette énonciation différente a eu des suites tout opposées : le Conseil du Port-au-Prince est resté en possession d'ordonner l'emploi des deux pour cent, et d'en arrêter les comptes. Dans le ressort du Conseil du Cap, les Commissaires Ordonnateurs se sont attribué l'apurement des comptes des deux pour cent, et le produit de ce droit a été versé dans la caisse des droits seigneuriaux, sans qu'on en puisse trouver la raison ou le prétexte : de là il est arrivé que, dans la partie du Cap, ces fonds n'ont jamais été employés à leur destination ; ce qui est manifestement abusif.

Les deux pour cent sont un modique objet ; on peut les évaluer, année commune, dans toute la Colonie, à 30,000 liv. Dans le ressort du Cap, ils ont produit, depuis leur établissement, environ.....

L'objet sur lequel ce droit est assis, sembleroit devoir le faire supprimer ; mais le besoin des objets auxquels il est destiné, en sollicite la continuation.

Il n'est pas possible de ne pas détruire la diversité qui se trouve dans le ressort du Cap, à l'occasion de ce droit. Les deux pour cent, dans leur établissement, leur perception, et leur destination, ont un but purement municipal, et par-là doivent être versés dans les caisses municipales ; d'ailleurs, c'est le seul moyen d'en retirer l'utilité qu'on s'en est promise, d'en empêcher le divertisssement, et d'en assurer l'emploi.

Nous observerons que ce que chaque Conseil a fait dans son ressort, à l'occasion de deux pour cent, n'est pas légal. Les Réglemens, en matiere d'impôts, n'appartiennent qu'à l'Assemblée des deux Conseils représentant la Colonie.

Nous proposons à l'Assemblée, pour donner une forme légale au droit de deux pour cent, pour établir une uniformité dans toute la Colonie, et pour assurer l'emploi de ces fonds, suivant leur destination primitive, d'ordonner qu'il continuera d'être perçu deux pour cent sur les adjudications judiciaires, en sus du prix des ventes et des baux à ferme ; que chaque Conseil, dans son ressort, nommera les Receveurs desdits deux pour cent, et en arrêtera les comptes ; que le produit de ce droit sera réuni aux Caisses municipales ou des deniers publics, et que les Conseils en ordonneront l'emploi ; que lesdits deux pour cent seront affectés à la construction des ponts et chaussées, quais, calles et fontaines.

Postes. Outre l'utilité qu'on retire des Postes, le droit sur les lettres a cet avantage, qu'il est payé volontairement, et le plus souvent avec plaisir.

Les Postes ont été établies par les Chefs de la Colonie; le prix des lettres est réglé par l'Intendant; il nomme les Directeurs, il reçoit les comptes, il ordonne des fonds qui en proviennent. Le produit des Postes n'entre point dans les comptes de l'Octroi, et ne passe point à la Chambre des Comptes.

Nous sommes bien éloignés de jalouser et de critiquer l'administration des Intendans dans les Postes; mais il est de notre devoir de faire des observations sur cet objet, qui, sans nuire aux droits de l'Administrateur des finances, tendent au soulagement de la Colonie et à la conservation des formes légales.

L'établissement des Postes n'est pas régulier, en ce qu'on ne trouve nulle part qu'il ait été légalement établi ou reconnu par le Roi ou les Conseils assemblés. Ce défaut de forme peut se suppléer aisément dans la présente Assemblée, en adoptant cet établissement.

Le produit des Postes étant fourni par la Colonie, doit naturellement être employé au soulagement de la Colonie. L'intention du Roi est qu'aucun droit ne sorte de la Colonie; le Roi lui-même a abandonné le produit de ses droits Seigneuriaux. C'est se conformer aux vues de Sa Majesté et à l'équité, que de réunir le produit des Postes à l'Octroi. Le seul inconvénient que présente cet arrangement, est la difficulté où sera le Trésorier des Colonies de constater la recette des Postes à la Chambre des Comptes; mais on peut y pourvoir, en réglant que cette recette sera justifiée par une simple Ordonnance de l'Intendant. Nous vous proposons donc, MM., de réunir, sous le bon plaisir du Roi, le produit des Postes à la caisse des Octrois, pour faire partie des quatre millions accordés, et de régler que la recette du produit desdites Postes, sera suffisamment justifiée dans les comptes des Trésoriers des Colonies, par une Ordonnance de l'Intendant, de versement du produit desdites Postes dans la caisse desdits Trésoriers.

Le droit sur les lettres ayant été doublé depuis quelques années, nous proposons, pour prévenir l'arbitraire dangereux en cette partie, de statuer que la taxe annuelle des lettres ne pourra être haussée que par l'Assemblée des deux Conseils.

Le produit net des Postes, année commune, a été jusqu'ici de 40 à 45,000 liv.; mais il ne peut qu'augmenter: il faut aussi dire qu'on sera

forcé

forcé d'augmenter les appointemens des Directeurs, les exemptions qui faisoient rechercher ces emplois ne pouvant plus avoir lieu.

Produit des Libertés. On sait que, par le Code noir, les Mulâtres provenant du concubinage des Maîtres avec leurs Esclaves, sont confiscables, et que, par une Ordonnance postérieure, toute liberté accordée à un Esclave, n'est valable qu'après la ratification commune du Général et de l'Intendant. Depuis, soit pour punir le concubinage, soit pour le faire contribuer à des œuvres pies, MM. de Larnage et Maillart imaginerent de taxer la ratification des Mulâtres affranchis, à une certaine somme en faveur des Hôpitaux. Le produit de ces taxes arbitraires, tantôt plus fort, tantôt plus foible, a été d'abord appliqué au Cap, à la Maison des Religieuses, et à la Maison de Providence, et a beaucoup contribué à leur établissement. Ce bénéfice leur a été ôté, quoique les taxes des libertés aient subsisté, et ces dernieres ont été perçues au profit du Roi. Cet objet peut monter, année commune, à 18,700 liv.

La taxe des libertés n'a aucun établissement légal; cette taxe est odieuse en elle-même. Si l'on peut, si l'on doit punir le libertinage, parce qu'il est dangereux et criminel, on doit épargner le fruit du libertinage, parce qu'il est innocent. Il est défendu aux Maîtres de vendre la liberté aux Esclaves ou de la donner conditionnelle. Le Roi pratiquera-t-il ce qu'il défend à ses Sujets? Nous estimons qu'il convient de supprimer ces taxes; et dans le cas où l'Assemblée se porteroit à les autoriser et à les laisser subsister, il est indispensable d'y apposer les conditions suivantes: Que la taxe des libertés n'aura lieu que pour les Mulâtres; que cette taxe sera égale par-tout; que le produit en sera appliqué aux Hôpitaux, dans la partie de l'Ouest et du Sud, dans la partie du Cap, à la Maison de Providence; qu'à cet effet, ces taxes seront payées ès mains des Administrateurs ou Supérieurs desdits Hôpitaux et Maison de Providence; et sur leur reçu, la ratification des libertés expédiée.

C'est ici le lieu, MM., de vous rappeler les attentats des Esclaves sur la vie des Maîtres, dans l'espérance de la liberté. Que de Colons bienfaisans sacrifiés au désir impatient de hâter une liberté promise après la mort! Que de Maîtres indifférens, conduits lentement au tombeau par un poison ménagé, afin d'arracher de leur foiblesse et de leur douleur, par des soins simulés, la promesse de la liberté. Nous croyons donc devoir proposer à l'Assemblée d'arrêter que le Roi sera supplié d'interdire les libertés testamentaires.

Examen des nouveaux objets susceptibles d'imposition. Tout objet est susceptible d'imposition aux yeux des Traitans, parce que leur but est de gagner sur l'Etat, au lieu d'en faire le bien ; mais de sages Administrateurs craignent toujours les nouveaux impôts, par l'augmentation de surcharge qu'ils entraînent, et encore plus par la difficulté de les bien asseoir ; ils redoutent toujours qu'ils ne gênent le commerce ou la culture, qu'ils ne blessent la liberté du Citoyen. Sans vous rendre compte des différens objets que nous avons examinés dans cette vue, et dont les inconvéniens les ont fait rejeter, nous nous bornerons à indiquer les deux seuls nouveaux objets auxquels nous nous sommes arrêtés, pour les assujettir à des droits, tant par le principe de l'égalité, et qu'ils sont plus en état de les supporter, que par les avantages de leur perception, et leur analogie avec la nature des Colonies : ce sont les tafias, sirops et mélasses qui s'exportent, et les Noirs qui s'introduisent dans la Colonie.

Sirops, Tafias et Mélasses. On sait que l'exportation de ces matieres provenantes de la fabrication du sucre, est défendue pour la Métropole, dans la crainte de nuire aux eaux-de-vie du Royaume. On sait aussi le besoin que toute l'Amérique Septentrionale a de ces matieres, principalement pour sa consommation intérieure. Le Canada, Louisbourg, et la Louisiane, depuis 1748 jusqu'en 1755, en tiroient beaucoup de cette Isle. La permission momentanée accordée aux Etrangers d'exporter des tafias, sirops et mélasses, en avoit occasionné un débouché considérable. Cette permission est suspendue ; mais comme il est démontré que le besoin, sans cesse augmentant, de merrains, de bois de charpente et de construction, forcera à rétablir cette permission, et que la sortie des tafias, sirops et mélasses, est avantageuse à la Colonie, sans nuire à la France, on peut établir que les sirops, tafias et mélasses formeront de plus en plus un objet considérable d'exportation. Ces matieres, jusqu'ici, ont été franches de droit ; l'équité et des vues élevées dictent également de les assujettir à un droit de sortie, comme les autres denrées qui s'exportent : cela vient d'être pratiqué à la Martinique. La quantité de tafias, sirops et mélasses, est relative à la quantité de sucre brut et blanc qui se fabrique ; ainsi elle est considérable. Il s'en consomme une partie dans l'intérieur ; consommation qui diminuera en proportion de l'exportation. Par un calcul facile et certain, déduction faite de la consommation intérieure, l'exportation des sirops, mélasses et tafias, peut monter annuellement à 50 mille barriques de Bordeaux.

Il est nécessaire de déterminer les futailles dans lesquelles les sirops et tafias s'exportent, ainsi que celles pour le sucre, l'indigo, et le café. Nous renvoyons cet article au plan de répartition, ainsi que la quotité du droit à imposer.

Nous aurions pu, MM., faire connoître combien l'exportation des sirops est un objet important pour les sucreries; que cette exportation, en augmentant leur produit, mettroit les Colons dans le cas de s'acquitter plus facilement envers le Commerce, ou d'augmenter leur culture; que les Négocians de France ont par-là un grand intérêt à cette exportation; que, d'un autre côté, le seul moyen d'augmenter les impôts, est d'étendre la culture et le commerce, de créer de nouvelles valeurs, en procurant de nouveaux débouchés, que conséquemment le rétablissement de l'exportation des sirops par l'étranger, intéresse le Roi même, et est indispensable pour faire supporter le poids des quatre millions demandés, et aider à les acquitter : mais cette partie appartient à MM. les Commissaires chargés des Remontrances.

Droits sur l'introduction des Noirs. Il a été percu, par forme de gratification, jusqu'en 1760, un droit de deux pour cent sur les Negres introduits dans la Colonie, en faveur des Gouverneurs Généraux, des Intendans, et des Gouverneurs particuliers. En 1759, le Roi ayant augmenté leurs appointemens, fit cesser ce droit : nous proposons de le rétablir en faveur du Roi et de la Colonie, en en faisant entrer le produit dans la caisse des Octrois, et en le comprenant dans les quatre millions accordés. Le Roi supprima ce droit, *par la considération qu'il étoit à charge aux Habitans des Colonies.* En le rétablissant, il sera donc supporté par les Habitans; mais il fera du moins face à l'augmentation des appointemens des Généraux et Intendans, qui est également supportée par la Colonie, et dont il tenoit lieu avant sa suppression.

Au reste, la perception de ce droit n'est point nouvelle au profit de Sa Majesté. Le Roi, par ses Lettres patentes du mois de Janvier 1716, avoit établi une imposition de 20 liv., payable dans les Ports du Royaume, entre les mains du Trésorier Général de la Marine, pour chaque Negre importé dans les Colonies; ce qui, indépendamment de la différence du prix des Negres, qui étoient moins chers en 1716, forme, en vertu du seul change de l'argent, un droit de trois pour cent payé à cette date par les Négocians pour chaque Negre.

Le produit de cet impôt, la facilité de sa perception, sont de nouveaux motifs de l'adopter: nous en renvoyons l'évaluation au plan de répartition.

PLAN DE RÉPARTITION.

Il résulte des principes que nous avons établis, et de l'examen que nous avons fait des anciens droits et des objets nouveaux, susceptibles d'imposition, que les quatre millions accordés au Roi doivent être composés, 1°. des droits de sortie; savoir, sur l'indigo, le sucre brut et blanc, le café, le coton, les sirops et tafias, les cuirs tannés et en poil; 2°. des droits de capitation sur les Negres esclaves attachés aux Poteries, Tuileries, Briqueries, Fours à chaux, Places à légumes et vivres, et sur les Negres esclaves attachés aux domiciliés des Villes et Bourgs; 3°. du droit sur l'introduction des Noirs; 4°. du droit sur les loyers des maisons des Villes du Cap, Fort Dauphin, Port-de-Paix, Saint-Marc, Port-au-Prince, Léogane, Petit-Goave, des Cayes, du Fond, et Saint-Louis; 5°. des Fermes; savoir, des Cabarets, Boucheries, Cafés et Jeux; 6°. du produit des Postes.

Il reste à examiner ce que peut supporter et produire chacun de ces droits.

Droits de sortie. Pour calculer les droits de sortie, il faut connoître la quantité de chaque marchandise exportée, et la quotité du droit qu'elle supportera.

Indigo. Nous sommes convenus avec M. l'Intendant, Commissaire du Roi à l'Assemblée, qu'on pouvoit porter la quantité annuelle d'indigo exporté, tant par le bénéfice d'une jauge fixe, que par l'accroissement de la culture, à 1,880,000 liv. pesant.

Nous estimons que cette denrée peut supporter sept pour cent, au moyen des droits de capitation supprimés sur les Negres qui la cultivent. En fixant le prix moyen * de l'indigo à cent sous par livre, cela donneroit un droit de 7 sous par livre **, qui produira . . . . 658,000 l.

Sucre brut. Nous sommes convenus avec M. l'Intendant, qu'au moyen d'une jauge fixe et de l'accroissement de la culture, on pouvoit évaluer la quantité annuelle de sucre brut exporté, à 80,000 barriques créoles.

* *Il est essentiel d'observer qu'en calculant les temps de paix et de guerre, les prix moyens établis sont plus forts que foibles.*

** *Il est encore essentiel d'observer que sept pour cent sur la totalité des denrées, forment réellement, en déduisant les frais d'exploitation, onze pour cent d'impôt sur le revenu net de chaque Cultivateur.*

En portant le prix moyen du sucre brut à 18 liv. par cent, et établissant sept pour cent de droit sur cette denrée, au moyen des droits de capitation supprimés sur les Negres qui la cultivent, nous trouvons, en évitant les fractions, que la barrique doit payer 12 liv. 10 sous. Ce droit produira . . . . 1,000,000 l.

Sucre blanc ou terré. Nous sommes convenus avec M. l'Intendant, qu'au moyen d'une jauge fixe, et de l'accroissement de culture, on pouvoit évaluer la quantité annuelle de sucre blanc exporté, à 35,000 barriques créoles.

Nous avons fixé le prix moyen du sucre terré, soit blanc ou commun, à 36 liv.; et établissant un droit de sept pour cent sur cette denrée, au moyen de la suppression des droits de capitation sur les Negres qui la cultivent, la barrique payera, pour éviter les fractions, 25 liv.; ce qui produira . . . . 875,000 l.

Café. La culture du café ayant souffert, nous estimons que le bénéfice d'une mesure fixe, & l'accroissement de cette culture ne fera guere monter l'exportation de cette denrée au delà de celle de 1755 : nous ne portons donc la quotité annuelle de cette denrée qu'à 7,000,000 liv. pesant:

Nous avons fixé le prix commun du café à 12 sous la livre; et pour favoriser les Colons qui le cultivent, nous pensons qu'il suffit de faire supporter à cette denrée un droit de six pour cent, au moyen de la suppression de la capitation sur les Negres des Cafeteries. Pour éviter les fractions, ce droit sera de 9 deniers par liv., et il produira . . . . 266,250 l.

Coton. Nous sommes convenus avec M. l'Intendant, qu'au moyen d'une mesure fixe pour les balles et ballotins, de porter la quantité annuelle de coton exportée, à 1,500,000 liv. pesant.

Nous avons fixé le prix commun du coton à 108 liv. le quintal, et le droit à faire supporter à cette denrée, à sept pour cent de sa valeur. Au moyen de la suppression de la capitation des Negres qui la cultivent, le coton payera donc, pour éviter les fractions, 18 deniers par livre, et produira 112,500 l.

Sirops et Tafias. Nous évaluons l'exportation des sirops et tafias à 50,000 barriques de Bordeaux.

Nous avons fixé le droit à imposer sur la barrique de sirop à 3 liv., et à 4 liv. 10 sous sur la barrique de tafia, au moyen de la suppression de la capitation sur les Negres des Guildiveries. Ce droit produira l'un dans l'autre . . . . 150,000 l.

Cuirs tannés. Nous avons évalué la sortie des cuirs tannés, à 32,000 côtés.

Nous avons fixé le droit sur chaque côté à 15 sous, au moyen de la suppression de la capitation sur les Negres des Tanneries ; ce qui donnera. . . . . 24,000 l.

Cuirs en poil. Nous avons évalué l'exportation des cuirs en poil à 14,000 bannettes.

Et le droit sur chaque bannette, à 2 liv. ; ce qui donnera . 28,000 l.

Nous avons prouvé la nécessité d'une mesure fixe pour l'enfutaillement de l'indigo, du sucre, et du café. Voici ce que nous proposons à ce sujet : Qu'il soit défendu, passé le 1er Juillet, d'embarquer des indigos, des sucres bruts et blancs, et des cafés dans d'autres barriques que celles ci-après spécifiées ; savoir :

Barriques créoles, de 3 pieds 10 pouces de hauteur, sur 26 à 27 de diametre extérieur dans les bouts, et 33 à 34 pouces de diametre extérieur dans le milieu.

Barriques et quarts, ou barils de farine de Bordeaux : la jauge en est connue.

La barrique créole de sucre brut payera, comme dit a été, 12 liv. 10 sous.

La barrique créole de sucre blanc payera 25 l.

La barrique créole d'indigo, sans avoir égard à la différence de pesanteur de l'indigo cuivré et de l'indigo bleu flottant, laquelle est compensée par la différence du prix, sera réputée peser 825 liv., et payera 288 liv. 15 sous.

La barrique créole de café sera réputée peser 825 liv., et payera 30 l. 18 s. 9 d.

La barrique de Bordeaux d'indigo, sans avoir égard à la différence de la pesanteur spécifique de l'indigo bleu flottant et cuivré, cette différence se trouvant compensée, sera réputée peser 330 liv., et payera 115 liv. 10 sous.

La barrique de Bordeaux de sucre brut, payera 5 liv.

La barrique de Bordeaux de sucre blanc, payera 10 liv.

La barrique de Bordeaux de café sera réputée peser 330 liv., et payera 12 liv. 7 s. 6 d.

Le quart ou baril de farine de Bordeaux, d'indigo, sera réputée peser 150 liv., et payera 52 liv. 10 s.

Le même quart de sucre brut payera 2 liv. 10 s.

Le même quart, en sucre blanc, payera 5 liv.

Le même quart, en café, sera réputé peser 150 liv., et payera 5 liv. 12 s. 6 d.

Pour assurer l'exécution des défenses, nous proposons qu'il soit enjoint aux Capitaines, passé le 1er Juillet prochain, de ne point charger et de rejeter les futailles de sucre, café et indigo fretés, qui ne seroient pas de la qualité ci-dessus spécifiée, à peine contre lesdits Capitaines de 50 liv. d'amende par chaque futaille plus forte.

Nous avons également observé la nécessité de déterminer les balles et ballotins de coton qui s'exportent; nous proposons à ce sujet de défendre, passé le 1er Juillet prochain, d'embarquer des balles de coton dont l'emballage exéderoit trois aunes et demie de toile de halle ou de fougeres, et des ballotins dont l'emballage excéderoit une aune et demie de pareille toile.

La balle de coton, de trois aunes et demie d'emballage de toile de halle ou de fougeres, sera réputée peser 260 liv., et payera 19 liv. 10 s.

Le ballotin de coton, d'une aune et demie d'emballage de toile de halle ou de fougeres, sera réputé peser 110 livres, et payera 8 livres 5 sous.

Pour l'exécution de cette défense, nous proposons qu'il soit enjoint aux Capitainer, passé le 1er Juillet prochain, de ne point charger, et de rejeter les balles et ballotins fretés, qui ne seroient pas de la dimension spécifiée ci-dessus, à peine contre lesdits Capitaines de 50 liv. d'amende par chaque balle ou ballotin d'un emballage plus fort.

Neus avons encore fait connoître la nécessité de déterminer les futailles dans lesquelles les sirops et tafias seroient exportés. Nous proposons à ce sujet qu'il soit fait défenses d'exporter, passé le 1er Juillet prochain, des sirops et tafias dans d'autres futailles que celles ci-après spécifiées; savoir:

Barriques de Bordeaux, ou de 30 à 32 veltes et demi-boucauds doubles de ladite barrique, de 60 à 64 veltes.

La barrique de 30 à 32 velt. de tafia, payera 4 liv. 10 s.

Le demi boucaud, de 60 à 64 veltes, payera 9 liv.

La barrique de sirop, de 30 à 32 veltes, payera 3 liv.

Le demi-boucaud de sirop, de 60 à 64 veltes, payera 6 liv.

Et pour l'exécution de cette défense, qu'il soit enjoint aux Capitaines de ne point embarquer de sirops et tafias dans des futailles plus fortes que celles ci-dessus spécifiées, à peine de 50 liv. d'amende par chaque barrique plus forte.

Les droits que nous venons de proposer sur la sortie des denrées, pourront paroître forts : cela prouve seulement qu'une imposition de quatre millions est excessive pour cette Colonie ; car il nous a été impossible d'imaginer une répartition plus sage : d'ailleurs, nous observerons que les droits sur les denrées sont toujours supportés par le Cultivateur et le Consommateur, et que le poids de ces droits retombera sur le Colon et l'étranger, et n'intéresse aucunement le commerce de la Métropole. Nous observerons encore qu'en comparant le prix moyen des denrées de Saint Domingue, que nous avons établi, avec le prix actuel des denrées de la Martinique, on trouve que le sucre, l'indigo, le café, et le coton payeront moins de droits dans cette Colonie que dans l'autre. Ces observations ne souffrent point de réplique.

Capitation sur les Negres esclaves des Villes et Bourgs, et des Tuileries, Poteries, Briqueries, Fours à chaux, Places à vivres et légumes. L'obscurité qui regne dans certains recensemens, ne nous a pas permis de déterminer, avec la derniere précision, la quantité des Esclaves de ce genre ; mais par une évaluation sujette à peu d'erreurs, nous avons fixé la quantité des Esclaves des Poteries, Tuileries, Briqueries, Fours à chaux, Places à légumes et à vivres, à 8,000 Esclaves.

Et la quantité des Esclaves domestiques et Ouvriers des Villes et Bourgs, à 12,000.

Nous avons cru important de distinguer ces Esclaves, et de leur faire supporter une capitation différente ; 1°. parce que les Tuileries, Poteries, Briqueries, Fours à chaux, les Places à légumes et à vivre sont d'une nécessité intérieure absolue, et que les Esclaves des Villes et Bourgs ne sont d'aucune nécessité ; 2°. parce que les Habitans des Villes sont en général plus riches, et ne payent rien à l'Etat, quelque opulens qu'ils soient ; 3°. pour rappeler les Esclaves des Villes à la culture, leur véritable destination ; 4°. parce que le grand nombre des Esclaves ouvriers et domestiques des Villes, est le plus grand obstacle à la population des Blancs, qui ne peut jamais augmenter d'une maniere durable et utile, que par l'établissement des Domestiques et Ouvriers blancs dans les Villes et Bourgs.

D'après ces motifs, nous porterons la capitation sur les Esclaves des Briqueries, Tuileries, Poteries, Fours à chaux, Places à vivres et à légumes, à 4 liv. par tête ; ce qui, pour 8000, donnera . . . . 32,000 l.

La capitation sur les Esclaves domestiques et ouvriers des Villes et Bourgs, à 15 liv. par tête ; ce qui, pour 12000, donnera . . . . . . 180,000 l.

Nous observerons qu'on ne doit point comprendre dans la classe des Esclaves

Esclaves des Villes, sujets à capitation, les domestiques des Officiers en garnison, ceux des personnes employées passagerement, par la nature de leurs places au service du Roi; les domestiques des Officiers des Conseils, qui n'habitent fréquemment les Villes que pour rendre la justice à leurs dépens, et les domestiques des Hôpitaux et Maisons Religieuses.

Droits de deux pour cent sur les Noirs introduits. Nous avons, d'accord avec M. l'Intendant, évalué les droits de deux pour cent sur les Negres introduits, à . . . . 300,000 l.

Pour prévenir les fraudes en ce genre, nous proposons qu'il soit fait défenses, passé le 1er Mai prochain, à tous Capitaines et Négocians, de vendre des Negres à bord des Navires, et à tous Habitans d'en acheter, à peine de 100 liv. d'amende par chaque Negre ainsi acheté ou vendu.

Cette sage précaution, qui réunit d'ailleurs plusieurs avantages, est établie dans d'autres Colonies, et a été anciennement pratiquée dans celle-ci.

Nous estimerions une autre précaution également importante, tant pour faciliter aux Négocians la vente de leurs Negres, que pour conserver la salubrité des Villes: elle consiste à bâtir dans les villes du Cap, du Port-au-Prince, de Saint-Louis ou des Cayes du Fond, aux frais de la Caisse municipale, des Halles closes de murs, en suffisante étendue pour pouvoir loger séparément trois à quatre Cargaisons entieres, qui seroient fournies gratuitement au Commerce, et d'obliger tous les Capitaines dans les autres Villes ou Bourgs que ceux indiqués ci-dessus, de louer des Halles ou Magasins sous le Vent, et dans des lieux fixés par le Juge de Police.

Nous proposons d'ordonner que les droits de deux pour cent sur les Negres introduits, seront payés au Receveur de l'Octroi, sur les extraits des ventes, certifiés par les Négocians ou Capitaines qui les auront faites; et en cas de fausse déclaration, que lesdits Capitaines ou Négocians seront personnellement condamnés au double dudit droit.

Maisons des Villes. Nous avons porté le total des loyers des maisons du Cap, Fort-Dauphin, Port-de-Paix, Saint-Marc, Port-au-Prince, Léogane, Petit-Goave, les Cayes du Fond et Saint-Louis, à 3,000,000 l.

Nous estimons qu'il convient d'imposer dessus un droit de cinq pour cent; ce qui produira . . . . 150,000 l.

Pour asseoir ce droit, il faut que, par des Commissaires de chaque Conseil, il soit dressé un nouveau rôle des maisons desdites Villes; ce qui peut s'effectuer dans trois mois.

FERMES.

Cabarets. Nous avons évalué le produit commun des Fermes des Cabarets, par année, à . . . . 30,000 l.

Il faut observer que les cartes-bannies doivent être criées à l'enchere, et les Fermes adjugées à la Barre des Siéges Royaux, et que la police des Cabarets appartiendra toujours aux Juges et Officiers de Police dans les Villes, et aux Syndics dans les quartiers.

Cafés et Jeux. Nous avons évalué le prix moyen des Fermes des Jeux et Cafés, à 24,000 liv. par an, ci . . . . 24,000 l.

Même observation pour l'adjudication de ces Fermes, et la police des Cafés et Jeux, que ci-dessus.

Boucheries. Nous avons déterminé le produit des différentes Fermes de Boucheries, à 150,000 liv., sans qu'elles puissent être haussées, ci 150,000 l.

Il est important, sur l'objet des Boucheries, que l'Assemblée appose les conditions que nous avons proposées dans l'examen de la Ferme des Boucheries, afin de prévenir tout abus sur cette intéressante partie.

Postes. Nous avons évalué le produit moyen des Postes à 40,000 liv. par année, ci . . . . 40,000 l.

Nous croyons utile que l'Assemblée ajoute sur les Postes les conditions sous lesquelles nous en avons proposé la réunion dans notre examen desd. Postes.

Le produit total des droits, suivant le présent plan de répartition, monte à . . . . 4,019,750 l.

Et les droits de sortie en composent plus des trois quarts.

Le grand avantage de ce plan, outre la justice et l'égalité qui s'y rencontrent, est la facilité et la simplicité de la perception. En effet, à l'exception de la capitation sur les Esclaves attachés aux Poteries, Tuileries, Fours à chaux, et Places à légumes ou à vivres, qui ne forme qu'un modique objet de 32,000 liv.; tous les autres droits se percevront dans les Villes, sans déplacement, sans frais, sans contraintes, et il en résultera autant de facilité pour l'Administrateur des Finances et les Receveurs, que de tranquillité pour les Colons.

Au moyen de ce plan de répartition, la comptabilité de l'Octroi sera encore plus facile, en ce que les Receveurs rendoient deux comptes séparés de la nouvelle et ancienne imposition, et qu'il n'y aura plus qu'un compte à rendre des droits qui seront établis; ce qui sera sans doute réglé par l'Assemblée.

Ce plan de répartition exige peu de changemens dans les recettes, soit par rapport au nombre des Receveurs, soit par rapport aux lieux où ils sont établis. Il paroîtroit assez juste d'examiner de nouveau les appointemens de ces Receveurs.

Deux autres objets relatifs aux Receveurs, qui peuvent mériter l'attention de l'Assemblée, sont la fixation de la quotité de la caution pour chaque Receveur, et la fixation de la gratification consacrée par l'usage, que les Receveurs exigent pour chaque feuille d'expédition délivrée aux Capitaines ou Patrons.

Nous croyons inutile d'ordonner que les Receveurs de l'Octroi seront à la nomination des Conseils; ce droit est trop notoire pour le consacrer de nouveau. Nous croyons également inutile de rappeler la disposition par laquelle ces Receveurs doivent déposer au Greffe du Conseil dans le ressort duquel ils résident, le double de leur compte arrêté.

Les abus provenant des chargemens faits sous voile, exigent que l'Assemblée les proscrive, et qu'elle inflige des peines ou prenne des précautions pour les prévenir.

Nous finirons ce qui concerne la répartition, par une observation sur les quatre deniers pour livre retenus pour les Invalides sur toutes les dépenses du Roi dans la Colonie. L'intention de Sa Majesté est que les droits perçus à Saint-Domingue s'y emploient et n'en sortent point. La retenue pour les Invalides est directement contraire à cette intention. La France, jusqu'en 1760, n'avoit point répété cet objet; depuis, elle l'a réclamé; il forme une somme immense, dont la Colonie est débitrice. Ne seroit-il pas à propos que l'Assemblée arrêtât que le Roi seroit supplié de remettre à la Colonie ce qu'elle peut devoir jusqu'à présent pour les quatre deniers par livre pour les Invalides, et d'ordonner qu'à l'avenir ils ne seront plus retenus sur les dépenses de la Colonie?

L'Assemblée a arrêté qu'il seroit fait registre du rapport des Commissaires, pour être délibéré, tant sur la répartition que sur les Arrêtés par eux proposés.

Du 9 Mars.

L'Assemblée des deux Conseils délibérant sur le compte rendu par le Commissaire des deux Cours le 15 Février, et sur le plan de répartition par eux proposé; ouï sur le tout les Procureurs Généraux du Roi, M. Desmé Dubuisson portant la parole, a ordonné et ordonne ce qui suit; savoir :

Art. Ier. Tous droits d'Octroi ci-devant perçus dans la Colonie, à titre d'ancienne ou de nouvelle imposition, seront et demeureront supprimés, à compter du 1er Janvier dernier, et refondus en une seule et même imposition sur les objets ci-après détaillés.

Art. II. Tous les indigos sortis de la Colonie, sous cautionnement, depuis le 1er Janvier dernier, et tous ceux qui en sortiront jusqu'au 1er Janvier 1769 exclusivement, payeront un droit de sortie de 6 sous 6 den. par livre net.

En conséquence, à compter du 1er Juillet prochain, les chargemens d'indigos ne pourront être faits que dans des futailles de la proportion ci-après déterminée; savoir :

1°. Boucaud de 3 pieds 8 pouces de hauteur au plus, 24 à 25 pouces de diametre extérieur dans les bouts, et 7 pieds 8 à 11 pouces de tour par le milieu ou de bouge, lequel sera réputé pour 700 liv. pesant net, et ce sans égard aux différentes qualités d'indigos, et dont les droits seront payés en conséquence.

2°. Barrique, 2 pieds 9 à 10 pouces de hauteur au plus, 21 à 22 pouces de diametre extérieur dans les bouts, et 6 pieds 2 à 5 pouces de tour par le milieu ou de bouge, sera réputée pour 330 liv. pesant net, et les droits payés en conséquence.

3°. Quart de 26 à 27 pouces de hauteur, 15 à 16 pouces de diametre extérieur dans les bouts, et 4 pieds 8 à 11 pouces de tour par le milieu ou bouge, sera réputé peser 150 liv. net, et les droits payés en conséquence.

Permet néanmoins, pour la facilité de l'arrimage, de charger de l'indigo dans des futailles de moindre volume que celles ci-dessus fixées, comme ancre, demi-ancre, en, par les Chargeurs, inscrivant sur icelles le poids net de l'indigo, et acquittant les droits en conséquence, à peine de confiscation.

Art. III. Tous les sucres sortis de la Colonie sous cautionnement, depuis le 1er Janvier dernier, et ceux qui en sortiront jusqu'au 1er Janvier 1769 exclusivement, payeront un droit de sortie de 12 liv. par chaque barrique créole de sucre brut, et de 24 liv. par chaque barrique créole de sucre blanc.

Et pour fixer la jauge des futailles destinées au chargement des sucres, ordonne qu'à compter du 1er Juillet prochain, lesdits chargemens ne pourront être faits que dans des futailles de la proportion ci-après désignée; savoir:

1°. Barrique créole, pour sucre brut ou terré, 3 pieds 10 pouces de hauteur au plus, 26 à 27 pouces de diametre extérieur par les bouts, et 8 pieds 8 à 11 pouces de circonférence par le milieu ou de bouge, pour laquelle sera payé 12 liv. pour le sucre brut, et 24 liv. pour le terré.

2°. Barrique moyenne ou de Bordeaux, dans la même proportion que celle fixée pour la barrique d'indigo, payera pour le sucre brut 5 liv.; et pour le sucre blanc, 10 liv.

3°. Quart, aussi dans la même proportion que celle fixée pour le quart d'indigo, payera pour le sucre brut 2 liv. 10 sous; et pour le sucre blanc 5 liv.

Sera en outre permis de charger des sucres bruts ou terrés dans des barillages plus petits que ceux ci-dessus spécifiés, en, par les Chargeurs, inscrivant sur lesdits barillages le poids net du sucre, et acquittant les droits à raison de 22 sous 6 deniers par quintal de sucre brut, et de 2 liv. 5 sous par quintal de sucre blanc, à peine de confiscation.

ART. IV. Il sera perçu sur tous les Cafés sortis de la Colonie, depuis le 1er Janvier dernier, et sur tous ceux qui en sortiront pendant les cinq années de l'imposition, un droit de 8 deniers par livre.

Ordonne qu'à compter du 1er Juillet prochain, les chargemens de café ne pourront être faits que dans des boucauds, barriques et quart de la même proportion que celle précédemment réglée pour l'indigo, et qui seront réputés peser le même poids pour le café, et payeront les droits en conformité.

Permet néanmoins de charger des cafés dans des petits barils ou sacs de toile, qui ne pourront contenir plus de 150 liv. pesant, à la charge que le poids net sera inscrit sur lesdits petits barils ou sacs, et que les droits en seront acquittés en conséquence, à peine de confiscation.

ART. V. Sera perçu un droit de dix-huit deniers par livre sur tous les cotons sortis de la Colonie sous cautionnement, depuis le 1er Janvier dernier, et qui en sortiront jusqu'au 1er Janvier 1769 exclusivement.

A compter du 1er Juillet prochain, les chargemens de coton ne pourront se faire que dans des balles qui ne contiendront que trois aunes et demie de toile de halle ou de fougeres, et des ballotins qui ne contiendront qu'une aune et demie de la même toile. Les balles seront réputées peser 260 liv. de coton, les ballotins 110 liv., et les droits en seront payés en conséquence.

Demeure néanmoins permis de charger du coton dans des ballotins plus petits, à la charge d'inscrire sur iceux le poids net, et d'en acquitter les droits en conformité, à peine de confiscation.

ART. VI. Les cuirs sortis sous cautionnement, depuis le 1er Janvier dernier, et ceux qui seront exportés jusqu'au 1er Janvier 1769 exclusivement, payeront par chaque bannette de cuirs en poil la somme de 2 liv.; et par chaque côté de cuirs tannés, la somme de 15 sous.

ART. VII. Sur les gros sirops et tafias qui sortiront de la Colonie, jusqu'au 1er Janvier 1769 exclusivement, il sera payé ; savoir, un droit de 6 liv. par chaque boucaud, et de 3 liv. par chaque barrique de gros sirops, et un droit de 9 liv. par chaque boucaud, et un droit de 4 liv. 10 sous par chaque barrique de tafia.

Lesdits boucauds de sirop et tafia ne pourront contenir au delà de 60 à 64 veltes, et les barriques au delà de 30 à 32 veltes.

ART. VIII. A fait et fait très-expresses inhibitions et défenses à tous Habitans, Négocians, Marchands, Capitaines de Navires, et à tous autres généralement quelconques, de charger, passé le 1er Juillet prochain, pour leur compte et celui d'autrui, des indigos, sucres bruts ou terrés, cafés, cotons, sirops ou tafias, dans des futailles, balles ou ballotins de dimensions différentes que celles ci-dessus spécifiées pour chacune desdites denrées, à peine, contre les Chargeurs, de confiscation desdites denrées, et contre les Capitaines, de 300 liv. d'amende par chaque futaille, balle ou ballotin non conformes à la mesure ci-devant prescrite.

Les futailles, balles, ballotins qui seront rendus aux embarcadaires, et qui ne seront point conformes auxdites mesures, seront également sujets à la peine de confiscation, après ledit temps fixé.

ART. IX. A fait et fait pareillement très-expresses inhibitions et défenses à tous Capitaines de Navires ou autres Bâtimens quelconques, de charger ou laisser charger à leurs bords, sous quelque cause et prétexte que ce soit, aucune denrée, de quelque nature qu'elle soit, après avoir retiré ses expéditions des Bureaux de l'Octroi et des Classes, sous prétexte de chargement sous voile, et ce, à peine de 1000 liv. d'amende contre lesdits Capitaines, et de confiscation desdites marchandises.

Et pour assurer l'exécution du présent article, Sa Majesté demeure très-humblement suppliée d'ordonner que lesdites amendes et confiscations seront poursuivies, prononcées et exécutées à son profit dans les différens Ports du Royaume, sur la vérification qui en sera faite au Bureau du Domaine d'Occidenr, dans le cas où lesdites peines n'auront pu avoir leur effet dans la Colonie.

ART. X. Sera établi, à compter du 1er Janvier dernier, un droit de capitation par chaque tête de Negres ci-après désignés, sans distinction d'âge ni de sexe, conformément au tarif ci-après réglé, lequel sera payé annuellement, pendant la durée de la présente imposition, entre les mains du Receveur de l'Octroi; savoir :

1°. Chaque Habitant cultivant des vivres ou légumes, ou possédant des Guildiveries éloignées des Villes et Bourgs, et non dépendantes de quelque Sucrerie, payeront annuellement, par chaque tête de Negre à eux appartenant dans lesdites Villes, la somme de 4 liv.

2°. Les Habitans propriétaires des Manufactures de Poteries, Tuileries, Briqueries, Fours à chaux, et ceux résidans dans les Bourgs, payeront annuellement, par chaque tête de Negre attaché auxdites Manufactures, ou à leur service, la somme de 12 liv.

Les Habitans des Villes du Cap, Fort-Dauphin, Port-de-Paix, Saint-Marc, Port-au-Prince, Léogane, les Cayes des Fonds et Saint-Louis, payeront annuellement, par chaque tête de Negre à eux appartenant dans lesdites Villes, la somme de 24 liv.

ART. XI. Ne seront réputés Habitans à café, cacao ou coton, que ceux qui auront au moins cinq cents pieds de café, cent pieds de cacao, ou cinq cents pieds de coton par chaque tête de Negre.

ART. XII. Les exemptions précédemment accordées par Sa Majesté continueront d'avoir lieu à l'égard de ceux qui seront dans le cas d'en jouir, et qui se trouveront assujettis à l'imposition dudit droit de capitation.

Les Syndics des Villes, Bourgs et Quartiers, jouiront de l'exemption de huit de leurs Negres; le Vérificateur des Comptes, de six; et les Huissiers Audienciers des deux Conseils, de quatre.

ART. XIII. Toutes personnes résidantes dans la Colonie, de quelque qualité et condition qu'elles soient, seront tenues de donner tous les ans, comme par le passé, leur recensement, en la forme et maniere accoutumée, lequel sera reçu par le Syndic du lieu de leur résidence, qui les adressera à l'Intendant; le tout sous les peines prononcées par la Déclaration du Roi du 25 Octobre 1744.

ART. XIV. Les Propriétaires des maisons des Villes du Cap, Fort Dauphin, Port-de-Paix, Saint-Marc, Port au-Prince, Léogane, Petit-Goave, les Cayes du Fond et Saint-Louis, payeront un droit de sept pour cent sur le produit annuel de leurs maisons, à compter du 1er Janvier de cette année jusqu'au 1re Janvier 1769 exclusivement.

Ordonne à cet effet que, par des Commissaires qui seront nommés dans les deux Conseils, il sera procédé au rôle de répartition dudit droit, et qu'en conséquence les Propriétaires desdites maisons seront tenus de leur représenter les baux à ferme de leurs maisons, pour celles qui sont louées, et qu'à l'égard de celles qui sont occupées par les Propriétaires, elles seront estimées par lesdits Commissaires, et que la taxe par eux ainsi faite sera exécutée provisoirement.

Ordonne que les maisons desdites Villes, qui sont actuellement en construction, seront exemptes de ladite imposition pendant tout le temps de ladite construction, et un an après qu'elles auront été parachevées, à la charge par les Propriétaires d'en faire leur déclaration pardevant lesdits Commissaires, faute de quoi ils seront condamnés en une amende, qui ne pourra être moindre du double du droit auquel ils auroient été imposés.

Ordonne en outre que, dans le cas où il y auroit lieu d'accorder quelque diminution sur ledit droit, ou même des exemptions totales à quelques Propriétaires dont les maisons auroient été incendiées ou renversées par force majeure, les Propriétaires se pourvoiront au Conseil Supérieur dans le ressort duquel sera située ladite maison, pour être statué sur ladite diminution ou exemption.

Art. XV. La Ferme des Boucheries continuera d'avoir lieu dans la Colonie, pendant le temps et durée de l'imposition, pour la viande de bœuf seulement, et conformément aux clauses ci-après.

1°. Il y aura trois Fermiers principaux; l'un pour le Cap et le Fort-Dauphin; le second pour le Port-au-Prince, Saint-Marc, le Petit-Goave et Jacmel; l'autre pour Saint-Louis,

2°. La Ferme du Cap sera de 150,000 liv. par an; celle du Port-au-Prince, de 80,000 liv., et celle de Saint-Louis, de 5000 liv., sans pouvoir être augmentées, sous quelque prétexte que ce soit.

3°. Le prix de la viande sera le même pour le Roi et pour le Public, et sera crié et adjugé au rabais pardevant les Juges Royaux, conformément aux clauses et conditions de la carte-bannie qui en sera dressée à cet effet; et arrêtée par l'Intendant, le Doyen et le Procureur Général de chaque Conseil dans son ressort.

4°. La Jurisdiction du Port-de-Paix, et les Quartiers de Nippes, du Fond des Negres, de Jérémie et de Tiburon, ne feront point partie des Fermes générales ci-dessus établies, et la fourniture de la viande sera adjugée dans les Siéges Royaux desdits lieux, à celui qui se soumettra de la donner à meilleur marché.

5°. Les

5°. Les viandes de mouton et de cochon ne feront point partie de lad. Ferme, et sera loisible à tout Particulier d'en tuer, vendre et débiter indistinctement.

6°. La police desdites Boucheries, pour ce qui regarde la viande à fournir aux Troupes du Roi, appartiendra à l'Intendant; et pour ce qui est de celle des Habitans, aux Juges de Police dans les Villes et Banlieues; et aux Syndics dans les Quartiers, lesquels pourvoiront provisoirement aux abus, sauf à y être ensuite statué définitivement par les Conseils, sur les rapports qui en seront faits aux Procureurs Généraux par lesdits Syndics.

ART. XVI. Le droit de tenir Cabaret pour le débit du vin et de la guildive, continuera d'être mis à bail à ferme dans chaque Jurisdiction, pour le temps de la durée de l'imposition; et sera ladite Ferme criée et adjugée à la chaleur des encheres, pardevant les Juges Royaux, sur les cartes-bannies qui en seront arrêtées par l'Intendant, le Doyen, et le Procureur Général de chaque Conseil.

La police desdits Cabarets continuera d'être exercée dans les Villes par les Officiers de Police; et dans les Quartiers, elle appartiendra aux Syndics, de la même maniere que celle des Boucheries.

Sera loisible à tout Particulier de tenir Cabaret, en payant au Fermier la somme de 150 liv. par an, pour le débit du vin et de la guildive; et celle de 300 liv., lorsqu'il donnera à manger.

ART. XVII. Le droit de tenir café et jeux non prohibés, continuera pareillement d'être mis à bail à ferme dans la forme et de la maniere ci-dessus prescrite pour la Ferme des Cabarets renouvelant, en tant que besoin, toutes prohibitions et défenses aux Fermiers de donner à jouer des jeux défendus par les Ordonnances, et sous les peines y portées. Enjoint à tous Juges et Syndics d'y tenir séverement la main.

ART. XVIII. A réuni et réunit à la caisse de l'Octroi le produit annuel des Postes de la Colonie, lequel demeure évalué et fixé à la somme de 40,000 liv., laquelle sera versée tous les ans dans la caisse du Receveur de l'Octroi du lieu où résidera l'Intendant, sur une Ordonnance de recette qui sera par lui expédiée audit Receveur, sur les Directeurs desdites Postes, ou les dépositaires des deniers en provenant; et sera ladite recette suffisamment justifiée par ladite Ordonnance, et l'ampliation des quittances desdits Directeurs ou dépositaires des fonds des Postes.

Continueront néanmoins lesdites Postes d'être régies comme ci-devant, sous l'autorité de l'Intendant, lequel nommera et commettra les Directeurs, Inspecteurs, Commis, Courriers, et toutes les personnes employées ou à employer au service desdites Postes, et aura seul le droit de régler leurs appointemens et la fixation de leurs cautionnemens.

Et au moyen de la réunion présentement faite à la caisse de l'Octroi, du fonds desdites Postes, a confirmé et confirme, en tant que de besoin, la fixation du prix actuel des ports de lettres, lequel ne pourra être augmenté.

Art. XIX. Il sera payé entre les mains des Receveurs de l'Octroi, sur le produit de la vente des Negres qui ont été ou seront introduits dans la Colonie, depuis le premier Janvier dernier jusqu'au dernier Décembre 1768, un droit de deux pour cent; à l'effet de quoi les Capitaines ou Négocians gérant les cargaisons des Noirs, seront tenus de payer ledit droit de deux pour cent aux Receveurs de l'Octroi, qui leur en donneront quittance au pied d'un double du certificat d'introduction, délivré par les Officiers des Classes, en la maniere accoutumée, sur les extraits des ventes de leurs cargaisons, dûment certifiés d'eux, à peine, en cas de fausse déclaration, de 1000 liv. d'amende et du double droit.

A fait et fait très-expresses inhibitions et défenses à tous Capitaines ou Négocians de vendre les Negres à bord de leurs Bâtimens, et à tous Habitans et autres d'en acheter, et ce à compter du premier Mai prochain; auquel effet lesdits Capitaines et Négocians seront tenus de faire descendre à terre la totalité de leurs cargaisons, trois jours après la visite de santé, au plus tard, à peine de confiscation des Negres ainsi vendus, et de 300 l. d'amende par chacun desdits Negres, tant contre le vendeur que contre l'acheteur.

A arrêté que, sur la caisse des droits municipaux de chaque Conseil, il sera incessamment construit des Halles closes dans les extrémités des Villes du Cap, Port-au-Prince et des Cayes, dans lesquelles il sera loisible aux Capitaines et Négocians de déposer, sans rétribution, pendant un mois, les Negres qu'ils auront à vendre : ordonne que, dans les autres Villes, lesdits Capitaines et Négocians se pourvoiront de logemens nécessaires pour la vente de leurs Noirs, dans le quartier qui leur sera indiqué par les Officiers de Police; ce qui sera pareillement observé dans les Villes du Cap, Port-au-Prince et des Cayes, jusqu'à l'entiere construction desdites Halles.

Art. XX. Ordonne que les droits ci-dessus établis, seront perçus par douze Receveurs, qui tiendront en tout temps leurs Bureaux ouverts, et résideront dans les Villes du Cap, Fort Dauphin, Port-de-Paix, Saint-

Marc, Port-au-Prince, Léogane, Petit-Goave, Jérémie, Cap Tiburon, les Cayes, Saint-Louis et Jacmel.

A confirmé et confirme les Receveurs de l'Octroi, actuellement en exercice dans les endroits ci-dessus désignés, pour le temps qu'ils ont encore à exercer, ainsi que ceux nommés pour leur succéder à l'expiration des cinq années de leur exercice.

Ordonne que lesdits Receveurs jouiront annuellement des appointemens *, et fourniront les cautionnemens ci-après réglés ; savoir :

Le Cap . . .	6000 l. *d'appointemens.*	150,000 l. *de cautionnement.*
Fort Dauphin .	1800	30,000
Port-de-Paix .	1500	20,000
Saint-Marc . .	1800	30,000
Port-au-Prince.	4000	80,000
Léogane . .	1800	40,000
Petit-Goave .	2400	20,000
Jérémie . . .	1500	10,000
Tiburon . .	1500	10,000
Les Cayes . .	1800	50,000
Saint-Louis .	1800	30,000
Jacmel . . .	1500	20,000

En conséquence, les Receveurs ci-devant confirmés, qui n'auront pas fourni des cautionnemens aussi forts que ceux ci-dessus spécifiés, seront tenus de les compléter un mois après la publication du présent Arrêt, faute de quoi il en sera nommé d'autres en leur lieu et place.

Ordonne en outre que le Receveur du Port-au-Prince sera tenu d'envoyer chaque année, dans le mois qui lui sera indiqué par l'Intendant, un Commis dans les quartiers de l'Arcahaye et du Mirebalais, pour y faire les recouvremens du droit de capitation des Negres, sans pouvoir prétendre aucune indemnité pour cette charge; et que le Receveur du Petit-Goave sera tenu pareillement d'envoyer un Commis, pour faire de même les recouvremens dans le quartier de Nipes, aussi sans indemnité.

Ordonne enfin que lesdits Receveurs rendront dorénavant, à la fin de chaque année, un seul et même compte de recette de tous les droits ci-dessus établis, sans distinction d'ancienne et de nouvelle imposition, lequel

* *Les frais de perception et de comptabilité de l'imposition presente de quatre millions, ne monteront pas à un pour cent.*

sera arrêté en la maniere accoutumée, et un double d'icelui déposé au Greffe du Conseil.

Enjoint à tous les Receveurs de se conformer exactement aux Edits, Ordonnances, Déclarations, Arrêts du Conseil d'Etat et des Conseils Supérieurs, Mémoires du Roi, &c. concernant leurs fonctions, tenues de leurs Bureaux, Caisses et Registres, &c. aux peines de droit.

Arrêté en outre que Sa Majesté sera très-humblement suppliée, pour mieux assurer la perception des droits d'Octrois, et faciliter le commerce des quartiers éloignés, d'établir un Bureau des Classes dans les Bourgs de Jérémie et de Tiburon, et d'ordonner que les droits de sortie seront, dans tous les temps, perçus dans les Bureaux de Léogane et des Cayes.

ART. XXI. Pour faciliter le recouvrement des droits de capitation, et autres non encore rentrés, l'Assemblée a nommé trois Receveurs particuliers; l'un au Cap, pour tout le ressort du Conseil; l'autre au Port-au-Prince, pour les Jurisdictions du Port-au-Prince, Saint-Marc, Petit-Goave et Jacmel; le troisieme à Saint-Louis, pour la Jurisdiction de ladite Ville.

En conséquence, lors de l'arrêté des comptes des Receveurs de l'Octroi de l'année 1763, il sera dressé un Etat général des quittances restantes en nature entre leurs mains, lesquelles seront remises aux Receveurs ci-dessus nommés, sous leur récépissé au bas dudit Etat général, pour, chacun dans son ressort, en poursuivre le recouvrement; et leur sera attribué, pour appointemens, une commission de six pour cent sur le montant de leur recette effective, dont ils compteront en la maniere accoutumée.

Ordonne que le Receveur du Cap fournira une caution de 15000 livres, celui du Port-au-Prince, de pareille somme, et celui de Saint-Louis, une de 10,000 livres, et que lesdits Receveurs prêteront serment dans le Conseil de leur ressort : et pour lesdites recettes a nommé et commis, nomme et commet au Cap le sieur Davy, Greffier en chef de l'Intendance; au Port-au Prince, le sieur Bazin, ci-devant Receveur à l'Arcahaye, et à Saint-Louis, le sieur Benech de Solon.

ART. XXII. A ordonné et ordonne que les droits d'amendes, épaves, confiscations, bâtardises, déshérences, biens vacans, &c., abandonnés par Sa Majesté pour être employés aux besoins de la Colonie, par son Ordonnance du 8 Avril 1721, continueront d'être régis et administrés dans la même forme que celle ci-devant observée, sous la direction de l'Intendant, et les deniers en provenant employés aux frais de Justice et autres besoins civils de la Colonie.

Ordonne en outre, sous le bon plaisir du Roi, que les comptes des Curateurs aux successions vacantes, seront arrêtés par la suite dans la même forme que celle observée pour les comptes des amendes, et conformément à l'Arrêt du Conseil d'Etat du Roi, du 27 Janvier 1727; et, pour donner une forme légale et réguliere à l'arrêté des comptes du Receveur Général desdits droits, Sa Majesté sera très-humblement suppliée d'ordonner qu'ils seront arrêtés dans la forme prescrite par ledit Arrêt du Conseil d'Etat.

Art. XXIII. Le produit du Bac établi sur la riviere du haut du Cap, demeurera réuni, sous le bon plaisir du Roi, à la caisse municipale du ressort du Conseil du Cap, après l'expiration du Brevet de don qui en a été fait au sieur Laporte. Demeurera pareillement réuni à la caisse municipale du ressort du Conseil du Port-au-Prince, le produit des Bacs de l'Artibonite et de l'Ester, pour être lesdits produits employés à la construction des ponts à faire sur lesdites rivieres, sous la direction de chacun des Conseils en son ressort.

Art. XXIV. Le droit de deux pour cent sur les adjudications et ventes faites à la Barre des Siéges Royaux, continuera d'être perçu dans le ressort des deux Conseils, et le produit de celui du Conseil du Cap, qui avoit été jusqu'à présent détourné de sa véritable destination, sera pareillement réuni à la caisse municipale, à compter du premier Janvier de cette année, pour être régi et administré sous la direction dudit Conseil, et suivant l'usage observé dans celui du Port-au-Prince, et être employé à l'ouverture et entretien des chemins, construction de ponts, chaussées, quais, calles, fontaines, &c.

Art. XXV. Les droits qu'il étoit ci-devant d'usage de taxer pour la liberté des Mulâtres et Quarterons, demeureront supprimés, et Sa Majesté sera très-humblement suppliée de prohiber, par une loi expresse, toute liberté accordée aux Esclaves par testament et ordonnance de derniere volonté.

Art. XXVI. Tous les droits établis sur les passages par mer, tels que ceux de Limonade, la Petite-Anse, Jacquezy, &c., seront et demeureront pareillement éteints et supprimés, à compter de ce jour, et tous baux à ferme passés en conséquence, seront annullés et résiliés.

Ordonne que les droits affermés et perçus sans titre légal par le sieur de la Porte sur le passage de Limonade au Cap, seront par lui restitués en entier, et reversés dans la caisse du Receveur de l'Octroi du Cap, à la diligence du Procureur Général du Roi au Conseil Supérieur de ladite Ville.

ART. XXVII. Pour assurer et faciliter l'apurement des comptes de l'Octroi et de tous les autres droits qui se perçoivent dans la Colonie au profit de Sa Majesté, a ordonné et ordonne, sous le bon plaisir du Roi, qu'il sera établi un Vérificateur desdits comptes dans le lieu où l'Intendant fera sa résidence, dont les fonctions, appointemens et émolumens seront fixés par un Réglement particulier qui sera fait dans la présente Assemblée; et pour ladite vérification, a nommé et commis le sieur Jauvin, demeurant au Cap.

ART. XXVIII. Et attendu la promesse faite par Sa Majesté, que tous les droits perçus dans la Colonie seroient employés aux besoins d'icelle, sera Sa Majesté très-humblement suppliée de supprimer en entier le droit de 4 deniers et six deniers pour livre, qui se retiennent sur les dépenses de la Colonie, au profit des Invalides de la Marine, comme contraire à ladite promesse, et nuisible à ses intérêts, par l'augmentation qu'il introduit dans le prix des fournitures nécessaires pour son service.

ART. XXIX. Ordonne qu'expédition en forme du procès verbal de tout ce qui s'est fait en l'Assemblée des deux Conseils, ensemble du présent Arrêt, sera envoyé au Greffe du Conseil du Port-au-Prince, pour être transcrit sur les registres d'icelui, et que ledit Arrêt sera lu et publié à l'Audience des deux Cours, imprimé et affiché par-tout où besoin sera, et que copies collationnées d'icelui seront adressées aux Jurisdictions ressortissantes aux deux Conseils, pour y être registrées, et pareillement lues, publiées et affichées, à la diligence des Substituts des Procureurs Généraux auxdit Siéges, lesquels seront tenus d'en certifier leur Cour respective au mois. FAIT en l'Assemblée des deux Conseils Supérieurs de Saint-Domingue, tenue au Cap le 9 Mars 1764.

Du 12 *Mars.*

Vu par l'Assemblée des deux Conseils l'article 27 de son Arrêt du 9 de ce mois, portant établissemement d'un Vérificateur des comptes de la Colonie, en procédant au Réglement ordonné par icelui; sur ce, ouï les Gens du Roi, M. Desmé Dubuisson, Procureur Général au Conseil Supérieur du Cap, portant la parole, ensemble le rapport, a ordonnné et ordonne ce qui suit; savoir:

ART. Ier. Les comptes des Receveurs des Octrois de la Colonie, tant pour le passé que pour l'avenir, seront remis chaque année au Vérificateur établi par l'article 27 de l'Arrêt du 9 de ce mois, à l'effet d'être par lui examinés et vérifiés, pour ensuite être apostillés, signés et arrêtés par l'Intendant et deux Conseillers au Conseil du ressort du Comptable.

ART. II. Il sera attribué pour ce travail audit Vérificateur, la somme de 3000 liv. par an, sur le fonds des Octrois accordés par la Colonie.

ART. III. Les Directeurs des différens Bureaux des Postes de la Colonie, seront tenus pareillement de remettre leurs comptes tous les ans entre les mains du Vérificateur, à l'effet d'être par lui examinés, vérifiés et apostillés, pour être ensuite arrêtés par l'Intendant.

ART. IV. Il sera attribué pareillement, pour ce travail, audit Vérificateur des comptes, la somme de 3000 liv. par an, qui lui sera payée par le Receveur Général de la Colonie, sur les Ordonnances de l'Intendant.

ART. V. Les comptes des Receveurs des amendes, épaves, aubaines, bâtardises, deshérences, confiscations, et des Curateurs aux successions vacantes des différentes Jurisdictions de la Colonie, lui seront pareillement remis, pour être par lui examinés et vérifiés.

ART. VI. Il certifiera la vérification des comptes ci-dessus, fera et signera les apostilles de tous les comptes particuliers, lesquels seront ensuite arrêtés par l'Intendant et deux Conseillers du Conseil du ressort du Comptable, lesquels signeront, apostilleront et arrêteronr les comptes généraux desdits Receveurs.

ART. VII. Ordonne en conséquence aux Receveurs de l'Octroi et Directeurs des Postes, d'envoyer dans le mois de Janvier au Bureau de la Vérification, leurs comptes de l'année précédente, avec les pieces au soutien, et aux Receveurs des amendes, épaves, aubaines, &c., et Curateurs aux successions vacantes, d'envoyer pareillement audit Bureau, dans les trois premiers mois qui suivront la fin de leur exercice, et même plus souvent, s'il est jugé nécessaire par l'Intendant, les comptes de leurs recettes et dépenses, avec toutes les pieces au soutien.

ART. VIII. Lesdits Receveurs et Directeurs dresseront un inventaire ou bref état des pieces par eux remises audit Bureau de la Vérification, au bas duquel ledit Vérificateur leur fournira son récépissé.

ART. IX. Sera déposé au Bureau de la Vérification un des comptes généraux sus-énoncés, sans préjudice de celui qui doit être déposé au Greffe du Conseil et de celui qui doit être remis au Comptable pour sa décharge. Le Vérificateur conservera aussi tous les comptes particuliers, et, autant que faire se pourra, les pieces au soutien qui pourront être jugées nécessaires et utiles à garder.

Art X. Les états de reprise provenans desdits comptes, seront dressés et signés par le Vérificateur, et visés par l'Intendant, et lesdites reprises remises, suivant l'usage, aux Receveurs en exercice, pour en faire le recouvrement, et en rendre compte en temps et lieu, et les reconnoissances qu'ils en fourniront, resteront déposées au Bureau du Vérificateur, qui en donnera aux Receveurs ampliation signée de lui, pour les autoriser dans les recouvremens et poursuites nécessaires; et seront lesdites reconnoissances enregistrées sur un registre qui sera à ce destiné, et qui sera signé, coté et paraphé par l'Intendant.

Art. XI. Tous les Receveurs actuels, et ceux qui seront nommés à l'avenir, seront tenus de remettre au Vérificateur une copie de leurs Commissions ou de l'Arrêt qui les nomme, avec expédition en forme des cautionnemens par eux prêtés; de tout quoi ledit Vérificateur sera obligé de tenir pardevers lui un état en bonne forme.

Art. XII. Les actes et certificats délivrés par le Vérificateur en sa qualité, feront foi en Justice, et il sera tenu de se conformer aux Ordonnances du Roi, et Réglemens des deux Conseils concernant les différens Receveurs.

Art. XIII. Le travail du Vérificateur, pour la vérification de tous les comptes autres que ceux des Octrois et des Postes, sera taxé au bas d'iceux par l'Intendant et les Commissaires, qui arrêteront lesdits comptes, et sera ladite taxe payée par le Receveur Général de la Colonie.

Art. XIV. Le logement et les Bureaux dudit Vérificateur lui seront fournis aux frais du Roi, et payés par ledit Receveur Général.

Art. XV. Dans le cas où ledit Vérificateur seroit obligé de refondre ou de dresser en tout ou partie les comptes des Receveurs, ce travail extraordinaire lui sera payé par lesdits Receveurs, suivant la taxe qui en sera faite par l'Intendant et les Commissaires qui arrêteront lesdits comptes.

Art. XVI. Ledit Vérificateur demeure autorisé à percevoir, pour chaque certificat qu'il délivrera, la somme de 6 liv., et celle de 3 liv. par rôle des comptes, dont les Parties demanderont des expéditions; ce qui aura lieu, tant pour les comptes à venir que pour ceux déjà rendus.

Art. XVII. Ledit Vérificateur sera nommé par le Conseil dans le ressort duquel résidera l'Intendant où il se fera recevoir et prêtera serment;

et

et dans le cas où sa place viendroit à vaquer pendant que les deux Conseils seroient assemblés, il y sera pourvu par l'Assemblée, ainsi qu'il vient d'être pratiqué.

Ordonne que le présent Arrêt sera lu, imprimé, publié et affiché partout où besoin sera, et que copies collationnées d'icelui seront adressées ès Jurisdictions ressortissantes aux deux Conseils, pour y être registré, lu et publié à la diligence des Substituts des Procureurs Généraux auxdits Siéges, lesquels en certifieront leur Cour respective au mois.

FAIT en l'Assemblée des deux Conseils Supérieurs de Saint-Domingue, tenue au Cap le 12 Mars 1764.

R. au Conseil du Port-au-Prince le 11 Avril suivant.

ARRÊT du Conseil du Cap, qui défend d'exécuter des Réglemens de Police générale faits par les Officiers des Siéges, s'ils ne sont homologués en la Cour.

Du 1er Février 1764.

LOUIS, &c. Entre le Procureur Général du Roi, &c., d'une part; et le sieur Desforges, Voyer de ladite Ville, Intimé, d'autre part; et les Habitans et Propriétaires des maisons situées rues Espagnole, du Marécage, et autres aboutissantes au bord de la mer, &c.

Et faisant droit sur les plus amples conclusions du Procureur Général, fait défenses à tous Officiers des Siéges et Jurisdictions du ressort de la Cour, de faire exécuter aucun Jugement ni Ordonnance de Police générale émanés desdits Siéges, qu'ils n'aient été préalablement homologués en la Cour: ordonne que le présent Arrêt sera lu, publié Audience tenante, et registré aux Siéges du ressort de la Cour, inscrit sur les registres des Procureurs en icelle, et affiché au Bureau de la Bourse commune des Huissiers, &c.

Ce fut l'Ordonnance du Juge de Police du Cap, du 20 Avril 1763, qui donna lieu à cet Arrêt.

LETTRE de M. l'Intendant aux Officiers de la Jurisdiction du Cap, touchant l'insertion dans la Gazette, de la note des Negres Marrons, et des personnes décédées.

Du 8 Février 1764.

J'AI consenti, MM., à l'établissement d'une Gazette en cette Ville, parce que j'ai pensé qu'il ne pouvoit qu'être avantageux à la Colonie. Je ne veux pas laisser imparfait le fruit que l'on peut s'en promettre. Il m'est revenu de plusieurs endroits, que l'on souhaitoit que les Negres Marrons fussent annoncés sur cette feuille hebdomadaire; il suffit que cela fasse la matiere d'un article utile, pour que je me détermine avec plaisir à permettre qu'il y soit désormais inséré; il s'agiroit en conséquence de faire parvenir, par tous les Courriers, au sieur Monceaux, Auteur de la Gazette, un relevé des Negres Marrons qui se trouveront dans les prisons de chaque Jurisdiction. Je vous prie, Messieurs, pour ce qui concerne la vôtre, d'ordonner au Geolier d'adresser chaque semaine au sieur Monceaux, sous une simple enveloppe, un état des Negres Marrons, signé de lui, dans lequel il aura soin de spécifier, autant qu'il sera possible, le nom, la nation, l'étampe, et l'âge apparent de chaque Negre, afin que, sur les différentes indications, les Maîtres soient en état de les reconnoître. Il commencera par un état général de ceux qui seront à la Géole, à la réception du présent ordre.

Vous prescrirez aussi aux Curés de votre ressort de faire parvenir au sieur Monceaux les nouvelles de la mort de tous Propriétaires d'Habitations et autres personnes notables qui décéderont dans leurs quartiers respectifs, et ce, par l'ordinaire qui suivra immédiatement la date du décès. Je vous recommande sur ces deux objets la plus grande exactitude; par-là vous contribuerez avec moi au bien général de la Colonie, &c.

Arrêt du Conseil d'Etat, qui casse ceux du Conseil Supérieur du Cap, des 10, 11 et 12 Novembre 1763, relatifs aux gratifications accordées aux Députés de la Colonie et des Conseils.

Du 11 Février 1764.

Le Roi s'étant fait représenter l'Arrêt rendu en son Conseil le 21 Mai 1763, par lequel, &c. (*Voyez-le à sa date*), ensemble les Arrêtés du Conseil Supérieur du Cap, des 10, 11 et 12 Novembre 1763, par le premier desquels il est constaté, qu'au lieu de procéder à l'enregistrement dudit Arrêt du Conseil, les Officiers du Conseil Supérieur ont levé la séance, pour ne pas remplir les intentions de Sa Majesté. Par le second, il auroit été dressé procès verbal de la séance du 11; et par le troisieme, ledit Conseil Supérieur auroit déclaré la transcription faite de l'Arrêt du Conseil d'Etat en marge des registres du Conseil Supérieur, informe, illégale, nulle et comme non avenue, et ordonné que la délibération du 13 Décembre 1762 seroit rétablie sur lesdits registres. A quoi voulant pourvoir, pour éviter les conséquences dangereuses qui pourroient résulter d'un pareil attentat fait à l'autorité de Sa Majesté: le Roi étant en son Conseil, a cassé lesdits Arrêtés du Conseil Supérieur du Cap, des 10, 11 et 12 Novembre 1763; fait très-expresses inhibitions et défenses audit Conseil d'en faire à l'avenir de semblables; ordonne Sa Majesté qu'ils seront rayés et biffés sur les registres dudit Conseil Supérieur, et que le présent Arrêt sera transcrit en marge d'iceux. Fait au Conseil d'Etat du Roi, &c.

R. au Conseil du Cap le 10 Mai suivant.

Arrêt du Conseil du Cap, qui défend aux Syndics des Paroisses de se mêler d'affaires contentieuses.

Du 17 Février 1764.

Entre le sieur Buscaille, Syndic du Quartier du Gros-Morne, &c. Le Conseil, &c. fait défenses aux Syndics de s'immiscer directement ni indirectement, sous quelque prétexte que ce soit, dans les affaires contentieuses entre les Habitans: ordonne que le présent Arrêt sera imprimé, lu, publié et affiché où besoin sera.

ORDONNANCE de l'Intendant, pour le Nettoyement des Rues.

Du 13 Mars 1764.

JEAN-Etienne-Bernard de Clugny, &c.

La Ville du Cap recevant tous les jours de nouveaux accroissemens, qui exigent de plus en plus nos soins et notre attention, nous avons cru nécessaire, pour la salubrité de l'air et la commodité des Habitans, de pourvoir au nettoyement journalier de ses rues ; en conséquence, nous avons ordonné et ordonnons ce qui suit; savoir :

ART. Ier. Il y aura à l'avenir, et à commencer du premier Avril prochain, deux tombereaux fournis et entretenus par la Maison de la Providence, suivant le marché que nous avons passé à cet effet, qui seront perpétuellement et journellement employés, depuis huit heures du matin jusqu'au coucher du soleil, à enlever les immondices amoncelées dans les rues de la ville du Cap, les porteront à la mer, sous le Vent de la Ville, et dans l'endroit qui leur sera désigné par les Officiers de Police.

ART. II. Tous Propriétaires de maisons ou Principaux Locataires seront obligés d'amonceler les immondices, conformément aux Réglemens qui seront faits par lesdits Officiers de Police, et dans les endroits qui seront indiqués par les Inspecteurs, afin d'être promptement enlevés, lorsque les tombereaux passeront.

ART. III. Les tombereaux ainsi destinés au nettoyement des rues, ne pourront être détournés et employés à d'autres usages, pour quelques causes et prétextes que ce soit, sans un ordre exprès et signé de nous, que nous ferons passer auxdits Officiers.

ART. IV. La personne chargée par la Maison de la Providence de veiller à ce que lesdits tombereaux soient perpétuellement employés au service auquel ils sont destinés, sera immédiatement sous les ordres desdits Officiers de Police, et à leur défaut et en leur absence, sous ceux des Inspecteurs.

DONNÉ au Cap le 13 Mars 1764. *Signé* CLUGNY NUYS.

R. au Conseil du Cap le 16 Mars 1764.

ARRÊT de Réglement de l'Assemblée des deux Conseils, qui établit des Avocats auxdits Conseils, et les sépare des Procureurs.

Des 19 et 26 Mars 1764.

CE jour, les Gens du Roi sont entrés, et M. Desmé Dubuisson, Procureur Général du Roi au Conseil Supérieur du Cap, portant la parole, ont dit :

MM., un des objets, dans l'administration de la Justice, qui sollicite le plus une décision des deux Cours assemblées, est le besoin d'un ordre uniforme et certain pour les Offices des Procureurs. Jusqu'ici, il n'a été pris aucunes précautions pour s'assurer de la capacité des Sujets pourvus de ces Offices, ou ces précautions ont été seulement locales. Jusqu'ici le nombre de ces Offices, dans les différens Tribunaux, n'a point été fixe; jusqu'ici, dans les villes du Cap et du Port-au-Prince, les Offices des Procureurs au Conseil, et des Procureurs à la Jurisdiction, ont été cumulés et exercés à la fois par les mêmes personnes; jusqu'ici les Gradués n'ont pas été généralement distingués des Praticiens; enfin, on a négligé jusqu'ici de réunir les Procureurs de chaque Tribunal en une sorte de Corps. En détaillant ces différens abus, la nécessité d'y remédier deviendra plus frappante.

Du défaut de précautions pour s'assurer de la capacité des Sujets, il est résulté fréquemment (avant M. de Clugny), que des hommes, sans être gradués, sans avoir suivi le Barreau, sans connoissance suffisante des formes et des Loix, et n'ayant pour eux qu'une légere teinture de la pratique, ont été pourvus d'Offices de Procureurs. C'est à ce mauvais choix qu'on doit principalement attribuer cette multiplicité de procédures, souvent irrégulieres, et toujours inutiles; ces détours et ces abus de la forme, aussi fatigans pour les Juges, qu'onéreux aux Parties.

De ce que le nombre des Offices de Procureurs dans chaque Tribunal, n'a point été déterminé, les précédens Intendans les ont accordés ou refusés arbitrairement, et, ce qui a été le plus commun, les ont multipliés sans nécessité. Comment n'auroient-ils pas cédé aux sollicitations ? comment n'auroient-ils pas été entraînés par le charme séduisant de donner des places, de multiplier leurs bienfaits, et d'augmenter leurs obligés? Le trop petit nombre de Procureurs peut faire languir les Plaideurs; mais le trop grand nombre de ces Officiers augmente à coup sûr les procès; leur nombre doit être proportionné aux affaires de chaque Tribunal.

La réunion des Offices de Procureurs au Conseil et à la Jurisdiction, dans les villes du Cap et du Port-au-Prince, entraîne des inconvéniens et engendre des désordres. Si ces Offices étoient divisés, les Procureurs n'étant plus partagés entre deux Tribunaux, instruiroient mieux les affaires, seroient plus préparés dans leurs Plaidoiries, auroient moins d'intérêt à multiplier les appels; leurs Cliens seroient moins exposés à devenir la victime de leurs erreurs, de leur négligence ou de leur avidité; la distribution de la Justice dans chaque Tribunal seroit plus réguliere, plus prompte et plus décente; les Procureurs aux Conseils n'auroient plus de motifs pour dissimuler les abus introduits dans les Siéges, et le bon ordre renaîtroit de toutes parts.

Les distinctions sont l'ame de l'émulation; il n'est ni juste ni prudent que des Gradués, des Avocats qui ont milité dans les Cours du Royaume, soient confondus avec de simples Praticiens; d'un autre côté, il est de l'intérêt public que les Sujets qui ont le plus de talens, soient appelés vers les Tribunaux Souverains.

Les Procureurs de chaque Tribunal, ne formant point de Corps, n'ont eu aucun motif qui les invitât à s'observer mutuellement; chaçun se regardant comme distinct et séparé des autres, croit n'avoir aucun intérêt, et même aucun titre pour relever l'ignorance, l'inconduite, ou la prévarication de ses Confreres. Outre ce défaut de police intérieure, l'esprit d'une Jurisprudence suivie n'a pu s'introduire parmi eux; faute d'Assemblées et de registres communs, les décisions qui forment la Jurisprudence, n'ont pu être recueillies; ce qui produit tous les jours une diversité dangereuse de principes dans les Ecrits et les Plaidoiries. On peut procurer les avantages des Communautés, sans en adopter les inconvéniens. D'après ces motifs, nous remettons sur le Bureau un projet de Réglement concernant lesdits Procureurs.

Le projet dudit Réglement remis sur le Bureau par ledit Procureur Général du Roi, la Cour a arrêté qu'il en seroit rendu compte par MM. de Saintard et de Laye, Conseillers du Conseil du Port-au-Prince et du Cap, qu'elle a chargés de l'examiner, pour ensuite être statué ce qu'il appartiendra.

Du 26.

Ce jour, les Commissaires nommés par l'Arrêté du 19 de ce mois, à l'effet d'examiner le Mémoire et projet de Réglement des Procureurs Généraux des deux Conseils, concernant la distinction des Offices des Procureurs aux Conseils et Jurisdictions, &c... &c., ont rendu compte à l'Assemblée de leur commission.

La matiere mise en délibération, LES DEUX CONSEILS assemblés ont ordonné et ordonnent provisoirement et sous le bon plaisir du Roi, ce qui suit; savoir:

TITRE Ier. *Des Commissions.*

I. Tous les Offices de Procureurs aujourd'hui en exercice, tant dans les deux Conseils, que dans les Siéges inférieurs des deux ressorts, seront et demeureront supprimés, à compter de ce jour.

II. Il y aura à l'avenir des Avocats aux Conseils, qui seront ainsi qualifiés dans leurs Commissions, et des Procureurs dans les Siéges inférieurs, suivant le nombre ci-après fixé.

III. Les Avocats et Procureurs ci-après désignés seront tenus de se pourvoir incessamment en la maniere accoutumée, pour l'obtention de leurs nouvelles Commissions; pourront néanmoins continuer leurs fonctions, chacun dans le Tribunal qui leur est fixé, jusqu'à ce qu'ils aient fait enregistrer ladite Commission, les dispensant de prêter de nouveau le serment en tel cas requis.

IV. Les Offices d'Avocats aux Conseils et les Offices des Procureurs aux Jurisdictions, seront distincts et séparés, et ne pourront, dans aucun cas, être possédés et exercés à la fois par la même personne.

V. Les Offices d'Avocats aux Conseils et de Procureurs aux Jurisdictions, ne pourront pareillement être possédés concurremment avec ceux de Notaires.

VI. Ceux qui se trouvent actuellement pourvus de places de Substituts de Procureurs du Roi ès Jurisdictions, ou de Notaires, et qui seront désignés dans l'état ci-après fixé par le titre V, pour remplir les places de Procureurs esdites Jurisdictions, seront tenus d'opter entre lesdites places de Substituts ou de Notaires, et celles de Procureurs, huit jours après la publication du présent Réglement.

TITRE II. *Des Avocats aux Conseils.*

I. Les Avocats aux Conseils feront seuls toutes les procédures et instruction en cause d'appel, et plaideront dans lesdites Cours.

II. Lesdits Avocats ne pourront, dans aucun cas, s'associer entre eux, ou avec les Procureurs des Jurisdictions, sous peine de destitution.

III. Le nombre des Avocats aux Conseils sera fixé dans chacune des deux Cours, à sept; et ne pourra ledit nombre être augmenté qu'en vertu d'un Arrêté de chaque Conseil, en son ressort.

IV. Nul ne pourra être reçu au Conseil, qu'il ne soit gradué.

V. Les Avocats aux Conseils, dans les cérémonies et marches publiques, précéderont les Notaires et les Procureurs; et sera le Doyen desdits Avocats, le plus ancien des Avocats reçus en chaque Cour.

VI. Il sera tenu par le Doyen desdits Avocats, dans chacun des Conseils, un registre paraphé par le Président, à l'effet d'y inscrire les Commissions, Arrêts d'enregistrement d'icelles, et prestation de serment desdits Avocats, comme aussi les Arrêts d'interdiction, si aucuns survenoient, ensemble les Réglemens concernant la discipline du Barreau, l'ordre de procéder, le tarif des frais, et les Jugemens formant la Jurisprudence de chaque Cour.

VII. Les Avocats à chaque Conseil s'assembleront quatre fois l'année au Parquet, au jour qui leur sera indiqué par le Procureur Général du Roi, à l'effet d'examiner les abus introduits dans le Barreau.

TITRE III. *Des Offices de Procureurs aux Jurisdictions.*

I. Les Procureurs aux Jurisdictions feront seuls les procédures et instructions en premiere instance, et plaideront esdites Jurisdictions.

II. Les Procureurs aux Jurisdictions ne pourront, dans aucun cas, s'associer entre eux, sous peine de destitution.

III. Le nombre des Procureurs ne pourra à l'avenir être, dans la Jurisdiction du Cap, au-dessus de onze; dans celle du Port-au-Prince, au-dessus de huit; dans celles de Saint-Marc, de Saint-Louis et du Fort Dauphin, au dessus de sept; et dans les autres Jurisdictions, au-dessus de cinq.

IV. Nul ne pourra à l'avenir être reçu Procureur dans une Jurisdiction, qu'il ne soit gradué, ou qu'il n'ait été trois ans Clerc chez un Avocat ou Procureur, et qu'il n'ait, dans ce dernier cas, subi examen.

V. Le Doyen des Procureurs, dans chaque Jurisdiction, sera le plus ancien des Procureurs gradués, si aucuns le sont; et dans les Assemblées ou cérémonies publiques, les Procureurs gradués précéderont les autres.

VI. Le

VI. Le Doyen des Procureurs, dans chaque Jurisdiction, sera tenu d'avoir un registre paraphé par le Juge, à l'effet d'inscrire les Commissions, Sentences d'enregistremens d'icelles, et prestation de serment desdits Procureurs; comme aussi les Sentences d'interdictions, si aucunes survenoient; ensemble les Réglemens concernant la discipline du Barreau, l'ordre de procéder, le tarif des frais, & les Arrêts formant la Jurisprudence du ressort.

VII. Les Procureurs de chaque Jurisdiction s'assembleront quatre fois l'année au Parquet, au jour indiqué par le Procureur du Roi, à l'effet d'examiner les abus introduits dans le Barreau; et sera le résultat desdites Assemblées, rédigé par écrit et remis au Procureur Général du ressort.

TITRE IV. *De la Police commune des Avocats aux Conseils et Procureurs aux Jurisdictions.*

I. Les Avocats aux Conseils et les Procureurs dans les Jurisdictions, qui s'absenteront de la Colonie pendant plus d'une année, même avec congé, ou qui s'abstiendront de leurs fonctions pendant ledit temps, seront privés de leur Office.

II. Les Avocats aux Conseils et les Procureurs aux Jurisdictions ne pourront s'absenter plus de trois jours du lieu de leur résidence, sans en avoir obtenu la permission de leurs Supérieurs; savoir, pour les premiers, du Président ou Doyen de la Cour, ou du Procureur Général; et pour les Jurisdictions, du Juge ou du Procureur du Roi.

TITRE V. *Etat des Avocats et Procureurs désignés pour les Conseils et les Jurisdictions.*

I. Les Avocats aux Conseils seront:

Pour le Conseil du Cap, Bourgeois, Doyen; Chiron, Monceaux, d'Augy, Boissel, Tremolet, et Gailhac.

Pour le Conseil du Port-au-Prince, Terrien, Doyen; Bonnard, Couder, Dumesnil, Michel et Mauret.

II. Les Procureurs aux Jurisdictions, seront:

Pour le Siége du Cap, Creton, Deligny, Gaubert de la Haye, Monel, Arnoux, Pothier, Menude, Beaujouan, Amboide, Crosnier et Robert.

Pour celui du Port-au-Prince, Hogu, Martin, Avocat, Andrault, Bonnel Massel, Fessard.

Pour le Fort Dauphin, La Riviere, Piquais, Monchinet, Miniere, Cheruelle, Volff et Mayeur.

Pour le Port-de-Paix, Villenisan, Chateau-Neuf, Varenard, Morel et Batard.

Pour Saint-Marc, Lucas, Mazure, Turville, Laborde, Dupont, Lebon, d'Aubonneau.

Pour le Petit-Goave, Labriere, Lanouillere, Ducamp, Pageot.

Pour Jérémie, Stival, Bayard, Jahan.

Pour Jacmel, Ode, Ozanet, Dutet.

Pour Saint-Louis, Bertrand, Lafranque, Pallon, Cheret, Mauzier, Girard, Beraut.

III. Les places d'Avocats aux Conseils et de Procureurs aux Jurisdictions, qui ne se trouvent point remplies, le seront ci-après dans la maniere accoutumée, par l'Intendant, selon qu'il se présentera des Sujets propres à remplir lesdits Offices, ou que le besoin des Tribunaux le requerra.

Ordonne que le présent Réglement sera lu, publié, et copies d'icelui envoyées aux différens Siéges des deux ressorts, pour y être pareillement registrées, lues, publiées et affichées par-tout où besoin sera, à la diligence des Substituts des Procureurs Généraux du Roi, qui en certifieront chacun leur Cour respective au mois.

R. au Conseil du Port-au-Prince le 11 Avril 1764.

ARRÊT *de Réglement de l'Assemblée des deux Conseils, concernant les Substituts des Procureurs Généraux et les Substituts des Procureurs du Roi.*

Du 22 Mars 1764.

VU par l'Assemblée le projet de Réglement présenté par M. Desmé Dubuisson, Procureur Général du Roi au Conseil Supérieur du Cap, tendant à régler, d'une maniere fixe et uniforme, les fonctions, tant des Substituts des Procureurs Généraux des deux Conseils, que des Substituts des Procureurs du Roi des Jurisdictions; ouï le rapport de MM. de Chambrun et Collet, Conseillers des Conseils Supérieurs du Port-au-Prince et du Cap, Commissaires à ce députés, ladite Assemblée a ordonné et ordonne provisoirement, et sous le bon plaisir du Roi, ce qui suit; savoir:

TITRE Ier. *Des Substituts des Procureurs Généraux.*

ART. Ier. Les Substituts des Procureurs Généraux jouiront des honneurs, préséances et prérogatives à eux attribués par l'Edit de Henri III, du mois de Mai 1586.

ART. II. En cas d'absence, empêchement, mort ou départ pour France des Procureurs Généraux, leurs Substituts en feront toutes les fonctions, jusqu'à ce qu'il y ait été autrement pourvu par Sa Majesté.

TITRE II. *Des Substituts des Procureurs du Roi.*

ART. Ier. Les Substituts des Procureurs du Roi, suivant l'ordre de leur réception, feront les fonctions desdits Procureurs du Roi en leur absence, récusation, empêchement, négligence, mort ou départ pour France; prendront les conclusions, intenteront procès, appelleront, ainsi et comme font lesd. Procureurs du Roi, sans pouvoir être troublés dans lesdites fonctions par aucuns des Officiers desdits Siéges, auxquels défenses sont faites de commettre ni de s'immiscer à l'avenir auxdites fonctions, à peine de nullité et de restitution des émolumens, sans néanmoins que les dispositions du présent article puissent être appliquées aux Siéges d'Amirauté, à l'égard desquels l'art. 9 du tit. Ier du Réglement du Roi, du 12 Janvier 1717, continuera d'être exécuté selon sa forme et teneur.

ART. II. Les Procureurs du Roi, comme Chefs du Parquet dans chaque Siége, y distribueront les procès à conclure entre leurs Substituts, et les nommeront aux Commissions auxquelles ils ne pourront vaquer en personne, ainsi et comme bon leur semblera, et sera établi une bourse commune entre lesdits Substituts résidans dans les Villes où il y a Jurisdiction.

ART. III. Lesdits Substituts, tant ceux résidans dans le lieu de la Jurisdiction, que ceux résidans dans les autres quartiers qui en dépendent, pourront prendre place et séance aux Audiences publiques, à huis clos et d'hôtel, au-dessous des Procureurs du Roi; et lorsque lesdits Procureurs du Roi seront absens, ils en occuperont le Siége; pourront même y porter la parole en présence des Procureurs du Roi, dans les causes qui leur auront été distribuées.

ART. IV. Il ne pourra y avoir à l'avenir de Substituts résidans dans le lieu où les Jurisdictions sont établies, que le nombre ci-après fixé; savoir: au Cap, trois; au Fort Dauphin, deux; au Port-de Paix, un; au Port-au-Prince, deux; à Saint-Marc, deux; au Petit-Goave, un, à Saint-Louis, deux; à Jacmel, un.

ART. V. Seront néanmoins conservés ceux desdits Substituts actuellement résidans dans les quartiers éloignés et dépendans desdites Jurisdictions, dont le nombre pourra même être augmenté, suivant l'exigence du cas.

ART. VI. Les Offices des Substituts des Procureurs du Roi auxdits Siéges, ne pourront être possédés et exercés en même temps avec les Offices de Procureurs dans lesdits Siéges; pourront néanmoins, dans les villes du Cap et du Port-au-Prince, être lesdits Offices de Substituts possédés et exercés par les Avocats aux Conseils Supérieurs desdites Villes.

ART. VII. Lesdits Substituts seront présentés par les Procureurs du Roi, d'accord avec les Officiers des Siéges, au Procureur Général du Roi, à l'effet de leur faire expédier leur Commission par l'Intendant.

ART. VIII. Toutes les conclusions du Ministere public, tant au civil qu'au criminel, seront délibérées et arrêtées avec les Procureurs du Roi au Parquet, pour être ensuite portées sur un registre qui sera coté et paraphé par lesdits Procureurs du Roi.

ART. IX. Les Substituts, après leur réception et prestation de serment en la Cour, seront dispensés à l'avenir de se faire recevoir et prêter serment de nouveau dans les Siéges, sauf à y faire lire, audience tenante, leur Commission et Arrêt de réception, et à suivre leur installation, ainsi que de droit.

ART. X. Quant aux droits honorifiques attachés auxdits Offices de Substituts des Procureurs du Roi, soit dans les marches ou autres cérémonies publiques, lesdits Substituts, en cas de contestations, se pourvoiront pardevant MM. les Gouverneur Général et Intendant, auxquels la connoissance en appartient, suivant le Réglement fait par Sa Majesté le 31 Juillet 1743. Ordonne que le présent Arrêt sera lu, &c.

R. au Conseil du Port-au-Prince le 11 *Avril* 1764.

ORDONNANCE *de M. l'Intendant, concernant les Negres Marrons.*

Du 23 Mars 1764.

JEAN Etienne-Bernard de Clugny, &c.

Le Roi, par l'article 26 du Réglement du 31 Juillet 1743, avoit ordonné que les Negres fugitifs consignés dans les prisons, et non déclarés dans le mois, seroient attachés à la chaîne, pour être employés aux travaux des Fortifications ou autres travaux publics, jusqu'à ce qu'ils fussent reconnus par leurs Maîtres, qui pourroient les réclamer, et auxquels ils seroient rendus, en justifiant de la propriété, et en remboursant les frais de capture et autres qui auroient été acquittés par le Receveur des épaves. Des considérations, que les circonstances fortifioient sous nos prédécesseurs, firent établir depuis, que les Negres Marrons, un mois après leur détention dans les Géoles, et sans réclamation des Maîtres, seroient vendus à la Barre des Siéges Royaux, et le prix d'iceux remis au Receveur des épaves: on réserva aux Maîtres des Esclaves ainsi vendus, le droit de les réclamer et reprendre en nature dans l'an et jour, en justifiant de la propriété; il fut réglé que, dans ce cas, le prix de l'adjudication seroit remboursé à l'acquéreur par le Receveur des épaves, sur une Ordonnance de l'Intendant; il fut encore statué qu'après l'année expirée, les Propriétaires des Esclaves fugitifs vendus comme épaves, n'en pourroient plus répéter que le prix pendant l'espace de cinq années du jour de la vente. Le temps, qui peut seul justifier les changemens, a fait connoître que les abus qui résultent de cet arrangement, sont plus grands que ceux auxquels il avoit eu pour objet de remédier. En effet, outre la multiplication des frais que la vente des Negres Marrons occasionne, elle augmente pour les Maîtres la difficulté de les recouvrer, lorsqu'ils ont passé dans les mains des Adjudicataires; d'un autre côté, la négligence et l'infidélité des Receveurs des épaves et des Geoliers, dans l'indication des étampes des Negres Marrons, s'oppose souvent à la réclamation, et devient une source abondante de procès; enfin, l'oisiveté, à laquelle le séjour des prisons habitue les Esclaves fugitifs, en les rendant inutiles à la Société, les éloigne du travail, et leur fait regarder commme un temps de repos ce qui devroit être pour eux un temps de punition.

Pour remédier à ces abus, et après en avoir conféré avec MM. des deux

Conseils Supérieurs assemblés, nous avons cru devoir remettre en vigueur l'article 26 du Réglement du 31 Juillet 1743; et pour en rendre l'exécution encore plus utile au Roi, moins onéreuse aux Propriétaires des Esclaves, et plus commode pour le Public, nous avons estimé devoir y ajouter quelques dispositions; en conséquence, nous avons ordonné et ordonnons, sous le bon plaisir du Roi, ce qui suit; savoir:

ART. Ier. Les Negres fugitifs ne seront plus vendus à l'avenir comme épaves, un mois après leur détention; mais immédiatement après leur conduite dans les prisons, ils seront attachés à la chaîne, et continuellement appliqués aux travaux publics, sous la direction de l'Intendant.

ART. II. Il sera à cet effet établi trois chaînes; l'une sera au Cap, l'autre au Port-au-Prince, et la troisieme à Saint-Louis, à la tête desquelles sera un conducteur blanc, payé par la caisse du Receveur Général de la Colonie.

ART. III. Les Negres Marrons pris dans le ressort des Jurisdictions du Fort Dauphin et du Port-de-Paix, seront conduits à la chaîne du Cap; ceux pris dans les Jurisdictions de Saint-Marc, du Petit-Goave, et de Jacmel, seront conduits à la chaîne du Port-au-Prince; et ceux pris dans la partie du Sud seront conduits à la chaîne de Saint-Louis, quinze jours après leur détention.

ART. IV. Les Maîtres desdits Negres fugitifs pourront en tout temps les réclamer, en justifiant, comme par le passé, de la proprieté et du recensement, et en payant les frais de capture et un mois de nourriture à la Géole.

ART. V. Les Maîtres des villes du Cap, du Port-au-Prince, et de Saint-Louis, qui voudront punir leurs Esclaves, pourront les faire mettre à ladite chaîne, sans payer aucune rétribution.

Prions MM. des Conseils Supérieurs de la Colonie assemblés, de registrer la présente Ordonnance, laquelle sera lue, imprimée, publiée et affichée par-tout où besoin sera, et préalablement enregistrée au Greffe de l'Intendance. DONNÉ au Cap, &c. *Signé* CLUGNY NUYS.

R. au Conseil du Cap le 26 Mars 1764.

ARRÊT du Conseil du Cap, sur un Mémoire des Officiers du Siége de la même Ville, dans une contestation avec les Substituts audit Siége.

Du 24 Mars 1764.

CE jour, M. Desmé Dubuisson, Procureur Général, a dit: « MM., nous croyons devoir vous dénoncer un Mémoire signé des Officiers du Siége Royal de cette Ville, et signifié à leur requête aux Substituts de notre Substitut audit Siége, sur le délibéré prononcé par votre Arrêt du 17 de ce mois. Outre des qualifications défendues et usurpées par les Officiers de cette Jurisdiction, ce Mémoire contient des expressions indécentes et offensantes pour le ministere que nous avons l'honneur d'exercer; des imputations odieuses contre celui qui a porté la parole en notre nom, et des traits qui blessent ouvertement le respect qui vous est dû. A la tête de ce Mémoire, chaque Officier de Jurisdiction y est qualifié de *Monsieur*; titre qui, en pareil cas, n'appartient qu'aux Magistrats des Cours Supérieures. M. E...., Juge Civil, Criminel et de Police, y prend encore la qualité de *Sénéchal*, contre la disposition des ordres du Roi et de vos Arrêts, qui défendent de s'attribuer d'autres qualités que celles portées par les Commissions; enfin, Me. D...., notre Substitut audit Siége, y prend la qualité d'*Ecuyer*, contre la teneur formelle des Réglemens, qui défendent d'en donner et d'en prendre la qualité dans la Colonie, sans enregistrement préalable des titres de Noblesse, à peine de 500 liv. d'amende; qu'il est étonnant, pour ne rien dire de plus, que des Officiers de Justice, chargés par état de maintenir l'exécution de vos Réglemens et de vos Arrêts, non seulement s'oublient jusqu'au point d'y contrevenir, mais d'y contrevenir dans un Mémoire qui doit être soumis à vos regards. Il seroit trop long de relever tous les traits indécens, insubordonnés, et injurieux de ce Mémoire; nous les soumettons en entier à votre examen; mais nous vous ajouterons que les Officiers de la Jurisdiction ne se sont pas bornés à le faire signifier; que, pour le répandre, ils ont pris la voie de l'impression, qui n'a été arrêtée que par la prudence et l'autorité de M. l'Intendant *. Nous requérons qu'il nous soit donné acte de la dénonciation, &c.

Sur quoi, la matiere mise en délibération, vu ledit Mémoire imprimé,

* *M. l'Intendant en fit briser les planches à l'Imprimerie.*

et la copie qui en a été signifiée, ouï le rapport de Me. Loiseau, Conseiller, Commissaire à ce député; la Cour, en donnant acte au Procureur Général du Roi de la dénonciation par lui faite de la copie dudit Mémoire, et de la remise qui en a été par lui faite sur le Bureau, comme aussi de deux feuilles imprimées, contenant les seize premieres pages dudit Mémoire; et faisant droit sur les réquisitions, a ordonné et ordonne que ledit Mémoire sera et demeurera supprimé, et que Mes. E...., S.... et D...., seront présentement mandés au pied de la Cour, pour y être aigrement repris, et leur être enjoint d'être plus circonspects à l'avenir, à peine d'y être séverement pourvu, et leur fait défenses de prendre autres qualités que celles portées par leur Commission; ordonne pareillement que les Procureurs C.... et M...., qui ont signé ledit Mémoire, seront aussi présentement mandés aux pieds de la Cour, pour y être aigrement repris de leur conduite, et leur être fait défense de récidiver.

ARRÊT du Conseil du Cap, qui, sur la Requête des Procureurs au Siége de la même Ville, contenant réclamation contre la nomination des Notaires à certaines opérations, comme Commissaires départis par les Juges, les déboute de leur tierce-opposition à l'Arrêt du 26 Février 1761; et néanmoins ordonne que les Parties fourniront des Mémoires respectifs.

Du 24 Mars 1764.

ORDONNANCE du Roi, qui supprime les deux Compagnies de Canonniers-Bombardiers de Saint-Domingue, attendu que, par autre Ordonnance du 30 Octobre précédent, Sa Majesté a destiné cent hommes du Corps Royal au service de l'Artillerie de la Colonie; 2°. accorde des Pensions aux Officiers desdites Compagnies, du jour de leur réforme, jusqu'à celui où ils pourroient être employés de nouveau; et 3°. permet d'admettre les Soldats et Bas-Officiers de bonne volonté, dans le détachement du Corps Royal, en remplacement.

Du 27 Mars 1764.

R. au Contrôle le 3 Novembre 1765.

Ordonnance

ORDONNANCE du Gouverneur Général, qui suspend pendant un mois l'article 19 de l'Arrêté des deux Conseils du 9 Mars précédent, portant défenses de vendre des Negres à bord.

Du 27 Avril 1764.

CHARLES Théodat, Comte d'Estaing, &c.

Vu la Requête qui nous a été présentée par MM. les principaux Négocians du Cap, sur les impossibilités et autres causes qui leur font demander pour deux mois la suppression du Réglement énoncé dans l'article 19 de la séance des deux Conseils Supérieurs de cette Colonie, du 9 Mars dernier, défendant ledit article à tous Capitaines et Négocians de vendre des Negres à bord de leurs Bâtimens, à compter du premier Mai prochain, sous peine de confiscation et d'amende, tant contre les vendeurs que contre l'acheteur. Nous, en vertu de notre qualité de Gouverneur Général, représentant la personne de Sa Majesté, et des pouvoirs qui nous ont été spécialement donnés nominativement, dérogatoires à tout autre Réglement de Sa Majesté à ce contraire; ordonnons, sous peine de désobéissance envers Sa Majesté, que ledit article 19 de ladite séance du 9 Mars dernier, demeurera suspendu, comme il l'est par les présentes, pendant l'espace d'un mois; ce qui sera exécuté, publié, affiché par-tout où besoin sera. DONNÉ au Cap, &c. *Signé* ESTAING.

Voy. *l'Ordonnance du 29 Mai suivant.*

ORDONNANCE du Roi, concernant la Chirurgie aux Colonies.

Du 30 Avril 1764.

DE PAR LE ROI.

SA MAJESTÉ étant informée que, nonobstant les Réglemens rendus en différens temps sur le fait de la Chirurgie dans les Colonies Françoises de l'Amérique, l'abus qu'on a voulu éviter d'y voir exercer cette profession par de jeunes Chirurgiens qui y abordent sur les Vaisseaux, sans titres ni lettres qui puissent les autoriser, subsiste et s'étend tous les jours au grand préjudice du Public, elle a jugé indispensable, pour la conservation de ses sujets, de faire des dispositions qui, en assurant l'état des Chirurgiens qui auront de l'expérience et des talens, empêchent tous ceux qui passent aux Colonies d'abuser de la confiance publique; en conséquence, Sa Majesté a ordonné et ordonne:

ART. I. Aucun Chirurgien ne pourra exercer sa profession dans les différentes Colonies Françoises de l'Amérique, qu'il n'ait servi au moins un an dans les Hôpitaux militaires desdites Colonies, lesquels seront tenus d'y entretenir chacun quatre Chirurgiens, au moyen de quoi l'on sera assuré de n'avoir que des sujets capables, instruits des maladies du pays.

ART. II. Les Chirurgiens qui voudront s'établir dans les Villes et Bourgs des différentes Colonies, seront, comme il se pratique dans tout le Royaume, examinés et interrogés sur tout ce qui concerne l'Art de Chirurgie, en présence de l'un des Médecins de Sa Majesté, par le Chirurgien Major et un autre des Chirurgiens de Sa Majesté, et même par les autres Chirurgiens approuvés dans lesdites Colonies, qui, sans y être appelés, pourront y assister et interroger le Récipiendaire.

ART. III. Pour la facilité et la commodité des Chirurgiens qui se présenteront pour donner des preuves de leur capacité, l'examen se fera en quatre séances; dans la premiere, l'Aspirant sera interrogé sur l'Anatomie; dans la seconde, sur la Chirurgie théorique; dans la troisieme, sur la Chirurgie pratique, et dans la quatrieme, sur les opérations de Chirurgie.

ART. IV. Il ne sera payé pour chaque séance au Médecin de Sa Majesté que 20 liv., 15 l. au Chirurgien Major qui aura présidé à l'examen, et 10 l. au Chirurgien de Sa Majesté qui lui sera adjoint.

ART. V. Les Lettres de Maîtrise portant la faculté d'exercer la Chirurgie dans le quartier de la Colonie pour lequel chaque Chirurgien aura été reçu, seront signés du Médecin de Sa Majesté, et du Chirurgien Major qui les délivrera au Récipiendaire.

ART. VI. Seront tenus les Chirurgiens ainsi approuvés, de présenter aux Gouverneurs, Lieutenans Généraux et Intendans, leurs Lettres de Maîtrise et permission d'exercer, et de les faire enregistrer au Greffe de l'Intendance et à celui de la Jurisdiction de leur résidence, et pour chacun de ces enregistremens il sera payé seulement six liv.

ART. VII. Le Chirurgien Major qui aura présidé à l'examen dans lequel un desdits Chirurgiens aspirans auroit été trouvé incapable, en instruira le Greffier de l'Intendance, qui mettra cet avis au nombre de ses minutes.

Art. VIII. Tous les Chirurgiens qui exercent actuellement dans l'étendue de chaque ressort, sans avoir été ci-devant reçus ou approuvés, ou qui ne sont point munis d'ordres ou brevets de Sa Majesté, ou de la permission du Chirurgien Major, seront tenus, dans deux mois au plus tard du jour de la publication de la présente Ordonnance, de se faire examiner devant les susdits Chirurgiens, en présence du Médecin du Roi, et de prendre sur ce les Lettres nécessaires, à peine de cent livres d'amende au profit de l'Hôpital, même de punition plus grave, et d'être déchu du droit d'exercer la Chirurgie dans les Colonies.

Art. IX. Ordonne Sa Majesté aux Gouverneurs particuliers, Commandans, et autres Officiers dans le ressort desquels il se trouveroit des Chirurgiens qui ne se seroient pas mis en regle, et continueront d'exercer la Chirurgie sans avoir subi les examens prescrits par la présente Ordonnance, et fait enregistrer leurs Lettres et permissions d'exercer, d'en informer, à peine d'en répondre en leur propre et privé nom, le Procureur du Roi, afin qu'à sa diligence, et sur ses conclusions, les délinquans soient punis des peines portées ci-dessus.

Art. X. Dans les cas de maladies internes, s'il se trouve un Médecin du Roi sur les lieux, le Chirurgien sera tenu de lui rendre compte, et d'en conférer avec lui; et dans le cas où il se rencontreroit, dans telle partie de la Colonie que ce soit, quelque maladie contagieuse, le Chirurgien qui aura été appelé sera tenu d'en rendre compte sur le champ au Médecin du Roi.

Art. XI. Chaque Chirurgien, dans les différens quartiers de l'Isle, sera obligé d'envoyer tous les six mois au Médecin du Roi dans le département duquel il se trouvera, un Mémoire circonstancié des différentes maladies qu'il aura traitées, des remedes qu'il aura employés, sur-tout ceux du pays dont il aura fait usage, et les effets qu'ils auront produits.

Art. XII. Tous les Chirurgiens exerçant leur Art dans les Colonies, seront obligés de prêter leur ministere pour les Hôpitaux du Roi, dans les cas de besoin, et toutes les fois qu'ils en seront requis, sans pouvoir prétendre à ce sujet aucun salaire.

Art. XIII. Aucun Chirurgien ne pourra faire ouverture de cadavres ni de rapport en Justice, que le Médecin du Roi ne soit présent, ou dûment appelé, lorsqu'il se trouvera sur les lieux.

Art. XIV. Ordonne Sa Majesté qu'il sera fait une fois chaque année, par les Médecins ou Apothicaires du Roi, une visite chez tous les Chirurgiens et Droguistes de la Colonie, à l'effet de vérifier et examiner l'état et la qualité des médicamens dont ils seront pourvus, et dont ils feront usage pour les malades ; ils seront autorisés à faire jeter tous les médicamens qui se trouveroient de mauvaise qualité, ou falsifiés, dont il sera dressé par eux procès verbal, qui contiendra la qualité desdits médicamens, leur défectuosité, et le nom de ceux chez qui ils auront été trouvés, pour, sur ledit procès verbal, être ordonné contre lesdits contrevenans ce qu'il appartiendra, laquelle visite sera faite *gratis* par les Médecins et Apothicaires du Roi, dans les lieux de leur résidence, et aux frais et dépens du Roi dans les différens quartiers de leurs départemens, où ils seront obligés de se transporter.

ART. XV. Les contrevenans au présent Réglement seront condamnés en 1000 liv. d'amende au profit de Sa Majesté, et renvoyés de la Colonie.

ART. XVI. Défend très expressément Sa Majesté aux Negres et gens de couleur, libres ou esclaves, d'exercer la Médecine ou la Chirurgie, ni de faire aucuns traitemens de malades, sous quelque prétexte que ce soit, à peine de 500 liv. d'amende pour chaque contrevenant au présent article, et de punition corporelle, suivant l'exigence des cas.

ART. XVII. Défend en outre Sa Majesté aux Officiers des Jurisdictions d'admettre et d'allouer aucun compte ou mémoire de Chirurgie, de ceux dont les Lettres et permission d'exercer n'auront point été enregistrées.

ART. XVIII. Veut Sa Majesté que tous les Chirurgiens-Majors brévetés dans lesdites Colonies, y rempliront les fonctions de Chirurgiens des Prisons, et celles de Chirurgiens-Jurés, pour faire les rapports en Justice, chacun dans l'étendue de leur département, et que la présente Ordonnance soit enregistrée aux Greffes des Conseils Supérieurs des Colonies Françoises de l'Amérique, et ensuite lue et publiée par-tout où besoin sera. FAIT à Versailles, &c.

R. au Conseil du Port-au-Prince le 29 Janvier 1765.
Et à celui du Cap le 4 Février suivant.

ORDONNANCE des Administrateurs, qui réunit au Domaine du Roi tous les terrains du Môle Saint-Nicolas, de Haine et des Sources, pour être distribués à des familles Acadiennes.

Du 30 Avril 1764.

CHARLES Théodat, Comte d'Estaing, &c.

Réné Magon, &c.

Vu la Remontrance et Conclusions du Procureur du Roi à la Jurisdiction du Port-de-Paix, en date du 30 Mars dernier, tendante à la révocation des concessions ci-devant accordées dans les quartiers du Môle Saint-Nicolas, deHaine et des Sources, et à la réunion au Domaine du Roi des terrains compris auxdites concessions, ensemble la Requête de la dame de Bouvignés, l'une desdites concessionnaires, nous avons ordonné et ordonnons ce qui suit:

ART. Ier. Nous avons révoqué et cassé, révoquons et cassons toutes les concessions ci-devant accordées par nos prédécesseurs dans les quartiers du Môle Saint-Nicolas, de Haine et des Sources, y compris celles accordées audit lieu à la dame Bouvignés; voulons qu'à compter du jour de la présente Ordonnance, et sans qu'il soit besoin d'autres procédures ni jugemens, lesdites concessions en général, et chacune d'elles séparément, demeurent nulle et de nul effet.

ART. II. Enjoignons à chacun des Concessionnaires mentionnés dans l'article précédent, de rapporter dans un mois, chacun d'eux, au Greffe de l'Intendance, tous et chacun les titres de propriété et de concession qu'ils ont pu obtenir pour raison des terrains sis auxdits lieux du Môle Saint-Nicolas, de Haine, et des Sources.

ART. III. Ordonnons qu'à compter pareillement dudit jour de ladite publication, les terrains compris auxdites concessions révoquées et annullées, soient et demeurent réunis au Domaine de Sa Majesté, pour être répartis dans la suite, divisés et concédés aux familles Acadiennes actuellement établies auxdits quartiers, et à tous autres, dans l'ordre et niveau qu'il appartiendra.

ART. IV. Et voulant traiter favorablement la dame Bouvignés, nous lui avons accordé et accordons la jouissance seulement du terrain à elle concédé audit lieu, et réuni par la présente Ordonnance, ladite jouissance toutefois aux charges portées par les Réglemens et Ordonnances, et suivant qu'il appartient aux autres donations à titre de jouissance sur le Domaine du Roi, et encore spécialement à la charge particuliere et expresse d'abandonner ledit terrain accordé à titre de jouissance, au premier ordre prochain qu'elle en recevra ou pourra recevoir de nous ou de nos successeurs, lors chargés du service du Roi. Sera la présente Ordonnance enregistrée au dépôt du Secrétariat général du Gouvernement, et au Greffe de l'Intendance, et aussi à la diligence du Procureur du Roi de la Jurisdiction du Port-de-Paix, publiée et affichée aux lieux ordinaires, &c.

R. au Greffe de l'Intendance le 28 Mai 1764.

ARRÊT *du Conseil du Cap, qui nomme des Conseillers Commissaires pour dresser le Cadastre des Maisons des Villes de son ressort, afin d'asseoir l'imposition fixée par l'article 14 du Réglement des deux Conseils du 9 Mars précédent, à l'exception du Port-de-Paix, où le Cadastre sera dressé par le Juge, comme Commissaire de la Cour.*

Du 12 Mai 1764.

ARRÊT *du Conseil du Cap, qui, sur la Requête des Parens d'une Mineure, ordonne qu'elle entrera au Couvent des Religieuses de la même Ville, et abandonnera le domicile de son Tuteur, qui projette pour elle un mariage que la famille n'agrée pas.*

Du 18 Mai 1764.

ORDONNANCE *de M. l'Intendant, homologative du Mémoire de son Subdélégué principal au Cap, portant établissement d'une Bourse commune pour les Hoquetons-Huissiers de l'Intendance, et contenant tarif de leurs droits.*

Du 20 Mai 1764.

MM. les Général et Intendant ont souvent des ordres à faire passer, des ordonnances à faire exécuter; ils rendent en commun des Jugemens ils en rendent en particulier dans des affaires dont la connoissance leur est primitivement attribuée par Sa Majesté : pour l'instruction du procès, comme pour l'exécution de leurs Jugemens, le ministere d'Huissier est nécessaire. L'accélération et le secret des affaires demandent donc des gens attachés par état à remplir en même temps ce ministere, et celui de porter et signifier les ordres et les mandemens concernant les affaires du Roi; il a été créé à cet effet des Offices de Hoquetons, avec le titre d'Huissiers de l'Intendance, et il leur a été accordé de faire, privativement à tous autres, les exploits et assignations dans les affaires de Particuliers à Particuliers, qui se jugent conjointement ou séparément par MM. les Général ou Intendant. Le nombre de ces Hoquetons n'a point été déterminé; il a été augmenté dans les derniers temps jusqu'à quatre dans le lieu de la résidence des Chefs, et les circonstances actuelles semblent exiger que ce nombre soit porté à cinq, et qu'il y demeure fixé. Il n'a de même, jusqu'à présent, été fait aucun Réglement touchant le service des Hoquetons auprès des Chefs, ni de tarif au sujet de leurs droits, pour les exploits et autres actes; et de-là naissent différens abus.

Le public trouveroit son avantage au Réglement qui pourroit être fait à ce sujet, en ordonnant :

1°. Que le nombre des Huissiers et Hoquetons de l'Intendance demeurera fixé à cinq dans le lieu de la résidence des Chefs, dont deux feront le service pendant huitaine auprès de M. l'Intendant, et seront alternativement relevés par deux autres.

2°. Les trois qui ne seront point de service, pourront faire toutes les expéditions de ville et de campagne dont ils seront requis par les Particuliers; mais avant que de sortir de la Ville, ils seront tenus d'en avertir, même d'en obtenir la permission de M. l'Intendant ou de son Subdélégué principal. Ceux qui seront de semaine travailleront néanmoins avec les autres, autant que faire se pourra, à la dresse des exploits, et aux copies de pieces qui seront portées au Bureau, pour y être expédiées.

3°. Les proclamations et significations des Ordonnances concernant le service du Roi, soit en ville, soit en campagne, se feront par lesdits Huissiers, sans rétribution, sauf les gratifications qui seront jugées devoir leur être faites, pour raison de corvées extraordinaires, lesquelles proclamations et significations seront faites par ceux qui ne seront point de semaine, à moins d'ordres contraires.

4°. Le service auprès de M. l'Intendant ne sera point interrompu; et dans le cas où l'un des Huissiers de semaine, ou même tous les deux, viendroient à être malades, ou envoyés par commission particuliere, ils seront remplacés par les autres; ce qui aura pareillement lieu au cas de maladie ou de légitime empêchement de celui ou ceux qui devroient entrer de semaine.

5°. Tous les exploits de significations, d'ordres, Ordonnances, Jugemens, contraintes, ajournemens, et autres actes attribués auxdits Huissiers par différens Réglemens ou Ordonnances, seront par eux faits et expédiés en commun, et les émolumens qui en proviendront, partagés entre eux par égale portion.

6°. Il sera, en vertu de l'article précédent, fait défenses auxdits Huissiers de faire aucun desdits exploits ou actes pour leur compte particulier, à peine de 300 liv. d'amende, pour la premiere fois, au profit des autres; laquelle sera prélevée sur la part des délinquans à la premiere répartition, jusqu'à due concurrence, et à peine de destitution, en cas de récidive.

7°. Il sera tenu par lesdits Huissiers un Bureau dans un lieu fixe où seront portés par les Parties tous les exploits et actes de leur ressort, lequel Bureau sera ouvert tous les jours non fériés, une heure seulement le matin, de sept à huit, et une heure l'après-midi, de deux à trois, ou de quatre à cinq.

8°. Sera loisible aux Parties, en fait d'exécution d'ordres secrets, ou de contraintes seulement, de s'adresser à tel desdits Huissiers qu'elles voudront choisir, lequel, s'il est de semaine, pourra se faire remplacer par un autre, avec la permission de M. l'Intendant ou de son Subdélégué principal; les émolumens des actes qu'il fera dans son expédition, seront toutefois par lui rapportés à la bourse commune.

9°. Des trois Huissiers qui ne seront point de semaine auprès de M. l'Intendant, il en restera alternativement un au Bureau aux heures indiquées, à l'effet d'y recevoir et inscrire les exploits qui y seront portés, lequel, dans le reste du jour, signifiera aux Parties et aux Particuliers en Ville les exploits qui se présenteront, et il se tiendra prêt pour l'exécution des ordres qui pourroient lui être donnés par M. l'Intendant ou son Subdélégué principal.

10°. Ces Huissiers auront en conséquence deux registres cotés et paraphés par le Subdélégué principal, sur le premier desquels celui qui sera de service au Bureau, inscrira sur le champ, date par date, et de suite sans interruption, tous les exploits et autres actes qui seront portés audit Bureau, pour y être expédiés, désignant sommairement la nature de l'acte, le nom de la Partie requérante, et celui de la Partie contre laquelle

sera

sera dirigée l'action, ou contre laquelle la signification devra être faite ; et sur le second desdits registres, chacun desdits Huissiers sera tenu de porter exactement, et de suite, les exploits et autres actes qu'il aura signifiés, aussi-tôt après son retour, soit de ville, soit de campagne, désignant pareillement en bref la nature de l'acte, les noms des Parties, et les sommes qu'il aura reçues pour lesdits actes, à peine contre le délinquant, dans l'un comme dans l'autre cas, d'être privé de sa part dans la répartition du mois, et de destitution, en cas d'infidélité prouvée, outre la punition exemplaire, s'il y échet.

11°. Il sera enjoint auxdits Huissiers de mettre au bas des originaux des exploits et autres actes de leur ministere, les sommes qu'ils recevront des Parties, et de ne point exiger de plus grands droits que ceux qui sont ci-après fixés, à peine de destitution envers les Parties par le délinquant, en son nom personnel, de la totalité des émolumens qui seront sur le champ remis aux Parties par le Receveur, et ensuite prélevés par lui sur la part du délinquant dans la distribution des bénéfices, du moins sauf plus grande peine, en cas de récidive.

12°. Les Huissiers choisiront, ou le Subdélégué principal nommera un d'entre eux, auxquels les autres compteront au retour de leur voyage, toutes les sommes qu'ils auront reçues de leurs actes, et desquelles il se chargera, en marge de chacun desdits articles, sur le livre où seront portés les actes, par l'Huissier qui les aura signifiés, pour être lesdites sommes par lui réparties également entre tous, comme a été ci-devant dit, le premier Dimanche de chaque mois, et l'Huissier qui aura fait quelque crédit, en sera personnellement responsable vis-à-vis des autres.

13°. Le loyer pour le Bureau commun, les registres, et autres frais et dépenses nécessaires, seront payés en commun, et prélevés avant les répartitions ; l'Huissier Directeur et Receveur tenu en conséquence d'acquitter lesdites dépenses communes, et d'en justifier aux autres par quittances ; les Huissiers se fourniront néanmoins à leurs frais particuliers, de chevaux ou autres choses dont ils auront besoin pour leur voyage ou corvées indistinctement.

14°. En cas de maladies bien justifiées, et qui n'excéderont pas deux mois, les Huissiers ne seront pas privés de leur part dans les profits ; mais si les maladies n'étoient pas bien réelles et justifiées, outre la privation de leur part, ils payeront 100 liv. d'amende au profit des autres, sauf la peine à prononcer par M. l'Intendant ou son Subdélégué principal contre lesdits Huissiers en faute, pour manquement au service.

15°. Lesdits Huissiers seront tenus de se conformer, au sujet de leur transport en campagne, pour la perception de leurs droits et émolumens en général, au tarif ci-après fait en quelque sorte, conformément à celui porté dans le Réglement des deux Conseils en 1738, pour les Huissiers desdits Conseils; savoir:

Pour exploits simples, en Ville, d'ajournement, et de significations de Jugemens et Ordonnances, dénonciation et autres semblables, soit à Partie, soit à Procureur; pour l'original et copie de l'exploit . . . . . . 3 l.

Pour commandement, en vertu de Jugement, ou d'Ordonnance et sommation libellé, dans le cours de l'instance ou autrement, pour l'original de l'exploit et copie en Ville aux Parties seulement . . . . 4 l. 10 s.

Pour saisie-exécution de meubles et de Negres en Ville; pour l'original et les copies au saisi et gardien, tant à l'Huissier qu'aux Adjoints, ci 18 l.

Pour vente de meubles en Ville, pour vacations de trois heures seulement . . . . 12 l.

Pour copies des pieces, lorsqu'ils seront requis de les faire, 20 sous par rôle de vingt deux lignes à la page, et quinze syllabes à la ligne, ou à proportion par estimation.

Pour publication des baux à fermes et encheres, soit aux portes des Eglises, soit en d'autres endroits qui leur seront indiqués, comme pour les publications des départs des personnes qui sortent de la Colonie. 4 l. 10 s.

Pour capture et emprisonnement de personnes libres, tant au civil qu'au criminel, y compris le procès verbal, tant pour l'Huissier que pour deux Records . . . . 45 l.

Et pour les exploits et actes que dessus, où il y aura transport hors la banlieue, ils seront payés à raison de 3 liv. par lieue, conformément à l'échelle qui leur sera donnée pour les déterminer, non compris la taxe desdits actes et exploits, et les grosses des procès verbaux de l'Huissier, si aucuns sont demandés par les Parties, qui leur seront payés à raison de 20 sous par rôle, ainsi qu'il a été dit ci-devant.

16°. Ordonner que le Réglement à intervenir sera enregistré au Greffe de l'Intendance, imprimé et affiché dans un lieu apparent du Bureau de la bourse commune desdits Hoquetons-Huissiers de l'Intendance. Au Cap, le 18 Mai 1764. *Signé* RUOTTE.

Vu le Mémoire, nous l'avons homologué et homologuons; en conséquence, donnons à M. Ruotte, que nous autorisons aux fins de l'établissement de ladite bourse commune, inspection sur icelle. Mandons, &c. DONNÉ au Cap ce 20 Mai 1764. *Signé* MAGON.

R. au Greffe de l'Intendance le 2 Juin.

ASSEMBLÉE du Conseil du Cap, touchant l'Imposition arrêtée par les deux Conseils.

Du 21 Mai 1764.

LE CONSEIL assemblé, où étoient M. le Comte d'Estaing nommé et admis Chevalier de l'Ordre du Saint Esprit, et de tous les Ordres du Roi, Lieutenant Général de ses Armées de terre et de ses Armées navales, Gouverneur Général, représentant la personne de Sa Majesté aux Isles sous le Vent de l'Amérique et Mers adjacentes; M. Magon, Chevalier, Conseiller du Roi en ses Conseils, Intendant de Justice, Police, Finances, de la Guerre et de la Marine desdites Isles; MM. de Juchereau de Saint-Denis, Doyen, Duperrier, Legras, Loiseau, Pasquier, et Collet, Conseillers; MM. Laforgue, Delaye et Beaujeau, Conseillers-Assesseurs; M. Dubuisson, Procureur Général; MM. Lohier de la Charmeraye et Fournier de Bellevue, Substituts; M. Despallieres, Greffier en chef, et moi Ferrier, Commis-Greffier, tenant la plume.

MM. les Général et Intendant ont demandé à MM. de donner, chacun en particulier, leur avis par écrit sur la proposition faite par M. le Général, Vendredi dernier 18 de ce mois, de réformer les opérations et l'Arrêt du 9 Mars, présente année, au sujet de la derniere imposition; ce qui ayant été exécuté, MM. les Général et Intendant se sont retirés dans la Chambre d'Audience avec lesdits avis par écrit; et rentrés peu de temps après dans la Chambre du Conseil, où tous MM. étoient demeurés, M. le Général a dit: « MM., je vois, par vos réponses que vous venez de me remettre, que vous persistez toujours à ne vouloir réformer vos opérations concernant l'imposition; en conséquence, je vous déclare que je vais convoquer une Assemblée Nationale du ressort du Conseil, où tous les Membres assisteront, à l'exception des Assesseurs, à moins qu'ils n'y soient appelés nommément ».

M. le Général a demandé ensuite l'enregistrement du Mémoire que M. l'Intendant a remis à l'Assemblée ledit jour Vendredi dernier, en disant que les intentions du Roi n'avoient point été remplies sur le fait de ladite imposition, dont l'objet n'étoit pas réel, ainsi que l'enregistrement du Discours fait par mondit sieur le Général le même jour 18; après quoi M. le Général a enjoint à M. Dubuisson, Procureur Général, de s'embarquer sur la Frégate *la Calipso*, qui doit appareiller demain, et qui le transportera en France, pour y rendre compte de sa conduite. M. le Général a enjoint aussi à M. de la Charmeraye de faire les fonctions de Procureur Général, et à défendu à M. Collet, Conseiller titulaire, de prendre séance au Conseil jusqu'à nouvel ordre. M. le Général a annoncé en même temps qu'il nommoit provisoirement aux places de Conseillers vacantes, M. de la Forgue, ci-devant premier Assesseur, et MM. Guillaudeu et Lory.

Ensuite M. le Général a demandé qu'il fût procédé incessamment par la Cour à l'appurement et arrêtés des comptes des droits suppliciés, jusqu'au dernier exercice consommé.

COMMISSION provisoire de Conseiller titulaire au Conseil du Cap, donnée à M. DE LA FORGUE par M. le Comte d'Estaing, Gouverneur Général.

Du 21 Mai 1764.

R. au Conseil du Cap le lendemain.

MM. Guillaudeu et Lory, Négocians au Cap, furent reçus sur de semblables Commissions le 4 Juin suivant.

ORDONNANCE des Administrateurs, qui fixe le traitement des Ingénieurs-Géographes.

Du 23 Mai 1764.

CHARLES Théodat, Comte d'Estaing, &c.

Réné Magon, Chevalier, &c.

Il sera payé à MM. les Ingénieurs-Géographes une somme de 105,500 l. par an, et 1200 liv. de loyer à chacun, au moyen de quoi ils seront chargés de toutes les dépenses de leurs opérations, et ne pourront rien répéter, excepté dans le cas où il seroit de nécessité indispensable qu'on leur fournît des bateaux; alors la dépense de ces bateaux leur sera passée en compte, et ne sera remboursée qu'en constatant la nécessité indispensable de dépense ; 2°. MM. les Ingénieurs - Géographes seront tenus de représenter à M. le Général, à la fin de chaque quartier de trois mois, un état circonstancié de leur travail, afin qu'il puisse juger des soins qu'ils se seront donnés pour terminer ces opérations, très-onéreuses et très-dispendieuses.

Récapitulation de ladite somme.

2 Ingénieurs	à 4500 l. *d'appoint.*,	et 8200 l. de *fourn. et dép. ord.*	25400 l.
7	à 4500	et 4900	65800
2	à 2250	et 4900	14300
			105,500 l.

DONNÉ au Cap, &c.

R. au Contrôle le 4 Juin suivant.

ORDONNANCE du Gouverneur Général, qui suspend l'exécution de l'art. 19 du Réglement des deux Conseils, et permet aux Capitaines Négriers de vendre à terre ou à bord, à leur choix.

Du 29 Mai 1764.

CHARLES Théodat, Comte d'Estaing, &c.

Le Commerce m'ayant représenté que l'article 19 de l'Arrêt de Réglement des deux Conseils, contenoit une disposition absolument contraire à ses intérêts, je me suis fait représenter ledit article : après un mûr examen, et en vertu des pouvoirs qui m'ont été accordés par Sa Majesté, je suspends et j'ai suspendu l'exécution audit article 19 du Réglement ; en conséquence, il sera loisible à tous Marchands Négriers de vendre ses Noirs à bord de son Vaisseau ou à terre, ainsi qu'il avisera bon être, à la charge seulement de les soumettre à toutes les précautions, pour la sûreté de la perception des droits imposés par ledit Réglement, et ce jusqu'à ce qu'il en ait été autrement statué dans l'Assemblée Nationale, ou par les Conseils mêmes, délibérant sur les inconvéniens d'assujettir à une gêne sans objet une partie du Commerce, dont dépend l'accroissement et l'augmentation de cette Colonie. Au Cap François, &c. *Signé* ESTAING.

R. en l'Amirauté du Cap le lendemain.

ARRÊT du Conseil du Port-au-Prince, qui ordonne une levée de 30 sous par tête de Negre, pour les droits Curiaux et Suppliciés.

Du 29 Mai 1764.

ORDONNANCE des Administrateurs, touchant les Privilégiés des Postes.

Du 2 Juin 1764.

CHARLES Théodat, Comte d'Estaing, &c.

Réné Magon, &c.

L'abus qui s'est introduit dans les Postes, nous ayant portés à nous faire reprétenter l'état des personnes qui jouissoient de la franchise du port des lettres, nous nous serions déterminés à faire le présent Réglement, pour en fixer le nombre et remettre l'ordre dans cette partie.

Le port franc des lettres ne sera plus accordé à l'avenir qu'aux personnes ci-après dénommées, qui ne jouiront même de cette franchise qu'autant qu'il y aura sur l'enveloppe, *Affaires concernant le service du Roi.*

Au Cap, MM. de Reynaud, Major Général; de Grandmaison, Commissaire des Guerres; de la Charmeraye, Procureur Général; de Juchereau, Doyen du Conseil; Ruotte, Subdélégué principal; Bellot, Médecin du Roi; Caignet de l'Ester, Commissaire de la Marine; Gouvion, Trésorier; Jauvin, Vérificateur général des Comptes; Marie, Imprimeur, suivant son Traité.

Au Fort-Dauphin, Samson, Subdélégué.

Au Port-de-Paix, du Tillet, Subdélégué.

A Saint-Marc, d'Acquin, Subdélégué.

Au Port-au-Prince, Desprès, Commissaire des Guerres; de Motmans, Procureur Général; Viau, Doyen du Conseil; de la Mahautiere, Subdélégué principal.

A Léogane, Antoine, Subdélégué.

A Jacmel, Regnard de Saint-Peir, Subdélégué.

Au Petit Goave, Verdier des Rivieres, Subdélégué.

A Saint-Louis, Haïs, Subdélégué principal.

Aux Cayes, Perrin du Fief, Subdélégué.

Sera la présente enregistrée au Bureau principal des Postes du Cap, et copies d'icelle envoyée à tous les Directeurs des Postes de la Colonie. DONNÉ au Cap, &c. *Signé* ESTAING et MAGON.

ORDONNANCE des Administrateurs, portant établissement d'une Commission, sous le nom de Chambre de Conciliation.

Du 8 Juin 1764.

CHARLES Théodat, Comte d'Estaing, &c.

Réné Magon, &c.

La multiplicité des affaires qui se sont accumulées au Tribunal du Général et de l'Intendant, nous ont déterminés à nous faire assister de personnes dont la probité et l'intelligence dans les affaires nous fussent parfaitement connues, et qui, par les postes qu'elles occupent, méritassent également la confiance de la Cour, celle du Public, et la nôtre; nous avons en conséquence fait choix de M. le Comte de Thoran, Brigadier des Armées du Roi, un des Commandans en second dans l'Isle de Saint-Domingue, résidant au Cap, et de MM. Duperrier et Beaujeau, Conseillers au Conseil Supérieur dudit lieu: pour les mettre plus en état de reconnoître le véritable objet de l'établissement de cette Commission, nous avons jugé à propos de faire le Réglement qui suit:

ART. Ier. La Commission connoîtra en notre nom de toutes les discussions élevées au sujet des terrains anciennement concédés, de toutes demandes en réunion, en concessions, &c. des chemins nouveaux ou anciens, canaux, ouvrages publics, &c.

ART. II. De toutes demandes en payement de dettes, qui ne pourront cependant être reçues qu'après qu'elles auront été reconnues justes et valides, et cela par des Arrêts des Cours Supérieures, ou par des Sentences des premiers Juges, ou que les créances seront constatées par des titres parés, emportant avec eux l'obligation par corps; c'est-à-dire, que la Commission ne pourvoira qu'aux moyens les plus efficaces de procurer l'exécution des Arrêts et Sentences, et l'acquittement des lettres de change, et autres objets du ressort des Conseils.

ART. III. La Commission commettra, lorsqu'un de ses Membres ne pourra l'exécuter lui-même, tel Commissaire qu'elle jugera convenable pour faire l'examen des terrains en litige et lieux à reconnoître. Ce Commissaire des Conciliateurs, ou un Conciliateur lui-même, sera accompagné d'un ou plusieurs Arpenteurs, suivant l'exigence du cas; et lorsqu'il sera nécessaire qu'il en soit rassemblé jusqu'au nombre de trois, ce troisieme Arpenteur Arbitre aura toujours besoin d'être admis par la Chambre, lors même qu'il aura été choisi d'accord par les deux Parties; tous les Arpenteurs dépendront de ladite Chambre, qui pourra interdire leurs fonctions, toutes les fois qu'elle le jugera à propos.

Art. IV. Le premier objet de la Chambre sera de diminuer le nombre des procédures, qui s'est même glissé dans notre Tribunal; elle s'occupera à le simplifier, à réduire toute opération juridique et tout délai à l'indispensable.

Art. V. La Commission décidera, d'après les informations qu'elle sera en droit de faire, de l'impossibilité où les débiteurs se trouveroient d'acquitter ce qu'ils doivent; elle présidera aux arrangemens qui pourroient être faits à cet égard; et lorsqu'elle se sera assurée que ladite impossibilité de payement est réelle, qu'elle n'est point simulée, et que ledit débiteur s'est réduit dans les bornes étroites de ce qui est purement nécessaire à sa subsistance, elle sollicitera les créanciers de donner des termes, de faire même des sacrifices, et de suspendre toute poursuite juridique. La Chambre ne sera pas en droit d'arrêter lesdites poursuites; mais tous créanciers qui n'auroient point égard aux représentations des Conciliateurs, seront notés sur les registres de la Chambre, et seront pour toujours déchus d'avoir recours à son autorité. Les arrangemens faits entre débiteurs et créanciers, seront passés juridiquement; ils seront aussi enregistrés au Greffe de la Chambre, qui veillera d'elle-même à leur exécution, en avertissant par lettres les débiteurs, du temps où les échéances approcheront, et en les admonestant, dans les cas d'inconduite ou de nouvelles dettes contraires à leurs premiers engagemens, qu'ils se mettent, en agissant ainsi, dans le cas d'encourir toute la rigueur du Gouvernement.

Art. VI. Les dettes dont le payement est ordonné par une multitude de lettres de la Cour, les plus anciennes, celles qui seront privilégiées dans toutes les Jurisdictions; celles enfin qui le doivent être par convenance; c'est-à dire, qui regardent un débiteur riche et un créancier mal à son aise, ou qui doit lui-même, seront les dettes que la Chambre fera acquitter avec moins de délai.

Art. VII. Comme les Membres de la Chambre de Conciliation ne sont qu'Assesseurs du Général et de l'Intendant, ils ne pourront s'assembler que sur leurs convocations mutuelles.

Art. VIII.

Art. VIII. Le nombre des Assesseurs pourra être augmenté ou diminué par le Général et l'Intendant, suivant la quantité et la nature des affaires pendantes à leur Tribunal.

Art. IX. Les Ordonnances seront toujours rendues au nom du Général et de l'Intendant, lors même qu'ils ne se trouveront point à la Chambre, et les registres du Greffe seront toujours signés et paraphés par eux, à la fin de chaque mois.

Art. X. Les lettres d'avertissement pour payement, ou ordre de comparoître devant la Chambre, seront écrites au nom du Général et de l'Intendant; elles seront signées par deux des Membres de la Commission, la Chambre tenant; et lorsque le Général et l'Intendant y siégeront, ils signeront eux-mêmes lesdites lettres, en exprimant toutefois qu'ils sont séans à la Chambre. Ces lettres seront expédiées par la premiere Poste : et au cas de défaut de réponse, la Sentence sera portée par un Cavalier de la Maréchaussée, dont le voyage sera taxé par la Chambre, et qui en exigera le payement, ainsi qu'un reçu de la part de celui à qui elle sera adressée. Les ordres pour arrêter seront expédiés au nom du Général seul; ils seront signés de deux Membres.

Art. XI. Lorsqu'un de MM. les Commandans en second, ou tout autre Militaire, se trouvera être un des Membres de ladite Chambre, il sera tenu de signer l'ordre donné à la Maréchaussée; et en cas de refus de sa part, ledit ordre ne pourra être exécuté; mais cependant ledit Commandant en second ou Officier demeurera responsable envers le Général des suites que ledit refus pourroit occasionner.

Art. XII. Les Greffiers du dépôt général du Gouverneur, et celui ou ceux du Greffe de l'Intendance, seront les seuls qui pourront occuper et plaider par écrit dans la Chambre, seule forme qui sera employée.

Art. XIII. Il sera tenu, outre le registre de la Chambre, un Journal imprimé en forme d'extrait, d'après le modele; il contient par colonnes et par classe alphabétique, le nom des créanciers, des débiteurs, leur demeure, le genre et la quotité de leurs créances, le temps qui s'est écoulé sans payement, les dates des titres, Sentences et Arrêts qui les constatent, la date des ordres de la Cour, les arrangemens pris, les Ordonnances rendues, leurs motifs, non compris leur exécution.

Ce registre général sera fait d'après un registre particulier, et imprimé pour chaque mois de l'année.

Les Membres de la Chambre pourront, sans déplacer, prendre communication de tous les papiers contenus dans le dépôt général du Gouvernement et dans le Greffe de l'Intendance ; ils veilleront à la conservation, au bon ordre et arrangement desdits papiers; mais les Greffiers en seront personnellement comptables, d'après l'inventaire qui se fait actuellement ; il sera signé d'eux, et visé par le Général et l'Intendant.

ART. XIV. MM. les Assesseurs, Magistrats ou Jurisconsultes, jouiront de mille écus par an d'honoraires, payés par Sa Majesté ; la Chambre taxera les Jugemens des affaires de terrain ; il sera fait un tarif, dans lequel on n'aura point égard à la quantité des procédures, mais seulement à l'importance des Jugemens définitifs ; le produit en sera destiné au payement des Greffiers du Dépôt général du Gouvernement, et des Greffiers de l'Intendance, qui ne pourront, sous aucun prétexte, exiger autre chose. Ce produit sera aussi employé aux frais de Bureaux et de Buvettes; il en sera tenu un compte exact; et le surplus du produit, s'il en existe, sera distribué au nom du Roi, et à la fin de chaque année, par le Général et l'Intendant séant à la Chambre.

Cette taxe doit également remplir l'objet du payement des frais, et les moyens de pouvoir dédommager en partie les Magistrats ou Jurisconsultes qui auront été obligés d'abandonner leurs affaires particuliers pour celles du Public. L'anéantissement de tous les droits des Secrétariats du Général et de l'Intendant, déchargeant la Colonie de plus de 200,000 liv. par an, la taxe des discussions de terrain ne pourra être regardée comme onéreuse. Au Cap, ce 8 Juin 1764. *Signés* ESTAING et MAGON.

JUGEMENS de la Chambre de Conciliation, établie au Cap.

Des 8 et 25 Juin, et 2 Juillet 1764.

Du 8 Juin.

LA Chambre de Conciliation assemblée, où étoient M. le Comte d'Estaing, M. le Comte de Thoran, M. Duperrier et M. Beaujau, a été statué ce qui suit :

Sur les plaintes portées par le sieur Decourt, Syndic du quartier du Trou, à M. le Général, contre le nommé d'Aprinville, et vu la Requête dudit d'Aprinville, la Chambre a arrêté que le nommé d'Aprinville, actuellement prisonnier ès prisons du Cap, sera conduit, sous sûre garde, aux prisons du Fort-Dauphin, pour son procès être fait et instruit à la requête du Procureur du Roi dudit lieu, s'il y échoit. *Signés* ESTAING et MAGON.

Du 25 Juin.

Vu par la Chambre les informations données par le sieur Deschamps de Préville, sur l'emprisonnement des nommés Achile N. L., Jeanne-Marguerite, Marie-Louise et Marie-Noëlle N. L., du Bois de l'Anse, la Chambre a renvoyé l'affaire à instruire pardevant le Juge Criminel du Cap, à la requête du Procureur du Roi, auquel sera remis expédition desdites informations ou instructions données par ledit sieur Deschamps, pour, après l'instruction de la procédure, jusqu'à jugement définitif, lesdites Négresses Jeanne et Marguerite, Marie-Louise et Marie-Noëlle être envoyées au Mole Saint Nicolas, pour y servir pendant six mois, à compter du jour de leur arrivée audit lieu. *Signés* ESTAING et MAGON.

Du 2 Juillet.

Sur la Requête présentée par M. Duperrier, Conseiller au Conseil Supérieur du Cap, contre le sieur Hervé de la Bauche, comme fondé de procuration du sieur Sacquenville ; Nous Général et Intendant, la Chambre tenant, il est ordonné audit sieur Hervé de la Bauche audit nom, de payer à M. Duperrier la somme de 8000 liv. de principal, restante de plus grande, ensemble les intérêts et frais ; savoir, la moitié dans le cours du présent mois, et l'autre moitié dans le cours du mois d'Août prochain, sinon, et à faute de ce, le sieur Hervé de la Bauche y sera contraint par toutes voies de droit. *Signé* ESTAING.

Du 2 Juillet.

Sur la Requête présentée par François Corneille, Menuisier en cette Ville du Cap ; Nous Général et Intendant, la Chambre tenant, il est défendu à tous Capitaines de Navires et autres de recevoir à leurs bords le sieur Charpentier, ancien Marchand au Cap ; enjoignons aux Employés au Bureau des Classes de tenir la main à l'exécution du présent Jugement, sous les peines de droit. *Signé* ESTAING.

Nous rapportons ces Jugemens, choisis entre une foule d'autres, pour donner une idée de la forme de procéder, et des matieres traitées dans ce Tribunal.

COMMISSION provisoire de Procureur Général au Conseil du Cap, donnée par M. le Comte D'ESTAING à M. LOHIER DE LA CHARMERAYE.

Du 11 Juin 1764.

R. au Conseil du Cap extraordinairement assemblé le 13 Juin, par Arrêt, portant que ladite Commission sera enregistrée aux Siéges du ressort, sur le registre des Avocats, et affichée au Bureau de la Bourse commune des Huissiers.

PROCÈS VERBAL de l'Assemblée du Conseil Supérieur du Cap, et des divers Ordres de son ressort, composant l'Assemblée Coloniale tenue au Cap.

Du 11 au 14 Juin 1764.

CE JOUR, MM. les Officiers du Conseil Supérieur du Cap, sur l'indication à eux faite de la présente Assemblée extraordinaire, par M. le Gouverneur Général, aux séances des 21 Mai dernier et 4 du présent mois, et les divers Ordres de ce ressort, convoqués pareillement par Lettres de M. le Gouverneur Général, communiquées à M. l'Intendant, se sont rendus dans la grande Salle de la Maison des ci devant soi-disans Jésuites, servant aujourd'hui de Gouvernement, où ils ont pris séance dans l'ordre ci après, à droite et à gauche de M. le Gouverneur général et de M. l'Intendant, assis l'un vis-à-vis de l'autre, aux deux angles opposés d'une table formant un carré autour de ladite Salle.

Ordre de Séance.

M. le Comte d'Estaing, nommé et admis Chevalier des Ordres du Roi, Gouverneur Général de cette Colonie, représentant la personne de Sa Majesté.

A sa droite, M. le Marquis de Chastenoye, ancien Lieutenant au Gouvernement général, habitant au Quartier Morin; M. de la Case, ancien Gouverneur honoraire, habitant au même Quartier; M. le Comte de Choiseul, Chevalier de S. Louis, ancien Lieutenant de Roi du Fort Dauphin, aussi habitant au Quatier Morin; M. Clapion, Chevalier de S. Louis, ancien Lieutenant de Roi, habitant à Jaquezi; M. le Comte d'Héricourt Chevalier de S. Louis, ancien Capitaine d'infanterie, habitant au Morne-rouge; M. de la Vit, Chevalier de S. Louis, ancien Commandant des quatre Quartiers, habitant au Quartier Morin; M. le Comte d'Osmond, habitant à Maribaroux; M. de S. Michel, Ecuyer, ancien Officier des Troupes de la Colonie, habitant à la Petite-Anse; M. de Raunay, ancien Capitaine des Troupes de la Colonie, habitant au Cap; M. de la Taste, Chevalier de S. Louis, ancien Commandant de Milice, habitant au Quartier de Maribaroux; M. Millot, ancien Commandant de Milice, habitant au Quartier de la Petite-Anse; M. de Miniere, ancien Commandant de Milice, habitant au Quartier de la Grande-Riviere; M. Bouchaud, ancien Commandant de Milice, habitant au Quartier de Limonade; M. de Mondion, ancien Commandant de Milice, habitant au Quartier du Limbé, M. de Bremond, habitant au Bois-de-l'Anse; M. Clerisse, habitant au Cap; M. le Roux, habitant à Rocou, Quartier du Trou.

A sa gauche : MM. Cairou, du Plessis, Papillon, Coudougnan, Lambert, Robinet, de Russy, Raby, Boudet, Mesnier, Berard, Blanchardon, Tardivy, Foache, Aubert, Gaujet, Négocians au Cap.

M. Magon, Intendant de cette Colonie.

A sa droite : M. Jucherean de S. Denis, Doyen du Conseil; M. Duperrier, Sous-Doyen; MM. le Gras, le Gris, Loiseau, Conseillers; M. du Hameau, Conseiller honoraire; MM. de la Forgue, Guillaudeu, Lory, Conseillers; MM. de Laye, Baujeau, Conseillers-Assesseurs.

A sa gauche : M. Chapdu, Syndic du Cap; M. Brulé de Baubert, Syndic de la Petite-Anse; M. de Grandpré, Syndic du Quartier Morin; M. Chailleau l'aîné, Syndic du Quartier de Plaisance; M. Cailler, Syndic du Quartier de Limonade; M. Milscent, Syndic du Quartier de la Grande-Riviere; M. Blanc, Syndic du Quartier du Dondon; M. Fremont, Syndic du Quartier du Limbé; M. des Fontaines, Syndic du Quartier de la Plaine du Nord; M. Miniere, Syndic du Fort-Dauphin; M. Marie de Lievreville, Syndic des Terriers-Rouges; M. de Court, Syndic du Quartier du Trou.

A une table, au centre de l'Assemblée : M. Lohier de la Charmeraye, Procureur Général du Roi, assis en face de M. le Gouverneur Général; à sa gauche, M. Ruotte, premier Substitut; M. Fournier de Bellevue, second Substitut.

M. Despallieres, Greffier en chef du Conseil, assis à la même table, en face de M. l'Intendant.

Me. Baudu, Audiencier, sur un siége détaché, derriere M. l'Intendant; et moi Ferrier, Commis-Greffier du Conseil, tenant la plume, assis à gauche du Greffier en chef.

Les places prises dans l'ordre ci-dessus, M. le Gouverneur Général a fait l'ouverture de l'Assemblée par le Discours suivant :

« MM., C'est aux difficultés qu'on doit souvent les événemens les plus heureux. L'honneur de présider à la premiere Assemblée Nationale de cette Colonie, est d'autant plus flatteur pour moi, que la réunion de ses différens Corps sera également utile au service du Roi, et à vous, Messieurs; vous donnerez, je n'en doute pas, un témoignage aussi glorieux qu'authentique des sentimens dont vous êtes pénétrés.

Si ce que je ne présume point étoit possible ; si jamais des cabales ou des considérations ignorées pouvoient ou avoient pu altérer l'unité et la conduite de quelque Corps particulier, le moyen le plus indubitable de dissiper un pareil nuage, est celui que j'emploie aujourd'hui : il m'a été permis par la Cour; il m'est indiqué par tout ce que j'ai entendu depuis le peu de temps que je vis avec vous, et il m'est prescrit par l'estime que je vous dois.

C'est en rassemblant des François, qu'ils le deviennent davantage. Accroître leur nombre ; c'est augmenter leur zele : il s'allume par l'exemple; il s'anime par l'émulation. Notre caractere national est notre attachement pour nos Maîtres; il présidera dans l'Assemblée d'une Colonie qui leur a donné, pour ainsi dire, dès son berceau, des marques à jamais mémorables d'une fidélité aussi constante. Elle a obtenu des prérogatives uniques; elle les a méritées; elle ne cessera point d'en être digne.

Oui, MM., je n'en doute point; vous ne promettrez pas à Sa Majesté une obéissance conditionnelle; vous ne prescrirez point des modifications qui ressemblent à des loix; vous n'éluderez pas l'exécution d'un ordre nécessaire; les termes que vous emploierez seront les fideles interprêtes de vos cœurs; le respect et l'attachement les dicteront également. Vous demanderez des graces, mais vous n'exigerez point des impossibilités; vous ferez, avec toute la liberté due à des Citoyens, des observations; M. l'Intendant et moi, nous les écouterons avec joie; nous les suivrons avec toute l'exactitude que permettent nos places, et nous les ferons parvenir jusqu'au pied du Trône de Sa Majesté.

Un pathétique effrayant ne jettera point la consternation dans le Public de cette Colonie; il n'excitera point le découragement ; il ne causera point en Europe le juste étonnement que produisent toujours des phrases qui semblent contrariées par les faits ; vous ne profanerez point, par des assertions dénuées de preuves, les Arrêtés de votre Assemblée; ils ne seront point souillés par aucuns termes offensans ; aucun état ni aucun Particulier n'y trouvera de ces reproches tacites, qui ressemblent plutôt à des épigrammes qu'à des leçons. Dignes de la confiance de Sa Majesté, uniquement occupés des besoins de l'Etat, vous porterez vos vues sur les moyens de remplir, sans aucune espece de restriction, l'impôt des quatre millions, et sur ceux de l'adoucir, en le partageant également.

C'est à vous, MM., à interpréter ce que vos Représentans ont cru ou ont supposé avoir fait. C'est avec plaisir que j'offre aux Auteurs du Réglement du 9 Mars 1764, le tribut public de louanges que méritent l'ordre des matieres, la recherche des objets, l'exposition des vues, la netteté du dispositif, et l'élégance du style. Je m'acquitte de l'hommage sincere que l'on doit à un Ouvrage qui va faciliter le vôtre; il a été la source et la base des réflexions multipliées de la plus grande partie des Habitans de cette Colonie. Je présume que peu d'entre eux ont imaginé que ce Réglement pût subsister tel qu'il est.

Il me seroit permis, d'après cette persuasion, de me dispenser d'indiquer les articles sur lesquels je suis obligé, au nom de Sa Majesté, de demander, MM., votre interprétation. Vous connoissez tous ces articles; la verité de votre zele vous a empêchés de vous les dissimuler à vous-mêmes; vous ne démentirez point en Corps ce que vous ne pouvez nier en particulier. Ce n'est point pour vous persuader de ce que vous savez déjà; c'est pour vous retracer les objets, que je vais tâcher de fixer les différens points sur lesquels doit tomber votre interprétation.

1°. Je serois coupable, MM., si je diminuois, sans le vouloir, la gloire que vous allez acquérir : je le ferois, en vous indiquant des termes échappés sans doute; j'en appelle à votre attachement et à votre respect pour Sa Majesté. S'il existe une phrase, un mot susceptible d'interprétation peu respectueuse; s'il est hasardé ou contraire à ce que nous devons tous à notre Maître, il sera interprété; vous l'effacerez, MM.; et ce tort deviendra un motif de louanges.

2°. Le prestige de l'éloquence ni les raisonnemens les plus captieux ne peuvent empêcher, MM., la preuve démonstrative d'un fait évident. Comparez le prix du sucre avant l'impôt, et celui où il est aujourd'hui, vous verrez que vous recevez plus d'argent de vos denrées depuis que l'imposition est établie, que ces mêmes denrées ne vous en rapportoient du temps que l'imposition étoit ignorée. Il est aussi superflu de vous dire qu'aux mois de Septembre et d'Octobre 1763, le cours du sucre blanc, dans la partie de l'Ouest, étoit de 40 à 42 liv. le cent; et qu'au mois de Mars dernier il se vendoit de 48 à 52 liv. le cent. Le sucre brut se débitoit en Septembre et Octobre, de 18 à 20 liv. le cent; il a été dans le même mois de Mars, de 25 à 26 liv. le cent. Le très-petit nombre d'Habitans qui chargent leurs revenus, se défont toujours à Saint-Domingue de la portion de leurs denrées employées à payer ce qu'ils dépensent et ce qu'ils consomment.

Quel est le pays assez fortuné pour jouir d'une exemption sur tous ces objets? Quel est celui dont le Souverain et les Habitans sont assez heureux pour que l'Etat, défrayé par d'autres sujets, n'entraîne aucune charge? Vous n'avez point voulu que l'Europe et le Commerce payassent toutes les vôtres. Ce n'est point l'intention de Sa Majesté, et je dois vous exhorter à partager, au moins avec le Commerce, un fardeau que les dernieres nouvelles de la Martinique ont dû vous apprendre que Sa Majesté avoit rejeté totalement sur les Colons qui habitent cette Isle.

Je vous invite, MM., à ne point perdre de vue, dans cet article important, que la concurrence de la rade décide presque toujours du prix des marchandises.

3°. Le Mémoire numérique de M. Magon, lu à l'Assemblée du Conseil, communiqué auparavant, et écouté sans objection, démontre la non existence de l'augmentation des impôts; il réduit la réalité de cette augmentation à 265,000 liv. Le chemin qu'il y auroit à parcourir pour remplir la quotité ordonnée par Sa Majesté, est trop considérable pour ne pas s'occuper de le diminuer. Je crois nécessaire, MM., que vous et M. l'Intendant cherchiez également à vous rapprocher. L'établissement d'une capitation modique, payée par chaque tête de Noirs, est le moyen que je me crois d'autant plus permis de vous indiquer, qu'il est indispensable, et que ceux mêmes qui en ont combattu la facilité, en ont sans doute trouvé la perception moins difficile qu'ils ne la supposent; ils l'ont prouvé, en continuant de l'employer; ils n'ont proposé aucun changement dans la distribution des impôts qu'ils font recueillir; celle des droits Suppliciés et de Maréchaussée est restée la même.

4°. Des anciens droits royaux, consacrés dans tous les pays, n'ont pu être regardés ni proposés comme faisant partie d'une nouvelle augmentation de charge. Je désirerois avec vous, MM., que la situation dans laquelle les finances sont remises à M. l'Intendant, me permît de demander la suppression de ces droits; la plupart sont plus abusifs qu'utiles. Je fais plus; j'ose me flatter que le systême économique que vous nous voyez embrasser, permettra bientôt d'exécuter ce que je ne fais que souhaiter aujourd'hui.

Mais,

Mais, MM., je ne dois pas moins vous observer que les Cabarets, les Jeux, les Cafés, les Boucheries, et les Postes ne peuvent être évalués: on ne doit s'occuper qu'à en diminuer le produit, et à parvenir à les éteindre. De pareils objets, des revenus aussi minutieux sont indignes de cette Assemblée. Vouloir s'appesantir sur ces parties vicieuses qui se trouvent dans toutes les Administrations, c'est chercher des sujets de critique et de déclamation. On ne s'étoit jamais plaint des frais du Secrétariat du Général et de l'Intendant; ils n'étoient pas médiocres; le dernier partage de quelques mois du seul Secrétariat de l'Intendant, a été à 90,000 liv. Ces droits n'existent plus; ils sont annullés sans demandes ni plaintes; ils peuvent, si l'on veut, former un équivalent proportionné au produit des petites Fermes; et l'anéantissement de cet abus doit être une preuve existante de l'empressement et du soin avec lequel les autres seront détruits.

5°. Le renouvellement d'une taxe abolie par la Cour est une contrariété, MM., qui semble trop grande pour que vous la laissiez subsister. L'impôt de deux pour cent sur la vente des Noirs ne peut être considéré comme un tribut de la Colonie; il tombe sur la partie intéressante du Commerce, qui redonne une nouvelle vie à Saint-Domingue. La confiscation décernée contre ceux qui vendent leurs Noirs à bord, me paroît une entrave inutile; elle est, je crois, digne de votre attention.

6°. Le prétexte de mettre des bornes au luxe des Villes, en faisant monter aussi haut la taxe imposée sur les Noirs domestiques, a rendu le malheur d'être obligé d'en avoir, encore plus grand pour ceux qui se renferment dans les bornes du nécessaire. Les vœux du Public semblent annoncer, MM., que vous modifierez cet objet.

7°. Je dois vous informer, MM., qu'il m'est spécialement ordonné d'encourager la portion des Habitans dont la médiocre ambition n'a pour objet que la culture des vivres. L'imposition que leurs Esclaves supportent semble s'opposer directement à l'augmentation de cette classe d'Habitans.

8°. La taxe des maisons paroît disproportionnée; c'est une nouvelle charge exhorbitante pour les Habitans des Villes. Je crois, MM., que cet objet exige que vous le discutiez.

9°. La jauge de tout ce qui contient les denrées, peut devenir, MM., la source intarissable d'une multitude de soupçons et de difficultés; elle peut être le germe d'une inquisition insupportable. Des Pataches établies par une Administration devenue soupçonneuse, et effrayée de quelques abus, peut-être causés uniquement par la négligence de vos Ouvriers ; des Commis arrogans et presque toujours injustes ; des formalités épineuses seroient la suite indubitable de cette jauge. Calculer l'impôt sur le poids des factures certifiées, seroit sans doute plus simple ; vous auriez la certitude de n'être jamais ni soupçonnés ni accusés ; la liberté de diviser vos poids, diminueroit le nombre des cabrouets que vous êtes obligés d'employer.

10°. Le dernier objet sur lequel je dois, MM., fixer votre attention, est sans doute le plus important. Sa Majesté, en laissant le soin de régler les augmentations, n'a point permis d'en fixer la durée. Reposez-vous, MM., sur sa bonté ; oser lui prescrire des bornes, ce seroit en suspendre les effets.

Ce n'est point, je crois, aux années, mais aux circonstances à décider de la révolution des impôts d'une Colonie ; il est des temps où leur payement en argent deviendroit impraticable. Il me semble que les denrées qui remplaceroient alors le défaut d'argent, seroit une ressource pour l'Etat, un moyen de défense pour la Colonie, un objet pour la Marine de Sa Majesté, et un soulagement pour les Habitans, qui se trouveroient déchargés par la suite de l'imposition dont ils se seroient acquittés en denrées, dans un temps où leur exportation est interdite par la crainte des ennemis.

Que ne puis-je, MM., vous indiquer de plus grandes facilités ; j'ose vous promettre toutes celles qui dépendront de moi. Vous avez dû vous appercevoir que, persuadé, dès mon arrivée, du tort que toute espece de corvées occasionne aux Habitans, je me suis empressé de donner un exemple que je ferai pratiquer aux Troupes. Il arrive des Esclaves, et je m'occupe des moyens de faire acheter au Roi des cabrouets, des mulets, et des chevaux, qui, proportionnés dans leur nombre à celui des Troupes, vous délivreront bientôt d'un service nécessaire, pratiqué dans tous les pays, et dont le refus, inséré dans un simple Arrêté, ne suffit pas pour dispenser les sujets du Roi.

C'est, MM., dans la destruction des abus, dans la diminution des Fermes particulieres, dans le bon emploi de tous les moyens, dans des établissemens utiles, dans le retranchement des superfluités, et dans la sage économie que M. l'Intendant fera de tous les fonds, que nous devons chercher la prospérité de cette Colonie : nous devons tous y concourir également.

Si les premiers instans laissent appercevoir, malgré moi, les traces affligeantes de la sévérité, j'espere qu'elles seront bientôt effacées par l'union et par la liberté qu'enfantent toujours l'aisance des Particuliers et le bon ordre public.

Je ne puis y parvenir, MM., qu'autant que vous m'en procurerez les moyens, en vous conformant aux demandes et aux intentions de Sa Majesté. Je ne doute pas que ce désir ne soit l'ame de toutes vos délibérations; vous me mettrez dans le cas heureux de rendre compte à la Cour de la pureté de votre zele et de toute l'étendue de vos lumieres; j'aurai le bonheur inappréciable de devenir l'organe de la satisfaction de Sa Majesté ».

M. le Gouverneur Général ayant cessé de parler, M. l'Intendant a pris la parole et a dit:

« MM., le Discours que vient de prononcer M. le Général, ce que va vous dire M. le Procureur Général, ne laissent rien à désirer. J'aurois cependant voulu avoir à vous parler sur cette matiere; mais la foiblesse de ma santé m'en empêche. Je me bornerai donc à vous dire que le Discours que vous avez entendu, et celui que vous allez entendre, sont conformes aux calculs et aux observations que je communiquai au Conseil le 21 Mai dernier: j'ajouterai encore qu'on ne peut rien dire qui explique plus au vrai l'état des choses, et qui mene plus sûrement dans la voie de concilier les intérêts du Roi et de la Colonie; intérêts qui ne peuvent et ne doivent jamais être divisés. D'après cette vérité, je dois mettre sous vos yeux l'état des affaires du Roi.

Les dettes, dans la partie du Cap, en ordonnances non acquittées, montent à 623,834 liv. 7 sous 6 deniers; et en comptes non arrêtés, à 400,000 liv.; ce qui produit un total de 1,023,834 liv. 7 sous 6 den.

Je n'ai encore rien de positif sur les autres parties de l'Isle; mais d'après les renseignemens que j'en ai reçus, je ne crains point d'avancer qu'il est dû encore un autre million. Tel est l'état dans lequel mon prédécesseur a laissé les finances, pendant qu'il écrivoit, dans sa Lettre du 1er Décembre 1763, à M. le Duc de Choiseul, que la dépense des six derniers mois de l'année derniere alloit à 2,017,060 liv. 15 sous, faisant, monnoie du pays, 3,025,591 liv. 2 sous 6 den. »

Le Discours de M. l'Intendant fini, M. Lohier de la Charmeraye, Procureur Général du Roi, s'est levé, et a dit:

« MM., tout contribue à la célébrité de cette auguste Assemblée, et peut-être qu'aucun des jours solennels de la Colonie ne fut jamais marqué de circonstances plus éclatantes. Quoi de plus important en effet, quoi de plus honorable, quoi de plus flatteur que la cause qui réunit ici tous les Ordres de la Colonie !

Il fut un temps parmi nous où ces Ordres, divisés sans objet, s'épuisoient inutilement sans s'entendre : comme si, servant tous la Patrie dans leur genre, ils n'avoient pas tous un droit proportionnel à ses éloges ! La raison qui s'avance sur les pas d'un Gouvernement sage, détruit enfin cet injuste préjugé ; les états se rapprochent, ils se réunissent, et leur premier acte va transmettre à la postérité un monument immortel d'obéissance et de soumission aux ordres du Roi.

O vous, sages dépositaires de sa Justice souveraine et de ses Loix, il est donc vrai que la crainte d'une fausse honte n'a pas plus de pouvoir sur le cœur du Magistrat, que le désir d'une fausse gloire ! Oui, MM., vous connoissez trop le prix des talens qu'on consacre à son Prince, et vous estimez trop peu ceux qu'on lui dérobe, pour refuser constamment à votre Patrie le secours de votre zele et de vos lumieres dans cette nouvelle répartition. Si la premiere a mérité des éloges, ne vous y trompez pas, la seconde, en vous couvrant de mérite et de gloire, ainsi que vos Collegues, fera la preuve de cette grandeur d'ame qui constitue l'essence de la Magistrature. L'une appartient sans doute à l'esprit, et peut flatter l'amour-propre ; l'autre sera le chef-d'œuvre du cœur, et le gage austere de cet amour du devoir, de cette obéissance rigoureuse, qui sait tout sacrifier à la volonté suprême de son Roi, ses travaux, ses succès, sa gloire même s'il le faut. Mais n'est-ce point trop long-temps, MM., suspendre les effets utiles de votre zele ? Je cede à votre empressement ; je me rapproche de l'objet commun de l'Assemblée ; je considere avec vous la justice et les suites de l'impôt.

En premier lieu, semblable à tous les revenus de l'Etat, cet impôt n'a d'autre cause que la sûreté de l'Etat même ; c'est vous en démontrer tout à la fois, MM., la justice et la nécessité.

En second lieu, l'assiette de cet impôt décidera de l'ordre et de la félicité intérieure de la Colonie pendant la paix ; elle en assurera la conservation pendant la guerre. Jugez, MM., de l'importance et des suites de cet impôt !

Cependant, tout important, tout nécessaire qu'il est, Sa Majesté le pese encore. Ne croyez pas que ce soit sur l'état des finances de son Royaume, et les revenus de la Colonie qu'elle le mesure ; non, MM., c'est sur la nature de vos biens et le tableau touchant de leurs vicissitudes cruelles. Sa Majesté fait plus; elle avoit ordonné l'imposition aux Isles du Vent; elle remet en vos mains celle de cette Colonie, et vous plaçant, pour ainsi dire, entre le Trône et le Peuple, sa bonté paternelle vous laisse le soin, que dis-je? elle vous invite à concilier, autant que faire se pourra, les besoins de l'Etat et ceux de la Colonie; à maintenir les droits de la Puissance Royale, moins par l'autorité de son caractere, que par l'attrait puissant d'une parfaite égalité dans cette nouvelle répartition.

Si la confiance et les bienfaits du Prince sont la mesure de nos devoirs, jugez, MM., de l'étendue des vôtres! L'austérité de notre ministere ne nous permet pas de les partager avec vous; la qualité de vos fonctions vous défend de nous y associer; mais du moins nous sera-t-il permis de vous présenter ici quelques-unes des réflexions que nous semblent indiquer l'imposition que vous avez déjà faite, et celle que vous allez faire.

Rien ne doit être plus certain, plus solide, et plus réel, que le produit des impôts en général, puisque les impôts ou les besoins de l'Etat ne font qu'un; que l'un est la cause et la mesure de l'autre; qu'enfin si l'impôt n'est pas certain et réel, s'il est même d'une perception difficile et compliquée, les opérations languissent, l'Etat souffre, et le Citoyen cesse d'être protégé. Ces principes, vous le savez mieux que moi, MM., sont la base de l'assiette et de la répartition de tous les impôts : voyons donc si la premiere imposition y est conforme; voyons si le produit en est réel.

Non, MM., il ne l'est pas. Je ne le dis sans doute qu'avec peine; mais je dois cet aveu aux intérêts du Roi, à mon ministere, et à la vérité; d'ailleurs, je ne parle et n'opere en ce moment que d'après le judicieux dispensateur des finances de la Colonie, d'après ses réflexions, ses plaintes, et ses demandes : dois-je craindre d'errer?

Il est cependant certain, MM., qu'on a voulu, qu'on a même compté donner au Roi les quatre millions qu'il demande; la premiere imposition le prouve. Or si, par quelque erreur de fait ou de calcul, Sa Majesté n'a pas effectivement l'impôt en entier, peut-on trop se hâter de le lui donner? Nous ne devons pas croire que cela fasse l'ombre même d'une question : passons donc à l'examen de la premiere imposition, ou plutôt à la preuve de son défaut de réalité.

La Colonie payoit à Sa Majesté 2,500,000 liv. par an avant la nouvelle imposition. Sa Majesté demande à la Colonie quatre millions par an, argent de Saint-Domingue, à compter du premier Janvier 1764; ce qui fait 1,500,000 liv. d'augmentation annuelle. Il est certain, nous le répétons encore, qu'on a voulu et cru les donner: mais on ne l'a pas fait; en voici la preuve.

1°. On supprime toutes les corvées, et on y met un tarif, au cas néanmoins qu'elles aient lieu: on décharge la caisse municipale des droits suppliciés, du payement des Maréchaussées, et on en charge la caisse du Roi; enfin, on décharge les Habitans en géneral du logement des Gens de Guerre et fourniture d'ustensiles; ce qui dès-lors tombe encore sur la caisse du Roi. L'Administrateur des Finances, dans son Mémoire du mois de Mai dernier, dit que ce sont des articles qui ne peuvent être évalués à moins d'un million par an.

2°. On abandonne bien au Roi le produit annuel de la Ferme des Boucheries de la Colonie, fixé à 235,000 liv.; mais on ôte au Roi, sans s'en appercevoir, un privilége aussi constant et aussi ancien que cette Ferme: on dit qu'il payera la viande de ses Troupes au même taux que les Habitans. Ainsi, après avoir observé le produit annuel de cette Ferme, qu'on abandonne cependant à Sa Majesté, il ne lui en couteroit rien moins de 235,000 liv. par an, pour l'excédant de la fourniture des Troupes, suivant le calcul de M. l'Intendant.

3°. On livre au Roi, en déduction des quatre millions d'impôt, le produit annuel des droits de l'exportation des sirops et tafias, pour une somme de 150,000 liv. par an; comme si cette exportation, aussi désirable à la vérité pour le bien de la Colonie, peut-être même aussi nécessaire qu'indifférente au Commerce de la Métropole, n'étoit pas, quant à présent, aussi illusoire que son produit.

Enfin, on donne au Roi, en déduction de l'impôt, et sur le pied de 300,000 liv. par an, le droit de deux pour cent sur le produit de la vente des cargaisons de Noirs; droit que Sa Majesté a elle-même aboli par son Ordonnance du 23 Juillet 1759; droit que, dans son Mémoire du 2 Août 1718, au sujet des droits qui seront établis à Saint-Domingue, Sa Majesté dit qu'il ne convient pas d'établir sur les Navires de France, aussi bien que sur les marchandises qui en arrivent.

Ces quatre articles (dont les deux premiers, montant à 1,235,000 liv., sont une charge nouvelle et constante pour le Roi, et les deux derniers, montant à 450,000 liv., sont purement illusoires) font un total de

1,685,000 liv., qui non seulement absorbe l'augmentation de 1,500,000 l. établie par le dernier impôt, mais même diminue de 185,000 liv. l'ancien impôt de 2,500,000 liv.

Il n'y a donc point de réalité dans le produit de la premiere imposition; la conservation des droits du Roi, et le devoir rigoureux de notre ministere exigeoient de nous cette démonstration. Prouvons maintenant, et sans entrer dans aucun de ces détails sur lesquels vos réflexions ont déjà prévenu les nôtres; prouvons, dis-je, pour l'intérêt et le soulagement des Peuples de la Colonie, que, quelle que soit l'imposition et les objets sur lesquels vous l'asseoirez, MM., il n'est pas possible d'en fixer le payement en argent, sur-tout en temps de guerre. Cette réflexion et les suivantes appartiennent, MM., à la nouvelle répartition que vous allez faire.

Personne n'ignore que la Colonie n'a point d'especes d'or et d'argent à elle; que la Métropole ne lui en fournit point; que cette importation est même très-expressément défendue par les Loix du Royaume, entre autres par l'Ordonnance du Roi du 4 Mars 1699. On sait aussi que la majeure partie des especes d'or et d'argent que nous tirons des Colonies Espagnoles, s'exporte en France, sur-tout lorsque les retours en denrées paroissent moins avantageux. Il n'est donc pas possible d'asseoir le payement de l'impôt en argent, puisqu'il n'en existe point essentiellement dans la Colonie: aussi, depuis que Sa Majesté y a établi des impôts, n'ont-ils jamais porté, pour la majeure partie, que sur la denrée; c'est constamment l'unique moyen d'assurer tout à la fois dans les Colonies et la perception et le produit de l'impôt.

L'impôt est certain, et sa perception facile, quand l'imposition ne dépend ni des circonstances de la paix ni des circonstances de la guerre, et que le Peuple peut non seulement payer dans un temps, mais payer toujours. Or, fixer l'impôt sur les denrées de la Colonie, c'est tout prévenir, c'est traiter le Cultivateur avec égalité. Stipuler le payement de l'impôt en denrées, c'est tout assurer; le sol et ses productions répondent en tout temps à l'Etat du tribut de chaque Citoyen, et l'Etat ne s'énerve point en affoiblissant ses propres Sujets par des discussions et des recherches perpétuelles.

D'ailleurs il est certain que le tribut naturel au Gouvernement modéré, comme le nôtre, est l'impôt sur les marchandises; c'est le plus léger, c'est celui que les Peuples sentent le moins. La marchandise le doit, le Marchand l'avance à l'Etat, et le Consommateur, qui, dans le fond, paye tout, confond le tribut avec le prix de la marchandise même.

Mais nous ne doutons pas, MM., qu'en exécutant, sur quelque plan que ce soit, l'ordre du Roi en son entier, comme vous le devez, vous ne ménagiez ensuite avec sagesse l'intérêt des Peuples en général de cette Colonie. Nous ne vous avons entretenus que du Cultivateur, parce que c'est lui qui compose essentiellement la Colonie, parce que c'est sur lui que porte presque la totalité des impôts ; enfin, parce que c'est lui dont la fortune incertaine et périssable est sujette aux plus cruelles révolutions. Cependant, comme tous les ordres de la Colonie sont égaux aux yeux du Prince, ils le seront certainement aux vôtres, et vous peserez avec justice leur intérêt et leur contribution au même poids et dans la même balance que ceux du Cultivateur.

Vous allez sans doute, MM., vous engager dans une route difficile et élevée : mais un cœur fidele à son Prince, un cœur juste, et des mains aussi habiles que les vôtres peuvent entreprendre ce grand ouvrage avec succès, et le conduire avec gloire à sa fin : aussi ajoutons-nous à nos espérances ce que nous retranchons à votre éloge ; et c'est avec une joie sincere que nous vous voyons d'avance, MM., goûter la gloire solide d'avoir exécuté l'ordre du Roi, et concilié sa volonté suprême avec le soulagement des Peuples et le bonheur de vos Concitoyens ».

Après le Discours de M. le Procureur Général, M. le Gouverneur Général a repris la parole, et a dit ;

« MM., je vois peint sur vos visages ce que je lirois encore mieux dans vos cœurs ; vous n'avez qu'une opinion, qu'une volonté, et qu'un désir sur les deux objets principaux qui nous rassemblent. Nous devons, je crois, arrêter unanimement que vous voulez remplir pleinement et dans toute leur étendue, les ordres de Sa Majesté, et que vous priez M. l'Intendant et moi d'être vos interprêtes auprès d'elle, pour lui exprimer la douleur extrême que vous ressentez de tout ce qui auroit pu blesser son autorité ou lui avoir déplu.

Cet Arrêté est la base sur laquelle nous allons travailler ; il doit précéder la nomination des Commissaires qui soumettront à la décision de l'Assemblée les matieres qu'ils auront préparées ; les Mémoires des différens particuliers en seront lus avec plus de confiance ; ils en seront écoutés avec plus de reconnoissance par M, l'Intendant, par tous les Membres de l'Assemblée, et par moi.

Sur quoi l'Assemblée a unanimemeut arrêté de protester à M. le Général, qu'elle vouloit remplir pleinement et dans toute leur étendue, les ordres du Roi ; que M. le Général demeuroit supplié, ainsi que M. l'Intendant, de de vouloir bien être auprès de Sa Majesté les interprètes de tous les Etats qui la composent, pour lui exprimer, avec les sentimens de leur amour et de leur fidélité inviolables, toute l'amertume et la douleur extrême qu'ils ressentent de ce qui auroit pu blesser son autorité ou lui avoir déplu; ensuite il a été passé à la nomination des Commissaires, et M. le Comte de Choiseul pour les Habitans, M. Duperrier pour le Conseil, M. Fremont pour les Syndics, et M. Cairou pour les Négocians, ont été chargés de préparer les matieres sur l'objet de la présente Assemblée, et de faire le rapport de leur travail mercredi prochain 13 de ce mois, jour auquel elle fixe la seconde séance.

Du Mercredi 13 Juin, au matin.

Les Commissaires chargés de préparer les matieres qui sont à traiter, ont demandé à l'Assemblée à rendre compte de leur travail, et en conséquence M. le Comte de Choiseul, Commissaire pour les Habitans, et portant la parole pour lui, ainsi que pour le Commissaire du Conseil, et pour celui des Syndics, s'est levé, et a fait la lecture du Mémoire dont la teneur suit :

« MM., je suis chargé de rendre compte de la Commission qui nous a été confiée.

De l'interprétation de l'Arrêt des deux Conseils, du 9 Mars 1764.

1°. Il résulte de l'examen que nous avons fait de l'Arrêt de Réglement du 9 Mars 1764, que nous proposons de le laisser subsister, quant aux droits de sortie sur l'indigo, les sucres brut et blanc, le café, le coton, les sirops et tafias, les cuirs tanés et en poil, dont la quotité annuelle, ainsi que la taxe, est portée à, &c. (Voy. *le Réglement.*)

2°. En laissant subsister, comme la plus naturelle et la plus juste, l'imposition du 9 Mars, établie sur les différens objets qui composent l'article précédent, on ne peut se dissimuler que, si la concurrence de la rade décide presque toujours du prix des marchandises, l'impôt ne tombe directement que sur le Commerce. Nous pensons donc, pour accomplir les loix de l'équité et celle de l'équilibre, que le Cultivateur doit supporter la moitié de cet impôt, et que, pour constater sa charge d'une façon claire et précise, qui simplifie néanmoins la chose publique, tout acheteur de sucre brut et blanc, café, indigo, coton, sirop, tafia, cuirs tannés et en poil, doit être autorisé à retenir par ses mains la moitié du prix de l'impôt, dont il donnera un reçu au vendeur, et demeurera chargé d'acquitter la totalité.

3°. Nous croyons que, pour éviter toute suspicion de fraude et toute espece de recherche, la jauge des barriques, barils, ballots et ballotins, doit être arbitraire, et nous proposons d'acquitter les droits sur les factures certifiées du vendeur et de l'acheteur, et sur celles du Fabricateur seul, quand il chargera pour son compte, desquelles factures copie sera déposée au Bureau des Octrois. Si l'adoption de ce projet produit au Roi un bénéfice réel, l'Habitant connoît trop la valeur des charois, pour ne pas regarder la liberté des jauges, qui peut lui en abréger un tiers, comme une compensation inestimable du léger profit que lui offroit l'impossibilité de fixer exactement le poids des futailles.

4°. Nous pensons que la main-d'œuvre est trop chere, les réparations trop fréquentes, pour faire supporter sept pour cent sur les loyers des maisons du Cap, Fort-Dauphin, Port-de-Paix, Saint-Marc, Port-au-Prince, Léogane, Petit Goave, les Cayes du Fond et Saint-Louis; nous estimons en conséquence qu'il est juste de réduire cette taxe à cinq pour cent, d'où il résulte que le total desdits loyers, évalués à trois millions, rendra . . . . 150,000 liv.

5°. Nous croyons que la capitation portée par le Réglement du 9 Mars dernier, sur les Negres ouvriers et domestiques des Villes mentionnées en l'article précédent, doit être modérée à douze livres, le luxe ne nous ayant point paru une raison suffisante pour porter cette capitation à 24 liv; évaluation desdits Negres à 12,000 . . . . 144,000 l.

6°. Nous estimons que les Habitans propriétaires de Manufactures de poteries, tuileries, briqueries, fours à chaux, et ceux qui résident dans les Bourgs, doivent continuer à payer annuellement, par tête de Negres attachés auxdites Manufactures ou à leur service, la somme de 12 liv. Nous avons évalué la quantité de ces Negres à 4000 . . . 48,000 l.

7°. Nous estimons que les deux pour cent sur l'importation des Negres doivent être supprimés, et nous croyons inutile d'appuyer notre opinion d'aucun raisonnement.

8°. Nous pensons que les Capitaines et Négocians doivent jouir de la liberté qu'ils ont toujours eue de vendre leurs Negres à bord; les inconvéniens d'un usage contraire ont déterminé notre avis.

9°. Nous pensons que les anciens droits Royaux, les Postes, les Fermes des Cabarets, des Jeux, des Cafés, et des Boucheries, ne peuvent entrer dans le plan de répartition; les uns sont consacrés dans tous les pays; la perception des autres est trop minutieuse, si on en excepte cependant la Ferme des Boucheries, qui forme un objet de premiere nécessité, dont la diminution assureroit la subsistance publique ; mais on doit se reposer sur la sagesse du Gouvernement, du soin de veiller à ce que le haut prix de cette Ferme, en réveillant la jalousie des Espagnols, ne rende l'extraction des animaux très-difficile.

10°. Nous pensons qu'on ne peut se dispenser de rétablir la capitation sur les Negres attachés aux Manufactures des différentes denrées de la Colonie. L'impossibilité d'asseoir sur un autre objet le complément de quatre millions qu'il faut donner réellement et de bonne foi, exige le rétablissement de cet impôt à quatre francs par tête, tel qu'il étoit avant le Réglement du 9 Mars. La difficulté de payer pour des Esclaves dont le travail ne produit rien en temps de guerre, ne subsiste plus, puisque le sage dépositaire de l'autorité vient de nous annoncer que, dans les temps difficiles, il nous sera permis de payer en denrées. Quant aux Habitans qui ne cultivent que les vivres ou légumes, et que Sa Majesté nous ordonne avec raison de regarder comme une portion précieuse de ses Sujets, nous estimons que leurs denrées ne payant aucun droit de sortie, leurs Negres, dont nous évaluons la quantité à dix mille, peuvent être taxés à quatre francs par tête. Cette quantité de Negres, jointe à celle de 180 mille travaillant à la culture des denrées, forme 190 mille Esclaves, taxés à 4 francs par tête . . . . 760,000 l.

11°. Nous proposons à nos Concitoyens la gloire d'offrir des secours au Roi quand les besoins de l'Etat augmentent, quoiqu'alors leurs facultés cessent. Nous voulons parler de ces temps de calamités où, par des obstacles invincibles le Gouvernement ne peut procurer aucun débouché à la Colonie ; et dans ce cas d'inexportation, il est démontré que les revenus du Roi presque réduits à rien, il ne lui reste aucun moyen de protéger ses Sujets : mais comme du défaut de circulation générale, il ne suit pas qu'on ne puisse exporter quelques portions des denrées de la Colonie ; par exemple, les Escadres et les Flûtes offrent au Roi des facilités de charger pour son compte ; alors les Habitans pourroient payer la totalité de l'impôt en raison de ce qu'ils auroient de denrées fabriquées, dont on leur donneroit un reçu. Nous leur observons que c'est une avance faite au Roi par une exportation fictive, et que lorsqu'ils chargeront réellement, le Receveur des Octrois prendra en payement le reçu qu'ils lui présenteront. Si au contraire ils préferent de vendre les marchandises qui auront payé l'impôt, le vendeur ajoutera au prix de sa denrée la moitié de celui de l'impôt, en remettant sa quittance à l'acheteur; et pour prévenir toutes les difficultés qui pourrroient s'élever, nous proposons de fixer, dès à présent, le prix moyen des denrées, que nous estimons être le même que celui du Réglement du 9 Mars.

12°. Il nous reste, MM., une derniere observation à vous faire; son importance mérite toute votre attention. Nous avons une caisse municipale affectée au payement de la Maréchaussée et au remboursement des Negres suppliciés; c'est la seule utilité dont elle a été jusqu'à présent aux Habitans; la recette excede beaucoup sa dépense. Ne nous seroit-il pas beaucoup plus avantageux d'offrir au Roi la réunion du bénéfice avec ses charges? L'excédant procureroit à Sa Majesté les moyens d'acheter une Habitation, des Negres, des bestiaux, et des cabrouets, pour soulager les Habitans des corvées ».

Le même Commissaire a ensuite présenté et lu à l'Assemblée leur plan de répartition, qui donne . . . . 4,060,800 l.

Le rapport de M. le Comte de Choiseul fini, M. Cairou, Commissaire pour le Corps des Négocians, s'étant levé, a pareillement fait lecture du Mémoire suivant.

« MM. Vous voyez par le compte que viennent de vous rendre MM. les Commissaires, qu'il a été unanimement convenu que le droit de sortie sur les denrées seroit, dans le nouveau plan d'imposition, supporté à moitié par le Cultivateur et le Commerce.

Le Commerce, toujours attentif à concourir à l'union qui doit régner entre le Cultivateur et le Commerce, union indispensable à l'augmentation des cultures et à l'accroissement du Commerce, a l'honneur de proposer au Cultivateur, d'après l'évaluation faite du droit de sortie sur le pied de sept pour cent, de lui accorder un trait de trois pour cent sur la livre poids; ce trait, équivalant à la moitié du droit que le Cultivateur se soumet de payer en argent, rend la perception de l'impôt bien plus facile. La contribution en argent semble annoncer des difficultés que les circonstances, plus ou moins favorables, pourront susciter, par les conditions que voudra établir celui que la circonstance favorisera. Le Cultivateur et le Commerce ne s'accorderont jamais dans la spéculation; mais l'objet important consiste à les réunir dans le fait : qu'importe au Cultivateur de contribuer à l'impôt sur la denrée, en argent ou en trait de trois pour cent sur la livre poids, si le Commerce démontre, dans ses Mémoires et dans les calculs de comparaison, que l'égalité se trouve conservée. A la Martinique, le Cultivateur supporte le trait seul, quoique l'évaluation en soit plus forte.

M. le Comte de Choiseul ayant rendu compte à l'Assemblée des articles sur lesquels nous n'avions pas été d'accord, je vais en détailler les raisons : si elles paroissent solides, j'aurai la satisfaction de persuader l'Assemblée, que l'attachement que je dois au Commerce s'allie à l'intérêt que je prends à tout ce qui peut intéresser les Habitans des Villes; intérêt qui devient nécessairement commun à l'Etat, au Cultivateur, et au Commerce.

La taxe proposée de 12 livres sur les Negres des Villes, sans distinction d'âge ni de sexe, me paroît trop forte ; elle tend à la dépopulation des Villes, et il est illusoire qu'il en puisse résulter un plus grand nombre de Cultivateurs. On ne doit pas considérer comme l'effet du luxe, le nombre des Negres domestiques des Villes, mais bien comme une nécessité. Si cette taxe subsistoit, quel est le marchand, quel est l'ouvrier qui oseroit se marier? Les Nourrices et leurs enfans présentent un objet énorme de dépense et d'impôt et l'on ne voit que trop communément que sur dix Négrillons créoles des Villes, il en meurt plus de moitié avant qu'ils aient atteint l'âge de dix ans. La moitié qu'on réchapperoit coûteroit à cet âge 120 livres de droit, 60 livres pour ceux qui n'auroient vécu que cinq ans. Par le calcul exact, le Négrillon âgé de dix ans coûteroit au Propriétaire, de droit, nourriture, et entretien, 1180 livres, et ne vaudroit, valeur intrinseque, que de 850 à 1000 livres, la figure influant beaucoup sur le prix. D'après ces observations, je crois juste de mettre sur les Negres des Villes une taxe égale à celle mise sur les Negres des Cultivateurs : par cette égalité, l'industrie s'accroîtra, et l'on ne sauroit trop la protéger dans les Villes, où les maladies sont fréquentes et ruineuses, et où tout ce qui a trait à la nourriture est excessivement dispendieux : de cette égalité résulte un avantage qui accroît la population, l'établissement des Villes, objet très-important à l'Etat, au Cultivateur, et au Commerce.

Les maisons des Villes sont chargées depuis long-temps de trois pour cent pour l'Eglise. La nouvelle taxe proposée dans le nouveau plan de répartition, les charges de cinq pour cent; si l'on considere les charges qu'a supportées pendant la guerre la Ville du Cap, l'immensité des dépenses qu'occasionnent les réparations, les longs intervalles où des maisons sont vacantes, les pertes des loyers auxquelles sont exposés les Propriétaires, par la fuite des Locataires, on se portera à accorder une modération ; cette modération a pour objet l'encouragement à bâtir, l'embellissement des Villes, les ressources qui en résultent pour leurs Habitans et pour le Commerce.

L'Imposition du 9 Mars 1764 fixe le droit de sortie des sucres bruts à 12 livres la barrique, les terrés à 24 livres; il est aisé de démontrer que, présentement que l'impôt se payera sur le poids de facture certifiée, les droits de sortie augmenteront considérablement, et seront plus que suffisans pour faire le complément des quatre millions ».

Le même Commissaire a ensuite lu et communiqué à l'Assemblée un tableau servant à établir la comparaison des offres des Habitans au Commerce, et des demandes du Commerce aux Habitans, relativement aux droits sur la denrée, duquel il résulte, ainsi qu'il y est exprimé, que les Habitans, en tenant compte au Commerce de la moitié des droits sur la denrée, par le trait demandé plutôt qu'en especes, gagnent en masse, chaque année de paix, 111,816 liv. 13 sous 4 deniers, et en temps de guerre, une somme bien plus forte, qui ne peut être fixée, parce qu'elle dépend du cours de la denrée, qui nécessairement a moins de valeur; pertes que le Commerce déclare ne pas regretter, et les sacrifier avec plaisir à la satisfaction de savoir sur quoi compter, et à l'espoir que des difficultés à naître d'une rentrée arbitraire, n'altéreront jamais la bonne intelligence de deux Corps que leur intérêt commun doit réunir inséparablement.

M. le Gouverneur Général ayant ensuite invité ceux de l'Assemblée qui auroient quelques Mémoires particuliers, à en faire part, un des Négocians s'est levé, et a fait lecture, pour et au nom du Commerce, du Mémoire ci-après, signé par le Commissaire du Corps.

« MM., le Commerce a l'honneur de vous représenter que l'imposition de la denrée, suivant l'Arrêté du 9 Mars dernier par l'Assemblée des deux Conseils, ne tombe que sur lui; il ne suffit pas de le dire, il faut le démontrer : pour le faire exactement et avec force, il faudroit trop s'étendre; on se bornera à quelques observations.

Le Commerce de France plus resserré que jamais, est, pour ainsi dire, borné à celui de la Martinique et de Saint-Domingue; il devient tous les jours plus forcé; la nécessité d'employer des fonds, multiplie les armemens pour cette Colonie bien au delà de ceux qui, dans la proportion, furent faits pendant le cours de la précédente paix. Le plus ou moins de concurrence et d'abondance de navires dans les rades, décide seul le cours de la denrée, sans que le calcul y entre pour rien; on ne peut donc pas dire que la combinaison des prix fasse retomber le droit de sortie sur le Cultivateur.

Le Consommateur n'en supporte tout au plus qu'une légere partie; car c'est lui qui détermine les prix, et non la volonté de nos Négocians de

France, obligés de suivre le cours calculé de l'Europe : l'Espagnol, le Portugais, l'Anglois, le Hollandois même, lui fournissent du sucre et d'autres denrées. L'importation générale, rapprochée de la consommation, détermine les demandes d'un pays à l'autre, le plus ou moins d'ordres donnés pour les achats, décide les prix dont le rapport est bientôt général, et il est peu question dans cette combinaison totale du prix auquel les denrées reviennent au Commerce qui les a exportées des Colonies. Celui-ci est donc le seul sur qui porte directement le droit de sortie, tel qu'il a été imposé le 9 Mars.

Le Commerce de France subvenant aux impôts généraux du Royaume, payant sur la denrée des Isles trois et demi pour cent de la valeur au Domaine d'Occident, ne paroissoit pas devoir encore être chargé de l'impôt particulier de la Colonie de Saint-Domingue, et tout au moins le Cultivateur eût-il dû en partager avec lui le fardeau. Sans diminuer la facilité de la perception, le Chargeur pouvoit toujours payer au Receveur l'entier du droit; mais le vendeur devoit être tenu à lui en bonifier au moins la moitié.

Cette bonification faite par une déduction de 12 liv. par millier de sucre, au bas des factures, seroit illusoire; et l'on verroit toujours, dans l'occurrence du plus ou moins de recherche de la denrée, l'acheteur ou le vendeur rejeter l'un sur l'autre la totalité du droit. Il conviendroit mieux que ce fût en livres pesant qu'en livres monnoie, que le vendeur en tînt compte à l'acheteur.

Un trait de trois pour cent en sus de celui consacré par l'usage, seroit un dédommagement fixe et permanent. Le Commerce de France en étant instruit, sauroit sur quoi compter, sans craindre d'être la victime du plus ou moins de condescendance de ceux qui traiteroient les achats à faire pour son compte.

Ce trait relatif aux droits, n'est point une nouveauté dans les Colonies. Il est d'ancien usage à la Martinique, qu'après le trait ordinaire, il s'en stipule un second, dit : trait pour Domaine. L'on stipuleroit ici : trait pour Octrois : d'ailleurs c'est moins s'écarter du principe d'imposition de MM. les Commissaires de l'Assemblée des deux Conseils, sur lequel a été statué par l'Arrêté du 9 Mars. Ils ont taxé la denrée sur le pied de sept pour cent. Le Commerce, qui, à la rigueur, n'y devroit entrer pour rien, puisqu'il paye en France et les impôts et le droit du Domaine d'Occident, se charge de quatre pour cent, et ne demande qu'on lui tienne compte que de trois pour cent. Ce Réglement offre encore un autre avantage au Cultivateur.

On observe que les années de guerre sont à peu près égales à celles de paix. L'Agriculteur n'a jamais plus besoin d'être soulagé que pendant la guerre, puisque son revenu a moins de valeur. Le café, évalué 12 sous, taxé sur le pied d'environ *six* pour cent à 8 deniers, ne s'est vendu la derniere guerre que 5 à 6 sous, et souvent moins. A ces prix, les trois pour cent accordés par le *vendeur n'équivaudroient* au plus qu'à un denier et demi, deux deniers, au lieu de quatre, dont il devroit tenir compte, et l'acheteur ne payeroit pas moins toujours les mêmes huit deniers de droit de sortie. Il en est à peu près de même des autres denrées.

Puisque les Habitans se font par équité un devoir de partager avec le Commerce le fardeau du droit de sortie sur les denrées, en lui tenant compte de leur moitié en especes, quelle pourroit donc être la raison qui leur fait refuser de lui accorder pour cette même moitié un trait de trois pour cent en sus de celui d'usage sur la denrée qui en supporte ? Il est démontré que le Commerce leur propose en cela un avantage, puisque l'évaluation des droits est faite à raison de sept pour cent, et qu'ils n'en supporteroient que trois; et qu'en cas de guerre, ce payement leur devient plus avantageux, par la moindre valeur des denrées; d'ailleurs cette façon de s'acquitter est bien plus analogue à la nature des Colonies, et conforme aux demandes de l'Habitant, qui cherche tous les jours à obtenir du Commerce la facilité de le payer plutôt en denrées qu'en argent.

On ne peut donc trouver de motifs déterminans à ce refus, que la persuasion dans laquelle les Habitans ne croient pas être, mais dans laquelle ils sont; qu'ainsi que l'expérience l'a justifié jusqu'à ce jour, la concurrence est fixément à leur avantage les trois quarts de l'année. Cette connoissance, qu'ils ne veulent pas avouer, mais qui est notoire, au point que le Commerce paye mainte fois la denrée d'avance, les flatte apparemment de se soustraire le plus souvent au fardeau de leur portion des droits.

On ajoutera une observation qui paroît en quelque façon étrangere à la matiere traitée; mais l'on croit, pour n'avoir rien à se reprocher, devoir dire que le Commerce supporte une perte réelle sur la vente des sucres en France; il y accorde sur les sucres terrés treize et quatorze pour cent de tare; et sur les bruts, seize à dix-sept, tandis qu'à Saint-Domingue,

Domingue, l'Habitant ne lui donne de tare sur le sucre terré, que le poids de la barrique, qui n'équivaut au plus qu'à huit ou neuf pour cent; et sur le sucre brut, que dix pour cent. Il est donc démontré que le Commerce perd sur les premiers cinq à six pour cent, es six à sept sur les derniers.

Les lumieres de ceux qui pourroient être intéressés à faire tomber uniquement sur le Commerce le droit de sortie sur la denrée, lui sont en général trop connues, pour qu'il craigne de voir citer, contre ses représentations, que jusqu'ici il paya ce droit sans se récrier. S'il ne se plaignit point au Gouvernement de la Colonie, c'est que jusqu'à ce jour il dut croire qu'il ne seroit pas écouté; s'il ne se plaignit que foiblemens à la Cour, c'est que les droits payés avant le premier Janvier de cette année, quoique portés à deux et trois pour cent, n'étoient venus à ce taux que par degrés, augmentation qui parut chaque fois d'une moindre conséquence; s'il se plaint aujourd'hui, c'est qu'on est enfin parvenu à ces temps heureux et désirés, où tous les états rapprochés et également écoutés, la vérité perce, les objets sont connus, et la protection est égale: si, au moment de la connoissance de l'imposition, il a fait porter les plaintes les plus fortes au pied du Trône, c'est que la lésion, parvenue à son dernier période, l'y a forcé. Si, en suivant la marche qui paroissoit tracée par la Lettre de Monseigneur le Duc de Choiseul, on n'eût que forcé en proportion les impôts établis, il eût représenté que le droit de sortie, successivement augmenté, devenoit trop fort pour que lui seul le pût supporter; mais il se fût plaint moins amerement.

On croit l'Habitant aussi intéressé que le Commerce à solliciter le rétablissement de l'ancienne liberté de faire les barriques ou autres futailles de la capacité la plus convenable au vendeur et au chargeur.

On ne dira rien du taux auquel MM. les Commissaires ont porté la quotité des denrées exportées; on la croit plus forte, sur-tout celle du sucre terré, et elle le sera certainement en totalité, si l'exportation ne peut plus être indirecte: mais s'il y a un mécompte, il est à l'avantage de la recette, et ce ne peut être qu'un bien qu'il y ait quelques cent mille livres de plus pour supporter les non valeurs, et être à même de remettre le montant de leurs droits aux Habitans dont les cannes ou bâtimens auroient été incendiés, aux quartiers qui auroient essuyé une séchersse totalement destructive, ou enfin, à quiconque eût été sujet à quelque incident de force majeure, qui lui eût assez fait tort pour exiger quelque douceur ».

Le même Négociant a encore fait lecture d'un autre Mémoire dont la teneur suit:

« MM., le zele des Habitans pour les intérêts du Roi, les a engagés à proposer de rendre les impôts fixes et permanens, en se chargeant d'en payer la totalité en denrées pendant la guerre, sauf à l'Administrateur des Finances de Sa Majesté à embarquer dans ses Vaisseaux et Frégates ces mêmes denrées, et à tirer pour compte de l'Etat à peu près leur montant sur les Trésoriers.

On ne légitimera point l'idée reçue de l'opposition du Commerce à tout ce qui peut être à l'avantage des Habitans, en rapportant sur cette offre le flambeau de l'intérêt particulier, afin de donner à entendre que ceux-ci voudroient tirer parti de cette bonne volonté, pour détourner aujourd'hui l'effet d'une des raisons les plus fortes qu'on puisse employer pour vaincre leur répugnance à l'accession aux demandes faites par le Commerce, de lui rembourser leur quote-part aux droits, et un trait de trois pour cent, par préférence à la payer en especes.

Bien éloigné de l'empressement odieux de diminuer aux yeux du Souverain le mérite du zele de ses Compatriotes, le Commerçant ne sera jaloux que de leur disputer la gloire de concourir efficacement au bien général, en facilitant, par des opérations de son ressort, la rentrée des droits, l'emplissement des caisses, et la moindre complication d'y faire rentrer les especes.

On ne s'attachera point à mettre sous les yeux du Gouvernement tous les inconvéniens dont sont susceptibles des chargémens pour le compte du Roi. Les différentes mains en Europe par lesquelles devroient en passer les produits, le désavantage en général reconnu et avoué de la plupart des ventes et marchés faits par le Roi avec ses Sujets, les difficultés de placer ici une trop forte quantité de traites sur le Trésor, l'incertitude d'y pouvoir parvenir, tout sembleroit se réunir pour multiplier les raisons qui pourroient faire regarder comme moins avantageux le plan proposé.

Sans parler du risque d'exportation, dont la bravoure des Officiers du Roi ne peut répondre, vu l'événement à craindre de l'ascendant sans réplique de la force majeure, on se bornera à dire que de pareilles spéculations paroissent réservées à la portion des Sujets de Sa Majesté, d'autant plus protégée, qu'elle s'attache à former des plans plus avantageux à l'Etat.

Pour venir au fait, on croit qu'il est bon qu'en temps de guerre l'Habitant paye les impôts en denrées; l'Administrateur des Finances pourroit, non seulement en recouvrer ici le montant en especes, mais encore y bénéficier avec pleine sûreté une somme assez forte pour subvenir en partie aux frais extraordinaires de la Colonie, pendant une guerre, ou tout au moins pour diminuer considérablement la quotité des traites qu'ils pourroient occasionner.

La façon la plus simple paroîtroit être que le Roi accordât *gratis* au Commerce, du fret dans ses Vaisseaux et Fregates, et que celui-ci, pour en jouir, eût à acheter à un certain prix la denrée que les Habitans auroient donnée en payement.

On suppose que les droits eussent été payés en café, à 6 ou 8 sous, le Commerce pourroit l'acheter dans les Magasins à 10 et 12 sous, pour le charger, *gratis de fret*; et cet arrangement procureroit le double avantage de retirer les quatre premiers millions de l'impôt en especes, et près de trois millions de bénéfice assuré, qui rentreroient dans la caisse d'Octroi.

Ce plan, mis en exécution, seroit, ce semble, plus avantageux que celui d'une opération dont le produit seroit indécis, et qui donneroit lieu à une si forte quantité de traites sur le Trésor, que l'incertitude de les placer ne permettroit pas de les regarder comme un capital certain.

Ce moyen et celui des Habitans ne sont admissibles que dans le cas d'une guerre dont les événemens fussent, quant à la Colonie, les mêmes que ceux de la derniere. Si des avantages répétés sur nos ennemis nous donnoient heureusement l'empire des mers, le commerce avec la Métropole seroit assez ouvert pour faire soutenir la denrée à Saint-Domingue à un prix qui rendroit les Habitans peu curieux d'acquitter leurs droits en denrées; et tout bon sujet verroit avec plaisir, pour le bien général, tomber également les deux plans proposés ».

Lecture faite dudit Mémoire, le Corps du Commerce a déclaré unanimement qu'il n'y avoit aucune part, et qu'il le désavouoit.

Ensuite un des Habitans s'est levé, et a donné lecture de ce qui suit;

« MM., vous savez que le café avoit déchu de son ancienne valeur longtemps avant la guerre; vous savez que, dès les premiers actes d'hostilités, cette denrée tomba à un vil prix; ce qui a continué pendant toute la guerre; vous n'ignorez pas non plus, MM., que le fléau de cette même guerre a frappé beaucoup plus vivement sur les Habitans des montagnes, que sur ceux de la plaine; vous les avez vus, la plus grande partie, chargés de leurs armes, de leurs hamacs, banannes et patates, se rendre de sept, huit, dix, douze et quinze lieues, suivant la distance et la longueur des quartiers, pour venir garder la côte; et malgré ce service ordinaire, ils ont satisfait à quantité de corvées extraordinaires, causées par des discussions survenues entre les deux Nations, et par la fréquente désertion des Troupes à la solde du Roi. Dans les derniers temps, toutes les corvées qu'exigeoit le service de Sa Majesté, ne les ont point rebutés; leur zele reprenoit une nouvelle ardeur, lorsque leur peine augmentoit; ils couroient avec joie à l'exécution des ordres qui leur étoient donnés. Il est aujourd'hui question de contribuer de nouveau aux besoins de la Colonie; ils s'empressent de donner des témoignages du même zele; mais, MM., n'y auroit-il pas moyen, dans l'arrangement de la répartition, de soulager un peu ceux *qui ont le plus travaillé*, et qui souvent ont manqué de l'absolu nécessaire, *même dans les maladies*.

L'arrangement des huit deniers par livre de café, payables moitié par le Commerce, moitié par l'Habitant, donne lieu à tant de difficultés et de sujets de discussion entre les petits Habitans et leurs Correspondans, qu'il n'est pas possible de prendre à leur égard le même arrangement des Habitans de la plaine. Il s'agiroit donc, MM., d'en faire un avec le Commerce, qui devînt moins onéreux à l'Habitant, que les trois pour cent qui sont demandés. Je crois que deux pour cent suffiroient; et en supposant que le Commerce n'y trouvât pas cette même égalité qu'il demande, il s'en trouveroit bien dédommagé par l'augmentation de poids qu'acquiert le café après être sorti de chez l'Habitant ».

Sur quoi le Corps des Habitans a dit unanimement que le Mémoire ne lui ayant point été communiqué, il le désavouoit dans tout son contenu.

A l'instant, M. le Gouverneur Général et M. l'Intendant s'étant retirés pour conférer ensemble sur tout ce que dessus, et laisser plus pleinement à l'Assemblée la liberté des réflexions et du suffrage, ils sont rentrés; et après avoir repris leur place, M. le Gouverneur Général a dit:

« MM., le Mémoire de MM. les trois premiers Commissaires de la Colonie me paroît remplir totalement et pleinement l'ordre de Sa Majesté. M. l'Intendant trouve la quotité suffisante; je pense comme lui. Les expressions sont celles du zele, et les choses me paroissent renfermer une réalité effective. La satisfaction que je ressens, et les louanges que je dois, ne me laissent qu'un désir à former: j'aurois souhaité l'unité totale. La disjonction du Commerce paroîtra, en France, plutôt fondée sur une erreur de mots, que sur une différence d'objets; les Commerçans eux-mêmes ont reconnu dans leur plainte la concurrence de la rade, comme la regle décisive du prix des marchandises : on peut présumer qu'elle le sera aussi de la vérité du partage de l'imposition. Les Habitans offrent qu'elle soit supportée également; il en résulte que tout Négociant peut et doit même l'exiger; il en a le droit. La légitimité de sa prétention est établie; il en aura le pouvoir, si la concurrence est en sa faveur. Ce seroit offenser les Habitans, que de croire qu'abusant de cette même concurrence, lorsqu'elle leur sera favorable, ils rétracteront dans le fait ce qu'ils ont offert avec unanimité.

En supposant que le payement en denrées de la moitié de l'imposition, soit accordé par les Habitans, sous le titre de trait, ou sous toute autre dénomination, il n'en existera pas moins que celui des deux contractans qui aura la concurrence en sa faveur, ne puisse se remplir du faix de l'impôt, en élevant proportionnellement le prix de la denrée. Tout semble donc ramener au même principe; c'est qu'en commerce la concurrence décide absolument, et que tous les moyens subordonnés qu'on cherche à employer pour l'adoucir, ne sont que des palliatifs, dont l'importance est essentiellement moins grande qu'elle ne paroît. C'est d'après une opinion que je ne me permets pas d'approfondir, que je crois nécessaire d'obtenir une décision de la pluralité des voix.

Je réserve le droit honorable et flatteur d'exprimer la satisfaction que j'espere que Sa Majesté aura des fruits de cette Assemblée, lorsque les arrêtés de chaque article les auront constatés; je me borne actuellement au témoignage que je dois au zele et au travail de MM. les Commissaires. On procédera à la lecture de chaque article, et à l'Arrêté qui en sera la suite, après que M. l'Intendant aura donné son approbation particuliere au Mémoire lu par M. le Comte de Choiseul. Ceux donnés par différens Particuliers seront insérés dans le procès verbal, avant l'Arrêté définitif, qui formera le Réglement de cette Assemblée ».

Ensuite M. l'Intendant a dit, « que, d'après les divers Mémoires qui ont été lus à l'Assemblée, il pense qu'on ne peut donner trop d'éloges au zele dont tous ses Membres ont paru animés pour le service de Sa Majesté; que peu de Colonies donneront sans doute l'exemple d'un aussi grand empressement à contribuer aux besoins de l'Etat; que le secours présenté par l'Assemblée est réel, et remplit les intentions de la Cour, et que les vues économiques que M. le Général a adoptées, et dans l'exécution desquelles il cherche à le seconder, lui font espérer le prompt rétablissement des affaires du Roi dans cette Colonie ».

Après quoi, le compte rendu par les Commissaires, mis en délibération, ainsi que le plan de répartitions par eux proposé et dressé, et le Mémoire susdit lu, pour et au nom du Commerce, et tout considéré :

Le Conseil, et les différens Ordres de son ressort qui lui sont joints, composant la présente Assemblée Nationale, a arrêté qu'il seroit fait registre du rapport des Commissaires, ainsi que des différens Mémoires lus en la présente Assemblée, laquelle demeure continuée à demain, pour, sur le tout, et les conclusions du Procureur Général du Roi, être définitivement statué ce qu'il appartiendra.

Du Jeudi 14 Juin de relevée.

L'Assemblée, par suite de la délibération du jour d'hier, ouï sur le tout le Procureur Général du Roi en ses conclusions, en interprétant, en tant que besoin, l'Arrêt des deux Conseils de cette Colonie, rendu au Cap le 9 Mars dernier, portant imposition des quatre millions dont s'agit, en conséquence du Mémoire du Roi, du 15 Août 1763, lequel sera exécuté purement et simplement, suivant sa forme et teneur, a ordonné et ordonne ce qui suit ; savoir :

Art. Ier. Les droits de sortie sur l'indigo, les sucres brut et blanc, le café, le coton, les sirops et taffias, les cuirs tannés et en poil, seront perçus conformément et sur le même pied fixé par l'Arrêt de Réglement du 9 Mars dernier : en conséquence, tous les indigos sortis de la Colonie sous cautionnement depuis le premier Janvier dernier, et tous ceux qui en sortiront, payeront un droit de sortie de 6 sous 6 den. par livre net.

Tous les sucres sortis de la Colonie, &c.

Art. II. Le Cultivateur supportera néanmoins la moitié de l'impôt établi sur les denrées ci-dessus, et ce, à compter seulement du jour de la lecture, publication et enregistrement des Présentes dans les diverses Jurisdictions du ressort, et non avant ; et pour constater la charge du Cultivateur d'une façon claire et précise, et y satisfaire, l'acheteur desdites denrées retiendra par ses mains, en argent, la moitié du prix de l'impôt, en déduction du prix de l'achat, au moyen de quoi ledit acheteur demeurera personnellement chargé d'acquitter la totalité dudit impôt.

Art. III. Pour éviter toute suspicion de fraude et toute espece de recherche, la jauge des barriques, barils, ballots et ballotins, sera et demeurera arbitraire; et les droits, au moyen de ce, seront désormais acquittés sur les factures certifiées du vendeur et de l'acheteur; et sur celles du fabricateur seul, lorsqu'il chargera pour son compte, à l'effet de quoi copie des factures sera déposée au Bureau de l'Octroi.

Art. IV. Les Propriétaires des maisons des Villes du Cap, Fort-Dauphin et Port-de Paix, payeront un droit de cinq pour cent sur le produit annuel de leurs maisons, à compter du premier Janvier de cette année.

Ordonne, à cet effet, que par des Commissaires..... (*Voyez l'art. 14 de l'imposition du mois de Janvier précédent*), les Propriétaires se pourvoiroient pardevant MM. le Général et l'Intendant de la Colonie, pour y être statué.

Art. V. Les Habitans des Villes du Cap, du Fort-Dauphin, et Port-de Paix, payeront annuellement par chaque tête de Negres, sans distinction d'âge ni de sexe, à eux appartenans dans lesdites Villes, la somme de 12 livres.

Art. VI. Les Habitans Propriétaires des Manufactures de poteries, tuileries, briqueries, fours à chaux, et ceux résidans dans les Bourgs, payeront annuellement par chaque tête de Negres attachés auxdites Manufactures ou à leur service, la somme de 12 liv., et ce pareillement sans distinction d'âge ni de sexe.

Art. VII. Le droit de deux pour cent sur le produit de la vente des cargaisons des Negres, sera et demeurera supprimé et comme non avenu; en conséquence, ledit droit, si aucun a été perçu depuis le premier Janvier dernier, jusqu'à ce jour, sera restitué à qui il appartiendra, en se pourvoyant pardevant MM. le Gouverneur Général et l'Intendant.

Art. VIII. Sera loisible aux Capitaines et Négocians de vendre les cargaisons de Negres, soit à bord, soit à terre, ainsi qu'ils aviseront.

Art. IX. Les droits Royaux; savoir, les Postes, les Fermes des cabarets, des jeux, des cafés, et des boucheries, ne feront point partie de la présente imposition.

Art. X. La Capitation sur les Negres attachés aux Manufactures en général, autres néanmoins que celles ci-dessus désignées, sera et demeurera rétablie à raison de 4 liv. par chaque tête de Negres, sans distinction d'âge ni de sexe.

Art. XI. L'impôt établi sur les Negres et sur les denrées, sera payé en denrées pendant le temps de la guerre.

Art. XII. Cet impôt sera payé, à la premiere réquisition, sur toutes les denrées fabriquées, quoique non exportées, et ce, sur la simple déclaration de l'Habitant, par lui certifiée véritable.

Art. XIII. Le reçu des droits acquittés en nature sera fourni par le Receveur de l'Octroi, qui sera tenu de le prendre en payement lorsque l'exportation aura lieu.

Art. XIV. Et en cas de vente des denrées, dont les droits auront été ainsi payés, l'acheteur tiendra compte au vendeur de la moitié desdits droits, sur la remise que lui fera le vendeur de la quittance qui lui aura été expédiée par le Receveur de l'Octroi.

Art. XV. Pour parvenir à l'exécution des articles 10, 11, 12, 13 et 14 ci-dessus, le prix moyen de l'indigo demeure dès à présent fixé pour le temps de guerre, à cent sous par livre; celui du sucre brut, à 18 liv. par cent; celui du sucre blanc, à 36 liv. par cent; celui du café, à 12 sous la livre; et celui du coton, à 108 liv. le quintal.

Art. XVI. A fait et fait très-expresses inhibitions et défenses... (*V. l'art. 9 de l'imposition du mois de Janvier precédent.*)

Art. XVII. Sur les offres faites par l'Assemblée à MM. les Commissaires du Roi, de donner et réunir à l'Octroi la Caisse municipale des droits des Negres suppliciés, aux charges néanmoins imposées sur ladite Caisse, dont l'excédant procureroit à Sa Majesté le moyen d'acheter une habitation avec des Negres, bestiaux, et cabrouets, pour soulager les Habitans des corvées, il a été unanimement arrêté, de concert avec MM. les Commissaires du Roi, qui l'ont ainsi agréé et accepté pour et au nom de Sa Majesté, que ladite Caisse des droits des Negres suppliciés, ensemble tout ce qui peut lui être dû par le passé, comme pour le présent, sera et demeurera réuni à la Caisse de l'Octroi.

Art. XVIII. Ordonne que le présent Arrêt sera lu, imprimé, publié et affiché par-tout où besoin sera, et que copies collationnées d'icelui seront adressées aux Jurisdictions du ressort, pour y être pareillement registrées, lues, publiées et affichées à la diligence des Substituts du Procureur Général du Roi, qui en certifieront la Cour au mois.

Fait en l'Assemblée du Conseil Supérieur du Cap et des divers Ordres de son ressort, composant l'Assemblée Nationale, tenue au Cap le 14 Juin 1764.

Lecture faite dudit Arrêt à l'Assemblée, par le Greffier en chef du Conseil, M. le Gouverneur Général a prononcé le discours qui suit:

« MM. Je ressens dans toute son étendue le bonheur inexprimable d'être chargé

chargé de dépeindre à Sa Majesté le zele dont vous venez de lui donner des marques : le plus précieux de mes devoirs, le plus flatteur, sera aussi le plus facile ; il suffit, pour le remplir, de rendre un compte exact des faits. Chaque circonstance offre une nouvelle preuve de respect et d'attachement : l'emploi le plus honorable dont la confiance de Sa Majesté a daigné m'honorer, est le droit satisfaisant et glorieux de vous annoncer son approbation : je ne crains point de vous la promettre, j'ose la prévenir, et je solliciterai les témoignages de sa bonté ; j'espere que votre conduite en obtiendra d'aussi éclatans qu'elle est estimable.

Des remercîmens personnels seroient trop déplacés dans une Assemblée où je ne balance point à vous en faire au nom du Roi : agréez cependant, je vous supplie, les miens, à l'instant même où je ne me permets pas de vous les exprimer. Je n'ai été qu'un des instrumens qui vous a facilité les moyens de faire paroître votre zele dans un plus grand jour : s'il m'est permis de me féliciter de vous en avoir procuré l'occasion, je le dois à l'empressement avec lequel vous l'avez saisie. Je n'ai point osé trop, MM., en vous rassemblant; l'attachement pour notre Maître est un des sentimens naturels à cette Colonie.

M. l'Intendant et moi nous ferons valoir la prévoyance éclairée avec laquelle vous désignez des ressources, lorsque la guerre, multipliant les besoins, éteint presque totalement vos revenus, en arrêtant leur exportation.

Nous acceptons la taxe et les charges connues sous le nom de droits suppliciés et Maréchaussée : le surplus de la recette de cette taxe sera désormais utile à la Colonie : c'est un moyen de plus pour parvenir aux nouveaux établissemens qui nous mettront dans l'heureuse possibilité de vous décharger de toute espece de corvées.

Je vous atteste, MM., que c'est l'intention de Sa Majesté. Persuadé des pertes énormes et des abus que ces corvées occasionnent; je n'épargnerai rien pour en prévenir le rétablissement. Je vous déclare que je me regarderois comme également coupable aux yeux de Sa Majesté et aux vôtres, si jamais j'y avois recours, sans y être contraint par la plus indispensable nécessité; je prends même sur moi, MM., de vous promettre, au nom du Roi, que cet article sera toujours compris dans les instructions de mes Successeurs, et l'exécution de cet ordre leur sera spécialement recommandée.

La Chambre d'Agriculture du Cap s'étant démise de ses fonctions avant mon arrivée, je désire, MM., que l'Assemblée procede par scrutin à la nomination des sept Colons créoles, ou ayant habitation, qui la composeront à l'avenir : choisis par un vœu national, ils seront dignes de la confiance de leurs Concitoyens; ils rempliront avec autant de fermeté que de sagesse les fonctions que je croirai devoir leur confier ou leur confirmer; et ils s'occuperont uniquement du bien du service de Sa Majesté, et de celui de la Colonie.

Je vous demande aussi, MM., de nommer, par la même voïe du scrutin, deux Commissaires : ils seront chargés de travailler avec moi, de me donner leurs avis, de rassembler les objections et les observations, et de m'aider dans l'importante opération du rétablissement des Milices, prescrit par l'ordre de S. M. du 2 Janvier 1764 : deux autres Commissaires seront choisis pour la partie du ressort du Port-au-Prince. Ce sera d'après leurs lumieres, et d'après l'examen le plus réfléchi de l'ancienne Ordonnance des Milices, et des nouveaux plans remis à la Cour, ou qui me seront communiqués, que je réglerai provisoirement ce qui me paroîtra le plus utile.

Trouvez bon que je vous propose, MM., de terminer vos opérations par un arrêté que je soumets à votre décision; permettez-moi d'adopter avec joie le titre de Solliciteur auprès de vous. Ce que je vais vous demander est également ignoré de tous les membres qui composent votre Assemblée : je compte supplier Sa Majesté d'accorder des honoraires fixes et proportionnés aux travaux et à la considération que doivent avoir des Magistrats sur lesquels elles se repose du soin de rendre la justice à ses Sujets. Cette grace me sera plus facilement accordée, si je la sollicite en votre nom; je ne doute pas qu'elle n'en soit reçue plus favorablement par le Roi; elle en sera d'autant plus flatteuse pour ceux qui en sont l'objet. Les motifs d'intérêt n'augmenteront pas leur zele, ils acquerront seulement la liberté de s'y livrer tout entiers. Votre premiere Assemblée Nationale, MM., deviendra une époque qui devra être également regardée comme heureuse par tous les Etats qui la composent ».

M. le Général ayant cessé de parler, et l'Assemblée, après en avoir délibéré, ayant adopté les trois objets proposés par M. le Gouverneur Général, M. l'Intendant a pris les voix par scrutin. 1°. Pour l'élection des sept Colons créoles, ou ayant habitation, qui composeront à l'avenir la Chambre d'Agriculture du Cap, et dont les anciens Membres se sont démis de leurs fonctions avant l'arrivée de M. le Gouverneur Général. 2°. Pour l'élection de deux Commissaires, à l'effet de travailler avec M. le

Gouverneur Général au plan de rétablissement des Milices; et par l'événement du scrutin, M. le Comte de Choiseul, M. le Comte d'Osmond, M. le Comte d'Héricourt, M. de S. Michel, M. Clerisse, M. le Roux et M. Bremond ont été élus et nommés Membres de la Chambre d'Agriculture; et M. le Marquis de Chastenoye et M. le Comte de Choiseul ont été pareillement élus et nommés Commissaires au rétablissement des Milices.

Sur quoi M. le Comte d'Osmont ayant représenté que l'état de sa santé et de ses affaires ne lui permettoit pas d'accepter les fonctions qui venoient de lui être confiées, M. de Chabanon a été nommé pour le remplacer.

M. l'Intendant ayant été ensuite aux opinions sur l'article des honoraires pour les Officiers du Conseil, et les différens Etats qui composent avec eux la présente Assemblée Nationale, s'étant réunis d'une voix unanime à la proposition de M. le Gouverneur Général, ils l'ont supplié de vouloir bien solliciter en leur nom auprès de Sa Majesté un traitement pour les Officiers du Conseil; savoir, pour le Doyen, 12000 liv.; pour le sous-Doyen, 8000 liv.; pour chaque Conseiller, 6000 liv.; pour le Procureur Général, 10,000 liv. (s'il ne lui est pas accordé un autre équivalent, ainsi que M. le Gouverneur Général s'en est expliqué); pour un Substitut, 5000 liv., sous la même restriction.

Après quoi l'Assemblée ayant arrêté que Sa Majesté sera suppliée d'ordonner que le besoin des affaires, décidé par M. le Gouverneur Général et M. l'Intendant, soit la regle de la durée des Conseils, la séance s'est terminée et séparée.

ORDONNANCE *des Administrateurs, portant établissement d'un Bureau Municipal et de Police.*

Du 25 Juin 1764.

CHARLES Théodat, Comte d'Estaing, &c.

Réné Magon, &c.

La police des Villes ou des Bourgs de cette Colonie nous paroissant exiger toute l'attention du Gouvernement, nous croyons devoir lui donner plus d'activité, prévenir l'obstacle des différentes représentations qui retardoient l'effet des meilleurs Réglemens, assurer l'ordre public, faciliter l'exécution des projets utiles, animer l'émulation de ceux qui peuvent les proposer, ou les entreprendre, empêcher le refus des contributions convenues, en faire régler, d'une façon authentique et satisfaisante pour les Citoyens, tous les comptes et l'emploi, et travailler également à la salubrité et à l'embellissement des lieux, en rassemblant dans chacun des ressorts des deux Conseils les personnes qui, par leurs places, ont dans tous les pays l'inspection de la Police et de l'Administration des revenus municipaux.

Art. Ier. Il sera tenu provisoirement, et jusqu'à nouvel ordre de Sa Majesté, le 1er et le 15 de chaque mois, un Bureau de Police, composé du Général, de l'Intendant, du Commandant en second, du Procureur Général, du Juge et du Procureur du Roi du Cap ou du Port-au-Prince. Lorsque le Général sera absent, le Major Général ou le Major du lieu y seront appelés; et en cas d'absence du Commandant en second, le Commandant actuel le remplacera; l'Intendant sera remplacé par son Subdélégué; le Procureur Général, par un de ses Substituts, et le Juge, par le Lieutenant particulier.

Art. II. Le Bureau de Police se tiendra toujours au Gouvernement ou à l'Intendance, et toutes les Ordonnances, Jugemens ou Arrêtés seront timbrés en leur nom.

Art. III. Tous les Réglemens généraux ou particuliers des différentes Villes et Bourgs du ressort y seront proposés, discutés et arrêtés; les ordres seront envoyés en conséquence, au nom du Général et de l'Intendant, aux Juges et Syndics des différens lieux qui pourvoiront à leur exécution, chacun en ce qui les concerne, et le Procureur du Roi de chaque Jurisdiction, qui répondra personnellement des ordres donnés, en rendra compte dans quinzaine.

Art. IV. Les comptes de toute entreprise publique, comme Eglise, Place, Marché, Halle, Ponts de l'intérieur des Villes, Quais et Cales, Rues, Promenades ou Jardins publics, Spectacles, &c., et les deniers qui y seront affectés seront soumis à l'examen du Bureau, qui pourra forcer en recette, faire contraindre, même par corps, tout comptable, et donner décharge valable; toute autre ne pourra désormais être regardée comme suffisante, et lesdits comptes arrêtés par le Bureau seront insérés par extraits circonstanciés dans les Papiers publics.

Art. V. Tous les projets qui auront pour objet la salubrité, la commodité, et l'embellissement des Villes, seront présentés au Bureau de Police, où ils seront tous accueillis, pour n'être ordonné cependant que ceux qui seront approuvés; les établissemens ou priviléges qui auront pour objet de procurer les fonds nécessaires à l'exécution des projets, seront décidés par le Bureau de Police.

ART. VI. Les contributions des Citoyens et Bourgeois seront réglées dans ce Bureau; on y observera cependant de suivre les formes usitées pour toutes les contributions nouvelles; on veillera à la rentrée de toutes celles qui ont été ou qui seront convenues, et on y recevra les plaintes de ceux qui prétendront avoir été taxés injustement, et d'une façon disproportionnée.

ART. VII. Tous les gens préposés à la Police rendront compte de leur conduite au Bureau de Police toutes les fois qu'ils en seront requis, et pourront être destitués et punis d'après ses décisions.

Ce Bureau fera rentrer au profit de Sa Majesté, ou à celui du Public, les cales ou terrains vagues de l'intérieur des Villes qui se trouveront concédés, sans que le comblement, les entourages ou bâtimens aient été exécutés, lui attribuant à cet effet toute commission et pouvoir à ce nécessaires.

ART. VIII. Ce Bureau prendra connoissance et réglera tout ce qui regarde les Marchands en gros, et Détailleurs de tout genre, et notamment l'ordre établi dans les Bouticaires Européens ou Noirs; il empêchera que les taxes imposées sur ces Bouticaires soient détournées et employées à d'autres objets qu'à celui de l'utilité publique. Ce Bureau augmentera ou diminuera lesdites taxes, suivant les circonstances, et il en sera tenu un compte exact, dont les arrêtés seront insérés tous les six mois dans les Papiers publics.

ART. IX. Toutes les fois qu'il sera ordonné un nouvel établissement ou un nouveau Réglement dans l'un des deux Bureaux de Police de la Colonie, cet établissement ou Réglement, s'il est de quelque importance, ne sera exécuté qu'après que l'arrêté aura eu l'approbation par écrit du Général et de l'Intendant. L'administration ordinaire de la Police restera entre les mains du Juge et du Procureur du Roi de chaque lieu, sous l'inspection du Procureur Général du ressort, et les Ordonnances du Juge seront exécutées provisoirement et privativement; il lui sera prêté main-forte par la Maréchaussée. La partie qui regarde la Police militaire demeurera entre les mains de l'Officier-Major, qui en sera chargé, et cela de la même façon qu'il est pratiqué dans la Ville et cantonnemens du Royaume.

ART. X. Il sera nommé par les Général et Intendant, un Greffier-Trésorier, qui donnera caution solvable de la somme de 50,000 liv., laquelle sera discutée et reçue par le Bureau. Les appointemens dudit Greffier seront de la somme de 3000 liv. par année, sauf à statuer par la suite la rétribution qui doit lui être allouée sur la recette. Ledit Greffier tiendra un journal exact de tout ce qui aura été décidé, et il donnera communication audit Bureau de toutes les Ordonnances concernant la police particuliere, qui auront été rendues par le Juge. Tous les Réglemens ou Etablisssemens nouveaux, ou tout arrêté important fait par ledit Bureau de Police, sera enregistré au Greffe du Gouvernement et à celui de l'Intendance, et le Greffier dudit Bureau sera tenu d'en envoyer un extrait signé de lui. Au Cap François le 25 Juin 1764. *Signés* ESTAING, MAGON.

COMMISSION d'Avocat au Conseil du Cap, donnée par le Gouverneur Général à M. BEHAGNON.

Du 26 Juin 1764.

R. au Conseil du Cap le 6 Juillet suivant.

Les Avocats nommés pendant l'administration de M. le Comte d'Estaing, furent tous pourvus de semblables Commissions, dont l'une fut même accordée à M. M....., ancien Praticien non gradué.

PREMIERE ASSEMBLÉE du Bureau Général de Police municipale tenue au Cap, touchant, 1°. son installation; 2°. la réception du Greffier; 3°. une taxe sur les Cabrouets et Tombereaux; 4°. une Loterie municipale; 5°. le versement les Droits de deux pour cent, et des Amendes de Police dans la Caisse du Bureau; 6°. les Tombereaux destinés au nettoyement de la Ville; 7°. et enfin, les Emplacemens non bâtis, et les Quais du Cap.

Du 30 Juin 1764.

L'AN 1764, et le 30 Juin, neuf heures du matin, M. le Comte d'Estaing, Gouverneur-Lieutenant Général, et M. Magon, Intendant, ayant, en conséquence et en conformité de leurs Ordonnances, convoqué dans une des Chambres du Gouvernement, MM. de Thorant, Brigadier des Armées du Roi, Commandant en second; Lohier de la Charmeraye, Procureur Général; Esteve, Sénéchal du Cap; et Dumesnil, Procureur du Roi: et après que MM. les Général et Intendant, ci-présens, leur ont fait faire lecture de leur Ordonnance, portant établissement, sous le bon plaisir du Roi, du présent Bureau Municipal et de Police, M. le Gouverneur Général et M. l'Intendant ont fait choix de la personne du sieur de Floissac pour Greffier-Trésorier du présent Bureau, aux charges, fonctions, et émolumens qui lui sont attribués par ladite Ordonnance, ou qui pourront l'être ci-après; après quoi ledit Greffier-Trésorier mandé et installé, et après avoir reçu de lui le serment en tel cas requis, il a été arrêté qu'il en seroit sur le champ dressé procès verbal dans le registre destiné à y insérer les délibérations du Bureau, en tête duquel procès verbal seroit transcrite l'Ordonnance d'établissement, laquelle transcription serviroit d'enregistrement; a été arrêté de plus qu'il seroit envoyé copie de l'Ordonnance portant établissement du Bureau de Police, aux Officiers du Fort-Dauphin et du Port-de-Paix, pour y être enregistrée; après quoi MM. les Gouverneur Général et Intendant délibérant, avec les autres Membres du Bureau, sur les divers objets d'établissemens convenables pour le bien du Public et de la Police de cette Ville, il a été arrêté ce qui suit:

1°. Qu'il sera d'orénavant payé une somme de 150 liv. pour chaque cabrouet ou tombereau qui sera employé dans la Ville, laquelle somme sera reçue par le Greffier-Trésorier, et employée au profit des ouvrages publics et de Police; le tout ainsi qu'il sera plus amplement expliqué dans l'Ordonnance, qui sera incessamment faite et publiée à cet effet.

2°. Qu'il sera incessamment fait et établi des boutiques en la Place publique de cette Ville, qui sera pour cet effet fermée dans toute sa capacité par des barrieres; que lesdites boutiques seront faites aux dépens de la Caisse municipale, dans la forme qui sera arrêtée par le Bureau, et qu'elles seront ensuite louées à son profit aux Marchands et Pacotilleurs, pour la somme de 200 liv. chacune par an, ou telle autre somme, suivant les circonstances.

3°. Qu'il sera établi une loterie générale et municipale, telle qu'elle sera réglée par l'Ordonnance qui sera dressée à cet effet, et que le produit de ladite loterie sera de même versé dans la Caisse municipale et de Police; a été arrêté pareillement que les cinq pour cent de retenue sur le produit de la loterie accordée au sieur Sorbier, seront aussi versés dans ladite Caisse, et employés au bien de la Police municipale de cette Ville.

4°. Que les deux pour cent du prix des adjudications en général, faites à la Barre du Siége de cette Ville, seront pareillement versés dans la Caisse municipale du présent Bureau, et du consentement de M. l'Intendant, pour être lesdits deux pour cent employés, suivant leur destination primitive, aux édifices publics, à l'avantage de cette Ville, et au bien de la Police municipale.

5°. Que les amendes de Police seront pareillement versées dans la Caisse municipale, et employées comme dessus.

6°. A été arrêté ensuite qu'il seroit établi, aux dépens de la Caisse municipale, quatre tombereaux de ville, pour exporter les immondices des rues et places du Cap, lesquelsdits tombereaux de Police, et Negres y attachés, seroient entierement sous les ordres des Officiers de la Jurisdiction; et pour parvenir audit établissement, le Greffier-Trésorier demeure dès à présent autorisé à faire faire lesdits quatre cabrouets, à acheter huit mulets, et en outre quatre Negres, qui, avec ceux qui leur seront fournis de la chaîne, en feront journellement le service; et de toute la dépense ci-dessus ledit Trésorier en rendra compte audit Bureau, qui pourvoira incessamment à la nourriture des Negres et mulets.

7°. A été arrêté ensuite que, pour parvenir d'une maniere efficace à faire bâtir, clorre et remblayer les emplacemens de cette Ville, que les Concessionnaires ou leurs successeurs ont négligés depuis long-temps, il seroit rendu une Ordonnance qui obligeroit chacun d'eux d'y mettre Ouvriers sans délai, faute de quoi il seroit réuni au Domaine du Roi, et vendu; et du consentement de MM. les Général et Intendant, il a été dit et arrêté que le produit desdits terrains ainsi vendus seroit versé dans la Caisse municipale, pour servir aux embellissemens de cette Ville.

7°. Délibérant ensuite sur l'objet concernant les quais et cales qui sont à faire depuis le bac jusqu'à la rue Saint-Laurent, après avoir examiné, tant la largeur qu'on devroit donner auxdits quais, que la forme dans laquelle lesdits quais devroient être faits; comme aussi à la charge de qui lesdits quais devroient être remblayés; et après qu'il a été reconnu que le plan de la Ville mis sur le Bureau, et qui contient l'alignement des quais à faire, étoit praticable en soi et avantageux aux Habitans et au Commerce, il a été arrêté qu'il seroit exécuté, et en conséquence ledit plan a été paraphé par M. le Général et M. l'Intendant, pour être exécuté en ce qui concerne les bornes de la Ville du côté de la mer, sans qu'on puisse à l'avenir les proroger au delà, hors le cas toutefois du service du Roi; après quoi, délibérant sur les remblais à faire auxdits quais; et après qu'il a été reconnu que les anciennes concessions en imposoient la charge aux Riverains de la rade; il a été arrêté de faire venir les Concessionnaires

avec

avec leurs titres; sur quoi, eux mandés et comparus, et leurs titres mis sur le Bureau; quelques-uns desdits Concessionnaires se sont soumis à faire les remblais qui sont à faire dans les 120 pieds de largeur que doivent avoir les quais; mais sur les représentations qui ont été faites par aucun d'eux, et particulierement par ceux dont les concessions avoisinent le bac, et dont les remblais sont à faire en entier, ce qui leur seroit dans le moment d'une trop grande charge, il a été arrêté que la délibération sur cet objet seroit continuée au 8 du mois de Juillet prochain, auquel jour lesdits Concessionnaires seroient de nouveau mandés, et cependant il est ordonné que le Voyer de la Ville se transportera sur les lieux, pour vérifier la meilleure maniere possible de parvenir actuellement à commencer les quais, et qu'il en dressera un plan, qui sera certifié de lui. Fait et arrêté les jour et an que dessus, en la Chambre du Bureau municipal et de Police séant au Gouvernement. *Signés* ESTAING et MAGON.

ARRÊT du Conseil du Cap, qui nomme des Conseillers-Commissaires pour dresser le Cadastre des Maisons des Villes de son ressort, pour asseoir l'Imposition de cinq pour cent du loyer, suivant la nouvelle Assemblée du mois de Juin, et autorise lesdits Commissaires à prendre au Greffe de la Cour un Commis, dont ils fixeront les salaires.

Du 2 Juillet 1764.

ORDONNANCE des Administrateurs, pour l'établissement d'une Loterie.

Du 4 Juillet 1764.

CHARLES Théodat, Comte d'Estaing, &c.

René Magon, &c.

La nécessité indispensable de faire faire dans la Ville du Cap différens Bâtimens et ouvrages, autant avantageux au Commerce et à l'Habitant Forain, qu'à l'Habitant de la Ville même, nous ayant donné lieu de rechercher les moyens d'y subvenir de la maniere la moins onéreuse, nous avons trouvé que l'établissement d'une Loterie, à l'instar de celle accordée à l'Eglise de Saint-Sulpice de Paris, étoit le moyen le plus convenable. Dans cette circonstance, nous, en vertu des pouvoirs à nous donnés par le

Roi, avons établi et établissons dans ladite Ville, et à son profit, sous la direction des Officiers de la Jurisdiction dudit lieu, une Loterie qui sera formée et tirée dans l'ordre et aux conditions qui suivent.

ART. Ier. Les billets de ladite Loterie seront de 6 liv. chaque; ils seront imprimés, marqués d'un numéro, datés du mois, et signés ainsi qu'il sera ci-après dit.

ART. II. Pour la facilité de la distribution des billets, il y aura dans chaque Ville de la Colonie un Distributeur principal, qui pourra se faire aider par autant d'autres qu'il jugera convenable; mais le distributeur principal de chaque Ville signera seul tous les billets qui se distribueront dans son ressort.

ART. III. Ladite Loterie se tirera dans une des Chambres du Palais, tous les premiers Jeudis de chaque mois, auquel effet chaque Distributeur principal sera tenu d'envoyer à la ville du Cap un état certifié de la quantité des billets qu'il aura délivrés, avec leurs numéros; et cet état sera envoyé par le Courrier qui arrivera au Cap le Lundi qui précédera le premier Jeudi de chaque mois; et par le même Courrier, il enverra les sommes qu'il aura reçues pour lesdits billets, et ce en lettres de change qui lui seront données.

ART. IV. Aussi-tôt que lesdits états auront été reçus, il sera procédé par lesdits Officiers de la Jurisdiction à la répartition des lots, lesquels lots seront formés de la totalité du produit des billets distribués, sans autre diminution que les quinze pour cent que nous ordonnons être prélevés sur la totalité de la recette.

ART. V. La Loterie sera ensuite tirée en présence des Officiers de la Jurisdiction, ou d'un Commissaire établi par eux, dans la même forme que celle de Saint-Sulpice, auquel effet il y aura deux roues, dans l'une desquelles seront roulés tous les numéros des billets distribués; et dans l'autre, il y aura de pareils billets roulés, qui contiendront chacun un des lots dont la Loterie se trouvera composée. Après que chacune des roues aura été tournée, l'enfant préposé à chaque roue tirera un billet roulé, et le numéro qui sortira de l'une, gagnera le lot qui sera en même temps sorti de l'autre; et à chaque fois, le Greffier en fera mention dans son procès verbal, qui seul fera foi pour former la liste, qui sera ensuite imprimée, et envoyée dans tous les Bureaux de distribution.

ART. VI. Il sera attribué aux Distributeurs principaux desdits billets, la somme de 3 sous par chaque billet, laquelle somme sera prise sur les quinze pour cent de retenue sur la Loterie; et au moyen de ce, défendons très-expressément à tous Distributeurs de vendre lesdits billets qu'ils délivreront, au-dessus de 6 liv.

ART. VII. Il sera établi au Cap, par les Officiers de la Jurisdiction, un Receveur général de la Loterie, qui sera en même temps chargé, sous lesdits Officiers du Siége, de la direction de la Loterie, et particulierement de la correspondance avec les Buralistes ou Distributeurs des billets, et il lui sera alloué annuellement la somme de 1000 liv., avec un logement au Palais.

ART. VIII. Ledit Receveur donnera bonne et suffisante caution de la somme de 50,000 liv., qui sera reçue par les Officiers de la Jurisdiction, en présence du Procureur du Roi; il ne payera les dépenses de ladite Loterie que sur l'ordre du Juge et du Procureur du Roi, et il comptera du tout à M. l'Intendant, ou à celui qui sera par lui préposé.

Sera la présente enregistrée au Greffe de la Jurisdiction, après l'avoir été au Dépôt du Gouvernement Général et au Greffe de l'Intendance. DONNÉ au Cap, &c.

ORDONNANCE de M. l'Intendant, qui autorise le Receveur des Octrois du Fort-Dauphin à percevoir 6 liv. par Vaisseau, et seulement 20 sous par Bateau qui entreront audit lieu, pour lui tenir lieu d'appointemens.

Du 4 Juillet 1764.

EXTRAIT de la Lettre du Ministre aux Administrateurs, pour faire cesser la fourniture du Bois et de la Lumiere aux Officiers, et Ordonnance des Administrateurs pour fixer cette cessation au dernier d'Octobre.

Des 5 Juillet et 10 Octobre 1764.

ORDONNANCE du Bureau de Police Municipale, touchant les Quais de la ville du Cap.

Du 8 Juillet 1764.

LA Chambre Municipale et de Police continuant la délibération commencée le 30 du mois dernier, sur les remblais à faire par les Concessionnaires qui bornent la rade, et après que le plan ordonné a été fait par le sieur Desforges, et de lui certifié, a été mis sur le Bureau, et après l'examen fait d'icelui, considérant que la Ville pourroit à l'avenir faire le revêtement des quais en pierre de taille, il a été convenu, à la pluralité des voix, qu'il étoit convenable de ne pas pousser actuellement à plus de 90 pieds les quais les plus faciles à remblayer, lesquels seroient même laissés en forme de grêve; et qu'attendu les frais trop considérables qu'il en couteroit aux Concessionnaires qui sont depuis la rue du Cimetiere, et particulierement à ceux depuis la rue de la Vieille Joaillerie jusqu'au Bac, s'ils étoient obligés, dans le moment présent, de faire faire leurs quais en entier, ou même de les pousser à 90 pieds; il a été arrêté et convenu qu'on ne les obligeroit, pour le présent, qu'à faire un remblai tel qu'il y ait seulement devant leur maison un quai de 60 pieds, en forme de grêve, sauf à le continuer plus loin par la suite; et que, pour sûreté de ladite obligation, ils en souscriroient un acte exprès, qui demeureroit déposé au Greffe du Bureau; en conséquence duquel Arrêté lesdits Concessionnaires étant entrés dans la chambre du Bureau, après leur avoir donné lecture de ce que dessus, ils ont souscrit ladite obligation, et il leur a été accordé pour cet ouvrage le délai qui a paru le plus convenable, à la charge d'y travailler sans discontinuation, sous peine de réunion.

Nous soussignés Habitans, Concessionnaires des terrains situés sur le bord de la mer, depuis la Batterie de Saint-Louis, jusques et au delà du Bac, promettons et nous obligeons, en présence du Bureau Municipal, de faire faire, chacun en ce qui nous concerne, au devant de nos maisons, des remblais, sans délai, de 90 pieds, depuis ladite Batterie jusques et compris la rue du Cimetiere; et de 60 pieds seulement depuis ladite rue du Cimetiere jusqu'au delà du Bac, et ce pour former des quais en forme de grêve, lesquels seront hors de l'eau, et à la hauteur qui nous sera désignée, sans qu'il puisse être établi aucune avance, jetée ni chaussée sur et au delà de ladite greve, sans une permission expresse, lesquels dits remblais nous nous soumettons de faire dans un an de ce jour, depuis ladite Batterie Saint-Louis, jusqu'à la rue de la Vieille Joaillerie; et dans l'espace de deux ans, depuis ladite rue de la Vieille Joaillerie jusques et par delà le Bac; lesquelles conditions ont été par nous souscrites, sous peine de réunion, et sans que ladite clause puisse être regardée comme comminatoire; en considération de quoi MM. les Général et Intendant ont bien voulu nous promettre la préférence de la concession dudit quai, dans le cas seulement où, en comblant et remblayant de plus en plus sur la mer, il s'y établiroit par la suite une rue en avant dudit quai, et dans toute son étendue; et tout ce que dessus a été souscrit par nous, après avoir vu et examiné le plan de la Ville, dressé et certifié par le sieur Desforges, Voyer, lequel plan est resté au Greffe du Bureau, pour recours, et ont signé *Estansan*, *Dutreuil*, *Lainé*, *Gouan*, *Lebon*, *Blondel*, *Renault*, faisant pour M. *Champion*, *Mocquard*. Signé au registre : *le Comte de Thorant.*

LETTRES PATENTES qui accordent le commandement général des Isles sous le Vent à M. le Comte D'ELVA, en cas de mort ou d'absence de M. le Comte D'ESTAING.

Du 15 Juillet 1764.

R. au Conseil du Port-au-Prince le 9 Janvier 1765.

Ces Lettres patentes sont absolument les mêmes que celles expédiées à M. le Chevalier de Montreuil le premier Janvier 1763.

ARRÊT de Réglement du Conseil du Port-au-Prince, touchant les Meres Tutrices, qui convolent.

Du 17 Juillet 1764.

LE CONSEIL, faisant droit sur les conclusions du Procureur Général du Roi, ordonne que, dans tous les cas du convol d'une femme ayant enfans avec ses précédens maris, il sera fait, à la diligence des Substituts du Procureur Général du Roi, incessamment après le mariage, une assemblée des parens desdits enfans des premier ou second lit, pour savoir s'il est avantageux ou non auxdits enfans, si la mere qui a convolé ou le mari, soit ou demeure tutrice d'iceux, ou son co-tuteur, et pour qu'il soit procédé à une nouvelle élection, dans le cas où les parens la trouveroient nécessaire : ordonne que le présent Arrêt sera envoyé dans tous les Siéges du ressort, &c.

PROCÈS VERBAL de l'Assemblée du Conseil du Port-au-Prince, relativement à la nouvelle imposition faite par l'Assemblée tenue au Cap au mois de Juin précédent.

Du 21 Juillet 1764.

CE JOUR, le Conseil étant assemblé au Palais en la maniere accoutumée, M. le Gouverneur Général et M. l'Intendant s'y sont rendus, et ont pris séance autour de la table dudit Conseil, formant un carré long, dans l'ordre ci-après.

Ordre de Séance.

M. le Comte d'Estaing, nommé et admis Chevalier des Ordres du Roi, Gouverneur Général de cette Colonie, représentant la personne de Sa Majesté, assis sur un fauteuil au milieu de la Salle d'Audience, et vis-à-vis le milieu de ladite table.

A sa droite, et sur des chaises, M. Magon, Intendant de cette Colonie; Me. Duperrier, Conseiller au Cap; MM. Saintard, de Vergès, Motmans de Bellevue, et Dufourq, Conseillers.

A sa gauche, Me. Viaud, Doyen du Conseil du Port-au-Prince, MM. Gressier, sous-Doyen; MM. de Chambrun, Duvivier de la Mahautiere, le Tort, Galbaud du Fort, et Chambrun fils, Conseillers.

M. Lohier de la Charmeraye, Procureur Général du Roi au Conseil Supérieur du Cap, assis en face de M. le Gouverneur Général; à sa droite, M. Léger, Substitut du Procureur Général du Roi au Conseil du Port-au-Prince.

Me. Folliot de Saint-Wast, Greffier en chef du Conseil, assis à la même table, et à la droite de M. Leger.

Me. Cheverri, Huissier Audiencier, sur un siége, et vis-à-vis d'une petite table détachée.

Les places prises dans l'ordre ci-dessus, M. le Gouverneur Général a fait l'ouverture de l'Assemblée par le Discours suivant.

« MM., je consacrerois avec plaisir à l'expression de mes sentimens les premiers momens où j'ai l'honneur de présider à votre Assemblée. Je me satisferois en les y employant; mais je crains d'en faire perdre à votre zele. C'est à ma conduite depuis mon arrivée; c'est à celle que j'aurai; c'est à ce que je ferai d'utile, à vous dépeindre le désir que j'ai de le devenir à toute cette partie de la Colonie, et à vous, MM., en particulier.

La voix de l'exemple vous appelle; vous regrettez déjà de ne pas l'avoir suivi. Ne reprochez point aux circonstances de vous avoir enlevé la possibilité de le donner; peut-être en auriez-vous connu assez le prix, pour ne partager cet avantage avec personne.

La réalité du zele, de l'obéissance, et du dévouement, est trop estimable pour ne pas vous en croire susceptibles. Le pouvoir de donner des témoignages publics est trop grand pour le céder à d'autres; il est permis de l'envier, même à ses Concitoyens; vous ne me mettrez point, MM., dans la nécessité d'appeler de votre attachement au leur. Ce moyen indubitable, employé dans le ressort du Cap d'une façon aussi glorieuse pour la Colonie, que satisfaisante pour sa Majesté, vous enleveroit le mérite d'une obéissance honorable et nécessaire.

Je ne vous dirai point, MM., que les reproches que vous auriez à vous faire seroient d'autant plus amers, que vous avez eu plus de temps pour réfléchir; je ne vous observerai pas que le plus ancien et le plus nombreux Conseil de la Colonie; que celui qui s'est vu le plus long-temps présidé par ses Chefs, a dû toujours donner les preuves les plus multipliées de sa fidélité et de sa sagesse. Il me suffit de céder à votre impatience; elle est légitime. Peut-on avoir trop d'empressement pour admirer les belles actions de ses Compatriotes? et peut-on ne pas hâter tous les instans qui vous associent à leur gloire?

Vous allez voir, MM., par le procès verbal de l'Assemblée Nationale du Cap, le vœu libre et général d'un ressort aussi étendu. Les principaux Habitans, les Syndics, représentans nés de tous les autres, se sont unis au Conseil, pour former, par leurs Arrêtés, un monument authentique de la réalité de leur zele. L'imposition des quatre millions ordonnée par Sa Majesté, n'étoit qu'indiquée dans le Réglement des deux Conseils; elle étoit insuffisante; M. l'Intendant la trouvoit illusoire; elle a été pleinement remplie.

C'est dans la lecture qui va être faite par MM. les Commissaires du Conseil du Cap, que vous allez trouver la peinture touchante de ce qui existe dans vos cœurs. Je vous offenserois, en formant l'ombre du doute sur le vœu unanime qui doit vous joindre au premier de ceux de l'Assemblé Nationale, et je présume de votre amour pour le bien public et pour la gloire, que, d'après l'examen des autres objets, vous effacerez toute espece de disparité dans les deux ressorts d'une Colonie, dont l'union a toujours eu pour base invariable son attachement, son respect, et son amour pour Sa Majesté ».

M. le Gouverneur Général ayant cessé de parler, M. Duperrier a fait la lecture d'un Mémoire imprimé, contenant les procès verbaux de l'Assemblée du Conseil Supérieur du Cap, et des divers ordres de son ressort, composant l'Assemblée Nationale qui y a été tenue les 11, 13 et 14 du mois de Juin dernier. La lecture faite dudit Mémoire imprimé, qui a été mis sur le Bureau de la Cour, après avoir été signé par M. le Gouverneur Général et par M. l'Intendant, à la derniere page, les Gens du Roi se sont levés, et M. Lohier de la Charmeraye portant la parole, ont dit;

« MM., je ne viens point, dans ce jour consacré à la plus importante et à la plus solennelle de vos cérémonies, orner ce qui ne demande qu'à être expliqué, et tâcher de mériter votre suffrage par le secours de l'art et la science du raisonnement. Ce n'est point par cette voie, je le sais, qu'on ébranle les Magistrats, et qu'on entraîne leurs suffrages. Pénétrés des grandes regles, nourris dans ces principes immuables qui élevent l'esprit et fortifient le cœur, ils n'ont d'autres guides que la Loi, d'autre objet que la justice, d'autre passion que le bien public. Je ne puiserai donc moi-même que dans cette source abondante; elle est commune à notre ministere comme à la Magistrature; et je n'ai besoin heureusement ni de la richesse des pensées, ni de la force des expressions, pour établir la sagesse du complément de l'imposition dont il s'agit.

La premiere imposition n'étoit ni complette ni réelle : permettez cet aveu, MM., à l'austérité de notre ministere. Les Administrateurs de la Colonie, frappés de ce défaut, communiquent à ce sujet un Mémoire au Conseil Supérieur du Cap, qui ne se croit gêné que par la forme: tant il est vrai que le cœur et la volonté du Magistrat sont justes, jusques dans ce moment si rare d'égarement involontaire !

Les abus dans l'Administration générale exigent impérieusement les remedes les plus prompts et les plus sûrs. Le premier Administrateur de cette Colonie convoque en conséquence les Officiers du Conseil Supérieur du Cap, et les divers ordres de son ressort; ils s'assemblent aussi-tôt et se réunissent; et pénétrés de respect pour leur Souverain, ils en donnent à l'envi les preuves les plus éclatantes et les plus distinguées.

Que ne puis-je en ce moment, MM., pénétré moi-même de l'esprit et des

des lumieres de cette illustre Assemblée Nationale, vont rendre compte de ses opérations, et vous en exprimer les motifs.

Aussi ce complément ne doit-il son existence qu'au concours de l'esprit et du cœur; les qualités qui forment le Magistrat vertueux, le bon Citoyen, et le sujet fidele, y brillent dans tout leur jour; c'est le sage résultat de l'Assemblée de la deuxieme Cour Souveraine de la Colonie, et des divers ordres de son ressort y joints; en un mot, c'est le comble de l'obéissance et du zele pour le Souverain, conciliés avec l'amour des Peuples et le soulagement de cette importante Colonie.

On ne pourroit sans doute présenter de modele plus pur et plus parfait, s'il étoit permis d'en offrir à une Cour Souveraine; mais c'est à vous, MM., à instruire les autres par votre exemple, et à les conduire par votre sagesse. Signalez donc en cette occasion importante, ainsi que l'ont fait vos Collegues, ces sentimens précieux si profondément gravés dans vos cœurs et dans celui des vrais Magistrats; je veux dire l'obéissance envers le Souverain, et l'amour envers la Patrie. Je ne dois plus ralentir les effets de votre zele; je requiers, &c. Sur quoi ledit Conseil, ouï MM. Duvivier de la Mahautiere et de Vergès, Conseillers, en leur rapport, a enregistré les procès verbaux faits les 11, 13 et 14 du mois de Juin dernier, dans l'Assemblée Nationale tenue au Cap, dont le Mémoire imprimé et signé de M. le Gouverneur Général et de M. l'Intendant, demeurera déposé ès minutes du Greffe, pour être exécutés suivant leur forme et teneur; en conséquence, et en adoptant les interprétations faites à l'Arrêt de Réglement des deux Conseils de la Colonie, rendu au Cap le 9 Mars dernier, pour la levée des quatre millions par année, demandés à ladite Colonie par Sa Majesté, a ordonné et ordonne ce qui suit:

ART. I, II et III. *Ce sont mot à mot les art. 1, 2 et 3 de l'Assemblée du Conseil du Cap, du mois de Juin précédent.*

ART. IV. Les Propriétaires des maisons des Villes du Port-au-Prince, Léogane, Petit-Goave, Saint-Louis, les Cayes Saint-Louis, Saint-Marc, payeront un droit de cinq pour cent.... (Voy. *l'art. 4 de l'arrêté de l'Assemblée du mois de Juin précédent.*)

ART. V. Les Habitans des Villes du Port-au-Prince, Léogane, Petit-Goave, Saint-Louis, les Cayes Saint-Louis, Saint-Marc, et autres Villes et Bourgs, ne payeront annuellement par chaque tête de Negres, sans distinction d'âge ni de sexe, à eux appartenans dans lesdites Villes, que la somme de 12 liv. au lieu de 24 liv., et ce à compter du premier Janvier dernier.

Art. VI. Les Habitans Propriétaires des Manufactures de poterie, tuilerie, briquerie, fours à chaux, et ceux résidans dans les Bourgs, de même que les Chirurgiens qui desservent les Habitations, les Charpentiers, Maçons, Couvreurs, et autres Ouvriers qui y travaillent, sans aucune résidence fixe, ne payeront annuellement par chaque tête de Negres attachés à leurs Manufactures ou à leur service, que la somme de 12 liv., et ce pareillement sans distinction d'âge ni de sexe, aussi à compter du premier Janvier dernier.

Art. VII, VIII et IX. (Voy. *les art. 7, 8 et 9 de l'Arrêté du Cap.*)

Art. X. La capitation sur les Negres attachés aux Manufactures en général, autres néanmoins que celles ci-dessus désignées, sera et demeurera rétablie, à raison de 4 liv. par chaque tête de Negre, sans distinction d'âge ni de sexe, aussi à compter du premier Janvier dernier, ainsi que les Raffineurs et Economes desdites Habitations, pour leurs Negres.

Art. XI, XII, XIII, XIV, XV et XVI. (Voy. *les mêmes art. dans l'arrêté de l'Assemblée du mois de Juin précédent.*)

Art. XVII. Sur la demande faite au Conseil par M. le Gouverneur Général et par M. l'Intendant, de donner et réunir à l'Octroi la Caisse municipale, pour les droits des Negres suppliciés et ceux de Maréchaussée, sur le pied de 30 sous par chaque tête de Negres, aux charges néanmoins imposées sur ladite Caisse, dont l'excédant de la recette pourroit procurer à Sa Majesté le moyen d'acheter une Habitation, avec des Negres, bestiaux et cabrouets, pour épargner des corvées aux Habitans de ce ressort : ledit Conseil, accédant à la demande de MM. les Commissaires du Roi, et à l'exemple du Conseil Supérieur et de l'Assemblée Nationale du Cap, a consenti et consent que la Caisse municipale des droits des Negres suppliciés et de ceux de Maréchaussée, qu'il a administrés jusqu'à ce jour, et dont il est en état de faire voir tous les comptes, année par année, par recette et dépense, soit et demeure jointe et réunie à la Caisse de l'Octroi, ainsi que tout ce qui en dépend, et peut lui être dû, tant pour le présent que pour le passé, laquelle jonction et réunion M. le Gouverneur Général et M. l'Intendant ont acceptée et agréée au nom de Sa Majesté ; et à l'égard des droits curiaux, dont la perception avoit été jointe à ladite Caisse des droits Suppliciés et de Maréchaussée par l'Arrêt de Réglement du 19 Septembre 1744, ledit Conseil, disjoignant ladite Caisse des droits Suppliciés et de Marechaussée, a autorisé et autorise dès à présent les Habitans des Paroisses du ressort, à se cotiser mutuellement dans chaque Paroisse, pour le payement desdits droits Curiaux, dont la percetion sera confiée aux Marguilliers en exercice de chaque année.

ART. XVIII. (Voy. *le 18e et dernier de l'Assemblée du mois de Juin précédent.*)

FAIT au Port-au-Prince en Conseil le 21 Juillet 1764.

ARRÊTÉ du Conseil du Port-au-Prince, qui réunit la Caisse des droits de deux pour cent à la Caisse du Roi.

Du 27 Juillet 1764.

CE jour, le Conseil étant assemblé, MM. les Général et Intendant s'y étant rendus plusieurs de MM. ont dit que la Compagnie, à l'exemple du Conseil du Cap et de l'Assemblée Nationale dudit lieu, ayant consenti, par son Arrêté du 21 de ce mois, que la Caisse des droits Suppliciés et de Maréchaussée, que le Conseil avoit été autorisé par Sa Majesté à administrer jusqu'à ce jour, fût désormais jointe et réunie à la Caisse du Roi; il paroissoit convenable que la Compagnie, qui se trouve chargée d'une autre recette de deux pour cent sur les adjudications judiciaires, dont la perception est affectée à l'entretien des ponts et chaussées du ressort, en fît le même abandon, par une suite de son désintéressement, et pour établir dans toute l'Isle une uniformité d'administration, qui tournera sans doute à l'avantage de Sa Majesté et à la satisfaction des Peuples de la Colonie: sur quoi, la matiere mise en délibération, et ouï les Gens du Roi; LE CONSEIL, par suite de son Arrêté du 21 de ce mois, art. 17, a consenti et consent que la recette de deux pour cent sur les adjudications judiciaires faites à la Barre des Siéges, soit et demeure jointe et réunie, de même que celle des droits Suppliciés et de Maréchaussée, à la Caisse du Roi, aux charges néanmoins imposées sur ladite recette, pour l'entretien des ponts et chaussées du ressort.

ARRÊT de la Chambre de Commission *du Conseil du Port-au-Prince*, qui enjoint aux Substituts du Procureur Général du Roi des Amirautés du ressort, d'interjeter appel de toutes Sentences rendues concernant le Commerce étranger.

Du 1er Août 1764.

ORDONNANCE des Administrateurs, touchant le droit de deux pour cent sur les Ventes judiciaires.

Du 2 Août 1764.

CHARLES Théodat, Comte d'Estaing, &c.

Réné Magon, &c.

L'Arrêt du Conseil Supérieur du Port-au-Prince, en date du 13 Janvier 1741, qui établit la perception d'un droit de deux pour cent sur toutes les ventes judiciaires, n'ayant point eu jusqu'à présent d'exécution pleine et entiere dans quelques Jurisdictions de ce ressort, nous avons cru qu'il étoit nécessaire d'y pourvoir, et d'assurer de plus en plus la levée de ce droit; son application au Bureau de Police général de cette Ville, produira trop d'avantages, pour n'en pas assurer et déterminer la perception d'une maniere certaine. A CES CAUSES, nous avons statué et ordonné, statuons et ordonnons ce qui suit:

ART. Ier. Tous les effets, de quelque nature qu'ils soient, mobiliers ou immobiliers, en général vendus et adjugés à la Barre du Siége, soit volontairement, soit forcément, seront sujets au droit de deux pour cent.

ART. II. Nulle adjudication à la Barre des Siéges ne sera faite à l'avenir que par les Juges.

ART. III. Tous les Negres, animaux, chaises roulantes, sucres, cafés, indigos, et autres denrées, saisis et exécutés, ne pourront être vendus et adjugés à l'avenir qu'à la Barre des Siéges, même les bagues, joyaux, et vaisselle d'argent, si le saisissant le requiert; et le droit de deux pour cent sera en conséquence acquis et levé sur le produit desdites ventes.

ART. IV. Il sera néanmoins, et comme par le passé, procédé par les

Huissiers aux ventes sur les places de marché des meubles meublans saisis et exécutés, ainsi qu'aux ventes publiques et volontaires des effets, marchandises et objets mobiliers, autres que ceux ci-dessus exceptés, lorsque lesdits Huissiers en seront requis par les Parties, et qu'elles en auront obtenu la permission des Juges, suivant l'usage.

ART. V. N'entendons pareillement innover à ce qui s'est pratiqué jusqu'à présent pour les ventes volontaires des meubles meublans, chaises roulantes, chevaux, mulets et bestiaux, auxquelles les Notaires procéderont sur les lieux, à la requête des Parties requérantes, lesquelles ventes volontaires continueront de valider et avoir lieu comme par le passé, sans être sujettes à aucun droit de deux pour cent, non plus que les ventes mentionnées en l'article précédent, et faites par le ministere des Huissiers.

ART VI. La perception dudit droit sera faite par le Trésorier du Bureau de Police, et le produit demeurera affecté aux dépenses d'icelui; et sera la présente enregistrée, lue, publiée et affichée dans tous les Siéges du ressort, à ce que personne n'en ignore. DONNÉ au Bureau de Police général du Port-au-Prince, &c.

R. au Greffe de l'Intendance le 11 Août 1764.

ORDONNANCE *des Administrateurs, portant, 1°. qu'il sera établi deux rangs de Boutiques ou Barraques adossées l'une à l'autre sur chaque façade de la Place publique du Port-au-Prince, suivant le plan qui sera dressé par le sieur Langréné; 2°. que chaque Boutique sera en bois, et aura 15 pieds de face, 7 et demi de profondeur, et 9 d'élévation; 3°. que chaque emplacement sera adjugé à la Barre du Siége, sous son numéro, pour trois ans, à la charge de payer le droit de deux pour cent, outre et sur le prix de l'adjudication; 4°. que les Adjudicataires seront tenus de faire construire les Boutiques sous un mois, à partir de l'adjudication, et de payer les loyers de ladite époque; 5°. que la propriété desdites Boutiques appartiendra à la Ville, et qu'il sera fait raison de leur valeur sur le pied de l'estimation de l'une d'elles, faite par Experts, pour fixer la valeur de toutes; savoir, en retenant la premiere année les deux tiers de leur loyer, et les tiers seulement pour les autres, jusqu'au remboursement final; 6°. et enfin, que le produit des loyers servira aux dépenses indiquées par le Bureau de Police, dont le Trésorier fournira quittances aux Adjudicataires.*

Du 2 Août 1764.

R. au Bureau de Police le 12.

ORDONNANCE des Administrateurs, touchant les Cabrouets de la Ville du Port-au-Prince.

Du 2 Août 1764.

CHARLES Théodat, Comte d'Estaing, &c.
Réné Magon, &c.

Ayant trouvé les rues du Port-au-Prince en très-mauvais état, et désirant faire travailler à les réparer, il nous a paru indispensable, avant d'entreprendre les travaux nécessaires pour y parvenir, d'affecter à la Caisse du Bureau de Police des fonds suffisans pour subvenir aux dépenses qu'il faudra faire pour perfectionner cet ouvrage: un droit établi sur les cacabrouets de cette Ville, nous a semblé d'autant plus propre à remplir une partie de cet objet, que les propriétaires en seront amplement dédommagés sur les charrois, qui deviendront par la suite plus aisés et plus multipliés, lorsque les rues seront rendues plus commodes. A CES CAUSES, nous avons statué et ordonné, statuons et ordonnons ce qui suit:

ART. Ier. Les Propriétaires des cabrouets de cette Ville seront tenus de payer annuellement 250 liv. par chaque cabrouet qu'ils posséderont, à compter de ce jour.

ART. II. Cette somme sera divisée et payée en quatre termes, dont le premier le sera d'avance.

ART. III. Lesdits Propriétaires seront tenus, huitaine après la publication de la présente Ordonnance, de faire leur déclaration au Greffe du Bureau de Police, de la quantité de cabrouets qu'ils possedent, à peine de 600 liv. d'amende contre les contrevenans.

ART. IV. Les cabrouets ne pourront exiger plus de 4 liv. 10 sous pour chacun des plus grands voyages qu'ils feront dans l'intérieur de la Ville.

ART. V. Ledit droit sera perçu par le Trésorier du Bureau de Police, qui donnera à cet effet bonne et valable quittance; et sera la présente Ordonnance enregistrée, publiée et affichée par-tout où besoin sera, à ce que personne n'en ignore. DONNÉ au Bureau de Police général du Port-au-Prince, &c.

ORDONNANCE des Administrateurs, touchant le Quai de la ville du Port-au-Prince.

Du 4 Août 1764.

CHARLES Théodat, Comte d'Estaing, &c.

René Magon, &c.

Ayant considéré que les agrandissemens qui se faisoient journellement au Port-au-Prince, exigeoient notre attention, et pouvoient recevoir une forme réguliere et conforme au plan qui en a été dressé par le sieur de Bompar, Ingénieur, et à nous présenté le 7 de ce mois, étant d'ailleurs important d'établir un quai commode et spacieux, de disposer les maisons de façon que l'on puisse trouver à la fois dans ce port l'agréable et l'utile. A CES CAUSES, nous avons statué et ordonné, statuons et ordonnons ce qui suit:

ART. Ier. Les Concessionnaires des emplacemens du bord de la mer de cette Ville, seront tenus, sous six mois pour tout délai, à compter du jour de la publication de la présente Ordonnance, de former leurs estacades de gros pieux de bois dur, solidement enfoncés l'un près de l'autre, contre lesquels il sera jeté des pierres de l'épaisseur d'un pied, afin que les immondices ne puissent pénétrer au travers, à faute de quoi il y sera pourvu, soit par la réunion desdites concessions ou autrement.

ART. II. Ils seront en outre obligés, dans le délai de deux ans, de faire les remblais, de les applanir au niveau de l'estacade, et de perfectionner leur quai, sous la peine porté en l'article précédent.

ART. III. M. de Bompar, Ingénieur, marquera l'endroit où sera formé l'estacade; il en donnera le niveau conformément au plan daté du 7 de ce mois, et sur lequel les Concessionnaires seront tenus de se conformer.

ART. IV. M. Berne, Subdélégué principal, assisté de mondit sieur de Bompar, inspectera les travaux de l'estacade et ceux des remblais du quai, afin qu'ils se fassent dans la solidité requise. Et sera la présente enregistrée, lue, publiée et affichée par-tout où besoin sera, afin que personne n'en ignore. DONNÉ au Bureau de Police général du Port-au-Prince, &c.

ORDONNANCE du Juge de Police du Cap, portant, 1°. qu'à compter du 9 du présent mois, le devant, le tour, et les ruisseaux de tous les emplacemens de la Ville seront balayés et nettoyés avant sept heures du matin; 2°. que, pour faciliter aux tombereaux de Police le moyen d'enlever les immondices, elles seront mises au coin des Islets; 3°. que l'inexécution des deux articles précédens sera punie d'une amende de 12 liv., la quelle sera prononcée sur le simple rapport d'un Inspecteur ou Sergent de Police, à l'Audience de Police, et payée par corps; 4°. que les tombereaux de Police se mettront en marche à sept heures du matin, mais ne rétrograderont point dans leur marche; 5°. que les Negres attachés auxdits tombereaux, seront sous la sauve-garde du Roi et de Justice, avec défenses à personne de les maltraiter, sauf à s'en plaindre aux Inspecteurs, qui les feront châtier sur le champ; 6°. qu'une heure après le passage desdits tombereaux, les Sergens de Police feront une tournée pour les inspecter et noter les contraventions des Habitans; 7°. que le nettoyement des Places et autres lieux publics sera fait par les Negres de Police; 8°. que les Habitans seront tenus de nettoyer leurs cours, et de n'y pas souffrir d'eaux stagnantes, à peine de 30 liv. d'amende, comme dessus, les Inspecteurs de Police demeurant autorisés à y entrer, pour vérifier leur état, avec défenses aux Bouchers de moutons et cochons, de tenir dans leurs maisons plus de bêtes que celles destinées à être tuées pour le lendemain, sous la même amende; 9°. qu'on ne pourra faire jeter les immondices dans la ravine, les quais ni les cales, à peine de prison contre les Esclaves, et de 24 liv. d'amende, comme dessus, contre les Maîtres, sauf à jeter les matieres fécales aux lieux accoutumés; 10°. que tous les emplacemens seront entourés sous quinzaine, à peine de 30 liv. d'amende par jour, et en outre balayés au devant, encore qu'ils ne soient point occupés; 11°. que nul ne pourra gêner la voie publique, s'il n'a la permission par écrit du Juge ou du Procureur du Roi, à peine de 12 liv. d'amende; 12°. que les Marchands ne pourront mettre des tables devant leurs boutiques, pour étaler; 13°. qu'il y aura audience de Police en l'Hôtel du Juge, tous les Mardis et Vendredis, à trois heures précises de relevée; 14°. et enfin, que l'Ordonnance sera provisoirement exécutée, sauf les oppositions ou appellations.

Du 4 Août 1764.

ARRÊT en Réglement du Conseil du Port-au-Prince, concernant les Saisies sur les Successions vacantes.

Du 4 Août 1764.

VU par la Cour la Requête présentée par M^e^. Faure de la Chapelle, Curateur aux successions vacantes du Port-au-Prince, &c. LE CONSEIL, sur ce ouï le Substitut du Procureur Général du Roi, et M. Motmans de Bellevue, Conseiller, en son rapport, a fait et fait inhibition et défenses à tous créanciers des successions vacantes de faire saisir, arrêter, exécuter entre les mains des débiteurs auxdites successions, et à tous Procureurs et Huissiers de prêter leur ministere pour raison desdites saisies, sauf auxdits créanciers à saisir et arrêter purement et simplement entre les mains desdits Curateurs aux vacances, pour la conservation de leurs droits, sans qu'ils puissent faire d'autre procédure que celle qui, en cas de concurrence, servira à établir entre eux leurs priviléges et préférence. Pourront lesdits créanciers se faire rendre compte desdites successions par le Curateur aux vacances, lequel sera tenu de leur en donner un bref état, et de leur représenter ses livres à tous jour et heure; enjoint à tous débiteurs auxdites successions vacantes, de payer au Curateur d'icelles le montant de ce qu'ils doivent, tant en principal, intérêts que frais, nonobstant toutes saisies-arrêts faites ou à faire à la requête desdits créanciers, lesquelles sont et seront réputées nulles et comme non avenues; ordonne que le présent Arrêt servira de Réglement dans toute l'étendue du ressort de la Cour, et que copies collationnées d'icelui seront envoyées dans tous les Siéges en ressortissant, pour y être lues, &c.

ARRÊT du Conseil du Port-au-Prince, qui, sur la demande de M. l'Intendant, indique pour moyen de suppléer à la rareté de la petite monnoie, l'envoi de pieces d'argent de billon.

Du 6 Août 1764.

ORDONNANCE des Administrateurs, portant, 1°. qu'il sera fait un cadastre de toutes les maisons des Villes du Port-au-Prince, Léogane, Saint-Marc, et des Cayes, et de celles qui n'en sont distantes que d'une lieue, excepté uniquement celles appartenantes au Roi, et qu'elles seront estimées en présence du Subdélégué général et particulier, accompagné du Syndic et du Juge, par un Arpenteur ou toute autre personne qu'ils commettront; 2°. que ces maisons seront divisées en cinq classes, de prix à peu près égaux; 3°. que le logement des Officiers des Troupes en cantonnement dans lesdits lieux, sera payé en argent; savoir, 1800 liv. pour un Capitaine, 1400 liv. pour un Lieutenant, et qu'il y aura par chaque Bataillon treize lots de Capitaines, et vingt-six de Lieutenans, à cause de l'augmentation du logement des Officiers Supérieurs; 4°. que la taxe du logement sera répartie en conséquence du cadastre au marc la livre, et les maisons taxées au payement d'un certain nombre de mois ou de parties d'un mois; 5°. que les Greffiers des Jurisdictions de Saint-Marc et des Cayes, et le Trésorier du Bureau de Police du Port-au-Prince, seront les Collecteurs de ladite taxe, dont les débiteurs en retard seront contraints par une simple Ordonnance du Juge de Police de la Jurisdiction du lieu; 6°. que l'Officier-Major ou le Trésorier du Régiment recevra, sur l'extrait de la revue de chaque mois, ce qui reviendra à son Corps; 7°. que le reste de la taxe ou la valeur du logement des absens, sera destiné aux embellissemens publics du lieu, et ne sortira de la caisse que sur l'ordre des Général et Intendant, précédé d'une délibération du Bureau de Police; 8°. que les projets pourront être proposés par le Juge, le Procureur du Roi et le Syndic, qui auront inspection sur la caisse; en signeront les comptes envoyés tous les trois mois au Procureur Général du ressort, lequel tiendra la main à ce qu'ils lui soient adressés, pour en rendre compte au premier Bureau de Police où ils seront enregistrés; 9°. que l'ordre des exemptions prescrit par l'Ordonnance du Roi du 25 Juin 1750, sera observé; 10°. et enfin, que ce Réglement sera lu aux Assemblées de Paroisse, enregistré aux Jurisdictions, au Dépôt général du Gouvernement, et au Secrétariat de l'Intendance.

Du 7 Août 1764.

ORDONNANCE des Administrateurs, touchant les Emplacemens non bâtis de la Ville du Port-au-Prince.

Du 9 Août 1764.

CHARLES Théodat, Comte d'Estaing, &c.
René Magon, &c.

Les événemens qui contrarient depuis si long-temps les progrès de la Ville du Port-au-Prince, exigeoient sans doute qu'on en resserrât plutôt les bornes que de les étendre; cette Ville n'offriroit pas un coup-d'œil nu, ce défaut d'ensemble qu'elle présente aujourd'hui. Etablie en effet au bord de la mer, le long du quai, et dans quelques rues voisines et commerçantes, mais vide dans le centre, déserte dans ses extrémités, elle accuse elle-même son trop d'étendue, et le hasard, qui sembleroit avoir dispersé çà et là, et sans intelligence, la plus grande partie de ses maisons. Pour remédier, autant qu'il est possible, aujourd'hui à ces abus, qui disgracient les établissemens déjà faits, et ralentissent ceux à faire, nous ne connoissons d'autres moyens que de ramener la Ville à son premier plan, d'en réduire les emplacemens vides, et de réunir au Domaine du Roi ceux qui ne sont ni clos ni établis, aux termes de leurs propres concesssions. L'application que nous ferons au Bureau de la Police génerale de cette Ville, du produit de la vente des emplacemens ainsi réunis, et l'attention que nous aurons d'orénavant à ne laisser construire que de suite des maisons uniformes et égales, répareront abondamment la rigueur des réunions, tendront à la culture des terrains que la Ville ne peut embrasser, l'environneront de Citoyens et de petites places utiles à sa subsistance, et opéreront enfin l'établissement de la Ville et le bien public. A CES CAUSES, avons statué et ordonné, statuons et ordonnons ce qui suit;

ART. Ier. Les emplacemens non remblayés, clos ni bâtis, situés en cette Ville du Port-au-Prince, seront réunis au Domaine de Sa Majesté, et vendus au profit de la Caisse municipale du Bureau de Police générale de cette Ville, si dans six mois, pour tout délai, à compter de la lecture, publication, et enregistrement de la présente Ordonnance, ils ne sont remblayés, clos et bâtis, au moins à moitié, et l'autre moitié dans un an.

ART. II. Aucun Propriétaire ne pourra faire construire de maison principale et à demeure sur son emplacement, qu'il n'en ait préalablement déposé le plan et devis au Bureau de la Police générale, ne l'ait communiqué à l'Assemblée d'icelui, et n'en ait obtenu tout à la fois l'approbation et l'indication de la partie ou face de son emplacement, sur lequel il édifiera; le tout afin d'établir dans les maisons à construire à l'avenir, un ordre, une suite, et une égalité immuables.

ART. III. Les Propriétaires d'emplacemens en ladite Ville, sur lesquels il y a eu autrefois des bâtimens tombés de vétusté, ou par quelque autre accident que ce soit, ensemble tous ceux dont les maisons seront dans le cas d'être rebâties, ne le pourront faire que de l'agrément du Bureau de Police, et se conformeront pour cet effet à l'article précédent.

ART. IV. Malgré la protection due et acquise aux mineurs, nous déclarons que, comme il s'agit ici du bien public et général, lesdits mineurs seront assujettis, ainsi que les absens, à l'exécution des présentes, sauf leur recours, en cas de réunion, vers leurs Tuteurs et Curateurs, s'il y a lieu; et celui des absens, vis-à-vis de leurs représentans.

Et sera la présente enregistrée, lue, publiée et affichée par-tout où besoin sera, à ce que personne n'en ignore. DONNÉ au Bureau de Police générale du Port-au-Prince, &c.

ORDONNANCE du Lieutenant Général de l'Amirauté du Cap, qui ordonne d'enlever sous huitaine tous les objets qui sont sur les quais, à peine de 30 liv. d'amende par jour, avec défenses de laisser à l'avenir plus de trois jours les marchandises qu'on y fera débarquer, aussi à peine de 30 liv. d'amende par jour de retard, prononcée sur le simple rapport fait par un des Inspecteurs de Police.

Du 18 Août 1764.

ORDONNANCE du Roi, concernant les Commandans en second.

Du 31 Août 1764.

DE PAR LE ROI.

SA MAJESTÉ ayant jugé nécessaire, pour assurer son service dans les Isles et Colonies Françoises de l'Amérique, d'y établir des Gouverneurs et Commandans en second, afin qu'ils pussent se suppléer en cas de mort ou d'absence; et étant arrivé que le Gouverneur et le Commandant en second se sont trouvés en même temps morts ou absens; Sa Majesté, pour prévenir les difficultés et les inconvéniens qui en pourroient résulter, a ordonné et ordonne, veut et entend qu'en cas de mort ou d'absence du Gouverneur-Lieutenant Général pour elle auxdites Isles et Colonies, le Commandant en second y commande en chef; qu'au défaut du Gouverneur-Lieutenant Général et du Commandant en second, ou des Commandans en second, s'il y en a plusieurs, le plus ancien Officier en grade ait le commandement dans lesdites Isles et Colonies; le tout à moins que Sa Majesté, pour des considérations particulieres, n'en ait autrement ordonné, ainsi qu'elle se réserve de le faire. Et sera la présente Ordonnance enregistrée aux Conseils Supérieurs des Isles et Colonies Françoises, et publiée et affichée par-tout où besoin sera. FAIT à Versailles, &c.

R. au Conseil du Cap le 14 Janvier 1766.
Et à celui du Port-au-Prince le 22 du même mois.

ARRÊT du Conseil du Cap, qui, sans avoir égard à la tierce-opposition formée contre M. le Procureur Général, agissant de son office, par le sieur DE LA PORTE, *à l'art. 26 de l'Arrêt en Réglement des deux Conseils, du 9 Mars dernier, pour ce qui le concerne, dont il est débouté; ordonne que ledit Arrêt sera exécuté, et qu'en conséquence il restituera les droits par lui perçus sur le passage de Limonade; condamne ledit sieur de la Porte à rendre compte incessamment, et sans délai, au Procureur Général, du produit dudit passage, depuis le premier Janvier 1747, à payer le reliquat avec intérêts; fait défenses au fondé de sa procuration, qui passera déclaration affirmative sur les fonds ou effets qu'il peut avoir, et communiquera à ce sujet seulement ses livres, sans déplacer, de s'en dessaisir, à peine de payer deux fois.*

Du 7 Septembre 1764.

ORDONNANCE du Juge de Police du Cap, qui, en conséquence d'une Délibération du Bureau de Police, porte, que tous Marchands étalant au Marché de la Place Clugny, payeront; savoir les Bouchers de mouton et de cochon, les Marchands de Quincaillerie et Graisserie qui ont table au premier et au second rang, du côté des rues, 12 liv. par mois, et tous les autres, ainsi que les Boulangers, 9 liv., déclarant tous Marchands de Comestibles dispensés de ladite taxe, qui sera payée d'avance dans les trois premiers jours de chaque mois, à peine d'expulsion hors de la Place.

Du 12 Septembre 1764.

Publiée le 17.

ORDONNANCE des Administrateurs, qui fixe à 300 liv. le prix de la ratification des Libertés par le Gouvernement.

Du 10 Octobre 1764.

CHARLES Théodat, Comte d'Estaing, &c.

René Magon, &c.

Ayant cru devoir suspendre pendant quelque temps l'expédition des libertés qui nous ont été demandées, et après avoir pris une connoissance plus détaillée des lieux, trouvant nécessaire de diminuer la somme de 800 liv. exigée autrefois, sans y comprendre les frais de Secrétariat, enregistrement, et autres; comme aussi de nous assurer, par une légere rétribution, utile aux dépenses de cette Colonie, des facultés de ceux qui ont obtenu la libertê de leurs Maîtres; nous avons cru remplir également le grand objet de l'augmentation des Citoyens libres de cette Colonie, et empêcher en même temps qu'elle ne devienne abusive, en ordonnant provisoirement que tous ceux qui prétendront obtenir leur liberté, et qui seront porteurs des certificats nécessaires, n'auront qu'à y joindre une quittance de 300 l. du Trésorier du lieu le plus prochain de leur demeure, où ils pourront, à leur choix, remettre leurs certificats dans les mains dudit Trésorier, qui, après nous les avoir fait parvenir, recevra, l'ordinaire d'ensuite, l'acte de liberté pour laquelle il aura été payé desdites 300 l. dont ledit Trésorier tiendra compte à M. l'Intendant dans la recette des droits de Sa Majesté, les libertés et certificats devant être d'ailleurs remis *gratis*, et sans aucun frais d'expédition ni de Bureau. Tous ceux qui seroient en jouissance de la liberté, et qui désireroient se l'assurer, en remplaçant ou renouvelant leurs titres usés ou égarés, pourront en faire la demande, qui leur sera accordée moyennant ladite quittance de 300 liv. payée au Trésorier, qui en fera un chapitre particulier de recette, en désignant les noms, les lieux, et le numéro, nous réservant d'ailleurs d'accorder à tous les libres de cette Colonie les prérogatives et marques distinctives qui nous paroîtront utiles pour empêcher qu'ils ne puissent être désormais confondus avec les Esclaves. Sera ladite Ordonnance enregistrée, lue, publiée, &c., pour être provisoirement exécutée. FAIT au Port-au-Prince, &c.

R. au Greffe de l'Intendance le 22.

ORDONNANCE des Administrateurs touchant les Gens de mer étant dans la Colonie.

Du 10 Octobre 1764.

CHARLES Théodat, Comte d'Estaing, &c.

René Magon, &c.

La conservation des Gens de mer est trop importante à l'État et à la Colonie, pour ne pas demander toute notre attention. Les Matelots qui sont répandus dans les différens Ports et Embarcadaires de cette Isle, y restent ignorés; et cependant, lorsqu'ils sont attaqués de maladie, ils se trouvent sans ressource, ou ils deviennent une charge pour les Hôpitaux Militaires: à quoi voulant pourvoir, nous avons ordonné et ordonnons ce qui suit:

ART. Ier. Que tous Gens de mer appliqués à la navigation au cabotage de l'Isle, seront obligés de se faire inscrire au Bureau des Classes où ils armeront; et en cas qu'ils passent dans d'autres parties de l'Isle, ils seront obligés de faire enregistrer leurs passe-ports, et d'en prendre de nouveaux, lesquels leur seront toujours délivrés *gratis*.

ART. II. Les Bureaux des Classes auront la plus grande attention à examiner si les passe-ports dont seront porteurs les Gens de mer, sont en regle; et ce sera sur le visa de ces pieces en regle, qu'ils pourront délivrer des certificats, qui seront remis aux Commissaires des Guerres, qui ordonneront la réception des Gens de mer dans les Hôpitaux militaires, et auront soin d'en adresser chaque mois un état à l'Intendant.

ART. III. Il est ordonné à la Maréchaussée d'arrêter tous Gens de mer qui ne seront pas munis de passe-ports des Classes.

ART. IV. Tous les Bateaux du Pays seront sujets à la visite des Gardes-Côtes ; et les Matelots qui n'auront pas de passe-ports du Bureau des Classes, en seront enlevés et remis dans les Prisons du premier Port de la Colonie où ils aborderont.

ART. V. Les Commissaires Ecrivains de Marine, ou autres chargés des Classes, tiendront un état exact des Gens de mer de leur département, qu'ils nous adresseront de trois mois en trois mois.

Mandons aux Commissaires de la Marine, Capitaines de Port, et à tous autres qui en feroient les fonctions, de tenir la main à l'exécution de la présente Ordonnance, qui sera lue à tous les Bureaux des Classes. FAIT au Port-au-Prince, &c.

R. au Contrôle le 12.

ORDONNANCE *provisoire du Gouverneur Général, touchant le rétablissement des Milices, portant que tous ceux qui voudront être dispensés de tout exercice en temps de paix, et de tout service en temps de guerre, jouiront de cette faculté, 1°. en entretenant chez eux les mêmes armes et munitions que les non-exempts; 2°. en souscrivant chez le Trésorier du lieu le plus prochain, pour une somme de 320 liv. par an, pour eux, et autant pour chaque Blanc qu'ils voudront exempter; 3°. en se conformant aux art. 7, 8 et 9 du Réglement de M. de Vaudreuil, du 24 Août 1756, excepté qu'en temps de paix, il ne sera exigé que la souscription d'un Blanc pour quatre-vingts Noirs; et en temps de guerre, pour quarante, si ce n'est pour ceux qui auront déjà souscrit depuis dix-huit mois, qui compléteront leurs trois ans sur le même pied d'un Blanc pour quatre-vingts Negres; que les filles et femmes d'Europe ne seront point comptées, quoique l'art 7 dudit Réglement le porte; que l'exception de l'art. 9 en faveur des Habitans ayant deux cents Negres, n'aura pas lieu; 4°. en faisant la souscription pour trois années, dont une sera toujours payée d'avance; voulant de plus ladite Ordonnance, 5°. que le produit des souscriptions fasse une partie séparée de la comptabilité de l'Intendant, et dont l'emploi sera décidé par le Gouverneur Général seul; emploi que deux des premiers Officiers de chaque quartier, choisis parmi les Exempts, pourront examiner, d'après les comptes des Trésoriers, auquel il sera toujours prescrit de le faire servir à l'entretien des Troupes légeres destinées à la garde du quartier des Souscripteurs, auxquels il en en sera donné connoissance à jour marqué ; 6°. que le produit de l'amende de 480 liv. prononcée contre les Habitans qui n'auront pas dans six mois un Blanc par cinquante Negres, soit mis dans la caisse des Souscriptions ; 7°. que les mésalliés, mais non les gens de couleur, puissent s'exempter d'exercice et de service ; 8°. et enfin, que les Syndics des quartiers se nommeront désormais Commissaires de quartier.*

Du 12 Octobre 1764.

Déposée au Conseil du Cap. Voy. *l'Arrêt du 6 Novembre suivant.*

Le prix de l'exemption fut modéré à 200 liv. par une Lettre du Gouverneur Général aux Habitans de Léogane, en date du 29 du même mois d'Octobre.

ORDONNANCE *de M. l'Intendant, portant que les Trésoriers délivreront à ceux qui leur remettront les sommes fixées pour l'exemption du service dans les Milices, un certificat qui sera visé du Subdélégué, lesquels Trésorier et Subdélégué tiendront chacun un registre separé, où ils porteront les certificats par eux délivrés ou visés, en désignant le nom, l'âge, la demeure, et le nombre des Negres du porteur desdits certificats ; de maniere que l'un desdits registres serve de contrôle à l'autre ; voulant que les Trésoriers ne puissent vider leurs mains du montant des exemptions ou amendes militaires, que sur les Ordonnances du Gouverneur Général, à peine d'en répondre en leur propre et privé nom.*

Du 13 Octobre 1764.

R. *au Greffe de l'Intendance le* 22.

Voy. *l'Ordonnance qui précede.*

ORDONNANCE *de M. l'Intendant, portant defense de vendre aucune Boisson au préjudice de l'Adjudicataire de la Ferme des Cabarets, Cafés, Billards, &c.*

Du 23 Octobre 1764.

R. *au Greffe de l'Intendance le lendemain.*

LETTRES PATENTES concernant la régie et la vente des Biens des Jésuites, situés à Saint-Domingue.

Du 27 Octobre 1764.

R. au Conseil du Cap le 12 Septembre 1765.

Ces Lettres patentes, qui renferment deux dispositions principales ; savoir, l'envoi des Syndics des créanciers des Jésuites en possession des biens par eux possédés dans la Colonie, et la faculté de vendre lesdits biens, accordée auxdits Syndics, n'eurent d'exécution que quant à la premiere, la vente ayant eu lieu en France ; d'ailleurs les Lettres patentes du 14 Février 1768 rendirent celles-ci étrangeres à la Colonie.

LETTRE du Ministre aux Administrateurs, sur un voyage des PP. Trinitaires aux Isles.

Du 30 Octobre 1764.

LA situation où se trouvent les François qui ont été pris depuis quelque temps par les Corsaires de Salé, a engagé les Religieux Trinitaires de France à chercher tous les moyens d'adoucir la dureté de leur esclavage, et même à leur procurer la liberté le plutôt qu'il leur seroit possible. Ils se sont, d'après ce principe, déterminés à envoyer des Religieux de leur Ordre à S. Domingue, pour exciter la charité des Habitans de cette Colonie, et en obtenir, par la quête, quelques sommes avec lesquelles ils puissent aider ces Captifs. Le zele de ces Religieux m'a paru d'autant plus mériter faveur et protection, que son objet peut être d'une très-grande utilité, et que plusieurs des Habitans de Saint-Domingue sont dans le cas d'avoir des parens à qui ces secours deviendront avantageux. Je vous prie, en conséquence, de faciliter à ces Religieux, qui vous remettront cette dépêche, les moyens de faire leur quête dans tous les endroits de l'Isle où ils jugeront à propos; d'engager les Préfets Apostoliques et les Curés séculiers et réguliers, de les recommander à leurs Paroissiens; de veiller en même temps à ce que ces Religieux se comportent avec toute la décence qui convient à leur état, et qu'ils n'abusent point de la protection que vous leur accorderez, pour exiger rien de personne à titre de droit ou par autorité, la réussite de leur quête devant absolument dépendre de la charité et de la libéralité du peuple.

ORDONNANCE de M. l'Intendant, qui enjoint à tous ceux qui vendent des Liqueurs ou Boissons quelconques, de convenir, de gré à gré, avec le Fermier Général des Cabarets, Cafés, &c. du prix de leurs Fermes, et de faire leur déclaration chez l'Inspecteur de Police du quartier ; comme aussi de tenir un livre exact du nom des personnes qui logent ou mangent chez eux, lequel livre sera vérifié toutes les semaines par ledit Inspecteur de Police.

Du 5 Novembre 1764.

ARRÊT du Conseil du Cap, sur l'exemption promise par M. le Comte D'ESTAING, de tout service personnel dans les Milices, en payant annuellement la somme de 200 liv.

Du 8 Novembre 1764.

CE jour, M. le Comte d'Estaing étant entré au Conseil, a fait lecture de diverses pieces, depuis le n°. 1 jusqu'au n°. 11 inclusivement, du nombre desquelles est la dépêche qui lui a été adressée par le Ministre, daté de Versailles le 2 Janvier dernier, concernant la forme et établissement des Troupes nationales en cette Colonie, au désir de l'ordre du Roi du 2 Janvier dernier; après quoi, ayant remis lesdites pieces en original sur le Bureau, pour en être pris communication par la Compagnie, et après avoir demandé que copies collationnées d'icelles, signées de lui et de M. l'Intendant, fussent déposées au Greffe de la Cour, il a dit, que pour la sûreté de ceux qui désireroient de souscrire et de payer la somme de 200 livres, monnoie des Isles, ainsi qu'il est énoncé dans sa Lettre aux Habitans de Léogane, datée du Cap le 29 Octobre dernier, sous le numéro 11, et ce, aux clauses et avantages énoncés en l'Ordonnance préparatoire du 12 du même mois, sous le numéro 7; il demandoit au Conseil que registre fût fait de son dire, et de la promesse qu'il faisoit aux souscrivans, au moyen de leur soumission et de l'exécution d'icelle, qu'ils seroient exempts de tout exercice et de service personnel, tant en temps de paix qu'en temps de guerre; interprétant, à cet égard, l'ordre du Roi du 2 Janvier dernier, et donnant encore aux souscrivans, pour sureté de leur exemption susdite, sa parole au nom de Sa Majesté, parole qu'il a pour cet effet solennellement consignée en la Cour, et dont il a voulu qu'elle soit dépositaire, et que les registres en fussent chargés en conséquence; sur quoi, la matiere mise en délibération, les pieces ci-dessus énoncées, vues et examinées, ouï le rapport de M. Duperier, et le Procureur Général du Roi en ses conclusions : La Cour a ordonné et ordonne que copies collationnées des pieces susdites, depuis le n°. 1 jusqu'au n°. 11 inclusivement, signées et certifiées de MM. les Gouverneur Général et Intendant de cette Colonie, seront et demeureront déposées au Greffe de ladite Cour, et que registre sera fait, tant des dires susdits que de la promesse de M. le Gouverneur Général; ensemble de la parole solennelle qu'il a donnée au nom de Sa Majesté, et dont il a rendu la Cour dépositaire, pour sûreté des exemptions du service dont il s'agit; et sera le présent arrêt lu et publié en la Cour, audience tenante, et copies collationnées d'icelui envoyées ès Siéges du ressort de ladite Cour, pour y être pareillement lues, publiées et enrégistrées, &c.

ORDONNANCE des Administrateurs, qui affranchit provisoirement le Port du Môle pendant un an.

Du 11 Novembre 1764.

R. au Greffe de l'Intendance le 12

ARRÊT définitif du Conseil du Cap, qui ordonne qu'un Libelle relatif au rétablissement des Milices et adressé au Conseil assemblé, sera lacéré sur la Place publique par l'Exécuteur des hautes œuvres.

Du 14 Novembre 1764.

ORDONNANCE des Administrateurs, qui défend aux Magasiniers des Embarcadaires de recevoir des marchandises prohibées.

Du 24 Novembre 1764.

CHARLES Théodat, Comte d'Estaing, &c.
René Magon, &c.

SUR les représentations qui nous ont été faites par MM. les Commissaires du Commerce, que les Magasins des embarcadaires, et les maisons qui les avoisinent, pouvoient servir de refuge aux étrangers, soit pour y déposer les marchandises prohibées qu'ils voudroient introduire dans la Colonie, ou en retirer les marchandises propres à composer leur chargement, nous nous sommes déterminés à rendre l'Ordonnance suivante.

ART. Ier. Il est expressément défendu à tous Magasiniers des embarcadaires, et à tous autres y résidans, de recevoir dans leurs Magasins ou maisons, aucunes marchandises prohibées, sous peine, en cas de contravention, d'être poursuivis suivant la rigueur des Ordonnances.

ART. II. Défendons, sous les mêmes peines, à tous Magasiniers et autres y résidans, de laisser décharger ou charger auxdits embarcadaires, aucuns bâtimens, chaloupes, canots ou pirogues étrangeres, sous quelque prétexte que ce soit, et de les forcer d'aller dans les lieux d'Amirauté. Sera la présente enregistrée au Greffe de l'Intendance. Donné au Cap, &c.

R. au Greffe de l'Intendance le 25.

ORDONNANCE des Administrateurs, touchant les Deniers publics et municipaux.

Du 9 Décembre 1764.

CHARLES Théodat, Comte d'Estaing, &c.
René Magon, &c.

LES Syndics et Marguilliers de la Paroisse du Cap, Créanciers en cette qualité de la succession du sieur Chaviteau, vivant Marguillier et Syndic lui-même de cette Paroisse, d'une somme de 96,643 liv. 11 deniers, pour solde de ses deux comptes, et ce par privilége et préférence à tous Créanciers, aux termes de deux Sentences du Siége Royal du Cap, des 19 Octobre et 3 Novembre dernier, nous ont représenté que, malgré le privilége de cette créance, malgré le bien public évidemment intéressé à sa rentrée, les Habitans de la Ville du Cap, qui se sont eux-mêmes volontairement imposés pour la construction de leur nouvelle Eglise, et ont déjà payé cette somme au feu sieur Chaviteau, étoient dans le cas de la payer une seconde fois, si l'autorité ne venoit à leur secours, et n'abrégeoit, dans une espece aussi privilégiée, les formalités prescrites en pareil cas par les Lois du Royaume il est vrai, mais qui ne sont praticables que dans le Royaume même, on veut dire les saisies réelles, la succession Chaviteau ne possédant d'autre bien connu dans cette Colonie, qu'une petite maison dans la Ville du Cap, et une habitation en café, située à la grande Riviere, avec les Negres, bestiaux, et bâtimens en dépendans.

A ces causes, désirant subvenir aux circonstances actuelles, et l'équité l'exigeant évidemment, puisqu'il ne s'agit ici de rien moins que de deniers publics et municipaux, dont le privilége marche immédiatement après les deniers du Roi; considérant d'ailleurs que les Habitans de la Ville du Cap ont encore à payer en sus de la taxe réelle et personnelle qu'ils se sont eux-mêmes imposée pour la construction de leur Eglise, les arrérages de cette même taxe, accumulés pendant la guerre, et que cette charge publique augmenteroit encore d'autant par la perte du capital en question; pour éviter de semblables infidélités à l'avenir de la part de tous les Receveurs en général des deniers publics et municipaux, nous avons provisoirement ordonné et ordonnons, sous le bon plaisir de Sa Majesté, ce qui suit :

Art. Ier. Les Receveurs de deniers publics et municipaux de cette Colonie, seront contraints au payement des sommes dont ils se trouveront reliquataires par le jugement ou arrêté de leurs comptes, par les mêmes voies, rigueurs et contraintes que les Receveurs des droits et deniers du Roi; en conséquence, ils pourront être poursuivis, ainsi que leurs cautions et certificateurs, par la saisie mobilière de leurs Negres généralement quelconques, soit que lesdits Negres soient attachés à des habitations ou non, et ce, sans préjudice des autres voies de droit acquises et établies en pareil cas contre les Receveurs et Comptables publics.

Art. II. Les Arrêts du Conseil d'Etat du Roi, du 6 Août 1740, contre les Receveurs des droits qui se perçoivent à Saint Domingue au profit de Sa Majesté, ainsi que leurs cautions et certificateurs; ensemble la Déclaration du Roi du 13 Novembre 1744, qui prescrit des regles particulieres pour parvenir à la vente des immeubles des Comptables reliquataires, et l'Arrêt du Conseil d'Etat du Roi, du 15 Novembre 1744, en interprétation de l'art. 8 de la Déclaration susdite du 13 Novembre 1744, seront exécutés selon leur forme et teneur, tant contre les Receveurs des deniers du Roi, que contre les Receveurs en général des deniers publics et municipaux.

ART. III. Ordonnons, en conséquence de tout ce que dessus, qu'au désir de l'art. premier de la Déclaration du 13 Novembre 1744, dans le cas où les Comptables reliquataires desdits droits publics et municipaux, ou leurs cautions et certificateurs, seroient ou se mettroient dans le cas d'être poursuivis, par la vente de leur Habitation et autres immeubles, pour le payement de leur débet, lesdits immeubles seront criés et publiés par trois Dimanches consécutifs, sur les Ordonnances qui seront rendues à cet effet par M. l'Intendant de la Colonie, sur la remontrance des Procureurs Généraux, de leurs Substituts, ou des Parties intéressées, pour être ensuite vendus et adjugés au plus offrant et dernier enchérisseur en la maniere ordinaire, Parties présentes ou dûment appelées à l'Audience des criées, et par les Juges de chaque Siége, dans le ressort duquel sera situé l'immeuble.

ART. IV. Les criées, ventes et adjudications ainsi faites auront la même force et valeur que si elles eussent été faites en conséquence, et par suite des saisies réelles, et le prix en provenant sera déposé au Greffe, pour être remis au créancier privilégié et poursuivant, jusqu'à concurrence de son dû, en principal, intérêts et frais ; et le surplus, s'il y en a, restera déposé dans ledit Greffe, à la disposition de la partie débitrice ou de ses créanciers, s'il y a lieu ; et sera la présente Ordonnance imprimée, lue, publiée et enregistrée ès Conseils Supérieurs de cette Colonie, et dans les Siéges Royaux de leur ressort, ensemble déposée au Dépôt du Gouvernement Général et au Greffe de l'Intendance. DONNÉ au Cap et au Môle Saint-Nicolas, &c.

R. au Conseil du Cap le 4 Février 1765.

ORDONNANCE des Administrateurs, concernant les personnes qui partent pour France, sans avoir payé les Droits Royaux.

Du 9 Décembre 1764.

CHARLES Théodat, Comte d'Estaing, &c.
Réné Magon, &c.

Sur ce qui nous a été représenté, que beaucoup de personnes partent de cette Colonie pour France, où ils transportent tous leurs effets, sans que les Receveurs des droits du Roi, et ceux des deniers publics et municipaux, en soient instruits et puissent se faire payer préalablement desdits droits; pour éviter à l'avenir un abus si considérable, nous avons ordonné et ordonnons ce qui suit:

ART. Ier. Il ne sera plus à l'avenir délivré aucun congé, ni permis à ceux qui voudront s'embarquer pour France, ou même pour sortir de la Colonie, qu'à la charge de justifier du payement, tant des droits du Roi, que des deniers publics et municipaux, par la représentation des quittances des Receveurs pendant les trois dernieres années, si tant ils ont demeuré dans la Colonie, sinon du temps qu'ils y ont resté.

ART. II. Faisons très-expresses inhibitions et défenses à tous qu'il appartiendra, notamment aux Officiers de l'Amirauté, aux Commissaires des Classes, et leurs Préposés, de délivrer les expéditions et rôles d'équipages aux Capitaines de Navires ou autres Bâtimens faisant voile pour France, ou sortant de la Colonie, avec des Habitans d'icelle employés sur leurs rôles à titre de passagers ou autrement, qu'ils ne se soient fait auparavant représenter successivement la quittance en bonne forme desdits droits.

ART. III. Faisons pareilles défenses à tous Capitaines de Navires ou autres Bâtimens faisant voile pour France, ou sortant de cette Colonie, d'embarquer, à quelque titre que ce soit, aucuns Habitans ou Citoyens de cette Colonie, qu'ils ne se soient fait pareillement représenter la quittance de leurs droits pendant le temps fixé par l'art. 1er.

ART. IV. Les Officiers de l'Amirauté et Bureau des Classes seront tenus, chacun en droit soi, de faire mention desdites quittances sur les expéditions et rôles qu'ils viseront ou délivreront; et s'il arrivoit que ces quittances ne leur fussent pas représentées, ils rayeront l'Habitant passager de de dessus le rôle d'équipage, avant de le remettre au Capitaine, et fera mention des causes de ladite radiation.

ART. V. En cas d'inexécution de tout ce que dessus par lesdits Officiers des Amirautés et des Bureaux des Classes, ainsi que par les Capitaines des Navires ou autres Bâtimens, ils seront responsables solidairement les uns pour les autres, un d'eux seul pour le tout, sauf leur recours par égale portion entre eux contre le débiteur desdits droits royaux, publics et municipaux, au payement desquels ils seront contraints sur les Ordonnances de M. l'Intendant, par toutes les voies de rigueur de droit en pareil cas.

Et sera la présente imprimée, lue, publiée et enregistrée aux Conseils Supérieurs de la Colonie, et dans tous les Siéges, tant Royaux que d'Amirautés de leur ressort, envoyée au Bureau des Classes de la Colonie, pour y être pareillement enregistrée, ainsi qu'au Dépôt du Gouvernement Général, et au Greffe de l'Intendance, &c.

R. au Conseil du Cap le 4 Février 1765.

ORDONNANCE *des Administrateurs, portant que les Propriétaires et les Locataires contribueront par moitié à la dépense du logement des Gens de Guerre; en sorte que s'il y a différens Locataires dans une maison, cette moitié sera répartie entre eux au prorata de la location de chacun d'eux, et que le Propriétaire qui occupera une partie de la maison, payera sa portion contributoire pour cette partie, outre la moitié, comme Propriétaire.*

Du 13 Décembre 1764.

R. au Greffe de l'Intendance le 22.

ORDONNANCE *des Administrateurs, qui défend au Fermier des Boucheries du Port-au-Prince, de faire tuer et dépouiller les Bêtes, de placer son parc, et de faire sécher les peaux dans la Ville, à peine de 100 liv. d'amende, pour la premiere fois, et de plus forte, en cas de récidive, sauf à distribuer la viande dans l'endroit dont il se sert.*

Du 13 Décembre 1764.

R. au Greffe de l'Intendance le 22.

ARRÊT du Conseil du Port-au-Prince, qui ordonne que deux Paquets anonymes, relatifs au rétablissement des Milices, seront lacérés et brûlés sur les degrés du Palais, par l'Exécuteur de la haute-Justice; fait défenses à toutes personnes de répandre et distribuer pareils Ecrits, et mettre des Placards, sous peine de punition exemplaire, et ordonne que l'Arrêt sera envoyé aux Siéges du ressort.

Du 15 Décembre 1764.

ARRÊTÉ du Conseil du Port-au-Prince, portant que le Procureur Général s'abstiendra de concourir aux Délibérations du Bureau de Police, relatives à des Impositions.

Du 15 Décembre 1764.

LE CONSEIL étant prévenu qu'il est émané du Bureau de Police de cette Ville diverses Ordonnances, tendantes à établir une forte imposition sur les loyers des maisons des Villes du ressort; intimément pénétré qu'il ne peut y avoir d'autres impositions que celles faites en vertu des Edits et Mémoires de Sa Majesté, dûment enregistrés; et craignant de paroître prendre quelque part auxdites Ordonnances, par l'assistance du Procureur Général du Roi aux séances de ce Bureau, a arrêté pour le moment que le Procureur Général du Roi sera invité à s'abstenir à l'avenir de toutes les délibérations du Bureau de Police, qui pourroient avoir trait à des impositions: ordonne que le présent Arrêt lui sera notifié par le Greffier de la Cour.

ARRÊT du Conseil d'Etat, qui admet le Port des Sables d'Olonne à faire directement le Commerce des Isles et Colonies Françoises, conformément aux Lettres patentes du mois d'Avril 1717.

Du 17 Décembre 1764.

ASSEMBLÉE en forme de Conseil Colonial, convoquée par M. le Comte d'Estaing au Cap, et dont les opérations ont eu lieu :

Du 29 Décembre 1764 au 16 Janvier 1765.

CETTE Assemblée étoit composée de MM. le Général, l'Intendant; Delva, Commandant de la partie de l'Ouest; Kerdisien, Subdélégué Général; Choiseul, ancien Lieutenant de Roi du Fort Dauphin; Bailleul, idem au Port-au-Prince; d'Argout, ancien Gouverneur de la partie du Sud; Lilancour, Major et Inspecteur des Milices; Luker; Lohier de la Charmeraye, Procureur Général; Duperrier et Loiseau, Conseillers du Cap; Hays, Conseiller du Port-au-Prince; Clerisse, Négociant; Bourgeois et Brevet, Secrétaires des Chambres d'Agriculture; et Despallieres, Greffier du Conseil, sans voix délibérative.

A la 1ère séance du 29 Décemb. 1764, M. l'Intendant ayant présenté un tableau des dépenses de la Colonie, M. le Comte d'Estaing nomma un Comité, pour examiner quelles diminution on pourroit y apporter. Le travail des Commissaires fut rapporté à la séance suivante du 15 Janvier 1765, où passa l'Ordonnance dudit jour, qui supprime la taxe sur les maisons, dont l'original est joint au procès verbal de cette Assemblée ; et à la derniere du 16, il y eut quelques projets proposés et débattus, mais sans aucun effet.

ORDONNANCE des Administrateurs, qui supprime la Taxe sur les Maisons.

Du 15 Janvier 1765.

CHARLES Théodat, Comte d'Estaing, &c.

René Magon, &c.

La perception des taxes sur les maisons, dont les deniers doivent être employés au payement du logement des Officiers et des Troupes de Sa Majesté, prescrite par notre Ordonnance du 7 Août dernier, restreinte par notre seconde Ordonnance du 20 Novembre, et modérée enfin par celle du 13 Décembre, ne nous ayant pas paru remplir l'objet que nous en avions attendu, et M. le Gouverneur Général ayant demandé l'avis des principaux Habitans de cette Colonie, ainsi qu'il a été autorisé à le faire par les instructions signées de Sa Majesté, en date du premier Janvier 1764, lui donnant la possibilité de se décider sur cet objet : nous avons conjointement ordonné et ordonnons, 1°. que lesdites Ordonnances des 7 Août, 20 Novembre et 13 Décembre, seront annullées, comme elles le sont par la présente; 2°. que ladite taxe sur les maisons n'aura pas lieu, et que le logement des Officiers sera fourni dans toute l'étendue de la Colonie, de la même façon qu'il l'a toujours été, et qu'il l'est aujourd'hui ; 3°. que les deniers qui pourroient se trouver avoir été perçus par le sieur Faugas, Greffier du Bureau Municipal au Port-au-Prince, soient incontinent restitués à tous et un chacun de ceux qui les lui auront payés ; ce quoi faisant, il demeurera bien et valablement déchargé. Sera la présente annexée au dépôt du Conseil National, et enregistrée au Greffe du Gouvernement Général et de l'Intendance, pour être lue, publiée et affichée par tout où besoin sera. DONNÉ au Cap, &c.

ORDONNANCE *générale des Milices.*

Du 15 Janvier 1765.

CHARLES Théodat, Comte d'Estaing, &c.

CHAPITRE Ier. *Disposition générale.*

SECTION Iere. *Division et formation des Milices.*

ART. Ier. jusqu'au IV. [TOUS les Habitans au dessus de 16 ans seront divisés en Ban et arriere-Ban, et seront tenus de s'armer]

ART. V jusqu'au VIII. [Tous les Habitans seront tenus d'avoir, eux compris, deux Blancs pour 80 Negres, et un d'augmentation par chaque 80 Negres de plus. Trois Mulâtres libres seront comptés pour 2 Blancs où il y aura déjà 3 Blancs.]

ART. IX et X. [Tout Mulâtre, Griffe et Negre libre sera tenu d'en avoir deux, lui compris, pour 20 Negres, et un de plus par chaque 20 Negres de plus.]

ART XI. [L'inexécution des art. précédens sera punie d'une amende de 300 livres, renouvelée tous les trois mois.]

ART. XII et XIII. [Le Ban sera composé des Flibustiers Royaux et des Milices, et l'arriere-Ban de tous les Exempts.]

ART. XIV. Les Flibustiers Royaux seront composés de tous les Marins étant dans la Colonie, même les Pêcheurs.]

ART. XV jusqu'au XX, [traitent de la formation des Compagnies de Flibustiers Royaux.]

ART. XXI. [Les Milices seront composées de tous les états formés en Compagnies, distinguées entre elles par les états et les couleurs.]

ART. XXII jusqu'au XXV. [Les gens distingués par une naissance honnête, même les Gérans et Économes des grandes habitations, pouvant se monter et fournir deux Esclaves armés, appelés *Pacolets*, dont l'un sera à cheval, seront *Gendarmes ;* ceux d'un rang inférieur, avec un seul Pacolet à cheval ou à pied, seront *Carabiniers* ou *Dragons*. Ceux de la premiere Classe qui n'auront ni cheval ni Pacolets, seront *Volontaires*, et tous les autres seront *Grenadiers*, s'ils ont un Pacolet armé, ou autrement simples *Fusiliers*.]

ART. XXVI et XXVII. [Les Mulâtres, Griffes et Negres libres qui pourront se monter, seront *Housards*, et les autres *Fusiliers*. Leurs Officiers seront des Blancs.]

ART. XXVIII Les Métifs formeront désormais la derniere Classe des gens de couleur ; les enfans qu'ils auront avec les Blancs, seront reçus, ainsi que les Mésalliés, dans les Compagnies de Dragons ou de Fusiliers blancs, suivant leurs facultés. Il ne pourra être fait de recherches sur l'origine de ces enfans de Métifs, et elle ne leur sera point reprochée. Le mot de Métif sera pris dans l'acception qu'il a à Saint-Domingue ; c'est-à-dire, qu'il exprimera les enfans des Blancs et des Quarterons.

ART. XXIX jusques et compris le XXXIV, [reglent la formation des Compagnies de Milices.]

ART. XXXV jusqu'au XXXIX. [Il y aura quatre Revues en temps de paix, et six en tems de guerre ; et le service des Milices, en temps de guerre, aura pour objet de remplacer celui que les Troupes réglées ne pourront faire.]

SECTION II. *Division et commandement des Quartiers.*

ART. XL et XLI. [Les quarante-sept Paroisses ou Quartiers de la Colonie seront divisées en douze Parties ou Divisions Provinciales, dont chacune sera désignée par le nom de premier lieu, comme *le Cap*, *Limonade*, &c.] *Nota.* Ces Divisions sont les mêmes que celles marquées par l'Ordonnance des Milices du premier Avril 1768, excepté qu'à la Division du Fort-Dauphin, il n'est pas question de *Maribaroux* dans la présente Ordonnance, ni de *l'Arcahaye* dans la Divison du Port-au-Prince, et que la Division de Jacmel, les Cayes de Jacmel et Baynet, est comprise dans la partie du Sud.

Art. XLII jusqu'au XLV. [Il y aura un Inspecteur Général de toutes les Milices, et en outre un Colonel et un Lieutenant-Colonel National pour chacune des trois Parties de la Colonie, et un Colonel Provincial par Division.]

Art. XLVI jusqu'au XLVIII. [Chaque Quartier sera commandé par le premier Capitaine de Milices.]

Art. XLIX à LIX. [Il y aura trois Commissaires Nationaux, douze Commissaires Provinciaux, et un Commissaire par chaque Quartier.]

Art. LX à LXV. [Il y aura trois Majors Nationaux, douze Majors Provinciaux, et un Aide-Major par Quartier, mais deux au Cap.]

Art. LXVI. [Il sera formé dans chacune des douze Divisions un Conseil Provincial.]

Art. LXVII à XCVIII. [Ils roulent sur la forme du Conseil National, qui *ne pourra se mêler de discussions d'intérêts ni d'affaires contentieuses.*]

Chapitre II. *Dispositions particulieres.*

Section Iere. *Formation détaillée, Autorité et Fonction principale des Officiers.*

Art. XCIX jusqu'à CIX. [Ils concernent les détails de la formation des Compagnies.]

Art. CX. [Les Colonels et Lieutenans-Colonels Nationaux auront dans leur département l'autorité des Brigadiers de Cavalerie ou d'Infanterie employés.]

Art CXI à CXXI. [Ils concernent des détails dont sont chagés les Majors Nationaux et autres Officiers.]

Art. CXXII. Les Commandans et les Aides Majors de Quartier seront tenus de se trouver consécutivement à l'Eglise paroissiale les trois premiers Dimanches de Novembre, pour y recevoir, conjointement avec les Commissaires de leurs Quartiers, la feuille du dénombrement des Habitans et du recensement de leurs Negres.

Art. CXXIII. [Ils se conformeront à cet égard au Réglement de Sa Majesté du 25 Septembre 1744.]

ART. CXXIV à CXXVII. [Ils roulent sur des détails du service dans les Milices]

ART. CXXVIII. Les Commandans de Quartier, et tous autres Officiers sans exception, seront chargés d'entretenir le bon ordre et d'empêcher les voies de fait dans leurs Quartiers ; mais ils ne pourront, dans aucun cas, se mêler des affaires juridiques et contentieuses qui pourroient naître entre tous les Colons desdits Quartiers.

ART. CXXIX à CXXXIX, [roulent encore sur des détails de service.]

ART. CXL. Les Commandans de Quartier feront arrêter par la premiere Légion de Saint-Domingue, et à son défaut par les Fusiliers et Dragons des Milices de Saint Domingue, les perturbateurs du repos public; tous ceux qui seront soupçonnés d'être déserteurs des Troupes de Sa Majesté; les Matelots qui passeront d'un Port dans un autre sans permission; tous les Habitans faisant le commerce étranger; les malfaiteurs dont les signalemens auront été envoyés par les Juges, par le Gouverneur Général ou par l'Intendant; les Mendians Européens, de sang mêlé, ou Negres, et même tous les gens vagabonds ou sans aveu, et ils les feront conduire dans les Prisons civiles. Ils en informeront le Procureur du Roi de la Jurisdiction, pour qu'il ait à décider sur leur élargissement, qui ne pourra cependant avoir lieu dans les cas où l'emprisonnement seroit une suite des ordres du Gouverneur Général ou de l'Intendant, ou occasionné par quelque délit qui auroit rapport à la sûreté de la Colonie. Dans ces derniers cas, les Commandans seront tenus d'en rendre compte sur le champ à leurs Officiers Supérieurs, et directement au Gouverneur Général, qui se fera instruire par le Conseil provincial de la réalité des motifs.

ART. CXLI à CXLV. [Les Commandans de Quartier veilleront aux travaux des chemins, sans se mêler de la répartition, et ne pourront faire arrêter aucun Habitant, même pour dettes.]

ART. CXLVI. Les chasses des Noirs Marrons seront ordonnées par les Commandans de Quartiers ; ils pourront seuls les permettre, y inviter les Habitans, et les ordonner aux Mulâtres de leurs Quartiers ; mais ils ne pourront commander les Milices de Saint-Domingue, sans un cas de nécessité frappante, ou sans avoir demandé la permission par écrit au Gouverneur Général. Les Commandans pourront tenir cette permission cachée jusqu'au moment de l'exécution, et alors la partie du Ban commandée sera obligée d'exécuter ladite chasse, et de marcher sous les ordres de l'Officier désigné par le Commandant du Quartier.

ART. CXLVII. *Les Officiers exerceront sous les armes* l'autorité qu'exige la discipline militaire, en prenant cependant soin de l'adoucir par les déférences qui sont dues à des Citoyens libres, qui ne servent que par zele et par honneur, et en observant les considérations, les différens états, et le genre des Troupes qui composent les Milices.

ART. CXLVIII jusqu'à CLI. [Ils ont trait encore aux détails particuliers du service des Milices.]

ART. CLII jusqu'à CLXXXIV. [Ils concernent le choix et les détails des Commissaires de Quartier, qui feront les fonctions des Commissaires des Guerres.]

ART. CLXXXV. Les Commissaires des Quartiers seront tenus de veiller sur les Boucheries et les Cabarets, soit de vin, soit de guildive; et en cas de contravention, ils en dresseronr des procès verbaux, qu'ils enverront aux Procureurs du Roi de leur ressort, pour faire punir les contrevenans; ils en donneront avis au même instant à l'Intendant et à son Subdélégué principal.

ART. CLXXXVI jusqu'à CCV. [Ils concernent l'exécution par les différens Commissaires, des ordres des Administrateurs, à l'égard desquels ceux du Gouverneur Général prévaudront, en cas de contrariété.]

SECTION II. *Emolumens, Honneurs, et Prérogatives des Officiers des Milices.*

ART. CCVI. [Les Colonels et Lieutenans-Colonels Nationaux auront chacun 3000 liv. par an, à titre de gratification.]

ART. CCVII. [Les Commissaires et Majors Nationaux, Commissaires et Majors Provinciaux, Commissaires et Aides-Majors de Quartiers, jouiront, à titre de gratification, du droit de 2 sous par livre sur la taxe des Negres, Ouvriers et Domestiques des Villes, des Negres attachés aux Poteries, Briqueteries, et des Esclaves attachés à la culture des denrées, vivres, et légumes.]

ART. CCVIII jusqu'à CCXVIII. [Du produit total de ces 2 sous pour livre, sera fait par Quartier deux lots, dont le premier se subdivisera en quatre entre le Commissaire et le Major National, le Commissaire et le Major Provincial; et le second se subdivisera en deux, entre le Commissaire et le Commandant du Quartier; et comme il y a douze Commissaires particuliers, et douze Aides-Majors qui se trouvent en même temps Commissaires et Majors Provinciaux, leurs vingt-quatre parts feront une masse, pour être employée en gratification et en achat de prix.]

ART. CCXIX

Art. CCXIX et CCXX. [L'Inspecteur Général des Milices aura dans toute l'Isle les honneurs de Maréchal de Camp, et tous ceux des Colonels Nationaux qu'il précédera. Les Troupes du Ban porteront les armes pour lui, et les Tambours seront prêts à battre.]

Art. CCXXI et CCXXII. [Les Colonels et Lieutenans-Colonels Nationaux, comme Officiers Généraux des Milices, auront, seulement dans leur département, les honneurs de l'Inspecteur Général. Les Milices assemblées leur fourniront la même garde qu'à un Maréchal de Camp employé en ligne.]

Art. CCXXIII, CCXXIV et CCXXV. [Dans sa division, le Colonel Provincial, comme premier Officier Supérieur des Milices, aura les honneurs d'un Brigadier employé par lettres de service; les Troupes de cette division sortiront pour lui, et se reposeront sous les armes, et les Milices assemblées lui fourniront une garde, comme au Brigadier employé en ligne.]

Art. CCXXVI. [Le Commandant de Quartier aura les honneurs des Commandans des Places des Cantonnemens; les Troupes du Ban sortiront sans armes, et borderont la haie; il y aura toujours un Mulâtre ou un Negre de piquet chez lui, et il pourra s'en faire suivre.]

Art. CCXXVII. [Les Troupes du Ban se mettront en haie dans toute la Colonie, pour les trois Majors Nationaux; ils auront un Piquet chez eux, lorsque le service l'exigera.]

Art. CCXXVIII. [Hors de leur commandement, les Officiers Supérieurs marchant à la tête des Troupes, auront les mêmes honneurs que dans leur commandement.

Art. CCXXIX, CCXXX et CCXXXI. [Les Colonels et Lieutenans-Colonels Nationaux, avec Lettres de service, rouleront dans leur Département avec ceux des Troupes; ils donneront le mot, ne se mêleront point de Troupes, comme les Officiers de ces dernieres ne se mêleront point de Milices; seulement les Chefs se feront avertir réciproquement, quand l'un d'eux fera prendre les armes à sa Troupe.]

Art. CCXXXII. [En Détachement, les Colonels Nationaux rouleront avec les Colonels d'Infanterie; les Lieutenans-Colonels et les Majors Nationaux, avec les Lieutenans-Colonels des Troupes.]

Art. CCXXXIII. [Les Colonels, Lieutenans Colonels, et Majors Nationaux pourront se faire suivre dans leur District de deux Gardes mulâtres, ou Negres armés, à leur livrée, portant une bandouliere à leurs armes.

Les Majors Nationaux, passant dans un autre District pour le service, conserveront ce privilége.]

Art. CCXXXIV. [Les Colonels et Majors Provinciaux rouleront avec les Capitaines de Grenadiers de Troupes; les Aides-Majors et Commandans de Quartier, avec les Capitaines factionnaires; les Capitaines et les Lieutenans de Milices, après les Capitaines et les Lieutenans des Troupes.]

Art. CCXXXV. [Les Colonels Provinciaux pourront se faire suivre comme en l'article 233, mais par un seul Garde.]

Art. CCXXXVI. [Le Colonel ou Lieutenant-Colonel commandant un Corps de Milices formant Légion, y aura les honneurs de Brigadier employé.]

Art. CCXXXVII et CCXXXVIII. [Les Commissaires Nationaux, Provinciaux, et de Quartier, auront dans leur District les prérogatives des Commissaires Ordonnateurs Provinciaux et ordinaires des Guerres; et quand ils le voudront, un Mulâtre ou Negre libre de piquet chez eux, dont le Commissaire National pourra se faire suivre.]

Art. CCXXXIX. [Les Commissaires marchant avec le Ban, feront en campagne les fonctions d'Ordonnateur, et auront alors une Sentinelle à leur porte.]

Art. CCXL et CCXLI. [Le Colonel National aura devant la porte de son Habitation principale deux pieces de campagne, fournies des magasins, mais dont l'entretien et la conduite seront à sa charge.]

Art. CCXLII jusqu'à CCXLIX. [A la réception et à la mort d'un Colonel National, il sera tiré neuf coups de canon; pour le Lieutenant-Colonel, sept; pour le Major National, cinq. Si les réceptions ont lieu loin d'une batterie, le Colonel National pourra, pour la sienne seule, faire conduire ses deux pieces de campagne. A ces convois, et à ceux des Commandans de Quartier et des Capitaines, il n'y aura que la moitié d'un détachement voisin de la premiere Légion, et tous les Membres du Ban, qui en auront pris la permission de leurs Chefs.]

Art. CCL. Les Colonels, Lieutenans-Colonels, et Majors Nationaux; à leur défaut les Colonels Provinciaux et les Commandans de Quartier prendront toujours la premiere place dans les Eglises; excepté dans celle du Cap et du Port-au-Prince, où ils auront un banc placé hors du chœur, du côté de l'Epître, et vis-à-vis de celui du Conseil Supérieur.

Art. CCLI. [Les Commissaires Nationaux, à leur défaut les Commissaires Provinciaux et les Commissaires de Quartier auront la seconde place dans l'Eglise, après les Commandans actuels du Ban.]

Art. CCLII. [Les Capitaines et les Aides-Majors de Quartier auront un banc après la place des Commandans et des Commissaires de Quartier.

Art. CCLIII et CCLIV. [Ce qui a été réglé par les Ordonnances au sujet du pain bénit et des marches publiques, en faveur des Gouverneurs des Places et Lieutenans de Roi, sera pratiqué pour les Colonels, Lieutenans Colonels, et Majors Nationaux, et pour les Colonels Provinciaux. Les Commandans de Quartier recevront aussi l'eau et le pain bénits dans leur Quartier, les premiers, et les Commissaires, les seconds, en l'absence de leurs Supérieurs directs.]

Art. CCLV. [Tous les Officiers des Milices ayant leur uniforme ou leur épaulette, auront les premiers bancs après les Officiers des Conseils et des Jurisdictions.]

Art. CCLVI. [Tous les Miliciens en uniforme ou en épaulette, auront la premiere place dans l'Eglise après leurs Officiers, et auront le pain bénit avant les autres Habitans.]

Art. CCLVII. [Le Commandant Inspecteur Général des Milices aura une épaulette de chaque côté, d'un galon d'or, orné de franges, avec un nœud ou rosette à chaque épaulette, formé de huit branches, composant quatre retours de galons. Ce nœud ou rosette servira d'attache à l'épaulette du côté d'en haut.]

Art. CCLVIII jusqu'à CCLXXIX. [Ils reglent les épaulettes de tous les Officiers des Milices et de tous les Miliciens, en faisant varier la couleur du galon, le nombre des branches, &c., lesquelles épaulettes pourront être portées même sur les habits ordinaires.]

Art. CCLXXX jusqu'à CCLXXXV. [Tous ceux qui ne formeront pas le Ban, ou n'auront pas servi Sa Majesté trois ans au moins comme Officiers, ne pourront faire porter à leurs Esclaves aucun galon d'or, d'argent, ou de livrée, si ce n'est à leurs bonnets ou chapeaux, où ils ne pourront cependant faire mettre des plaques d'argent avec armoiries ou chiffres. Les Commissaires de Quartier puniront la contravention d'une amende de 300 liv., qui sera poursuivie comme deniers Royaux, et appliquée à la Caisse de la premiere Légion.]

Art. CCLXXXVI. Ne seront compris dans la présente défense ceux qui ont été en France Conseillers des Cours Souveraines, les Présidens des Sénéchaussées, non plus que les Conseillers des Conseils Supérieurs, les Procureurs Généraux, les Substituts du Procureur Général des deux Conseils; les Greffiers en chef des Conseils et des Jurisdictions, ainsi que les

Juges civils, les premiers Juges de l'Amirauté, et les Procureurs du Roi des Jurisdictions et des Amirautés.

SECTION III. *Détails, Arriere-Ban, Exercice, et Revues des Milices. Service en temps de guerre.*

ART. CCLXXXVII jusqu'à CCCXXXIX. [Ils traitent des revues et exercices, où il ne sera question que d'enseigner aux Milices à se mettre en rang, à tirer au cible avec le fusil et les canons des Colonels Nationaux, et où elles ne pourront être tenues plus de deux heures et demie sous les armes.]

ART. CCCXL jusqu'à CCCLXIX. [Le Ban de chaque Quartier sera divisé en trois parties, dont une restera toujours dans le Quartier. Le tour de chaque partie pour marcher, durera six mois. Les Habitans pourront discipliner leurs Negres, et les Filibustiers Royaux seront destinés à la garde et au service des Batteries de la Côte.]

ART. CCCLXX jusqu'à CCCLXXXIII. [Les gardes seront montées en personne, et non par des monteurs de gardes. Les Habitans pourront cependant se faire remplacer par un Blanc engagé pour dix-huit mois, incorporé dans la premiere Légion, soudoyé et armé à leurs dépens, ou par deux Mulâtres.]

ART. CCCLXXXIV à CCCLXXXVII. [Un Corps de huit Compagnies, dont deux au moins de Cavalerie, aura le titre de Légion Nationale, avec un numéro qui désignera de quelle partie de l'Isle elle est.]

ART. CCCLXXXVIII. Il ne sera jamais commandé aucun des Membres des Milices de Saint-Domingue, pour sortir de l'étendue de la Colonie.

ART. CCCLXXXIX. [Ils pourront marcher volontairement.]

ART. CCCXC et CCCXCI. [Les Officiers de Milice, par leur service et leurs actions, mériteront la Croix de Saint-Louis; ceux des anciennes Milices, sans emploi dans les nouvelles, seront les premiers Gendarmes, se mettront à la droite au premier rang, et auront l'épaulette de leur ancien grade.]

ART. CCCXCII. Il sera institué en faveur des Mulâtres, Griffes, et Negres libres, qui se seront distingués par leur mérite, par leur fidélité, ou par leur bravoure, une marque, avec des priviléges, sous le nom de *Médailles de la vertu et de la valeur.*

Art. CCCXCIII. [Il sera parlé de cette marque dans un Réglement particulier.]

Art. CCCXCIV *jusqu'à* CCCXCVII. [*Les Membres de l'arriere-*Ban ne serviront que pour leur sûreté personnelle, et ne sortiront pas de leur Quartier.]

Art CCCXCVIII à CDII. [Ceux qui ne devront pas résider trois mois dans la Colonie, se feront inscrire comme passe-volans ; s'ils sont plus long-temps sans avertir, ils payeront 200 liv., ou seront huit jours en prison.]

Art. CDIII et CDIV et dernier. [On ne pourra changer de quartier ni sortir du sien, sur-tout en temps de guerre, sans prévenir les Commissaires et Commandans de Quartiers.]

Liste de ceux qui sont exempts d'exercice et de service ; savoir :

1°. Ceux qui auront été Membres des Cours Souveraines et Présidens des Sénéchaussées du Royaume ; 2°. ceux qui auront obtenu leur retraite en conservant leurs priviléges ; 3°. les Officiers servant en France, et ayant des congés limités ou de semestre ; 4°. les Conseillers, Procureurs Généraux, Substituts, et Greffiers en chef des Conseils, des Jurisdictions, et des Amirautés, les deux Commis Greffiers, et le Greffier du Parquet de chaque Conseil ; 5°. les Membres des Chambres d'Agriculture, et leurs Secrétaires ; 6°. les Juges des Jurisdictions et Amirautés de la Colonie ; 7°. un seul Trésorier, un seul Receveur de l'Amirauté dans chaque lieu, un seul Fermier Général de chaque genre de Ferme ; 8°. le principal Econome des Officiers des Conseils, et pour une seule habitation ; 9°. les Concierges des Prisons ; 10°. l'Huissier Audiencier ; 11°. les Médecins dont les titres seront enregistrés au Conseil, les Chirurgiens ayant Commission ; 12°. les Gérans chargés des affaires de la Compagnie des Indes ; 13°. le principal Econome du Commandant Inspecteur Général des Milices de Saint-Domingue, des Colonels, des Lieutenans-Colonels, des Commissaires, et des Majors Nationaux.

MM. les Chevaliers de Saint Louis sont priés d'honorer les revues générales de leurs Quartiers, de leur présence, de se mettre un moment à la droite du rang des Gendarmes ou des Volontaires.

Le Gouverneur Général portera leur uniforme à ces revues, et se mettra à la droite de leur rang.

La présente Ordonnance sera lue, publiée et enregistrée par tout où besoin est ou sera, pour avoir son entiere exécution, quant aux revues et à la formation des Milices de Saint-Domingue, dans six mois à compter de ce jour; et il sera pourvu incontinent à la nomination des Etats-Majors et des Officiers qui exerceront leurs emplois respectifs, énoncés dans la présente Ordonnance, en conséquence des Commissions provisoires qui leur seront expédiées. Mandons au nom de Sa Majesté, et en vertu de l'autorité qu'elle nous a confiée, à tous ceux sur qui notre pouvoir s'étend, d'avoir à se conformer et à faire exécuter la présente Ordonnance selon sa forme et teneur. FAIT au Cap, &c. le 15 Janvier 1765. *Signé* ESTAING.

RÉGLEMENT pour servir à la distribution de la Récompense sous le nom de Médailles de la Valeur où de la Vertu.

ART. Ier, II et III. Les Mulâtres, Griffes, et Negres libres qui auront fait, à la guerre ou dans les chasses des Negres Marons, des actions d'une valeur distinguée, et ceux qui auront sauvé la vie à un Blanc, en exposant la leur pour conserver la sienne, obtiendront la Médaille de la Valeur.

ART. IV. Ceux qui se seront rendus recommandables par l'exactitude de leur service, par leurs mœurs, leur fidélité, par les plantations de vivres qu'ils auront faites, par leur bonne conduite, et par l'aisance qui en est ordinairement la récompense, pourront parvenir à obtenir la Médaille de la Vertu.

ART. V, VI et VII. Les Médailles seront d'argent, de forme ovale, percées dans la partie supérieure, ayant d'un côté le nom de Sa Majesté, et de l'autre la devise : *Prix de la Valeur* ou *Prix de la Vertu*; elle seront portées à la boutonniere, savoir, *celles de la Valeur avec un ruban mi-partie blanc et bleu, par les Mulâtres et Griffes, et mi-partie noir et bleu, par les Negres; et celles de la Vertu avec un ruban mi-partie rouge et blanc, par les Mulâtres et Griffes, et mi-partie rouge et noir, par les Negres.*

ART. VIII. Lorsque le fils d'un de ceux qui aura été honoré de la Médaille, méritera et obtiendra la même grace, toute la postérité mâle qui sortira directement d'eux, sera susceptible à jamais de posséder dans la Colonie tout genre d'emploi militaire dans les Troupes ou Milices de la même couleur.

ART. IX et X. Les 300 livres payées au trésor pour les libertés, formeront une Caisse, sur laquelle il sera accordé des gratifications annuelles à ceux qui auront mérité la Médaille *de la Valeur*. Ceux qui auront mérité la Médaille *de la Vertu*, seront susceptibles de gratifications alimentaires, si des malheurs imprévus les mettoient dans le cas d'en avoir besoin, la Médaille ne devant leur être accordée, qu'autant que leur aisance les mettra à portée de vivre convenablement.

Art. XI et XII. Les actions de valeur seront attestées par les certificats les plus authentiques, examinés et visés par les Conseils Provinciaux; et la bonne conduite et les vertus civiles, par l'information de vie et de mœurs, faite par le Commissaire du Quartier, communiquée au Commissaire Provincial, qui se joindra au Commissaire du Quartier, pour la présenter au Conseil Provincial.

Art. XIII. Ce Conseil adressera les pieces et son opinion à l'Intendant, qui, après s'être fait informer par ses Subdélégués, proposera au Gouverneur Général d'accorder la Médaille. Le Gouverneur Général ne pourra refuser cette demande, sans avoir des motifs suffisans, dont il rendra compte à la Cour; et il pourra seul, dans des cas extraordinaires, accorder ladite Médaille, et ne sera tenu de rendre compte qu'à la Cour, d'une démarche contraire à la regle ordinaire.

Art. XIV. Il sera donné un Brevet en même temps que la Médaille, et ce Brevet sera enregistré à la Jurisdiction du lieu, et au Greffe du Gouvernement et de l'Intendance.

Art. XV et XVI. Les Réceptions seront faites le jour de la fête de Sa Majesté, à la fin du mois de Décembre, et dans le temps où il pourroit être assemblé des Conseils Nationaux. Le Gouverneur Général recevra lui-même tous ceux qui seront admis; et après qu'ils auront prononcé le serment de fidélité, il leur dira, en leur remettant la Médaille : *C'est au nom de Sa Majesté que cette Médaille vous est accordée.*

Art. XVII. Ceux qui seront honorés de la Médaille, et qui oseront la prêter à d'autres, perdront tous leurs priviléges.

Art. XVIII. Tous les Procureurs du Roi des Jurisdictions, les Officiers, les Commissaires des Milices de Saint-Domingue, tiendront la main à ce que personne ne puisse usurper la Médaille; ils seront responsables des abus qui pourroient être tolérés à cet égard.

Art. XIX, XX, XXI et XXII. Tous ceux qui porteront la Médaille sans en avoir le droit, seront condamnés à un an de prison. Les Médailles seront toujours renvoyées directement au Gouverneur Général, après la mort de ceux à qui elles auront été accordées. Le nombre des Mulâtres, Griffes, et Negres libres revêtus de la Médaille, ne sera point fixé; il sera cependant observé, avec grand soin, de ne la *pas trop multiplier.* Il sera envoyé tous les ans à la Cour un état exact de la totalité de ceux qui porteront cette Médaille, de ceux qui auront été nommés dans l'année, et des motifs de leurs réception.

Art. XXIII. Pourra le Gouverneur Général seul, prendre sur lui d'accorder l'une et l'autre Médaille au même sujet; mais lorsqu'il le fera à l'égard de la Médaille de la Vertu, sans observer les formalités prescrites par l'art. 13, il sera tenu de rendre compte à la Cour des motifs qui l'auront empêché de remplir ces formalitées. Fait au Cap le 15 Janvier 1765. *Signé* Estaing.

Etat des Punitions Militaires pour les Milices.

1°. et 2°. Les Habitans qui n'auront pas leurs armes à la premiere revue, subiront 4 jours de prison, ou payeront 30 livres d'amende; à la revue suivante, cette punition et l'amende doubleront; et l'une et l'autre auront lieu à toutes les revues, jusqu'à ce que l'Habitant soit armé.

4°. Les Mulâtres, Griffes, et Negres libres qui ne feront pas le service qui leur est prescrit, 3 mois après qu'ils en auront été avertis par le Commissaire de leur Quartier, perdront leur liberté.

5°. Ceux qui par désobéissance auront porté quelque retardement à l'exécution des ordres, seront punis par le Conseil Provincial, de prison ou d'amende, selon l'exigence des cas.

6°. Ceux qui auront manqué volontairement aux revues, subiront 8 jours de prison.

7°. 8° et 9°. Tous ceux qui se présenteront aux revues sans uniforme, armes ou équipages, ou sans qu'ils soient en état, ou qui, sous les armes, ne garderont pas le silence et la décence qui convient à une Troupe, subiront 4 jours de prison.

11°. Les Miliciens qui désobéiront, pour ce qui regardera le service, à leurs Officiers, subiront 8 jours de prison.

12°. Dans des cas graves, de désobéissance ou de révolte, la punition sera ordonnée par le Gouverneur Général, sur le compte qui lui en sera rendu par les Officiers et par les Conseils Provinciaux.

Les punitions portées aux art. 3, 10, 13, 14 et 15, *sont insérées dans l'extrait de l'Ordonnance.*

Nous avons cru pouvoir borner à cet extrait l'Ordonnance générale des Milices, qui n'a eu qu'une exécution partielle, et pendant quelques mois seulement.

Nota. On s'appercevra aisément que les articles entre crochets sont seulement des extraits, à la différence des autres, qui sont le texte même.

Ordonnance

ORDONNANCE du Gouverneur Général, portant création d'un Corps de Troupes Légeres, désigné sous le nom de Premiere Légion de Saint-Domingue.

Du 15 Janvier 1765.

CHARLES Théodat, Comte d'Estaing, &c.

ART. Ier. La premiere Légion de Saint-Domingue sera composée de neuf Compagnies, dont quatre de Dragons, une de Grenadiers, et quatre de Fusiliers, formant deux cent soixante-trois Blancs, y compris les Officiers de l'Etat-Major, et deux cent quatre-vingt-cinq Mulâtres ou Griffes libres.

ART. II. Les Maréchaux de Logis, et seulement les Sergens, seront reçus aux Conseils et Jurisdictions sous les titres de *Prévôts* et d'*Exempts*, dont ils auront des Brevets particuliers, et il sera désigné dix hommes par Compagnie, qui seront reçus aux Jurisdictions comme *Archers.*

ART. III, IV et V. [Ils traitent de la formation des Compagnies.]

ART. VI et VII. L'Etat-Major sera composé d'un Colonel, d'un Colonel en second, d'un Lieutenant-Colonel, d'un Major, d'un Aide-Major, et d'un Aide-Major en second. Cette formation sera doublée, si la guerre ou les circonstances l'exigent.

ART. VIII, IX et X. [Les Blancs et les Gens de couleur seront engagés pour quatre ans, non compris le temps de leurs maladies. En se rengageant, les Blancs auront les avantages des autres Troupes, même avec un tiers de service de moins qu'elles, et les Gens de couleur en servant tout le temps. Les Blancs seront préférés pour servir, à la paye des Mulâtres.]

ART. XI jusqu'à XVI. [Le nombre des Gens de couleur sera toujours complet, et suppléé, s'il le faut, par eux tous; ils suppléeront même à celui des Blancs.]

ART. XVII, XVIII et XIX. [Tous les Gens libres de couleur seront tenus de servir dans le premiere Légion, depuis seize jusqu'à dix-neuf ans révolus, sous peine de perdre leur liberté, de même que s'ils cachent leur âge ou changent de quartier, pour éviter le service.]

ART. XX et XXI. [Tous les nouveaux Affranchis ne pourront jouir de leur liberté, qu'après avoir servi trois ans dans la premiere Légion, ou s'être fait remplacer. Les femmes seront tenues de fournir un Mulâtre ou Griffe, pour deux ans, ou un Negre pour trois ans.]

ART. XXII. [Tous les Gens libres pourront se faire remplacer par d'autres, même par des Postiches non libres. Ceux qui en engageront un autre seront exempts de tout service pendant l'engagement, excepté de chasses de Negres Marrons.]

Tous ceux qui remettront entre les mains du Commissaire de quartier un enfant mulâtre mâle bien conformé, avec l'âge de trois ans, pour être ledit enfant élevé aux frais de Sa Majesté et servir à l'âge de seize ans dans la Légion, pour ensuite obtenir sa liberté avec son congé, lorsqu'il l'aura mérité, jouiront, pendant le temps de la vie dudit enfant mulâtre, de la même exemption de tout service; ils recevront de plus 400 liv. comptant, payées sur le champ par le Commissaire, et prises sur la Caisse des Libertés, et à son défaut, sur celle de Sa Majesté, à qui ledit enfant Mulâtre appartiendra, pour n'être cependant employé qu'au service de la Légion; et ces mulâtres tiendront lieu, pendant tout le temps qu'ils vivront, à ceux qui les auront fournis, de ceux ordonnés par les art. 8, 9, 10 et 11 de l'Ordonnance générale des Milices; et lorsqu'il aura été fourni à la Légion deux enfans mulâtres, ils tiendront lieu des trois Sang-mêlés spécifiés dans lesdits articles.

ART. XXIII et XXIV. [Les Postiches qui remplaceront les Gens libres, seront tenus de servir six ans; ils seront traités comme libres, et obtiendront leur liberté après ce temps.]

ART. XXV et XXVI. [Le Postiche qui aura servi un an, en aura un certificat, et pourra en acheter cinq autres de ceux de la même couleur que lui; alors il aura sa liberté; et sa valeur, estimée par arbitres, et fixée par le Commandant de Quartier, sera payée proportionnellement par ceux qui l'auront employé, ou ceux dont il aura acheté les certificats, pour Postiches.]

ART. XXVIII, XXIX et XXX. [Les Gens libres faisant le service à la suite de la première Légion, parce qu'elle sera incomplette, auront toutes sortes de facilités, seront exempts du service des Milices alors et même dix mois après en être sortis, en se trouvant seulement aux revues.]

ART. XXXI et XXXII. [Les Blancs et Gens de couleur de la Légion seront enrôlés dans toute la Colonie par les Officiers de ce Corps, et l'Habitant qui en engagera un sera exempt pendant son service d'entretenir un des Blancs ou Sang-mêlés prescrits par l'Ordonnance des Milices.]

ART. XXXIII jusqu'à XXXVI. [Les Gens acclimatés seront préférés à ceux d'une taille supérieure, sans néanmoins exclure les nouveaux arrivés d'Europe. Les Soldats des Troupes, après leur engagement, ou repassant en France, auront la préférence sur tous. Il sera demandé des Recrues en Europe, lorsqu'il sera nécessaire.]

Art. XXXVII et XXXVIII. [Les Negres libres, au-dessus de douze ans, pourront être engagés pour Trompettes ou Tambours; et ceux qui les fourniront, seront exempts de service dans la Légion.]

Art. XXXIX jusqu'à XLII. [Ils concernent l'enregistrement par le Commisssaire de Quartier des enrôlemens, dont le prix, réglé par les Administrateurs, sera pris *sur les reliquats dus au Roi par différens Particuliers, pour la Caisse des droits Suppliciés et de Maréchaussée.*]

Art. XLIII. Les Cavaliers non engagés de la Maréchaussée seront réformés, et les Officiers à proportion de l'accroissement de la premiere Légion; de façon qu'il se trouve de la Légion par-tout où il y avoit de la Maréchaussée.]

Art. XLIV. [Les trente-six Escouades qui composent la premiere Légion, seront en garnison, jusqu'au premier ordre, au Quartier Morin, au Haut du Cap, à l'Acul, à Limonade, à la Grande Riviere, au Limbé, au Fort-Dauphin, au Trou, à Ouanaminthe, au Port-de-Paix, au Gros-Morne, à Jean-Rabel, au Port-au-Prince, à la Croix-des-Bouquets, au Boucassin, à Saint-Marc, aux Gonaïves, à la Petite-Riviere, à Jacmel, à la Grande-Anse, à l'Anse à Veaux, aux Cayes, aux Côteaux, à Acquin, à Saint-Louis, et au Cap Tiburon.]

Art. XLV. Les chevaux, armemens, et équipages seront achetés sur les reliquats dus à Sa Majesté par différens Particuliers, pour la Caisse des droits Suppliciés et de Maréchaussée.

Art. XLVI jusqu'à LIII. [Ils concernent les chevaux, qui seront choisis de petite taille, hongres ou jumens.]

Art. LIV, LV et LVI. [La paye, qui tiendra lieu de tout traitement quelconque, sera prise sur le total du produit de la Caisse des droits appelés Suppliciés et de Maréchaussée; le Trésor de Sa Majesté suppléera au défaut de fonds.]

Art. LVII. [Les cinq pour cent accordés aux Receveurs de ladite Caisse, et les 600 liv. pour chaque Negre supplicié, seront prélevés avant d'employer les fonds pour la Légion.]

Art. LVIII. [Les 2400 liv. d'appointemens accordées en 1762 aux deux Inspecteurs de Police du Cap, les 900 liv. des dix Sergens, et la pension de 1200 liv. de l'ancien Inspecteur, et les appointemens de la

Mmmmm 2

Police du Port-au-Prince ne seront plus prélevés sur cette Caisse, mais sur les deux Caisses du Bureau de Police de chaque ressort; et à leur défaut, sur le Trésor de Sa Majesté.

Art. LIX. [Les appointemens de solde seront payés; savoir, par an:]

Compagnie de Grenadier.		*de Fusiliers.*		*de Dragons.*	
Capitaine	2200		2000		2400
Capitaine en second.	1600		1500		1800
Lieutenans en premier et en second.	1500		1400		1700
Sergens blancs.	900		720	Maréch. de Log.	1080
Fourriers blancs	810		630		900
Caporaux	540		450	Brigadiers	720
Appointés.	360		324		
Grenadiers.	288	Fusiliers blan.	270	Dragons blancs.	450
		de couleur.	180	de couleur.	270
Tambours.	270		270	Trompettes	360

Art. LXII. *Etat Major.*

Au Colonel	3000 l.
Au Colonel en second et au Lieutenant-Colonel.	2800
Au Major.	2600
A l'Aide-Major.	2400
A l'Aide-Major en second.	1800

Art. LXIII jusqu'au LXVII. [Ils roulent sur deux genres de masses.]

Art. LXVIII jusqu'au LXXIV. [Il sera acheté du riz en paille pour la nourriture de la Légion; il lui sera fourni de la viande comme aux autres Troupes; et à défaut de Boucherie, de la viande salée et du poisson sec, dont sera fait magasin. La ration sera d'une demi livre de viande, d'autant de riz, et d'un cinquieme de taffia; le bois sera pris sur les cinquante pas du Roi, sur les terrains en friche, ou sur les Habitations les plus proches: le meilleur Chirurgien de l'Habitation voisine aura soin des malades, et il sera payé comme par les Habitans.]

Art. LXXV jusques et compris LXXXIII. [A défaut de bâtimens au Roi, il sera loué des cazes pour loger la Légion, ou construit par elle-même des cabanes sur les terrains publics, avec des bois pris dans les lieux voisins.]

Art. LXXXIV. [La nourriture des chevaux consistera dans la tête des cannes à sucre, des rejets nouveaux d'oranger et de citronnier, comme il est pratiqué dans la partie Espagnole, de la bagasse fraîche, du sirop, du bois patate, de l'herbe d'Ecosse, et autres. Les Habitans d'un Quartier pourront se rédimer de l'obligation de recevoir des chevaux et de fournir leur nourriture, en louant une savanne pour cet effet. Lorsqu'il se trouvera des terrains vagues, ils seront pris préférablement.]

Art. LXXXV jusqu'au XCI. [Il sera pris dans la Légion un Capitaine en second, un Lieutenant, un Maréchal de Logis, un Brigadier, et dix Dragons, pour former la Compagnie des Gardes du Gouverneur Général, laquelle sera suppléée, dans les lieux où il ne résidera point, par un Brigadier et quatre Dragons. Les Officiers des Gardes feront fonction d'Aide-Major et Aide-Major en second, et garderont leur uniforme; à l'égard des Gardes, ils porteront la livrée du Gouverneur Général, à ses frais; sera en outre donné par an, à titre de gratification, prise sur les appointemens du Gouverneur Général, au Capitaine en second, 600 liv.; au Lieutenant, 460 liv.; au Maréchal de Logis, 250 liv.; au Brigadier, 150 liv.; aux dix Dragons, 1000 liv.; et à l'égard du Brigadier et des quatre Dragons qui suppléeront les Gardes, le Gouverneur Général leur réglera une gratification convenable. Les Commandans en second auront un Dragon blanc et un Dragon mulâtre portant leur livrée, pour faire le service auprès de leur personne.]

Art. XCII, XCIII et XCIV. [La premiere Légion fera le service des Troupes légeres; ses Officiers Supérieurs auront le rang de ceux des Troupes légeres, et rouleront avec ceux des autres Troupes.]

Art. XCV jusqu'au CVI^e. [Ils ont pour objet l'exactitude du service et ses détails particuliers.]

Art. CVII jusqu'au CXVII^e. [Ils traitent des Revues.]

Art. CXVIII jusqu'au CXXVIII^e. [La premiere Légion arrêtera les Déserteurs, les Vagabonds, Gens sans aveu, Mendians, Matelots, et Negres fugitifs, qu'elle conduira dans les prisons civiles, d'où l'on informera sur le champ le Commandant, le Commissaire de Quartier, et le Procureur du Roi; elle fera les chasses de Negres Marrons en particulier ou en commun avec les Milices, dissipera les Assemblées et *Calendâs* des Negres, prêtera main-forte pour l'exécution de tous les décrets, pour la police particuliere et la conduite des Criminels, exécutera les ordres du Gouverneur Général et ceux de l'Intendant, qui ne concerneront aucun service militaire et ne seront pas contradictoires à ceux du Gouverneur Général; elle arrêtera encore sur le champ, et gratuitement, ceux qui lui seront désignés dans un ordre par écrit du Procureur Général ou d'un de ses Substisuts, d'un Conseiller ou Assesseur, ou Procureur du Roi des Jurisdictions et Amirautés. Les Maréchaux de Logis, Sergens, &c., reçus comme Prévôts ou Exempts, auront cependant une légere gratification, qui sera fixée par un Réglement.]

ART. CXXIX, CXXX et CXXXI. [Les hommes de la Légion reçus comme Prévôts, Exempts, et Archers, ne seront nommés ainsi que dans leurs Commissions et leurs réceptions; ils seront aussi appelés *Maréchaussée* dans leurs Procès verbaux, et il y aura toujours dans les détachemens de Police l'un de ceux ainsi reçus, pour valider en Justice le rapport du détachement. Pendant chaque séance du Conseil, on tiendra un piquet prêt à marcher pour exécuter ses ordres.]

ART. CXXXII jusqu'à CXXXV. [La Légion sera exercée suivant les Ordonnances, ne rendra que les honneurs fixés par icelle, fournira une Garde à pied à son Colonel, Colonel en second et Lieutenant Colonel, et un Factionnaire au Major, et leur rendra les honneurs prescrits pour les Colonels Nationaux. Elle se conformera à l'Ordonnance des Milices pour les honneurs à rendre aux Officiers Généraux des Milices et au Colonel Provincial.]

ART. CXXXVI jusqu'à CXLIV. [Quand le Gouverneur Général viendra dans un Quarttier, 2 Dragons le suivront dans le chemin, et le reste du détachement ira l'attendre à un quart de lieue de l'endroit où il devra s'arrêter, et l'accompagnera à la même distance lors de son départ. Pendant son séjour, il aura une Vedette à cheval à la porte, ou deux, s'il y a assez de Compagnies de Dragons réunies. S'il ne fait que traverser le Quartier, le reste du détachement sera seulement en bataille sur son passage; ce qui aura aussi lieu pour l'Infanterie, qui, à défaut d'autres Troupes réglées, servira de Garde au Gouverneur Général, pendant son séjour. Il y aura toujours une Ordonnance chez le Commandant en second.]

ART. CXLV, CXLVI et CXLVII. [L'Intendant en voyage sera suivi d'un Dragon; les Dragons seront en bataille sur son passage, et il aura une Sentinelle à pied où il séjournera.]

ART. CXLVIII jusqu'à CLV. [Dans les Assemblées du Conseil, il y aura un détachement à pied, commandé par un Maréchal des Logis ou un Sergent, pour exécuter les ordres du Conseil et servir de Garde au Palais, à la porte duquel il sera posé un Factionnaire. Le détachement bordera la haie sans armes quand les Conseillers, les Assesseurs, et le Procureur Général entreront ou sortiront; et avec armes, pour le Gouverneur Général, l'Intendant, et les Commandans en second. Quand le Gouverneur Général siégera, il y aura deux Vedettes, sabres à la main, aux deux côtés de la porte, et une seule à droite en entrant, lorsque ce sera le Commandant en second.]

Art. CLVI. [La Légion, au décès des Conseillers, des Assesseurs, des Procureurs Généraux, et de leurs Substituts, rendra les mêmes honneurs qu'aux Colonels Provinciaux des Milices, excepté que le détachement ne sera composé que de ceux reçus en qualité de Prévôts, d'Exempts, et d'Archers.]

Art. CLVII et dernier. La Légion rendra, au décès du Gouverneur Général, les honneurs funéraires rendus par l'Infanterie et les Dragons aux Gouverneurs Généraux des Provinces du Royaume; elle rendra, lors du décès des Commandans en second, les mêmes honneurs funéraires prescrits par les Lieutenans Généraux des Provinces.

Mandons, au nom de Sa Majesté, à tous ceux sur qui s'étend l'autorité qu'elle nous a confiée, de se conformer aux articles contenus dans la présente Ordonnance provisoire. Fait au Cap le 15 Janvier 1765. *Signé* Estaing.

Etat d'Uniforme de la premiere Légion.

[Habit blanc de coutil ou grosse toile, collet, revers et paremens de drap rouge, boutons d'étain, veste et culotte de toile blanche, bonnets à l'Angloise de cuir bouilli, en forme de casque, panache ou aigrette blanche, pour servir de cocarde]

[Ceux reçus aux Conseils et aux Jurisdictions, habit bleu, paremens, collet et doublure rouges, culotte et veste blanches, boutons blancs, chapeau bordé d'argent.]

[Equipage de cheval, housse à la Hussarde, de drap bleu, bordée de galon de fil blanc.]

[Les Officiers porteront les épaulettes fixées par les Ordonnances.]

Cette Légion fut, conformément aux ordres du Roi, supprimée aux mois d'Août et de Septembre suivans.

ARRÊT du Conseil du Port-au-Prince, touchant une Imposition sur les Maisons des Villes de son ressort.

Du 19 Janvier 1765.

VU par le Conseil la Requête présentée à la Cour par les Habitans de cette Ville, au nombre de plus de cent quatre vingts, expositive, &c. LE CONSEIL, ouï le Procureur Général du Roi, et le rapport, ordonne que ladite Requête sera et demeurera déposée ès minutes du Greffe de la Cour, et copie de ladite Requête et du présent Arrêt envoyée par le Procureur Général du Roi à M. le Général actuellement au Cap; et cependant, faisant droit sur ce qui concerne l'imposition extraordinaire de dix pour cent sur les maisons des Villes du ressort, vu l'urgence du cas et les ordres de payer, déjà militairement publiés à son de tambour, pour la perception dudit droit, attendu l'illégalité du cadastre fait par le prétendu Tribunal érigé en cette Ville par M. le Général, sous le nom de *Bureau de haute Police;* attendu pareillement que cette imposition ainsi faite sans une Ordonnance expresse du Roi, vérifiée et registrée en la Cour, indépendamment qu'elle triple l'imposition de cinq pour cent déjà ordonnée sur lesdites maisons, pour complément des quatre millions, est en même temps contraire aux principes constitutifs de la Monarchie, à la disposition textuelle de l'art. 36 de l'Ordonnance du 24 Mars 1763, qui défend au Gouverneur Général de se mêler en rien de l'établissement, levée et répartition des impôts, et attentatoire à l'autorité dudit Seigneur Roi; attendu encore que, par l'Arrêt des deux Conseils assemblés, du mois de Mars 1764, qui, n'ayant point été désapprouvé par Sa Majesté, doit avoir force de loi; les Habitans des Villes sont dispensés de logement de Gens de Guerre, à compter du premier Juin de l'année derniere; sans s'arrêter audit prétendu cadastre, ni à toutes Ordonnances émanées dudit Bureau de haute Police, que la Cour déclare nulles, comme non avenues, et attentatoires à l'autorité et à la souveraineté dudit Seigneur Roi; fait défense à tous Trésoriers et Receveurs établis dans l'étendue de ce ressort, de recevoir ledit droit de dix pour cent, ni autres droits et impositions que ceux ordonnés par Sa Majesté ou établis par l'Arrêt des deux Conseils du 9 Mars 1764, en complément de quatre millions, sous peine d'etre traités comme concussionnaires; et comme tels, poursuivis extraordinairement,

rement, à la requête et diligence du Procureur Général du Roi; ordonne auxdits Trésoriers et Receveurs qui auront indûment déjà perçu ledit droit, de le rendre et restituer aux Particuliers qui l'auront payé, sous trois jours, à compter de celui de la publication du présent Arrêt, à quoi faire contraints par corps : ordonne que le présent Arrêt sera publié et affiché ès lieux accoutumés en cette Ville, celles du ressort, &c.

Biffé en conséquence des Arrêts du Conseil d'Etat des 27 Avril et 13 Décembre 1765.

ARRÊTÉ du Conseil du Port-au-Prince, portant que le Procureur Général sera de nouveau invité à ne se trouver en aucun cas aux Assemblées du Tribunal créé d'office par M. le Général, sous le nom de *Bureau de haute Police*, et que le sieur Fontenelle, Sénéchal de cette Ville, et autres Officiers dudit Siége seront pareillement invités de ne faire, quant à la Police, d'autres fonctions que celles qui leur sont attribuées par leurs Charges.

Du 19 Janvier 1765.

JUGEMENT d'une Commission établie par M. l'Intendant, contre plusieurs Officiers et Employés de Sa Majesté.

Du 23 Janvier 1765.

VU par nous René Magon, Chevalier, Intendant, &c., assisté de MM. Esteve, Sénéchal; Guillaudeu, Conseiller au Conseil Supérieur dudit lieu; Kerdisien de Trémais, Subdélégué Général à l'Intendance; Bernard de Saint-Martin, Conseiller du Roi, Lieutenant Particulier dudit Siége; Bourgeois, et Tremolet de Mercey, Avocats en Parlement et au Conseil Supérieur de cette Ville, Commissaires et Assesseurs par nous nommés par notre Commission du 31 Mai de l'année derniere, et de M[e]. Pertuis, Greffier de l'Intendance, étant assemblés *en la Chambre criminelle dudit Conseil.*

La procédure extraordinaire faite et instruite à la requête de M. Dumesnil, Conseiller du Roi, et son Procureur au susdit Siége, Procureur Général de ladite Commission, procédant de son office, Demandeur et Accusateur, contre Jean Lalanne, Négociant au Cap, ci-devant Commis du Trésorier de la Marine audit lieu; Fleury, ci-devant Ecrivain principal de la Marine, faisant fonction d'Ordonnateur et de Commissaire des Guerres; la Riviere, ci-devant faisant fonction de Contrôleur; *et vingt-quatre autres; savoir, trois Commis des Bureaux de la Marine, quatre Notaires, et dix-sept Négotians ou Marchands du Cap*, Défendeurs et Accusés.

Le Procès verbal d'apposition des scellés fait par *les Officiers du Siége* Royal du Cap, en la maison dudit Lalanne, en conséquence de la Lettre par nous écrite à M. Esteve; la Commission par nous établie le même jour de la Chambre; l'Arrêté d'icelle, aux fins de l'instruction de la procédure, et qui nomme MM. Esteve et Guillaudeu, Commissaires à cet effet; le décret de prise de corps contre ledit Lalanne, l'interrogatoire par lui subi, l'information, les récolemens et confrontations, les conclusions définitives du Procureur Général, &c.: Nous Intendant, Président en ladite Chambre, Conseillers, Commissaires et Assesseurs susdits, en vertu de la Commission établie en conséquence des ordres de Sa Majesté; avons déclaré ledit Lalanne dûment atteint et convaincu de monopoles, prévarications, divertissemens de deniers, dont la Colonie s'est trouvée obérée, et de s'être enrichi aux dépens du Roi, &c.: pour réparation de tout quoi, et autres cas résultans dudit procès, condamnons ledit Jean Lalanne à restituer dans les coffres du Roi la somme de 3[illegible]0,000 liv., argent de la Colonie, jusqu'auquel payement, ou que par lui soit fourni bonne et suffisante caution, il tiendra prison.

Et avant d'adjuger le profit de la contumace contre lesdits Fleury, la Riviere et autres; disons et ordonnons qu'il sera plus amplement informé des faits mentionnés au procès, auquel effet le décret sera signifié aux contumax et absens de la Colonie, en leur domicile actuel, *toutes charges* néanmoins tenantes contre eux.

Ordonnons que, pour parvenir au recouvrement de la somme ci-dessus adjugée au profit de Sa Majesté, par forme de restitution, exécutoire sera délivré à la requête du Procureur Général en la Commission, du montant de ladite somme, au Commis principal du Trésorier Général des Colonies, actuellement en exercice en cette Ville, sur les biens les plus apparens dudit Lalanne, ou des cautions qu'il fournira.

Jugé en la Chambre du Conseil et de la Commission le 23 Janvier 1765, après avoir vaqué depuis sept heures du matin jusqu'à quatre heures de relevée. *Signés* MAGON, KERDISIEN TRÉMAIS, GUILLAUDEU,

ESTEVE, SAINT-MARTIN, BOURGEOIS, TREMOLET DE MERCEY, et PERTUIS, Greffier.

Voy. *les Arrêts du Conseil d'Etat des 2 Août 1766 et 7 Juillet 1781.*

ARRÊTÉ du Conseil du Port-au-Prince, portant que quatre de MM. feront le relevé exact des pouvoirs de MM. le Gouverneur Général et l'Intendant, pour, sur l'examen de ce relevé et la vérification faite, être statué ce qui sera jugé convenable et indispensable pour le service du Roi et le bien public.

Du 24 Janvier 1765.

Biffé en conséquence des Arrêts du Conseil d'Etat des 27 Avril et 13 Décembre 1765.

LETTRE du Ministre à M. le Comte D'ESTAING, sur les Mariages des Officiers des Troupes aux Isles.

Du 25 Janvier 1765.

IL s'est élevé, M., aux Isles une question sur l'état des Officiers des Troupes de France qui y passent pour leurs affaires: il s'agissoit de savoir s'ils pouvoient s'y marier sans la permision du Gouverneur-Lieutenant Général: le Roi, à qui j'en ai rendu compte, m'a ordonné de vous marquer que cette permission leur est nécessaire à tous, et que si quelqu'un d'entre eux venoit à contracter mariage sans l'avoir obtenue, il seroit cassé. Vous aurez soin de rendre cette décision publique, afin que tous ceux qui seront dans le cas, puissent se conformer aux intentions de Sa Majesté, et qu'ils en usent à cet égard comme les Officiers qui sont en service aux Colonies. J'ai l'honneur d'être, &c.

Copies de cette Lettre furent adressées par le Gouverneur Général aux Préfets Apostoliques, pour la faire connoître aux Curés de leurs Missions.

ARRÊT du Conseil du Port-au-Prince, qui annulle la Ferme des Cafés et des Jeux non prohibés.

Du 26 Janvier 1765.

VU par le Conseil la Remontrance du Procureur Général du Roi, expositive que, &c. LE CONSEIL donne acte au Procureur Général du Roi de l'appel qu'il interjette de la Sentence d'adjudication de la Ferme générale des Cafés et Jeux du ressort, du 8 Octobre dernier, et de tout ce qui a précédé et suivi ladite Sentence; faisant droit sur ledit appel, déclare nulle la Carte-Bannie en vertu de laquelle il a été procédé aux criées et à l'adjudication de ladite Ferme, 1°. en ce qu'elle est générale pour tout le ressort; 2°. en ce qu'elle n'a point été arrêtée par le Doyen de la Cour et le Procureur Général du Roi, conjointement avec M. l'Intendant; en conséquence, casse ladite Sentence d'adjudication de la Ferme générale des Cafés et Jeux non prohibés, en déclare le bail comme non avenu, fait défenses à l'Adjudicataire et à tous autres d'y donner aucunes suites, à peine d'être poursuivis extraordinairement; ordonne qu'une Ferme particuliere des Cafés et Jeux non prohibés sera criée dans chaque Jurisdiction du ressort de la Cour, suivant l'article 17 de l'Arrêt des deux Conseils du 9 Mars de l'année derniere, pour à quoi parvenir, M. l'Intendant sera invité par ledit Procureur Général du Roi de faire dresser une nouvelle Carte-Bannie, et de la faire arrêter, conjointement avec lui, par le Doyen de la Cour et ledit Procureur Général; enjoint à tous les Juges du ressort de tenir la main à l'exécution du présent Arrêt, dont copie collationnée sera envoyée dans tous les Siéges, &c.

Biffé en vertu de l'Arrêt du Conseil d'Etat du 27 Avril 1765.

Voy. *l'Ordonnance des 21 et 25 Février suivant.*

ARRÊT du Conseil du Cap, qui défend à tous Chirurgiens et Sage-Femmes de faire aucun Accouchement secret, sans en avertir le Ministere public.

Du 8 Février 1765.

ENTRE le sieur Aumetre, &c. Et faisant droit sur les plus amples conclusions du Procureur Général du Roi, enjoint à tous les Chirurgiens, Sage-Femmes, et autres qu'il appartiendra, conformément à l'esprit de l'Ordonnance du Roi Henri II, du mois de Février 1556, concernant les femmes et les filles qui celent leurs grossesses et enfantemens, et à la Déclaration du Roi du mois de Février 1708, de ne faire, en pareil cas, aucun accouchement secret, sans en donner avis au Ministre public dans tous les Siéges du ressort, et de se conformer à cet égard aux Ordonnances, sous les peines y portées; et sera le présent Arrêt imprimé, et copies collationnées d'icelui envoyées aux Jurisdictions du ressort, &c.

ARRÊT du Conseil du Cap, concernant la Réception des Avocats.

Du 8 Février 1765.

LA Cour ayant délibéré sur la question de savoir si ce seroit par l'ancienneté de la Matricule d'Avocat au Parlement, ou de la Commission d'Avocat au Conseil, qu'on accorderoit pareillement l'ancienneté, et qu'on recevroit en conséquence les Avocats audit Conseil, lorsqu'ils se présenteroient, comme aujourd'hui, en concurrence, et plusieurs à la fois, il a été unanimement arrêté que ce seroit l'ancienneté de la Matricule d'Avocat au Parlement, qui décideroit l'ordre de leur réception en la Cour.

ARRÊT du Conseil du Port-au-Prince, touchant une Commission provisoire de Procureur Général, accordée par le Gouverneur Général, et le Dépôt demandé d'un extrait des Instructions de ce dernier.

Du 12 Février 1765.

VU par le Conseil la Commission de Procureur Général du Roi, accordée provisoirement à M. Hays, Conseiller en la Cour, par M. le Gouverneur Général, le 20 Janvier dernier, après partie du rapport fait par le Commissaire-Rapporteur, et que M. le Président a demandé que la Lettre close du Roi, adressée à M. le Comte d'Estaing, fût mise sur le Bureau; ce qui ayant été exécuté, il en a fait lecture lui-même: il a remarqué que Sa Majesté avoit donné pouvoir à M. le Gouverneur Général de nommer même aux Offices des Conseils Supérieurs, et que si, sur de vaines allégations et sur des accusations, sans être tenu d'en justifier, le Conseil s'arrogeoit le droit de rejeter les sujets nommés par M. le Comte d'Estaing, ce seroit annuller les pouvoirs qui lui ont été accordés par Sa Majesté, et les rendre illusoires; et ouï le rapport en entier du Commissaire-Rapporteur, et le Procureur Général du Roi en ses conclusions; tout vu, considéré, et mûrement examiné: LE CONSEIL déclare n'y avoir lieu de procéder à l'enregistrement de ladite Commission; en conséquence, déboute ledit M^e. Hays de sa demande en réception à ladite Charge de Procureur Général du Roi en ce Conseil, et a arrêté qu'expédition du présent Arrêt, avec les motifs qui ont déterminé la Cour à le rendre, sera envoyée par le Procureur Général du Roi à M. le Gouverneur Général, qui demeure invité à la faire passer au Ministre Secrétaire d'Etat ayant le département de la Marine.

Après l'Arrêt ci-dessus rendu, M. Magon a remis sur le Bureau un extrait de l'instruction donnée à M. le Comte d'Estaing, datée du 1er Janvier 1764, et de lui certifiée, et en a requis le dépôt, à quoi a été répondu par la Compagnie, qu'elle voit avec amertume que M. Magon, qui réunit à la qualité de Président celle d'Intendant, se sert avantageusement de cette derniere, pour donner, à la faveur de l'autre, de l'humiliation à la Compagnie, dont les priviléges devroient lui être chers et sacrés; qu'en qualité de Président, il ne peut ignorer que les Cours Souveraines ne connoissent d'autres Loix que celles qui, revêtues du sçeau de Sa Majesté, sont consignées dans ses registres, et qu'il est aisé de voir que les extraits dont il a fait lecture et requis le dépôt, ne pouvant être d'aucun fond ni d'aucune considération vis-à-vis la Compagnie, ne paroissent avoir été mis sous ses yeux que dans les vues de continuer à l'intimider et à gêner la liberté des suffrages; en conséquence, sans s'arrêter au dépôt demandé par M. l'Intendant, ordonne que l'extrait dont s'agit lui sera remis par le Greffier de la Cour; ce qui a eté fait à l'instant; ordonne que cet Arrêt sera envoyé par le Procureur Général du Roi à M. le Gouverneur Général, qui demeure invité à le faire passer au Ministre Secrétaire d'Etat ayant le département de la Marine.

ARRÊT du Conseil du Cap, contenant enregistrement des pouvoirs particuliers donnés à M. le Comte D'ESTAING, et de deux Lettres du Ministre sur les qualifications des Conseils.

Du 13 Février 1765.

A L'INSTANT, M. le Comte d'Estaing est entré, et a demandé qu'on fît retirer l'Audience, ce qui ayant été exécuté, il a dit qu'il ne sait que d'hier au soir qu'il n'a été fait registre dans aucun des Conseils de la Colonie, de la Dépêche de M. le Duc de Choiseul à MM. les Officiers de ce Conseil, datée de Compiegne le 19 Juillet 1763, adressée à MM. le Vicomte de Belsunce et de Clugny, lors Gouverneur Général et Intendant de cette Colonie, et remise à M. le Chevalier de Montreuil, après le décès de mondit sieur le Vicomte de Belsunce, quoiqu'aux termes de l'autre Dépêche de M. le Duc de Choiseul, datée du même lieu et du même jour, elle dût être enregistrée aux Conseils Supérieurs de cette Colonie; que c'étoit avec la plus vive douleur qu'il se voyoit aujourd'hui forcé, par les Mémoires que le Conseil du Port-au-Prince avoit faits, et par la conduite injurieuse et calomnieuse qu'il avoit tenue contre lui et contre M. l'Intendant, à requérir et demander lui-même, comme il le fait, l'enregistrement des deux Dépêches susdites, ainsi que d'un article extrait par lui du Mémoire du Roi, contenant ses instructions, signé par Sa Majesté et contresigné par M. le Duc de Choiseul, à Versailles le 1er Janvier 1764, au soutien duquel extrait M. le Comte d'Estaing a remis sur le Bureau le Mémoire même; et s'étant apperçu à cet endroit qu'il avoit oublié la premiere Dépêche susdatée, adressée à MM. de ce Conseil, il s'est levé, et l'est allé chercher lui-même, après avoir invité M. de Kerdisien à ne laisser voir que l'article seul du Mémoire dont s'agit, page 25, paragraphe 3, avec la signature de Sa Majesté et celle de M. le Duc de Choiseul.

Sur quoi, la matiere mise en délibération, et le Procureur Général du Roi ouï, LA COUR a ordonné et ordonne que l'article extrait du Mémoire du Roi, contenant les instructions de M. le Comte d'Estaing, et signé de Sa Majesté, à Versailles le 1er Janvier 1764, signé de M. le Comte d'Estaing, pour extrait conforme mot à mot à l'original, sera et demeurera enregistré au Greffe de la Cour, et que cependant communication seroit donnée sur le champ à M. le Comte d'Estaing de la Lettre de cachet du Roi aux Administrateurs, du 26 Octobre 1744, portant, que l'intention de Sa Majesté est qu'ils empêchent qu'il ne soit enregistré aux Conseils Supérieurs de cette Colonie, non seulement aucuns Edits, Déclarations, Arrêts, Réglemens et Ordonnances, autres que ceux qui, par ses ordres, leur seront adressés par son Secrétaire d'Etat ayant le département de la Marine, mais encore aucune Lettre de grace, de rémission ou d'abolition; Lettres d'anoblissement, de confirmation de noblesse, de relief, de surannation, ou de dérogeance à noblesse, Lettres de naturalité, ni autres expéditions de son sceau ni de son Conseil d'Etat, qu'après que sondit Secrétaire d'Etat aura fait savoir de sa part auxdits Gouverneur Général et Intendant, qu'il trouve bon qu'on procede auxdits enregistremens.

Et à l'instant, M. le Comte d'Estaing étant rentré, et ayant apporté et mis sur le Bureau la Dépêche susdite de M. le Duc de Choiseul, sans enveloppe et sans autre adresse que ces mots au bas de la premiere page: *MM. les Officiers du Conseil Supérieur du Cap, Isle Saint-Domingue*. La matiere mise en délibération, et le Procureur Général ouï; LA COUR a ordonné et ordonne que les deux Dépêches susdites, datées de Compiegne le 19 Juillet 1763, signées le Duc de Choiseul; la premiere, adressée au bas, *MM. les Officiers du Conseil Supérieur du Cap, Isle Saint-Domingue;* et la seconde, aussi sans enveloppe, et adressée au bas, *MM. le Vicomte de Belsunce et de Clugny*, seront et demeureront pareillement enregistrées au Greffe de la Cour.

Et de suite, communication a été donnée à M. le Gouverneur Général par M. de Kerdisien, Président de la Compagnie, de la Lettre de cachet du Roi susdite, du 26 Octobre 1744, enregistrée en ce Conseil le 5 Juillet 1745, dont il a pris lecture; après quoi, l'Audience ayant été rappelée, on a pris, par continuation, le Jugement des causes.

Arrêt

ARRÊT du Conseil du Port-au-Prince, qui, 1°. regle la maniere d'opiner; 2°. arrête que les deux Conseils doivent confraterniser, et que les Membres d'un Conseil auront séance et voix consultative dans l'autre; et 3°. que les Substituts ne peuvent avoir qu'une séance honorifique.

Du 14 Février 1765.

VU le Mémoire présenté à la Cour par M^e^. Ruotte, Substitut du Procureur Général du Roi du Conseil du Cap, portant, que s'il apprécioit moins l'honneur de prendre séance dans ce Conseil, il sentiroit moins que cet avantage ne lui est accordé qu'avec des restrictions qui lui en dérobent la prérogative la plus flatteuse, et que ses fonctions s'y trouvent réduites à un personnage muet et purement inutile; que ce n'est ni par vanité ni par ostentation qu'il ambitionne la gloire de partager les travaux de la Cour; qu'animé du plus grand zele, mais dégagé de tout faste, il n'a pour objet que de remplir les obligations qui le lient à une Compagnie qui fraternise avec celle à laquelle il a l'honneur d'être attaché; qu'étant Officier du Conseil Supérieur du Cap, et y remplissant en cette qualité les fonctions de Premier Substitut du Procureur Général du Roi, il ne pensoit pas que c'étoit trop se flatter, que de croire qu'il dût au moins concourir ici à ces mêmes fonctions, sur-tout quand, remontant à l'époque de la délibération des deux Conseils, il entrevoit de quoi justifier cette prétention; et quand l'exemple du Chef du Parquet du Cap, que la Cour a tout récemment admis à la tête du sien, vient encore à son appui pour la légitimer; que sa surprise a été extrême de ne se voir donner dans ce Conseil qu'une séance honorifique, et de se voir en conséquence, non seulement refuser toute communication des affaires qui s'y plaident; mais encore de voir sa demande sur cet objet regardée comme un prestige sur lequel il s'abuse. Cependant, si l'exemple qu'il vient d'avoir l'honneur de citer est certain, par quel événement la face des usages de la Cour auroit-elle donc tellement changé, qu'une disposition qui s'accordoit si bien avec ses maximes, fût tout à coup devenue assez funeste, pour l'obliger à l'annuller? ou par quelle fatalité éprouveroit-il la rigueur d'une pareille exception? Que c'est avec peine, avec la plus vive douleur qu'il se voit contraint de retracer ici ce contraste; mais que plus il est frappant, moins il doit se taire; que ce que la Loi ou l'usage donne à titre de faculté est inaliénable, et les prérogatives d'Etat, qui sont de ce genre, ne sauroient être susceptibles de convention; qu'on peut bien renoncer à l'exercice d'un droit, parce que l'acte qui en résulte n'est en lui qu'un bien particulier mais qu'on ne sauroit renoncer à la puissance de l'exercer, parce que c'est un bien commun, parce que c'est un bien général, qu'on ne peut abdiquer, dont on n'est pas maître de se dessaisir, parce qu'enfin on n'en a que l'usage, et non la propriété; que dans ces circonstances il manqueroit évidemment à ce qu'il doit à sa Compagnie; il donneroit tacitement atteinte à ses privilèges; il blesseroit même ceux de la Cour, et manqueroit à ce qu'il se doit à lui-même; il s'exposeroit enfin à des réflexions que la délicatesse ne sauroit entrevoir sans s'en alarmer, s'il ne réclamoit l'honneur de participer à des fonctions qu'il ne sollicite, que parce qu'elles se présentent à lui sous la présence du devoir, et c'est sur quoi il supplie le Conseil de vouloir bien statuer, ne fût-ce que pour trouver dans sa décision (si elle pouvoit lui être favorable) le monument de sa justification et de son excuse; ledit Mémoire signé Ruotte. LE CONSEIL, oui le Procureur Général du Roi et le rapport, *sans s'arrêter à la réquisition faite par M. l'Intendant, Président, de donner ses opinions par écrit, et motivées, comme contraire à l'usage observé dans toutes les Cours du Royaume, et tendant à gêner la liberté des suffrages*; prononçant sur la demande de Me. Ruotte, l'a débouté des prétentions contenues dans son Mémoire, et lui a cependant conservé la séance honorifique seulement portée par son Arrêt du 9 de ce mois; et quant à la fraternité que M. l'Intendans invite la Compagnie à conserver avec le Conseil du Cap, la Cour déclare qu'elle est bien éloignée de vouloir en blesser les droits, et qu'en toute occasion elle cherchera au contraire à en serrer les liens; en conséquence, sans nuire ni préjudicier à l'Arrêt des deux Conseils assemblés au Cap, du 30 Janvier 1764, et en l'interprétant en tant que de besoin, a arrêté que tous les Conseillers dudit Conseil, qui se trouveront dans ce ressort, sans mission expresse du Roi, auront désormais séance et voix consultative seulement au Conseil du Port-au-Prince, sans qu'ils puissent être chargés d'aucun rapport, n'étant pas au pouvoir des Cours de donner aux Parties d'autres Juges que ceux que le Roi leur a donnés; mais que les Officiers du Parquet dudit Conseil, ainsi que ceux de la Cour qui pourroient se trouver au Cap, ne pourront avoir dans l'une ni l'autre Cour où ils se trouveront, que la séance simplement honorifique, ni même prétendre donner des conclusions dans aucune affaire qui intéresse le Ministere public de chaque ressort, dont les fonctions, en cas de mort, refus ou empêchemens des Officiers du Parquet, sont dévolus au dernier Conseiller titulaire: ordonne que copie du présent Arrêt sera adressée par le Procureur Général du Roi à M. le Doyen du Conseil du Cap. FAIT en Conseil, &c.

ARRÊT du Conseil du Cap, qui, à la réquisition du Gouverneur Général, nomme M. BEAUJEAU, Conseiller-Commissaire, pour procéder, avec les Chefs de la Colonie, à la vérification de l'estimation de divers Terrains de son ressort, faite par le Syndic et l'Arpenteur des Quartiers, en vertu de l'Ordonnance du 7 Août précédent.

Du 15 Février 1765.

ARRÊT du Conseil du Cap, portant, à la réquisition du Gouverneur Général, que deux Conseillers nommés Commissaires, attesteront au bas des expéditions d'Arrêts à lui délivrées, la signature du Greffier en chef.

Du 15 Février 1765.

M. le Comte d'Estaing a dit:

« MM., quoique je sache que le Greffier en chef de la Cour ait le droit de signer seul les expéditions des Arrêts qui y sont rendus, des raisons particulieres me déterminent à demander que, sans tirer à conséquence et sans vouloir donner atteinte aux droits du Greffier en chef, vous autorisiez deux Conseillers de la Cour pour attester la signature que ledit Greffier a apposée, 1°. à une expédition d'une piece intitulée, *Extrait du Mémoire du Roi, pour servir d'instruction à M. le Comte d'Estaing, Gouverneur Général, &c.* signé par Sa Majesté à Versailles le premier Janvier 1764; 2°. autre expédition d'une *Lettre écrite par M. le Duc de Choiseul, de Compiegne le 19 Juillet 1763*, ayant pour adresse au bas de la premiere page, *MM. les Officiers du Conseil Supérieur du Cap, Isle Saint-Domingue*; 3°. l'expédition d'une autre *Lettre de mondit sieur le Duc de Choiseul*, datée du même lieu et du même jour, ayant pour adresse au bas de la premiere page, *MM. le Vicomte de Belsunce et de Clugny*, lesquelles trois pieces ont été registrées ès registres de la Cour, au désir de son Arrêt du jour d'hier. Sur quoi, la matiere mise en délibération, le Procureur Général ouï, et tout considéré: LA COUR a ordonné et ordonne, qu'à la réquisition expresse de M. le Gouverneur Général, sans tirer à conséquence et sans porter atteinte aucune aux droits du Greffier en chef du Conseil, il seroit nommé deux Conseillers, pour attester la signature dudit Greffier en chef véritable, auquel effet elle a commis MM. Duperrier et Dalcourt de Belzun, Conseillers.

ORDONNANCE des Administrateurs, pour l'exécution des Arrêts du Conseil du Port-au-Prince, des 21 et 27 Juillet 1764, relatifs à l'Assemblée Coloniale du mois de Juin précédent.

Des 15 et 21 Février 1765.

CHARLES, Théodat, Comte d'Estaing, &c.

René Magon, &c.

Nous, Gouverneur Général et Intendant, en notre qualité d'uniques Commissaires nommés par Sa Majesté pour l'administration de cette Colonie, nous avons ordonné et ordonnons qu'il ne sera rien innové dans ce qui a été réglé et enregistré, en conséquence des ordres de Sa Majesté, par les Arrêts du Conseil Supérieur du Port-au-Prince, des 21 et 27 Juillet 1764, imprimés à la suite du procès-verbal de l'Assemblée Nationale tenue au Cap au mois de Juin de la même année, et ce nonobstant tout empêchement à ce contraire, et jusqu'au temps que Sa Majesté nous aura fait parvenir ses ordres à cet égard. Prions, mandons et ordonnons à tous ceux sur qui notre pouvoir s'étend, chacun en droit soi, de tenir la main à l'exécution de la présente, les en rendons responsables, leur prescrivons de prêter main-forte, et de traiter comme rebelles envers les Chefs légitimes nommés par Sa Majesté, tous ceux qui voudront s'opposer à l'exécution de la présente, et se dispenser de payer en vertu de tout titre quelconque, autres que ceux signés de nous; et sera la présente lue, publiée et affichée par tout où besoin sera, après avoir été enregistrée au Greffe du dépôt du Gouvernement Général et à celui de l'Intendance. FAIT au Cap le 15, et au Port-au-Prince le 21 Février 1765.

Signés ESTAING et MAGON.

ORDRE des Administrateurs au Conseil du Port-au-Prince, pour l'enregistrement de deux Dépêches du Ministre.

Des 15 et 21 Février 1765.

CHARLES Théodat, Comte d'Estaing, &c.

René Magon, &c.

Nous Gouverneur Général et Intendant, requérons en nosdites qualités, et exigeons, au nom de Sa Majesté, du Conseil Supérieur du Port-au-Prince, l'enregistrement non exécuté ou supprimé, pour quelque cause que ce puisse être, de la Lettre du Ministre, adressée à MM. les Officiers du Conseil Supérieur du Cap, écrite de Compiegne en date du 19 Juillet 1763, qui leur fait défenses d'user du terme de Remontrances; leur ordonne de n'en adresser qu'au Gouverneur Général et à l'Intendant, et leur prescrit, dans le cas où ils n'en recevroient pas la justice qu'ils pourroient en attendre, d'envoyer de simples Mémoires de représentations au Secrétaire d'Etat ayant le département de la Guerre et de la Marine, avec la souscription d'Officiers du Conseil Supérieur, Sa Majesté leur défendant de prendre d'autre qualité; ainsi que la Lettre portant ordre à MM. le Vicomte de Belsunce et de Clugny de faire enregistrer ladite Dépêche du 19 Juillet 1763, et d'en adresser une copie à MM. de Montreuil et de Kerdisien, pour la faire enregistrer au Conseil Supérieur du Port-au-Prince. FAIT au Cap le 15, et au Port-au-Prince le 21 Février 1765.

Signés ESTAING et MAGON.

Voy. les Arrêts du 13 Mars et du 15 Juillet suivant.

ORDONNANCE de M. l'Intendant, qui supprime les Receveurs des Droits Suppliciés, et réunit leur recette à celle de l'Octroi, conformément à la décision de l'Assemblée Coloniale, et enjoint aux Receveurs supprimés de rendre leurs comptes à ceux de l'Octroi, à peine d'y être contraints par corps.

Du 21 Février 1765.

R. au Greffe de l'Intendance le 27.

ORDONNANCES *des Administrateurs, qui suppriment la Ferme des Cabarets.*

Des 21 et 25 Février 1765.

CHARLES Théodat, Comte d'Estaing, &c.

René Magon, &c.

Sur ce qui nous a été particulierement représenté d'une façon sage, modérée, et à laquelle nous ne pouvons donner trop de louanges, par plusieurs de MM. les Officiers du Conseil Supérieur du Cap, qui nous ont communiqué leurs observations sans forme, ainsi que par divers Habitans et Commerçans des différens Quartiers de la Colonie, que la Ferme des Cabarets et Tafias étoit également préjudiciable à l'Agriculture et au Commerce en ce qu'elle arrêtoit l'industrie de l'Habitant dans ses Manufactures de guildives, et gênoit les Négocians, en diminuant la facilité de vendre les eaux-de-vie, vins et liqueurs qu'ils recevoient de France; et sur la demande réitérée de M. le Gouverneur Général : nous, conjointement, et seuls dépositaires de l'autorité de Sa Majesté dans cette partie de l'Administration de la Colonie, sans avoir aucunement égard aux deux Arrêts rendus par le Conseil du Port-au-Prince, séditieux, contraires aux formes prescrites par Sa Majesté, et publiés d'une façon monstrueuse; voulant procurer à la Colonie, autant qu'il est en nous, tout le bien et les avantages dont elle est susceptible, en protégeant les principales sources de ses richesses, et en dissipant successivement, et autant que l'état des finances et les dépenses multipliées le permettent à M. l'Intendant, les entraves qui peuvent arrêter les progrès de l'Agriculture et du Commerce; nous avons ordonné et ordonnons que la Ferme des Cabarets et Tafias sera et demeurera totalement supprimée dans toute l'étendue du ressort du Conseil Supérieur du Cap, à compter du premier Mars prochain; en conséquence, annullons la Carte-Bannie et l'adjudication de ladite Ferme; ordonnons que l'Adjudicataire d'icelle comptera de Clerc à Maître, devant M. l'Intendant, du produit de ladite Ferme, jusqu'audit jour premier Mars, pour lequel compte il lui sera alloué salaire raisonnable, ainsi que pour les peines et soins qu'il aura pris dans l'exploitation d'icelle; lui faisons défenses d'exiger lesdits droits à l'avenir, et après l'expiration dudit terme, à peine d'être puni comme concussionnaire. Sera la présente enregistrée au Greffe du Gouvernement Général et à celui de l'Intendance. FAIT au Cap le 21, et au Port-au-Prince le 25 Février 1765. *Signés* ESTAING et MAGON.

Les intérêts du Commerce et de l'Agriculture nous ayant portés à rendre une Ordonnance les 21 et 25 Février 1765, par laquelle nous avons supprimé la Ferme des Cabarets et Tafias dans toute l'étendue du ressort du Conseil Supérieur du Cap; et étant juste et nécessaire de traiter avec égalité tous les Citoyens de cette Colonie, sans avoir aucunement égard aux deux Arrêts rendus par le Conseil Supérieur du Port-au-Prince, séditieux, et publiés d'une façon monstrueuse: nous, conjointement et seuls dépositaires de l'autorité de Sa Majesté dans cette partie de l'Administration de la Colonie, sur la demande réitérée de M. le Gouverneur Général, nous avons ordonné et ordonnons que la Ferme des Cabarets et Tafias sera et demeurera supprimée dans toute l'étendue du Conseil Supérieur du Port-au-Prince, à compter du 26 Février 1765; en conséquence, annullons, &c. (*Le reste est conforme à l'Ordonnance précédente.*)

R. au Greffe de l'Intendance le 26.

ARRÊT *du Conseil du Cap, pour la sûreté de l'Exécuteur des Hautes-Œuvres.*

Du 9 Mars 1765.

VU par le Conseil la Remontrance du Procureur Général du Roi en la Cour, contenant, que la Populace et les Negres qui suivent les Criminels qu'on conduit au supplice, et l'Exécuteur de la Haute-Justice, s'ingerent, depuis long-temps, de reconduire ce même Exécuteur, après l'exécution finie, de la Place publique en Prison, et de l'assaillir, chemin faisant, à coups de roches; que cette licence et cet excès sont même poussés au point que les roches, lancées de toutes parts, volent quelquefois jusques dans les boutiques voisines. A CES CAUSES, &c.: LA COUR a fait très-expresses inhibitions et défenses à toutes personnes, esclaves ou libres, d'insulter ni attaquer, soit de fait, à coups de roches ou autrement, même de paroles, l'Exécuteur de la Haute-Justice, soit à l'instant, soit après l'exécution; et en cas de contravention de la part d'aucuns Negres ou Négresses, Mulâtres ou Mulâtresses esclaves, ordonne que le contrevenant, s'il peut être à l'instant pris et arrêté, sera conduit aussi-tôt aux pieds de la potence, échafaud ou bûcher, par l'Exécuteur de la Haute-Justice, et par lui fouetté et battu de cordes ou de verges sur les épaules nues, conduit et détenu ensuite pendant huit jours ès prisons de cette Ville; ce qui sera exécuté par forme de police, sur le Réquisitoire verbal du Substitut dudit Procureur Général du Roi au Siége Royal de ladite Ville, et sur la simple Ordonnance en conformité du sieur Juge criminel ou de son Lieutenant; de tout quoi sera dressé procès verbal, sans autres formalités, pour, en cas de récidive, y être autrement et plus séverement pourvu, ainsi que de droit, &c.

JUGEMENT des Administrateurs, concernant la Rue dite fermée au Cap.

Du 12 Mars 1765.

ENTRE le sieur Ducasse, d'une part; le sieur Yvon, d'autre part. Tout vu et considéré, nous., Général et Intendant, faisant droit sur les Requêtes et demandes respectives des Parties, et ayant aucunement égard aux concessions accordées par nos prédécesseurs les 20 et 25 Mars 1746; évoquant le principal, et y faisant droit, avons confirmé, en tant que de besoin, la Sentence du Siége Royal du Cap, du 29 Octobre 1763; en conséquence, ordonnons que la rue dite fermée sera continuée jusqu'à la rue du Hasard inclusivement; et au sieur Ducasse, de tirer les matériaux et démolir les murs qui peuvent faire embarras à ladite rue; autorisons le sieur Yvon de faire construire à ses frais et dépens un mur de séparation ou de façade tout le long de son emplacement, tirant du point C en D, de la copie du plan que nous avons paraphé, en faisant la même direction et les alignemens des six Islets situés côté nord de la rue dite fermée; faisons défenses au sieur Ducasse de troubler ni inquiéter le sieur Yvon dans la construction dudit mur, et dans la possession et jouissance de son emplacement, à peine de tous dépens, dommages et intérêt, et condamnons le sieur Ducasse aux dépens de la présente instance.

Signés ESTAING et MAGON.

Arrêt

ARRÊT du Conseil du Port-au-Prince, touchant la présentation à l'enrégistrement de deux Lettres du Ministre.

Du 13 Mars 1765.

VU par le Conseil les copies des Lettres de M. le Duc de Choiseul, écrites de Versailles le 19 Juillet 1763, au Conseil Supérieur du Cap, et à MM. de Belsunce et de Clugny, lesdites Lettres, portant, &c.; l'Edit de création de ce Conseil du mois de Mars 1685; les diverses Lettres-patentes, Edits, Déclarations du Roi, Provisions, Lettres d'abolition; autres Lettres écrites à la Compagnie par Sa Majesté, et notamment les Provisions de Conseiller accordées à M. Viau, Doyen de la Compagnie, le 25 Octobre 1744, par lesquelles Sa Majesté donne à M. Viau les mêmes honneurs, autorités, prérogatives, exemptions dont jouissent les Conseillers de ses autres Cours Supérieures du Royaume, et les Provisions de Procureur du Roi de la Jurisdiction de Saint-Marc, en faveur du sieur Bretton des Chapelles, en date du 12 Septembre 1763, lesdites Provisions, postérieures aux susdites Lettres, et adressées à la Cour en ces termes usités; *Si donnons en mandement à nos amés et féaux les Gens tenant notre Conseil Supérieur du Port-au Prince*, ensemble le Discours prononcé par M. le Comte d'Elva dans la séance du 11 Mars dernier, et de lui signé; LE CONSEIL, sur ce, ouï le Procureur Général du Roi et le rapport de MM. les Conseillers-Commissaires, délibérant sur l'enregistrement des Lettres de M. le Duc de Choiseul, requis par M. le Comte d'Elva, dit qu'il n'y a lieu à l'enregistrement desdites Lettres, les déclare surprises à la religion du Ministre; et pour prévenir les suites des tentatives faites par des personnes mal intentionnées, et qui cherchent à enlever à la Compagnie des priviléges qui lui sont accordés par son Edit de création, et dont elle a joui sans interruption; ordonne que sur ce il sera fait à Sa Majesté de très-humbles et de très-respectueuses Représentations, dont les objets seront incessamment fixés, lesquelles seront adressées au Ministre Secrétaire d'Etat ayant le département de la Marine, avec Lettre d'accompagnement.

Voy. l'Arrêt du 15 Juillet suivant.

ORDONNANCE du Roi, concernant sa Marine.

Du 25 Mars 1765.

Cette Ordonnance, qui apporte quelques changemens à celle du 15 Avril 1689, pour les Armées Navales et Arsenaux de la Marine, et qui contient des dispositions nouvelles, est dans le même cas que cette premiere, relativement aux Colonies où elle fait loi, dans les cas non prévus, par des autorités locales : elle n'a pu trouver place dans ce Recueil, à cause de son étendue et de la facilité de la trouver imprimée ; elle contient 16 Liv., 103 tit., et 1321 art.

ORDONNANCE du Juge du Cap, qui expulse les Juifs de sa Jurisdiction.

Du 10 Avril 1765.

VU la Remontrance du Procureur du Roi en fonctions, en date du 3 de ce mois ; la Requête présentée à M. le Gouverneur Général au nom du Commerce de France et du Cap, représenté par les Négocians, Capitaines de Navires et Marchands qui l'ont souscrite, et qui se trouvent au nombre de cent cinquante-deux ou environ ; le Mémoire y joint, non signé ; l'Ordonnance de M. le Général, étant au bas de ladite Requête, laquelle est en date du 2 Avril présent mois, ensemble la Lettre de M. le Général, datée du même jour, portant envoi au Procureur du Roi desdites Requêtes, Mémoire et Ordonnance ; le tout quoi demeurera ci-joint pour recours : nous, faisant droit sur ladite Remontrance, ordonnons que l'article 1er de l'Edit du mois de Mars 1685, dûment enregistré, sera exécuté suivant sa forme et teneur ; en conséquence, ordonnons à tous et chacun les Juifs qui sont actuellement dans l'étendue de cette Jurisdiction, et qui ont pu y établir une résidence, d'avoir à en sortir dans trois mois, à compter du jour de la publication de la présente Ordonnance ; et faute par lesdits Juifs de sortir dans lesdits trois mois, nous ordonnons qu'ils seront poursuivis, et leurs corps et biens confisqués au profit du Roi, conformément audit Edit, à l'effet de quoi autorisons, conformément à leur demande, et en tant que de besoin, enjoignons aux Négocians, Capitaines Marchands, et autres, à faire, après lesdits trois mois, la dénonciation au Procureur du

Roi de tous et chacun les Juifs qui se trouveroient encore dans l'étendue de la Jurisdiction; le tout toutefois sans préjudice des priviléges, si aucuns ont pu être accordés à des Juifs particuliers, et qui auroient été bien et dûment enregistrés en cette Colonie. Et sera la présente lue, publiée et affichée par-tout où besoin sera, et enregistrée au Greffe de cette Jurisdiction, &c.

Lue, publiée et affichée le Dimanche 14 Avril.

Voy. *la Sentence du 4 Mai suivant.*

ARRÊT du Conseil du Cap, portant que les anciens droits établis sur les Maisons de la Ville et Banlieue du Cap, pour la construction de l'Eglise, depuis 1754 jusqu'en 1764 exclusivement, seront payés par tous les Détenteurs actuels, par cinquieme de leurs Baux réels ou évalués, à l'échéance de chaque terme, ou par les Propriétaires, de six en six mois, et ce par privilége et préférence à tous créanciers, fors aux deniers du Roi; à quoi faire contraints comme pour deniers publics; et que quant aux droits depuis le premier Janvier 1764 jusqu'à la perfection de l'Eglise, ils seront payés sans terme ni modification, et que l'Arrêt sera imprimé, publié, &c.

Du 18 Avril 1765.

ARRET du Conseil du Cap, qui déboute le Geolier de la même Ville de sa demande afin d'être Receveur des Epaves.

Du 20 Avril 1765.

ARRÊT du Conseil d'Etat, qui en casse plusieurs du Conseil du Port-au-Prince.

Du 27 Avril 1765.

LE Roi s'étant fait représenter l'Arrêt rendu le 19 Janvier dernier par les Officiers du Conseil Supérieur du Port-au-Prince, faisant défenses à tous Trésoriers et Receveurs établis dans l'étendue de son ressort, de perçevoir le droit de dix pour cent, &c.; autre Arrêt du 26 du même mois de Janvier, qui casse une Sentence du 8 Octobre 1764, portant adjudication générale de la Ferme des Cafés, &c.; l'Arrêté fait par les Officiers du Conseil le 24 Janvier dernier, portant qu'il sera fait par quatre d'entre eux un relevé exact des pouvoirs des sieurs Gouverneur-Lieutenant Général et Intendant des Isles sous le Vent; le relevé fait en conséquence le lendemain 25 du même mois de Janvier; autre Arrêté du même jour 25 Janvier, portant que ledit relevé seroit enregistré; et un autre Arrêté du 26 du même mois, contenant dix-neuf protestations, tant contre les pouvoirs desdits Gouverneur-Lieutenant Général et Intendant, que contre leur administration; à quoi voulant pourvoir, afin de prévenir les suites dangereuses qui pourroient résulter de semblables Arrêts et Arrêtés, capables de soulever les esprits dans la Colonie : LE ROI étant en son Conseil, a cassé et casse lesdits Arrêts et Arrêtés du Conseil Supérieur du Port-au-Prince, des 19, 24, 25 et 26 Janvier dernier, au nombre de sept; fait très-expresses inhibitions et défenses audit Conseil d'en faire de semblables à l'avenir, et de s'immiscer directement ni indirectement dans l'administration desdites Isles sous le Vent; veut Sa Majesté que ledit Conseil Supérieur se renferme, conformément à l'objet de sa création, dans la seule distribution de la Justice; ordonne au surplus que lesdits Arrêts et Arrêtés seront rayés et biffés sur les registres dudit Conseil Supérieur; et que le présent Arrêt sera transcrit en marge d'iceux.

R. au Conseil du Port-au-Prince le 20 Mars 1766.

Voy. *les Arrêts des 16 et 26 Août 1765.*

ORDONNANCE du Roi, portant création d'un Régiment, sous la dénomination de Régiment de Colonies et de Recrues dans l'Isle de Ré, pour compléter les Troupes desdites Colonies.

Du 30 Avril 1765.

ORDONNANCE des Administrateurs, concernant l'établissement, la forme, et la discipline d'une Compagnie d'Ouvriers d'Etat.

Du 1er Mai 1765.

SENTENCE du Juge du Cap, qui déboute les Juifs de leur opposition à son Ordonnance du 10 Avril précédent.

Du 4 Mai 1765.

ENTRE les Juifs Régnicoles, François de nation, Espagnols et Portugais, résidans et domiciliés en cette Ville, poursuite et diligence des sieurs Lameyra et Pereyra, procédans, tant en leurs noms, que comme fondés de la procuration desdits Juifs, comparans par M^e^. Monel, leur Procureur, d'une part; contre M^r^. Dumesnil, Conseiller du Roi, et son Procureur en ce Siége, procédant de son Office, défendeur, comparant en personne, d'autre part: nous avons débouté les Demandeurs de leur opposition à notre Ordonnance dudit jour 10 Avril dernier, laquelle sera exécutée selon sa forme et teneur, sauf auxdits Demandeurs à se pourvoir, pour requérir et obtenir Lettres qui les autorisent expressément à résider dans les Colonies, contre et au préjudice des Edits de 1685 et 1724, comme aussi sauf à eux, au cas qu'ils se croient munis de quelques priviléges de résidence, dérogatoires auxdits Edits, à se pourvoir pardevant qui de droit, pour l'enregistremsnt et publication d'iceux, sans dépens.

Les Juifs obtinrent des Lettres de relief d'appel de cette Sentence le 21 Juin 1765; ils les firent signifier au Procureur du Roi du Cap le 22, et ne firent pas d'autres poursuites.

ORDONNANCE du Juge du Cap, qui enjoint au Geolier d'inscrire comme Marrons les Esclaves amenés à la Geole sans cause particuliere, et lui fait défenses de les élargir sans le consentement par écrit du Receveur des Epaves.

Du 7 Mai 1765.

BREVET de Don de la jouissance du Droit de Passage sur la riviere du Cap et à la Petite-Anse, en faveur de Madame la Duchesse DE BRANCAS, *pendant trente années, qui finiront au premier Janvier 1797, à condition qu'il ne sera rien exigé pour le passage des Troupes et de leurs Bagages, et que le Quartier de Limonade, et tous autres sis hors de la Rade du Cap, ne seront point assujettis audit droit de passage.*

Du 8 Mai 1765.

Arrêt du Conseil du Cap, du 13 Novembre 1766, surseoit à l'enregistrement du Brevet, jusqu'à ce qu'il ait plu à Sa Majesté de s'expliquer sur les art. 23 et 26 du Réglement des deux Conseils du 9 Mars 1764.

Autre Arrêt du 25 Mai 1771, qui renvoie à l'exécution du précédent.

ORDONNANCE des Administrateurs, qui accorde aux Maisons de Providence du Cap le privilége exclusif de faire porter les Morts.

Du 15 Mai 1765.

VU par nous la Requête des sieurs Duplessis et Aubert, Administrateurs des Maisons de Providence du Cap, nous disons et ordonnons que les Morts seront portés d'orénavant, tant à l'Eglise paroissiale du Cap, qu'au lieu de leur sépulture, par quatre ou six Negres appartenans à la Providence, des hommes et des femmes du Cap, exclusivement à tous autres, sans exception, à peine de désobéissance, et de 120 liv. d'amende contre chaque contrevenant, applicable auxdites Providences du Cap; ordonnons en outre qu'il sera payé auxdites Maisons de Providence, par chacun Negre qui portera les morts, la même somme et rétribution qu'on payoit ci-devant aux Soldats Suisses employés à cet effet; comme aussi que lesdits Negres paroîtront exactement aux lieux et heures où ils seront requis, vêtus en outre décemment et convenablement aux cérémonies de l'Eglise en pareil cas, à peine d'y être par nous pourvu, en cas de plainte; et sera la présente enrégistrée au Dépôt du Gouvernement et de l'Intendance de cette Colonie, et sur les registres de la Paroisse du Cap, et par-tout où besoin sera. DONNÉ au Port-au-Prince, &c. *Signés* ESTAING et MAGON.

R. au Greffe de l'Intendance le 8 Juin.

ARRÊT de Réglement du Conseil du Port-au-Prince, portant établissement des Huissiers en Bourse commune.

Du 20 Mai 1765.

VU par le Conseil la Requête à lui présentée par les Huissiers résidant au Port-au-Prince, les conclusions du Procureur Général du Roi, et ouï le rapport de MM. de la Mahautiere et Bonnel, Conseillers; la matière mise en délibération, et tout considéré: LE CONSEIL, sous le bon plaisir de Sa Majesté et jusqu'à ce qu'il lui ait plu approuver ces présentes, ayant aucunement égard à ladite Requête, a ordonné et ordonne provisoirement, qu'à commencer du premier Juillet prochain, il sera établi une Bourse commune des droits desdits Huissiers, pour le produit de tous les actes généralement quelconques, dépendans de leur ministere, être entre eux réparti par égale portion, aux charges et soumissions suivantes.

ART. Ier. Tous les Huissiers seront à l'avenir pourvus de Commission en la Cour, au Siége Royal, et à celui de l'Amirauté de cette Ville, sous le bon plaisir de MM. les Général et Intendant, et les offres..... (Voy. *l'art. 1er du Règlement du Conseil du Cap, du 26 Février 1761.*)

ART. II. Seront pareillement tenus lesdits Huissiers de répondre solidairement..... (Voy. *l'art. 2 du Réglement du Conseil du Cap du 26 Février 1761.*)

ART. III. Toutes les dépenses et pertes qu'occasionnera..... (Voy. *l'art. 3 de l'Arrêt du Réglement du Cap.*)...

ART. IV. Sera établi..... (Voy. *l'art. 4 du Réglement du Cap.*)... la composeront, et dont le nombre, lorsqu'il sera réduit à douze, ne pourra augmenter.

ART. V et VI. (Voy. *les art. 5 et 6 du Réglement du Cap.*)

ART. VII. Ledit Bureau..... (Voy. *l'art. 7 du Réglement du Cap.*)..... et ouvert depuis le soleil levé jusqu'au soleil couché.

ART. VIII jusqu'au XVII. (Voy. *l'art. 8 jusqu'au 17e du Réglement du Cap.*)

ART. XVIII. Toutes les semaines il y aura, à tour de rôle, huit Huissiers qui partiront pour la campagne; savoir, quatre le Mardi et quatre le Vendredi; le plus ancien des quatre ira faire les exploits du Quartier du Trou Bordet, la Riviere Froide, le Lamentin et dépendances; le second ira faire les exploits des Quartiers de la Charbonniere, Bellevue et environs;

le troisieme, ceux du Vieux-Bourg, la Croix-des-Bouquets, de la Grande Plaine et dépendances; et enfin, le quatrieme fera les exploits des Varreux, du Boucassin, de l'Arcahaye, et des Vases. Les quatre Huissiers qui partiront le Vendredi, feront le même service, et sera la même distribution observée entre eux.

ART. XIX. Tous les autres Huissiers qui ne seront point de service de campagne, seront de service pour tous les exploits, tant de la Ville que de la Banlieue, comme aussi pour faire les ventes. . . . (Voy. *l'art. 19 du Réglement du Cap.*)

ART. XX. (*C'est l'art. 20 du Réglement du Cap.*)

ART. XXI. Pendant les séances du Conseil, le Bureau sera tenu de faire trouver tous les jours, à l'ouverture de la premiere séance, quatre Huissiers à la porte dudit Conseil, pour en faire le service, comme aussi. . . . (Voy. *l'art. 21 du Réglement du Cap.*)

ART. XXII. (*Il comprend les art. 22 et 25 du Réglement du Conseil du Cap.*)

ART. XXIII. (*C'est le 24e du Réglement du Cap.*)

ART. XXIV et XXV. (*Ce sont les art. 26 et 27 du Réglement du Conseil du Cap.*)

ART. XXVI. Ordonne que le présent Arrêt de Réglement sera exécuté selon sa forme et teneur dans les différentes Jurisdictions du ressort, eu égard au local, à la diligence des Substituts de M. le Procureur Général, qui en certifieront la Cour au mois, qu'il sera lu, publié et registré ès Jurisdictions Royales et Siéges d'Amirauté de cette Ville, et autres Jurisdictions et Siéges du ressort, et inscrit sur les registres des Procureurs, et par-tout où besoin sera. FAIT en Conseil, &c.

Voy. *l'Arrêt du 16 Septembre suivant.*

ARRÊTÉ du Conseil du Cap, pour assister à la Procession de la Fête-Dieu, et empêcher que sa marche n'y soit troublée.

Du 5 Juin 1765.

LES Gens du Roi ouïs et retirés, et la matiere mise en délibération, la Cour a ordonné et ordonne que chacun de MM. se transportera au Palais, demain Jeudi 6 du présent, jour de la Fête-Dieu, à cinq heures un quart précises du matin, pour, de là et après que la Cour en aura été prévenue par le Clergé, suivant l'usage, se rendre en corps et ordre de marche, précédée précédee et suivie de ses Huissiers à l'Eglise paroissiale de cette Ville, et assister à la Procession, et autres cérémonies de l'Eglise.

Et attendu qu'à pareille cérémonie de l'année derniere, en date du 21 du mois de Juin, plusieurs personnes vinrent à la suite de M. le Gouverneur-Lieutenant Général, et marcherent à la Procession immédiatement après ledit sieur Gouverneur-Lieutenant Général et le Conseil; que quelques-unes même fendirent la marche, traverserent le Conseil, et s'allerent placer avant lui, et immédiatement après M. le Gouverneur-Lieutenant Général; ce qui est contraire aux articles 15, 20, 21 et 25 du Réglement de Sa Majesté, concernant les honneurs aux Isles sous le Vent, du 31 Juillet 1743, enregistré aux Conseils Supérieurs de la Colonie les 24 Janvier et 2 Mars 1744. Ordonne en outre que le Réglement dont s'agit sera exécuté dans tout son contenu, selon sa forme et teneur; qu'en conséquence, M. le Gouverneur sera et demeurera invité à maintenir de son autorité l'entiere et paisible exécution dudit Réglement, dont pour cet effet expédition en bonne forme, ensemble du présent Arrêté, lui sera remise par le Greffier en chef de la Cour.

ARRÊT du Conseil du Cap, qui annulle une procédure faite contre l'Ordonnance Criminelle.

Du 13 Juin 1765.

VU par le Conseil extraordinairement fait et instruit par le Lieutenant Particulier, Civil et Criminel du Cap, &c. LA COUR, émendant, corrigeant et réformant, déclare qu'il a été mal et incompétemment procédé aux interrogatoires, sur la sellette, le 15 Avril dernier, et Jugement du même jour; en conséquence, les déclare nuls et de nul effet; ordonne qu'il sera procédé de nouveau à la visite, examen et interrogatoire, et Jugement dudit procès, par les Officiers dudit Siége; et à leur défaut, par les Gradué; suivant l'ordre du tableau, autres toutefois que ceux qui y ont procédé, enjoint aux Officiers dudit Siége de se conformer exactement à l'avenir à l'art. 10 du tit. 25 de l'Ordonnance de 1670, et à l'article 5 du Réglement des deux Conseils, du 19 Mars 1764, &c.

Arrêt du Conseil du Cap, concernant les Pensionnaires du Couvent des Religieuses de la même Ville.

Du 15 Juin 1765.

LA COUR fait défenses à la Supérieure et Religieuses du Couvent de cette Ville, de plus à l'avenir remettre ni laisser sortir aucune Pensionnaire étant en leur Couvent d'autorité de Justice, que par le concours et l'autorité de la Justice même, et ce sous les peines de droit, &c.

Arrêt du Conseil du Cap, concernant les Saisies ès mains des Débiteurs aux Successions vacantes.

Du 15 Juin 1765.

SUR la Remontrance du Procureur Général du Roi en la Cour, tendante, &c.: LA COUR fait défenses à tous Créanciers privilégiés et non privilégiés des successions vacantes, de faire arrêter ou exécuter ès mains des débiteurs auxdites successions, ou détenteurs de sommes ou effets mobiliaires quelconques en dépendans, sur les Curateurs auxdites successions; fait pareilles défenses à tous Procureurs et Huissiers de prêter leur ministere pour raison desdites saisies, à peine de nullité, et de tous dépens, dommages et intérêts, solidairement contre eux et les Parties; en conséquence, enjoint à tous débiteurs aux successions vacantes de payer et remettre aux Curateurs à icelles successions, le montant de ce qu'ils ont ou auront, doivent ou devront de sommes ou effets mobiliers, tant en principal, qu'intérêts et frais, nonobstant toutes saisies-arrêts ou oppositions quelconques faites ou à faire, lesquelles sont et seront dès à présent réputées nulles et comme non avenues, et vaudront la demande introductive d'instance, et afin de payement du Créancier contre le Curateur aux successions vacantes, ainsi que la signification à lui faite de la Sentence de condamnation contre lui intervenue, saisie-arrêt et opposition en ses mains, à l'effet de conserver et l'empêcher de payer les Créanciers chirographaires, et non privilégiés, au préjudice les uns des autres, hors de leur rang, et sans les faire soumettre expressément par leurs quittances au rapport, s'il y a lieu, et qu'il en soit par Justice ainsi ordonné, à peine d'en répondre en son propre et privé nom.

ARRÊT du Conseil du Cap, en faveur des Procureurs gradués.

Du 15 Juin 1765.

VU par le Conseil la Requête de M^e. le Mayeur, &c. : LA COUR a ordonné et ordonne que son Arrêt de Réglement du 25 Mars 1764, sera exécuté selon sa forme et teneur ; en conséquence, que les Procureurs gradués seront maintenus dans le Siège Royal du Fort-Dauphin, et tous les autres dans la préséance sur les non gradués, nonobstant l'ancienneté de commission et réception en l'Office de Procureur, comme aussi que les Gradués *décaniseront* toujours, et feront toutes les fonctions des plus anciens du tableau, par exclusion aux Procureurs non gradués ou Praticiens ; en conséquence, fait défenses expresses à tous Procureurs non gradués de troubler les gradués dans les fonctions, préséances et prérogatives susdites, &c.

ARRÊT du Conseil du Cap, qui autorise l'Audiencier de la Cour à se faire suppléer en maladie par un autre Huissier, sans tirer à conséquence, et sauf à dédommager la Bourse commune de l'absence dudit Huissier, et ce à raison des significations qu'il aura faites.

Du 21 Juin 1765.

ARRÊT du Conseil d'Etat, qui attribue à l'Intendant, conjointement avec quatre Conseillers du Conseil du Port-au-Prince, qu'il pourra choisir, la connoissance des procédures commencées à l'occasion du désordre des registres, actes et papiers des Greffes de la Sénéchaussée et de l'Amirauté du Port-au-Prince, avec pouvoir de prononcer définitivement.

Du 6 Juillet 1765.

LETTRE du Ministre à M. l'Intendant, pour annoncer un Dépôt public des Registres des Paroisses des Colonies, établi à Rochefort.

Du 12 Juillet 1765.

LES représentations, M., qui ont été faites au Roi, sur l'embarras où se trouvent journellement nombre de familles de France, pour se procurer les éclaircissemens dont elles ont besoin, relativement à leurs parens qui sont passés aux Colonies, ont déterminé Sa Majesté à établir un dépôt à Rochefort, où le Public puisse avoir recours dans le besoin; mais Sa Majesté a senti en même temps que cet établissement ne pourroit remplir ses vues et procurer au Public tous les avantages qu'il peut en espérer, si on n'apporte pas dans les Colonies la plus grande exactitude à envoyer des copies de tous les registres de baptêmes, mariages et sépultures faits pendant l'année à Saint-Domingue, et que vous vous fassiez remettre, le plutôt possible, par les Greffiers des différentes Jurisdictions, des copies de tous les registres des années précédentes, qui se trouveront dans leurs Greffes, que vous m'enverrez également. Sa Majesté vous ordonne en même temps d'obliger tous les Procureurs des biens vacans à faire juridiquement au Greffe, tous les six mois, leurs déclarations des successions tombées en vacances, dans lesquelles ils feront mention de toutes les connoissances qu'ils se seront procurées sur la parenté des défunts, avec un extrait des inventaires, dont vous m'enverrez des copies. Cet objet est trop intéressant pour que vous n'y donniez pas tous vos soins, et Sa Majesté exige que vous ne négligiez rien pour vous conformer à ses intentions à cet égard.

Le Juge du Cap rendit une Ordonnance conforme à cette Lettre le 28 Novembre, qui fut enregistrée à son Siége le 3 Décembre suivant.

ORDONNANCE *des Administrateurs, qui annulle tous les Baux à ferme des Passages, excepté celui du Bac du Cap.*

Du 18 Juillet 1765.

CHARLES Théodat, Comte d'Estaing, &c.

René Magon, &c.

MM. de la Chambre d'Agriculture du Cap nous ayant, dans un Mémoire consacré à cette matiere, représenté les abus qui naissoient du privilége exclusif des Passages, les avantages que l'on auroit lieu d'attendre d'une libre concurrence dans le transport, et les fraudes auxquelles donne lieu l'infidélité des Adjudicataires de ces Fermes; nous avons cru devoir saisir avec d'autant plus d'empressement toutes ces vérités démontrées, que notre vigilance ne tend qu'à soulager de toute espece de charges des Citoyens dont nous ne cherchons qu'à affermir le bonheur, et qui ne sentiroient le poids d'aucuns droits, si les circonstances permettoient de les en dispenser; ayant reconnu que la suppression de ces Fermes intéressoit le plus grand nombre, qu'elle peut apporter plus de promptitude et plus de facilité dans le Commerce, qu'elle peut tendre au soulagement des Colons, en les débarassant de Fermiers peu exacts, et trop souvent sujets à des contraventions abusives, malgré les soins de la plus exacte vigilance; nous avons ordonné et ordonnons, que toutes les Fermes des Passages, à l'exception toutefois de celle du Bac étant à l'embouchure du haut de la riviere, dont jouit M. de la Porte, en vertu d'un Brevet de don de Sa Majesté, et dont il a plu au Roi de disposer de nouveau par un second Brevet, seront et demeureront à l'avenir totalement supprimées dans toute l'étendue du ressort du Conseil Superieur du Cap, à compter du 1er Août; à cet effet, annullons, en tant que besoin, les Cartes-Bannies et adjudications faites desdites Fermes, pour n'avoir aucun effet, à compter dudit jour; ordonnons en conséquence que les Adjudicataires d'icelles compteront pardevant M. l'Intendant de leurs pertes et profits, pour y avoir tel égard que de raison, et leur faisons très-expresses inhibitions et défenses de troubler quiconque voudra concourir au passage des denrées, soit des Villes aux embarcadaires, ou des embarcadaires dans les Villes, et ce sous les peines de droit. Sera la présente enregistrée au Greffe du Dépôt du Gouvernement général, et à celui de l'Intendance. FAIT au Cap, &c.

R. au Greffe de l'Intendance le 21 du même mois.

ARRÊT du Port-au-Prince, sur l'Enregistrement d'une Lettre du Ministre, du 19 Juillet 1763.

Du 25 Juillet 1765.

Ce jour, le Conseil étant assemblé, M. l'Intendant a dit, &c.: sur quoi, un de MM. a dit, que quoiqu'il ne paroisse pas qu'on puisse rétracter un objet sur lequel porte déja une délibération du Conseil; que, quelque rigoureux qu'il soit pour cette Cour Supérieure de perdre des privilèges et prérogatives aussi anciennes que son institution, cependant il ne paroît pas possible de méconnoître la volonté du Maître, lorsqu'elle est aussi expressément déclarée par son Ministre, et sur tout l'enregistrement de ses ordres étant itérativement demandé au nom de Sa Majesté; que l'enregistrement fait de ladite Dépêche du 19 Juillet 1763, à une Cour Supérieure, aux mêmes droits, honneurs et autorité que celle du Port-au-Prince, et qui en tout temps s'en est montrée aussi jalouse, semble offrir le contraste le plus capable d'intéresser la soumission aux volontés du Roi, par laquelle nous nous sommes jusqu'ici, MM., distingués. La matière mise en délibération, LE CONSEIL a ordonné et ordonne que ladite Dépêche de M. le Duc de Choiseul, du 19 Juillet 1763, déclarative des volontés du Roi, sera enregistrée.

LETTRE du Ministre à MM. D'ESTAING et MAGON, touchant un Mémoire de la Chambre d'Agriculture du Port-au-Prince, sur leur administration, et Lettre du même à la Chambre.

Du 31 Juillet 1765.

J'AI rendu compte au Roi de la Lettre que vous m'avez fait l'honneur de m'écrire le 15 Avril dernier, ainsi que de la Lettre et du Mémoire que la Chambre d'Agriculture du Port-au-Prince vous a adressés au sujet des mouvemens qu'il y a eus dans le Conseil Supérieur de cette Ville.

Sa Majesté a absolument désapprouvé, non seulement le style du Mémoire et de la Lettre de la Chambre, mais même la démarche qu'elle a faite auprès de vous: elle n'avoit aucune qualité pour vous faire des représentations de cette nature. L'objet de son établissement se réduit à proposer tout ce qui peut être utile et avantageux aux Plantations et au Commerce de Saint-Domingue; elle ne peut ni ne doit, en aucun cas, ni sous quelque prétexte que ce soit, se mêler de ce qui regarde l'administration de la Colonie, encore moins critiquer publiquement, comme elle l'a fait, la conduite des Chefs. Sa Majesté lui a seulement accordé la faculté de rendre compte de leur administration, soit après leur mort, soit à leur retour en France. Jusques-là les Membres ne doivent qu'observer ce qui se fait dans la Colonie, et m'en informer, s'ils le jugent nécessaire; c'est à eux à se renfermer dans les bornes qui leur ont été prescrites, sans quoi Sa Majesté y pourvoira de maniere à ne rien craindre de semblable pour l'avenir.

Quelque indécente et dangereuse que puisse être cependant la démarche qu'a faite dans cette occasion la Chambre d'Agriculture du Port-au-Prince, Sa Majesté a bien voulu n'en point faire un exemple, pour la premiere fois; elle a seulement ordonné que tous les Membres aillent chez vous vous en faire des excuses, si vous êtes au Port-au-Prince lorsque cette Dépêche vous parviendra, ou en tout cas qu'ils vous les fassent par écrit, si vous en êtes absent; et Sa Majesté veut également que cette Dépêche soit enregistrée sur les registres de la Chambre, pour prévenir que leurs successeurs ne fassent de pareilles fautes. Je fais part à la Chambre d'Agriculture des intentions de Sa Majesté : je vous envoie la Lettre que je lui écris à ce sujet; vous en ferez assembler les Membres à cet effet, et vous leur permettrez ensuite de vaquer à l'ordinaire à leurs Assemblées. Sa Majesté a approuvé que vous les leur ayez interdites, jusqu'à nouvel ordre, de sa part.

La Lettre adressée à la Chambre n'est qu'une répétition de celle ci-dessus.

LETTRE *du Ministre à M. l'Intendant, qui renouvelle les défenses portées dans l'Ordonnance du 13 Juin 1743, de recevoir des Capitaines de Navires aux Colonies.*

Du 15 Août 1765.

R. au Greffe de l'Amirauté du Cap le 20 Janvier 1766.

ORDONNANCE du Roi, qui règle que les Commandans en Second auront le commandement, en cas d'absence ou de mort, des Gouverneurs-Lieutenans Généraux.

Du 31 Août 1765.

SA MAJESTÉ ayant jugé nécessaire, pour assurer son service dans les Isles et Colonies Françoises de l'Amérique, d'y établir des Gouverneurs et Commandans en second, afin qu'ils pussent se suppléer les uns les autres, en cas de mort ou d'absence; et étant arrivé que le Gouverneur et le Commandant en second se sont trouvés en même temps morts ou absens, Sa Majesté, pour prévenir les difficultés et les inconvéniens qui en pourroient résulter, a ordonné et ordonne, veut et entend qu'en cas de mort ou d'absence du Gouverneur-Lieutenant Général et du Commandant en second, ou des Commandans en second, s'il y en a plusieurs, le plus ancien Officier en grade ait le commandement dans lesdites Isles et Colonies; le tout à moins que Sa Majesté, pour des considérations particulieres, n'en ait autrement ordonné, ainsi qu'elle se réserve de le faire; et sera la présente Ordonnance enregistrée aux Conseils Supérieurs des Isles et Colonies Françoises, publiée et affichée par-tout où besoin sera. FAIT à Versailles, &c.

R. au Conseil du Cap le 14 Janvier 1766.
Et à celui du Port-au-Prince, le 22 du même mois.

ARRÊT du Conseil du Cap, touchant les Ordonnances de soit communiqué au Procureur Général du Roi, en matiere criminelle.

Du 5 Septembre 1765.

SUR ce qui a été représenté verbalement à la Cour par M. Despallieres, Conseiller du Roi, Greffier en chef de ladite Cour, que quelques recherches qu'il eût faites dans les registres et minutes de son Greffe, des Arrêts qui, sur les procédures criminelles distribuées aux Conseillers-Rapporteurs, ordonnent le soit communiqué au Procureur Général du Roi, il n'en avoit trouvé aucun vestige, et que lesdits Arrêts se distribuoient sans doute en Brevet; pourquoi supplioit la Cour de lui indiquer à cet égard la conduite qu'il devoit suivre. La matiere mise en délibération, et le Procureur

Général

Général du Roi ouï, LA COUR a ordonné et ordonne que lesdits Arrêts de soit communiqué au Procureur Général du Roi, en fait de procédures criminelles, seront portés sur les registres criminels où se portent les Arrêts définitifs, et qu'expédition en sera en conséquence délivrée et jointe auxdites procédures; le tout au désir de l'Ordonnance.

ARRÊT du Conseil du Port-au-Prince, qui ordonne que l'Arrêt du 21 Juillet 1764, portant complément de l'Imposition à quatre millions, sera lu et publié de nouveau; enjoint à toutes personnes, de quelque qualité et condition qu'elles soient, de s'y conformer; ordonne que le présent Arrêt sera publié et registré dans toutes les Jurisdictions du ressort.

Du 5 Septembre 1765.

ARRÊT du Conseil du Cap, qui autorise le Greffier de la Jurisdiction du Cap à tenir à l'avenir deux Registres séparés, l'un pour les Défauts et les Sentences d'instruction, et l'autre pour les Sentences définitives.

Du 7 Septembre 1765.

ARRÊT du Conseil du Port-au-Prince, touchant l'appel comme d'abus d'un Mariage.

Du 10 Septembre 1765.

ENTRE les héritiers de la veuve Bidonne, appelans comme d'abus de la célébration de mariage d'entre le sieur de Castera, et encore interjetans sur le Barreau appel comme d'abus, en tant que besoin seroit, de prétendues dispenses accordées par le R. P. Eustachon, Préfet Apostolique, le 7 Mars 1763, et de la permission de célébrer le mariage dans la maison de la veuve Bidonne, d'une part, comparans par Michel, Avocat en la Cour, d'une part; et le sieur de Castera, Chevalier de Saint-Louis, Brigadier des Armées du Roi, donataire universel entre vifs et en toute propriété, par contrat de mariage de feu son épouse, auparavant veuve et donataire entre vifs, universelle et en toute propriété, de feu Claude Bidonne son premier mari, Intimé, comparant par Terrien, Avocat en la

Cour, d'autre part. Le Conseil, sans s'arrêter à l'appel en adhésion interjeté sur le Barreau par les Parties de Michel, dit qu'il n'y a abus; condamne les Appelans en l'amende et aux dépens, les déboute, quant à présent, du surplus de leurs demandes, fins et conclusions.

Le moyen comme d'abus se tiroit, selon les Appelans, de la Déclaration du Roi de 1697, touchant le temps de domicile pour contracter mariage. La demande en cassation étoit également fondée sur ce que M. de Castera n'avoit pas une année de domicile dans la Colonie, et ne résidoit que depuis deux mois dans la Paroisse où les Parties s'étoient mariées; un 1er Arrêt ordonna l'apport des motifs, et autre Arrêt contradictoire du 17 Août 1769, a débouté de la demande en cassation.

ORDONNANCE *des Administrateurs, portant qu'au premier Sec, la Corvée publique réparera les digues de la Riviere de l'Artibonite, endommagées par les crues d'eau.*

Des 11 et 17 Septembre 1765.

R. au Greffe de l'Intendance le 23.

Les deux dates de l'Ordonnance viennent de ce que les Administrateurs se trouvoient l'un au Cap, et l'autre au Port-au-Prince.

ARRÊT *du Conseil du Cap, concernant l'Installation des Curés et des Vicaires.*

Du 12 Septembre 1765.

VU par le Conseil la Requête du sieur Dupin, &c. Et faisant droit sur les conclusions du Procureur Général du Roi, fait défenses de plus à l'avenir procéder à l'installation des Curés ou Vicaires, qu'après les trois publications et annonces prescrites en pareil cas, et en la maniere accoutumée, &c.

ARRÊTS du Conseil du Cap, touchant une Récusation proposée contre le Gouverneur Général et contre le Doyen de la Cour.

Des 14 et 16 Septembre 1765.

M. le Gouverneur Général étant entré, a remis sur le Bureau la réponse par écrit et signée de lui, en exécution de l'Arrêt de ce jour, 2 heures après midi, aux moyens de récusation contre lui proposés par le nommé Vande, suivant le procès verbal de ce jour, ensuite de quoi M. le Gouverneur Général s'est retiré.

A l'instant, M. Kerdisien Trémais, Président de la Séance, ayant exposé à la Cour que M. Duperrier étoit malade, a remis sur le Bureau la réponse de mondit sieur Duperrier, signée de lui, aux moyens de récusation contre lui pareillement proposés par ledit Vande.

Lecture faite desdites deux réponses, la Cour a ordonné qu'elles seroient communiquées au Procureur Général du Roi, et a continué l'examen du procès à Lundi 16.

La Cour, après avoir vaqué à la suite de l'examen et visite du procès de Vande, et avoir prononcé sur les moyens de récusation par lui proposés contre M. le Comte d'Estaing, Gouverneur Général, et contre M. Duperrier, Doyen des Conseillers de la Cour, a arrêté qu'il seroit fait part à MM. le Comte d'Estaing et Duperrier de l'Arrêt rendu cejourd'hui, sur la récusation proposée par ledit Vande, et qu'ils seront invités de venir reprendre leur séance, dans le cas où ils ne seroient pas dans l'intention de former des demandes en dommages et intérêts contre ledit Vande.

ARRÊT du Conseil Supérieur du Cap, concernant l'envoi d'un état des Écrous au Procureur Général, par ses Substituts aux Siéges.

Du 16 Septembre 1765.

Sur la Remontrance du Procureur Général du Roi, &c ; La Cour a ordonné et ordonne aux Substituts du Procureur Général du Roi, tant ès Siéges Royaux que d'Amirauté du ressort, d'avoir à se conformer exactement à l'avenir à l'article 20 du tit. 10 des décrets, de leur exécution, et des élargissemens de l'Ordonnance de 1670; ce faisant, d'envoyer au Procureur Général du Roi, chacun dans leur ressort, au mois de Janvier et de Juillet de chaque année, un état signé par les Lieutenans et Juges criminels, et par eux, des écrous et recommandations faits pendant les six mois précédens ès prisons de leurs Siéges, et qui n'auront point été suivis de Jugemens définitifs, contenant la date des décrets, écrous, et recommandations, le nom, surnom, qualité et demeure des accusés, et sommairement le titre de l'accusation, et l'état de la procédure, à l'effet de quoi tous actes et écrous seront par les Greffiers et Geoliers délivrés gratuitement, et l'état porté par des Messagers, sans frais, à peine d'interdiction contre les Greffiers et Geoliers, de 100 liv. d'amende envers Sa Majesté, et de pareille amende contre les Messagers; et sera le présent Arrêt, &c.

ARRÊT du Conseil du Port-au-Prince, touchant la fixation du nombre des Procureurs.

Du 16 Septembre 1765.

LE CONSEIL ordonne que le Réglement fait dans l'Assemblée des deux Conseils, concernant les Procureurs, le 19 Mars 1764, sera exécuté selon sa forme et teneur; en conséquence, que les pourvus de Commissions de Procureurs reçus en cette qualité au delà du nombre fixé par ledit Réglement, seront rayés du tableau; autorise les Officiers des Siéges du ressort de choisir parmi lesdits pourvus de Commissions, ceux qu'ils croiront les plus propres à remplir les places qui se trouveront vacantes, sans qu'il soit besoin de nouvelle réception; fait défenses aux Officiers desdits Siéges de recevoir à l'avenir des pourvus de Commissions au de là du nombre fixé par ledit Arrêt de Réglement; ordonne que copies collationnées du présent Arrêt seront envoyées dans tous les Siéges du ressort, &c.

ARRÊT *du Conseil du Port-au-Prince, qui défend au Substitut du Procureur du Roi de la même Ville, de faire d'autres fonctions à l'Amirauté, que celles de sadite place de Substitut, et à défaut du Procureur du Roi du Siége Royal.*

Du 16 Septembre 1765.

VU la Remontrance du Procureur Général du Roi, expositive que, &c. LE CONSEIL, avant faire droit, ordonne que Me. Goubie sera tout présentement mandé par un Huissier, et qu'il sera tenu de rapporter les titres en vertu desquels il se prétend autorisé à faire exclusivement les fonctions de Procureur du Roi au Siége de l'Amirauté; et à l'instant ledit Me. Goubié étant entré, a remis sur le Bureau une Lettre de M. de Grand-Bourg, Secrétaire Général de la Marine, écrite au sieur de la Boexiere, en date du 19 Juin 1763; un pouvoir donné par le sieur de la Boexiere à Me. Goubié de le substituer dans les fonctions de Procureur du Roi de l'Amirauté, en date du 24 Août 1764; une Requête signée dudit sieur de la Boexiere, et présentée par ledit Me. Goubié à MM. les Gouverneur Général et Intendant, et l'enregistrement de l'Ordonnance de MM. les Gouverneur Général et Intendant, mise au bas de ladite Requête le 12 Mai dernier; et ledit Me. Goubié retiré, lecture faite des pieces sus-énoncées, et ouï le Procureur Général du Roi: LE CONSEIL a ordonné et ordonne que l'Edit de Sa Majesté, du 12 Janvier 1717, au sujet des fonctions de Procureur du Roi à l'Amirauté, sera exécuté selon sa forme et teneur; en conséquence, déclare l'Ordonnance de MM. les Général et Intendant, du 12 Mai dernier, surprise à leur religion; fait défenses audit Me. Goubié de faire d'autres fonctions au Siége de l'Amirauté, qu'en qualité de Substitut du Procureur du Roi au Siége Royal de cette Ville, et à son défaut seulement: ordonne que lesdites pieces seront et demeureront déposées au Greffe de la Cour, après avoir été paraphées, *ne varientur*, par le Président, &c.

Arrêt du Conseil du Port-au-Prince, qui annulle son Réglement du 20 Mai précédent, portant établissement des Huissiers en Bourse commune.

Du 16 Septembre 1765.

Vu la Remontrance du Procureur Général du Roi, &c. : le Conseil déclare nul et comme non avenu le Réglement du 20 Mai de cette année, portant établissement d'un Bureau et d'une Bourse commune entre les Huissiers ; ordonne à tous Huissiers, soit du Conseil, soit de la Jurisdiction, domiciliés en cette Ville, de faire le service de la Cour toutes les fois qu'elle tiendra ses séances, sans toutefois préjudicier au Réglement de la Cour du 18 Janvier 1760, concernant la contribution due par les Huissiers des Jurisdictions du ressort, à ceux qui font le service de la Cour, laquelle contribution continuera d'être payée, et sera partagée entre lesdits Huissiers du Conseil et de la Jurisdiction de cette Ville : ordonne que le présent Arrêt sera envoyé dans tous les Siéges du ressort, pour y être lu et publié, &c.

Ordre du Roi, qui attribue aux Commissaires et Sous-Commissaires de la Marine les fonctions des Commissaires des Guerres.

Du 19 Septembre 1765.

Sa Majesté étant déterminée de rappeler en France les Commissaires des Guerres qu'elle avoit chargés ensuite du Réglement provisoire du 24 Mars 1763, d'aller remplir leurs fonctions à la suite des Troupes qu'elle entretient dans les Isles et Colonies françoises de l'Amérique, son intention est que les Commissaires et Sous-Commissaires de la Marine, servant actuellement dans lesdites Isles et Colonies, ou qu'elle y fera passer dans la suite, remplissent dans les différens Quartiers de chaque Isle et Colonies où ils seront départis, en suivant les ordres qu'ils en recevront du Gouverneur-Lieutenant Général et Intendant, ou du Gouverneur et de l'Ordonnateur dans les Isles et Colonies où il n'y a point d'Intendance, toutes les fonctions des Commissaires des Guerres, ainsi qu'ils les remplissoient avant le Réglement provisoire du 24 Mars 1763. Mande et ordonne Sa Majesté aux Gouverneurs-Lieutenans Généraux et Intendans,

Gouverneurs Particuliers et Ordonnateurs dans les Isles et Colonies françoises de l'Amérique, &c.

R. au Contrôle le 23 Décembre 1765.

ORDONNANCE *du Roi, concernant les fonctions du plus ancien Commissaire de la Marine, en cas de mort ou d'absence de l'Intendant ou de l'Ordonnateur.*

Du 19 Septembre 1765.

SA MAJESTÉ estimant nécessaire d'assurer et de régler le service des Officiers d'Administration dans les Isles et Colonies françoises de l'Amérique, en cas de mort ou d'absence de l'Intendant auxdites Isles et Colonies où il n'y a point d'Intendant; Sa Majesté, pour prévenir les difficultés et les inconvéniens qui pourroient survenir dans lesdits cas de mort ou d'absence, a ordonné et ordonne, veut et entend qu'en cas de mort ou d'absence de l'Intendant auxd. Isles et Colonies, ou de l'Ordonnateur dans les Isles et Colonies où il n'y a point d'Intendant, le plus ancien Commissaire de la Marine qui se trouvera employé dans chacune desdites Isles et Colonies, y remplisse toutes les fonctions de l'Intendant; et dans les Isles et Colonies où il n'y a pas d'Intendant, qu'il y remplisse les fonctions de l'Ordonnateur; le tout à moins que Sa Majesté, pour des considérations particulieres, n'en ait autrement ordonné, ainsi qu'elle se réserve de le faire; et sera la présente Ordonnance enregistrée aux Conseils Supérieurs des Isles et Colonies Françoises, et publiée et affichée par-tout où besoin sera. FAIT à Versailles, &c.

R. au Conseil du Cap le 16 Janvier 1766.

ORDRE *du Gouverneur Général aux Capitaines de Navires, de se charger, sur récépissé, des Paquets de la Chambre d'Agriculture pour le Ministre.*

Du 29 Octobre 1765.

CHARLES-Théodat, Comte d'Estaing, &c.

Sur la représentation qui nous a été faite par le Secrétaire de la Chambre d'Agriculture du Cap, établie par ordre de Sa Majesté, qu'il étoit souvent obligé d'adresser des paquets à la Cour, dont il ne pouvoit justifier de l'envoi, si les Capitaines auxquels il les remettoit ne lui donnoient un reçu, ainsi que cela s'étoit toujours pratiqué; nous prions et invitons MM. les Capitaines Marchands auxquels il sera présenté des paquets de la Chambre d'Agriculture de cette Ville, d'en fournir un récépissé à son Secrétaire; faute de quoi, et sur les plaintes qui nous en seront portées pour le bien du service, nous nous réservons de prononcer contre les contrevenans selon l'exigence des cas. FAIT au Cap, &c.

ARRÊT du Conseil du Cap, touchant les Ventes publiques faites par les Notaires, sans appeler un Huissier.

Du 7 Décembre 1765.

VU par le Conseil la Requête des Directeurs de la Bourse commune des Huissiers de la présente Ville, pour qu'il plaise à la Cour les garder et maintenir dans le droit d'assister à toutes les ventes publiques des meubles, effets, et marchandises, qui se feroient dans l'étendue du ressort, tant en vertu de saisies, qu'en vertu de permissions d'Ordonnances accordées par M. le Sénéchal, au bas de Requêtes, comme formant un droit attaché à leurs fonctions; ce faisant, enjoindre, tant aux Notaires qu'à toutes autres personnes chargées de faire quelque vente, d'y appeler les Supplians, conformément à l'usage adopté par des principes certains, à peine d'être responsables, en leur nom personnel, des droits, rétributions, et émolumens qui leur sont acquis auxdites ventes, et auxquelles ils n'auront pas été appelés, et que l'Arrêt à intervenir sera exécuté nonobstant opposition, lu, publié et notifié au Doyen des Notaires de ce ressort; conclusions du Procureur Général du Roi; oui le rapport de M. Lory, Conseiller, et tout considéré: LA COUR a renvoyé et renvoye les Supplians à se pourvoir pardevant le sieur Juge du Cap, s'ils avisent que bien soit.

Il n'y a jamais rien eu de décidé à cet égard, et plusieurs Notaires continuent de faire les criées dans les ventes.

Arrêté

ARRÊTÉ du Conseil du Cap, touchant les Rôles.

Du 7 Décembre 1765.

CE jour, la Cour ouïe, et ce requérant le Procureur Général, a arrêté que, vu la multiplication des affaires, le nombre considérable des causes dont les rôles d'Audiences sont chargés, et l'impossibilité de les expédier toutes à chaque séance, malgré leur prolongation; pour conserver aux Parties le jugement de leurs causes dans l'ordre de l'enrôlement d'icelles, et se conformer à l'esprit de l'art. 3 du tit. 25 de l'Ordon. de 1667, l'ordre des rôles, à l'avenir, ne sera plus interverti; que chaque cause sera d'orénavant appelée et jugée à son tour, sans pouvoir sortir du rôle, par placet, hors de son rang, jusqu'à ce que, par la Cour assemblée il n'en ait été autrement ordonné sur les conclusions du Procureur Général du Roi, dans les cas où il y auroit péril dans la demeure, et les matieres qui requerroient célérité; arrêté en outre que le résidu de chaque rôle sera toujours porté dans son ordre à la tête du rôle suivant; et sera le présent Arrêt enregistré sur le registre des Avocats de la Cour, à ce qu'ils n'en ignorent et aient à s'y conformer.

ARRÊTS du Conseil du Cap, qui déboutent le Curateur aux Successions vacantes de sa demande afin de faire juger les causes desdites Successions avant toutes les autres.

Des 7 Décembre 1765 et 25 Janvier 1766.

VU par le Conseil la Requête de Bernard Prieur, Curateur aux successions vacantes du ressort du Cap, tendante à ce qu'il plût à la Cour ordonner qu'à l'avenir les causes des vacances seront mises à la tête du rôle de MM. les Gens du Roi, dans lequel elles sont inscrites, pour être appelées et jugées avant et par préférence à toutes autres, comme s'agissant d'affaires à l'instar de celles du Roi. Conclusions du Procureur Général du Roi, ouï le rapport de M. Guillaudeu, Conseiller, et tout considéré: LA COUR a débouté et déboute le Suppliant de sa demande.

Le second Arrêt ordonne l'exécution du premier, et qu'en conséquence la Cause dont s'agit sera appelée à son tour de rôle.

ARRÊT du Conseil du Cap, qui, sur la Requête du Curateur aux vacances, confirme l'art. 6 de son Réglement du 26 Fevrier 1761, touchant le choix des Huissiers de la Bourse commune, pour leur confier des Saisies, à la charge par ceux choisis de se faire remplacer dans leur service à leurs frais.

Du 12 Décembre 1765.

ARRÊT du Conseil d'Etat, qui casse ceux du Conseil du Port-au-Prince, des 16, 19 et 20 Août 1765, ensemble le projet de Conciliation, et tout ce qui s'en est ensuivi, et enjoint l'enregistrement de l'Arrêt du Conseil d'Etat du 27 Avril précédent.

Du 13 Décembre 1765.

LE ROI s'étant fait représenter l'Arrêté du Conseil Supérieur du Port-au-Prince, du 16 Août 1765, par lequel il a été ordonné que, par deux Conseillers-Commissaires dudit Conseil Supérieur, il seroit fait rapport, le 20 du même mois, des motifs qui avoient engagé les sieurs Viau, de Vergès, Motmans de Bellevue, Conseillers, et Léger, Substitut du Procureur Général, à reprendre leurs fonctions avant la notification des ordres de Sa Majesté. Autre Arrêté dudit Conseil Supérieur, du 19 du même mois d'Août, par lequel, dans la vue de se dispenser d'enregistrer l'Arrêt du Conseil d'Etat de Sa Majesté, du 27 Avril précédent, et la Lettre du Secrétaire d'Etat ayant le département de la Marine, du 5 Mai suivant, il auroit été ordonné que la délibération seroit continuée au lendemain, toutes affaires cessantes, pour être fait droit sur les Remontrances proposées par ledit Conseil Supérieur sur l'enregistrement dudit Arrêt du Conseil d'Etat. Autre Arrêté dudit Conseil Supérieur, du 20 Août dernier, par lequel il auroit été arrêté et ordonné que, pour parvenir à rétablir la tranquillité et l'harmonie entre les Chefs de la Colonie et ledit Conseil Supérieur, il seroit sursis à la continuation de ladite délibération commencée le 19 du même mois, et à toutes autres affaires, à l'effet de quoi les sieurs de Vergès et Motmans de Bellevue auroient été nommés pour travailler au projet de conciliation, pour, après avoir été rapporté audit Conseil Supérieur, être ordonné ce qu'il appartiendroit; le projet de conciliation dressé en conséquence, contenant onze articles, sur lesquels y ayant eu des débats de la part du sieur Magon, Intendant des Isles sous le Vent il auroit été dressé, le 24 du même mois d'Août, un projet de conciliation en neuf articles, arrêtés et signés entre les sieurs Comte d'Elva, Commandant en second, et Magon, d'une part; et les sieurs de Vergès et Motmans de Bellevue, d'autre part; et Sa Majesté voulant prévenir les effets qui pourroient être la suite d'une conduite aussi dangereuse que celle du Conseil Supérieur du Port-au-Prince, qui non seulement a refusé l'enregistrement de l'Arrêt du Conseil d'Etat, du 27 Avril dernier, mais encore s'est ingéré de traiter avec les Administrateurs de la Colonie de Saint-Domingue, sur des points qui regardent l'autorité de Sa Majesté, à laquelle ledit Conseil a osé prescrire des bornes; à quoi voulant pourvoir, LE ROI étant en son Conseil, a cassé et casse lesdits Arrêtés du Conseil Supérieur du Port-au-Prince, des 16, 19 et 20 Août dernier, ensemble les projets de conciliation dressés en conséquence du dernier desdits Arrêtés, et tout ce qui peut avoir été fait en conséquence: fait Sa Majesté très-expresses inhibitions et défenses audit Conseil Supérieur d'en faire de semblables à l'avenir; ordonne que ledit Arrêt du Conseil d'Etat du 27 Avril dernier, sera, si fait n'a été, enregistré au Greffe dudit Conseil Supérieur, à peine de désobéissance; ordonne au surplus que lesdits Arrêtés et Projets de conciliation seront rayés et biffés sur les registres dudit Conseil Supérieur, et que le présent Arrêt sera transcrit en marge d'iceux.

R. au Conseil du Port-au-Prince le 20 Mars 1766.

ORDONNANCE *des Administrateurs, pour l'établissement d'une Paroisse au Quartier de l'Asile.*

Du 14 Décembre 1765.

CHARLES Théodat, Comte d'Estaing, &c.
René Magon, &c.

L'étendue du Quartier de l'Azile ne permettant pas aux Habitans qui le composent d'assister que très-rarement au Service divin des Paroisses de l'Anse-à-Veaux et d'Acquin, dont ils sont, et de se procurer que très-difficilement les secours spirituels, et particulierement le Sacrement de Baptême à leurs enfans; ce qui avoit mis nos Prédécesseurs dans le cas de permettre de bâtir une petite Chapelle sur un terrain contenant onze carreaux de cent pas, donné par le sieur d'Escopier, Lieutenant de Juge à Saint-Louis; mais cette Chapelle n'étant qu'une annexe des Paroisses de l'Anse-à-Veaux et d'Acquin, dont les Curés alternativement ont célébré pendant long-temps une Messe par semaine; et le Quartier de l'Asile ayant pris un accroissement considérable, l'établissement de cette annexe en Paroisse est devenu nécessaire, et c'est ce qui a engagé les Habitans de ce Quartier à nous présenter une Requête, tendante, &c. Nous, ayant égard à ladite Requête, avons établi et formé une Paroisse audit Quartier de l'Asile, qui sera bornée à l'Est par la riviere des Trois Palmistes, faisant limite du Quartier d'Acquin d'avec celui du Fond des Negres, la colline à Mangou y comprise; à l'Ouest, par Plaisance, faisant séparation de Cavaillon d'avec le Quartier de l'Asile et de Nipes; au Nord du Morne du fond, le retour, en suivant la grande Riviere, et au Sud du Morne, vulgairement appelé Morne de l'Asile.

Ordonnons que ladite Paroisse sera dépendante de la Jurisdiction de Saint-Louis; permettons aux Habitans dudit quartier de l'Asile de faire bâtir une Eglise sur le terrain donné par le sieur d'Escopier Prions le R. P. Supérieur de la Mission à Léogane, de fournir auxdits Habitans, à leur premiere requisition, un Religieux, à la charge par eux de le pensionner et de le loger; permettons aux Habitans de s'assembler, à l'effet de nommer un Syndic pour l'établissement de leur Paroisse; et quant au surplus de ladite Requête, tendante à la nomination d'un Commissaire de Quartier, avons suspendu à y statuer, quant à présent, et cependant ordonnons que lesdits Habitans resteront sous l'auspice du Commissaire actuel, à la charge par lesdits Habitans d'envoyer au dépôt du Secrétariat du Gouvernement Général, une expédition en forme desdites Délibérations. Et sera la présente Ordonnance, et la Requête à nous présentée par les Habitans, enregistrées au Greffe du Gouvernement Général et à celui de l'Intendance, pour y avoir recours en tant que de besoin. FAIT au Cap, &c.

R. au Conseil du Port-au-Prince le 6 Janvier 1766.

JUGEMENT *des Administrateurs, qui maintient et garde le sieur* AMIDIEU DUCLOS *dans la possession et jouissance du permis de jouir des cinquante pas du Roi, à la devanture de la Place des sieur et dame* NOVION *au Quartier de la Bande du Nord, à lui accordé le 27 Mai 1762, et fait défenses auxdits sieur et dame* NOVION, *déclarés non recevables et mal fondés dans leurs moyens de nullité et d'opposition, de l'y troubler à l'avenir.*

Du 23 Décembre 1765.

JUGEMENT *des Administrateurs, touchant la demande d'un Riverain, afin de collocation aux Eaux d'une Riviere.*

Du 24 Décembre 1765.

ENTRE le sieur Canard, Habitant à Torbeck, d'une part, et les Syndics des Souscripteurs à l'entreprise des eaux de la riviere de l'Acul au fond de l'Isle à Vache; vu la délibération des Souscripteurs, du premier Avril 1756; la demande du sieur Canard du 28 Mai 1762, aux offres de rembourser son contingent des dépenses; les défenses des Souscripteurs. Tout vu et considéré, nous, Général et Intendant, sans avoir égard aux Requêtes et demandes du sieur Canard, dans lesquelles nous l'avons déclaré non recevable et mal fondé, avons maintenu et gardé les Souscripteurs à la construction du canal, pour la distribution des eaux de ladite riviere de l'Acul; faisons défenses au sieur Canard et à tous autres de les y troubler, sous les peines de droit, sauf audit sieur Canard à se pourvoir vis-à-vis lesdits Souscripteurs, pour acheter d'eux, de gré à gré, une portion desdites eaux. Invitons, pour le bien public, lesdits Souscripteurs de se prêter, autant qu'il leur sera possible, à la demande du sieur Canard, et condamnons ledit sieur Canard aux dépens de l'instance; et sera le présent Jugement exécuté nonobstant opposition ou appellation quelconque, et sans y préjudicier. FAIT et jugé au Cap, &c. *Signés* ESTAING et MAGON.

Le motif de cette décision fut l'article 12 de la Délibération du premier Avril 1766, homologuée par les Administrateurs le 11 Août 1757, portant qu'aucun Habitant ne pourroit être reçu à réclamer de l'eau, après que ladite Délibération auroit été publiée, pendant trois Dimanches consécutifs, par un Huissier, à la porte de l'Eglise; d'ailleurs, la nécessité de maintenir de semblables Délibérations, afin que quand il se trouve un petit nombre d'Habitans disposés à faire un sacrifice pour une entreprise importante, ils soient sûrs de n'en pas perdre les avantages, en les partageant avec ceux qui attendent le succès pour se décider.

Fin du quatrieme Volume.

TABLE

CHRONOLOGIQUE

Des Loix et Constitutions des Colonies Françoises de l'Amérique sous le Vent, contenues dans le tome quatrieme.

Réglement

Ttttt 2

Ordon.

Novembre

Fin de la Table Chronologique du tome 4e.

SUITE DE LA LISTE

DE MM. LES SOUSCRIPTEURS.

M. Baudard de Sainte-James, Trésorier Général de la Marine et des Colonies.

M. Bergeret, Libraire à Bordeaux . . . . . . *pour six Exemplaires.*

M. Bonvallet, Avocat en Parlement, Greffier Civil au Châtelet de Paris, premier Secrétaire au Gouvernement, à Saint-Domingue.

M. le Marquis de Chastenoye ✠, ancien Lieutenant au Gouvernement Général des Isles sous le Vent.

M. Dhamecourt fils, Chef du Dépôt des Archives de la Marine, et des Chartres des Colonies, à Versailles.

M. Duval d'Epremesnil, Conseiller au Parlement de Paris.

M. Gautier, Avocat au Parlement de Paris.

M. de Lamoignon de Malesherbes, Ministre et Secrétaire d'Etat.

M. de La Plaigne ✠, Lieutenant-Colonel d'Infanterie, Major du Fort-Dauphin.

M. Le Clerc, Libraire, au Salon des Princes, à Paris.

M. Le Quoi de Montgirault, Ordonnateur, à Tabago.

M. de Margantin, Notaire à Paris.

M. Mullonniere, à Nantes . . . . *pour deux Exemplaires.*

M. Ogé, Major pour le Roi, à Jacmel.

M. le Marquis d'Osmond, Mestre de Camp Commandant le Régiment de Barrois.

M. Pitault de la Rifaudiere, Négociant à la Martinique.

M. Ponce, Graveur du Cabinet de Monseigneur Comte d'Artois.

M. de Sylvestre, Avocat aux Conseils du Roi.

Nota. *Cette ✠ désigne MM. les Chevaliers de Saint-Louis.*

FAUTES ESSENTIELLES A CORRIGER.

Cette marque = *signifie* au lieu de

Page 31, ligne 11 = 30 *Octobre*, mettez : 3.
Page 38, ligne 4 = 1751, mettez : 1750.
Page 86, ligne 16 = *voilieri*, mettez : voisins.
Page 194, ligne 1ere = *Receveur*, mettez : Curateur.
Page 224, ligne 11 = 1759, mettez : 1758.
Page 296, ligne 30, *tant à l'occasion des prises des Navires françois*, mettez : à l'occasion des prises, tant des Navires françois.
Page 368, à la fin de l'article 16 = *chaque mois*, mettez : chaque année.
Page 375, ligne 4, effacez la seconde date du 13.
Page 376, ligne 2, = *reçus par les Curés*, mettez : reçus par les Prêtres autres que par les Curés.
Page 472, ligne 14 = 1723, mettez : 1732.
Page 559, ligne 3 = *défenses*, mettez : dépenses.

Quant aux fautes typographiques, le Lecteur est prié d'y suppléer.

INDEX ALPHABÉTIQUE

Des Matieres contenues dans le tome quatrieme.

Nota. *Les Chiffres indiquent les Pages.*

A

B

C

D

Distribution

E

F

G

H

I

J

L

M

N

Octroi,

O

P

Q

R

S

T

V

Fin des Matieres contenues dans le tome 4e.

APPROBATION.

J'AI lu par ordre de Monseigneur le Garde des Sceaux, le Recueil *des Loix et Constitutions des Colonies Françoises de l'Amérique sous le Vent; par M. Moreau de Saint-Méry.* Je n'y ai rien trouvé qui m'ait paru pouvoir en empêcher l'impression. A Paris, ce 3 Septembre 1784.

CADET DE SAINEVILLE.

Achevé d'imprimer, pour la premiere fois, le 12 Décembre 1785, chez DEMONVILLE, Imprimeur de l'Académie Françoise, rue Christine.

Nota. *Le Privilége du Roi se trouve à la fin du premier volume.*

www.ingramcontent.com/pod-product-compliance
Lightning Source LLC
LaVergne TN
LVHW020956300926
849160LV00007B/162

* 9 7 8 2 0 1 9 5 3 8 5 3 8 *